Hans Peter Duerr
Die dunkle Nacht der Seele

Nahtod-Erfahrungen
und Jenseitsreisen

Insel Verlag

Erste Auflage 2015
© Insel Verlag Berlin 2015
Alle Rechte vorbehalten, insbesondere das der Übersetzung,
des öffentlichen Vortrags sowie der Übertragung
durch Rundfunk und Fernsehen, auch einzelner Teile.
Kein Teil des Werkes darf in irgendeiner Form
(durch Fotografie, Mikrofilm oder andere Verfahren)
ohne schriftliche Genehmigung des Verlages reproduziert
oder unter Verwendung elektronischer Systeme
verarbeitet, vervielfältigt oder verbreitet werden.
Satz: Satz-Offizin Hümmer GmbH, Waldbüttelbrunn
Druck: CPI – Clausen & Bosse, Leck
Printed in Germany
ISBN 978-3-458-17631-2

En una noche oscura,
con ansias en amores inflamada,
Oh dichosa ventura!
salí sin ser notado,
estando ya mi casa sosegada.

>Juan de la Cruz

Der Tod: ›Ich verlasse dich jetzt. Wenn wir uns wiederbegegnen, ist deine Zeit und die deiner Begleiter um!‹
Ritter: ›Dann wirst du deine Geheimnisse offenbaren?‹
Tod: ›Ich habe keine Geheimnisse.‹
Ritter: ›So, du weißt nichts?‹
Tod: ›Nein, ich bin unwissend.‹

>Ingmar Bergman: *Das siebente Siegel*

*Für meine Kinder
Nina, Alisa und Janis*

Inhalt

Vorwort		9
§ 1	»Nahtod-Erfahrungen«: Entspannung, Sauerstoffmangel, Todesgefahr	13
§ 2	Der Austritt aus dem Körper	29
§ 3	Der Tunnel	43
§ 4	Finsternis und Licht	61
§ 5	Jenseits des Tunnels	75
§ 6	»Die letzte Grenze«, das Lebenspanorama und der Luzide Traum	91
§ 7	Die dunkle Nacht der Seele	103
§ 8	Die Heimkehr und der erstarrte Leib	117
§ 9	»Back to Earth«	131
§ 10	Die »Schönen Frauen«	139
§ 11	»Glaubet nicht einem jeglichen Geist!«	155
§ 12	Die Jenseitsreise – eine Fahrt im Körper an einen geographischen Ort?	167
§ 13	Der Schamane als Schauspieler und Rezitator	177
§ 14	Der Schamane als Visionär	189
§ 15	Ekstasetanz, gemeinsame »Seelenreisen« und Erscheinungen	209
§ 16	Sind »Nahtod-Erfahrungen« gewöhnliche Halluzinationen?	225
§ 17	Ähneln »Nahtod-Erfahrungen« intensiven Träumen oder Drogen-Erlebnissen?	239
§ 18	Iboga, Nachtschattenpflanzen und Temporallappen-Epilepsie	253
§ 19	Die »Augen der Seele«, die Stereotypie der Visionsberichte und das Lebendigwerden toter Objekte	271
§ 20	Die Entführung und Vergewaltigung durch »Waldmenschen«, den Alp und Aliens	287
§ 21	Der Beischlaf mit dem Teufel und die Besessenheit	303

§ 22 Die »Tierseele« des Menschen und die Doppelnatur der
       Schamanen 321
§ 23 »Nahtod-Erfahrungen« und wirklichkeitsgetreue
       Wahrnehmungen 335
§ 24 Oneiroide Erlebnisse 351
§ 25 Kann die Seele den Körper verlassen? 359
Epilog 377
Anhang I: Seit wann gibt es Indizien für »Seelenreisen«? 383
Anhang II: Bemerkungen zur Hoffnung auf Unsterblichkeit .. 407
Anmerkungen 409
Bibliographie 565
Register 685
Bildnachweis 689

Vorwort

Am 26. April 1982 brachte mich der Philosoph Peter Strasser nach einem Vortrag, den ich im steirischen Missionshaus Mariatrost gehalten hatte und an den sich eine schier endlose Diskussion anschloß, zum Grazer Bahnhof. Als ich mich im leeren Abteil meines Zuges nach Salzburg zurücklehnte und die Augen schloß, um mich zu entspannen, spürte ich plötzlich, daß ich durch die Fontanelle meines Kopfes den Körper verließ. Mein erster Gedanke war, was wohl geschehen würde, wenn ich an die Abteildecke stieße, aber ich schwebte einfach durch sie hindurch, ohne irgendeinen Widerstand wahrzunehmen. Zunächst geriet ich in eine absolute Dunkelheit, in der nichts zu erkennen war, doch nach einer gewissen Zeit sah ich vor mir ein kleines mattes Licht, das immer größer wurde, so daß ich den Eindruck gewann, mich in einer Röhre oder einem Tunnel zu befinden, auf dessen Ausgang ich mich zubewegte. Und so war es auch – ich erreichte das Ende des Schachtes und blickte auf eine ebene Landschaft die, so weit das Auge reichte, aus leuchtend grünen Wiesen bestand.

Ein bißchen erinnerte die Gegend an die von Oklahoma, wo ich mich zehn Monate zuvor aufgehalten hatte. Aber im Gegensatz zu der staubigen und teilweise landwirtschaftlich genutzten Kurzgrassteppe des westlichen Oklahoma befand ich mich hier in einer Prärie mit einem übermannshohen Gräserdickicht voller Astern, Indianernesseln, Apfelbeersträuchern, Sonnenblumen und wilder Hyazinthen,[1] das gelegentlich durch kleinere Lichtungen aufgelockert wurde.

Durch diese Wildnis schlängelte sich ein breiter Pfad, den ich entlangschwebte, als ich in der Ferne ein offenes Auto bemerkte, das auf mich zukam. Bald erkannte ich, daß in ihm der Sohn des vor zwei Monaten verstorbenen Arrow Keeper der Südlichen Cheyenne und zwei seiner Enkelkinder saßen – kleine Mädchen, mit denen ich im Juni 1981 zwischen den einzelnen Ritualen der mehrtägigen Sonnentanz-Zeremonie in der Nähe von Watonga gespielt hatte.[2] Alle drei schauten mich intensiv an, die Kinder lächelten, aber niemand sagte ein Wort.

Ich folgte dem Pfad weiter, als ich auf einer etwas größeren Lichtung aus einer Höhe von etwa zehn Metern zahlreiche Cheyenne im Gras liegen sah, die offenbar gerade starben oder bereits tot waren. Die Männer trugen weder ihre traditionelle Tracht, noch waren sie so gekleidet wie beim Sonnentanz im vergangenen Jahr. Vielmehr hatten sie grüne und blaue Overalls an wie das Wartungspersonal auf den amerikanischen Flughäfen in jener Zeit. Auf der Lichtung stand auch ein weißer Ambulanzwagen, neben dem sich zwei junge Ärzte über einen der sterbenden Indianer beugten und hilflos mit den Schultern zuckten, als wollten sie sagen: »Da ist nichts mehr zu machen!«

Unmittelbar darauf spürte ich ein Ziehen und wurde wie mit unsichtbaren Bändern aus der Szene zurück zum schwarzen Schlund des Tunnels und in ihn hineingezogen. Auf dem Weg durch den Schacht konnte ich bald den fahrenden Zug erkennen, in dem ich, gleichsam schlafend, saß. Einen Augenblick später fühlte ich, daß ich mich wieder in meinem Körper befand und öffnete die Augen.

Mit großer Sicherheit kann ich sagen, daß ich weder vor dem Erlebnis eingeschlafen war noch daß ich währenddessen schlief,[3] und dementsprechend war es ganz und gar nicht traumartig oder traumähnlich: »Die ganze Situation«, so notierte ich noch am selben Abend in mein Tagebuch, »war weder traumartig noch wirklich: sie war *zu* wirklich, um wirklich zu sein.«[4] Aber noch weniger Ähnlichkeit hatte das, was mir widerfahren war, mit all dem, was ich gegen Ende der sechziger und in den siebziger Jahren unter dem Einfluß von sogenannten »halluzinogenen Drogen« wie LSD, Meskalin, Psilocybin, Engelsstaub oder von Marihuana und Opium erlebt habe.

Unter dem Eindruck des Erlebnisses hatte ich damals vor, mich eingehend mit dem Themenkomplex der »Seelenreisen« und der »Nahtod-Erfahrungen« zu beschäftigen – die häufig weder in subjektiver noch in objektiver Todesnähe auftreten. Doch ein langfristiges kulturhistorisches und ein dringliches archäologisches Projekt ließen mir dafür keine Zeit. Hinzu kamen die Berufung an eine Universität und zahlreiche Umzüge im In- und ins Ausland. Doch schließlich hatte ich fast ein Vierteljahrhundert nach meiner »Seelenreise« nach Oklahoma unter anderen Bedingungen ein ähnliches Erlebnis, das ich weiter unten schildern werde und das mich dazu bewog, dem Thema endlich nachzugehen und dieses Buch zu schreiben.

Danken möchte ich an dieser Stelle all jenen, mit denen ich im Laufe der Jahre das Thema, welches man als »eines der größten Rätsel der Bewußtseinsforschung« bezeichnet hat,[5] diskutiert habe, nämlich meiner Frau und unseren Kindern sowie Felicitas Goodman, Karl Schlesier, Carlos Castañeda, Florinda Donner, Richard De Mille, Paul Feyerabend, Imogen Seger-Coulborn, Adolf Holl, Werner Zurfluh, Agehananda Bharati, Konstantinos Romanós, Ina Schmied-Knittel, Hans Bender, Erlendur Haraldsson und Michael Schröter-Kunhardt. Mein besonderer Dank gilt aber Eberhard Bauer für all seine Hilfe und Ratschläge seit den sechziger Jahren sowie dafür, daß ich die großartige Bibliothek des Freiburger Instituts für Parapsychologie und Grenzgebiete der Psychologie benutzen durfte.

Heidelberg, im Herbst 2013

§ 1
»Nahtod-Erfahrungen«: Entspannung, Sauerstoffmangel, Todesgefahr

Schon im Mittelalter wurde immer wieder berichtet, daß das, was man später »Außerkörperliche Erfahrungen«, »Seelenreisen« oder »Nahtod-Erfahrungen« nannte, sich häufig im Zustand der Entspannung und Ruhe einstellte. Nachdem sich beispielsweise im Jahre 824 der kranke Mönch Wetti auf sein Bett gelegt »und seine Augen nur eben, noch nicht zum Schlaf«, wie er erklärte, »geschlossen hatte«, begann seine Jenseitsreise. Aber auch die göttlichen Boten konnten dann besser oder überhaupt erst gesehen werden. Elisabeth von Schönau teilt mit, daß sie einst, im Jahre 1156, vom Beten müde geworden, die Augen ein wenig geschlossen habe, als plötzlich ihr Geleitengel auftauchte und zu ihr sprach, indes sie wach war und keineswegs träumte. »Und sprichet ein lerer«, so verlautet in der ersten Hälfte des 14. Jahrhunderts der Dominikaner und berühmte Schüler Meister Eckharts, Heinrich Seuse, »daz engelschlichú gegenwúrtikeit diker [= deutlicher] erschinet etlichen menschen in dem schlaf, me denn in dem wachen, dar umbe, wan der mensch in dem schlaf von usser [= äußerer] menigvaltiger wúrklichkeit mer gestillet [= weniger beunruhigt] ist denn in dem wachen.«[1]

Bekanntlich schottet die Fokussierung der Aufmerksamkeit, z. B. die Konzentration auf ein Mantra, den Meditierenden nicht nur von Außenreizen ab, sondern auch von ablenkenden Gedanken, Körpergefühlen und anderen Empfindungen – in der Meditation (*pratyāhāra*), so heißt es in der Kṣurikā-Upaniṣad, zieht sich der Betreffende so zurück »wie die Schildkröte ihre Glieder einzieht«.[2]

Von den frühbyzantinischen Mönchen ist überliefert, daß sie das »unverwandte Hinschauen« (ἀτενίζειν) kultivierten, z. B. Theodoros von Sykeon, der dreizehn Tage lang »in einem schlafähnlichen Zustand (ὥσπερ καθεύδων) gebannt auf irgend etwas« geschaut haben soll, worauf er den Himmel betrat »und sich an dessen Anblick erfreute«. Die Schamanen der Jakuten starrten ins Feuer, bis ihre Hilfsgeister kamen, um sie abzuholen, und im 17. Jahrhundert wurde von einer alten Huronin aus der Siedlung Teanaostaiaë berichtet, die so lange ins Feuer starrte, bis sie in den Flammen die Kämpfe ihrer Stammeskrieger mit den Irokesen sah, die in weiter Ferne stattfanden.³

Ein für »Außerkörperliche Erfahrungen« günstiger Bewußtseinszustand ist auch der zwischen Wachen und Schlaf, die *dormiveglia*, in der sich ein schwer an Lungenentzündung erkrankter Mann plötzlich über seinem Körper schwebend befand, wobei er sich offenbar willentlich von ihm entfernen und wieder zu ihm zurückkehren konnte.⁴ Ein »Clever Man« der Wiradjeri am Lachlan River in Südostaustralien erlebte oft, daß seine Seele kurz vor dem Einschlafen aus dem Körper trat, und ähnliches erzählten einst die Schamanen der Tsimshian: Während ihrer Initiation hörten sie in diesem Zustand einen *sh-sh*-Laut, den sie für den Ruf einer Eule hielten, worauf sie ihren Körper verließen und auf »ein Tor zu«flogen, »das wie die Sonne strahlte«. Durch dieses Tor gelangten sie ins Land der Toten, wo sie ihre heiligen Lieder und ihre Rassel (*gakst*, verwandt mit *gaksk*, »aufwachen«) erhielten.

»Eines Nachts«, so heißt es vom hl. Lullus, der im 8. Jahrhundert lebte, »als er in einem Zustand zwischen Wachen und tiefem Schlaf (*inter vigiliam et adultam quietem prima*) auf seinem Lager ruhte, des Schlafes Dämmer also, wie man sagt, auf seinen Augen lag (*somni nebula oculis eius pressisset*), hatte er eine Vision.« Und ähnlich wie der angelsächsische Missionar sah sich der mit Malaria daniederliegende Magister Garinus Coelli aus der Nähe von La Rochelle an der Atlantikküste zwischen Wachen und Schlafen (*non perfecte dormiendo, nec ad plenum vigilando*) in seinem Bett liegen, das in seiner Vision neben dem Hochaltar der Franziskanerkirche von Poitiers stand, vor dem der verstorbene Bischof Gautier de Bruges gerade die Messe las.⁵

Bereits aus diesen wenigen Berichten geht hervor, daß die häufig vertretene Ansicht, derartige »Seelenreisen« fänden ausschließlich in subjektiver oder objektiver Todesnähe, d. h. in einem Schockzustand, statt,⁶ unzutreffend ist. Und damit erledigt sich die oft von Psychoanalytikern vertretene These, solche Erlebnisse würden von Menschen hervorgebracht, die nicht dazu bereit seien, die Realität des Todes zu akzeptieren.⁷

Aber auch für die Behauptung, »Seelenreisen« ohne eine vermeintliche oder tatsächliche Todesgefahr seien weniger »tief« und realistisch,⁸ gibt es keinerlei Belege.⁹

Allem Anschein nach findet die große Mehrheit dieser »Reisen«

nicht in Krisensituationen oder gar bei Lebensgefahr statt,[10] so daß die Bezeichnung »Nahtod-Erfahrungen«, die inzwischen für solche Erlebnisse allgemein verwendet wird, eigentlich irreführend ist. Wie mir der Psychologe Erlendur Haraldsson mitteilte, hatte einer seiner Kollegen an der Universität Reykjavik während des Autofahrens eine »Nahtod-Erfahrung«, die damit begann, daß er plötzlich von oben sah, wie er am Steuer saß, und der schottische Ethnologe Ioan Lewis erzählte mir einmal, daß der Hexereiforscher Adrian Boshier, der lange Jahre bei den Stämmen im nördlichen Transvaal gelebt hatte und über intime Kenntnisse des dortigen Medizinmannwesens verfügte, auf einer Tagung bei einer Diskussion ohnmächtig zusammenbrach und hinterher von einer »Seelenreise« in entfernte Gegenden berichtete. Wenn im Mittelalter manche Nonnen eine »Nahtod-Erfahrung« hatten, während der Priester die Messe las, so erinnert das an gewisse Epileptiker, bei denen eine Aura ausgelöst wird, wenn eine bestimmte Melodie erklingt oder wenn sie einen bestimmten Rhythmus wahrnehmen.[11]

Bisweilen können die Forscher zwar überhaupt keine Ursache der »Nahtod-Erfahrungen« ausmachen, doch deutet insgesamt alles darauf hin, daß *extreme* Erregungszustände, also einerseits ihre weitgehende Abwesenheit (z. B. bei Entspannung und Meditation) oder ein *hoher* Grad von Erregung (z. B. bei Todesangst oder nach einem »Zu-Tode-Erschrecken«), Auslöser solcher Erlebnisse sind.[12]

Aufgrund der Tatsache, daß die Mehrzahl der »Nahtod-Erfahrungen« keineswegs bei Unfällen, Operationen und dergleichen, sondern in Zuständen extrem niedriger emotionaler Erregung stattfindet, ist auch die häufig von Neurologen und anderen Medizinern vertretene Auffassung, derartige Erfahrungen seien die Folge einer extremen Unterversorgung des Gehirns mit Sauerstoff,[13] hinfällig.

Zwar ist es nicht möglich, mit Sicherheit zu sagen, ob die Feststellung des Sauerstoffgehaltes genau dann stattfindet, wenn die »Nahtod-Erfahrung« sich ereignet, und ein niedriger arterieller Sauerstoffgehalt des Blutes muß nicht unbedingt einer mangelhaften Durchblutung des Gehirns in diesem Augenblick entsprechen.[14] Doch hat man immerhin bei einer nicht unbeträchtlichen Anzahl von reanimierten Personen, die anschließend von einer »Seelenreise« berichteten, einen Blut-Sauerstoffgehalt festgestellt, der dem einer Kontrollgruppe entsprach oder sogar höher war. Daraus hat man gelegentlich den Schluß gezogen, daß eine mangelhafte oder sogar fehlende Versorgung des Gehirns mit Sauerstoff (Hypoxie bzw. Anoxie) »Nahtod Erfahrungen« nicht befördere, sondern eher verhindere.[15]

Noch entscheidender aber ist, daß die Drosselung der Sauerstoffzufuhr Bewußtseins-, Wahrnehmungs- und Stimmungszustände nach sich zieht, die völlig untypisch für »Nahtod-Erfahrungen« sind. Eine Störung oder gar der Ausfall der Gehirndurchblutung führt zu einer Bewußtseins*trübung*, zu extrem fragmentierten Erlebnissen (»Erlebnisfetzen«), verschwommenen, traumartigen und bisweilen panikauslösenden Halluzinationen, illusionären Verkennungen und Wahrnehmungsverzerrungen, zunehmendem Verlust der Sinnesempfindungen und Analgesie, Tunnelblick, Konfusion und Benommenheit, Verlust der Orientierung und Konzentrationsfähigkeit, Urteilsunfähigkeit, zähflüssigen Denkprozessen, Amnesie, Verlust der Entscheidungsfähigkeit, Antriebsschwäche, Gleichgültigkeit, Unruhe, Nervosität, Aggressivität sowie zu Automatismen und myoklonischen Schüttelkrämpfen wie bei epileptischen Anfällen.[16]

So berichtete ein Bergsteiger, daß er in der »Todeszone« des Masherbrum im Karakorum in über 7800 m Höhe den ganzen Tag lang nur zu einem einzigen Gedanken fähig war, nämlich wie es ihm gelingen könne, die Schnürsenkel in die Ösen seiner Bergschuhe einzufädeln. Und wenn ein Wissenschaftstheoretiker, der auf einem hohen südamerikanischen Vulkan, »eingehüllt in einen gespenstischen Nebel, aus dem dumpf das besorgte Gemurmel der Begleiter zu hören« war, unter anderem Schwindelgefühle und kurze Ohnmachtsanfälle hatte, diese Erlebnisse für eine »Nahtod-Erfahrung« hält,[17] dann weiß er nicht, was eine solche ausmacht.

Steigt bei Sauerstoffmangel der Kohlendioxydgehalt des Blutes, führt dies ebenfalls nicht zu »Nahtod-Erfahrungen«, aber neben den obengenannten Effekten nicht selten zu einer sexuellen Erregung. Zwar hängten sich einst die älteren Polar-Eskimo mit einem Lederriemen von einer Klippe über einen Abgrund, um als Folge einer Unterbrechung der Sauerstoffzufuhr zum Gehirn eine Bewußtseinsveränderung und Halluzinationen zu bewirken. Doch taten die jüngeren dies, um zu einer Ejakulation zu gelangen, und noch in den zwanziger Jahren des vergangenen Jahrhunderts berichtete der Forschungsreisende Peter Freuchen von den Jugendlichen dieser Eskimo-Gruppe, eine ihrer Lieblingsbeschäftigungen bestehe darin, sich an ihrem Parka so aufzuhängen, daß der Hals dabei zugezogen werde. Begann ihr Gesicht sich zu verfärben, wurden sie von ihren Kameraden herabgenommen, worauf sie erzählten, daß das, was sie erlebt hätten, sie »in hohem Maße begeistert« habe.[18]

Bischof Diego de Landa teilte mit, die Maya von Yucatán glaubten, »daß diejenigen in ihren Himmel eingehen, die sich selbst erhängt haben, […] wo nach ihrer Meinung eine Göttin des Galgens, die sie Ixtáb nannten, ihnen entgegen kam und sie holte«.[19] Im Maya-Paradies Xibalba wuchs ein riesiger *yaxche* oder Kapokbaum (*Ceiba pentandra*), in dessen Schatten die Erhängten sich auf ewig ausruhen durften und wo sie von Ixtáb, der »Herrin des Seils«, mit den Früchten des Baumes gefüttert wurden.[20] In der Dresdener Bilderhandschrift ist sie zu sehen, wie sie mit einem Seil um den Hals vom Himmel herabhängt, mit dunklen Totenflecken im Gesicht und mit prominenten Brustwarzen, die wohl dokumentieren sollen, daß sie aufgrund des Sauerstoffmangels erigiert sind (Abb. 1).[21]

Daß Verbrecher, die am Galgen baumelten und langsam erdrosselt wurden, nicht nur defäkierten und die Blase entleerten,[22] sondern daß sie nicht selten auch einen Orgasmus hatten, war bereits im Mittelalter bekannt – so hieß die Alraune »das Galgenmännlein«, weil sie nach dem mittelalterlichen Volksglauben aus dem Erdreich gewachsen war, auf das ein Gehenkter ejakuliert hatte, und das Bilsenkraut entstammte angeblich dem Sperma Jesu, das dieser am Kreuz verschüttet haben soll.[23]

»In our town the other day«, so heißt es in einem englischen volkstümlichen Gedicht im 18. Jahrhundert, »They hanged a man to make him pay / For having raped a little girl. / As life departed from the churl / The townsfolk saw, with great dismay / His organ rise in boldest way / A sign to all who stood around / That pleasure e'en in death is found.« Eine Untersuchung zahlreicher Exekutionen in den USA während des 19. Jahrhunderts ergab, daß nicht wenige durch den Strang Hingerichtete am Galgen ejakulierten, und ein französischer Militärarzt, der auf Martinique bei vielen Hinrichtungen zugegen war, bezeugte, daß »im Moment der Strangulation sofort bei allen Verurteilten das Glied mächtig steif wurde«. Schließlich berichtete der Wiener Scharfrichter Josef Lang, ein Mann, den er gerade noch vor Eintritt des Todes vom Strick losschneiden konnte, habe ihn anschließend wüst beschimpft, weil er

Abb. 1 Göttin Ixtáb, Codex Dresden 53b, 12. Jh.

Abb. 2 Frau entnimmt das ejakulierte Sperma eines Erhängten, 1486.

ihn offenbar unmittelbar vor Eintritt des Orgasmus gerettet hatte. Bei Selbstversuchen stellte Lang anschließend fest, daß auch er sexuell erregt wurde, wenn die Schlinge sich zuzog.[24]

Um den Delinquenten ein qualvolles Ersticken zu ersparen, verzichtete man im frühen 19. Jahrhundert in Irland darauf, »den missethätigen würgen zu laßen«, wie es in den spätmittelalterlichen Weistümern hieß, und führte das »Longdrop Hanging« ein, bei dem der Verurteilte durch eine Bodenklappe fiel, so daß ihm durch den entstehenden Ruck der zweite Halswirbel brach. Im Jahre 1874 wurde diese Methode vom Henker von London übernommen,[25] aber entgegen allen Erwartungen traten auch bei ihr Bewußtlosigkeit und Tod nicht sofort ein. Und so beobachteten amerikanische Ärzte noch im Jahre 1978 in Sri Lanka, daß trotz Anwendung der »Longdrop-Technik« Gehenkte langsam erdrosselt wurden und ejakulierten.[26]

Beim Sonnentanz der berittenen Büffeljäger auf den Großen Plains ließ man ursprünglich vom Zentralpfahl der Ritualhütte an einem Seil einen Kriegsgefangenen herab, bis dieser nach einer Weile erstickte (Abb. 3). In späterer Zeit ersetzten z. B. die Oglala Sioux oder die Sutaío, ein Teilstamm der Cheyenne, den Gefangenen durch die Rohhautsilhouette eines Mannes mit erigiertem Penis – vermutlich ein Indiz dafür, daß einst auch die Menschenopfer, während sie erstickten, sexuell erregt wurden und ejakulierten.[27]

Solche häufig auftretenden Begleiterscheinungen des Sauerstoffmangels kommen nun tatsächlich gelegentlich während »Außerkörperlicher Erfahrungen« vor. So berichtet ein Pionier auf diesem Gebiet, er habe dabei nicht selten »ein überwältigend starkes sexuelles Bedürfnis« verspürt und »an nichts anderes denken« können, weshalb er in diesem Zustand sein ganzes Büro »nach einem weiblichen Wesen« durchsucht habe. Schließlich begegnete er im Freien einer größeren Gruppe von Frauen, die er eine nach der anderen penetrierte, wobei er jedesmal »eine kurze und keineswegs schwache sexuelle Entladung« verbuchen konnte. Ein anderer schwebte, nachdem er seinen Körper verlassen hatte und diesen »wie tot« unter sich liegen sah, durch einen Baumstamm und traf auf eine »nackte Fee« und deren Gefährtinnen, wobei er sich ebenfalls durch die gesamte Frauenschar arbeitete, bis er schließlich wieder zu sich kam. Keine so gute Erfahrung machte indessen ein indischer Asket, der im Verlaufe einer »Außerkörperlichen Erfahrung« die

Abb. 3 Wahpahnōhya: »Neulebenshütte« der Cheyenne, 1949.

Gattin eines Mannes bestieg, der gerade aushäusig war. Nachdem er sich nämlich befriedigt hatte, verlor er seine Flugfähigkeit und stürzte ins Meer. Ähnliches widerfuhr angeblich einem Bodhisattva, als er außerkörperlich »voll Verlangen« eine entblößte Frau betrachtete: »Da erhob sich die böse Leidenschaft, die durch die Macht seiner Ekstase niedergehalten worden war, gleich einer Kobra, die sich mit schwellendem Kopf in die Höhe reckt. [...] Als seine Lust zunahm, gab seine ekstatische Ruhe nach, seine Sinne verloren ihre Reinheit, und er wurde gleichsam zu einer Krähe mit gebrochenem Flügel.«[28]

Während der Medizinmann der Unambal in Nordwestaustralien »wie tot« auf dem Boden lag, erigierte sein Penis, aus dem ein »dünner Faden« trat, der zu einer Schlange führte, auf welcher die Seele des Mannes wegflog. Und bei den Wiradjeri am südostaustralischen Lachlan River produzierte der »Clever Man« ähnlich wie eine Spinne eine Schnur, die sich aus den Hoden durch den Penis in die Höhe erhob. Auf ihr kletterte er anschließend ins Himmelland Palima, um von dort den Regen zu holen.[29] Wenn schließlich bei den Trance-Tänzern der südwestafrikanischen Dobe Ju/'Hoansi die *n/um*-Kraft aufsteigt, haben sie das Gefühl, keine Luft mehr zu bekommen und zu ersticken, aber gleichzeitig werden sie meist sexuell erregt und erleben einen Orgasmus. Offenbar entblößen dann die weiblichen Tänzer ihre Genitalien, weshalb die umstehenden Frauen herbeieilen, um den Unterleib der in Ekstase Geratenen zu bedecken.[30]

Wurde bei den Buschleuten der Sauerstoffmangel allem Anschein nach durch ein bis zur Erschöpfung durchgeführtes Tanzen erreicht, gab es noch eine weitere Methode, mit der einst manche Schamanen dieses Ziel erreichten, nämlich die Hyperventilation: Durch schnelles und tiefes Einatmen, also durch vermehrte Sauerstoffzufuhr, wurde eine Verengung der Hirngefäße und damit paradoxerweise eine Unterversorgung des Gehirns mit Sauerstoff herbeigeführt. Zusätzlich sorgte eine Druckerhöhung im Brustbereich für einen Blutdruckabfall und damit für eine schlechtere Durchblutung des Herzens. Eine Folge dieser Prozesse waren nicht nur veränderte Bewußtseinszustände, sondern häufig auch sexuelle Erregung bis zum Orgasmus.[31]

Wird bei Gehenkten oder Personen, die sich um eines sexuellen Lustgewinns willen selber aufgehängt haben (Abb. 4), zwar keine »Nahtod-Erfahrung« durch Unterversorgung des Gehirns mit Sauerstoff aus-

Abb. 4 Antoine Borel: Illustration zu de Sades »Justine«, 1790.

gelöst worden sein, so ist es immerhin denkbar, daß dies gelegentlich durch die Todesangst geschehen ist. Als beispielsweise im Jahre 1431 in Prag der Hussit Georginius auf der Leiter ausgespannt und schwer gefoltert wurde, verlor er das Bewußtsein und lag empfindungslos da, so daß der Henker ihn für tot hielt und seine vermeintliche Leiche auf den Boden warf. Nach einigen Stunden kam Georginius jedoch wieder zu sich und erzählte, er sei auf eine grüne anmutige Wiese geführt worden, »auf deren Mitte ein Baum mit vielen herrlichen Früchten stand. Auf demselben Baum saßen mancherlei Vögel, die von diesen Früchten speisten und lieb und anmutig sangen.«[32] Und nachdem im Verlauf der Christenverfolgungen unter Kaiser Septimus Severus im Jahre 203 Saturus und die junge Mutter Perpetua während der Folter entrückt worden waren, diktierte Saturus der Perpetua seine Version des Erlebnisses, die sie anschließend gemeinsam mit ihrem Gefährten bearbeitete: »Wir haben das Martyrium erlitten, sagt er, und wir haben das Fleisch verlassen; wir wurden von vier Engeln in Richtung Sonnenuntergang getragen, deren Hände uns nicht berührten. Wir bewegten uns nicht auf dem Rücken vorwärts (*non supini sursum uersi*), mit dem Gesicht nach oben, sondern wie wenn wir einen sanften Hügel (*mollem cliuum*) erklommen. Und als wir die erste Welt hinter uns gelassen hatten, sahen wir ein unendliches Licht, und ich sagte zu Perpetua – ja, sie befand sich an meiner Seite –: ›Das ist das, was der Herr uns versprach; wir sehen die Erfüllung seiner Verheißung (*percipimus promissionem*).‹ Und als wir von den besagten Engeln weitergetragen wurden, öffnete sich vor uns eine weite Ebene, die einem Lustgarten ähnelte (*quasi uiridarium*) mit Rosensträuchern und allen Arten von Blumen. Die Bäume waren so hoch wie Zypressen und ihre Blätter sangen ohne Ende. Da im Garten befanden sich vier weitere Engel, noch strahlender als die anderen; als sie uns erblickten, huldigten sie uns (*honorem nobis dederunt*) und sagten zu den übrigen Engeln: ›Da sind sie, da sind sie!(*Ecce sunt, ecce sunt!*)‹, voller Bewunderung.«[33]

Eine kanadische Ärztin berichtet, ihre »Nahtod-Erfahrung« sei dadurch ausgelöst worden, daß die beiden Propeller des Flugzeuges, in dem sie saß, ausfielen und sie sicher war, daß es abstürzen würde. Und ein junger Mann verließ seinen Körper, nachdem eine gefährliche Giftschlange ihn ins Gesicht gebissen hatte. Schließlich verlief sich im Sommer 2010 ein Mann in der Colorado-Wüste Südostkaliforniens. Den fünften Tag ohne Wasser und Nahrung und den sicheren Tod vor Augen, öffnete sich plötzlich vor ihm ein dunkler Tunnel, an dessen Ende ein Rabbiner aus Down Town Los Angeles auf ihn wartete und ihn fragte, ob er bereit sei. Noch nicht, sagte der Mann, er wolle noch etwas schreiben, nämlich einen Abschiedsbrief an seine Frau.[34]

Wenn sich für den Erzmärtyrer Stephanus in seiner Todesangst unmittelbar vor der Steinigung »der Himmel öffnete«, wie es in der Apostelgeschichte heißt, so läßt sich leicht vorstellen, daß ein am Galgen oder an einem Ast Hängender, um dessen Hals der Strang sich zuzieht, ähnliche Erlebnisse haben kann. So heißt es in einem Nachtsegen des 14. Jahrhunderts, die Aufgehängten zögen in »Wutanes her« mit, und in anderen mittelalterlichen Quellen ist die Rede von der »Wilden Jagd«, die den am Galgen Baumelnden fortreiße.[35]

»Ich weiß, daß ich hing am windbewegten Baum (*vindgameiði*)«, spricht Óðinn in den Hávamál, »Neun Nächte lang, / Verwundet vom Speer, geweiht dem Óðinn (*gefinn Óðni*), / Ich selbst mir selbst (*síalfr síálfom mér*), / An dem mächtigen Baum, / Von dem die Menschen nicht wissen, / Von woher seine Wurzeln wachsen. / Man bot mir kein Horn noch Brot zur Labung. / Nach unten spähte mein Auge, / Schreiend hob ich, hob hoch die Runen (*œpandi nam*), / Zu Boden fiel ich alsbald. / Bestlas Bruder, des Bœlthorn Sohn, / Lehrte mich mächtiger Zauberlieder (*fimbulljóð*) neun, / Und den Trank erlangt ich des kostbaren Mets (*dýra miaðar*), / Aus Oðrœrirs Inhalt geschöpft. / Danach begann ich zu gedeihen (*frævaz*) / Und weise und klug (*fróðr*) zu werden.«[36]

Der »windbewegte Baum«, an dem Óðinn (von *óðr*, »rasen, in Ekstase sein«) hängt, ist kein anderer als die Welteneibe Yggdrasill, die wiederum identisch ist mit Mímameiðr, dem »Baum des [weisen Riesen] Mímir«,[37] und während Yggr, »der Schreckliche«, ein Name Óðinns ist, ist *drasill* ein poetischer Ausdruck für ein Pferd. Das Hängen an dem Totenbaum Eibe, in dessen Schatten auch noch in späteren Zeiten Menschen entrafft wurden,[38] ist also gleichbedeutend mit dem Reiten (*ríðan*, auch »sich bewegen, baumeln, schwingen«) auf einem Roß ins Jenseits. Und so ritt allem Anschein nach Óðinn in neun Nächten durch die neun Welten, die es nach der Voluspá und den Vafþrúðnismál gab.[39]

»Am hohen Galgen« (*á háum galga*) wurden die Männer dem Óðinn geweiht (*seldan Óðni*), und so henkte sich vor dem versammelten Volk der dänische König Hadding, um ins Totenreich zu wandern – vermutlich eine Entsprechung zu seiner Jenseitsreise, von der Saxo berichtet: Mitten im Winter erschien Hadding ein geheimnisvolles Weib, das frischen Schierling in ihrer Schürze trug. Als der König sie fragte, woher sie in dieser Jahreszeit das grüne Kraut habe, führte sie ihn durch dunkle Nebel in die Unterwelt (*sub terras abduxit*), wo die Sonne schien und die Blumen blühten.[40]

Wie der am Ast baumelnde Däne könnte auch der ans Kreuz gebundene oder genagelte Jesus eine »Nahtod-Erfahrung« gehabt haben, die ihm die Gewißheit gab, mit der er zu einem der beiden neben ihm gekreuzigten Mörder sagte: »Wahrlich ich sage dir: Heute [noch] wirst du mit mir im Paradiese sein!« Denn offenbar erwarteten Jesus und seine Jünger keineswegs eine Himmelfahrt unmittelbar nach dem Tode, sondern zunächst eine Auferstehung am dritten Tage, was die Jünger ja auch nach der Kreuzesabnahme verkündeten. Natürlich werden wir niemals wissen, wie es sich in Wirklichkeit verhielt, aber für ein derartiges Erlebnis spricht auch die Tatsache, daß Jesus am Kreuz in Todesangst geriet und auf aramäisch *Eloï, Eloï, lema sabachtani?* (»Mein Gott, mein Gott, warum hast du mich verlassen?«) schrie und daß er nicht erstickte, sondern als »coup-de-grâce« einen Lanzenstich ins Herz erhielt.[41]

Das Aufhängen, das bisweilen noch mit Todesangst verbunden war, blieb als Initiationsritual in manchen Gegenden Europas bis in die Frühe Neuzeit erhalten, wenn auch nicht bekannt ist, welche Erlebnisse durch den »Initiationstod« ausgelöst wurden. So galt als härteste Prüfung bei der Aufnahme der Lehrjungen (*neykamer*) im Hansekontor von Bergen, von den Norwegern *tyskebrygge* genannt, das Aufhängen der Jugendlichen mittels eines Seiles über einem Schwelfeuer aus Haaren und Unrat, ein Ritual, das in einem Verlies eines der Versammlungshäuser (*schüttinge*) stattfand. Diese Kammern besaßen nur ein kleines Klappfenster oder ein Rauchloch, und so geschah es mitunter, daß einer der Initianden bei der Prozedur, während er noch zusätzlich ausgepeitscht wurde, erstickte.[42] Ähnlich wurde offenbar ursprünglich beim Immatrikulationsritual an den ältesten deutschen Universitäten wie Wien und Heidelberg der »Beane« (von *bec jaune*, »Gelbschnabel«) in der Bursenkloake aufgehängt. Aber wie aus dem Heidelberger *Manuale scholarium* vom Jahre 1480 hervorgeht, hatte man inzwischen bei der *depositio beani* das tatsächliche Hängen durch dessen Androhung ersetzt. Nachdem der im Narrenkleid und mit geschwärztem Gesicht angetretene Initiand die Beichte (*confessio*) abgelegt hatte, erwog man in Gegenwart des Magisters, des Ersten Vorstehers der Burse, scheinbar, ob der Neuling nach Verabreichung der Letzten Ölung bis zum Eintritt des Todes gehenkt werden solle.[43]

§ 2
# Der Austritt aus dem Körper

Wie erleben die Personen, die eine »Nahtod-Erfahrung« hatten, den Austritt aus ihrem Körper? Einige von ihnen berichten, sie hätten überhaupt nicht gespürt, daß sie ihren Körper verließen, vielmehr seien sie plötzlich »draußen« gewesen, in einem Tunnel oder in einem Garten, und zwar ohne ihren Körper von oben zu sehen. Das Gefühl der »Außerkörperlichkeit« habe sich erst eingestellt, als ihnen bewußt wurde, daß sie »schwebten« oder »flogen«.[1]

Diejenigen aber, die ein Austrittserlebnis hatten, verspürten nicht selten kurz vorher, aber auch danach, wenn sie sich z. B. in einem Tunnel auf ein Licht zubewegten, ein merkwürdiges Vibrieren ihres Körpers bzw. »Astralleibs«, was auch Sterbende oder Personen berichteten, die davon überzeugt waren, von »Aliens« entführt worden zu sein. Einer schrieb über »das beunruhigende Gefühl des Vibrierens«, es sei so gewesen, wie wenn sein »Bett von einem Riesen durchgeschüttelt« worden wäre, und ein anderer beschrieb, was er fühlte, nachdem er wieder in seinen Körper eingetreten war: »Mein ganzer Körper vibrierte und ich fühlte mich wie mit Energie aufgeladen.« Schließlich gab eine junge Frau, die während der Preßwehen eine »Nahtod-Erfahrung« hatte, an: »Ich hörte ein Geräusch, das wie das Brummen eines Staubsaugers klang. Doch ich war es, die vibrierte, und nicht der Bettrahmen. Ich hörte einen Knall und war völlig meinem Körper enthoben. Ich schwebte unter der Decke.«[2]

Ein südjütischer »Vorschauer«, also ein Mann, der über das »Zweite Gesicht« verfügte, wurde stets »ziemlich gefühllos« und hörte ein seltsames Sirren – »de Luft, de schirr man so« –, worauf sein Geist »schwirrend den Körper verließ« und »in einem Augenblick« in die entferntesten Gegenden reiste.[3]

Ein anderer hörte »ein schreckliches Dröhnen, das aus dem Nichts kam«, und dasselbe (»ein sehr lautes Dröhnen«) vernahm im 17. Jahrhundert eine Tibeterin, als sie aus ihrem Körper trat. Aber auch die »Gefühllosigkeit« des Körpers, die der Mann mit dem »Zweiten Gesicht«

beschrieb, wird immer wieder hervorgehoben. So gerät ein Mann »in eine Art Starre«, kann aber seine Hände aus den physischen Händen herausziehen, »als wären die letzteren ein paar steife Handschuhe«, was an Ernest Hemingway erinnert, der erzählte, er sei in einer besonders dramatischen Situation während des Spanischen Bürgerkrieges aus seinem Körper geglitten wie ein seidenes Taschentuch, das man »am Zipfel aus der Tasche zieht«.[4]

Als eine Frau einem Streichquartett von Beethoven lauschte, überkam sie plötzlich ein Gefühl der Beklemmung, und sie befürchtete, die Besinnung zu verlieren: »Ich wehrte mich dagegen, aber es war sinnlos. Dieser überwältigende Druck wurde immer stärker und kurz darauf kroch eine Starre in mir empor, bis jeder Muskel gelähmt war. Zunächst hörte ich die Musik noch deutlich, aber schließlich wurde alles dunkel. Dann fand ich mich neben meinem Bett stehend, während ich aufmerksam meinen eigenen Körper betrachtete, der im Bett lag.« Und schließlich bekundete ein Mann, er wisse aus Erfahrung, daß jedesmal, wenn sein Körper beginne, »gefühllos zu werden«, ein »Austritt« unmittelbar bevorstehe.[5]

»So leicht und so plötzlich«, verlautete im 12. Jahrhundert Alpais de Cudot, »in einem Augenblick, wie mir schien, streifte meine Seele das Gewand des Fleisches ab. [...] So ist, wie mir scheint, ganz ohne mein Wissen meine Seele jählings aus dem Leib gegangen. Ich aber nahm es erst wahr, als die Seele des Fleisches entblößt ihren Leib zu betrachten begann, der unbewegt auf dem Bette lag.« Im Gegensatz zur Aktivität, die man im Luziden Traum meist entfaltet, sind diejenigen, die aus ihrem Körper getreten sind, in der Mehrzahl dabei passiv, wie ihnen auch das Erlebnis als Ganzes widerfährt, ohne daß sie das Geschehen kontrollieren können. So erzählte eine Tuwa-Schamanin, sie sei einmal in ihrer Jugend aus dem Körper »geflogen«, ohne ihr Zutun, als sie einen Schamanen beobachtete, der bei einem Heilritual sang. Unvermittelt habe »eine Art unsichtbare Kraft ihre Seele aus dem Körper« gezogen, wobei sie ohne irgendeine Wirkung versuchte dagegenzuhalten.[6]

Die einen verlassen ganz sachte den Körper, während andere wie bei einer Explosion hinausgeschleudert werden, und zwar vorzugsweise durch die Fontanelle des Schädeldaches. So berichtet eine Frau, sie sei, als sie entspannt auf dem Bett lag und ein Buch beiseite legte, in dem sie

Abb. 5 William Blake: »The Soul hovering over the Body«, 1808.

gerade gelesen hatte, urplötzlich mit einer irrsinnigen Geschwindigkeit aus der Fontanelle ihres Kopfes geschossen, wie wenn eine Rakete gezündet worden wäre. Sofort befand sie sich in einem leeren Raum, hatte aber das Gefühl, wie ein Drachen an einer langen Schnur zu hängen, die zwischen ihren Schulterblättern befestigt war.[7]

In so gut wie allen Weltgegenden verläßt die Seele oder der »Astralleib« den Menschen vor allem durch die zunächst nur mit einer Membran verschlossene Lücke zwischen den Stirnbeinhälften und den Scheitelbeinen, in Melanesien wie in der Südsee, bei nord- und südamerikanischen Indianern wie in Afrika oder Asien.[8] Eine tibetische Nonne sagte, der Austritt der Seele durch die Fontanelle sei ein besonders gutes Vorzeichen für eine günstige Wiedergeburt, weshalb der Lama das Haar über der Fontanelle des Sterbenden auszupft, damit dieser besser seine Seele (*rnam shes*) »hinausschleudern« kann. Gleichzeitig warnt er die Seele vor all den Schrecken und Gefahren, die auf dem Wege zum Westlichen Paradiese auf sie warten.

Als Timarchos zwei Nächte und einen Tag in der Höhle des Trophonios im boiotischen Lebadeia zugebracht hatte, spürte er plötzlich, wie die Nähte seines Schädels aufgingen und seine vom Körper befreite Seele zu den Himmelssphären schwebte.[9] Und auf dieselbe Weise bricht im tantrischen Yoga das erwachte *kuṇḍalinī*-Bewußtsein durch die Fontanelle, das »Kronen-Chakra« oder »Brāhmaloch« (*brāhmarandhra*), um später wieder auf demselben Wege zurückzukehren und einzuschlafen – im Gegensatz zum wirklichen Tod, in dem es keine Wiederkehr gibt. »Sein *ātman*, dieser Vogel«, so beschrieb ein Zeitgenosse die Seelenexkursion des bengalischen Kālī-Priesters Rāmakṛṣṇa, »flog irgendwo in Glückseligkeit (*ānanda*) umher, während sein Körper hierblieb wie ein leeres Haus.« Aber schließlich kehrte der Vogel wieder in sein Nest zurück wie »das Ich« jenes Religionswissenschaftlers nach einer »Außerkörperlichen Erfahrung« im Jahre 1927: »Es währte einen Augenblick, dann schlüpfte das heimkehrende Ich durch einen Spalt im Kopf in den Leib hinein. Ich empfand und ›sah‹ den Spalt genau auf der Mitte des Schädels, einige Zentimeter lang von hinten nach vorn verlaufend.«[10]

Zwar beschreiben manche Personen ihr »Außerkörperliches Erlebnis« als »traumartig«, aber für die meisten ist alles so realistisch, daß sie erst an ihrer Gewichtslosigkeit oder daran, daß sie feste Gegenstände durchdringen können, ihre »Außerkörperlichkeit« erkennen. So berichtet ein Kardiologe, daß viele seiner Patienten in einem solchen Falle glaubten, gestorben zu sein, und für tot halten sich auch die Lohorung Rāi im östlichen Nepal, wenn ihnen bewußt wird, daß sie als »Seele« (*lawa*) auf dem Ahnenschrein ihres Hauses sitzen. Die Buryaten sagten, jemand, der seinen Körper verlassen habe, bemerke dies daran, daß er in der Herdasche keine Spuren hinterläßt, und die bereits erwähnte im 17. Jahrhundert lebende Tibeterin erkannte dies, wie sie erzählte, an der Tatsache, daß sie weder einen Schatten warf noch ihre Schritte auf dem Boden hörte.[11]

Aber auch andere ungewöhnliche Erlebnisse lassen bei den Betreffenden Zweifel aufkommen, ob sie sich noch in ihrem Körper befinden, z. B. daß sie aufsteigen, fliegen, schweben, sinken, sich »im Bett und gleichzeitig über dem Bett schwebend« empfinden oder sich »in Sprüngen« von einem Ort zum anderen bewegen, sich also »hier« und nach einem »kurzen Blackout« woanders befinden.[12]

Zwar hat man behauptet, typisch für die »Außerkörperliche Erfahrung« seien »überwältigend schreckliche Emotionen von Einsamkeit und Hilflosigkeit«, wenn man realisiere, daß man den Körper verlassen habe,[13] aber eine solche Aussage ist übertrieben. Ohne Zweifel gibt es derartige Berichte: Als beispielsweise eine junge Frau von oben ihren Körper sah, empfand sie dies als »blanken Horror«, was sie augenblicklich in ihn zurückkehren ließ.[14] Und eine Angmagssalik-Schamanin namens Teemiartissaq erzählte von ihrem Initiationserlebnis: »Ich sank nach unten [und] als dies geschehen war, schaute ich zurück, nach oben. Mein Teil [= physischer Körper] dort oben, mein Teil hatte keinen Unterleib. Dann schrie ich vor Angst ›Hui, hei! hei!‹ [...] Schließlich trat ich wieder in mich ein, mit den Zähnen klappernd kam ich hinein. Ich war ein *angakok*-Lehrling!«[15]

Doch scheint die Mehrzahl solcher Erfahrungen neutral oder sogar von einem »beglückenden Gefühl der Befreiung« begleitet zu sein, obgleich auch in diesem Falle manche den Austritt aus dem Körper als unangenehm empfinden, vor allem wenn sie gleichsam aus dem Körper gesaugt oder gewaltsam herausgerissen werden.[16]

Nicht selten treten derartige Erlebnisse in Situationen auf, die so schrecklich und beängstigend sind, daß die Betroffenen sie nicht mehr integrieren können. Eine junge Frau, die von einem Balkon in die Tiefe

Abb. 6 Die Seele löst sich vom Körper, Cheyenne-Zeichnung, 1890.

stürzte, beobachtete während des Falls von einem anderen Balkon aus, daß sie »wie eine lila Wolke« ganz sachte nach unten schwebte, und Natascha Kampusch, die im Alter von zehn Jahren entführt und acht Jahre lang in einem Kellerverlies gefangengehalten wurde, berichtete: »Ich verließ meinen Körper, wenn der Täter ihn traktierte, und sah von weitem zu, wie das zwölfjährige Mädchen am Boden lag und mit Tritten bearbeitet wurde.« Die Übergriffe, die offenbar auch sexueller Natur waren, erlebte sie so, »als wären sie nicht mir zugestoßen, sondern jemand anderem«.[17]

Die Aufspaltung der Person in verschiedene Persönlichkeiten, die zumindest zum Teil den Körper verlassen, scheint ebenfalls eine typische Traumafolge zu sein. Als eine bereits vielfach vergewaltigte und gequälte junge Frau auf einem Parkplatz erneut überfallen und entführt wurde, verließ sie unmittelbar vor dem Mißbrauch mit den ebenfalls in ihrem Körper wohnenden »anderen« ihre physische Hülle und floh gemeinsam mit ihnen in eine »schattenhafte Dimension«, die sie »den Raum dazwischen« (»the space in-between«), nämlich zwischen Leben und Tod, nannten. Dort warteten sie auf den Tod des Körpers, um für immer ins Licht gehen zu können. Doch als die Tat vorüber war, sagte ihnen Gott, sie sollten zurückkehren.[18]

Manche können »Außerkörperliche Erfahrungen« induzieren, also willentlich herbeiführen; aber so gut wie alle, die dazu in der Lage sind, bestätigen, daß die auf diese Weise ausgelösten Erlebnisse nur ein schwacher Abglanz der spontanen Erfahrungen seien, also eine »poor quality« aufwiesen und einen sehr geringen Wirklichkeitscharakter hätten. So konnte z. B. eine vollkommen gelähmte Frau willentlich ihre »Seele« vom Körper ablösen, den sie als »todgeweiht« empfand, und entsprechend fühlte sie häufig die »Präsenz« des Sensenmannes hinter ihrem Bett, der die Hände nach ihr ausstreckte. Dann verließ sie ihren Leib, der leblos dalag, und schwebte über ihm, konnte sich aber dennoch mit ihrem im Zimmer anwesenden Freund unterhalten. Da sie sich auf diese Art von ihrem gelähmten Körper »befreien« konnte, entwickelte sie geradezu eine Sucht nach dieser Fluchtmöglichkeit, und es fiel ihr stets »unwahrscheinlich schwer«, anschließend wieder »hinunterzusteigen«. Trotzdem betonte sie immer wieder, daß es sich bei dem, was sie erlebte, um »unwirkliche Geschehnisse« handelte.[19]

Ganz ähnlich verhält es sich mit »Außerkörperlichen Erfahrungen«

während epileptischer und Migräne-Anfälle sowie mit solchen, die durch eine elektrische Stimulierung bestimmter Regionen der Hirnrinde ausgelöst werden. Eine Reizung des Temporallappens führt überwiegend zu Konfusion, Schwindelgefühlen, Derealisation und Depersonalisation, und die Betreffenden sehen lediglich verzerrte Teile ihres Körpers und haben nicht das Gefühl, diesen vollständig verlassen zu haben. Hinzu kommt, daß die Versuchspersonen sich während des Erlebnisses, wie die zitierte gelähmte Frau, mit anwesenden Personen unterhalten können, in diesem Falle mit dem Versuchsleiter, und auch sie empfinden die gesamte Erfahrung als irreal und illusionär. Das gleiche gilt für die als »traumartig« charakterisierten Erlebnisse bei Migräne- und epileptischen Anfällen, während deren meist aus der Entfernung einer Armlänge nur gewisse Körperpartien gesehen werden, die häufig farblos und transparent sind, weshalb die Betreffenden sie fast immer für unwirklich halten.[20]

Als was empfinden sich all jene, die ihren Körper verlassen haben? Nun sagen einige, sie seien »eine körperlose Seele«, ein »reines Bewußtsein« gewesen, z. B. ein Jugendlicher, der nach einer »Nahtod-Erfahrung« berichtete: »Ich war wie ein Geist, ohne Arme und Beine, und ich schwebte unter der Decke des Operationssaales.« Und ein Mann erzählte, im Tunnel habe »eine Stimme« gefragt, ob er als körperloses Bewußtsein dort bleiben oder lieber in seinen Körper zurückkehren wolle. Aber seltsamerweise berichten so gut wie alle, daß sie Dinge taten, die ohne Körper gar nicht möglich sind. So versuchte eine »reine Seele« vergeblich, die Barriere am Ende des dunklen Korridors zu durchbrechen, durch den sie geschwebt war, und einer anderen Seele klopfte ihr verstorbener Bruder auf die Schulter, während eine dritte ihre tote Großmutter bei den Händen hielt. Schließlich hatte eine bekannte amerikanische Hellseherin plötzlich doch einen Körper, denn sie streckte am Ende des Tunnels einer verstorbenen Verwandten die Hand entgegen, nachdem sie eben noch darüber erleichtert gewesen war, ihren »Körper und die Anziehungskraft der Erde los zu sein«.[21]

Um diesen Widerspruch zu beseitigen und der Tatsache Rechnung zu tragen, daß die meisten Personen im »außerkörperlichen« Zustand durchaus sinnliche Wahrnehmungen haben, hat man behauptet, die Betreffenden verfügten außerhalb des physischen Körpers über einen »ätherischen« oder »Astralleib«, einen »feinstofflichen Zweitkörper«, der sich nach einem esoterischen Autor »bereits zu Lebzeiten im irdischen Körper« befinde. Dieser zweite Leib könne weite Reisen unternehmen und am Zielort auch von anderen Menschen »wahrgenommen werden«, was auch erkläre, wieso Jesus nach seinem Tode von seinen Jüngern gesehen und berührt werden konnte (Lukas 24.39, 42 f.; Johannes 20.27).

Im allgemeinen zeichnen die »Astralleiber« sich indessen durch ihre »sinnliche Armut« aus, die sie mit Tönen, Lichtstrahlen, Regenbogen, Schatten und dergleichen teilen, während materielle Gegenstände an ihrem »sinnlichen Reichtum« erkennbar sind – man kann sie nicht nur sehen und hören, sondern auch betasten, riechen oder schmecken. So lehrte der von Swedenborg beeinflußte und noch heute vor allem in Lateinamerika berühmte Spiritist Allan Kardec, der »Astralleib«, den er »Perispirit« nannte, sei nur »halbstofflich«. Und Helena Blavatsky will in Tibet erfahren haben, daß der normalerweise »in der Milz« zusammengerollte »Astralleib« »wie Rauch« sei.[22]

Aber nicht nur spiritistische Gurus, auch Personen, die »Nahtod-Erfahrungen« und »Außerkörperliche Erlebnisse« hatten, charakterisieren ihren »Astralleib«, sofern sie einen solchen verspürten oder sahen,[23] auf diese oder ähnliche Weise. So berichtete eine Frau, sie habe sich »wie ein Rauch« gefühlt, als sie ihren Körper kalt und blaß wie eine Leiche daliegen sah, und »in Gestalt« eines solchen Rauches sei sie auch zum Körper hingetrieben worden und wieder in ihn eingetreten.[24] Eine andere fühlte sich als »ein schimmerndes Licht«, und ein Mann hatte beim Austritt aus seinem Körper »das Gefühl, als sei« er »nicht körperlos, sondern« als bestünde sein Leib »aus einer Art Substanz, die eine Mischung aus gasförmig und flüssig« war, weshalb er sie als »feinstofflich« bezeichnete.[25]

Bei der Benennung dieses seltsamen Leibes gerieten viele Berichterstatter in verständliche Schwierigkeiten, sie sprechen von »Seelenkörpern« – ein Begriff, den bereits im Jahre 1885 der Philosoph Bradley »a gratuitous chimera« nannte – oder von einer »gasförmigen Wolke reinen Bewußtseins«. Auf dem Weg ins Reich des Lichtes wurde die Seele der Gnostiker mit einem »unsichtbaren, geistigen Leib« neu »eingekleidet«, und im 9. Jahrhundert teilte Hathumoda, die Äbtissin des Stiftes Gandersheim, mit, sie sei »ohne Leib, wenn auch leiblich« (*corpore exutam, tamen corpoream*) über ihr Kloster geflogen, »und alles, was sich in den einzelnen [Bauten] befand und vorging, sei ihren Augen ganz offen und durchschaubar gewesen«.[26]

Nach Bernhard von Clairvaux verfügen die Engel über einen »ätherischen Leib«, da sie sonst mit den Menschen nicht kommunizieren könnten, und einen solchen »ätherischen Organismus«, der den physischen Körper verläßt und durch »den ätherischen Kosmos« reist, besitzt nach Meinung Rudolf Steiners auch der Mensch. Für Aristoteles war der transparente, keinen Widerstand leistende und unzerstörbare Äther nach Erde, Wasser, Luft und Feuer das fünfte Element, eine Vorstellung, die von den Gelehrten des Mittelalters und später von den Okkultisten und Spiritisten weitgehend übernommen wurde. Er galt, wie die übrigen Elemente, prinzipiell als sinnlich wahrnehmbar, doch als es nicht gelang, seine Existenz nachzuweisen, behaupteten seine Fürsprecher, es gäbe ihn zwar, er sei freilich nicht empirisch aufzuspüren.[27]

Da sämtliche Versuche fehlschlugen, die Existenz von »ätherischen Leibern« oder *corpora subtilia* zu beweisen,[28] räumte man ein, es sei in der Tat nicht möglich, einen solchen Körper mit den normalen Sinnesorganen wahrzunehmen. Allerdings heißt es z. B. im tantrischen Yoga, der »Diamantkörper«, der unter normalen Umständen vom »Grobkörper« (*sthūlaśarīra*) »ernährt« werde, könne in der Meditation gesehen werden. Und die Akan im südlichen Ghana sagen, die feinstoffliche *okra*, die bisweilen den physischen Körper verläßt und die auf einer ebenfalls ätherischen Ebene lebenden Ahnen besucht, die aber auch an die Türen klopfen und Frauen schwängern kann, sei für Medizinmänner mit einer besonders scharfen Wahrnehmungsfähigkeit durchaus sichtbar.[29]

Wie aber verhält es sich mit der Wahrnehmungsfähigkeit dessen, der sich »in« einem »Astralleib« außerhalb seines Körpers bewegt?

Ein GI, dem während des Vietnamkrieges eine Mine beide Beine und einen Arm weggerissen hatte, berichtete später, er habe im außerkörperlichen Zustand versucht, die Chirurgen davon abzuhalten, ihn zu operieren, doch hätten seine Hände einfach durch die Männer hindurchgegriffen. Auch der im Jahre 1334 verstorbene Ṣūfī Amīn ad Dīn Balyānī faßte durch seinen feinstofflichen Leib, als er ihn berühren wollte, und ähnliches widerfuhr einigen Tonganern, die auf der Heimfahrt von den Fidschi-Inseln in die Weiten des Pazifischen Ozeans verschlagen wurden. Offenbar hatte einer von ihnen ein Nahtod-Erlebnis, in dem sie die

Küste des Totenreiches Bolotu erreichten. Dort versuchte der Hungrige, eine Brotfrucht zu pflücken, aber zu seiner Überraschung konnte er »die Früchte nicht besser anfassen als einen Schatten«, und er schritt »durch die Stämme der Bäume und durch die Wände der Häuser, die wie die auf Tonga gebaut waren, ohne irgendeinen Widerstand zu spüren«.[30]

Es wird aber auch berichtet, daß die Blicke der »Außerkörperlichen« sämtliche materiellen Objekte durchdringen. So sagte ein Tukano aus dem kolumbianischen Urwald, man habe ihn »in Körper und Geist« in ein Dorf geführt, »wo alles licht und durchsichtig« war. Und ein Mann gab an, nicht nur sein im Bett liegender physischer Körper, die Personen im Raum, die Wände und Möbel und alles andere seien transparent wie Kristall gewesen. Danach habe er das Haus verlassen und sich durch die Straßen von Paris bewegt, wobei »die Häuser, die Leute und Wagen« ebenfalls »durchsichtig wie Glas« waren.[31]

Greifen viele Personen »außerkörperlich« durch massive Gegenstände einfach hindurch, fühlen andere einen Widerstand des Materials – nach einer Untersuchung waren es immerhin 31,3 % der Befragten, die materielle Objekte berühren konnten. Eine Frau, die den Arzt anfaßte, der sie mit einer Herzmassage wiederbeleben wollte, hatte das Gefühl, »so etwas wie eine sehr dünne, elektrisch geladene Gallerte« zu berühren, und ein junges Mädchen, das ganz sanft an die Zimmerdecke stieß, spürte eine leichte Reibung, als es sie durchdrang. Ein Mann, der nach einem Verkehrsunfall das Wrack seines Autos berührte, sagte später, daß es »sich nicht echt« anfühlte, während ein Bewußtseinsforscher berichtete, der Fensterrahmen, den er anfaßte, habe sich »sehr anders« angefühlt als sonst, und er sei weder warm noch kalt gewesen. Auch einer seiner Kollegen protokollierte, der Türklinke habe »die Kühle des Metalls« gefehlt, »die man« normalerweise »beim Ergreifen in der Hand wahrnimmt«. Seine Körperteile fühlten sich fest an, und er spürte die Kleidung an seinem Leib, der aber »fast durchsichtig« war, so daß er z. B. sehen konnte, was sich hinter seinem Bein befand. Der ganze Körper »schimmerte leicht silbrig und gläsern«, als bestehe er aus Bergkristall, und als er mit der Hand gegen die Wand drückte, brach diese ein wie jener poröse Kunststoff, den man als Verpackungsmaterial verwendet.[32]

Einen »leichten Widerstand« fühlen zwar nicht wenige Menschen im

»außerkörperlichen« Zustand, aber es fehlt ihnen die Möglichkeit, mit ihrer Umwelt zu interagieren, sie zu verändern oder etwas zu verursachen. Und wenn auch manche von ihnen bekunden, daß sie Geschmacks- und Geruchsempfindungen sowie kinästhetische Gefühle verspürten, etwa eine Frau, die auf »eine grüne Wiese« mit »wunderschönen Blumen« versetzt wurde, so sind doch all diese Empfindungen und Gefühle »nicht ganz echt« und »irgendwie anders« als im normalen Leben.[33]

Vor allem die Tatsache, daß man während der »Außerkörperlichen Erfahrung« durch Wände und andere materielle Objekte schweben kann, erinnert daran, daß Menschen, die Phantomglieder besitzen, mit diesen Gliedern Mauern und Bäume durchstoßen können, als seien sie aus Watte oder Schaum. Und wenn man seinen »Astralleib« als »andersartig« empfindet, dann entspricht auch dies den Erlebnissen der Amputierten, die berichten, ihre Phantomglieder fühlten sich »irgendwie leer«, »hohl« oder »nicht wirklich materiell« an.[34] Wenn also der Amputierte ein Körperteil dort fühlt, wo gar keines vorhanden ist, z. B. ein schmerzendes Bein außerhalb des physischen Körpers, dann fühlt man während der »Außerkörperlichen Erfahrung« seinen ganzen Körper an einer Stelle, z. B. unter der Decke oder auf der Straße, wo er sich gar nicht befindet.[35]

Es gibt aber auch weitere »außerkörperliche« Erlebnisse, die es nahelegen, daß der »Astralleib« ein Phantomkörper ist, der sich keinesfalls als »feinstoffliche« Wesenheit außerhalb des physischen Körpers befindet. So berichtet z. B. ein Mann, er habe sich bei einer »Außerkörperlichen Erfahrung« vor einen Spiegel gestellt und hineingeschaut, ohne daß er sich sehen konnte, während andere sich zwar sahen, aber nicht als normales Spiegelbild, sondern so, als ob sie von anderen Personen gesehen würden. Und im 18. Jahrhundert teilte der amerikanische Quäker Herman Harris mit, er habe sich irgendeinen Gegenstand nur vorstellen müssen, damit er ihn auf der Stelle »by an inconceivable sympathy« vor sich sah. Desgleichen genügte der Gedanke an einen willkürlich gewählten Ort, und er war augenblicklich dort, was für ihn bedeutete, »that length of time and distance of place are things equally peculiar to the material world«.[36]

Daß es sich bei alledem um in Erlebnisse verwandelte Wunschvorstellungen und Wertungen handelt, erkennt man auch daran, daß sich in den »Außerkörperlichen Erfahrungen« vieler Spiritisten, Christen oder Buddhisten deren Leib- und Sexualitätsfeindschaft widerspiegelt. Für den Spiritisten Mattiesen beispielsweise dient der »Astralleib« einem »rein geistigen Leben«, weshalb ihm nicht nur »die Organe der Fortpflanzung und Schwangerschaft«, sondern auch die »der Verdauung und Einverleibung von Nahrung« fehlen. Zudem sind die »Astralleiber« nicht nackt, sondern bekleidet, was wohl bedeutet, daß jedes materielle Kleidungsstück ein feinstoffliches »Astralkleidungsstück« besitzt.[37]

Häufig läßt der physische Körper die über ihm Schwebenden völlig kalt. Als eine Mormonin aus dem Himmel in ihren im Krankenhaus liegenden Körper zurückkehrte, ekelte er sie an: »Die plumpe Masse und die Kälte meines Körpers waren widerlich, und ich wurde auf untröstliche Weise niedergeschlagen.« Nachdem die Seele der Dominikanernonne Sophia von Klingnau ihren Körper verlassen und »mit unzallicher frōd« erfüllt worden war, mußte sie sich »wider nider lassen als Got wolt, und kam über den lib, da er vor dem bet lag als ein toder lichnam, und ward ir frist gegeben des sy nit zehand wider in den lib kam, won das sy ob dem lib schwebet ain gůte will, untz das sy sin ungestalt und ungetoni [= Unschöne] wol gesach. Und do sy in recht wol geschowet, wie tödlich und wie jemerlich er was und wie im hobt und hend und alle gelider lagend als ainem toden: do gefiel er ir gar übel und dunkt sy gar ungehür und schmăch. Und kert ir gesicht bald von im wider an sich selber.« Auf Befehl der Engel kehrte im frühen 8. Jahrhundert der Mönch von Wenlock »beim ersten Tagesgrauen« in seinen »hassenswerten, verächtlichen und stinkenden Leib zurück, den er beim ersten Hahnenschrei verlassen hatte«, und im 12. Jahrhundert empfand die *anima* des nordfranzösischen Bauernmädchens Alpais de Cudot den unter ihr liegenden Körper »ungestalt« (*deforme*) und »gleichsam häßlich« (*quasi tetrum*). Ein frühmittelalterlicher Chinese wollte überhaupt nicht mehr in seinen Körper heimkehren, weil dieser einen widerlichen Verwesungsgeruch ausströmte, und nachdem im 16. Jahrhundert die Tibeterin Lingza Chökyi aus ihrem Leib hinausgeschwebt war, sah sie ein totes Schwein im Bett liegen, das ihre Kleider anhatte.[38]

§ 3
Der Tunnel

Nachdem die »Seelenreisenden« ihren Körper verlassen haben, öffnet sich nicht selten vor ihnen ein meist dunkler oder düsterer Tunnel oder eine Höhle. Andere geraten in einen lichtlosen Raum oder in einen dichten grauen Nebel, wobei manche sich nicht trauen, diesen mysteriösen Bereich zu betreten, oder sie werden gegen ihren Willen in ihn hineingesaugt oder -gezogen. So berichtet einer, er sei bei mehreren »Außerkörperlichen Erlebnissen« vor einer Tunnelöffnung gestanden, bis er schließlich den Mut aufbrachte, ein Stück weit in ihn hineinzugehen. Doch bald kehrte er wieder um, denn seine »Ängste waren zu groß«, da er »nicht wußte, was auf der anderen Seite lag«. Ein Mädchen glitt wie von einem Magneten angezogen durch einen Tunnel, in dem sie nichts sehen konnte, weil es vollkommen dunkel war. Aber sie spürte den Luftwiderstand und hörte das Rauschen des Windes, das immer lauter wurde, da sie sich schneller und schneller fortbewegte, was sie in große Aufregung versetzte. Und schließlich berichtete der Schauspieler Curd Jürgens, er sei bei einem Herzstillstand in ein »schreckliches Schattenreich« gelangt, in dem »eine in schwarze Schleier gehüllte Frau, schlank, mit lippenlosem Mund«, auf ihn zukam. Ihre Augen hatten einen Ausdruck, der ihm »eisige Schauer über den Rücken jagte«, und als sie dicht vor ihm stand, sah er »nur zwei schwarze leere Löcher, aus denen das Wesen« ihn »dennoch anstarrte«. Auf seine Frage, wer sie sei, »sagte sie ›Ich bin der Tod‹« und führte ihn mit sich fort. Doch da erschien plötzlich Jürgens' Frau Simone, nahm ihn an der Hand, und gemeinsam ließen sie den Tod und sein dunkles Reich hinter sich.[1]

Eine Frau wurde mit dem Kopf nach unten in einen Strudel gezogen, worauf sie in Panik geriet und vergeblich versuchte, sich festzuhalten. Sie meinte, sie sei mitten in einem Zyklon und würde umhergewirbelt; der verjüngte sich nach einiger Zeit zu einem tiefen Schacht: »Ich versuchte verzweifelt, nach den Wänden zu greifen, aber da gab es nichts, an dem ich mich hätte festhalten können.« Nun verlor sie völlig die Fassung, bis sie schließlich einen Lichtpunkt sah, der immer größer wurde.

Aber als sie nah genug an ihn herangekommen war, erkannte sie, daß es sich nicht um den Ausgang des Schachtes, sondern um einen weißen Totenschädel handelte, der sie aus leeren Augenhöhlen und mit aufgerissenem Kieferknochen angrinste. Da zerplatzte der Schädel, und sie kam in ihrem Körper wieder zu sich.[2]

Manche können den Tunnel nicht verlassen, wie z. B. eine junge Frau, die in einen schwarzen Schacht gesaugt wurde, aber sich jedesmal, wenn sie die Augen öffnete, in ihrem Körper auf der Couch wiederfand. Nach einem Herzinfarkt befand sich ein Mann in einem »tunnelartigen Gewölbe mit einem hellen Fenster am Ende«, auf das er zuschwebte. Aber als er es erreichte, »zog mich jemand oder etwas denselben Weg zurück, den ich gekommen war«. Und auch ein anderer schwebte auf ein Licht zu, »aber kurz bevor ich den Ausgang des Tunnels erreichte, wurde ich zurückgezogen, schwebte zum Eingang, und dieser Vorgang wiederholte sich mehrmals«, ohne daß er den Tunnel verlassen konnte, obwohl er dazu alle Anstrengungen unternahm.[3]

Bisweilen gelangen die Betreffenden nicht in einen Tunnel oder eine Höhle, vielmehr öffnet sich vor ihnen ein dunkler Korridor[4] oder ein Pfad, der durch einen düsteren Urwald oder ein finsteres Tal führt.[5] Am Tag der hl. Katherina wurde die selige Mechthild von Stanz »verzuckt und gefürt in ainem schiff über ain gar schönes wasser, und kam do uff ain gar wites schönes feld, das was recht foll der aller schönesten wunneklichesten blůmen«. Und auch in unserer Zeit überquerte eine Frau auf einem Schiff ein großes Gewässer und sah bereits an einem fernen Gestade ihre verstorbenen Familienmitglieder, die auf sie warteten. Doch kurz bevor das Schiff anlegte, machte es kehrt und fuhr zurück.[6]

Andere schweben in weiße oder graue Wolken hinein[7] oder geraten in dichten Nebel wie eine Frau, die erzählte, der Nebel habe ihr jede Orientierung geraubt und sie habe nur die schwachen Umrisse der seufzenden und stöhnenden armen Seelen gesehen, die ganz in ihrer Nähe vorüberschwebten. Als ein Angehöriger der deutschen Wehrmacht nach dem Krieg in einem russischen Gefangenenlager mißhandelt wurde, sah er sich plötzlich in eine Gegend mit dichtem Nebel versetzt, und auch ein amerikanischer Soldat wurde von einem Unbekannten weggeführt, wobei es immer dunkler und verschwommener wurde wie in einem dichten Nebel. Er bekam es mit der Angst zu tun und gab dem Mann zu verstehen, daß dies nicht der Weg zum Licht sein könne. Doch nach einiger Zeit betraten sie einen langen dunklen Tunnel, bis endlich ein helles Licht erschien.[8]

Trotz der Dunkelheit ist die Passage bisweilen sehr angenehm, wie im Falle einer Frau, die in »einen dunklen, warmen, weichen Tunnel« hinabglitt, und zwar »in einem sanften Bogen nach unten«, wobei sie sich »auf den tiefsten Punkt« zubewegte, nach dem es wieder aufwärts ging.[9] Doch manchmal ist der Tunnel nicht stockfinster, so daß die Betreffenden ihren Schatten auf dem Boden sehen können, und einer teilte mit, der Raum, in den er »nach dem Austritt« gelangte, sei zwar dunkel gewesen, aber »manchmal von einem dämmrigen Licht erfüllt, das weißlich, rötlich oder in einem blauartigen Farbton phosphorosziert[e]«. Ja, einige »Reisende« berichten sogar, der Tunnel sei »hell beleuchtet«, »silbrig-blau« oder an den Seiten mit bunten Lichtern gesäumt gewesen wie die nächtliche Rollbahn eines Flughafens: »Auf einmal«, so eine Frau, »wurde ich wie in so eine Tunnelröhre [gezogen], aber sie war nicht schwarz, sondern es waren Spektralfarben, also Regenbogenfarben. Und hinten war es grell weiß, also ganz überstrahlt!«[10]

Charakteristisch für die Fortbewegung durch den Tunnel ist, daß die Betreffenden nicht aktiv, z. B. wie ein Vogel, »fliegen«, sondern passiv »geflogen werden« oder »schweben«, »gezogen« oder »eingesaugt« werden und eher selten willentlich innehalten, stehenbleiben oder umkehren können. So erzählt eine bekannte Sterbeforscherin, sie sei durch eine geöffnete Lotosblüte zu einer Lichtquelle hingezogen worden, und eine andere Frau wurde durch einen Schacht gezogen und »an einem Lichtort im wahrsten Sinne des Wortes ausgespuckt«. Eine dritte fühlte sich wie ein »Flaumfederle«, das von einem Staubsauger eingesaugt wurde, während ein Mann, ohne daß er etwas dagegen tun konnte, durch eine sich öffnende Tür glitt, die hinter ihm wie ein Garagentor zuklappte.[11]

Vor allem in der esoterisch-spiritistischen Literatur ist sehr häufig die Rede von einer »ätherischen« Schnur, die den physischen mit dem »Astralleib« verbinde (Tf. 5) und mit deren Hilfe dieser wieder in den Körper zurückgezogen werde. Nach verschiedenen Untersuchungen gaben freilich nur zwischen 4 und 9,4 % der befragten Personen, die schon einmal ihren Körper verlassen hatten, an, eine derartige Schnur wahrgenommen zu haben. Aber auch unter diesen gab es nicht wenige, die sie entweder nur ganz undeutlich oder gar nicht sahen und nur das »Gefühl« hatten, irgend etwas verbinde sie mit dem physischen Leib oder ziehe sie in diesen zurück. So ging es mir selber in der eingangs geschilderten »Nahtod-Erfahrung«, und ähnlich berichtete eine Frau: »Plötzlich, als ob jemand ein Gummiband hätte schnappen lassen, wurde ich in den Raum gerissen, in die Kälte, in die Schwärze.«[12]

Andere sahen indessen »die silberne Schnur«, von der das Alte Testament spricht, als ein »fasriges Band«, als »dehnbares Kabel« oder als eine »leuchtende Kordel, die einem Lichtstrahl ähnelte«.»Ich wurde«, so lautet ein Bericht,»von einer ätherischen Schnur hinunter und zurück gezogen, durch ein Fenster in ein Zimmer«, wo mein »starrer und kalter Körper« lag. Und ein anderer »Reisender« schreibt, vom Hinterkopf seines »Astralleibes« habe »eine Art Nabelschnur«, so dick wie ein Gartenschlauch, zu seinem Körper im Bett geführt. Als er sie anfaßte, fühlte sie sich »lebendig und pulsierend« an. Der englische Romancier William Gerhardie verglich seine »Silberschnur« mit »dem starken, breiten Strahl staubigen Lichts, das in einem Kino von hinten auf die Leinwand projiziert wird«, und im Falle einer Frau, die »außerkörperlich« ihr Badezimmer betrat, war das »weißliche« Licht so stark, daß es den ganzen Raum »strahlend erhellte«.[13]

Unter den Personen, die davon berichten, eine ätherische »Nabelschnur« gesehen zu haben, ist auch der Glaube verbreitet, der »Astralkörper« werde durch sie versorgt, d. h. am Leben erhalten, und der Tod trete dann ein, wenn die Schnur reiße. So beobachtete ein Mann, der nach einem Unfall durch einen Tunnel auf ein Licht zuschwebte, wie die Verbindungsschnur »immer dünner und elastischer« wurde und schließlich zu reißen drohte.[14]

Während ein anderer mitteilt, die »Nabelschnur« habe die Geschlechtsorgane des »Astralleibes« mit dem physischen Körper verbunden, hing bei den Unambal am nordaustralischen York Sound die Schlange, auf welcher der Medizinmann wegflog, an einem dünnen Faden, der zum Penis seines physischen Körpers führte. Und auch die Medizinmänner der weiter östlich lebenden Ungarinyin ejakulierten einen solchen Faden, an dem ihre »Seele« hing, wenn sie ins Reich der »Schatten« (*ànguman*) reisten, das meist »auf der anderen Seite der Milchstraße« angesiedelt wurde und wo es »mehr Wasser, mehr Schutz vor der Sonne, mehr Känguruhs und schönere Blumen« gab als hier.

Aber auch in anderen Kulturen war die Vorstellung von einer solchen

Verbindungsschnur verbreitet. So glaubte man einst auf Tahiti, im Augenblick des Todes trete die »Seele« in Form von Dampf aus dem Kopf hinaus und verdichte sich anschließend zu einem »Astralleib«. Dieser bleibe zunächst durch ein ebenfalls aus verdichtetem Dampf bestehendes Seil mit dem Körper verbunden, und erst wenn die Leiche völlig erstarrt war, löste sich das Seil, und der »Astralleib«, der dieselbe Gestalt wie der Verstorbene hatte, flog unter Führung der Geister davon. Und die Schamanen der Samojeden im sibirischen Turuchansk-Distrikt waren mit ihrem Hilfsgeist, der die Gestalt eines Rentiers hatte, durch ein unendlich dehnbares und für normale Augen unsichtbares Lederband verbunden.[15]

Nicht alle »Reisenden« müssen durch eine Passage – so berichtete ein junges Mädchen, nachdem sie aus dem Koma erwacht war: »Ich ging nicht durch einen Tunnel. Ich drehte mich einfach nur um, und da war ich auch schon an diesem wunderschönen Ort«, einem Garten mit einem dreistufigen Brunnen und vibrierenden bunten Blumen. Doch gehen oder schweben dermaßen viele Personen während ihrer »Nahtod-Erfahrungen« durch wie auch immer geartete Tunnel, Höhlen, Gänge, Schluchten und dergleichen, daß man immer wieder nach einer Erklärung für dieses Phänomen gesucht hat.

So haben insbesondere von der Psychoanalyse beeinflußte Forscher die Tunnel-Erfahrung als eine Erinnerung an den Vorgang der eigenen Geburt gedeutet.[16] Eine solche Erklärung kann indessen ausgeschlossen werden: Zum einen haben Personen, die durch einen Kaiserschnitt auf die Welt gekommen waren, nach einer »Nahtod-Erfahrung« ebenso häufig von Tunnel-Erfahrungen berichtet wie auf natürliche Weise geborene. Und zum anderen entspricht das, was ein Fötus bei seiner Geburt erlebt, in keiner Weise dem Erlebnis einer Tunnel-Passage. Kein Fötus blickt während der Geburt nach vorn in Richtung des Körperausganges der Mutter, weshalb er auch keine Lichtquelle am Ende eines Tunnels sieht. Vielmehr hat er zum Schutz der Hornhaut vor dem Fruchtwasser die Augen geschlossen, und er schwebt auch nicht durch einen Tunnel, vielmehr wird er durch einen Geburtskanal gepreßt, der so eng ist, daß sein Schädel verformt, seine Schultern verrenkt und sämtliche Flüssigkeit aus seiner Lunge gequetscht wird. Schließlich ist der Gesichtssinn in der Gebärmutter noch nicht entwickelt. Die Tiefen- oder Distanzwahrnehmung ist beim Menschen – etwa im Gegensatz zu einem Singerl, das schon nach ein paar Stunden richtig einschätzen kann, wie weit ein aufzupickendes Körnchen von ihm entfernt ist – nicht angeboren und entwickelt sich erst im Alter von frühestens 3½ Monaten durch ständige Greifversuche. Desgleichen kann das Neugeborene die Augenmuskeln noch nicht willkürlich bewegen und beide Augen gleichzeitig auf einem Punkt fixieren, weshalb sie planlos umherirren. Anselm Ritter von Feuerbach berichtete, dem Findelkind Kaspar Hauser, das jahrelang in einem dunklen Kellerverlies eingesperrt war, sei es so gegangen wie den Säuglingen, die »alles gleich nahe« sehen und »nach dem glänzenden Knopf des fernen Kirchturms« greifen. So habe Kaspar später erzählt, er habe anfangs nicht unterscheiden können, »was *wirklich* rund, dreieckig oder nur rund, dreieckig *gemalt* gewesen« sei. Erst nach häufigem Anfassen der Dinge habe er einen Sinn für deren Dreidimensionalität entwickelt. Und der Mbuti aus dem Kongo, der bislang ausschließlich im dichten Urwald gelebt hatte, in dem er nirgends weit blicken konnte, griff, als er sich zum ersten Mal auf einem Berg befand, nach den im Tal grasenden Kaffernbüffeln, die er für Insekten hielt. Als der Ethnologe ihm erklärte, das seien Büffel, schüttete er sich vor Lachen aus und sagte, es gäbe keine Rinder, die so winzig seien.

Aber selbst wenn ein Fötus in der Lage wäre, eine Geburt wie die Passage eines Tunnels zu erleben, könnte er sich an das Erlebnis später nicht mehr erinnern, da es keine Erinnerungen an Geschehnisse gibt, die einem vor dem Alter von zwei Jahren widerfahren sind. Deshalb gehen die meisten Mediziner heute davon aus, daß die Erinnerungen an solche frühen Erlebnisse, die sich vor allem unter Hypnose einstellen, Pseudoerinnerungen sind.[17]

Eine andere Erklärung der Tunnel-Erfahrung besteht darin, bei abnehmender Sauerstoffversorgung des Gehirns werde die Illusion eines zur Mitte des Gesichtsfeldes hin heller werdenden Lichtes erzeugt, da sich im Zentrum der Netzhaut viel mehr aktivierbare Zellen befinden als an den Seiten. Aber abgesehen davon, daß die Tunnel-Erfahrung eindeutig von Personen berichtet wird, die nicht unter Sauerstoffmangel litten, sprechen so gut wie alle, die ein solches Erlebnis hatten, keineswegs von einem zur Peripherie des Gesichtsfeldes hin verblassenden Licht, sondern von einem, das sich scharf und deutlich von seiner dunklen Umgebung unterschieden habe.[18]

Man hat behauptet, derartige Erlebnisse seien charakteristisch für die »Nahtod-Erfahrungen« von Menschen, die sich ständig durch Eisenbahntunnel, Fahrstuhlschächte, Unterführungen, lange Korridore und dergleichen bewegten, weshalb Tunnel- und Licht-Erlebnisse von den Angehörigen »nichtwestlicher Kulturen kaum berichtet« würden.[19]

Davon kann freilich keine Rede sein, denn so gut wie überall auf der Welt werden Erlebnisse beschrieben, in denen diejenigen, die ihren Körper verlassen haben, einen dunklen Bereich oder einen Tunnel durchschreiten müssen, bevor sie an einen hellen Ort gelangen. Dem berühmten Widerstandskämpfer der Chiricahua-Apachen, Geronimo, erzählte ein scheinbar im Kampf getöteter Stammesangehöriger, er sei auf dem Weg ins »Land der Geister« zunächst zum Eingang einer Höhle gekommen, aus der ein Maulbeerbaum wuchs. Mit der Erlaubnis des Wächters der Höhle folgte er einem Pfad in die Dunkelheit hinunter, bis dieser an einem riesigen, steil in die Höhe ragenden Felsen endete. Obgleich es stockduster war, gelang es ihm, sich an einem Busch festzuhalten und sich etwa sieben Meter weit auf einen Sandhügel zu schwingen, den er anschließend weiter in die Finsternis hinabrutschte, bis der Gang nach Westen abbog und es allmählich heller wurde. Schließlich war es taghell, obwohl er keine Sonne sehen konnte, und an zischenden Schlangen und Raubtieren vorbei betrat er durch zwei Klatschfelsen »ein grünes Tal, wo viele Indianer lagerten und reichlich Wild vorhanden war«. Von seinem Schutzgeist geführt, schwebte der Hopi Talayesva über die Wüste auf den Gipfel der »Red Cliff Mesa«, von wo sie an einem Yucca-Seil in eine dunkle Höhle hinabkletterten, bis sie in eine helle Kiva gelangten, in der die Geister tanzten. Und als bei einem jungen Hopi aus Oraibi »der Atem aus dem Körper ging«, sah er zunächst überhaupt nichts, da »alles dunkel und still« war. Doch dann wurde es offenbar heller, denn er konnte erkennen, daß er einem Pfad folgte, der durch ein riesiges Kaktusfeld nach Westen führte und an einer steilen Klippe endete. Auch der Crow-Häuptling Plenty-coups wurde von einem Büffel, der sich in einen Mann verwandelt hatte, durch einen finsteren Tunnel auf ein Licht zu geführt, bis sie in eine von der Sonne beschienene Landschaft hinaustraten. Schließlich kehrten beide durch die Dunkelheit an eine Stelle zurück, an der ein Mann im Schatten eines Baumes saß, worauf der Büffelmann zu dem Häuptling sagte: »Das bist du selbst!«[20]

Bei den Iglulik-Eskimo auf der kanadischen Melville-Halbinsel glitt während der Séance der Schamane »hinunter wie durch eine Röhre, die gerade so weit ist, daß er die Fallgeschwindigkeit selbst steuern kann, indem er sich gegen die Wandung preßt«. Und wenn er von seiner Reise zu Takánakapsâluk, dem Geist des Meeres, zurückkehrte, hörten die Anwesenden »ihn schon von weitem kommen, das Sausen seiner Fahrt durch die Röhre kommt immer näher, und mit einem lauten ›Plu-a-hehe‹ schießt er heraus und sitzt wieder auf seinem Platz hinter dem Vorhang, ›Plu-plu‹, wie ein Meerestier, das unter dem Druck mächtiger Lungen an die Oberfläche kommt, um Luft zu schöpfen«. Natürlich handelt es sich dabei nicht um eine »Seelenreise«, sondern um die schauspielerische Darbietung einer solchen, bei der die Schamanen nach dem Löschen sämtlicher Lampen bis auf Stiefel und Handschuhe nackt durch einen Vorhang vom Publikum getrennt waren. Doch allem Anschein nach wurden bei diesen Schauspielen Ereignisse wiedergegeben, die zumindest einige Schamanen während ihrer Initiationszeit tatsächlich erlebt hatten. So berichtete der Iñupiat-Schamane und Heiler Umigluk, er habe in seiner Ausbildungszeit im Untergrund-Iglu plötzlich seinen Körper verlassen, wonach um ihn herum zunächst alles schwarz geworden sei, und der grönländische Angmagssalik-Schamane Teemiartissaq erinnerte sich, bei dieser Gelegenheit sei er wie ein Ertrinkender »in die Dämmerung« gesunken.[21]

Nicht anders ist aus Lateinamerika zu berichten. Als die Cuicatekin María Malinche sich als Kind beim Brombeersammeln in Oaxaca unter einen Baum gesetzt hatte, um sich auszuruhen, erschien plötzlich eine traditionell gekleidete Frau, die mit ihr zum Eingang einer dunklen Höhle flog: »In der Höhle, in einem hohen langen Tunnel, lag eine enorm große Stadt, überall von Fackeln beleuchtet.« Dort saßen Frauen, die Tortillas für die Verstorbenen und die Seelen erkrankter Menschen buken, die sich dort aufhielten. In dieser Stadt lehrte man sie all das, was eine Heilerin wissen mußte. Ein *curandero de aire* der Nahua erzählte, daß er »wie tot« am Boden lag, als die Regengötter erschienen und ihn zwangen, durch dunkle Gebirgshöhlen ihr Land mit Feldern und Dörfern zu besuchen, und auch die künftigen Heiler (*h'iloletik*) der Maya von Chiapas verließen ihren Körper und begaben sich zu den Ahnen tief im Innern des Berges Muk'ta Vits.[22]

Im Alter von 20 Jahren hatte der spätere Quechua-Heiler Aguilar Lázaro ein Erlebnis, das zum Wendepunkt seines Lebens wurde. »Es war

Tag, aber als ich die Augen öffnete, war es Nacht, und ich befand mich in einem Tunnel von etwa drei Meter Durchmesser mit einem Boden, der fast immateriell zu sein schien, wie Eierkrem und mit Wänden wie Marmor oder Fels, der durch den Rauch zahlreicher Kerzen geschwärzt war. [...] Als ich einen Ausgang suchte, [...] rief mich etwas. Irgend etwas saugte mich an wie Luft. [...] Ich hatte das Gefühl, daß da jemand war, aber der Betreffende sagte mir, ich solle nicht weitergehen. [...] An dieser Stelle erschallte der Tunnel ›pum-pum‹, wie wenn er von etwas geschüttelt würde, und plötzlich erhellte ihn ein Lichtstrahl.« Danach war Lázaro davon überzeugt, er sei durch den Tunnel in das Innere des »Fegefeuerberges« der traditionellen Curanderos gesaugt worden, der in Wirklichkeit ein Schloß war, in dem der Inka, der Herr des Berges, residierte und diejenigen, die zu ihm kamen, zu Heilern bestimmte und sie in deren Kunst ausbildete.

Wurde der Quechua durch den Tunnel gesaugt, kletterte Kuruhuinka, ein Kazike der Mapuche, eines Unterstamms der chilenischen Araukaner, über eine Leiter in eine endlose Felsspalte, wobei er »zuletzt das Gesicht der Leiter zuwenden mußte, um nicht aufgrund eines Schwindelgefühls den Halt zu verlieren. Ein dunkelgähnender Abgrund schien sich aufzutun, und nur ein in der fernen Niederung hüpfendes Flämmchen gab mir Mut.« Schließlich kam er an das Ufer eines Flusses, an dem ein Wächtergeist ihm den Weg versperrte. Am jenseitigen Ufer aber erblickte er blühende Bäume, »das Tal der Toten, das unendlich weit war und wo alles grünte«, ein »herrlicher Garten«, in dem »seltsame Tiere sich tummelten«. Doch der Wächter, der zugleich der Fährmann war, machte ihm klar, er könne nach einer Überfahrt nie mehr zurückkehren, weshalb er kehrtmachte und wieder in seinen Körper schlüpfte, »den die Angehörigen bereits als leblos betrachteten«.[23]

In den Bergen Lapplands gibt es zahlreiche Felsspalten und Höhlen, die für Eingänge zur Unterwelt gehalten wurden, aber wie ein Lappe berichtete, tauchte seine Seele nicht dort hinein, sondern in ein Loch hinter dem Haus und flog wie ein Vogel durch einen langen Korridor, umgeben von »pechschwarzer Dunkelheit und schrecklichem Lärm«. Schließlich sah er eine Lichtquelle, die wie ein Stern leuchtete, aber gleichzeitig erblickte er in entgegengesetzter Richtung seinen Körper, der leblos auf der Erde lag. Nachdem er das Licht erreicht und den Korridor verlassen hatte, sah er einen langen Strand, hinter dem sich Berge und weite, mit gelben Blumen bewachsene Ebenen befanden – das Reich der Toten und der Vorfahren. Und die in der Taiga des südwestlichen Tuwa aufgewachsene Schamanin Rosa Nasyk-Dorjou erinnerte sich, wie sich einst kurz vor dem Einschlafen ein Tunnel vor ihr öffnete, durch den ihre »Seele« in die Unterwelt gelangte, »ein Ort, der weder dunkel war noch hell«, sondern »grau mit grauen Bergen und Flüssen«.[24]

Daghurische Schamanen berichteten von ihrer Reise auf dem »schwarzen Weg« und durch die »Schlucht der schwarzen Steppe« zum Palast des Unterweltherrschers Érlik Nomun Khan, während die der Daur-Mongolen einstmals entweder von einem Strudel in die Tiefe gesaugt wurden, einen Brunnenschacht hinunterfielen, in die Quelle eines Flusses eindrangen oder eine pechschwarze Höhle betraten, um nach Ukelun gurun, »das Reich des Todes«, zu gelangen.[25] Ein jakutischer Schamane flog bei seiner Initiation mit seinem Lehrmeister durch ein dunkles Land in ein helles paradiesisches, in dem aus allen Richtungen Leute auf ihn zuliefen und ihn fragten, was denn sein Ziel sei, worauf er antwortete: »Mich führt der Schamane Küstech zum dreimal neunten *oloch*, um mich an diesem Ort zum Schamanen zu machen!« Ein künftiger tungusischer Schamane kletterte nach dem Rat eines Vogels auf einer Leiter zu einem Loch, in das er kroch: »Dort war es dunkel, aber plötzlich wurde es oben hell«, und er befand sich in der oberen Welt. Und ein anderer erinnerte sich, daß ihn zunächst eine »düstere Polarnacht« umfing, die »einen so bedrohlichen Charakter« annahm, daß er es nicht wagte, »selber weiterzugehen«. Deshalb schickte er seine beiden Hilfsgeister aus, nämlich »den Tauchervogel, der tief tauchen und lange unter Wasser bleiben kann«, sowie »die Eidechse, die besonders gut unter der Erde zu gehen vermag«.[26]

Auch in Ostasien beschritten nicht wenige »Seelenreisende« jenen Pfad, den die Koreaner »den Weg der Dunkelheit« (*myöngdo*) nennen. Bejahten nach dem großen Erdbeben von Tang-shan im Jahre 1976 immerhin 16 % der Überlebenden die Frage, ob sie sich bei der Katastrophe »außerkörperlich« durch »einen dunklen, tunnelartigen Bereich« bewegt hätten, so gibt es auch wesentlich ältere Berichte von Chinesen, die eine »dazwischen liegende Dunkelheit« durchschritten haben. Im *Zuo Zhuan*, das im 4. Jahrhundert v. Chr. kompiliert wurde, ist von einem Mann die Rede, der den Versuch unternahm, durch einen Tunnel an den paradiesischen Ort Huang Quan, »Gelbe Quellen«, zu gelangen, wo seine verstorbene Mutter sich aufhielt, und ein Mann namens Huida, der später buddhistischer Mönch wurde, teilte nach einem anderen Text mit, zwei Unbekannte hätten ihn an einem Strick durch eine Stadt geführt, die »extrem dunkel war und aus Eisen zu bestehen schien«.[27]

Auch die japanischen »Seelenreisenden« berichten, daß sie in einem dunklen Raum auf ein mattes Licht zuflogen und an eine Grenze kamen, normalerweise ein Fluß, ein Bach oder ein See, an deren anderem Ufer verstorbene Verwandte oder Bekannte standen. So gelangte eine für klinisch tot erklärte Tai-Chi-Meisterin an einen Fluß, die Grenze zum Totenreich Yomi. Aber als sie eben im Begriff war, ihn zu überqueren, erschien auf der anderen Seite ihre seit langem tote Mutter, die mit besorgter Miene zu ihr hinüberrief: »Komm nicht hierher! Geh zurück!«

Ein japanischer Mönch schwebte dagegen »durch einen dunklen, röhrenförmigen Kelch« ins »Reine Land« des Buddha Amida, nachdem schon im 19. Jahrhundert ein Ainu dem Ethnologen erzählt hatte, er sei den engen Pfad in einer Höhle entlanggegangen, in der er freilich zunächst aufgrund der »dichten Dunkelheit« überhaupt nichts sehen konnte. Nach einer Weile erschien jedoch in der Ferne ein heller Fleck, der um so größer wurde, je weiter er vorankam. Schließlich verließ er den Tunnel und betrat eine in helles Licht getauchte Landschaft mit wunderschönen Wäldern, Wiesen und Flüssen mit sprudelndem Wasser. Dies war die Unterwelt Pokna-moshir, die mit der hellen Himmelswelt Kamui-moshir identifiziert wurde, aus der so mancher Reisende mit einer Botschaft an die Lebenden heimkehrte.

Auch eine philippinische Geistheilerin wurde in einem verjüngten Körper eine Straße entlanggetragen, bis sie durch eine Tür in eine »gähnende Finsternis« trat und eine »alles verschlingende Dunkelheit« durchschritt. »Da tauchte auf einmal in weiter Ferne ein ganz schwaches Licht auf, das allmählich heller wurde, während ich langsam darauf zuging.« Am Ende wartete ein alter Mann auf sie, der zu ihr sagte: »Weißt du, warum du durch diese Dunkelheit gehen mußtest? Merke es dir gut, denn dies ist ein großes Mysterium: Die alles verschlingende Dunkelheit ist schwarz. Schwarz steht für das Böse, und das Böse ist Satan. Dieser Ort heißt Limbo. Hier befinden sich jene Seelen, die noch nicht im Buch des Lebens eingetragen sind und die auf das Urteil Gottes warten.

[...] Du hast großes Glück, mein Kind, daß du es geschafft hast, die Finsternis zu durchqueren!«[28]

War dieses Erlebnis – oder zumindest der Bericht – vom Katholizismus geprägt, ist dies bei den »Nahtod-Erfahrungen« in Indien oder Tibet natürlich nicht der Fall. So wurde ein Mann aus einem Dorf in Bangalore, der vom Baum gestürzt war, von zwei schwarzen Männern durch einen dunklen Urwald mit hohen Bäumen und einem Fluß in eine helle Gegend geführt, und ebenso erging es einer indischen Frau, die ihr Mann so übel zusammengeschlagen hatte, daß sie ohnmächtig zu Boden gefallen war. Eine andere bewegte sich durch einen stockfinsteren Tunnel und vernahm dabei das Klingen kleiner Glöckchen; einer dritten, die von der jenseitigen Region zurückgeschickt wurde, zeigte man dort einen schmalen Weg, der »wie eine Höhle war« und der ins Diesseits führte. Und ein Mann gab an, durch »einen dunklen Raum« geschwebt zu sein. Ein nepalesischer Chetri, der später als Schamane tätig war, erzählte, daß er beim Viehhüten im Dschungel plötzlich einen Wirbelwind auf sich zukommen sah, der ihn alsbald mitriß: »Ich hatte das Gefühl, mich im Auge des Sturms zu befinden und mich immer schneller im Kreis zu drehen. Ich erhob mich in die Luft und hörte Glockengeläut und das Schlagen von Trommeln. Dann befand ich mich in einer vollkommenen Dunkelheit, es war, wie wenn ich durch einen Tunnel ging. Ich verlor das Bewußtsein, und als ich wieder zu mir kam, befand ich mich in einer Höhle voller Licht.«

Ein späterer Schamane der Kulunge Rāi berichtete, er sei bei seiner Initiation von einer starken unterirdischen Strömung bei völliger Dunkelheit und Kälte immer tiefer in die Unterwelt *pāttāl* getrieben worden, aber bei der Rückkehr habe er einen steilen Pfad benutzt. Und ein Schamane der Chepsang erinnerte sich, daß er während der Entführung durch einen *ban jhãkri*, einen Yeti, zunächst ohnmächtig geworden, aber dann wieder zu sich gekommen sei: »Vor meinen Augen war es dunkel. Doch als ich in seinem Haus ankam, verwandelte sich die Finsternis in einen hellen Glanz. Es sah aus wie ein Palast. Ich sah die Gesichter meiner Eltern in dem des *ban jhãkri*, manchmal das meiner Mutter, dann wieder das meines Vaters.«[29]

Der tibetische *délok* (»verstorben und zurückgekehrt«) Tsophu Dorlo wurde einen stockdunklen und engen Pfad (»ohne Sonnen- oder Mondlicht«) entlanggezogen, der zudem »voller Stürme, Fluten und heftigem

Schneegestöber« war, und im 16. Jahrhundert gelangte der »sterbende« Lama Jampa Délok durch einen langen, engen Tunnel in eine Art Limbus mit großen Städten und zahlreichen Menschen. »Nicht wissend, wohin ich ging«, so heißt es in einem mittelalterlichen Führer für Yogis, »kam ich in ein Tal. Das Tal führte nach Norden und war dunkel. [Ich sah] keine Mitreisenden und [hörte] keine menschlichen Stimmen.«[30]

Auf der Reise nach Lewu Liau, dem »Land der Geister«, mußte man bei den Benuaq-Dayak im östlichen Borneo auf einem finsteren Weg durch eine »sehr dunkle« Gegend namens Puntung Krendum, doch dann wurde es offenbar heller. Und während Geister am Wegesrand einen mit Weintrauben, Gesichtspuder und zubereitetem Fleisch versorgten, erreichte man eine Zwischenstation, die »Stadt der Seelen«, die den Reisenden mit Trommelklang empfing. Im Süden Neuguineas betrat ein Kutubu ein sich neben dem Sarg seiner Frau öffnendes Loch, und er schritt durch einen dunklen Tunnel, der nach einiger Zeit heller wurde. Da bemerkte er, daß er sich auf einem Pfad durch einen dichten Urwald befand, und bald darauf sah er auch die Fußspuren seiner verstorbenen Frau, denen er folgte, und so ins Land der Toten kam. Auch ein Kaliai geriet zunächst, nachdem er »gestorben« war, in einen dunklen Bereich, aber irgendwann wurde es hell, und er befand sich im Dorf der Toten, das hinter einer Blumenwiese lag.[31]

Ein Mitglied des südostaustralischen Stammes der Wiradjeri wurde während der Zeit seiner Initiation zum Medizinmann (*wulla-mullung*) durch einen Wombat-Bau, in dem er mit einem Fuß steckengeblieben war, in einen dunklen Tunnel gezogen, durch dessen Ausgang er nach Kating-ngari (»Auf-der-anderen-Seite-des-Meeres«) gelangte, wo ihn der Traumzeit-Heroe Baiami zum »Clever Man« machte. Andere Wiradjeri erreichten diesen fernen Ort, indem sie – ähnlich wie Spiderman – aus ihren Hoden eine *'bu:ru' maulwa*-Schnur schossen, an der entlang sie spinnengleich ans Ziel kletterten, während man in den südaustralischen Musgrave Ranges durch dunkle Wasserlöcher (Abb. 7) dorthin gelangte. Im nordaustralischen Victoria River Valley nahmen die »Blitzleute« eines Tages einen jungen Mann der Yarralin mit ins »Himmelsland«, um ihn zum »Clever Man« auszubilden. Der Weg dorthin war finster. »Him long way place. Really dark there. You can look back this land but can't see much anything.« Und der künftige Heiler der Aranda im Westen der zentralaustralischen Simpsonwüste »starb«

Abb. 7 Frau der zentralaustralischen Pitjandjara an einem Wasserloch der Musgrave Ranges (Zugang zum Jenseits).

vor dem Eingang einer Höhle namens Okalparra und wurde von den Iruntarinia-Geistern zehn Meilen weit durch die Dunkelheit zu deren paradiesischem Wohnort getragen, wo Wasserläufe plätscherten und eine milde Sonne schien. Dort wurde er »wiedergeboren« und zum Medizinmann gemacht.[32]

Nicht wesentlich anders verliefen, wie es scheint, die »Nahtod-Erfahrungen« der Südsee-Insulaner, wobei jedoch jene offenbar seltener das Initialerlebnis eines späteren Heilers oder Priesters waren. So berichtete im 19. Jahrhundert eine Maorifrau, ihre »Seele« sei aus dem Körper geschlüpft und zum Nordkap der neuseeländischen Nordinsel geflogen, von dem von einem modrigen Baum Lianen (*akeake*) in einen schwarzen Schlund hinabhingen. An ihnen ließ die »Seele« sich in die Dunkelheit hinunter und gelangte auf diese Weise ins Reich der Schatten, wo ihr verstorbener Vater und andere Verwandte sie mit dem Klagegesang empfingen, mit dem die Maori nach langer Abwesenheit Heimkehrende zu begrüßen pflegten. Und ähnlich verlief auch in späterer Zeit beinahe die »Seelenreise« eines Maorimannes in die Unterwelt. Nachdem er seinen Körper verlassen und beobachtet hatte, wie dieser zur Bestattung vorbereitet wurde, reiste er »in nördliche Richtung auf den ›Fischschwanz‹ zu«, also offenbar die Nordküste der Nordinsel. »Über den Waikato-Fluß kam ich schließlich zum Te Rerenga Wairu, zur ›Absprungstelle der Geister‹. Ich begann zu *karanja* [= den Ankunftsruf auszustoßen] und ließ meine *tupuna* [= Vorfahren] wissen, daß ich kam. Aber eine Stimme gebot mir Einhalt. Es war [die von] Mahuto [einem verstorbenen Häuptling]. Er sagte: ›Geh dorthin zurück, wo du hergekommen bist, bis [deine Ahnen] bereit sind, [dich zu empfangen].‹ So bin ich nicht gesprungen. Ich machte mich auf und ging zu meinem Körper und meinen Leuten in Waikato zurück.«

Auch die Hawaiianer kannten einst solche »Absprungstellen«, zu denen aus der Dunkelheit ein Baum hinaufgewachsen war, an dem man wie auf einer Leiter »zu den tiefsten Tiefen der Nacht« (*i lalo lilo loa i ka po*) durch ein dunkles Labyrinth in die Unterwelt (*po*) klettern konnte. Derartige Schlünde waren offenbar bisweilen identisch mit den Kratern von Vulkanen, denn um 1900 berichtete eine Frau, sie sei aus ihrem Körper und in den Schlot eines Vulkans gezogen worden, durch den sie ins Jenseits gelangte. Doch dort sagten ihr die Toten, daß sie zurückmüsse, weil sie nicht wirklich gestorben war: »Ich weinte und versuchte zu bleiben, aber sie verscheuchten mich und schlugen mich sogar, wenn ich stehenblieb.« Als eines Tages die beiden auf dem nördlich von Samoa liegenden Pukapuka-Atoll lebenden Seher Wotoa und Te Yoa über dem Korallenriff schwammen, türmte sich plötzlich eine Riesenwelle auf, unter der sich eine Öffnung bildete – das Tor zur Unterwelt *po*, in die sie gespült wurden. Nachdem sich das Tor geschlossen hatte, befanden sie sich in der Finsternis. Sie folgten einem Pfad nach unten, aber er war nicht nur völlig dunkel, sondern auch steil und schlüpfrig. Doch schließlich wurde es immer heller, bis sie auf eine Ebene kamen, auf der ein paar Götter um eine Palme saßen und sich sehr darüber wunderten, daß zwei Lebende zu ihnen gelangt waren.[33]

Nicht selten gingen auch Afrikaner durch einen Tunnel oder einen anderen dunklen Bereich in die »andere Welt«. War es bei den Herero eine finstere Gebirgshöhle, die man durchquerte, so versank in Zentralafrika ein junges Mädchen namens Marwe in einem See, auf dessen Grund sie ein offenes schwarzes Tor erblickte, durch das sie »in eine seltsame, von Dämmer erfüllte Welt«, die der Ahnen, kam, die sich dort »still bewegten und miteinander sprachen«. Doch unstillbares Heimweh nach dem Diesseits erfaßte Marwe, und sie verließ die Schattenwelt und tauchte im See wieder auf. Ähnliches widerfuhr Isaza, dem König der östlich des Albertsees lebenden Nyoro. Als er seine Lieblingskuh verfolgte, die gemeinsam mit einem Bullen aus dem Gehege ausgebrochen war und in einem Kratersee verschwanden, tat er ein Gleiches und geriet immer tiefer, bis alles schwarz war und er nichts mehr sehen konnte. Doch erstaunlicherweise wurde es plötzlich hell, er stand im Freien und erblickte ein Dorf »wie sein eigenes, aber doch irgendwie anders«. In diesem Dorf saß ein Mann wie ein König – der Tod –, der zu ihm sagte: »Jetzt bist du also gekommen!« Schließlich gab es auch bei den Temne in Togo eine Gegend der »Dunkelheit« (*an-sum*), in der nur die »Seher« (*an-soki*) mit ihren beiden zusätzlichen, unsichtbaren Augen etwas erkennen konnten. Diese »Dunkelzone« trennte das Diesseits von der Welt der Hexen und Geister (*ro-soki*), einer großen Stadt mit Palästen aus Gold und Edelsteinen, deren Bewohner Mercedes fuhren und »beefsticka« aus Menschenfleisch aßen.[34]

Die Tunnel- oder Dunkelzonenpassage findet man auch im Vorderen Orient. Flog im späten Mittelalter der schi'itische Mystiker Šamsoddīn Lāhījī wie ein abgeschossener Pfeil durch das »Schwarze Licht« in den ersten (*bāṭin al-falak*) bis neunten (*'arsh*) Himmel, um anschließend in seinen Leib zurückzukehren, wird dieser dunkle Bereich heute meist als ein Tunnel beschrieben. So berichtete ein muslimischer Pilger, der auf dem Weg nach Mekka vor der libyschen Küste ins Meer gestürzt war, dem Arzt, der ihn wiederbelebt hatte, er sei durch einen Tunnel auf ein sehr helles Licht zugereist, und ein Ägypter teilte nach einem Unfall mit, er habe zwar einen Tunnel betreten, aber dessen Ausgang nicht erreicht, weil ein Mufti ihn zurückgeschickt habe.[35]

§ 4
Finsternis und Licht

Ist die Tunnelpassage oder Vergleichbares in sämtlichen Erdteilen verbreitet, nimmt es nicht wunder, daß sie auch in den abendländischen Berichten von »Nahtod-Erfahrungen« seit dem frühen Mittelalter erwähnt wird. Stellte man sich schon in ältesten Zeiten den ins Totenreich führenden »Helweg« als einen Pfad durch einen finsteren Wald vor, so schilderten Entsprechendes die von einer »Seelenreise« Heimgekehrten. Umgab im 7. Jahrhundert den irischen Mönch Fursey ein dichter finsterer Nebel, als er auf dem Totenbett zum ersten Mal von Engeln aus dem Körper gezogen wurde, geriet er auch beim zweiten Mal in einen Bereich tiefer Dunkelheit. Und als etwa in derselben Zeit sein Landsmann Laisrén eine entweihte Kirche neu einweihen wollte und dabei einnickte, nahmen zwei Engel seine Seele in ihre Mitte und führten sie zu einem dunklen Schlund, in dem er den Eingang zur Hölle sah. Aber auch in der »Nahtod-Erfahrung« des englischen Mönches Drycthelm, die vor dem Tod König Aldfriths im Jahre 705 stattgefunden haben muß, wurde jener von jemandem, der »im Aussehen strahlend (*lucidus*)« war, »in Richtung Mittsommersonnenaufgang« zunächst in ein weites Tal geführt, als »sich vor uns die Gegend zu verfinstern und Dunkelheit alles zu erfüllen begann (*uidi subito ante nos obscurari incipere loca, et tenebris omnis repleri*)«. Schließlich war die ganze Umgebung so pechrabenschwarz, daß er nur noch den Umriß und die helle (*clarus*) Kleidung seines Führers erkennen konnte. Aber an der Hölle vorbei in ein glänzendes, helles Licht geleitet, kamen sie zu einer Mauer, von der herab sie »eine sehr weite und fruchtbare Ebene (*campus*) mit leuchtenden Blumen und wundersamen süßen Düften sahen«. Die ganze Landschaft war voller Licht und bevölkert von glücklichen und fröhlichen Menschen.[1]

Auch im berühmtesten Bericht über eine frühmittelalterliche Jenseitsreise, nämlich der des im Jahre 577 gestorbenen hl. Brendan von Clonfert – ursprünglich gewiß die Beschreibung einer Vision, die sich im Laufe der Zeit zu einer realen Fahrt ins Paradies in der Tradition der irischen *immrama* (von ir. *immram*, »umherrudern«) gewandelt hatte –, gerät »sente Brandan«, wie es in einer mittelhochdeutschen Fassung aus dem 12. Jahrhundert heißt, durch »die groze vinsternisse« an sein Ziel. Nachdem er einen dichten Nebel durchfahren hat, stößt er auf eine Insel, die »vinster« ist »so die nacht«. Auf diesem fernen Eiland steht eine Burg, die von dem »herre Enouch« mit dem »grawen barte«, also dem einstmals in den Himmel entrückten Henoch, dem Vater Methusalems und Urgroßvater Noahs, bewacht wird.[2] Und das Buch Henoch verlautet: »Ich [...] gelangte bis zu dem großen Fluß und bis zu der großen Finsternis und ging«, von drei Engeln geführt, »dahin, wohin alles Fleisch wandert«, nämlich in den »Garten der Gerechtigkeit«, in dem der »Baum der Weisheit« steht mit Früchten, die Weintrauben gleichen, und dessen Duft die ganze Umgegend erfüllt,[3] so erinnert auch noch der Brunnen im Hofe der Burg an das »paradyse«, wenn aus ihm »milch vnd win« sowie »olei vnd honicseim« fließen.

Im 11. Jahrhundert schrieb Kardinal-Erzbischof Petrus Damiani, zwei »Aethiopes«, also schwarze Männer, hätten einen jungen aquitanischen Cluniazenser gewaltsam aus dem Leib gerissen und »durch Orte finsterer Dunkelheit getragen« (*per obscurae caliginis eum loca portarent*). Doch gelangte er nicht an einen Ort des Lichtes, vielmehr erschien »plötzlich der selige Apostel Petrus strahlend und leuchtend« und riß ihn von den Dämonen los. Anders erging es dem schwerkranken Propst Ulrich von Völkermarkt, Archdiakon von Kärnten, der am Silvesterabend des Jahres 1240 zunächst auf den felsigen Gipfel eines hohen Berges entrückt und von seinem Schutzengel einen schmalen Pfad entlang zu einem Strom geführt wurde, wo ein Schiff auf sie wartete, das sie durch eine tiefe und finstere Grotte zu einem Tor brachte. Als sie es durchschritten, befanden sie sich unvermittelt in einer »völlig anderen, lieblichen Landschaft« mit »grünen Wiesen« und »die betörendsten Düfte ausströmenden Blumen«, blühenden und Früchte tragenden Bäumen und einem Himmel »voll mit Vögeln«.[4]

Während ihrer Sterbemeditation im Mai 1373 erlebte Julian of Norwich, die vermutlich eine Nonne des dortigen Benediktinerinnenklosters Carrow war, wie es plötzlich um sie herum finster wurde: »My sight begane to faile, and it was alle dyrke aboute me in the chaumber, and mirke [= dunkel] as it hadde bene night, save in the image of the crosse there helde a comon light, and I wiste nevere howe.« Und im frühen

13. Jahrhundert schilderte die flämische Begine Hadewijch, wie sie in eine stockfinstere Wehle gerissen wurde. »Ic lach op ene kerstnacht [= Weihnacht] tene male / ende wart op ghenomen inde gheeste. / Daer saghic ene ouer diepen wiel [= abgrundtiefe Wehle] ende enen widen / ende ouerdonker [= weitausgreifend und stockfinster].«[5]

Recht häufig scheint derartiges von Wallfahrern erlebt worden zu sein, die sich im Purgatorium Sancti Patricii im irischen Lough Derg einschließen ließen, das ab dem 13. Jahrhundert als eine der berühmtesten Pilgerstätten der Christenheit galt, bis es im ausgehenden Mittelalter auf Anordnung des Papstes Alexander VI. zerstört wurde, nachdem sich bei ihm im Jahre 1494 ein Augustinerchorherr aus dem niederländischen Kloster Eemstein, der »zitternd und zagend« (*tremens et horrens*) eine Nacht im Purgatorium verbracht hatte, beschwert hatte, in Lough Derg werde lediglich den Gläubigen das Geld aus der Tasche gezogen. Nach einer Abbildung, die allerdings aus dem 17. Jahrhundert stammt, in dem die Stelle, an der sich das Purgatorium befand, immer noch von Pilgern besucht wurde, bestand es aus einem kleinen schlauchartigen Steinbau, 89 cm hoch und 63 cm breit, in dem die Visionssucher offenbar eingeschlossen wurden. Wie der genuesische Dominikaner Iacopo da Varazze (Jacobus de Voragine) in seiner *Legenda Aurea* mitteilt, befahl Gott einst dem hl. Patrick, an einem bestimmten Ort mit einem Strick einen Kreis zu ziehen, worauf sich an dieser Stelle die Erde öffnete und einen Tunnel freigab, der ins Purgatorium führte. Jedem, der dort hinabsteige, so hieß es, bleibe künftig der Aufenthalt im Fegefeuer erspart, aber die meisten von denen, die es wagten, sollen nicht mehr zurückgekehrt sein.[6]

Es ist durchaus denkbar, daß so mancher, der sich in der winzigen Steinkammer einschließen ließ, infolge von sensorischer Deprivation und Todesangst »Nahtod-Erfahrungen« hatte, wie offenbar nicht selten diejenigen, die in der Antike bei der Einweihung in die Mysterien eine »Vision« (ἐποπτεία) erlebten, die Plutarch wie folgt schildert: »Zuerst Irrgänge (*errores*) und ermüdendes Umherschweifen sowie gefährliches und endloses Gehen in der Finsternis. Dann überkommt einen vor dem Ende selbst Schreckliches, Angst, Zittern, Schweißausbrüche und Erstarren (*horror, tremor, sudor ac stupor*). Schließlich erscheint ein wunderbares Licht, reine und liebliche Wiesen nehmen uns auf, wo Stimmen, Reigen und ehrwürdige Dinge sowie Darbietungen heiliger Erscheinungen sich zeigen (*resonant*).« Todesangst erlebten anscheinend auch viele, die auf einer Leiter in die Höhle des Trophonios im boiotischen Lebadeia hinabstiegen und sich dort auf den Boden legten, um später, auf dem Thron der Mnemosyne, der Erinnerung, sitzend, den Priestern zu erzählen, was sie gesehen und gehört hatten.» Er selbst«, so schreibt Pausanias über denjenigen, der den Abstieg wagte – und er meinte wohl auch sich selber –, »ist dabei noch voll Furcht, sich seiner selbst und seiner Nächsten nicht bewußt. Später wird er – genau wie vorher – wieder bei gesundem Verstand sein, und auch das Lachen wird erneut zurückkehren.« Offenbar nicht bei allen, denn wohl nicht ohne Grund hießen die Betreffenden hinterher »Männer ohne Lachen«.[7]

War dieser »Abstieg« (κατάβασις) ein Gang in das »Haus des Hades« (Ἀίδαο δόμοι), so überschritten auch die Besucher des Purgatoriums die »Schwelle zum Jenseits«, etwa im Jahre 1353 der zum ungarischen Hochadel gehörige Ritter György Krizsatánfi, der hinterher berichtete, er sei von der Steinkammer aus einen Gang hinabgestiegen, und zwar »in gar vil groszer vinster / also daz er nichtes nicht gesach noch enpfand / weder an der rechten noch an der tenkchen seitten / Nur des allain enphand er wol / daz die tritt do er auftrat / vest vnd starkch warn vnder seinen fůeszen.« Nachdem er auf diese Weise eineinhalb Meilen zurückgelegt hatte, bat er den Herrn, »daz er jm widervarn liesz einen schein vnd ein liecht / nach dem er sich richten chůnd / vncz daz er chǎm an das czil / do der gang ein end hiet. Als er nun das pet gesprach / do erschain jm ein liecht her / sam [= wie] durch ain klains ofenlueg jn der grǒsz als ein ochsenawg. [...] Vnd ye mer er abhinsteig / ye merer vnd völliger ward das liecht.« Schließlich gelangte er durch eine Tür auf »ein veld«, auf dem sich »ain ainiger weg« befand, »den er da geen muest«.

Nach György wurde im Jahre 1411 sein Landsmann Baron Lörinc Tar vom Erzengel Michael von der Steinkammer eine finstere Wendeltreppe hinabgeführt, bis sie zu einer endlosen Wiese kamen. Als man ihn später fragte, ob er als Körper oder nur seine Seele an diesem Ort gewesen sei, antwortete er paulinisch: »Raptus fui utrum extra corpore nescio, Deus scit.« Ein weiterer Wallfahrer, ein Abenteurer namens Louis Ennius, berichtete dagegen, es sei ihm beim Abstieg so vorgekommen, als habe ein heftiger Wind ihn durch dunkle, gefrierende Nebelschwaden auf eine riesige düstere Ebene, »schwarz wie ein ausgebrannter

Abb. 8 Engel führt György Krizsatánfi über eine Brücke zu einem Ort,
von dem aus er das Paradies sieht, 1472.

Wald«, getragen, wobei es ihm schien, daß er diese verlassene Gegend, in der zahlreiche Männer und Frauen auf schreckliche Weise für ihre Sünden büßen mußten, in einer beträchtlichen Höhe überflog.[8]

In dieser Zeit gab es vor allem in der Gegend des Niederrheins zahlreiche Altartafeln, auf denen zu sehen war, wie Engel den Verstorbenen dabei behilflich waren, auf goldenen Wegen durch die Finsternis das Paradies zu erreichen. Solche meist zweiflügelige Tafeln standen nicht nur in den Kirchen, sondern waren nicht selten in Privatbesitz. Im illuminierten *Livre d'Heures noir* des Philippe de Mazerolles beispielsweise ist ein von seinen Familienangehörigen umgebener Sterbender abgebildet, vor dem sich an der Wand ein Diptychon befindet, dessen rechte Tafel die *ascensio* der guten Seelen zum Himmel und dessen linke Tafel den Sturz der verdammten in die Hölle zeigt. Auch von Joen van Aken, dem »duvelsmakere«, der später unter dem Namen Hieronymus Bosch berühmt wurde, ist bekannt, daß er vor allem derartige Meditationstafeln mit beidseitiger Bemalung geschaffen hat.[9]

Eine solche Tafel, bei der es sich um den Flügel eines kirchlichen oder privaten Altaraufsatzes handelt, ist Boschs am Ende des 15. Jahrhunderts entstandenes weltberühmtes Bildnis, auf dem Engel die Seelen der Verstorbenen durch die Dunkelheit zu einem Tunnel geleiten, von dessen Ausgang her ein helles Licht strahlt (Tf. 3). Mit an Sicherheit grenzender Wahrscheinlichkeit gehörte es zu jenem Ensemble von vier Tafeln, die Marc Antonio Michiel in Venedig sah und die er als »tela dell'Inferno« sowie als »tela degli sogni« beschrieb – zwei weitere erhaltene Flügelbilder zeigen ja die Hölle und ein drittes das irdische Paradies mit dem Brunnen, aus dem die vier Ströme Euphrat, Tigris, Phison und Gion entspringen (Tf. 2). Man hat immer wieder vermutet, Bosch sei von den Schriften des Brüsseler Domvikars Jan Van Ruisbroek angeregt worden, die als Manuskript bereits im 14. Jahrhundert weite Verbreitung gefunden hatten, oder von Visionsberichten wie dem des irischen Ritters Tnugdalus aus dem 12. Jahrhundert, die in verschiedenen Versionen in ganz Europa kursierten.[10]

Für eine solche Annahme gibt es indessen keine Hinweise, denn im ausgehenden Mittelalter sowie in den darauffolgenden Jahrhunderten war die Vorstellung von einem Aufstieg der Seelen durch einen Bereich der Dunkelheit und einen Tunnel oder Gang weit verbreitet, und Entsprechendes berichteten auch viele Visionäre. Zwischen dem 17. und

19. Jahrhundert erzählten häufig kataleptische Patienten, die während ihrer Bewußtlosigkeit völlig empfindungslos gegenüber Nadelstichen und Einschnitten waren, von Reisen durch Regionen der Finsternis in weit entfernte Gegenden. Im Jahre 1780 notierte die junge Gräfin Franziska von Hohenheim in ihrem Tagebuch, ihr »träumde, Wie Wan mich Christus der Herr Bey der Hand fasste und ich durch einen fenstern Gang geng«, und 1818 schrieb der Reformpädagoge Alfred Diesterweg in sein Tagebuch: »Plötzlich wurde ich entrückt, und die Finsternis umgab mich. Ich stand nicht mehr, lag nicht, schwebte nur ohne Handhabe, ohne Angel, ohne Rückhalt, ohne Stützpunkt in der unermeßlichen Höhe und Tiefe.« Schließlich hatte am Allerseelentag des Jahres 1820 die Dülmener Nonne Katharina Emmerick ein Erlebnis, das dem, was auf Boschs Tafel zu sehen ist, ziemlich nahe kommt: »Unter stetem Flehen und Gebeten« sei sie von einem Engel steil in die Höhe geführt worden, wobei es »Nacht an beiden Seiten« gewesen sei. Und während sie nach oben flog, habe sie neben sich die ebenfalls von Engeln geleiteten »Seelen in diesen Tagen Verstorbener« gesehen, die wie sie vorwärts schwebten. »Unter mir sah ich die Erde voll Nacht und Nebel und die Menschen in Elend und Morast wühlend. Ich war schier die ganze Nacht in diesem schweren Aufklimmen: oft sank ich nieder und meinte herabzustürzen; dann reichte mein voranwandelnder Führer mir die Hand und brachte mich weiter.«[11]

Einige Kunsthistoriker haben behauptet, der vermeintliche Tunnel auf dem Gemälde Boschs sei gar kein Tunnel, vielmehr stellten die sieben Segmente die sieben Himmelssphären dar, an die man noch im Spätmittelalter geglaubt habe. Zu Lebzeiten Paulus' waren die Juden noch der Meinung, es gebe drei Himmelssphären, wobei der dritte und oberste Himmel offenbar das Paradies (παράδεισος) war, der Garten Eden, der nach rabbinischer Lehre nach dem Sündenfall verborgen, d. h. in den Himmel versetzt worden sei, in der Endzeit aber wieder auf der Erde erscheine. In diesen dritten Himmel wurde um 40 n. Chr. Paulus entrückt, und in ihm hielten sich unter der Obhut Gottes die Gerechten nach ihrem Ableben bis zum Jüngsten Tage auf. Gegen Ende des 2. Jahrhunderts setzte sich indessen die Vorstellung von sieben Himmeln durch, wobei das Paradies im dritten verblieb, während der Thron Gottes in den siebten transferiert wurde.[12]

Nun sind auf Boschs Tafel nicht sieben, sondern fünf »Segmente« zu sehen, und aller Wahrscheinlichkeit nach handelt es sich nicht um einzelne Abschnitte oder Teilstücke, vielmehr um Ringe, die dem Tunnel eine Tiefenwirkung geben sollen. Schließlich sind die verschiedenen Himmel, in denen die Verstorbenen sich jeweils einen Tag ausruhen und ergötzen, keine sphärischen Gewölbe, sondern elysische Landschaften mit grünen Auen und Wiesen. »Fui in locum amoenum«, so soll ein vom Scheintod genesenes visigotisches Kind nach dem in der ersten Hälfte des 7. Jahrhunderts verfaßten »Leben der Väter von Merida« gesagt haben, »ubi erant multi odoriferi flores, herbae viridissime, rosae ac liliae, et coronae ex gemmis et auro multae, vela holoserica innumerabilia et aer tenuis flaorali frigore flatu suo cuncta refrigerans.« Und um 1225 berichtete der in Diensten der Herren von Monfort stehende Epiker Rudolf von Ems nach einer lateinischen Vorlage die Geschichte des judäischen Königs Josaphat, in der ein Engel (»geiste«) einen »teil von sînen sinnen« in eine schöne Auenlandschaft entrückt, während sein Leib auf der Erde liegenbleibt, bis seine Begleiter den König wieder aufwecken (»brâhten sâ / wider die gesellen sîn / an sînen sin«). Von dieser paradiesischen Aue mit reinen Wasserläufen, Blumen und Bäumen voller duftender Früchte und Blätter, die von milden Winden zum Klingen gebracht werden, gelangt er schließlich ins Hierusalem Coelestis, das himmlische Jerusalem, in dem sich der Thron Gottes befindet.[13]

Wieder andere Forscher vermuten, Bosch habe mit dem Tunnel die *ascensio* der katharischen *perfecti* dargestellt, die nach ihrem Tode unmittelbar an den »Lichtort« zurückkehrten, von dem sie ursprünglich stammten. Denn nach der Lehre der Katharer glichen die von »Engeln des Lichtes« ins himmlische Paradies geleiteten Verstorbenen von der Erde aus gesehen einer aus Lichtpartikeln bestehenden Säule.

Diese These ist freilich noch abwegiger als die vorherige, denn wie auf Boschs Tafel zu sehen ist, wird der Tunnel ja nicht von den Seelen gebildet, vielmehr schweben die Seelen auf ihn zu und durch ihn hindurch. Und wenn die Katharer verkündeten, die Seelen der Auserwählten kehrten »ohne Kleidung« heim, dann meinten sie nicht, daß die Seelen – wie auf Boschs Bildnis – nackt waren, sondern daß sie keinen Körper mehr besaßen und nur noch aus Licht bestanden. Denn die *tunica*, der Körper, den Luzifer einst geschaffen hatte, war unabänderlich sündhaft und verdorben, während die reine, lichthafte Seele, die im

Körper gefangen ist, stets ein Fünkchen Sehnsucht nach der wahren Heimat bewahrt hat, das auch der Teufel nicht auslöschen konnte.[14]

Von der Vermutung ausgehend, der Tunnel sei in Wahrheit die aus Seelen bestehende Lichtsäule, die ihre Existenz vermutlich der Beobachtung der nächtlichen Milchstraße verdankt, hat eine Historikerin sogar die Auffassung vertreten, Hieronymus Bosch sei mehr oder weniger heimlich ein Katharer gewesen, dessen Vorfahren bereits im 13. Jahrhundert vor der Inquisition von Aachen nach 's-Hertogenbosch in Nordbrabant geflohen waren. Während seines Aufenthaltes in Venedig um das Jahr 1493 habe Bosch vermutlich ein Manuskript der *Visio Isaie* gelesen, das unter den oberitalienischen Katharern verbreitet war, und vielleicht in der Folge selber eine entsprechende »Nahtod-Erfahrung« gemacht, aufgrund deren die Tafeln entstanden seien. »Ohne Zweifel« stelle jedenfalls die Himmelfahrtstafel »den letzten, geheimen Pfad der erlösten Katharer« ins Lichtreich dar.[15]

Dem im frühen 2. Jahrhundert niedergeschriebenen christlichen Bericht über die Himmelfahrt des Propheten Jesaja, der wohl von der jüdischen apokalyptischen Tradition beeinflußt war, ist zu entnehmen, daß Jesaja (Yĕšaʿyāhū) einst Ḥizqiyyāhū (Hiskia), dem König von Juda, weissagte, als sich ihm plötzlich die »Tür in eine fremde Welt« öffnete, nämlich die der sieben Himmel. Der Prophet verstummte unvermittelt, »und sein Bewußtsein wurde von ihm genommen, und er sah die Männer nicht [mehr], die vor ihm standen, und seine Augen waren geöffnet, aber sein Mund war stumm, und das Bewußtsein seiner Körperlichkeit war von ihm genommen, aber sein Odem war [noch], denn er hatte eine Vision«. Während sein Körper dalag »wie eine Leiche«, geleitete ein Engel Jesaja zum Firmament und durch sämtliche sieben Himmel, wobei ein jeder den vorigen an Herrlichkeit übertraf. Im siebten Himmel sah er nicht nur eine unermeßliche Anzahl von Engeln und alle Heiligen, die jemals gelebt hatten, sondern auch den Herrgott selber in strahlendem Licht. Doch der Engel des Heiligen Geistes sprach zum ihm: »Jesaja, Sohn des ʾĀmōs, es ist genug für dich, denn das sind gewaltige Dinge; du hast geschaut, was sonst kein Fleischgeborener [jemals] geschaut hat, und du wirst in dein Kleid [= Körper] zurückgehen, bis deine Tage erfüllt sind. Dann wirst du hierher zurückkehren!«[16]

Fest steht, daß derartige Visionsberichte im 13. und frühen 14. Jahrhundert nicht nur bei den oberitalienischen Katharern, sondern auch bei ihren Glaubensbrüdern in der Languedoc, der Gascogne und der Grafschaft Toulouse keine geringe Rolle spielten. Und in Montaillou sowie den Katharerdörfern der Umgebung gab es sogar *armarières* genannte »Seelenboten«, die angeblich ins Jenseits reisten, um den Verstorbenen Botschaften der Lebenden zu überbringen. Im Herbst 1296 begaben sich der Notar Pierre Authié und sein Bruder Guillaume aus Ax-les-Thermes im oberen Tal der Ariège in die Lombardei, um sich dort ordinieren zu lassen. Gegen Ende des Jahres 1299 kehrten sie in ihre Heimat zurück, um als Missionare und *perfecti* »die Erkenntnis des Guten« (*entendensa del bel*), wie sie ihren katharischen Glauben nannten, zu verbreiten, was indessen beiden später den Tod auf dem Scheiterhaufen einbrachte.

Wie aus einem zu Beginn des 14. Jahrhunderts angefertigten Protokoll der Inquisition in der Languedoc hervorgeht, bekannte der Katharer Raymond Valsiera, sein Glaubensbruder Guillaume Authié habe erzählt, er sei »zum Himmel aufgestiegen« (*ascendit in coelum*). Es ist nicht ganz klar, ob Guillaume behauptete, das selber erlebt zu haben, oder ob er lediglich eine Variante der *Visio Isaie* vorgelesen hat. Aber wenn ersteres der Fall war, orientierte sich sein Bericht zweifellos an dem alten Text, der die Wahrheit des katharischen Glaubens zu bestätigen schien.

In dem Inquisitionsprotokoll heißt es, ein Engel sei Guillaume erschienen und habe ihn aus dem Nacken (*super collum*) durch die sechs Himmel in den siebten geführt, wo Gott ihn fragte, »woher er komme. Er antwortete: ›Von der Erde des Leidens‹ (*de terra tribulationum*). Und er sah im Himmel eine große Helligkeit (*magnam claritatem*), zahlreiche Engel, schöne Obstgärten und Singvögel (*aves cantantes*); dort herrschte eine Freude ohne Traurigkeit; es gab dort weder Durst noch Hunger, weder Kälte noch Hitze, sondern große Annehmlichkeit (*temperies magna*); er sagte dem Heiligen Vater, daß es ihm dort gefiele und er bei ihm bleiben wolle. [Doch] der Vater entgegnete, er könne dort nicht bleiben, denn dem aus der Verderbtheit des Fleisches Geborenen sei dies verwehrt. Er müsse zurück auf die Erde des Leidens, um dort den [wahren] Glauben zu predigen.«[17]

Stellte also Hieronymus Bosch auf seinen Tafeln dar, was seine Glaubensgenossen in Venedig nach ihrem Tode erwarteten, was sie bei ihren »Nahtod-Erfahrungen« erlebt hatten oder was in einer katharischen Variante der *Visio Isaie* zu lesen war? Einmal abgesehen davon, daß niemand weiß, ob Bosch sich jemals in Venedig aufgehalten hat und ob er überhaupt einen lateinischen oder griechischen Text lesen konnte, gibt es nicht den geringsten Hinweis darauf, daß der Niederländer, der seit dem Jahre 1480 geschworenes Mitglied der Liebfrauenbruderschaft (Illustre-Lieve-Vrouwe-Broederschap) in 's-Hertogenbosch war, irgendwann in seinem Leben der katharischen Lehre angehangen hätte. Und nicht nur Boschs Himmelfahrtsbild, auch die beiden Tafeln, auf denen der Sturz der Verdammten in die Hölle und ihr unerfreulicher Aufenthalt daselbst vor Augen geführt werden, widersprechen den katharischen Vorstellungen von dem, was den Ungläubigen nach ihrem Tode blühte. So sagten im Jahre 1400 die Katharerin Kunigunt Strússin und ihre Töchter in Straßburg aus, »daz weder helle noch vegefúre were. Also balde die sele von dem munde schiede, so hette die sele weder helle noch vegefúre.« Schon in einer wohl um die Mitte des 13. Jahrhunderts von einem anonymen Franziskaner verfaßten *Summula contra errores notatos hereticorum* heißt es, die Katharer leugneten nicht nur die Existenz des Fegefeuers, sondern auch die der Hölle, denn wie fünfzig Jahre später die Gebrüder Authié verkündeten, würde am Weltenende die ganze von Luzifer geschaffene Erde in einem Flammenmeer verbrennen, und das sei dann die Hölle. Denn wie es im Buche Hiob heißt, ist die Erde selber das »Land der Finsternis und des Dunkels«, das Land, »da es stockfinster und da keine Ordnung ist, und wenn es hell wird, ist es wie Finsternis«.[18]

Bisweilen berichten Personen, die eine »Nahtod-Erfahrung« hatten, sie seien zwar in einen finsteren Bereich oder in einen Tunnel geraten, aber ohne irgendein Licht zu sehen oder in eine helle Gegend zu gelangen. So wurde eine Frau in einen dunklen Schacht gesaugt, der wie mit Kapillaren und anderen Blutgefäßen ausgestattet war, doch es erschien kein Licht. Vielmehr landete sie auf einer mit dichtem, schwarzem Nebel verhangenen Ebene, auf der offenbar in ihrem Elend versunkene Menschen kauerten oder umherirrten. Auch sie selber wurde von diesem Elend ergriffen und hatte das Gefühl, keine Brüste und kein Geschlecht mehr zu haben. Und eine Engländerin wurde von einem grauen Geistwesen an der Hand genommen und durch ein stockfinsteres Tal geführt. Zwar sagte ihr das Wesen, sie seien auf dem Weg zur Himmelspforte, die sich bei ihrer Ankunft öffnen würde, aber als sie nach einer Weile dort angekommen waren und eine gewisse Zeit vor der verschlossenen Pforte gewartet hatten, ohne daß etwas geschah, wurde das Geistwesen ganz unruhig und rief völlig entsetzt: »Das Licht ist nicht da!« Schließlich kehrten sie um und schritten durch das Tal zurück.[19] Doch taucht in der Mehrzahl der Fälle irgendwann in der Dunkelheit ein Licht auf, dem die »Seelenreisenden« sich langsam – oder auch schnell – nähern.

Nun behaupten zwar die meisten Autoren von Büchern oder Artikeln über »Nahtod-Erfahrungen«, dieses Licht sei gewiß sehr hell, aber keineswegs blendend gewesen, und viele schwärmen davon, es habe eine »unendliche Liebe« ausgestrahlt.[20] Zweifellos gibt es solche Berichte, die freilich sehr häufig von gläubigen US-amerikanischen Christen stammen, die ihre Erlebnisse meist in einer rosarot-verkitschten Sprache wiedergeben, die für europäische Ohren fast unerträglich ist. Und es gibt auch weniger süßliche Beschreibungen des schönen Lichtes von antiken und mittelalterlichen Christen, etwa von Saturus, der verlautete, ihm und seiner Gefährtin sei, nachdem sie »das Fleisch verlassen« hatten und von Engeln geleitet voller Lust in die Höhe geschwebt waren, »ein sehr glänzendes Licht« erschienen, worauf sie »in einen Garten von Rosenbäumen so hoch wie Zypressen« gelangt seien. Vom Jahre 1152 an erblickte Elisabeth von Schönau immer wieder eine Pforte, die sich öffnete, worauf ein überwältigendes Licht erschien, in dem sich zahllose Engel und Heilige sowie die Trinität befanden. Und die hl. Francesca Romana berichtete, im Jahre 1431 sei »ein Licht« gekommen und habe sie »auf ein weites Feld voll von Licht« (*uno grande campo tucto de luce*) gebracht, »wo sich eine äußerst prächtige Weide (*nobilissimo pascolaro*) befand«.[21]

Doch scheint insbesondere in neuerer Zeit eine Mehrheit derjenigen, die während ihrer »Nahtod-Erfahrung« das Licht sahen, dieses eher als matt, neutral, unbeeindruckend und sogar als unangenehm oder blendend erlebt zu haben. »Es war eigentlich kein Licht«, heißt es beispielsweise, »sondern eher die Abwesenheit von Dunkelheit«, oder »Es war einfach nur ein Licht«. Eine Frau, die ein Gefühl hatte, als stürze sie in einen Brunnenschacht, sah auf dem Grund ein blaues Licht, und ein laotischer Hmong-Schamane erblickte ein Licht, das so war wie die Helligkeit, die in einen Raum fällt, wenn die Haustür geöffnet wird.

Andere erleben das Licht intensiver, etwa »gleißend hell und blendend« oder »grell«, wieder andere empfinden es wie den »Widerschein des Feuers hinter den Toren der Hölle«, oder sie fühlen sich wie von Scheinwerfern angestrahlt: »Ich hörte ein Brummen«, so erzählte ein auf dem Operationstisch angeschnallter Mann aus dem Armenviertel von Mexico City, »und fühlte, wie ich fiel und fiel, mit einer unglaublichen Geschwindigkeit. Ich sah ein Licht, wie ein Scheinwerfer, das sich schnell, mit Überschallgeschwindigkeit entfernte. Dann, inmitten dieses Brunnens, dieses Abgrunds, in den ich fiel, sah ich meine Frau stehen..., meine tote Frau, die mir direkt ins Gesicht schaute, mit dem Ausdruck von Wut in den Augen. Ich rief: ›Paula, warte auf mich! Warte, altes Mädchen!‹ Doch sie drehte sich um und ging in den Abgrund hinab. Ich wollte fallen, doch ich schwebte in der Luft, mit ausgestreckten Händen und Füßen. Da erschien meine Tochter Marinita..., sie sagte: ›Papá.‹ Ich fragte sie: ›Bist du auch gestorben, Tochter?‹«[22]

Aus zahlreichen Berichten geht hervor, daß das Licht äußerst unerfreulich oder sogar unerträglich war, so daß die kategorische Feststellung eines Mediziners, das während der »Nahtod-Erfahrungen« aufscheinende Licht werde »nie als unangenehm empfunden«, völlig unzutreffend ist. »Ich hielt diesen Schein nicht aus«, teilte eine Frau mit und »fiel wieder ins Dunkel«, nachdem bereits der Mönch von Wenlock mitgeteilt hatte, sowohl die Engel, die ihn »nach dem Austritt aus dem Körper« in Empfang nahmen, als auch die Mauern des himmlischen Jerusalem glänzten so unerträglich, daß er »keinesfalls zu ihnen aufschauen konnte«. Der englische Philosoph Ayer wurde von einem »äußerst hellen roten Licht« dermaßen geblendet, daß ihm die Augen weh taten, weshalb er sich von ihm abwandte und sich überlegte, wie er es auslöschen könnte, und ein Gleiches widerfuhr einem Inder, der in ein »flaches Land« geführt wurde, das »nicht wie die Erde aussah«, und der dort von einem Licht dermaßen geblendet wurde, daß er fünf Minuten lang die Augen schließen mußte und auch anschließend längere Zeit nichts mehr sehen konnte.

Ein Medizinmann (*tegua*) der Coyaima im Gebiet des Río Magdalena beschrieb, wie eines Nachts sein Körper langsam von den Beinen aufwärts abgestorben sei. Nachdem »der Tod« vom Nabel in die Brust gewandert war, verließ sein *espíritu* den Leib, um die lange und mühsame *viaje al astro* anzutreten. Aber als er den Stern erreicht hatte, ließ dieser ihn zwar, bevor er ihn wieder zurückschickte, an seiner Weisheit teilhaben, aber der *tegua* wurde von ihm geblendet und litt unter seiner großen Hitze. Dagegen sagte eine Frau, »am Ende des dunklen Ortes« sei »ein Licht« gewesen, doch es war »ein kaltes Licht«, auf das sie einige Wesen, die sie nicht sah, aber spürte, hinstießen, und je näher sie dem Licht kam, »um so schlechter fühlte« sie sich. Und auch ein Mann hatte eine so große Angst, aus dem Tunnel »in den seelenlos blendenden Kristall« zu stürzen, daß er verzweifelt schrie: »Oh Gott, ich bin noch nicht bereit, bitte hilf mir!« Ein ähnliches Erlebnis hatte eine Frau, die in »ein schwarzes Loch« eintauchte und ein Licht, »einen rotglühenden Fleck«, sah, »der immer größer wurde, rot und heiß und aus Feuer«. Sie konnte kaum atmen und sank bis an die Waden in eine Art schleimigen Schlick, worauf sie in Panik schrie: »O Herr, gib mir eine letzte Chance!«

In einem Vortrag stellte die Sterbeforscherin Elisabeth Kübler-Ross einmal die Behauptung auf, man dürfe bei einer »Nahtod-Erfahrung« das aus der Dunkelheit auftauchende »Licht nur ganz kurz anschauen«, denn andernfalls könne man nicht mehr ins Leben zurückkehren. Wie so vieles, was Kübler-Ross zum Thema »Nahtod-Erfahrung« gesagt oder geschrieben hat, ist auch diese Aussage aus der Luft gegriffen. Denn alle diejenigen, die von dem Licht nicht geblendet wurden oder aus einem anderen Grund die Augen schließen mußten, betrachteten es längere Zeit und zum Teil mit Wohlgefallen, ohne daß dies ihrer Rückkehr im Wege stand. So wurde z. B. eine Frau von jemandem am Unterarm »einen langen Gang hinunter« geführt, wobei sie die ganze Zeit ein purpurrotes Licht sah, das sie indessen nicht erreichte, da die Wiederbelebungsmaßnahmen erfolgreich waren.

Und nachdem im 6. Jahrhundert Bischof Salvius nach vier Tagen angeblicher Leichenstarre kurz vor seiner Beerdigung wieder zu sich kam, berichtete er, zwei Engel hätten ihn durch das Weltall und schließlich durch ein Tor geführt, »das heller strahlte als dieses Sonnenlicht«, wobei ihn die eingehende Betrachtung des strahlenden Tores offensichtlich nicht an der Rückkehr hinderte.[23]

§ 5
Jenseits des Tunnels

Immer wieder betonen »Seelenreisende«, die Landschaft, in die sie nach Verlassen des Tunnels gelangt seien, habe geleuchtet oder die Farben seien besonders intensiv gewesen, was auch ich selber nach meiner eingangs geschilderten »Nahtod-Erfahrung« bestätigen kann. Über die jenseitige Wiese, auf der eine Frau sich plötzlich befand, sagte sie: »Alles war in einem wunderschönen glänzenden Licht, nicht strahlend, sondern glänzend. Es war ein Licht, das überall durchdrang und überall leuchtete: also aus dem Boden heraus und von den Bergen. Es leuchtete eigentlich überall. Alles war so real wie diese Welt hier, nur leuchtender, als wäre das, was ich hier in der Welt angucke, das Negativ und das andere das Foto, das bunter ist.« Anscheinend aus Demut verlautete im 13. Jahrhundert die Kölner Begine Christina von Stommeln kaum etwas über ihre »Nahtod-Erfahrungen«, aber zu dem wenigen, das sie sagte, gehörte die Mitteilung, sie sei einmal, als die Teufel sie in den Rhein geworfen hatten und sie untergegangen war, in ein leuchtendes Paradies gelangt.

Eine Frau wurde auf »eine Wiese« entrückt, »die von Bäumen umsäumt war, von denen jeder von innen heraus leuchtete«; eine andere sagte über die Wiese, die sie betrat: »Sie war smaragdgrün, und darüber strahlte ein leuchtend blauer Himmel. […] Die Wiese war in helles, weiß- und lavendelfarbiges Licht getaucht, aber es blendete mich nicht.« Und ein britischer Soldat, dessen Panzer im Zweiten Weltkrieg von einer deutschen Granate getroffen worden war, schwebte durch einen Tunnel in eine Landschaft mit gedämpftem Licht »like the sort of light you will get on a late spring/early summer morning just after sunrise when there's a certain amount of mist around«. Die Ojibwä auf den Ebenen Manitobas und Saskatchewans nannten ihr Jenseits »das leuchtende Land«, was ein Stammesmitglied unterstrich, der – in den Körper zurückgekehrt – erzählte, das Licht sei drüben viel heller als im Diesseits. Auch der byzantinische Heilige Andreas Salos hatte in der ausgehenden Antike eine »Nahtod-Erfahrung«, die darin bestand, daß ein von Gott gesandter Junge ihn in einen wundersamen Garten führte, der »unbeschreiblich leuchtete«. Ein Amerikaner gelangte dagegen durch einen dunklen Tunnel in eine unbekannte Stadt »mit Gebäuden wie aus Glasziegeln erbaut, die von innen heraus leuchteten«, und eine für klinisch tot erklärte Frau berichtete, Jesus habe sie durch die dunklen Straßen einer nächtlichen Stadt in eine schmutzige Bar geführt, in der sich zum Teil betrunkene Männer aufhielten, von denen sie jedoch nicht bemerkt wurden. Die Barbesucher waren »von einem mattleuchtenden Glanz umgeben, fast wie mit einem elektrischen Feld an der Oberfläche ihrer Körper. Dieses Leuchten bewegte sich, wenn sie sich bewegten, wie eine zweite Haut, wie ein blasses, kaum sichtbares Licht«.[1]

Bestanden die städtischen Bauten des erwähnten Amerikaners unserer Zeit aus Glasziegeln, so betrat im Jahre 1594 Ana de San Augustín, eine Schülerin Teresas von Ávila, eine große kristallene Stadt, in der sie nicht nur ihre verstorbenen Eltern traf, sondern auch Gottvater und Jesus sah, die umgeben von sie preisenden Engeln auf dem Thron saßen. Alles in dieser jenseitigen Stadt leuchtete aus sich selber heraus, und nichts warf einen Schatten. Zwar zog die Münsterländer Nonne Katharina Emmerick bisweilen mit Jesus »über Berge, Täler und Flüsse«, doch im Jahre 1817 führte sie ein engelhafter »Begleiter« zum Gipfel eines Berges, auf dem eine Stadt »mit herrlich glänzenden Toren« und vielen Menschen lag, unter denen sich auch Jesus befand, der sie »mit seinem heiligen Leib speiste«.

Ein Angehöriger der Mekeo im Süden Neuguineas, der zwei Tage im Koma gelegen hatte, berichtete anschließend, seine Eltern und zwei seiner Söhne, die ebenfalls verstorben waren, hätten ihn mit einem Lastwagen abgeholt und in eine große, ansehnliche Stadt mit hellen, sauberen Straßen und einem leuchtendblauen Himmel gefahren. Sämtliche Gebäude dieser »Stadt des Todes« bestanden aus Glas, und in eines dieser großen Häuser, nämlich das Gerichtsgebäude, wurde er alsbald gebracht. Dort fragte ihn ein weißer Richter, ob er jemals Schweine gestohlen oder es mit der Frau oder der Tochter eines anderen getrieben habe. Als er dies zugab, sagte ihm das Gericht, er dürfe wieder ins Leben zurück, weil er nicht gelogen habe. Bereits unmittelbar nach dem Zweiten Weltkrieg waren in Neuguinea männliche und weibliche Propheten aufgetreten, die verkündeten, sie hätten in der »Stadt der Toten« über den Wolken riesige Lagerhallen voller westlicher Güter gesehen, und einer hielt nach seiner Jenseitsreise bisweilen eine Muschel ans Ohr, die er angeblich in dieser Stadt vom »God Kilibob« erhalten hatte, damit er mit ihm telephonieren könne. Schließlich erwarben die in der Madang-Provinz von Papua-Neuguinea lebenden Ngaing bei der Taufe »ein Tikket«, mit Hilfe dessen sie nach dem Tode in den »Himmel« (*heven*) oder an den »heiligen Ort« (*ples santu*) reisen konnten, wo die Ahnen und die Weißen wohnen. Und einer, der schon zu Lebzeiten mit den Ahnen in Kontakt getreten war, erzählte: »Da arbeiten nur Maschinen. Da gibt es Kaufhäuser, zwei- und dreistöckige Häuser. Die Menschen sind glücklich. Keine harten Arbeiten. Alles ist gut. So haben es mir die Toten gesagt.«[2]

Schon diese wenigen Beispiele aus verschiedenen Kulturen machen deutlich, daß die Behauptung zweier Ethnologen, die »Nahtod-Erfahrung« sei durch alle Zeiten und Gesellschaften hindurch dieselbe und daher »kulturunspezifisch«, falsch ist. Und ebenso unzutreffend ist offenkundig die Feststellung eines Psychiaters, in der es heißt: »Tatsächlich scheinen die jeweiligen Jenseitsvorstellungen mehr aus Nahtod-Erfahrungen zu resultieren, als daß sie diese prägen.« So zeigen die Erlebnisse der scheinbar Gestorbenen aus Neuguinea eindeutig, daß ihre jenseitige Welt, in der sie sich kurzfristig aufhielten, von den Erfahrungen geprägt waren, die sie während des Zweiten Weltkrieges und in der unmittelbaren Nachkriegszeit durch den Kontakt mit der amerikanischen und der australischen Zivilisation gemacht hatten. Und wenn Jesus die Amerikanerin in eine Spelunke mit Betrunkenen führte, so muß man wohl annehmen, daß diese »Nahtod-Erfahrung« auf Erlebnisse in realen Kneipen zurückzuführen ist und nicht umgekehrt.

Die Beispiele führen aber auch vor, daß die Behauptung vieler »Nahtod«-Forscher, jenseits des Tunnels beggne man nur noch »Dingen, die nicht von dieser Welt« seien, oder der jenseitige Bereich habe »den Charakter einer ›anderen Welt‹«, nicht den Tatsachen entspricht. So gelangte ein Engländer in einen altmodischen, typisch englischen Garten mit einem üppigen, samtenen Rasen, wie er ihn von zu Hause kannte, und eine Frau der südöstlich des ostafrikanischen Rudolfsees lebenden Samburu betrat eine Weide voller Kühe, wobei deren Euter allerdings etwas größer waren als die des diesseitigen Viehs. Im 19. Jahrhundert erfuhren die Geistermedien von den Verstorbenen, diese hätten zunächst gar nicht erkannt, daß sie tot waren, weil das Jenseits so aussah wie der Ort, den sie verlassen hatten, und dasselbe hörte auch ein Kardiologe von seinen reanimierten Patienten, die aus dem Jenseits zurückgekehrt waren. Mit Befriedigung nahm ein Verstorbener im »Summerland« zur Kenntnis, daß es dort sogar Sportveranstaltungen, Whiskey-Soda und Zigarren gab, wenn auch Spiritisten wie der Schriftsteller Conan Doyle oder der amerikanische Hellseher und Prophet Andrew Jackson Davis Wert auf die Feststellung legten, daß das »Summerland« und alles, was sich in ihm befand, aus einer »ätherischen« Materie bestand, die wesentlich feiner war als die gewohnte irdische.[3]

Gelangten die oben angeführten »Reisenden« vorwiegend in jenseitige Städte, scheinen freilich insgesamt die mehr oder weniger paradiesischen Landschaften oder Gärten zu überwiegen. Wurde eine Frau in der Nacht aus ihrem Körper gezogen und von einem »seltsamen Wesen« durch einen glitschigen und unangenehmen, dunklen Bereich in ein trübes, dunstiges Tal geführt, wo sie unter anderem eine gesichtslose Gestalt sah, die sie »gedanklich« zurückschickte und von der sie »wußte«, daß es ihre verstorbene Großmutter war, so wird doch eher von einem *locus amoenus* berichtet, in dem die Betreffenden sich wiederfinden. Eine Mexicana erlebte dabei ein volles Programm, in dem sie zuerst das christliche Jenseits mit Hölle, Fegefeuer, den Limbus der ungetauften Kinder und das Paradies, einen »sehr schönen Ort mit vielen Blumen«, durchwanderte. Doch zuletzt gelangte sie nach Tlalocán, das im Osten vermutete Jenseits der Azteken, das im Gegensatz zu Mictlán, einer im Dämmerlicht liegenden Wüste, eine hell erleuchtete paradiesische Landschaft ist. Dort brachte man der Frau die Heilkunst bei, doch bald kehrte sie wieder in ihren Körper zurück: »Als ich wieder Gefühl in den Gliedern bekam, lag ich auf einem Tisch, umgeben von Blumen und Kerzen. Meine ganze Verwandtschaft hatte sich versammelt, denn ich war ja gestorben.«

Im Jahre 1799 ging der spätere Seneca-Prophet Handsome Lake auf einem Weg einer leuchtenden Lichtquelle entgegen, als ihm der betörende Duft von Blumen entgegenwehte, Vorboten des Paradiesgartens, in dem er schließlich seine Ahnen traf. Durfte im Jahre 1353 der ungarische Ritter György Krizsatánfi nur einen kurzen Blick ins Paradies werfen (Abb. 8) – betreten durfte er es, wie ein Engel ihm sagte, erst nach dem Tode –, »wanderte« im frühen 13. Jahrhundert die flämische Zisterzienserin Beatrijs van Tienen, genannt van Nazareth, beschwingt und fröhlich über »die wunderbaren Wiesen« des Himmels, nachdem sie in ihrem Geburtsort Tienen in der Nähe von Brüssel aus ihrem Körper »geklettert« war und die Erde hinter sich gelassen hatte. Und schließlich stieg der spätere Tamang-Schamane Bhirendra, nachdem er tagelang gefastet und die Trommel geschlagen hatte, durch die Fontanelle aus seinem Kopf und flog in einen wunderschönen Garten mit bunten Blumen, einem anmutigen Teich und golden schimmernden Bäumen. An diesem Teich stand ein hohes Gebäude mit einer goldenen Treppe, die nach oben führte, wo der Gott Ghesar Gyalpa thronte, der ihm Milch zu trinken gab und ihm sagte, er werde eine Kraft (*śakti*) erhalten zum Wohle der Tamang.[4]

Im 4. und im 5. Jahrhundert wurden in China zahlreiche visionäre »Seelenreisen« ins »Reine Land« des Amitābha Buddha aufgezeichnet, so z. B. die des Cheng Daohui, dessen gutes Karma gewährleistete, daß er ganz bequem und ungefährdet auf einer »geraden und flachen« Straße dorthin gelangen konnte, während all diejenigen mit einem schlechteren Karma sich durch ein dichtes Dornengestrüpp quälen mußten. Häufiger aber schwebten oder flogen die Betreffenden in dieses Westliche Paradies des Mahāyāna, etwa im 17. Jahrhundert ein Mann, den man bereits in den Sarg gelegt hatte, weil man ihn für tot hielt. Doch nachdem seine Beine gefühllos geworden waren, verließ seine Seele den Kopf durch die Fontanelle. Und ein chinesischer Mönch beschrieb, wie er sich von seinem Körper löste und »durch einen leeren Raum« das Westliche Paradies erreichte.

Vor langer Zeit, so lautet eine alte Überlieferung, gelobte ein Mönch namens Dharmākara vor einem Erleuchteten, der Buddha Lokeśvarāja hieß, er werde eines Tages, wenn die Zeit erfüllt sei, mit seinem positiven Karma ein Buddhaland von äußerster Reinheit schaffen. Wer in diesem Land lebe, habe keinerlei Bedürfnisse mehr und sei auf dem Wege ins *nirvāṇa*, das er ohne jede weitere Anstrengung erreiche. Nach langer Zeit wurde Dharmākara selber erleuchtet und war von da an Buddha Amitābha (»Grenzenloses Licht«) oder Amitāyus (»Grenzenloses Leben«), und als solcher schuf er das Reine Land Sukhāvatī, das Land der Unermeßlichen Glückseligkeit, in dem niemand, der nach seinem Tod dort wiedergeboren wurde, erneut dem *saṃsāra* anheimfallen konnte. »In diesem Land, o Ānanda«, so verlautet die Sukhāvatī-Vyūha-Sūtra, »gibt es keine Höllen, keine Tiere, keine Geister oder *asuras*, keine unheilvollen Orte, in die man wiedergeboren werden könnte. In dieser Gegend des Landes der Glückseligkeit, Ānanda, verströmen viele Blumen, vor allem der Lotos, wohlriechende Düfte, sie überbordet an Flußläufen mit süß duftendem Wasser, lieblicher Musik und allen Arten von Gewächsen und Früchten und ist geschmückt mit Juwelenbäumen, die von Scharen verschiedener Vogelarten besucht werden, herbeigezaubert durch die wunderbare Kraft des Buddha.«[5]

Manche Japaner versuchten durch konstanten Schlafentzug, sensorische Deprivation, endloses Rezitieren von Mantras, vor allem das neunzigtägige Rezitieren des heiligen Namens Namu-Amida-Butsu, eine Konfrontation mit dem Tod oder sogar durch Selbstmord das Westliche Paradies des Buddha Amida zu erreichen, das in Japan Saihō Jōdō hieß. *Fudaraku tokai* wurde ein Ritual genannt, in dem sich ab dem 9. Jahrhundert buddhistische Priester vom Strand unterhalb der Kumano-Berge, in denen das alte japanische Totenreich lag, in einem ruderlosen Boot aufs offene Meer treiben ließen, und zwar in der Hoffnung, auf diese Weise in das Westliche Paradies zu gelangen, das ursprünglich Potalaka, japanisch Fudaraku, hieß. Nach Berichten der jesuitischen Missionare aus dem 16. Jahrhundert versuchten viele Priester, die weite Fahrt in das im südlichen Meer liegende Paradies des Bodhisattva Avalokiteśvara, japanisch Kannon, das inzwischen Kumano, das Totenreich des Volksglaubens, abgelöst hatte, zu verkürzen, indem sie einen Felsbrocken an ihren Leib banden, ihre Kleidung mit Sand und Kieselsteinen beschwerten und anschließend entweder ins Meer sprangen oder ein Loch in den Rumpf des Bootes bohrten, damit dieses unterging.

Erkletterten in alten Zeiten die Verstorbenen hohe Berge, um auf deren Gipfeln weiterzuleben, waren diese in späterer Zeit vor allem für die Asketen des Shugen-dō Brücken, die in die jenseitige Welt führten. Ab dem frühen 9. Jahrhundert wurden zahlreiche Geschichten von solchen Jenseitsreisenden erzählt, etwa von einem Ōtomo-no-Yasuko, der eines Tages das Bewußtsein verlor, worauf er den »Göttlichen Goldgipfel« (*Kane-no-mitake*) erklomm und durch einen Tunnel eine paradiesische Welt erreichte. Ein anderer bekam keine Luft mehr und wurde ohnmächtig. Anschließend verließ er seinen Körper und gelangte durch eine finstere Berggrotte zunächst in die Unterwelt und dann ins Westliche Paradies Saihō Jōdō. Und ein dritter, nämlich der Asket En, der als »Vater des Shugen-dō« gilt, soll zunächst dreißig Jahre lang in einer dunklen Höhle des Berges Katsuragi gelebt haben, in der er übernatürliche Fähigkeiten erwarb. Diese ermöglichten es ihm, durch einen Wasserfall in die tiefsten Tiefen der Drachenhöhle vorzudringen, um dort durch das Diamanttor das »Reine Land des Nāgārjuna« zu betreten.

Spätestens im 15. und 16. Jahrhundert wurden indessen die »Seelenreisen« der *yamabushi* (»die sich im Gebirge niederlegen«) oder *shugenja* (»die außergewöhnliche Kräfte entfalten«) durch die Zeremonie des *mineiri*, der Pilgerfahrt auf den heiligen Berg, ersetzt. In weißen Gewändern – ihren späteren Leichenhemden – zogen die Pilger zum »Tor des Todes« (*shimon*), wie es bereits in einem Text vom Jahre 1465 heißt, und so gekleidet klettern auch heute noch die mit Stirnbändern versehenen Kannokura-Pilger auf einem steilen Pfad zum »Krötenfelsen«, Fackeln aus Kiefernholz in den Händen, während um den mächtigen Felsblock ein *shimenawa* genanntes Seil geschlungen ist, das einst die *shugenja*-Asketen benutzten, um beim Aufstieg die Felsen und Klippen zu bewältigen. »Den Berg betreten« (*nyūba*) bedeutet »sterben«, und so ist auch heute noch die Pilgerreise auf den Berg eine symbolische »Nahtod-Erfahrung«, wobei bestimmte Regionen des Berges die Unterwelt (*jikogu*) und das Reine Land (*gokuraku*) verkörpern, während die dunkle Unterwelt eine notwendige Etappe auf dem Wege ins Paradies darstellt. Allerdings konnte die symbolische Reise bisweilen zu einer tatsächlichen »Nahtod-Erfahrung« führen oder sich sogar in eine »Reise ohne Wiederkehr« verwandeln. Denn wenn die Shugen-dō-Pilger auf dem Gipfel des Kumano-Gebirges angekommen waren, nachdem sie die acht Blumenblätter der Gebärmutter (*taizōkai*) durchquert hatten, ließen sie sich an einem um ihren Leib geschlungenen Seil über die steile Klippe Nishi-no-Nozoki hängen, damit sie dem Tod ins Angesicht blicken konnten. Ein *yamabushi* hielt sie währenddessen an den Beinen fest, ließ sie jedoch für einen Augenblick los, so daß die Pilger dachten, sie stürzten in die Schlucht (Abb. 9). In diesem Moment der Todesangst hatten offenbar manche Pilger eine »Nahtod-Erfahrung«, d. h., sie betraten das Reine Land des Buddha Amida. Nachdem der Bergasket die Betreffenden auf den Felsen zurückgezogen hatte, kletterten diese weiter, bis sie schließlich zu einem schmalen Felssims kamen, an dem sie sich – mit dem Rücken zur Wand und den Abgrund vor Augen – entlangtasten mußten, um sich zu guter Letzt in einem lebensgefährlichen Akt vom

Abb. 9 Japanischer Pilger hängt von der Nishi-no-Nozoki-Klippe über dem Abgrund.

»Felsen der Gleichheit« (*Byōdō-no-Iwa*) über den freien Raum zu einer anderen Felsklippe zu schwingen.[6]

Eine Methode, einem Sterbenden den Zugang zum Westlichen Paradies zu ermöglichen, bestand im mittelalterlichen Japan darin, daß man am Fuß seines Bettes eine Figur des Buddha Amida aufstellte, an der Schnüre befestigt waren, die der Todgeweihte in den Händen hielt. Wenn dann unmittelbar vor dem letzten Atemzug Amida in seiner Lichtgestalt erschien, führte dieser den Betreffenden an den Schnüren ins Reine Land. Hieß es noch in der Karmavibhaṅga-Sūtra, das Aufgeben jeglicher Haftung an Sinnlichem im Augenblick des Todes mache ein ausschweifendes und lasterhaftes Leben wett und verbürge eine gute Wiedergeburt, und verlautete im 5. Jahrhundert das Kuan Wu-liang shou ching, Amitābha Buddha erscheine nur demjenigen auf seinem Sterbebett im vollen Glanze und geleite ihn ins Paradies, der die Meditationspraxis vollkommen beherrsche, so genügte es später in Japan, unmittelbar vor dem Verlust des Bewußtseins zehnmal an Amida zu denken und seinen Namen auszusprechen, damit der Buddha erschien, um den Sterbenden vor dessen Wiedergeburt im Reinen Land willkommen zu heißen.

War es in Süd- und Ostasien meist der Buddha Amitābha bzw. Amida, der erschien, um die Sterbenden abzuholen, übernahmen in Europa im Mittelalter und in der Frühen Neuzeit meist Engel diese Aufgabe, während es in der Moderne eher nahestehende verstorbene Verwandte, vor allem Eltern und Ehegatten sind, die am Sterbebett auftauchen. Im Spätmittelalter riefen die Sterbenden häufig nach der Letzten Ölung den Erzengel Michael an, zu kommen und sie ins Jenseits zu geleiten, und nach dem um das Jahr 1200 niedergeschriebenen *Exordium magnum Cisterciense* sehen die Menschen auf dem Sterbebett, wie Scharen von weißgewandeten Personen und Engelschöre nahen, um sie in Empfang zu nehmen. Als die hl. Elisabeth 1231 im Alter von 24 Jahren auf ihrem letzten Lager die heiligen Sakramente empfing, hörten die Umstehenden in dem Augenblick, in dem sie bereit war, sich »auf den Weg in die wahre Heimat« zu machen, »deren Licht ihr liebevoll entgegenleuchtete«, angeblich einen lieblichen Gesang, obgleich die Sterbende ihre Lippen nicht bewegte. Gefragt, wer da singe, entgegnete sie mit der Frage, ob die Anwesenden die Singenden denn nicht sehen könnten. Und ihr Beichtvater schrieb anschließend, es sei unmöglich, daran zu zweifeln, »daß es sich dabei um St. Michael mit seiner himmlischen Schar gehandelt« habe.[7]

Zwar warnten vor allem im Spätmittelalter viele Theologen davor, nicht nur während des Schlafes, sondern namentlich auf dem Totenbett pflanze der Teufel besonders den Frauen allerlei »pilde« oder »gesichten« ein, die diese für bare Münze nähmen. Doch noch im Jahre 1590 erzählte Philip Stubbes, seine junge Frau Katherine habe ihm, als sie kurz nach der Geburt ihres Kindes im Sterben lag, gesagt, sie sehe zahlreiche Engel, die auf feurigen Streitwagen gekommen seien, um sie vor dem Teufel zu bewahren und sie abzuholen. Freudig habe sie sich ein letztes Mal im Bett aufgerichtet und ihren Geleitern die Hände entgegengestreckt.[8]

Gelegentlich kommt es auch heute noch vor, daß Sterbenden ein Geleitengel erscheint, wie z. B. einem Mann, der mit dem Engel verhandelte, um Zeit zu gewinnen, damit er sich noch von seiner Tochter und deren kleinem Sohn verabschieden konnte, die in aller Eile herbeigeholt wurden. Doch eine Untersuchung ergab, daß fast die Hälfte aller Menschen auf dem Totenbett Verstorbene sahen, wobei 91% von diesen die Verstorbenen als nahe Verwandte erkennen konnten. »There is Mother!« rief ein sterbender Engländer aus. »Why, Mother, have you come here to see me? No, no, I'm coming to see *you*! Just wait, Mother, I am almost over! I can jump it. Wait, Mother!« Eine sterbende Frau erhob ihre Hände und rief: »O liebe Mutter, du bist gekommen, um mich nach Hause zu holen! Ich bin so froh!« Und ein junges Mädchen sagte: »Ja, Oma, ich komme, warte nur noch einen Moment, bitte!« Als ihr am Bett sitzender Vater fragte: »Hattie, siehst du denn die Oma?« erwiderte sie etwas überrascht: »Ja, Papa, kannst du sie nicht sehen? Sie ist doch da vorn und wartet auf mich!«[9]

Nach der erwähnten Befragung reagierten 41% der Sterbenden auf die verstorbenen Verwandten, die gekommen waren, um sie abzuholen, positiv, 29% jedoch negativ, und einige waren voller Angst, während wiederum andere das Gefühl hatten, die Zeit zum Sterben sei noch nicht gekommen. So sagte eine Frau auf dem Sterbebett zu ihrer verstorbenen Mutter: »Es ist noch nicht Zeit, daß du kommst!«[10] Andere sehen Personen in einem wunderschönen Licht, oder sie sehen und hören so deutlich wie seit vielen Jahren nicht mehr: Eine alte und blinde Yoruba-Frau sagte im Sterben: »Meine Augen sind geöffnet, meine Augen sind geöffnet!«, und eine alte Amerikanerin hörte plötzlich ganz intensiv die Stimme ihrer lange verstorbenen Mutter, die sie im Himmel willkommen hieß.[11]

Von manchen Fachleuten wird bestritten, daß »Außerkörperliche Erlebnisse« und »Nahtod-Erfahrungen« bei Sterbenden häufig beobachtet worden seien, doch finden sich Gegenbeispiele für diese Behauptung. So berichtete ein venezolanischer Arzt, bei einer Visite habe ihm eine alte Frau kurz vor ihrem Tode erzählt, sie habe »von oben, etwa von der Decke aus« beobachtet, wie er am Tag zuvor bei sich zu Hause in einem grünen Bademantel einen Brief an seine Mutter geschrieben habe, dessen Inhalt sie detailliert und zutreffend wiedergab. Als der Arzt sie »fast schon verzweifelt« fragte, wie das denn möglich sei, antwortete sie: »Ich weiß es selber nicht, so was habe ich auch noch nie erlebt!« Manche Sterbende können zwar offenbar von ihrem Bett aus den Paradiesgarten sehen, aber betreten können sie ihn noch nicht, wie jener Engländer, dessen Frau berichtete: »Er ergriff plötzlich meine Hand und sagte: ›Oh, riech diese Blumen! Riech die Lilien‹, und er sprach weiter: ›Öffne das Gartentor, Kate! Ich kann nicht hinein!‹ Es war Februar, und da waren keine Blumen, weder drinnen noch draußen.« Als die junge Olympia Morata im Jahre 1555 in Heidelberg im Sterben lag, lächelte sie plötzlich, worauf ihr Mann sie fragte, weshalb sie das tue. Darauf erwiderte sie: »Ich sah soeben [...] einen von strahlendem Licht erfüllten Ort!« Und als sie vor Schwäche nicht weitersprechen konnte, sagte ihr Mann: »Wohlan, meine liebe Frau, sei guten Mutes, in diesem [...] Licht wirst du wohnen!« Und als ihr Auge zu brechen begann, waren ihre letzten Worte: »Ich erkenne euch kaum mehr, aber alles scheint mir voll der prächtigsten Blumen!« Eine Frau, deren Sterben unendlich mühsam war, sagte, sie stehe immer wieder vor einem verschlossenen Tor. Da gab ihr die Seelsorgerin einen Schlüssel in die Hand und erklärte, damit könne sie das Tor aufschließen, worauf die Frau in Ruhe starb. Doch andere können noch mitteilen, daß sie nach oben schweben, wie jener Yoruba in Westafrika, der gerade noch sagen konnte: »Mein Geist steigt hinauf, steigt hinauf!«, während wieder andere vor ihrem endgültigen Tod noch einmal zurückkehren und über ihr Erlebnis berichten. So eine Frau, vor der sich plötzlich ein Tunnel voller Schmutz und Ungeziefer öffnete, den sie aber trotzdem betrat. Die neben ihrem Bett Sitzenden bezeugten, daß sie nach einer Weile wie ins Leere tastete und dann sagte: »Nun wird es heller – wunderschöne Farben! Violett, Blau, Gelb! So schön!« Doch sie kam noch einmal zu sich und wollte sogar das Bett verlassen.

Kurz vor seinem wirklichen Tod im Jahre 824 legte der Reichenauer Mönch Wetti sich auf sein Bett und »schloß die Augen, doch konnte er auf keine Weise schlafen«. Da erschien ein *malignus spiritus* – offenbar einer der Dämonen, die sich mit den Engeln um die Seele der Sterbenden streiten – und bedrohte ihn. Doch schließlich behielt ein Engel die Oberhand und führte seine Seele in die jenseitige Welt, aus der er freilich noch einmal zurückkehrte, um seinen am Krankenbett wachenden Mitbrüdern all das, was er erlebt hatte, zu erzählen, worauf diese es auf Wachstafeln niederschrieben.[12]

Im frühen 18. Jahrhundert hatte ein Mann auf dem Totenbett zweimal das Bewußtsein verloren, und als er erneut zu sich kam, berichtete er ganz aufgeregt, er sei auf einem beschwerlichen Weg in die Nähe einer Gegend gelangt, die ihm wie der Himmel erschienen war, doch habe man ihm gesagt, er müsse noch einmal zur Erde zurückkehren, um sein bisheriges Leben einer Prüfung zu unterziehen. Und ein Gleiches widerfuhr einer jungen Engländerin namens Anna Atherton, die im Jahre 1669 krank wurde und im Jahr darauf allem Anschein nach starb. Doch als die Frau, die ihre Leiche für die Beerdigung vorbereitete, bemerkte, daß diese noch warm war, bestimmte Annas Mutter, sie solle vorerst noch »uncoffin'd« bleiben. Tatsächlich kam das junge Mädchen nach sieben Tagen wieder zu Bewußtsein und erzählte, ein Engel habe sie in den Himmel geführt, aber dort habe man ihr mitgeteilt, sie müsse noch einmal zurück, um sich zu verabschieden. Anschließend könne sie wiederkommen. »So he brought me thither again, and is standing at the Beds-feet. Mother, you must needs see him, he is all in white!« Als die Mutter entgegnete, »it was but a Dream or Fancy«, zählte Anna drei oder vier Personen auf, die während ihres »Todes«, als sie vor dem Himmelstor stand, an ihr vorbei ins Paradies gegangen waren, und wie nach ihrem endgültigen Tod kurz danach ihr Bruder, ein Arzt, bestätigte, waren diese Personen in dieser Zeitspanne tatsächlich gestorben.

Offenbar hatte auch der Dichter Friedrich Gottlieb Klopstock auf seinem Hamburger Sterbebett im März 1803 eine »Nahtod-Erfahrung«, denn er sagte, er habe bereits das Jenseits besucht, wo ihm geliebte Verstorbene begegnet seien, und von einem sterbenden Kind stammt angeblich der folgende Bericht, der freilich so klingt, als ob er von einem Erwachsenen »bearbeitet« worden sei: »Langsam wird alles leichter, ich fange an zu schweben. Ich bin nicht mehr ich, aber ich bin doch ich, ich kann alles sehen, meine Mutter, meinen Vater, die Frau und mich selbst im Bett. Ich schwebe höher zur Zimmerdecke, dann wieder hinunter zu meiner Mutter und streichle sie. Dann schwebe ich wieder hinauf und sehe das Haus und den Garten. Ich werde geführt, an der Hand geführt von meiner Großmutter [...]. Sie ist sehr lieb zu mir. Sie sagt, sie wird mich wohin führen und mir alles zeigen. Wir kommen in eine sanfte wellige Landschaft, und ich sehe noch andere Wesen. Wir sprechen nicht, aber ich weiß, was sie sagen, und sie wissen, was ich sage. Man sieht ganz weiche, lichte, sanfte Farben, die irgendwie ineinander übergehen.«

Bei den Siuai auf der melanesischen Insel Bougainville befanden sich manche sehr alte Leute beständig im Zustand des »Nah-Todes« (*mohkura*), in dem ihre Seelen immer häufiger den Leib verließen, worauf der Koko-Vogel sie ins paradiesische Jenseits (*ru'no'no'*) entführte, das sich unter einem See in den unbewohnten Bergen des Nordostens befand und wo die Verstorbenen ein müheloses und glückliches Dasein fristeten. Dagegen sagte man von einem sterbenden australischen Ureinwohner, der ins Land der Toten gepaddelt war, er sei noch nicht wirklich tot und müsse deshalb noch einmal zurück, und einen Tag bevor er wirklich starb, berichtete ein Angehöriger der Mafa, die an den nördlichen Berghängen des Mandaragebirges südlich des Tschad-Sees leben, er sei in die Höhle der Ahnen tief unter die Erde gegangen: »Mein Haus dort ist wunderbar«, so teilte er mit, »es gibt dort Wasser und viel Bier. Meine Brüder, meine Kinder, meine Mutter, mein Vater, alle sind dort. Ich will sterben, ich habe gesehen, wie schön es dort ist!«[13]

Zahlreiche »Nahtod«-Forscher behaupten, sämtliche Untersuchungen und Berichte zeigten, daß die »Seelenreisenden« im jenseitigen Bereich nie auf Lebende, sondern ausschließlich auf Verstorbene träfen,[14] doch auch diese Behauptung ist – wie so viele in diesem Forschungsgebiet – unzutreffend. Von 350 befragten Personen sahen immerhin 14% während ihrer »Nahtod-Erfahrung« Lebende, und auch aus den Erfahrungsberichten geht hervor, daß jenseits der Dunkelheit oder des Tunnels oder in diesem nicht selten Personen erscheinen, von denen der »Reisende« weiß, daß sie noch leben. Als z.B. ein Mann im Tunnel einem ihn blendenden Licht näher kann, schwebten plötzlich seine lebenden Kinder um ihn her, aber alle hatten dasselbe Alter von ungefähr sechs Jahren. Eine Frau sah in einem »luftsackartigen Tunnel« ihre lebende Freundin, die sie dazu aufforderte, wieder umzukehren, und auch ein junger Kaliai im westlichen Neubritannien begegnete, nachdem er »gestorben« war, auf der »Straße des Todes« einer noch lebenden Frau. Schließlich kamen auch mir selber – wie eingangs geschildert – auf der jenseitigen Prärie drei bekannte Cheyenne entgegen, die ich bald nach meinem Erlebnis, als ich wieder in Oklahoma war, fragen konnte, ob sie mich ebenfalls gesehen hätten.[15]

Ob die jenseitigen Personen nun bereits gestorben sind oder ob sie noch leben – wie verständigen die »Seelenreisenden« sich mit ihnen? Die meisten Forscher, die sich mit »Nahtod-Erfahrungen« beschäftigt haben, sind der Meinung, die Kommunikation mit den Verstorbenen verlaufe »rein gedanklich«, also durch »Gedankenübertragung« oder vermittels Telepathie, einer »Kommunikationsform, die in der ›anderen‹ Welt die übliche« sei. Hatte bereits im 3. Jahrhundert der griechische Philosoph Plotin in Erfahrung gebracht, daß im Himmel die körperlosen Seelen »ihre gegenseitigen Obliegenheiten« intuitiv vermittelten, »erkennen wir doch auch hier vieles an denen, die schweigen, bloß durch den Blick. Dort aber ist jeder Körper rein und ein jeder gleichsam Auge, nichts ist verborgen oder simuliert, sondern ohne daß einer es dem andern sagt, erkennt jener es auf den ersten Blick.« Und stellte im 16. Jahrhundert John Dee, der Hofastrologe Elisabeths I., fest, schließlich könnten ja auch die Engel, »who have no organs or instruments apt for voyce«, das, was sie »sagen« wollen, gedanklich übertragen, so wird dies offenbar von manchen »Seelenreisenden« bestätigt. So berichtete eine alte Königin der Insel Huahine im polynesischen Gesellschaftsarchipel, die im komatösen Zustand ins Jenseits versetzt worden war, dort habe sie all die Verstorbenen, die sie traf, zwar nicht anfassen können, doch war es ihr möglich, durch Gedankenübertragung mit ihnen zu kommunizieren, bis sie schließlich den Befehl erhielt, zurückzukehren, da ihr Körper bereits begonnen hatte, in Verwesung überzugehen.

»We did not speak, *per se*, using our mouths«, so eine moderne »Jenseitsreisende«, »but easily communicated in a very pure form. We simultaneously communicated our thoughts and emotions, and understood each other perfectly even though we did not use language.« Und ein Neurochirurg, der in der jenseitigen Welt gemeinsam mit einem wunderschönen Mädchen auf einem Schmetterlingsflügel über Bäume und Felder, Flüsse und Wasserfälle sowie rundum glückliche Menschen flog, schreibt über seine himmlische Begleiterin: »Without using any word, she spoke to me.«[16]

Andere hatten indessen das Gefühl, daß sie mit den Jenseitigen nicht sprechen dürfen, oder sie wurden sogar dazu aufgefordert, dies zu unterlassen, wie z. B. ein Lokomotivführer, der beim Ausladen eines Güterwagens »von einer weißgekleideten Gestalt in die Geisterwelt geführt« wurde. Dort traf er unter anderem einige »abgeschiedene Verwandte, die« er »aber nur stumm anblicken durfte, bis mein Begleiter mir sagte, daß wir nun zurückkehren müßten«. Doch wesentlich häufiger scheinen die »Seelenreisenden« sich »drüben« nicht anders zu verständigen als hienieden. So sagte die Mehrzahl der von dem Kardiologen Michael Sabom interviewten Reanimierten, sie hätten mit den »Jenseitigen« und Verstorbenen ganz normal geredet, und ein Mädchen, das beinahe ertrunken wäre, erzählte ihrer Familie: »Als ich im Himmel war, haben die Engel zu mir gesagt: ›Mara, was machst du denn hier, wir haben noch gar keine Zeit für dich, geh wieder zurück!‹ Da ich nicht wußte, wie ich zurückkommen sollte, hat der liebe Gott mich an die Hand genommen und zu euch gebracht.« Auf die Frage der Mutter, ob Gott etwas zu ihr gesagt habe, erwiderte das Kind: »Zu mir nicht, aber zu euch: ›Hier habt ihr eure Mara wieder!‹ Habt ihr das denn nicht gehört?«

Ein Amerikaner ungarischer Abstammung berichtete, im Jenseits habe seine verstorbene Mutter auf ungarisch zu ihm gesagt: »Wir haben auf dich gewartet!«, und eine ebenfalls amerikanische »Jenseitsreisende« traf eine vor neun Jahren gestorbene Deutsche namens Frau Friedrich, die »mit ihrer eigentümlichen Stimme« »langsam, jedes einzelne Wort betonend und leise zu ihr sagte: ›Fräulein Harper, *Fräulein Harper*!... Ich *will*, daß Sie *leben*!‹« Ähnliches erlebte ich etwa ein Vierteljahrhundert nach meiner steirischen »Nahtod-Erfahrung«. Eines Nachts wachte ich in meinem Bett in Heidelberg davon auf, daß ich erneut durch die Fontanelle den Körper verließ. Aber dieses Mal schwebte ich nicht durch einen Tunnel, sondern eine nächtliche, mit dunklem Nebel verhangene Straße einer Stadt entlang, deren Häuserfronten ich nur schemenhaft erkannte. Schließlich kam ich zu einer spärlich beleuchteten Bus- oder Straßenbahnhaltestelle, an der zahlreiche stumme, lemurenhafte Personen warteten. Aus dieser grauen Menge stach eine deutlich sichtbare und sehr lebendige Frau heraus, die auf mich zukam. Es war meine vor einigen Jahren gestorbene Mutter in einem sommerlichen, grünweißen Kleid, das sie in den achtziger Jahren häufig getragen hatte, und sie war so vital und heiter wie zu ihren Lebzeiten, eine typische Kurpfälzerin, die alles andere als auf den Mund gefallen war. Und sie sagte auf mannheimerisch (»monnemarisch«) zu mir: »Ach Gott, Pederle, was machschen du hier?«, worauf ich entgegnete: »Isch weißes nit, Memmele – awwer saachemal, wieso könne mir midenanner schbreche, du bisch doch tot!?« Worauf meine Mutter nachdenklich antwortete: »Ja, komisch, isch weißes aa [= auch] net!« Da spürte ich wieder die unsichtbaren »Gummibänder« zwischen den Schultern und wurde auf der Straße zum Schlafzimmer zurückgezogen, wo ich auf dem Bett sitzend wieder zu mir kam.[17]

Wenn die »Nahtod«-Forscher behaupten, normale wie »telepathische« Unterhaltungen im jenseitigen Bereich seien eine Tatsache, stellt sich sofort die Frage, wie sie das verifizieren wollen. Ob z. B. eine Gedankenübertragung, ein »telepathisches« Gespräch wirklich stattgefunden hat und nicht nur ein Phantasieprodukt war, ergibt sich nicht aus dem Erlebnis selber – das gilt für »hüben« wie für »drüben«.[18] Es muß also möglich sein, intersubjektiv nachzuweisen, daß eine telepathische oder gewöhnliche Kommunikation sich wirklich – und nicht nur scheinbar – ereignet hat, und dieser Nachweis ist nie geführt worden. Bis das aber nicht gelungen ist, erscheint es wesentlich vernünftiger, davon auszugehen, daß wir deshalb verstehen, was die Verstorbenen uns »sagen«, weil es sich um unsere eigenen Gedanken und Vorstellungen handelt.

§ 6
»Die letzte Grenze«, das Lebenspanorama und der Luzide Traum

In den verschiedensten Kulturen findet man die Vorstellung, ein Mensch dürfe auf seiner »Jenseitsreise« eine bestimmte Grenze nicht überschreiten, wenn er noch einmal ins Leben zurückkehren wolle. Bei den Ilahita-Arapesch in Neuguinea beispielsweise winkte Gott, ein großer bärtiger Weißer, den »Seelenreisenden« durch eine offene Tür zu sich her, warnte ihn aber gleichzeitig, er könne die Schwelle nur ein einziges Mal übertreten. Die Clever Men der südostaustralischen Wotjobaluk sagten, sie gingen auf ihren »Jenseitsreisen« lediglich bis zum »Wurk-Kerun or dark place«. Dort nahm ein Geistwesen, das unbeschadet das Totenreich betreten konnte, ihre Fragen entgegen und beförderte diese zu den Verstorbenen. Und als eine Mapuche-Frau, die ihren Körper verlassen hatte, an einen Fluß gelangte und den dort wartenden Fährmann bat, sie ans andere Ufer überzusetzen, wo sich ein herrlicher Garten voller Blumen und obstbehangener Bäume sowie grüne Wiesen befanden, sagte jener: »Nein, denn wenn ich dich hinüberfahre, so kannst du nicht mehr auf die Erde zurück. Dieser Fluß heißt nämlich *kille-hue*, ›Tränenfluß‹, und niemand überquert ihn zweimal.« Wenn der Schamane der Ewenken bei seiner Initiation auf dem Fluß Enkedit in Richtung Totenreich reiste, mußte er dessen Stromschnellen überwinden. Die allermeisten Initianden machten nach dem zweiten oder dritten, im äußersten Falle nach dem vierten Katarakt halt, und fast alle, die sich weiter vorwagten, kehrten nicht mehr zurück. Wer aber die siebte und letzte Stromschnelle überwand, hatte endgültig sein Leben verwirkt. Schließlich verlor ein kranker Mann der Berawan im Norden Borneos das Bewußtsein, worauf er sah, wie die Verstorbenen einen Fluß überquerten. Doch er folgte ihnen nicht, da ihm plötzlich klar wurde, daß er ansonsten sterben müsse.[1]

Von solchen »letzten Grenzen« berichten auch viele »Nahtod-Erfahrene« in unserer eigenen Kultur. Für manche von ihnen war bereits der Eingang zum Tunnel diese Grenze, etwa für eine junge Frau, die in ihm ein Geistwesen in einem weißen, durchsichtigen Gewand stehen sah, das ihr »geistig übermittelte«, sie sei noch zu jung, um zu sterben. Und auch ein Mann hatte das sichere Gefühl, daß der Tunnel der direkte Weg in den Tod war: »I felt a gravity, a force pulling me into the blackness. I could not move and was totally fixed on the blackness that was pulling me in. It had a presence unlike anything else you can imagine, and I didn't want to go. With all my strength and will I tried to turn away. I was shouting in my head over and over, ›No, no, it's not my time‹.«

Ein anderer schwebte noch einigermaßen sorglos durch den Tunnel, aber als er das Licht sah, erfaßte ihn Panik, und er schrie ebenfalls »Nein, ich bin noch nicht bereit!«, während wieder andere »wissen«, daß sie sterben müssen, wenn sie den Tunnel verlassen und den Lichtbereich betreten. So stieß eine Frau am Ende des dunklen Korridors auf eine Barriere, die sie nicht bewegen konnte: »I could see through it, but I couldn't push through it. I knew that if I just stepped over there, I could stay in that light forever.« Am Ende des Tunnels sagte eine verstorbene Frau ihrer Enkelin, sie dürfe nicht ins Licht gehen, weil dieses von der Welt »zu weit entfernt« sei, weshalb der ebenfalls tote Onkel die junge Frau den Tunnel wieder hinunterführte. Und nachdem eine andere Frau nach einem Schlaganfall in der Heidelberger Universitätsklinik ins künstliche Koma versetzt worden war, in dem sie durch einen dunklen Tunnel auf ein Licht zuging, blickte sie am Ausgang auf eine wunderschöne blumige Wiese, auf der Menschen in weißen Gewändern tanzten. Gerne wäre sie zu ihnen hingegangen, doch da sprach sie »ein Mann an, der links vor dem Tunnelausgang stand; er sah aus wie mein Vater, den ich nur von Bildern her kannte, da er gestorben ist, als ich vier Jahre alt war. Er sagte zu mir: ›Du darfst nicht aus dem Tunnel hinausgehen, sonst kommst du nie mehr zurück! Kehre um, du wirst noch gebraucht!‹«[2]

Es gibt aber auch Beispiele dafür, daß »Reisende« den Bereich jenseits des Tunnels oder der Dunkelheit betreten haben und dann erst auf eine »letzte Grenze« stoßen. So »wußte« eine Frau, daß ihr Leben verwirkt gewesen wäre, wenn sie dem vor dem Himmelstor stehenden hl. Petrus die Hand gegeben hätte, und aus demselben Grund weigerte sich eine andere Frau, die ausgestreckten Hände ihres verstorbenen Vaters zu ergreifen. Eine Psychologin gelangte in eine »in gelben und orangenen Tönen« leuchtende Wüste und »wußte« schlagartig, daß sie nie mehr zurückkehren könnte, wenn sie einen bestimmten Punkt im Sand überschritte, und eine vierte Frau berichtete, sie »wäre wohl nie wieder zurückgekehrt«, wenn sie eine »in der Ferne« sichtbare glänzende Stadt betreten hätte, denn »es hieß« – d. h. wohl, daß irgend etwas »in« ihr »sagte« –, zu dieser Stadt führe eine Einbahnstraße und »die Entscheidung liege bei« ihr.

Bereits im Jahre 1857 behauptete der Pädagoge Hyppolite Rivail, der später unter dem Namen Allen Kardec Berühmtheit erlangen sollte, daß die menschliche Seele nach Verlassen des Körpers »in eine unbekannte Welt« vorstoßen könne, »ohne jedoch gewisse Grenzen zu überschreiten, über die sie nur um den Preis ihrer bleibenden Trennung vom Leib hinauskönnte«. An diesen Grenzen angekommen, hänge sie »nur noch mit einem Faden« am Körper, »den der nächste Ruck für immer zerreißen würde«.[3] Aber es gibt auch heute noch zahlreiche »Nahtod«-Forscher – und unter ihnen namhafte Wissenschaftler –, die davon überzeugt sind, ein Hinausgehen über diese Grenzen führe tatsächlich zum Tod.[4]

Doch wenn beispielsweise einer dieser Fachleute konstatiert, der Betreffende »wisse« einfach, »daß es nach Überschreiten dieser Grenze kein Zurück mehr gäbe«, dann verwechselt er Wissen mit bloßer Einbildung. Bezeichnenderweise hat eine Untersuchung ergeben, daß ausschließlich Personen, die eine durch Todesangst ausgelöste »Nahtod-Erfahrung« hatten, eine derartige Grenzsituation erlebten, was darauf schließen läßt: Das Bewußtsein, in Lebensgefahr zu schweben, stellt eine notwendige Bedingung für solche Erlebnisse dar. Eine andere Untersuchung hat freilich gezeigt, daß alle »Nahtod-Erfahrenen«, die sich nicht um die Warnung der Verstorbenen kümmerten, trotzdem zurückkehrten, denn sonst könnten wir ja gar nicht wissen, daß sie die »Todeslinie« überschritten. So ignorierte eine junge Frau die Anweisung ihrer verstorbenen Großmutter und ging einfach weiter, worauf die alte Frau in Wut geriet und ihre Enkelin anherrschte: »Ich habe dir doch gesagt, daß du diese Schwelle nicht überschreiten darfst!«[5]

Während viele Todkranke, die wissen, daß sie bald sterben müssen, ein Resümee ihres Lebens ziehen und die wichtigen Ereignisse Revue passieren lassen, wobei sie sich häufig von ihrer Umwelt zurückziehen, um nicht abgelenkt zu werden, wenn viele der Erinnerungen langsam ins Gedächtnis zurückkommen, läuft in aktuellen Krisensituationen das sogenannte Lebenspanorama blitzschnell ab. Sagte eine alte Frau auf dem Sterbebett in aller Ruhe: »Ich bin dabei, mein gedankliches und emotionales Haus zu bestellen«, tritt jenes Panorama fast ausschließlich bei Menschen auf, die unvorbereitet und plötzlich dem Tod ins Auge schauen, die abstürzen, am Ertrinken sind oder generell um ihr Leben kämpfen oder glauben, diesen Kampf bereits verloren zu haben.[6]

Wenn ein »Nahtod«-Forscher behauptet, daß bei diesem Erlebnis sämtliche wichtigen Ereignisse des Lebens vorüberzögen und dem Betreffenden »kein Schmerz« entgehe, »den er zu ›Lebzeiten‹ anderen zugefügt« habe, und daß zudem ein »Lichtwesen« dem Lebenspanorama beiwohne, das ihm dabei helfe, über das Negative in seinem Leben »hinwegzukommen«, dann beschreibt er etwas, das vor allem »Nahtod-Erfahrene« berichtet haben, die in der christlichen Tradition standen oder stehen. Als z. B. der hl. Antonius von den Engeln in den Himmel getragen wurde, kamen böse Geister herangeflogen und zählten ihm angeblich all die Sünden auf, »die er seit frühester Jugend begangen hatte«. Und als im frühen 8. Jahrhundert dem Mönch von Wenlock ein Gleiches widerfuhr, sah er selber »alle seine sündhaften Schandtaten (*peccamina*)«, namentlich seine Begierden, unkeuschen Blicke, müßigen Reden und dergleichen, an sich vorüberziehen, und sie klagten ihn an. Schließlich führte im Jahre 1805 ein Abgesandter des »Großen Gottes« den stark vom Christentum beeinflußten späteren Shawnee-Propheten Lalawethika (»Die Rassel«), der zu dieser Zeit noch ein Trunkenbold und Schürzenjäger war, in die »ewigen Jagdgründe« im Himmel, wo Gott als erstes sein Herz herausnahm und ihm alles Schlechte vor Augen führte, was er je getan hatte.[7]

Diese Sünden und Schandtaten, aber auch alle guten Taten waren in früheren Zeiten nicht selten in Büchern oder auf Schriftrollen verzeichnet. So wird schon in der fragmentarisch auf koptisch erhaltenen »Apokalypse des Zephaniah« dieser, nachdem er ins Koma gefallen war, in die Unterwelt Šeōl geführt, wo Satan ihm alle seine Sünden und ein Engel seine guten Taten vorliest. Und nachdem im frühen 18. Jahrhundert ein Mann, den man bereits mit dem Leichenhemd bekleidet hatte, weil man ihn für tot hielt, sich plötzlich auf dem Sterbebett wieder aufrichtete, erzählte er dem Pastor folgendes Erlebnis: Im Jenseits, in das er gelangt war, habe eine Art Gericht stattgefunden, während dessen ihm sämtliche Sünden vorgelesen worden seien, die er jemals begangen habe. Dabei habe er all diese Übeltaten so wiedererlebt, als ob sie in diesem Augenblick stattgefunden hätten. Er litt die ganze Zeit über schreckliche Angst, wurde dann aber trotzdem in den strahlenden Himmel eingelassen, bevor man ihn in das ekelhafte »Jammertal« zurückschickte, wo er, wie er es voraussagte, noch zwei Tage lebte, bis er endgültig starb.[8]

In Ostasien sahen die Verstorbenen eher in einen Spiegel – so die Chinesen, deren Köpfe auf ihrer Reise durch die dunklen Gegenden hochgerissen wurden, so daß ihnen gar nichts anderes übrig blieb, als in den Spiegel zu blicken, in dem sie ihr ganzes Leben sahen, oder die koreanischen Buddhisten, die in der Unterwelt zu diesem Zwecke in einen »Karmaspiegel« *(eopgyeong)* schauen. In Gott, so predigte aber auch Pater Claude Judde im Jahre 1746, sehen wir nach dem Tode »wie in einem großen Spiegel in einem Wimpernschlag die ganze Geschichte unseres Lebens, und in dieser Zeitspanne wird uns jedes winzige Detail bewußt«. In diesem Augenblick richten wir uns selber.

Im Ingermanland zwischen dem Ladogasee und dem Finnischen Meerbusen besuchte dagegen der Verstorbene, bisweilen in Begleitung eines Engels, sämtliche Orte, an denen er sich während seines Lebens aufgehalten hatte, und auf Lesbos sagen noch heute die alten Leute, vom vierten bis zum vierzigsten Tage nach dem Tode suche die Seele all die Orte auf, wo sie jemals gewesen sei, und jeden Menschen, den sie gekannt habe, um erst dann, von einem Engel geführt, den Acheron zu überqueren. Schließlich hatte eine Frau, die zeitlebens mit ihrem Mann gerne Seereisen unternahm, während ihrer »Nahtod-Erfahrung« eine Lebensrückschau, bei der sie auf einem Kreuzfahrtschiff »die Häfen ihrer Vergangenheit anlief«.[9]

Man hat verschiedentlich die Meinung vertreten, das Lebenspanorama sei die moderne Variante des Gerichtserlebnisses, doch der Unterschied zwischen den beiden Erfahrungen scheint darin zu liegen, daß in den mittelalterlichen und frühneuzeitlichen »Nahtod-Erfahrungen« das Wiedererleben der begangenen Sünden und Schandtaten im Mittelpunkt steht, was beim modernen Lebensrückblick eher selten der Fall ist. Nun ist es keineswegs so, daß die Mehrzahl der modernen Lebenspanoramen aus Erinnerungen an heitere oder glückliche Momente des Lebens besteht. So dachte ein Mann währenddessen: »Da geht es hin, da geht es hin! Es war so schnell, als ob man ein Kartenspiel auffächert und durch die Finger schnellen läßt.« Das machte ihm angst, »es hatte überhaupt nichts von einem friedvollen Gefühl«. Ich selber habe zweimal einen Rückblick erlebt, als ich fast ertrunken bin – das erste Mal 1965 im Hafen von Odessa und das zweite Mal 1986 im Korallenriff von Belogili auf der ostindonesischen Insel Flores. Beide waren geprägt von jenem »ruhigen Ernst« und der »tiefen Resignation«, die schon vor langer Zeit von Bergsteigern berichtet wurden, die in den Alpen abgestürzt waren. Beim ersten Mal überwogen Bilder meiner Kindheit, und ich sah, wie mein Vater meiner Mutter die Nachricht überbrachte, daß ich nie mehr nach Hause käme. Und beim zweiten Mal standen meine drei kleinen Kinder im Zentrum, wobei ich erlebte, wie meine beiden Töchter weinten und mein kleiner Sohn nicht verstand, was meine Frau meinte, als sie ihnen sagte, daß ihr Papi ertrunken sei. Als ein moderner Bergsteiger abstürzte, rief er vor dem Aufprall mehrfach den Namen seiner kleinen Tochter und gab hinterher an, er habe während des freien Falls das Leben des Mädchens ab ihrer Geburt an sich vorüberziehen sehen. Angst habe er nicht um sich und seinen Tod gehabt, sondern nur um das Kind, das jetzt vaterlos aufwachsen mußte.[10]

Im 19. Jahrhundert berichteten französische Matrosen, die beinahe ertrunken waren, durchweg, sie hätten sich dabei »in Gedanken bei ihrer Familie gefühlt und mit Trauer an das Unglück gedacht, das die Folge ihres Todes für diese sein müsse«. Viele sagen, die Erinnerungsbilder seien »wie auf der Leinwand eines Kinos« an ihnen vorübergezogen oder der Rückblick sei »wie eine Dia-Schau« gewesen, wobei die verschiedenen Szenen nur für ganz kurze Zeit hell erleuchtet wurden, weshalb man von »Blitzlichterinnerungen« (*flashbulb memories*) gesprochen hat. So sagte eine Frau, die nach einem Verkehrsunfall eine »Nahtod-Erfahrung« hatte: »I ›saw‹ my life flash before me in a series of typical scenes.«

Die meisten Personen, die nach ihrem Lebenspanorama befragt werden, geben zunächst an, ihr »ganzes Leben« sei an ihnen vorbeigehuscht, aber bei genauerem Nachfragen schränken sie dies meist ein und geben zu, daß es sich doch nur um eine kleine Anzahl von Ereignissen gehandelt habe, wobei einige der Erinnerungen sich nicht selten hinterher als falsch herausstellen. Von 14 befragten Personen, die einen Lebensrückblick hatten, sagte nur eine einzige, es habe sich bei dem, was sie sah, um »besondere Höhepunkte des Lebens« gehandelt, und eine breiter angelegte Untersuchung ergab, daß nur etwa die Hälfte der Befragten Erinnerungen hatte, die sie als »bedeutend« (*significant*) einstufte, während die andere Hälfte sagte, die Ereignisse, die aufblitzten, seien »unbedeutend« und »zufällig« gewesen.

Zu der ersten Hälfte gehört sicher das Lebenspanorama des Flugpioniers Albrecht Ludwig Berblinger, genannt »der Schneider von Ulm«, der am 31. Mai 1811 mit seiner »Flugmaschine«, einem halbstarren Hängegleiter, von einer Plattform des Ulmer Münsters sprang und über der Donau abstürzte. Ich kann nicht beurteilen, wie authentisch der nachfolgende Bericht ist und inwieweit er dem entspricht, was Berblinger hinterher zu Protokoll gab, will ihn aber trotzdem anführen, weil er sehr gut wiedergibt, wie die Erinnerungen des Lebensrückblickes nacheinander wie Blitzlichter aufflammen: »Dann kam der Sturz – drei Sekunden – eine halbe Ewigkeit – Sausen und ein leises Krachen um ihn her, aber kein Schmerz. Er sah Lucinde mit jenem höhnischen, zornigen Lachen auf dem sonst so lieblichen Gesicht, das er zum erstenmal am Struden gesehen hatte; er sah die schöne tapfere Irma, wie sie kopfüber aus der Höhe von 3000 Fuß auf die Erde niederschoß; er sah Gretle, die Augen voll Tränen, wie sie die Arme nach ihm ausstreckte – das alles in der einen Sekunde. Dann sah er sein ganzes Leben: wie er an der Hand des Vaters den Vögeln nachgeblickt hatte, wie er in Blaubeuren unter dem brennenden Kirchendach gestanden, wie er in der Lehre davon geträumt hatte, im Flug allem Elend zu entrinnen, wie er Gotthilf hatte sterben sehen und wie er neben Gretle stand und sie zum ersten Mal küßte ...«

Es heißt zwar immer, die Szenen seien so realistisch, daß die Betreffenden vor allem dann, wenn sie das Gefühl haben, sich *in* den Szenen zu befinden, diese nicht für Erinnerungen, sondern für real hielten. Das mag manchmal so sein, aber bei mir selber war dies nicht der Fall und auch nicht bei der gelähmten, an Polyradikulitis erkrankten jungen Frau, die eines Tages durch das Fenster ihres Krankenzimmers eine Wolke sah, auf der sie wegflog. Während des gesamten Fluges lief vor ihr pausenlos das Leben »wie ein Film im Kino« ab, wobei Szenen vorkamen, die sie völlig vergessen hatte. Doch trotz des hohen Realitätscharakters des Erlebnisses war ihr stets bewußt, daß es sich bei dem »Bilderwirbel« nicht um ein wirkliches Geschehen handelte.[11]

Sind offenbar viele Menschen dann, wenn sie plötzlich und unerwartet mit dem Tod konfrontiert werden und glauben, sterben zu müssen, fähig, einen meist sehr realistisch wirkenden Blick auf ihr bisheriges Leben zu werfen, haben allem Anschein nach die sogenannten Eidetiker auch im Alltag eine außerordentliche Fähigkeit, sich visuell zu erinnern, also lebendige und wirklichkeitsähnliche »Erinnerungsbilder« zu erzeugen. Doch nicht allein Erinnerungen, auch Vorstellungen werden vor allem von eidetisch begabten Kindern so deutlich und plastisch »gesehen«, daß sie die Bilder kaum von Wahrnehmungen unterscheiden können. Manche Kinder – aber extrem wenige Erwachsene – sind in der Lage, auf eine Aufforderung hin etwas zu ›sehen‹, was sich andere Menschen nur vorstellen können, z. B. eine Puppe, die sie einmal besaßen, und einige von ihnen sagen, sie könnten die betreffenden Objekte sogar betasten, bewegen oder riechen. Sie können auch bestimmte Gegenstände in ihrem Gesichtsfeld willentlich ausblenden, aber auch die eidetischen ›Bilder‹ können allmählich verschwinden, wenn den Eidetikern bewußt wird, daß das ›Gesehene‹ nicht wirklich da ist. Die Kinderbuchautorin Enid Blyton sagte einmal, sie wisse beim Schreiben eines neuen Buches nie, wovon es handle und wer darin vorkomme. Dann schlösse sie die Augen, und nach einigen Minuten tauchten nach und nach die Hauptpersonen auf: »The story is enacted in my mind's eye almost as if I had a private cinema screen there. The characters come on and off, talk, laugh, sing – have their adventures – quarrel – and so on. I watch and hear everything, writing it down with my typewriter – reporting the dialogue (which is always completely natural), the expressions on the faces, the feeling of delight, fear and so on. I don't know what anyone is going to say or do. I don't know what is going to happen.«[12]

Ausgehend von Flecken und Rissen an bzw. in der Zimmerdecke, in denen sie ganze Landschaften mit Wegen und Flüssen sah, entwickelte ein englisches Mädchen namens Jane im Alter von sechs Jahren Phantasiewelten, in die sie sich versetzen konnte, wobei sie auch ihren Körper verließ und ihre Familie damit verblüffte, daß sie Dinge beschrieb, die eigentlich für sie nicht sichtbar waren. Kinder mit imaginierten Gefährten und ähnlichem sind meist Einzelkinder oder Erstgeborene, die noch keine Geschwister haben, und auch bei Jane löste sich ihr »Wunderland« auf, als sie in die Pubertät kam und Freundschaften mit anderen Mädchen schloß.

Eine junge Frau, die ebenfalls eine extreme Fähigkeit besaß, sich etwas anschaulich vorzustellen, blickte einmal auf eine Postkarte mit Moritz von Schwinds Gemälde »Die Hochzeitsreise«, als sie sich völlig in dem Bild zu verlieren und alles um sie herum zu vergessen schien. Plötzlich schreckte sie auf und sagte mit Nachdruck: »Da war ich mitten auf dem Platz, ich sah die Karte nicht mehr und winkte dem Wagen nach! Ich war in der Wirklichkeit!!« Ein Mann berichtete, jedesmal, wenn er ein solches Ölbild betrachte, begännen die Personen darauf sich nach einer kurzen Weile zu bewegen, andere Personen tauchten auf sowie Tiere und dergleichen. Dem Maler George Catlin, der ab dem Jahre 1832 zahlreiche nordamerikanische Indianerstämme besuchte, sagten die Mandan, nachdem sie seine Bilder angeschaut hatten, er sei ein großer Medizinmann, denn er habe »lebende Wesen geschaffen, sie könnten ihre Häuptlinge jetzt an zwei Orten lebend sehen, die, welche« er »gemacht hätte, wären *etwas* lebend, man könne sehen, wie sie ihre Augen bewegten, wie sie lachten, und wenn sie lachen könnten, würden sie gewiß auch sprechen können, sobald sie es nur versuchten«.[13]

Man hat festgestellt, daß Eidetiker so gut wie immer sehr emotionale Individuen sind, die heiter werden, wenn sie sich an heitere Szenen erinnern, aber unglücklich und betrübt, wenn sie sich Demütigungen ins Gedächtnis rufen. Sehr häufig sind sie ›Animisten‹, die tote Objekte als beseelt erleben, und sie haben eine besondere Veranlagung, Erscheinungen und Gespenster zu sehen. Dies alles läßt die Vermutung zu, daß auch Menschen, die man im normalen Leben nicht als Eidetiker bezeichnen würde, im Zustand starker Erregung, wie sie bei akuter Lebensgefahr auftritt, vorgestellte Dinge »sehen«, die von großer Intensität sind und deren Farben nicht selten eine »stärkere Leuchtkraft« haben als die in der Wirklichkeit und die als »glänzend« oder sogar als »glühend« beschrieben werden.

Doch wie die erwähnte gelähmte Frau den »Bilderwirbel« ihres Lebenspanoramas, das sich vor ihrem inneren Auge entfaltete, keinen Moment lang mit der Wirklichkeit verwechselte, halten auch Erwachsene ihre eidetischen »Bilder« so gut wie nie für real. Denn sehr häufig sind sie willentlich veränderbar, oft – aber keineswegs immer – zweidimensional und durchsichtig oder grau. Aber selbst wenn sie eine »lebhaftere Färbung« als die wirklichen Dinge aufweisen, wie es bei einem Mann der Fall war, erkannte dieser, daß sie nicht wirklich waren, weil sie mit dem Blick mitwanderten. Bei schneller Bewegung des Kopfes verlöschten die »Bilder« und tauchten erst wieder auf, wenn der Blick ruhte, und zudem waren die auftretenden Personen transparent, so daß der

Betreffende sie als »gefrorene gasförmige Gestalten« bezeichnete. Deshalb nimmt es nicht wunder, wenn Eidetiker oft sagen, die Dinge befänden sich nicht »da draußen«, sondern »in ihrem Kopf«, zumal akustische Wahrnehmungen kaum und olfaktorische so gut wie gar nicht auftreten. So kann man wohl der großen Mystikerin Teresa von Ávila recht geben, die sagte, es gebe zwar Menschen, die sich etwas so realistisch vorstellen könnten, daß sie glaubten, etwas Wirkliches wahrzunehmen. Erlebten sie jedoch »eine wirkliche Vision«, sähen sie augenblicklich den Unterschied.[14]

Noch viel seltener oder praktisch gar nicht werden Luzide Träume für real gehalten, denn es handelt sich ja bei ihnen um – meistens, aber nicht immer in der REM-Phase des Schlafes stattfindende – Träume, bei denen der Träumer weiß, daß er träumt, obgleich es natürlich Grade der Luzidität gibt und entsprechend eine große Bandbreite von Möglichkeiten, den Verlauf des Traumes zu beeinflussen. Am häufigsten treten solche Träume kurz vor dem Aufwachen oder dann auf, wenn man nach einem ersten Erwachen am frühen Morgen mit dem Vorsatz wieder einschläft, anschließend weiterzuträumen.[15]

Luzide Träume dauern meist weniger als zwei Minuten, typisch für sie ist nicht nur ein abrupter Szenenwechsel, vielmehr enthalten sie zahlreiche phantastische und symbolische Elemente, was sie von den »Außerkörperlichen Erlebnissen« unterscheidet, mit denen sie häufig verwechselt werden. Luzidträumer haben mitunter das Gefühl, sie würden »aus einem Overall schlüpfen«, wenn sie den Körper verlassen, aber keiner von ihnen sieht von einer Stelle außerhalb des Körpers diesen unter sich liegen. Zwar neigen Personen, die häufig Luzide Träume haben, auch zu »Außerkörperlichen Erlebnissen«, aber niemand, dem beide Erlebnisse vertraut sind, identifiziert sie jemals miteinander. Überdies sind Luzide Träume undeutlicher und verschwommener als die Erlebnisse außerhalb des Körpers und lassen sich besser als diese kontrollieren. Allerdings bleiben auch diese Kontrollmöglichkeiten im allgemeinen sehr begrenzt, und selbst bei völliger Luzidität, d. h. bei klarem Verstand und intakter Erinnerung an den Wachzustand, versuchen die Träumenden meistens gar nicht, das Geschehen zu steuern, sondern beobachten lediglich, was da geschieht.[16] Am 23. Dezember 2013 hatte ich einen zunächst normalen Traum, in dem ich auf einem in Wirklichkeit nicht vorhandenen Damm im Neckar bei Heidelberg entlangging, der an beiden Seiten von reißendem Hochwasser umspült wurde. Als ich zu einem mich begleitenden Japaner sagte: »Wenn wir jetzt glaubten, luzide zu träumen, und ins Wasser sprängen, würden wir mit Sicherheit ertrinken!«, wurde der Traum augenblicklich luzide, und ich sprang in den Fluß, wobei ich unter Wasser atmen konnte. Ermuntert durch die Tatsache, daß ich meine Handlungen bis zu einem gewissen Grade beeinflussen konnte, nahm ich mir kurz danach in einem zweiten, von Beginn an Luziden Traum vor, einen ganz bestimmten Ort aufzusuchen, aber das gelang mir nicht, ja, ich wußte überhaupt nicht, wie ich das hätte bewerkstelligen können. Deshalb lehnte ich mich gewissermaßen zurück und ließ dem Traum seinen Lauf.

Wie die eidetischen »Wahrnehmungen« unterscheiden sich auch die im Luziden Traum von wirklichen Wahrnehmungen, weshalb der Träumende das Gefühl »of being in a *fakeworld*« hat, wie ein Forscher es ausdrückt. Ein Mann, der sich in eine Hand zwickte, spürte zwar etwas, aber es tat nicht weh, das Gefühl war »flau«; schaut man in den Spiegel, sieht man sich ganz verschwommen; versucht man, etwas zu lesen, verschwimmt es ebenfalls und wird unleserlich; Schmecken und Riechen kommen so gut wie nie vor, und wenn man irgendein Objekt fixiert, löst es sich auf, und man wacht auf.

Sehr häufig fliegen oder schweben die Luzidträumer, wobei manche von ihnen sexuell erregt werden und einen Orgasmus erleben. Aber während Männer dabei sehr selten ejakulieren, unterscheidet sich der Orgasmus bei Luzidträumerinnen anscheinend nicht wesentlich von dem im Wachzustand, obwohl gelegentlich berichtet wird, der »luzide« sexuelle Höhepunkt sei bei Frauen intensiver. So teilte eine junge Frau mit, vor ihr sei »ein riesiger blauer Penis« aufgetaucht, »ungefähr 90 cm lang und 30 cm dick«, mit dem sie masturbiert habe, bis sie von einem »so ungeheuren Orgasmus« überwältigt wurde, daß sie davon aufwachte.[17]

§ 7
Die dunkle Nacht der Seele

Nachdem um das Jahr 1330 der Brüsseler Domvikar Jan van Ruusbroec verkündet hatte, es sei in der »tiefsten Finsternis«, in der dem Menschen »das unbegreifbare Licht geboren« werde, »der Sohn Gottes, in dem man das ewige Leben schaut«, hieß es in der um 1370 vermutlich von einem Dorfpfarrer der East Midlands verfaßten *Cloud of Unknowing*, die Seele wolle dann, wenn sie in der Dunkelheit der »Nacht der Sinne« und der »Nacht des Geistes« jede Haftung und Sicherheit verloren habe, wieder umkehren. Doch wenn die Nacht am dunkelsten sei, stehe die Seele Gott am nächsten.

Diese beiden Texte und vielleicht auch die im Mittelalter weit verbreitete »Reinigungslehre« des im 5. oder 6. Jahrhundert lebenden sogenannten Pseudo-Dionysios Areopagites waren es wohl, die im 16. Jahrhundert den größten spanischen Mystiker, Juan de Yepes y Álvarez, berühmt unter dem Namen Johannes vom Kreuz, zu der Auffassung brachten, daß der Mensch nur zu Gott gelangen könne, wenn er »die dunkle Nacht der Seele« (*la noche oscura del alma*) durchlebt habe. In *la noche del sentido* und *la noche del espíritu* ist der Mensch ohne Hoffnung und Trost, er fühlt sich von Gott verlassen und ist verzweifelt; »losgerissen von der süßen Mutterbrust«, steht er einsam in der tiefsten Finsternis. Aber gleichzeitig ist diese Nacht ein Purgatorium, in dem die Seele sich sinnlich und geistig läutert, zunächst »von all ihren sinnlichen Gelüsten nach den äußeren Dingen der Welt« und dann von jeglicher Erkenntnis: »Denn alles, was man mit dem Verstande erkennen, mit der Phantasie sich vorstellen mag, ist Gott ganz unähnlich.«[1]

Man hat häufig die Meinung vertreten, Johannes' Rede von der »dunklen Nacht der Seele« beziehe sich auf eine »Nahtod-Erfahrung«, die der Mystiker einst durchlebt habe – vielleicht in der Zeit, als er im Kerker des Klosters von Toledo bedroht und mißhandelt wurde. Daß Johannes ein solches Erlebnis hatte, ist natürlich möglich, genauso denkbar ist es, daß er sich währenddessen im »dunklen Bereich« von Gott verlassen fühlte und der Verzweiflung nahe war, zumal sein Verstand ihn im Stich ließ und er in die Finsternis des »Nichtwissens« eintauchte. So verließ nach Dionysios Areopagites schon Moses bei seiner *ascensio* zu Gott den »Bereich dessen, was sichtbar ist und zu sehen vermag, und tauchte in das Dunkel des Nichtwissens ein«, in dem sich jede Erkenntnis und jede Sicherheit verflüchtigt.[2]

Wie dem aber auch sein mag, man darf nicht vergessen, daß die »dunkle Nacht« für Johannes eine Allegorie ist, nämlich ein Bild für den Weg zu Gott, der sich wie der Pfad des Buddhisten ins *nirvāṇa* nur dann öffnet, wenn man jegliche Bindung des Herzens an die Welt aufgibt. Wie ein Zen-Meister einmal sagte, sind Visionen und Erscheinungen nur »Hindernisse auf dem Weg zum *satori*«, »Bilder oder Stimmen, die aus dem Unterbewußtsein auftauchen, wenn das gewöhnliche Bewußtsein stark zurückgedrängt wird, wie es bei der Zen-Meditation der Fall ist«. Ähnlich war Johannes der festen Überzeugung, daß die meisten Visionen weltliche und nicht göttliche Phänomene seien und nicht selten Ausdruck einer Krankheit oder »Melancholie«. Bisweilen bat Teresa von Ávila Johannes um sein Urteil über die Authentizität der Visionen gewisser Karmeliterinnen, und einmal wurde er in ein fernes Kloster gerufen, um die ungewöhnlichen Seelenzustände einer Nonne zu beurteilen. Nachdem er mit ihr gesprochen hatte, erklärte er der Oberin, die Frau sei weder von Gott inspiriert noch vom Teufel besessen, sondern geisteskrank.

Johannes war offenbar zeitweise der Meinung, vor dem Erscheinen Jesu Christi habe es noch authentische Visionen und Erscheinungen gegeben, doch Jesu Gegenwart und Offenbarung habe sie völlig überflüssig gemacht. Deshalb bedeute eine weitere Visionssuche, daß einem die Botschaft der Heiligen Schrift nicht genüge. Doch zu anderen Zeiten scheint er göttliche Visionen und Entrückungen weiterhin für möglich gehalten zu haben, aber er billigte ihnen trotzdem »weniger Wert« zu »als dem geringsten Akt der Demut«. Zudem konnten selbst diejenigen, die Gott als legitime Interpreten eingesetzt hatte, nicht mit letzter Sicherheit entscheiden, ob nicht doch »der böse Feind« göttliche Visionen nur »nachgeäfft« habe oder ob sie lediglich ein Produkt der Phantasie seien. Schließlich würden viele Menschen aufgrund derartiger Erlebnisse anmaßend, eitel und hochmütig »und verlieren die heilige Furcht«. Deshalb riet er allen, sich auf Visionen und Entrückungen aus dem Leibe gar nicht erst einzulassen, denn dann brauche man sich nicht den Kopf darüber zu zerbrechen, ob sie nun gut oder schlecht gewesen seien.³

Diese für die »negative Theologie« typische Haltung gegenüber allem, was sinnlich wahrgenommen und rational erfaßt werden kann, scheint in Johannes' Orden der Unbeschuhten Karmeliter keinen allzu großen Anklang gefunden zu haben, denn bereits in Johannes' Todesjahr 1591 und der nachfolgenden Zeit fand ein Kupferstich des Flamen Antoine Wiericx weite Verbreitung, in dem ein kniender Karmeliter eine Vision der Hl. Jungfrau mit dem Jesuskind hat. In ihr steht sie vor einem Tor – offenbar dem Himmelstor – in den Wolken, aus dem ein Licht strahlt, das den Visionär geradezu blendet – wie wir gesehen haben eine typische »Nahtod-Erfahrung«. Und in einem weiteren Stich aus demselben Jahr stellte der Flame sogar ein Ereignis dar, das sich nach einem Schriftstück im Archiv der Karmeliter zu Segovia im Jahre 1588 ereignet haben soll. Damals, so der Text, wurde Johannes angesichts eines Gemäldes, auf dem Jesus sein Kreuz auf den Hügel Golgatha schleppt, entrückt. Und als er in Verzückung dalag, sagte ihm Jesus, er werde ihm um seiner Verdienste willen eine Bitte gewähren, worauf Johannes erwiderte: »Herr, schenke mir Leiden, die ich für dich erdulden darf, und lasse die anderen mich erniedrigen und verachten!« Da dieser Text zu Lebzeiten Johannes' verfaßt und archiviert wurde, könnte es durchaus sein, daß er mehr als eine fromme Legende wiedergibt, nämlich eine »Nahtod-Erfahrung« oder Entrückung, die der mystische Theologe drei Jahre vor seinem Tode und vielleicht schon lange Zeit vorher hatte, die dann zur Grundlage der *noche oscura del alma* wurde. Denn bereits in der Zeit, als er seine Lehre von der »dunklen Nacht« konzipierte, sprach er davon, es sei »manchmal« so, »als täte sich ein Lichttor auf«, das ohne weiteres göttlichen Ursprungs sein könne. Der Teufel sei zwar durchaus in der Lage, solche Effekte hervorzubringen. Doch in einem derartigen Fall blieben die Eindrücke »nicht mit jener wohltuenden Klarheit in der Seele haften wie die echten« und würden bald vergessen.⁴

Von »Nahtod-Erfahrungen«, die der »dunklen Nacht der Seele« entsprechen, wurde nicht nur im Mittelalter, sondern auch sehr viel später berichtet. So haben in den vergangenen Jahrzehnten durchgeführte Untersuchungen ergeben, daß zwischen 12 und 23 % – und in Mitteldeutschland sogar fast die Hälfte – der nach ihren »Nahtod-Erfahrungen« Befragten sehr unangenehme bis »höllische« Erlebnisse hatten. Und weil vermutlich viele Befragte befürchten, negative »Nahtod-Erfahrungen« würden mit Charaktermängeln oder einer schlechten Lebensführung in Verbindung gebracht, nimmt man an, daß nicht wenige ihre Erlebnisse beschönigen und die wirkliche Anzahl der unangenehmen Erfahrungen viel größer ist. Tatsächlich ist eine solche Befürchtung nicht unangebracht, da es durchaus »Fachleute« gibt, die negative »Nahtod-Erfahrungen« auf diese Weise erklären. So behauptet z. B. ein Heidelberger Physiker und Verfasser mehrerer Bücher zum Thema aus der hohlen Hand heraus, »qualvolle und schmerzhafte« Erfahrungen würden vor allem von Personen gemacht, die ein »schlimmes Verbrechen« begangen hätten; während ein anderer ohne irgendeinen Nachweis konstatiert, solche Erlebnisse hingen häufig mit »der Unfähigkeit« zusammen, »zu vertrauen und sich fallen zu lassen«. Und ein dritter vermutet, es handle sich in derartigen Fällen um Menschen, die »immer noch zu sehr mit weltlichen Dingen verhaftet« seien, z. B. »Alkohol, Drogen, Sex, Geld oder Macht«.[5]

Bemerkenswert ist weniger die Tatsache, daß solche Behauptungen haltlose Spekulationen sind – sogar Selbstmörder, die an ihrem Leben verzweifelt waren und z. B. den Sprung von der Golden-Gate-Brücke im Norden von San Francisco überlebten, hatten nicht häufiger negative »Nahtod-Erfahrungen« als andere. Erstaunlich ist vielmehr, daß offenbar keiner dieser Kommentatoren mit der Möglichkeit gerechnet hat, die »dunkle Nacht« könnte für die Betreffenden auch eine kathartische Funktion gehabt haben. Gewiß hat es negative Erlebnisse gegeben, die für die Erlebenden traumatisch waren – so sagte einer, seine einzige Angst bestehe darin, eine dermaßen schreckliche »Nahtod-Erfahrung« könne sich eines Tages wiederholen; und andere bekannten hinterher, daß ihre Angst vor dem Tode nun noch größer geworden sei. Schließlich waren die Erlebnisse für einige so traumatisch, daß sie über Jahrzehnte unter Angstattacken, Depressionen und Depersonalisationszuständen litten. Doch gibt es mindestens ebenso viele Beispiele dafür, daß solche Ereignisse hinterher als »Läuterung der Seele« bezeichnet wurden, ja, eine »Nahtod«-Forscherin fand sogar bei einer Befragung von über 300 Personen mit »Nahtod-Erfahrungen« heraus, daß die negativen Erlebnisse insgesamt gesehen positivere Auswirkungen hatten als die positiven.

Davon abgesehen sind auch die Erlebnisse selber alles andere als einheitlich. So ist z. B. für viele »Seelenreisende« die Tunnel- oder Dunkelheitspassage zunächst sehr beängstigend, aber diese Angst verfliegt, je näher sie dem Licht kommen. So begann die Himmelsreise des bereits erwähnten irischen Mönchs, von der Beda berichtete, zunächst sehr unerquicklich, weil immer wieder die bösen Geister herangeflogen kamen, um ihm »den Weg zum Himmel abzuschneiden«, doch irgendwann gaben die Fieslinge auf, und die Fahrt wurde erfreulich. Eine ehemalige Negersklavin aus den Südstaaten erzählte, sie sei, nachdem sie bewußtlos zusammengebrochen war, beinahe »in einen schwarzen, tosenden Abgrund« gestürzt, doch in diesem Augenblick habe Jesus sie bei der Hand genommen und in den Himmel geführt. Und ein Junge, den ein Auto erfaßt und meterweit durch die Luft geschleudert hatte, wurde in einen grauenhaften Tunnel gezogen, der aussah »wie ein flach am Boden liegender Tornado«. Dort wollte der Teufel ihn packen, doch da erschien ein Engel namens Susan, zog ihn schnell weg und führte ihn auf ein fernes Licht zu, in dem er sich beschützt und wohl fühlte.[6]

Zu Unrecht zieht indessen ein »Nahtod«-Forscher die Folgerung, solche furchteinflößenden Erlebnisse fänden ausschließlich im Tunnel statt – habe man diesen verlassen, gäbe es »immer« eine »positive Begegnung mit der Liebe«. Denn ebensooft sind »Nahtod-Erfahrungen« zunächst angenehm und erfreulich, um anschließend grauenerregend zu werden. So erzählte mir eine Frau mittleren Alters, sie habe auf der Intensivstation plötzlich ein weißes Licht gesehen, von dem sie sofort »wußte«, daß es aus dem Jenseits kam, und sie rief: »Mutti, Mutti, ich komme!« Darauf empfand sie einen starken Sog zu diesem Licht hin, doch gelangte sie nicht in den Himmel. Vielmehr fand sie sich unvermittelt zitternd und frierend in einer eiskalten Leichenhalle wieder, in der fremdartige Gestalten auf sie einredeten und immer wieder sagten: »Sie müssen loslassen! Können Sie denn nicht loslassen?« Schließlich kam sie wieder zu sich, aber sie sagte tagelang kein Wort und wollte nur noch sterben, heim zu »Mutti« ins Licht.

Im Jahre 1353 gelangte der obenerwähnte Ritter György Krizsatánfi während seiner Jenseitsreise »auf ain veld«, von dem aus er in der Ferne »ein v̈bergrosse vnd mächtige stat« sah, von welcher »schöne vnd czarte frawn« auf ihn zukamen, »der gleichen er nye gesach hie auf der weld«. Aber als sie nah an ihn herangekommen waren, erkannte er zu seinem

Entsetzen an ihren Tierfüßen, daß es sich um Teufel handelte. Eine ähnliche Erfahrung machte in unserer Zeit eine junge Frau, die durch einen Tunnel in ein wunderschönes Tal kam. Da sah sie ebenfalls in der Ferne eine schöne Frau in einem fließenden Gewand. Doch »als sie näher kam, änderten sich ihre Gesichtszüge. Erst sah sie aus wie ein Bär, dann wie ein anderes Tier [...] und zum Schluß war es wie das Gesicht eines Keilers mit Hauern und Sabber. Da fing ich an auszuflippen.« Schließlich gelangte auch ein Mädchen durch einen finsteren Tunnel in einen prächtigen Garten voller Blumen, in dem sich freundliche Leute aufhielten. Aber je weiter sie in diesem Garten kam, um so unangenehmer wurde es, denn die Leute ignorierten sie oder behandelten sie immer unfreundlicher. Immerhin fand sie wenigstens den Tunnelausgang wieder, durch den ein Geistwesen sie heimschickte, wohingegen ein Mann nach Passieren des Tunnels im Lichtbereich zu seiner großen Freude zwar Gott traf, doch nach einem Gespräch wurde er von ihm in ein finsteres Verlies ohne Fenster und Türen geworfen.[7]

Bisweilen war der finstere Tunnel noch ein Ort der Geborgenheit, aber der Ausgang ins »kalte Licht« erwies sich, wie im Falle einer Frau, als das Tor zur Hölle, aus dem sie zahlreiche Dämonenaugen anglotzten. Und als eine andere Frau dem Licht näher kam, »konnte ich sehen, daß es wie ein sich spiralförmig drehender Strudel war. Ich spürte Kälte und Wind. [...] Irgendwann hatte ich Angst, in den Strudel gesogen zu werden und die Kontrolle zu verlieren. Ich kämpfte dagegen. Es war schrecklich.«

Andere wiederum reagierten bereits mit Panik, wenn sie realisierten, daß die Person, die ihnen erschienen war, sie wegführen wollte, wieder andere, wenn sie vor dem düsteren Tunneleingang standen oder den Tunnel hinabstürzten, ohne sich an irgend etwas festhalten oder gar umkehren zu können. Als der Pädagoge Adolph Diesterweg im Jahre 1818 in Elberfeld eine Lehrerstelle angenommen hatte, wurde er eines Tages in einen pechschwarzen, leeren Bereich entrückt, in dem er weder etwas sehen noch sich festhalten konnte: »Wer nennt den Jammer dieses Zustandes? Was ich tun sollte, wußte ich nicht; ob greifen, rufen, stöhnen, jammern, fluchen – ich wußte es nicht; in der grausenhaften Öde sah ich nur mich, [da war] kein Ton, keine Bewegung, nichts, nichts als ich allein. [...] Ich weiß nicht die Qualen zu nennen, die mein Herz zerrissen.« »Ich steckte plötzlich in diesem dunklen Tunnel«, berichtete ein

Mann, »und begann in rasender Geschwindigkeit zu fallen, schneller, schneller und schneller. Als stürzte ich direkt senkrecht nach unten, mit dem Kopf voran in dieses schwarze Loch«, als er auf einmal »Gekreische, herzzerreißende Schreie, fürchterliches Lachen« hörte »und der ekelhafteste Gestank« ihm in die Nase stieg, »den man sich vorstellen kann«.[8]

Ein Mädchen geriet in Panik, weil sie sich im Tunnel »wie gefangen in einem dunklen Brunnen« fühlte, andere weil sie im Schacht steckenblieben oder ihn als »leer oder tot« empfanden. Und wieder andere glauben, sie seien zur Hölle niedergefahren wie jener Amerikaner, der voller Angst eine Treppe in die Schwärze hinunterrutschte. Unten angekommen, sah er eine Tür mit einem verrosteten Kettenschloß, vor der Leute auf Bänken saßen und warteten. Als er das registriert hatte, geriet er völlig in Panik, weil er davon überzeugt war, vor dem Eingang zur Hölle zu stehen.[9]

Am nächsten aber kommen jene »Nahtod-Erfahrungs«-Berichte der von Johannes vom Kreuz beschriebenen »dunklen Nacht der Seele«, in denen die neuzeitlichen und modernen »Seelenreisenden« ihr Gefühl der absoluten Verlorenheit schildern und den Zustand der Orientierungs- und Hoffnungslosigkeit, in der sie sich befanden. So geriet ein amerikanischer Kunsthistoriker völlig erschöpft in eine »totale Dunkelheit«, in der er nicht nur fror, sondern extreme Angst hatte und sich gänzlich verlassen fühlte, bis er einen winzigen Lichtpunkt sah, der allmählich größer wurde. »Ich war in einer grauen Umgebung«, so ein junger Mann, »ohne Anfang und Ende, vollkommen allein. Es war kalt und feucht, ich war nackt. Ich schrie um Hilfe, aber niemand konnte mich hören. Ich hatte furchtbare Angst. Es war nicht nur Einsamkeit. Es war Verlassenheit. und plötzlich wußte ich: Das war der Tod. Ich schrie: ›Holt mich zurück!!‹ Aber meine Stimme war ohne Ton.«

Vor zweihundert Jahren stieg die Dülmener Nonne Katharina Emmerick mehrfach »auf dunklen, grundlosen Wegen nieder, wie unter die Erde«, worauf sie »in Räume von verschiedener Düsterheit, Nebel, Kälte, Unheimlichkeit aller Art« kam, in denen sie jegliche Orientierung verlor. »Es war stockfinster«, berichtete in unserer Zeit ein Mann, »und ich wußte nicht, wo ich war, was ich dort sollte und was geschah«, und er fühlte, wie die Angst in ihm hochkroch.[10]

Auch die verschiedenen tibetischen »Totenbücher«, von denen im

Westen das *bar-do 'i-thos grol*, »Befreiung durch Hören im Zwischenzustand«, das mit Abstand bekannteste ist, beschreiben das, was ein Mensch beim Sterben und danach im *bar-do* (»zwischen beiden«, skr. *antarābhava*, chin. *zhongyou*) an Schrecklichem und Wunderbarem erlebt, wobei ein Mensch mit schlechtem *karma* allerdings mehr Grauenhaftes erfährt. Diese Bücher gehen nicht nur auf buddhistisch-hinduistische Lehren, sondern auch auf vorbuddhistische Bön-Traditionen zurück, in denen der Schamane dem Sterbenden Anweisungen gab, wie er sich zu verhalten hatte und was ihn auf seiner Reise ins Jenseits erwartete. Das *bar-do 'i-thos grol*, das im Abendland Berühmtheit erlangte, aber in Tibet lediglich diejenigen kannten, die mit den Totentexten der Nyingma-Sekte vertraut waren, stellt eine Synthese aus teilweise wohl bis ins 8. Jahrhundert zurückreichenden mündlichen lamaistischen Überlieferungen dar, eine Zusammenfassung, die vermutlich mit all den Fehlern und Verstümmelungen behaftet ist, die sich im Laufe der Zeiten angereichert haben.

Der Text dieses Totenbuches wurde den Sterbenden und den bereits Gestorbenen von einem Lama ins Ohr geflüstert, und zwar idealiter 49 Tage lang, die ein Toter benötigte, um den Bereich zwischen Tod und Wiedergeburt zu durchmessen. War der Sterbende noch nicht ganz tot, zeigte man ihm bisweilen zusätzlich Karten aus gestärkter Leinwand, die auf Kartons gezogen und lackiert waren. Auf ihnen hatte man die verschiedenen Erscheinungsformen des Buddha sowie die *ḍākinīs* dargestellt, eine Art Geleitengel, die den Betreffenden durch das *bar-do* führen sollen. Der Text wurde aber auch den Lebenden vorgelesen, damit sie sich später einmal, in der Stunde des Todes, an seinen Inhalt erinnerten, falls sie nicht ohnehin all das, was sie im *bar-do* sehen würden, von den Meditationsübungen des Bar-do-Yoga her kannten.[11]

Spätestens seit dem frühen Mittelalter ist die Meinung verbreitet, der Nichtbefreite betrete das *bar-do* in seinem »subtilen« oder »feinstofflichen« Körper, wie es der 14. Dalai Lama ausdrückt. Dieser »ätherische« oder »Astralleib« wurde bisweilen mit dem der *gandharva* (»das, was Gerüche [*gandham*] ißt [*arvati*]«) verglichen, halbgöttlichen Wesen, die mit Liebe, Spiel, Musik und Wein das Herz des Gottes Indra erfreuten. Und weil diese himmlischen Musikanten sich ausschließlich von Wohlgerüchen ernährten, stellte man auch die gesamte Rezitationszeit über duftende Speisen und Getränke neben die Leiche, damit der

Verstorbene im *bar-do* deren Duft einatmen konnte und nicht darben mußte. Daß er tot war, erkannte der Verstorbene indessen meist erst nach vier Tagen, und zwar häufig daran, daß er problemlos feste Materie durchdringen konnte, daß er keine Schatten warf und keine Fußabdrücke im Sand hinterließ.[12]

Was dem Nichtbefreiten nun im *bar-do* begegnete und widerfuhr, war vergänglich und hatte sowenig Substanz wie all das, was ihm in seinem Leben widerfahren war. Und solange er nicht begriff, daß sämtliche ihm gegenübertretenden friedlichen und schrecklichen Gottheiten in ihren Himmeln und Höllen durch sein eigenes *karma* gebildet waren und er in ihnen im Grunde sein eigenes Wesen sah, vereitelte er seine Befreiung und wurde wiedergeboren.[13]

Im jungavestischen *Hadōxt Nask* belehrt Ahura Mazdā den persischen Propheten Zarathuštra, in der Morgendämmerung des vierten Tages nach dem Tode wehe dem Verstorbenen aus dem Paradiesgarten (*garōdmān*) eine wunderbar duftende Brise entgegen, mit der ein weibliches Wesen auf ihn zukomme, Daēnā, eine häßliche alte Vettel, die ihn ins ewige Verderben und Elend führt. War er aber ein tugendhafter Mensch, kommt ihm ein wunderschönes junges Mädchen mit strammen Brüsten entgegen, das ihn bei der Hand nimmt, um mit ihm gemeinsam den »leuchtenden Pfad« zu betreten, der zu einem Palast von strahlender Schönheit führt.[14]

Ist in diesen persischen Lehren bereits der Keim der Vorstellung enthalten, daß wir nach dem Tode in einer von uns selbst erschaffenen Welt leben werden, hat der Mahāyāna-Buddhismus diese Auffassung radikalisiert und behauptet, nicht allein das *bar-do*, sondern die gesamte wahrnehmbare Welt sei ein Produkt unseres Bewußtseins. Und dies erkenne der Befreite auf ähnliche Weise, wie dem Luzidträumer plötzlich bewußt wird, daß er träumt.[15] Dementsprechend meint beispielsweise ein bekannter Erforscher »veränderter Bewußtseinszustände«, die Frage, ob das, was wir bei »Nahtod-Erfahrungen« erlebten, real sei, erledige sich von selber, da es überhaupt keine Realität gebe – »All is *māyā*, all is illusion. There is only Mind.« Und ein Traumforscher behauptet, die ganze Welt sei ja nur ein Traum, »den wir alle gemeinsam träumen, wie real sie auch scheinen möge«.

Aber eine solche Auffassung ist sinnlos. Denn wenn wir sagen, alles, was wir erleben und wahrnehmen, könne nur ein Traum, ein Schein, eine Illusion (*māyā*) sein, dann vergessen wir, daß die Begriffe »Traum« oder »Illusion« nur einen *Sinn* haben können, wenn sie sich von dem der »Wirklichkeitswahrnehmung« unterscheiden. Nur indem etwas wirklich sein kann, kann es Träume geben – also kann nicht alles ein Traum sein.[16] Der Kerngedanke des Mahāyāna scheint freilich nicht der jenes derealisierten Patienten gewesen zu sein, der alles, was er wahrnahm, für die boshafte Täuschung eines *spiritus malignus* hielt. Vielmehr war und ist für dieses vor allem in Tibet und Ostasien verbreitete »Große Fahrzeug« nur das real, was »Substanz« besitzt, was also nicht dem Werden und Vergehen unterworfen ist. War für Plotin lediglich die Seele das »wahrhaft Seiende, das weder entsteht noch vergeht«, während alles Materielle nicht »ist«, hat für diese buddhistische Schule nicht einmal die Seele »Substanz«, und ein Gleiches gilt auch für das *bar-do* mit allen seinen abscheulichen und wunderbaren Erscheinungen.

Die Auffassung, alle Himmel und Höllen samt ihren Bewohnern seien genauso irreal wie die Alltagswelt, in der wir leben, war anscheinend besonders in der Nyingma-Sekte geläufig, in der das Buch der »Befreiung durch Hören im Zwischenzustand« den Lebenden, den Sterbenden und den Toten vorgelesen wurde. Realisierte man diese Botschaft, wurde man von der Haftung an das nur scheinbar »Substanzielle« befreit. Begriff man sie nicht, irrte man bis zur nächsten Wiedergeburt in der Scheinwelt des *bar-do* umher. Dieser Meinung war offenbar auch der berühmte Visionär Sundar Singh, der im Jahre 1930 spurlos im Himalaya verschwand. Jedenfalls sagte er über jenen »deutschen Philosophen«, der sich nach Eintritt in die Geisterwelt nicht sicher war, ob das, was er erlebte, Realität besaß, dieser Mann werde gewiß auch nach seinem Tod »sehr lange Zeit hindurch blind im Dämmerlicht der unteren Teile des *bar-do* umherwandern und sich weiterhin seinen Philosophenschädel einstoßen, bis er seiner Torheit müde wird und Buße tut«.[17]

Allerdings sollte man beachten, daß es den allermeisten Sterbenden, denen der Lama den Totenbuch-Text rezitierte, gar nicht um die Erlösung, sondern um eine gute Wiedergeburt ging. Und auch die Lehre von der »Substanzlosigkeit« der Alltagswelt und des *bar-do* wird sicher nur für die Lamas, aber nicht für die gewöhnlichen Menschen irgendeine Relevanz besessen haben. Dies geht beispielsweise aus den »Berichten der Personen, die aus der Unterwelt zurückkommen« (*'das-log rnam thar*), hervor, meist Frauen, die *'das-log* oder *délok*, »gestorben und zurückgekehrt«, genannt wurden und die sehr häufig Botschaften der Verstorbenen aus der Unterwelt oder – seltener – aus dem Paradies mitbrachten.

Es wird zwar immer wieder gesagt, die Beschreibungen des *bar-do* in den verschiedenen tibetischen Totenbüchern seien von den Berichten der *déloks* beeinflußt, doch glaube ich eher, daß die Erlebnisse der »aus dem Tod Zurückgekehrten« und die in den Büchern niedergeschriebenen im wesentlichen voneinander unabhängig sind. Die *déloks* waren meist einfache Frauen und Männer, von denen sicher einige *maṇḍalas* gesehen hatten, auf denen Personen dargestellt waren, die sie später auf ihrer Reise in die Unterwelt angetroffen haben mögen. Aber selbst die *déloks*, die eine gewisse Kenntnis des Inhalts eines der Totenbücher hatten, erlebten während ihres Scheintodes meist etwas völlig anderes. So berichtete ein Mann, der »gestorben« war und dessen vermeintliche Leiche man in die Berge gebracht hatte, um sie dort den Geiern zu überlassen, daß er sehr schnell davon überzeugt war, tot zu sein und sich im *bar-do* zu befinden. Doch zu seiner großen Verwunderung sah er rein gar nichts von alle dem, »wovon im Buch über das *bar-do* die Rede ist, weder die Bodhisattvas noch die schrecklichen Götter, die den auf den Tempelwänden abgebildeten glichen. Ich habe nichts von alledem gesehen.« Als er wieder zu sich kam und ins Dorf heimkehrte, hielten die Leute ihn für einen Dämon und bewarfen ihn mit Steinen und glühenden Holzscheiten. Doch er rief ihnen zu, er sei nicht wirklich tot, sondern ein *'das-log*.[18]

Sehr häufig gleichen die überlieferten *délok*-Berichte, die natürlich im Verlaufe der Jahrhunderte immer wieder neu bearbeitet und modifiziert wurden, den Jenseitsreisen der Schamanen, z. B. die der »Nahtod-Erfahrungen« der *da lo ma* (»aus der Unterwelt zurückgekehrte Frauen«), wie die Sherpa ihre *déloks* nennen. Diese Abstiege in die tiefsten Tiefen der Unterwelt fanden in der Regel nur ein einziges Mal im Leben statt und konnten nicht willkürlich durchgeführt werden. Die Unterwelt Pātāl – das Gelobte Land, in dem einige bevorzugte Ahnen gemeinsam mit den Göttern leben – war offenbar noch bis vor kurzem das Ziel einiger besonders fähiger Schamanen (*pande*) der nepalesischen Chepang, die dabei »wie tot« auf dem Boden lagen. Herkömmlicherweise flogen sie auf dem Rücken des Vogels Garuda, oder sie reisten auf dem eines Fisches, der in den sieben Ozeanen Pātāls lebt, in die

Unterwelt hinab, wobei sie ein jedes Mal ihr Leben aufs Spiel setzten. Aber auch die *pande* gingen mit der Zeit, und so benutzte ein heute lebender Schamane der Chepang einen von den Göttern geschickten Hubschrauber, der ihn in nördliche Richtung zu einem Garten brachte, wo er mit Äpfeln und Orangen beschenkt wurde, bevor man ihn wieder heimschickte.

Sehr oft machten die *déloks* die Erfahrung, daß Yama, der »Herr des Todes«, der in den tibetischen »Nahtod«-Berichten meist Shinjé Chökyi Gyalpo heißt, sie ins Leben zurückschickte. So wurde im 11. Jahrhundert in Zentraltibet eine Frau namens Nangsa Obum wieder lebendig, nachdem sie sieben Tage in ihrem auf einem »östlichen Hügel« stehenden Sarg gelegen hatte. Anschließend teilte sie mit, sie sei, nachdem sie »wie ein Haar aus der Butter« aus ihrem Körper gezogen worden war, ins *bar-do* gelangt, wo der Totengott sie wieder nach Hause schickte, damit sie anderen Menschen helfen könne. Und im 17. Jahrhundert erschien eines Tages in Bhutan der zwölfjährigen Sangs Rgyas chos 'dzom der Bodhisattva Avalokiteśvara – wobei wir natürlich nicht wissen, ob ihr einfach nur ein Mann erschien, den der buddhistische Verfasser des Berichts als den in Sukhāvatī thronenden Bodhisattva bezeichnete. Dieser künftige Buddha sagte dem Mädchen, sie könne in sieben Tagen das Westliche Paradies erreichen. Nachdem sie ihren Körper und die um sie trauernden Eltern verlassen hatte, sagte angeblich der Schutzgeist (*yi dam*) zu ihr: »Bleibe nicht an deinem Illusionskörper haften, sondern erhebe deinen Geist zum Wesen der Dinge! Folg mir!« und führte sie ins *bar-do*, wo sie sah, wie die Verstorbenen litten. Schließlich betraten sie die Region des »Weißen Lichtes«, in der sie der »Herr des Todes« darüber aufklärte, daß sie seit sieben Tagen tot sei; jetzt aber müsse sie schleunigst ins Land der Lebenden zurückkehren.[19]

Ein ebenfalls deutlich buddhistisch-lamaistisch modifizierter Bericht scheint der einer im 16. Jahrhundert in Osttibet lebenden Frau namens Lingza Chökyi zu sein, die aus ihrem Körper schlüpfte und von außerhalb zuschaute, wie der von ihrer Familie herbeigeholte Lama sich über ihre Leiche beugte und zu ihr sagte: »Chökyi, der Tod ist zu dir gekommen! Hafte nicht an deinen Kindern, an Besitz oder Nahrung! Verschmelze dein Bewußtsein mit dem meinen! Dann reisen wir in das Glückselige Reine Land des Buddha des Unendlichen Lichtes. Gehen wir dorthin!« Darauf geleitete der Lama mit seinen Worten die

Abb. 10 Sāvitrī hat ihren Mann aus dem Totenreich zurückerhalten;
Bakreswar-Tempel, Westbengalen.

Frau durch ein vegetationsloses Wüstental zu einer Brücke, über die sie ein Führer (*zla-grogs*) in eine Stadt brachte. Doch der dort residierende Dharma-König, der »Herrscher der Toten«, klärte Chökyi auf, sie sei nur aufgrund einer Verwechslung gerufen worden und solle wieder heimgehen.[20]

§ 8
Die Heimkehr und der erstarrte Leib

Wurden nach den Überlieferungen des vergangenen Jahrtausends die in den Tälern des Himalaya und dem Hochland von Tibet lebenden *déloks* sehr häufig vom »Herrn der Toten« aus dem Jenseits wieder heimgeschickt, so erlebten auch in unserer eigenen Kultur viele »Seelenreisende« seit dem frühen Mittelalter dasselbe. So flehte bereits der drei Tage in Totenstarre daniederliegende Ritter Tnugdalus seinen Schutzengel an, ihn im Jenseits zu belassen, aber der Engel war unerbittlich und gebot: »Debes ad corpus tuum redire!« Im frühen 9. Jahrhundert berichtete der Mönch Æthelwulf, Gott habe einen im Himmel angekommenen Mann in die Hölle schicken wollen, weil er den Schwur, nach dem Tod seiner Frau keine andere mehr zu heiraten, gebrochen hatte. Doch auf Intervention der verstorbenen Frau änderte Gott seine Meinung und schickte den Mann ins Leben zurück, wo dieser in ein Kloster eintrat und seine Sünde wiedergutmachte. Und als Caterina da Siena auf dem Totenbett nach vierstündigem Scheintod »auf wunderbare Weise« wieder in ihren Körper zurückgekehrt war, frohlockten alle »außer Caterina, die drei Tage und drei Nächte ihre Rückkehr bitterlich beklagte und beweinte«. Denn wie sie ihrem Beichtvater anvertraute, war sie nicht freiwillig aus dem Himmel geschieden. Vielmehr hatte Gott ihr geboten, zurückzugehen, um auf der Erde sein Wort zu verkünden. Schließlich wurde auch Mechthild von Magdeburg von Gott wieder heimgeschickt: »Wenne das spil aller best ist, so mů̊s man es lassen. So sprichet der blů̊jende got: ›Juncfrö, ir mů̊ssent úch neigen [= verabschieden]!‹ So erschrikket si: ›Herre, nu hast du mi[ch] hie so sere verzogen [= entrückt], das ich dich in minem lichamen [= Leib] mit keinem orden mag geloben.‹« Doch letztendlich fügte sie sich und kehrte widerwillig in ihren Körper zurück.[1]

Auch in der Neuzeit und in der Moderne kam es bisweilen vor, daß die Betreffenden während ihrer »Nahtod-Erfahrung« aus den verschiedensten Gründen zurückgeschickt wurden. Nachdem die Seherin Friederike Hauffe vom Schutzgeist, nämlich ihrer verstorbenen Großmutter, »weit hinweg in eine Seligkeit geführt« worden war, sagte diese plötzlich, »sie müsse jetzt zurückkehren, es würden in ihrer Wohnung, wo ihr Leib liege, die Fenster zugeschlossen, und dann müsse sie sterben« – vermutlich weil in jener Zeit auf dem Lande noch der Glaube verbreitet war, die Seele benötige ein offenes Fenster oder ein Loch im Dach, um aus- und einzufahren. Nach einem Sturz aus 30 m Höhe auf einen Betonfußboden hatte eine junge Frau zunächst das gräßliche Erlebnis, vom Teufel vergewaltigt zu werden. Darauf sah sie die Öffnung eines Tunnels, den sie jedoch nicht betrat, weil ein Todesengel erschien und zu ihr sagte: »Geh zurück, es ist noch nicht deine Zeit!« Eine andere hörte, wie ein Geistwesen mit barscher Stimme zu ihrem Geleitengel sagte: »Nein, die können wir nicht gebrauchen, die muß zurück!«

Besonders häufig scheinen indessen Kinder heimgeschickt zu werden, was ja auch ihrer Alltagserfahrung eher entspricht als der von Erwachsenen. So wurde ein sechsjähriger Bub am Ende des Tunnels von seiner verstorbenen Tante mit den Worten zurückgestoßen: »Nein Bobby, du bist noch nicht soweit!«, und ein kleines Mädchen wurde von einem großen und sehr netten Engel mit leuchtend goldenem Haar zum lieben Gott geführt, bei dem sie bleiben wollte. Da fragte Jesus sie, ob sie denn ihre Mami nicht mehr sehen wolle, worauf sie antwortete: »Doch!« Und in diesem Augenblick kam sie wieder zu sich. Ein kleiner Bub wurde schließlich von einem Engel umarmt, der ihm sagte, er habe ihn lieb, aber er müsse zurück, um Baseball zu spielen und von den Engeln (»birdies«) zu erzählen.[2]

Am zahlreichsten scheinen freilich die Berichte aus fernen Kulturen, vor allem solchen in Melanesien, Afrika, Nordamerika oder der Südsee zu sein, in denen die vermeintlichen Toten wieder ins Leben zurückgeschickt oder – zum Teil gegen ihren Willen – zurückbefördert wurden. So riet man einem Angehörigen der Bakongo im Jenseits, er solle sich wieder auf den Heimweg machen, aber er verspürte keine rechte Lust dazu, weil die Strecke, die hinter ihm lag, lang und mühsam zu bewältigen war. Und einem anderen Mann verwehrte Jesus energisch den Zutritt zum Paradies, weil er seine Kirchensteuern nicht bezahlt hatte. Eine todkranke Frau der gabunesischen Fang sah auf ihrem Sterbelager plötzlich einen Pfad, der aus der Hütte hinausführte. Sie folgte ihm, bis sie an eine Kreuzung kam, auf der ein Mann mit einer langen Lanze sie am Weitergehen hinderte und sie anherrschte: »Wo willst du hin? Du bist nicht tot! Geh zurück!« Und ein Angehöriger der Fanti im östlichen Ghana, der sich aufgrund seiner »Nahtod-Erfahrung« zum christlichen Propheten wandelte, ging dabei zunächst über Land, bis er an das Ufer eines Flusses kam, an dem zahlreiche Leute auf den Fährmann warteten. Nachdem dieser ihn übergesetzt hatte, wurde er von einem Engel zu einem Tor geführt, wo er eine Stimme vernahm, die ihn anwies, nicht einzutreten, sondern zurückzugehen und im Diesseits das Evangelium zu verkünden.

Mitunter wurden die »Seelenreisenden« auf sehr unhöfliche und rüde Weise abgewiesen. So gelangte ein Chinese zwar zum »obersten Ahnherren«, aber dieser winkte wortlos einem Lakaien, der den Besucher kurzerhand hinauswarf, und auch bei den Kiwai in Papua-Neuguinea wurde die Seele (*urío*) von Scheintoten gelegentlich vom verstorbenen Vater der Betreffenden auf sehr ruppige Weise aus Adiri, dem Land der Toten, verjagt: »Time bilong you no finish yet!« Auch eine christianisierte Heilerin von der Südküste des Vogelkopfes von Irian Jaya berichtete, sie sei während ihrer um vier Uhr morgens stattfindenden »Nahtod-Erfahrung« vom lieben Gott nicht eben liebenswürdig empfangen worden. Als sie im Jenseits ankam, wollte Gott gerade ein Bad nehmen und fragte sie unwillig, was sie bei ihm verloren habe. Sie sagte: »Du hast doch nach mir gerufen!« Worauf Gott erwiderte: »Vergiß es und hau ab!«[3]

Die Gründe, warum die »Seelenreisenden« wieder heimgeschickt wurden, konnten ganz unterschiedlich sein. Bei den Cherokee, die schon sehr früh westlichen Einflüssen ausgesetzt waren, sagte ein jenseitiger Buchhalter einem Mann, er habe gerade keine Zeit und er solle es später noch einmal versuchen. In Rājasthān und Uttar Pradeś brachten die »Boten« häufig den Falschen ins Jenseits; einer Fidschi-Insulanerin sagte man, sie solle am Donnerstag nächster Woche wiederkommen (sie starb dann tatsächlich an diesem Tag); und in der ersten Hälfte des 17. Jahrhunderts legte ein verstorbener Hurone seiner Verwandten nahe, zurückzugehen, weil es sonst auf der Erde zu wenige Angehörige gäbe, die Nahrung für die Seelen der Abgeschiedenen bereitstellen könnten. Noch vor gar nicht so langer Zeit war ja auch noch bei uns der Glaube weit verbreitet, daß die Toten nur dann das Seelenheil erlangen konnten, wenn die Lebenden sie nicht vergaßen, sondern für sie beteten und Messen für sie lesen ließen.

Der häufigste Grund lag aber offenbar darin, daß die im Jenseits Angekommenen nicht wirklich tot waren, was die Verstorbenen meist sofort bemerkten. Auf den zu den Neuen Hebriden gehörenden Banks-Inseln schickte man deshalb eine Frau vor dem Eingang zum Totenreich zurück. Aber sie rieb sich anschließend mit dem Wasser ein, in das sie einige Zeit lang eine tote Ratte gelegt hatte, und so konnte sie ihren verstorbenen Bruder besuchen. Bei den Gunwinggu und den Maung im westlichen Arnhemland wurde der Jenseitsreisende allerdings getestet, ob er tot war oder nur scheintot. Auf dem Weg ins Land der Toten schlug nämlich ein Wächter der Seele die Schneidezähne aus. Blutete sie anschließend, mußte sie umkehren. Blutete sie nicht, wurde sie von einem Fährmann über einen Fluß ins Jenseits übergesetzt. Als Fährlohn mußte die Seele einer Frau mit dem Fährmann schlafen, was aber auch einer alten Frau nichts ausmachte, weil man ihre Seele zuvor verjüngt hatte.[4]

Wurden in unserer Zeit in den westlichen Gesellschaften vergleichsweise wenige »Seelenreisende« von den Verstorbenen, Engeln, Geistwesen usw. zurückgeschickt, kam und kommt es wesentlich häufiger vor, daß sie den jenseitigen Bereich aus eigenem Entschluß wieder verlassen möchten. Die Gründe dafür können wiederum völlig unterschiedlich sein. Als eine im Tunnel auf das Licht zuschwebende Frau die Stimme ihres Mannes vernahm, der klagte: »Aber ich habe doch nur diese eine Frau!«, wurde ihr ganz wehmütig ums Herz, und sie kehrte um und schlüpfte in ihren Körper. Ein Mann bat im Jenseits Jesus: »Herr, laß mich bitte noch eine Zeitlang bei meinen Kindern!«, während eine Frau im Tunnel einfach nur irgendwann spürte, daß es an der Zeit war, umzukehren: Als sie »wie eine Rakete« auf das Licht zuschoß, hatte sie das Gefühl, sie »müsse zurück, es sei noch nicht Zeit für mich. Der Absturz kam heftig, und ich fuhr mit einem regelrechten Plumps in meinen Körper zurück.« Und ähnliches erlebte eine junge Krankenschwester, die nach einem Lebensrückblick durch einen pechschwarzen Tunnel auf »ein schönes Licht zu«flog, vor dem ihr verstorbener Großvater und ihr ebenfalls verstorbener Vater standen. Die beiden sagten zu ihr, wenn sie wolle, könne sie bei ihnen bleiben, worauf sie entgegnete: »Nein, ich bin noch nicht bereit!«[5]

Aus den gleichen, aber auch aus anderen Motiven entschieden sich ebenfalls in vergangenen Zeiten und in fremden Kulturen die Betreffenden, in ihren Körper zurückzukehren. In einem Brief schilderte beispielsweise der Abt Richard de Saint Vanne die »Nahtod-Erfahrung« eines Mönches des in Arras gelegenen Klosters Saint-Vaast vom Jahre 1011. Der fromme Mann bat Jesus im Paradies, ihn wieder heimkehren zu lassen, was der Sohn Gottes ihm unter der Bedingung gewährte, daß er lediglich seinem Abt etwas von seinem Erlebnis erzählte. Dies tat er dann auch, wobei allerdings ein anwesender Notar seine Worte mitschrieb. Im 12. Jahrhundert widerfuhr der späteren Klausnerin Christine von St. Troud etwas Ähnliches, als sie beim Viehhüten in den Himmel vor den Thron Gottes entrückt wurde. Gott fragte sie, ob sie bei ihm bleiben oder in ihren Leib zurückkehren wolle, um durch Selbstpeinigung möglichst vielen armen Seelen den Aufenthalt im Fegefeuer zu verkürzen. Ohne zu zögern, wählte das Mädchen die Heimkehr und quälte sich fortan ohne Unterlaß, indem sie ihre Glieder am offenen Feuer verbrannte, ihre Arme in siedendes Wasser tauchte, sich auf Mühlrädern treiben ließ oder sich am Galgen neben die verwesenden Leichen von Verbrechern hängte.

Schließlich brachen vor allem weibliche »Reisende« das Unternehmen bereits in der Frühphase ab oder ließen sich aus Furcht oder Mißtrauen erst gar nicht auf ein solches ein. Als z. B. eine Frau den mit Spinnweben verhangenen Eingang zu einer dunklen Höhle nur kurz sah, war ihr klar, daß sie diesen furchteinflößenden Schlund erst gar nicht betreten würde, und im Jahre 1663 berichtete ein Mädchen aus Alsfeld, ihr sei ein Mann erschienen, »der habe es gefragt, ob es sein wolle, so sollte es mit in den Himmel fahren, da es viel lustiger als hier zugienge. Es habe aber nein gesagt.«

Eine kranke Frau der Mekeo an der Südküste Neuguineas, die schon auf dem Weg zur Stadt der Toten war und von weitem sehen konnte, daß die Bewohner dieses wunderschönen Ortes ein glückliches Leben führten, mußte an ihre Familie denken, um die sie sich Sorgen machte, worauf sie beschloß umzukehren. Auf dem Rückweg traf sie eine aufgedonnerte und mit Blumen geschmückte Frau, die eine Woche zuvor gestorben war. Diese forderte sie dazu auf, sie in die Totenstadt zu begleiten. Doch obgleich sie das sehr gerne getan hätte, lehnte die Heimkehrerin dies ab, worauf ein heftiger Streit entbrannte. Ein todkranker Mescalero Apache, dessen Herz kaum noch schlug, teilte ebenfalls später mit, er habe sich mit Händen und Füßen gegen seine Entrückung in die Unterwelt, deren Bewohner er schon in der Ferne erkennen konnte, gewehrt. Und wohl weil er nicht sterben wollte, beschloß auch der Hopi Talayesva gemeinsam mit seinem Hilfsgeist, aus der Höhle der Kachinas, in der sie als Regengeister verkleidet an einem Tanz teilgenommen hatten, so schnell wie möglich zu verschwinden. Eilig flogen sie fort, aber die Kachinas verfolgten sie, bis ein Regenbogen ihnen den Weg versperrte.[6]

Sehr verbreitet war auch die Vorstellung, daß man die Jenseitigen nicht berühren und die von ihnen angebotene Nahrung nicht zu sich nehmen dürfe. Denn höchstwahrscheinlich war dies so etwas wie das »Überschreiten der letzten Grenze« (§ 6), durch das man zu einem der Ihren wurde und im Jenseits bleiben mußte. Als zum Beispiel eine Frau am Ausgang des Tunnels ihre verstorbene Großmutter anfassen wollte, hielt diese sie mit einer abwehrenden Geste davon ab, und ein Spökenkieker aus Südschleswig, der in die Ferne »gereist« war, versuchte seinen dort lebenden Sohn zu berühren, doch seine Hand wurde wie von einer magischen Kraft »zurückgehalten«, und er verstand: »Das darf man nicht tun!« Als ein Seher von der Insel Föhr in Nordfriesland in einer Vision die Mauer eines brennenden Hauses anfassen wollte, um zu prüfen, ob sie heiß war, wurde er davon abgehalten. »Da ist das«, kommentierte er, »als wenn mich einer zurückreißt und als wenn einer sagt: ›Was willst du, Mensch?!‹«

Einen Bauernsohn, der sich in einem Moor in Cornwall verirrt hatte und nicht heimgekehrt war, fand man dort drei Tage später, und er erzählte, er sei bei Dunkelheit durch das Moor geirrt, als er in der Ferne ein Licht sah und Musik hörte. Dort angelangt, betrat er einen wunderschönen Obstgarten, in dem zahlreiche Menschen vor einem Haus tanzten oder an Tischen saßen und tranken. Unter ihnen befand sich ein junges Mädchen, und als er näher herangekommen war, erkannte der junge Mann in ihr Grace Hutchens, seine Liebste, die vor wenigen Jahren gestorben war. Er wollte sie küssen, aber sie wich voller Angst zurück und bat ihn dringend, weder sie noch irgend etwas anderes zu berühren, keine Blume zu pflücken und in keine Frucht zu beißen, da er sonst nicht mehr heimkehren könne. In dem vor 1314 entstandenen *Chronicon Colmariense*, das von einem Dominikaner aus der Gegend von Luzern niedergeschrieben wurde, gelingt einem Spielmann (*mimus*) die Flucht aus dem in einem Berg liegenden Infernum nur deshalb, weil er weder mit der Fiedel aufgespielt noch etwas gegessen oder getrunken hat. Nachdem der ostgrönländische Schamane Kínigseq in der Unterwelt auf seine verstorbene Mutter getroffen war, wollte diese ihren Sohn küssen. Doch dessen Hilfsgeist stieß die alte Frau zurück und sagte: »Er ist doch nur zu Besuch hier!« Darauf wollte sie ihm ein paar Beeren in den Mund stecken, aber der Geist warnte abermals: »Halt! Wenn du davon ißt, kannst du nie mehr zurück!« Und wenn der künftige Schamane der Kwakiutl in das Unterweltsdorf der Geister mit dem Namen »das Unterste« (*bē' benaqawē*) entrafft wurde, boten sich ihm dort wunderschöne nackte Frauen an. Wer sich freilich verführen ließ, mußte für immer dortbleiben.[7]

Diejenigen, die solche Warnungen in den Wind schlugen, machten jedoch die Erfahrung, daß nichts von alledem geschah, wie ja auch diejenigen, die während ihrer »Nahtod-Erfahrung« die *deadline* überschritten, trotzdem problemlos ins Diesseits heimkamen. Ein Yirrkalla beispielsweise, der in das Totenreich gelangt war, tanzte dort nicht nur mit den Verstorbenen, vielmehr schlief er unmittelbar hintereinander mit drei attraktiven jungen Mädchen, die bitterlich weinten, als er sich dazu durchrang, ins Diesseits heimzugehen. Zu Hause angekommen, bestieg er sogleich seine Frau, wobei ihn allerdings der Schlag traf, aber nur deshalb, weil er sich bei den verstorbenen Mädchen allzusehr ins Zeug gelegt hatte.

Eine junge Frau ereilte während des Schlafes eine so realistische Vision, daß sie davon aufwachte. Da sah sie ihre verstorbene Großmutter im Flur stehen und eilte zu ihr, um sie zu umarmen. Die alte Frau rief ihrer Enkelin jedoch laut zu: »Faß mich nicht an!« – aber es war zu spät: Die junge Frau berührte die Oma mit der Hand, worauf sie von einem Funkenregen überschüttet und nach hinten geworfen wurde. Als sie wieder zu sich kam, saß sie auf der Bettkante. Im Verlaufe einer »Nahtod-Erfahrung« geriet ein Mann, der von blassen Wesen in grauen Kleidern gerufen, seinen Körper verlassen hatte, zunächst in einen dichten Nebel, der bald darauf von einer völligen Dunkelheit abgelöst wurde. Plötzlich fielen wie aus dem Nichts die Wesen, deren Stimmen er gefolgt war, über ihn her, und er kämpfte mit ihnen, während sie ihn mit ihren langen und scharfen Fingernägeln kratzten. Aber er spürte nichts und fühlte keine Schmerzen, und nichts Weiteres geschah, außer daß er sich »an diesem schauderhaften Ort« völlig allein und verlassen vorkam.[8]

Manchmal sind die »Seelenreisenden« in der Lage, und zwar nicht selten vor oder während der Rückkehr, von ihrem jenseitigen Ort aus ihren Körper im Diesseits daliegen zu sehen. Eine schwarze Amerikanerin, die von zwei »Gestalten« zunächst aus dem Körper und dann über ein riesiges Gewässer geführt worden war, traf am jenseitigen Ufer einen Mann, den sie ihrem Gefühl nach für Jesus hielt. Dieser sagte zu ihr: »Du kannst jetzt zurück, und alles wird wieder gut sein!« Im selben Augenblick sah sie, wie die Ärzte im Operationssaal den chirurgischen Eingriff beendeten. Ein junges Mädchen blickte, nachdem sie den dunklen Tunnel hinter sich gelassen hatte, hinunter und sah ihre Mutter neben dem Krankenhausbett sitzen, in dem sie lag, und eine Frau aus Bangalore im südindischen Hochland von Dekhan, die von einem »Gesandten« in einem Jeep zum Totengott Yama gebracht worden war, sah von dessen Reich aus »wie von oben« ihren zu Hause liegenden Körper. »Plötzlich«, so berichtete ein junger Mann, »wurde ich mit einer unglaublichen Geschwindigkeit durch einen unermeßlich langen Tunnel mit silberfarbenen Wänden geschleudert. Es war, als befände ich mich auf einer Berg-und-Tal-Bahn.« Als er schließlich den Tunnel verlassen hatte, bewegte er sich »in einem intensiv dunkelblauen Himmel« mit leuchtenden Sternen, und wenn er hinabschaute, erblickte er seinen »Körper«, der im Bett »neben dem« seines schlafenden »Bruders lag«. Frühmorgens schaute eine Frau in den Spiegel, wie sie es immer tat. Aber dieses Mal wurde sie völlig unerwartet wie von einer magnetischen Kraft durch ihn hindurch auf die andere Seite gezogen, wo sie sich – anders als Lewis Carrrolls Alice – in einem grauen Raum wiederfand. Verzweifelt versuchte sie, wieder in ihren Körper zu gelangen, den sie diesseits des Spiegels im Badezimmer stehen sah, und schrie laut »Nein, nein!«, weil sie glaubte, sie müsse sterben. Aber genauso plötzlich, wie sie herübergelangt war, kam sie auch wieder hinüber.[9]

Mitunter scheint es, als ob gewisse Geräusche oder Rufe von Angehörigen aus dem »Diesseits« von den Personen, die sich gerade auf der »Seelenreise« befinden, gehört oder auf schwache und undeutliche Weise vernommen werden – falls es sich nicht nur um akustische Halluzinationen handelt. So heißt es, die einzigen Reize, die zu der seligen Katharina Emmerick während ihrer Ekstase »durchdringen« konnten, seien die Rufe eines geweihten Priesters gewesen, der sie dazu aufforderte, zurückzukehren. Ein pakistanischer Militärarzt versuchte eine halbe

Stunde lang, seine kleine, ins Koma gefallene Tochter zu reanimieren, wobei er ununterbrochen »Komm zurück! Komm zurück!« sagte. Nachdem das Mädchen wieder zu sich gekommen war, erzählte sie, sie sei in einem wunderschönen Garten bei ihrer verstorbenen Großmuter gewesen, als Allāh ihr gesagt habe, ihr Vater rufe sie ständig und sie müsse deshalb zurück. Ein Saulteaux-Indianer, der seine Eltern im Dorf der Toten besucht hatte, hörte, als er sich auf den Rückweg machte, in weiter Ferne schwache Trommelgeräusche und mußte an seine Kinder denken. Je weiter er die »Straße der Geister« (*djibai ikana*) zurückging, um so stärker wurde in ihm das Gefühl, daß er jemanden rufen höre, bis er schließlich die Stimmen ganz deutlich vernahm: »Als ich [dem Diesseits] noch näher kam, hörte ich, wie meine Frau und meine Kinder weinten.«

Als der Bergsteiger Hias Rebitsch in der Goldkappel-Südwand 30 m in die Tiefe stürzte, spürte er weder Todesangst, noch hatte er irgendeine Sinnesempfindung, vielmehr schwebte er »sanft auf einer Wolke« in einen dunklen Bereich hinein und fragte sich lediglich: »Hab' ich das dunkle Tor zum Totenreich schon durchschritten?« Nach einer Weile hellte sich die Finsternis etwas auf, und er wurde zunächst in seine frühe Kindheit, dann an eine Tafel in einem Rittersaal und schließlich in ein mittelalterliches Schlachtengetümmel versetzt, bis er plötzlich »aus weiter Ferne« seinen Namen rufen hörte: »›Hias, Hias! Bist du verletzt? Wie geht's dir?‹ Der Ruf [kam] aus dieser Welt, von oben, vom sichernden Freund.«

Auch eine Frau, die vom Tunnelende aus auf »eine blumenübersäte Wiese« blickte, hörte unvermittelt »ganz deutlich die ferne Stimme einer Freundin«, die neben ihrem Krankenhausbett stand und sie beschwor, nicht zu sterben, und eine andere, die in der Klinik zusammengebrochen war, hörte während ihrer »Nahtod-Erfahrung« ein »Krachen in sich«. Nachdem sie im Bett wieder zu Bewußtsein gekommen war, erklärte ihr die Schwester, daß die Ärzte ihr bei der Reanimation fünf Rippen gebrochen hätten.[10]

In sehr seltenen Fällen scheinen offenbar entrückte Personen durch Berührungen, Schütteln oder Umdrehen »zurückgeholt« worden zu sein, und von den Siuai auf der melanesischen Insel Bougainville wird berichtet, sie hätten den während der Entrückung starr und empfindungslos auf dem Boden liegenden Stammesangehörigen Pflanzen unter die Nase gehalten, die einen beißenden Gestank ausströmten. Doch im allgemeinen warnte man eher davor, so etwas auch nur zu versuchen. Wenn beispielsweise der Medizinmann der nordwestaustralischen Ungarinyin auf »walkabout« ging, durfte niemand seinen Körper anfassen; und auch der »clever man« der Narrinyerri an der südaustralischen Encounter Bay schärfte einst seiner Frau ein, darauf zu achten, daß keiner seinen Körper berühre, wenn er ihn verlassen habe, weil ihn das in Lebensgefahr bringen würde. Verließ der Geist eines auf der Insel Dobu im melanesischen d'Entrecasteaux-Archipel lebenden »Zauberers« (*tokenobeku*) den Körper und überquerte die Meerenge, die Dobu von dem Nachbareiland Normanby trennt, um verstorbene Verwandte zu besuchen, die in dem auf einem dortigen Berg liegenden Totenreich leben, durfte man ebenfalls seinen Körper nicht berühren. Tat es jemand trotzdem, konnte der Geist nicht in den Körper zurückkehren, und der Betreffende verfiel dem Wahnsinn.[11]

Sehr viele »Seelenreisende« teilten mit, daß ihr Körper bereits unmittelbar vor ihrem Austritt langsam gefühllos wurde, abzusterben und zu erstarren begann. Im Mai 1373 lag Julian von Norwich drei Tage und drei Nächte mit einer schweren »bodelye syekenes« danieder, bis sie bereit war, zu sterben. Alsbald »was my bodye«, wie sie danach berichtete, »dede fra the middes downwarde, as to my felinge«, worauf ein Priester ihr das Kruzifix, das sogenannte Sterbekreuz, zur Sterbemeditation reichte, wie es damals üblich war. »After this the overe partye of my bodye begane to die, as to my felinge. Mine handes felle downe on aythere side, and also for unpowere my hede satylde downe on side. The maste paine that I feled was shortnes of winde and failinge of life. [...] Sodeynlye alle my paine was aweye fro me and I was alle hole.«

In der Nacht zum 26. Juli 1152 geschah es, daß die dreiundzwanzigjährige Benediktinerin Elisabeth im Kloster Schönau im Taunus vor ihrer Ekstase, in der sie von einem Engel geholt wurde (Abb. 11), einen Schwächeanfall erlitt, bei dem zunächst die Finger- und Zehenspitzen kribbelten und dann der ganze Körper, bis er völlig erstarrte. Und als im Jahre 1202 Franz von Assisi einmal mit einer Gruppe von Jugendlichen, die »bis zum Kotzen vollgefressen die Plätze der Stadt [Assisi in Umbrien] mit ihren besoffenen Liedern verunzierten«, umherzog, wurde er von Gott berührt, und ein süßes Entzücken führte ihn aus dem Leib, der so erstarrte, daß man ihn, wie er später sagte, hätte in

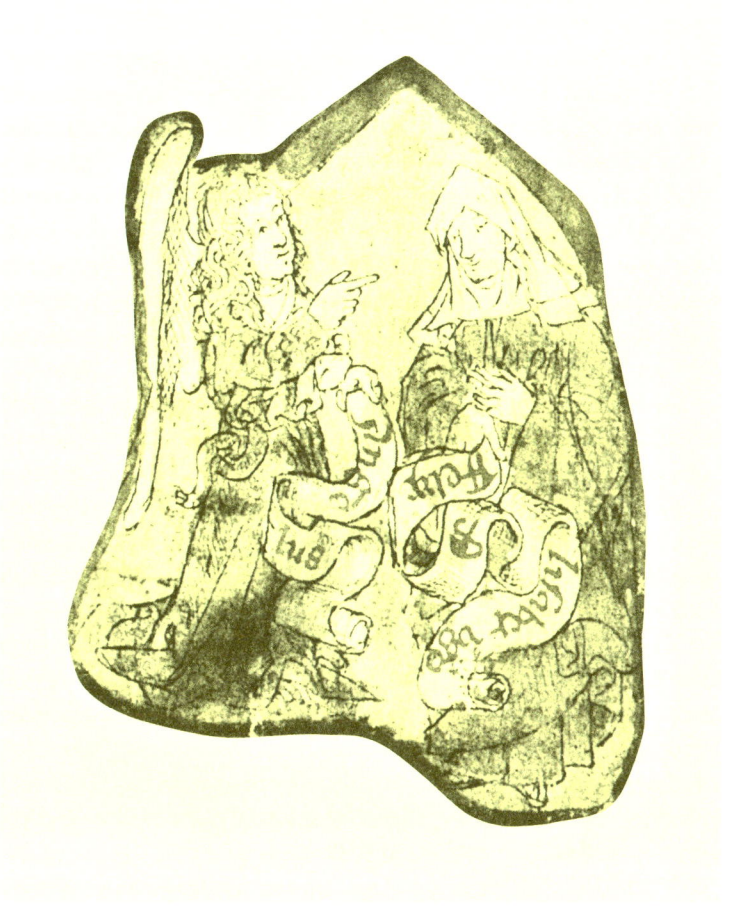

Abb. 11 Der Geleitengel läßt die hl. Elisabeth ins Paradies blicken;
Federzeichnung aus dem Kloster Schönau, 15. Jh.

Stücke schneiden können, ohne daß irgendeine Reaktion zu erkennen gewesen wäre. »As I went into a trance«, so berichtete schließlich Mollie Fancher, die 1864 im Alter von 16 Jahren vom Pferd gestürzt und zunächst gelähmt war und nichts mehr sehen und hören konnte, »my body and limbs became rigid and immovable, my hands were usually folded across my breast, and my eyes were open and upturned.« Wenn der Arzt sie aufrecht hinstellte, blieb ihr Körper »as rigid as a piece of statuary«, und sie »lost the sense of touch« und gleich darauf »smell, taste [and] speech«. In diesem Zustand, so sagte ihre sie betreuende Tante, »she goes to her friends in different places, and notes what they are doing«, und ein anderes Mal berichtete Mollie von »a delightful visit with her mother in heaven«.[12]

Im Jahre 1737 hieß es über eine Schwedin aus Vallåkra, die später unter dem Namen »die weise Anna« eine bekannte Heilerin war, einmal habe sie auf dem Boden gelegen, und es schien, als ob ihre Atmung und ihre Blutzirkulation völlig zum Erliegen kamen. Der Körper wurde eiskalt, und jedermann dachte, sie sei tot. Doch nach zwei Stunden kam sie wieder zu sich und berichtete, sie sei während ihres »Todesschlafes« im Himmel, in der Hölle und in der »Welt der Geister« gewesen, wo sie mit den Seelen der Verstorbenen geredet habe. Vergleichbares erlebten auch die Trancetänzer der !Kung in der Kalahari, die fühlten, wie sich ihre Gelenke immer mehr versteiften, bis sie ihre Gliedmaßen überhaupt nicht mehr bewegen konnten und zu Boden stürzten. Nach einer Weile begannen die Umstehenden, die sich nur in einer leichten Trance befanden, die bewußtlosen Tänzer »zurückzuholen«, damit sie nicht wirklich starben, indem sie Klagelieder sangen und die am Boden Liegenden mit ihrem Schweiß einrieben. Und auf ähnliche Weise versteifte sich der Körper des *dehar* der Kalash-Kafiren in Chitral mehr und mehr, vor allem die Hals-, Arm- und Beinmuskeln, die Gesichtsmuskeln, Finger und Augenlider zitterten schwach, Schweißperlen liefen die Stirn hinunter, und mit starrem Blick sank er schließlich ohnmächtig in die Arme der bereitstehenden Männer. Diese ließen ihn zu Boden gleiten, wo er mit kreideweißem Gesicht, geschlossenen Augen und Schaum vor dem Mund ohne wahrnehmbare Atmung »wie tot« dalag. Die »Eiseskälte« des Körpers, die dem bleichen Gesicht entspricht und von vielen Beobachtern hervorgehoben wird, empfinden nicht selten die Betreffenden selber. So sagte eine Frau, die von den Ärzten bereits aufgegeben worden war und die eine »Nahtod-Erfahrung« hatte: »Ich fühlte eine eisige Kälte, eine innere Kälte, und alles verdüsterte sich, wurde dunkel, dann schwarz – schwärzer als die Mitternacht in einem Zypressensumpf«, wie John Meldon Johnson die Welt beschreibt, bevor Gott Tag und Nacht schuf.[13]

Diejenigen, die Bernadette Soubirous während ihrer Vision sahen, »glaubten, sie sei tot«, wie Jeanne, die Tochter eines Nachbarn es ausdrückte. »Sie war leichenblaß«, sagte ein Nachbarsjunge, »ihre Augen waren offen und starr auf die Grotte gerichtet«, und eine Lehrerin aus Lourdes gab zu Protokoll, daß es jedesmal, wenn Bernadette wieder zu sich kam, so gewesen sei, »wie wenn ein feiner, weißer Stoff von ihrem Gesicht heruntergezogen würde«, das alsbald wieder seine »natürliche Farbe« annahm. Und das Mädchen selber sagte, während der Vision sei »es [ihr], als wäre [sie] nicht mehr auf dieser Welt«. Auch Teresa von Ávila gab an, bei ihren Entrückungen, die sie als die erhabenste und geheimnisvollste Erfahrung bezeichnete, die ein Mensch jemals machen könne, gehe ihrem Leib »die natürliche Wärme verloren«. Jener werde dabei »völlig verrenkt, und der Puls ist so stockend, als wolle die Seele schon zu Gott«, ja, »das Leben« sei »dabei tatsächlich in großer Gefahr« – »Ganz wenig fehlt noch, und Gott hätte meine Sehnsucht erfüllt«.[14]

Daß die »Seelenreisenden« völlig »vnenphindlich vnd enczogen von den sinnen« sind, bis sie nach mehr oder weniger »lang[er] czeit cze ír selb widerkôm«, wie es im frühen 13. Jahrhundert die hl. Hedwig von Schlesien formulierte, wird aus allen Zeiten und Kulturen berichtet. Etwas später als Hedwig teilte die Dominikanerin Anna von Klingnau aus dem Kloster Töss mit, »das sy etwenn in die innerkait kam, der ir ain her horn [= kriegerisches Signalhorn] an den oren hett geblasen, sy het es nit gehôrt. Da gedenk ain ietlich mensch wie fer [= weit] sy mûst gezogen sin von allen liplichen sinnen vnd gesenkt in die grundlosen gothait«. Wenn im Trecento die hl. Caterina da Siena das Bewußtsein verlor und entrückt wurde, lag ihr Körper »steif und leblos« da, doch als sie einmal dabei ins offene Feuer fiel und mit dem Rücken auf den rotglühenden Kohlen lag, soll sie sich nicht verbrannt haben. »Während sie so kalt und starr daliegen«, verlautete im Jahre 1541 Pedro Ciruelo über die iberischen Hexen während ihres Fluges zum Tanzplatz, »empfinden sie nicht mehr als ein Toter, auch wenn man sie peitscht und verletzt und brennt und ihnen von außen noch so viele Schmerzen am Körper zufügt.«

Im Jahre 1691 berichtete ein Zeuge über die Erfurter Pietistin Anna Maria Schuchart, man habe ihr, während Gott sie durch die Hölle und anschließend durch das Paradies führte, »den stärksten Spiritus in die Nase gelassen und die Fussohlen gebrennt, dass sie hernach etliche Zeit nicht [habe] gehen können, welche[s] viele, die es gesehen, erbarmet hat. Aber in der Verzückung hat sie es nicht empfunden, und wenn sie sie gar verbrennet hätten, bis sie wieder zu sich selber kommen, darnach hat sie es wohl gefühlet.« Und auch die niederrheinischen Beginen hielten ihre Schwester Christina für eine Epileptikerin oder Geisteskranke. Als sie einmal in Ekstase hinter dem Altar lag, verletzte eine Begine sie mit einer Schere so sehr an der Wade, daß sie an der eiternden Wunde fast gestorben wäre. Ein anderes Mal, als Christina erneut starr dalag, fügten ihr drei Schwestern eine weitere tiefe Wunde am Arm zu, aus der die darauffolgenden Jahre bei jeder Kommunion sehr viel Blut floß.

Die Ärzte, die im Jahre 1932 die Kinder untersuchten, die in der Gegend von Namur die Hl. Jungfrau gesehen hatten, waren verblüfft über deren vollständige Anästhesie und die Abwesenheit jeglicher Reflexe während der nachfolgenden Visionen. Reagierten die jungen wallonischen Visionäre nicht einmal auf starke visuelle Stimuli direkt vor den Augen, veränderte sich der Pupillendurchmesser der Jugendlichen, die in Medjugorje die Muttergottes nicht nur gesehen, sondern sich auch mit ihr unterhalten hatten, nicht einmal dann, wenn ihre Augen mit einer 1000-Watt-Lampe angestrahlt wurden. Im Verlaufe der Visionen, bei denen die Augen der jungen Mädchen und Burschen starr auf die Jungfrau gerichtet waren und deren Ortswechsel, z. B. ihrem Verschwinden nach oben, folgten, reagierten sie ebenfalls in keiner Weise auf Nadelstiche, festes Kneifen, lautes Anschreien oder Lärmeinwirkung von 90 Dezibel, was einem sehr lauten Autohupen entspricht.[15]

§ 9
»Back to Earth«

In den letzten Jahren haben vor allem naturwissenschaftlich ausgerichtete »Nahtod«-Forscher die Auffassung vertreten, das Erscheinen des Lichtes am Ende des Tunnels oder des finsteren Bereiches werde durch die »Reaktivierung des Sehsystems«, also durch die Wiederkehr der normalen Sehfähigkeit, am Ende der »Nahtod-Erfahrung« bewirkt. Wenn man dem »Seelenreisenden« durch die Wiederbelebungsmaßnahmen mehr Sauerstoff zuführe, erscheine schließlich der Lichtpunkt, der im Verlaufe der Reanimation immer größer werde, so daß der Wiederbelebte die Illusion habe, sich auf das Licht zuzubewegen und diesen Lichtbereich sogar zu betreten, wenn die Sehfähigkeit wieder vollkommen hergestellt sei.[1]

Diese These kann aus mehreren Gründen nicht richtig sein. Zum einen haben wir ausgiebig gesehen, daß »Nahtod-Erfahrungen« sehr häufig unter Umständen stattfanden, in denen von Sauerstoffmangel keine Rede sein konnte, weshalb Reanimationsmaßnahmen auch gar nicht ergriffen wurden. Und zum anderen ist der »Lichtbereich« am Ende des Tunnels ja nicht das Krankenhauszimmer, der Operationssaal oder irgendein Alltagsbereich, sondern die »jenseitige« Gegend, wie immer diese auch beschaffen sein mag. Nachdem der »Seelenreisende« sich mehr oder weniger lange Zeit im »Lichtbereich« aufgehalten hat, bewegt er sich auf dem Rückweg nicht selten erneut durch den Tunnel oder den dunklen Bereich, was nach der erwähnten These ja bedeuten würde, daß die durch eine erfolgreiche Reanimation erreichte normale Sehfähigkeit infolge eines erneuten Sauerstoffmangels wieder verschwände – eine Berg-und-Tal-Fahrt, die dem, was die »Nahtod-Erfahrenen« berichten, eindeutig widerspricht.

Bei meinem eigenen Erlebnis, das im Vorwort geschildert wurde, war es so, daß ich aus der hellen Gegend (»Oklahoma«) wieder in den dunklen Tunnel eintauchte und in einem leicht abgedunkelten Bereich – dem Zugabteil – wieder zu mir kam, und ähnliches haben auch viele andere unfreiwillige Psychonauten berichtet. So geriet ein Neurochirurg auf dem »Hinweg« in seine üppig bewachsene Wunderwelt zunächst in eine beängstigend finstere Gegend, in der ihn ein lautes Pochen erschreckte, das so klang, wie wenn ein riesiger unterirdischer Schmied seinen Amboß bearbeitete. Und auf dem »Rückweg« durchquerte er schließlich dieselbe dunkle Unterwelt, doch »moving into the darkness with the full knowledge of what lay above it, I no longer experienced the trepidation that I had when I was originally there«. Auch der Oglala-Sioux Schwarzer Hirsch wurde bei der Rückkehr in den schwarzen Bereich gezogen, den er zu Beginn seiner »Nahtod-Erfahrung« passiert hatte und den er als »sternlose Nacht« bezeichnete. Noch einmal war er »ganz allein in einer schwarzen Welt und weinte. Doch nach einiger Zeit begann in der Ferne sich ein Licht zu zeigen [...]. Dann lag [er plötzlich] auf dem Rücken in einem Bett«, neben dem verschiedene Personen, darunter ein Arzt, besorgt auf ihn herabschauten.

»Dann aber geschah plötzlich das Schreckliche«, berichtete ein Mann, »ich fiel in die schwarze Tiefe hinunter, und mit einem unheimlichen ›Ruck‹ oder ›Schock‹ schlüpfte ich in meinen schwerverletzten Körper zurück.« Nachdem eine Frau von einem Engel durch einen dunklen Bereich in eine von einem sanften Licht erfüllte »andere Welt« geführt worden war, tauchte sie gegen Ende ihres Erlebnisses wieder in die Finsternis ein »und fiel in« ihren »Körper zurück«. Ein ertrinkender Junge hörte, als er durch eine enge, dunkle Spirale auf einen fernen, aber immer heller werdenden goldfarbenen Lichtpunkt zukroch, mit einemmal die Stimme seines zur Luftwaffe eingezogenen Bruders, der ihm sagte, er sei mit seinem Jäger abgestürzt. Doch er, der Ertrinkende, habe noch eine Chance und solle sie nützen. Unversehens »wurde es wieder dunkel um« ihn »herum, die Spirale fing an, sich rückwärts zu drehen«, und er kam auf einer am Flußufer liegenden Sandbank wieder zu sich.[2]

Ab und zu ist bei der Rückkehr in der finsteren Zone überhaupt kein Licht zu sehen, oder der Lichtpunkt in der Ferne wird nicht größer, sondern kleiner und verschwindet schließlich völlig. Meine zweite »Nahtod-Erfahrung« endete damit, daß ich die düstere, nebelverhangene Straße, auf der ich gekommen war, zurückschwebte. Aber da gab es keinen Lichtpunkt oder einen helleren Bereich wie die Bushaltestelle zuvor, an der meine verstorbene Mutter in einem strahlenden Kleid stand.

Vielmehr blieb alles lichtlos, und als ich zu mir kam, saß ich auf der Bettkante im dunklen Schlafzimmer. Eine Frau wurde im Himmel von einem Mann, den sie für Jesus hielt, zum Eingang eines dunklen Tunnels geführt, der ihr angst machte, aber Jesus versicherte ihr, sie habe nichts zu befürchten und ihr werde nichts geschehen. Da wurde sie jählings in die Finsternis gesaugt, und ohne irgendein Licht gesehen zu haben, kam sie in ihrem Körper wieder zu sich. Zwölf Stunden vor ihrem tatsächlichen Tod hatte eine Frau eine »Nahtod-Erfahrung«, während deren sie gegen Ende in den Tunnel zurückgelangte, der freilich »so eng wurde«, daß sie es mit der Angst zu tun bekam. Alles wurde kohlrabenschwarz, »so wesenlos schwarz wie nur die ewige Nacht sein kann«, und ohne einen Lichtschimmer zu sehen, kam sie zu guter Letzt zu sich und hörte den Arzt reden. Und ein junges Mädchen bewegte sich aus einem jenseitigen Garten voller großer Dahlien »durch einen Tunnel abwärts, wobei das Licht«, das sie erblickte, »immer kleiner« wurde: »Und als ich kein Licht mehr sehen konnte, wachte ich auf.«

Als ich bei meinem ersten Erlebnis erneut in den Tunnel gezogen wurde, sah ich mich ganz weit unten in dem Zugabteil sitzen, und etwas sehr Ähnliches widerfuhr einer jungen Frau, die sich, als sie durch den Tunnel zurückgeführt wurde, unten auf dem Operationstisch liegen sah. Schließlich durften manche »Seelenreisende« auch von unterwegs durch einen Tunnel oder Schacht einen Blick nach Hause werfen. Im vorvergangenen Jahrhundert wurde beispielsweise ein Mann aus der Gegend von Ederney in der irischen Grafschaft Fermanagh an All Hallow's Eve, dem Vorabend von Allerheiligen, von den Feen nach Amerika entrückt. Bevor er aber in die Heimat zurückgebracht wurde, ließen die »good people« ihn durch einen dunklen Kamin in die Küche seines Hauses in Irland blicken, wo seine Tochter soeben auf dem Feuer das Essen kochte.[3]

Nicht selten wird von den Zurückkehrenden gar kein Wiedereintritt in den Körper erlebt oder empfunden, vielmehr spüren die Betreffenden einfach, daß sie wieder »in« ihm sind, schlagen die Augen auf oder hören plötzlich Stimmen »von dieser Welt« wie der bereits mehrfach erwähnte spätere Medizinmann der Oglala-Sioux, der bei seiner ersten »Nahtod-Erfahrung« im Jahre 1872 zwölf Tage lang »wie tot« im Tipi seiner Familie »dagelegen« hatte. »Sowie ich [in meiner Vision] in das Tipi eintrat, sagte jemand [in der Realität]: ›Der Junge kommt wieder zu sich; es wäre gut, ihm etwas Wasser zu geben!« Dann richtete ich mich auf.«[4]

Als Gott Caterina da Siena auf die Erde zurückschickte, war »ihre Seele sofort auf wunderbare und kaum wahrnehmbare Weise wieder« in ihrem Leib, und als eine Frau nach einem Herzinfarkt durch einen Tunnel auf einen Lichtbereich zuging, der sich aber als eine gebirgige Wüstenlandschaft herausstellte, in der nackte, zombieartige Wesen dicht beieinanderstanden und sie anstarrten, schrie sie vor Entsetzen laut auf, was sie augenblicklich in ihren Körper zurückkatapultierte. Dort schrie sie freilich unvermindert weiter, bis die Ärzte sie mit Beruhigungsspritzen sediert hatten. Einer anderen Frau, die nach einem Verkehrsunfall so sehr im Wrack ihres Autos eingeklemmt war, daß sie zu ersticken drohte, sagte ihr verstorbener Vater, dem sie begegnete, als sie auf ein Licht zuging: »Schrei!!« – woraufhin sie sich augenblicklich wieder in ihrem Körper befand und schrie, wodurch sie wieder Luft bekam. Schließlich wurde ein Mann von seiner verstorbenen Schwester aus dem Körper durch das dunkle Weltall geführt, aber als sie gemeinsam dahinflogen, packte ihn plötzlich die Angst, und er fragte sich, wie er jemals wieder in seinen Leib zurückkehren könne. Dieser Gedanke genügte, und er kam unverzüglich in seinem Bett wieder zu sich.[5]

Bei anderen dauerte der Wiedereintritt etwas länger, weil sie ihren Körper erst einmal von oben betrachteten, wie im späten Hochmittelalter die Dominikanerin Sophia von Klingnau, die auf ihren Leib blickte, »da er vor dem bet lag als ain toder lichnam, und ward ir frist gegeben das sy nit zehand [= sogleich] in den lib kam, won das sy ob dem lib schwebet ain gůte wil«. Und Mechthild von Magdeburg teilte mit, ihr Körper habe ihrer Seele bei der Ankunft geklagt, ihm sei ihre Abwesenheit nicht besonders gut bekommen: »Eya frŏwe, wa bist du nu gewesen? Du kumest so minnenklich wider; schŏne und creftig, frie und sinnenrich. Din wandelen hat mir benomen minen smak, rŭwe, varwe [= Geschmack, Ruhe, Schönheit] und alle min maht [= Kraft].« Eine Frau hatte das Gefühl, daß ihr Körper sie »einsog, wie ein Löschblatt oder ein Schwamm das Wasser aufsaugt«; ein Mann fühlte sich wie »a fluid which is suddenly drawn up into a bottle by a vacuum pressure«, und für andere war der Leib wie ein Magnet, der sie zu sich herzog. Die Medizinmänner der Unambal im Mündungsgebiet des nordwestaustralischen Roe River sagten dem deutschen Ethnologen, nach der

Jenseitsreise träten sie »ruckartig« in ihren auf der Erde liegenden Körper ein, und von einem »Stoß«, der ihren »ganzen Körper schmerzhaft« erschütterte, berichteten auch zahlreiche westliche »Seelenreisende«. »Ich rutschte rückwärts durch den Tunnel und kehrte mit Wucht in meinen Körper zurück«, heißt es, oder: »Es war wie das Aufschlagen aufs Wasser beim Sprung ins Schwimmbecken.« Ein junges Mädchen »plumpste« auf schmerzhafte Weise in den Leib, während ein Mann »hineinglitt«, doch dies Gleiten »war richtig spürbar«. »Als ich den Körper erreichte«, berichtete eine junge Frau, »war das, als ob ich in eine Wanne voll Eiswasser fiele«, wohingegen ein Schamane der in Alaska lebenden Iñupiat erzählte, seine Heimkehr in den Körper habe sich so angefühlt, wie wenn er aus der Kälte in sein warmes Iglu krieche.[6]

»Und da waren so viele Hände, ganz sanfte, warme Hände, die mich ganz behutsam hineingepreßt haben«, teilte eine Frau mit, die sich vergeblich dagegen wehrte, in ihren Leib zurückzukehren. Je nach den Umständen, unter denen der Wiedereintritt erfolgt, bedarf es dazu bisweilen großer Anstrengungen. So kam zum Beispiel ein Patient während der Reanimation mehrere Male zu Bewußtsein, fiel aber immer wieder in die Bewußtlosigkeit zurück, was er als ständigen mühsamen Eintritt in den Körper und Wiederaustritt aus ihm erlebte. Als im frühen 15. Jahrhundert die schwäbische Mystikerin Elsbeth Achler in ihren Leib wiederkehrte, geschah dies »mit grosem leit, bitterkeit und smerzen«, wie sie ihrem Beichtvater mitteilte, und als im Jahre 1290 die Seele (*anima*) der Wiener Begine Agnes Blannbekin in ihren Körper zurückgefunden hatte, fand sie ihn so ermüdet vor, daß sie dies mehrere Tage lang spürte. Die jütischen und nordfriesischen »Vorseher« hatten nach dem »Zweiten Gesicht« und besonders nach ihren »Seelenreisen« starkes Herzklopfen und fühlten sich ermattet und zerschlagen, und als ein Ethnologe einmal einen völlig erschöpften westaustralischen Jigalong, der die Nacht zuvor eine »Traumgeistreise« (*badundjari*) in die mehrere hundert Meilen entfernten Kimberleys unternommen hatte, fragte, was denn mit ihm los sei, sagte er: »Mann, heut' fühl ich mich echt arschgefickt (*proper buggered*)!«[7]

Die Stimmung der »Seelenreisenden« nach dem Wiedereintritt in den Körper fällt und fiel offenbar ganz unterschiedlich aus. Nachdem die obenerwähnte Sophia von Klingnau im Kloster Töss bei Winterthur »wider in den lib« gelangt war – »sy enwist wie« –, »do ward sy dieser frölichen beschôwd nit berobet«, ja, »die gnad weret VIII tag an mir«. Ein Coyaima-Indianer vom Río Magdalena sagte, nach seiner »Nahtod-Erfahrung« sei »alles ganz anders für ihn« gewesen »als vorher«, während ich selber nach dem ersten Erlebnis fasziniert, aber auch fassungslos war, weil ich trotz aller Drogen- und ähnlichen Erfahrungen etwas Derartiges nicht für möglich gehalten hätte.

Auch viele andere »Reisende« waren offensichtlich von ihrem Erlebnis bezaubert, doch sie haderten mit ihrer zwangsweisen Rückkehr in die »schnöde Realität«. So empfand eine Frau danach nur noch »Leere und Traurigkeit«, und eine andere gestand: »Danach fand ich die Welt öde. Noch Jahre danach erschien mir die Welt nicht mehr lebenswert.« Wieder andere litten freilich unter den negativen Erlebnissen oder den Umständen, die zu ihrer »Nahtod-Erfahrung« geführt hatten. Zwei Jahre nach dem Ereignis erlebte zum Beispiel ein junger Mann sowohl im Traum als auch im Wachzustand immer wieder Flashbacks des Unfalls, der zu seiner »Nahtod-Erfahrung« geführt hatte, die sehr unangenehm für ihn gewesen war, so daß er unter Depressionen und Selbstmordgedanken litt, die er jahrelang mit Alkohol und Kokain zu vertreiben suchte.

Nach einer Legende soll Lazarus von Bethanien beim Gastmahl des Simon auf dessen Frage, warum er nichts esse und sich nicht, wie alle anderen, über seine Auferweckung von den Toten freue, geantwortet haben, nach seinen schrecklichen Erlebnissen in der Hölle sei ihm das Lachen für immer vergangen. Es könnte durchaus sein, daß sehr negative und höllische »Nahtod-Erfahrungen« tatsächlich bisweilen zu Schwermut, Freudlosigkeit oder zum Verlust des Persönlichkeitsgefühls geführt haben. Jedenfalls heißt es von Hanns von Geroltzegk, der im frühen 15. Jahrhundert eine Nacht in der *spelunca* des Patrick-Purgatoriums verbrachte und dort offenbar eine schreckliche »Nahtod-Erfahrung« hatte, er sei anschließend »alle tag seines lebens [...] so ganz still und traurig gewest, das er wenig geredt, nimer lachent oder frölich ist gesehen worden. Er hat auch ain totenbaum [= Sarg], darin er nach seinem absterben gelegt zu werden begert, steetings in seiner schlafcamer neben seinem bet stehen gehapt.«

Lag eine Frau, die nach einer – offenbar unerquicklichen – »Nahtod-Erfahrung« wie an einem »riesigen Gummiband« in ihren Körper zurückgeschnellt war, anschließend tagelang »frustriert und deprimiert«

in ihrem Krankenhausbett, so hatten, wie weiter oben ausgeführt, nicht wenige »dunkle Seelennächte« auch sehr positive Nachwirkungen. Aus nordamerikanischen Untersuchungen geht allerdings hervor, daß es bei denjenigen, die eine »Nahtod-Erfahrung« hatten, eine sehr hohe Scheidungsrate von über 75 % gibt. Der Grund für das Scheitern dieser Ehen besteht freilich nicht nur darin, daß die Partner oder Partnerinnen unter den Depressionen der Betreffenden und deren Gefühlen, im Alltag nicht mehr richtig zu funktionieren, litten. Vielmehr kamen auch manche Ehepartner nicht damit zurecht, daß die »Seelenreisenden« ihr Leben umorientierten und weniger oder gar kein Interesse mehr an »Materiellem«, an beruflichem Erfolg und gesellschaftlicher Anerkennung hatten.

Ausschlaggebend für eine solche Veränderung der Lebenseinstellung ist ganz gewiß die Überzeugung der meisten Menschen, die eine »Nahtod-Erfahrung« hatten, daß sie in einen direkten Kontakt mit einer »transzendenten« oder göttlichen Sphäre gekommen waren. Und so erklärt sich auch die Tatsache, daß bei fast allen Personen mit einer (positiven) »Nahtod-Erfahrung« im Gegensatz zu denjenigen, die ohne ein solches Erlebnis dem Tod »in die Augen geblickt« haben, die Angst vor dem Sterben verschwunden ist oder sich zumindest drastisch verringert hat.[8] Denn die Betreffenden glauben ja zu wissen, daß das Leben nach dem Tode weitergeht.

§ 10
Die »Schönen Frauen«

Wie bereits weiter oben in einem anderen Zusammenhang erwähnt, verlautete zu Beginn der Frühen Neuzeit Pedro Ciruelo, Chorherr an der Kathedrale von Salamanca, der Teufel könne zwar einerseits die Hexen realiter durch die Lüfte tragen, aber andererseits beraube er sie auch »all ihrer Sinne«, worauf die Frauen »wie tot und ganz kalt zu Boden« stürzten und dort völlig unempfindlich liegenblieben. »Nun gaukelt er ihnen in ihrer Phantasie vor, sie gingen in andere Häuser und an andere Orte, und dort sähen und täten und sagten sie dies und jenes.« Bereits um das Jahr 1430 hatte der Dominikaner Johannes Nider in einer Basler Predigt den Gläubigen erzählt, er habe von einem *preceptore enim meo referente* erfahren, ein Mönch seines Ordens (*pater quidam nostri ordinis*) sei einer alten Vettel (*vetula*) begegnet, die behauptete, nachts mit anderen Frauen unter der Führung der Göttin Diana durch die Lüfte geflogen zu sein. Um dies zu überprüfen, hätten er und einige andere glaubwürdige Männer die Alte dabei beobachtet, wie sie in einer Brotmulde »eingeschlafen« sei. Was dann geschah, schilderte Nider an einer anderen Stelle auf deutsch: »Als ainost aime, du saß in ain mult, du stand uff aim tisch, und wand [= wähnte] ouch, si wölt über den Höwberg [= Heuberg im Schwarzwald] faren und hottet nun fast in der mult und fiel in des tufels namen undern tisch, das du mult uff ir lag« und sie sich, wie es im lateinischen Text heißt, ein Loch in den Kopf stieß. Mit den Hexenfahrten brachte der Dominikaner diese Anekdote noch nicht in Verbindung, und auch der Domprediger Geiler von Kaysersberg unterschied noch im Jahre 1508 in seiner Fastenpredigt im Straßburger Münster die »neue Sekte der Hexen« von jenen in Erstarrung fallenden Weibern. Entsprechend führte er Niders Geschichte als Beispiel dafür an, daß so manche Frau davon überzeugt sei, sie führe wirklich durch die Nacht zu irgendwelchen Lustbarkeiten. Aber tatsächlich »trömet« sie »und hat semliche freud inwendig«, denn alles, was sie erlebe, sei nur »im geist ein gespenst«.

Solche Berichte wie die des unbekannten, von Nider und Geiler angeführten Dominikaners sind ein deutlicher Hinweis darauf, daß »Außerkörperliche Erlebnisse« und »Seelenreisen« in der nicht besonders nachhaltig vom Christentum geprägten europäischen Volkskultur noch bis weit über das Spätmittelalter hinaus bekannt gewesen sind. So teilte im Jahre 1525 Bartholomäus de Spina mit, der Arzt Augustus de Torre habe ihm erzählt, er sei als Student in Padua eines Nachts, als er heimkam und ihm auf sein Klopfen hin niemand aufmachte, durch ein Fenster ins Haus geklettert. In der Kammer, in die er eingestiegen sei, habe er die Dienstmagd »nackt, ohne Empfindung und wie tot auf der Erde« liegend angetroffen. Es sei ihm nicht gelungen, sie aufzuwecken, aber am nächsten Morgen habe sie ihm anvertraut, in dieser Nacht wieder »auf der Fahrt gewesen« zu sein. Und in Lugano, so de Spina weiter, habe ein Notar seine Ehefrau, die ebenfalls eine »Nachtfahrerin« war, unbekleidet und voller Schmutz in einem Winkel des Schweinestalls liegend aufgefunden.

Schließlich sagte im Jahre 1615 in St. Gallen die wegen eines Diebstahls angezeigte Barbara Bruggbacherin aus Waldkirch vor Gericht aus, ein Teufel namens Sůdsakh habe sie in die Hölle geführt, wo sie »ihr goteli«, d. h. ihre verstorbene Taufpatin, »in ainem ghůlchen [mit Stechpalmenholz eingefaßten] bett sehn ligen«, die ihr erklärt habe, wie sie ein besserer Mensch werden könne.[1]

Bereits um das Jahr 899 verfaßte der Abt Regino von Prüm im Auftrag des Trierer Erzbischofs Ratbod für dessen Amtsbruder Hatto, den Erzbischof von Mainz, das Visitations- und Sendhandbuch *De synodalibus causis et disciplinis ecclesiasticis*, in dem es heißt, »daß einige verruchte, wieder zum Satan bekehrte Frauen von den Vorspiegelungen und Hirngespinsten böser Geister verführt sind (*daemonum illusionibus et phantasmatibus seductae*) und glauben und behaupten, sie ritten zu nächtlicher Stunde mit Diana, der Göttin der Heiden, und einer unzähligen Menge von Frauen (*innumera multitudine mulierum*) auf gewissen Tieren und legten in der Stille der tiefen Nacht weite Landstrekken zurück und gehorchten ihren [= Dianas] Befehlen wie denen einer Herrin (*dominae*) und würden in bestimmten Nächten zu ihrem Dienst herbeigerufen. Und während allein ihr Geist (*spiritus*) dies erleidet, meint die ungläubige Seele (*infidelis mens*), es geschehe nicht in der Vorstellung (*in animo*), sondern körperlich.« In den nachfolgenden Jahrhunderten fand dieser Passus des sogenannten *Canon Episcopi*, also der Anweisung an die Bischöfe, wie mit denen zu verfahren sei, die *in errorum paganorum revolvitur*, in der gesamten Christenheit in mehr oder weniger abgewandelter Form und mit Zusätzen weiteste Verbreitung.[2]

Im Jahre 942 tadelte Papst Marinus II. den Bischof von Capua, daß immer noch wie zu heidnischen Zeiten unchristliche und ausgelassene Tänze der Frauen und Mädchen am Westhang des Monte Tifata toleriert würden, und zwar genau dort, wo sich ein altes Heiligtum der Diana befand. Und noch im Spätmittelalter wurde von einem solchen Treiben berichtet. Ob noch im 9. Jahrhundert in der Gegend der ehemaligen römischen Provinz Gallia Belgica, zu der auch das Moseltal und die angrenzenden Landschaften gehörten, wo sich zum Teil noch bis ins Hochmittelalter eine romanisch-germanische Mischkultur hielt, die Göttin Diana unter diesem Namen im Volksglauben eine Rolle spielte, scheint nicht bekannt zu sein. Doch ganz offensichtlich gab es zu jener Zeit in diesen Gebieten immer noch den Glauben an eine übernatürliche *domina*, die wie einst Artemis Tauropolos die Frauen entraffte und mit ihrem Gefolge durch die Wälder und über die Berge schwärmte.[3]

Im Spätmittelalter war jedenfalls der Name »Diana« längst nicht mehr gebräuchlich, wie beispielsweise aus einem *Sermon* des Johannes Herold hervorgeht, in dem die Rede von jenen Frauen ist, »qui deam, quam quidam Dianam vocant, in vulgari die frawen unhold, dicunt cum suo exercitu ambulare«. Bereits Burchard hatte in seiner Version des *Canon* das Wort »holda« verwendet, aber er meinte damit nicht die Göttin Diana, sondern die Geisterschar (*turba daemonum*). Die »holden« waren die guten Geister und Seelen der Verstorbenen, die »zwischen den Zeiten« die Fruchtbarkeit brachten, während als »unholden« die bösen Geister bezeichnet wurden.[4] Gegen Ende des Mittelalters hatte sich aus den Holden eine Frau Holda entwickelt, und entsprechend sagte im Jahre 1630 der Kräuterkundige und Kristallseher Diel Breull aus Callbach in der Wetterau aus, bisweilen liege er da »als ob er tot were«, worauf sein Geist in den »fraw Venus berg« fahre, wo die »fraw Holt« ihm in einem Wasserbecken die Verstorbenen zeige, wie sie von Flammen umgeben prächtig tafelten. »Fraw Holt« sei »von forn her wie ein fein weibsmensch, aber hinden her wie ein holer baum von rauhen rinden«. Im Berg gehe zwar »nichts böses vor, doch wolte er, daß er nie mit zu thun gehabt«. Abschließend »bekante« er, »er were ein nachtfahr« und habe mit Hexerei nichts zu tun. Schließlich verlautet das Zentgerichtsbuch von Burgebrach, im Jahre 1653 sei ein Bub »nieder auf die erden gefallen, 1 und 2 stund lang ohne regung einiger adern aldort still gelegen, hernach aufgestanden, vorgeben, er fahre in venusberg, sein vatter weer auch drinnen, item was ihne hineingeführt und begegnet, und wie es darin beschaffen, und von anderen selzamen sachen mehr, die nie erhört worden«. Die Venus und die Holle konnten aber auch Perchta oder Sälga heißen. So verlautet ein Tegernseer *Thesaurus*: »Multi credunt sacris noctibus inter natalem diem Christi et noctem Epiphaniae evenire ad domos suas quasdam mulieres, quibus praeest domina Perchta.« Und im Jahre 1525 sagte die aus einem abgelegenen Gebirgsdorf in Vorarlberg stammende Wahrsagerin Wyprat Wustin aus, in den Quatemberzeiten, also in der dritten Woche im September, im Advent, in der ersten Woche der Fastenzeit und in der Pfingstwoche, fahre sie in den Berg der »fraw Selga [oder an anderer Stelle Sälda] vnd fraw Venus«, von denen sie ihre Fähigkeit, in die Zukunft zu sehen, erhalten habe. »Fraw Selga« war die Anführerin der »säligen lütt« oder des Nachtvolkes, mit dem manche Frauen in die entferntesten Gegenden flogen und das den Menschen Glück und Wohlergehen brachte. Der Innsbrucker Hofrat, der die Verhaftung Wyprats angeordnet hatte, weil ihre Behauptung, mit den Seligen in den Totenberg zu fliegen, bekanntgeworden war, hielt ihre angeblichen »Außerkörperlichen Erlebnisse« für pure Phantasterei, die »nichts ist, sonndern alain aus ainem mißgelawben kombt«. Deshalb ordnete er an, sie nicht zu bestrafen, solange sie nicht mit ihrer »pôsen fantasey vom christennlichen gelawben abtrinnig« werde.[5]

Frauen, bisweilen auch Männer, deren Körper erstarrte und »wie tot« dalag, während ihre Seele auf die Reise ging, gab es auch in vielen anderen Gegenden Europas. So verlautete im Jahre 1390 der mailändische Inquisitor Beltramino di Cernuscullo, eine gewisse Sibillia Zanni habe gestanden, zweimal am nächtlichen »Spiel« der Diana teilgenommen zu haben: »Confessa fuit se [...] ivisse ad ludum Diane quam appellant Herodiadem et eidem semper reverentiam fecisse inclinando sibi caput et dicendo: ›Bene stage mandona Horiente!‹ – et ipsa sibi respondebat: ›Bene veniantis filie mee!‹ – non credendo quod hoc esset pecatum.« Erschwerend kam hinzu, daß Sibillia bereits sechs Jahre zuvor vor dem Inquisitionsgericht in Mailand unter dem Vorsitz von Ruggiero di Casate ausgesagt hatte, jede Donnerstagnacht zur Schar einer *Domina ludi* gestoßen zu sein, die von den Teilnehmerinnen des »Spiels« Herodias genannt wurde (*quam apellant Herodiadem*).[6] In diesem Jahr 1384 bekannte auch eine gewisse Pierina Bugatti, sie sei zu den nächtlichen Versammlungen der Domina [H] oriente gegangen, die den Mitgliedern ihrer *societate* beibrachte, mit Kräutern zu heilen, hellzusehen und in die Zukunft zu blicken. Anschließend sei die Domina mit den Frauen in die Weinkeller reicher Leute eingedrungen, die sie gesegnet und wo sie gegessen und getrunken hätten. Unter der Folter sagte Pierina schließlich aus, sie habe stets, wenn sie zum *ludum* gehen wollte, den Geist Lucifellum gerufen, der sie dann zur Versammlung brachte. Und seitdem sie zur *bona gens* der Domina gehöre, sei sie auch nicht mehr zur Beichte gegangen. Aufgrund dieser erpreßten »Geständnisse« wurde Pierina hingerichtet, während Sibillia, nachdem sie der *Domina* abgeschworen hatte, mit einer Geldstrafe von zehn Fiorini aus feinem Gold und dem Tragen des safrangelben Ketzerkreuzes auf der Brust und auf dem Rücken davonkam.[7]

In einer Predigt vom 6. März 1457 erzählte Nikolaus von Cues, der Fürstbischof von Brixen, den Kirchgängern, er habe unlängst »zwei alte Vetteln« (*vetulis*) aus dem zur Diözese Brixen gehörigen Fassa-Tal »verhört und sie für halbirre (*semideliras*) befunden, denn sie kannten nicht einmal das Glaubensbekenntnis (*Symbolum fidei*). Sie sagten, sie seien in der Nacht einer vornehmen Dame (*dominam bonam*) begegnet, die in einem Wagen (*currum*) fuhr, und daß sie die Gestalt einer gutgekleideten Frau hatte, deren Gesicht sie nicht sahen, weil sie es verbarg (*occultat*).« Sie berührte freilich die beiden Alten am Kinn, wobei diese spürten, daß die Dame »behaarte Hände« besaß. Darauf ließ sie die *vetulae* »vor ihrem Wagen einhergehen« […] »und so kamen sie an einen Ort, wo sich eine große Gesellschaft von Jubilierenden und Tanzenden befand«, von denen sie erfuhren, »daß diese einige Jahre lang zu den Quatemberzeiten (*quattuor temporibus*) zusammenkamen.« […] »Ich kam nun aber«, so fuhr Nikolaus fort, »zu dem Urteil, daß diese Weiber krank und wahnsinnig und von Habsucht verblendet waren, ja sie hatten jener Diana, die sie als Fortuna ansehen und der sie in ihrer ladinischen Sprache den Namen Richella gegeben hatten, was Mutter der Fruchtbarkeit (*mater divitiarum*) oder das Segens (*felicitas*) bedeuten soll, irgendwelche Gelübde (*aliqua vota*) geleistet. [...] Und weil so der Teufel jene habgierigen Vetteln täuschte, indem er ihnen Träume eingab, glaubten sie, das habe sich wirklich ereignet. So lesen wir es auch in der Vita des hl. Germanus.«[8]

Aus dem Predigttext geht allerdings nicht hervor, ob Nikolaus sich bei den *vetulae* erkundigt hatte, auf welche Weise sie in der Nacht dorthin gelangt waren, wo sie die Domina Richella trafen. Anders verhielt es sich im Falle jener Inquisitoren, die etwas später, nämlich in der Frühen Neuzeit, jene *benandanti* genannten Heiler und Hexenbanner befragten, die in Friaul – ebenfalls an den Quatembern – mit Fenchelzweigen gegen die dem Teufel ergebenen *stregoni* kämpften, um dem Land die Fruchtbarkeit und den Wohlstand zu sichern. So sagte im Jahre 1583 ein *benandante* aus, er fahre zwar im Geiste, während der Körper zurückbleibe, aber er tue das in den Kleidern, die er auch tagsüber trage (»in ispirito, ma vestito di quelli istessi habiti che portar suole il giorno«), und im Jahre 1626 präzisierte eine gewisse Menica di Cremona dies dahingehend, daß sie ihren Körper verlasse, um einen anderen, ähnlichen anzunehmen (»per assumerne un altro simile a quello«). Schließlich sagte im Jahre 1613 die *benandanta* Maria Penzona aus Latislana südwestlich von Udine vor einem venezianischen Gericht, das sie nachmals zu drei Jahren Gefängnis und anschließender Landesverweisung verurteilte, aus, sie »reise nur im Geiste«, während ihr Körper »wie tot« auf dem Boden liege. Einmal fiel sie auch vor Gericht leblos zu Boden und sagte, wieder bei Bewußtsein, dies widerfahre ihr nicht selten.

Auf der istrischen Halbinsel fielen die *kresniks*, die wie die *benandanti* Hexenbanner und Heiler waren und auf venezianisch *viandanti* oder *stregoni benefici* genannt wurden, in eine tiefe Ohnmacht und verließen anschließend in Gestalt einer schwarzen Fliege namens Parina oder eines anderen kleinen Tieres am Vorabend des Johannistages den Körper durch den Mund, um gegen die Hexen (*strigons*) zu kämpfen. »Mein Stiefvater«, so erzählte ein istrischer Bauer, »war aus der Ortschaft Kršani, und er war ein *kresnik*. Er hat uns gesagt, wenn er so daliegt und den Mund offen hat, dann darf ihn niemand antasten, denn wenn ihn jemand umdreht, bleibt er [für immer] tot und erwacht nicht mehr.« Und in den albanischen Bergen wurden manche Menschen als *drangue* geboren, die zu gewissen Zeiten in die μανία fielen, also das Bewußtsein verloren, worauf die Seele den Körper verließ, um gegen die Kulshedra ins Feld zu ziehen, eine am ganzen Leib behaarte häßliche Vettel mit langen Hängebrüsten, die Gewitterschäden und vor allem Trockenheit verursachte, so daß die Ernte verdarb.[9]

In Sizilien fühlten offenbar in der Frühen Neuzeit manche Heilerinnen den inneren Zwang, jede Dienstag-, Donnerstag- und Samstagnacht *in espiritu* mit der *donna di fuore* auszufahren. Im Jahre 1588 sagte die Frau eines Fischers vor der Inquisition in Palermo aus, sie sei mit ihrer *compañia* auf Ziegenböcken durch die Lüfte nach Benevente im Königreich Neapel geritten, und zwar auf eine weite Ebene, wo eine schöne Frau, »la regina«, und ein rotgekleideter junger Mann auf einer Tribüne tafelten. Dort habe sie mit den übrigen jungen Männern getanzt und gefeiert, die anschließend ihr und den andern Teilnehmerinnen »beigewohnt« hätten, und zwar »viele Male in kurzer Zeit«. Von der »Königin« habe sie aber die Heilkunst erlernt. Wenn sie nach ihren Fahrten wieder zu sich kam, lag sie für gewöhnlich nackt, also wohl nur im Hemd, im Bett. Doch manchmal wurde sie gerufen, bevor sie sich zum Schlafen ausgezogen hatte, und dann käme sie auch voll gekleidet zur Tafel.

Noch heute erzählt man in Lukanien, die Seelen der lokalen Heilerinnen seien mit den *bell' donn* auf den Benevento, den Blocksberg des Mezzogiorno, geflogen, während ihr Körper leblos im Bett liegenblieb. Und die kalabresischen Hexen sollen, nach Verlassen ihres Körpers, »Supr acqua e supra ventulla nuci di Beneventu!« gerufen haben, womit sie den auf dem Monte Benevento stehenden Nußbaum meinten, der bereits der Artemis-Diana heilig war.[10]

Verlautete noch um das Jahr 1250 der mittelhochdeutsche Dichter und Fahrende, den man »den Stricker« nannte, er »geloube niht«, daß »ein wîp« wirklich »ein chalp rite« oder »ûf einem hûspesem nach salze ze Halle fûre«, und ging es dem Dominikaner Bernard Gui, Inquisitor in Toulouse, in seinen 1324 beendeten *Practica inquisitionis heretice pravitatis* lediglich um die Feststellung des Aberglaubens, wenn er die Inquisition anwies, danach zu fragen, ob die Verdächtigen etwas über die Feen wüßten, die angeblich nachts ausführen (»de fatis mulieribus quas vocant bonas res que, ut dicunt, vadunt de nocte«), so sollte sich diese Einstellung in den folgenden Zeiten weitgehend ändern. Bereits ein halbes Jahrhundert später waren bei Guis Ordensbruder Nicholas Eymeric, dem ehemaligen Inquisitor von Aragón und derzeitigen Exilanten im Papstpalast von Avignon, aus den nicht existierenden Feen existierende *demones* geworden, die von den Frauen beschworen wurden – d. h., ein Grundstein für die Vorstellung von der Teufelsanbetung war gelegt.

Zwar gab noch im Jahre 1587 der Ratskonsulent Prenninger in Rothenburg ob der Tauber seine Überzeugung kund, daß viele vermeintliche Hexen vom Teufel »d[er]massen fascinirt vnd betöret werden, dz Sie nit anderst meinen, sond[ern] Aigentlich dafür halt[en], Als wan sie hin vnd her in [der] Luft schwebeten, essen vnd trincken, Tanzen, springen, vnd allerleÿ Wollusts Pflegten«, doch endeten vor allem im 17. Jahrhundert auch diejenigen häufig auf dem Scheiterhaufen oder am Galgen, die selber der Auffassung waren, alles habe sich lediglich in ihrer Phantasie abgespielt. So gab zwar der Wirt des Gasthauses »Zum Riesen« in Miltenberg im Jahre 1627 zu Protokoll, es »sey ihm alß hets ihm geträumt«, aber dies ersparte ihm ebensowenig die Hinrichtung wie im selben Jahr dem Stadtschreiber, der aussagte, die »Vermischung« mit der »Buhlgeistin« sei wie ein Traum gewesen, vergleichbar mit einem »Gesicht«, das plötzlich komme und manchmal sehr schnell wieder vergehe.[11] Und als sich im 16. Jahrhundert in Schweden die Berichte häuften, wonach Frauen zum Blåkulla – dem schwedischen Blocksberg – flogen, herrschte Skepsis vor, und die Gerichte taten das Erzählte als Blendwerk ab. Doch als im darauffolgenden Jahrhundert immer mehr Kinder gewisse Frauen beschuldigten, sie dorthin entführt zu haben, änderte sich die Meinung. So wurde noch im Jahre 1727 im nordwestungarischen Kamocsa in der Nähe von Komárom eine alte Frau aufgrund der Zeugenaussage ihrer Enkelin hingerichtet. Das kleine Mädchen hatte nämlich – vermutlich infolge »Außerkörperlicher Erlebnisse« – behauptet, sie sei gemeinsam mit der Großmutter bis zum Rande der Welt gegangen, »um dort große Feste zu feiern«, und an die »Grenzen des Himmels«, wo sie »einen großen Jahrmarkt« besuchten, sowie auf den Grund der Gewässer, um dort ebenfalls zu tafeln. Auch die bereits erwähnte Diebin, die im Jahre 1615 in St. Gallen verhört wurde, schilderte ihre Unterweltsfahrt so realistisch und plastisch, daß der Rat der Stadt nicht mehr bereit war, ihr Erlebnis wie die üblichen Hexenflüge als Phantasieprodukte abzutun.[12]

Viele Heiler, Wahrsager und Hexenbanner konnten ihren Beruf nur deshalb erfolgreich ausüben, weil sie die dafür nötigen Fertigkeiten und

Kenntnisse auf ihren »Seelenreisen« erworben hatten, wie zum Beispiel der Hellseher und Weissager Chonrad Stoeckhlin aus Oberstdorf, der kundtat, er fahre jedes Jahr in der Quatemberzeit mit der von einem Engel geführten »Nachtschar« ins Fegefeuer und anschließend ins Paradies, wobei sein Körper leblos zurückbleibe. In Ungarn galten die Heiler als die besten, die irgendwann zusammengebrochen waren und stunden- oder sogar tagelang »wie tot« dalagen, während sie nicht nur zu den Feen flogen, um mit ihnen Feste zu feiern, sondern auch, um von ihnen die Heilkunst zu lernen und übernatürliche Fertigkeiten zu erwerben. So lag Zsófia Antal, die im Jahre 1720 wegen Hexerei verurteilt wurde, »neun Tage tot da, während deren sie in die andere Welt zu Gott entrückt wurde«, wo sie sich auf Festen vergnügte »und eine gute Zeit hatte«. Doch Gott schickte sie danach auf die Erde zurück, damit sie dort die Kranken wieder auf die Beine bringen konnte.

Im Jahre 1566 sagte in Dorsetshire ein Hexenbanner aus, er habe seine Fähigkeiten »partlye by the Feries« erworben, die er auf den alten Hügelgräbern getroffen hatte, und auch in einem Hexenprozeß vom Jahre 1598 in Aberdeen hieß es, »the Quene of Elphen promesit« einem Cunning man, er »suld knaw all thingis, and suld help and cuir all sort of seikness«, während etwa um dieselbe Zeit in derselben schottischen Stadt ein gewisser Andrew Man zum Tode verurteilt und erdrosselt wurde. Vor Gericht hatte er ausgesagt, mit der Elfenkönigin eine sexuelle Beziehung eingegangen zu sein, während deren sie ihm mehrere Kinder geschenkt habe. Ihr verdanke er aber auch seine Fähigkeit, zu heilen und in die Zukunft zu sehen. Im Jahre 1737 bekannte die Heilerin Gertrud Ahlgren, genannt Hejnumskärringen, vor dem Kirchenrat von Visby auf Gotland, sie sei im Alter von zehn Jahren von den »Kleinen unter der Erde« entführt worden. Drei Tage lag ihr Körper zu Hause »wie tot« im Bett, und in dieser Zeit lernte sie in der Unterwelt, wie man die Kranken heilte. Und in gleicher Weise wurde bei den Aklanonen auf Luzon eine künftige Heilerin von den *ingkantos* in ihr Königreich entführt. Meist verschwanden die jungen Mädchen oder Frauen tatsächlich spurlos, aber irgendwann fand man sie geistesabwesend oder verwirrt auf einem Baum oder Felsen im Urwald sitzend. Von ihnen sagte man, sie seien »von den Geistern gefreit« (*guinakallam it ingkanto*) und in das Geisterreich entrückt worden, und manche Eltern oder Ehemänner banden ihre geschlechtsreifen Töchter bzw. ihre jungen Gattinnen nachts am Bett fest, damit ihnen dieses Schicksal erspart bliebe. »Sie hatten ständig *fiesta*«, so schilderte eine Heilerin der philippinischen Ethnologin ihre Erlebnisse mit den *ingkantos*, »und luden mich dazu ein. Aber ich habe ihre Speisen nicht angerührt. Sie wollten, daß ich blieb. Sie sagten, sie würden mich zum *medico* machen und daß ich dann jede Krankheit heilen könne. Aber eines meiner Kinder müsse sterben. Dies ging dann fünf Tage lang weiter. Ich konnte nicht schlafen, weil die Fahrten die ganze Nacht dauerten. In der Dämmerung überkam mich die Angst. Ich wußte, daß sie kommen würden, weil die Sohlen meiner Füße sich *mangilo* [= unangenehm] anfühlten.« Und ihr Mann ergänzte: »Sie wurde dann steif und verlor das Bewußtsein. Am Anfang war ich beunruhigt, aber ich habe mich daran gewöhnt. Manchmal verschwand sie, und ich fand sie schließlich auf einem *nunok* [*Ficus indica*].« »Ich erinnere mich«, so kommentierte dies seine Frau, »daß ich in den Wald lief. Da war ein Licht, und ich konnte durch die Bäume einen Weg erkennen.«[13]

Die Elfen oder Feen der keltischen Gegenden Britanniens wurden früher *sídhe* (ausgesprochen *schie*) oder *áes sídhe*, »Hügelschar« (< idg. *sēd-*, »sitzen«), bisweilen auch *dream áerach*, »die luftige Schar«, oder *daoine maithe*, »gute Leute«, genannt, und ihr »Sitz« (*sídh*) war ursprünglich das im Westen liegende Totenreich, in das jeden Abend die Sonne untergeht und das nach den *immrama* ein paradiesischer Ort war. Da man aber von gelegentlichen Ausgrabungen her wußte, daß die Megalithanlagen (*cairns*) Grabhügel waren, dachte man, daß die verstorbenen Vorfahren sich dorthin zurückgezogen hätten und unter der Herrschaft einer Fee weiterlebten. So war zum Beispiel der *cairn* von Knocknarea in der Bucht von Sligo im nordwestlichen Irland *sídh* der Medb, einer der bekanntesten weiblichen Elfen (*mná sídhe*), und das berühmte Ganggrab Newgrange war *sídh* der Fee Cáer Ibormeitt, die Óengos, den Sohn des Dagda, dorthin entrückte, um mit ihm zu schlafen. Die Elfen oder *sídhe* waren also die Verstorbenen, und entsprechend erzählte ein alter Ire, seine tote Schwester sei ihm einst erschienen und habe ihm die Gabe des Zweiten Gesichts (gälisch *an-da-shealladh*) verliehen. Sie war vor langer Zeit ins Feenland entführt worden und nie mehr zurückgekehrt.[14]

Auch nach altnordischem Glauben wurden die Verstorbenen zu Elfen wie der norwegische König Óláfr, der nach seinem Tod Geirstaðálfr,

»Elf von Geirstaðir«, genannt wurde. Und als Tote brachten sie selber den Tod, zum Beispiel in der dänischen Volksballade *Elve skund*, in der König Oluf, der zufällig auf tanzende Elfen gestoßen ist, die wiederholte Aufforderung der Tochter des Ellerkönigs (*elverkonge*), mit ihr zu tanzen, abweist. Darauf schlägt sie ihm übers Herz. Bleich kommt er am Abend vor seiner Hochzeit zu Hause an und liegt am nächsten Morgen tot im Bett. Im Jahre 1778 übersetzte Johann Gottfried Herder das dänische Wort *eller* (»Elf«) fälschlicherweise mit »Erl«, womit der Erlkönig von Goethes Ballade geboren war. Doch das *ellerfolk* tötete nicht nur, sondern es machte sie wunderlich (dänisch *ellevild*, kurpfälzisch *elwetritsch*), wie auch die von dem norwegischen *huldrefolk* in den Berg Entrückten hinterher *huldrin* waren, nicht selten verwirrt oder blind, aber auch fähig, fortan die Huldren zu sehen.[15]

Im schottischen Hochland oder auf den Inseln gab es immer wieder Sterbliche, von denen man sagte, daß sie »mit dem *sluagh* (engl. ›folks‹) reisten«. Manche wurden kurzerhand entrückt, während andere dazu eingeladen wurden. Dies widerfuhr im 19. Jahrhundert dem Briefträger Donald, als er die Post von Tobermory auf der Hebriden-Insel Mull zur Festlandfähre bringen wollte. An einem Felsen, von dem es hieß, daß bei ihm die Fairies spukten, machte er Rast und schlief ein. Plötzlich wurde er wach und sah, wie der Felsen sich öffnete und aus der Dunkelheit ein kleiner Mann heraustrat und auf englisch zu ihm sagte: »Come in to the ball, Donald!« Entsetzt sprang der Briefträger auf und floh von dem unheimlichen Ort, und er hielt nicht inne, bis er zur nächsten Siedlung kam. Etwa zur selben Zeit holte in der Grafschaft Galway im Westen Irlands ein katholischer Priester ein junges Mädchen, das »wie eine Tote« dalag, durch seine Worte aus dem Reich der *sídhe* zurück, in das man meist durch einen dunklen Tunnel oder einen anderen finsteren Bereich gelangte. Nach dem normannisch-walisischen Geschichtsschreiber Giraldus Cambrensis rutschte im 12. Jahrhundert der Geistliche Elidyr durch einen dunklen Erdschacht ins Elfenland, und als die Fairie mit Thomas the Rymer nach »Elfland« reitet, ist es so »dyrke as mydnyght myrke«, bevor sie in einem grünen Garten ankommen. Ein cornischer Bauer namens Richard Vingoe berichtete, er sei durch eine lichtlose Höhle gestapft, während Cherry, ein junges Mädchen aus dem Dorf Zennor bei Land's End eine lange, pechschwarze Straße entlanggehen mußte, bevor sie im Garten der Elfen ankam.¹⁶ Als der Dichter William Butler Yeats im späten 19. Jahrhundert in der nordwestirischen Grafschaft Maigh Eo mit einem Mädchen wanderte, von dem es hieß, es verfüge über das Zweite Gesicht, kamen sie nach einer Weile zum Eingang einer tiefen Höhle. Sie schauten hinein, und er fragte sie, ob sie irgend etwas sehen könne. Einige Minuten lang blieb das Mädchen bewegungslos stehen, als Yeats bemerkte, daß sie in Trance geriet. Schließlich kam sie wieder etwas zu sich und sagte ihm, sie habe in der Ferne Musik und Stimmen gehört, die sie aber nicht verstehen konnte. Doch plötzlich erkannte sie weit hinten in der Höhle eine Lichtquelle und ein paar kleine Leute, die zu einer Melodie tanzten.¹⁷

Besondere Gaben und Fähigkeiten verliehen aber nicht nur die »Schönen Frauen«, Elfen und Feen denjenigen, die sie in ihr Reich entrückten, sondern auch die in Wäldern, auf Bergen und in Bäumen lebenden Nymphen und die Meerjungfrauen, zum Beispiel die Νηρηΐδαι, die Töchter des weissagenden und verwandlungsfähigen Meergreises Νηρεύς. Wie Maximos von Tyros berichtete, war der aus Eleusis stammende Melesagoras »von den Νύμφαι ergriffen«, was gleichbedeutend damit war, daß er in die Zukunft blicken konnte; aber sie machten ihre Opfer auch nicht selten verrückt (gr. νυμφόληπτος, lat. *lymphatus*) oder *manomúhah* (»geistesverwirrt«), so die *apsaras*, die Indra zu den Asketen schickte, um diese zu verführen, wobei jene Nymphen dermaßen bezaubernd aussahen, daß die heiligen Männer bereits ejakulierten, wenn sie die Jungfrauen auch nur von weitem sahen. Auch bei den südostafrikanischen Tembu und Fingo wurden viele künftige Wahrsager von den Wassernymphen (*abantubomlambo*), wunderschönen Frauen mit langem Haar, in ihr Unterwasserreich gerufen. Dort blieben sie zehn oder auch mehr Tage und erhielten die Fähigkeit, in die Zukunft zu blicken, aber auch die Gaben, zu heilen, in weite Fernen zu sehen, mit den Verstorbenen zu reden und die Gedanken von Menschen zu lesen, die gar nicht zugegen waren.¹⁸

Verbergen sich in den Nachtfahrenden, den Elfen und Feen die Verstorbenen, die dann und wann die Sterblichen entrücken, so tritt dies noch deutlicher bei den Teilnehmern der »Wilden Jagd« oder den Geistern zutage, die periodisch im Diesseits auftauchen und bisweilen Lebende mit sich fortreißen. So berichtete im 13. Jahrhundert der Dominikaner Stephan von Bourbon von einem savoyischen Bauern, der, auf seinem Reisigbündel ruhend, plötzlich von der *familia Allequin vulgariter vel Arturi* mitgerissen und ins Innere eines Berges entrückt wurde, wo edle Damen und Herren ein Fest feierten. Schließlich kroch er in ein Bett, »in dem eine Dame von wunderbarer Schönheit lag«, doch es kam nicht zu dem, was in solchen Fällen zu geschehen pflegt. Vielmehr kam er wieder zu sich, »ganz elend auf seinem Reisigbündel liegend und als Betrogener«. Auch der Luzerner Stadtschreiber Renward Cysat schilderte noch Jahrhunderte später die Erlebnisse von Leuten, die »bisswylen Nachts« von einem »Geschwürm vnd Gespenst« »ab dem Feld vnd Strassen vffgehept vnd jn einer Schnelle jn wytte Land getragen« wurden.

Doch die »Schönen Frauen«, die Nachtfahrenden oder Totenseelen kamen und kommen in einigen Volkskulturen noch heute in die Häuser der Lebenden, aber nicht so sehr mit der Absicht, diese ins Totenreich zu entrücken, sondern um ihnen Wohlstand und Segen zu bringen. So verlautet die *Legenda Aurea*, im frühen 5. Jahrhundert habe der Bischof Germanus von Auxerre einmal »in eines erberen mannes hus« übernachtet und dabei beobachtet, wie nach dem Abendessen erneut der Tisch gedeckt wurde. Auf seine Frage, für wen das geschehe, »do seitent sú, es were eine gewonheit daz die frowen die des nahtes farent gewonlich in daz hus koment; den were der tisch bereit«. Der für die Elfen, d. h. für die Verstorbenen, in der Jólzeit (engl. Yuletide), also während der Rauhnächte, gedeckte Tisch hieß bei den nordischen Völkern *álfablot*, »Opfer an die Elfen«, die dafür ein fruchtbares neues Jahr garantierten.[19] Und die oberbayerischen Bauern warfen an Allerseelen, wenn die Erde sich öffnete – das *mundus patet* der Römer – und die Seelen der Verstorbenen herauskamen, Brosamen als Nahrung für die Toten ins Herdfeuer. In Tirol aßen sie am Tisch eigens für sie gebackene Kücheln und verschwanden wieder mit dem Ave-Maria-Läuten, doch galt der Besuch der Toten als nicht ganz ungefährlich. An Samhain bestand immer die Möglichkeit, daß die Fairies diejenigen Sterblichen, deren sie habhaft werden konnten, in den *sídh* verschleppten, weshalb man im Salzburgischen und in Oberösterreich Brotkrumen außerhalb des Hauses so ausstreute, daß die Verstorbenen von ihm weggeführt und wieder ins Totenreich geleitet wurden. Noch im 18. Jahrhundert gab es in Ungarn Leute, die berichteten, sie seien von den Totenseelen, die ihre Häuser aufgesucht hatten, zu ihren Tänzen mitgerissen worden, was *elra-*

gadás (»Hinreißen, Fortreißen«) oder *elragadtatás* (»Entrückung«) genannt wurde.

Auch die südslawischen und bulgarischen *rusalki* sowie die ihnen entsprechenden rumänischen *rusalii*, bildschöne, weißgekleidete Jungfrauen mit langen Haaren und entblößten Brüsten, die im Süden mit den Totenseelen im allgemeinen, bei den Ostslawen aber mit den vor ihrer Hochzeit verstorbenen jungen Mädchen identisch waren, kamen durch die Lüfte herangeflogen und tanzten, sprangen und sangen auf den Feldern und Wiesen. Wo sie dies taten, wuchs das Gras höher und wurde grüner. Sie waren einerseits die *natura naturans* mit einem unerschöpflichen Vorrat an Lebenskraft und Fruchtbarkeit, die den Menschen eine reiche Ernte bescherte. Aber auch sie entrückten bisweilen die Sterblichen und verursachten Epilepsie, Cholera und die Pest. Und wie die Herrin der Schönen Frauen in West- und Südeuropa hieß auch die Herrin der *rusalii* Diana, rumän. *dzina*, oder *Doamna Zînelor* (»Herrin der Dianen«, rumän. *zîne*) und gelegentlich *Irodiana* (Herodias).[20]

Auch im nordamerikanischen Südwesten waren die Verstorbenen diejenigen, die als *kachina*-Geister den Regen und damit die Fruchtbarkeit brachten, aber ebenfalls gelegentlich Lebende in ihr Totenreich entrückten. Wie wir weiter oben gesehen haben, besuchten manchmal Sterbliche wie der Hopi Talayeswa während einer »Nahtod-Erfahrung« die *kivas* der *kachinas* im Totenberg, was alles andere als ungefährlich war. Wenn die Hopi einem Verstorbenen den Reiseproviant aufs Grab gelegt hatten, sagten sie zu ihm: »Du bist jetzt kein Hopi mehr, du hast dich in einen *kachina* verwandelt, du bist jetzt eine [Regen-]Wolke (*o'mauüh*)!« Und ein anderer Hopi, der »gestorben« und ins Leben wiedergekehrt war, berichtete anschließend, die *kachinas* hätten ihm am »Ort der Totengeister« gesagt: »Dein Fleisch ist noch salzig [= vom Salz des Lebens erfüllt]. Du wirst nicht bei uns bleiben! Sieh, wie wir hier leben. Wir leben nicht wie ihr Hopi. Bei euch gibt es Licht, bei uns aber nicht. Wir leben hier ärmlich. Einige von uns haben nur noch sehr wenige *nakwákwosis* [Gebetsfedern] über ihrer Stirn. [...] Ihr müßt im Dorf viele *nakwákwosis* und *páhos* [Gebetsstäbe] für uns machen, und wir werden hier gleichfalls für euch wirken. Ihr bringt Gebetsopfer für uns, und wir werden dafür sorgen, daß ihr Regen, Früchte und Nahrung habt!«

Wie die *kachinas* der Hopi kamen auch die der Zuñi als Überbringer der Fruchtbarkeit und Gesundheit aus ihrem Pueblo im fernen Westen ins Diesseits, wo die Lebenden als Gegenleistung Gebetsstäbe in den Boden »pflanzten«. Diese »Totenseelen« (*binanne*) waren sehr lüstern und entrafften bisweilen junge Frauen, die nie mehr heimkehrten. Bei den Tänzen trugen sie »Wolkenmasken«, und wenn sich am Horizont eine Regenwolke zeigte, sagten die Eltern zu ihren Kindern: »Dort geht die Oma!« oder »Unsere Großväter kommen!«.[21]

§ 11
»Glaubet nicht einem jeglichen Geist!«

Bezweifelte die Kirche bis in die Frühe Neuzeit, daß die nachtfahrenden Weiber tatsächlich über Stock und Stein flogen, so regte sich zur selben Zeit immer wieder die Skepsis an der Behauptung der Nonnen, Mönche und Laien, wirklich im Himmel gewesen zu sein. Entrückte gab es vor allem im 16. und im 17. Jahrhundert, also in der Epoche, in der auch viele Gelehrte davon überzeugt waren, die Hexen flögen leiblich zum Tanz, die ebenfalls behaupteten, *in corpore* entschwunden zu sein. So erklärte zum Beispiel in der ersten Hälfte des 16. Jahrhunderts der schwäbische Arzt und Schwarzkünstler Johannes Faust, nicht nur seine Seele, sondern er selber, wie er leibte und lebte, habe eine achttägige Reise ins Weltall, eine eineinhalbjährige Luftfahrt bis nach Ägypten sowie eine Flugreise in die Hölle unternommen, und in der ersten Hälfte des 17. Jahrhunderts sagte der Bußprediger Johann Engelbrecht, daß es ihn »deuchte«, er sei »mit dem ganzen Leibe« entrafft worden.[1]

Doch war die Frage, ob die Entraffung nun körperlich oder geistig geschah, zweitrangig. Von ungleich größerer Bedeutung war das Problem, wie man in der Wirklichkeit entsprechende Erlebnisse, also solche, die von Gott kamen, von Trugbildern unterscheiden konnte, die entweder krankheitsbedingt waren oder die der Teufel vorgaukelte. »Ihr Lieben«, hieß es nämlich bereits in der Heiligen Schrift, »glaubet nicht einem jeglichen Geist, sondern prüfet die Geister, ob sie von Gott sind!« (1. Johannes 4.1).

Schon in frühchristlicher Zeit überwog die Meinung, das Buch der Offenbarung sei vollständig und versiegelt, was bedeutete, daß weitere Entrückungen, Visionen und Erscheinungen nicht mehr vorgesehen waren. Auf dieses Dogma besann man sich vor allem im späteren Mittelalter, als immer häufiger ganz einfache Leute von solchen Erlebnissen berichteten und »Nahtod-Erfahrungen« geradezu ins Kraut schossen. Denn ohne Zweifel wurden die Theologen mehr und mehr von der Furcht ergriffen, die Gnadenmittel der Kirche könnten als überflüssig empfunden werden, was einen erheblichen Autoritätsverlust bedeutet hätte. So warnte eine ganze Reihe scholastischer Gottesgelehrter ganz generell vor solchen Erlebnissen. Erzbischof John Pecham bezeichnete sie als bloße »Träume« (*sompnia*), die unbedingt mit der Heiligen Schrift abgeglichen werden müßten (*teste scriptura*), und im 14. Jahrhundert kanzelte John Wyclif die visionären Berichte Hildegards von Bingen und anderer Ekstatikerinnen als »außerhalb des Glaubens und der Schrift« stehend (*extra fidem scripture*) ab. Im 16. Jahrhundert erschienen vor allem in England immer öfter Parodien der von Katholiken berichteten Visionen und Jenseitsreisen, und zur selben Zeit betonte Johannes vom Kreuz, Gott entrücke einen Menschen, zum Beispiel Paulus, nur in Ausnahmefällen, d. h., solche Ereignisse kämen »fast nie vor«. Ja, selbst in der Biedermeier-Zeit galten der oberbayerischen Geistlichkeit nur *die* Erlebnisse der jungen »Ekstatikerinnen« vom Tegernsee und den umliegenden Landschaften als »wahr«, die den Vorstellungen der katholischen Kirche genau entsprachen. Alle anderen Erfahrungen wurden von den Beichtvätern aufs strengste abgeurteilt.[2]

Andere sahen es als Ausdruck dreisten Stolzes oder »geistlicher hoffart«, wenn sich jemand auf ekstatische Erlebnisse überhaupt einließ. So schickte um das Jahr 1450 der anonyme Verfasser eines Sendbriefes an eine Ordensschwester des Nürnberger Katherinenklosters die Empfehlung: »Vnd wenn sie [= die Entrückten] denn also nider vallen vnd ligen in solchen betriglichen gesichten So sol man sy alz pald mit gewalt auf richten vnd wider auf czucken vnd sprechen czu in oder zu einer ez ist dir genug czu deiner seligkeit das du stest in dem glauben wann wolt du hye Jhesum sehen in deinem fleysch vnd tötlichen leychnam so wirstu seins anplicks vnd klarheit vnd gegenwårtikeit mangeln ewiklich in dem ewigen leben.« Zwar gab um die Mitte des 13. Jahrhunderts der Franziskaner David von Augsburg zu bedenken, je weniger man sich auf solche Widerfahrnisse wie Entrückungen oder Visionen einlasse, um so geringer sei auch die Gefahr, daß man getäuscht werde. Aber zur gleichen Zeit erklärte die selige Franziskaner-Tertiarin Angela da Foligno, eine echte, d. h. göttliche Vision führe nicht zu Eitelkeit, sondern zu Demut: »Je größer die Demut, um so größer ist auch die Vollkommenheit der Seele. [...] Je tiefer darum die Seele erniedrigt, je mehr sie entblößt und so bis ins Letzte gedemütigt wurde«, um so geläuterter sei sie. Und in seinem um das Jahr 1382 verfaßten *Liber de discretione spiritum* warnte der aus der Landgrafschaft Hessen stammende Theologe und Vizekanzler der Pariser Universität, Heinrich von Langenstein, zwar davor, sich solchen Erfahrungen allzu unbefangen zu nähern, denn sie seien mit großer Wahrscheinlichkeit illusionären Charakters und Folge von Krankheiten. Doch ein sicheres Indiz für den göttlichen Ursprung des Erlebnisses sei, daß es zu maßvollem Benehmen (*discretio*) und zu jeglichem Verlust von Exaltiertheit, Eitelkeit, Selbstüberschätzung, aber auch Leichtgläubigkeit und Naivität führe.[3]

In der vermutlich von Athanasios, dem Patriarchen von Alexandria, um die Mitte des 4. Jahrhunderts verfaßten *Vita Antonii* äußerte sich der in der ägyptischen Wüste lebende Heilige dahingehend, daß göttliche Visionen nicht selten am Anfang angst machten, doch nach einer Weile immer angenehmer und milder würden, bis sie schließlich zur Seelenruhe führten. Teuflische Visionen erzeugten häufig zu Beginn große Freude, sie werde allerdings bald von Angst und Verwirrung abgelöst. Manche Visionen begännen wie die göttlichen, aber wenn die Angst lange anhalte, spreche vieles dafür, daß auch sie vom bösen Feind stammten. Weit über tausend Jahre lang wurde diese Auffassung des hl. Antonius unaufhörlich wiederholt, ja, Caterina da Siena tat im 14. Jahrhundert kund, Jesus selber habe zu ihr gesagt: »Meine Tochter, ich möchte dir eröffnen, wie du die Visionen, die von mir kommen, von denen des Teufels unterscheiden kannst. Meine Visionen können dich anfangs ein wenig erschrecken, doch dann geben sie dir immer mehr Sicherheit. Zunächst sind sie ein bißchen bitter, doch dann werden sie süß. Für die Visionen des Bösen gilt das Gegenteil. Anfangs scheinen sie süß zu sein und Sicherheit zu vermitteln, doch dann erwachsen daraus Bitterkeit und Furcht.« Außerdem, so fuhr der Sohn Gottes fort, sei ein Kriterium der Göttlichkeit der Erfahrung, daß im Anschluß »die Seele mich verehrt, sich selber jedoch verachtet und für gering hält. Die Vision des Teufels bewirkt [wiederum] das Gegenteil. Da er der Vater der Lüge und des Hochmuts ist, wird die Seele, die von ihm besucht worden ist, stolz und vermessen.«[4]

Johannes vom Kreuz meinte, je mehr bei einer Vision die Sinnesorgane involviert seien, desto größer sei die Wahrscheinlichkeit, daß der Teufel seine Finger mit im Spiele habe, weshalb manche Mystiker und Ekstatiker die Auffassung vertraten, die Seele müsse allererst den Körper verlassen, um göttlicher Visionen teilhaftig zu werden. In dem wohl vor 1330 entstandenen anonymen Dialog *Schwester Katrei*, als dessen Autor bisweilen der berühmte Dominikaner Meister Eckhart genannt wurde, heißt es, daß sämtliche Erscheinungen, die man mit den leiblichen Augen sehe, vom Teufel stammten, denn seit der Himmelfahrt Jesu, die leiblich geschehen sei (Apostelgeschichte 1.9), habe niemand mehr derartiges beobachten können. Und in dem Text *The Prickynge of Love*, den auch Margery Kempe kannte, steht geschrieben, man könne nur dann sicher sein, eine göttliche Vision zu haben, wenn man »be ravisshed [= entrafft] fro Þi vsynge of Þi bodili wittes so Þat all maner of fantomes of bodily lyknesse are withdrawen fro byholdynge of Þi soule«.

Die Angst, Opfer eines teuflischen Blendwerks zu werden, war offenbar im Mittelalter und in der Frühen Neuzeit bei den meisten Visionären allgegenwärtig. So schrieb Jeanne de Cambray an ihren Beichtvater, all die Gebete, die sie seit 37 Jahren verrichtet habe, seien unnütz gewesen, wenn nicht Gott, sondern Satan sie »regiere«, und um das Jahr 1660 fragte die Visionärin Anna Vetter aus Ansbach den ihr in der Kleidung eines Bauern erschienenen Jesus geradezu verzweifelt, woran sie denn erkennen könne, daß er nicht Satan sei, der sich ja »in allerlei Gestalt zu verstellen« vermag, um die Menschen zu verführen. Auch Rahere, der Hofmusiker Heinrichs I. von England, war sich völlig unsicher, ob er das Opfer einer *fantastico illusione* geworden sei, nachdem er um das Jahr 1123 von einem Fabeltier auf einen Berg getragen worden war, von dem aus er in einen schrecklichen Schlund hinabschauen konnte.

Manchmal versuchte die Erscheinung den Visionär bereits vornweg in Sicherheit zu wiegen, wie beispielsweise die Hl. Jungfrau, die zu einem Mann, der auf dem Weg zum Dorf Küblingen im Bistum Halberstadt unter einer Linde eingeschlafen war, sagte: »Fürchte dich nicht, Diener Gottes, vermeine nicht, ein Trugbild zu sehen (*ne putes te fantasma videre*), siehe, vor dir steht die wahre Mutter Gottes!« Und im 13. Jahrhundert verdächtigte Margherita da Cortona den ihr erschienenen Jesus, eine Vorspiegelung des »unsichtbaren Feindes« zu sein, »der sich in einen Engel des Lichtes verwandelt« habe, und befahl ihm, augenblicklich zu verschwinden. Doch Jesus gelang es, ihre Bedenken zu zerstreuen und sie zu beruhigen, indem er sie davon überzeugte, wirklich der von ihr gesuchte Bräutigam und Erlöser zu sein.

Bereits die spätantiken Theologen hatten eindringlich darauf hingewiesen, daß Satan die Fähigkeit besitze, »sich zum Engel des Lichtes« zu verstellen (2. Korinther 11.14). Doch schon der Angelsachse Ælfric, Abt von Eynsham, machte darauf aufmerksam, der Teufel könne sich nicht wirklich in einen Engel verwandeln. Vielmehr erzeuge er eine – modern ausgedrückt – Halluzination, die durch das Vorhalten oder das Schlagen des Kreuzes verschwinde. Gelegentlich wurde der Teufel aber auch ganz einfach dadurch enttarnt, daß man ihm auf den Kopf zusagte, er sei der Böse und man habe ihn durchschaut. Nachdem beispielsweise die junge Helen Fairfax im Jahre 1621 – beeinflußt von ihrem Vater und dessen Freunden – an ihren Gottesvisionen zu zweifeln begann, sprach sie den vermeintlichen Herrgott während der nächsten Vision direkt darauf an. Augenblicklich wuchsen aus seinem Kopf Teufelshörner, und sein erhabenes Gesicht verwandelte sich in eine häßliche Fratze.[5]

Als im Quattrocento die Madonna der Giovanna Binasco erschien und ihr sagte, sie solle sich nicht fürchten, entgegnete die junge Frau: »Ich werde nie glauben, daß die Muttergottes zu einem so unwürdigen (*indigna*) Weib gekommen ist. Vielmehr bin ich davon überzeugt, daß du der Teufel bist, der die Gestalt dieser ungewöhnlichen Frau angenommen hat, um mich hinters Licht zu führen!« Erst nach mehrfachen Beteuerungen, sie sei wirklich die Hl. Jungfrau, war Giovanna wenigstens bereit, ihr überhaupt zuzuhören, obgleich ihre Skepsis bestehenblieb. Nachdem die Begine Na Prous Boneta aus der Umgegend von Montpellier im Jahre 1321 während der Kontemplation in der Franziskanerkirche der Stadt in den ersten Himmel entrückt worden war, wo Jesus ihr sein strahlendes Herz zeigte, protestierte sie zwar gegen diese Ehre, weil sie, wie sie sagte, ihrer unwürdig sei. Aber nichts deutet darauf hin, daß sie an der Authentizität ihres Erlebnisses gezweifelt hätte, und sieben Jahre danach endete sie sogar auf dem Scheiterhaufen, weil sie behauptete, eine Inkarnation des Heiligen Geistes zu sein.

Im Gegensatz zur römischen war in der alten orthodoxen Kirche die Ansicht verbreitet, sämtliche Marienerscheinungen seien authentisch, weil der Teufel nicht dazu fähig sei, die Gestalt der Hl. Jungfrau, der »Geißel der Dämonen«, anzunehmen oder vorzutäuschen, was eher islamischen Auffassungen entsprach. Nach Rūzbihān Baqlī aus Šīrāz, einem Ṣūfī des 12. Jahrhunderts, ist das *ḥadīṯ*, das da lautet: »Wer mich im Traum gesehen hat, hat mich [wahrhaftig] gesehen, denn Satan kann nicht meine Gestalt annehmen«, so zu verstehen, daß der Teufel sich nicht in etwas verwandeln könne, das heilig ist. Und wenn einem Moḥammed erscheine und sage: »Tritt zu mir, denn ich bin Moḥammed, der Gesandte Gottes!«, dann ist er es tatsächlich, denn Satan kann diesen Satz nicht aussprechen.[6]

Im Herrschaftsbereich der katholischen Kirche reagierten die Jenseitigen mitunter etwas pikiert, wenn man ihrem Realitätsstatus gegenüber gewisse Vorbehalte hatte oder wenn man einfach zuviel fragte. So schrieb einmal Elisabeth von Schönau in einem Brief an Hildegard von Bingen, sie habe – nachdem ihr Abt die göttliche Herkunft ihrer Visionen angezweifelt hatte – in der nächsten Ekstase den erscheinenden Engel gebeten, ihr aufrichtig zu sagen, ob das, was er ihr mitgeteilt habe, wahr sei. Darauf habe der Engel sehr ärgerlich reagiert und zu ihr gesagt, er werde erst dann wieder erscheinen, wenn der ungläubige Abt und sämtliche Insassen seines Klosters den ganzen Winter über zur Strafe spezielle fromme Bußübungen abgehalten hätten. Und nachdem im Jahre 1529 ein Bediensteter des Reichenhaller Stadtschreibers von einem barfüßigen Mönch durch eine eiserne Tür in den im Salzburgischen liegenden Untersberg geführt worden war, wo er in eine von himmlischen Sphärenklängen erfüllte andere Welt gelangte, in der er Verstorbene traf, die er »gekhent« hatte, sowie noch Ungeborene und um eine Erklärung bat, war die Reaktion des Führers ungnädig. Er »hueb« nämlich, wie der Jenseitsreisende weiter ausführte, »sein[e] Hand auf und gab mir ainen entsätzlichen Backhenstreich an das linckhe Wang, denselbigen hab ich all mein Lebtag empfundten und mich zornlichen angefahren: Was darfst du der Geheimbnus Gottes nachfragen; du solst um das fragen, was noth ist zu wissen. Das Geheimbnus Gottes darfst du nit nachfragen oder was ihr Thain [= Tun] hierinnen sey.«

Waren Jesus, die Hl. Jungfrau und ihr himmlisches Personal für gewöhnlich verschnupft, wenn die Visionäre an ihrer Göttlichkeit zweifelten, wurden im ausgehenden Mittelalter und in der Frühen Neuzeit zahlreiche Ekstatiker und Seelenreisende von ihren Beichtvätern oder der Inquisition genötigt, ihre Gesichte und »Außerkörperlichen Erlebnisse« als Betrügereien, Täuschungen oder Produktionen des Teufels zu brandmarken. So verlautete beispielsweise der päpstliche Leibarzt Paolo Zacchia im Jahre 1623, die allermeisten Ekstasen seien krankheitsbedingt, und im 18. Jahrhundert erwähnte der italienische Ordensstifter und Heilige Paul vom Kreuz, einer Nonne sei in einer Vision die hl.

Teresa von Ávila erschienen und habe ihr anvertraut, »nur ein ganz kleiner Teil« ihrer Auditionen und Gesichte sei »wahr und gut« gewesen. Und nachdem ab dem Jahre 1408 die ans Bett gefesselte nachmalige hl. Liedwy van Schiedam in Südholland wiederholt »uut haer selven getoghen« wurde, wobei ihr Leib bewegungslos zurückblieb, während ihre Seele in Begleitung eines Schutzengels Hölle, Fegefeuer und Paradies durchstreifte, forderte ihr Beichtvater in einer Predigt die Bürger von Schiedam auf, für Liedwy zu beten, da sie offensichtlich vom Teufel besessen und seinem Blendwerk verfallen sei. Doch in diesem Falle ergriff die Mehrheit der Gläubigen Partei für die Visionärin und bedrohte den Priester.

Nun wurden offenbar in seltenen Fällen tatsächlich Betrügerinnen entlarvt wie zum Beispiel im 13. Jahrhundert eine Begine namens Sybille aus dem lothringischen Städtchen Marsal, die angeblich häufig tagelang in jenseitige Gefilde entrafft wurde, Zwiesprache mit den Engeln hielt und nichts aß und nichts trank. Als ihr Betrug aufflog, ließ der Bischof der Diözese, zuvor einer ihrer glühendsten Anhänger, der ihr zu Ehren eine Kirche errichten wollte, die Frau bei Wasser und Brot einkerkern, worauf sie bald in ihrem Verlies starb. Doch so gut wie immer wurden die »Geständnisse«, eine Betrügerin oder vom Teufel Verführte oder Verblendete zu sein, bei denjenigen, die nicht *in flagranti delictu* ertappt wurden, auf die eine oder andere Weise erpreßt. Als beispielsweise bekanntgeworden war, daß eine gewisse Bippen Merg Visionen von Engeln hatte, zitierte man sie im Jahre 1600 vor ein kurmainzer Gericht. Auf Anordnung der Richter wurde sie vom Henker »aufgezogen«, worauf sie gestand, der Engel sei in Wahrheit ein Buhle namens Federwisch gewesen, mit dem sie des Nachts auf einem Bock zum Hexentanz gefahren sei.

Im Jahre 1665 verfiel die der Hexerei verdächtigte Eva Zirben im Kerker von Großen-Buseck bei Gießen, als man ihr das Geständnis vorlesen wollte, das unter der Folter erpreßt worden war, »gleichsam in eine ecstasin, dergestalt, daß sie zwar wie ein Schlafendes natürlich athmete, aber der Hals war so hart und steif wie ein Holz, wenn man sie aufrichtete, und die Fliegen saßen ihr im Mund, Nase und Angesicht so häufig, daß sie daselbe fast bedeckten, und obwohl man sie etliche Male mit Stichnadeln bis auf die Knochen stach, so war doch weder Blut noch Empfindung, noch eine Bewegung zu sehen oder zu spüren. Dieses währte denselben Tag bis um vier Uhr nachmittags; da kam sie wieder zurecht und wurde gefragt, wo sie gewesen wäre? Sie antwortete: ›Bei unserm lieben Hergetchen, im lieben Himmelchen sein eich gewest und bei den lieben Engelchen‹; gleichzeitig bat sie, nicht weiter zu fragen, denn sie wäre gar matt und verschwobelt.« Als die Gerichtsschöffen indessen sagten, man glaube ihr nicht, sie solle die Wahrheit sagen, ansonsten werde sie erneut dem »Scharpffrichter« übergeben, »bekannte« sie, mit anderen auf einem Feld um ein Feuer gesessen und beraten zu haben, wie man das Vieh verzaubern könne. Dies genügte, um die Frau zum Tode zu verurteilen und hinzurichten. Im Jahre 1523 setzte man in der Serranía de Cuenca im Osten Neukastiliens die fünfundzwanzigjährige Francisca La Breva, die von einer Vision der Hl. Jungfrau erzählt hatte, auf einen Esel, und zwar, um sie zu beschämen und zu demütigen, mit nacktem Oberkörper (*desnudo del medio cuerpo arriba*), und verabreichte ihr hundert Peitschenhiebe (*çiento açotes*). Anschließend wiederholte man in der Stadt El Quintanar del Rey dieselbe Prozedur.[7] Und einige Jahre davor – um 1512 – war nicht weit von Cuenca entfernt, in der Gegend von Guadalajara, von der Tertiarierin Isabel de la Cruz die Bewegung der Alumbrados ins Leben gerufen worden, die hauptsächlich aus *conversos*, und zwar aus konvertierten Juden bestand, die ohnehin mit Mißtrauen betrachtet wurden. Die Alumbrados betrieben die Praxis der »Hingabe« (*dejamiento*) an Gott, die eine Institution wie die Kirche und ihre Zeremonien und Sakramente überflüssig machte. Da zudem – häufig erotisch gefärbte – Visionen und ekstatische Erlebnisse an der Tagesordnung waren, wurde die Bewegung der sogenannten »Alumbrados de Toledo« bereits im Jahre 1519 von einem Tribunal der heiligen Inquisition als ketzerisch verboten, doch existierte sie im geheimen bis ins 17. Jahrhundert weiter.

Aber auch andere Visionärinnen gerieten in die Mühlen der Inquisition. So wurde im Jahre 1543 Magdalena de la Cruz, die weithin bekannte Priorin des Franziskanerinnenklosters Santa Isabel de los Ángeles in Córdoba, von den Inquisitoren dermaßen unter Druck gesetzt und bedroht, daß sie schließlich »gestand«, bereits im Alter von fünf Jahren sei sie von einem Dämon namens Balban, der die Gestalt eines Engels angenommen hatte, besucht worden, der sie all die Betrügereien gelehrt habe, denen sie später ihre Berühmtheit verdankte. Daraufhin wurde sie zu lebenslänglichem Kerker verurteilt. Wie die meisten Alumbrados stammte auch die berühmteste spanische Mystikerin, Teresa von Ávila, aus einer Familie jüdischer Konvertiten, die als Marranen (von *marrano*, »Schwein«) beschimpft wurden. Der Vater ihres Vaters war zum Christentum übergetreten, aber rückfällig geworden, weshalb er nach einem Urteil der Inquisition vom Jahre 1485 in der Öffentlichkeit ein Büßerhemd tragen mußte, und es dauerte nicht lange, bis auch seine Enkelin bei den Inquisitoren in Verdacht geriet, eine Alumbrada und damit eine Ketzerin zu sein.

Im Jahre 1570 wurde Teresas *Vida* dem Großinquisitor Hernando del Castillo vorgelegt, der das Buch aufgrund der Visions- und Entrückungsschilderungen konfiszierte. Selbst Theologen, die Teresa ausgesprochen wohlwollend gegenüberstanden, wie der einflußreiche Juan de Ávila, hatten zwar gegen die Beschreibung ihrer *raptos* an sich nichts einzuwenden, zumal Teresa angesichts des Schicksals der Magdalena de la Cruz in ihrer Wortwahl äußerst vorsichtig war. Doch auch Juan warnte in einem Brief, das Buch sei nicht dazu geeignet, von einem jeden gelesen zu werden, weil die Wege, auf die Gott die einen führe, nichts für andere seien (*porque las cosas particulares por donde Dios leva a unos, no son par otros*). Fünf Jahre später wurde freilich der Zensor und ehemalige Beichtvater Teresas, Domingo Báñez, deutlicher und konstatierte, ihre Entrückungsschilderungen seien ein großes Ärgernis, denn vor solchen Berichten sollte man stets besonders dann Angst haben, wenn sie der Feder von Frauen entstammten, die ja bekanntermaßen naiv und leichtgläubig seien. In Wahrheit seien derartige Visionen brandgefährlich, »weil Satan sich oft in einen Engel des Lichts (*ángel de luz*) verwandelt, um die zu narren, denen es an Demut mangelt«.

Schon im Vorjahr hatte die junge Fürstin von Éboli, eine der einflußreichsten Damen am Hofe Philipps II., Teresa beim Inquisitionstribunal in Madrid angezeigt, nachdem sie deren *Libro de su Vida* gelesen hatte, doch nach Einholung mehrerer Gutachten verfügte der Inquisitionsrat lediglich, daß das Manuskript bis zum Tode Teresas unveröffentlicht im Inquisitionsarchiv verbleiben solle. Dann erst werde ein endgültiges Urteil gefällt. Allerdings gab es bereits 1576 bezüglich ihrer Visionen und Entrückungen erneute Anschuldigungen, und zwar dieses Mal beim Inquisitionstribunal in Sevilla, worauf die mittlerweile unsicher und nervös gewordene Nonne offenbar vorbeugend zwei Briefe an den dortigen Inquisitor Francisco de Soto y Salazar schickte, in denen sie ihrer Befürchtung Ausdruck verlieh, das, was sie mit den »Augen der Seele« gesehen habe, könne vom Teufel eingegeben sein, zumal ein anderer Beichtvater, Baltasar Álvarez, ihre Erfahrungen als »Träumereien« abgetan hätte. Zwar kam Teresa, die sechs Jahre später starb, mit einem blauen Auge davon, aber die Inquisition fahndete weiterhin unablässig vor allem nach Nonnen und anderen Frauen, die sich über ihre angeblich göttlichen Entrückungen oder Seelenreisen ausgelassen hatten. So mußte zum Beispiel als eine von vielen die Kastilianerin María de Jesús, seit dem Jahre 1627 Äbtissin des Klosters Ágreda, die erste Version ihres mystischen Werkes verbrennen, aber auch die bereinigte Fassung des Manuskriptes wurde nach ihrem Tode noch vierzehn Jahre lang in allen Einzelheiten überprüft. Zwar erschien es dann irgendwann im Druck, doch kam es mehrfach auf den Index der verbotenen Bücher.[8]

Bis weit in die Neuzeit hinein blieben die meisten Nonnen und frommen Frauen, die ihre ekstatischen Erfahrungen niederschrieben, in ihrem Wortlaut unprätentiös und zurückhaltend, was nicht allein mit der Angst vor der Kirche zu erklären ist. Bereits in der Merowinger-Zeit überwiegen die »Als-ob«-Formeln als Ausdruck der Demut und Bescheidenheit. So sah sich die hl. Aldegund von Maubeuge »quasi elevata a terra«, schrieb Margery Kempe nicht, daß sie sah, sondern daß sie »thowt sche sey«, und Elisabeth von Schönau berichtete, sie sei »gleichsam« (*quasi*) von einem *angelus domini* auf eine grüne und sehr liebliche Wiese hinübergesetzt worden. Doch auch die Unsicherheit in der Beurteilung der eigenen Erlebnisse, die mitunter zu einer geradezu verzweifelten Suche nach Kriterien führte, mit deren Hilfe sich die Echtheit oder Göttlichkeit des Erlebten bestimmen ließ, darf nicht unterschätzt werden. So argwöhnte die selige Schwester Sophia von Klingnau einige Zeit nach ihrer »Nahtod-Erfahrung«, daß ihr diese möglicherweise »von den bôsen gaisten« vorgegaukelt wurde: »Und hie von fiel ich in also grose trúrikait das ich gantzlich un [= ohne] alle frôd u[nd] un allen trost was.« Aber schließlich trug man ihr zu, jemand habe gesehen, wie zum Zeitpunkt ihres Erlebnisses ein wunderschönes Licht über ihrem Kloster aufgegangen sei, das die gesamte Umgegend erleuchtet habe, was ihr die Sicherheit gab, sich nicht nur alles eingebildet zu haben.

Auch bei den jüdischen Mystikern des Mittelalters und der Frühen

Neuzeit herrschten die »Als-ob«-Wendungen vor, doch lag das in diesem Falle daran, daß die Rabbiner damals nicht an wirkliche Entrückungen oder Seelenreisen glaubten. So gab beispielsweise um das Jahr 1000 der in der Merkava-Tradition stehende Rabbi Hai Gaon die Anweisung, einige Tage lang zu fasten, den Kopf zwischen die Knie zu stecken und unaufhörlich bestimmte Hymnen und Liedtexte zu flüstern. Irgendwann »nimmt er [dann] in seinem Inneren und in den Kammern [seines Herzens] etwas wahr, das so ist, *wie wenn* er die sieben Paläste mit den eigenen Augen sähe, und es ist so, *als ob* er einen Palast nach dem anderen beträte und alles erblickte, was es da gibt«. Im 16. Jahrhundert schrieb der Mystiker Hayyim Vital aus dem oberen Galiläa, der Initiand »solle die Augen schließen, den Geist von allen weltlichen Dingen zurückziehen, *wie wenn* seine Seele den Körper verlassen hätte«. Und an einer anderen Stelle verlautet er: »Er soll es sich in seinem Geist so vorstellen, *als ob* seine Seele aus ihm ausgetreten sei und hoch hinaufsteige, und er soll sich die höheren Welten so vor Augen führen, als stünde er tatsächlich dort.«[9]

Wie die Christen im Mittelalter unterschieden auch die Ureinwohner der Neuen Welt zwischen echten und unechten Visionen und Seelenreisen, wobei die beiden letzteren etwa bei den Mapuche in Chile von den bösen Geistern vorgegaukelt wurden, die es liebten, die Menschen in die Irre zu führen. Aber nicht die Qualität des Erlebnisses war dafür ausschlaggebend, ob es authentisch war oder nicht. Entscheidend war vielmehr, welche Konsequenzen es für die Betreffenden hatte. So wurde zum Beispiel bei den zu den südlichen Sioux gehörenden Oto, bei den Dunne-za, den Crow oder den Cheyenne eine solche Erfahrung nur dann als echt anerkannt, wenn sie dem Visionssucher Kraft verlieh, und das kam nicht allzu häufig vor. Bei den Oto ereignete sich eine der wenigen echten Visionen im Jahre 1885, als ein Jäger ins Dorf der Hirschmenschen entrückt wurde, und eine andere war die »Nahtod-Erfahrung« eines schwerkranken Mannes, den seine verstorbene Mutter aus dem Totenland wieder heimschickte. Schließlich bestand ein zweites Kriterium darin, daß vor allem bei den Plains-Indianern die Vision den traditionellen kulturellen Mustern entsprach. Tat sie das nicht, wurde sie entweder zurechtgerückt und modifiziert, oder sie erzeugte, wie in meinem eigenen Falle, bei den Priestern der Cheyenne eine allgemeine Ratlosigkeit.[10]

§ 12
Die Jenseitsreise – eine Fahrt
im Körper an
einen geographischen Ort?

Hatte sogar Johannes vom Kreuz eingeräumt, daß zu den »ganz wenigen« Menschen, die nach der Himmelfahrt Jesu wirklich entrückt worden seien, Paulus gehört habe, so zweifelte auch der Apostel selber nicht daran, daß er tatsächlich – und nicht nur im Traum oder in seiner Phantasie – die Welt der Sterblichen verlassen hatte. Um das Jahr 40 n. Chr. erlebte er zwei Entrückungen – das eine Mal gelangte er »bis in den dritten Himmel« und das andere Mal »ins Paradies«. Doch »ob er im Leib oder außer dem Leib gewesen« war, so verlautete Paulus, das »weiß ich nicht; Gott weiß es«. Jedenfalls hörte er dabei »unsagbare Worte« (ἄρρητα ῥήματα), was indessen nicht, wie einige moderne Theologen meinen, bedeutet, daß die menschliche Sprache nicht ausreiche, um das Gehörte wiederzugeben. Vielmehr ist der Ausdruck ein *terminus technicus* zur Bezeichnung dessen, was man in den Mysterien vernommen hat, aber Uneingeweihten nicht mitteilen darf.

Immer wieder haben Theologen bezweifelt, daß der Apostel von eigenen Erlebnissen berichtet habe. Denn zum einen spreche er nicht von sich selber, sondern von »jemandem«, der entrückt wurde. Und zum anderen sei es auffällig, daß seine Ekstasen lediglich in seiner Auseinandersetzung mit den Korinthern erwähnt werden, die große Stücke auf derartige Erfahrungen hielten. Wahrscheinlich habe Paulus nämlich geglaubt, seine Gegner hätten ihn geringgeachtet, wenn ihm selber solche Erlebnisse fremd gewesen wären. Daß der Apostel in der dritten Person über die ἁρπάξεσυαι schrieb, war jedoch wohl eher ein üblicher Bescheidenheitstopos, der nicht selten von Mystikern verwendet wurde. Und es könnte auch sein, daß Paulus damit zum Ausdruck bringen wollte, die Entraffung sei ihm einfach ohne sein Zutun widerfahren, und daß er sich nicht mit etwas erhöhen wollte, das nicht seine eigene Leistung war. Denn im Gegensatz zu den korinthischen Ekstatikern *suchte* er keine Ekstasen – sie waren, wie später für Johannes vom Kreuz, bestenfalls zweitrangig: »Wir wandeln durch den Glauben, nicht durch das Schauen« (διὰ πίστεως γὰρ περιπατοῦμεν οὐ διὰ εἴδους). Schließlich ist auch die Tatsache, daß Paulus angab, wann das Erlebnis stattgefunden hatte, nämlich »vor vierzehn Jahren«, ein Indiz dafür, daß es sich um ein wirkliches Ereignis handelte.[1]

Paulus' Aussage, nur Gott wisse, ob er körperlich im Himmel gewesen sei oder ob nur seine Seele entrückt wurde, galt im Mittelalter für viele Seelenreisende als Vorbild. So heißt es über den byzantinischen Mystiker Symeon den Neuen Theologen, der im fortgeschrittenen Alter als Eremit in der Einsamkeit lebte, er habe bezüglich seiner »Nahtod-Erfahrung« im frühen 11. Jahrhundert stets großen Wert auf die Feststellung gelegt, er wisse nicht, ob er »außer dem Körper« entrückt worden sei. Im 12. Jahrhundert erwiderte Alpais de Cudot auf die Frage, ob nur ihre Seele ausgefahren sei, sie überlasse die Antwort dem göttlichen Urteil, dem nichts verborgen bleibe. Doch einmal sei es ihr erschienen – »wenn ich es sagen darf, obgleich ich es gewiß nicht zu behaupten wage« –, daß sie sich außerhalb ihres Leibes befunden habe: »Aber wie und wann meine Seele aus ihrem Leibe ging und wie sie ihn abstreifte, das weiß ich überhaupt nicht.«

In der ersten Hälfte des 14. Jahrhunderts verlautete der Dominikaner und strenge Asket Heinrich Seuse über seine Entrückung – wie Paulus in der dritten Person –: »Ob dú sel in dem lip belibi oder von dem lip gescheiden weri, des enwúst er nit. Do er wider zuo im selb kom, do waz im in aller wise als einem menschen, der von einer andren welt ist kommen.« Und in Dantes *Divina Commedia* heißt es: »Ob es von mir nur jener Teil gewesen, / Der von dir neu erschaffen [= die Seele], du weißt es.« Schließlich kommentierte auch Teresa von Ávila ihre diesbezüglichen Erlebnisse: »Es scheint dabei wirklich so, als verlasse er [= der Geist] den Leib, wobei es andererseits keinen Zweifel gibt, daß die betreffende Person nicht tot ist; zumindest einige Augenblicke lang kann sie aber selber nicht sagen, ob sie im Körper ist oder nicht. Es scheint ihr, als sei sie mit ihrem ganzen Wesen in einer fremden Region gewesen.« Und ausdrücklich paulinisch fügte sie hinzu: »Ob alles geschieht, während die Seele im Körper oder außerhalb desselben ist, kann ich nicht sagen.«[2]

Wie aus der zweiten Edition des griechischen Textes der über 300 Jahre nach dem Tode des Paulus entstandenen *Visio Sancti Pauli* hervorgeht, soll zur Zeit des Konsulats von Theodosius und Constantius einem Mann, der in Tarsus das Haus bewohnte, in dem einst Paulus gelebt hatte, ein Engel erschienen sein, der ihm auftrug, er solle im Fundament des Hauses graben und das, was er dann finde, veröffentlichen. Nach der dritten Ermahnung durch den Boten Gottes raffte der Mann sich der Legende nach auf und fand ein Marmorkästchen, das die *Visio* oder *Paulus-Apokalypse* enthielt. Darin heißt es, der Apostel habe einst wissen wollen, was geschehe, wenn die Seele den Leib verlasse, worauf ihn »ein geistiges Wesen im Heiligen Geist« ergriffen und in den dritten Himmel getragen habe, »dahin die Gerechten nach ihrem Tode gelangen«. Dort durfte er mit ansehen, wie die Engel die Verstorbenen zum Thron Gottes hinaufführten, wo sie – je nachdem – bis zum Jüngsten Gericht bleiben konnten oder aber in die Hölle geschickt wurden. Allem Anschein nach war aber seine Seele für die Himmelsbewohner unsichtbar, denn es heißt, die Hl. Jungfrau habe ihn im Paradies angesprochen und zu ihm gesagt: »Wahrlich, alle Heiligen flehen Christus, meinen Sohn, an, du mögest im Leibe hierherkommen, damit sie dich noch vor deinem Hinscheiden aus der Welt erblicken könnten.« Doch Jesus winkte ab und erwiderte ihnen, daß sie darauf warten müßten, bis der Apostel gestorben sei.[3]

Die Vorstellung, daß Gott »die sele uffrukket« in den Himmel, war im Mittelalter die verbreitetste, denn man konnte ja sehen, daß der Körper der Betreffenden unterdessen dalag. »So scheidet dú sele«, führte Mechthild von Magdeburg um das Jahr 1290 aus, »von dem lichamen [...], sunder das minste teil irs lebendes belibet mit dem lichamen als in eime sůssen schlaffe.« Im Jahre 716, kurz vor seiner ersten Missionsreise zu den Friesen, schrieb der aus dem Königreich Wessex stammende Mönch Wynfreth, der spätere hl. Bonifatius, auf Bitten von Eadburg, der Äbtissin des Klosters der Beata Genetrix Maria auf der Insel Thanet in Kent, »die wunderbaren Gesichte (*admiranda visiones*) von jenem Wiedererweckten« auf, »der neulich im Kloster der Äbtissin Milburg [= Kloster Wenlock in der Grafschaft Shropshire] starb und wieder zum Leben erwachte«, jene Visionen, »die er nach der Entrückung aus seinem Leib im Geiste gesehen hat (*quas extra corpus suum raptus in spiritu vidit*)«. Und als im Jahre 1325 die bereits erwähnte Prous Boneta in der Minoritenkirche von Montpellier der Messe lauschte, geschah es plötzlich, daß »dominus Jesus Christus transportavit eam in spiritu scilicet in anima usque ad primum coelum«, was nicht anders einer

»mulier paupercula« widerfuhr, die nach einem im 9. Jahrhundert im Kloster Reichenau aufgezeichneten Bericht eines schönen Tages ganz unvermittelt »in extasi rapta [fuit]«, wobei *raptus* den Vorgang und *extasis* den darauffolgenden Zustand bezeichnete.[4]

Auch im Vorderen und Mittleren Orient, wo die islamische Orthodoxie die Mystik und Ekstatik meist eher ablehnte, weil der tiefe Graben zwischen Allāh und seinen Sklaven (*'abīd*) nicht überbrückt werden sollte, war – wie im Abendland – wohl ebenfalls die Mehrheit der Jenseitsreisenden der Auffassung, daß nur ihre Seele – und nicht ihr Körper – diese Fahrt unternahm. So öffnet sich nach dem im Jahre 1221 verstorbenen Naǧm ad-dīn al-Kubrā an der Schläfe oder an der rechten Seite des Rumpfes eine runde »Pforte«, und die Seele des Ṣūfī fliegt durch einen finstern »Brunnenschacht« und durch ein loderndes Feuer in ein grünes Licht hinein (Grün ist die schönste Farbe). Heiß debattiert wurde hingegen unter den muslimischen Gelehrten, ob die *mi'rāj* (»Leiter«), also die Himmelsreise des Propheten, von diesem einst körperlich oder nur seelisch durchgeführt worden ist. Nach einigen Exegeten, die sich auf Moḥammeds Frau ʿĀ'iša beriefen, handelte es sich lediglich um ein Traumgebilde (*ru' yā*), das »er im Schlaf sah« (*ra' ā fī l' nawn*), wofür nach einigen Interpreten auch sprach, daß Moḥammed in jener Nacht in seinem Haus in Mekka nicht vermißt wurde. Doch überwog im Verlaufe der Jahrhunderte die Überzeugung, der Prophet sei leibhaftig auf einer Leiter in den Himmel gestiegen, was für gewöhnliche Sterbliche erst nach dem Jüngsten Gericht möglich war. Als nämlich im Jahre 1416 ein Gläubiger behauptete, ins Paradies entrückt worden zu sein, wo er Gott gesehen und gehört habe, sperrte man ihn kurzerhand in ein Irrenhaus.

Im frühen 14. Jahrhundert teilte der bekannte Ṣūfī Šams ed-dīn Ebrāhīm Abarqūhī mit, Moḥammed habe erläutert, er sei zwischen Wachen und Schlaf gewesen, als plötzlich der Erzengel Gabriel erschien und ihn anherrschte: »He du, der da schläft! Wie lange willst du denn noch schlafen?« Darauf erschien Burāq, eine geflügelte weiße Stute mit einem Pfauenschweif und dem Gesicht einer schönen Frau, deren Name mit dem des Blitzes (*bark*) verwandt ist und die stets anstelle des Propheten abgebildet wird, weil man diesen nicht bildlich darstellen darf. Auf dem Rücken des Fabeltieres führte er anschließend die berühmte »Nachtfahrt« nach Jerusalem durch, wo er – Gabriel folgend – auf einer

Leiter durch sechs Himmel stieg, bis er im siebten und obersten Himmel von Abraham ins Paradies und schließlich vom Erzengel Michael zum Thron Gottes geführt wurde. Nach dem Koran sah Moḥammed im Gegensatz zu Abraham oder Moses Gott wirklich, d. h. mit den »Augen des Herzens«, und zwar aus einer Entfernung von »zwei Bogenlängen«, aber nach Meinung des Abū Bakr Muḥammad bin Mūsā al-Wāsiṭī, der im 10. Jahrhundert im zentralasiatischen Farġāna lebte, nicht direkt und nur seine Umrisse, da zwischen ihnen ein Schleier hing. Als der Prophet auf sein Lager in seinem Haus zurückgekehrt war, bemerkte er, daß sein dort liegendes Nachthemd noch warm war, woraus er folgerte, daß sein Flug nach Jerusalem und sein Aufstieg ins Paradies nicht lange gedauert hatten.[5]

Moḥammeds *miʿrāj*, die im Laufe der Zeit immer stärker ausgeschmückt und mit christlichen und jüdischen Anekdoten angereichert wurde,[6] fand im Mittelalter im gesamten Mittelmeerraum weite Verbreitung, und man hat in Erwägung gezogen, daß eine lateinische oder italienische Übersetzung der »Leiter« auch Dantes *Divina Commedia* beeinflußt haben könnte. Da offenbar nicht wenige seiner Zeitgenossen davon ausgingen, der florentinische Dichter habe selber eine Reise ins Inferno, Purgatorio und Paradiso unternommen – offenbar hatte Dante im Jahre 1314 das »Inferno« und ein Jahr darauf das »Purgatorio« auf Schriftträgern aus Pergament vervielfältigen lassen –, fühlte sich sein Sohn Pietro bemüßigt, darauf hinzuweisen, daß sein Vater kein Visionär war, sondern ein Dichter, der sich eine solche Jenseitsreise nur vorgestellt habe.[7]

Daß die jenseitigen Gegenden nicht meta-physisch, sondern physisch und lediglich weit entfernt waren, was bedeutete, daß man sie »im Körper« erreichen konnte, glaubten die Angehörigen der verschiedensten Kulturen. So unternahmen die Hawaiianer in den vergangenen Jahrhunderten mehrfach Expeditionen in den fernen Westen, um ins Paradies zu gelangen, aber alle blieben verschollen, während die im Bergland von Guayana lebenden Zoé den Ethnologen erzählten, ihre Verstorbenen im Jenseits seien gerade damit beschäftigt, eine Landepiste für Flugzeuge herzurichten, damit sie Besuch von den Lebenden empfangen könnten.

Śambhala, »die Quelle des Glücks«, jener mythische Ort, der die Form einer achtblättrigen Lotosblüte hat und auch Śangri-la genannt wird, liegt nach verbreiteter Auffassung irgendwo in Tibet hinter einem Ring von Schneebergen, die niemand überschreiten kann, weshalb nur ein paar Weise »außerkörperlich« dorthin gelangt sind. Im Jahre 1922 behauptete die Theosophin Alice Bailey, sie wisse, daß Śambhala sich mitten in der Wüste Gobi befände, die in den alten Quellen »das Weiße Land« genannt werde. Der Ort bestehe aus ätherischer Materie, und wenn das Menschengeschlecht einst eine »ätherische Wahrnehmung« entwickelt habe, »können wir es sehen und akzeptieren, daß es existiert«. Nach der Oktoberrevolution begeisterte der russische Okkultist Aleksandr Barchenko den sowjetischen Geheimdienstchef Gleb Bokii mit seiner angeblichen Kenntnis eines »Roten Śambhala« in den Bergen von Tibet, mit dessen Geheimwissen der Klassenkampf weltweit siegreich beendet werden könne, und auch der gegenwärtig amtierende Dalai Lama ist davon überzeugt, Śambhala existiere »materiell in unserem Universum«, sei aber derzeit nur »in der Meditation« zugänglich.[8]

Da man indessen sah, daß der Körper der Meditierenden oder derjenigen, die »wie tot« am Boden lagen, an Ort und Stelle blieb, ging man davon aus, die geographisch weit entfernten Gegenden würden mit einer Art »ätherischem« Leib besucht. So erzählten die australischen Ungarinyin, ihre Medizinmänner seien auf diese Weise in die 2000 Meilen entfernte Stadt Perth gereist, und von einem, der nicht mehr zu sich kam, hieß es, er sei auf der Reise nach Dùlugun, der fernen Insel der Toten im Westen des Weltmeeres, in den Telephondrähten der Küstenstadt Broome hängengeblieben. Als Pater Paul Le Jeune im Jahre 1634 die Montagnais belehrte, die Seelen der Verstorbenen gingen nicht in jenes Dorf der Toten im Westen, dorthin, wo auch die Sonne untergehe, sondern in den Himmel oder in die Hölle, entgegnete ihm einer der indianischen Schamanen, er lüge, »car deux ames de nos cõpatriotes sont reuenuë autrefois de ce grand village«. Und als er später einen Huronen fragte, woher dieser die Kenntnis vom Weg der Verstorbenen habe, antwortete der Mann: »Ce sont des persõnes resuscitées qui ont fait le rapport«, was der Gottesmann mit den Worten kommentierte: »C'est ainsi que le diable les abuse dans leurs songes; c'est ainsi qu'il parle par la bouche de quelques-vns, qui ayans este laissez comme pour morts, reuiennent par apres en santé, & discourent à perte de veuë de l'autre vie, selon les idées que leur en donne ce mauuais maistre.«[9]

War Pater Le Jeune über die Tatsache erstaunt, daß die Bewohner von

La Nouvelle France keinerlei Vorstellung »d'vne chose purement spirituelle« hatten und deshalb glaubten, zu Fuß in ein im fernen Westen liegendes Dorf der Toten zu gelangen, ließ er unbeachtet, daß noch eineinhalb Jahrhunderte zuvor sogar die gelehrtesten Theologen davon überzeugt waren, der Himmel und die Hölle, das Fegefeuer und der Limbus seien geographische Orte, die von den Visionären besucht worden waren. Entsprechend dem jüdischen Glauben, daß der Verstorbene ins Totenreich Šeōl, das sich im Inneren oder unterhalb der Erde befand, hinabstieg, heißt es im Neuen Testament, Jesus sei nach der Kreuzigung »in die untersten Örter der Erde« hinuntergefahren, um mit Hilfe der »Schlüssel der Hölle und des Todes« das Tor zum *limbus patrum* zu öffnen, wo er »den Geistern im Gefängnis« predigte, um danach an einen anderen geographischen Ort, nämlich »über alle Himmel«, zu seinem Vater aufzufahren. Bei diesen »Geistern« handelte es sich um die Seelen derjenigen, die »zu den Zeiten Noahs« lebten, »da man die Arche zurüstete«, und die deshalb noch keine Gelegenheit hatten, das Evangelium zu vernehmen.[10] Denn obgleich diese Patriarchen und Propheten des Alten Testamentes wahrscheinlich nie persönlich gesündigt hatten, waren sie doch mit der Erbsünde behaftet, so daß ihnen die *Visio Dei*, die »Schau Gottes«, versagt blieb und damit die höchste Glückseligkeit. Ja, mehr noch – wie der berühmte Dichter John Donne, Dekan an der Londoner Saint Paul's Cathedral, in einer Predigt im frühen 17. Jahrhundert konstatierte, bestand »the Hell of hels, the torment of torments«, in »the everlasting absence of God«, womit auch viele heutige katholische und protestantische Theologen noch drohen.[11]

Die Kinder, die zwar in Sünde geboren wurden, aber starben, ohne selber gesündigt und die Taufe empfangen zu haben, kamen nach Augustinus ins Höllenfeuer. Doch bald empfand man dieses Schicksal als viel zu hart und unangemessen, weshalb sich die Lehre vom *limbus infantium* durchsetzte, eines finsteren Ortes, der ebenfalls unter der Erde und in der Nähe des Fegefeuers vermutet wurde und über den im Jahre 1454 der Kartäuser Jakob von Paradies verlautete: »Die drit stat ist da die iungen kindlen der glöbigen vnd vnglöbigen die on den tauff verscheÿdent hinkommen vnd werdent all glich geurtailt. sy werdent auch ewiklich leben an [= ohne] schmerczlich pen aber sÿ werdent beraubt der an gesicht gottes.« Dagegen kamen die Säuglinge, die kurz *nach* der Taufe starben, aber aufgrund ihres Alters gar nicht in die Verlegenheit kamen, zu sündigen, nicht in den *limbus*, sondern schnurstracks ins Paradies.

Durch einen dunklen, senkrecht tief unter die Erde führenden Schacht gelangten die Guten und Gerechten in eine Art Wartesaal des Himmels, der »Abrahams Schoß« hieß und den der Pariser Augustiner-Chorherr und Scholastiker Hugues de Saint-Victor in der ersten Hälfte des 12. Jahrhunderts »Paradisus, quasi sinus Abrahae« nannte. Dieser »Schoß« oder »Busen« war ein sehr angenehmer und erfreulicher Ort, der nicht selten mit dem schon im späten 2. Jahrhundert von Tertullian beschriebenen erquickenden *refrigerium* identifiziert wurde, in welchem sich die »nicht ganz guten« (*non valde boni*) und »nicht ganz schlechten« (*non valde mali*) Verstorbenen nach ihrem Zwangsaufenthalt im Fegefeuer ausruhten und regenerierten. Zu Beginn des 7. Jahrhunderts reiste Alberigo de Settefrati, ein Mönch des Klosters Montecassino, vom hl. Petrus geführt, zunächst durch die Orte der Bestrafung und der Läuterung, also die Hölle und das Fegefeuer, ins *refrigerium*, das er als eine paradiesische, von Rosen- und Lilienduft erfüllte Stätte der Freude und des Friedens beschrieb.[12]

Die Vorstellung, daß sämtliche Gläubige außer den sehr Guten und den Heiligen sowie den Verdammten durch das unterirdische *ignis purgatorius* mußten, gab es schon im Frühen Mittelalter, und daß es auch wirklich existierte, wurde von »Seelenreisenden« wie dem erwähnten Benediktiner aus Latium bestätigt. Doch erst im Zuge der Gegenreformation und als Reaktion auf die Protestanten, die ja die Existenz sämtlicher Übergangsorte bestritten, setzte sich der Glaube an das Fegefeuer allgemein durch, zumal weiterhin Gläubige nach »Nahtod-Erfahrungen« von ihren Besuchen in dieser Stätte des vorübergehenden Leidens und der Läuterung berichteten. So teilte beispielsweise im Mai des Jahres 1465 ein gewisser Edmund Leversedge aus Somerset mit, seine »sawle« habe den Körper durch seinen »movthe« verlassen, um sich über einen Friedhof (»kyrkyerde«) ins Fegefeuer zu begeben, in dem die Seelen der Verstorbenen sich von ihren Sünden reinigten.

Derartige Orte gab es auch in anderen Weltgegenden. So heißt es zum Beispiel in dem mittelpersischen (Pahlawi-)Text *Ardā Wirāz nāmag*, der Visionär Wirāz habe auf seiner Jenseitsreise zunächst das *hammistagān*, eine Art Wartesaal der weder guten noch schlechten Verstorbenen, besucht. Und der Islam kennt den *araf*, in dem sich all jene aufhalten, denen ohne ihr Verschulden zunächst das Paradies verschlossen bleibt, sowie diejenigen, bei denen sich die guten und die schlechten Taten die Waage halten. Schließlich erfährt in einem chinesischen buddhistischen Text aus dem 9. Jahrhundert ein Mann, der seine Mutter aus der Unterwelt holt, daß die weder guten noch schlechten Toten, also die große Mehrheit der Verstorbenen, weder in den Himmel noch in die Hölle kommen, sondern an einen dritten Ort, an dem der Jenseitsrichter über ihr weiteres Schicksal entscheidet.[13]

Reißen in der im 2. Jahrhundert entstandenen *Epistola apostolorum* die dunklen Gewitterwolken auf und erscheint eine helle Wolke, die Jesus »im Körper« zum Himmel hochträgt, sind es bei gewöhnlichen Menschen die – freilich körperlich gedachten – Seelen, die bei der Himmelfahrt häufig zunächst einen dunklen Bereich durchqueren müssen. So erschien im Jahre 1507 einem Berner Dominikaner der Geist eines Verstorbenen und teilte ihm mit: »Ee dann ich möcht im himel vffstigen/ bin ich vorhjn drey tag in der finsternūß gewesen / da mir weder wol noch wee was« – offenbar eine dunkle Durchgangsgegend, die der Tote als eine Art Limbus interpretierte. An einen solchen Ort gelangte im Jahre 1290 auch die niederösterreichische Begine Agnes Blannbekin, die danach berichtete: »Und sie wurde so auch unter der Erde zu genugsam lieblichen Orten geführt, wo eine große Menge Menschen erschien, die leuchtend waren, mit schmucken Gesichtern, aber wie Stumme sprachen sie nichts (*qui erant luminosi faciebus decoris, et quasi muti nihil loquebantur*). Dies waren, wie sie nachher belehrt wurde, die verstorbenen Menschen, die ohne schwere Sünde dahingeschieden waren. Und sie hatten keine andere Strafe [erhalten] als Abwesenheit der Anschauung Gottes (*quam carentiam visionis dei*).«

Nach *The Ordynare of Crysten Men* vom Jahre 1502 sowie dem *Lytel Boke that speketh of Purgatorye* befindet sich »this present worlde bytwene Hell & paradyse«, wobei das Fegefeuer sowie die beiden *limbi* gesonderte Abteilungen der Hölle tief unter der Erde sind. Knapp hundert Jahre später führte der berühmte, aus dem toskanischen Montepulciano stammende Gegenreformator, Jesuit und Kontrahent Galileis, Kardinal Roberto Bellarmino, in seinem *Liber de Purgatorio* aus, daß sich im Fegefeuer auch eine Art Erholungsraum in Form einer lieblichen Wiese mit frischem Grün und bunten Blumen befinde. Über diese Schrift machte sich im Jahre 1603 der jagdbegeisterte junge König Jakob

I., der Sohn Maria Stuarts, lustig, indem er die rhetorische Frage stellte, »if that faire greene Meadow that is in Purgatorie have a brooke running thorow it; that in case I come there, I may have hawking upon it«.

Die Stimme des anglikanischen Königs von Schottland und England war die eines neuen, reformatorischen Zeitalters, das schließlich in die Moderne mündete, für die bereits Martin Luther stand, für den die Höllenstrafen keine körperlichen, sondern Gewissensqualen waren: »Nayn, es ist nichts leyblichs. Es geht alles also in dem gewissen zu.« Zu guter Letzt verschloß sich auch die katholische Kirche nicht länger dem modernen Denken. Im Sommer 1999 äußerte sich Papst Johannes Paul II. dahingehend, Hölle, Fegefeuer und Paradies seien keine jenseitigen Orte oder Räume, sondern Seelenzustände, was indessen in manchen katholischen Gegenden geradezu Empörung hervorrief. So wehrte sich beispielsweise eine katholische Gruppierung energisch gegen die »protestantische« Entmythologisierung und protestierte unter dem Motto »Wir lassen uns den Himmel nicht rauben!«.[14]

§ 13
Der Schamane als Schauspieler und Rezitator

Nachdem vor mehr als einem halben Jahrhundert Mircea Eliade die Behauptung aufgestellt hatte, der altaische Schamane, der die neun in eine Birke geschlagenen Treppen hochsteige und auf jeder Stufe dem Publikum berichte, was er in neun Welten erlebe, befände sich auf einer »ekstatischen Reise«, haben in den vergangenen drei Jahrzehnten einige Ethnologen diese Äußerung etwas umformuliert und behauptet, die Erlebnisse der Schamanen während der Séance glichen einer »Nahtod-Erfahrung«. Verliert also der kirgisische Schamane, wie ein Ethnologe sagt, das Bewußtsein, wenn er sich an Leinen durch das Rauchloch in das Innere der Jurte herabläßt und anschließend mit dem anwesenden Geist redet sowie ein Heilritual durchführt?

Nun ist, wie wir zur Genüge gesehen haben, ein Charakteristikum derjenigen, die von einer »Nahtod-Erfahrung« berichten, daß sie währenddessen »wie tot«, also empfindungslos und ohne jegliche Interaktion mit ihrer Umgebung, daliegen, wohingegen die Schamanen sich sehr häufig bei der Sitzung lebhaft und schwungvoll mit den Anwesenden unterhielten und ihnen anschaulich schilderten, was ihnen soeben in der anderen Welt widerfuhr. Wie gerade aus den frühen ethnographischen Berichten hervorgeht, waren die Himmelsflüge oder das Hinaufklettern in die neun Himmel, wobei der altaische Schamane jedesmal, wenn er einen Fuß in die nächste Kerbe setzte, rief: »Seht, ich habe sie [= die Himmelsschicht] durchstoßen!«, fingiert. Es handelte sich um Theaterdarstellungen, und entsprechend sagte ein erfahrener Feldforscher, sämtliche nepalesischen Schamanen, die er im Laufe der Jahre kennengelernt habe, hätten während der Séancen ihr Bewußtsein nicht stärker verändert als irgendein guter Schauspieler.[1] Natürlich gab es Schamanen, die sich mehr, und andere, die sich weniger mit ihrer Rolle identifizierten, und entsprechend gab es gewiß Personen im Publikum, die wie in einem packenden Film oder bei einer gelungenen Theatervorstellung gleichsam vergaßen, daß es sich um eine Inszenierung handelte und nicht um ein wirkliches Geschehen.

Von den Schamanen der Hmong hieß es, ihr Publikum habe es erwartet, daß sie während der Séance mit ihm interagierten und erzählten, was sie »sahen« und »erlebten«. Die Anwesenden wollten an dem Geschehen unmittelbar teilnehmen, und sie wären sehr enttäuscht gewesen, wenn die Schamanen ihnen lediglich nach einer Ohnmacht eine Geschichte erzählt hätten. Auch die tuwinischen Schamanen interagierten während der Séance mit dem Publikum, das nicht selten ihre Bewegungen nachahmte und ihre Worte wiederholte, wobei bisweilen einige der Anwesenden in eine leichte Trance fielen. In Abständen unterbrachen die Schamanen ihre »Jenseitsreise« und »fütterten« ihre Trommel, d. h. ihren »Hirsch« oder ihr »Pferd«, auf dem sie ins Geisterland ritten, indem sie das Schlaginstrument mit Milch, Arrak oder aus Kamelstutenmilch hergestelltem gegorenen *chymys* besprühten und über dem Feuer trockneten. Inzwischen sagen die Tuvinier, kein heute lebender Schamane sei mehr dazu fähig, auf diese Weise in die andere Welt zu »reiten«, und sie benutzten auch nicht länger eine Trommel.

Ein dolganischer Schamane sagte einst dem Ethnographen, daß er in kritischen Situationen während seiner »Jenseitsreise« seine bei der Séance anwesenden Verwandten um Rat fragte, was er jetzt tun solle, und die Buryaten und Nenzen unterstützten ihren Schamanen durch lautes Schreien und Getöse, um die feindlichen Geister, mit denen er gerade kämpfte, einzuschüchtern und zu vertreiben. Aber auch bei den Schamanen der Yanomamö, die unter dem Einfluß von *epéna* (*Virola theiodora*) oder *yopo* (*Anadenanthera peregrina*) standen, blieb der Bezug zur Wirklichkeit vollständig erhalten, so daß die Lehrer den Novizen suggerieren konnten, was sie während der Initiation zu sehen hatten: »Mein Sohn, da kommt der schwarze Jaguar!« oder »Sieh, am Horizont steht ein riesiger Baum! Die *hekura* sitzen darin und strecken ihre weißen Zungen heraus!«.

Umgekehrt versuchte der Schamane der Ostjaken am Jenissej während der Séance seinem Publikum zu suggerieren, er sehe in diesem Augenblick dieses und jenes. Dann sprang er hoch in die Luft, womit er zum Ausdruck bringen wollte, daß er gerade durch die Wolken flog, tat so, wie wenn er in die weite Ferne schaute und rief laut: »Ich bin hoch am Himmel und sehe in tausend Werst Entfernung den Jenissej!« Anschließend zählte er dem Publikum all die Geister auf, die er angeblich traf, und sagte zu seinem Vogel-Hilfsgeist, auf dem zu fliegen er vorgab: »O meine kleine Fliege, steig höher, ich will noch weiter sehen!« Schließlich teilte er den Anwesenden mit, er könne weit weg die Seele des Patienten im Land der Toten erkennen, die er nun zurückhole. Der Ethnologe Hans Findeisen, der bei den Ostjaken eine solche Vorstellung miterlebte, betonte, daß der Schamane lediglich eine standardisierte Geschichte nacherzählte, denn um derartiges wirklich zu erleben, hätte er bewußtlos am Boden liegen müssen und nichts beschreiben können.[2]

Viele Schamanen sagten denn auch, daß ihre »Flugreisen« nur in Gedanken oder Vorstellungen stattfänden, ohne daß ihre Seele den Körper verließe. So gaben die Schamanen (*bombo*) der Tamang in Nepal ohne weiteres zu, sie reisten lediglich »in Gedanken« nach *bombe* (Bombay), über den Himalaya nach Tibet oder nach *amrika* (Amerika), etwa die Schamanin Ama, die der Ethnologin mitteilte, sie habe sich die fremden Gegenden einfach nur »vorgestellt« und auch das nur in ihrer »Ausbildungszeit«. Diese Aussage veranlaßte die Ethnologin wiederum zu dem unsinnigen Kommentar, die Unterscheidung von »imaginär« und »real« scheine einer »spezifischen Tendenz des westlichen rationalen Denkens zu entspringen« – unsinnig deshalb, weil keine menschliche Gesellschaft eine Überlebenschance hätte, wenn sie die Realität nicht von reinen Vorstellungen unterscheiden könnte.

Wenn die Schamanin Ama sagte, nach ihrer Ausbildungszeit würde sie sich die fremden Orte nicht einmal mehr »vorstellen«, dann entspricht dies der Beobachtung anderer Tamang-Forscher, die feststellten, daß die Schamanen die Namen dieser Orte einfach murmelnd herunterleierten, und zwar in einer weitgehend obskuren archaischen Sprache, die ein gewöhnlicher Tamang gar nicht versteht. Und je mehr Prestige der *bombo* besitzt und je größer die Zahl seiner Kunden ist, desto routinemäßiger verläuft die Séance und um so schablonenhafter spult er seine Texte ab.

Auch der *paju* der Gurung, der angeblich entweder die neun Leitern zur oberen Welt Mu gi Gompa hinauf- oder in die Unterwelt Khrōnasa hinabstieg, um die Seele eines Kranken zurückzuholen, zählte dem Publikum die einzelnen Etappen seiner Reise in einem konventionell festgelegten Sprechgesang auf. Offenbar war und ist dies für die Schamanen vieler anderer nepalesischer Ethnien typisch, etwa für die der Magar, die ebenfalls die einzelnen Etappen ihrer »Gedankenreise« herunterbeten, die sie mit ihren Hilfsgeistern bei der Verfolgung der Seele des Kranken bis zum Jenseitspaß hinter sich lassen. Dementsprechend herrscht während der Séance nicht nur bei den Magar, sondern auch bei den Chetri oder den Tamang eine entspannte und ausgelassene Atmosphäre, in der man kommt und geht und tratscht, wo die Kinder spielen oder plärren und wo »genauso gelärmt, gelacht, geschäkert, gegessen, geraucht, gerülpst und reichlich Alkohol genossen« wird »wie bei jeder anderen geselligen Zusammenkunft auch«.[3]

Die Schamanen der Limbu bestanden zwar zunächst gegenüber dem Ethnologen darauf, daß ihre »Seele« (*sam samma*) wirklich auf einer Leiter in die jenseitige Welt klettere, aber schließlich räumte einer von ihnen ein, dies täten lediglich »die Worte« der Schamanen und nicht sie selber, was ja »jeder Depp« sehen könne.[4] Nicht wesentlich anders äußerten sich die Schamanen der Nunivak-Eskimo, und eine Schamanin der südamerikanischen Guajiro sagte zu der Ethnologin: »Nun, Sie wissen doch, daß diese Dinge nur in den Gedanken geschehen!?«

Wenn der Schamane der Huichol zu den Trommelschlägen rezitierte: »Ich fliege wie ein Adler, ich führe all diese Kinder zu dem Verbrannten Hügel. Beschütze sie, Tamats Kauyumári!«, dann wußte jeder, daß der *mara'akáme* oder seine »Seele« nicht wirklich flog. Ein Gleiches gilt für die Krankenbehandlung des Medizinmannes der Navaho, der das Blessingway-Gebet spricht, das von dem Patienten Zeile für Zeile wiederholt wird. In dem Gebet gelangen die mythischen Zwillinge durch dunkelblaue, aber schließlich aufhellende Wolken in eine Landschaft und durch eine zunächst pechschwarze Gebirgshöhle ins Land der Toten. Danach kehrt der Kranke, der in Gedanken den Zwillingen gefolgt ist, wieder ins Diesseits zurück. Er hat den Tod überwunden und wird wieder gesund.

Können die kranken Navaho wenigstens den Worten des Heilers folgen und in der Vorstellung ins Totenland reisen und wieder heimkehren, war dies bei den Bare'e-Toradja auf Sulawesi nicht mehr der Fall. Deren Schamaninnen saßen vom Publikum und vom Patienten getrennt in einer Umfriedung aus Rindenstoff in einem Haus und leierten Litaneien von ungefähr 1200 Versen herunter, und zwar in einer altertümlichen Sprache, die sie nicht einmal selber richtig verstanden, geschweige der Patient oder die übrigen Anwesenden. Der zentrale Teil der Litanei war die Beschreibung einer von einem Hilfsgeist geleiteten

Reise des Schamanen ins Jenseits, um die »Seele« (*noana*) des Kranken zurückzuholen, und sie wurde auch dann bis zum Ende abgespult, wenn der Patient währenddessen gestorben war. Die ersten Menschen, so sagten die Schamanen der Toradja, hätten noch auf einer Leiter oder Treppe in den Himmel hinauf- oder in die Unterwelt hinabsteigen können. Aber seitdem ein großes Verbrechen begangen worden war, blieb dies den Lebenden versagt.

Auch bei den Kuna auf den San-Blas-Inseln vor der Nordküste von Panama war es nicht so, wie Lévi-Strauss und andere Ethnologen meinten, daß die Rezitatoren gewisser Epen die Geburtshütte betraten, um der Kreißenden durch den Sprechgesang die Geburt zu erleichtern. Vielmehr saß der *rezador* bewegungslos in einer anderen Hütte und leierte, ohne in Trance oder irgendeinen anderen veränderten Bewußtseinszustand zu gelangen, die Verse des Epos herunter, wobei er ab und zu Kakaobohnen und Pfefferkörner ins Feuer warf. Der Gesang richtete sich gar nicht an die Gebärende, sondern an die Hilfsgeister (*nelekan*), die er zum Beispiel aufforderte, die geraubte Seele (*purpa*) eines Kranken aus dem Jenseits zu holen. Aber selbst wenn die Frau während der Wehen die Stimme des *rezadors* hätte hören können, wäre ihr der Text unverständlich gewesen, weil er in der »Sprache der Geister« abgefaßt war, die für einen gewöhnlichen Kuna keinen Sinn ergab.[5]

Nun sagten die Kuna den Ethnologen, einstmals sei das ganz anders gewesen, da hätten beispielsweise vier Hilfsgeister die Seele eines *nele* in die Welt der Toten getragen, und in dem Epos *Apoket ikala* heißt es: »In der Zeit der großen *neles* zeigten sie uns das [= das Ringen mit den Geistern] in Person, aber heute singen sie nur«, d. h., nach der Mitte des 19. Jahrhunderts habe es nur noch *simples rezadores* gegeben. Auch von den noch heute mit einer Korbtrommel und Rasseln begleiteten Chantway-Gesängen nimmt man an, daß sie ursprünglich echte schamanische Jenseitsreisen beschrieben, die zu einer Zeit stattfanden, als die Navaho noch nicht im Südwesten Nordamerikas siedelten, und während die Schamanen der Ainu im vergangenen Jahrhundert auf Sachalin nur noch Theater aufführten, sollen sie in alten Zeiten dazu fähig gewesen sein, wirklich ihren Körper zu verlassen. Das Gleiche sagen die Ethnologen über »die großen Schamanen« (*chýnyseniŋ*) am Jenissej oder über die der Aguaruna im Tiefland von Peru, und auch die Séancen der Magar oder der Kulunge Rāi hat man als eine »dekadente Form von Schamanismus« bezeichnet, weil der Hauptakteur keine wirkliche »Seelenreise« unternimmt. »Ich bin kein großer Schamane mehr«, sagte ein Baikal-Buryate kleinlaut, und die Schamanen der Akwē-Shavante gaben dem Ethnologen zu verstehen, sie seien noch nie im Dorf der Toten gewesen. Der Weg dorthin sei einfach zu weit, und irgendwann auf der Strecke bekomme man Angst, es nicht mehr nach Hause zurück zu schaffen. Deshalb hätten sie alle – im Gegensatz zu den Verstorbenen – stets weit vom »Anfang des Himmels« entfernt kehrtgemacht.

Heutzutage blicken in vielen Gegenden der Erde die Schamanen, die es noch gibt, und ihre Klientel wehmütig auf die alten Zeiten zurück, in denen ihre Vorfahren noch Leistungen vollbrachten, zu denen gegenwärtig niemand mehr fähig sei. Noch vor sechzig Jahren gab es zum Beispiel Schoschonen, die erzählten, es habe in ihrer Kindheit Medizinmänner gegeben, die auf »Seelenreise« gegangen seien, doch jetzt wage das keiner mehr: »Wir Medizinmänner«, so sagte einer, »schaffen das heute nicht mehr!« Und etwa zur selben Zeit erklärten die *payés* der südamerikanischen Kamayurá und der Mundurucú, niemand von ihnen sei in der Lage, zu »sterben« und sich ins Jenseits zu begeben. Die meisten zeitgenössischen Buryaten sind davon überzeugt, es gebe keine »echten« Schamanen mehr, und diejenigen, die sich heute so nennen, seien nicht von den Geistern erwählt worden. Aber schon im späten 19. Jahrhundert sagten die Buryaten, ihre Schamanen taugten nichts mehr: »Ihr Wissen ist schwach und ihre Macht begrenzt«, ihre Seelen hätten keine »Füße«, d. h., sie könnten nirgendwohin gehen, und ihre Augen seien blind. Bald werde es überhaupt keine Schamanen mehr geben. Im Jahre 1915 versicherten die Kupfer-Eskimo den Forschungsreisenden, daß einst ihre Schamanen zum Mond flogen, aber heutzutage sei dazu niemand mehr imstande. Einzig Ilatsiaq, der mächtigste aller Eskimo-Schamanen, könne noch fliegen, doch als die Kanadier ihn danach fragten, stritt er es ab und sagte, er sei kein Vogel. Schließlich erzählte ein paar Jahre später ein tungusischer Mergen-Orotsche dem Asienforscher Walther Stölzner, nur eine einzige Schamanin, die nun aber seit über hundert Jahren tot sei, nämlich Neshun-Saman, habe die Fähigkeit besessen, ihre Seele in die Unterwelt Irmunkan zu schicken, um von dort die Seele eines Verstorbenen zurückzuholen: »Wenn Neshun-Samans Seele nach Irmunkan flog, lag ihr Körper wie der einer Toten auf der Erde. Es war nicht wie bei unseren jetzigen Schamanen, wo der Leib, während der Geist von ihm Besitz ergriffen hat, wie bei einem Betrunkenen aussieht. Neshun-Saman hat einmal nach drei Tagen die Seele ihres toten Sohnes aus Irmunkan zurückgeholt. Während die Seele fort war, lagen beide, Mutter und Sohn, wie tot im Zelt, und die Leute wußten nicht, ob sie die Totenfeier vorbereiten sollten. Aber sie brachte die Seele des Sohnes zurück.«[6]

Wie das Beispiel der Orotschin zeigt, gab es ganz sicher Fälle, in denen die Schamanen besinnungslos zu Boden stürzten und eine »Nahtod-Erfahrung« hatten, doch konnte ein solches Erlebnis kaum während einer normalen Séance und gewissermaßen auf Kommando und willentlich erzeugt werden. Und selbst wenn dies möglich gewesen wäre, hätte ein leblos am Boden liegender Schamane kaum die Erwartungen des Publikums erfüllt, das an einer *Aufführung* interessiert war. Dies macht es sehr wahrscheinlich, daß die schauspielerische Darstellung einer Jenseitsreise keine Verfallserscheinung war, sondern schon immer zum Repertoire der Schamanen gehört hat.

Waren diese Schamanen Betrüger? Offenbar waren sie dies sowenig wie ein Schauspieler, der zum Beispiel Gefühle darstellt, die er in diesem Augenblick gar nicht empfindet. Versuchte indessen der Schamane, dem Publikum vorzugaukeln, er fliege oder tauche während der Séance *wirklich* in die andere Welt, dann war er zweifellos ein Betrüger, und solche Fälle hat es anscheinend nicht selten gegeben. Ein Ethnologe behauptet zwar, die Unterscheidung zwischen einem Schamanen, der in Ekstase gerät, und einem anderen, der Taschenspielertricks anwendet, sei der Ausdruck einer »fanatischen Wahrheitssuche« von seiten des westlichen Forschers, aber eine solche Unterscheidung wird natürlich auch in sämtlichen Kulturen getroffen, in denen es Schamanen gab und gibt. »Wir Schamanen aus dem Inneren«, so sagte eines Tages der alte Karibu-Eskimo Igjugarjuk zu dem berühmten Ethnographen Knud Rasmussen, »haben keine besondere Geistersprache, und wir glauben auch nicht, daß ein wirklicher *angatkut* eine braucht. Auf meinen Reisen war ich manchmal bei einer Séance der Salzwasser-Anwohner zugegen. Keiner dieser Schamanen schien mir jemals vertrauenswürdig. Mir kam es stets vor, als legten sie das größte Gewicht auf Tricks, mit denen sie das Publikum zum Staunen brachten, zum Beispiel wenn sie auf dem Boden herumsprangen und alle Arten von Unsinn und Lügen in ihrer sogenannten Geistersprache stammelten. All das war für mich nur komisch und etwas, das die Unwissenden beeindrucken sollte. Ein wirklicher Schamane hüpft nicht auf dem Boden umher, und er zeigt keine Tricks, noch sucht er den Schutz der Dunkelheit, indem er die Lampen löscht, um seinen Nachbarn Angst einzujagen. Was mich betrifft, so glaube ich nicht, daß Weisheit oder das Wissen um verborgene Dinge auf diese Weise gesucht werden kann. Wahre Weisheit findet man nur fern von den Menschen, draußen in der großen Einsamkeit, und man findet sie nicht im Spiel, sondern nur durch Leiden. Einsamkeit und Leiden öffnen des Menschen Seele, und deshalb sucht ein Schamane die Weisheit dort.«[7]

Was Igjugarjuk im Sinn hatte, exemplifizierten etwa die Schamanen der Kupfer-Eskimo, die durch ein Loch im Boden des Tanzhauses ein Seil mit einer Schlinge hinabließen, mit dem sie angeblich Kannakapfalluk, die Herrin der Seehunde, hochzogen, aber nicht bis ins Tanzhaus, denn, so erklärten die Schamanen dem Publikum, sie werde sehr böse, wenn die Anwesenden sie sähen. Higilak, eine Schamanin auf der nordkanadischen Victoria-Insel, gab vor, sich in einen Wolf zu verwandeln, heulte und knurrte und öffnete den Mund, so daß jeder die zwei Reißzähne eines Wolfes sehen konnte, die sie sich heimlich hinter vorgehaltener Hand eingesetzt hatte. Führten später viele Anwesende vor allem diese Zähne als Beweis dafür an, daß Higilak sich tatsächlich in einen Wolf verwandelt hatte, gab es bei den Karibu-Eskimo nicht wenige Männer, die keineswegs auf solche Tricks hereinfielen und sämtliche vorgeblichen Fähigkeiten ihrer Schamanen anzweifelten. So gab auch ein Tschuktschen-Schamane dem Ethnologen Bogoras zu verstehen, viele seiner Kollegen seien Lügner und Betrüger, die ihr Publikum täuschten, indem sie durch Bauchreden »Geisterstimmen« erzeugten, und auch der *dayal* Ghulam Rasul aus dem Tal von Bagrot bezeichnete zwei seiner Kollegen, die behauptet hatten, »sehr, sehr schnell mit den Feen auf die Berggipfel« geflogen zu sein, als »Lügner«, denn dazu sei ein *dayal* nicht in der Lage.[8]

Die *yekamuš* der Yaghan im Feuerland gaben dem Missionar Koppers gegenüber ohne Umschweife zu, »Wundertaten« vorzugaukeln, um bei den anderen ihr Prestige zu erhöhen, und auch die in der Sierra Nevada lebenden Washoe machten kein Hehl daraus, daß sie »eine Show abzogen«, um Reputation zu gewinnen. Wenn schließlich die alten Schamanen der Mehináku am oberen Xingú ihren künftigen Nachfolgern all die Tricks beibrachten, mit denen sie ihre Stammesangehörigen täuschen konnten, waren die jungen Männer erschüttert, aber auch zutiefst verärgert, weil sie stets an die Authentizität der Geschehnisse während der Séance geglaubt hatten. In manchen Gegenden halten aber auch vor allem in jüngerer Zeit große Teile der Bevölkerung den wiederauflebenden Schamanismus für Bauernfängerei. So sagte man gegen Ende des vergangenen Jahrhunderts den Ethnologen in der nördlichen Mongolei, es gäbe keine »echten« Schamanen mehr, die über die Fähigkeiten (*chadaltai*) ihrer Vorgänger in den »alten Zeiten« (*deer üid*) verfügten, sondern nur mehr »Schwindler« (*hudal böö*), die »nicht wissen, was sie tun, und lediglich den Leuten das Geld aus der Tasche ziehen«.[9]

Zu diesen »Fähigkeiten« der mongolischen Oldtimer gehörte offenbar das Zurückrufen einer aus dem Körper entwichenen Seele, eine Praxis, die auch die Schamanen der Buryaten ausübten. Diese waren zwar nicht in der Lage, selber in die »andere Welt« zu reisen, aber sie konnten in der Trance die Seele des Kranken fragen, wo sie sich aufhielt, und sie dazu auffordern, aus Rücksicht auf die Ehefrau und die weinenden Kinder wieder in den Körper zurückzukehren. Um dieser Forderung Nachdruck zu verleihen, erinnerten sie die Seele zudem daran, daß das Jenseits kalt und dunkel, das Diesseits hingegen einladend warm und hell sei.

In dem aus dem 2. oder 1. Jahrhundert v. Chr. stammenden berühmten Gedicht »Das Rufen der Seele« (*Chao-hun*) wird beschrieben, wie der Schamane die Seele eines Verstorbenen in ihren Körper zurückzulocken versucht, indem er ihr all die Schrecken ausmalt, die sie in den jenseitigen Gegenden erwarten: »O komm zurück, Seele, steig nicht auf zum Himmel! / Denn Tiger und Leoparden bewachen seine Tore / Mit Rachen immer bereit, sich auf die Sterblichen zu stürzen!« Derartige Praktiken waren und sind zum Teil noch immer vor allem bei den Schamanen (*tuan kung*) in Yünnan und anderen Gegenden des südwestlichen China sowie auf Formosa üblich. Nachdem zum Beispiel bei den Jingpo ein Schwerkranker das Bewußtsein verloren hatte, trat der *tumso* am Abend aus dem Haus und rief in die Dunkelheit: »Wo bist du, wandernde Seele? Hier draußen ist es kalt, gefährlich, und das Leid wartet auf dich! Der Moskito sticht dich, der Rotkopf-Adler frißt dich auf! Die umherschweifenden Seelen, die stärker sind als du, werden dich drangsalieren und verschlucken!«, worauf er ihr genau beschrieb, wie sie wieder nach Hause zurückfinden konnte. Und bei den Puyuma auf Formosa stellte sich die *poríngao* in den Hauseingang des Kranken, rief ihre Hilfsgeister und fragte diese bezüglich der verlorenen Seele ihres Patienten: »Wo ist sie hin? Wohin hat sie sich entfernt?« Falls sie in das Geschäft einwilligten, kaufte sie anschließend den Geistern, welche die Seele entführt hatten, diese gegen Geld oder Perlen ab und sang schließlich: »Hier ist sie schon, in der Nähe des Hauses! Ich habe dich freigekauft mit echten *qinasí* [= Glas- oder Tonperlen]. Zaudere nicht, hier ist dein Haus!«[10]

Ob die chinesischen Schamanen in historischer Zeit noch Jenseitsreisen unternommen haben, ist ungeklärt. So waren die weiblichen *wu* und die männlichen *xi* während der Shang-Dynastie im 2. Jahrtausend v. Chr. offenbar Geistermedien und keine Ekstatiker. Sie führten so lange pantomimische Tänze auf, bis sie in Trance fielen, in der sie ihre Hilfsgeister herabholten, indem sie beispielsweise sangen: »In weiten Schwüngen kommt mein Gott herab. Oh, er ist da! / Aus Glanz und Licht, so hell und ohne Schranken! / Eiya!« Mit Hilfe dieser Götter oder Geister vertrieben sie anschließend die Dämonin der Trockenheit, damit es regnen konnte, und heilten ihre Patienten, indem sie die Krankheitsdämonen in die Flucht schlugen. Allerdings scheint es »Seelenreisen« von Personen gegeben zu haben, die keine Schamanen oder Heiler waren. So ist von dem Shang-König Wen überliefert, er habe eines Tages zwei »Jade-Drachen« vor ein Gefährt, das die Form des Fabelvogels Phoenix hatte, gespannt und sei so, als ein günstiger Wind aufkam, in die Lüfte aufgestiegen. Auch der von den Taoisten verehrte »Gelbe Kaiser« soll berichtet haben, daß er einmal »am Tage einschlief« (*zhou qin*), worauf seine Seele ins ferne »Land Huaxu« reiste, in dem die »wahren Menschen« leben. Über ihn schrieb im frühen 12. Jahrhundert der Gelehrte Meng Yuanlao: »Im Altertum träumte einst [der Gelbe Kaiser] den Traum von einer Reise nach dem Lande Huaxu, und die Freude, [die er dort empfand], war grenzenlos. Wenn ich nun heute den Kopf zurückwende und voller Betrübnis meinen Erinnerungen nachhänge, was ist das dann anderes als das Erwachen aus einem Traum vom Lande Huaxu?«

Zu Beginn des 1. Jahrtausends v. Chr. flog angeblich König Mu von Zhou zunächst in den Himmel, von wo aus er seinen Palast sehen konnte, und anschließend über die Sonne und den Mond hinaus in den dunklen Weltraum, doch dann wurde er von Lichtgestalten dermaßen geblendet, daß er wieder zurückkehrte. Als er nach diesem Erlebnis – offenbar eine geradezu klassische »Nahtod-Erfahrung« – wieder zu sich kam und die Diener fragte, was denn geschehen sei, antwortete einer von ihnen: »Majestät saßen für eine Weile schweigend da.« Solche »Seelenreisen« werden auch in den ab dem 4. Jahrhundert v. Chr. verfaßten »Elegien von Ch'u« (*Ch'u-tz'u*) beschrieben. Die ekstatischen »Flüge« endeten zwar manchmal mit einer Bruchlandung, führten aber auch manche der Reisenden in den Himmel: »Öffnet weit das Himmelstor! / Auf einer schwarzen Wolke reite ich im Glanz, / Den Wirbelsturm heißend, vor mir her zu fahren, / Dem Regen befehlend, den Nebel vor mir zu zerteilen!« Andere – wie zum Beispiel Ch'ü Yüan – stiegen zu den »Gärten der Feen« hinauf oder ein anderes Mal in einem Drachenwagen zunächst zum von Wasser umgebenen »Berg K'un lun«, wo in einer tiefen Höhle Xi wang mu, die »Königliche Mutter des Westens«, lebte, die Herrscherin über die taoistischen »Unsterblichen« (*hsien*, japan. *sennin*), die häufig auf Kranichen oder in der Federkleidung dieser Vögel (*he*) umherflogen, und schließlich nach Da Xia (Baktrien), dem »Westlichen Ende der Welt«. Dort erlebten sie das Glück, aber nachdem sie wieder heimgekehrt waren, erschien ihnen der Alltag langweilig und grau. Schließlich hieß es in dem taoistischen Text *Bericht der versammelten Jenseitigen aus der Befestigten Ummauerten Stadt*, der zu Beginn der Sung-Zeit verfaßt worden ist, nach Einnahme eines bestimmten Elixiers könne man sich sogar körperlich »wie ein Eisvogel« in die Lüfte erheben und »im freien Raum« mit den Flügeln schlagen. Die in dieser Kunst weniger Fortgeschrittenen könnten dies indessen nur im Geiste tun.[11]

Es wurde zwar gesagt, noch im 19. Jahrhundert habe es in der Gegend des südwestlichen Yangtze Kiang, also offenbar im nördlichen Yünnan, Schamaninnen (*wu*) gegeben, die das Bewußtsein verloren hätten und in die Unterwelt gegangen seien, um sich dort zu erkundigen, ob ein bestimmter Kranker geheilt werden könne oder ob er sterben müsse. Und es heißt auch, in eben dieser Zeit hätten in Korea ebenfalls noch Schamaninnen existiert, die in der Lage waren, die Seelen der Verstorbenen ins Jenseits zu geleiten; ob es sich dabei um wirkliche »Seelenreisen«, also »Außerkörperliche Erfahrungen«, oder nur um schauspielerische Darstellungen solcher Jenseitsfahrten handelte, ist indessen nicht mehr eruierbar. Fest steht jedenfalls, daß nach sämtlichen kritischen Untersuchungen selbst die *k'ün mudang*, die »großen Schamaninnen« Koreas, nicht dazu fähig waren, solche Unternehmungen durchzuführen.

Wie in China gibt es auch in Japan Legenden, in denen vorzugsweise Bergasketen in jenseitige Gefilde fliegen. So verlautet beispielsweise das im frühen 9. Jahrhundert entstandene *Nihon Ryōi-ki*, daß En, der Begründer des Shugen-dō, »jeden Abend eine fünffarbige Wolke betreten« habe, »auf der er über den Himmel hinaus flog, wo er die Unsterblichen (*sennin*) traf, mit denen er im Garten der Ewigkeit spielte«. Doch konkrete Hinweise auf »Seelenreisen« japanischer Schamanen gibt es nicht. Einzig auf den Ryūkyū-Inseln zwischen Kyūshū und T'ai-wan im Ostchinesischen Meer hieß es, der Eingang zum Jenseits sei eine Grotte auf der Insel Kudaka, die früher die Schamanen des Archipels auf ihrem Weg in die andere Welt benutzt hätten, von der aber heutzutage nur noch die Verstorbenen Gebrauch machten. Und eine Heilerin (*kankakarya*) auf der kleinen Insel Miyako bei Okinawa, die Besessene von ihren bösen Geistern befreite, berichtete von ihrem Berufungserlebnis, sie sei dabei ins Reich des Drachenkönigs geflogen, das sich mitten im Meer befinde.[12]

§ 14
Der Schamane als Visionär

Heißt dies nun, daß die Schamanen auch in vergangenen Zeiten meist unfähig waren, »Seelenreisen« ins Jenseits oder in weit entfernte Gegenden zu unternehmen? Waren sie nur Schauspieler, die traditionelle Stücke aufführten, und Rezitatoren, die schablonenhafte Texte herunterleierten oder Orte aufzählten, die sie angeblich mit der Seele besuchten?

Viele Schamanen werden sich lediglich darauf beschränkt haben, und manche von ihnen waren mit Sicherheit nur Blender und Betrüger. Aber genauso gewiß ist es, daß manche von ihnen irgendwann in ihrem Leben eine »Nahtod-Erfahrung« oder ein »Außerkörperliches Erlebnis« hatten, Widerfahrnisse, die für sie einen Initiationscharakter hatten und sie dazu bestimmten, Schamane oder Heiler zu werden. So wurde ein junges Ojibwä-Mädchen namens Waubosse (»Weißes Kaninchen«) zur Seherin und Heilerin, nachdem sie sechs Tage und Nächte gewacht hatte, worauf eine Stimme sie aufforderte, den »Leuchtenden Weg« entlangzugehen. »Du wirst weit sehen«, wurde ihr verkündet, »du wirst weit hören. Du wirst Dinge fühlen, die nicht nah sind. Du wirst Dinge spüren, die sich noch nicht bewegen, die noch keine Form haben.« Den künftigen südkalifornischen Chumash-Schamanen Axiwalik führte ein Lichtstrahl durch einen langen dunklen Tunnel in einer Felswand, bis er an die Meeresküste gelangte, wo er eine große Hütte voller Tiere betrat, in der ein Hirsch ihn von seiner Krankheit heilte, bevor er ihn in sein Dorf heimgeleitete. Und der spätere Winnebago-Schamane Donnerwolke verlor eines Tages das Bewußtsein, worauf er, wie es ihm schien, nach Hause ging, wo er seine Frau und seine Kinder ansprach, die aber zu seinem Erstaunen seine Anwesenheit nicht bemerkten. Nach einer Weile ging er zu der Stelle zurück, an der er in Ohnmacht gefallen war, und sah dort seinen Körper leblos am Boden liegen. »Da wußte ich«, so berichtete er später, »daß ich tot war.« Nachdem schließlich ein junger Kwakiutl namens Tlebeet zusammengebrochen war und nicht mehr atmete, legten die Nachbarn ihn außerhalb des Dorfes auf die Erde, wo seine vermeintliche Leiche bald zugeschneit war. Plötzlich kam ein Fremder auf ihn zu, der ihm seinen im Schnee liegenden, stöhnenden Körper zeigte und ihn dann aufforderte, ihm zu folgen. Tief im Wald betraten sie eine Hütte, in der sich einige Männer befanden, von denen einer zu ihm sagte, er sei dazu bestimmt, Schamane zu werden. »Ich nehme den Atem aus deinem Körper«, fuhr er fort und pflanzte einen Quarzkristall in seine Magengrube. Schließlich begleiteten die Männer ihn zu seinem regungslos im Schnee liegenden Körper zurück, in den er durch die Fontanelle wieder eintrat.[1]

Schon Gottfried Erich Rosenthal berichtete im späten 18. Jahrhundert, daß die nordamerikanischen Indianer »viel von Entzückungen und Visionen einiger Landsleute« redeten, »die für todt sind gehalten worden, die aber nachher wieder aufgelebt sind und ihre Geschichten erzählt haben«, doch nicht alle von ihnen wurden Medizinmänner oder Schamanen. So wurde zum Beispiel der Hunkpapa-Lakota Sitting Bull aufgrund seiner »Nahtod-Erfahrung« *wikasha wakan,* »heiliger Mann«, genannt, zumal er während des »Sonnentanzes« vom Jahre 1856 eine weitere Vision hatte, aber er war nie ein Medizinmann. Und genauso erging es all den Cheyenne oder Sioux, die nach tagelangem Hungern und Dürsten schließlich – am Sonnentanzpfahl hängend – Stunde um Stunde zum Rhythmus der Trommeln tanzten und dabei in ihre Adlerknochenpfeifen bliesen. Irgendwann riß das Fleisch, durch das die an den Schnüren befestigten Adlerklauen gebohrt waren, und die Tänzer stürzten auf den Boden der Sonnentanzhütte. Dort blieb der Körper der Bewußtlosen »kalt wie ein Stein«, wie die Sioux sagten, liegen, während manche der Betreffenden eine Erscheinung hatten, andere aber ihren Körper verließen.

Ein künftiger Schamane der Campa im südamerikanischen Regenwald berichtete, der Raum in der Hütte, in der er sich befand, sei urplötzlich hell erleuchtet worden, und nach einer kurzen Weile habe er gefühlt, »daß er langsam durch die Fontanelle aus dem Körper trat«. Zunächst betrachtete er den *scheripari* [Schamanen] sowie seinen Körper und ging anschließend durch einen dämmerigen Urwald, um nach einiger Zeit der »Mutter des Tabaks« zu begegnen, von der ihm zuvor sein Lehrmeister gesagt hatte, er müsse sie treffen, wenn er ein Schamane werden wolle. Ein Schamanen-Novize der Tukano wurde von einer solchen »Mutter« zunächst wie ein Säugling in ein Tuch gewickelt, worauf sie ihm die Brust gab. Anschließend flog er weit weg, bis er an einen

Ort gelangte, wo die »Yagé-Leute« wohnen. Auch die Schamanenanwärter der Karaïben von Surinam verloren das Bewußtsein und wurden von einem alten Schamanen über die Wolken hinaus zum »Großen Tabakbaum« geführt, worauf in der Ferne ein wunderschönes Licht erstrahlte und eine Geisterstimme zu ihnen sprach: »Komm, *puyé* – Lehrling! Du sollst auf der Treppe des Königsgeier-Großvaters himmelwärts geführt werden!« Anschließend geleitete ein Geist die jungen Männer zu einer Wendeltreppe, die zur Grenze zwischen Leben und Tod führte.

Durch ausgesprochene »Nahtod-Erfahrungen« bei Unfällen wurden bei den Karibu-Eskimo häufig jüngere Männer zu Schamanen (*ayatkuq*), ebenso bei den Iglulik, wo ein Walroß einen Mann namens Niviatsian lebensgefährlich verletzte. Ein schwerkranker junger Mann der Iñupiat lag im Sterben, als er plötzlich seinen Körper verließ und unter die Eisdecke des Meeres zum Unterwasserhaus der Seehunde reiste, wo er mehrere Männer traf, die gerade ihr Seehundfell abgelegt hatten und die ihm die Kunst des Schamanisierens beibrachten. Als er wieder zu sich kam, sagte man ihm, er sei etwa eine Stunde lang bewußtlos gewesen. Ein anderer hatte eine »Nahtod-Erfahrung«, als er einbrach und für längere Zeit unter die Eisdecke gedrückt wurde, und wieder andere trieben auf einer Eisscholle ins Meer hinaus oder wurden von Eisbären angefallen und schwer verwundet.[2]

Ähnlich wie dem obenerwähnten Tukano erging es dem nordsibirischen Nganasanen oder Tawgi-Samojeden Sereptie Djarvoskin, der, nachdem er seinen Körper verlassen hatte, durch einen unterirdischen Gang zum Ufer eines Sees kam, den er entlangwanderte, als er auf eine nackte Frau, die »Herrin des Wassers«, stieß, die ihn an die Brust legte und stillte, was ihn ebenfalls zum Schamanen machte. Dann nahm sie drei Fische, warf sie in drei Flüsse der Erde und sagte: »Ich versorge alle Menschen mit Fisch!« Als Sereptie wieder zu sich kam, wurde ihm klar, daß er die ganze Zeit bewußtlos auf der Erde gelegen hatte. Andere erhielten ihre neue Identität, indem sie zerstückelt oder wichtige innere Organe gereinigt oder durch übernatürliche ersetzt wurden. Bei den nordwestaustralischen Ungarinyin wuchs ein junger Mann zum Medizinmann (*bàn-man*) heran, indem er »starb«, also sein Bewußtsein verlor, worauf seine Seele (*yà-yari*) entweder in den Himmel reiste oder von der Regenbogenschlange Ungud durch eine dunkle Höhle »an einen trockenen und kühlen Platz« gebracht wurde, wo sie sein Gehirn

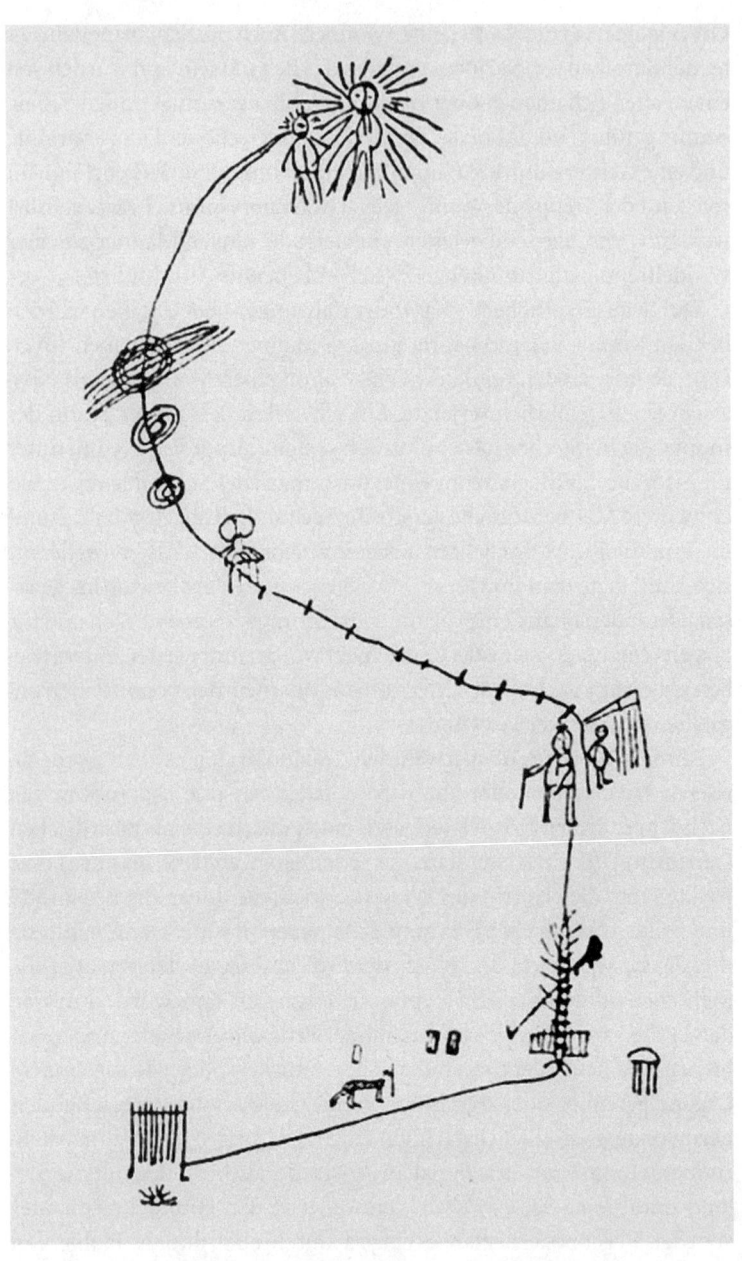

Abb. 12 Route der Himmelsreise des Altai-Schamanen, spätes 19. Jh.

durch ein anderes ersetzte und Quarzkristalle in seinen Leib einpflanzte. Kam er wieder zu sich, wurde er von einem erfahrenen *bàn-man* unterrichtet, damit er in Zukunft Kranke heilen und die Gedanken anderer Menschen lesen konnte.

Während im südwestlichen Afrika der Leib des künftigen Hain//om-Schamanen/Garugu//khumob fünf Tage lang »wie tot« dalag, nahm eine der Frauen des Gottes//Gamab, des »Herrn der Tiere«, nachdem sie ihn zerstückelt hatte, sein »Innerstes« aus ihm heraus und flog mit seiner Seele zum Wohnort//Gamabs hinauf, wo dieser ihr die Fähigkeit zu heilen verlieh. Im 19. Jahrhundert berichtete der Yoruba Tipha, als er auf dem Krankenbett lag, habe der »Himmlische Vater« ihm das Herz aus dem Leib gerissen und es in einem Gefäß gereinigt, und im Nordosten Neuguineas erzählte ein späterer Heiler und Prophet, im Jahre 1912 sei er von einer Schlange »getötet« worden, die ihn daraufhin zu ihrem Wohnort auf einem Berggipfel trug, wo sie sein Herz herausnahm und es über einem Feuer trocknete und räucherte, bevor sie es wieder in ihn hineinlegte und ihm beibrachte, wie man schädliche Substanzen aus dem Körper der Kranken herausmassierte.[3]

Wie ihr Beichtvater Raimondo da Capua mitteilte, öffnete im Trecento Jesus die linke Seite der Caterina da Siena, nahm ihr Herz heraus und setzte ihr einige Tage danach ein neues ein, durch welches sie, wie er ihr sagte, »das ewige Leben haben« werde. Darauf schloß sich die Wunde, aber bis zu ihrem Tode im Jahre 1380 verblieb an dieser Stelle eine Narbe. Nach dem Herzwechsel sagte Caterina zu dem Priester: »Seht ihr nicht, *padre*, daß ich nicht mehr diejenige bin, die ich einmal war, sondern in eine ganz andere Person verwandelt worden bin?« Und in der zweiten Hälfte des 17. Jahrhunderts beschrieb der niederländische Mystiker Hemme Hayen nach einem ähnlichen Persönlichkeitswechsel sein altes »Ich« als »einen todten Klotz« und sein neues als »meinen neuen Menschen«.[4]

Man hat vermutet, daß die Schamanen bei einer normalen Séance lediglich das schauspielerisch darstellten, was sie während ihrer Initiation erlebt hatten, als sie von den Geistern erwählt worden waren. Dies mag in vielen Fällen tatsächlich so gewesen sein, wenn es ein derartiges Erlebnis gegeben hat, wobei man natürlich nicht vergessen darf, daß auch »Nahtod-Erfahrungen« und »Seelenreisen« von der jeweiligen Zeit und Kultur geprägt waren. Allerdings gab es auch Séancen, in denen der Schamane offenbar das Bewußtsein verlor, regungslos am Boden lag und hinterher den Anwesenden von einer »Seelenreise« berichtete. Nun ist es ohne Frage auch für erfahrene Ethnologen nicht leicht, zu entscheiden, ob ein Schamane wirklich ohnmächtig ist oder ob sich ein Medium tatsächlich in tiefer Trance befindet, und mit Sicherheit wird es auch hier Simulanten gegeben haben – so war zum Beispiel die Bewußtlosigkeit der mandschurischen Schamanen nach Meinung intimer Beobachter und Kenner schon vor über hundert Jahren nur gespielt. Doch es wird andererseits von Fällen berichtet, in denen sich Schamanen augenscheinlich in einen Zustand versetzten, der für das Auftreten von »Nahtod-Erfahrungen« oder »Seelenreisen« günstig ist, so daß wenig dagegen spricht, daß sie solche Erlebnisse auch wirklich hatten.

Bereits im Jahre 1556 erlebte ein englischer Reisender die Séance eines samojedischen Schamanen an der Mündung der Petšora, bei der dieser nach langem Trommeln auf den Boden fiel und »wie tot« dalag, und im Jahre 1693 wurde ein aus dem holsteinischen Glückstadt stammender Mann während einer Handelsmission nach China Zeuge der Séance eines tungusischen Schamanen, bei der dieser »als tot und ohne Verstand etwa eine Viertelstunde gelegen« hatte. Bei der weitaus üblicheren »kleinen Séance« saß der tungusische Schamane ohne seine schwere Berufskleidung auf einem Stuhl, schwankte hin und her, bis er in eine leichte Trance fiel oder auch nicht, und ließ sich von den Geistern inspirieren. Eine der seltenen »großen Séancen« beschrieb dagegen im Jahre 1924 ein anderer Reisender. Das Ereignis fand am Unterlauf der Tunguska statt und führte den Schamanen, wie er später berichtete, in die Unterwelt, deren Eingang weiter im Norden im Mündungsgebiet des Ob liegt: »Wild dreht er sich im Kreise. Immer wieder streicht er die Trommel, kaum hörbar klingen die Schellen in ihrem Rücken. Die Augen des Medizinmannes treten aus ihrem Sockel, werden unnatürlich groß. Schaum bildet sich an seinen Mundwinkeln. Fiebrig röten sich die Wangen, bis er plötzlich krampfgequält zusammenbricht und unzusammenhängende Worte in fremder Zunge stammelt, die keiner der Anwesenden versteht. Seine Augen fallen zurück, schließen sich, und eine merkwürdige Blässe überzieht das Gesicht des liegenden Mannes. Einige Male stöhnt er tief auf, und dann verstummt er und liegt ruhig da, fast wie eine Leiche.«

Zu derartigen »Seelenreisen« war bei den Tungusen nur der *chogdü šamán*, der mächtigste Schamane, fähig und auch das nur äußerst selten, bestenfalls alle drei Jahre einmal. Andere, weit geringere Schamanen wie zum Beispiel der *iččèn*, konnten lediglich die Geister sehen und mit ihnen reden und wieder andere nicht einmal das – sie begnügten sich damit, zu heilen, zu rezitieren und Zeremonien durchzuführen. Etwa zur selben Zeit wie der soeben zitierte Reisende beobachtete der russische Ethnograph Schirokogoroff, wie ein tungusischer Schamane in seiner Rentierkleidung die Reise ins Totenreich antrat, die als extrem gefährlich und schwierig galt. Die Tungusen sagten nämlich, daß manche Schamanen, die das Unternehmen wagten, aus der Bewußtlosigkeit nicht mehr erwacht seien, was man damit erklärte, daß der Betreffende sich auf seinem Rentier mit seinen Hilfsgeistern auf dem Schamanenfluß zu weit vorgetraut hatte, nämlich über die achte Stromschnelle hinaus, was unweigerlich zum Tod führte. Nachdem der Schamane zusammengebrochen war und erstarrt auf dem Boden lag, wurde das Trommeln seiner Gehilfin leiser, und die Anwesenden hörten auf zu singen und verstummten vollkommen. Während er gleichsam tot dalag, wurde er nach einiger Zeit dreimal mit Blut besprizt. Wenn er daraufhin nicht zu sich kam, begann das Publikum, ihn mit einem bestimmten Sprechgesang zurückzurufen. Fruchtete auch das nicht, herrschte große Aufregung, und man befürchtete, daß der Schamane gestorben war.[5]

Auch bei den Küsten-Tschuktschen geschah es ungemein selten, daß ein Schamane nach wildem Singen und Trommelschlag zu Boden sank und das Bewußtsein verlor, während seine Seele in den Himmel flog. Früher »sanken« (*an-ña' arkin*) sie auch in die Unterwelt, aber ab dem späten 19. Jahrhundert führten sie diese Reisen nur noch als Schauspiel auf und sagten, sie hätten keine echten Visionen mehr, sondern nur noch Träume.[6] »Seinerzeit«, also offenbar vor Beginn des Terrorregimes Stalins, gab es nach Aussage des Ethnologen Findeisen im Bereich des Amur einen einzigen Schamanen, nämlich einen Golden namens Čukke Oninka, der in der Lage war, im Zustand der Bewußtlosigkeit die Seelen Verstorbener ins Land Buni, das Reich der Toten, hinabzuführen, und er war dermaßen gefragt, daß er die Seelen bisweilen bündelte, um wie Hermes zwanzig Abgeschiedene auf einmal ins Jenseits zu geleiten. Aber er tat nicht nur dies, sondern er holte auch für die Frauen, deren kleine Kinder gestorben waren, neue Kinderseelen vom Weltenbaum, in dem sie in der Gestalt von Entenküken lebten. Doch noch in den fünfziger Jahren des vergangenen Jahrhunderts erlebte der ungarische Forscher Diószegi die Ekstase einer sojotischen Schamanin namens Shizher Mongus, die nach seiner Einschätzung keineswegs gespielt war: »Die Schamanin verlor das Bewußtsein und stürzte in voller Länge auf den Boden der Yurte. Sie lag in tiefer Trance da. Dreieinhalb Minuten lang – wie ich auf meiner Uhr sehen konnte – zeigte sie noch Würgereflexe und wurde dann vollkommen starr.«[7]

Solange der *ayatgut* der Tikerarmiut im Norden Alaskas – das wußte jeder eingeweihte Eskimo – noch trommelte, war er mehr oder weniger bei Bewußtsein und konnte nicht wegfliegen, aber schon zur Zeit Rasmussens gab es zum Beispiel bei den Netsilik, Nunivak oder den ostgrönländischen Angmagssalik so gut wie keine Schamanen mehr, die zu einer echten »Seelenreise« fähig waren, die ohnehin nicht per Knopfdruck ausgelöst werden konnte. Nicht anders verhielt es sich bei den Indianern Nordamerikas, etwa bei den Tlingit an der Nordwestküste oder den Mistassini in Labrador, deren Schamanen noch im 19. Jahrhundert »wie tot dalagen«, wobei die der letzteren offenbar während ihrer ungefähr zweistündigen Bewußtlosigkeit auf der Trommel, die »in Wirklichkeit« ein Karibu war, ins Jenseits ritten. Das Wort der Schoschonen für die sich im Kopf befindende Seele, *navuẑieip*, bedeutet »Mich-selber-als-tot-sehend«, was gewiß darauf zurückzuführen ist, daß einst die Schamanen der Schoschonen ihren Körper verließen und von außerhalb sahen, wie dieser – gleichsam tot – auf der Erde lag. Und tatsächlich gibt es Hinweise darauf, daß es noch vor etwa achtzig Jahren vereinzelt Medizinmänner gab, deren Leib »ohne Bewußtsein« (*kä-šuabeidašan*) und wie tot starr dalag, während ihre Seelen weite Reisen bis ins Land der Toten unternahmen. Nach dem Zweiten Weltkrieg gab es indessen nur mehr Medizinmänner (*puhagant*, »Besitzer von Kraft«), die hauptsächlich Krankheiten aus dem Körper saugten. Ein Schamane vom alten Kaliber war der Saulteaux »Streifenkauz des Nordens«, den man einst zu einem sterbenden Mädchen rief. Als er bei der Ankunft sah, daß die Kleine bereits tot war, band er der Leiche einen roten Faden ums Handgelenk und legte sich neben sie. Nach einer Weile verlor er offenbar das Bewußtsein, sein Gesicht wurde bleich, und sein Körper erstarrte. Schließlich bemerkten die Umstehenden, wie das

Abb. 13 Adler entrafft einen Schamanen; Zeichnung der Karibu-Eskimo.

Mädchen wieder zum Leben erwachte, und im selben Augenblick fing auch der Schamane an, sich zu bewegen. Er schlug die Augen auf und berichtete, er sei ins Totenreich gereist, wo er das Kind an dem roten Faden erkannt und ins Diesseits zurückgebracht habe.[8]

Im Gegensatz zu den meisten anderen Ethnien, bei denen es Schamanen gab, scheinen die Lappen im Norden Skandinaviens keine rituelle Imitation einer Jenseitsreise durch Personen gekannt zu haben, die sich in einer leichten Trance oder im Normalzustand befanden. Vielmehr fällt schon in den alten Quellen wie in der vermutlich von christianisierten Wikingern im 12. Jahrhundert verfaßten *Historia Norvegiae* der Schamane der See-Samen an der norwegischen Küste »wie tot« zu Boden und muß von einer assistierenden Jungfrau, die ebenfalls das Bewußtsein verliert, zurückgeholt werden, weil er dies aus eigener Kraft nicht mehr vermag. Nach einem Bericht des Jahres 1717 von Isaak Olsen kam es vor, daß der lappische Schamane einen Tag und eine Nacht bewußtlos am Boden lag, und die einzige, die in der Lage war, ihn heimzuführen, sei eine *noidi* (Schamanin), vorzugsweise ein unberührtes junges Mädchen, gewesen, die neben ihm *yoikte*, bis sie offenbar ebenfalls ohnmächtig wurde, um seine Seele in weit entfernten Höhlen, unter dem Wasser oder in der Unterwelt zu suchen. Fand sie seine Seele nicht, mußte der Schamane sterben, war sie aber erfolgreich, schlief sie offenbar unmittelbar vor der Rückkehr mit dem Mann, um ihm die Kraft für die Reise zu geben, was nach Auskunft des anwesenden Missionars zum Vergnügen des Publikums »auf das Unanständigste« geschildert wurde.[9]

Beim *Yoiken* handelte es sich um einen unartikulierten monotonen Sprechgesang, der von der Trommel begleitet wurde und entweder wortlos war oder dessen Worte – bis auf einige Eigennamen – niemand verstehen konnte. In den meisten frühneuzeitlichen Quellen wird dieses *Yoiken* der Gehilfin des Schamanen erwähnt, etwa im Bericht des Jens Kildal, in dem es heißt, der *noaidi* sei, ohne zu atmen, eine dreiviertel Stunde am Boden gelegen, während die junge Frau »das *giøke*-Lied [= *juoi'gat*]« gesummt habe, und im Jahre 1767 teilte der dänische Reisende Jessen von einer Séance in den Finnmarken mit, während deren ein Schamane zu Jábmeáhkká, der Herrscherin der Unterwelt, reiste: Zunächst »trommelte und *yoikte* er [= der Schamane], so laut er konnte, und alle Anwesenden, beide Geschlechter, stimmten mit ein und *yoik-*

ten laut und anhaltend«. Nach einer Weile geriet der *noaide* immer mehr außer sich, trommelte und *yoikte* aber weiter, »bis er wie tot zu Boden fiel, so daß keinerlei Anzeichen von Leben oder Atem bei ihm feststellbar waren«. Bereits im Jahre 1675 hatte Nicolai Lundius, der erste lappische Pfarrer in Schweden, in seiner *Descriptio Lapponiae* die Séance eines Schamanen, bei der er zugegen war, auf ähnliche Weise geschildert: »Während des Trommelns sinkt er zu Boden und liegt dort, als wäre er tot, und sein Körper ist hart und starr wie ein Stein. Er liegt eine Stunde da, [aber zuvor] hat er den Anwesenden Anweisungen gegeben, daß sie nach dieser Zeitspanne ein Lied singen sollen. Während sie singen, steht der ›Tote‹ auf, greift zur Trommel und schlägt sie erneut. Dann beginnt er mit dem Bericht über all die Orte, an denen er gewesen ist, und erzählt, daß er unter der Erde war.«[10]

Als die Lappen um 1700 mehr oder weniger freiwillig zum Christentum konvertierten, wurden Hunderte von Schamanentrommeln verbrannt, obgleich die *noaiden* dem entgegenhielten, die Trommeln stellten für sie ja nur das dar, was der Kompaß für die Südländer sei. Bereits vorher hatten manche Schamanen als Goodwillgeste oder unter dem Eindruck der fremden Religion ihre Trommeln mit den Bildern neuer Hilfsgeister, zum Beispiel von Jesus und seinen Aposteln, bemalt, was indessen nicht verhindern konnte, daß auch die »christianisierten« Instrumente beim Kirchgang abgegeben werden mußten und der Vernichtung anheimfielen. Allerdings fanden schamanische Séancen in einigen abgelegenen Gegenden Lapplands in aller Heimlichkeit noch bis ins späte 19. Jahrhundert statt, und wie in dieser Zeit der finnische Fjeldlappe Juhani Nuorgam berichtete, schlug immer noch eine Gehilfin die Trommel, bis die Schamanin »ohnmächtig wurde und die Augen anfingen, sich nach oben zu drehen«.[11]

Nicht nur die Schamanen der Lappen, sondern auch die anderer Völker benutzten die Trommel als bevorzugtes Medium, um sich auf die Jenseitsreise zu machen. So sagte ein karagassischer Schamane, ohne Trommel gehe er »zu Fuß«, aber mit Trommel sei er »beritten«, und indem er sie schlug, schlug er den Renbullen (*čary*) mit der Peitsche; und bei den Tofalaren, einem sibirischen Turkvolk, waren die zwei langen Riemen an der Trommel die Zügel des Rothirsches, der den Schamanen in die Oberwelt trug, und der Schlegel stellte die Peitsche dar. Die Samojeden belebten die Trommel, indem sie den Rahmen in einer Ze-

Abb. 14 Der *noaide* trommelt (links) und liegt anschließend bewußtlos am Boden (rechts), 1673.

Abb. 15 *Noaide* der Lappen und Hilfsgeist, im 17. Jh. von einem Missionar als Teufel gezeichnet.

remonie mit dem Fell eines Wildrens oder eines Maralhirsches überzogen, und wenn bei den Karagassen die Trommel nach ein paar Jahren abgenutzt und schadhaft war, legte der Schamane sie draußen in der Taiga auf die Erde und sagte zu ihr wie zu einem zahmen Rentier: »Ausgedientes, magst hier grasen nach Belieben, kannst gehen, wohin du willst!«[12]

Auf manchen Schamanentrommeln der Lappen waren unter anderem Rentiere, Skier und ein Ruderboot dargestellt, die abwechselnd je nach Beschaffenheit des jenseitigen Terrains als Transportmittel benutzt wurden, und auch die bereits erwähnte Orotschen-Schamanin Neshun-Saman überquerte den reißenden Strom, der die hiesige von der Unterwelt trennt, indem sie ihre Trommel als Boot verwendete. Die tibetischen Bön-Meister sollen so lange ihre Schellentrommeln geschlagen haben, bis sie sich in die Luft erhoben, um auf ihrem »Tamburinfahrzeug« (*rña theg pa*) in den Himmel und auf die Gipfel des Himalaya zu fliegen, und nach einer tibetischen Überlieferung beförderte eine *ḍākinī* den indischen Begründer des Lamaismus, Pad-ma' byuṅ-gnas, den »Aus-einem-Lotos-Geborenen«, auf einem solchen aus Gold gefertigten Tamburin durch die Wolken. Schließlich sagte man noch in unserer Zeit, der *mara'akáme* der Huichol verwandle die Pilger in Kolibris, die auf den Vibrationen seiner Trommel (*tepu*) – und früher seines Musikbogens – hinwegflogen.[13]

Monotone Geräusche wie zum Beispiel ein regelmäßiger Trommelschlag ziehen nach einer Weile die gesamte Aufmerksamkeit eines Menschen auf sich, und diese unverändert wiederkehrenden Stimuli – die auch aus einer ständigen Wiederholung desselben Mantras bestehen können – blenden mit der Zeit alle übrigen von außen kommenden Reize aus, die den Betreffenden ansonsten ablenken. Dadurch kann man die Gedanken schweifen lassen und die Vorstellungen sich gewissermaßen selbst überlassen, die sich beide zu immer deutlicheren Bildern und Szenen entwickeln, die einen zunehmenden Wahrnehmungscharakter haben und bald nicht mehr oder kaum noch von wirklichen Geschehnissen unterschieden werden können. Wird die Monotonie durch arhythmische Reize oder das Aufhören des Trommelns, Rasselns oder der rhythmischen Tanzbewegungen aufgehoben, kommt der »Entrückte« in der Regel wieder zu sich, wenn er sich noch nicht völlig in die von ihm geschaffene »andere Welt« verloren hat. Als um die Mitte

Abb. 16 Der Huichol-Schamane Ramón Medina Silva mit Musikbogen.

des 13. Jahrhunderts Jalāl al-Din Rūmī über den Marktplatz ging, brachte ihn, so ist jedenfalls überliefert, das rhythmische Hämmern des dort arbeitenden Goldschmiedes Salāh dazu, daß er in Ekstase geriet und zu tanzen begann – der Ursprung des Wirbeltanzes des Mevlevi-Ordens. Und in einer Grotte bei Rio de Janeiro gelangen die Mitglieder des Candomblé-Kultes durch den steten Klang der Wassertropfen – der als das Klirren der Armbänder der Göttin Oxum interpretiert wird – in eine mehr oder weniger tiefe Trance.

Während der Hmong-Schamane sich bei geschlossenen Augen auf einen Punkt konzentrierte, um ablenkende Reize und Gedanken auszuschalten, wurde dies damit unterstützt, daß rhythmisch ein Gong geschlagen wurde. Und als bei den Akawaio in Guayana ein Ethnologe mit seinem Tonbandgerät den rhythmischen Gesang aufnahm, der den Schamanen die Jenseitsreise erlaubte, sagten ihm die Indianer, wenn er zu Hause das Gerät abspiele, könne auch sein Geist wegfliegen. Rhythmische Gesänge waren schließlich auch bei den Matsigenka die »Pfade«, auf denen sich der Schamane (*kokoti*) durch die gefährliche Welt der Geister bewegte, und wenn dessen Ayahuasca-Visionen schwächer wurden und zu verblassen drohten, raschelten die Anwesenden rhythmisch mit Büscheln aus trockenen Blättern, was den Flügelschlag seines Hilfsgeistes beschleunigte.[14]

Empfangen wir im Alltag ständig starke Außenweltreize, die schwächere Reize überdecken, so daß diese uns gar nicht bewußt werden, entwickeln wir bei »sensorischer Deprivation« einen »Reizhunger«, der dazu führt, daß auch die kleinsten und normalerweise ganz unauffälligen Reize wahrgenommen werden. Überdies können dann Erinnerungen oder frühere Wahrnehmungen vor unserem inneren Auge auftauchen und ungehindert an Intensität gewinnen, mentale Phänomene, die ansonsten »zensiert« oder eliminiert werden, weil sie nicht stark genug sind, um sich gegen aktuelle Eindrücke und Gedanken durchzusetzen. Deshalb haben Menschen, die blind oder taub werden, häufiger Halluzinationen als diejenigen, die noch hören und sehen können, und es nimmt nicht wunder, daß die »Seher« vergangener Zeiten häufig blind waren – so gab es im Nordosten Honshūs keine einzige Schamanin, die sehen konnte.[15]

Nicht nur der Aufenthalt in der dunklen und engen Schwitzhütte während des Midewiwin-Rituals der Ojibwä führte zu einer »sensorischen

Deprivation«, vielmehr trugen auch das rhythmische Chanten, das Trommeln und das Rasseln dazu bei, daß die Teilnehmer die in die Hütte gekommenen Geister zwar nicht sahen, aber ihre Gegenwart »spürten«. Und die Männer verloren auch nicht den Kontakt zueinander, vielmehr unterhielten sie sich währenddessen und tauschten ihre Erlebnisse und Gefühle aus. Weiter gehend war indes das Erlebnis des Teton-Dakota Fools Crow, eines Yuwipi-Medizinmannes, der in der Schwitzhütte seinen Körper verließ und ins Land der Geister flog, während sein Körper leblos auf dem Boden der Hütte lag, so daß seine Frauen befürchteten, er sei gestorben. Zum Yuwipi-Ritual gehörte auch, daß bestimmte Männer sich in einem stockdusteren Zelt fest wie eine Mumie in ein Büffelfell einwickeln ließen, worauf sie, wie der »heilige Mann« (*wikasha wakan*) Lame Deer erklärte, mit dem Herzen anstelle der Augen »sahen« und die Stimmen der Geister hörten, die ihnen »mit unsichtbaren Lippen zuflüsterten«.

In der Dunkelheit oder der Dämmerung werden die Gesichte meist sehr viel deutlicher und intensiver wahrgenommen als bei hellem Tage, was auch jene Schotten und Niederdeutschen bestätigten, die über das »Zweite Gesicht« verfügten, oder die Schamanen der Mazateken, die sagten, daß man die Droge Hierba de la María pastora (*Salvia divinorum*) nachts einnehmen müsse, da die Visionen sich nur in der Finsternis entfalteten. Um hellsehen zu können, bedeckten die Schamanen der nordamerikanischen Puyallup-Nisqually stets die Augen, und von den Schamanen (*txiv neeb*) der Hmong oder Meo wird berichtet, daß sie nur dann auf ihrem »fliegenden Pferd« – einem auf zwei Böcke gelegten Brett – in die »andere Welt« reiten oder die mit der Rassel herbeigerufenen Geister sehen konnten, wenn sie sich zuvor ein schwarzes Tuch oder einen Teil ihrer Oberbekleidung über den Kopf gestülpt hatten. Schließlich schlossen die tuwanischen Schamanen während der Séance die Augen und trugen zusätzlich ein Kopfband, von dem ein Geflecht von Troddeln über das Gesicht hing. Eine Schamanin erklärte, dadurch könne sie ihre Hilfsgeister (*eren*) besser sehen und werde auch von ihrer Umgebung weniger gestört.

Im 13. Jahrhundert verlautete der aus der Gegend von Viterbo stammende Mystiker Bonaventura, Gott lasse dem Menschen vornehmlich die *Visio nocturna* zuteil werden, weil dieser dann von der äußeren Wahrnehmung nicht abgelenkt werde (*quod anima in vigiliis est disper-*

Abb. 17 Kostüm eines Ewenken-Schamanen, um 1800.

sa ad exteriora sensibilia comprehenda), und eine »sensitive« Engländerin sagte, wenn sie an Psi-Experimenten teilgenommen habe, »I have endeavoured to expel from my mind all thoughts and images, and have remained inactive, with my hands over my eyes waiting for the production of an impression; sometimes I have [even] tied up my eyes«.

»Forgete all the creatures«, heißt es in dem berühmten mittelalterlichen mystischen Text *Die Wolke des Nichtwissens,* »that euer God maad [= schuf] & the werkes of hem, so that thi thought ne thi desire be not directe ne streche to any of hem. For at the first tyme when thou dost it, thou fyndest bot a darknes, & as it were a cloude of vnknowying.«[16]

§ 15
Ekstasetanz, gemeinsame »Seelenreisen«
und Erscheinungen

Schamanen, die im Zustand der Bewußtlosigkeit in jenseitige Gegenden reisen, gab es freilich nicht nur in den arktischen und subarktischen Gebieten, sondern auch in den Tropen, etwa bei den Akawaio im Regenwald des nordöstlichen Südamerika, die sagten, für eine Jenseitsreise genüge es nicht, daß der Schamane singe und tanze. Um wirklich »wegfliegen« zu können, müsse er vorher »sterben«, denn nur dann könne er seinen Körper verlassen. Und die Benuaq im Osten Borneos äußerten sich dahingehend, nur ein Schamane, der bei Bewußtsein bleibe und die Kontrolle behalte, sei in der Lage, sein kompliziertes Ritual auszuführen, d. h., einer der ins Totenreich hinübergehe, könne das natürlich nicht. Wenn die »Seele« (*a'' aŋit*) der Schamanen (*panyé*) der Kayabí im nördlichen Mato Grosso in der Ekstase (*a'' fayop*) den Leib verließ, die Betreffenden also »starben«, um an einem Seil in die Oberwelt zu klettern, lag ihr Körper »tot« am Boden. Nachdem die Kayabí um die Mitte des vergangenen Jahrhunderts Flugzeuge am Himmel gesehen hatten, »modernisierten« sich ihre Schamanen, und flogen fortan »wie im Flugzeug« die Milchstraße entlang. Doch gibt es heute nur noch sehr wenige Schamanen, die zu wirklichen »Seelenreisen« imstande sind, und während ein Ethnologe bei seinem früheren Aufenthalt unter den Cubeo noch *payés* antraf, die das Bewußtsein verloren und große Fähigkeiten besaßen, war dies bei einer erneuten Feldforschung einige Jahrzehnte später nicht mehr der Fall.

Die !Kung-Buschmänner in der Kalahari gerieten noch vor wenigen Jahren durch ein vehementes und erschöpfendes Tanzen um das nächtliche Feuer, unterstützt durch das monotone Chanten der Frauen, die dabei rhythmisch in die Hände klatschten, in eine immer tiefer werdende Trance. An den Waden der Tänzer waren zudem Rasseln befestigt, die aus mit Straußeneierfragmenten gefüllten Kokons bestanden, und auch diese trugen dazu bei, daß in ihrem Körper das *n/um*, eine Art geistige Energie, »angeheizt« wurde, die als Dampf in den Kopf stieg und das !*kia*, die Ekstase, bewirkte. Wenn das *n/um* »explodiert wie eine reife Schote«, so beschrieben es die Informanten, fallen die Tänzer ohnmächtig zu Boden, worauf ihre Seele in die Luft geschleudert wird und bei manchen Individuen »zur Heimstatt Gottes reist«. Kurz vor der »Explosion« erbebten, zitterten und schwankten die meisten heftig und wanden sich in Krämpfen, und wenn sie kam, wurde sie einerseits als Befreiung erlebt, aber andererseits auch als extrem schmerzhaft, und sie erzeugte große Angst: »Wenn !*kia* eintritt, haben wir Angst vor dem Tod. Wir befürchten, sterben zu müssen und nicht mehr zurück zu können!« »Dein Verstand und deine Sinne verlassen dich«, so beschrieb die !Kung-Heilerin N/isa das Gefühl, das man hat, wenn das *n/um* aktiviert wird, »und du kannst nicht mehr klar denken. Die Dinge beginnen seltsam auszusehen und sich zu verändern. Du kannst nicht länger hören oder verstehen, was die Leute sagen. Du schaust sie an, und sie werden plötzlich ganz winzig. Du fragst dich: ›Was geschieht da? Tut Gott das?‹«

Von denen, die zusammenbrachen und besinnungslos auf der Erde lagen, waren es indessen nur die besten und erfahrensten Heiler, deren Seelen durch die Fontanelle den Leib verließen, um die Welt der Ahnen aufzusuchen. »Ich habe noch nie direkt mit Gott gesprochen«, gestand die !Kung-Heilerin N/isa der Ethnologin, »ich habe ihn auch nicht gesehen, und ich bin nicht dort gewesen, wo er lebt. Mein *n/um* ist immer noch sehr gering, und ich habe diese Reisen noch nicht gemacht. Andere haben es getan, aber nicht so junge Heiler wie ich.« Auch bei diesen »Seelenreisen« bedurfte es des beständigen Klatschens und des Sprechgesangs der Frauen, um den Heiler vor all den Fährnissen, die ihm auf dem Weg ins Reich der Toten drohten, zu beschützen, denn die Reise zum »Dorf Gottes« war äußerst riskant und erforderte Verwegenheit und Mut. Dabei kletterte der Heiler einen langen Faden hoch, den in umgekehrter Richtung die Geister benutzten, wenn sie auf die Erde kamen, und bei Gott angekommen, bat er die Verstorbenen um Schutz für die Lebenden oder um die Erlaubnis, die Seele eines Kranken zurückzuholen. Und in seltenen Fällen war es der Versehrte selber, der das Unternehmen wagte, wie jener Blinde, dem Gott seine Augäpfel zurückgab, so daß er wieder sehen konnte.[1]

Schließlich riefen die um das Lagerfeuer Sitzenden oder Stehenden den »Seelenreisenden« auf die Erde zurück oder überschütteten seinen leblosen Körper mit Wasser wie im Falle eines Heilers der zu den !Kung

Abb. 18 Darstellung des Ekstasetanzes minoischer Priesterinnen nach einem Wandbild in Aghia Triada, 15. Jh. v. Chr.

gehörenden Hukwe am unteren Okawango. Nachdem er einige Zeit auf dem Boden gelegen hatte, wurde er etwa zwanzig Minuten lang mit Wasser begossen, bis er die Augen aufschlug, dann aber einige Stunden lang völlig ermattet dalag und schließlich in einen tiefen Schlaf fiel. Als er zu guter Letzt aufwachte, berichtete er, was er im Jenseits erlebt hatte.

Teilte N/isa mit, durch die Aktivierung des *n/um* fingen die Dinge um sie herum an seltsam auszusehen, bestätigte dies ein Ju/'Hoan-Buschmann, der berichtete, er sehe dann »alle Anwesenden wie kleine Vögel, die ganze Umgebung dreht sich [...], auch die Bäume wirbeln umher. Du fühlst, wie sich dein Blut erhitzt, wie Blut, das auf dem Feuer kocht, und dann fängst du an zu heilen.« Die Heiler der Hain//om atmeten den Rauch eines unbekannten »halluzinogenen« Pulvers ein, das vor ihnen verbrannt wurde, und tanzten immer schneller und wilder zum rhythmischen Klatschen und Singen der Umstehenden, das immer wieder von den schrillen Schreien der Frauen unterbrochen wurde. Nach einiger Zeit verloren sie das Bewußtsein und schlugen hart auf der Erde auf. Wenn sie so »wie tot« auf dem Boden lagen, lief die Seele der mächtigsten Heiler durch das *veld,* bestieg dort eine Antilope und ritt auf ihrem Rücken zu einem riesigen Baum, an dem sie bis zu seinem Wipfel hochkletterte, zu dem vom Himmel ein Riemen herabhing. An diesem stieg sie wiederum hoch, bis sie die Heimstätte des Gottes //Gamab erreichte, mit dem sie um die Seele und damit um das Leben der Kranken feilschte. Ein Heiler, der auf diese Weise in den Himmel gelangt war, erzählte, er habe die ganze Zeit über von oben seinen leblosen Körper gesehen, um den die bei dem Tanz anwesenden Personen standen. Doch wie bei den !Kung war es auch bei den Hain//om nur den allerfähigsten und erfahrensten Heilern möglich, eine solche »Seelenreise« durchzuführen, und auch sie taten dies nur ganz selten.[2]

Gibt es – wie manchmal behauptet wird – »Seelenreisen«, die von zwei oder mehr Personen gemeinsam unternommen werden, oder gilt für solche Erlebnisse und »Nahtod-Erfahrungen« das, was Heraklit über den Traum gesagt hat, nämlich: »Die Wachenden haben eine gemeinsame Welt, aber die Träumenden haben alle eine besondere«? Die Medizinmänner der westaustralischen Jigalong behaupteten, gemeinsame »Traumgeistreisen« unternommen zu haben, und die Unambal an der Küste der nordaustralischen Arafurasee erzählten, in früheren Zeiten seien mehrere »Clever Men« gleichzeitig miteinander »auf der Kraft des Stärksten unter ihnen« in ferne Länder gereist. Die Männer hätten sich in einer Reihe hintereinander auf die Erde gesetzt und sich dabei an einer Schnur aus Menschenhaar festgehalten. Eine andere Gruppe saß nach dem Bericht im Kreis um die Medizinmänner und summte stundenlang »Mmm-nnn-mmm-nnn«, bis die Betreffenden das Bewußtsein verloren und losflogen. Während des gesamten Fluges, der Stunden oder sogar Tage dauern konnte, wurde so gesummt, damit die Reisenden nicht abstürzten, bis diese schließlich zurückkamen und ruckartig aus ihrer Bewußtlosigkeit erwachten.

Unternahmen also diese Männer gemeinsam eine »Seelenreise« in fremde Gegenden, und zwar so, wie sie eventuell miteinander den Van-Diemen-Golf auf einem Boot überquerten, um zur Bathurst-Insel zu gelangen? Nun können natürlich zwei Personen dasselbe träumen, nämlich eine Reise nach Paris zu unternehmen, aber es handelt sich dabei selbstverständlich um zwei – numerisch – verschiedene Träume, so wie beide – numerisch – verschiedene Zahnschmerzen haben. Und ein Gleiches gilt für eine »Nahtod-Erfahrung«, die man zwar anderen mitteilen, aber nicht gemeinsam mit anderen »machen« kann. Dagegen ist die »folie à deux«, die darin besteht, daß zwei – seltener drei – Personen, meist Schwestern, die eng zusammenleben, gemeinsam Erlebnisse ausgestalten und an ihnen partizipieren, eher vergleichbar mit einem gemeinsamen »LSD-Trip«, auf dem ebenfalls die Teilnehmer miteinander kommunizieren und ihre Erlebnisse gegenseitig beeinflussen können.

Wenn also dem Fon-Heiler Fa Badoussi und seinem Patienten auf Empfehlung des Orakels jeweils ein blutgetränkter Strick um den Hals gelegt und festgezurrt wird und beide nach Einnahme eines »Zaubertrankes« das Bewußtsein verlieren, um sich zur Versammlung der Hexen (*azetos*) zu begeben, dann mögen zwar beide ein ähnliches Erlebnis haben, über das sie hinterher miteinander reden können. Aber das bedeutet natürlich nicht, daß sie sich gemeinsam an denselben Ort begeben haben. Und ein Gleiches gilt für jene »Kinderhexen«, die in allen Einzelheiten erzählen, wie sie ihren Körper verlassen, um gemeinsam in einem aus einem Streichholz gefertigten Hubschrauber in den Kongo zu fliegen. Ähnlich berichtete eine junge Hexe aus Kinshasa: »In unserer

Gruppe sind wir zu dritt. Nachts fliegen wir mit unserem Flugzeug, das wir aus der Rinde eines Mangobaumes herstellen, zu den Häusern unserer Opfer. Wenn wir nachts ausfliegen, verwandle ich mich in eine Kakerlake. Komazulu ist der Pilot unseres Flugzeugs. Er ist derjenige, der tötet.« Aber daß sich das alles nicht in der wirklichen, sondern in einer Art Traum- oder Schattenwelt abspielt, wird schließlich dort deutlich, wo sie sagt: »Ich bin jetzt aus der Schattenwelt herausgekommen, weil ein Geistlicher [...] für mich gebetet hat. Aber die anderen, die immer noch in der Zweiten Welt sind, hören nicht auf, an mir zu zerren.«[3]

Nicht anders verhält es sich im Falle der Schamanen oder anderen Personen, die einen Verstorbenen ins Jenseits geleiteten oder die Seele eines Kranken von dort zurückholten. Wenn bei den Sabarl-Insulanern im melanesischen Louisiade-Archipel jemand starb, schüttete man ihm kaltes Wasser über den Kopf, damit die Seele den Körper verließ, und im selben Augenblick fiel von dem in der Mitte des Geisterdorfes stehenden Baum ein Blatt herab, das den Bewohnern die baldige Ankunft eines neuen Klanmitgliedes ankündigte. Alsdann begleitete die Seele eines eigens dazu ausgebildeten lebenden Führers die des Verstorbenen dem Weg der Sonne folgend zum Dorf der Geister, wo sie eine neue, glänzende Haut erhielt, nachdem der unangenehme Geruch des Lebens ausgeräuchert worden war. Ein Ilahita-Arapesch, der für seine »Seelenreisen« bekannt war – so hatte er einmal die Seele der Frau eines Pfarrers auf dessen Bitte hin aus dem Totenreich zurückgeholt –, spürte eines Tages, daß die Seele seines todkranken Vaters den Körper verließ. Daraufhin schlüpfte auch er selber aus seinem Leib und folgte ihr ins Totenreich. Dort angekommen, sah er, wie sein Vater sich plötzlich verjüngte, europäische Kleidung anzog und von seiner verstorbenen Frau freudig begrüßt wurde. Zufrieden machte die Seele des Sohnes kehrt und vereinigte sich wieder mit ihrem Körper. Schließlich sagten die Benuaq-Dayak, ein bestimmter Priester begleite die Seele eines Verstorbenen bis zu einem gewissen Punkt, an dem er ihr eine Lampe in die Hand drücke, damit sie ihren Weg durch den hier beginnenden Bereich der Dunkelheit finden könne. Freilich scheint dieser Priester nicht wirklich eine »Seelenreise« unternommen zu haben, sondern den Toten bestenfalls in einer leichten Trance, also in der Vorstellung, geführt zu haben, wie es auch bei den Tumon-Dayak und den Uut-Danum im Westen

Borneos oder bei den ebenfalls auf dieser Insel lebenden Olo-Ngadju üblich war.[4]

Die Karelier waren davon überzeugt, der Verstorbene verstehe jedes Wort der Totenklage, weshalb man ihm den Weg zu den »Toren des Todes« beschrieb. Und um ihm die letzte Reise zu erleichtern, begleitete man ihn bei den Komi-Syrjänen mit Klageliedern, weshalb auch in manchen Gegenden Ungarns die Klagefrau »Begleiterin der Seele« genannt wurde. Auch bei den Ojibwä erklärte ein Medizinmann dem Toten, wenn er ins Grab hinabgelassen wurde, ausführlich, was ihn auf dem langen Weg ins Jenseits erwartete und wie er sich verhalten müsse. Er werde nämlich irgendwann urplötzlich von der aus dem Land der Toten gekommenen Skelettfrau von hinten überfallen, die seinen Schädel aufbreche und sein Gehirn durch einen Klumpen Moos ersetze, so daß er nichts mehr denken oder wahrnehmen könne. Die Medizinmänner der Winnebago teilten dem soeben Verstorbenen gleichermaßen mit, er treffe auf seinem Weg eine alte Frau: »Sie bricht deinen Schädel auf und nimmt dein Gehirn heraus. Damit vergißt du alles über dein Volk auf der Erde und woher du gekommen bist. Du brauchst dir folglich keine Sorgen mehr um deine Verwandten zu machen.« Im Gegensatz zu den Toten der Ojibwä verlor der Winnebago also nicht sein Bewußtsein, sondern nur – wie die Männer des Odysseus bei den Lotophagen oder die Schiffbrüchigen bei den Sirenen – seine Erinnerung.[5]

Allerdings werden auch visionäre Erlebnisse oder eindringliche Träume berichtet, in denen die Betreffenden – meist ihnen sehr nahe stehende – Personen zumindest bis zu einer bestimmten Schwelle ins Jenseits begleiten. So träumte eine neben ihrem todkranken Mann schlafende Frau, sie gehe mit ihm über eine Wiese und anschließend in einen dunklen Tunnel, wobei ihnen ein sanftes Licht den Weg wies. Nach einiger Zeit sagte jedoch ihr Mann zu ihr: »Joanie, du mußt jetzt zurückgehen!«, was sie dann auch tat, weil sie spürte, daß sie sonst keine Möglichkeit mehr dazu gehabt hätte. Da wurde sie durch ein Geräusch aus dem Schlaf gerissen und sah, daß ihr Mann gestorben war. Auch eine weitere Frau berichtete, sie habe ihren sterbenden Mann in einer Vision in den Tunnel begleitet, und ein Mann, der am Sterbebett seines Vaters saß, hatte plötzlich eine Vision, in der er sah, wie die Leiche seines Vaters auf einem Wikingerschiff ins Meer hinaustrieb. Schließlich sah eine Frau, die in einem dunklen Krankenhauszimmer am Bett ihrer frisch operierten Tochter saß, plötzlich denselben Engel, den sie während einer fünfzehn Jahre zurückliegenden »Nahtod-Erfahrung« am Ausgang des Tunnels getroffen hatte. Er sagte ihr, sie müsse sich nicht ängstigen, denn ihre Tochter werde wieder gesund.

Bisweilen scheint es aber auch vorzukommen, daß Menschen bei großer Angst oder im Zustand höchster Erregung ihre Angehörigen ein Stück weit auf dem Weg in die andere Welt begleiten. So sah ein Mann, der am Bett des sterbenden Kindes seiner ehemaligen und inzwischen verstorbenen Freundin stand, wobei er, wie er betonte, »völlig bei Bewußtsein« war, wie diese unversehens erschien, um ihr Kind abzuholen: »Ich begleitete die beiden. Gemeinsam gingen wir auf das Licht zu, doch irgendwann wußte ich, daß ich zurückkehren mußte. Ich fiel einfach in meinen Körper zurück.« Und eine Frau, die bei ihrer sterbenden Schwester saß, erlebte es, wie sich auf einmal vor ihren Augen ein dunkler Tunnel öffnete, an dessen Ende ein wunderschönes Licht leuchtete. Offenbar fragte sie ihre Schwester, ob diese ebenfalls das Licht sehe, und wie es auch in vielen »Folie-à-deux«-Berichten beschrieben wird, bestätigte sie dies. Anscheinend folgte auf die Vision alsbald eine »Nahtod-Erfahrung«, denn die Frau fuhr fort: »So hielt ich ihre Hand, und wir gingen gemeinsam [den Tunnel] hinab. Sie hatte Angst, aber ich sagte ihr, alles sei in Ordnung, ich sei bei ihr und hätte selber keine Angst. Es schien fast so, als ob wir schwebten, aber das Wichtigste war das Licht am Ende des Tunnels, das immer größer und strahlender wurde.« Dort angelangt, trat die Schwester in einen traumhaft schönen Garten hinaus, in dem ihre verstorbenen Familienangehörigen bereits auf sie warteten. Sie sah sich nach ihrer zurückgebliebenen Begleiterin um und rief ihr zu, sie solle doch kommen. Doch diese antwortete, das sei nicht möglich, denn irgend etwas oder irgend jemand lasse sie nicht durch. Darauf kehrte sie um und in ihren Körper zurück. Sie blickte auf ihre im Bett liegende Schwester, die das Bewußtsein verloren hatte. Ein paar Stunden später war sie tot.[6]

Berichteten die am Sterbebett Sitzenden, plötzlich einen Engel oder die verstorbene Mutter gesehen zu haben, die gekommen sei, um ihr Kind abzuholen, dann unterscheidet sich der Modus dieses »Sehens« meist mehr oder weniger drastisch von dem der »Wahrnehmungen« während einer »Nahtod-Erfahrung«. Sind letztere fast immer beeindruckend realistisch, ist dies im Falle der Erscheinungen nur sehr selten der

Fall. So teilten die Seher der Nördlichen Yaka im Kongo mit, die Gestalten, die in ihren Visionen erschienen, seien undeutlich und schemenhaft und man könne ihre Gesichter nicht erkennen. Ein Ojibwä sagte, die meisten Visionen seien *mauzzaybindumiwin*, »verschwommen« oder »vage«, und die Mestizen der nordkolumbianischen Dörfer behaupteten zwar zunächst, sie hätten den Geist »La Montuna«, eine schöne Frau mit entblößten Brüsten, gesehen, aber auf hartnäckiges Nachfragen der Ethnologen hin gaben sie zu, eigentlich nur ein »weißes gestaltloses Etwas« wahrgenommen zu haben. Schließlich berichtete A-Tutu, ein Geistermedium (*lhawa*) der Sherpa, er habe ursprünglich nur unscharfe und verworrene Visionen gehabt, die unvermittelt kamen und die er nicht verstand, worauf er sich krank und konfus fühlte. Erst nachdem der Abt eines Lamaklosters ihm erklärt hatte, daß die trüben und konfusen Wolkenbilder in Wirklichkeit niedere Götter und Geister seien – die hochstehenden Götter des Westlichen Paradieses zu sehen war den Lamas vorbehalten –, wurden die Bilder klarer, und er erkannte die Umrisse der übernatürlichen Wesen. Und ein Tamang-Schamane beschrieb die Erscheinungen, die er sah, als matte Bilder wie Gegenstände in einem abgedunkelten Raum, die er nicht richtig erkennen könne, während einer seiner Kollegen fragte: »Existiert das alles wirklich oder nicht? Ich weiß es einfach nicht!«

Die Personen, die Erscheinungen wahrnehmen, sind nicht selten in einem halbwachen oder schlaftrunkenen Zustand, oder sie sind abgelenkt, indem sie zum Beispiel ein Buch lesen und dann unvermittelt hochschauen, und was sie sehen, ist meist undeutlich und verschwommen und wird von den Betreffenden erst danach – wie im Falle von illusionären Verkennungen – ausgestaltet. Als man die »Weiße Frau« auf Schloß Bernstein im Burgenland, die von 26 Personen gesehen wurde, photographierte, war hinterher auf den Bildern ein verschwommener Lichtschein zu sehen, der von dem geistergläubigen Photographen zu einer verhüllten weiblichen Gestalt retuschiert worden war. Als die Zeugen noch einmal befragt wurden, gaben sie zu, zunächst nur einen fluoreszierenden Lichtschein wahrgenommen zu haben, der aber nach einer Weile »die Konturen einer kleinen, zarten Frauengestalt« angenommen habe. Auch andere Photographien von Erscheinungen zeigten einen Lichtschein oder helle Flecken, und es steht zu vermuten, daß im folgenden Fall auf einem Photo ähnliches zu sehen gewesen wäre: Als sich vor einigen Jahrzehnten eine Seilschaft an einem Felsgrat des Obergabelhorns entlangtastete, tauchte urplötzlich vor den Männern eine fremde Seilschaft in der Kleidung des 19. Jahrhunderts schemenhaft auf und ging an ihr vorüber, starr vor sich hin blickend und nur wenige englische Worte wechselnd. Stumm schlugen die modernen Seilschaftsführer das Kreuz.[7]

Bisweilen handelt es sich bei den Erscheinungen lediglich um »Präsenzen«, d. h. das Spüren der Gegenwart eines Wesens, das Gefühl, »als ob« jemand da sei. »Ich *sehe* ihn nicht, ich *fühle* ihn«, beschrieb Strindberg diese Empfindung: »Ein furchtbares Schweigen herrscht im Haus, als ich die Lampe lösche. Ich *fühle*, daß jemand im Dunkeln auf mich lauert, mich berührt, nach meinem Herzen tastet, saugt.« Im allgemeinen »wissen« die Betroffenen, wo ungefähr das »Wesen« sich befindet, und manche können es einen Herzschlag lang undeutlich aus den Augenwinkeln sehen, oder es ist so, wie wenn sie »hörten«, daß es die Treppen hochsteigt, sich zu ihnen ins Bett legt und ihnen ins Ohr flüstert. William James berichtete, ein Mann habe, als er in einem Buch las, plötzlich eine Präsenz gefühlt und aus den Augenwinkeln einen Wimpernschlag lang jemanden hinter sich stehen sehen, d. h., er erblickte ein Hosenbein aus graublauem Stoff, aber dieses war halb durchsichtig und erinnerte in seiner Konsistenz an Tabakrauch. Und ein katholischer Priester, dessen Herz aussetzte, fühlte in diesem Moment die Gegenwart zweier Wesen, und es war ihm, als ob sie ihm zuflüsterten: »Es ist jetzt soweit!« Aber als er bereit war, mit ihnen zu gehen, fing sein Herz an zu schlagen, und er kam wieder zu sich. Schließlich wurde ein anderer Mann in eine »völlige Dunkelheit« gezogen, in der er die Präsenz eines weiblichen Wesens spürte, das er fragte, wer es sei. Das Wesen »antwortete«, sie sei der Todesengel und gebe ihm eine allerletzte Chance, sich im Leben zu bewähren.[8]

Solche Empfindungen der Gegenwart eines nichtdefinierbaren Wesens, das je nach den Umständen und der psychischen Konstitution der Betreffenden negativen, neutralen oder positiven Charakter haben kann, treten während der Schlafparalyse, der epileptischen Aura, der Meditation, bei sensorischer Deprivation, auf einsamen Bootsfahrten, bei Polarerkundungen, beim Bergsteigen in Höhen über 6000 m, aber auch bei elektrischer Stimulierung des Hippocampus und insbesondere der Amygdala sowie generell bei einer verstärkten Aktivität des linken Temporallappens auf. So sagte beispielsweise ein Mann, der an Temporallappen-Epilepsie litt, er »wisse«, daß ein Fluß durch sein Zimmer fließe, obwohl er ihn weder sehen oder hören noch auf irgendeine andere Weise wahrnehmen könne. Und bereits im 13. Jahrhundert teilte der Dorflehrer Magister Johannes mit, die Kölner Begine Christina von Stommeln habe weder die Engel, die ihr erschienen waren, noch den Mantel, mit dem diese sie zudeckten, wirklich gesehen, aber sie habe die Gegenwart und den Trost der Himmelsboten ebenso wie die Weichheit und Wärme des Kleidungsstückes in ihrem Herzen wahrgenommen und gespürt.

Aber auch die Erscheinungen, die mit den Augen wahrgenommen werden, sind meist flüchtig und undeutlich, und wenn sie nicht schon vorher durch die Wand verschwunden sind, lösen sie sich bei konzentriertem Beobachten in Luft auf. Die Gestalten sind fast immer schatten- oder nebelhaft, meist farblos und transparent, ihre Gesichter sind verwaschen, sie entstehen oft aus Nebel und zergehen wieder darin. Will man sie anfassen, faßt man durch sie hindurch, ohne irgendeinen Widerstand zu spüren, oder sie weichen zurück und entschwinden. Häufig sind sie stumm, aber wenn sie etwas sagen, so ist dies nicht klar und deutlich, sondern gedämpft und »verhüllt«, man hört ihre Schritte »wie auf Socken«, und wird ihr Kommen durch ein nächtliches Glockenläuten angekündigt, dann klingt dieses, »als käme der Schall aus einer anderen Welt«. Häufig berichten die Visionäre, sie hätten zum Beispiel die Hl. Jungfrau »in einem feinen, leichten Nebel« oder »wie hinter einem Schleier« gesehen, und ganz häufig gebrauchen sie Wendungen wie »gleichsam« oder »als ob«. Beim Hinblicken verändern die Gestalten sich oftmals, werden größer oder kleiner, heller oder dunkler, verwandeln sich, tauchen ab und wieder auf. Schließlich kann man die Wesen nicht nur nicht berühren, man kann auch nicht um sie herumgehen und sie aus verschiedenen Perspektiven betrachten. Und in der Mehrzahl der Fälle wissen die Visionäre nicht, wer oder was ihnen da erschienen ist – charakteristischerweise nennen sie es zunächst »es«, bis sie sich an Kleriker oder andere »Fachleute« gewendet haben, die ihnen erklären, wer ihnen da begegnet war.[9]

Als die vierzehnjährige Bernadette Soubirous am 11. Februar 1858 in einer bereits im Jungpaläolithikum bewohnten Nische der Grotte Massabielle (»Altes Massiv«) »etwas Weißes« sah, nannte sie es zunächst »das da« (*acquerò*). Offensichtlich wußte sie nicht, was »das da« war, denn als sie drei Tage danach erneut den Abri aufsuchte, brachte sie ein Fläschchen Weihwasser mit, das damals dazu verwendet wurde, die bösen Geister zu verscheuchen. Als »das da« wieder erschien, besprengte das Mädchen es mit der Flüssigkeit und befahl ihm zu verschwinden, wenn es nicht von Gott gesandt sei: »Bist du von Gott, so komme näher, wenn nicht, dann schere dich fort!« Einige Zeit danach sprach Bernadette von einer *damizéla*, ein Wort, das man benutzte, um die mit einem ambivalenten Charakter ausgestatteten Feen zu bezeichnen, und erst bei der dritten Erscheinung am 25. März hatte sich das »Weiße« offensichtlich zu einer Jungfrau verdichtet, die auf die erneute Frage des Mädchens, wer oder was sie sei, mit bebender Stimme im Patois der französischen Pyrenäen antwortete: »Qué soy era Immaculada Councépciou!« Augenscheinlich war Bernadette bereits beim ersten Mal in einem außergewöhnlichen Bewußtseinszustand, denn ihre Schwester Toinette und ein Nachbarskind sahen schon von weitem, daß sie kniete und zur Grotte hinstarrte: »Ich rief dreimal ›Bernadette!‹«, so die Aussage der Schwester, aber »sie gab keine Antwort und wandte auch nicht den Kopf. Wir näherten uns der Grotte, und ich warf zweimal einen kleinen Stein nach ihr – einmal traf ich sie an der Schulter, aber sie rührte sich nicht. Sie war leichenblaß, wie wenn sie tot wäre.«

Im Jahre 1983 sah der junge Ángel Poblete auf einem Hügel im chilenischen Peñablanca eine kleine Wolke, die allmählich an Größe zunahm: »Sie war rund, weiß und leuchtend wie eine Leuchtstoffröhre, und sie drehte sich. [...] Ich erschrak sehr, weil ich nicht verstand, was das war.« Er rannte weg, als er plötzlich hörte, wie jemand seinen Namen rief. Später gab er eine detailliertere Beschreibung des Vorfalls, in der es auf einmal hieß, es sei eine junge Señora gewesen, nämlich die Hl. Jungfrau, die ihn gerufen habe, und in einem Interview erläuterte er: »Ich habe sie nicht wie mit Worten gehört, sondern ich fühle in meinem Kopf die Dinge, die sie sagt« (*siento dentro de mi cabeza las cosas que dice*). Und im 17. Jahrhundert antwortete Antoinette de Bourignon auf die Frage, wie sie denn die Stimme Gottes höre, wenn dieser zu ihr spreche: »Es sind keine sprachlichen Worte, sondern geistige Mitteilungen, die jedoch verständlicher sind als die kundigsten Beredsamkeiten der Welt.«

Ähnlich dürfte es sich auch im Falle der – wie Bernadette – vierzehnjährigen Jeanne aus Domrémy in den Vogesen verhalten haben, als sie um das Jahr 1425 beim Schafehüten im Garten ihres Vaters gegen Mittag ein Licht sah und eine Stimme vernahm, die zu ihr sagte: »Fille de [= Gottes], va, va, va, je serai à ton aide, va!« Darauf habe sie zum Himmel aufgeblickt und große Freude empfunden. Im Jahre 1431 wurde das junge Mädchen in Rouen von den sie verhörenden Klerikern offenbar geradezu genötigt, ihre vagen Visionen und Auditionen den Erwartungen gemäß zu modifizieren und auszuschmücken, bis sie schließlich am vierten Befragungstag aussagte, »quod illa vox erat sancte Katherine et sancte Margarete. Et figure earum sunt coronate, pulchris coronis multum opulenter et multum preciose«. Als Lucia Santos und zwei weitere Mädchen wie einst die Jungfrau von Orléans im Jahre 1917 in der Nähe des Dorfes Fátima im portugiesischen Distrikt Santarém Schafe hüteten, sahen sie plötzlich ein außergewöhnliches atmosphärisches Phänomen über einem Baum, das Lucia zufolge aussah »wie eine Plastik aus Schnee, die durch die Sonnenstrahlen fast durchsichtig war«, »wie jemand, der in ein Leintuch eingewickelt war« oder wie »eine Wolke in der Form eines Menschen«. Während die Kinder auf die Knie fielen und beteten, verschwand das Phänomen, aber keines der Mädchen dachte zunächst daran, es als die Erscheinung Mariens oder eines Engels zu interpretieren.[10]

Im Jahre 1869 bemerkte ein Engländer zunächst einen Schatten, der aber dann die Form eines Kopfes, von Schultern und eines ausgestreckten Armes annahm, der aus etwas wie Gaze zu bestehen schien, »durchsichtig und dann wieder opak, aber nie deutlich sichtbar oder substantiell«. Im ägyptischen Zeitūn, wo nach koptischer und muslimischer Überlieferung einst die Hl. Familie auf der Flucht vor Herodes unter einer großen Sykomore Rast gemacht hatte, sahen im Jahre 1968 zwei Männer an der koptischen Kirche des Ortes etwas, das einer weißen Gestalt ähnelte. Im ersten Moment dachten sie, es handle sich um eine Nonne, die sich aus dem Fenster stürzen wollte, aber sie konnten das »Etwas« ebensowenig erkennen wie die zahllosen anderen Leute, die alsbald zusammenliefen und auf die Kirche starrten. Denn aus sämtlichen Zeugenaussagen geht hervor, daß das »Wesen« flach, d. h. zweidimensional, war und niemand ein Gesicht ausmachen konnte, während eine zufällig anwesende Sozialwissenschaftlerin lediglich ein diffuses weißes Licht sah, das sich auflöste, als sie sich sagte, es müsse sich um eine Illusion handeln. Doch vor allem die Kopten, die zu Hause ständig mit

Abbildungen der Hl. Jungfrau, der »Mutter des Lichtes«, konfrontiert sind, glaubten bald, eine Epiphanie der Muttergottes erblickt zu haben.

Offensichtlich ist nicht selten der Ausgangspunkt solcher Visionen eine illusionäre Verkennung – in Pontmain nordöstlich von Rennes waren es im Jahre 1871 allem Anschein nach drei sehr helle Sterne am Himmel, die in der darauffolgenden Nacht verschwunden waren, und an der Stelle, an der acht Jahre danach im westirischen Knock vierzehn Personen die Heilige Jungfrau erschienen war, nämlich neben der Kirche, leuchtete wiederum ein weißes Licht.[11]

Am 24. Juni 1981 erblickten sechs kroatische Kinder und Jugendliche, die meisten von ihnen 16 oder 17 Jahre alt, als sie einen Feldweg entlanggingen, auf einem Felsvorsprung über dem Dorf Medjugorje in der Herzegowina »etwas völlig Weißes, das sich drehte« und das sie zwei Tage später als »ein helles Licht« beschrieben. Nach wiederum drei Wochen folgten einige Männer des Dorfes den Jungen und Mädchen auf den Hügel und berichteten anschließend, an der betreffenden Stelle sei ein sehr intensives Licht auf sie zugekommen. Es ist bekannt, daß die Leute der Gegend glühende Verehrer der Hl. Jungfrau sind und auch die jungen Visionäre mit der Geschichte der Bernadette Soubirous vertraut waren. Jedenfalls dauerte es nicht lange, bis aus dem Licht eine schöne Frau mit dunklem Haar und blauen Augen geworden war, die in der Luft schwebte und in ihren Armen ein kleines Kind hielt, also die Gospa (»Frau«), die den Halbwüchsigen ein Zeichen gab, näher zu kommen. Doch diese gerieten – angeblich – in Panik und rannten ins Dorf zurück.

Entgegen den Beteuerungen der Visionäre sowie der frühen Zeugen waren die jungen Leute während der ersten Begegnungen mit dem Licht keineswegs in einer Trance oder einem veränderten Bewußtseinszustand, doch sollte sich dies später ändern, als sie vollends davon überzeugt worden waren, auf dem Hügel über dem Dorf der Muttergottes mit dem Jesuskind auf dem Arm begegnet zu sein. Bei Ivanka und Mirjana ging nach der EEG-Messung der für den Wachzustand typische β-Rhythmus (14-30 Hz) bei Erscheinen der Jungfrau in den α-Rhythmus (8-13 Hz) über, der für den Zustand der Entspannung und Meditation kennzeichnend ist. Außerdem entwickelten die Visionäre eine weitgehende Anästhesie auch gegenüber starken Reizen, und mittels Elektroden an den Augenlidern stellten die Mediziner fest, daß ihre Blicke auf *einen* Punkt im Raum gerichtet waren und den Bewegungen des

Objektes, also der Gospa, folgten. Allerdings führten die Jugendlichen bisweilen gleichzeitig *verschiedene* Gespräche mit ihr, die indessen stereotyp immer wieder dasselbe mitteilte. Interessant ist in diesem Zusammenhang die Tatsache, daß offenbar bei zwei der älteren Jugendlichen Zweifel aufkamen, ob es wirklich eine Jungfrau gab, die mit ihnen redete, oder ob es nicht eher ihre eigenen Gedanken waren, die da laut wurden. »Es ist fast so«, sagte eines der jungen Mädchen, »als ob etwas oder jemand aus mir selber heraus redete«, und ein anderes stellte mit Bestimmtheit fest: »Es ist in mir.«

Bei anderen Visionären war es indessen so, daß ihr Bewußtsein und ihre Empfindungen sich vor den ersten spontanen Erscheinungen veränderten. Manche begannen zu frösteln, weil es plötzlich in der Umgebung, in welcher das Licht auftauchte, kälter wurde, und bereits die Forscher der »Society for Psychic Research« beobachteten in Viktorianischer Zeit, daß manche Visionäre sich schlagartig schwach fühlten und glaubten, sie müßten sterben. Ein Bomberpilot hatte nach einem Flug in großer Höhe das Gefühl, ohnmächtig zu werden, und er wußte nicht mehr, wo er sich befand. Alles wurde für ihn bedeutungslos, und es gelang ihm gerade noch eine Notlandung. Fühlte dieser Mann sich schlaftrunken, wobei er die Empfindung hatte, vor dem Flugzeug in einer Luftblase zu schweben, berichtete Charles Lindbergh von seinem Alleinflug über den Atlantik im Jahre 1927, der fast 34 Stunden dauerte, daß er gegen Ende, als er »halb wach, halb im Schlaf« war, auf einmal hinter sich in der Kabine »Geister« wahrgenommen habe. Wie er es beschrieb, handelte es sich um »verschwommene, transparente Gestalten, die sich schwebend regten und mich gewichtslos begleiteten. [...] Ohne den Kopf zu drehen, sah ich sie so klar, als ob sie in meinem normalen Gesichtsfeld gelegen wären. [...] Die Phantome sprachen mit menschlicher Stimme – freundliche Schatten, wie Nebel, ohne Substanz, jederzeit in der Lage, zu erscheinen und zu verschwinden. [...] Zuweilen kamen die Stimmen direkt aus der Luft, vertraute Stimmen, die meinen Flug mit mir besprachen, mir technische Ratschläge erteilten, Probleme der Navigation mit mir diskutierten, die mich beruhigten.«[12]

§ 16
Sind »Nahtod-Erfahrungen« gewöhnliche Halluzinationen?

Wenn zwei der jungen Mädchen aus Medjugorje behaupteten, es käme ihnen vor, als redete die Hl. Jungfrau »in ihnen selber« oder »aus ihnen selber heraus«, dann brachten sie etwas zum Ausdruck, was auch manche Schizophrene sagen, die »Stimmen hören« und die sich durchaus dessen bewußt sind, daß die »Stimmen« keine normalen Stimmen sind, die von außen kommen. Eine junge schizophrene Frau erklärte einem Psychiater, manchmal sei ihr schon klar, daß sie ihre eigene Stimme höre, dann aber wieder denke sie, es sei die ihres Schutzengels. Und ein schizophrener Mann sagte: »Es ist, wie wenn ich selber es wäre, der spricht. Ich fühle eine Bewegung meiner Lippen, ähnlich wie das Mümmeln eines Kaninchens, ich spüre, wie sich meine Zunge ohne mein Zutun bewegt!« Meist kommen die »Stimmen« nicht aus einer festumrissenen, lokalisierbaren Quelle, sondern von »irgendwoher« – sie sind mehr gedanklicher als perzeptiver Natur, »wie wenn sie vom Geist und nicht vom Ohr« aufgenommen würden. Sie tauchen auf, wenn die Betreffenden sich zurückziehen, und verschwinden, wenn sie aktiv sind oder sich mit anderen unterhalten. »Ich höre diese stillen Worte«, so erklärte ein Schizophrener, »die in meinem Kopf aus dem Nichts heraus entstehen, aber ich kann sie ganz gut kontrollieren, und deshalb fühle ich, daß *ich* es bin, der sie denkt.«

Die meisten Patienten *sagen* zwar zunächst, sie hörten die »Stimmen« klar und deutlich, doch bei einer eingehenden Befragung stellt sich so gut wie immer heraus, daß es sich weniger um ein Hören als um ein »Innewerden« handelt, so daß bei einigen Kranken der Verdacht aufkeimt, sie »hörten« ihre eigene Stimme. Aber meist verwerfen sie diesen Gedanken wieder, weil sie das Sprechen ja nicht intendieren.

Eine Frau sagte, es sei ein »Raunen und Wispern«, sie vernehme es wie das »Stimmengemurmel in einem Kino oder Café«, das man normalerweise gar nicht wahrnimmt, und eine andere »hörte« Schreie, doch es waren nicht »wirkliche Schreie, von wirklichen Leuten ausgestoßen«, aber um so schlimmere: »Ich hörte sie, ohne sie zu hören – ich vernahm sie von innen.« Deshalb können die Schizophrenen die »Stimmen« nicht dadurch übertönen, daß sie beispielsweise das Radio laut stellen, und so bleiben sie ihnen für gewöhnlich schutzlos und ohnmächtig ausgeliefert.[1]

Wenn der obenzitierte Schizophrene sagte, er spüre, wie seine Lippen sich bewegen, wenn er die »Stimmen« höre, dann erklärt sich das dadurch, daß bei akustischen Halluzinationen tatsächlich das Sprachzentrum der Betreffenden aktiv ist und die Laryngalmuskulatur sich bewegt. Normalerweise wird die Hörrinde im Cortex nur durch Sprechen, nicht aber, wie bei Schizophrenen, durch »inneres Reden« gereizt, und diese bemerken meist nicht, daß sie ihre eigene »innere Stimme« hören.[2]

Viele Patienten halten die »Stimmen« für von außen kommend, empfinden sie als fremdartig und lehnen es deshalb rundweg ab, sie als »Eigenprodukte« anzuerkennen. »Das ist unmöglich«, konstatierte zum Beispiel eine Frau, »es handelt sich um Gedanken, die meiner Welt völlig fremd sind: Sie können nur von außen kommen!«, und andere Schizophrene berichten von CIA-Agenten, die in ihren Hoden reden, oder von Aliens, die mit ihnen über ein Mikrophon sprechen, das sie in ihr Gehirn transplantiert haben. Und obwohl Senatspräsident Schreber die »Nervensprache« seiner »Stimmen« mit dem inneren Monolog eines Kindes verglich, das versuche, sich ein Gedicht einzuprägen, oder dem eines Pfarrers, der in Gedanken seine Predigt formuliere, war er dennoch davon überzeugt, daß sie ihm von den »abgeschiedenen Seelen«, die »noch unter den Lebenden weilen«, aufgezwungen wurden.

Daß die Betroffenen von der Realität der »Stimmen« überzeugt sind, liegt gewiß vor allem daran, daß sie das, was sie hören, mehr oder weniger unbewußt erwarten. Die »Stimmen« sind sozusagen ihr Gewissen, die soziale Instanz, die bestimmte Verhaltensweisen oder Einstellungen mißbilligt. So werden die meisten Schizophrenen von den »Stimmen« beleidigt, beschimpft oder zurechtgewiesen. Mit den »Stimmen« findet keine Interaktion statt, die Kranken unterhalten sich nicht mit ihnen, sie befehlen wie ein Offizier der preußischen Armee, mit dem ein einfacher Soldat normalerweise nicht diskutierte, wenn er einen Befehl erhielt. Ordnen die »Stimmen« eine Selbstbestrafung an, sind sie ein Ausdruck des Schuld- und mangelnden Selbstbewußtseins der Betreffenden – von 25 Patienten, denen derartiges aufgetragen wurde, verweigerten nur vier die Ausführung des Befehls. Stiften die »Stimmen« einen Kranken dazu an, jemanden umzubringen, bekundet sich in ihnen ein unbewußter Tötungswunsch, sagen sie zu ihm »Du schwule Sau!« oder »Arschficker!«, so liegt dies daran, daß er seine homosexuelle Disposition nicht akzeptieren kann.³

Auch ihre visuellen Halluzinationen kommen den Schizophrenen häufig »irgendwie vertraut« vor – so sagte einer, sie seien »fast wie eine Erinnerung an Vergangenes« –, und für manche von ihnen ist dies auch ein Indiz dafür, daß sie keine wirklichen Wahrnehmungen, sondern Gedächtnisinhalte darstellen. Viele Schizophrene sind zudem durchaus in der Lage, solche Trugbilder und -empfindungen von normalen Wahrnehmungen zu unterscheiden – sie haben eine andere Qualität, sind aber trotzdem beängstigend und bedrohlich, wenn sie für real gehalten werden. Als ein Psychiater das Bett eines Patienten, der unter halluzinierten Stromstößen litt, tatsächlich unter Strom setzte, sagte der Kranke, dies sei eine ganz andere Art von Strom als die, unter der er sonst so leide. Und eine Frau, die statt der Hand des Arztes stets ein Meerschweinchen zu sehen pflegte, erkannte sofort den Unterschied, als er eines Tages ein wirkliches Exemplar dieser Tierchen in der Hand hielt.

Wenn Schizophrene visuell halluzinieren, dann sagen sie selten »Ich sehe X«, sondern eher »es ist, als ob ich X sehe« oder »es sieht so ähnlich aus wie X«. Vielen von ihnen kommt das Gesehene »unwirklich« und »künstlich« vor, es besitzt eine Aura der Irrealität – ein schizophrenes Mädchen sprach entsprechend von einer »Pappdeckel-Szenerie des Irrealen« und vom »Land der Unwirklichkeit«, dessen »Gemachtheit« und Künstlichkeit sie enttäuschten. Doch obgleich ein Mann, dessen Sehfähigkeit aufgrund einer Augenkrankheit sehr eingeschränkt war, das Gefühl hatte, die »little people«, die er »sah«, seien gar nicht wirklich, stellte er ihnen Fallen, um sie zu überführen. Auch andere Sehbehinderte konstatierten den unwirklichen Charakter der »Aliens« oder der elfenartigen Wesen, deren Silhouette sie zwar sahen, aber deren Gesichter sie nicht erkennen konnten, weshalb die meisten davon überzeugt waren, es handle sich um durch Erschöpfung und Stress bedingte Ausgeburten ihrer Vorstellungskraft.⁴

Sehr häufig sind die visuellen Halluzinationen zweidimensional – die Halluzinierenden sagen, sie seien »flach« und »ohne Tiefe«, »bloße

Bilder« oder »like cartoons«, »unnatürlich« und »nicht lebendig wie normale Wahrnehmungen«, d. h., es fehlt ihnen das, was Husserl einst die »Abschattungen« genannt hat. Eine junge schizophrene Frau konnte »in« ihrem Kopf zwar recht gut verstehen, was die »Götter« ihr mitteilten, aber sehen konnte sie diese nur als schattenhafte graue bis schwarze Wesenheiten, die sich hin- und herbewegten, wobei sie keinerlei Details ihrer Gestalt zu erkennen vermochte. Eine solche »sinnliche Armut« und Unausgeprägtheit der erscheinenden Wesen wird immer wieder hervorgehoben, weshalb sie nicht selten eher mit Vorstellungen als mit Wahrnehmungen in Verbindung gebracht werden. Taktile Halluzinationen sind zwar sehr selten, aber ein Schizophrener, dem die Hl. Jungfrau zu erscheinen pflegte, konnte diese berühren, doch wenn er ihre Brüste, ihren Hintern und ihre Geschlechtsteile betastete, spürte er »nur eine undeutliche Masse«, so daß er zu dem Schluß gelangte, er »denke sich das bloß«.[5]

Fast durchgehend fehlt den Halluzinationen die Konstanz und Kontinuität normaler Wahrnehmungen. Sie tauchen plötzlich auf, huschen vorüber und verschwinden wieder, sie sind bruchstückhaft und unzusammenhängend, stehen isoliert vor einem normalen Wahrnehmungsraum. Sie bilden so gut wie nie Szenerien, oft handelt es sich lediglich um Photeme, d. h. um Blitze, Funken, geometrische Gebilde, Flecken, Lichtscheine, kurz auftauchende Fratzen, die als zudringlich, bedrohlich und gefährlich empfunden werden. Anwesende Personen verändern sich ständig, werden illusionär verkannt – meist verzerrt sich der Teil ihres Gesichtes, den man am häufigsten anschaut, nämlich der Bereich der Augen und des Mundes. So sagte ein Schizophrener, für gewöhnlich könne er anderen Menschen nicht ins Gesicht blicken, weil sich dann ihr Mund verändere und lange, spitze Fangzähne sichtbar würden, so daß er Angst habe, von ihnen aufgefressen zu werden. Aber auch Flecken oder gar nicht vorhandene Personen oder Tiere sind einer ständigen Transformation unterworfen. Ein Patient berichtete, wie er zunächst am Himmel einen weißen Fleck sah, der dann unvermittelt »wie ein Brett, eine Leinwand oder eine Bühne« aussah, auf der »einander nun blitzschnell die Bilder« folgten, »wohl zehntausend in einer halben Stunde«. »Immer wieder« wurde »ein Teil abgewaschen und was anderes aufgezeichnet, wie wenn ein schneller Zeichner ganz rasch zeichnen würde«. Und ein anderer sah plötzlich eine Hexe, deren

Gesicht ihm »als Totenkopf« erschien, und die Nähte des Schädels bildeten »eine Nachthaube« mit einer Rüsche »aus lauter Fragezeichen, und diese wurden verwandelt in Federn«, während ihr Hals sich verzerrte und einen »geheimnisvollen Ort« versinnbildlichte. Die ganze Hexe war zuerst »wie von Gips«, dann »wie von Stein«, der sich »in einem Glaskasten« befand, und »zuletzt wurde das Bild eingefaßt und – – weg war es!« Viele Schizophrene wissen einfach nicht mehr, ob es diese Dinge wirklich gibt oder nicht, und sie trauen weder der normalen noch der halluzinierten Welt. Sie sind zutiefst verunsichert und verängstigt und halten erst dann eine dieser Welten für real, wenn sie die andere vollkommen verdrängt hat.[6]

Auch bei Nichtschizophrenen sind Halluzinationen nicht so selten, wie man früher annahm, und zwar visuelle wesentlich häufiger als auditive – von 15 000 befragten gesunden Personen gaben immerhin 15 % an, wenigstens einmal in ihrem bisherigen Leben solche Trugwahrnehmungen gehabt zu haben. Sehr selten traten sie indessen bei klarem und wachem Bewußtsein auf, und wenn sie überhaupt bei hellichtem Tage auftauchten, blieben sie für gewöhnlich blaß und verschwanden völlig, wenn die Betreffenden sich mit etwas beschäftigten, zum Beispiel im Kopf Rechnungen ausführten oder intensiv an etwas dachten. Bei sensorischer Deprivation sahen die Versuchspersonen beispielsweise prähistorische Tiere, die durch einen Urwald liefen, aber wie auch bei den meisten Schizophrenen waren sie zweidimensional wie in Bildergeschichten und wurden sofort als irreal erkannt. Zu dieser mangelnden Wirklichkeitsnähe trägt offenkundig die Tatsache bei, daß im Falle normaler visueller Wahrnehmungen wesentlich mehr lichtempfindliche Nervenzellen erregt werden als bei selbsterzeugten Halluzinationen.[7]

Ist nun das, was man während einer »Nahtod-Erfahrung« oder einer »Seelenreise« erlebt und sieht, eine gewöhnliche Halluzination? Nimmt man die Berichte von Menschen, die solche Erfahrungen gemacht haben, zur Kenntnis, ist diese Frage eindeutig zu verneinen. Von 613 befragten »Nahtod-Erfahrenen« waren 95,8 % davon überzeugt, daß ihr Erlebnis »ohne jeden Zweifel real« war, und kein einziger hielt es für ein Produkt seiner Phantasie. »Es war wie das wirkliche Leben« oder »es war vollkommen wirklich«, sagten in einer anderen Untersuchung 96 % der Befragten, und eine dritte Studie ergab, daß 74 % ihre Erfahrung für »more real than reality« und die restlichen 26% sie für »equally real« hielten.

»Ich hatte den Eindruck«, so verlautete ein Mann, »daß nichts im Leben je so völlig wirklich gewesen« sei wie dieses Erlebnis, und der Oglala-Sioux Schwarzer Hirsch sagte über seine »Nahtod-Erfahrung« vom Jahre 1872: »Denn nichts, was ich je mit meinen Augen sah, war so hell und klar wie das, was mein Gesicht mir gezeigt hat«, nachdem Jahrhunderte zuvor die Dominikanerin Sophia von Klingnau fast mit denselben Worten mitgeteilt hatte, sie habe alles so deutlich und klar gesehen, »denn ich mit liplichen ogen ie kain ding geseche«. Nachdem ein Psychiater und Neurologe von seiner »Reise nach drüben« zurückgekehrt und wieder zu sich gekommen war, wollte er nichts als »wieder hinüber«, denn das Diesseits war für ihn nunmehr lediglich ein »schlechter« und »drückender Traum gegenüber einer wirklicheren, herrlichen Welt«.

»It was *totally* objective, and *utterly* real«, urteilte ein anderer Wissenschaftler, und ein dritter meinte, das Erlebnis sei einfach »zu wirklich« gewesen, als daß man es für eine Halluzination hätte halten können, denn im Vergleich zu ihm sei die Alltagswirklichkeit wie ein blasser Traum. Auch die »Seherin von Prevorst«, die offenbar auf ihrem Sterbebett eine »Nahtod-Erfahrung« hatte, sagte unmittelbar vor ihrem Tod im Hochsommer 1829 gleichsam als Vermächtnis, das, was sie dabei gesehen habe, sei »so ganz was andres als das Sehen von Geistern, und sie wünschte nur, daß auch andre Menschen als sie imstande sein könnten, dieses zweierlei Schauen miteinander zu vergleichen, um begreifen zu können, daß das erstere Phantasie, das letztere [aber] ein wirkliches Schauen sei«. Und etwa um dieselbe Zeit betonte die selige Katharina Emmerick: »Ich weiß übrigens Einbildung und Täuschung sehr gut von Wirklichkeit und Wahrheit zu unterscheiden – ich habe mir schon wohl eine lebhafte Einbildung von einer Sache gemacht, daß ich sie am Ende wirklich zu sehen glaubte, aber ich konnte mich doch immer wieder finden.«[8]

Bereits Schelling bemerkte in seinen »Stuttgarter Privatvorlesungen« vom Jahre 1810, die »Aerzte« versicherten, daß manche Menschen »bei völlig erloschenen äußeren Sinnen, und während sie sich wie todt verhalten, zur höchsten innern Klarheit« erwachten, die gewiß dem Zustand entspreche, der auf den tatsächlichen Tod folge. Nach Maximos von Tyros scheint bereits der von der milesischen Insel Prokonnesos im Marmara-Meer stammende Aristeas berichtet zu haben, seine Seele hätte außerhalb des Körpers im Himmel »alles viel deutlicher als hier auf Erden erblickt«, was auch die große Mehrheit der in Deutschland und in Nordamerika befragten »Nahtod-Erfahrenen« unterstreicht, die mitteilten, während des Erlebnisses »geistig hellwach« bzw. »wacher und bewußter als je in [ihrem] Leben« gewesen zu sein.[9]

Ein Arzt, der während eines Herzstillstandes zunächst seinen Körper und anschließend das Gebäude, in dem er lag, verlassen hatte, sagte über die Straße, die er entlangflog: »Nie sah ich die Straße deutlicher als in diesem Augenblick. Ich beobachtete besonders die rote Färbung des Bodens und die Auswaschungen des Regens.« Und vierhundert Jahre vor ihm wies Teresa von Ávila darauf hin, daß sie während der Entrückung alle Dinge »viel besser« sehe als in der alltäglichen Wirklichkeit mit den »Augen des Körpers«. Eine Hyperästhesie wird vor allem bezüglich der Farben berichtet, etwa von einer Frau, die mitteilte, alles sei »*so farbig*« gewesen, »wie [sie] *nie* wieder Farbe erlebt habe«, und ein Mekeo aus dem südlichen Neuguinea erzählte, im Jenseits seien nicht nur sämtliche Wahrnehmungen viel deutlicher und realistischer als im normalen Leben gewesen, sondern alle Farben viel satter und intensiver. Schließlich behauptete eine Frau sogar, nach ihrer »Nahtod-Erfahrung« sei ihre »Farbskala reicher geworden; ich kann beispielsweise mehr Grau- und Brauntöne voneinander unterscheiden, und die Farben erscheinen mir leuchtender«.

Insgesamt waren die meisten »Jenseitsreisenden« von ihrem Erlebnis, das ihnen »realer als die Realität« vorkam, dermaßen »überwältigt«, daß viele von ihnen sich noch Jahrzehnte danach an jedes Detail erinnerten oder daß sie sagten, sie hätten das Gefühl, es habe sich erst gestern ereignet. So erzählte beispielsweise eine an der Alzheimer-Krankheit leidende uralte Frau, deren Persönlichkeit weitgehend verfallen war und die ihre nächsten Angehörigen nicht mehr erkannte, auf lebhafte Weise alle Einzelheiten ihrer »Nahtod-Erfahrung«, die viele Jahrzehnte zurücklag. »Ja«, sagte eine andere Frau, »die Erinnerung verblaßt nicht. Nie! Sie verblaßt nicht wie bei anderen Sachen!«[10]

Nun ist es vielleicht ein bißchen übertrieben, zu sagen, für *alle* »Nahtod-Erfahrenen« sei es eine »unerschütterliche Gewißheit«, daß ihr Erlebnis völlig real war und es überdies ein Leben nach dem Tode gebe, aber für die meisten wird diese Einschätzung wohl zutreffen. Schon im Jahre 1642 konstatierte Pater Jean de Quens, solche Erfahrungen seien der Hauptgrund dafür, daß die Huronen und Irokesen in Neu-Frankreich nicht zum Christentum konvertierten, und auch in unserer Zeit ergab eine Umfrage, daß die Mehrzahl der west- und mitteldeutschen »Nahtod-Erfahrenen« davon überzeugt war, einen »Blick ins Jenseits« geworfen zu haben.

Daß sie etwas Reales erlebt haben, steht freilich nicht nur für die große Mehrheit derjenigen außer Zweifel, die eine solche Erfahrung selber gemacht haben, sondern auch für die meisten Autoren, die sich eingehend mit diesen Geschehnissen beschäftigt haben. So sind für zwei bekannte Psychiater die Lebendigkeit (»vividness«) des Erlebnisses und die »extreme Wachheit« der Erlebenden der Beweis dafür, daß das, was ihnen widerfährt, wirklicher (»more real«) sei als die Wirklichkeit, die wir normalerweise kennen. Andere sagen, es sei »völlig rational«, aus dem Wirklichkeits*charakter* des Erlebnisses zu schließen, daß die Betreffenden tatsächlich ihren Körper verlassen hätten, oder beharren darauf, die Erfahrung habe »a self-authenticating nature«. Wieder andere behaupten, »Nahtod-Erfahrungen« enthielten »a genuine metaphysical element«, ihre »Klarheit und Lebendigkeit« seien »ein Hinweis auf die reale Existenz des Erlebten«, oder sie zeigten, daß der Mensch das Vermögen besitze, »eine transzendente Wirklichkeit wahrzunehmen, die anders ist als das, was unser Organismus an Reizen aufnimmt«, auch wenn jene jeweils nach der »Kultur und Weltanschauung« der Erlebenden gestaltet werde.[11]

»Wer aber ist so töricht und geistesschwach (*tam stultus et hebes*)«, fragte hingegen vor über tausend Jahren Regino, der Abt des Klosters Prüm, rhetorisch, »daß er meint, all das, was nur im Geist geschieht, trage sich körperlich«, gemeint ist: wirklich, »zu«. Wenn es solche Menschen gebe, so fuhr er fort, sollten sie aus der Pfarrgemeinde (*parochia*) ausgestoßen werden. Aber einer solchen Auffassung, daß nämlich die während der Entrückung gesehenen Dinge *realia* seien, waren nicht nur scholastische Theologen wie Hugues de Saint-Victor oder Guillaume d'Auvergne, sondern auch moderne Wissenschaftler und Philosophen. So behauptet ein bekannter Psychiater und LSD-Forscher, die Tatsache, daß man »reale« Reisen durch den Raum »an entfernte Orte« oder in »Parallelwelten«, die »anscheinend neben unserer Welt in anderen Dimensionen existieren«, unternehmen könne, ließe sich »objektiv verifizieren«, was er dann natürlich nicht tut. Und ein Philosoph und Psychonaut konstatiert, die »ungeheure Eindringlichkeit« und »Konkretheit« dessen, was man bei einer »Nahtod-Erfahrung« sehe, lasse einen Zweifel an der Realität des Geschauten kaum zu, um dann trockenen Auges fortzufahren, er selber habe eine Astralreise nach Bombay unternommen, während deren er fünf Jahre in die Vergangenheit zurückversetzt worden sei: »Ich habe mir sofort die Frage gestellt, ob man mich dort, wo ich doch so unverkennbar real war, hätte sehen oder in irgendeiner Weise registrieren können, wie schemenhaft oder geistergleich auch immer.«

Marshall Applegate, der Guru und Führer der »Heaven's Gate«-Sekte, kam offenbar durch eine »Nahtod-Erfahrung« zu der festen Überzeugung, es gebe ein »Evolutionary Kingdom Level Above Human«, wohin man am besten zu dem Zeitpunkt gelangen könne, an dem der Komet Hale Bopp der Erde am nächsten komme, nämlich im Frühling 1996. Denn er und seine Anhänger vermuteten, daß im Schweif des Kometen ein Raumschiff darauf warte, »to take us home«. »Da ist eine kurze Dunkelheit«, so verkündete Applegate den anderen, »dann ein Gefühl, den Körper zu verlassen und sich nach oben zu bewegen. Die Geschwindigkeit dieses Vorgangs ist unvorstellbar.« Anschließend packten er und die 38 Sektenmitglieder die Koffer, steckten ihre Geburtsurkunden, Pässe, Führerscheine, etwas Geld, Kosmetika und Kugelschreiber ein, stülpten sich Plastikbeutel über den Kopf und erstickten, um auf diese Weise zum »Spacecraft« zu gelangen, das sie dann ins Jenseits bringen sollte.[12]

Spricht nun tatsächlich, wie der Präsident der »International Association for Near-Death Studies« in einem ebenso schwärmerischen wie unkritischen Buch verlautet, alles dafür, daß der »Bereich«, in den der »Seelenreisende« gelangt, »einen höheren ›Wirklichkeitsgrad‹« besitzt »als die materielle Welt«? Und ist es wirklich so, wie ein Psychologe behauptet, daß »the most adequate explanation« für das, was solche Menschen erleben, darin besteht, sie seien wirklich in einer jenseitigen Gegend gewesen?[13]

Was freilich all diese Interpreten eigener oder fremder Erlebnisse dieser Art nicht beachten, ist der schlichte Umstand, daß es einen grundlegenden Unterschied gibt zwischen dem *Gefühl*, das Jenseits besucht zu haben, und einem *tatsächlichen* Besuch. Denn kein Erlebnis ist »selfauthenticating«, sagt über sich selber aus, *was* es ist – ob es einen nun »überwältigt« oder nicht. So kann jeder Richter ein Lied davon singen, daß Augenzeugen »absolut« davon überzeugt waren, etwas Bestimmtes gesehen zu haben. Und später stellte sich heraus: Das Gefühl der Gewißheit war trügerisch. Wie vor langer Zeit ein Ethnologe berichtete, gaben manche Geisterseher der Manus auf dem melanesischen Admiralitäts-Archipel nach längerer Tätigkeit diese auf, weil sie offenbar feststellten, daß die »Ebene«, zu der sie außerkörperlich zu »reisen« pflegten, ein Produkt ihrer Phantasie war und objektiv gar nicht existierte.

Wenn von den »Nahtod-Erfahrenen« und ihren Interpreten geltend gemacht wird, daß die Intensität der Wahrnehmungen und die Leuchtkraft der Farben keinerlei Zweifel an der Realität der Erfahrung zuließen, dann basiert diese Überzeugung auf der irrigen Meinung, eine Hyperästhesie gegenüber Reizen jedweder Art verbürge deren Realitätsgehalt. Natürlich ist es Unsinn, wenn ein Kritiker behauptet, die Betreffenden »täuschten« sich darüber, daß sie während ihres Erlebnisses die Dinge klar und deutlich sähen. Denn wenn sie sich täuschen, dann verkennen sie natürlich nicht die Qualität der Erlebnisse, sondern deren epistemologischen Status.[14]

Was indessen die Qualität der »Nahtod-Erfahrungen« anbetrifft, so sollten deren Interpreten zumindest einräumen, daß das, was dabei »wahrgenommen« wird, nicht in jeder Hinsicht »wirklicher als wirklich« erscheint. Denn was eigentlich *nach* dem Erlebnis zu denken geben müßte, ist die Tatsache, daß der Wirklichkeitscharakter der Erlebnisse zwar den der typischen Halluzinationen bei weitem übertrifft, aber trotzdem deutliche Defizite aufweist.

Der dominante »Sinn« bei der »Nahtod-Erfahrung« ist der »Sehsinn«, das Erlebnis ist fast ausschließlich ein visuelles, während dessen man mit den Dingen, die man sieht, nicht auf dieselbe Weise umgehen kann wie in der Wirklichkeit. Die »betörend farbigen« Blumen des paradiesischen Gartens kann man so gut wie nie riechen, und wenn doch, dann nicht so wie die eines wirklichen Gartens, man kann sie für gewöhnlich nicht anfassen, denn sie bieten keinen Widerstand, man kann nicht um sie herumgehen und sie von hinten betrachten, und sie knicken, zur Überraschung einer Frau, die auf sie tritt, nicht um; es ist unmöglich, vom Wasser des Brunnens zu trinken oder die Früchte von den

Bäumen zu pflücken und zu essen, sie zu verdauen und auszuscheiden. Und weil die Dinge eben doch nicht so sind wie in Wirklichkeit verwenden viele »Nahtod-Erfahrene« häufig Begriffe wie »es war wie«, »als ob«, »es schien mir« usw., und zwar auch dann, wenn das Erlebnis sie überwältigte und faszinierte.

Spricht also sehr vieles dagegen, daß es die Dinge und Ereignisse, die man während einer »Nahtod-Erfahrung« sieht und erlebt, wirklich gibt, so sollte man derartige Erlebnisse trotzdem nicht ohne Einschränkung »halluzinatorisch« nennen, weil sie sich nicht nur grundlegend von Wirklichkeitserfahrungen, sondern eben auch von gewöhnlichen Halluzinationen unterscheiden, die man im Wachzustand hat. So haben Menschen mit einer starken Neigung zu Halluzinationen keineswegs häufiger »Nahtod-Erfahrungen« als Personen ohne eine solche Disposition, und »Nahtod-Erfahrene« erleben keineswegs häufiger Halluzinationen als andere Menschen.

Aber diejenigen, denen beide Erfahrungen vertraut waren, hielten sie für zwei völlig verschiedene Phänomene – nach einer Umfrage waren es 93% der Befragten. Auch Personen, die nach einer »Nahtod-Erfahrung« während der Wiederbelebungsmaßnahmen halluzinierten, trennten die beiden Erlebnismodi scharf voneinander. Und ein Patient, der kleine Männchen »sah«, die um seine Beine krochen, war, nachdem er plötzlich aus seinem Körper getreten war, unvermittelt bei klarem Bewußtsein, und von den Männchen fehlte jede Spur. Schließlich sagte ein anderer, dem nach einer Operation Morphium gespritzt worden war, worauf er Halluzinationen hatte, diese seien von »traumartiger, unwirklicher Natur« gewesen und hätten »sich stark vom außerkörperlichen Erleben unterschieden«. Dies kann ich selber vorbehaltlos bestätigen, denn ich hatte während einer Zeremonie der »Neulebenshütte« der Südlichen Cheyenne in der Nähe von Watonga im westlichen Oklahoma am 12. Juni 1981 eine Erscheinung, nämlich die eines auf mich zufliegenden Weißkopfadlers, die sich, was den Erlebnismodus anbetrifft, sehr deutlich von meinen späteren »Nahtod-Erfahrungen« unterschied. Vermutlich hatte der hl. Augustinus eine solche Divergenz im Sinn, wenn er feststellte, daß wahre Visionen äußerst selten seien und nur dem gewährt würden, der »gewissermaßen sterbe« (*quodammodo moriatur*), d. h. »seinen Körper völlig verlasse« (*omnino exiens de corpore*) oder »sich aller körperlichen Sinne entäußere« (*alienatus a carnalibus sensibus*). Oder die hl. Teresa von Ávila, die verlautete, Halluzinationen und Erscheinungen – sie nennt sie »Vorspiegelungen« – seien nicht so »klar« und »unverwechselbar« wie das in der Entrückung Gesehene, vielmehr erschienen sie »halb wie geträumt«.[15]

Nun gibt es mindestens seit zweitausend Jahren Philosophen und Theologen, die bereit sind, zuzugestehen, daß man in der Tat bei einer Entrückung oder »Nahtod-Erfahrung« das Jenseitige nicht in seinem Wesen, d. h., wie es tatsächlich ist, sehen oder erkennen könne. So vertrat der im 5. oder 6. Jahrhundert lebende griechische Schriftsteller, der unter dem Namen Pseudo-Dionysios Areopagites berühmt wurde, in seinem Werk *De mystica theologia* die Lehre von der prinzipiellen Unsichtbarkeit Gottes auch in der Entrückung – selbst Moses habe in seiner Vision lediglich den Ort gesehen, wo Gott lebe, sowie dessen eingeborenen Sohn, nicht aber ihn selber. Augustinus war der Auffassung, Gott zeige sich bisweilen den Heiligen, wenn diese noch lebten, aber in einer Gestalt, die er für angemessen halte, während der Verfasser der *Vita* der flämischen Mystikerin Beatrijs Van Nazareth meinte, die Seele könne im dritten Himmel durchaus die »Substanz« Gottes sehen, was andere wie zum Beispiel Elisabeth von Schönau bezweifelten. Schließlich hegte auch Thomas von Aquin solche Zweifel und vertrat autoritativ den Standpunkt, sogar die Heiligen könnten Gott in seinem Wesen (*essentia*), also so, wie er ist, nur nach der Auferstehung schauen, was dann der höchsten Glückseligkeit gleichkomme. Auch Paulus habe bei seiner Entrückung nur »gewisse Gleichnisse« (*quasdam similitudines*) wie den »dritten Himmel und das Paradies« gesehen, was »der Schau der Seligen ähnlich« (*similis visioni beatorum*) gewesen sei, doch habe er mitnichten »so vollkommen geschaut wie die Heiligen in der ewigen Heimat« (*non ita perfecte vidit sicut sancti qui sunt in patria*). Dafür spreche auch, daß Paulus nicht wußte, ob er körperlich oder nur geistig entrückt worden war, worüber die Heiligen sich natürlich im klaren seien.[16]

Genauso argumentieren all die modernen »Nahtod-Forscher« und Theologen, die nicht bereit sind, zum Beispiel die US-amerikanischen Kitschparadiese à la Eben Alexander für bare Münze zu nehmen, und die damit auch die kulturelle Variabilität dessen erklären, was die »Seelenreisenden« erleben. So vertritt etwa ein Theologe die Auffassung, das Licht, das viele Entrückte im Tunnel sehen, sei ein »Zeichen für den nahen Gott« und markiere die Grenze, die wir erst im Tod überschritten. Der »Garten«, den sie betreten, stelle dagegen lediglich die irdische »Ausgestaltung« von etwas Transzendentem dar und ebenso die aus einem »feinstofflichen Substrat« bestehenden Personen, die ihnen dort begegneten. Auch ein bekannter »Nahtod-Forscher« und Psychiater glaubt, daß in solchen Erfahrungen »ein wirkliches Leben nach dem Tode hindurchschimmert« und die »Nahtod-Erlebnisse« eine »jenseitige Wirklichkeit in symbolischer Repräsentation widerspiegeln und zum Teil auch imitieren«, womit er wohl zum Ausdruck bringen will, daß das, was der »Seelenreisende« sieht und erlebt, zwar dem wirklichen Jenseits auf irgendeine Weise ähnelt, aber nicht mit ihm identisch ist. Desgleichen behauptet ein Traumforscher, es habe sich herausgestellt, daß »Nahtod-Erfahrungen« tatsächlich »Reisen zu vollkommen anderen Bereichen der Wirklichkeit« seien, die jedoch von unserem »Gehirn in bekannte Phänomene wie Blumen, Bäume, Wiesen und Menschen« übersetzt würden. Die wahre Wirklichkeit liege also »hinter der Vision« und könne vom »Seelenreisenden« nicht *direkt* wahrgenommen werden. Andere sprechen davon, daß das, was man sehe, »minimale Nachrichten« seien, die in verschlüsselter Form »herüberkämen« oder »herüberleuchteten«, es handle sich dabei um »Hinweise« auf Gott und »seine unsichtbare Welt« oder um ein »Zeichen dafür«, daß Gott während dieses Erlebnisses »bei uns« sei und ein ewiges Leben auf uns warte.[17]

Heutige Theologen, die in der Tradition der »Negativen Theologie« stehen, bezeichnen Gott und das Jenseits gerne als »x ignotum« – so wie Kant das »Ding an sich« –, d. h., alles, was uns begegnet, was wir wahrnehmen können, kann per definitionem nicht Gott oder das Jenseits sein. Aber hier liegt die Crux der Argumentation. »Es gibt die Dinge wirklich, unabhängig vom Bewußtsein.« Ist das eine Hypothese? Wie kann man freilich, so fragt Wittgenstein, »eine Hypothese aufstellen, wenn sie über jede mögliche Erfahrung hinausgeht?« Und wie können wir sagen, daß die Dinge in Wirklichkeit, unabhängig von der Wahrnehmung, anders sind, wenn wir gar nicht wissen können, *wie* sie sind, und wir sie deshalb nie mit dem Wahrgenommenen vergleichen können?

Es ist ja nicht so, daß Gott und das Jenseits sich nach dieser Auffassung gleichsam hinter einer Tür verbergen, zu deren Schloß wir keinen Schlüssel besitzen. So etwas meint offenbar einer der führenden »Nahtod-Forscher«, der empfiehlt, wir sollten uns nicht länger mit der Frage herumplagen, ob der »Seelenreisende« etwas Wirkliches erfahre, da wir einfach nicht über die Sinnesorgane verfügten, mit denen wir eine »external reality« jenseits unserer Wahrnehmungen erkennen könnten. Auch dieser Kardiologe sieht in der Wirklichkeit gleichsam einen Raum, den wir nicht betreten können, weil wir unfähig sind, die Tür, die zu ihm führt, aufzuschließen. Wie wir weiter oben gesehen haben, sind manche Theologen der Auffassung, daß wir erst nach dem Tode, wenn wir von unseren Sinnesorganen befreit sind, das Jenseits erkennen können, wie es »an sich« ist, eine Vorstellung, die eine oberösterreichische Sage veranschaulicht. In ihr verabreden zwei junge Mädchen, daß diejenige von ihnen, die als erste sterbe, der anderen erscheine, um ihr zu beschreiben, wie es im Jenseits aussehe. Wie versprochen erscheint die eine nach ihrem Tod der Freundin und sagt: »Es ist alles ganz anders, als wir geglaubt haben!« Dann verschwindet sie für immer.

Entgegen der Meinung des Kardiologen ist die Frage, ob das, was man während einer »Nahtod-Erfahrung« sieht, etwas Reales ist, eine sinnvolle, aber keine metaphysische, sondern eine ganz normale, »empirische« Frage. Offenbar ist das, was wir dabei sehen, häufig ein »verschlüsseltes« oder »maskiertes« früheres Erlebnis, so wie in Träumen zum Beispiel die Erinnerung an ein traumatisches Ereignis in das Bild eines Tsunamis transformiert wird, der einen überrollt oder wegschwemmt. Die Bilder der »Seelenreisen« werden nicht selten von den Betreffenden selber »demaskiert«, und so bin auch ich der Auffassung, daß hinter meinem eingangs geschilderten Erlebnis von den sterbenden Cheyenne meine Überzeugung stand, daß die Kulturen der ehemaligen berittenen Büffeljäger der nordamerikanischen Plains dem Untergang geweiht oder bereits untergegangen sind. Das bedeutet aber, daß »Nahtod-Erfahrungen« zwar keine gewöhnlichen Halluzinationen sind, aber dennoch im wesentlichen Pseudowahrnehmungen mit einem einzigartigen Realitätscharakter darstellen, die wir selber produzieren, auch wenn sie mitunter zutreffende »parapsychische« Informationen enthalten mögen.[18]

§ 17
Ähneln »Nahtod-Erfahrungen« intensiven Träumen oder Drogen-Erlebnissen?

So genau, wie von denjenigen, die sowohl »Seelenreisen« als auch Halluzinationen aus eigener Erfahrung kennen, die beiden Erlebnisse voneinander unterschieden werden, hebt man auch in allen Kulturen »Nahtod-Erfahrungen« und Visionen von Träumen ab, und zwar selbst dann, wenn für diese Erlebnisformen dasselbe Wort verwendet wird, so daß es näherer Erläuterungen bedarf, um zu verstehen, um was es sich jeweils handelt. So trennten die nordamerikanischen Schamanen unmißverständlich Träume und Halluzinationen von ekstatischen Erlebnissen, die keinen Traumcharakter hatten und bei denen der Betreffende leblos – und eben nicht schlafend – am Boden lag. Denn der Träumende atmete mehr oder weniger normal, zuckte und bewegte sich, er »lebte«, während der Entrückte »tot« war. Die Saulteaux am Berens River in Manitoba differenzierten strengstens zwischen Träumen vom Geisterreich und »Nahtod-Erfahrungen«, bei denen die Seelen (*ótcatcakwin*) den Leib verließen, den sie bisweilen unter sich liegen sahen, um dann tatsächlich das Land der Toten aufzusuchen.

Eine Cherokee-Frau, die während einer Krankheit ins »Nachtland« hinübergegangen war, wo die Toten sie allerdings wieder heimschickten, legte größten Wert auf die Feststellung, daß sie nicht geträumt hatte, was auch die Crow taten, obgleich sie für beide Erlebnisformen dasselbe Wort, nämlich *batsehiri*, benutzten. Die Oto sagten, bloße Träume seien »nicht wirklich« und »ohne Kraft«, was auch der Oglala-Sioux Schwarzer Hirsch bestätigte, wenn er zu den »Nahtod-Erfahrungen« anmerkte: »Es sind nicht bloße Träume, denn sie sind viel wirklicher und stärker.«

Nicht anders verhielt es sich in den übrigen Weltgegenden. So betonte die »Prophetin« (*peroveta*) Genakuiya der Orokaiva im östlichen Neuguinea, die nicht nur das Land der Toten und den Himmel besucht, sondern auch die Tore der Hölle durchschritten hatte, sie sei vor ihrem Erlebnis nicht eingeschlafen und es habe zu keinem Zeitpunkt einem Traum (*eturo*) geähnelt. Nachdem die *tena buai* der Lelet auf Neuirland eine Mixtur aus Baumrinden, Blättern und Ingwer zu sich genommen hatten, verloren sie das Bewußtsein und flogen in der Gestalt von Schmetterlingen und Schmeißfliegen, aber auch von Haien, Wildschweinen, Rochen und Schlangen in ferne Gegenden. Währenddessen lagen sie bewegungslos und anästhetisch »wie tot« auf dem Boden, und der einzige Unterschied zu einem wirklich Toten bestand darin, daß ihr Herz noch schlug. Zurückgekehrt, berichteten sie, ihr Erlebnis sei in keiner Weise traumartig, sondern völlig real gewesen. Schließlich unterschieden die Yanyuwa am nordaustralischen Carpentariagolf gewöhnliche und bedeutungslose Träume (*almirr*), Träume von außergewöhnlicher Bedeutung (*almirrngantharra*) und Visionen oder »Seelenreisen« (*mawurrangathana*), die einen Blick in die Welt der Geister und Ahnen (*ngabaya*, Pidgin *debil-debil*) bzw. eine Reise dorthin ermöglichten, wo sie ihre rituellen Lieder und Tänze lernten. Als ein »Seelenreisender« einmal zurückkam, konnte er zunächst nicht reden oder irgend jemanden erkennen, bis seine Mutter ihn mit Heilgesängen wiederhergestellt hatte.[1]

Als um das Jahr 1215 die *Vita* der Mary of Oignies niedergeschrieben wurde, brachte der Verfasser seine Sorge zum Ausdruck, der Leser könne »count the visyouns of Crystes mayden fantoms, or ellis, as youre maner is, scorne hem as dremes«, und etwas später unterstrichen sowohl der Dominikaner Robert d'Uzès, ein ehemaliger Straßenräuber, als auch die Zisterziensernonne und Mystikerin Gertrud von Helfta, sie hätten nicht geträumt, sondern »gesehen«.

Was ist also der Unterschied zwischen einem Traum und einem Gesicht? Im 14. Jahrhundert verwies Heinrich Seuse auf das, was die Mutter des hl. Augustinus ihrem Sohn gesagt hatte, daß nämlich »ain gemaine trom, der nut ze achten waz«, ein völlig anderes Erlebnis sei als »ain biltlich vision, dar an sich ze keren waz«. Er könne zwar den Unterschied nicht mit Worten benennen, aber jeder, der beide Erfahrungen mache, erkenne ihn auf der Stelle.

Wenn also der Gehirnforscher Gerhard Roth behauptet, von den »Nahtod-Erfahrenen« werde »die Traumartigkeit des Erlebens häufig hervorgehoben«, so ist genau das Gegenteil der Fall. So sagte beispielsweise eine Frau, die zum Ausgang des Tunnels gezogen wurde: »Ich weiß, daß es kein Traum war, Träume sind nicht so! Ich habe keinen Moment lang gedacht, daß es ein Traum sein könnte!«, und eine andere: »Alle sagen, es war nur ein Traum, aber ich weiß, daß Träume anders sind!« Schließlich stellte eine Italienerin, die fünf Tage lang im Koma gelegen hatte, fest: »Träume sind oft verschwommen und inkohärent, während das, was ich sah und hörte, von einer unheimlichen Klarheit war.« Eine Untersuchung im Schlaflabor ergab, daß der REM-Schlaf offenbar abbrach, als die Versuchsperson »ihren Körper verließ« und Theta- und Delta-Rhythmen auftraten, und dem entspricht die Tatsache, daß Personen, die eine »Außerkörperliche« oder »Nahtod-Erfahrung« machen, durchaus nicht das Gefühl haben, einen REM-Traum zu erleben. So gut wie alle, die solche Erlebnisse hatten, berichten, daß »Seelenreisen« ungleich klarer, eindringlicher, wirklichkeitsnäher, kontinuierlicher und weniger verschwommen, bizarr und fragmentarisch als die intensivsten Träume sind und deshalb bis in die Einzelheiten ein Leben lang im Gedächtnis behalten werden. Wie bereits im 6. Jahrhundert Papst Gregor der Große resümierte, finden solche »Reisen« »nicht etwa im Traum, sondern im wachen Zustand« statt, und wie im Wachen bleibt auch meistens das kritische Bewußtsein erhalten. So erzählte eine Frau nach ihrer »Nahtod-Erfahrung«: »Mein Verstand sagte mir: ›Ich kann doch Papi gar nicht sehen und mit ihm sprechen – er ist doch tot!‹ ... und doch sah ich ihn ganz deutlich.«[2]

Noch wesentlich häufiger als mit Träumen sind die »Nahtod-Erfahrungen« sowohl in der wissenschaftlichen als auch in der esoterischen Literatur mit den Erlebnissen verglichen worden, die durch die Einnahme sogenannter halluzinogener Drogen hervorgerufen werden. So behaupten zahlreiche Forscher, daß derartige Drogen wie zum Beispiel LSD, Meskalin, Marihuana, Ketamin, Phencyclidin, Ayahuasca usw. Erlebnisse bewirkten, die »eine frappante Ähnlichkeit mit Nahtod-Erfahrungen« aufwiesen und im besonderen Tunnel-Erlebnisse herbeiführten, die sich nicht von denen der »Seelenreisenden« unterscheiden ließen.

Davon kann freilich keine Rede sein, denn im völligen Gegensatz zur »Nahtod-Erfahrung«, die den Betreffenden gänzlich absorbiert und involviert, so daß er davon überzeugt ist, sich an einem vollkommen anderen Ort zu befinden, verändert sich im Drogen-Erlebnis die vertraute Umgebung lediglich, und zwar ohne daß man zuvor das Bewußtsein verliert. So legen auch diejenigen, die über beide Erfahrungen verfügen, großen Wert auf die Feststellung, daß »Nahtod«- und Drogen-Erfahrungen etwas Verschiedenes sind. Bei letzteren »there is a dream-like quality of watching yourself, but not really being part of what is going on. [...] When I took LSD in the past, I experienced going into a black hole and was able with intellectual choice to stop going through.« Zwar wurden in den sechziger und siebziger Jahren des vergangenen Jahrhunderts die durch LSD oder Meskalin verursachten Erlebnisse »trips« genannt, und man kann sie durchaus als »Reisen« in die *terra incognita* des Unbewußten verstehen, aber nur im übertragenen Sinne, während die »Seelenreise« als eine wirkliche Reise erlebt wird.

Geht beispielsweise jemand unter dem Einfluß von LSD in ein anderes Zimmer, dann kann er ohne weiteres *das Gefühl* haben, als durchquere er das Universum, aber weiß dabei stets, daß er sich in seiner Wohnung befindet und diese nicht wirklich verlassen hat. Ende der sechziger Jahre hatte ich auf einem »LSD-Trip« das Gefühl, endlos durch die mit Empire- und Biedermeier-Möbeln augestatteten Räume eines riesigen Gebäudes gewirbelt zu werden. Landete ich in einem Zimmer, öffnete sich alsbald eine seiner Wände, und ich fiel durch das Loch ins nächste Zimmer und so fort, aber mir war die ganze Zeit über vollkommen klar, daß ich mich in der Wohnung meines Freundes in der Heidelberger Großen Mantelgasse befand. Und nachdem ich im Jahre 1972 mit einem somalischen und einem deutschen Freund in Berlin »einen Trip eingeworfen« hatte, erlebte ich nach einer halben Stunde, als das LSD seine volle Wirkung entfaltete, einen »Todes-Trip«, während dessen ich gleichsam ins Gravitationsfeld des Todes geriet, der mich lockte und an sich heranzog und mir »sagte«, ich solle doch jetzt schon kommen. Ein Aufschub sei völlig zwecklos, denn irgendwann, vielleicht morgen oder in fünfzig Jahren, werde er mich ja doch holen. Aber obgleich es so war, wie wenn ich mich auf ihn zubewegte, zweifelte ich keinen Augenblick lang daran, bewegungslos auf einem Stuhl in einer Wohnung in der Charlottenburger Wielandstraße zu sitzen. Nicht anders verhielt es sich vier Jahre danach, als ich in Altona mit Hilfe von Stechapfelsamen aus dem Bett in die Wolken katapultiert wurde, aber während des gesamten »Fluges« ganz sicher wußte, daß ich im Bett lag.

Als Walking Thunder, eine spätere Medizinfrau der Navaho, nach der Einnahme von Peyote »hoch hinaus flog«, unterhielt sie sich während des gesamten »Fluges« mit dem neben ihr sitzenden Medizinmann und sagte ihm nach einer Weile, daß sie »langsam Angst bekäme«, weil sie plötzlich Leichen sah, die in ihren Särgen lagen. Und als bei einer Versuchsperson das eingenommene Psilocybin zu wirken begann, öffnete sich vor ihr eine riesige Höhle, deren Wände mit »geometrischen Mustern, wirbelnden Fraktalen in dunkelroten Farben« bedeckt waren. Die Szenerie hatte etwas Unheimliches, fast Dämonisches an sich und erinnerte den Mann an farbenprächtige psychedelische Bilder. Aber er erlebte sich nicht *in* der Höhle, sondern unterhielt sich mit den Neurologen und beschrieb ihnen all die bizarren und fremdartigen Dinge, die er sah.[3]

Während das bei einer »Nahtod-Erfahrung« Wahrgenommene meist so klar und deutlich ist, daß es fast durchweg für real gehalten wird, ist für den durch »halluzinogene Drogen« wie LSD, Psilocybin, Meskalin usw. verursachten »Trip« charakteristisch, daß das Gesehene, Vorgestellte oder Gedachte einer ständigen Fluktuation und Transformation unterworfen ist. Jeglicher Zusammenhang löst sich auf, die Dinge verändern ihre Größe und Gestalt, sie leuchten, glühen, pulsieren, wogen, fließen, alles »flackert, glitzert und sprüht wie ein Feuerwerk«. »Sturzbäche von Bildern« lassen einen »allen Halt« verlieren, und auch die Gedankengänge sind nicht mehr aufrechtzuerhalten und büßen jegliche Konstanz und Geradlinigkeit ein. Freilich erzeugen diese Drogen für gewöhnlich keine Halluzinationen, sondern verzerren und entstellen die normalen Wahrnehmungen, und im Gegensatz zu Halluzinationen, die meist innerhalb der normalen Umgebung auftauchen, transformiert sich auf dem »Trip« die gesamte Szenerie. Sehr treffend hat Albert Hofmann nach seinem ersten »Selbstversuch« am 19. April 1943 die Wirkung von LSD beschrieben: »Meine Umgebung hatte sich in beängstigender Weise verwandelt. Alles im Raum drehte sich, und die vertrauten Gegenstände und Möbelstücke nahmen groteske, meist bedrohliche Formen an. Sie waren in dauernder Bewegung, wie belebt, von innerer Unruhe erfüllt.« Die Nachbarin, die ihm die Milch brachte, verwandelte sich in »eine bösartige heimtückische Hexe mit einer farbigen Fratze. Aber schlimmer als diese Verwandlungen der Außenwelt ins Groteske waren die Veränderungen, die ich in mir selbst, an meinem inneren Wesen, verspürte. Alle Anstrengungen meines Willens, den Zerfall der äußeren Welt und die Auflösung meines Ichs aufzuhalten, schienen vergeblich.« Dennoch »war ich mir während der ganzen Dauer des Versuchs bewußt, im Experiment zu stehen, ohne daß ich allerdings aus der Erkenntnis meiner Lage heraus und bei aller Willensanstrengung fähig gewesen wäre, die LSD-Welt zu verscheuchen«.[4]

Allerdings gilt für die als solche erkannten Trugwahrnehmungen des »Trips« in besonderem Maße, was schon Schopenhauer über gewisse Visionen gesagt hat, nämlich: »Wenn der Seher derselben eine geschärfte Aufmerksamkeit auf sie richtet, pflegen sie zu verschwinden.« So berichtet ein Bewußtseinsforscher, er habe nach der Einnahme von Scopolamin gräßliche Fratzen und dergleichen gesehen, doch als er sie »angestrengt« anschaute, verflüchtigten sich »die Spukgestalten«. Und als ich im Jahre 1970 unter dem Einfluß von LSD die Heidelberger Sandgasse entlangging, verwandelte sich vor meinen Augen eine dort stehende Straßenbaumaschine in einen gutmütigen pflanzenfressenden Saurier. Aber als ich ihn konzentriert in Augenschein nahm, verwandelte er sich in die Maschine zurück.

Solche Transformationserfahrungen werden bisweilen als »Verzauberungen« empfunden, wie sie in den Märchen beschrieben sind, aber die »Trips« erzeugen auch sehr häufig Zustände der Derealisation und Depersonalisation, die ebenfalls so gut wie nie in »Nahtod-Erfahrungen« vorkommen, oder »Jamais-vu«-Erlebnisse. Schizophrene Patienten erzählen immer wieder, daß die Dinge, die sie sehen, und ihre Erlebnisse geheime Bedeutungen haben, daß alles mit ihnen persönlich zu tun hat und eine Botschaft für sie bereithält, ja, daß »tote« Dinge plötzlich »leben« und zu ihnen »sprechen«. Die Navaho-Mitglieder der »Native American Church« sagten dem Ethnologen, nach der Einnahme von Peyote erhielte alles um sie herum unversehens eine tiefe Bedeutung. Ein anderer Ethnologe berichtete, daß er bei den Piro im peruanischen Tiefland Ayahuasca zu sich nahm, worauf die Bäume und Pflanzen seiner realen Umgebung auf einmal eine »Ausstrahlung« wie Menschen hatten, und die Schamanen der Yebámasa am Río Piraparaná teilten mit, dieselbe halluzinogene Droge, die bei ihnen *cají ríama* heißt, bewirke, daß »die Dinge zum Geist eines Menschen sprechen«.[5]

Nun ist aber immer wieder behauptet worden, man könne gerade durch den Genuß von Ayahuasca oder Yagé (*Banisteriopsis caapi*) »Seelenreisen« in die entferntesten jenseitigen Gegenden unternehmen, was – wenn es wahr wäre – bedeuten würde, daß diese sogenannte »Ranke der Seele« oder »Liane des Todes« tatsächlich zu »Nahtod-Erfahrungen« führte, womit sie sich von halluzinogenen Drogen wie LSD oder Meskalin grundlegend unterschiede. Allem Anschein nach ist dem freilich nicht so, denn auch Ayahuasca bewirkt im wesentlichen solche Erlebnisse, die auch von den anderen Drogen her bekannt sind. Ayahuasca, so sagte ein drogenerfahrener Kashinahua der Ethnologin, »bringt dich dazu, daß sich alle Bilder laufend verändern«. Typischerweise huschen sich ständig verändernde geometrische Gebilde vorüber, die aber nach einer Weile zurückkommen, einfache kaleidoskopische Bilder entstehen, die wahrgenommenen Objekte transformieren sich unaufhörlich – so verwandelt sich das Tanzhaus in eine Anakonda, dann in einen schwarzen Jaguar und so fort, die Szenen wechseln schnell, man erlebt eine rasende Abfolge der Gefühle, einen blitzartigen Umschlag der Stimmung sowie eine Intensivierung der Töne und Farben, insbesondere von Rot und Orange. Bezeichnenderweise heißt es in den Schöpfungsmythen der Kashinahua am Río Curanja, in der primordialen Welt, *in illo tempore*, habe es keine Konstanz, sondern ständige Transformationen (*dami*) gegeben, alles verwandelte sich ständig in alles andere, alles war fortwährend im Fluß. In Wirklichkeit transformiert sich auch heute noch alles in rasender Schnelligkeit, doch das erkennt und erlebt man nur »unter Einwirkung der Liane (*nishi pae*)«, wenn der »Augengeist« (*bedu yushin*) den Körper verlassen hat. Dann besitzt er die Fähigkeit des »Wahren Sehens« (*uin kayabi-a*), während in der unwahren Wahrnehmung des Alltags die Wesen distinkt sind und bleiben. Deshalb sind die Menschen und Tiere in ihren Körpern gefangen und können nicht mehr miteinander reden. Auf dieselbe Weise sehen die Schamanen der Tatuyo am Río Vaupes die Welt, wie sie ursprünglich war und in Wirklichkeit immer noch ist.[6]

Auch der Schamane (*uwischín*) der Jívaro in der ekuadorianischen Montañaregion blickt mit Hilfe von *natem*, wie die Jívaro die von den Quechua als Ayahuasca bezeichnete Lianendroge nennen, in die »verborgene« oder »wahre Welt«, aber gleichzeitig nehmen sie ihre alltägliche Umwelt wahr, wie verzerrt oder fremdartig diese jetzt auch sein mag. So war sich zum Beispiel der Teilnehmer an einer Ayahuasca-Sitzung bewußt, daß er mit den anderen unter dem Einfluß der Droge in einem bestimmten Haus saß, aber die »Konturen lösten sich fortwährend auf, [und] es war [ihm] trotz größter Anstrengung nicht möglich, einen Punkt im Hausinneren anzuvisieren und mit dem Blick festzuhalten«. Auch ein anderer Ethnologe berichtet, daß er stets wußte, wo er sich befand, und daß es sich um ein »reines Spiel des Geistes mit sich selbst« handelte. Überdies gab es immer wieder »Pausen, in denen die Drogenwirkung zusammenzubrechen schien«, und selbst während eines späteren »Horrortrips«, auf dem es von »Finsterlingen« nur so wimmelte, verlor er nie den Kontakt zur Realität, in der er zum Beispiel die Taschenlampe anknipste, sich die Schuhe anzog und die Hütte verließ, um zu urinieren.

Ein weiterer westlicher Ayahuasca-»User« verglich einen »Trip« unter dem Einfluß dieser Droge mit einem Theaterbesuch – das Geschehen könne einen fesseln, aber man vergesse nie, daß man eine Vorstellung sieht. Nun könnte man meinen, eine solche Betrachtungsweise sei typisch für einen »rationalistischen« Beobachter der euroamerikanischen Zivilisation. Dem widerspricht indessen die Aussage eines Schamanen der Coyaima am Río Magdalena, der viele Jahre lang *yagé* und andere »halluzinogene« Pflanzen wie *chamico* (*Datura stramonium*) eingenommen hatte und der auch mit ansehen mußte, wie einige Initianden beim Genuß des Stechapfels starben. Als er nämlich eines Tages eine »Nahtod-Erfahrung« hatte und eine »Reise zum Licht« unternahm, die »algo como la muerte« war, erlebte er etwas vollkommen anderes als auf den Ayahuasca- und Stechapfel-»Trips«, die ihm dagegen wie bloße »Filme« vorkamen, durch die man kein »Wissen« erlangt.

Offenbar sind die Ayahuasca-Visionen äußerst fragil und störanfällig – so fanden die Séancen der Matsigenka-Schamanen ausnahmslos in völliger Dunkelheit statt, weil der geringste Lichtschimmer die Vision (*nesanotagantsi*) aufgelöst hätte, und auch die der Kashinahua wurden nie bei mondheller Nacht durchgeführt. Außerdem sind die Visionäre in hohem Maße beeinflußbar. Wurde ihnen bei den Siona am oberen Río Putumayo vor der Sitzung genau beschrieben, was sie sehen würden, leitete ein anderer Schamane die Betreffenden während ihres »Trips« mit seinen Liedern. So sang er ihnen vor, daß jetzt die »Jaguarmutter« komme, ihnen die Brust gebe und sage, daß sie sterben müßten. Verlor aber einer der Visionäre den verbalen Kontakt mit dem Schamanen, stürzte er in die Dunkelheit ab und sah Unerwartetes, das ihm Angst einjagte und verhinderte, daß er ein Schamane wurde, was offenbar nicht selten vorkam. Und die Kashinahua, die Ayahuasca ausschließlich in der schützenden Gruppe zu sich nahmen, hörten während des gesamten Drogenerlebnisses die Stimmen der Vorsänger, die sie mit ihren Gesängen (*nishi pae dewe*) stabilisierten und führten, damit sie nicht vom »Terror der Geisterwelt«, von den Bildern, »die mit unvorstellbarer Geschwindigkeit abliefen«, und den endlosen Transformationen überwältigt wurden, wobei ihnen nicht nur der Inhalt der Lieder, sondern auch die stereotypen Wiederholungen Sicherheit verliehen. Auch stärkten sie die Erholungspausen, die dann eingelegt wurden, wenn zwischendurch die Wirkung der Droge nachließ und man sich über das Gesehene austauschen konnte. Für gewöhnlich war freilich das Erlebte weitgehend standardisiert, denn als einmal ein Weißer, der an einer Séance teilnahm, ungewöhnliche Visionen hatte, waren die erfahrenen Vorsänger völlig hilflos.[7]

Freilich benutzten die Schamanen der Kashinahua bis in unsere Zeit nicht so sehr Ayahuasca, sondern Tabak (*dume*), und zwar den sogenannten »Azteken-Tabak« (*Nicotiana rustica*), der einen zehnmal höheren Nikotingehalt aufweist als das kultivierte *Nicotiana tabacum* und deshalb eine ähnliche »halluzinogene« Wirkung hat wie *Banisteriopsis caapi*. Aus diesem Grund wurde er bei den südamerikanischen Tiefland-Indianern nie zum Vergnügen geraucht, und die Schamanen (*pa' llerr*) der Amuesha im peruanischen Regenwald, denen schon als Säuglingen konzentrierter Tabaksaft neben der Muttermilch eingeträufelt wurde, damit ihr Organismus sich an ihn gewöhnte, warnten insbesondere vor dem *shellmeñ* mit den rosa Blüten, der ungemein stark und auch für erfahrene Schamanen lebensgefährlich war, weil er zu einer peripheren Lähmung der Atemmuskulatur führen konnte.[8]

Auch dem aus Muskatnuß oder Petersilie derivierten, aber vor allem synthetisch im Labor hergestellten Methylendioxymetamphetamin (MDMA), das vor gewissen Amphetaminabkömmlingen der wichtigste Ecstasy-Wirkstoff ist, sowie dem Kokain hat man nachgesagt, sie hätten schon zu »Außerkörperlichen Erlebnissen« und »Nahtod-Erfahrungen« geführt, aber solche Etikette hat man auch leichten Schwebegefühlen angehängt, die nach der Einnahme von Beruhigungsmitteln oder als Reaktion auf ergreifende Musik aufgetreten sind. So berichtete ein »User« der Yuppie-Droge Ecstasy, er sei durch einen spiralförmigen Tunnel gejagt, an dessen Ende sich ein weiterer Tunnel geöffnet habe und so fort, wobei Bilder auftauchten, die ständig ineinander übergingen und zur Unkenntlichkeit verschwammen. Und bei einem anderen

»bildete« die Rave-Musik »bei geschlossenen Augen bunte Tunnel, in welchen [er] sich mit Lichtgeschwindigkeit fortbewegte. Doch sobald [er] die Augen öffnete, war alles wie aufgelöst«, und die Erlebnisse hatten auch, wie die Betreffenden mitteilten, keinerlei nachhaltige Wirkung. Es bedarf keiner aufwendigen Argumentation, um zu erkennen, daß es sich in diesen Fällen nicht um »außerkörperliche Seelenreisen«, sondern um mehr oder weniger intensive Tagträumereien handelt, denn echte Halluzinationen geschweige »Nahtod-Erfahrungen« treten nach Einnahme von MDMA nie auf, und Metamphetamine führen bei sehr hoher Dosierung zwar zu psychotischen Zuständen, Angst, Panik und Trugwahrnehmungen, die aber meistens den Charakter von visuellen und taktilen Pseudohalluzinationen haben.

Kokain wiederum ist ein Verstärker des Neurotransmitters Dopamin und fördert bei mäßiger Dosierung Wachheit und Konzentrationsfähigkeit sowie durch eine Deaktivierung der Amygdala euphorische Zustände, weshalb es als Stimmungsaufheller geschnupft wird. Bei sehr hoher Dosis treten dagegen häufig Makro- und Mikroskopie, Paranoia, Beziehungswahn sowie Trugwahrnehmungen auf, die allerdings »ohne Wirklichkeitseindruck« sind und »farbige Schatten bleiben«. Nach einer solchen Überdosierung befand sich eine Juristin plötzlich in völliger Dunkelheit und hörte ein lautes Dröhnen. Als sie zudem am ganzen Körper gelähmt war und sich nicht mehr bewegen konnte, geriet sie in Panik und erlebte einen Lebensrückblick, der offenbar durch ihre Todesangst ausgelöst wurde.[9]

Nun kann man aber in jeder zweiten Publikation zum Thema lesen, daß mehr als jede andere Droge die Arylcyclohexylamine Ketamin und das ähnlich wirkende Phencyclidin »Nahtod-Erfahrungen« hervorrufen könnten. So behauptet zum Beispiel einer der bekanntesten »Nahtod-Forscher«, der selber noch nie eine »Nahtod-Erfahrung« hatte, Ketamin »can sometimes induce experiences that reproduce many of the essential features of transcendent Near-Death Experiences«, und er schildert ein eigenes Derealisationserlebnis auf einem Ketamin-»Trip«, das freilich ganz und gar nicht einer »Nahtod-Erfahrung« entspricht. Dabei habe er sich nämlich in einem bedeutungs- und seelenlosen Universum wiedergefunden, in dem die Menschen keine wirkliche Lebewesen, sondern Projektionen auf einer Leinwand waren, und er habe »erkannt«, daß es gar keine echten Menschen, sondern lediglich Trugbilder gab. In der Tat sind Derealisations- und Depersonalisationserlebnisse ganz typische Ketamin-Phänomene. So fühlte sich eine Frau als Puppe, und zwar als eine Matrjoschka, in der sich viele kleinere Puppen befinden, und ein Mann sagte, sein ganzer Körper habe sich »wie trockenes Verpackungsmaterial« angefühlt. Eine Versuchsperson verspürte wie der oben erwähnte »Nahtod-Forscher« »ein sehr starkes Gefühl, daß alle Dinge nur eine Imitation der Realität sind«, und in einer anderen Studie kreuzten auf dem Fragebogen 71 % der Versuchspersonen »Ich hatte das Gefühl, es sei alles um mich herum unwirklich« an. Wiederum andere fühlten sich von der Welt »total abgeschnitten« oder waren der festen Überzeugung: »Es gibt mich nicht mehr!«, wobei zu diesen Unwirklichkeitsgefühlen sicher die Tatsache beiträgt, daß sämtliche Dinge und Personen »cartoon-like figures moving on the computer screen« sind. »Ketamine visions«, so sagte eine Frau nach ihrem »Trip«, »go from 3D to 2D. They run very quickly. Do you know when you take a picture? Ketamine has the same click, click, click effect and everything becomes flat, like in a photograph.«

Aber nicht nur solche Wahrnehmungen und Gefühle sind völlig untypisch für »Nahtod-Erfahrungen«, sondern auch die häufig unangenehmen bizarren und kaleidoskopartigen Pseudohalluzinationen und die phantastisch gefärbten, pulsierenden Muster, mandalaartigen Figuren und geometrischen Formen, wie sie charakteristisch für die LSD-, Psilocybin- oder Ayahuasca-Erlebnisse sind: »Wilde Angst überwältigte mich. Ich konnte nichts mehr kontrollieren. Ich war einem diffusen Wechsel von Bildern und Phantasie ausgeliefert. Nichts konnte ich festhalten. Sobald ich versuchte, aufkommende Bilder oder teilweise Worte zu fixieren, waren sie schon wieder verschwunden.«[10]

Weil zahllose Gedankenfetzen gleichzeitig auf sie eindringen oder Gedanken einfach abreißen und zudem die Sprachfähigkeit, das Gedächtnis und das Konzentrationsvermögen stark beeinträchtigt sind, geraten die Betreffenden meist in eine völlige Verwirrung oder Panik. In der Mehrzahl der Fälle haben sie hinterher nur noch vage Erinnerungen an das Erlebte oder gar keine, was in der Ketamin-Szene »the K-hole« genannt wurde: Was »auf Ketamin passiert«, so sagte ein Konsument, ist »schwer zu sagen, weil man sich hinterher so schlecht erinnern kann. Ein Bungeesprung in den Tod, vielleicht.« Und ein anderer erinnerte sich ebenfalls nur noch daran, daß er »ein Grauen vor dem

Tod« erlebt hatte und sich ganz sicher war, daß er sterben müsse. Entsprechend hieß es in der Szene, daß jeder, der einmal Ketamin genommen habe, dies kein zweites Mal tun würde, was auch eine Ärztin bestätigte, die sagte, sämtliche mit Ketamin narkotisierten Patienten hätten ihr von grauenhaften Erlebnissen berichtet, die sie nicht noch einmal haben wollten.

Aber gibt es nicht zahlreiche Berichte von Personen, die unter dem Einfluß von Ketamin »Außerkörperliche Erlebnisse« hatten? So sagte ein »User«, er habe das Gefühl gehabt, »als ob [er] irgendwo rumschweben würde«, und ein anderer erinnerte sich: »Dann rase ich tief in der Erde wie in einer engen Röhre dahin. Ich bekomme das Gefühl, durch die Röhre hindurchgepreßt zu werden, wie man einen Bissen durch die Speiseröhre quetscht.« Schließlich gab der englische Neuropsychologe Richard Gregory dem Versuchsleiter zu Protokoll, es fiele ihm zwar sehr schwer, das, was er er erlebe, in Worte zu fassen, aber es sei so, »wie wenn [er] fiele«. »Es ist, als ob ich durch einen Vorhang nach dem anderen fiele, von roter und grüner Farbe, unendlich viele. Ein seltsames Gefühl zu fallen – hinunter, hinunter, hinunter. Alles ist turbulent, und ich habe das Gefühl, unter Wasser zu sein. [...] Ich sinke hinunter, hinunter, als ob ich mich in einer seltsamen Quelle befände.« Dabei war es ihm so, wie wenn sein Leibesinnere aus Plastilin bestehe, und er »empfand es beinahe [»almost«] so, als ob [er] schwebe«.

Freilich geht aus sämtlichen Ketamin-Berichten hervor, daß die Betreffenden nicht wirklich ein »Außerkörperliches Erlebnis« haben, sondern Empfindungen, *als ob* sie schwebten oder fielen, und dies den anwesenden Personen wie auf einem LSD- oder Ayahuasca-»Trip« mitteilen können, wenn ihnen auch häufig das Reden schwerfällt. So sagen sie ebenfalls, daß die »Bezüge zur realen Umwelt« stets »da« seien und daß sie das Gefühl hätten, einen »hammerharten Film«, aber eben nur einen Film, anzuschauen. Und wenn sich vor ihren Augen Mandalas formen, »durch die [sie] wie durch Tore hindurchgleiten«, oder wenn sie »durch farbige, plastische Räume gezogen« werden, dann handelt es sich durchweg um Bilder und Geschehnisse, die nicht für wirklich gehalten werden, weshalb man zu Recht gesagt hat, daß die Ketamin-Erfahrung »a far cry from Near-Death Experiences« sei.[11]

Nicht wesentlich andere, aber noch grauenhaftere Wirkungen als Ketamin entfaltet das viel stärkere und länger wirkende Phencyclidin

(PCP), in der Szene »Angel Dust« oder »Crystal« genannt, das ich selber Ende der sechziger Jahre mit Haschisch, Marihuana und LSD verschnitten unter dem Namen »Love Boat« als Joint geraucht bzw. als Flüssigkeit getrunken habe. Von diesen Erfahrungen her kann ich sagen, daß die Erlebnisse, die durch die »Horror-Droge« Phencyclidin ausgelöst werden, nämlich eine Dämonisierung der Umgebung, in der man sich gerade befindet, eine endlose Metamorphose der Szenen und Objekte, das Gefühl absoluter Einsamkeit und ewiger Getrenntheit von den anderen Menschen, die Auflösung jeglicher Kontexte und Bedeutungen, völlige Verwirrtheit usw., entgegen der oft vorgebrachten Behauptung nicht die geringste Gemeinsamkeit mit »Nahtod-Erfahrungen« haben, wenn auch nicht selten das Körpergefühl vollkommen verlorengeht. Ein junger Mann berichtete, wie er seinen Körper nicht mehr fühlte und es um ihn herum dunkel wurde: »Und es war wie die Ewigkeit. Da war eine Leere, voll von unglaublichem Leid und Schmerz. Es schien für immer zu sein. Ich weiß, was die Hölle bedeutet, denn das war die Hölle! Es war das Fehlen von allem: Die Abwesenheit von Liebe und anderen Gefühlen, einfach eine vollkommene Leere. Ich werde dieses Leid nie vergessen! Dabei war es überhaupt kein körperlicher Schmerz. Das war so beängstigend. Es war ein emotionaler, psychischer und spiritueller Schmerz.«[12]

§ 18
Iboga, Nachtschattenpflanzen und
Temporallappen-Epilepsie

Sprechen nun auch sämtliche Untersuchungen dafür, daß »halluzinogene« Drogen »Nahtod-Erfahrungen« nicht nur nicht fördern, sondern geradezu verhindern, so kann es freilich vorkommen, daß gewisse Pflanzen und Pilze wie Stechapfel, *Tabernanthe Iboga,* Fliegenpilz oder Gewächse der Gattung *Virola* bei besonders hoher Dosierung eine Bewußtlosigkeit herbeiführen, während der die Betreffenden eine »Seelenreise« unternehmen, die keineswegs den Charakter eines normalen Drogenerlebnisses hat. So heißt es über gewisse Schamanen der Baniwa am oberen Río Negro, daß sie so lange *pariká* (*Virola calophylla*) schnupften, bis sie ohnmächtig zusammenbrachen und »wie tot« (*maliume*) dalagen. Dies nannten die Baniwa »das Sterben«. Wenn die Schamanen wieder zu sich kamen, berichteten sie davon, daß die Geister sie die *pariká*-Treppe hinaufgeführt oder daß Kuwai, »der Eigentümer der Krankheit«, seine Nabelschnur herabgelassen hatte, an der sie in den »Bauch des Himmels« kletterten, um die Seelen der Kranken zurückzuholen. Offenbar war eine solche Überdosis der »Blätter des Todesengels«, wie das Gewächs genannt wurde, alles andere als ungefährlich, denn die Waiká sagten dem Ethnologen, allein in der letzten Zeit seien drei ihrer Schamanen an dem Schnupfpulver gestorben, also nicht mehr aus der Bewußtlosigkeit zurückgekehrt. Und auch Ayahuasca scheint – in allerdings seltenen Fällen – während der Ohnmacht zu »Außerkörperlichen Erlebnissen« geführt zu haben, denn ein Schamane der Piro im peruanischen Tiefland teilte dem Ethnologen mit, in diesem Zustand könne er an jeden möglichen Ort reisen, »aber die Leute, die du besuchst, können dich nicht sehen«.

Wie die anderen »halluzinogenen« Drogen bewirkt auch der Fliegenpilz sich ständig verändernde Pseudohalluzinationen, die Unfähigkeit, Gedanken festzuhalten, Zustände der Depersonalisation und Derealisation, Beziehungswahn usw., doch der Bezug zur realen Umgebung bleibt ebenfalls vollständig erhalten. So gab eine Frau zu Protokoll, sie sehe, wenn sie die Augen schließe, eine »wunderschöne Landschaft mit

Pilzen, die sich in Blumen verwandeln – alles dreht sich wie im Karussell. Da öffnet sich ein pulsierendes Loch, und wieder ziehen Pilze an ihr vorbei, Baumstämme, Moos, Beeren Wacholder.« »So, ich habe leider Gottes meine schöne Landschaft für einen Moment verlassen und Licht machen müssen, weil das Tonband aus war [...]. Habe einen Tee getrunken. Werde jetzt gleich noch eine Zigarette rauchen und dann schauen, wie das weitergeht.« Darauf schaltete sie das Licht wieder aus und das Tonband an und befand sich sogleich erneut in ihrem Pilzwald, der sich laufend weiter veränderte. Bei den Ostjaken am Wasjugan gab es indessen anscheinend Schamanen, die so viele Fliegenpilze (*panx*) aßen, bis sie das Bewußtsein verloren und zu Boden stürzten, um anschließend, nachdem sie wieder zu sich gekommen waren, von den Ereignissen ihrer »Reise« zu singen. Doch galt es in zahlreichen sibirischen Ethnien als ein Zeichen von Unvermögen und Schwäche, wenn ein Schamane es nötig hatte, Hilfsmittel wie Fliegenpilze oder psychotrope Pflanzen zu benutzen.[1]

Die nördlich des Ogowe lebenden Fang und die im Südosten von Lambarene ansässigen Apinyi benutzen die aus der zur Familie der Hundsgiftgewächse gehörenden Pflanze *Tabernanthe Iboga* gewonnene Droge, deren stärkstes Indol-Alkaloid das Ibogain ist, »um zu sterben« und »die Toten zu sehen«. Nicht selten sterben die Initianden (*banzie*, »Engel«) des Bwiti-Kultes, die eine vierzig- bis sechzigmal höhere Dosis des einst von den Gabun-Pygmäen (Bekwi) übernommenen Iboga einnehmen als die übrigen Kultteilnehmer, tatsächlich, da die Droge bisweilen zunächst zu Krämpfen und dann zu Lähmung und Atemstillstand führt. Bevor die Initianden die Droge zu sich nehmen, schlägt ihnen einer der Kultleiter mit einer Blume auf den Kopf, damit ihre Fontanelle sich öffnet und ihr »Schatten« sich auf den »Pfad der Geburt und des Todes« begeben kann. Endgültig »bricht« ihnen dann das Iboga »den Schädel« auf, und ein Ahne erscheint, um sie in die »Höhle des Lebens« zu geleiten.[2]

Wenn die Initianden zusammenbrechen und das Bewußtsein verloren haben (*abwing nlo*), geht man im allgemeinen davon aus, daß der Führer des »Schattens« gekommen ist, aber um ganz sicher zu sein, werden die jungen Leute mit Nadeln gestochen, um zu überprüfen, ob sie noch irgendeine Reaktion zeigen. Hat ein *banzie* völlig die Verbindung zur Wirklichkeit verloren, ist dies das Zeichen dafür, daß der Ahne seine Seele abgeholt hat und sie durch einen düsteren Urwald ins Land der Toten geleitet. Ein junger Mann, der durch seine »Nahtod-Erfahrung« vom christlichen Glauben abkam, berichtete, er habe sich seinen Weg durch den tiefen Wald gebahnt, bis er zu einem Grenzbaum aus schwarzem Eisen kam, wo bereits zahlreiche Menschen versammelt waren, die nicht weiterkonnten. Er sah, daß es ein Stück weit hinter der Grenze sehr hell wurde, als sein verstorbener Vater in der Gestalt eines Vogels herangeflogen kam und ihn mit hinübernahm. Sie kamen durch verschiedene von Geistwesen bevölkerte Gegenden, als er plötzlich einen Schmerz in der Schulter verspürte und sein Vater ihm sagte, daß er jetzt schleunigst zurückmüsse: »Ich war weit genug gegangen. Wenn jemand noch weiter ginge, könnte er nie mehr heimkehren.« Und ein anderer Initiand wurde von seinem Geisterführer zum Dorf der Verstorbenen geleitet, das aus einer einzigen riesigen Hütte bestand. Der Geist öffnete das Tor und führte ihn in einen gigantischen Saal, in dem eine Schlange von ungeheurem Ausmaß sowie zum Skelett abgemagerte und verkrüppelte Vorfahren, die Grimassen schnitten, an ihm vorüberzogen. Deren Häuptling fragte den vor Angst zitternden jungen Mann: »Was willst du hier?« Worauf dieser antwortete: »Ich will den Bwiti sehen!« »Du willst den Bwiti sehen?« sagte der Alte. »Also gut! ... der Bwiti, das ... bin ich!« Einen Augenblick später löste er sich in nichts auf, und der Initiand kam zu sich.[3]

Eine ganz ähnliche Wirkung können Nachtschattendrogen entfalten, wenn sie in sehr hoher Dosierung eingenommen werden. Schon vor hundert Jahren berichtete der schwedische Forschungsreisende Erland Nordenskiöld von den Itonama, daß deren Schamanen und Schamaninnen mit Hilfe von *floripondio*, der mit dem Stechapfel verwandten *Brugmansia vulcanicola*, das Bewußtsein verloren, worauf ihre Seele Reisen in weit entfernte Gegenden unternahm, und auch die künftigen Schamanen der Chumash an der südkalifornischen Küste fingen nach der Einnahme von *momoy* (*Datura wrightii*) zunächst an heftig zu zittern, worauf sie in Ohnmacht fielen und ebenfalls weite Seelenflüge unternahmen, die anschließend von erfahrenen Schamanen interpretiert wurden. Aber wie das Iboga galt auch der Stechapfel als lebensgefährlich und führte nicht selten in den Wahnsinn oder zum Tode. Meist lernten die Neophyten auf diesen Flügen ihren Schutz- und Hilfsgeist kennen, dessen Bekanntschaft auch gewöhnliche Chumash machen mußten. Denn wenn ein Verstorbener nie im Leben durch *momoy* ins Koma gefallen und seinen Schutzgeist erhalten hatte, konnte er die Gewässer des Todes nicht überqueren, und der Zutritt zum Totenland Shimilaqsha blieb ihm verwehrt. Sogar bei den Hopi, deren Kultur der Ekstase und »Seelenreisen« ablehnend gegenüberstand, gab es in der Vergangenheit einige Zeit lang eine schamanistische Gesellschaft namens Poswimkya, deren Mitglieder den Stechapfel zu sich nahmen, was sämtlichen Hopiwerten und gesellschaftlichen Normen ebenso widersprach wie die Praxis der Heilergesellschaft Yayaat, deren Schutzgeist der Falke war und von deren Mitgliedern es hieß, daß sie über Berg und Tal in Regionen flogen, die noch kein Hopi jemals gesehen hatte. Heute nennen die Hopi den Stechapfel (*tsimona*) »das böse Gras«, und Stechapfelsamen zu essen oder den Saft zu trinken gälte als extrem *kahopi*, d. h. »unhopihaft«.

Im altpersischen *Dēnkard* wird dem Jenseitsreisenden Vištasp eine Mischung aus dem heiligen Saft *hōm* und Bilsenkraut (*mang*) eingegeben, worauf er wie »eine seelenlose Leiche« daliegt. Und etwas ausführlicher verlautet das *Paḥlavi Rivāyat*: »Als er das Getränk zu sich genommen hatte, wurde er auf der Stelle bewußtlos, und sie führten seine Seele ins Paradies.« Mit Hilfe dieses Nachtschattengewächses soll nicht nur Zarathuštras königlicher Schirmherr Vištasp dorthin gelangt sein, vielmehr liegt im *Buch des Ardā Wirāz* ein Gerechter namens Wirāz offenbar nach dem Genuß von *mang* sieben Tage und Nächte besinnungslos auf seinem Lager im Feuertempel, während seine Seele sich im Paradies aufhält.[4]

Sehr häufig hieß und heißt es, daß die Nachtschattendrogen und insbesondere der Stechapfel den Konsumenten wahnsinnig werden lassen und ihn dadurch in den Tod treiben. Die Huichol und die Tarahumara billigten den Gebrauch von *kiéri* (*Datura meteloides* und *stramonium*) bzw. von *rikúhuri* (*Datura inoxia*) keineswegs – dies waren die Pflanzen des Wahnsinns und des Todes, *la yerba del diablo*, die diejenigen, die sie zu sich nahmen, auf hohe Felsen trieb, von denen sie sich in den Tod stürzten, weil sie glaubten, sie könnten fliegen, oder die Betreffenden liefen völlig verwirrt in die Wildnis, wo sie verhungerten und verdursteten, während andere das Bewußtsein verloren und nie wieder zu sich kamen. So trank einst ein Schamane der Mohave *Datura* und ertrank anschließend im Colorado, und die Jívaro erzählten von Schamanen, die nach dem Genuß des Stechapfels (*maikua*) ebenfalls in Flüssen untergingen oder von Klippen sprangen, weshalb er für gewöhnlich von den Schamanen gemieden wurde. Die Huichol sagen, der »Stechapfelmann« Kiéri Téwiyári sei einst der ebenso mächtige wie bösartige und gefährliche Gegenspieler des Peyote-Protoschamanen Kauyúmári gewesen, und er ist es heute noch, der diejenigen, die den Fehler begehen, *kiéri* zu sich zu nehmen, mit wunderschönen Melodien anzieht, worauf die Betreffenden sich hoffnungslos in den Bergen verirren und jämmerlich umkommen.

»Nur ganz starke Menschen«, so sagten die Jívaro der ekuadorianischen Montañas, treten mit Hilfe des Stechapfels (*maikua*) in die »wahre Welt« hinüber, und sowohl die Ayahuasca-Schamanen (*kamarampi shinkitachariva*) als auch die des Tabaks hielten bei den Matsigenka den Stechapfel (*'saaro*) einfach für viel zu stark und gefährlich, um ihn für eine Reise ins »Land der Unsichtbaren« zu verwenden. Fast alle Schamanen, die der Ethnologe daraufhin befragte, sagten, sie hätten ihn nie oder höchstens ein einziges Mal zu sich genommen (*nopinkake*, »Ich habe Angst!«), er sei ein »Gift« (*okepigate*), das die Selbstmörder benutzten, und selbst wenn man nicht sterbe, verliere man jegliche Selbstkontrolle und laufe sinn- und kopflos durch den Urwald, weshalb einer seiner Namen *pogemparora pishiganaka*, »Du-nimmst-es-und-du rennst weg«, lautet.

Dieselbe Wirkung hat der Stechapfel auf die Angehörigen unserer eigenen Kultur. So lief ein Jugendlicher – von Dämonen verfolgt – panisch und ziellos durch den Wald und entfachte einen Brand, nachdem er Streichhölzer entzündet und sie auf seine imaginären Verfolger geworfen hatte. Auf Korsika hieß es, daß manche der *mazzeri* genannten Personen nachts Stechapfel, Belladonna (Tollkirsche) oder Mandragora zu sich nahmen, worauf sie in eine Art Dämmerzustand gerieten und in die Wildnis hinausliefen. Eine *mazzera* erzählte, sie habe zwar hinterher keine klare Erinnerung an das, was sich dabei zugetragen hatte, aber sie sei oft erschrocken, wenn sie feststellte, daß ihr Kleid von der Macchia zerrissen und vom Tau durchtränkt worden war. Und ein Mann aus dem Dorfe Chera berichtete, er habe mehrfach beobachtet, wie seine Frau in der Nacht in aufgelöstem Zustand aus dem Haus gelaufen und am nächsten Morgen völlig erschöpft heimgekommen sei. In der südlichen Bretagne wurde *Datura stramonium* das »Kraut der Verwirrung« genannt, aber auch »Irrkraut« (*herbe d'égare*) oder »Kraut des Vergessens« (*herbe d'oubli*), weil diejenigen, die davon gegessen hatten, völlig desorientiert losliefen und anschließend nicht mehr heimfanden. Auch konnten sie sich nicht mehr an das erinnern, was ihnen widerfahren war, und sie waren nicht mehr in der Lage, bestimmte Schwellen zu überschreiten, zum Beispiel Türschwellen, Zäune oder Furten. Ähnlich erging es mir selber um die Mitte der siebziger Jahre beim ersten von zwei »Stechapfeltrips«. Beim ersten Erlebnis bildete sich plötzlich um den griechischen Freund, mit dem ich die Samen von *Datura stramonium* gegessen hatte, und mich eine Art magischer Kreis, den wir nicht überschreiten konnten und jenseits dessen dämonische Gestalten umhertanzten und mit kalten, bösen Augen zu uns herüberglotzten. Und beim zweiten Versuch schwebte ich nach der Einnahme von Samen der *Datura meteloides* zunächst langsam aus dem Bett, um dann immer schneller in die Höhe zu schießen. Damals hielt ich fälschlicherweise das Erlebnis für eine »Außerkörperliche Erfahrung«, was es freilich nicht war, denn ich war mir die ganze Zeit über bewußt, daß ich in Wirklichkeit in einem Bett in Altona lag.[5]

Charakteristisch für die durch die Einnahme von Nachtschattendrogen bewirkte Atropin- und Scopolaminvergiftung und die daraus resultierende Hemmung des Neurotransmitters Acetylcholin sind neben der Orientierungslosigkeit und den unkoordinierten Bewegungen, die häufig dazu führen, daß die Betreffenden zu Boden stürzen, »Nebelsehen«, Verzerrungen des Wahrgenommenen zu grotesken Formen und Gestalten, sogenannte »Liliput-Halluzinationen« (Mikroskopie) sowie Bewegungsdrang, der ein zielloses Weglaufen mit sich bringt, und eine weitgehende Amnesie mit Erinnerungsfetzen. Letzteres wurde auch von den Schamanen der Waldjuraken berichtet, die nach dem Genuß von Fliegenpilzen, die sie »die sinnlos machenden Pilze« nannten, ohne Sinn und Verstand in den nächtlichen Wäldern umherirrten, um sich hinterher nur noch diffus an das Geschehene zu entsinnen.[6]

In den Hochanden heißt *Datura stramonium* zwar einerseits »Wahnsinnsbringer« (*chamico*), aber man sagte auch von einem Schwachsinnigen *le han dado chamico*, »man hat ihm den Stechapfel gegeben«, denn durch Verabreichung von *Datura* konnte man jemanden nicht nur töten und in den Wahnsinn treiben, sondern auch zum willenlosen Trottel machen. Nachtschattenpflanzen im allgemeinen und Stechapfel im besonderen lähmen die Willenskraft und führen zu einer extremen Leutseligkeit, in der die Betreffenden alles ausplaudern, weshalb sie als »Wahrheitsdrogen« verwendet wurden. Gleichzeitig bewirken sie ein unterwürfiges und widerstandsloses Verhalten, weshalb *chamico* von den Andenbewohnern und *toloatzin* von den Azteken dazu benutzt wurde, Frauen sexuell verfügbar zu machen, zumal der Stechapfel die Libido verstärkt und Männern zu lang anhaltenden Erektionen verhilft. Bereits im Jahre 1485 empfahl Johannes Wonnecke von Cube in seinem *Hortus sanitatis* den Genuß von Bilsenkraut demjenigen, »der nit zu schaffen haben mag mit syner frauwen«, und seit der Stechapfel sich ab dem 16. Jahrhundert auch in Europa verbreitete, war bekannt, daß er »eine schamlose Geilheit« hervorrief. Die Zuñi sagten, *Datura meteloides* führe besonders bei den Frauen zu einer sexuellen Enthemmung, wobei ich nicht entscheiden möchte, ob diese »Enthemmung« nicht eher als Willenlosigkeit bezeichnet werden sollte, die durch den Stechapfel verursacht wurde. Jedenfalls ist bekannt, daß die Inder aus diesem Gewächs schon seit langer Zeit eine Art K. o.-Tropfen herstellen, der es ihnen erlaubt, ihr Opfer auf problemlosere Weise zu vergewaltigen.[7]

Haben also jene durch Nachtschattendrogen erzeugten Erlebnisse, bei denen trotz aller Konfusion und Orientierungslosigkeit der Kontakt mit der Wirklichkeit nicht abbricht, auch wenn diese in verzerrter Weise wahrgenommen wird, keinerlei Ähnlichkeit mit »Nahtod-Erfahrungen«, so gilt ein Gleiches für die Aura der Temporallappen-Epileptiker und der Migräne-Kranken, obwohl immer wieder das Gegenteil behauptet wird.

Eine Patientin sagte, unmittelbar vor dem Einsetzen der Aura sei alles wie »kurz vor einem Gewitter. Da sehen die Bäume so aus wie sonst, und sie sehen doch anders aus«, es liegt, so ein anderer Patient, eine »Spannung« in der Luft, »ein undefinierbares Gefühl von Bedrohung«, das sich zu einer »schrecklich quälenden Todesangst« steigern kann. Was sich dann aber in der Aura entfaltet, unterscheidet sich völlig von den »Nahtod-Erfahrungen«, ähnelt aber in vielerlei Hinsicht den Erlebnissen, die durch »halluzinogene« Drogen erzeugt werden. So berichtete eine Frau, daß in der Aura Sterne, Paradiesvögel, Rosen und farbige Muster um sie herumgewirbelt seien, immer schneller und schneller, wie wenn sie in einem Karussell gesessen hätte, wobei sie sich zunächst »unendlich beglückt« gefühlt habe. Dann aber kam die Angst, sie fühlte sich wie ein nasses Tuch, das ausgewrungen wurde, und sie hatte das Gefühl, das Ende der Welt nahe, worauf sie »erkaltete und erstarrte«. Dabei habe das ganze Geschehen »nur Sekunden oder Bruchteile davon« gedauert. Andere berichten von ständigen Transformationen des Wahrgenommenen, von einer Verzerrung dessen, was man sieht, insbesondere der Gesichter der anwesenden Personen, und davon, daß alles schneller abläuft, daß zum Beispiel die Menschen sich viel schneller bewegen als in Wirklichkeit. Meist sind die Pseudohalluzinationen fragmentarisch, von kurzer Dauer und stereotyp – die Epileptiker sehen immer wieder dasselbe, und komplexe Trugwahrnehmungen sind selten, die Betreffenden befinden sich in »a confusional state that *never* has a clear narrative experience«. Dabei werden die »Halluzinationen« so gut wie nie für real gehalten, da zu ihrer mangelnden Komplexität nicht selten auch ein gedanken- und traumartiger Charakter kommt. Vielfach treten Lichtblitze auf, Mikro- und Makroskopie, Präsenzen sowie eine Unfähigkeit, sich zu konzentrieren oder einen klaren Gedanken zu fassen.

Sehr häufig sprechen deshalb die Kranken von einem »umwölkten«, »getrübten«, »verschwommenen« oder »traumhaften« Bewußtsein, sich verwischenden visuellen Wahrnehmungen, von einer Blindheit des halben Gesichtsfeldes (Hemianopsie) oder völliger Blindheit, stechendem Geruch, einem bitteren oder »angenehmen, aber unbeschreibbaren Geschmack im Mund«, stereotypen Slogans, sinnlosen Wortsequenzen, andauernden Gedankenwiederholungen, Musik- und Liederfetzen sowie immer wiederkehrenden auditiven Halluzinationen. So berichtete eine Patientin, zu Beginn ihrer Auren höre sie stets den Anfang des Liedes »Smoke Gets in Your Eyes«. Und die »Hexe« Joanna Michaelis aus Château-Salins nordöstlich von Nancy sagte in einem Prozeß vom Jahre 1590 aus, sie habe bei dem Gelage auf dem Hexentanzplatz nichts deutlich gesehen, sondern alles sei wie bei Betrunkenen drunter und drüber gegangen, und sie habe sich »nach Wohlgefallen ganz klein und wieder häuserhoch gemacht«, was auf die für epileptische Anfälle typische verschwommene Sicht und »Alice-im-Wunderland-Halluzinationen«, d. h. Mikro- und Makroskopie, hindeutet.

Charakteristisch sind schließlich noch Déjà-vécu- und Déjà-vu-Erlebnisse, Zwangsgedanken, das Gefühl, die Vorstellungen und Gedanken würden von außen aufgezwungen, eine anschließende partielle oder vollständige Amnesie, Verlust des Kurzzeit-, aber insbesondere des Langzeitgedächtnisses, weshalb manche Patienten ihre nächsten Verwandten nicht mehr wiedererkennen, sowie Störungen der kinästhetischen Wahrnehmung.[8]

Mit am meisten erinnern zum einen die in den Auren auftretenden Jamais-vu-Gefühle an die durch »halluzinogene« Drogen verursachten »Trips«. Der Ort, an dem sich die Betreffenden gerade aufhalten und die anderen anwesenden Personen verwandeln sich, alles wird unheimlich, irreal, geheimnisvoll, aber auch bedrohlich, Vertrautes wird illusionär verkannt, wirkt bizarr und »dämonisch«. Religiöse Patienten sind plötzlich davon überzeugt, sie seien im Himmel, halten den Arzt für Jesus und fühlen die »Präsenz« Gottes, ohne ihn freilich genau zu sehen, aber sie »erblicken« die Engel und »hören« sie sprechen und singen. Eine Frau sagte, wenn die epileptische Aura beginne, sei es, »als ob [sie] in einen anderen Raum trete«, der ihr völlig unbekannt und rätselhaft ist, und einer anderen wurde ihre Umgebung so fremdartig und angsteinflößend, daß sie über den Balkon zu fliehen versuchte und sich dabei das Becken brach. Natürlich gibt es auch beängstigende »Nahtod-Erfahrungen«, aber für epileptische Auren sind intensive Angst und Panikattacken die Norm, und so war zum Beispiel Fjodor Dostojewskij keineswegs eine Ausnahme, wenn er bei jedem seiner Anfälle das erlebte, was er »das mystische Entsetzen« nannte: »Es ist die schrecklichste, quälende Angst vor etwas, das ich selbst nicht begreifen kann – vor etwas Unbegreiflichem, Unmöglichem im Zusammenhang der Dinge, das aber unbedingt, vielleicht schon in diesem Moment, aller Vernunft hohnsprechend, eintritt, zu mir kommt.« Zwar gibt es mitunter in der Aura auch euphorische Momente und Glücksgefühle, aber insgesamt werden die Erlebnisse von denen, die sie hatten, als »schockierend«, »furchtbar«, »entsetzlich«, »grauenhaft« usw. gekennzeichnet, etwa von jener jungen Frau mit Aktivitätsstörungen in den beiden Temporallappen, die der festen Überzeugung war, daß der Teufel sie dazu zwang, anderen Leuten und sich selber schreckliche Dinge anzutun. Nach einer Untersuchung gaben 91 % der befragten Kranken an, daß intensive Angst und Horror, Trauer, Niedergeschlagenheit, aber auch Wut und Ekel in den Auren dominierten, nach einer anderen waren von 1017 Auren 99,1 % abscheulich und voller Horror und keine einzige erfreulich, was auch eine dritte Befragung von 505 Temporallappen-Epileptikern bestätigte.[9]

Nicht selten treten zudem autoskopische Phänomene bei epileptischen Anfällen und einer wie auch immer bedingten Überaktivierung des Hippocampus und der Amygdala auf.[10] So sah eine junge Temporallappen-Epileptikerin in der Aura ihr Spiegelbild, das dieselben Bewegungen ausführte wie sie, aber ihre »Doppelgängerin« war transparent, d. h., die junge Frau konnte durch sie hindurch die Gegenstände erkennen, die sich hinter ihr im Raum befanden, und sehr ähnliche Erlebnisse wurden auch durch eine elektrische Reizung der entsprechenden Großhirnpartien ausgelöst. Im Gegensatz zu demjenigen, der ein »Außerkörperliches Erlebnis« hat, verbleiben die Personen, die ihrem »Doppelgänger« begegnen, im eigenen Körper, und das »Zweite Ich« ist fast durchweg farblos und transparent »wie Gallerte« und wird von den Betreffenden häufig als »phantom-« oder »geisterhaft« charakterisiert, obwohl es nicht nebelhaft oder verschwommen, sondern klar zu sehen ist. Manche sagen, daß sie den »Doppelgänger« auch »hören« und »fühlen« können, aber für gewöhnlich sehen sie nur das Gesicht oder den Kopf und den Rumpf, und zwar meist etwa eine Armlänge von sich entfernt. Und obgleich sie fast immer von dem Anblick schockiert sind, halten die wenigsten das, was sie da sehen, für real.

Bevor sie »sich selber« wahrnehmen, sind die Betreffenden meist in Tagträumen versunken, haben Angst oder sind tieftraurig, und der »Doppelgänger« zeigt dieselbe Gemütsverfassung. In der Mehrzahl der Fälle taucht das Phantom nachts auf oder in der Dämmerung, namentlich in Zeiten von Streß oder Erschöpfung; der Erlebnismodus ist »traumähnlich«, und das Ganze dauert fast immer nur wenige Sekunden und ist dann wie ein Spuk verschwunden. Als eine Frau von der Beerdigung ihres Mannes heimkam, sah sie sich plötzlich spiegelbildlich als schattenhafte Gestalt vor sich und fühlte augenblicklich eine solche Ermattung, Gefühllosigkeit und Kälte, daß sie sich hinlegen mußte. Nachdem sie freilich die Augen geschlossen hatte und die »Doppelgängerin« nicht mehr sah, kamen ihre Körperwärme und die Lebenskraft wieder zurück, was sie so empfand, als ob die Energie aus dem Spiegelbild in sie hineinfloß. Entsprechend hieß es seit mehr als tausend Jahren, daß derjenige, welcher sein »Zweites Ich« sehe, sterben müsse, weil dieses seine gesamte Vitalität von ihm abziehe.[11]

Um die Ähnlichkeit zwischen epileptischer Aura und »Nahtod-Erfahrungen« zu dokumentieren, führt ein Psychiater den Fall einer jungen Epileptikerin an, die während eines Krankenhaus-Aufenthaltes plötzlich das Bewußtsein verlor, dann aber wieder zu sich kam, um festzustellen, daß sie sich nicht mehr bewegen konnte, und fortan behauptete, sie sei tot. Nun sind Depersonalisations- und Derealisationszustände tatsächlich für die Temporallappen-Epilepsie typisch – die Kranken sagen von sich, sie seien »gar nicht vorhanden« oder »Ich seh' schon noch alles, aber ich bin trotzdem nicht mehr da, ich bin woanders«. Und ein indischer Patient, der an dieser Krankheit litt, versicherte dem Neurologen: »Ich bin eine Leiche« und »Es gibt mich nicht. Man könnte sagen: Ich bin eine leere Hülle.« Dabei verwies er den Arzt auf die hinduistische Lehre, »daß die Welt eine Täuschung ist. Alles ist *māyā*. Und wenn es die Welt nicht gibt, in welchem Sinne gibt es dann mich? Wir halten das alles für selbstverständlich, aber es ist einfach nicht wahr!« Doch ist es völlig unzutreffend, wenn Neurologen, Psychiater oder die »Nahtod«-Forscherin Carol Zaleski behaupten, solche Entfremdungserlebnisse seien typisch für »Nahtod-Erfahrungen«.

In gewisser Weise hat der indische Epilepsie-Patient recht, wenn er sagt, er fühle sich wie ein »Befreiter« oder »Erlöster«, der durchschaut hat, daß die Welt und der Mensch Truggebilde sind, denn auch der Depersonalisierte und Derealisierte befindet sich gleichsam im *nirvāṇa*, in dem »kein Wind« mehr weht: Er hat keinen Willen oder Tätigkeitsdrang mehr, er empfindet weder Liebe noch Haß, er genießt nicht, aber er leidet auch nicht mehr. Und wenn man die indischen Befreiungslehren als den großangelegten Versuch versteht, dem Leiden (aber damit natürlich auch dem Glück) zu entgehen, dann kann man auch die Depersonalisation und die Derealisation als einen unbewußten Abwehrmechanismus begreifen. Nach dem letzten großen Erdbeben von San Francisco gaben 40% der befragten Betroffenen an, sie hätten alles, was um sie herum geschah, nicht für wirklich gehalten.

Derartige umfassende Fremdheits- und Unwirklichkeitsgefühle gegenüber der eigenen Person und der umgebenden Welt sind nun zwar ganz und gar uncharakteristisch für »Nahtod-Erfahrungen«, aber sie sind keineswegs auf die Aura von Temporallappen-Epileptikern beschränkt. Wie wir weiter oben gesehen haben, treten sie sehr häufig unter dem Einfluß »halluzinogener« Drogen auf, aber auch bei Schizophrenen, Schwerstdepressiven oder Gehirnverletzten. Wenn Jennifer am Tiefpunkt ihrer Depression angelangt war, hielt sie sich wie für tot, woran auch die Tatsache nichts änderte, daß der Arzt ihr sagte, ihr Herz schlage doch, ihre Körpertemperatur sei stabil und ihre Lunge arbeite normal. Aber während der Depressive sagt, er *fühle* sich *wie* tot, behauptet der am sogenannten Cotard-Syndrom Leidende, er *sei* tot oder existiere einfach nicht mehr. Im Jahre 1788 berichtete der französische Arzt Charles Bonnet von einer älteren Dame, die darauf bestand, im Totenhemd in einem Sarg zu liegen, wobei sie sich lediglich darüber beklagte, daß das Hemd nicht die richtige Farbe hatte. Wenn sie eingeschlafen war, legten ihre Angehörigen sie in ihr Bett, aber oft wachte sie dann auf und ging bitterböse zu ihrem Sarg zurück. Auch in unserer Zeit verlangte ein Engländer, daß man ihm ein Totenhemd anzog, ein anderer wollte keine Krankenversicherung abschließen, weil er doch längst gestorben war, und ein dritter stach sich tief in den Arm, um den Ärzten zu zeigen, daß kein Blut mehr floß.

»Das Ich, das hier mit Ihnen spricht«, so sagte eine junge Japanerin zum Arzt, »ist ein unechtes, unwahres Ich. Mein eigentliches Ich ist weit in unerreichbarer Ferne, [und] es kommt mir vor, als trüge ich immer einen fremden Körper. Früher sah ich Malerei sehr gerne und hörte Musik, aber jetzt kann ich keine Schönheit mehr finden, ein Gemälde ist jetzt so gut wie ein bloßes Konglomerat von Farben und Figuren, ein Musikstück nur eine Reihenfolge hoher und tiefer, starker und schwacher Töne.« Und ein in der »Dreikaiserschlacht« von Austerlitz im Jahre 1805 schwer am Kopf verletzter französischer Soldat hielt sich seit seiner Verwundung für tot. Wenn ihn jemand fragte, wie es ihm denn gehe, antwortete er: »Ihr wollt wissen, wie es Père Lambert geht? Er ist nicht mehr, eine Kanonenkugel hat ihn mitgenommen. Das, was Ihr hier seht, ist eine schlechte Maschine, die ihm ähnlich sieht.«[12]

Über das »Gefühl der Unwirklichkeit der Umgebung« sagte Ludwig Wittgenstein: »Dies Gefühl habe ich einmal gehabt und viele haben es vor dem Ausbruch einer Geisteskrankheit. Alles scheint irgendwie nicht real; aber nicht so, als sähe man die Dinge unklar oder verschwommen, es sieht ganz so aus wie gewöhnlich.« Was sich geändert hat, ist die Beziehung zu den Dingen, die Auseinandersetzung mit ihnen. Verlorengegangen ist die natürliche Selbstverständlichkeit im Umgang mit den Dingen: »Alles, überhaupt alles ist fragwürdig. Ich begreife irgendwie alles gar nicht!« Nicht die Welt hat sich geändert, sondern der emotionale Bezug zu ihr. Wenn er den Tisch anfasse, so sagte ein Mann, oder wenn er seine Familie sehe, habe er wohl Sinneswahrnehmungen, aber er »fühle« die Dinge und die Personen nicht mehr, er komme sich vor wie ein »Automat« oder »eine Maschine«.

Da die Betreffenden ihre Umwelt nicht mehr *fühlen*, wird sie bedeutungslos, »kulissenhaft« oder »leer«, »ausgestorben«; wie im Schloß von Dornröschen ist alles leblos und unheimlich still, wie gebannt, eine erstarrte Mondlandschaft: »Als ich auf den Horizont schaute«, sagte eine Patientin, »sah ich alles totenstill, als ob ich in ein Märchenland schaute«, und eine andere bemerkte: »Alles ist zeitlos, unveränderlich, hoffnungslos.« Es sind noch dieselben Dinge, aber sie muten völlig anders an – »Ich weiß, es war mein Zimmer, aber meinem Gefühl nach habe ich es noch nie gesehen« – oder sie sind künstlich, farblos, leblos, werden »wie hinter einer Glaswand« wahrgenommen. »Ich sehe nicht Gegenstände, sondern nur Bilder von Gegenständen«, so eine Frau, und eine andere redete von ihren »sogenannten Kindern« und brachte ihre Wäsche in die »sogenannte Wäscherei«.[13]

Recht häufig wird behauptet, die wesentlichen Elemente der »Nahtod-Erfahrungen« könne man nicht nur in den epileptischen, sondern auch in den Migräne-Auren finden, und in diesem Zusammenhang wird nicht selten angenommen, daß zentrale Episoden in den beiden Alice-Romanen Lewis Carrolls auf Erlebnisse zurückgehen, die der Schriftsteller während solcher Auren hatte. Nun ist unbestritten, daß Carroll von Migräne-Auren berichtete, bei denen visuelle Halluzinationen auftraten, und daß er bei epileptischen Anfällen bewußtlos zusammenbrach. Im Alter von dreizehn Jahren, also 1845, fühlte er die »Präsenz« einer Fee, die ihn überallhin begleitete, und als Erwachsener war er fest davon überzeugt, daß die »immaterial essence« eines Menschen dann, wenn er ohnmächtig daniederlag, ins Feenreich reisen könne. Vermutlich gehen Stellen wie die in *Through the Looking Glass*, an der Alice durch den Spiegel geht, tatsächlich auf solche Glaubensvorstellungen zurück – »And certainly the glass *was* beginning to melt away, just like a bright silvery mist. In another moment Alice was through the glass, and had jumped lightly down into the Looking-glass room.« Und es ist auch sehr wahrscheinlich, daß einiges von dem, was Carroll in der Migräne-Aura gesehen und erlebt hat, Eingang in seine Bücher fand, zumal er selber einmal sagte, manches von dem, was dort stehe, habe er vorher »geträumt«.

So hat man bezeichnenderweise die für die Migräne-Aura typische Makro- und Mikroskopie »Alice-im-Wunderland-Syndrom« genannt, aber charakteristisch sind auch »Präsenzen«, vorbeihuschende Phosphene, das Gefühl, so sehr zu wachsen und immer dicker zu werden, bis man den ganzen Raum ausfüllt, sich bewegende schimmernde und leuchtende Zickzacklinien, Déjà-vu- und Jamais-vu-Empfindungen, Stillstand der Zeit und das Gefühl, alles wiederhole sich immer wieder (»Murmeltier-Syndrom«), Näherrücken und Sichentfernen gesehener Objekte (»Zooming«), Depersonalisations- und Derealisationsgefühle, Autoskopie, das Empfinden, »in einem dahinrasenden Auto gefangen« zu sein, Schwindelgefühle, »Stimmen«, durch bestimmte Gerüche, Worte oder Geräusche ausgelöste deutliche Erinnerungen und sich kaleidoskopartig verändernde Pseudohalluzinationen, die so gut wie nie komplexer Natur sind.

Nun wird gelegentlich behauptet, in den Migräne-Auren träten auch »Außerkörperliche Erlebnisse« auf – so hatte zum Beispiel eine Frau das Gefühl, vier riesige Männer ließen sie in eine Schlangengrube fallen, die sich aber augenblicklich in einen Tunnel mit einem goldenen Tor am Ende verwandelte. Betrachtet man das Erlebnis näher, wird freilich schnell klar, daß es sich bei ihm wie bei meinem oben geschilderten »Stechapfel-Flug« nicht wirklich um eine »Außerkörperliche Erfahrung« handelt, denn währenddessen konnte sie ihre Umgebung zwar nicht sehen, aber es war ihr offensichtlich die ganze Zeit über klar, daß sie in Wirklichkeit zu Hause im Bett lag. Entsprechend zeigen sämtliche Untersuchungen, daß die Trugwahrnehmungen in der Migräne-Aura von den Betreffenden fast nie für real gehalten werden. Wie andere Pseudohalluzinationen auch sind sie wenig stabil und lösen sich meist schnell auf. Bei einem jungen Mädchen, das an Migräne litt, traten sie normalerweise dann auf, wenn sie las oder einfach nur entspannt dasaß, aber sie verschwanden sofort, wenn sie Musik auflegte oder sich auf eine andere Tätigkeit konzentrierte.[14]

Auch die hypnagogischen Halluzinationen, die meist ebenfalls im Zustand der Entspannung oder kurz vor dem Einschlafen in der *dormiveglia* auftauchen, aber beim Öffnen der Augen verschwinden, sind Pseudohalluzinationen, d. h., sie werden so gut wie nie für real gehalten oder wie Träume unkritisch akzeptiert. Es handelt sich meistens um das Auftauchen mehr oder weniger realistischer, aber auch bizarrer menschlicher oder tierischer Gestalten und Gesichter, kurzer Szenen oder Landschaften in lebhaften Farben. Aber im Gegensatz zu dem, was man während einer »Nahtod-Erfahrung« sieht, ist das Gesehene meist unscharf und traumähnlich, flüchtig, fragmentarisch und ungeordnet, doch entgegen dem Träumenden, der häufig am Geschehen teilnimmt, bleibt der (hypnagogisch) Halluzinierende unbeteiligter Zuschauer. Komplexe Szenen und Handlungsabläufe sind äußerst selten, die Bilder sind zusammenhanglos, blitzen kurz auf und verschwinden. So sah ein Mann kurz vor dem Einschlafen, wie sich in der Dunkelheit etwas ganz Unbestimmtes, Verschwommenes bewegte und unmittelbar darauf die Umrisse von Hügeln, die sich aber veränderten, als plötzlich das Gesicht eines die Zähne fletschenden Wolfes erschien und sogleich wieder verschwand, worauf es ihm so war, als liege er unter einem Baum und blicke durch dessen Astwerk zum Himmel. Es ist unverständlich, wie die Autoren – bekannte Bewußtseinsforscher –, die dieses Erlebnis schildern, behaupten können, derartige hypnagogische Halluzinationen seien dasselbe wie »Nahtod-Erfahrungen«![15]

Ähnlich abwegig ist die Behauptung, die durch die Betätigung von Rasseln – wie die nordamerikanischen Indianer oder manche Turkvölker sie benutzten – hervorgerufenen veränderten Bewußtseinszustände seien ununterscheidbar von »Seelenreisen«, wie sie von den »Nahtod-Erfahrungen« her bekannt sind. Denn wie ich auch aus eigener Erfahrung weiß, ist ein »Rasseltrip« etwas völlig anderes als eine »außerkörperliche Seelenreise« und ähnelt sehr viel eher den Pseudohalluzinationen, die man unter dem Einfluß von Drogen wie Haschisch bei geschlossenen Augen oder von LSD haben kann. Charakteristisch für »Rasseltrips« sind nämlich eine schnelle Abfolge von Bildern und phantastischen Szenen, Umherwirbeln, Lichtringe, fluoreszierendes Licht, flackernde Farben und eventuell ein Tunnelblick, bei dem sich das periphere Gesichtsfeld verdunkelt und wie im Nebel verschwimmt. »Ich habe Bilder gesehen«, so berichtet die Trance-Forscherin Felicitas Goodman, »die aufgetaucht und wieder verschwunden sind. Alles war in ein gelblich-rotes Licht getaucht. [...] Es ist ein Mayapriester erschienen, der war wie aus Pappe ausgeschnitten, und wie ich noch zuschaue, hat er sich in einen Wetterhahn verwandelt.« Für die Forscherin stand es außerhalb jeder Diskussion, daß sie die »Eingangspforte« zu einer »anderen Wirklichkeit« durchschritten hatte und in »jener geheimnisvollen, nicht ganz erkundbaren anderen Welt« angelangt war, so wie der Schamane der sibirischen Chulym-Tataren sagte, daß er, wenn er rasselte, durch das »Šayṭānloch« in die Unterwelt ritt, wobei das Geräusch der Rassel das Geklapper der Hufe wiedergab.

Mag man es nun unter dem tiefen Eindruck einer »Seelenreise«, den diese bei den meisten Menschen hinterläßt, durchaus für möglich halten, wirklich auf irgendeine Weise an einem anderen Ort gewesen zu sein, so ist ein solcher Glaube im Falle eines »Rasseltrips«, der augenblicklich abbricht, wenn die Rassel schweigt, schwer nachvollziehbar. Denn wie bei einem »LSD-Trip« weiß man normalerweise auch bei dem »Rasseltrip«, daß man durch das Rasseln ausgelöste Trugwahrnehmungen hat und sich nicht in einer »anderen Welt« befindet, sondern in der vertrauten Umgebung, die lediglich in den Hintergrund getreten ist. Dem entspricht, daß man im Gehirn der Versuchspersonen einen Theta-Rhythmus (4 bis 7 Hz) festgestellt hat, der typisch für die hypnotische Trance ist, während deren Außenreize durchaus wahrgenommen, aber »als unwichtig eingestuft« werden.[16]

Offenbar war es auch bei gewissen Visionären so, daß die vertraute Umwelt zwar noch da war, aber hinter die dominierenden Visionen als nebensächlich zurückwich, während bei anderen die Umgebung auf normale Weise wahrgenommen wurde und die Visionen als eine Art Hintergrundprogramm abliefen, dem man keine besondere Beachtung schenkte. Hildegard von Bingen teilte beispielsweise mit, daß sie, »während [sie] drinnen in [ihrer] Seele diese Dinge sah, auch ein äußeres Sehvermögen hatte (*quod cum infra in anima hec vidi, exteriorem etiam visum habui*)«. Und Jahrhunderte später erzählte die im Jahre 1774 in einem Dorf an der holländischen Grenze geborene selige Katherina von Emmerick, Nonne im Dülmener Kloster Agnetenberg, ihrem Arzt, sie habe, als sie in einem »ganz eigenen Zustand« eine »Reise nach Jerusalem« unternahm, »sogar die Augen offen gehabt«, so daß sie gleichzeitig sämtliche Dinge, die sich in ihrer Umgebung befanden, sehen konnte. »Ich muß mir sehr Gewalt antun«, sagte sie ein anderes Mal, »denn mitten während des Gesprächs mit anderen sehe ich auf einmal ganz andere Dinge und Bilder vor mir. Ich muß mich mit Mühe in solchem doppelten Zustand halten, ich sehe mit den Augen das Gegenwärtige trüb wie ein Einschlummernder, dem der Traum aufsteigt; das zweite Sehen will mich mit Gewalt hinreißen und ist heller als das natürliche; es ist auch nicht durch die Augen«, sondern vielleicht eher vergleichbar dem Tagträumen, bei dem es kaum eine motorische Aktivität und im Gegensatz zum REM-Träumen keine Augenbewegungen gibt.[17]

Ein als *mazzeru* bezeichneter Mann im südlichen Korsika, der das Zweite Gesicht besaß, hatte dies meist während der *dormiveglia* um die Mittagszeit. Dann waren seine Augen nur halb geschlossen, und er war sich nicht allein dessen bewußt, was um ihn herum vor sich ging, sondern er konnte sich auch mit den Anwesenden unterhalten und ihre Fragen beantworten. Ähnlich verhielt es sich im Falle eines Engländers, der gleichzeitig »geistig« als auch auf normale Weise sehen konnte: »Ich sah meine Freunde, das Haus, das Zimmer, die Landschaft, aber nur schwach. Ich sprach und ging umher und verhielt mich wie gewöhnlich, aber durch alles hindurch und weit deutlicher sah ich meine geistige Umgebung, die Freunde, die ich so gut kannte, und viele, die ich nie zuvor gesehen hatte. Die Szene war deutlicher als die materielle Landschaft, doch in gewisser Weise mit ihr verschmolzen.«

Auch die Schamanen der Sakai in Sumatra und der Schamane (*bombo*) Bhirenda der Tamang sagten, während der Séance seien sie mit dem einen Auge in der Welt der Menschen und mit dem anderen blickten sie in die Welt der Geister. Ähnliches teilte um die Mitte des 18. Jahrhunderts der berühmte Geisterseher Emanuel Swedenborg mit, wobei allerdings die um Objektivität bemühten Kommentatoren seines Werkes sagen, daß es schwierig bis unmöglich sei, zu entscheiden, was schlichte Konfabulationen sind und was Swedenborg wirklich selber erlebt hat. Im April 1745 hätten sich ihm erstmalig »die Geisterwelt, Hölle und Himmel geöffnet«, und fortan sei es so gewesen, daß er zwar »mit offenen Augen« die »irdische« Welt, aber gleichzeitig sein Geist die »geistige« Welt gesehen habe. Er kannte aber auch den Zustand, in dem die äußeren Eindrücke verblaßten und hinter die »inneren« zurücktraten.

§ 19
# Die »Augen der Seele«, die Stereotypie der Visionsberichte und das Lebendigwerden toter Objekte

In den letzten Jahrzehnten haben zahlreiche – und zum Teil sehr namhafte – Ethnologen und Schamanismusforscher die Meinung vertreten, es sei endlich an der Zeit, aus mehreren Gründen auf den Gebrauch von Begriffen wie »Trance«, »Ekstase« oder »Seelenreise« zu verzichten. Denn zum einen sei die Behauptung, jemand befinde sich in einem solchen veränderten Bewußtseinszustand, weder verifizierbar noch falsifizierbar, weil es sich um einen »inneren« Zustand handle, der intersubjektiv nicht zugänglich sei. Und zum anderen bestehe in traditionellen Gesellschaften gar kein Unterschied zwischen dem Alltagsbewußtsein und außergewöhnlichen Bewußtseinszuständen. So machten die Schamanen der Mixe keinen Unterschied zwischen Wachbewußtsein und Traum, weshalb es in diesen Kulturen auch keine Begriffe für »Trance« usw. gebe und deren Schamanen gar nicht verstehen könnten, was wir mit diesen Ausdrücken meinten. Schließlich ist einer dieser Schamanismusforscher zwar bereit zuzugestehen, daß manche Schamanen sich gelegentlich in solchen Zuständen befänden, doch seien diese »not the most important factor in the recognition of shamanism«.[1]

Was nun die erste Behauptung anbetrifft, so ist sie nur leeres Gerede. Oder würden diese gelehrten Damen und Herren auf die Frage ihres Zahnarztes, wo es ihnen weh tue, antworten, dazu könnten sie ihm nichts sagen, weil er offenbar subjektive Begriffe benutze, die sich auf unverifizierbare und unfalsifizierbare »innere« Zustände bezögen? Ernster zu nehmen ist die zweite Behauptung, weil sie zwar falsch, aber wenigstens sinnvoll ist. Allerdings hätten die Betreffenden sich die Common-sense-Frage stellen können, ob es denn überhaupt vorstellbar wäre, daß eine menschliche Gesellschaft, die den Unterschied zwischen Sein und Schein, zwischen Realität und Traum nicht kennt, auch nur mittelfristig eine Überlebenschance hätte. Deshalb ist es auch völlig unzutreffend, daß es in den traditionellen Gesellschaften mit Schamanismus keine Begriffe für »Trance«, »Ekstase« usw. gegeben hätte. So nannten die alten Ungarn die Ekstase oder Entraffung *révül* oder *réjtezik* (ugrisch *elrejtezík*), »verschwindet aus der sichtbaren Welt«, während ungar. *táltos* entweder von türk. *talt-*, »bewußtlos werden«, abgeleitet wird oder als verwandt mit finn. *taitaa,* »wissen«, gilt. Die lappischen Schamanen nannten das Entrücktwerden während der Bewußtlosigkeit *de tshangali,* »eintauchen«, und wenn einem ihrer Schamanen derartiges widerfuhr, sagten die Küsten-Tschuktschen *anña' arkin,* »er sinkt«. Wenn ein Schamane der Wogulen durch eine Überdosis von Fliegenpilzen die Besinnung verlor, hieß es pāŋχnə loχtβəs, »die Pilzverzückung ist über ihn gekommen«. Die malaiischen Fischer im Süden von Thailand bezeichneten die Trance des Heilers als *lupa,* »Vergessen«, und die Karelier nannten sie *loveen langenneet,* »in die Spalte rutschen«. Als die Mongolen noch Schamanen hatten, die in Ekstase gerieten, hieß diese auf khalka-mongolisch *ongon oroχ* und auf mongolisch *ongγon oroqu,* »Eintreten der Hilfsgeister«, und ähnlich nannten die Balinesen die Trance *rauh,* »kommen«, womit das Eintreffen des Geistes gemeint war. Während die Temiar das normale Alltagsbewußtsein als *hup mun,* »wahres Herz«, bezeichnen, lautet das Wort für die Ekstase *'hup 'ɛh 'ɛn-tuuy 'əh,* »das Herz ist woanders«. Schließlich benutzten die zu den westlichen Athapasken gehörenden Sekani für das In-Ekstase-Geraten das Wort für »Sterben« und die Nez-Percé *tó·'yaqin,* was die Ethnologen mit »todesgleicher Ekstase« übersetzen. In der Tat entspricht diese Ekstase genau der »Nahtod-Erfahrung«, wie aus dem Erlebnisbericht eines alten Häuptlings der Yakima hervorgeht, der im Verlaufe einer Krankheit »starb« und tatsächlich für tot gehalten wurde. Als er wieder zu sich kam, erzählte er nach einer Weile, er sei durch eine Art »Öffnung« an verschiedene weit entfernte Orte gelangt, aber man habe ihm nirgendwo zu bleiben gestattet, sondern ihn wieder zurückgeschickt.

Bekanntlich unterscheiden sich Märchen von Sagen in erster Linie dadurch, daß jene nur *eine* Welt ohne Numinosum kennen, während in den letzteren eine jenseitige, numinose Welt in die des Alltags einbricht und die Menschen fasziniert oder zu Tode erschreckt. Der Märchenheld ist dagegen keineswegs überrascht, wenn ein Hase ihn am Wegesrand anspricht und ihm den richtigen Weg weist, und wenn er gegen ein Ungeheuer kämpft, wird er kaum von einem abgründigen Grauen übermannt. Ein solches »märchenhaftes« Bewußtsein wurde im 19. Jahrhundert den »Primitiven« angedichtet, die ja ohnehin stets mit Kindern verglichen wurden, und noch im 20. Jahrhundert findet man deutliche Spuren einer solchen Anschauung bei Denkern wie Lucien Lévy-Bruhl oder Norbert Elias.

Und wie für den Märchenhelden jede Reise, die er unternimmt, egal ob sie ihn über sieben Berge oder durch den Schacht eines tiefen Brunnens führt, eine Reise in der *einen* Welt bleibt, die keine wirkliche Transzendenz kennt, gelangen zwar auch die »Seelenreisenden« in traditionellen Gesellschaften, so heißt es, in fremde Gegenden, die aber gleichwohl irdisch sind. So fuhr zum Beispiel ein Aché im Osten Paraguays, nachdem er »gestorben« war, auf dem »Lastwagen der Toten« nach Asunción, der »Stadt der Weißen«, und ein Kashinahua wurde von Brasilianern im Auto zu seinen verstorbenen Verwandten gebracht. Als der Oglala-Sioux Schwarzer Hirsch, der sich im Jahre 1887 im Rahmen von Buffalo Bills Wildwest-Show in Paris aufhielt und dort krank im Bett lag, plötzlich seinen Körper verließ und durch einen dunklen in einen hellen Bereich gelangte, erkannte er nach einer Weile tief unter sich »den Missouri, dann weiter in der Ferne die Black Hills« und schließlich die Tipis verschiedener Siedlungen, darunter die seiner eigenen.[2]

Zwar war im 7. Jahrhundert der asturische Visionär Valerius, Abt des Klosters von Villafranca del Birzeo, vom »leuchtenden Rot der Rosen und dem reinen Weiß der Lilien, purpurn und goldgelb«, in dem Garten, in den er entrückt worden war, so fasziniert, daß er nicht daran zweifelte, im himmlischen Paradies zu sein, denn: »Kein Teil dieser Welt kann, nicht einmal im Frühling, ein so herrliches Aussehen haben, und keine Vorstellung kann einen geeigneteren Vergleich anbieten.« Doch wurden und werden auch in unserer eigenen, christlich geprägten Kultur die »Seelenreisenden« nicht selten in andere irdische Gegenden entrückt. So schrieb Hildegard von Bingen im Herbst 1175 an Wibert von Gembloux, ihren letzten Sekretär, seit ihrer Kindheit sei ihre Seele nicht nur zur »Höhe des Firmaments« (*in altitudinem firmamenti*) emporgestiegen, sondern auch zu »den verschiedenen Völkern« gelangt, »obwohl diese in entlegenen Gegenden und Stätten weit von mir entfernt sind«. Allerdings präzisierte sie diese Mitteilung dahingehend, sie werde nicht an diese fremden Orte *entrafft*, »sondern ich sehe sie nur in meiner Seele mit geöffneten äußeren Augen« (*tantum in anima mea apertis exterioribus oculis*). Heinrich Seuse erinnerte sich, daß es ihm einmal, im frühen 14. Jahrhundert, so gewesen sei, als ob er »verfůret weri in ein ander land«, und in der Frühen Neuzeit berichtete der Luzerner Stadtschreiber Renward Cysat von einer Bäuerin, die »verluten liess, sy wåre offt in einer kurtzen Wyl zuo Einsidlen vnd andern Orten, wytt von Heimant« entrafft worden. »Jr Lyb aber blieb vnd låge da im Betth, allein jr Geist oder Seel wandlete allso vss.«[3]

Möglicherweise beeinflußt von einer mittelenglischen Übersetzung der *Meditationes Vitae Christi* des Pseudo-Bonaventura, die im ausgehenden Mittelalter weit verbreitet waren und in denen der Leser dazu aufgefordert wurde, sich in die Geburt und die Leiden des Herrn zu versenken, und zwar so tief, daß es einen dünke, man sei ein direkter Zeuge dieser Ereignisse, erlebte Margery Kempe eine Entrückung ins Heilige Land, das sie zuvor auf einer Pilgerreise kennengelernt hatte. Aber dieses Mal sah sie keine Araber und christlichen Pilger, sondern Menschen, die mehr als tausend Jahre zuvor dort gelebt hatten. Zunächst traf sie Maria als Kind, der sie sagte, sie werde dereinst die »Modyr of God« sein. Dann sorgte sie für die Unterkunft der Hl. Familie in Bethlehem, wickelte den Säugling nach der Geburt, besorgte Nahrungsmittel für Maria und Josef, tröstete die Hl. Jungfrau, als deren Sohn auf dem Weg zum Golgatha zusammenbrach, wechselte mit Jesus einige Worte, bevor man ihn ans Kreuz schlug, und weinte mit seiner Mutter, als man ihn vom Kreuz abnahm. Schließlich hatte die junge Nonne Marie de l'Incarnation im Kloster der Ursulinerinnen in Tours eine »Nahtod-Erfahrung«, während deren sie aus ihrem Körper vor allem in das Land der Huronen geführt wurde. Nachdem sie im Jahre 1639 tatsächlich nach Neu-Frankreich übergesiedelt war, schrieb sie: »Jetzt, nachdem ich dieses Land gesehen habe, erkenne ich es als dasjenige, welches der Herr mir in einem Traum vor sechs Jahren gezeigt hat. Diese hohen Berge, das weite Land, die Lage und Gestalt, die immer noch so deutlich in meiner Seele eingeprägt waren wie zur Zeit des Traumes – all das war genau so, wie ich es gesehen hatte, außer daß ich nicht so einen dichten Nebel sehe wie damals.«

Freilich spielt für die Argumentation keine Rolle, *wohin* die Betreffenden aus ihrem Körper entrückt wurden, ob an einen immanenten oder an einen transzendenten Ort, sondern *wie* dies geschehen ist, d. h., ob die Entraffung für die »Reisenden« ununterscheidbar war von einer x-beliebigen physischen Reise. Und dies war natürlich *nicht* der Fall. Dies erkennt man zum Beispiel daran, daß viele »Seher« oder »Visionäre« Wert auf die Feststellung legen, daß sie die »Welt der Geister« oder die anderen Gegenden, in die sie entrückt werden, nicht mit ihren normalen Augen, sondern auf eine völlig andere Weise »sehen«. So berichtete ein Schamane der Nganasanen, der Schmiedegeist habe seine Augen entfernt und andere eingesetzt: »Ich weiß nicht, wo diese neuen Augen liegen. Ich nehme an, sie befinden sich unter der Haut. Wenn ich schamanisiere, sehe ich mit meinen natürlichen Augen überhaupt nichts, sondern nur mit diesen neuen. Wenn sie mich einen verlorenen Gegenstand finden lassen, verschließen sich die natürlichen, und ich sehe mit den anderen, und zwar viel besser und schärfer.« Und er fügte hinzu, daß der Schmiedegeist ihm auch neue »Ohren gebohrt« habe, mit denen er »die Sprache der Pflanzen« verstehen könne. Dem Schamanen Djuhadie von den Avam-Samojeden wurden zu seinen natürlichen Augen noch einmal zwei Paar Augen zusätzlich eingesetzt, und auch hinter der Stirn der Sakai-Schamanen in Sumatra sitzen die *mato batin* (»Augen innen«).

Manchmal verirrten sich Männer – seltener Frauen – der im Quellgebiet des westafrikanischen Weißen Volta lebenden Lyela in der Wildnis und wurden von den Buschgeistern ergriffen, die sie monatelang bei sich behielten. Die meisten dieser Unglücklichen kamen irgendwann geistesgestört, stumm oder blind ins Dorf zurück, aber einigen wenigen setzten die Geister zwei weitere, »innere Augen« ein, mit denen sie nicht nur hellsehen, sondern in den dunklen Grotten Dinge »sehen« konnten, die normalen Menschen verborgen blieben. Die »Seher« der Badyaranké im Senegal und die der Bolobo am Kongo besitzen »Augen der Nacht« – bei den ersteren *masse padiena* genannt –, mit denen sie die Geister sehen können, und wenn die Schamanen der ostgrönländischen Angmagssalik »flogen«, dann benutzte man nicht das Wort für fliegen, das bei den Vögeln Anwendung fand, denn so gut wie jeder männliche Erwachsene wußte, daß der Schamane, der »flog« (*ilim artiwa*), kein Vogel war.[4]

Viele Schizophrene sagen, daß sich das, was sie wahrnehmen, auf einer anderen Bühne als der realen Welt abspiele und daß sie dazu nicht ihre Augen und Ohren, sondern einen »sechsten Sinn« benutzten. Senatspräsident Schreber sprach von seinem »geistigen Auge«, das er sich folgendermaßen erklärte: »Ich habe Licht- und Schallempfindungen, die von den Strahlen unmittelbar auf mein *inneres* Nervensystem projicirt werden und zu deren Aufnahme es daher der äußeren Seh- und Gehörswerkzeuge nicht bedarf. Ich sehe die betreffenden Vorgänge auch mit geschlossenen Augen ...«

Im Mittelalter unterschied man weithin zwischen den *oculi carni* und den *oculi cordis* oder *mentis*, mit denen man die *invisibilia* wahrnehmen konnte. Bereits Gregor der Große sprach vom »unkörperlichen Geistesauge«, und im 12. Jahrhundert sagte Hildegard von Bingen, sie sehe ihre Visionen nicht mit den Augen des Körpers, sondern in einer inneren Schau (*non corporalibus oculis, verum intima visione cognoverat*). Als einige Jahrzehnte später die hl. Elisabeth von Thüringen einmal von Isentrud, ihrer Vertrauten, nach dem Inhalt einer Vision gefragt wurde, die sie während der vierzigtägigen Fastenzeit hatte, antwortete die fromme Landgräfin: »Was ich durch göttliche Offenbarung (*domino revelante*) sah, soll anderen Menschen nicht enthüllt werden. Das eine aber soll dir nicht verborgen bleiben, daß nämlich meine Seele von der allersüßesten Freude erfüllt wurde und ich die wunderbaren Geheimnisse Gottes mit dem Auge meines Geistes (*mentis oculo*) sah.«[5]

Nachdem sie ihren Körper verlassen hatte, sah Mechthild von Magdeburg mit ihren »selen ögen«, Margery Kempe »wyth hir gostly eye« oder »in hir sowle«, und auch in den mittelpersischen Texten ist vom »Sehen mit den Augen der Seele« (*g yān čašm*) die Rede. Im Gegensatz zu Teresa von Ávila, die betonte, sie sehe »con los ojos del alma y no del cuerpo«, »sah« Madre Ana de San Augustín im späten 16. Jahrhundert die Erscheinungen und Visionen mit beiden Augenpaaren, während Julian of Norwich zwar in einer Schrift mitteilt, sie habe alles mit ihren »gastely [= geistigen] eyen« gesehen, nachdem ihr »understandinge was lifted uppe into heven«, aber in einem anderen Text heißt es: »All this was shewde by thre partes: that is to sey, by bodily sight, and by worde formede in my understandinge, and by gostely sight.«[6]

Am Beispiel der Visionssuche der Prärie- und Plains-Indianer konnten wir sehen, wie stark in traditionellen Gesellschaften der Konformitätsdruck der Gemeinschaft auf den einzelnen lastet, was ich selber in den Jahren 1963 bei den Pueblo-Indianern am Rio Grande, 1981/82 bei den Cheyenne und 1986 bei den »Bergleuten« im äußersten Osten der Insel Flores bestätigt fand. Wie bereits erwähnt befürchtete der spätere »heilige Mann« Schwarzer Hirsch, für verrückt gehalten zu werden, wenn er seine »Nahtod-Erfahrung« schilderte, und gut hundert Jahre später äußerten Edward Red Hat, der Pfeilhüter der Südlichen Cheyenne, und einige der Ritualleiter den Verdacht, daß ich geisteskrank sei, als sie von meinen entsprechenden Erlebnissen erfuhren, die offenbar nicht so waren, wie sie zu sein hatten. So waren die Berichte der zentral- und nordasiatischen Schamanen von ihren Jenseitsreisen fast durchweg standardisiert, der Grundtext war stabil, aber Einzelheiten konnten bisweilen in beschränktem Maße variiert werden. Und bei den venezolanischen Ye'kuana (Makiritare) fiel der künftige Schamane während der Initiation nach dem Schnupfen eines Pulvers aus *Anadenanthera peregrina*, *Virola calophylla* und *Banisteriopsis caapi* besinnungslos zu Boden, worauf der Tanzleiter mit einem Stampfrohr auf den Boden schlug und verkündete: »Er ist gestorben!« Jetzt, davon ging jeder Anwesende aus, flog der Initiand hinauf und durchquerte die acht Himmel. Wenn er dann nach ein paar Stunden wieder zu sich kam, stimmte er einen genau festgelegten Schamanengesang an, in dem er berichtete, was er angeblich auf seiner »Seelenreise« soeben erlebt hatte, was ihm aber häufig lediglich während seiner Lehrzeit von einem alten Schamanen erzählt worden war.

Um im Mittelalter als wahr akzeptiert zu werden, mußten die Berichte von »Nahtod-Erfahrungen« den orthodoxen standardisierten Versionen entsprechen, die von den kirchlichen Autoritäten gebilligt wurden, weshalb jene Erfahrungen mit bestimmten »abgesegneten« Elementen angereichert, umgeformt und uminterpretiert wurden, so daß es sehr häufig schwierig bis unmöglich ist, herauszufinden, was die Visionäre nun wirklich erlebt haben und was nicht. Einer der eher seltenen Fälle, in dem man das, was die Visionärin selber sah und die theologische Interpretation deutlich unterscheiden kann, ist der einer Entrückung der niederösterreichischen Begine Agnes Blannbekin im Jahre 1290. Einen ganzen Tag lang, so heißt es in ihrer *Vita*, »bis zur Mitte der folgenden Nacht war sie im Geiste (*fuit in spiritu*), und ihre Seele wurde entrafft in ein sphärisches Licht (*rapta est anima ejus in quoddam lumen sphaericum*), von dem sie meinte, es sei die materielle Sonne, aber [so] war es nicht. Denn wie sie nachher belehrt wurde, war es nicht die Sonne, sondern ein göttliches Licht (*lumen divinum*), wie ihr gesagt wurde. [...] Und sie kam an einen lieblichen Ort (*locum amoenum*), der mit Bäumen bepflanzt und voll von verschiedenen und köstlichen Früchten war. Dieser Ort war jener, in den der Herr den ersten Menschen gesetzt hatte, wie sie nachher belehrt wurde (*sicut ipsa postea edocta est*). Denn in jenem Licht [umher] geführt, sah sie unten die Erde, alle Weltteile, das Zentrum und die Umgebung weitesthin.«

So gut wie alle mittelalterlichen »Nahtod-Erfahrungs«-Berichte wie auch die entsprechenden tibetischen *délok* – Texte über die Erlebnisse im *bar-do* – wurden immer wieder von verschiedenen Personen überarbeitet und modifiziert, so daß manche Visionäre sich selber über die Entstellungen ihrer Erlebnisse und die Einführung fremder Elemente durch verschiedene Redaktoren beklagten – beispielsweise Alberigo da Settefrati, der im Alter von zehn Jahren im Verlaufe eines neun Tage währenden Scheintodes eine »Nahtod-Erfahrung« hatte. Als sich im späten Trecento Raimondo da Capua, der Beichtvater der hl. Caterina da Siena, daranmachte, die *Vita* der Heiligen niederzuschreiben, bekannte er offenherzig, er könne sich aufgrund seines Alters, »das seinen Zenit längst überschritten« habe, an vieles nicht mehr so recht erinnern: »So setze ich bei diesen verblaßten Erinnerungen die wahrscheinlichsten Worte und Reden hin, die mir am ehesten mit dem, was ich noch weiß, und auch mit der Natur des betreffenden Gegenstandes zusammenzupassen scheinen.« Die berühmte Vision Oweins wurde im Jahre 1184 von dem englischen Zisterzienser Henry of Saltrey redigiert, dem angeblich ein Mönch namens Gilbert die Geschichte erzählt hatte, der behauptete, ein anderer Mönch namens Eogan habe ihm die Vision bei einem Besuch auf der Insel geschildert, was bedeutet, daß wir es mit einem Bericht aus dritter Hand zu tun haben.

Im Mittelalter kursierten in weiten Teilen Europas zahlreiche verschiedene Versionen der »Nahtod-Erfahrung« des irischen Ritters und Lebemannes Tnugdalus (wahrscheinlich eine Latinisierung von ir. Tnúthgal), die wohl im Jahre 1149 stattgefunden hatte und anscheinend vier Jahre danach im Auftrag der Äbtissin des Benediktinerinnen-Klosters zu Regensburg von einem in der oberpfälzischen Stadt ansässigen Laienbruder eines Mönchsordens namens Frater Marcus auf lateinisch niedergeschrieben wurde. Dieser Text existiert nicht mehr, aber Marcus behauptete, er habe den mündlichen Bericht des Ritters in Caiseal östlich von Tiobraid Árann (Tipperary) aus dem Irischen ins Lateinische übersetzt (*de barbarico in latinum transferret eloquium*), was zwar sein kann, aber nicht sehr wahrscheinlich ist. Im Verlaufe des Spätmittelalters kamen immer neue Varianten der Geschichte in Umlauf, wobei nach Gutdünken Partien weggelassen, modifiziert oder hinzugedichtet wurden. So wurde beispielsweise in den iberischen Versionen des »virtuoso cavalliero don Túngano« der Aufenthalt Tnúthgals im Paradies zugunsten einer detaillierten Beschreibung des Horrors, den er in der Hölle erlebte, fast ganz gestrichen.[7]

Im Hoch- und vor allem im Spätmittelalter war das Bestreben der Kirche, die Sünder durch heilsamen Schrecken auf den Pfad der Tugend zu bringen, besonders ausgeprägt, und auch bei den bildlichen Darstellungen übertrafen die der Höllenqualen die der Freuden im Paradies bei weitem, was gewiß nicht nur daran lag, daß die »vollkommene Seligkeit« sich mit den Mitteln der Malerei nicht so gut veranschaulichen ließ wie die verschiedenen Foltermethoden, die der Teufel handhabte. Dabei waren dem frommen Erfindergeist keine Grenzen gesetzt. So teilte beispielsweise um das Jahr 1400 ein bayerischer Priester der Allgemeinheit mit, er sei auf eine bislang unbekannte, von Lazarus verfaßte Schrift gestoßen, in der dieser unsägliche Höllenqualen schildere, die ihm alles, »was freud haist vnd freud wird«, ausgetrieben hätten.[8]

Natürlich wird eine so starke ideologische Beeinflussung weiter Bevölkerungskreise durch die Vertreter des Christentums nicht ohne Wirkung auf den Charakter so mancher »Nahtod-Erfahrung« gewesen sein, so daß es mit Gewißheit »höllische« Erlebnisse gegeben haben wird. Aber ebenso sicher scheint zu sein, daß solche Erlebnisse von den »Bearbeitern« der Berichte maßlos elaboriert und ausgeschmückt wurden, so daß die Besuche paradiesischer Gärten eher in den Hintergrund traten.

Zudem wissen wir nicht, was von den Visionären selber als wichtig oder unwichtig erachtet und damit berichtet bzw. weggelassen wurde oder was sie deshalb nicht anführten, weil sie es als selbstverständlich vorausgesetzt haben. Andere werden wiederum uns bedeutsam erscheinende Geschehnisse mit Rücksicht auf damalige Konventionen, die öffentliche Meinung oder aus Bescheidenheit und Demut nicht erwähnt haben. Vor allem der Konformitätsdruck und die Angst vor der mächtigen Kirche werden manche von ihnen dazu bewogen haben, Ereignisse hinzuzudichten, die gar nicht Bestandteil ihrer Erfahrung gewesen waren. Auch die Berichte über das Sterben bedeutender Personen waren im Mittelalter sehr stereotyp, weil sie sich an einem Ideal orientierten, das gewissermaßen vorschrieb, wie man als gottesfürchtiger Mensch zu sterben hatte. Wie es sich aber in Wirklichkeit verhielt, werden wir in den meisten Fällen nie erfahren.

Können wir nun nicht in allen Einzelheiten nachzeichnen, was die Menschen des Mittelalters und der Frühen Neuzeit bei ihren »Nahtod-Erfahrungen« im einzelnen erlebt haben, so steht dennoch außer Zweifel, daß diese Erfahrung widerspiegelte, was die Betreffenden im Leben sahen und hörten und was ihnen darin widerfuhr.

So berichtete ein anonymer Florentiner, Caterina da Siena habe in einer Vision vom Jahre 1353 den ihr zulächelnden Jesus und die Heiligen so gesehen, »wie sie diese auf den Bildern in den Kirchen gesehen hatte«, und auch in unserer Zeit sah ein Mädchen am Ausgang des dunklen Tunnels, durch den sie sich bewegt hatte, den Sohn Gottes stehen, der »genau so« aussah »wie auf den Bildern, die man von ihm kennt«. Im Jahre 1615 sagte ein Mann vor dem Stadtgericht Lienz in Tirol aus, der Teufel habe so ausgeschaut, »wie er angemalen wird«, und im 13. Jahrhundert verlautete die selige Schwester Anna von Klingnau im Kloster Töss bei Winterthur, der Jesus ihrer Vision »was in der gestalt als sy hat gehôrt von Feronica dem bild«. Um diese Zeit war nämlich die Legende entstanden, an der Via Dolorosa habe seinerzeit eine Frau, die spätere hl. Veronica, gestanden, die dem das Kreuz schleppenden Jesus, als er an ihr vorüberging, ihr Tuch reichte, damit er sich den Schweiß vom Gesicht wischen konnte. Diese Tat der Barmherzigkeit sei damit belohnt worden, daß sich aus dem Schweiß und dem Blut Christi auf wundersame Weise dessen schemenhafte Gesichtszüge auf dem Tuch abgedruckt hätten – das »Vera Icon« des Antlitzes des Herrn und der Prototyp des ἀχειροποίητον, des nicht mit den Händen gemalten Reliquienbildes.[9]

Man hat festgestellt, daß in den Predigten des Spätmittelalters in Nordfrankreich Themen wie die Höllen- und Fegefeuerqualen etwa dreißigmal so häufig vorkamen wie die Freuden im Himmel oder im Paradies, und in der Toskana predigten der hl. Bernardino da Siena und andere so lebendig und eindringlich von der Kanzel herab über das, was den Sündern nach dem Tode blühte, und die Vorhalle des Augustinerklosters von Lecceto bei Siena war mit entsprechenden Szenen so suggestiv ausgemalt, daß viele Leute behaupteten, die Teufel und Engel leibhaftig gesehen zu haben. Zwar riet noch im 14. Jahrhundert der katalanische Franziskaner Francesco Eiximenis den Frauen, sie sollten sich täglich nicht nur die Qualen der Hölle, sondern auch die Freuden des Paradieses so realistisch wie nur möglich ausmalen »und jeden Tag ein- oder zweimal« intensiv »Paradies und Hölle in Gedanken« durchstreifen, doch war die Hölle allenthalben ungleich präsenter als der Himmel. So erinnern zahlreiche Texte aus dieser Zeit immer wieder daran, wie wichtig es sei, mit Plastiken an den Kircheneingängen an das unendliche Leid und das Wehklagen der Verdammten in der Hölle zu erinnern. Und während im Frühmittelalter Höllenbilder zwar in der Buchmalerei zu finden sind und damit gewiß keine allzu große Verbreitung fanden, tauchen sie im Hochmittelalter vor allem in Form von Skulpturen über den Portalen, Türen und Fenstern sowie als Fresken an den Westwänden der Kirchen und ab dem 13. Jahrhundert auch an Altären und Altarwänden auf.

Man hat zu Recht darauf hingewiesen, daß wirklichkeitsnahe Bilder und Skulpturen in einer verhältnismäßig bildarmen Zeit eine Suggestivkraft gehabt haben müssen, die in einer reiz- und bilderüberfluteten Moderne kaum mehr nachvollziehbar ist. Und so heißt es bereits um das Jahr 1020 in der Chronik des Vogesen-Ortes Moyenmoutiers über ein Kruzifix: »Der Meister, der dieses Werk schuf, war so geschickt, daß es selbst heute noch das kälteste Herz mitleidig werden läßt und den Menschen das Gefühl vermittelt, sie seien Augenzeugen des Todes Christi.« Vor allem die »einfachen Geister« (*mentibus rudibus*), wie Bonaventura sich ausdrückte, all die Analphabeten, die es auf dem Lande und auch in den Städten gab, sollten durch die Bilder und Skulpturen zum Nachdenken über das Heilsgeschehen gebracht werden. Oder wie im Jahre 1525 ein katholischer Geistlicher in Kaufbeuren die Sakralbilder gegen die protestantischen Bilderstürmer verteidigte: »Die pawrn haben sunst kain geschrifft dann der zeichen in der kirchen, das sein auch ir biecher.«

Aber auch die bürgerlichen Auftraggeber in der Spätgotik forderten von den Handwerkern immer naturalistischere Arbeiten, nachdem bereits im 11. Jahrhundert Bernard d'Angers davon geschwärmt hatte, eine Statue des hl. Gérald in Aurillac habe »ein von einem so lebendigen Ausdruck beseeltes Gesicht, daß ihre Augen die Betrachter zu fixieren schienen und das Volk am Glanz des Blickes ablas, ob seine Bitte erhört worden war«. In der italienischen Frührenaissance rühmte man den Florentiner Giotto di Bondone, er stelle »jede Gestalt, die Bewegungen und Handlungen in natürlicher Art dar«, so daß man »geneigt ist, für wirklich zu halten, was er mittels des Pinsels geschaffen hat«. Und im Jahre 1381 hieß es bewundernd, Giottos Figuren schienen zu leben und zu atmen (*vivere et aerem spirare*), zu sprechen, zu weinen, zu lachen usw. (*loqui, flere, letari et alia agere*).[10]

Noch faszinierter waren indessen alle jene, die im Mittelalter und in der Frührenaissance antike Frauenskulpturen sahen, die in den Ruinen römischer Bauten gefunden oder aus der Erde gegraben worden waren. So wurde von einem Jüngling berichtet, der sich um die Mitte des 12. Jahrhunderts in Rom in ein altes Gemäuer verirrte, das einst ein Heiligtum der Venus gewesen war. Dort stieß er auf eine Skulptur »in honore Veneris«, die ihn dermaßen bezauberte, daß er »wart so harte enzundet, / daz er verwandelt alle sine sinne, / daz bilde begunder [zu] minnen«. Aber auch fürderhin blieb er dem Bild verfallen, bis schließlich der Papst, dem diese unzüchtigen Taten zu Ohren kamen, die Liebesgöttin in den hl. Michael umwandeln ließ. Ein paar Jahrzehnte danach geriet ein gewisser Magister Gregorius aus Oxford ebenfalls in Rom in den Zauberbann (*magica quaedam persuasio*) einer antiken Marmorskulptur der Venus, so daß er immer wieder den beschwerlichen Gang zu dieser Stätte auf sich nahm, »obwohl sie zwei Stadien von [seiner] Herberge entfernt lag«. Auch diese Venus war von einer »wunderbaren Anmut« und »magischen Anziehungskraft«, und es dünkte ihn, als »rege sich Blut in ihrem schneeigen Gesicht« und »erröte [sie] ob ihrer Nacktheit«. Schließlich schrieb Petrarca in einem Brief vom Jahre 1353 aus Mailand, das plastische Bildnis des im 4. Jahrhundert lebenden hl. Ambrosius in der Basilika Sant' Ambrogio, das gemäß seiner Inschrift ein authentisches Porträt sei (*effigies tracta ab imagine vivi Ambrosii*), besitze gleichsam atmendes Leben (*pene viva spiransque*). Er habe das Gefühl gehabt, als sei der Heilige persönlich zugegen und als fehle ihm lediglich die Stimmgewalt (*vox sola defuerit vivum ut cernas Ambrosium*).

Konnte der römische Jüngling angesichts der Venusskulptur nicht anders, als diese zu »minnen«, kletterte offenbar im Jahre 1643 Jesus von seinem Kruzifix und küßte eine Nonne des Klosters Louviers südlich von Rouen auf den Mund, wobei er ihr »kleine süße Dinge« ins Ohr flüsterte. Schließlich erschien ihr auch ein männlicher Engel, der ihr gestand, er fühle sich von ihr sexuell angezogen. Die Äbtissin Marie

Abb. 19 Jesus führt eine Begine mit Geigenspiel und Liebesworten
ins Jenseits; niederrheinische Illumination, 14. Jh.

Bon de l'Incarnation meditierte eines Tages vor dem Kruzifix, als der Gekreuzigte plötzlich Beckenstöße wie beim Geschlechtsverkehr ausführte, woraus die fromme Frau folgerte, es müsse sich bei diesem »Jesus« um den Teufel handeln. Zu ihrer Erleichterung erschien auch bald der echte Jesus und »bedeckte auf der Stelle das Artefakt des [bösen] Feindes«. Als im 13. Jahrhundert die junge Prämonstratenserin Christine von Retters ihre Vulva verbrannte sowie Kalk und Essig in die Vagina einführte, um ihre Geschlechtslust abzutöten, erhielt sie als Zeichen der Mißbilligung von der Marienstatue auf dem Altar »eynen backen slage«, und als um dieselbe Zeit eine andere Nonne vor dem Bildnis der Hl. Jungfrau ihre sündigen Absichten beichtete, gab ihr diese eine so heftige Ohrfeige, daß sie zu Boden stürzte und sich erst wieder am nächsten Morgen erheben konnte.

Um die Mitte des 14. Jahrhunderts forderte das mit einemmal »lebendig gewordene« Jesuskindchen die Mystikerin Margarete Ebner energisch auf, es zu stillen: »So nim ich daz bilde uzze der wiegen und leg ez an min blozzes herze mit grossem lust und sussiket«, worauf sie ganz deutlich spürte, wie das Kindlein an ihrer Brustwarze saugte. Offenbar war ihr mütterliches Begehren den Mitschwestern nicht verborgen geblieben, denn eine von ihnen wunderte sich darüber, »as bliuge [= schamhaft] du bist, daz du dich nit schemtest«. Als sie dann aber sogar den erwachsenen Jesus vom Kruzifix nahm und ihn an ihre nackten Brüste drückte, ging dies dem Sohn Gottes entschieden zu weit, und er gebot ihr Einhalt. Schließlich betete etwa um dieselbe Zeit die Dominikanerin Margret Willi in ihrem Kloster vor einer Figur der Hl. Jungfrau, als diese »gar mineklich zů ir« sprach: »Min kind, du solt wissen das du von mir niemer geschaiden solt werden!«[11]

Bekanntlich führt eine Fokussierung der Aufmerksamkeit auf bestimmte Objekte, in diesem Falle auf Marienstatuen oder Kruzifixe, dazu, daß Ablenkungen jeglicher Art (Außenreize, Gedanken, Empfindungen) sich immer mehr abschwächen und ein Alpha- oder Theta-Rhythmus sich einstellt, der besonders günstig für das Erscheinen innerer Bilder und Szenen ist. Dissoziationen erleben wir im Alltag immer wieder, wenn wir uns auf etwas konzentrieren und dabei vieles von dem, was um uns geschieht, nicht mehr registrieren, wenn wir tagträumen oder übermüdet sind. So sagte ein Zen-Meister, er nehme während der Meditation (*zazen*) zwar alles um ihn herum wahr, aber es affiziere ihn nicht, es sei ohne Bedeutung für ihn – die Zeit scheint »stillzustehen«, da es keine Wegmarken mehr gibt für das Zeitgefühl und eine »windlose Stille« eintritt. Und ein anderer Zen-Mönch sagte, es sei so, wie wenn man in einer Großstadt die Menschen zwar *sehe*, aber emotional unbeteiligt und desinteressiert bleibe.[12]

Wer die Stimme Gottes hören wolle, so verlautete Meister Eckhart, der müsse für die Stimmen der Menschen taub werden und dürfe sie nicht beachten (*oportet obsurdescere aliis audiendis et intendendis*). Aber während der Yogin oder die Zen-Mönche ihre gesamte Aufmerksamkeit auf einen Punkt konzentrieren, um im *samādhi* zur »stehenden Ruhe« und damit zur Erlösung zu gelangen, sollte die christliche Sterbemeditation den Dahinscheidenden nicht ins *nirvāṇa*, sondern ins Jenseits geleiten. Und so kann man sich leicht vorstellen, daß eine Meditationstafel wie die des Hieronymus Bosch den Sterbenden, der sich in sie versenkte, gleichsam einsaugte, so daß er gemeinsam mit den dort dargestellten Engeln und den Seelen der Verstorbenen durch den dunklen Tunnel auf das Himmelstor zuschwebte.[13]

Derartige Erlebnisse werden aber im Mittelalter und in der Frühen Neuzeit nicht nur durch Predigten, Bilder oder Skulpturen befördert worden sein, sondern bei den Lesekundigen auch durch geläufige literarische Werke, wie zum Beispiel Heinrich von Veldekes Übertragung des altfranzösischen *Roman d'Eneas* aus der Zeit um 1180, in dem die Hauptperson durch eine dunkle Höhle (»loch«) in die Unterwelt steigt, wo sie einem »wazzer« folgt, das sie zu den Wiesen des Orkus, also ins Totenreich, führt. Aber beeindruckender war es, jedenfalls für das Volk, wenn in den spätmittelalterlichen Passionsspielen Lazarus auftrat und erzählte, was er alles in der Hölle erlebt hatte, bevor er nach vier Tagen wieder ins Leben zurückgekehrt war.

Überhaupt war der Tod in den Städten allgegenwärtig – als Tote Verkleidete sprangen und tanzten nicht nur in den geistlichen Spielen, vielmehr auch in den Fastnachtszügen umher, und im Osterspiel ließ Lucifer zunächst, wie er sagte, die Seele des Sterbenden »na myner pypen springen«; doch im Augenblick des Todes bat der Betreffende Gott um Gnade, worauf ein Engel dem Lucifer und seinen Gesellen die Seele vor der Nase wegschnappte. Es gab einen alten Volksglauben, nach dem die Seelen der Verstorbenen als Teil ihrer Bestrafung – meist auf dem Kirchhof – zwischen Mitternacht und Morgengrauen einen *Danse ma-*

cabre aufführen mußten, wofür sie eigens ein paar Stunden aus dem Fegefeuer entlassen wurden. Daraus entwickelte sich die Vorstellung, daß die Toten die Lebenden zum letzten Tanz aufforderten, wobei diese um Aufschub baten, was aber abgelehnt wurde. Ab dem 14. Jahrhundert entstanden Totentanz-Wandbilder in den Kirchen und im Jahre 1424 das weithin bekannte Bild an den Wänden der Säulenhalle des Friedhofes beim Kloster Aux-Saints-Innocents in Paris. Im Jahre 1449 ließ schließlich Philipp der Gute, der Herzog von Burgund, in seinem Stadthof (*hostel*) in Brügge einen *Danse macabre* aufführen, bei dem, wie es heißt, sämtliche Zuschauer von Entsetzen gepackt wurden. Dies war auch ganz im Sinne des Choreographen, nämlich des Malers Nicaise de Cambray, denn wie die Bezeichnung »certain jeu, histoire et moralité sur le fait de la danse macabre« zum Ausdruck bringt, sollte dieser Totentanz die Anwesenden weniger unterhalten als läutern, indem er ihnen die ewige Verdammnis der Sünder vor Augen führte.

Fast noch beeindruckender waren die geistlichen Spiele, etwa das im Jahre 1464 in Lübeck erstmalig aufgeführte Redentiner Osterspiel, in dem das Paradies im Gegensatz zur Hölle nur ganz beiläufig erwähnt wurde. Im Verlaufe der Vorstellung, die – wie viele andere – aufgrund der großen Anzahl der Darsteller und Zuschauer nicht in der Kirche, sondern auf dem Marktplatz stattfand, wurden sämtliche Betrüger, so der Bäcker, der mit schlechtem Teig gebacken hatte, der Gastwirt, der gepantschten Wein ausgeschenkt, der Schneider, der Stoff unterschlagen, und der Schuhmacher, der minderwertiges Leder verarbeitet hatte, vom Teufel in die Hölle geschleppt. Im Alsfelder Passionsspiel stürmten die Teufel mit schrecklichem Geschrei (*horrible clamore*) auf die Bühne und zerrten ebenfalls mit Ungestüm (*impetuose*) und unter lautem und gräßlichem Lachen die Sünder in die Hölle, wobei einige zu entkommen suchten, aber von den Teufeln eingefangen wurden. Danach hörte man hinter dem verriegelten Höllentor das Heulen und Zähneklappern der Verdammten. Doch bei vielen geistlichen Spielen waren auch die Zuschauer nicht sicher, denn bisweilen sprangen die fratzenschneidenden Dämonen von der Bühne und zogen entsetzte Leute aus dem Publikum in den Höllenschlund.[14]

§ 20
Die Entführung und Vergewaltigung durch »Waldmenschen«, den Alp und Aliens

Ein künftiger Schamane der nepalesischen Jirel stieß eines Tages in der Wildnis auf einen *ban jhākri*, einen »Schamanen des Dschungels«, der halb Mensch und halb Affe ist und nicht selten Leute durch das Schlagen seiner Trommel in den Urwald lockt, aus dem manche nie mehr wiederkehren. Als er ihn erblickte, wurde er auf der Stelle ohnmächtig, und als er wieder zu sich kam, wurde ihm bewußt, daß er nach oben, in den Bergwald, schwebte. Er geriet in Panik und versuchte zu schreien, aber sein gesamter Körper war gelähmt, worauf er ein zweites Mal die Besinnung verlor. Als er schließlich erneut zu Bewußtsein kam, befand er sich in einer hell erleuchteten Höhle: »Ich dachte, daß ich träume oder daß ich vielleicht tot war. Ich sah den *ban jhākri* und seine Frau, die *ban jhākrini*, sie war gewaltig, häßlich und nackt mit riesigen baumelnden Brüsten.« Sie zogen ihn aus, untersuchten jede Stelle seines Körpers, und anschließend lehrte der *ban jhākri* ihn die Kunst des Schamanisierens, bis er wieder dort aufwachte, wo er eingeschlafen war. Ein Tamang-Schamane berichtete, er sei, als er noch kein Schamane war, während des Schlafs vier- oder fünfmal von einem *ban jhākri* entführt worden, und das Erlebnis sei »traumartig« gewesen. Mitten in der Nacht habe sich jählings ein Pfad geöffnet, den er entlangging, als ihn zahlreiche Dämonen überfielen und skelettierten, bis er wieder aufwachte. Ein anderes Mal drohte ihm die *ban jhākrini*, sie werde ihn auffressen, aber sie zerlegte ihn lediglich in seine Einzelteile, worauf er als Schamane wiedergeboren wurde.

Der *ban jhākri* entführt aber auch junge Frauen und Männer, um die weiblichen Opfer zu vergewaltigen und die männlichen seiner Frau zu überlassen, die mit ihnen ihren Mutwillen treibt. Nicht wenige Tamang-Frauen gaben an, mehrfach nach Sonnenuntergang in die Höhle des *ban jhākri* verschleppt und dort gegen ihren Willen penetriert worden zu sein. So erzählte eine junge Tamang dem Ethnographen, sie sei als junges Mädchen gewaltsam von einem *ban jhākri* in den Wald geführt worden, wo er sie auszog, ihren nackten Körper abtastete und sie schließlich vergewaltigte, wobei er, wie auch andere Opfer berichten, durch Gedankenübertragung mit ihr kommunizierte. Dagegen dringen die *kyub mi* (»Waldmänner«) der Gurung, etwa 1,20 m große befellte Wesen mit roten Gesichtern, nachts in die Hütten ein, um die schlafenden Frauen zu besteigen. Gelingt es ihnen, eine Frau zu penetrieren, siecht sie dahin, wird verrückt oder schrumpft, wie die Gurung versichern, bis auf Daumengröße. Aber auch diejenigen, denen es gelingt, aus der Höhle des *ban jhãkri* zu fliehen, sind – wie ein Schamane der Chepang versicherte – nicht selten für den Rest ihres Lebens taubstumm oder geisteskrank.

Sowohl die männlichen als auch die weiblichen Yetis, zum Beispiel die tibetische *nyalmo yeti* (wörtlich »Fickerin«), vergewaltigen ihre entführten Opfer, ebenso wie die im südchinesischen Gebirge lebenden Verwandten, wobei die jüngeren Frauen sogar geschwängert werden.[1] Wie der »Waldmann« der Gurung sucht der »Schwarze Mann« (*ijk'al*) der Tzeltal-Maya, ein kleines behaartes, aber aggressives Wesen, nachts die schlafenden Frauen heim oder entführt sie in seine Höhle, wo er sich sexuell über sie hermacht, bis es ihnen irgendwann gelingt, zu entfliehen. In diese Höhle verschleppt er auch Männer, die er ausraubt und die nach einer Weile krank und ermattet fernab in der Wildnis wieder zu sich kommen. In Schweden war es die *skogsrå*, eine Waldfrau mit langem Haar, von vorn gesehen bis auf die Hängebrüste sehr schön, aber mit einem hohlen knochigen Rücken, die einerseits ganz versessen auf junge Männer war, die sie mit in den Wäldern aufgespannten unsichtbaren Netzen fing. Andererseits lehrte sie manche Männer magische Künste, und von einer Waldfrau erhielt auch Wate in der *Kudrun* die Fähigkeit zu heilen. Noch in den Jahren 1691 und 1701 wurden zwei junge Burschen verurteilt, weil sie sich mit der *skogsrå* eingelassen hatten. Schließlich verleihen auch die Geisterfrauen (*ingkantu* von *encantado*, »verzaubert, verwunschen«), *angmga tawu dili ingun natu* (»die, nicht so sind wie wir«) genannt, jungen Cebuanos die Kenntnis der Heilkunst. Aber auf der anderen Seite entführen sie die jungen Männer und vergewaltigen sie. Manche ihrer Opfer verschwinden monatelang und sind, wenn sie gefunden werden, nicht selten verwirrt oder geistesgestört.[2]

Allem Anschein nach gibt es immer wieder Fälle, in denen Personen – häufig im sogenannten »epileptischen Dämmerzustand« – ihr

Zuhause oder ihren Arbeitsplatz verlassen, um einen für gewöhnlich weit entfernten Ort aufzusuchen. Dabei sind sie zwar für Außenstehende eher unauffällig, aber ihre Wahrnehmungen sind meist halluzinationsähnlich oder traumartig, verwirrend, die Umgebung ist fremdartig verändert und wird illusionär verkannt, das Denken ist langsam und zähflüssig und die Stimmung ängstlich-bedrückt. Trotzdem bleibt die Fähigkeit, relativ einfache und Routineverrichtungen auszuführen, zum Beispiel Mahlzeiten zu bestellen oder Fahrkarten zu kaufen und ein Flugzeug zu besteigen, für gewöhnlich erhalten, aber der Betreffende ist auf *eine* Sache, meist den Zielort, fixiert – alles andere existiert nicht mehr, weshalb man von der »Alleinherrschaft eines einzigen Motivs« gesprochen hat. Gleichzeitig wissen diese Reisenden häufig nicht mehr, wer sie sind, oder nehmen eine neue Identität an, und wenn sie ihren Zielort erreicht haben, können sie sich nicht mehr daran erinnern, warum sie dorthin gereist sind. Ein Epileptiker berichtete hinterher, er habe zunächst das Gefühl gehabt, er müsse sterben, aber dann war es ihm, als sei er im Himmel bei Jesus, doch Petrus teilte ihm mit, »er sei noch zu schade zum Sterben«. Die meisten verfügen indessen lediglich über unzusammenhängende, verschwommene Erinnerungsfetzen, haben plötzliche Flashbacks, oder es herrscht eine vollkommene Amnesie.

Sehr viel häufiger als solche reale Reisen im »Dämmerzustand« kommt es vor, daß die Betreffenden aus dem Schlaf erwachen, weil ein Geistwesen sich auf ihre Brust gesetzt hat und sie dermaßen »drückt«, daß sie sich nicht bewegen können. So berichtete ein Quechua aus dem Hochland von Peru, er habe von seinem Bett aus gesehen, wie die Seelen zweier Verstorbener (*almas*) in sein Zimmer kamen, worauf die eine ihn berührte und zur anderen, die ihm ins Gesicht schaute, sagte: »Hier schläft ein Mann!« Die ganze Zeit über, so versicherte er, konnte er keinen Ton herausbringen und kein Glied bewegen. Ein Quiché-Maya sagte, das *c'ulwächic* genannte Phänomen, bei dem die Betreffenden in der *dormiveglia*, die in der Sprache der Quiché »weißer Schlaf« (*sak waram*) genannt wird, von einer »Erscheinung« besucht werden, worauf sie sich weder rühren noch schreien könnten, sei weit verbreitet. Bei den Dogon sind es die fliegenden Hexen, die sich bevorzugt auf Männer setzen und sie stundenlang paralysieren – eine ungarische Bezeichnung für eine Hexe, *boszorkány*, leitet sich von türkisch *basyr*, »drücken«, ab. Und die Toradja sagen, der *setang*-Geist, der einen Mann ersticken könne, sei nicht deutlich sichtbar, weshalb er sich nicht beschreiben lasse, aber ein Informant widersprach und gab an, es handle sich um eine Frau mit aufgelöstem Haar.

Die Lappen und die Ostjaken waren davon überzeugt, daß es die verstorbenen Männer seien, die nachts aus dem Totenreich kämen, um die schlafenden Frauen zu »reiten«, weshalb die brasilianischen Bororó die jungen Mädchen anwiesen, immer auf der Seite und mit eng aneinanderliegenden Oberschenkeln zu schlafen, da die *bope*-Geister die ganze Nacht über auf eine Chance lauerten, die Mädchen zu besteigen. Wenn sie auf dem Rücken schliefen, wurden die Fijianerinnen von Tutumatua, einem Geistwesen mit einem gewaltigen Penis, penetriert und nicht selten geschwängert, worauf es zu Fehl- oder Frühgeburten kam. Auch die thailändischen Fremdarbeiter in Singapur werden häufig nachts im Bett vom »Geist der einsamen Witwe« vergewaltigt, weshalb viele von ihnen sich die Fingernägel rot lackieren und im Sarong der Frauen ins Bett gehen, um die Geisterfrau über ihr Geschlecht zu täuschen. Dagegen begnügten sich die Waldgeister (*yosi*) der Selk'nam im Feuerland damit, sich sexuell zu erregen und zu befriedigen, indem sie vor allem mit den Genitalien schlafender Frauen, aber auch mit denen der Männer spielten, bis die Betreffenden zum Orgasmus kamen, worauf die Geister allerdings heiße Asche aus dem Herdfeuer nahmen und den Frauen auf die Vulva bzw. den Männern unter die Vorhaut rieben. Manche Männer der südlich des Oranje lebenden Tembu taten bisweilen nachts so, als ob sie schliefen. Wenn dann ein Geist (*impundulu*) sich ihrer paralysierten Frau näherte und sie anal oder vaginal penetrierte, warteten sie, bis der Geist ejakulierte und in diesem Augenblick etwas »weggetreten« war, so daß die Männer ihn mit dem Wurfspieß (*assegai*) tödlich verletzen konnten.[3]

Vom »Alpdrücken« wird auch in unserer Kultur von alters her berichtet. So erwähnte Petrus Binsfeld im Jahre 1590 den hl. Augustinus, der schon vor mehr als einem Jahrtausend mitgeteilt habe, »dasz die Siluani vnnd Fauni, welche gemeinglich Nachtsdrucker genendt werden / gegen die Weiber vnzüchtig gewesen / jhren Beyschlaff begeret / vnnd vollnbracht« hätten. Im Jahre 1600 sagte eine gewisse Dieudonnée Henri de la Croix vor einem lothringischen Gericht aus, ein Geist namens le Sottrel habe sie mehrmals in der Nacht, wenn ihr Mann aushäusig war, auf den Mund geküßt, und jetzt im Gefängnis sei er so schwer auf ihrer Brust gelegen, daß sie kaum atmen konnte. In Kirkwall auf der Hauptinsel der Orkneys bekannte eine Frau vor Gericht, nachts habe ein »fairy-man« zunächst mit ihren Brüsten gespielt, »[a]nd thereafter seemed to lie with her«, und im Jahre 1646 gab Urban Penn, genannt »der Hackbrettler«, vor dem Stadtgericht von Klausen in Tirol zu Protokoll, die »Trute« habe ihn »in Gestalt eines Weibs« immer wieder heimgesucht und »von ihm stets die Ausübung der Unzucht verlangt«. Sie sei »ein weiches, zähes Ding aus Haut und Gebein« mit einer »dumpfen Stimme«, also offenbar nicht eben sexuell attraktiv. Aber eine Zeugin, die den »Hackbrettler« zweifellos belauscht hatte, sagte aus, sie habe gehört, wie dieser die »Trute« zum Beischlaf herbeigerufen habe. Ob dies den Tatsachen entspricht, ist natürlich nicht feststellbar, aber außer Zweifel steht, daß auch die Männer sich zu allen Zeiten gegen die Nachtmahre zu schützen versuchten. Bereits die römischen Gladiatoren befestigten am Abend vor ihrem Auftritt in der Arena ein Stück dämonenabwehrendes Metall an ihren Hoden, damit der Succubus sie nicht in der Nacht zur Ejakulation brachte, um dadurch ihre Kampfkraft zu schwächen, und die irischen Mönche banden ein kleines Kruzifix an den Penis, damit die weiblichen Nachtmahre sie nicht während des Schlafes »reiten« konnten.[4]

Bei den Eskimo im Norden und Nordwesten Alaskas bestiegen die weiblichen *nuliayuq*-Geister die schlafenden Männer und brachten sie zum Orgasmus. Für gewöhnlich verließen sie diese, nachdem sie ejakuliert hatten, aber manchmal hypnotisierten sie die inzwischen Erwachten, so daß diese ihnen willenlos in die Wildnis folgten. Seit alten Zeiten heißt es auch in unserem eigenen Kulturbereich, daß der Alp oder Nachtmahr die Menschen nicht nur »drücke« und koitiere, sondern sie auch entrücke. So sagte im Jahre 1709 im nordostungarischen Miskolc ein Mann vor Gericht aus, er sei plötzlich aus dem Schlaf gerissen und durch das Schlüsselloch seiner Haustür gezogen worden, und im selben Jahr wurde in Sajóvámos eine Frau unversehens von weiblichen Wesen geweckt und gewaltsam, ohne daß sie sich wehren konnte, in eine Kirche verschleppt. Eine Frau in den Appalachen von Virginia berichtete, bisweilen setze sich nachts eine Hexe auf ihren Rücken, um auf ihr wie auf einem Pferd durch die Wälder zu galoppieren, und zum Beweis zeigte sie den Schmutz unter ihren Fingernägeln. In einer Sage dreht indessen ein Knecht, der offenbar seine Lähmung überwindet, den Spieß um, wirft der Mahrte das bereitgelegte Zaumzeug über und reitet auf ihr über Stock und Stein. Schließlich erzählte vor ein paar Jahren eine österreichische Schriftstellerin, sie wache manchmal mitten in der Nacht auf. Dann befinde sie sich »in einem Zustand totaler Lähmung«, der bis zu zwanzig Minuten dauere, wobei sie »fast ohne Atem und ganz weiß im Gesicht« sei. Während dieser Zeit liege sie aber nicht mehr im Bett, sondern fliege in ferne Gegenden. Und eine Studentin teilte mit, sie sei aufgewacht und völlig gelähmt gewesen, aber von einem Augenblick zum anderen habe sie sich im Zimmer ihres Freundes befunden, den sie von oben in seinem Bett schlafen sah.

Ganz offensichtlich finden sämtliche Nachtmahr-Erlebnisse in der Übergangsphase vom Schlafen zum Wachen statt, halten aber bis zu zehn Minuten und gelegentlich bis zu einer halben Stunde an. Dabei dringen anscheinend REM-Traumsequenzen ins Wachbewußtsein ein, aber weil die für den REM-Schlaf typische Schlafparalyse, die einst dafür sorgte, daß unsere fernen Vorfahren im Schlaf nicht von den Bäumen fielen, eine gewisse Zeit lang bestehenbleibt, können die Betreffenden lediglich die Augen öffnen und bewegen. Die Lähmung wird als besonders gravierend erlebt, wenn die Erwachten tief durchatmen wollen – dann haben sie Erstickungsgefühle, und der Druck auf den Brustkorb nimmt zu, als ob irgendein Wesen auf ihm sitze. So wachte ein Mann auf und »empfand einen heftigen krampfartigen Schmerz, der sich über die Brust verbreitete«. Gleichzeitig spürte er, daß ein Wesen an sein Bett trat. »Ich erfaßte es *nicht mit den Sinnen*, und doch war ein Gefühl des Grauens damit verbunden. Mehr als jede andere Empfindung erregte es mein tiefstes Inneres [...]. Ich empfand seine Gegenwart mit größerer Deutlichkeit, als ich je die Gegenwart irgendeines Geschöpfes aus Fleisch und Blut empfunden habe.« Nach etwa zwei Minuten deutete schließlich »ein flüchtiges Rauschen« an, daß das Wesen den Raum verließ.

Dieses Gefühl der »Präsenz« eines bedrohlichen, unheimlichen Wesens deutet auf eine Aktivierung der Amygdala, während die nicht selten berichtete Empfindung, den Körper zu verlassen und zu fliegen oder zu schweben, wohl auf die Blockierung der körperlichen Motorik zurückzuführen ist. Da die Betreffenden unfähig sind, sich körperlich in Sicherheit zu bringen oder das Wesen zu bekämpfen, bleibt ihnen keine andere Möglichkeit mehr, als ihren Körper zu verlassen.[5]

Manchmal handelt es sich freilich nicht nur um die gefühlte »Präsenz« eines Wesens, vielmehr wird dieses mehr oder weniger deutlich gesehen. So erlebte ein junges Mädchen jeden Abend unmittelbar vor dem Einschlafen, daß ihre Großmutter zum Fenster hereinkam und sich auf ihre Brust kniete, um sie zu ersticken, und ein junger Mann wachte mit dem Gefühl auf, niedergedrückt zu werden, wobei er zunächst dachte, seine übergewichtige Zimmerwirtin versuche ihn zu vergewaltigen. Er konnte kein Glied rühren, aber nach einiger Zeit gelang es ihm, die Augen zu öffnen, und er sah einer alten Hexe ins Gesicht, die ihn voller Wut und Boshaftigkeit anschaute, bevor sie durch das geschlossene Fenster verschwand. Schließlich bezichtigte in Neuengland im 17. Jahrhundert ein Kläger vor dem Gericht eine Nachbarin, daß sie »drew up his body into a heape and Lay upon him about an hour and half or 2 hours, in all which taim this deponent coold not stir nor speake«.

Wie aber ist zu erklären, daß zahlreiche Menschen während der Schlafparalyse intensive sexuelle Erlebnisse haben? So erklärten in einer Studie sämtliche befragten Frauen, das Wesen habe nicht nur einen starken und schmerzhaften Druck ausgeübt, sondern sie zudem vergewaltigt oder zumindest eine Vergewaltigung versucht, und zwei andere Untersuchungen bestätigten, daß sich besonders Frauen nach der Schlafparalyse »wie vergewaltigt« fühlten. So berichtete eine Frau, sie sei in der Nacht plötzlich aufgewacht und habe sich nicht bewegen können. Da erblickte sie ein reptilartiges Wesen, das sie mit stechenden Augen anstarrte, auf sie zukam und gewaltsam in sie eindrang. Wahrscheinlich lassen sich derartige Erlebnisse auf eine während der Schlafparalyse auftretende Apnoe, also eine Atemlähmung, zurückführen, die eine Unterversorgung mit Sauerstoff nach sich zieht, was bereits die Ärzte der Frühen Neuzeit annahmen, die ihren Patienten rieten, aus diesem Grund nicht auf dem Rücken zu schlafen.

Werden auf den Südhängen des Himalaya immer wieder Männer und Frauen in gelähmtem Zustand vom *ban jhākri* in dessen Höhle entführt, wo vor allem die Frauen meist vergewaltigt werden, so geht auch aus den Berichten derjenigen, die glauben, von Aliens entführt worden zu sein, hervor, daß ihre Erlebnisse meist dann stattfanden, wenn sich

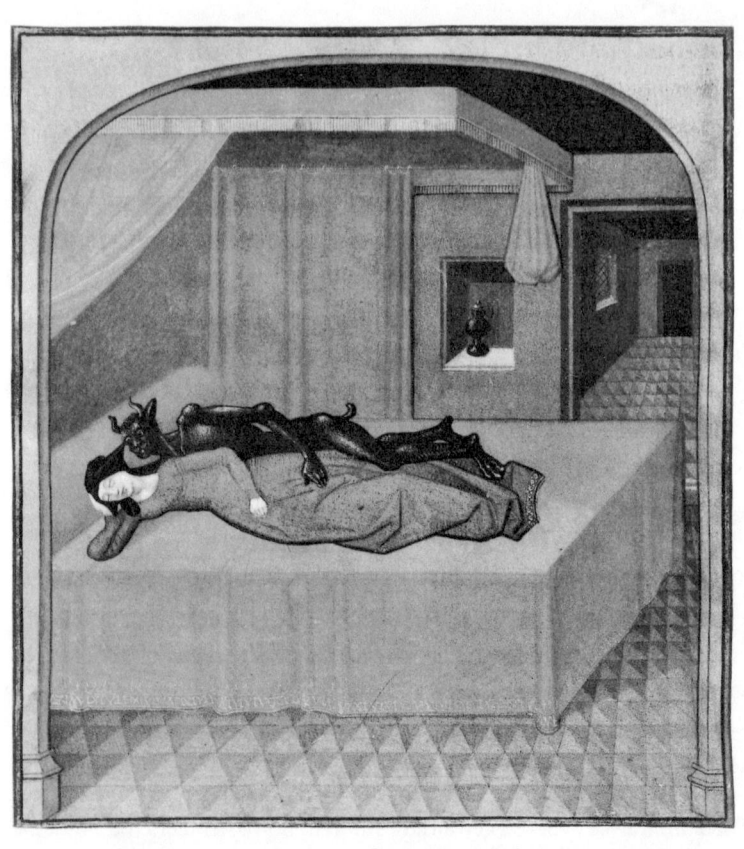

Abb. 20 Dämon »besteigt« die Mutter Merlins, um 1470.

die hypnagogischen und hypnopompischen Halluzinationen einstellten, nämlich während der *dormiveglia*, also kurz vor dem Einschlafen oder dem Aufwachen, und daß die Betreffenden dabei fast immer bewegungsunfähig sind. Entsprechend haben auch Untersuchungen gezeigt, daß viele Entführungsopfer unter Schlafparalyse leiden.

So spürte eine Frau nachts im Bett eine lähmende Gefühllosigkeit, die von ihren Füßen in den Körper kroch, bis sie völlig paralysiert und ihr Bewußtsein »leer« war. Da erschien plötzlich ein graues Wesen, und sie erinnerte sich ganz vage, daß jemand – vielleicht das Wesen – ihre Wirbelsäule betastete. Schließlich glaubte sie sich unter Hypnose daran zu erinnern, daß vier solcher Wesen sie durch das geschlossene Fenster schweben ließen und sie auf einem blauen Lichtstrahl in ein UFO beförderten. Ein Bauernbub, der mit seiner kleinen Schwester im französischen Massif Central Kühe hütete, hatte auf einmal das Gefühl, versteinert oder gelähmt zu sein, und es war so, wie wenn die Zeit stehenbliebe. Da erblickte er eine grell leuchtende Kugel, vor der sich vier ungefähr 1,20 m große menschenähnliche Wesen mit kurzen Beinen und langen Armen bewegten, die jedoch, als er sie ansprach, in ihre Kugel eilten, die dann lautlos und mit großer Geschwindigkeit davonflog. Und als ein paar Jahre später eine finnische Lehrerin todmüde in der Nacht heimfuhr und eben dabei war, einzunicken, umgab sie mit einemmal ein dichter Nebel, und ihr Auto wurde in ein am Nachthimmel schwebendes rotes UFO gezogen, während sie sich gelähmt und dem Untergang geweiht fühlte, was sie völlig außer Fassung geraten ließ.[6]

Häufig werden oder wurden die Paralysierten entweder bereits in ihrem Bett, im Fahrzeug oder an dem Ort untersucht, betastet oder vergewaltigt, an den sie die Aliens verschleppten. Als beispielsweise zwei »Graue« das Schlafzimmer einer jungen Frau betraten, war sie augenblicklich gelähmt und wurde so in ein UFO »teleportiert«, in dem einer der »Grauen« sie mit seinem Blick zum Orgasmus brachte. Auch einer anderen Frau blickte der Alien, vor dem sie nicht fliehen konnte, weil sie bewegungsunfähig war, tief in die Augen, und ein Mann erinnerte sich, daß die Wesen ihn nackt und gelähmt auf einen Tisch legten und seine Hoden befingerten, was er als sehr erniedrigend empfand. In den USA sind ca. 80 % der Entführten Frauen, und fast alle wurden sexuell manipuliert oder gegen ihren Willen penetriert. Eine junge Amerikanerin beispielsweise wurde in ein UFO »gebeamt«, wo man sie aufforderte, ihren Oberkörper zu entblößen. Darauf rieb einer der Aliens ihre Brüste mit einer warmen, wabbeligen Masse ein und teilte ihr per Gedankenübertragung mit, das werde sie »scharf machen«. Ohne dies freilich abzuwarten, penetrierte er sie, was sie als Vergewaltigung empfand. Eine andere teilte mit, sie sei augenblicklich zum sexuellen Höhepunkt gekommen, als der etwa 1,20 m große Alien mit vertikalen blauen Pupillen ihre linke Brust entblößte und befingerte, während wieder eine andere so brutal von einem Alien »genommen« wurde, daß sie vor Schmerz laut aufschrie.

Offenbar interessieren sich die Aliens fast durchweg in erster Linie für die äußeren und inneren Geschlechtsorgane, befühlen die Klitoris und die Schamlippen der Frauen und reiben den Penis der Männer, bis er erigiert, wobei sie freilich meist unpersönlich und rigide vorgehen, den Frauen aber nicht selten tief in die Augen schauen, worauf diese ungewollt einen Orgasmus haben. Sehr häufig nehmen die Aliens regelrechte gynäkologische Untersuchungen vor, wobei manche Frauen das Gefühl haben, es werde ihnen ein Ovum entnommen. Gelähmt und nur noch fähig, schnell und flach zu atmen, wurde eine junge Frau im Raumschiff nackt ausgezogen und inspiziert, wozu die Wesen ihr die Beine spreizten, was sie als extrem demütigend und wie eine Vergewaltigung empfand. Zunächst beglotzten sie ihre Genitalien, betasteten sie, schauten in ihre Vagina und steckten schließlich etwas in sie hinein, was sehr schmerzhaft war. Manche Frauen berichteten, sie seien davon wach geworden, daß fötusartige Wesen ihre Vulva begrapschten und studierten, aber auch eine junge Temporallappen-Epileptikerin teilte mit, in der Nacht hätten immer wieder seltsame humanoide Wesen mit großen Köpfen ihr Bett umzingelt und sie manchmal weggetragen. Sie vibrierten und reflektierten auf eigentümliche Weise das Licht, aber am charakteristischsten für sie sei ihr geradezu obsessives Interesse am Betrachten ihrer Genitalien gewesen.[7]

Berichteten viele Frauen, die Aliens hätten sie gegen ihren Willen sexuell erregt, entspricht dies der Feststellung des griechischen Arztes Paulus Ægineta, daß der Nachtmahr manchen Frauen und Männern »lustvolle Gewalt gewährt«. Auch zahlreiche von Aliens entführte Männer sprechen von »more or less involuntary ejaculations«, die durch Zwangsmasturbationen bewirkt wurden, und ein Mann berichtete, die

Aliens hätten ihm eine Plastikhaube über die Genitalien gestülpt, worauf er eine Vibration gespürt und auf der Stelle ejakuliert habe. Ein anderer wurde von einem Alien durch Reiben seines Penis zwar erregt, doch das Wesen fragte ihn ungeduldig, ob er denn nicht »einen Härteren« bekommen könne, und führte ihn schließlich an seinem erigierten Penis durch das Raumschiff. Zwar zeigen auch männliche Aliens ein großes Interesse am Penis und den Hoden der Entführten, die sie begrapschen und reiben, bis sich das Sperma ergießt, das sie bisweilen aufbewahren, aber andere werden wiederum von weiblichen Aliens vergewaltigt oder verführt wie die künftigen Schamanen in der Höhle des *ban jhākri* durch dessen Frau. So berichtete der brasilianische Landarbeiter Antonio Villas Boas, er sei von seinem Traktor in ein UFO gezogen worden, in dem eine Alienfrau mit hellblondem Haar und großen blauen Augen ihn in einem Maße sexuell erregte, wie er es noch nie in seinem Leben erfahren hatte. Zweimal hintereinander habe er mit ihr geschlafen, wobei es sich so angefühlt habe »wie bei jeder anderen Frau«, aber während des Koitus habe sie auf merkwürdige Weise gegrunzt, und hinterher habe er ein unangenehmes Gefühl gehabt, wie wenn er mit einem Tier geschlafen hätte. Doch für andere Männer ist der Orgasmus so unangenehm wie für jene, die von Frauen oder anderen Männern vergewaltigt wurden. Ein Mann, dem unter Hypnose sein Erlebnis mit einer Alienfrau ins Gedächtnis zurückgerufen wurde, sagte dem Hypnotiseur, er liege jetzt im Bett und werde von einer Alienfrau »mit bösen Augen« bestiegen, die seinen erigierten Penis in ihre Vagina einführe. Er konnte sich zwar nicht bewegen, war aber hochgradig erregt und sagte: »Jetzt fickt sie mich!« Im Jahre 1959 wurde der Zulu Mutwa von »grauen Wesen« entführt, die ihn zunächst folterten und dann zwangen, mit einer weiblichen »Grauen« Geschlechtsverkehr auszuüben. »Seit dieser Zeit«, so sagte er viele Jahre danach, »bin ich ein völlig verwirrter Mensch. Seitdem scheint mein Geist nicht mehr mir zu gehören.«[8]

Da einige Entführte nach den Erlebnissen sexueller Erniedrigung gleichwohl eine gewisse Zuneigung gegenüber den Aliens empfanden oder zugaben, zum Teil hochgradig sexuell erregt worden zu sein – so bezeichnete eine Frau ihre anale Vergewaltigung als eine »wonderful opening experience«, für die sie dankbar sei –, haben Psychologen die Auffassung vertreten, es handle sich bei diesen Geschehnissen um masochistische Phantasien, die von den Betreffenden für real gehalten würden. Nun gaben bei einer deutschen Befragung 48,5 % der Frauen an, sie hätten bisweilen die Phantasie, von einem Mann festgebunden und dann sexuell stimuliert zu werden, und 15,1 % erklärten, die Vorstellung, von einem Mann sexuell erniedrigt zu werden, errege sie. Und eine amerikanische Untersuchung ergab, daß 42,9 % der College-Studentinnen und 40,7 % der Studenten es genießen, beim Sex gefesselt zu werden, während 36,2 % der jungen Frauen und 44,4 % der jungen Männer eine sexuelle Erregung verspüren, wenn sie den jeweiligen Partnern ausgeliefert sind oder von ihnen unterworfen werden. Offenbar ist es für nicht wenige Frauen erregend, wenn sie wissen, daß sie beim Geschlechtsverkehr von anderen Personen beobachtet werden, während Masochistinnen es besonders lieben, sich auf bestimmten Partys nackt und mit gespreizten Beinen so auf den Rücken zu legen, daß die Anwesenden eingehend ihre Genitalien betrachten und untersuchen können.[9]

Manche Menschen setzen allerdings ihre Phantasien so gut wie nie in die Tat um – so ergab eine deutsche Studie, daß 15,7 % der Frauen und 13,4 % der Männer sich beim Masturbieren ausmalen, wie sie sexuell erniedrigt werden. Und eine Frau, deren Mann sich weigerte, ihre masochistischen Wünsche zu erfüllen, schwelgte in sexuellen Phantasien, in denen sie von mehreren Aliens in deren Raumschiff entführt wurde, wo diese sie zwangen, einen nach dem anderen zu fellationieren. Auf dem Heimatplaneten wurde sie schließlich in einem Käfig gehalten und auf jede vorstellbare Weise sexuell »hergenommen«.

Bei einer so großen Anzahl von Personen, die masochistischen Praktiken nachgehen oder sich an entsprechenden Vorstellungen ergötzen, ist es natürlich naheliegend, anzunehmen, daß sich auch unter denjenigen, die von einem *lustvollen* Sex mit den Außerirdischen berichten, nicht wenige Masochisten befinden. Und ähnlich mag es sich bei jenen an einer Temporallappen-Labilität leidenden Frauen verhalten, die häufig erleben, daß sie anal oder vaginal penetriert werden, wobei sie regelmäßig einen sexuellen Höhepunkt haben. Für viele »Entführte« ist der sexuelle Kontakt mit den fremden Wesen indessen äußerst unangenehm und manchmal mit heftigen Schmerzen verbunden, und zwar selbst dann, wenn die Aliens sie sexuell erregen. Die Erniedrigung wird von ihnen nicht – wie von den Masochisten – gesucht und ist ihnen keineswegs willkommen. Sie haben kein Interesse an einer Wiederholung der Erfahrung, und wie Vergewaltigungsopfer, die – in allerdings seltenen Fällen – gegen ihren Willen sexuell erregt werden, haben sie große Hemmungen, zum Beispiel über ihren erzwungenen Orgasmus zu reden.

Weibliche und männliche Masochisten sind zwar nicht an einer romantischen Beziehung, sondern an unterschiedslosem Sex mit unbekannten Partnern und einer Zurschaustellung ihres Genitalbereichs und Afters vor Fremden interessiert, aber sie suchen weder Schmerz noch unkalkulierbares Risiko, und ihre Partner sind deshalb keine Sadisten, sondern Personen, die sich streng an die Inszenierung halten und ihre Regieanweisungen zu keinem Zeitpunkt in Frage stellen. So wie manche Frauen Vergewaltigungsphantasien entwickeln, die sie steuern und beherrschen, arrangieren die Masochistinnen ihre Demütigungen und Erniedrigungen, die ihnen nur dann Lust bereiten, wenn sie nicht aus dem Ruder laufen. Nach einer Studie war die verbreitetste Sexualphantasie, der sich amerikanische Studentinnen hingaben, die, sexuell überwältigt zu werden, aber war die dabei angewendete Gewalt zu groß, schwanden die Lustgefühle auf der Stelle. Und auch die obenerwähnte Frau, die sich in ihrer Phantasie ausmalte, von den Aliens als Sexsklavin gehalten zu werden, genoß die Vorstellung, geohrfeigt und an den Haaren gezogen zu werden, aber ohne daß es weh tat oder daß sie dabei Verletzungen davontrug. Eine Untersuchung ergab, daß 80 % der »entführten« Frauen von den Aliens gezwungen wurden, die Beine zu spreizen, woraufhin die Außerirdischen ihre Genitalien inspizierten und betasteten, Substanzen einführten und manche der Frauen anal oder vaginal penetrierten. Aber während »klismaphile« Masochisten es genießen, wenn die Domina oder der Dominus ihnen – wie vereinbart – Klistiere oder Einläufe verabreicht – leiden die meisten »Entführten« unter diesen Eingriffen und fühlen sich erniedrigt und gedemütigt, ohne daß dies ihnen Lust bereitet. Zwar sagte eine Frau, sie sei durch die »gynäkologischen Untersuchungen« zur Masochistin geworden, die nur Lust empfinden könne, wenn ein »Herrscher« sie »erniedrige«, aber dies ändert nichts an der Tatsache, daß sie den Aliens ausgeliefert war, während sie ihre »Unterwerfung« im Sex-Spiel auf ähnliche Weise kontrolliert wie ein männlich auftretenden Partner, der sie anal penetriert.[10]

Man hat behauptet, die »Entführungen« durch Aliens stellten eine »moderne Version einer ›Schamanenreise‹« dar, wobei der häufig berichtete Lichtstrahl, der zum UFO führt, dem Tunnel der »Nahtod-Erfahrungen« entspreche. Nun gibt es in der Tat Entführungsberichte, die vermuten lassen, daß im Zustand der Todesangst das Erlebnis der Schlafparalyse in eine »Nahtod-Erfahrung« umschlagen kann. So schilderte ein Italoamerikaner das Entsetzen, das er empfand, als auf einer langen nächtlichen Fahrt mit dem Auto urplötzlich ein Mann und eine Frau aus einer rotglühenden Scheibe auf ihn zutraten und sich im selben Moment vor seinem inneren Auge »in gleißendes Licht getaucht« ein Lebenspanorama entfaltete. Und nach einer fünfunddreißigstündigen Autofahrt durch die Wüste von Sonora erlebten ein Mann und sein erwachsener Sohn im Zustand der Todesangst ebenfalls einen Lebensrückblick, als jählings ihr Fahrzeug durch einen tunnelartigen Korridor mit metallisch schimmernder gitterartiger Täfelung gezogen wurde, an dessen Ende ein helles Licht leuchtete. Ohne einander zu sehen, betraten beide einen Raum, in dem sich schattenhaft humanoide Gestalten bewegten. Als Vater und Sohn schließlich in ihrem auf der Straße stehenden Auto wieder zu sich kamen, stellten sie fest, daß inzwischen etwa sieben Stunden vergangen waren.

Eine Frau teilte mit, sie sei nachts von Aliens auf eine Waldlichtung geführt worden, als vom Himmel her ein helles, gelbes Licht kam, das zu sprühen begann und sie einhüllte, worauf sie gemeinsam nach oben schwebten, und eine andere sagte, das ins UFO »Gebeamt«-Werden habe sich angefühlt, als wenn sie »in einen langen Tunnel aus elektrischem orangefarbenen Licht gesaugt« würde. Neben sich sah sie ihren Körper »taumeln und sich drehen«, wobei »alle ihre Knochen, Adern und inneren Organe« sichtbar waren. Andere wurden von den Aliens nicht durch einen Tunnel, sondern durch eine öde, vertrocknete Landschaft geführt, oder die Außerirdischen flogen mit ihren Opfern zu ihrem Heimatplaneten, meist ein verwüsteter Himmelskörper mit einer sterbenden Sonne und einer verdorrenden Vegetation, bisweilen aber auch mit zwar sonnenlosem Himmel, doch mit lichtdurchfluteten Kristallstädten, die, wie eine Frau sagte, »sehr nach Science-fiction aussahen«. Schließlich berichtete eine Finnin, sie sei, als sie gerade dabei war, am Steuer ihres Autos einzuschlafen, samt ihrem Fahrzeug zunächst in eine seltsame dunkelrote Wüste entrafft worden, wo ein Alien sie »gynäkologisch« untersuchte. Anschließend lief sie durch einen stillen, dunklen Tunnel, der in den schönsten Garten mündete, den sie je in ihrem Leben gesehen hatte. Dort sagte ihr ein schöner jesusartiger Mann, er wisse, daß sie hierbleiben wolle, aber sie müsse zurück, weil sie noch eine Aufgabe zu erfüllen habe. Nach ihrem Erlebnis wurde die Frau in Finnland eine prominente Hellseherin.[11]

Allerdings scheinen derartige während einer Schlafparalyse auftretende »Nahtod-Erfahrungen« nicht allzu häufig vorzukommen, denn meistens fehlt den »Entführten« jene glasklare Erinnerung an das Geschehen, wie sie für die »Seelenreisen« typisch ist. Zwar gibt es bisweilen auch detailliertere Erinnerungen, aber sehr viel häufiger sind in den Wochen nach dem Erlebnis Erinnerungsfragmente, bizarre Träume, kurze Flashbacks und partielle oder vollständige Amnesie, weshalb man die »Entführungs«-Erlebnisse mit denen verglichen hat, die während der Auren der Temporallappen-Epileptiker stattfinden. Es ist eine bekannte Tatsache, daß dissoziierte Erlebnisse sehr oft in maskierter Form wiederauftauchen, zum Beispiel bei tiefer Entspannung oder in Träumen, und dies gilt in besonderem Maße für die der von den Aliens entrückten und vergewaltigten Personen. Meist aber überwiegt das unbestimmte Gefühl, »daß da irgend etwas gewesen ist«, eine vage Erinnerung, die aber sehr bewegend sein kann. Als beispielsweise eine junge Frau, die in ihrer Kindheit häufig schlafwandelte oder »Außerkörperliche Erlebnisse« hatte, in einer Buchhandlung zufällig einen Umschlag sah, auf dem das Gesicht eines grauen Aliens abgebildet war, fiel sie auf die Knie und begann, unkontrolliert zu schluchzen.

Zwar »erinnern« sich viele »Entführungsopfer« detaillierter an das, was ihnen widerfahren ist, aber es gilt inzwischen als »empirisch gesichert«, daß man sich unter Hypnose nicht besser an etwas erinnert als im normalen Wachzustand. Und obgleich es heißt, daß viele Hypnotiseure gar nicht selber an die Existenz von Aliens glauben, ist es dennoch möglich, daß manche der Hypnotisierten Suggestivfragen der Hypnotiseure erliegen und sich an Dinge »erinnern«, die nie geschehen sind. Zudem hat man festgestellt, daß viele weibliche »Entführte« in ihrer Kindheit gequält und sexuell mißbraucht worden waren, so daß die Maskierung dieser traumatischen Ereignisse als Vergewaltigungen durch Außerirdische die Erlebnisse erträglicher macht, und daß eine große Anzahl der Betroffenen Menschen sind, die eine besonders große

Phantasiefähigkeit besitzen und Schwierigkeiten haben, Phantasie und Realität voneinander zu unterscheiden.

Wie dem aber auch sein mag – unstrittig scheint zu sein, daß die Entrückung ins UFO meist traumartig, nebelhaft, verschwommen und irreal ist sowie Übelkeit, Benommenheit, Schwindelgefühle, große Angst und Konfusion erzeugt, weshalb viele Betroffene im Gegensatz zu den »Seelenreisenden« auch nach dem Erlebnis unsicher sind, ob sie wirklich entführt wurden oder lediglich das Opfer von Halluzinationen geworden waren. Und während ungefähr die Hälfte der erwachsenen US-Bürger von der Existenz der die Menschen entführenden Aliens überzeugt ist, gibt es durchweg Personen mit Entführungserlebnissen, die Wert auf die Feststellung legen, daß sie »keine Sekunde lang« geglaubt hätten, wirklich entführt worden zu sein.

Dazu mag sicher auch der Charakter der Irrealität der Erfahrung, und zwar nicht nur der des »Gebeamtwerdens« ins UFO, sondern auch der sexuellen Erlebnisse, beitragen. So berichteten Frauen, der Penis der Aliens habe sich »nicht normal« angefühlt, er sei ganz dünn und kurz gewesen, und ihre Besitzer hätten sie nicht wie normale Männer »gestoßen«. Vielmehr hätten die Aliens ihn eingeführt, ohne sich anschließend hin und her zu bewegen, worauf sie ein kurzes »Pulsieren spürten«, und dann sei »alles vorbei« gewesen. Und ein Polizist, der, wie er sagte, von einer Alien-Frau »gefickt« worden war, teilte mit: »Es fühlte sich nicht an wie bei einer wirklichen Frau. Es war schrecklich!« Aber auch viele andere männliche Opfer gaben an, die Vagina der Aliens habe sich »irgendwie seltsam angefühlt«, so wie wenn sie aus einem künstlichen Material und nicht aus Fleisch bestanden hätte, und der Orgasmus sei ebenfalls nicht ganz »echt« gewesen, was an den »gemachten« Orgasmus der Schizophrenen erinnert.[12]

§ 21
Der Beischlaf mit dem Teufel und die Besessenheit

Man wird vielleicht annehmen, daß der in zahllosen frühneuzeitlichen Hexenprozeßakten geschilderte Geschlechtsverkehr mit dem Teufel Ähnlichkeiten aufweist mit den sexuellen Erlebnissen der von den Aliens »Entführten«, aber davon kann kaum die Rede sein. Allein die Tatsache, daß bisweilen eine als Hexe verdächtigte Frau angab, der Koitus mit dem Bösen habe ihr Schmerzen bereitet, stimmt mit dem überein, was viele schlafparalysierte und »entführte« Frauen berichten. Aber solche Erlebnisse gehörten zu dem, was in jener Zeit vielen Frauen realiter und tagtäglich widerfuhr, wie man ganz generell den Eindruck gewinnt, daß die allermeisten Angeklagten entweder einfach dem Teufel zuschrieben, was sie bis dahin mit Männern erlebt hatten, oder aber das zu Protokoll gaben, was man von ihnen erwartete.

Bereits im Spätmittelalter, als die Begriffe »Waldenserin« und »Hexe« oder »Zauberin« so gut wie synonym gebraucht wurden – so bezeichnete man im Fürstbistum Lüttich eine Frau als »valdoise et sorsresse« –, heißt es beispielsweise in einem Traktat aus dem Jahre 1460: »Vir vero cum dyabola aut mulier cum demone nullam experitur delectationem, sed ex timore et oboedientia consentit in copulam.« Im Jahre 1575 wurden eine Katalanin und ihre drei erwachsenen Töchter auf dem Sabbat nacheinander von einem schwarzgekleideten Mann »durchgefickt«, und zwar von hinten. »Schwer wie Blei« lag er dabei auf ihrem Rücken, und sein Phallus war »rauh wie eine Raspel« (*aspero como un rillo*), weshalb keine von ihnen irgendein Vergnügen empfand. Offenbar handelte es sich zudem um Analverkehr, denn auch ein Mann gab zu Protokoll, der Schwarze habe ihn »zweimal geritten« (*me cavalcà dos vegades*). Im Jahre 1645 bekannte in Devon eine unverheiratete Frau, der Teufel habe bei der Ausübung des Cunnilingus so heftig an ihr gesaugt, daß sie vor Schmerz laut aufgeschrien hätte, und etwa dreißig Jahre später gab auch in Nassau-Idstein eine Frau zu Protokoll, die »Ohnzucht« sei »nicht natürlich gewesen, sondern hab Ihr sehr wehe gethan«. Im frühneuzeitlichen Lothringen warf der Teufel die Frauen vor dem Koitus mehr oder weniger brutal zu Boden, was indessen noch nicht als Vergewaltigung galt und auch von vielen Männern geübt wurde.[1]

Da der Teufel all das tat, was nicht normal war, verwundert es nicht, daß er auch sexuelle Praktiken, wie zum Beispiel Oral- oder Analverkehr ausübte, die in jener Zeit als pervers galten. So sagte im Jahre 1609 in Logroño die Baskin María de Zozaya aus, der Teufel penetriere sie durch die Vulva, aber auch durch den After (*por las partes ordinarias y por las traseras*), wobei letzteres sehr weh tue und ihr kein Vergnügen verschaffe. Im Jahre 1727 gestand die Karmeliternonne Maria Salinaro aus der Diözese Terra d'Otranto in Apulien, der Teufel habe mit ihr den Geschlechtsverkehr stundenlang ausgeübt, wobei er vaginal und rektal in sie eingedrungen sei. Und in Lausanne führte im Jahre 1438 eine Frau den Inquisitoren sogar vor, welche Stellung sie einnehme, wenn sie bei den Zusammenkünften der »secta seu societas« auf der Wiese unter Vorsitz des Teufels von ihr unbekannten Männern bestiegen werde. Sie stützte sich mit beiden Händen vom Boden ab und exponierte so ihren Schambereich, damit die Männer den Penis von hinten in ihre Vagina einführen konnten. Schließlich gab zehn Jahre später ein Mann in Vevey am Genfer See zu Protokoll, auf das Kommando des Teufels hin hätten sich mehrere Männer auf eine der anwesenden Frauen gestürzt »et cognoverunt eam per retro unus post alium more brutorum«.

Auch die Angabe zahlloser der Hexerei bezichtigter Frauen, der Penis des Teufels sei eiskalt gewesen, geht offenkundig nicht auf irgendwelche Erlebnisse zurück. Diese Behauptung der Dämonologen und Theologen war im Volke allgemein bekannt, und die eingeschüchterten Angeklagten erzählten wohl einfach nur das, was die Hexenjäger von ihnen hören wollten. Daß Geistwesen kalt sind, weil sie nicht auf dieselbe Weise wie die Sterblichen Lebenskraft besitzen, war in den verschiedensten Kulturen eine verbreitete Meinung. So sagten die beiden »Hexen« Libwebweso und Donigo auf Normanby im melanesischen d'Entrecasteaux-Archipel dem Ethnologen, ihre »Seele« (*yaruyarua*) verlasse den Körper und fliege in die Unterwelt (*numu*), um dort mit ihren Geist-Ehemännern zu schlafen, deren »Penis sehr kalt« sei. Die madegassischen Tanala teilten mit, daß die Geister der verstorbenen Ahnen sich feucht und extrem kalt anfühlten, und die Geister der Tapirapé in Zentral-Brasilien kommen vor allem in der kühleren Jahreszeit nahe an die

Abb. 21 Hexe und Teufel in »unnatürlicher« Beischlafstellung (»Frau ›reitet‹ Mann«); Holzschnitt, um 1520.

Dörfer der Lebenden heran, denn »sie sind kalt« und wollen sich deshalb aufwärmen.

Im Jahre 1592 sagte eine Frau aus dem kurpfälzischen Rhodt unter der Rietburg aus, der Teufel sei so unnatürlich kalt gewesen, daß es ihr davon regelrecht »schlecht« geworden sei, und im selben Jahr bekannte im Hochstift Speyer ein Mann, der Teufel habe ihm ein junges Mädchen zugeführt, mit dem er augenblicklich Unzucht trieb, doch fühlte sie sich nicht natürlich an, sondern »wie lauter fewer und nachmahls kalt wie eis«. Im Jahre 1640 teilte im Kurtrierischen ein Mann der Behörde mit, er hege den Verdacht, daß seine Frau eine Hexe sei, da sich »zum öfteren« beim Beischlaf kalt wie ein »frusch« angefühlt habe. Beim Tanz, so sagte im Jahre 1629 in Köln eine junge Frau, habe sie dem Teufel ans Gemächt gegriffen, doch dieses »seye kalt wie ein geweichter Stockfisch« gewesen, und aus den im frühen 16. Jahrhundert in Cavalese im Südtiroler Fleimstal verfaßten Prozeßakten geht hervor, daß auch diejenigen, die im Venusberg mit dessen Herrin geschlafen hatten, feststellen mußten, daß diese »kühl bis ans Herz hinan« war.

Mitunter war der Phallus des Bösen so hart und starr, daß es diesem kaum gelang, ihn in die Vagina einzuführen. So bekannte im Jahre 1629 eine Frau vor dem Landgericht Kurtatsch zwischen Bozen und Trient, der Penis des Teufels sei nicht wie bei einem normalen Mann, sondern »ein dürres Ding, wie ein Holz«, weshalb er den Koitus »nicht recht vollbringen« konnte, und im Jahre 1536 sagte im kursächsischen Sangerhausen eine Frau, der Teufel sei zwar »[i]n eines hubschenn Junglings weyße zu Jr« gekommen, doch »hab [er] ein dingk gehabtt, das ist so hart gewest wie ein Hornn«.[2]

Teilte im Jahre 1448 eine Frau in Vevey den Inquisitoren mit, der Teufel habe sie zwar penetriert, aber nicht ejakuliert, weil er kein Sperma produzieren könne, so widersprach dem im Jahre 1594 eine weithin bekannte Heilerin aus einem Dorf in der Nähe des toskanischen San Miniato, die vor dem Inquisitionsgericht wohl eingestand, der Teufel sei ein besserer Liebhaber als ihr Ehemann. Doch könne er sie nicht schwängern, weil sein Sperma zu wässerig sei. Andere wiederum waren zwar ebenfalls der Auffassung, der Teufel besitze selber kein Sperma, aber er zapfe dieses als Succubus schlafenden Männern ab, fliege in Windeseile zu einer Frau und lasse es in deren Vagina fließen. Dagegen brachten einige Gelehrte den Einwand vor, auf der Luftfahrt werde der

Samen unbrauchbar, was auch im 16. Jahrhundert der berühmte Chirurg Ambroise Paré bestätigte, wenn er konstatierte, daß selbst Männer mit einem sehr großen und langen Penis eine Frau nicht schwängern könnten, weil das Sperma auf seiner »langen Reise« zu sehr abkühle.

Diesbezüglich scheint indessen im Volk eine andere Meinung vorgeherrscht zu haben, nämlich die, daß der Teufel sehr wohl einen Samenerguß hatte. So sagte etwa im Jahre 1597 in Augsburg die Witwe Affra Mertzler über ihren Buhlteufel aus, »sein Scham seie gar heiss gewesen« und er habe ejakuliert »wie ein ander Man«. Und in der Nähe des sächsischen Langensalza erklärte ein sechzehnjähriges Mädchen dem Gericht, der Teufel habe in ihren Leib ejakuliert, worauf ihre Mutter bei ihr durch den Bader »eine purgation ad promovendos menses« durchführen ließ, »welche das Teuffelische sperma wieder abgetrieben«. Denn vielerorts war man fest davon überzeugt, daß der Teufel eine Frau schwängern könne, die dann eine Mißgeburt zur Welt bringe. So geht aus dem Esslinger *Blutbuch* hervor, daß zwischen 1662 und 1665 fünf Frauen bekannt hatten, nach dem Beischlaf mit dem Teufel sei »eine teuflische Geburt« von ihnen gegangen.

Um zu veranschaulichen, wie verworfen und lasterhaft die Hexen waren, hatten bereits die Verfasser des *Unholdenhammers* vom Jahre 1487 mitgeteilt, aus den Geständnissen der bis dahin in Konstanz und Ravensburg verhafteten Frauen gehe hervor, daß sie sich »freiwillig und zum Vergnügen in einer so scheußlichen Sache elender Knechtschaft unterwerfen«, und im Falle fruchtbarer Frauen mache der Teufel »sich an die Unholdin, um ihr Ergötzung zu verschaffen«. So sei es eine Tatsache, »daß oft Unholdinnen auf dem Feld oder im Wald auf dem Rücken liegend gesehen wurden, an der Scham entblößt, nach der Art jener Unflätereien, mit Armen und Schenkeln arbeitend, während die Incubi unsichtbar für die Umstehenden arbeiten«. Entsprechende Aussagen findet man tatsächlich sehr häufig in den Protokollen, wobei natürlich offenbleiben muß, ob sie sexuelle Phantasien der Betreffenden wiedergeben oder reine Erfindungen sind.

Im Jahre 1588 sagte zum Beispiel eine junge aragonesische Dienstmagd aus, der Teufel habe sich Mühe gegeben, sie zu befriedigen, indem er beim Stoßen hin- und herwackelte und sie dabei küßte und ihr laszive Worte ins Ohr flüsterte. Und nachdem er schließlich ejakuliert hatte, sei sie sehr traurig gewesen, daß der Geschlechtsverkehr vorüber war. In Hohenems bekannte im Jahre 1649 eine Frau mittleren Alters: »Und weylen sie in der jugent eben ein gar yppig und gayles mensch gewesen, habe sie ab seiner vermischung einen grosen wohllust gehabt.« Auch ansonsten benahm der Teufel sich oftmals wie ein normaler Mann. So gab im Jahre 1631 in Höchst eine Frau zu Protokoll, der Böse habe zunächst »mit ihr gegaylert« und ihr »in busen gegriffen«, nachdem zwei Jahre zuvor in Mergentheim eine Frau ausgesagt hatte, ihr Buhle sei »am leib waich vnd [ihr] gedeücht d[as] er an der natur wie sunst auch gleich ein and[er] Mensch« beschaffen sei. Während eines Verhörs im Jahre 1574 gestand schließlich auch Suor Mansueta aus dem venezianischen Kloster Santa Croce, wenn sie den Teufel anfasse, fühle er sich an wie »ein richtiger Mann«, und wenn er sie – was damals in Italien gang und gäbe war – rektal und vaginal penetriere, tue das zwar manchmal ein bißchen weh, aber sie fühle dabei große Lust.[3]

Im frühen 18. Jahrhundert klagte dagegen eine süditalienische Witwe, der Teufel habe es so wild mit ihr getrieben, daß sie hinterher völlig erschöpft »und fast tot« gewesen sei, und andere waren offenbar danach frustriert, weil der Teufel sie besprungen hatte wie der Hahn die Henne und genauso schnell »fertig« war. Einige ältere Frauen, die vermutlich nicht mehr so attraktiv waren wie in ihrer Blüte, ließen offenbar den Teufel das sagen, was vielleicht der eine oder andere Mann tatsächlich geäußert haben mochte. So teilte eine unterfränkische Hebamme dem Gericht mit, der Teufel habe sich geweigert, mit ihr zu schlafen, und »hette gesagt, sie seye zu alt darzu«, und gegen Ende des 16. Jahrhunderts gab in Wernigerode eine Frau zu Protokoll, der böse Feind »habe ihr gesagtt, weil sie altt vnd schebig, woltte ehr mitt Ihr nicht mehr vnzucht treibenn. Nach Ihrem tode aber woltte ehr erst mit Ihrer« offenbar wieder jungen »sehlen zuthun haben«. Sehr charmant war der Teufel auch zu einer älteren Frau in Rottweil, der er nach einiger Zeit sagte, sie solle sich trollen, er bedürfe ihrer nicht länger, denn er verfüge jetzt über genügend junge Mädchen.[4]

Auch Männer wurden vom Teufel zum Sex verführt, und zwar entweder auf homosexuelle Weise oder indem er sich in ein junges Mädchen verwandelte. Denn wie schon im Spätmittelalter der Inquisitor Johannes Vineti aus Carcassonne in Erfahrung gebracht hatte, wechselten die Dämonen je nach dem Geschlecht ihrer sexuellen Beute das eigene Geschlecht. Ein Beispiel für homosexuellen Gesehlechtsverkehr ist ein gewisser Mathäus Perger, der 1645 vor dem Landgericht Rodeneck in Tirol aussagte, der Teufel habe ihn sowohl mittels Analverkehr als auch durch Fellatio zum Samenerguß gebracht, was er »einerseits als sehr angenehm, andererseits aber auch als kalt und unnatürlich« empfunden habe. Und ein paar Jahre danach bekannte ein siebzehnjähriger Bursche aus Vaihingen vor einem Esslinger Tribunal, der Teufel sei nackt »wie eine wilde Sau« zu ihm ins Bett gestiegen, habe ihn ans »gemäch« gefaßt und ihn aufgefordert, bei ihm dasselbe zu tun – so wie es der Knecht Schefels getan habe, der offenbar den Jungen masturbierte und sich dann von ihm masturbieren ließ. Schließlich habe der Teufel ihm »sein ding zum hindern sal[va] ven[ia] in ihn gethan und gestoßen biß etwas naß[es] und warmes in ihn geloffen«, und dies habe er in der Nacht viermal wiederholt. Im Gegensatz zu Perger scheint der junge Bursche freilich nicht homosexuell gewesen zu sein, denn er berichtete weiter, auf dem Hexentanz habe er einer Dame aus Reutlingen zunächst an die Brüste gefaßt (»hab ein starckhen buosen, hab ir solchen griffen«) und anschließend »50.mahl« penetriert, bis ihm endlich »was entgangen« sei.

In Bregenz wollte im Jahre 1622 ein Mann mit einer »hüpschen jungfrawen« schlafen, doch er konnte »das werckh nicht recht aigentlich wie sonst« verrichten, obwohl er dennoch »den samen fallen« ließ – offenkundig außerhalb der Vagina des jungen Mädchens. Da erkannte er, daß sie in Wirklichkeit der Teufel war, der die Gestalt einer Jungfrau angenommen hatte. Und im Hochstift Würzburg bekannte ein Vikar, den Zeugen beim Hexentanz gesehen haben wollten, unter der Folter, der Teufel sei in der Gestalt eines »mädleins« zu ihm gekommen, bei dessen Anblick er sogleich derart »böße fleischliche gedanckhen« gehabt habe, daß er »in eum finem sich selbst polluirte«.

Hielt der junge Geistliche offenbar ein junges Mädchen für den Teufel, weil es ihn sexuell erregt hatte, läßt das Geständnis einer jungen Schottin eher an eine Schlafparalyse denken, wenn sie im Jahre 1643 aussagte, der Teufel sei so schwer wie ein Ochse auf ihr gelegen, nachdem er sie bestiegen hatte. Derartige Alp-Vorstellungen waren in jener Zeit weit verbreitet, und im Jahre 1590 behauptete sogar eine Frau in Augsburg, sie habe immer wieder alleine oder gemeinsam mit ihrem »Buellteuffl etliche manns unndt weibspersonen getrukht«.[5]

Sobald ein Geist von einem Medium, und zwar vornehmlich von

einem weiblichen, Besitz ergreift, hat dieses ebenfalls häufig das Gefühl, »geritten«, d. h. sexuell penetriert, zu werden. Wenn der Geist in sie eindringe, so teilte eine koreanische Schamanin mit, erlebe sie jedesmal einen Orgasmus, der jeden normalen sexuellen Höhepunkt in den Schatten stelle, und die östlich des unteren Volta lebenden Ewe betrachteten auch einen von der Gottheit besessenen Mann als eine Frau, die sexuell penetriert worden war. Eine Frau, die der Kultgemeinschaft der marokkanischen Geisterfrau ʿA'isha Qandisha angehört, verlautete, daß deren Geistergatte sie sexuell viel besser befriedigen könne als ein menschlicher Mann. »Danach bin ich glücklich (*fraḥana*)«, denn er besteige sie nicht schnurstracks, wie es die marokkanischen Männer tun, sondern liebkose sie vorher und spreche und lache mit ihr. Ihr Mann führe dagegen den Geschlechtsakt mechanisch aus und bleibe nur so kurz »in ihr«, daß sie nie zum Orgasmus komme.

Eine Tahitianerin erklärte in aller Offenheit, daß sie an ihrem Mann sexuell nicht mehr interessiert sei, seitdem der Geist *tūpāpaʿu tāne* sie nachts besuche. Jeden Abend badete sie, rieb sich mit Duftölen ein und warf ihren Ehemann aus dem Bett, bis man sie schließlich in der Nacht mit dem Geist reden und »lachen« hörte. Und während der Séance der Schamanin bei den indischen Saora, die sich durch eine ausgelassene bis laszive Atmosphäre auszeichnete, schäkerten und scherzten die Anwesenden häufig mit den Verstorbenen oder den Geistern, die in die Schamanin (Abb. 22) gefahren waren, und zogen sie mit ihrem »Geistergatten« auf, indem sie zum Beispiel riefen: »Wie ist es möglich, daß ein Wesen wie X dich mit seinem riesigen Penis ficken kann?«

Auch die Abneigung der Visionärin Margery Kempe gegen jede Art von Sex beschränkte sich auf ihren Ehemann, aber mit Jesus lag sie sehr gerne im Bett, wo sie einander küßten und liebkosten. Bei Schizophrenen sind die sexuellen Halluzinationen und Erlebnisse zwar selten lustvoll, vielmehr werden sie eher als Vergewaltigungen und Entmannungen erlebt, und eine Frau war davon überzeugt, ihre Koituserlebnisse seien »vom Teufel gemacht«. Aber eine schizophrene Patientin führte in Gegenwart des Pflegepersonals und ihrer drei Zimmergenossinnen unter lautem Stöhnen und mit heftigen Beckenstößen mit Jesus den Geschlechtsverkehr aus. Auch bei modernen westlichen Medien scheinen sexuelle Erregungen nicht selten vorzukommen, und so schrieb zum Beispiel Thomas Mann, der bei dem Parapsychologen Albert von

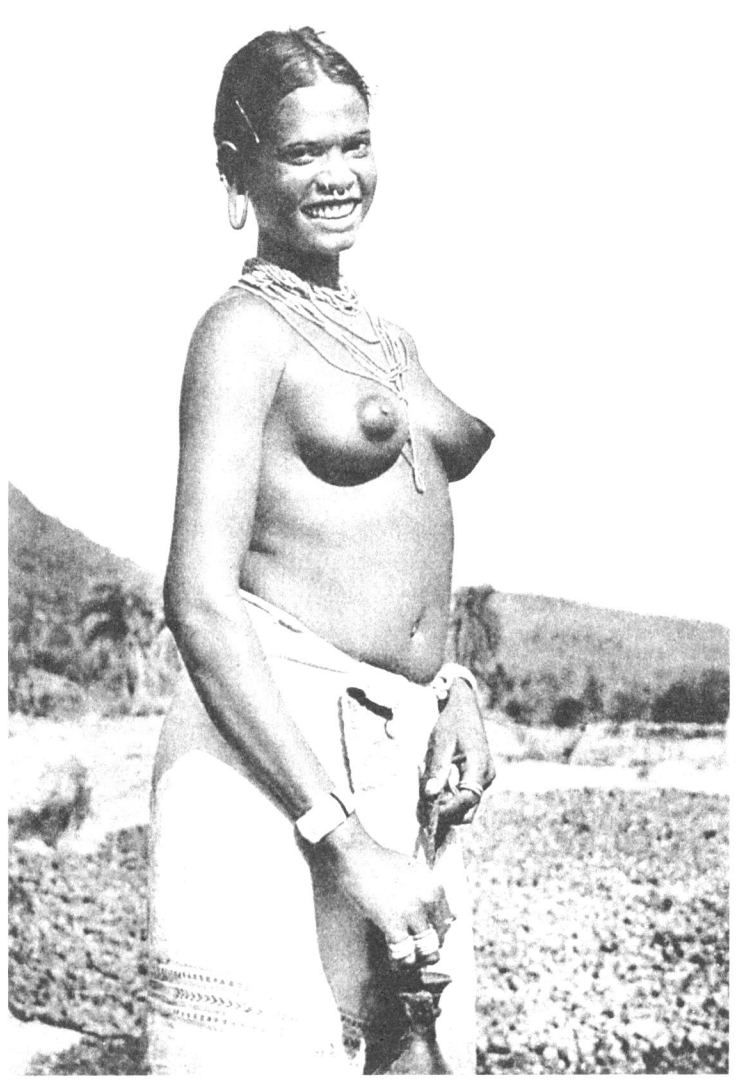
Abb. 22 Sināki, eine berühmte Besessenheitsschamanin der Saora in Orissa.

Schrenck-Notzing an der Séance mit einem männlichen Geistermedium teilgenommen hatte, später: »Der sexuelle Einschlag ist so unverkennbar, daß es mich nicht wunderte, nachträglich zu hören, daß Erektionen und selbst Spermaergüsse [...] die psychophysische Arbeit und Produktion des jungen Menschen begleiten.«[6]

Die Somalfrauen, die ihren Körper im Takt zu den Trommelgeräuschen und Melodien hin- und herschwenkten, sagten, sie hätten, wenn sie in Trance fielen, Empfindungen wie beim Geschlechtsverkehr. Sobald Robert Monroe bei einer »außerkörperlichen« Exkursion auf eine Frau traf, hatte er »eine kurze und keineswegs schwache sexuelle Entladung«, und auch die Gebusi im Hochland von Neuguinea sagen, daß die Seele, wenn sie den Körper verlassen habe, zunächst einmal in einen Baumwipfel fliege, um dort mit einem Geist des anderen Geschlechts zu kopulieren.[7]

Manche Medien berichten ebenfalls, daß sie dann, wenn ein Geist von ihrem Körper Besitz ergreift, diesen verlassen und sich in eine andere Gegend begeben. So sagen zum Beispiel die Schamanen der Matsigenka im peruanischen Regenwald, daß ihre Seele in dem Augenblick, in dem ihre Hilfsgeister (*ine'tsaane*), etwa die Gabelweihe oder der Kolibri, ihren Körper betreten und mit ihrer Stimme singen, den Körper verläßt und ins Land der Geister fliegt, was allerdings nicht wenige Matsigenka bezweifeln. Bei den Sakalava im Norden Madagaskars nehmen die Geister die Medien, von denen sie Besitz ergriffen haben, mit ihre Unterwasserstädte. So trat beispielsweise ein männlicher Geist in das Medium Mohedja ein, worauf er gemeinsam mit ihr zunächst im Busch-Taxi und dann mit dem Kanu in eine solche Stadt mit Häusern aus Zement und mit Zinndächern fuhr, wo sie seine Familie kennenlernte. Ein Gleiches tat auch der Ahnengeist (*mahoka*), der die Heilerinnen der Makonde im südöstlichen Ostafrika während der Initiation mit ins Meer nahm, wo sie die nichtmenschlichen Geister (*wadudu*) trafen, und auch einige Teilnehmerinnen des westafrikanischen Mami-Wata-Kultes sagten, sie seien im Zustand der Besessenheit in das Unterwasserreich der Göttin gereist.

Die Geistermedien der obenerwähnten Gebusi haben zwar angeblich später keine Erinnerung an das, was die Geister taten, als sie sich in ihrem Körper aufhielten, aber in ihren Träumen (*em gabol*) taucht all das wieder auf, was ihre eigene Seele währenddessen auf den Festen und Tänzen in der Geisterwelt erlebt hat. Dagegen können allem Anschein nach die Medien der Sudanaraber im Zustand der Besessenheit zwar nicht ihren Körper verlassen und eine Reise unternehmen, aber sie sind in der Lage, »mit den Augen des Geistes« in die jenseitige Welt zu blicken.[8]

Wie fühlt es sich an, wenn man von einem Geist oder einer Gottheit besessen wird? Viele Medien berichten von Schwindelgefühlen, Benommenheit oder von einem Druck auf den Schultern und dem Nacken, wie wenn man von jemandem bestiegen werde. Im Candomblé wird die Ankunft der Gottheit meist als schmerzhaft erlebt, und eine Hmong-Schamanin fühlte erst ein Stechen und dann ein Prickeln, wenn der Geist in ihren Körper fuhr. Ein balinesischer Trancetänzer sagte, bevor er »vergesse« (*engsap*), steige eine Hitze von seinem Unterleib nach oben, und ein anderer berichtete, bei der Ankunft der Göttin Durgā stehe das Körper- und Kopfhaar wie elektrisiert ab, sein Leib werde ganz schwer, und er habe ein Gefühl, wie wenn sein Brustkasten sich öffne. Nordamerikanische »Channels« erzählen von euphorischen Gefühlen beim »Channeling« und davon, daß sie sich »wie schmelzende Butter« fühlten, und die Medien der im Südosten von Lambarene lebenden Puno hatten die Empfindung, ihre Fontanelle öffne sich, wenn sie von den *bayisi*, wunderschönen Wassergeistfrauen mit weißer Haut und glatten Haaren, besessen wurden. Schließlich ist die Besessenheit für die venezolanischen Maríalionzistas dermaßen anstrengend, daß sie hinterher völlig erschöpft sind, und ein Medium auf Sansibar konstatierte: »Wenn ein Geist mich besteigt, fühle ich, wie ich mich verändere – es ist, wie wenn sich eine Schlange fest um mich schlingt, ich leide Not, ich fühle mich schlecht. Es ist, wie wenn der Atem meinen Körper verläßt, ich habe ein Gefühl, als ob ich sterbe.«

Entgegen der verbreiteten Meinung, das Medium verliere im Zustand der Besessenheit jeglichen Kontakt mit seiner Umgebung, wie es für »Seelenreisende« charakteristisch ist, scheint es eher so zu sein, daß sich die Wahrnehmung dessen, was sich um einen herum ereignet, verändert. So sagte ein weibliches Medium der Sansibari, sie nehme die Musik, die Stimmen und den Geruch des Räucherharzes schon wahr, aber alles, was sich ereigne, sei weiter von ihr entfernt als sonst, und auch die Geistermedien auf der polynesischen Exklave Tikopia waren sich während der Besessenheit ihrer Umwelt durchaus bewußt, aber sie beachteten sie nicht, sondern konzentrierten sich auf etwas anderes. Eine Ethnologin beobachtete, daß der vom Geist des Flußdelphins Besessene (*boto encantado*) eines *culto afro* in Belém genau mitbekam, was um ihn herum geschah, wer zum Beispiel kam und wer ging, was auch von einem Wahrsager (*nganga*) der Shona berichtet wird. Und daß ein malaiisches Geistermedium sich der Realität voll bewußt war, konnte man daran erkennen, daß es sich im Zustand der Besessenheit ehrfürchtig verbeugte, wenn ein Mitglied der königlichen Familie eintraf, oder daß es sich augenblicklich beschwerte, wenn die Betelnuß, die man ihm reichte, nicht vollständig zerstampft war.

Im westlichen Uganda bekannten einige Geistermedien, sie erinnerten sich später an viel mehr, als sie eigentlich »durften«, und eines gestand der Ethnologin, daß es sich während der Besessenheit ungefähr der Hälfte dessen bewußt sei, was sich währenddessen ereigne. Ein vietnamesisches weibliches Medium verlautete: »Im allgemeinen bin ich während eines Rituals völlig bei Bewußtsein. Ich weiß, was um mich herum vorgeht. Wenn die Geister herabsteigen, bin ich für sie lediglich eine Art Lautsprecher.« Schließlich schilderte ein Geistermedium des María-Lionza-Kultes die *media poseción* auf folgende Weise: »Man sieht und bekommt alles mit, aber man hat nicht mehr die Kontrolle über Bewegungen und Worte (*no tiene voluntad de movimiento ni palabra*), denn die Kraft des [fremden] Geistes steuert den Körper. Man hört alles wie widerhallend (*como retumbando*), und man bewegt sich, als ob man Stiefel aus Blei an den Füßen schleppt.«[9]

Ganz offensichtlich leben die Medien im Zustand der Besessenheit all die Neigungen und Triebe aus, die als unanständig und antisozial empfunden werden, weshalb zum Beispiel im äthiopischen Zar-Kult oder im Bori-Kult der Haussa die Geister insbesondere in diejenigen schlüpfen, vor allem Frauen und Unterprivilegierte, denen eine besonders starke Triebkontrolle abverlangt wird. Wenn auf Bali die *buta-kala*-Geister von den Menschen Besitz ergreifen, benehmen diese sich »wie Tiere«, nämlich aggressiv, lüstern, asozial. Die Geister erzeugen Hemmungslosigkeit, Haß, Wut, Eifersucht, Verwirrtheit, Angst, also all das, was die Balinesen im normalen Leben in hohem Maße unterdrükken oder wenigstens kanalisieren. Als ein Geist in die Frau eines samoanischen Pfarrers einfuhr, die sich ansonsten gesittet und anständig benahm, lief sie nackt im Dorf umher und schrie Obszönitäten, und auch im mikronesischen Truk-Archipel exhibitionierten die besessenen Frauen ihre Genitalien und redeten schlüpfriges Zeug. Und während die männlichen Mitglieder des Gelede-Besessenheitskultes der Yoruba, die sagen, daß die Götter über sie kommen, sobald sie die Masken aufsetzen, Frauenkleidung tragen und sich spitz zulaufende künstliche Brüste umschnallen, benehmen sich die Frauen, die sonst zurückhaltend und unterwürfig sind, herausfordernd und dreist. Aber auch die Beobachter von Besessenheitsfällen im 19. und frühen 20. Jahrhundert in unserer eigenen Kultur stellten fest, daß »das neue Ich meist ein wildes, ja unflätiges Verhalten« an den Tag lege.

Um sich erst gar nicht dem Vorwurf auszusetzen, sie hätten sich schamlos und unzivilisiert benommen, sagen so gut wie alle Besessenen, nicht sie selber seien für ihr Verhalten verantwortlich, sondern der Geist oder die Gottheit, die von ihnen Besitz ergriffen habe. So legte zum Beispiel die *pai-de-santo* eines Besessenheitskultes in Belém großen Wert auf die Feststellung, daß die geistige *entidad* für alles das, was während der Besessenheit geschehe, zur Rechenschaft gezogen werden müsse und nicht sie selber. Und damit niemand auf den Gedanken kommt, die Betreffenden agierten selber, wird im Candomblé und ähnlichen Kulten nach den ersten »rohen« Manifestationen von Besessenheit zunächst bestimmt, um welchen *orixá* es sich handelt, worauf das Medium die typischen Verhaltensweisen des jeweiligen Geistes lernt, so daß später sein Auftreten während der Trance dem der *entidad* so genau wie nur möglich entspricht.

Trotzdem ist manchen Besessenen das Benehmen des betreffenden Geistes hinterher peinlich. So schämen sich nicht wenige balinesische Trancetänzer nach der Trance über den Kontrollverlust und befürchten, sich lächerlich gemacht zu haben. Und ein Sansibari-Medium sagte, sie habe Angst davor, daß das Publikum das Verhalten ihres Geistes mißbilligte. Das sei dann so, wie wenn die Leute über ihre Schwester tuschelten und hinter vorgehaltener Hand lachten, denn das beschäme sie selber. Während einer *bori*-Zeremonie der zu den Haussa gehörenden Mawri im Nordosten des Niger wurde ein junges Mädchen plötzlich von einem Geist besessen und entblößte ihre Genitalien, was sämtliche Anwesenden schockierte. Auch das Mädchen selber war, nachdem sie sich wieder im Normalzustand befand, über den Vorfall entsetzt und fing vor Scham an zu weinen. Um derartiges in Zukunft zu verhindern,

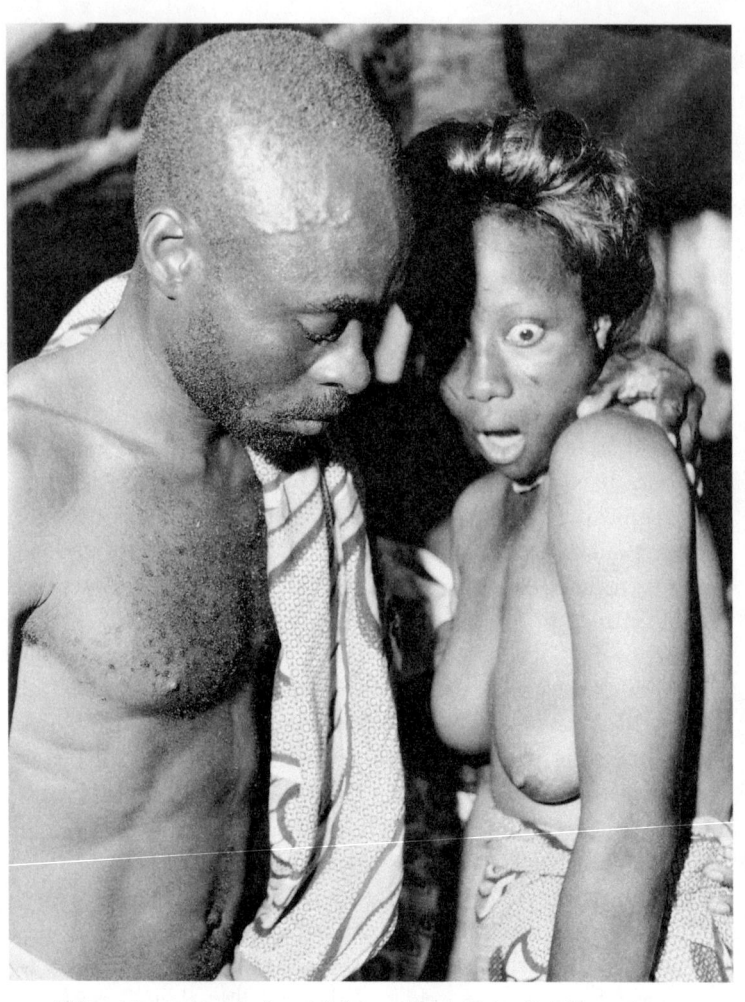

Abb. 23 Junge Yorubafrau wird von einem Geist (òrìṣà) »geritten«.

wurden fortan die weiblichen Medien und die Mädchen und Frauen im Publikum fest eingemummelt, und fast alle trugen festgezurrte Unterhosen, was im normalen Leben als unschicklich galt.[10]

Ist den Medien im Zustand der Besessenheit bewußt, daß ein Geist von ihnen Besitz ergriffen hat, und nehmen sie wahr, was er tut und sagt? Nun geben zwar die meisten Geistermedien vor, ihr Bewußtsein erlösche vollständig, wenn die Gottheit oder der Geist sie »reite« oder in sie eingegangen sei, doch in der Mehrzahl der Fälle scheint es sich anders zu verhalten. Natürlich *gibt* es Amnesien auch außerhalb der Besessenheit, etwa bei Personen, die unter Hypnose etwas getan oder gesagt haben, was ihnen hochgradig peinlich war, oder solchen, die Unangenehmes verdrängen, etwa eine lästige Verabredung »vergessen«, wobei freilich denjenigen, die sich zum Beispiel an traumatische Erlebnisse nicht mehr erinnern *wollen*, die Amnesie nur unvollkommen gelingt. Doch ein Großteil der Medien scheint durchaus mitzubekommen, was die Geister »auf« oder »in« ihnen durch ihren Mund sagen und wie sie sich benehmen – und wenn sie das Gegenteil behaupten, wollen sie damit wiederum den Verdacht entkräften, sie selber seien es, die das sagen und tun. Zudem hat nur das, was die Gottheit oder die höhere *entidad* verkündet, Autorität und Gewicht.

Teilnehmer des Voodoo-Kultes sagten dem Ethnologen, ein »Besessener«, der sich hinterher an das in der Trance Geschehene erinnere, sei nicht wirklich besessen gewesen, und auch der Schamane der ladakhischen Changpa-Nomaden *muß* so tun, als habe er das Bewußtsein verloren und könne sich an nichts erinnern, da ansonsten seine Trance nicht als echt anerkannt und er als Heiler nicht akzeptiert würde. Auch der Bhujel-Schamane in Nepal fingiert eine Amnesie, und die usbekischen Schamaninnen versicherten mehrfach dem russischen Ethnologen, ihre rituellen Texte seien ihnen völlig unbekannt und sie könnten sich auch nicht an sie erinnern – alles werde ihnen »von den Geistern in den Mund gelegt«. Doch hinterher fand der Ethnologe heraus, daß sie sich ganz genau an alles erinnerten und die Texte, die sie sangen, ihnen vollkommen geläufig waren.

Wenn sich im Candomblé von Bahía jemand hinterher erinnert, was er in der Trance erlebt hat, was offenbar nicht selten vorkommt, hört man dies gar nicht gerne, und auch im Umbanda-*culto* ist es streng verpönt, wenn die Medien erzählen, daß sie die Geister (*guias*) reden hörten und spürten, daß sie da waren, denn diesbezüglich herrscht »eine Art beruflicher Schweigepflicht«. Daß schließlich niemand im Publikum auf die Idee kommt, es könnten die balinesischen Medien selber sein, die in der Trance reden, und nicht die Geister, bedienen sich jene der unverständlichen Sprache der »verborgenen Welt« (*niskala*), die erst übersetzt werden muß.[11]

Zweifellos gibt es ein Kontinuum zwischen echter Besessenheit mit zumindest partieller Amnesie, dem, was man »luzide Besessenheit« genannt hat, und reiner Schauspielerei, die zum Teil von den Geistermedien selber als Schwindel und Bauernfängerei bezeichnet wird. So vertrauten einige Heiler (*barwas*) der zentralindischen Balahi dem Ethnologen an, sie würden nicht wirklich von Geistern besessen, und nannten ihr Getue offen einen Betrug. Und bereits vor langer Zeit erklärten mehrere nichtakkulturierte Tanala im Bergland Madagaskars, die Séancen der Medizinmänner und Heiler (*ombiasy*) seien ein einziger Schwindel, bei dem diese die angeblichen Stimmen der Ahnengeister selber produzierten. Ein anderer Ethnologe berichtete, daß die von ihm untersuchten Nuba durchaus wußten, daß die Besessenheit der Medien nur gespielt war, und er selber beobachtete bei den Nyima Nuba zwei Medien, die eine Besitzergreifung durch göttliche Wesen ganz eindeutig simulierten. Schließlich trat im Jahre 1997 ein bekanntes thailändisches Geistermedium in der beliebtesten Fernsehtalkshow des Landes auf und bekannte, Besessenheit habe nichts mit Geistern oder parapsychischen Fähigkeiten zu tun, vielmehr handle es sich um eine geschickte Hintergehung und Irreführung eines vertrauensseligen und abergläubigen Publikums.

Wie nehmen indessen all jene Medien die Ankunft des Geistes wahr, die kein falsches Spiel mit dem Publikum treiben, sondern tatsächlich das Gefühl haben, von einer *entidad* in Besitz genommen oder »geritten« zu werden? Zunächst scheint es selbst für all die Geistermedien, die berichten, sie hätten das Bewußtsein verloren, charakteristisch zu sein, daß ihre reale Umgebung nicht – wie bei einer »Nahtod-Erfahrung« – völlig verschwindet, sondern lediglich in den Hintergrund tritt. So sagten einige Trancetänzer der Senoi Temiar im Urwald der malaiischen Halbinsel, sie hätten zwar, wenn sie ohnmächtig am Boden lägen (*nakəbus*, »er/sie stirbt«), einerseits das Gefühl, mit den Geistern über die Bäume hinwegzuschweben und die Berggipfel zu umkreisen. Aber andererseits hörten sie auch in der Ferne die Trommeln und die Gesänge der Teilnehmer an der Séance. Auch die Schamaninnen und Schamanen der indischen Saora richteten zwar nicht ihr Augenmerk auf ihre Umgebung oder interagierten mit ihr, nachdem die Geister von ihnen Besitz ergriffen hatten, doch waren sie sich ihrer durchgängig bewußt. Auf gleiche Weise blieb auch das Geistermedium (*wááta-wa*) auf Truk bei Bewußtsein und registrierte die Umstehenden, aber der Ethnologe hatte den Eindruck, daß es hochkonzentriert auf das war, was der Totengeist aus seiner Lineage, der auf seinen Schultern saß, ihm mitteilte. Schließlich nahm das Medium die Fragen des Publikums entgegen und übersetzte sie in die Geistersprache. Auch bei den Daribi im Südosten Neuguineas unterhält sich das Medium (*sogoyezibidi*) mit seinem Geist, der auf seinem Kopf sitzt, und auf Bellona, einer von Polynesiern besiedelten Insel im Salomonen-Archipel, fungiert das Medium als Dolmetscher der Gottheit, die währenddessen vor ihm steht oder sich auf seine Schultern gesetzt hat.[12]

Ein Medium der zwischen dem Save und dem Sambesi lebenden Ndau gab an, es sei sich nicht selten durchaus bewußt, daß ein Geist in ihn eingetreten sei, aber es könne ihn weder klar erkennen noch kontrollieren, und auch die Medien der ostafrikanischen Kamba sind zwar während der Besessenheit bei vollem Bewußtsein, werden aber von den Geistern beherrscht. »Wenn ein Geist in deinen Kopf geklettert ist«, so verlautete eine Sansibari, »dann weißt du manchmal, was du tust, aber du kannst es nicht kontrollieren. Ein anderes Mal wird es stockdunkel, und du siehst nichts mehr, aber du hörst, was sich abspielt. Mitunter bist du aber völlig weg (*hupo kabisa*)«, und in diesem Falle habe man später keine Erinnerung an das Geschehene. Und ein weiteres Sansibari-Medium berichtete: »Der Geist kam in meinen Kopf, aber ich konnte es nicht wirklich glauben. Denn wenn der Geist in mir war und redete, dann hatte ich das Gefühl, daß ich es selber war, die redete – und nicht der Geist.«

Eine Ethnologin konnte sich gleichzeitig mit einem Medium der Bricolanos im Südosten Luzons und mit dessen Geist unterhalten, der in ihm weilte, und je nachdem, welche Frage sie stellte, antwortete entweder das Medium oder der Geist. Mit einem derartigen Geist, so sagte ein Heiler, sei es, »wie wenn du einen Gast zu Hause hast; du mußt wissen, wie man mit ihm umgeht, denn sonst geht er frustriert wieder weg«.

Schließlich sagen auch die Tamang, der *bombo* (von tibet. *bön-po*) verliere nie sein Bewußtsein, wenn der Geist sich auf seine Schultern setzt, worauf ein Schauder durch seinen Körper geht, und das Verhältnis zwischen ihm und seinem Geist sei wie das zwischen einer Frau und ihrem Mann. Nicht anders ist es bei den Schamanen in anderen Gegenden von Nepal. Obgleich die Tiefe der Trance des zentralnepalesischen *jhãkri* sehr variiert – der Dialog mit den Geistern kann ihn fast völlig absorbieren, aber er kann auch gleichzeitig mit ihnen und dem Publikum sowie seinen Assistenten reden, Alkohol trinken oder eine Zigarette rauchen. Aber in jedem Falle ist er sich seiner selbst bewußt und kann sich später auch an alles genau erinnern.[13]

§ 22
Die »Tierseele« des Menschen und die Doppelnatur der Schamanen

Ähnlich wie ein Großteil der Besessenen bestehen auch viele Personen nach der Hypnose darauf, daß sie sich an nichts erinnern, aber wenn sie unter Druck gesetzt werden, ehrlich zu sein, oder nach längerer eindringlicher Befragung gibt mehreren Untersuchungen zufolge etwa die Hälfte der Betreffenden zu, sich doch an das zu entsinnen, was sie unter der Hypnose erlebt haben. Ja, zahlreiche Studien haben sogar ergeben, daß die posthypnotische Amnesie, wenn sie überhaupt eintritt, *nie* vollständig ist. In einer weiteren Untersuchung fand man zudem heraus, daß diejenigen, die zunächst angegeben hatten, ihre hypnotischen Erlebnisse seien »so wirklich wie wirklich« gewesen, schließlich einräumten, das, was sie sahen, habe sich doch erheblich von der Wirklichkeit unterschieden. Denn ganz im Gegensatz zum »überklaren Bewußtsein« bei der »Nahtod-Erfahrung« ähnelt das hypnotische Trancebewußtsein eher dem im Zustand der Somnambulie, es handelt sich um eine »getrübte und unterwache« geistige Verfassung, vergleichbar mit der im normalen Traum. So berichteten Hypnotisierte, das, was sie sahen, sei viel weniger »detailliert« und »lebendig« gewesen als wirklich Wahrgenommenes, und andere sprachen von »Geisterbildern«, die »vage, undeutlich, verschwommen« oder »nebelhaft« waren. »Die Dinge sind farbloser und nicht so lebendig«, so charakterisierte eine junge Frau das in tiefer hypnotischer Trance Gesehene, »auch nicht so differenziert, und die Konturen sind nicht so scharf, alles ist verschwommener und unbestimmter.« Die Personen, die gesehen werden, sind häufig durchsichtig, oder sie verwandeln sich ähnlich wie unter dem Einfluß von »halluzinogenen Drogen«, was auch für den Hypnotiseur gilt: Denn wenn der Hypnotisierte sich auf dessen Gesicht konzentriert, wandelt sich sein Blick meist zu einem Tunnelblick, und das Gesicht verzerrt sich entweder oder wird zu dem einer dem Hypnotisierten bekannten oder nahestehenden Person.

Bereits William James stellte fest, daß die meisten Hypnotisierten von der Irrealität dessen, was sie sehen und erleben, überzeugt sind, weshalb sich auf den Gesichtern vieler während der Hypnose ein spöttisches Lächeln abzeichne, »as if they were playing a comedy«. Nicht selten täuschen aber auch Hypnotisierte den Hypnotiseur »by playing his game«, wenn dieser sagt, sie sollten sich an das Erlebte nicht erinnern, oder sie weigern sich, auf seine Anweisung hin etwas Bestimmtes zu sehen, weil sie dies für unmöglich halten. So sah zum Beispiel eine hypnotisierte Frau nicht den Löwen oder Bären, den der Hypnotiseur ihr suggerierte, weil sie einfach nicht glaubte, daß solche Tiere in dieser Umgebung erscheinen könnten. Eine Ratte hielt sie hingegen für möglich, worauf auch eine vor ihr auftauchte, doch gleichwohl war die Frau davon überzeugt, das Tierchen lediglich zu halluzinieren und nicht wirklich zu sehen. Die allermeisten Hypnotisierten verlieren weder den Kontakt mit ihrer normalen Umgebung – häufig sagen sie hinterher enttäuscht: »Ich war doch gar nicht weg!« – noch die Selbstkontrolle. So weigern sie sich durchweg, etwas auszuführen, was ihnen widerstrebt, und wenn der Hypnotiseur Druck ausübt, sind sie meistens auf der Stelle hellwach oder reagieren nervös und aufgeregt, ohne der Anweisung Folge zu leisten.[1]

Im allgemeinen werden bis auf die Stimme des Hypnotiseurs Außenreize vom Hypnotisierten nur schwach wahrgenommen und kaum beachtet und auch der »innere Dialog« verliert seine Dominanz. Trotzdem haben die Betreffenden stets eine Art Hintergrundwissen von der Realität, ähnlich demjenigen, der bei einem spannenden Film »mitfiebert«, der seine Gefühle und seine Aufmerksamkeit »absorbiert« hat, und der gleichwohl weiß, daß er nur einen Film sieht. Eine Frau, der bei der hypnotischen Sitzung eines taoistischen taiwanesischen Heilers wie allen anderen Teilnehmern die Augen verbunden wurden, »reiste«, nachdem die Assistenten des Mannes einen monotonen Gesang angestimmt hatten, in der hypnotischen Trance zunächst in die Hölle und anschließend in den Himmel, wo sie sich mit den dort Lebenden unterhielt. Dabei sah sie das, was der Heiler Li ihr suggerierte und was den konventionellen chinesischen Vorstellungen entsprach, die im Volk verbreitet sind. Aber im Gegensatz zu denjenigen, die eine »Nahtod-Erfahrung« haben, war der Frau stets bewußt, daß sie sich in »einer Art Trance« befand und nicht wirklich ins Jenseits entrückt worden war.

Drei hypnotisierte Personen – zwei Frauen und ein Mann – gingen in der Trance durch einen dunklen, teilweise mit Moos bewachsenen Felsentunnel, dessen Wände allerdings nicht so hart waren wie wirkliches Gestein. Ganz anders als bei einer »Nahtod-Erfahrung« war der Gang durch diesen »Hypnose-Tunnel«, der nach einiger Zeit heller wurde und pulsierende farbige Lichter ausstrahlte, für die Beteiligten »a lovely shared fantasy«, die sie sehr an »psychedelische« Erlebnisse unter dem Einfluß »halluzinogener« Drogen erinnerte. Den Tunnel empfanden alle drei als »unwirklich«, und mit der »wirklichen Welt« verloren sie nie den Kontakt. So hörten sie durchweg in der Ferne die Stimme des Hypnotiseurs, und als zum Beispiel ein Flugzeug über das Gebäude flog, in dem die Sitzung stattfand, erlebte eine der beiden Frauen das Geräusch als Regen ankündigenden Donner.[2]

So wie den drei Tunnelgängern durchgehend bewußt war, daß ihr Erlebnis hypnotisch bedingt war, so bleibt das kritische Bewußtsein bei Hypnotisierten fast generell erhalten, und sie können meist jederzeit aktiv werden und in das Geschehen eingreifen oder es beenden. Nachdem beispielsweise ein bekannter Psychotherapeut zwei »neurotisch gehemmten, überprüden« und drei normalen Frauen suggeriert hatte, ein nackter Mann komme mit erigiertem Glied auf sie zu, berichteten letztere von einer »sexuellen Begegnung«, die sie keineswegs geängstigt habe. Die beiden anderen sagten hingegen, ein bekleideter Mann sei vor ihnen aufgetaucht und habe mit einer Pistole auf sie geschossen, ohne sie allerdings zu treffen. Eine dieser Frauen war von dem Vorfall dermaßen schockiert, daß sie die tiefe hypnotische Trance augenblicklich beendete.[3]

Ähneln also auch Entrückungs- und Tunnelerlebnisse sowie andere Geschehnisse in tiefer hypnotischer Trance eher den durch »halluzinogene« Drogen wie LSD oder Ayahuasca hervorgerufenen Pseudohalluzinationen als »Nahtod-Erfahrungen«, so unterscheiden sich von diesen auch die sogenannten G-LOC-Erlebnisse (»gravitational loss of consciousness«) der Düsenjäger-Piloten während ihrer Ausbildung in der Zentrifuge oder bei einem plötzlichen Richtungswechsel des Flugzeuges. In der Zentrifuge fließt das Blut vom Kopf in die Beine, so daß das Gehirn mit Sauerstoff unterversorgt wird, und auch der jähe Richtungswechsel eines mit hoher Geschwindigkeit fliegenden Kampfflugzeugs setzt den Körper des Piloten einem hohen Druck aus, der die Blutzufuhr zum Gehirn unterbricht. Kampfflieger, die derartiges erlebt haben, berichteten, kurz bevor sie das Bewußtsein verloren, hätte sich ihr Gesichtsfeld eingeschränkt, d. h., die normale Sichtweise habe sich in einen »Tunnelblick« verwandelt, der indessen etwas ganz anderes ist als eine Bewegung durch den »Nahtodtunnel«.[4] Kamen sie wieder zu sich, erlebten sie häufig äußerst kurze, zusammenhanglose Traumfragmente, sogenannte »dreamlets«, hatten traumartige Empfindungen von Gelähmtheit und Hilflosigkeit, verworrene Gedankenfetzen, aber auch euphorische Zustände und Gefühle des Losgelöstseins vom Körper. Waren sie wieder bei Sinnen, befanden sie sich so gut wie immer in einem Zustand der Konfusion und Orientierungslosigkeit, wie ihn auch Piloten schilderten, die im Flugsimulator eine akute Anoxie hatten, weil die nicht schnell genug ihre Sauerstoffmasken aufsetzten, und die zum Beispiel versuchten, auf den Wolken zu landen. Ein Pilot der Royal Air Force, der einmal eine »Nahtod-Erfahrung« hatte, sagte, daß diese etwas völlig anderes sei als ein »G-LOC-Erlebnis«, das durch Sauerstoffmangel hervorgerufen wird. Kein einziger Kampfflieger, der solche Erlebnisse hatte, berichtete von einer »Außerkörperlichen Erfahrung«, einer Tunnelpassage oder einem Licht am Ende des Tunnels, aber sie waren offenbar sexuell erregt und hatten Ejakulationen, wie sie bei einer Unterversorgung des Gehirns mit Sauerstoff auftreten.[5]

Bekanntlich ist das Gähnen ein durch Sauerstoffmangel im Gehirn verursachtes unwillkürliches tiefes Einatmen unter weiter Öffnung der Kiefer, wodurch dem Blut Sauerstoff zugeführt und der Kreislauf angeregt werden soll. So ist es nicht verwunderlich, daß das Gähnen und damit die Hypoxie in zahlreichen Kulturen mit veränderten Bewußtseinszuständen wie Besessenheit oder Formen der Trance in Zusammenhang gebracht wird. Als in der Njálssaga Syanr heftig gähnen muß, sagt er zu seinen Leuten: »Jetzt überfallen uns Ósvífrs Fylgjen!«, und im Flateyjarbók wird geschildert, wie die Norwegerin Heid am Feuer sitzt und gähnt, worauf sie in Trance fällt. Im Jahre 1727 zuckte plötzlich der Körper von Katharina Fegerberg, einem jungen Mädchen aus Småland, und sie mußte mehrfach gähnen, als ein »guter Geist« aus ihrem Inneren zu ihr »sagte«, ohne daß sie eine Stimme hörte: »Du wunderst dich über dein Gähnen! Ich will dir sagen, was mit dir los ist, nämlich daß mehrere unreine Geister in deinem Leib wohnen!« Von da an kündeten die Geister sich ständig damit an, daß sie wiederholt stark gähnte. Viele lappische, samojedische, wogulische, selkupische oder tungusische Schamanen gähnten, wenn ihre Hilfsgeister eintrafen, und die Medien der südwestlich des Limpopo lebenden Thonga, die der Ewe sowie die des Mami-Wata-Kultes, »gähnen« ebenfalls »und recken ihre Glieder«, wenn die Geister durch die Fontanelle in sie fahren. Gleiches wird von manchen Sterbenden berichtet, und zwar unmittelbar vor Eintritt des Todes, sowie von Telepathen und Hellsehern, zum Beispiel von der bekannten Sensitiven Eusapia Palladino, die eine ganze Zeit lang ausgiebig gähnte, bevor sie nach und nach in eine leichte Trance fiel.⁶

Die tiergestaltige *fylgja*, die nur von Hellsichtigen gesehen werden konnte, begleitete einen Menschen ein Leben lang, und wenn ihr etwas zustieß, ereilte den Betreffenden dasselbe Schicksal. Eigentlich war die *fylgja* keine selbständige Entität, sondern derselbe Mensch auf einer anderen Ebene, und diesen Aspekt seiner selbst konnte nur derjenige wahrnehmen, der das Zweite Gesicht besaß, das offenbar dann aktiviert wurde, wie aus der Njálssaga hervorgeht, wenn der Hellsichtige heftig gähnen mußte, weil er allem Anschein nach unter Sauerstoffmangel litt. Bei vielen mittelamerikanischen Ethnien entspricht der *fylgja* das *nagual*, und bezeichnenderweise sagten zum Beispiel die Tzotzil nicht »X hat ein Jaguar-*nagual*« oder »Das *nagual* von X ist ein Jaguar«, sondern »X *ist* ein Jaguar-*nagual*«, denn das *nagual* ist ebenfalls kein eigenständiges Wesen, sondern eine andere Gestalt von X in einem anderen, für gewöhnlich unsichtbaren und unzugänglichen Bereich. Wenn bei den Mixteken in Oaxaca jemand geboren wurde, so heißt es, erblickte im Wald sein *kiti nuvi*, sein »doble«, das Licht der Welt, das mit ihm dasselbe Schicksal (*ta'vi*) teilte. War etwa der Betreffende sehr klug, war sein »Doppel« ein Hirsch, da diesem Tier die größte Klugheit zugeschrieben wurde. Aber im Grunde waren beide dieselbe Person und hatten auch dasselbe Bewußtsein. Wenn beispielsweise ein Mensch »träumte«, durch die Wildnis zu streifen, dann sah er all das, was in diesem Augenblick das *kiti nuvi* sah, denn er *war* das *kiti nuvi*. Wenn der Betreffende Hunger hatte, dann war auch sein »Doppel« hungrig, und wenn er starb, verendete auch jenes. Auch bei den Mixteken konnten nur ganz bestimmte Personen, die *tenuvi* (»Umwandler«), das »Doppel« genau wahrnehmen und kontrollieren, und sie waren gleichzeitig Heiler, die angeblich in der Lage waren, in die Zukunft zu sehen und den Regen herbeizuholen, weshalb sie auch *ñivi savi*, »Regenleute«, genannt wurden. Schließlich sagten die Totonaken der Sierra Norte de Puebla, ein Mensch besitze zwei Seelen, nämlich die *listakna* sowie die

Tierseele (*kuxta*), sein »doble«. Wenn jemand »träumte«, daß er fliege, hatte er eine Vogel-*kuxta*, die soeben durch die Lüfte flog, und wenn ein anderer im »Traum« von Hunden verfolgt wurde, war seine Tierseele die eines Hirsches, der gerade vor der Meute floh. Aber auch bei den Totonaken war nicht jedermann zu solchen »Träumen« fähig, doch wer dazu in der Lage war, bewußt als Vogel oder Hirsch umherzufliegen bzw. zu -streifen, der war ein *nagual*.[7]

Deshalb nannten die Nahua denjenigen, der die Fähigkeit besaß, mit Bewußtsein das »Doppel« zu sein oder sich in dieses zu »verwandeln«, *nagual*, und die Quiché-Maya bezeichneten ihn als *uwäch uk' jj*, das dem *uay* der klassischen Maya-Schamanen entsprach und mit einer Glyphe geschrieben wurde, die aus einem stilisierten menschlichen Gesicht besteht, das zur Hälfte mit Jaguarfell bedeckt ist.[8]

Nicht anders verhielt es sich mit den schamanischen Hilfsgeistern, die ebenfalls keine vom Schamanen getrennte, selbständige Wesen waren, sondern der Schamane selber, der sich lediglich verändert hatte oder einen anderen Wesenszug zeigte, der es ihm jetzt erlaubte, in die Oberwelt zu fliegen oder in die Unterwelt hinabzusteigen. Bei den Schoschonen bezeichnete das Wort *puha* sowohl die Macht und Fähigkeit des Schamanen als auch dessen Hilfsgeist, und genauso war es bei den Indianern am Río Xingú, den Kagwahiv am Río Madeira oder bei den Schamanen der Amuesha im peruanischen Regenwald, deren Seele (*chañapchenaya*) in Gestalt des Hilfsgeistes, vor allem des Jaguars und des Kolibris in die fernsten Gegenden und auf die höchsten Berge reiste. Die Männer und die Hilfsgeister waren gewissermaßen verschiedene Aspekte desselben Wesens, und wenn dieses starb, verschwanden auch die beiden Aspekte. Die Schamanen der Wald-Quechua im Tiefland von Ekuador chanteten auf einem besonderen Sitz, bis der Urwaldgeist Sungui herbeigeflogen kam, in den sie sich verwandelten, um wegzufliegen, und auch der Schamane der Nunivak-Eskimo führte aus, wie er in seinen Hilfsgeist hineinschlüpfte, zum Beispiel in ein Walroß, und so zum Meeresgrund hinabtauchte, um die Freilassung der großen Walroßherden zu bewirken. Deshalb trug er während der Séance eine Maske, die *baduchdljuk*, »Zwei-Gesichter-in-einem«, hieß, weil hinter dem Gesicht des theriomorphen Hilfsgeistes das des Menschen verborgen war. Ähnliche Tier/Mensch-Masken trugen auch die Schamanen der Aivilik und anderer Eskimo-Gruppen, um damit zum Ausdruck

Abb. 24 Jaguar-Schamane der Maya; spätklassische Vasenmalerei, Altár de Sacrificios.

zu bringen, daß sie »Doppelwesen« waren. Schließlich benutzten auch die sibirischen Ewenken zur Bezeichnung der Seele des Schamanen sowie seines Hilfsgeistes dasselbe Wort, nämlich *chargi*, das sie sich als ein Mischwesen aus einem Menschen und einem Tier, meist einem Vogel oder einem Rentier, vorstellten, das in die Unterwelt Chergu Buga reiste, aber auch als Mensch auf seinem Tamburin, das sich in einen Hecht oder eine Eidergans verwandelt hatte, die den »wässerigen Flußweg« (*mumangi chokto bira*) entlangschwimmen konnte, der die drei Weltebenen miteinander verband.[9]

Von Óðinn heißt es einerseits, daß er die Befähigung zum »Gestaltwechsel« (**hamgengja*, aisl. *hamingja*) besaß und als Vogel, wildes Tier, Fisch oder Schlange den Körper verließ, während dieser »in einem Augenblick in ferne Länder« fuhr, zum Beispiel nach Óðáinsakr, das »Land der Lebenden« (*jorð lifandi manna*). Aber andererseits wird berichtet, auf seinen Schultern seien zwei Raben, Huginn (an. *hugr*, »Gedanke«) und Muninn (an. *munr*, »Verlangen, Gedanke«; *muna*, »sich erinnern«) gesessen, die jeden Tag über die ganze Welt (*iormungrund*) flogen und ihm hinterher das Gesehene ins Ohr flüsterten. Aber auch diese Vögel waren im Grunde seine theriomorphe Seele, und so verlauten die verschiedenen Quellen, daß sowohl seine beiden Hilfsgeister als auch er selber sich zu den Gehenkten begaben, um von ihnen zu erfahren, was sie in den anderen Welten gesehen hatten.

Genauso häufig wurde und wird aber der Hilfsgeist nicht als Teil der eigenen Psyche erkannt, weil die Schamanen oder Heiler ähnlich wie die von einem Geist Besessenen oder die von ihren »Helfern« unterstützte »Multiple Persönlichkeit« der Führung durch ein Wesen bedürfen, das über außergewöhnliche Fähigkeiten verfügt, die es ihm möglich machen, nichtalltägliche Taten zu vollbringen und Jenseitiges zu erkennen. Die Schamanen der Hei//om-Buschleute sagten, daß sie ohne ihre Hilfsgeister nicht stark genug seien, um es bis ins Jenseits zu schaffen, und bei den Mundurucú unternahmen nur die mächtigsten Schamanen selber die Reise in die Unterwelt, während die anderen ihre Hilfsgeister schickten. Die »Träumer« (*halaa'*) der Semai auf der malaiischen Halbinsel beauftragten ihre Hilfsgeister (*gunig*) nur dann, wenn sie selber zu müde waren und lieber schlafen gehen wollten, doch bei den Tempasuk Dusun im Norden Borneos waren nicht nur die Heilerinnen, sondern sogar deren Hilfsgeister (*libaboh*) zu schwach, um sich in die andere Welt vorzuwagen. Deshalb stellte der Hilfsgeist einen Vogel her, der sich in einen Fisch verwandelte und den Unterweltsfluß durchschwamm, um die Seele eines verrückt gewordenen Mädchens zurückzuholen. Dagegen scheint auf der einen Seite der Hilfsgeist der Lappen-Schamanen deren Alter ego gewesen zu sein – zerbrach dem Ren-Hilfsgeist das Geweih, wurde auch der Schamane krank, war der Vogel-Hilfsgeist erschöpft, dann auch jener –, doch auf der anderen Seite ritten die Schamanen auch auf ihren Hilfsgeistern, oder sie wurden von ihnen ins Jenseits geleitet, weil sie das alleine nicht vermochten.[10]

Gähnte in der nordischen Saga Syanr, als er das Herannahen der *fylgja* spürte, so tun dies auch die »Tigermenschen« der Khasi in Assam, wenn ihre Seele den Körper verläßt, um »Tigergestalt« (*dur khla*) anzunehmen: »Wenn die Seele sich auf den Weg macht«, sagte einer von ihnen, »beginne ich zu gähnen.« Zunächst verliert er das Bewußtsein, denn »wenn [er] wach [ist], kann [er] nicht gehen«, worauf er sein »Tigergewand« überzieht, das er von den Geistern (*ksuid*) erhalten hat, und beginnt, wie ein Tiger zu brüllen. Ein anderer »Tigermensch« verlautete, während der Verwandlung fühle es »sich an, als würde es kalt. Es ist wie ein Schweißausbruch. Und dann kommt es!« Und ein dritter erläuterte: »Wenn es kommt, kommt zuerst diese bittere Kälte. Und dann kommt der Schweiß. Und dann die Müdigkeit. Und du fängst an zu brüllen.« Dann können sie sich nicht mehr wie Menschen verhalten und fühlen sich »leicht«. Früher hätten sie sich leiblich in das Raubtier verwandelt, aber heutzutage geschehe das »bloß noch in der Seele (*rngiew*)«, obwohl auch die Seele »von Fleisch und Blut« sei.

Ein Mannheimer Speditionsarbeiter erzählte dem an der Universität Heidelberg lehrenden Psychiater Karl Jaspers, man habe ihn im Jahre 1901 »zum Löwen gemacht« oder »einen Löwen in ihn hineingebracht«. Trotzdem war er in der Lage, weiter zu arbeiten, weil die Raubkatze nur manchmal, vor allem in der Nacht, zum Vorschein kam. Dann fühlte er sich gezwungen, etwa eine Viertelstunde lang auf allen vieren umherzulaufen und zu brüllen. Doch zwei Jahre danach sei der Löwe unvermittelt aus ihm hinausgesprungen und nie wieder zurückgekommen. Und in Zentralafrika verhafteten während der Kolonialzeit die Briten einen Mann, der mehrere Reisende angefallen und getötet hatte. Er sagte aus, zeitweilig habe er das Gefühl, ein Löwe zu sein, und dann verspüre er den Zwang, über irgendwelche Menschen herzufallen und ihnen die

Kehle durchzubeißen. Dies tat auch ein Angehöriger des Leopardenbundes der Guere im Inneren der Elfenbeinküste, der berichtete, er sei plötzlich mitten in der Nacht als Leopard aufgewacht und habe das neben ihm schlafende Kind zerfleischt.

Im Jahre 1692 bekannte ein alter Bauer namens Thieß, von dem es hieß, er sei ein Heiler und werde »von den bauren gleich einem abgotte gehalten«, in Jaunberg bei Riga, er habe bis vor ungefähr einem Jahrzehnt jedes Jahr während der Lucien-, der Johannis- und der Pfingstnacht als Werwolf die Hölle besucht, wo er gegen die Hexen kämpfte, um die von ihnen gestohlene Kornblüte wieder auf die Erde zurückzuholen, nachdem bereits im Jahre 1683 der livländische Werwolf Idgund vor einem Gericht ein Gleiches ausgesagt hatte. Offenbar begaben sich gewisse Männer in Wolfsgestalt in die Unterwelt, nicht nur, um die Fruchtbarkeit der Felder zu gewährleisten, sondern auch, um das Vieh zu regenerieren. So geht aus einem Gerichtsprotokoll vom Jahre 1637 hervor, daß man an Ostern und Weihnachten sowie mitunter auch in der Johannisnacht die Hölle aufsuchte, wo ein totes Kalb wieder zum Leben erwacht sei. Und zehn Jahre später hieß es in einem ebenfalls lettischen Hexenprozeß, die Seelen der Betreffenden hätten sich vom Körper gelöst und seien im Wirbelwind in die Hölle gefahren, während der Körper zu Hause liegenblieb. Vorher habe man die Viehseelen wie einen warmen Hauch in die Hände genommen und in die Hölle gebracht, wo sie wieder lebendig wurden.[11]

Bereits im Jahre 1585 bekundete Augustin Lercheimer, der Rektor der Lateinschule in Riga, im Hause des dortigen Vogts sei plötzlich ein Bauer von der Bank gefallen, als ob ihn der Schlag getroffen hätte. Nachdem er wieder zu sich gekommen war, berichtete er, er habe als Werwolf mit einer Hexe gekämpft, die in Form einer Flamme umhergeflogen sei. Und im estnischen Kirchspiel Haljala wurde im Jahre 1651 ein Mann zu zehn Paar Rutenhieben an der Kirchsäule verurteilt, weil er als Werwolf gelaufen war. Auf die Frage, ob er dies körperlich getan oder sich nur seine Seele verwandelt habe, erwiderte er, er sei »selbst in den Wolfsbalg geschlüpft«, und zeigte die Narbe eines Hundebisses, den er als Wolf erhalten hatte. Und auf die weitere Frage, ob er sich nach der Verwandlung »verstandesmäßig als Mensch oder als Tier gefühlt habe«, gab er die Antwort, daß letzteres der Fall gewesen sei.[12]

In vielen Kulturen waren es vor allem die gefährlichen Raubtiere, deren Gestalt manche Menschen bisweilen annahmen, in Indien die Tiger, in Afrika die Löwen und Leoparden und in Mittel- und Nordeuropa die Wölfe. Wie freilich der sogenannte »Löwenmensch« aus der Stadel-Höhle am Hohlenstein im Lonetal bei Ulm, der aus Mammutelfenbein gefertigt ist (Tf. 8), veranschaulicht, gab es möglicherweise auch bei uns vor 30 000 Jahren Werlöwen, also Männer, vielleicht Schamanen, die sich in Höhlenlöwen verwandeln konnten. In Lateinamerika war und ist der Jaguar die mächtigste Raubkatze, und in Costa Rica grub man die Tonfigurine einer Person – halb Frau, halb Jaguar – aus, die der prähistorischen Nicoya-Kultur entstammt. Da es in dieser Gegend eine alte Legende gibt, die von einer Schamanin, halb Tier, halb Mensch, berichtet, die im Krater eines Vulkans, dem Eingang zur Unterwelt, lebte, hat man gemutmaßt, daß auch die Figurine eine Schamanin darstellen könnte. Jaguare sind nachtaktive Jäger, die sich häufig in Höhlen aufhalten, weshalb zum Beispiel die Quechua das Tier mit dem Eingang zu den Quellen und unterirdischen Gewässern verbanden, durch die der Verstorbene ins Paradies Paititi gelangte. Auch bei den Maya war der Jaguar ein Tier der Nacht, der Höhlen und der Unterwelt, weshalb die Sonne sich, bevor sie nachts durch die Unterwelt reiste, in einen Jaguar verwandelte.

Die Schamanen der amazonischen Huaorani heißen *meñera*, »Verwandte des Jaguars«, und die der Mehinaku gehen nachts in eine tief im Urwald liegende Höhle, um dort ihre »Jaguarkleidung« anzuziehen, woraufhin sie in der Wildnis umherstreifen und jeden Menschen zerreißen, der ihnen über den Weg läuft. Auch die Tukano-Schamanen behaupten, sie würden zu der Raubkatze, indem sie in deren Fell schlüpfen, und ein Schamane der Piro im peruanischen Tiefland schilderte dem Ethnologen, wie er nach der Einnahme von *toé* (*Datura suavolens*) in den Urwald gelaufen war, wo ein Jaguar ihm sein Fell gab, so daß er selber zum Jaguar werden konnte. Schließlich sagen die Schamanen der zu den Yanomamö gehörenden Sanemá, die von dem Jaguarherrn Omáo-kóhe initiiert werden, der die Gestalt eines Jaguars hat, aber wie ein Mensch auf zwei Beinen geht, daß ein Schamane und sein Jaguar nicht zwei getrennte Wesen sind, vielmehr ist der Schamane ein Mensch und eine Raubkatze *zumal*, was ihm offenbar während der Initiation eröffnet wird.[13]

Wissen nun diejenigen, die das Gefühl haben, sich in ein Tier verwandelt zu haben, oder die behaupten, ihr Alter ego sei ein Wolf oder ein Jaguar, wie es ist, ein solches Wesen zu sein? Oder anders ausgedrückt: Können Menschen Tiere wie zum Beispiel Löwen oder Elstern sein? Wenn 62 % der befragten Frau-zu-Mann-Transsexuellen, wie eine Untersuchung ergab, Phantompenisse und Phantomerektionen haben, dann fühlen und empfinden die Betreffenden offenbar im Gegensatz zu Amputierten mit Phantomschmerzen etwas, was eine Frau niemals fühlen und empfinden kann, weil sie keinen Penis *hat*. Aber können die Frau-zu-Mann-Transsexuellen das *wirklich*? Oder haben sie lediglich die *Vorstellung*, so zu fühlen und zu empfinden, wie ein Mann fühlt und empfindet, dessen Penis erigiert?

Der Bewußtseinsforscher Stanislav Grof meint, unter dem Einfluß von LSD könne man »einen Einblick gewinnen, wie eine Schlange sich fühlt, wenn sie hungrig ist, eine Schildkröte, wenn sie sexuell erregt ist, ein Kolibri beim Füttern seiner Jungen oder ein Hai beim Atmen durch die Kiemen. Manche Testpersonen haben berichtet, sie hätten den Trieb erlebt, der einen Aal oder einen Rotlachs auf seiner heroischen Reise gegen die Strömung eines Flusses vorantreibt, die Empfindungen einer Spinne beim Weben ihres Netzes oder den geheimnisvollen Vorgang der Metamorphose vom Ei über die Raupe und die Puppe bis zum Schmetterling«. Ein Philosoph hält es für möglich, »sich in die Innenperspektive von Pflanzen und Tieren hineinzubegeben, ja vorübergehend auch Pflanze und Tier *zu sein*«, und ein Ethnologe berichtet im *Spiegel*, wie er sich »in ein Tier verwandelt[e]. Ich konnte zusehen, wie überall das Fell aus meinen Armen wuchs. Und dann guckte ich in den Spiegel und sah da einen schwarzen Jaguar.«

Nun kann ich mir natürlich *einbilden*, mich in eine Pflanze, eine Fledermaus oder einen Jaguar zu verwandeln und dann mit Bewußtsein dieses Wesen oder eine sexuell erregte Schildkröte zu sein. Aber man sollte doch in der Lage sein, die durch »halluzinogene Drogen« beflügelte Phantasie von der Wirklichkeit zu unterscheiden. Wenn *wir* uns in einen Jaguar verwandelten, wären *wir* kein Jaguar, sondern ein solches Raubtier befände sich dort, wo wir uns zuvor befanden. Aber dann könnten *wir* nicht wissen, wie es ist, ein Jaguar zu sein, weil *wir* eben kein Jaguar *sind*. Aber weiß denn ein Jaguar, *wie* es ist, ein Jaguar zu sein? Natürlich ist es denkbar, daß wir eines Morgens aufwachen und uns so fühlen wie Kafkas Gregor Samsa. Doch dann sind wir keine Kakerlake, sondern Lieschen Müller oder Fritz Meier, deren Körper sich völlig verändert hat.[14]

§ 23
»Nahtod-Erfahrungen« und wirklichkeitsgetreue Wahrnehmungen

Aus den zahlreichen bislang angeführten Fallbeispielen scheint hervorzugehen, daß eine zwar nicht hinreichende, aber notwendige Bedingung für das Auftreten einer »Nahtod-Erfahrung« eine Bewußtlosigkeit und eine so gut wie vollständige Ausschaltung äußerer und innerer Reize ist. Ein solcher Zustand kann nicht nur bei Entspannung, extremer sensorischer Deprivation, Unfällen, Todesangst oder bei einer Überdosis gewisser pflanzlicher Drogen wie Iboga oder Stechapfel eintreten, sondern ebenfalls, wenn man vom Blitz getroffen wird oder möglicherweise auch, wenn man von einem hohen Felsen in die Tiefe springt. Jedenfalls hieß es in der Antike, der Sprung vom »Weißen Felsen« (Λευκάς Πέτρη) ins Meer befördere einen nach Elysion, in die Unterwelt, in den Schoß der Thetis oder man werde dorthin von dem Fährmann Phaon – aus dem lateinischen Faunus – übergesetzt. Im hawaiianischen Mythos dienten steile Klippen am Meer oder über einem tiefen Tal als »Absprungplätze« in die Unterwelt, und solche Sprünge tauchen auch entsprechend in alten polynesischen Berichten von »Nahtod-Erfahrungen« auf. So erzählte eine Maorifrau namens Nga, in ihrer Jugend sei sie einmal »so krank« gewesen, daß ihr »Geist aus« ihrem »Körper trat« und ihre Familie sie für tot hielt. Ihr Geist aber begab sich zu »Te Rerenga Wairua, dem Absprungplatz der Geister«, von wo aus sie in den dunklen Schacht blicken konnte, der zur Unterwelt führte. Als sie sich anschickte, zu springen, hielt eine Stimme sie jedoch zurück, die ihr sagte, ihre Zeit sei noch nicht gekommen.

Um ins im fernen Westen liegende Paradies zu gelangen, stürzten sich auch mehrere Samoaner, nachdem sie ihren Körper verlassen hatten, von einem Felsen am Westende von Savai'i in einen See, und ein Mescalero-Apache teilte nach einer »Nahtod-Erfahrung« mit: »Wenn du stirbst, dann ist das so, wie wenn du von einer hohen Klippe fällst. Du stürzt und stürzt in einen [leeren] Raum und landest schließlich gemächlich auf dem Boden eines wunderbaren Tales«, nämlich von *ni gòya*, der »Erde unten«. Um in eine solche paradiesische Gegend zu gelangen, sprang offenbar ein junger Mann ohne Selbstmordabsicht von der Golden-Gate-Brücke im Norden von San Francisco, weil er fest davon überzeugt war, daß sie das »Goldene Tor« zum Jenseits sei. Ob er dabei tatsächlich eine »Seelenreise« nach Elysion erlebte, scheint nicht bekannt zu sein, aber es ist durchaus denkbar, daß die Erlebnisberichte von Überlebenden solcher Sprünge oder Stürze sowohl die Mythologie als auch die »Nahtod-Erfahrungen« geprägt haben.[1]

Unstrittig ist indessen die Tatsache, daß immer wieder Menschen in den verschiedensten Kulturen glaubten, durch einen Blitzschlag in jenseitige Gegenden entrückt worden zu sein. So hatte zum Beispiel eine Frau, als der Blitz sie traf, das Erlebnis, ihre verstorbene Mutter lege sie zärtlich auf die Erde und lächle sie an. »Ein schwarz gekleideter Mann stand in kurzer Entfernung und winkte mir zu. Meine Mutter aber hielt mich fest. Große Bäume waren zu sehen, die keinen Anfang und kein Ende hatten.« Als einem Chirurgen dies widerfuhr, hatte er einen Herzstillstand, worauf er zunächst rückwärts und dann vorwärts durch die Luft flog. Dabei sah er seinen Körper auf der Erde liegen und dachte: »O Scheiße, ich bin tot!« Dann wurde er unter Glücksgefühlen gen Himmel auf ein bläulichweißes Licht hin gezogen, doch plötzlich befand er sich wieder in seinem Körper. Und ein anderer Mann wurde in »eine Art Tunnel« gesaugt, worauf er auf ein Licht zuflog und wie Henoch in einer kristallenen Stadt ankam, während ein dritter nach einem Blitzschlag bewußtlos zusammenbrach, wonach er fürs erste über seinem Körper schwebte, dann aber durch einen dunklen Tunnel auf ein Licht zuschoß, bis er schließlich in eine helle, idyllische Landschaft gelangte, in der er seinen verstorbenen Angehörigen begegnete sowie anderen Leuten, »die wie Laternen leuchteten«.

Als ein Nahua vom Blitz getroffen wurde, verlor er auf der Stelle das Bewußtsein und wurde von den *enanitos*, zwerghaften Regengöttern, die auch »los aires« genannt werden, in deren Berghöhle entrafft, wo sie die Regenwolken sowie Donner und Blitz bunkern. Nachdem im Sommer 1870 ein Stammesmitglied der Blackfeet durch einen Blitzschlag ohnmächtig zu Boden gestürzt war, nahm eine weibliche Gestalt ihn mit in ihr Tipi, wo sie ihm eine Trommel und vier Lieder überreichte sowie die Fähigkeit verlieh, kranke Menschen zu heilen. Dann wies sie ihn an, einen gelben Donnervogel auf sein Tipi zu malen, worauf sie sich in diesen verwandelte und zu ihm sprach: »Ich bin derjenige, der schlägt. Ich werde aus dir einen heiligen Mann machen!« Schließlich wurde ähnliches in späterer Zeit dem Blackfoot Brings-Down-the-Sun zuteil, der auf dem Gipfel des heiligen Berges Ninaistákis vom Blitz getroffen und in die Höhle des Donnervogels entrückt wurde, der dort in menschlicher Gestalt saß und eine Pfeife rauchte. Das göttliche Wesen forderte ihn dazu auf, nach seiner Rückkehr eine Pfeife nach diesem heiligen Vorbild herzustellen.[2]

Durch Blitzschlag wurden fast überall auf der Welt die Getroffenen zu Heilern oder Schamanen oder wenigstens zu Personen mit außergewöhnlichen Fähigkeiten. Nachdem dies zum Beispiel einem Jakuten zugestoßen war, konnte er plötzlich dreißig Werst weit sehen und ließ sich zum Schamanen ausbilden, was auch einem anderen Jakuten namens Bükesch Üllejen widerfuhr, der durch einen Blitz »getötet« und dadurch zum Schamanen wurde. Nach abchasischer Überlieferung schlug ehedem der Donnergott einen Mann namens Zoschan mit einem Blitz und entrückte ihn damit in den Himmel. Aufgrund dieser »Seelenreise« wurde er zum Wegbereiter der *acaaju*, der Heilerinnen und Schamaninnen, der Mittlerinnen zwischen Menschen und Göttern. Und im 19. Jahrhundert wurde eine Chiricahua-Apachin namens Tze-go-juni, die vom Blitz getroffen worden war, eine berühmte Medizinfrau, die stets ein Halsband mit einem wie eine Lanzenspitze geformten Quarz-Splitter trug, der von einer Gesteinsader stammte, die sich unter dem Baum befand, in den der Blitz ebenfalls eingeschlagen war.

Vor allem aber schlug und schlägt in den Anden der Donnergott Illapa, der heute weitgehend durch den Apostel Santiago ersetzt ist, der sein »Lichtschwert« als Symbol des Blitzes (*chukiilla*, »Lanzenlicht«) hochhält, den künftigen Heiler, der, wenn er die Berufung ausschlägt, bei einem Unfall stirbt oder wenigstens blind, taub oder krank wird. Die *curanderos* (*paqo*) am Titicacasee hießen »Söhne des Blitzes«, weil sie dreimal hintereinander von Blitzen »getötet«, »zerstückelt« und »wiedergeboren« wurden, was bereits von den Heilern und Priestern der Inkas überliefert ist. Auch diese wurden von einem dritten Blitz, den die Berggeister (*apus*) schickten, nach ihrem »Tod« und ihrer »Zergliederung« wieder zusammengesetzt, worauf sie angeblich an einem Ort wieder zu sich kamen, der weit von dem der Blitzschläge entfernt war. Manche dieser vom Blitz Geschlagenen berichten von ausgesprochenen »Nahtod-Erfahrungen«, aber andere waren offenbar lediglich

Abb. 25 Felsbild eines Comanche (?), der durch einen Blitzschlag zum Schamanen wird; Vistaverde-Schlucht, Rio Grande, 17./18. Jh.

bewußtlos, wie jener Quechua, der in den Hochanden von Illapa zum Heiler auserwählt wurde: »Ich hütete meine Schafe auf dem Berg, als ein großes Gewitter aufkam. Es krachte und blitzte um mich herum, und ich suchte Schutz. Doch da schlug mich der Blitz. Ich weiß nicht, wie lange ich bewußtlos lag. Ich weiß nicht, wer mich gefunden hat. Ich war krank. Ich wußte nicht, was mit mir los war. Ein Heiler las das Coca für mich. Du bist vom Blitz geschlagen, sagte er, die Orte der Kraft rufen dich, das ist deine Bestimmung!«[3]

Auch die weithin verbreitete Vorstellung, die vom Blitz Erschlagenen würden geradewegs in paradiesische Gefilde versetzt, geht möglicherweise auf entsprechende »Nahtod-Erfahrungen« zurück. Wie Sahagún mitteilte, galten den Azteken die Blitzopfer als »gut und rein, weshalb die *tlaloque* [Regengötter] sie liebten und sie in ihr Heim führten«, nämlich in das paradiesische Totenland Tlalocán. Die Osseten waren noch im frühen 19. Jahrhundert ebenfalls davon überzeugt, ein vom Blitz Getöteter werde zu den Göttern entrückt. So berichtete ein Reisender, bei dem Kaukasus-Volk herrsche die Ansicht, »der heilige Elias habe ihn [den Toten] zu sich genommen. Die Hinterbliebenen erheben dann ein Freudengeschrei, singen und tanzen um den Erschlagenen, alles strömt herbei, schließt sich an die tanzenden Reihen und singt ›O Ellai, Ellai, elbaer Tschoppei [Herr der Felsengipfel]‹«, denn es hieß, der Prophet Elia habe ihn ins Jenseits versetzt. Es könnte sein, daß bereits im minoischen Kreta vom Blitz Erschlagene in die Gefilde der Seligen entrückt worden sind – nach einer Etymologie läßt sich das vorgriechische Wort Ἠλύσιον (Elysion) auf ἠλύσιον, »eine Stelle, in die der Blitz eingeschlagen hat«, zurückführen. Jedenfalls entrafften der griechische Zeus und der römische Jupiter gewisse Menschen wie Semele bzw. Romulus, die in Griechenland Διοβλης, »von Zeus geschlagen«, genannt wurden und dadurch Unsterblichkeit erlangten.[4]

Man kann wohl davon ausgehen, daß zumindest einige der durch einen Blitzschlag Entrückten einen vorübergehenden Herzstillstand hatten – nach verschiedenen Untersuchungen hatten zwischen ca. 6 bis 18 % der erfolgreich reanimierten Patienten eine mehr oder weniger »tiefe Nahtod-Erfahrung«, wobei allerdings nach einer Studie die meisten »Zurückgekehrten« einen Hirnschaden zurückbehielten.[5]

Entspricht das, was die Betreffenden im Zustand der »Außerkörperlichkeit« sehen, der Wirklichkeit, oder handelt es sich durchweg um

Phantasien und Vorstellungen mit Wahrnehmungscharakter? Ganz offensichtlich »sehen« sie sehr häufig lediglich das, was sie *wissen*, und sie »sehen« das *nicht*, von dem sie keine Kenntnis haben, was aber objektiv vorhanden ist. Als ich während meiner »Nahtod-Erfahrung« im Zug in den Tunnel zurückkehrte, sah ich mich von oben im ansonsten leeren Abteil sitzen. Allem Anschein nach sah ich lediglich mich, weil ich *wußte*, daß das Abteil menschenleer war, als ich es betrat. Inzwischen war aber ein Salzburger Germanistik-Student zugestiegen, den ich *nicht* sah, weil ich keine Kenntnis davon hatte, daß sich jemand zu mir gesetzt hatte. Und daß ich mich einigermaßen wirklichkeitsgetreu »wahrnahm« lag gewiß daran, daß ich von Photos und Filmen her wußte, wie ich aussah und von anderen gesehen wurde.

Eine OP-Schwester, die einen dreiminutigen Herzstillstand hatte, sah »außerkörperlich« »auf dem Monitor eine flache grüne Linie«, aber diese wird sie in ihrem Berufsleben nicht selten gesehen haben. Und eine andere wurde im Verlaufe ihrer »Nahtod-Erfahrung« von einem engelartigen Wesen aus ihrem Bett himmelwärts getragen, bis sie schließlich hoch über dem Stadtzentrum schwebte. Als sie nach unten blickte, konnte sie trotz der nächtlichen Dunkelheit und der immensen Höhe »die Gesichter der Leute in der wimmelnden Verkehrsader ganz deutlich erkennen. Auch den Verkehrslärm konnte [sie] so wahrnehmen, als befände [sie] sich mitten darin.« Zu glauben, dies sei ein Beweis, daß die Frau die Passanten und den Straßenverkehr wirklich vom Himmel herab gesehen hätte, wie die Berichterstatterin treuherzig meint, ist natürlich naiv. Denn die Krankenschwester wird ja wohl gewußt haben, wie Fußgänger aussehen und wie Verkehrslärm sich anhört.

So ist es auch nicht verwunderlich, daß die meisten Personen im »außerkörperlichen« Zustand Dinge sehen, die gar nicht vorhanden sind, oder die Umgebung des Zimmers, an dessen Decke sie schweben, unzutreffend beschreiben. So sah sich zum Beispiel ein Mann in einer Kleidung im Bett liegen, die er in Wirklichkeit nicht trug, und eine Frau sah zwar ihr Gesicht im Spiegel, aber darin war sie viel jünger als in der Realität. Ein Mann sah sich beim Ertrinken im Bett liegen, an dem seine Mutter und seine Verlobte standen, und ein anderer erblickte sich nach einem schweren Verkehrsunfall, wie er weiß geschminkt in einem Sarg lag, neben dem Kerzen brannten, während ein unbekannter Mann die Totenrede hielt.[6]

Auf der anderen Seite gibt es nicht wenige Berichte von Personen, die anscheinend »außerkörperlich« Dinge sahen oder Vorkommnisse mitbekamen, von denen sie nichts wissen konnten, wobei allerdings diese Beobachtungen nicht unter kontrollierten Bedingungen stattfanden, weshalb zumindest einige dieser Schilderungen fragwürdig bleiben. So erzählte beispielsweise eine Frau, sie habe während ihrer »Nahtod-Erfahrung« im Krankenhausbett gesehen, wie ihre Mutter – eine Nichtraucherin – im Wartezimmer eine Zigarette rauchte. Angeblich bestätigte die Frau später das von ihrer Tochter Gesehene und sagte, sie habe einmal »eine versucht«, weil sie so nervös gewesen sei. Ein Bundeswehroffizier berichtete, er habe »außerkörperlich« an einem medizinischen Gerät deutlich das Firmenschild erkennen können, das er weder vor noch während oder nach seiner Operation hätte sehen können, und ein anderer Patient sah, wie er versicherte, ganz deutlich, daß auf dem hohen Schrank im Krankenzimmer zwei Münzen lagen, und er konnte exakt angeben, an welcher Stelle sie sich befanden. Bereits im Jahre 1533, so berichtet die *Zimmerische Chronik*, sei »ain halb gewachsnes mädle [...] auf ain zeit verzuckt worden und zu Ünzhoffen in solcher extasi uf zwen tag gelegen. Als das wider zu im selbs kommen, hat es von verborgnen und haimlichen sachen, diew sonst weit über sein vertandt gewesen, geredet, darbei vil leuten die wahrheit gesagt, gleichwol wenig danks damit verdient.«

Als ein Arzt eine Frau per Herzmassage reanimierte, eilte eine Krankenschwester in einen Nebenraum, um eine Ampulle zu holen, deren Inhalt bei der Wiederbelebung dringend benötigt wurde. Weil es schnell gehen mußte, brach sie den Ampullenhals ohne die üblichen Vorsichtsmaßnahmen ab. Nachdem die Patientin wieder zu sich gekommen war, sagte sie zu der Schwester: »Sie werden sich noch schneiden, wenn Sie das weiter so machen!« und erzählte ihr und dem Arzt, sie sei ihr »außerkörperlich« gefolgt, um zu sehen, warum sie so überstürzt den Raum verlassen habe. Schließlich sah ein Patient während seiner Operation, daß der Herzchirurg mit den Armen Bewegungen ausführte wie ein Vogel, der mit den Flügeln schlägt, um vom Boden abzuheben. Später erklärte der Arzt, er habe die Angewohnheit, vor der Operation die Handflächen an die Brust zu drücken, um seinen Assistenten mit den Ellbogen die Instrumente betreffende Anweisungen zu geben, da er die Hände gewaschen und desinfiziert hatte und das Gerät nicht mehr anfassen wollte. Auch der Kardiologe Sabom berichtete, manche Patienten hätten nach der »Nahtod-Erfahrung« Details ihrer Wiederbelebung geschildert, die in den »Standardversionen« der Reanimation gar nicht vorkommen, und einige von ihnen erzählten ihm dies, unmittelbar nachdem sie wieder zu Bewußtsein gekommen waren, so daß man ausschließen konnte, daß sie diese Spezifika später erfahren hatten. »If these cases«, so faßte die Leiterin der Intensivstation einer britischen Klinik solche Fälle zusammen, »were fabrications, then it would involve a conspiracy between the patients, their families, myself and the other members of the staff who contributed to these testimonies.«[7]

Man hat den Einwand vorgebracht, unzureichende Narkosen, die bei 0,1 bis 0,2 % der Betäubungen des Organismus mit zentraler Schmerz- und Bewußtseinsausschaltung vorkommen, könnten dafür verantwortlich sein, daß die Patienten etwas sehen und hören, von dem es heißt, sie seien gar nicht in der Lage gewesen, es wahrzunehmen. Nun können zwar manche Patienten in der Wachnarkose, die meist als »hochgradig beängstigend und traumatisierend« erlebt wird, Fragmente oder bestenfalls kurze Passagen dessen, was die Ärzte untereinander reden, *hören*, und einige sind offenbar fähig, sich bis zu 24 Stunden nach einer normalen Anästhesie an das Gesagte zu erinnern, *obwohl* sie allem Anschein nach bewußtlos waren. Aber noch nie ist davon berichtet worden, daß jemand bei einer unzureichenden Narkose *visuelle* Wahrnehmungen gehabt hätte, ganz zu schweigen von solchen, die so klar und deutlich gewesen wären wie die einer »Nahtod-Erfahrung« oder eines »Außerkörperlichen Erlebnisses«.[8]

Sehr viel weniger als die anekdotischen Berichte sind all diejenigen Zweifeln ausgesetzt, die Beobachtungen beschreiben, die bei Experimenten, also unter kontrollierten Bedingungen, gemacht worden sind, wobei freilich in solchen Fällen das Problem auftritt, daß mit der Wirklichkeit übereinstimmende »außerkörperliche« Wahrnehmungen sich mit anderen PSI-Phänomenen deren »Elusivität« teilen, worunter man die Tatsache versteht, daß sie nur sehr unregelmäßig auftreten und sich entsprechende Experimente »schlecht replizieren lassen«.

Bereits in den sechziger und siebziger Jahren des 19. Jahrhunderts wurden die außergewöhnlichen und wirklichkeitsgetreuen Wahrnehmungen der durch einen Reitunfall gelähmten Mollie Fancher aus Brooklyn, die »außerkörperlich« Dinge sehen konnte, die sich weit von ihr entfernt ereigneten, und die in der Lage war, den Inhalt versiegelter Briefe zu lesen, den kein Mensch kannte, teilweise experimentell überprüft und bestätigt.[9] Etwa ein Jahrhundert danach ließ der Psychologe Charles Tart eine junge Frau, die häufig »Außerkörperliche Erlebnisse« hatte, vier Nächte in einem Schlaflabor übernachten, an dessen Decke er einen elektrischen Zahlenanzeiger angebracht hatte, auf dem eine fünfstellige Zahl gezeigt wurde, die von einem Zufallsgenerator hervorgebracht worden war und die niemand kannte. Vor und nach dem Experiment untersuchte ein Trick-Experte den Raum und bestätigte, daß die Zahl von niemandem, der in dem Raum stand oder lag, gesehen werden konnte und daß sie sich auch nicht spiegelte. Nach den vier Nächten, in denen sie an ein EEG angeschlossen war, berichtete die Frau, sie sei irgendwann aufgewacht, habe ihren Körper verlassen, sei an die Dekke geschwebt und habe dort die Zahl 25132 abgelesen, was in der Tat korrekt war. Dabei ist bemerkenswert, daß die Wahrscheinlichkeit, diese Zahl bei einem einzigen Versuch richtig anzugeben, 1:100 000 beträgt.

In einem schwedischen Experiment »betrat« eine Frau »außerkörperlich« eine Wohnung, von deren Existenz sie nichts wußte, und beschrieb, so heißt es, fast alles, was sich in ihr befand, die Möbel, Vorhänge, Bilder, Bücher usw. im großen und ganzen richtig. Als sie aber ein Buch aufschlug, las sie darin Dinge, die in Wirklichkeit nicht darin standen, und sie sah auch eine Figur auf dem Kaminsims, ohne zu erkennen, daß es sich um eine Buddhaskulptur handelte. Auch andere einzelne Objekte nahm sie nicht wahr, was freilich auch nicht ungewöhnlich gewesen wäre, wenn sie den Raum tatsächlich betreten hätte. In einem anderen Experiment konnte eine Versuchsperson im »außerkörperlichen« Zustand von einem Zufallsgenerator erzeugte bunte Bilder korrekt beschreiben, die sie von ihrem physischen Standort aus nicht hätte sehen können, und in einem vierten Experiment konnte ein Mann, den man dazu aufgefordert hatte, »to send his mind to the ceiling and ›look‹ into a box suspended there«, die sich darin befindenden Gegenstände wirklichkeitsgetreu beschreiben. Schließlich stellte ein Versuchsleiter eine große Flasche auf eine Trommel, die sich zwischen zwei Frisbees befand und legte in die Trommel einen schwarzen Instrumentenkasten und darauf eine Oboe. Anschließend bat ein Parapsychologe in einem anderen Gebäude einen Mann, der eine Neigung zu »Außerkörperlichen Erlebnissen« besaß, sein »Bewußtsein« in den Raum mit der Versuchsanordnung »zu schicken«, was dieser auch tat. Später berichtete er, er habe dort zwei Frisbees gesehen, zwischen denen eine Flasche stand. In einem Behälter habe er einen »langen Stift« bemerkt, der auf »etwas Schwarzem und Viereckigem« lag.[10]

Der tschechisch-amerikanische Psychiater Grof behauptet, eine Teilnehmerin an einem seiner LSD-Experimente habe den Versuch unternommen, sich »selber glauben zu machen, daß der Ort der Sitzung in Wirklichkeit mit dem Zielort«, nämlich einer weit entfernten Stadt, »identisch sei«. Daraufhin habe sie lauter »Vakuumröhren, Drähte, elektrische Widerstände und Kondensatoren« erblickt, und es sei klargeworden, daß sie »in einem Fernsehempfänger steckte, der in einer Zimmerecke der Wohnung in ihrer Geburtsstadt stand«. Angeblich durchbrach sie anschließend den Bildschirm und ging in der elterlichen Wohnung umher. Um festzustellen, ob sie wirklich dort war oder sich das nur einbildete, beschloß sie, ein Bild von der Wand zu nehmen, um nach dem »LSD-Trip« zu überprüfen, ob das Bild noch an der Wand hing oder nicht. Aber wie sie erklärte, tat sie dies dann doch nicht, weil sie befürchtete, daß im Falle einer wirklichen Reise über Tausende von Kilometern die ihr vertraute Welt »nicht mehr existiert« hätte. Doch im selben Moment, in dem sie dies dachte, befand sie sich wieder am »Ort der LSD-Sitzung« irgendwo in Kalifornien.

Gehen wir einmal davon aus, daß diese Geschichte nicht völlig erfunden ist und auf ein tatsächliches »Außerkörperliches« Erlebnis zurückgeht, bleibt trotzdem der Verdacht bestehen, daß sie sich in Wirklichkeit nicht so abgespielt hat, sondern von der Berichterstatterin oder dem Leiter des Experimentes zurechtgemacht oder deutlich »frisiert« worden ist. Zum einen kann es sich nämlich bei einer solchen »Reise« nicht um einen »LSD-Trip« gehandelt haben, da ein solcher »Trip« nur im übertragenen Sinn eine Reise ist. Denn trotz aller Wahrnehmungsverzerrungen und -modifikationen bleibt dem Betreffenden, wenn er auch nur einigermaßen bei Trost ist, jederzeit klar, daß er sich am Ort der »LSD-Sitzung« befindet und nicht irgendwo Tausende von Kilometern entfernt. Räumen wir aber ein, daß die Frau kein drogenbedingtes, sondern ein auf welche Weise auch immer ausgelöstes »Außerkörperliches Erlebnis«, ja eine »Nahtod-Erfahrung«, hatte, dann wäre ihr wohl beim mehr oder weniger widerstandslosen Durchdringen des Bildschirms deutlich geworden, daß sie sich nicht in einem physischen Raum befand, in dem man ein Gemälde von der Wand nehmen kann. Schließlich sind solche epistemologischen Überlegungen, wie die Frau sie angeblich »in der Wohnung ihrer Eltern« anstellte, ganz und gar untypisch für jemanden, der gerade eine »Nahtod-Erfahrung« macht, so daß sich der Eindruck verstärkt, das ganze Erlebnis sei in hohem Maße »bearbeitet« und dramatisiert worden. »Wie ich ohne irgendeine Art Leib sehen und fliegen konnte«, so berichtete beispielsweise ein »Seelenreisender«, »kümmerte mich nicht im geringsten, und ich dachte auch nicht, denn alle Gedanken waren gleichfalls dahin. Wachheit und völlige Klarheit blieben. [...] Träumte ich? Dies kann ich nur *jetzt* fragen.«

Wie die weiter oben geschilderten Experimente belegen, sind indessen offenkundig bestimmte in dieser Hinsicht besonders begabte Individuen in der Lage, im »außerkörperlichen« Zustand mit der Wirklichkeit übereinstimmende Beobachtungen zu machen, wobei man sich freilich nicht darüber hinwegtäuschen sollte, daß andere Experimente diese Ergebnisse nicht bestätigen konnten. Dies mag zum einen daran liegen, daß die betreffenden Personen über keinerlei »außerkörperliche« Erfahrungen verfügten. Wichtiger scheint aber zu sein, daß diejenigen Patienten, die während eines medizinischen Eingriffes ihren Körper verließen, ganz offensichtlich keinerlei Interesse daran hatten, zu lesen, was auf den an der Decke des Operationssaales angebrachten Karten stand. Vielmehr waren so gut wie alle zunächst fasziniert von ihrem unter ihnen liegenden leblosen Körper. Dies war zum Beispiel der Fall bei drei Frauen, von denen die eine anschließend den Raum durch das geschlossene Fenster, eine der anderen durch die Wand verließ, während die dritte, so schnell sie nur konnte, in ihren Körper zurückschlüpfte.

Schließlich sollte man nicht vergessen, daß im »außerkörperlichen« Zustand sehr häufig Dinge gesehen werden, die es gar nicht gibt, oder zumindest Reales und Konfabulatorisches eng miteinander verwoben sind, was ja auch für die »körperliche« sogenannte außersinnliche Wahrnehmung charakteristisch ist. So hat ein Parapsychologe die telepathischen und hellseherischen Erfahrungen als einen Cocktail aus zutreffenden Informationen und Imaginationen bezeichnet. Im schottischen Hochland hieß es schon vorzeiten, daß das »Zweite Gesicht« nicht für

Abb. 26 »If you can read this …«; amerikanische Karikatur.

sich selber spreche, denn meistens war das auf diese Weise Gesehene »maskiert« und mußte – wie die Mehrzahl der Träume – erst gedeutet werden. Und so haben auch Experimente im Schlaflabor gezeigt, daß der Hellsehende oder der telepathische »Empfänger« das Gesehene und Übermittelte »bearbeitet« oder das Wesentliche in ein anderes Bild transformiert, zum Beispiel statt einer schwierigen Geburt eine Folterszene »sieht«. Die französische Psychoanalytikerin Laborde-Nottale schrieb einmal, während einer therapeutischen Sitzung sei ihr ganz plötzlich die Vorstellung einer Birnentorte (»tarte aux poires«) in den Sinn gekommen, als im selben Moment die Patientin sagte, sie werde von allen Leuten für ein Dummerle (»poire«) gehalten und komme sich völlig blöd (»tarte«) vor.[11]

»Außerkörperliche« Wahrnehmungen, die im wesentlichen der Wirklichkeit entsprechen, werden von zahlreichen »Nahtod«-Forschern wie zum Beispiel Raymond Moody als Beweis dafür angeführt, daß die Seele oder das Bewußtsein des Menschen sich tatsächlich vom Körper lösen und den Raum durchqueren könne. So meint beispielsweise ein namhafter deutscher Forscher, die Tatsache, daß jemand »außerkörperlich« etwas sehen könne, was von seinem Blickwinkel aus gar nicht möglich ist, sei der Nachweis dafür, »daß die Seele den Körper verlassen kann«. Für zwei andere ist dies die definitive Bestätigung dafür, daß das Bewußtsein eine bewegungsfähige »entity in and of itself« ist, und wieder ein anderer konstatiert, daß wir dann, wenn wir sehen, was in einem Raum vor sich geht, in dem wir uns nicht befinden, »nicht mehr leugnen können«, daß wir *tatsächlich* in diesem Raum waren«. Schließlich geht einer der renommiertesten Fachleute auf diesem Gebiet, der Neurologe Sam Parnia, sogar so weit, zu behaupten, derartige Erfahrungen seien ein deutliches Indiz dafür, daß das Bewußtsein sich vom Gehirn trennen und zumindest für eine gewisse Zeit nach dem Tode weiterexistieren könne.

Freilich ist eine solche Hypostasierung des Bewußtseins völlig unnötig, da sich Erfahrungen dieser Art – wenn es sie gibt, wofür vieles spricht – ganz zwanglos durch Hellsehen und Telepathie erklären lassen, also Wahrnehmungsweisen, die zwar selber noch nicht erklärbar sind, die aber kein metaphysisches Konstrukt eines »Gespensts in der Maschine« implizieren. Derartige »außersinnliche« Wahrnehmungen könnten ebenfalls jene »Reinkarnationsfälle« verständlich machen, in denen jemand Einzelheiten aus dem Leben einer verstorbenen Person kennt, von denen er eigentlich nichts wissen kann. Da Aussagen über solche Details für gewöhnlich verifiziert werden, indem man Personen befragt, die den Verstorbenen kannten, ist es durchaus denkbar, daß die angeblich Reinkarnierten solche Informanten unbewußt telepathisch »angezapft« haben. Und teilt ein Geist einem Medium mit, wo er, der Geist, zu Lebzeiten irgendeinen Gegenstand deponiert oder vergraben hat, und das Medium findet ihn tatsächlich an dieser Stelle, dann ist es nicht unplausibel, zu vermuten, daß es einfach hellgesehen hat. Zwei eng miteinander befreundete Frauen versetzten sich auf intensive Weise in eine literarische Gestalt, nämlich eine weibliche Person aus einem unveröffentlichten Roman, den eine der beiden Frauen geschrieben hatte. Ein bekanntes Geistermedium beschrieb diese imaginäre Person als eine Verstorbene, die aus dem Jenseits gekommen war, um wichtige Botschaften zu verkünden. Die Annahme liegt nahe, daß das Medium die Kenntnis dieser Gestalt von den Frauen telepathisch »empfangen« hatte, ohne daß eine der Beteiligten davon wußte. Schließlich scheint auch in jenem Fall eine telepathische »Übertragung« stattgefunden zu haben, in dem ein »Verstorbener« durch den Mund eines Mediums unter anderem ausführlich von den Umständen seines Todes berichtete. In Wirklichkeit handelte es sich bei dem »Toten« um einen Immobilienmakler, der zum Zeitpunkt der Séance gerade ein Haus verkaufte.[12]

Daß offenbar hellseherische und telepathische Wahrnehmungen bisweilen während »Nahtod-Erfahrungen« stattfinden, wird verständlich, wenn man bedenkt, daß sich diese Prozesse bzw. Erlebnisse häufig unter denselben Bedingungen ereignen, nämlich einerseits in Krisensituationen, während traumatischer Geschehnisse und bei Todesangst und andererseits in Zuständen emotionaler und kognitiver Ruhe, wenn das Bewußtsein, wie die Zen-Buddhisten sagen, »leer«, die Aufmerksamkeit stark herabgesetzt ist und die äußere und innere Wahrnehmung gedrosselt sind, also bei Ermüdung, Erschöpfung, Fieber und Tagträumen, im Halbschlaf (*dormiveglia*), während der Meditation und in der Trance, also immer dann, wenn »schwache Signale«, die normalerweise überdeckt werden, eine Chance haben, ins Bewußtsein zu treten.[13]

Dabei hat der Betreffende nicht das Gefühl, daß ihm das, was er »sieht«, auf irgendeine Weise »übermittelt« wird, und die telepathischen oder hellseherischen »Wahrnehmungen« haben auch keine Qualität, die für sie spezifisch wäre, weshalb sich erst hinterher feststellen läßt, ob es sich lediglich um reine Phantasien handelte oder nicht. Allerdings berichtete ein Sensitiver, er habe beim telepathischen »Empfang« das seltsame Gefühl der atmosphärischen Präsenz einer anderen Person, und eine Hellseherin sagte, währenddessen komme »a peculiar and rather exalted feeling« über sie, und es sei ihr, als ob sie fast völlig das Bewußtsein ihrer Umgebung verliere. Manchmal überlagert nur eine flüchtige, verschwommene Vision die normale Wahrnehmung, doch eine Untersuchung ergab, daß immerhin 44% dessen, was die Hellsehenden und Telepathen wahrnahmen, »realistic visual images« waren, so daß »36% of the experiments were convinced of the reality of their experience at the time it occurred«. Lediglich 21% des Gesehenen war unrealistisch, phantastisch oder märchenhaft und wurde von den Betreffenden entsprechend für eine Träumerei oder Pseudohalluzination gehalten. Charakteristisch aber ist sowohl für die »außersinnliche« wie auch für die »außerkörperliche« Wahrnehmung, daß man sehr häufig etwas »sehen« kann, obgleich es durch eine opake Materie verdeckt ist, zum Beispiel den Wortlaut eines Schriftstückes, das in einem Umschlag steckt, oder eine Person, die hinter einer Mauer steht. Oft sieht auch der »Sender« ein Objekt in einer bestimmten Perspektive und der »Empfänger« in einer anderen – zum Beispiel blickt der »Sender« von außen auf ein Auto, das der »Empfänger« anschließend von innen »wahrnimmt«.[14]

§ 24
Oneiroide Erlebnisse

Weisen vor allem die geschilderten Experimente darauf hin, daß manche Menschen im »außerkörperlichen« Zustand in der Lage sind, Gegenstände oder Ereignisse wirklichkeitsgetreu wahrzunehmen, spricht auch im Prinzip nichts dagegen, daß Personen, die im Verlauf ihres Lebens das Augenlicht verloren haben, hierzu ebenfalls fähig sind. Zwar gibt es in diesem Falle keine entsprechenden Experimente, doch ein Spitalseelsorger aus Liestal bei Basel versicherte, zwei seit mehreren Jahren blinde Patienten hätten im Koma die Kleidung von Besuchern, die in dieser Zeitspanne gekommen waren, bis ins Detail wahrgenommen und hinterher beschrieben. Dies konnte offenbar auch eine ältere, mit 18 Jahren erblindete Frau bezüglich der bei ihrer Reanimation benutzten Instrumente, die es in ihrer Jugend noch gar nicht gab, sowie angeblich eine weitere Frau, die bereits als Kind ihre Sehkraft eingebüßt hatte. Schon seit langem ist bekannt, daß in den Träumen von Personen, die bis zum Alter von fünf Jahren sehen konnten und dann blind wurden, gewisse Bilder auftauchen, und wenn sie im Alter von zehn Jahren erblinden, träumen sie ihr ganzes Leben lang visuell, wenngleich ihre Fähigkeit dazu im Laufe der Jahre nachläßt.

Wie steht es indessen mit den »außerkörperlichen« Wahrnehmungen Blind*geborener*? Nach einer verbreiteten tibetischen Ansicht können auch zeitlebens Blinde mit ihren Geistaugen im *bar-do* alles genauso klar und deutlich sehen wie diejenigen, die über ein normales Sehvermögen verfügten, und insbesondere esoterische »Nahtod«-Forscher behaupten immer wieder, auch westliche Blindgeborene seien »außerkörperlich« dazu in der Lage. Allerdings weiß man, daß Menschen, die von Geburt an nicht sehen können, keine visuellen Halluzinationen haben, und die blind- und taubgeborene Helen Keller hatte zwar Tast-, Riech- und Kälte/Wärme-Wahrnehmungen im Traum, doch keine visuellen. Da zum Beispiel die Namen von Farben in bestimmten Zusammenhängen auftauchen, haben sie für Blindgeborene zwar einen jeweiligen Gefühlswert. Doch davon abgesehen können sie nicht wirklich wissen, was wir *meinen*, wenn wir Farbwörter benutzen oder sagen, daß wir etwas sehen.

Schließlich entspricht es nicht den Tatsachen, daß jemand, der noch nie sehen konnte, durch irgendwelche Umstände auf einmal sehen könnte. Noch viele Monate nach ihrer erfolgreichen Operation klammerten sich fünf blindgeborene Brüder mit niedergeschlagenen Augen aneinander, wenn sie ihrem »Leitbruder« folgten, der sich durch die Wohnung tastete, und es dauerte noch sehr lange, bis sie in dem visuellen Chaos einzelne Dinge wahrnehmen konnten. Und ein anderer operierter Blindgeborener war aufgrund des Umstandes, daß er sich in dem Wirrwarr nicht zurechtfinden konnte, dermaßen frustriert, daß er sich zwei Jahre nach dem Eingriff das Leben nahm. Selbst der in einem düsteren Keller aufgewachsene Kaspar Hauser nahm zunächst an dem, »was an seinen Augen vorüberging, keinen Anteil« und blickte stumpfsinnig auf die Objekte, die man ihm zeigte. Später sagte er, daß das, was er wahrnahm, wenn er aus dem Fenster blickte, so aussah, »als ob ein Laden ganz nahe vor meinen Augen aufgerichtet sei, und auf diesem Laden habe ein Tüncher seine verschiedenen Pinsel mit Weiß, Blau, Grün, Gelb, Rot, alles bunt durcheinander, ausgespritzt. Einzelne Dinge darauf, wie ich jetzt die Dinge sehe, konnte ich nicht erkennen und unterscheiden«.[1]

Mit einem gewissen Recht hat man gelegentlich behauptet, am ähnlichsten seien die »Seelenreisen« oder »Nahtod-Erfahrungen« den sogenannten Oneiroiden (von ὀνειροείδης), also »traumähnlichen« Erlebnissen, wie sie etwas irreführend genannt werden, die offenbar bei bis zu 18 % der Herzimplantierten auftreten, und zwar meist in der Zeit unmittelbar nach der Operation, aber auch infolge einer Tetraplegie, also der gleichzeitigen Lähmung aller Gliedmaßen, besser bekannt als »Locked-in-Syndrom«, das durch ein schweres Herz-Kreislauf-Versagen ausgelöst wird.

Allerdings unterscheiden sich auch die »Nahtod-Erfahrungen« oder »Seelenreisen« auf der einen und die Oneiroiden Erlebnisse auf der anderen Seite erheblich voneinander. Wenn eine junge Inderin namens Bhagawandi, die unter einem bösartigen Gehirntumor litt, der offenbar vor allem die Schläfenlappen in Mitleidenschaft zog, ihre ausgedehnten »Seelenreisen« unternahm, lag sie zwar »mit verzücktem Gesicht« und offenen oder geschlossenen Augen da, aber sie nahm währenddessen von ihrer realen Umgebung nicht das Geringste wahr. Diese »Reisen« führten sie stets von Amerika nach Indien, und zwar in die Dörfer, auf die Äcker und Reisfelder, wo sie aufgewachsen war. Nie war die Atmosphäre dabei anders als ruhig und friedlich, und sie selber war gut gestimmt und bei klarem Verstand. Als der behandelnde Neurologe sie einmal, nachdem sie wieder zu sich gekommen war, fragte, was in ihr vorgegangen sei, sagte sie: »Ich sterbe und gehe nach Hause. Ich kehre dorthin zurück, wo ich hergekommen bin.« Eine Woche später reagierte sie nicht mehr auf äußere Reize, obwohl sie immer noch lächelte. Drei Tage danach war sie tot. Sie war nach Indien heimgekehrt.

Im Gegensatz zu Bhagawandi, die fest davon überzeugt war, daß ihre »Reisen« sie wirklich nach Indien führten, sind sich diejenigen, die Oneiroide Erlebnisse haben, zumindest zeitweise bewußt, daß es sich dabei nicht um ein reales Geschehen handelt. So sagte ein junges jüdisches Mädchen, das in die Heidelberger Psychiatrische Klinik eingeliefert worden war, daß sie »aus den Masern des Holzes und dem Anstrich der Betten phantastische Figuren entstehen« sah, und aus dem »glänzenden Parkett, das« sie »mit halbgeschlossenen Augen von« ihrem »Bett aus in der Flucht der Säle schimmern sah«, wurde ein Eisstrom in den Schweizer Alpen: »Ich hatte das Gefühl, ich sei auf einem Gletscher festgeschnallt; dabei wußte ich aber gleichzeitig, daß ich im Bett lag.« Und die Wärterinnen hielt sie zeitweilig für verkleidete Männer, obwohl sie »andererseits wußte, daß sie Frauen waren«. Einem anderen Patienten kam es so vor, als befände er sich plötzlich auf einer weiten Steppe, als ein Rudel gelber Wölfe auf ihn zuhielt, um ihn zu zerreißen: »Ich packte zu, in jagender Angst, mit beiden Händen. Und griff ins Leere [...]. Immer wieder und wieder [...]. Seltsam, daß mitten in diesem Rasen mein Verstand sich meldete und nüchtern die Lage analysierte: Bitte, mein Lieber, es sind doch nur Halluzinationen! Dein fieberflammendes Hirn gaukelt dir das alles vor! Greif nur hin, und du faßt hindurch!« Später erzählten ihm die Krankenschwestern, er habe stundenlang in die Luft gefaßt – »es war nicht mehr mit anzusehen«. Und der Oberarzt konstatierte: »Sie waren ganz hart an der Grenze!«[2]

Nach einer Herztransplantation im Jahre 1993 war sich der Kunsthistoriker Cornelius Clausen zunächst noch darüber im klaren, daß es sich bei den schrecklichen Visionen, die er hatte, um Halluzinationen handelte. Doch »obwohl ich mir ständig beruhigend einflüstere, es sind nur Halluzinationen, sie können dir nichts anhaben, drücke ich mich immer tiefer ins Kissen und schlage mit dem Kopf hin und her, so groß ist die Panik, die mich ergreift«. Wenn er in die helle Ecke des Raumes blickte, verflüchtigten die Visionen sich für kurze Zeit, doch alsbald »entwickeln sie sich zu neuer Gräßlichkeit« und gehen »mit unbeirrbarer Mordlust gegen mich vor«, was ihn dermaßen in Todesangst versetzte, daß er sich umgebracht hätte, wenn er dazu physisch in der Lage gewesen wäre. Wußte er während dieser Visionen durchgängig, daß er in Wirklichkeit im Bett lag, öffnete sich bei dem, was er »die Reisen« nannte, nur dann und wann ein »Spalt von Realität«, während er ansonsten »in das Geschehen eingetaucht« war »wie in eine andere Welt«. Ähnlich wie auf dem »Drogen-Trip« entwickelten sich aus irgendwelchen Flecken an den Wänden oder der Decke des Krankenzimmers Szenen, die unaufhörlichen Metamorphosen unterworfen waren, was auch das obenzitierte junge Mädchen berichtete, das »alles wie in einem Kaleidoskop« sah, »furchtbar rasch wechselnd«. Doch Clausen änderte sich auch selber fortwährend – war plötzlich ein Student, dann ein Emigrant und schließlich ein Greis, während einem »Locked-in«-Patienten sein Körper »wie etwas Fremdes und Lebloses« vorkam, von dem ein »widerlicher Fäulnisgeruch« ausging.

Wie die unter dem Einfluß von »halluzinogenen« Drogen Stehenden sehen auch die den Oneiroiden Erlebnissen Ausgelieferten grelle pulsierende Farben, die sich ständig ändern, und ein Patient auf einer Intensivstation teilte den Ärzten mit: »Es fing an wie ein Techno-Video. Ich bin durch verschiedene Tunnel geflogen, die verschiedene Farben hatten. Wenn man durch so einen Tunnel fliegt, dann kommt so eine geschlossene Wand, und die öffnet sich dann wieder, und man fliegt in einen anderen Tunnel mit anderen Farben und abstrakten Gebilden. Ich habe viele intensive Rot- und Gelbtöne gesehen. [...] Dann habe ich immer das Gefühl gehabt, ich fahre in einem Tunnel, aus dem lauter rote Fäden kommen, wie Luftschlangen, die man so bläst [...], die waren wie Arme, die auf mich zukamen.« Diese »oneiroide Welt« ist keine »stabile Welt«, Kaskaden von Bildern stürzen auf die hilflosen Opfer ein, die nichts mehr verstehen, die völlig desorientiert und ratlos sind, aber gleichzeitig ein »Gefühl der Irrealität, der Unechtheit oder Inszenierung« haben. »Ich fürchtete eine Geistesverwirrung«, so ein Patient, »weil ich keine Idee festhalten konnte«, aber auch das, was ihm und allen anderen widerfuhr, war rätselhaft, undurchsichtig, unheimlich, verzerrt und sinnlos. Ein »Locked-in«-Patient gab kund, am allermeisten erschrecke ihn, daß die einzelnen Szenen in keinerlei Zusammenhang stünden, und auch andere klagten, die Ereignisse seien bloße Fragmente, die abbrechen wie eine Fernsehsendung, die man unvermittelt abschaltet.[3]

Nicht allein dieser bizarre, »surreale« und chaotische Charakter der Oneiroiden Erlebnisse steht in schroffem Gegensatz zu dem der »Nahtod-Erfahrung«, sondern auch die Tatsache, daß ihr Ausgangspunkt meist die reale Umgebung des Betreffenden ist, die sich indessen »eigenartig verändert« oder phantastisch umgestaltet. So erlebte sich ein Patient als Arbeiter auf einem großen Landgut, dessen Besitzer der Chefarzt des Krankenhauses war, und ein anderes Mal stolperte er bei einem morgendlichen Spaziergang durch eine Parklandschaft über einen am Boden liegenden Ast, um später festzustellen, daß er in Wirklichkeit den Schlauch seines Beatmungsgerätes abgerissen hatte. Was dem zitierten Kunsthistoriker Clausen real widerfuhr, wurde transformiert und ins oneiroide Geschehen integriert – so tauchte darin das Pflegepersonal in der Gestalt drolliger Puppen auf, und für eine »Locked-in«-Patientin verwandelten sich die Ärzte und Pfleger in Tüncher, die eine Kathedrale mit weißer Farbe anstrichen. Andere erlebten ihnen unsympathische Pfleger als grausame Sadisten, Folterknechte oder Vergewaltiger, beispielsweise eine Frau, die in einer Klink im Schwarzwald in ihrem Bett »fixiert« wurde, worauf sie das Bewußtsein verlor und mit dem Zug in ein anderes Krankenhaus »fuhr«, wo man sie an die Kette legte, nachdem junge Männer versucht hatten, sie während der Fahrt zu vergewaltigen.

Häufig formt sich die Intensivstation in etwas anderes um, etwa in ein Gräberfeld, auf dem sich das Personal in auferstandene Tote verwandelt hat, oder die Wände des Krankenzimmers verschwinden, und vor dem Patienten steht ein zähnefletschendes Ungeheuer, das aber wieder verschwindet, so daß für eine flüchtige Zeitspanne »ein kurzes Bewußtsein, ein Schimmer der wirklichen Welt«, aufscheinen kann. So teilte ein »Locked-in«-Patient mit, er sei zwischendurch immer wieder auf die reale Station zurückgekehrt und habe »die schreckliche Erinnerung an einen Krankenpfleger mit abwesendem Blick, der sich um mich kümmerte, wie man Wasser in eine Vase füllt, um das kurze Leben der Blumen zu verlängern«. Dann aber löste die Realität sich wieder auf, und der Arzt, der eben den Raum betreten hatte, trug plötzlich ein Maschinengewehr und entführte den Kranken in einen Teppich eingerollt auf der Ladefläche eines Militärlastwagens unter Lebensgefahr durch ein von Kriegswirren erschüttertes unbekanntes Land.

Ein weiterer »Locked-in«-Patient, der infolge einer Gehirnblutung nur noch die Augenlider öffnen und schließen, aber auf diese Weise nach einiger Zeit kommunizieren konnte, berichtete ebenfalls von bizarren und extrem beängstigenden Erlebnissen, die aber seine reale Situation widerspiegelten. So wäre er gerne bei einer günstigen Gelegenheit dem Horrorszenarium entflohen, aber »eine unsagbare Apathie« habe ihn daran gehindert, auch nur »einen einzigen Schritt zu tun. Ich bin versteinert, mumifiziert, zu Glas geworden. Wenn mich eine Tür von der Freiheit trennt, habe ich nicht die Kraft, sie zu öffnen.« In der Welt des Schreckens aber konnte er sich bewegen, etwa durch ein Museum, in dem lauter Wachsfiguren standen, gaffende Kerle in T-Shirts, junge Mädels in Miniröcken, ein junger Mann mit Motorradhelm und eine Hausfrau mit einem Einkaufswagen. Und plötzlich erkannte er, daß es sich bei diesen Figuren um das zu Wachs erstarrte Pflegepersonal seiner Klinik handelte und daß das Museum nur eine unkorrekte Imitation der Intensivstation war. Er durchquerte den Ausstellungssaal, als ihm mit einemmal »ein Wärter seine Fackel mitten ins Gesicht« hielt. Da kam er wieder zu sich und sah eine Krankenschwester, die ihn mit ihrer Taschenlampe anleuchtete, um ihm eine Schlaftablette zu geben. Auch die bereits mehrfach erwähnte 24 Jahre alte junge Frau hielt in der Heidelberger Klinik eine andere Patientin »für eine Wachsfigur« und eine dritte »für eine Drahtpuppe«. »Die Wagenfahrt durch« die verschneite Stadt zum Krankenhaus versetzte »sie nach Sibirien, der Krankensaal wurde zur Gräberstadt«, dann »zum Gefängnis mit Streckbetten und anderen Folterwerkzeugen; die Anstalt zum Tower; sie sah die Themse und die Lichter durch die Gitter, die steifen Bewegungen einer Kranken machte sie zum Wachsfigurenkabinett, den Parkettboden zu Eisflächen und Gletschern [...], die Heizungsöffnungen zu Kanonenrohren, die runden Gitter zu Geschützmündungen, das Knistern des Roßhaarkissens zum Telephongespräch.« Und eine andere Frau schilderte, wie sie »halb mit geschlossenen, halb mit geöffneten Augen« sah, daß »sich das Zimmer plötzlich zu verändern begann. Die

Wände erglänzten prächtig und zeigten immer« wieder andere »Farben und Bilder. Vorhänge fielen alsdann dazwischen nieder und bezeichneten stets einen neuen, interessanten Raum« voller Marmorstatuen, Vasen, Münzen, Gemälde und Photographien, worauf »wieder Finsternis eintrat und Grabgewölbe mit Modergeruch mich einschlossen. Da sah ich einzelne Sarkophage stehen, die sich nach und nach öffneten und denen Tote entstiegen.« Nach einiger Zeit »schien es mir, als löste sich der Körper aus seiner Hülle. Es begann sich die Haut von den Händen abzustreifen, und dieselben wurden marmorweiß und durchsichtig. Ich sehnte mich nach völliger Befreiung von allem Irdischen, denn ich glaubte, die Wiederkunft des Herrn Jesus sei erfolgt ...«[4]

Was also praktisch alle Oneiroiden Erlebnisse im Gegensatz zu den meisten »Nahtod-Erfahrungen« kennzeichnet ist die mehr oder weniger phantastische Verarbeitung der bedrohlichen und hilflosen Lage, in der sich die Kranken befinden, weshalb diese, wie Clausen es formuliert hat, so gut wie nie in einen beglückenden »Zaubergarten« gelangen, sondern auf »ein Territorium, das von extremen Ängsten besetzt ist«. Trotzdem ist er der Auffassung, daß derartige Erlebnisse immer noch besser zu ertragen seien als die reale Situation, in der er selber sich befand, nämlich »gelähmt und kommunikationsunfähig am Beatmungsgerät zu liegen«. Wie wir weiter oben gesehen haben, gibt es auch beängstigende und sogar Panik auslösende »Nahtod-Erfahrungen«, und zwar häufiger, als man früher dachte, aber allem Anschein nach überwiegen die angenehmen und die beglückenden Erlebnisse, weshalb zahlreiche Wissenschaftler behaupten, »Nahtod-Erfahrungen« würden dadurch ausgelöst, daß die Hypophyse bei extremem Stress und Todesangst β-Endorphine, also körpereigene Eiweißstoffe, und adrenokortikotrope Hormone (ACTH) ausschütte, die zu »bizarren Erlebnissen« und komplexen Halluzinationen führten, die der Betreffende als eine »Seelenreise« empfinde. Nun ist es in der Tat so, daß endogene Morphine wie β-Endorphine angst- und schmerzlindernd wirken und ähnlich wie Opium oder Morphium angenehme Mattigkeitsgefühle sowie euphorische Zustände auslösen, während ACTH durch eine Mobilisierung von Adrenalin und Noradrenalin die Aufmerksamkeit erhöht und dadurch denjenigen, der sich in einer Notlage befindet, kampf- oder fluchtbereit macht. Doch läßt die Wirkung von β-Endorphinen nur ganz langsam nach – so klingt die spätestens fünf Minuten nach der Injektion dieses Opiates in die Zerebrospinalflüssigkeit einsetzende Schmerzfreiheit erst nach einem Zeitraum von bis zu 73 Stunden allmählich ab –, während die Schmerzen nach der »Nahtod-Erfahrung« schlagartig wieder einsetzen. Noch entscheidender aber ist die Tatsache, daß β-Endorphine nicht nur eine Amnesie erzeugen, sondern auch keinerlei Visionen oder Halluzinationen auslösen, vielmehr jegliche Wahrnehmungen und Empfindungen dämpfen und das Denken und Vorstellen trüben. Daher läßt sich vermuten, daß die Ausschüttung körpereigener Opiate »Nahtod-Erfahrungen« eher verhindert, als daß sie solche Erlebnisse erzeugt.[5]

§ 25
Kann die Seele den Körper verlassen?

Wenn in der Vorstellung der als Wildbeuter im Norden Malayas lebenden Jahai die menschliche Seele (rəway) aus einem feinen unsichtbaren Dunst besteht, der dem Duft des Blumennektars oder dem wohlriechenden Saft gewisser Blätter ähnelt, und wenn sie durch die Fontanelle aus dem Kopf schwebt, um sich mit den Seelen der Verstorbenen zu treffen, die im westlichen Totenreich leben, wo sie sich von der Zuckerlösung bestimmter Pflanzen und kernlosem Obst ernähren, ist man vielleicht geneigt, eine solche Ansicht für primitiv oder vulgär zu halten. Doch zahlreiche Philosophen, »Nahtod«-Forscher und andere Wissenschaftler vertreten genau dieselbe Auffassung, wenngleich sie vermutlich nicht daran glauben, daß die Seele außerhalb des Körpers den Saft zerquetschter Blätter trinkt oder Nektar saugt. So führte bereits ein Pionier des sogenannten »wissenschaftlichen Spiritismus« als Beweis dafür, daß die Seele sich vom Leib trennen könne, das Beispiel eines von den Ärzten bereits für tot gehaltenen Mannes an, der später berichtete, seine Seele sei »seitwärts hin und her geschaukelt« worden, »wodurch ihre Verbindung mit den Geweben des Körpers sich löste«. Er habe ganz deutlich »das Zerreißen zahlloser winziger Fesseln« gehört, worauf seine Seele aus dem Schädel getreten sei. Ein bekannter Parapsychologe meint, die »Außerkörperlichen Erlebnisse« sprächen »sehr zugunsten« einer »Trennbarkeit der Psyche vom physischen Substrat und somit für die Richtigkeit des substantiellen Seelenbegriffs«, und ein ebenso angesehener Kollege von ihm hält es zumindest für möglich, »daß sich Teile der individuellen Psyche [...] tatsächlich vom Körper trennen können« und bis zum Gehirntod durch »eine außerphysikalische ›Nabelschnur‹« mit dem Körper verbunden blieben. Laut Stanislav Grof beweisen die »Nahtod-Erfahrungen«, daß das Bewußtsein unabhängig von Körper und Gehirn zu existieren vermag, was bedeute, daß »it may well be able to do likewise after death«, und ein deutscher Wissenschaftler bestätigt, solche Erlebnisse widerlegten die Behauptung, »daß Bewußtsein ohne Materie nicht existieren« könne.

Ein Geistesarbeiter, der sich selber als »führende Kapazität der Sterbeforschung« bezeichnet, gibt an, viele Menschen hätten glaubhaft versichert, während ihrer »Nahtod-Erfahrung« körperlos, also »reines Bewußtsein«, gewesen zu sein, das sich zwar im Tunnel noch »in Erdnähe« befunden habe, aber andererseits als unsterbliche Entität »weder im Raum noch in der Zeit lokalisiert« werden könne. Auch die Sterbeforscherin Elisabeth Kübler-Ross, die ihre »eigentliche Aufgabe« darin sah, der Menschheit die frohe Botschaft zu verkünden, »daß es keinen Tod gibt«, sagte in einem Interview, nach dem »Tode« besäßen wir zunächst »einen ätherischen Leib«, den wir aber alsbald verlören, um als »reine Seele« ewig sowie »raum- und zeitlos« weiterzuleben. Auf die Frage, woher sie das wisse, antwortete sie treuherzig, das hätten ihr die Seelen Verstorbener, ihre »Geistführer«, mitgeteilt. Und auf der Rückseite von Raymond Moodys *Life After Death* verlautbarte sie, der Autor habe bestätigt, »daß es ein Leben nach dem Tode gibt«, was den Verkaufserfolg des Buches wohl kaum geschmälert haben dürfte. Lavierte Moody in dieser Frage zunächst noch hin und her, teilte er zwei Jahrzehnte danach seinen Lesern endlich mit, was die große Mehrheit sicher hören wollte, daß nämlich durch die »Nahtod-Erfahrungen« die menschliche Unsterblichkeit bewiesen werde. Schließlich war allem Anschein nach auch C. G. Jung von der Existenz eines Jenseits mehr oder weniger überzeugt, das er sich allerdings nicht, wie er sagte, als eine »liebliche Blumenwiese« vorstellte, denn seine eigene »Nahtod-Erfahrung« im Jahre 1944 sei nicht nur beglückend gewesen: »Die Welt, in die wir nach dem Tode kommen«, so orakelte er, »wird großartig sein und furchtbar«, auf alle Fälle aber rein »psychisch«, »denn das Leben der Psyche bedarf keines Raumes und keiner Zeit«.[1]

Auch Rudolf Steiner war der festen Überzeugung, man könne die Dinge der »geistigen Welt«, die fraglos »objektiv« vorhanden seien, nur durch eine »rein geistige« Tätigkeit der Seele und nicht vermittels sinnlicher Wahrnehmung sehen. Einen Zugang zu den »übersinnlichen Welten« erlange man ausschließlich mit dem »Geistesauge« und den übrigen »Geist-Organen«. Und selbst ein so nüchterner Denker wie Immanuel Kant meinte, wir seien zwar nicht in der Lage, zu beweisen, daß es sie wirklich gibt, doch könnten wir uns »recht gut Wesen vorstellen, die gar keinen Körper haben, und dennoch denken und wollen können« sowie ein Selbstbewußtsein besitzen. Wir seien dann zwar nicht fähig, sie sinnlich wahrzunehmen, da sie sich »nicht im Raume« befänden, sondern in der »Geisterwelt«, aber sie vermögen, wenn es sie gibt, in unserem Geiste »Vorstellungen [zu] erwecken«. Schließlich lehrte schon im 13. Jahrhundert Thomas von Aquin einerseits, die Vereinigung von Seele und Körper sei nicht »etwas Zufälliges« (*accidentale*), vielmehr sei die Seele »aufgrund ihrer Natur mit dem Leib vereint« (*per rationem suae naturae corpori unitur*), aber er war in dieser Hinsicht nicht ganz eindeutig. Denn andererseits räumte er ein, einer reinen, vom Körper getrennten Seele verblieben immerhin »Verstand« und »Wille« – und zwar offenbar deshalb, weil diese beiden Vermögen seiner Meinung nach unsinnlicher Natur sind. Aber eine solche Seele sei nicht identisch mit einer Person (*anima mea non est ego*), woraus folgt, daß das Überleben der *Seele* nach dem Tode eines Menschen nicht bedeutet, daß dieser *Mensch* weiterlebt.[2]

Wenn der Bewußtseinsforscher Metzinger meint, es sei für jeden, der jemals ein »Außerkörperliches Erlebnis« hatte, so gut wie unmöglich, die Wahrheit eines »ontologischen Dualismus« zu bestreiten, nämlich die Überzeugung, daß der Geist oder die Seele unabhängig von Körper und Gehirn existieren könne, dann ist das gewiß übertrieben. Tatsache aber ist, daß zahlreiche Menschen, die während einer »Nahtod-Erfahrung« oder in einem anderen veränderten Bewußtseinszustand ihren Körper nicht mehr *spüren*, der festen Meinung sind, keinen Körper mehr zu *haben*, was für manche von ihnen beweist, daß wir auch nach dem Tod in der Lage sind, als reine Seele weiterzuleben. So behauptete zum Beispiel Robert Monroe, einer der Pioniere der Psychonautik, für jeden, der einmal – wie er selber – seinen Körper verlassen habe, sei »das Überleben des physischen Todes« eine Gewißheit, und auch der bekannte Parapsychologe Charles Tart äußerte sich dahingehend, Erlebnisse unter dem Einfluß von Ketamin, bei denen man seinen Körper nicht mehr fühle, zeigten auf »unmittelbarste« Weise, daß der Mensch in der Lage sei, den Tod seines Körpers zu überleben. Ein anderer fühlte sich nach der Einnahme von Meskalin »dematerialized«, und der Kuṇḍalinī-Yogi Gopi Kṛṣṇa schlüpfte nach zehnjähriger Übung während einer Meditation, bei der er sich auf einen leuchtenden Lotos konzentriert hatte, aus seinem Körper, der, wie er es beschrieb, »immer mehr in die Entfernung zu rücken schien, bis ich seiner nicht mehr bewußt war. Ich war jetzt reines Bewußtsein, ohne eine Grenze, ohne Körperlichkeit, ohne irgendeine Empfindung oder ein Gefühl, das von Sinneswahrnehmungen herrührte.« Eine intensive Konzentration auf einen Gegenstand oder ein Ereignis führt ja auch im Alltag dazu, daß andere Reize, zum Beispiel Schmerzen oder Kälte, reduziert oder überhaupt nicht mehr wahrgenommen werden, was ebenfalls bei sensorischer Deprivation geschieht, wenn der Körper erstarrt und gefühllos wird. »Meine Arme und Beine«, so berichtete ein Teilnehmer an einem Experiment, »waren ohne Gefühl. Dann spürte ich das Bett nicht mehr. Es war so, wie wenn ich in der Luft schwebte.« Und eine Frau hatte am zweiten Tag ihres Experiments das Gefühl, daß ihre Arme sich von ihr lösten und ebenso ihr Kopf, der irgendwo in der Luft hing. Wenn bei einer besinnungslos daliegenden tibetischen *délok* die Körpertemperatur erheblich gesunken war und keine Muskelbewegungen mehr erkennbar waren, verschloß man ihre Körperöffnungen mit Butter und trug auf ihrem Gesicht eine Paste aus Gerstenmehl auf. Schmolz die Butter nicht und zeigte die Gesichtsmaske keine Risse, galt dies als Beweis dafür, daß die Frau ihren Körper verlassen hatte und durch das *bar-do* reiste.[3]

»I didn't have a body«, so berichtet der Neurochirurg Eben Alexander von seiner »Nahtod-Erfahrung«, »I was simply a lone point of awareness in a timeless red-brown sea.« Und er zieht daraus den Schluß: »I have been privileged to understand that our life does not end with the death of the body or the brain.« Aber einmal abgesehen davon, daß eine solche Folgerung selbst dann nicht gerechtfertigt wäre, wenn seine Seele tatsächlich den Körper verlassen hätte, schweigt auch bei ihm der gesunde Menschenverstand, der ihm sagen müßte, daß er nicht schon dann körperlos ist, wenn er seinen Körper vorübergehend, etwa in einer aufregenden oder spannenden Situation, nicht *fühlt*. Allem Anschein nach ist indessen der Wirklichkeitscharakter dessen, was viele »Seelenreisende« während ihrer »Nahtod-Erfahrung« sehen, so überwältigend, daß manche von ihnen den Eindruck haben, sie seien zum ersten Mal »aufgewacht«, nachdem keine Körperlichkeit ihr Bewußtsein mehr »trübe«. »Alles war in einem wunderschönen glänzenden Licht«, so schwärmte einer, »nicht strahlend, sondern glänzend. Es war ein Licht, das überall durchdrang und überall leuchtete, aus dem Boden heraus und von den Bergen. Es leuchtete eigentlich überall. Alles war so real wie diese Welt hier, nur leuchtender, als wäre das, was ich hier in der

Welt anschaue, das Negativ und das andere das Foto.« Selbst ein so illusionsloser und hartgesottener Positivist und Propagandist der »wissenschaftlichen Weltanschauung« wie Alfred Jules Ayer äußerte sich nach einer »Nahtod-Erfahrung« während eines vierminutigen Herzstillstandes im *Sunday Telegraph* dahingehend, sein Erlebnis sei eine »rather strong evidence that death does not put an end to consciousness«.[4]

Ein anderer Philosoph meint, es gäbe ja schließlich »keinen Beweis dafür, daß ein Leben der Seele nach dem Tode des Organismus unmöglich« sei, und ein dritter ist sogar der Ansicht, »Nahtod-Erfahrungen« seien »at least suggestive evidence for life after death« sowie »the ontological acceptance of a vertical transcendence«, womit er offenbar den Himmel meint, den ein »Nahtod«-Forscher als »ein paralleles Universum« bezeichnet und ein weiterer als »den Ort, von dem wir alle ausnahmslos herkommen«, was uns bloß entfallen sei, weshalb wir »die Schleier des Vergessens zerreißen« müßten.

Rationalere Köpfe wie zum Beispiel Metzinger halten immerhin den Fortbestand einer »unsterblichen Seele« mit »Erfahrung, Denken und Gefühlen« nach dem Tod für möglich, wenn auch für »extrem unwahrscheinlich«, während der bekannte »Nahtod«-Experte Sabom meint, wir wüßten einfach noch nicht, wie es sich diesbezüglich in Wirklichkeit verhält, und ein dritter Fachmann der Auffassung ist, es handle sich jedenfalls um ein Problem, das empirisch gelöst werden müsse und könne.[5]

Nun setzen freilich alle diese so harmlos erscheinenden Standpunkte voraus, daß sich Begriffe wie »Seele« oder »Bewußtsein« auf etwas beziehen, das sich auf irgendeine Weise »im« Körper befindet und diesen möglicherweise auch verlassen *könnte* – was bekanntlich Gilbert Ryle »the ghost in the machine« und vor ihm der österreichische Philosoph Reininger das »Seelengespenst« genannt hat, das »im Leib herumspukt«. Eine solche »dualistische« Betrachtungsweise, wie sie in unserer Zeit zum Beispiel der Neurophysiologe Eccles und der Philosoph Popper propagiert haben, die das Bewußtsein mit einem Autofahrer verglichen, der in seinem Fahrzeug sitzt und dieses steuert, hat man zutreffend »platonisch« und etwas weniger passend »cartesianisch« genannt. Denn von Descartes stammt zwar der berühmte Satz »intelligo, ergo mentem habeo à corpore distinctam«, doch hat er andererseits ausgeführt, Geist und Körper seien »wie Form und Materie *einer* Substanz« und es sei »keineswegs akzidentiell für den menschlichen Körper, mit der Seele vereinigt zu sein, weil es seine eigene Natur (*sa propre nature*) ist«.[6]

Wenn Popper und Eccles das Bild des in seinem Auto sitzenden Fahrers benutzen, um das Verhältnis der Seele oder des Bewußtseins zum menschlichen Körper zu veranschaulichen, dann vertreten sie genau dieselbe Anschauung wie einst Platon, für den die Seele im Körper »eingekerkert« war »wie eine Auster in der Schale«, oder wie dessen später Nachfolger Plotin, der meinte, die Seele habe sich lediglich mit dem Körper »umkleidet«. Sie selber sei »ein von den Körpern verschiedenes substantielles Wesen«, das wirklich »*ist*«, während »alles Körperliche« der Ewigkeit entbehre, d. h. »entsteht und vergeht«. Diese Auffassung geht offenbar auf orphisch-pythagoräische Traditionen zurück, in denen die φυχή allerdings noch feinstofflich gedacht war wie der Atem, und wurde vor Platon von dem Lyriker Pindar formuliert, der den unsterblichen Geist (αἰῶνος ἔδωλον) im sterblichen Körper (σῶμα) wohnen ließ.

Dagegen stellte Aristoteles seine geradezu »modern« anmutende Ansicht von der Seele als der »Form« des Körpers, womit er meinte, daß ebenso wie die »Form« und die »Materie« eines physischen Objektes auch die Seele und das, was sie beseelt, keine »Substanzen« seien. Vielmehr ist die Seele ein Vermögen oder eine Fähigkeit des Menschen, so wie die Sehkraft ein Vermögen des Auges ist: »Darum darf man auch nicht fragen, ob Seele und Körper eins sind, wie man auch nicht fragt, ob das Wachs und das Gepräge und überhaupt die Materie und das, wovon jedes die Materie ist, eins sind.«

Wenn wir also die Frage stellen, ob die Seele oder das Bewußtsein den Körper verlassen kann, dann ist das so, wie wenn wir fragten, ob die Form einer Flasche dazu fähig sei, sich von deren Materie wegzubewegen, oder ob die Fähigkeit eines Schlüssels, ein Schloß aufzuschließen, sich von dem Schlüssel lösen könne, um sich an einen anderen Ort zu begeben. Und wenn ein bekannter Neurochirurg davon überzeugt ist, »Nahtod-Erfahrungen« seien deutliche »Hinweise« darauf, daß das Bewußtsein nach dem Zerfall des Körpers weiterexistieren könne, dann ließe sich mit gleichem Recht glauben, daß das Leben nach der Leichenstarre wegschwebe, die Flamme nach Erlöschen des

Feuers unsichtbar weiterflackere oder das Lächeln der Cheshire-Katze zwischen den Zweigen des Baumes weiterbestehe, nachdem das Tier sich aufgelöst hat.[7] Dazu meinte im Jahre 1735 Voltaire, nach dem Tode eines Menschen sein Bewußtsein aufzubewahren sei »aussi impossible que de conserver le rire d'un homme ou le chant d'un oiseau après la mort de l'oiseau et de l'homme«. Und gut zwei Jahrhunderte später schrieb Wittgenstein auf einen Zettel: »Man sagt, die Seele *verläßt* den Körper. Um ihr aber dann jede Ähnlichkeit mit dem Körper zu nehmen, und damit man beileibe nicht denkt, es sei irgendein gasförmiges Ding gemeint, sagt man, die Seele ist unkörperlich; aber mit dem Worte ›verläßt‹ hat man schon alles gesagt.«

Elisabeth Kübler-Ross erzählte zum Beispiel, ihr »Bewußtsein« sei »von einem Wirbelwind ergriffen, aus dem Körper gerissen und einfach weggeblasen« worden, was natürlich die Frage aufwirft, wie ein nicht-räumliches Bewußtsein oder eine Seele einen bestimmten Ort verlassen und durch einen Tunnel oder einen dunklen Bereich an einen anderen Ort geweht werden kann. Und wie ist eine solche Seele dazu in der Lage, etwas zu sehen oder zu betrachten, wenn sie das nicht aus einer bestimmten Perspektive tun kann und aus einer bestimmten Entfernung? Wie ist sie fähig, andere Seelen wahrzunehmen und mit ihnen oder mit anderen Objekten im Raum zu interagieren oder *hell*zusehen, wenn sie gar nicht *sehen* kann?[8]

Die visuelle Wahrnehmung ist indessen ein *körperlicher* Akt – wir sehen nicht einfach die Farbe Rot, sondern eine rote Fläche aus einem bestimmten Winkel, nämlich in der durch unsere Augen vorgegebenen Perspektive. Und wenn wir etwas betrachten oder beobachten, dann sind wir aktiv und bewegen den Kopf und die Augen, auch wenn uns das nicht bewußt ist. Sehen ist kein neutrales, interesseloses Abbilden des objektiv Gegebenen, sondern ein Auswählen nach einer triebbestimmten Interessenlage, von »Auffallendem, Geeignetem, Erstrebtem oder Bedrohlichem«, von Aufregendem, Anregendem, Angenehmem und Unangenehmem, während wir das, was keine Gefahr darstellt und langweilig und uninteressant ist oder was wir nicht in irgendeiner Weise benötigen oder gebrauchen können, leicht übersehen. Da wir schließlich als Erwachsene ganz andere Handlungsmöglichkeiten haben als in unserer Kindheit sehen wir, wenn wir die Orte von damals aufsuchen, die dortigen Dinge anders als einst – was früher weit entfernt war, ist jetzt ganz nah, und der Baum, der uns seinerzeit so dick erschien, ist nun dünn und niedrig.

Einer »körperlosen Seele« müßten zudem sämtliche kinästhetischen Empfindungen, also unser »Körpergefühl«, fehlen, d. h., die Seele könnte »sich nicht spüren«. Aber auch die kognitiven Akte, unsere Gedanken und Vorstellungen, sind für gewöhnlich von Körpergefühlen und Emotionen durchdrungen, die bei bestimmten Hirnverletzungen oder nach der Einnahme von Heroin vermindert oder ganz verschwunden sind. Und eine solche »Affektfärbung«, hinter der Wünsche und Befürchtungen, die »Motoren« der Erkenntnisprozesse, stehen, wäre bei einer »reinen Seele« ebenfalls nicht vorhanden, so daß es äußerst fraglich ist, ob man von einer solcherart »geschrumpften« körperlosen Person noch sagen würde, daß sie diejenige ist, die sie einmal gewesen war.[9]

Vor allem unsere Empfindungen und Gefühle sind in hohem Maße körperlicher Natur, wir fühlen die »nagenden Bisse« des Neides, werden vom Kummer »niedergedrückt«, »sinken« vor Trauer »in uns zusammen«, die Angst – das Wort geht bezeichnenderweise auf idg. *anĝh, »eng«, zurück – schnürt uns die Kehle zu oder »sitzt« in der Herz- oder Magengegend, wir »kochen« und »schäumen« vor Wut, unser Herz »klopft«, wenn wir verliebt sind, oder wir fühlen »Schmetterlinge« im Bauch, sind »leicht« und »beschwingt«, haben andererseits ein »schweres Herz« oder sind, »wie gelähmt« vor Verzagtheit und Furcht. »Sehe ich« aber, so sagt eine Psychologin, »etwa bei der Freude vom Leiblichen ab, lasse ich also das Weitungsgefühl, die Bewegungsintentionen der Expansion (›vor Freude springen‹) usw. fort, scheint die Freude zu einem leeren Gedanken zu werden«. Bereits vor langer Zeit bemerkte William James, er könne sich überhaupt nicht vorstellen, was für eine Art von Furcht übrigbliebe, wenn man jegliche Ausdrucks- und Körperempfindungen, den schnellen Herzschlag, den flachen Atem, die zitternden Lippen, die Schwächegefühle in den Gliedern oder den Wirrwarr in den Eingeweiden, verlöre. Bisweilen ist es ja sogar so, daß man sich der eigenen Angst erst richtig bewußt wird, wenn man den Schweißausbruch, das Zähneklappern oder den gesteigerten Muskeltonus registriert. Und der Philosoph Reininger erwähnte einmal, selbst beim Nachdenken herrsche eine gewisse Gespanntheit, wenn man imaginär Handlungen und Tätigkeiten ausführe.[10]

Ein renommierter Astrophysiker behauptet, daß andere Menschen

Gefühle, Empfindungen oder Bewußtsein hätten, sei lediglich eine Vermutung, da wir »nur von uns selbst auf die Existenz eines subjektiven Bewußtseins bei anderen« schließen könnten, und der Kardiologe Sam Parnia, einer der führenden »Nahtod«-Forscher weltweit meint, wir seien zwar in der Lage, mit Röntgen- und Ultraschallgeräten ins Innere des menschlichen Körpers zu blicken, aber leider gäbe es – allen Fortschritten zum Trotz – noch keine Apparatur, mit Hilfe deren man Bewußtsein, Denken oder Fühlen *sehen* könne. Aber da er es für möglich hält, daß das Bewußtsein nichts anderes als »eine sehr subtile Art von Materie« ist, steht für ihn die künftige Entwicklung solcher Geräte außer Zweifel.

Trifft die Behauptung des Astrophysikers zu, daß nur *wir* – durch Introspektion – wüßten, was zum Beispiel ein Schmerz ist, während der Schmerz der anderen lediglich eine Annahme sei? »Angenommen, es hätte Jeder eine Schachtel«, so sagt Wittgenstein, »darin wäre etwas, was wir ›Käfer‹ nennen. Niemand kann je in die Schachtel des Andern schaun; und Jeder sagt, er wisse nur vom Anblick *seines* Käfers, was ein Käfer ist. – Da könnte es ja sein, daß Jeder ein anderes Ding in seiner Schachtel hätte. Ja, man könnte sich vorstellen, daß sich ein solches Ding fortwährend veränderte. [...] Das Ding in der Schachtel gehört überhaupt nicht zum Sprachspiel; auch nicht einmal als ein *Etwas*: denn die Schachtel könnte auch leer sein.« Ein *Etwas* ist der Schmerz nämlich erst dann, wenn wir gelernt haben, was das Wort »Schmerz« bedeutet, wenn andere Menschen uns den Gebrauch des Wortes beigebracht haben. Jemand kann nur über das eigene Bewußtsein reden, wenn er eine intersubjektive Sprache spricht, mit Hilfe deren er auch vom Bewußtsein der anderen redet. »For unless he already knows how to do this, he has no conception of *his own case*.« »Und wie weiß ich«, fragt Wittgenstein in einer Notiz vom Jahre 1947, »daß ein Anderer gefühlt hat, was ich habe? Weil er die gleichen Worte gebraucht, die auch ich treffend finde.«

Wenn nun einer sagte, er könne nie sicher sein, ob andere Menschen dasselbe fühlten wie er, dann ähnelte er jemandem, der »annähme, daß *alle* Rechnungen unsicher seien und wir uns auf keine verlassen können (mit der Rechtfertigung, daß Fehler überall möglich sind)«. So jemanden würden wir vermutlich »für verrückt erklären«, denn »der vernünftige Mensch hat gewisse Zweifel *nicht*«. Die Grundeinstellung zu einem anderen Menschen als einer »Seele« oder Person ist angeboren und keine »Meinung« oder »Hypothese« – ab dem Alter von etwa sechs Wochen sind die meisten Säuglinge dazu fähig, Menschen von »toten« Gegenständen zu unterscheiden und mit ihnen zu kommunizieren. Die Einstellung ist »präreflexiv« und deshalb keine Überzeugung oder Erkenntnis, nichts, von dem wir sagen würden, daß wir es »mit absoluter Sicherheit wissen«.[11]

Natürlich gibt es Fälle, in denen man Grund zur Annahme hat, daß jemand Schmerzen oder Gefühle nur vorgibt, aber für gewöhnlich überwiegen diejenigen, in denen »nur ein Wahnsinniger den Ausdruck des Schmerzes für unecht halten könnte«. Und wenn dann der Betreffende schmerzhaft das Gesicht verzieht und leidend aussieht, dann ist es, »als würde er durch einen menschlichen Gesichtsausdruck für uns *durchsichtig*«. Woher wissen wir aber, daß so jemand kein Zombie ist? Wenn er sich in jeder Hinsicht wie ein normaler Mensch verhält, zum Beispiel schreit oder stöhnt, wenn er sich ernsthaft verletzt hat, dann *ist* er ein Mensch wie wir, weshalb wir uns ja auch Zombies als »seelenlose« Wesen vorstellen, die stumpf und starr als willenlose Befehlsempfänger umgehen und ohne jegliches Gefühl Leute umbringen. »Man sieht nicht Gesichtsverziehungen«, so Wittgenstein, »und *schließt* nun«, der Betreffende »fühle Freude, Trauer, Langeweile. Man beschreibt sein Gesicht unmittelbar als traurig, glückstrahlend, gelangweilt«. Wir hören nicht seine Schreie und sein Stöhnen und *interpretieren* dies als Indizien dafür, daß er Schmerzen hat, sondern wir *sehen*, daß dies der Fall ist, so wie wir ja auch nicht Sinnesdaten wahrnehmen und diese als Personen oder Bäume *deuten*. Wenn wir zum Beispiel ein Gemälde von Raffael betrachten, sehen wir nicht Farbkleckse und Pinselstriche, sondern eine hübsche junge Frau namens Fornarina, die uns anblickt und ein Armband mit dem Namen des Künstlers trägt. Und redet jemand mit uns, so übersetzen wir nicht Laute in Bedeutungen, vielmehr verstehen wir für gewöhnlich, was der Betreffende uns sagt.

»Wir pflegen zu sagen«, so schrieb vor neunzig Jahren ein heute vergessener Philosoph, »daß die Seele des Menschen in seinen Augen liegt. Der andre offenbart uns das Innere seiner Seele durch die Worte, die sein Mund spricht, und durch den Druck seiner Hand. Wenn wir von allem, was zur leiblichen Erscheinung des Menschen gehört, absehen sollen, so bleibt« nicht einmal »ein bewegungsloser Schatten übrig«, der mit nichts in Verbindung treten könnte. »Das Bewußtsein«, so formulierte es einige Jahre später Wittgenstein, »ist so deutlich in seinem Gesicht und Benehmen wie in mir selbst«, d.h., wir sehen seine Trauer oder seinen Zorn ganz unmittelbar und schließen nicht aus seiner Physiognomie auf seinen Gemütszustand, etwa so »wie der Arzt, der eine Diagnose stellt«. Und er notierte den inzwischen berühmten Satz: »Der Mensch ist das beste Bild der menschlichen Seele.«[12]

Natürlich kann man sich vorstellen, daß jemand gewissermaßen »seelenblind« ist, und es gibt ja auch Geisteskrankheiten, bei denen die Betreffenden nicht in der Lage sind, die Seele ihres Gegenübers zu erkennen. So sah eine Patientin alle ihre ehemaligen Freundinnen als »Roboter oder Gliederpuppen, angetrieben von einem unsichtbaren Mechanismus«, und eine schizophrene Frau berichtete von einem Spaziergang, daß die »Bäume und Hecken aus Pappe« waren, »hier und da aufgestellt wie Theaterrequisiten«. Und auch die sie begleitende Bekannte gehörte »mit zu dem papierenen Dekor« und sprach und benahm sich »wie ein Automat«. All das kam ihr allerdings »grauenvoll, unmenschlich und grotesk« vor.

Wäre es aber nicht denkbar, daß die »Seelen-Sprache«, in der wir über Bewußtsein, Trauer, Zorn usw. reden, durch eine entwickelte »materialistische« Sprache ersetzt würde, die zum Beispiel elektrochemische Prozesse im zentralen Nervensystem beschreibt, und daß eine solche Sprache, wie der Wissenschaftstheoretiker Paul Feyerabend glaubte, eine *bessere* Beschreibung menschlicher Lebewesen ermöglichte? Wenn freilich jemand sagte: »In *Wirklichkeit* gibt es keine Vorstellungen, Schmerzen oder Gedanken, sondern lediglich Gehirnprozesse!«, dann wäre das so, wie wenn einer behauptete, »daß der Boden, auf dem wir stehen, in Wirklichkeit nicht solide ist, weil er aus Elektronen besteht«. Selbstverständlich können wir etwas aus der Alltagsperspektive als »festen Boden« beschreiben und aus einer naturwissenschaftlichen Perspektive als ein »Aggregat von Atomen«, aber keine dieser Perspektiven hat vor der anderen den Vorrang in dem Sinne, daß nur sie der Wirklichkeit entspricht. Und würden wir die »Seelen-Sprache« oder »Personenperspektive« zugunsten der physikalischen eliminieren, dann hätten wir keine exaktere Sprache, sondern eine, in der wir zwar nach Ursachen, nicht aber nach dem Sinn von Handlungen, Bewußtseinsprozessen oder Motiven fragen könnten. Es könnte freilich sein, daß eine solche Sprache im Alltag für »seelenblinde« Menschen die adäquatere wäre.[13]

Wer oder was hat Schmerzen, Gedanken und Bewußtsein überhaupt – ist es die Seele, oder ist es das Gehirn? »Wer gründlich darüber nachdenkt«, so meinte einst der »Geisterseher« Emanuel Swedenborg, »kann wissen, daß nicht der Körper denkt, sondern die Seele, die geistig ist.« Aber wäre es nicht sehr seltsam, wenn wir sagten, wir hätten einen Bekannten getroffen und dessen Seele oder Geist hätte uns dies oder das erzählt? Und auch das Gehirn denkt nicht, sondern der Mensch, der zwar nicht mit seinem Körper identisch ist, aber sowenig ohne einen Körper existieren könnte wie eine Mozart-Sonate ohne physische Töne. Bereits Ludwig Feuerbach, der im Jahre 1843 der herkömmlichen Philosophie vorgeworfen hatte, sie sei stets davon ausgegangen, »der Leib« gehöre »nicht zu meinem Wesen«, konstatierte etwas später: »Weder die Seele denkt und empfindet – denn die Seele ist nur die personifizierte und hypostasierte, in ein Wesen verwandelte Funktion oder Erscheinung des Denkens, Empfindens und Wollens –, noch das Hirn denkt und empfindet, denn das Hirn ist eine *physiologische Abstraktion*, ein aus der Totalität herausgerissenes, vom Schädel, vom Gesicht, vom Leibe überhaupt abgesondertes, für sich selbst fixiertes Organ. Das Hirn ist aber nur so lange Denkorgan, als es mit einem menschlichen Kopf und Leibe verbunden ist.«

Fühlt jemand Schmerzen in der Hand, weil er sich an dieser Stelle verletzt hat, dann hat *er* Schmerzen und nicht seine Seele, sein Gehirn oder seine Hand, weshalb man »nicht der Hand Trost« zuspricht, »sondern dem Leidenden«. Würde jemand letzteres tun, gliche er dem an Depersonalisation leidenden schizophrenen Patienten, der sagte: »Nicht ich sehe die Dinge, nur meine Augen sehen sie.« Und hat jemand Schmerzen in der Hand, dann nimmt der Betreffende keine »mentale Entität« in seiner Hand wahr, vielmehr schmerzt die Hand, sowenig wie er eine Vorstellung sieht, wenn er sich etwas vorstellt. Wenn wir jemandem einen Stoß geben, dann übereignen wir ihm kein Etwas, nämlich »einen Stoß«, sondern wir stoßen ihn.[14]

Ist das Fühlen von Schmerzen ein Zustand, in dem sich jemand befindet, verhält es sich mit Erinnern, etwas Vorhaben, etwas Erwarten, Denken, Glauben, Wollen, Wissen, Meinen oder Verstehen offenkundig anders. Erinnere ich mich zum Beispiel an etwas, kann zwar ein bestimmtes Bild vor meinem »inneren Auge« auftauchen, aber dieses Bild kann auch fehlen – und trotzdem handelt es sich um eine ganz deutliche Erinnerung, woraus folgt, daß eine Erinnerung nicht das Auftauchen eines Bildes sein kann. Kann ich ununterbrochen oder eine Zeitlang Zahnweh haben, wäre es sehr merkwürdig, wenn jemand sagte, er habe sechs Stunden lang etwas Bestimmtes gemeint, geglaubt, verstanden oder beabsichtigt, denn all das, so sagte einmal Gilbert Ryle, ereignet sich nicht an einem bestimmten Zeitpunkt, sowenig wie der Besitz eines Fahrrades. Wenn jemand kommen will, dann kann er ein bestimmtes Erlebnis haben, aber das Kommenwollen ist kein »Erleben eines Willensentschlusses«, und wenn man etwas meint, dann tut man dies, »ohne notwendigerweise auch nur daran zu denken«. »›Der ganze Plan stand mir mit einem Schlage vor der Seele und blieb so fünf Minuten lang stehen.‹ Warum klingt das seltsam?« Weil es sich beim Wollen, Meinen, Denken usw. nicht um innere Vorgänge oder Zustände handelt, die nach dem Modell von Empfindungen oder Wahrnehmungen gedacht werden dürfen, sondern um Fähigkeiten, über die Menschen verfügen. »Denken« zum Beispiel »ist kein unkörperlicher Vorgang, der dem Reden Leben und Sinn verleiht und den man vom Reden ablösen könnte, gleichsam wie der Böse den Schatten Schlemiehls vom Boden aufnimmt.« Ob jemand etwas verstanden hat, zeigt sich in seinem Verhalten, zum Beispiel ob er ein Wort richtig gebrauchen kann. Aber könnte eine »körperlose Seele« sich jemals so verhalten, daß man sagen könnte, sie habe verstanden?[15]

Fragt man also ganz konkret, was für Fähigkeiten eine »immaterielle« Seele denn haben und in welchen Zuständen sie sich befinden könnte, zerrinnt einem offenbar alles, was zunächst in Frage zu kommen scheint, zwischen den Fingern, und es bleibt bestenfalls jener »bewegungslose Schatten« übrig, von dem der obenzitierte vergessene Philosoph geredet hat. »›Wenn du sagst: ›Ich kann mir vorstellen, ein körperloser Geist zu sein. Wittgenstein, kannst du dich als körperlosen Geist vorstellen?‹ – Ich würde sagen: ›Es tut mir leid. Ich kann nichts mit diesen Worten verbinden.‹«

Denn augenscheinlich ist unsere jeweilige Persönlichkeit an unsere Charakteristika, Verhaltensweisen und Dispositionen gebunden, die angeboren sind oder sich im Laufe unseres Lebens gebildet haben und die »körperlos« gar nicht denkbar sind. Wenn aber die Seele unsterblich wäre, müßte es sie bereits vor unserer Geburt gegeben haben, was freilich nicht mit der Tatsache vereinbar ist, daß unsere Eigenheiten – oder, wenn man will, die unserer Seele – sich zum größten Teil erst im Verlaufe der Zeit entwickelt haben. Und je nachdem, welchen Körper wir haben, welches Nervensystem und was für Sinnesorgane, nehmen wir die Welt auch anders wahr und empfinden sie auf andere Weise. So benötigten wir nicht *irgendeinen* Körper, um dieselbe Person zu bleiben, sondern *unseren* spezifischen Leib. Schon Transplantationen bringen nicht selten große Schwierigkeiten mit sich, das fremde Organ zu integrieren. So ist es vorgekommen, daß die Rezipienten fremder Herzen sich nach der erfolgreichen Operation als andere Menschen fühlten, ihre Frauen und Kinder verließen, den Beruf wechselten und sich völlig anders verhielten als vorher. Entsprechend läßt sich vermuten, daß die Folgen einer Gehirntransplantation noch dramatischer wären.[16]

Freilich stellen sich diejenigen, die an ein Weiterleben nach dem Tode glauben, die Verstorbenen so gut wie nie als reine, immaterielle Seelen vor, sondern »irgendwie« als körperliche Wesen, die denen gleichen, die sie einmal waren, oder genauer gesagt, die mit ihnen identisch sind. Und auch die meisten derjenigen, die davon überzeugt sind, man verlasse bei einer »Nahtod-Erfahrung« den Körper, halten die Seele, wie zum Beispiel der Kardiologe Parnia, für »feinstofflich« oder auf irgendeine Weise körperlich, denn sonst könnte sie sich ja nicht auf dem Flug mit dem Geleitengel oder im Jenseits mit den Verstorbenen und Jesus unterhalten. So blieb zwar im frühen 17. Jahrhundert der Visionärin Marina von Escobar rätselhaft, wie sie aus ihrem Körper schlüpfen konnte, aber daß sie, oder genauer gesagt, ihre Seele gleichwohl körperlich war, schien sie nicht zu verwundern. Denn als sie von den Engeln auf einer Totenbahre nach oben getragen wurde, fragte sie ihren Geleitengel lediglich, wie es denn möglich sei, daß sich ihre Seele von ihrem Körper habe lösen können, wohingegen dieser wie tot zurückgeblieben sei. Worauf der Engel antwortete: »Schwester, laß es gut sein, der allmächtige Herr kann es tun. Dies ist ein tiefes Geheimnis, grüble nicht darüber nach!« Und als um das Jahr 1660 eine ostfränkische Visionärin in den Himmel »verzückt« worden war, kam ihr dort eine köstlich gekleidete und strahlende Jungfrau mit offenem Haar und entblößten, vollen Brüsten entgegen, und blitzartig wurde ihr klar, daß sie sich selber in künftigem Stande sah.[17]

Bis ins frühe Schulalter glauben bei uns die Kinder, die Verstorbenen seien einfach nur weggegangen und hielten sich jetzt woanders auf. Sie warten darauf, daß sie zurückkommen, und manche Kinder suchen sogar nach ihnen. Aber im Grunde glauben viele Erwachsene nichts anderes. Nach einer repräsentativen Umfrage des Magazins *Time* freuen sich 88 % der erwachsenen Nordamerikaner darauf, nach ihrem Tode im Himmel ihre Familienmitglieder und Freunde wiederzusehen, was verständlich macht, daß die meisten Menschen während einer »Nahtod-Erfahrung« auf einer grünen Wiese oder in einem üppigen Garten mit den ihnen nahestehenden Verstorbenen zusammentreffen. Man hat vermutet, daß solche Erlebnisse zur Vorstellung einer jenseitigen Welt und von »körperlichen« Seelen, die dort leben, geführt haben. Doch wird es sich wohl eher umgekehrt verhalten, obgleich solche Anschauungen durch »Seelenreisen« ohne Zweifel zur Gewißheit geworden sind.

Nach der im Christentum verbreitetsten Ansicht, die auch von einigen muslimischen Gelehrten vertreten wird, zerfällt nach dem Tode der Körper zu Staub, während die Seele zum Himmel aufsteigt und dort wartet, bis sie am Jüngsten Tag einen »geistlichen« oder »himmlischen Leib« erhält, der – wie schon im 3. Jahrhundert Origenes verkündete – nicht aus demselben Material bestehe wie der irdische. Entsprechend hat man die Worte Jesu, mit denen er den neben ihm gekreuzigten Halunken tröstete (Lukas 23.43), so verstanden, daß ihre Seelen unmittelbar nach Eintritt des Todes das Paradies betreten, um nach dem Jüngsten Gericht in den neuen Leib einzugehen. Im frühen 13. Jahrhundert lehrte in Damaskus der aus dem südostspanischen Murcia stammende Mystiker Ibn al-ʿArabī, bis zum Ende der Zeit müsse der Mensch sich mit einem »geistigen Leib« begnügen, bis er schließlich von Gott einen neuen physischen Organismus empfange, nämlich an dem Tage, an welchem der Engel Seraphiel in die Posaune blase. Dieser ›geistige‹ Leib ist eine Art Astralleib, der ein viel klareres Bewußtsein und eine deutlichere Wahrnehmung besitzt als der irdische, weil er nicht von der aus »Lehm« geformten Welt abstammt und deshalb dazu fähig ist, einen Vorgeschmack auf das Paradies bzw. die Hölle zu erhalten.

Zwar war Luther wie der im 6. Jahrhundert lebende Theologe Flavius Cassiodorus der Meinung, der Verstorbene verbringe die Zeit bis zum Jüngsten Tag in »suessem Schlaf«, aber viele moderne Lutheraner neigen ebenfalls zu der Meinung, der Tote erhalte für diese Zeitspanne einen Astralleib, den ein bekannter evangelischer Gottesgelehrter die »geistliche Seele« nennt. Sie kann sehen und reden, stehen und sitzen und von anderen »geistlichen Seelen« wahrgenommen werden. Das Material, aus dem sie besteht, ist eine »subtile Substanz«, die »sich verdichten, in Erscheinung treten und dann wieder verschwinden und unsichtbar werden kann«, doch ist sie nicht nackt, sondern züchtig mit einem weißen Hemd bekleidet, was viele Jenseitsreisende nach ihrer »Nahtod-Erfahrung« bestätigen können. Erst wenn das Jüngste Gericht vorüber ist, schenkt Gott dieser Seele einen »himmlischen Leib« aus festerer, »unverweslicher Materie«, die der Theologe »erlöste Materie« nennt. Andere heute lebende Theologen betonen hingegen, nach dem Tode gebe es ja weder Raum noch Zeit, so daß es sinnlos sei, anzunehmen, wir müßten als »geistliche Seelen« auf das Gericht und das ewige Leben erst warten.[18]

Um der *Visio dei* und damit der vollen Glückseligkeit (*beatitudo*) teilhaftig zu werden, bedurfte der Verstorbene laut Calvin eines Körpers, weshalb er sich bis zum Jüngsten Tag gedulden mußte, aber bei diesem neuen Leib handelte es sich nicht, wie die englischen Theologen des 17. Jahrhunderts erklärten, um »a body of flesh«, sondern um einen »spiritual body«, der keiner Nahrung bedurfte und deshalb auch nicht urinierte und defäkierte, der ohne Libido war und aus diesem Grund kein Interesse am Geschlechtsverkehr hatte, der nie krank war und keinerlei Schwächen zeigte, keinen Schlaf und keine Kleidung brauchte und sich »schnell wie ein Gedanke« überallhin bewegen konnte. Dagegen gab es nach dem aus Córdoba stammenden und im 12. Jahrhundert im ägyptischen al-Fusṭāṭ lebenden jüdischen Arzt Mose ben Maimon nach dem Erscheinen des Messias »weder Körper noch Fleischlichkeit, sondern nur Seelen der Frommen ohne Körper wie die Engel im Dienste Gottes. Weil es nun dort keine Körper gibt, so kann auch weder Essen noch Trinken, noch sonst irgendeine Sache, deren der menschliche Körper hienieden benötigt ist, dort existieren. Ebensowenig kann sich dort etwas zutragen, was nur auf die Körper in der irdischen Welt Bezug haben kann, wie zum Beispiel Sitzen, Stehen, Schlafen, Trauer und Klagen und dergleichen.« Und natürlich ist eine männliche Seele dann auch nicht von schönen jungen Mädchen umgeben, »Dinge, wie sie sich jene dummen, närrischen und ausschweifenden Araber vom Paradiese vorstellen«, eine Meinung, die auch von christlichen Autoren der Zeit geteilt wurde, etwa von Petrus Venerabilis, der im Jahre 1241 über die primitiven Erwartungen der arabischen Männer vom Paradies nur den Kopf schütteln konnte.

Gleich den Theologen der Stuart-Zeit war man auch in der Ostkirche davon überzeugt, daß der künftige »verklärte Leib« so aussehe wie der irdische und daß er somit auch über Penis und Hoden bzw. Vulva, Vagina und Gebärmutter verfügte, wobei Kirchenlehrer wie Gregor von Nyssa oder der hl. Johannes Chrysostomos sich beeilten, anzumerken, daß diese Organe natürlich ihre Funktion verloren hätten und nunmehr »rein« seien. Daraufhin stellten die Heiden die Frage, wieso man denn dann im Himmel so nutzlose Körperteile wie Geschlechtsorgane, Zähne oder Eingeweide brauche. Viele Christen gingen offenbar im Mittelalter davon aus, daß auch der »verklärte Leib« nach der Auferstehung die irdischen Körperteile benötige, weshalb Verstümmelungen oder Obduktionen die Unversehrtheit des Leibes auf irreversible Weise zerstörten. Und auch bei den Juden scheint sich die Lehre des Maimonides nicht durchgesetzt zu haben, denn noch heute gibt es zum Beispiel in Israel einen rabbinischen Dienst, der nach Terroranschlägen auch die kleinsten Fragmente der zerfetzten Körper sammelt, weil diese nur dann vollständig auferstehen können, wenn wenigstens das gesamte Material, aus dem sie bestanden, begraben wurde.[19]

Epilog

Unlängst verlautete das Nachrichtenmagazin *Der Spiegel*, trotz aller Fortschritte in seinem Fach könne bis heute kein Neurowissenschaftler erklären, wie »einem Klumpen aus anderthalb Kilogramm Eiweiß und Fett ein immaterielles Fluidum entströmen« könne, nämlich das Bewußtsein. Diese Feststellung ist eines der unzähligen Beispiele dafür, daß allem Anschein nach kaum ein Wissenschaftler sich unter dem menschlichen Bewußtsein etwas anderes vorstellen kann als ein rätselhaftes Etwas, das zwar einerseits der Materie »entströmen« und deshalb im Prinzip auch den Körper verlassen und in andere Gegenden »fliegen« oder »schweben« kann, das aber andererseits als »immateriell« bezeichnet wird. »Wo unsere Sprache uns einen Körper vermuten läßt«, so Wittgenstein, »und kein Körper ist, dort, möchten wir sagen, sei ein Geist.«

Hinter dieser Ansicht steht immer noch die Vorstellung, daß es zwei Welten gibt, die lediglich »aus verschiedenem Material hergestellt wurden, eine geistige Welt und eine physikalische Welt«, wobei erstere trotz aller Dementis aus »ätherischen Gegenständen« besteht. Da aber diese beiden Welten so völlig unterschiedlich sind, entsteht »das Gefühl der Unüberbrückbarkeit der Kluft zwischen Bewußtsein und Gehirnvorgang«, ein Gefühl, das im »gewöhnlichen Leben« überhaupt nicht vorkommt, jedoch Philosophen wie den hl. Augustinus davon überzeugte, die Überbrückung dieses Abgrundes sei ein Wunder, das von den Menschen nicht begriffen werden könne (*mirus est nec comprehendi ab homine potest*). Daran hat sich bis heute nichts geändert, was etwa aus der Äußerung des amerikanischen Philosophen Thomas Nagel hervorgeht, der bemerkt, die Tatsache, daß bestimmte Organismen wie Menschen »nonphysical properties« besäßen, sei eine »strange truth«.[1]

Freilich haben wir zur Genüge gesehen, daß Bewußtseins- oder seelische »Phänomene« nichts anderes sind als bestimmte Fähigkeiten oder Dispositionen bestimmter Organismen sowie Zustände, in denen diese sich zuweilen befinden. Zu glauben, daß solche Fähigkeiten oder

Zustände sich mitunter von dem Organismus ablösen und sich beispielsweise durch einen Tunnel irgendwohin begeben könnten, ist so sinnlos wie die Vorstellung, man könne mit einem Hammer einen Gedanken flachklopfen oder die Zahl 3 habe eine bestimmte Farbe. Fähigkeiten sind keine Entitäten, die sich bewegen können. Der Philosoph Anthony Kenny sagte einmal in einem Seminar, das ich besucht habe, die Fähigkeit eines Schlüssels, ein Schloß zu öffnen, sei ja kein Nebel, der den Schlüssel umgibt und der sich verziehen kann.

Nun führt nichts an der Tatsache vorbei, daß zum Beispiel krankhafte Veränderungen gewisser Gehirnprozesse mit einer Veränderung des Bewußtseins einhergehen oder eine Senkung des Testosteronspiegels das sexuelle Interesse eines Mannes an Frauen beeinträchtigt. Doch immer wieder berichten Kardiologen oder Notärzte, daß Menschen mit lichtstarren Pupillen, erschlafften Muskeln und fehlenden Hirnstammreflexen, die ihre Spontanatmung sowie ihre Herz- und Kreislauftätigkeit eingestellt haben, also Personen, die man als »klinisch tot« bezeichnet, nach ihrer Wiederbelebung von »Nahtod-Erfahrungen« erzählten, was doch beweise, daß Bewußtseinsprozesse nicht an elektrochemische Vorgänge im zentralen Nervensystem gebunden seien.[2]

Wenn das Herz aufhört zu schlagen, erscheint normalerweise nach zehn bis fünfzehn Sekunden auf dem EEG eine Nullinie, doch bedeutet ein sogenanntes flaches Enzephalogramm lediglich die Abwesenheit einer *meßbaren* Gehirnaktivität. Der Elektroenzephalograph, der mit Hilfe von Elektroden auf der Schädeloberfläche die elektrische Aktivität des äußeren Kortexbereiches mißt, gilt als ein grobschlächtiges und sehr ungenaues Meßinstrument, das bestenfalls die Aktionsströme im oberen Drittel der Großhirnrinde registriert, während niemand weiß, was darunter vor sich geht.[3] Seit mindestens einem halben Jahrhundert ist bekannt, daß Bewußtsein auch dann noch möglich ist, wenn wichtige Teile des Kortex entfernt worden sind, doch scheint eine funktionsfähige Großhirnrinde eine notwendige Bedingung für Bewußtseinsprozesse zu sein.»Stirbt« diese ab, und dies geschieht relativ schnell, weil die Großhirnzellen über die geringsten Energiereserven verfügen, aber den höchsten Energiebedarf haben, dann »sterben« auch die Person und ihr Seelenleben, während der Organismus bei funktionierendem Stammhirn weiterlebt. Deshalb ist es eher unwahrscheinlich, daß die häufig äußerst klaren und fest umrissenen Erlebnisse während einer »Nahtod-Erfahrung« auf »subkortikale« Gehirnaktivitäten zurückzuführen sind, wie häufig angenommen wurde. Vielmehr scheint einiges dafür zu sprechen, daß nach dem Ausfall der elektrochemischen Aktivitäten im obersten Bereich der Großhirnrinde in dem darunterliegenden Teil eine Art Notprogramm anläuft, das die durch ihren Realitätscharakter beeindruckenden »Außerkörperlichen Erlebnisse« möglich macht. Das letzte, was Friederike Hauffe, die junge »Seherin von Prevorst« sagte, als sie während des Sterbens im Hochsommer 1829 noch einmal zu sich kam, war, daß sie vielerlei sehe, doch dieses Sehen sei »so ganz was andres als das Sehen von Geistern, und sie wünschte nur, daß auch noch andre Menschen als sie imstande sein könnten, dieses zweierlei Schauen miteinander zu vergleichen, um begreifen zu lernen, daß das erstere Phantasie, das letztere [aber] ein wirkliches Schauen sei«.[4]

Ungelöst ist auch das Problem, wann genau die »Nahtod-Erfahrungen« der »klinisch Toten« stattgefunden haben. »I have never seen«, so erklärt ein bekannter Anästhesist, »EEG electrodes being attached to people undergoing an unexpected cardiac resuscitation. Attachment of EEG electrodes to a person's head is a laborious process, difficult to do accurately. There is simply no opportunity to do this during a cardiac resuscitation.« Allerdings spricht etwas dafür, daß die »Nahtod-Erfahrung« sich im Zustand vollkommener Bewußtlosigkeit und nicht beim Verlust oder Wiedergewinn des Bewußtseins ereignet, wie manche »Nahtod«-Forscher meinen. Setzt der Herzschlag aus, wird der Betreffende meist so schnell ohnmächtig, daß er dies gar nicht spürt und auch gar keine Zeit hat, Todesangst zu empfinden. Es ist unwahrscheinlich, daß das bisweilen recht komplexe Erlebnis in diesem kurzen Moment erfolgt. Kommt der Bewußtlose aber wieder zu sich, erfolgt dies allmählich, und der Betreffende ist desorientiert und verwirrt, so daß man sich ebenfalls kaum vorstellen kann, daß ein so klares und faßbares Erlebnis ausgerechnet in diesem Zustand der völligen Konfusion eintritt, an den sich hinterher kaum jemand erinnern kann.[5]

Zwar wird immer wieder behauptet, was man bei einer »Nahtod-Erfahrung« erlebe, sei »unsagbar« und trage »einen völlig anderen Charakter als das, was wir uns mit unseren normalen Sinnen vorstellen können«, und Moody beteuert, *alle* seine Gesprächspartner hätten ihm versichert, daß das, was sie erlebten, »letztlich jenseits des sprachlich Ausdrückbaren« liege. Aber mit solchen Aussagen wollen die »Nahtod«-Forscher und diejenigen, die eine »Nahtod-Erfahrung« machten, entweder solche Erlebnisse mystifizieren, oder sie sind lediglich Ausdruck ihrer Unfähigkeit, sich einigermaßen adäquat auszudrücken. Denn im Gegensatz zu den Erlebnissen vieler Epileptiker während der Aura und dem, was einem auf LSD- oder Peyote-»Trips« widerfahren kann, sind »Nahtod-Erfahrungen« fast durchweg wirklichkeitsnah und faßbar und keineswegs konfus, bizarr oder absonderlich, weshalb es normalerweise keine Schwierigkeiten bereitet, sie adäquat zu beschreiben.[6]

Ob es an den bislang offenen Fragen liegt, welcher Bereich des Gehirns aktiv ist, wenn »Nahtod-Erfahrungen« bei »flachem EEG« stattfinden, und wann genau sie sich ereignen, oder daran, daß viele »Nahtod«-Forscher insbesondere in Nordamerika ihren Glauben und die entsprechenden metaphysischen Überzeugungen durch jene Erlebnisse bestätigt sehen – Tatsache ist, daß die Legitimität der »Nahtod«-Forschung von einigen Wissenschaftlern grundsätzlich angezweifelt wird. Offenbar sind die meisten Gegner dieser Forschung durch die Berichte von solchen »Seelenreisen« dermaßen irritiert und beunruhigt, daß sie nicht nur die vorgelegten *Interpretationen* und *Erklärungen* der Erlebnisse in Frage stellen. Vielmehr begeben sie sich sogleich auf die oberste Eskalationsstufe der Kritik und bezweifeln die moralische Integrität derjenigen, die von einer »Nahtod-Erfahrung« berichten, was die Feststellung eines Wissenschaftshistorikers bestätigt, »daß das heutige Establishment, wenn es um wissenschaftliches Ketzertum geht, die gleichen Unterdrückungsmechanismen auszuspielen bereit ist wie ehedem«.[7]

So behauptet zum Beispiel ein Psychologe, es gäbe »kein einziges objektives Kriterium für« die »Glaubwürdigkeit« eines Menschen, der uns berichtete, ein derartiges Erlebnis gehabt zu haben. Eine solche Feststellung ist indessen entweder Unsinn, oder sie ist falsch. Sie ist unsinnig, wenn der Psychologe mit ihr meint, eine »Nahtod-Erfahrung« sei »subjektiv« in dem Sinne, daß ja jeder Mensch immer nur seine eigene Erfahrung machen könne. Wäre das richtig, so hätten Wörter wie »Bewußtsein«, »Erlebnis«, »Schmerzen« usw. überhaupt keinen Sinn, und der Skeptiker wäre gar nicht in der Lage, seine Kritik zu formulieren. Und die Feststellung ist falsch, wenn er sagen will, daß niemand jemals die Glaubwürdigkeit eines anderen Menschen überprüfen könne, denn solche Untersuchungen finden ja tagtäglich, und nicht nur in Strafverfahren, statt.

Ein bekannter Neurobiologe bezweifelt die Ehrlichkeit von Berichterstattern einer »Nahtod-Erfahrung« generell – es sei nicht bewiesen, daß es solche Erlebnisse überhaupt gebe, und er sei davon überzeugt, daß die Betreffenden überhaupt nichts erlebt, sondern alles erfunden hätten (»Die Leute behaupten das nur«). Dem schließt sich zu guter Letzt ein Psychiater an, indem er konstatiert, es sei naiv, Menschen, die behaupteten, ein solches Erlebnis gehabt zu haben, einfach zu glauben. Und was die Forscher betrifft, die ihnen Glauben schenken, stellt er fest, daß es sich bei ihnen häufig um Psychiater handle, und es sei ja bekannt, daß »überdurchschnittlich viele psychiatrisch tätige Ärztinnen in Deutschland« sich »als temporäre Patientinnen in psychiatrischen Kliniken« behandeln lassen müßten. Ob auch deren männliche Kollegen »leicht ›ver-rückt‹« seien, müsse offenbleiben – vermutlich weil er selber Psychiater ist.[8]

Nun gibt es gewiß unter denjenigen, die behaupten, eine »Nahtod-Erfahrung« gemacht zu haben, vor allem in der jüngsten Zeit auch Lügner und Betrüger sowie Personen, die ihr Erlebnis manipuliert und »frisiert« haben, um es für das Publikum attraktiver zu gestalten und den Verkaufserfolg ihrer diesbezüglichen Publikationen zu steigern.[9] Doch gibt diese Tatsache niemandem die Berechtigung, jeden, der von einem solchen Erlebnis berichtet, aus der hohlen Hand heraus des Betrugs oder der Lüge zu bezichtigen. Allerdings wurde bereits im Mittelalter immer wieder an der Authentizität von Visionsberichten gezweifelt, und so fühlte sich zum Beispiel im 14. Jahrhundert Magister Matthias aus Linköping, Beichtvater der Mystikerin Birgitta von Schweden, bemüßigt, zu betonen, daß diese, selbst wenn sie es wollte, »nicht das Geringste zu erdichten wüßte, da sie höchst einfach und gutherzig« sei.

Ganz offensichtlich hatten in unserer Zeit zumindest bis gegen Ende des vergangenen Jahrhunderts die allerwenigsten derjenigen, die eine »Nahtod-Erfahrung« hatten, auch nur eine Ahnung davon, daß es solche Erlebnisse überhaupt gab. Und sie rechneten für den Fall, daß sie davon erzählten, eher damit, von ihrer Umgebung, von den Ärzten, Krankenschwestern, Psychiatern, aber auch von ihren Angehörigen für verrückt gehalten zu werden, als daß ihnen ihre »Seelenreise« Prestige und Bewunderung einbringen würde.

Was schließlich den Persönlichkeitstypus derjenigen angeht, die von »Nahtod-Erfahrungen« berichten, kann man anscheinend lediglich sagen, daß es sich eher um Personen handelt, die eine gewisse Offenheit gegenüber ungewöhnlichen Erlebnissen besitzen und diese nicht frühzeitig blockieren oder wegwischen, weshalb es wohl eher unwahrscheinlich ist, daß ein Intellektueller, der »Seelenreisende« von vornherein für ausgekochte Gauner, Lügner und Wichtigtuer hält, selber jemals eine solche Erfahrung macht. Keinerlei Rolle spielen ein Vorwissen über diese Phänomene, Alter und Geschlecht, Familienstand und Bildungsgrad, kulturelle Zugehörigkeit, Religiosität oder der Glaube an ein Leben nach dem Tode, obgleich einige dieser Faktoren ganz gewiß den *Charakter* des Erlebnisses und seine *Interpretation* bestimmen. So sind nicht wenige der »Reisenden« anschließend religiös geworden oder haben zur Religion zurückgefunden, und ich bin davon überzeugt, daß meine allgemeine Weltanschauung ausschlaggebend dafür war, daß meine eigene »Reise« durch den Tunnel mich nicht in einen jenseitigen Garten Eden, sondern auf die nordamerikanische Prärie geführt hat, wo mir leider – oder Gott sei Dank – keine Botschaft verkündet wurde, die ich an die Menschheit weiterleiten sollte.[10]

Anhang I
Seit wann gibt es Indizien für »Seelenreisen«?

Immer wieder findet man in der Literatur die Behauptung, die aus dem frühen 2. Jahrtausend v. Chr. stammende Erzählung von der Reise des Gilgameš auf dem Weg der Sonne durch das finstere Mašu-Gebirge, die ihn nach zwölf Doppelstunden in den leuchtenden Edelsteingarten führte, sei die früheste erhaltene Beschreibung einer »Nahtod-Erfahrung«. Freilich wird im *Gilgameš*-Epos ähnlich wie in entsprechenden ägyptischen Darstellungen lediglich geschildert, wie ein mythischer Heroe bzw. die Verstorbenen die »Nachtfahrt« der Sonne wiederholen, die man sich eben nicht anders vorstellen konnte als als Gegenteil zur »Tagesfahrt«, nämlich als eine Reise durch die Gefilde der Dunkelheit.[1]

Anders verhält es sich mit Platos Bericht über den gefallenen Pamphylier Er, der vom Schlachtfeld nach Hause gebracht und am zwölften Tag nach seinem Tode auf den Scheiterhaufen gelegt wurde, wo er plötzlich wieder zu sich kam und erzählte, was er in der Zwischenzeit erlebt hatte: »Nachdem seine Seele ausgefahren, sei sie mit vielen anderen gewandert, und sie wären an einen wunderbaren Ort gekommen, an dem ein Gericht tagte, das die Gerechten gen Himmel und die Ungerechten in den Tartaros schickte. Ihm aber sei aufgetragen worden, den Lebenden von dem Gesehenen zu berichten«.

Nun gibt es Gräzisten, die der Meinung sind, Plato habe die Geschichte von dem pamphylischen Krieger ähnlich wie die vom untergegangenen Atlantis erfunden, und zwar in diesem Falle, um zu zeigen, daß die Seele vom Körper unabhängig sei, wenn sie ihn auch im Leben dirigiere wie der Steuermann sein Schiff. Doch scheint es gewiß, daß die orphisch-pythagoräische Tradition, in der Plato stand, ihm genügend Fallbeispiele für seine Seelenlehre bereitgestellt hat. So gab es seit alten Zeiten die γόητες, die dazu fähig waren, die Seele (ψυχή) eines Toten zu veranlassen, aus der Unterwelt ans Tageslicht zurückzukehren, oder sie selber »heraufzuführen« wie der Heiler und γόης Orpheus, auf den Euripides Bezug nahm, wenn er den um seine verstorbene Frau trauernden Admetos sagen ließ: »Hätt ich des Orpheus süßen Liedermund, /

Daß ich Demeters Kind samt dem Gemahl / Verführte, dich zu senden an das Licht!« Noch Klearchos, ein Schüler des Aristoteles, berichtete von einem Mann, der wie Hermes imstande war, mit Hilfe seines »seelenführenden Stabes« (φυχουλæὸς ῥάβδος) die Seele eines Menschen weit umherzuführen, während dessen Körper wie tot dalag. Einen mit Blättern versehenen Zweig trug auch der ἰατρός Asklepios, der ins Reich der Toten reisen konnte, um wie ein Schamane die Seelen der Kranken und Wahnsinnigen heimzuholen.[2]

Wie Maximos von Tyros überliefert, »behauptete« Aristeas von Prokonnesos, »seine Seele habe den Körper verlassen, sei geradewegs zum Äther emporgestiegen und rings um das Hellenische und das Barbarische Land, um alle Inseln, Flüsse und Berge geflogen. Geendet aber habe seine Reise im Land der Hyperboreer. [...] Zwar verstanden die Leute nicht recht, wie seine Seele reiste und wie sie alles sah, doch glaubten sie ohne weiteres, daß eine Seele reisen müsse, wenn sie über jedes Ding die volle Wahrheit aussagen wolle.« Nach Herodot soll es, was später auch Plato – vielleicht aus anderer Quelle – bestätigte, einen gewissen Abaris gegeben haben, der von sich behauptete, ein Hyperboreer zu sein. Wie Herodot weiter ausführte, wanderte dieser Mann angeblich »mit einem Pfeil in der Hand um die ganze Welt«, und zwar »ohne zu essen«, während schließlich Plinius berichtet, »daß die Seele des Hermotimos aus Klazomenai den Körper zu verlassen und umherzuirren pflegte und von ihrer Fahrt aus der Ferne viele Nachrichten mitbrachte, wie sie nur ein Augenzeuge hätte erfahren können (*quae nisi a praesente nosci non possent*); unterdessen sei der Körper wie leblos (*semianimi*) dagelegen«.[3]

Ein bekannter Gräzist bezweifelt, daß der Pfeil, den Abaris auf seiner »Seelenreise« in der Hand gehalten habe, wie einige Kommentatoren annahmen, »the vehicle for his soul« gewesen sein könnte, da es so etwas im sibirischen Schamanismus nie gegeben habe. Diese Behauptung ist freilich falsch, denn es gibt zahlreiche Indizien dafür, daß die zentral- und nordasiatischen Schamanen *vor* der Trommel Pfeile benutzten, um in die jenseitige Welt zu gelangen. Das alte buryatische Wort für »Seele« war *utha*, »Pfeilspitze«, und in mehreren altaischen Turksprachen lautete das Wort für den Schamanen »Bogenschütze«. Auf einem Pfeil flog der tungusische Held in den Himmel, wo er die Töchter des Sonnengottes Sigundar freite, und die Awaren legten einst dem Verstorbenen einen

Pfeil ins Grab, oder man schoß über diesem einen Pfeil ab, auf dem er das Jenseits erreichen konnte. Das gilyakische oder nivchische Wort für die Schamanentrommel, *qas*, ist verwandt mit χa-, »schießen«, die Nenzen nannten die Trommel »Bogen«, und es ist eine mongolische Schamanentrommel erhalten geblieben, in deren Innerem ein Bogen und ein Pfeil mit einem Pferdekopf angebracht sind.[4]

Nun gibt es freilich die berühmte und viele Jahrtausende ältere Darstellung eines Mannes in steifer Körperhaltung mit abgespreizten Armen, einem Vogelkopf und erigiertem Penis sowie Händen mit jeweils vier Fingern, was der Anzahl der Vogelzehen entspricht. Unterhalb der Darstellung des starren Vogelmannes befindet sich das Bild eines Stabes oder einer Stange, deren oberes Ende in eine Vogelfigur ausläuft, die denselben Kopf besitzt wie der Mann, und deren unteres Ende anscheinend einen Haken hat, so daß der Stab eine Speerschleuder sein könnte (Tf. 7). Die beiden Skizzen befinden sich an einer ockerfarbenen Wand der nach der Darstellung des Erstarrten »Schacht des toten Mannes« genannten Felskluft der Höhle Lascaux in der Dordogne, an deren Fuß man muldenförmige Steinplatten, Fettlampen, ornamentierte Speerschleudern und Holzkohle fand, die aus der Zeit um 15500 v.Chr. (±900 Jahre), also aus dem frühen Magdalénien, stammt. Aus dem Schacht steigen bisweilen Kohlenmonoxidgase in hoher Konzentration auf, die bekanntlich zu Krämpfen, tiefer Bewußtlosigkeit, Atemlähmung und Herzstillstand führen können, wenn sie eingeatmet werden. Ganz offensichtlich fanden am Fuße des Schachtes Séancen oder kultische Handlungen statt, deren Teilnehmer sich an einem Seil herabließen, dessen Abdruck von den Prähistorikern gefunden wurde.[5]

Es liegt nahe, sowohl in dem »toten Mann« von Lascaux als auch in zwei weiteren, ebenfalls aus dem Magdalénien stammenden Bildern von Männern mit Vogelkopf, erigiertem Glied, krallenbewehrten Bärenfüßen und einer vierfingrigen Hand, die in der Höhle von Altamira abgebildet sind, die Darstellung eines Schamanen in Ekstase oder eines Mannes, der gerade eine »Nahtod-Erfahrung« hat, zu sehen. Denn nicht nur bei Personen, die kurz vor dem sexuellen Orgasmus stehen, sondern auch bei Menschen, die dabei sind, aus ihrem Körper entrafft zu werden, hat man einen erhöhten Blutandrang in Penis und Klitoris sowie ein steifes Spreizen der Extremitäten, der Finger und Zehen beobachtet. »Sobald der *utcha* [Hilfsgeist] kommt«, heißt es in einer alten

Beschreibung der Ekstase der buryatischen Schamanen, »auf ihn niedersteigt und in ihn eingeht, fällt der Schamane in Ohnmacht. Gewöhnlich fallen die Schamanen mit Wucht auf den Rücken. Beide Arme liegen platt zur Seite gestreckt, der Körper biegt sich nicht mehr und wird wie ein Stock. Immer wenn der *utcha* kommt, wird der Schamane steif wie Holz und verliert das Bewußtsein.«

Eine Prähistorikerin meint nun, es sei »totalement indémonstrable«, daß die Vogelmänner von Lascaux und Altamira sich in einem ekstatischen Zustand befänden, da die Ekstase eine innere Seelenlage sei, die man nicht sehen könne. Noch einen Schritt weiter geht eine Ethnologin, die behauptet, die Ekstase oder die Trance sei ein »x ignotum«, mehr noch, es gäbe keinen psychischen Zustand, der mit diesen Begriffen bezeichnet werden könne, woraus ein Religionswissenschaftler den Schluß zieht, die Interpretation jener Bilder als die Darstellung entrückter Schamanen stehe auf einer Stufe mit der Deutung der bekannten Maya-Gestalten von Palenque als außerirdische Astronauten. Ich möchte an dieser Stelle meine Kritik an dem wirklichkeitsfremden Behaviorismus, der hinter solchen Argumentationen steht (vgl. § 25), nicht wiederholen, sondern lediglich darauf hinweisen, daß man mit gleichem Recht behaupten könnte, Gian Lorenzo Berninis berühmte Skulptur der hl. Teresa von Ávila zeige nicht die Ekstase der Karmeliterin, denn einen solchen »inneren Zustand« könne man gar nicht darstellen oder es gäbe ihn überhaupt nicht. Was nämlich der römische Bildhauer wiedergegeben habe, sei lediglich eine Frau, deren Lippen geöffnet, deren Augen halb geschlossen sind und die den Kopf zurückgeworfen hat. Ja, wenn Teresa in ihrer *Vita* berichtet, ein Engel sei zu ihr gekommen und habe mehrfach mit einem goldenen Pfeil ihr Herz und ihre Eingeweide durchbohrt, worauf er sie »ganz entflammt mit einer großen Liebe zu Gott zurückgelassen« habe – »Der Schmerz war so scharf, daß ich mehrmals ein Stöhnen ausstieß; und so überwältigend war die Süße, die jener scharfe Schmerz hervorrief, daß man sie nie wieder verlieren möchte« –, dann müßte die Ethnologin sagen, daß man all diese Wörter, wie »scharfer Schmerz«, »Süße« oder »aus Liebe entflammt« gar nicht verstehen könne, weil es solche psychischen Zustände nicht gebe.[6]

Ansichten wie diese scheinen zwar im Augenblick modisch zu sein, doch sollten sie nicht darüber hinwegtäuschen, daß offenbar die Vogelmänner-Bilder oder die Gravierung des allem Anschein nach wisentköpfigen Wesens in der Höhle von Le Gabillou, das sich ein Tierfell übergeworfen hat, dessen Beinansätze über seine Oberschenkel hängen, deutliche Indizien dafür sind, daß es sich um die Darstellungen von Schamanen handelt, die sich in einem ekstatischen Zustand befinden bzw. einen kultischen Tanz aufführen, der vielleicht ebenfalls in eine Ekstase mündete. Dem hat man entgegengehalten, soweit man zurückblicken könne, hätten Schamanen nie sich selber auf Felswänden oder mobilen Gegenständen dargestellt, aber das ist nicht wahr. Bilder von Schamanen finden sich nicht nur auf nordamerikanischen Felsblökken, vielmehr stellten einst die Schamanen der Tlingit zauberkräftige Elfenbeinfigürchen von Schamanen und ihren Hilfsgeistern, zum Beispiel dem Krakengeist, her. Auf einer tuvinischen Trommel hatte der Schamane sich selber dargestellt, wie er auf einer Bergziege ins Jenseits reitet, und auf einer Trommel (*täzim*) der Tuba im Altai sind der einen Pfeil abschießende Schamane sowie seine vogel- und hirschgestaltigen Hilfsgeister zu sehen, mit denen er in die andere Welt reiste. Wie der russische Ethnograph erfuhr, wurden die Bilder vor jeder Séance, in welcher der Schamane den Versuch unternahm, sich in die Unterwelt oder in den Himmel zu begeben, abgewaschen und durch neue ersetzt.[7]

Was für ein Vogel könnte der auf dem Stab sitzende sein, dessen Kopf und Zehen der Vogelmann von Lascaux zu haben scheint? In wogulischen Überlieferungen ist die Rede von einem mächtigen Schamanen (*ńoait*), der sich im Federkleid eines Kranichs in die Lüfte erhoben habe, und die nordischen und russischen Ethnologen vermuten, daß die sibirischen Schamanen einstmals den ganzen Kopf und das Gesicht mit einer Tiermaske bedeckt haben – noch im 19. Jahrhundert bestand im Altai die Kopfbedeckung der Schamanen aus einem vollständigen Uhubalg mit Kopf und Flügeln. Als »Adlerköpfiger« (Arnhǫfði) unternahm bekanntlich Óðinn seine Jenseitsreisen, und auf einem um das Jahr 700 entstandenen, also frühwikingerzeitlichen Bildstein im nordgotländischen Kirchspiel Lärbro ist er in seinem Adlerhemd (an. *arnarhamr*) dargestellt. Nach burjatischer Überlieferung war der Vater des ersten Schamanen ein Adler, der dessen Mutter geschwängert hatte, als sie schlief, und die Cheyenne erzählten einander Geschichten von jungen Männern, die sich in Adler verwandelten und wegflogen. Kurz nach dem Tode des alten Arrow Keeper der Südlichen Cheyenne im Februar 1982 zeigte mir dessen Enkel Standing Elk Alone in Oklahoma mehrere

Photos, die er während der Beerdigung seines Großvaters gemacht hatte. Darauf war ein Adler zu sehen, der in die Sonne zu fliegen schien und von Bild zu Bild immer kleiner wurde, bis er schließlich verschwunden war. Alle Cheyenne, mit denen ich über die Photos sprach, waren davon überzeugt, daß es sich bei dem Adler um die Seele (*hemāhtasooma*) des Arrow Keeper gehandelt habe, die in die andere Welt geflogen sei.[8]

Allerdings handelt es sich bei dem Vogel auf der Stange nicht um einen Adler, einen Uhu oder einen Kranich, sondern wahrscheinlich um ein Schneehuhn – entweder das auf der offenen Tundra brütende Alpenschneehuhn (*Lagopus mulus*), das im Winter weite Wanderungen in Gegenden unternahm, wo es leichter Samen, Blätter und Beeren finden konnte, aber auch die Rentierherden begleitete, weil diese Tiere den Schnee wegscharren und damit Futterquellen freilegen. Oder es ist ein Moorschneehuhn (*Lagopus lagopus*) dargestellt, das einen längeren und schmaleren Schnabel besitzt. Es blieb zwar in der kältesten Jahreszeit in der Tundra, aber auf Futtersuche, etwa der nach Rentierflechten, streifte es weit umher.[9] Schneehuhnknochen aus dem Frühmagdalénien hat man am ältesten jungpaläolithischen Fundplatz der Schweiz, in der Kastelhöhle im Kaltbrunnental südlich von Basel gefunden, die Gravierung eines Schneehuhns auf einer Schieferplatte aus dem Spätmagdalénien stammt aus Gönnersdorf am Mittelrhein, und die Menschen, die sich während des Endmagdaléniens etwa 370 Jahre lang im Abri des Büttenlochs bei Ettingen aufhielten, jagten fast ausschließlich Moor- und Alpenschneehühner. Aus dem archäologischen Befund geht hervor, daß die Jäger vor allem an ganzen Flügeln und den Schwungfedern interessiert waren, was nicht verwundert, denn die zeitintensive Schneehuhnjagd hätte sich allein des Fleisches wegen aufgrund der geringen Nahrungsausbeute kaum gelohnt. Die Jäger verfolgten die Vögel also, weil sie es auf ihr Federkleid abgesehen hatten, das – wie die Archäologen vermuten – auch bei der Herstellung der Schamanentracht Verwendung fand. Am Ende der Eiszeit wanderten die Schneehühner bis in den Norden Grönlands und nach Nordostsibirien aus, und in späterer Zeit waren Schneehuhnfedern vor allem in Sibirien und in der Mongolei Bestandteil der Schamanenkleidung während der Séance, bei der sich der Schamane in ein Schneehuhn verwandelte. So nahmen die Schamanen der Daur-Mongolen die Gestalt des Moorschneehuhns an, um in den Himmel reisen zu können, und bei den Ostjaken und Wogulen, die noch im Hochmittelalter westlich vom Ural an den Oberläufen der Flüsse Kama und Petschora lebten, bis sie in die sibirische Taiga verdrängt wurden, lebte die »Traumseele« eines Menschen, sein »Zweites Ich«, das sein Schicksal mit ihm teilte, als Moorschneehuhn in der Einsamkeit des borealen Nadelwaldes. Die Schamanen der Karagassen an der Nordseite des Sajanischen Gebirges trugen ein Stirnband, in dem Schneehuhnfedern steckten, und noch vor hundert Jahren galt der Vogel bei den Berglappen als zauberkundig.[10]

Man hat den Stab, dessen oberes Ende mutmaßlich in ein geschnitztes Schneehuhn ausläuft, für eine Speerschleuder gehalten, weil sein unteres Ende einen Haken besitzt. Solche Geräte gab es zwischen dem späten Solutréen (ca. 18 000 v. Chr.) und dem späten Magdalénien (11. Jahrtausend v. Chr.) vor allem im Pyrenäenvorland und in der Dordogne, aber auch in Mitteleuropa, und man konnte mit ihnen bei der Jagd auf Rentiere, Rothirsche und Wildpferde Projektile über 180 m weit schleudern. Auf Mammutjagd wird man mit ihnen kaum gegangen sein, weil der Jäger ein solches Unterfangen wohl meistens mit dem Leben bezahlt hätte, und so hat man auch in Osteuropa, wo es noch im Magdalénien große Mammutherden gab, keine einzige Speerschleuder gefunden.[11] Was freilich gegen die Deutung des Stabes als Speerschleuder spricht, ist die Tatsache, daß bei sämtlichen jungpaläolithischen Exemplaren das meist aus Rengeweih gefertigte *Hakenende* als Flughuhn, Vogelkopf und dergleichen gestaltet ist, so auch bei den Geräten, die man in den Höhlen Lascaux, Bédeilhac oder Mas-d'Azil gefunden hat, wo sie gewiß bei Zeremonien benutzt worden sind.[12]

Deshalb scheint mehr dafür zu sprechen, daß es sich sowohl bei der Darstellung des Vogelstabes von Lascaux als auch bei der sehr ähnlichen auf einem Näpfchenstein von La Ferrassie, die einen auf der Spitze eines Stabes sitzenden Vogel zeigt, um den Prototyp jener Holzstange handeln könnte, die den Weg symbolisierte, den sowohl die Verstorbenen als auch die Schamanen nahmen, wenn sie sich ins Jenseits begaben. Derartige Vogelstangen benutzten die Schamanen der Jakuten und Dolganen bei einer »großen Séance«, während deren sie in den Himmel flogen, aber sie standen auch auf den Gräbern verstorbener Schamanen. Bei den Tundrajuraken symbolisierte eine Holzstange, in die sieben Kerben eingeschnitten waren, die »Leiter«, auf welcher der Schamane zu den sieben Himmelsebenen kletterte, und die Vogelfigur auf ihrer

Spitze, eine Ente, eine Gans, einen Polartaucher, ein Schneehuhn oder einen Adler, die für den Hilfsgeist standen, der ihn dabei unterstützte. Und auch bei vielen anderen sibirischen Völkern stellte der hölzerne Vogel entweder den Hilfsgeist dar oder den Schamanen, der sich zum Beispiel bei den Ewenken in dieses Tier verwandelt hatte, um die Reise ins Land der Toten (*khergu ergu buga*) zu meistern.[13]

Von den Vogelstäben zu unterscheiden sind jene Stäbe, auf denen die Schamanen – ähnlich wie auf der Trommel – in die andere Welt ritten und die in Sibirien meist am oberen Ende zu einem Pferdekopf und am unteren zu einem Pferdehuf geschnitzt waren, wobei manche in der Mitte Steigbügel besaßen. Die Schamanen der Buryaten »belebten« diese »Pferdestöcke« (*chorbi*), indem sie das untere Ende mit Blut bestrichen, und sie tränkten die aus Birkenholz oder Eisen gefertigten Stöcke jeden Tag wie ein richtiges Pferd. Während der Séance nahmen die Schamanen ihren »Pferdestock« in beide Hände und begaben sich so in der Trance auf Jenseitsreise.[14] Die Todscha in Tuwa und die sibirischen Tataren bemalten zur »Belebung« ihrer geschnitzten oder geschmiedeten Stöcke diese auch mit rotem Lehm, der wie der rote Ocker, mit dem man schon vor 100 000 Jahren in Palästina die Leichen bestreute, als Blutersatz diente.[15] Damit die Schwirrhölzer zum »Leben erwachten« und »redeten«, wurden auch sie nicht selten mit roter Farbe umgeben oder eingerieben. So war zum Beispiel in der Höhle La Roche de Birol in der Dordogne ein mit Strichen verziertes Schwirrholz aus dem oberen Magdalénien in rote Farbpigmente eingebettet, und in der Gegend des südaustralischen Ooldea hieß es, die Schwirrhölzer seien in Wirklichkeit die erstarrten Ahnen der Traumzeit, die wieder lebendig würden und zu sprechen begännen, wenn man sie einfette und mit rotem Ocker einreibe.[16] Die Schamanen der Washo schwangen den »Donnerstab«, auf den eine Zickzacklinie gemalt war, die den Blitz symbolisierte, damit der Donnervogel in Gestalt eines Adlers aus dem Jenseits herbeigeflogen kam, um seine Stimme ertönen zu lassen, und auch bei den Arapaho, Hopi und Apache sowie den Toba im Gran Chaco und den Stämmen am Río Xingú zitierten die Medizinmänner und Schamanen mit dem dumpfen, brummenden Geräusch das Gewitter und den Regen herbei.[17]

Ein erigiertes Glied wie der mutmaßliche Schamane von Lascaux hat offenbar auch der gravierte Mann mit einem Büffelkopf in der Höhle

Les Trois Frères, der anscheinend auf einem Musikbogen spielt, den man gelegentlich für den Vorläufer der Schamanentrommel gehalten hat. Handelt es sich um die Darstellung eines jungpaläolithischen Schamanen, der sich mit Hilfe der Klänge eines Musikbogens in einen Büffel verwandelt, um als solcher ins Jenseits zu wandern? Jedenfalls riefen die Schamanen der Shuar mit dem Musikbogen (*tusank*) ihre tiergestaltigen Hilfsgeister (*pasuk*) herbei, damit diese sie in die andere Welt geleiteten, und die tschelkanischen Schamanen hörten aus den Schwingungen des Bogens heraus, was die Geister auf ihre Fragen antworteten, die sie ihnen stellten.[18]

Auch der berühmte teils gravierte, teils gemalte sogenannte »Zauberer von Les Trois-Frères« (Abb. 27) ist einerseits für einen tanzenden Schamanen gehalten worden, aber man hat in dem Bild auch die Darstellung eines »Herrn der Tiere« gesehen, zumal es in einigen Ethnien die Vorstellung gab, daß die »Tierherrin« oder der »Tierherr« ein menschlich-tierisches Mischwesen war, halb Bär, halb Mensch bei den Cree oder halb Mensch, halb Fisch auf den Salomonen. Als mir der Besitzer und einer der drei Entdecker der Höhle Les Trois-Frères, Graf Max Bégouin, im Jahre 1971 erlaubte, die Gestalt des 75 cm großen »Zauberers« von einer in der Höhle aufgestellten Leiter aus zu untersuchen, fiel mir zunächst auf, daß eine Reihe von Details, die man auf vielen publizierten Wiedergaben des Bildes sehen kann, nicht – oder vielleicht nicht mehr – vorhanden ist. Unbestritten ist indessen, daß es sich um eine menschlich-tierische Mischgestalt handelt, die im Röntgenstil graviert und gemalt ist, ein Hirschgeweih trägt und wohl auch ein Hirschgesicht hat sowie mit einem Wildpferd- oder Wisentschwanz und Genitalien ausgestattet ist, die offenbar keinem spezifischen Säugetier zugeordnet werden können.

Vor allem die Tatsache, daß der Rumpf und die Beine transparent sind und die Muskulatur oder große Teile des Skeletts sowie die Wirbelsäule und das Schulterblatt zeigen, macht es wahrscheinlicher, daß hier ein Schamane dargestellt ist, der dazu fähig war, sich in verschiedene Tiere zu verwandeln, um in deren Gestalt die andere Welt aufzusuchen. Dafür spricht zudem, daß auch viele sibirische Schamanentrachten mit Eisenteilen besetzt waren, die sein Skelett repräsentierten, so daß die bei der Séance Anwesenden gleichsam sein unvergängliches Inneres sehen konnten. Dieses stellte die »Seelensubstanz« des Schamanen dar, die

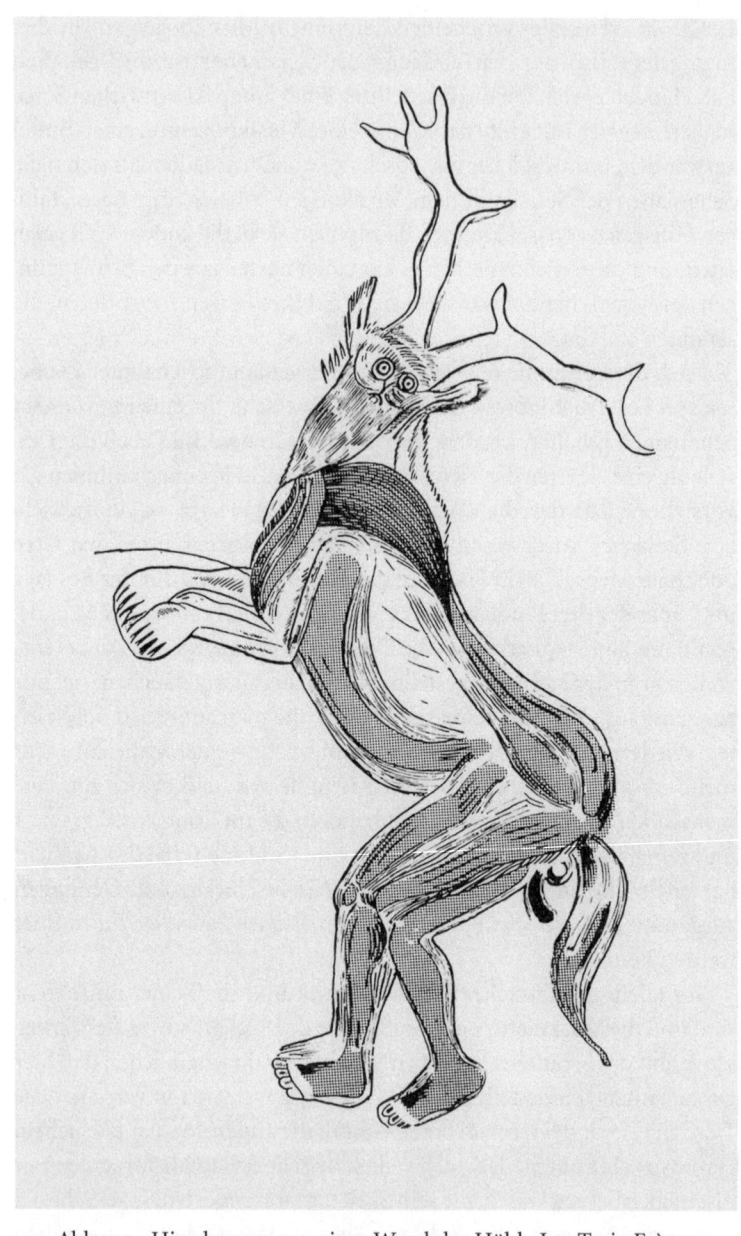

Abb. 27 »Hirschmann« an einer Wand der Höhle Les Trois-Frères, Magdalénien.

durch alle Verwandlungen hindurch bestehenblieb und dafür sorgte, daß er auf der Reise ins Jenseits seine Identität behielt.

Schließlich ist darüber hinaus das Hirschgeweih, das auch ein Mann auf einer Schieferplatte aus der Grotte von Lourdes trägt, der ebenfalls einen Pferde- oder Wisentschwanz hat, ein Indiz dafür, daß das Wesen an der Felswand der Dreibrüderhöhle ein Schamane ist. Über alle Zeiten hinweg und in zahllosen Kulturen war der Hirsch eines *der* Tiere, die über die Fähigkeit verfügten, ins Jenseits überzuwechseln und von dort wieder zurückzukehren, weshalb viele Schamanen sich zu diesem Zweck in einen Rothirsch oder in den arktischen Hirsch, also das Rentier, verwandelten. In einer Höhle des Dschebel Qafzeh in der Nähe von Nazareth in Galiläa hat man einen etwa dreizehnjährigen archaischen Homo sapiens oder Proto-Cro-Magnon aus dem Moustérien ausgegraben, der höchstwahrscheinlich zu unseren direkten Vorfahren zählt. Nach Elektronenspinresonanzuntersuchungen lebte der Junge vor etwa 120 000 Jahren und war damit ein Zeitgenosse der Neandertaler, aber im Gegensatz zu diesen besaß er einen hohen Schädel und eine hohe Stirn, einen unausgeprägten Brauenwulst, ein flaches Gesicht und ein entwickeltes Kinn. Seine Horde hatte ihn in einer rechteckigen Grube bestattet und sie anschließend mit einem schweren Kalksteinblock bedeckt, nachdem sie ihm eine Straußeneischale und rote Farbstücke als Beigabe ins Grab gelegt hatte. Am bemerkenswertesten aber ist die Position des Jungen, der so bestattet worden war, daß er nach Westen, in Richtung Sonnenuntergang, blickte und sich dabei am Geweih eines Hirsches festhielt. Allem Anschein nach hatte man also dafür Sorge getragen, daß der Verstorbene auf dem Rücken des Hirsches dorthin reisen konnte, wohin auch jeden Abend die Sonne ging, nämlich ins Totenland.

Sehr viel später, nämlich etwa 23 000 v. Chr., also im frühen Gravettien, hatte man den in der Grotta delle Arene Candide an der ligurischen Küste Bestatteten jeweils zwei bearbeitete Hirschgeweihteile auf die Oberarme gelegt, während im Endmagdalénien, also um 11 000 v. Chr., die Federmesserleute des Wohnplatzes Poggenwisch bei Ahrensburg in Stormarn offenbar Rentiermasken mit bearbeiteten Geweihstangen herstellten, die vielleicht von Schamanen während der Séance getragen wurden.[19]

Anlaß zu der Vorstellung, daß die Rothirsche ins Jenseits zogen und

Abb. 28 Rekonstruktion des »Hirschmannes« von Les Trois-Frères als Schamane.

von dort wieder ins Diesseits zurückkehrten, gaben sicher die jahreszeitlichen Wanderungen der Tiere, die während der Eiszeit wesentlich größer und stärker waren als ihre heutigen Nachkommen. Dabei bewegten sie sich von ihren wärmeren Winterquartieren in den Tälern über viele Hunderte von Kilometern zu den höheren und kühleren Sommerweiden. Und da die Hirsche ebenso wie die Rentierherden sehr schnell wanderten, konnten die Eiszeitjäger beiden mit ihren Familien und all ihrer Habe nicht folgen, zumal sie nicht über Schlitten und Zughunde verfügten.[20] Rothirsche waren ohnehin sehr viel schwerer zu jagen als Rentiere, die das Hauptjagdtier des Jungpaläolithikums darstellten, und so fanden die Prähistoriker in den Höhlen und auf den Lagerplätzen ungleich weniger Hirsch- als Renknochen – in Lascaux stammten 88,7 % aller Tierknochen vom Ren und 1,5 % vom Rothirsch, der allerdings im relativ milden Lascaux-Interstadial recht häufig vorkam. Geht man davon aus, daß durch das Malen und Gravieren der Tiere diese aus der »Höhlengebärmutter« herausgelöst wurden, und zwar vor allem jene, die nicht leicht zu erbeuten waren, dann nimmt es kaum wunder, daß der Rothirsch in den Höhlen des Magdalénien sehr viel häufiger dargestellt worden ist als das Ren. Dieses verschwand am Ende des Magdalénien aus West- und Mitteleuropa, doch als sich in der Jüngeren Dryas-Zeit zwischen 8700 und 8000 v. Chr., also während des letzten eiszeitlichen Kälterückschlags, die Tundra dort ein letztes Mal ausbreitete, kehrte auch das Rentier aus Nord- und Nordosteuropa zurück, bis es im Mesolithikum endgültig durch den Rothirsch ersetzt wurde.[21]

Dementsprechend gewann anscheinend dieses Tier und in zweiter Linie auch der Rehbock bei den Jägern und Sammlerinnen der Mittleren Steinzeit im Schamanismus und in den Regenerierungsritualen sogar noch an Bedeutung. So haben die Archäologen eine etwa 25 Jahre alte Frau (Abb. 29), die in jener Zeit gemeinsam mit einem Säugling südöstlich von Merseburg begraben worden war, für eine Schamanin gehalten. Denn sie trug ursprünglich eine Kopfbedeckung aus dem Geweih eines Rehbocks (Abb. 30), und ihr Schädel zeigte Eigentümlichkeiten, aus denen die Mediziner schlossen, daß ihr Gehirn mit Sauerstoff unterversorgt wurde. Im Braunkohletagebau Garzweiler im Erftal fand man die Geweihe zweier kapitaler Rothirsche aus der Zeit um 7700 v. Chr., an denen noch größere Stücke des Schädeldaches hafteten, in

Abb. 29 Rekonstruktion der mesolithischen »Schamanin« von Bad Dürrenberg.

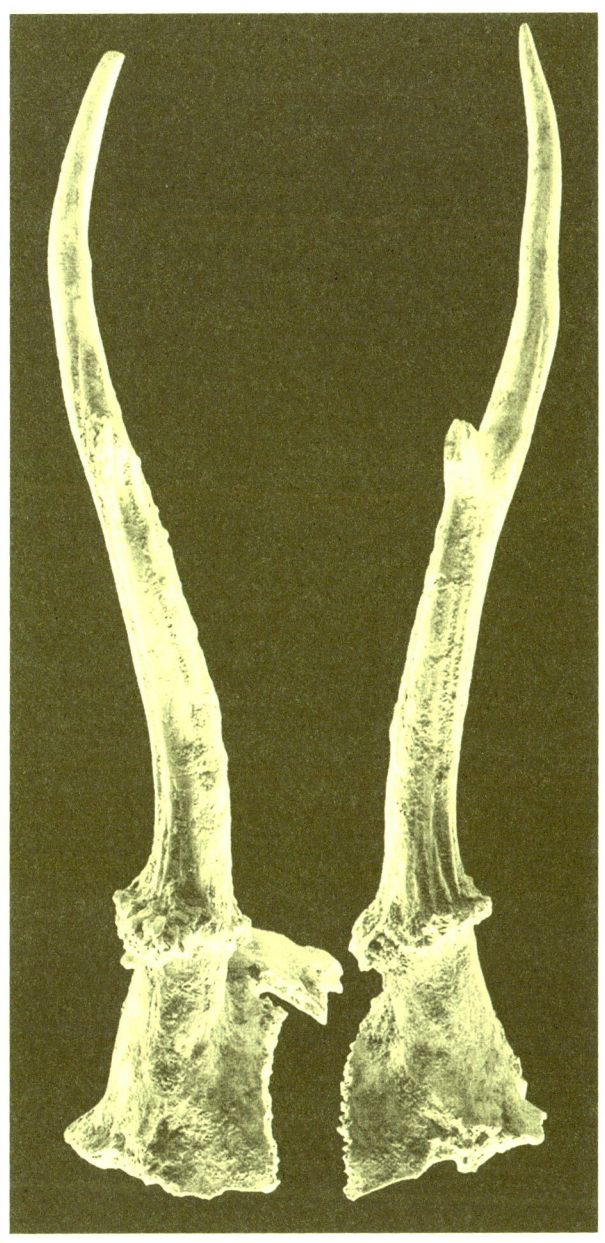

Abb. 30 Rehgeweih-Kopfputz aus dem Grab der »Schamanin«.

die man jeweils zwei Löcher gebohrt hatte, durch die Lederriemen gezogen werden konnten. Ob diese Hirschmasken von Schamanen getragen wurden, die sich für die Jenseitsreise in einen Rothirsch verwandelten, oder von Kultpersonen, die dies taten, um die Wiederkehr der ins Jenseits verschwundenen Kräfte der Natur zu fördern, ist nicht bekannt. Daß solche Rituale an der frühmesolithischen Kultstätte von Star Carr stattfanden, wird indessen von vielen Prähistorikern vermutet. Dort wurden nämlich neben offenbar als Opfergaben niedergelegten Bernstein- und Tierzahnperlen nicht weniger als 21 Rothirschgeweihe ausgegraben, die sich noch auf den Schädelfragmenten befanden, die man ausgehöhlt hatte, um ihr Gewicht zu vermindern. Auch in sie waren Löcher gebohrt worden, durch die man gewiß Lederstreifen oder dergleichen gezogen hatte, mit denen man das Geweih am Kopf befestigte. Es ist anzunehmen, daß die Kultteilnehmer auch Hirschmasken vor dem Gesicht sowie Hirschfelle trugen und so ihre Regenerierungsrituale durchführten. Zweifellos war gerade der Hirsch das Symbol des Zyklus der Natur und der ewigen Wiederkehr des Gleichen, weil er nach der Brunft im Winter, wenn sein Testosteronspiegel sank, das Geweih, mit dem er die Hindinnen beeindruckt hatte, abwarf, also in der Zeit, in der auch die Vegetation verschwand. Werden aber im Frühling mehr männliche Keimdrüsenhormone produziert, wächst das Geweih wieder nach, und zwar just dann, wenn auch die Vegetation wiederkehrt.[22]

Darüber hinaus scheinen freilich einzeln gefundene Hirschmasken wie die in der Gegend von Weimar ausgegrabene aus dem 6. Jahrtausend v. Chr., die aus dem Schädel eines Rothirschs geschnitzt ist und vermutlich einst mit dem Gesichtsfell des Tieres überzogen war, eher zu einer Schamanentracht gehört zu haben. Denn daß der Hirsch weiterhin die Menschen ins Jenseits führte, erkennt man an den zahlreichen mesolithischen Bestattungen, bei denen die Verstorbenen mit diesem Tier oder zumindest mit seinem Geweih als Pars pro toto verbunden waren. So wurde einst auf der Insel Hoédic im südbretonischen Golf von Morbihan eine junge Frau mit Kleinkind inmitten von Rothirschgeweihen begraben, und in Vedbæk auf Sjælland ruhte der Kopf einer Frau auf zwei Geweihen des Tieres, die riesige Ausmaße besaßen, während ein etwa 50 Jahre alter Mann so bestattet worden war, daß sein Kopf und seine Schultern auf den Geweihstangen lagen.[23]

Wie die Verstorbenen und die Schamanen reiste auch die Sonne –

und zwar jeden Abend – in die Unterwelt, und im Norden verschwand sie dorthin im Winter, bis sie schließlich wieder zurückkehrte. In vielen Kulturen war man deshalb der Ansicht, daß ein Hirsch die Sonne in die Unterwelt zog oder daß sie selber ein goldener Hirsch war, der abends getötet wurde, aber am frühen Morgen aus dem Totenreich wiederkam. Aus der mittelneolithischen Karanovo-I-Kultur in Bulgarien stammt ein Gefäß, das einen Hirsch mit der Sonnenscheibe auf der Stirn darstellt, und auf den bronzezeitlichen Felsbildern von Bohuslän zieht der Hirsch die Sonne über das Firmament. Während der Wintersonnwende verfolgt und speert der Wilde Jäger den Sonnenhirsch auf die gleiche Weise wie Hagen den Sonnenhelden Siegfried. In der norwegischen þiðrekssaga wird Sigurðr von seiner Mutter Sisibe in der Wildnis geboren und nach deren Tod von einer Hirschkuh gesäugt und aufgezogen, bis der Schmied Mímir ihn als Lehrling aufnimmt. Als der Drache Fáfnir ihn später nach seinem Namen fragt, sagt er, er heiße »stattlicher Hirsch« (gǫfuct dýr). In der Prosa-Edda wird Sigurðr hjǫrtr, »Hirsch«, genannt, und in einem der Guðrúnlieder heißt es, Sigurðr sei »wie der hohe Hirsch« (eða hjǫrtr hábeinn) dagestanden. Die Symsk-Ewenken in der Taiga führten beim Erscheinen des ersten Grüns im Frühjahr das Regenerierungsritual ikénipke durch, bei dem die Verfolgung, Tötung und Wiederkunft des Sonnenhirsches, -rens oder -elchs pantomimisch dargestellt wurde.[24]

Hirschgeweihe mit Schädelstücken, die als Kopfbedeckungen dienten, hat man auch an mehreren keltischen Kultstätten in Gallien und Britannien gefunden, und in der als Grabstätte dienenden Majda-Hraškohöhle im südslowakischen Karst stießen die Ausgräber auf eine hallstattzeitliche, aus dem Gesichtsschädel eines Mannes hergestellte Maske sowie auf eine Hirschmaske, die entweder einst einem dort begrabenen Schamanen gehört hatte oder einem anderen Toten dazu diente, ins Jenseits zu gelangen. Der berühmte Leinsterheld Finn mac Cumhaill, der eigentlich Demné (von altirisch *dam-nijo, »kleiner Hirsch«) hieß, war zunächst ein Jäger und Krieger, ein fénnid, der mit seinen Genossen, den fénnidi, in der Wildnis lebte. Doch eines Tages schickte ihm der Gott Donn mac Midir eine sídhe-Frau namens Sadv in Gestalt einer Hirschkuh, die ihn ins Jenseits lockte, worauf er ein Heiler und Seher (fili) wurde. Die verführerische Frau, hinter der wohl Flidhais, die irische »Herrin der Tiere«, steht, gebar ihm Oisín, das »Hirschlein«, der wie sein Vater und später sein Sohn Oscar (von *os*, »Hirschkalb«) ein Jenseitsgänger wurde, der nach Tír na n' Óg, das »Land der Jugend«, gelangte, das auch Tír Tairngire, das »Verheißene Land«, hieß. Aber im Grunde waren Großvater, Vater und Sohn dasselbe, nämlich der Prototyp des keltischen Schamanen, der ein Mensch, aber gleichzeitig auch ein Hirsch war, der die Fähigkeit besaß, in die andere Welt zu reisen.[25]

Der Gott Donn mac Midir wiederum scheint ein später Nachfolger des Hirschmannes Cernunnos zu sein, der in vorrömischer Zeit der keltische Gott des Todes und der Wiedergeburt war und deshalb von den Römern nach der Eroberung Galliens mit ihrem Totengeleiter Mercurius identifiziert wurde. Bei den gallischen Statuetten des Gottes, die man gefunden hat, befinden sich im Schädel jeweils zwei Löcher, in die man offenbar der Jahreszeit entsprechend das Hirschgeweih stecken und wieder herausnehmen konnte.[26]

Im Schiffsgrab von Sutton Hoo an der von den Ostangeln besiedelten Küste Ostenglands, in dem wohl im Jahre 627 ihr König Raedwald bestattet wurde, fand man ein mit einem Ring aus geflochtenem Eisendraht gekröntes Szepter, auf dem ein bronzener Hirsch steht, und zwar ohne Zweifel in seiner Funktion als Symbol des Königtums, denn wie der Hirsch war auch der König nicht nur der Garant der Fruchtbarkeit, sondern überdies der ewigen Regeneration des Lebens aus dem Tode.[27]

Die »goldgehörnte, der Artemis heilige« (χρυσόαεερως 'Αρτέμιδος ιερά) kerynitische Hirschkuh verkörperte offenbar ebenfalls die Regenerationskraft der archaischen griechischen Sakralkönige, weshalb König Eurystheus den Helden Herakles auf die Jenseitsreise schickt, um ihm »die Hindin mit dem goldenen Geweih« (χρυσοαεερων ἔλαφον) nach Mykene zurückzubringen, und zwar »beseelt«, wie Apollodoros betont. Der Sohn des Zeus und der Alkmene verfolgte die Hirschkuh »ein ganzes Jahr lang« bis in die hyperboräischen Wälder, wo er sie schließlich verwundete und auf den Schultern heimtrug.[28]

Gelangte Herakles in die andere Welt, weil die Hindin ihm den Weg wies, waren es in späterer Zeit in Europa vor allem die Verstorbenen, die von einem Hirsch ins Jenseits geführt wurden. Noch im 19. Jahrhundert nannte man am linken Ufer der Aar den Tod Alhirzi und im Jura Holzhirzi, »Waldhirsch«, weil er, wie die dort lebenden Bauern versicherten, die Seelen der Toten im Wald abholte. Und im Zürcher Totentanz vom

Jahre 1650 fuhr der Tod in einem von Hirschen gezogenen Wagen auf einen naheliegenden Wald zu, in dem gewiß die Seelen schon auf ihn warteten. Nicht nur im altfranzösischen Epos, sondern auch in der Wirklichkeit wurden die Verstorbenen in Hirschfelle eingewickelt wie zum Beispiel im 7. Jahrhundert die sterblichen Überreste der Visionärin Aldegonde de Maubeuge. In Mitteleuropa, aber vor allem in der Bretagne, war der Hirsch auch der Todesbote wie im Falle eines jungen Mannes, der am Abend vor seiner Hochzeit in der Dämmerung die Weiße Hirschkuh der hl. Ninoc'h sah und die Nacht nicht überlebte.[29]

Schamanen, die sich in Hirsche verwandeln konnten, um in dieser Gestalt erstaunliche Leistungen zu vollbringen, gab es in Nordamerika allem Anschein nach schon in frühen Zeiten. Felsenmalereien von Menschen mit einem Hirschgeweih auf dem Kopf in den Black Hills stellen wohl solche Hirsch-Schamanen dar, die von den Santee Táhca Wicásha Wakán, »Heilige Hirsch-Männer«, genannt wurden. Und in Spiro Mound, Oklahoma, fand man eine um die Mitte des 13. Jahrhunderts hergestellte Holzmaske eines menschlichen Gesichts mit einem Hirschgeweih, Muschelintarsien und Löchern für Mund und Augen, die gewiß einem Schamanen gehörte, da sie als Jagdmaske für ein Anschleichen an Hirsche viel zu hinderlich gewesen wäre. Derartige Masken trugen die als Hirsche verkleideten Schamanen und Schamaninnen, die den Hirschtanz der Wichita auf den Plains leiteten, der ihre wichtigste Zeremonie war, die zum letzten Mal im Jahre 1871 stattfand. Man vermutet, daß die Teilnehmer dabei »halluzinogene« Meskalbohnen (*Sophora secundiflora*) zu sich nahmen, die im Rio-Grande-Becken bereits im 2. Jahrtausend v. Chr. verwendet wurden. Die Bohnen erzeugen einerseits Visionen, enthalten aber andererseits in den Samen das hochgiftige Alkaloid Cytisin, das in hohen Dosen durch Atemlähmung zum Tode führt.

Wenn es in der Wüste von Sonora regnet und die Vegetation zum Leben erwacht, kommen auch die Hirsche von weit her, um sich an dem frischen Grün zu laben, und so ist es verständlich, daß der Hirsch zum Beispiel bei den Huichol das Wesen ist, welches aus dem Jenseits das neue Leben bringt und anschließend wieder dorthin zurückkehrt. Einst verwandelten sich die Schamanen der Huichol in Hirsche, um die »Seelenreise« in die andere Welt zu unternehmen, und noch heute begleiten sie die Pilger auf ihrer realen Reise zum Ursprungsort Wirikúta.

Dabei tragen sie ein Hirschgeweih, das »die Federn des Schamanen« heißt, weil die Hirschschamanen einst wie die Vögel ins Jenseits flogen. Und wenn sie den Pilgern etwas mitteilen, dann reden, so heißt es, nicht sie, sondern die Hirschgottheit Älterer Bruder, Maxa Kwaxí Kauyúmári, bedient sich lediglich ihrer Stimme. Die Huichol stellen sich ihn sowohl als einen Hirsch als auch als Mann mit Hirschgeweih vor, und dieses Wesen führt die Pilger – natürlich fiktiv – durch die Lüfte zur Jenseitspforte mit dem Namen »Wo-die-Wolken-sich-schließen-und-wiederöffnen«, wobei er – ähnlich wie einst Hera die »Klatschfelsen« der Symplegaden – die Wolken mit seinem Geweih daran hindert, sich wieder zu schließen. Der Hirsch war auch der wichtigste Hilfsgeist der Schamanen bei den Piros an der peruanischen Pazifikküste, und wenn der aztekische Regengott Tlaloc (»der aufsprießen läßt«) mit den schwarzen Gewitterwolken aus dem Jenseits kam und seine Blitze schleuderte, dann tat er das in seiner Hirschgestalt.[30]

Verbreitet war auch die Vorstellung, daß die Trommel sich für die »Seelenreise« in einen Hirsch verwandelte, auf dem der Schamane sich dann in den Himmel begab, zum Beispiel bei den nepalesischen Limbu und vielen paläoasiatischen Völkern wie den nordsibirischen Tawgy-Samojeden oder Nganasanen. Der als besonders mächtig geltende tuwanische Schamane Sojan Schöntschur bewirtete zu Beginn einer Séance sein Reittier, eine mit Hirschfell bespannte Trommel, auf der im Bereich der Unterwelt ein Hirsch dargestellt war, rieb das Fell zärtlich mit Tee und Milch ein und begann zu trommeln. Bei ihrer Weihe erhielten die Schamanen der Buryaten, Giljaken, Jakuten oder Ostjak-Samojeden eine Maultrommel, mit der sie ihre Hilfsgeister »reden« ließen, und die tuwinische Schamanin Deshit Toshu erklärte dem russischen Ethnographen: »Meine Maultrommel ist mein Hirsch, auf dem ich in die Mittelwelt fliege. Ich fliege wie ein Vogel mit dem Hirsch. Er fliegt, die Beine untergeschlagen, gehörnt, und ich fliege neben ihm, mich an ihm festhaltend.«

Auf den Schamanentrachten der zu den östlichen Samojeden gehörenden Eneten sowie denen der ebenfalls im Norden Sibiriens lebenden Selkupen und Dolganen befanden sich eiserne Darstellungen des »Himmelshirsches«, den die Schamanen für ihre »Seelenreisen« in die obere Welt benutzten, und auch der mythische Jenseitsreisende Väinämoinen ritt auf einem blauen Hirsch. Der Weg, den der altungarische *táltos*, der höchstwahrscheinlich ein Hirschgeweih trug, ins Totenreich nahm, hieß *regös út*, und noch bis in unsere Zeit wurden zwei Sänger, von denen einer als Hirsch verkleidet war, *regös* genannt. Die beiden zogen am 26. Dezember von Haus zu Haus und trugen ein Weihnachtsspiel vor, das uralte mythische Sequenzen enthielt, die niemand mehr verstand. Der lappische *noaide* ritt entweder – wie die Verstorbenen – auf einem weißen Rentier in die andere Welt, oder er verwandelte sich selber in den »Renbullen des Jenseits« (*saivo-sarva*). Denn niemand kannte den Weg dorthin besser als der Hirsch oder das Ren: Auf einem früheisenzeitlichen Köcherverschluß aus der Gegend westlich des Baikalsees, wo später die Karagassen und Sojoten siedelten, sind das durch ein Band sowie eine doppelte Wellenlinie voneinander getrennte Diesseits und Jenseits dargestellt sowie ein Hirsch, der die beiden Welten miteinander verbindet.[31]

In einem spätbronzezeitlichen Hügelgrab im aserbaidschanischen Chanlar, das sich in den Ausläufern des nordöstlichen Kaukasus befindet, stieß man auf einen vierrädrigen Wagen mit den Überbleibseln zweier angespannter Hirsche und dem Skelett eines Menschen in Hockerstellung auf der Deichselbank. Und im Norden Sibiriens ließ man auch noch in sehr viel späterer Zeit die Verstorbenen von mitbestatteten Hirschen ins Jenseits bringen, etwa bei den Samojeden, die gemäß der Vorstellung von der verkehrten Totenwelt den Schlitten des Verstorbenen zerbrachen und zwei getötete Hirsche als Zugtiere anspannten. Doch bereits die Zugtiere des Leiterwagens aus Birkenholz mit Scheibenrädern und einer Filzkabine in einem frostkonservierten Kurgan von Pazyryk im Altai, die im späten 4. Jahrhundert v. Chr. einen verstorbenen Herrscher in die andere Welt bringen sollten, waren Pferde, die allerdings mit einem Kopfputz aus Leder und Filz versehen waren, der das Geweih eines Hirsches oder Rentiers darstellte. Auch die spätbronzezeitlichen Felsbilder in Südskandinavien und die Darstellungen auf den Bildsteinen des 5. Jahrhunderts von Halla Broa im Norden der Insel Gotland zeigen die abgebildeten Pferde, die offenbar die Toten ins Jenseits bringen sollten, mit einem Hirschgeweih.

Die frühste Darstellung eines Schamanen im neuzeitlichen Europa ist die von »een schamman ofte Duyvel-priester« des Niederländers Nicolaas Witsen vom Jahre 1692 (Abb. 32), die er – da er selber nie in Sibirien gewesen war – nach mündlichen Mitteilungen und schriftlichen

Abb. 31 In ein Karibu verwandelter Iglulik-Schamane, Repulsebucht, Nordkanada.

Abb. 32 Hirschschamane der Tungusen, 1692.

Berichten Reisender angefertigt hat. Sein *šamán* (tungus. »der Wissende, Fähige«) hat auf dem Bild zwar Krallen an der rechten Hand und an den Füßen, aber Witsen teilte dem Leser mit, daß der Tunguse Handschuhe und Stiefel trug, an denen man eiserne Bärentatzen angebracht hatte. Noch um die Mitte des 19. Jahrhunderts berichtete ein Sibirienreisender, sowohl die Stiefel als auch die Handschuhe der Tungusenschamanen seien entweder mit eisernen oder mit echten Bärenkrallen besetzt gewesen, was auch bei der Schamanentracht der Keten und der Jenisej-Ostjaken üblich gewesen ist. Die Vorfahren der Ungarn ersetzten offenbar bereits in der späten Bronzezeit das Hirschgeweih sowie die Knochenapplikationen auf den Schamanengewändern durch Nachbildungen aus Metall, weil sie dieses für noch dauerhafter hielten als Gebein. Und nachdem im späten 3. Jahrhundert v.Chr. skythische Stämme die Technik der Eisengewinnung und -verarbeitung in den Altai gebracht hatten, verfertigte man auch dort die Paraphernalien der Schamanen aus Eisen. Das Hirschgeweih von Witsens »Duyvel-priester« wächst indessen nicht aus seinem Kopf, vielmehr ist es mit einem von Fell überzogenen Schädelkopfputz verbunden, zu dem auch die Hirschohren gehören. Ob es sich aber um ein echtes Geweih oder eines aus Eisen handelt, läßt sich mit Sicherheit kaum entscheiden. Erst nach siebenjähriger Durchführung von Séancen erhielten die Schamanen der Selkupen die eisernen Rothirsch- oder Rengeweihe, die sie nun befähigten, in den Himmel zu fliegen, und nur mit diesem Kopfputz waren die Nganasanenschamanen imstande, sich in einen Hirsch zu verwandeln. Noch vor hundert Jahren wurden die verstorbenen Tungusen von einem Ren oder einem Hirsch ins Jenseits getragen, aber da die Schamanentracht mit dem eisernen Geweih etwa 40 kg wog, war sie für eine Himmelsreise zu schwer und wurde nur benutzt, um in die Unterwelt zu gelangen.[32]

Anhang II
Bemerkungen zur Hoffnung auf Unsterblichkeit

Es heißt, daß die meisten derjenigen, die eine »Nahtod-Erfahrung« gemacht haben, durch dieses Erlebnis die Angst vor dem Tod verloren hätten. Doch in Wirklichkeit ist es nicht so, daß die Betreffenden sich nicht mehr vor dem Ende ihres Lebens fürchten. Vielmehr sind sie aufgrund des Erlebnisses davon überzeugt, daß es ein solches Ende gar nicht gibt. Einmal abgesehen davon, daß es kein Erlebnis geben *kann*, das uns ein ewiges Leben beweist, bleibt natürlich die Frage, ob ein solches Leben ohne Ende überhaupt wünschenswert wäre. Zunächst würde ein Unsterblicher wohl spätestens nach einigen Jahrhunderten so gut wie alles vergessen haben, was er einst erlebt hatte, und er würde sich vor allem seelisch so verändern, daß man ihn wohl eher für einen späten Nachfahren der ursprünglichen Person hielte als für diese selber.[1]

Doch bedeutsamer ist die Tatsache, daß ein ewiges Leben alles, was uns widerführe, zur Bedeutungslosigkeit verurteilte und uns eine endlose Langeweile bescherte, denn erst die Endlichkeit verleiht dem Leben einen Wert. Was erhoffen sich zum Beispiel die Christen von der Unsterblichkeit? »Ich habe in dieser Beziehung«, so sagte einmal der berühmte Chemiker Wilhelm Ostwald, »fast nichts mehr finden können als die Vorstellungen, daß diese seligen Geister unaufhörlich Gott anschauen und ihn loben werden. Ich möchte es durchaus vermeiden, diese Vorstellungen, an welche vermutlich zahlreiche Menschen Gefühle knüpfen, die von ihnen als hoch und groß angesehen werden, ins Lächerliche zu ziehen.« Aber eine »derartige Eintönigkeit in der Ausfüllung der ganzen unbegrenzten Ewigkeit« kam ihm doch wenig erstrebenswert vor.[2]

»Millionen sehnen sich nach Unsterblichkeit«, so schrieb einmal die britische Schriftstellerin Susan Ertz, »aber sie wissen nicht, was sie an einem regnerischen Nachmittag anfangen sollen.« In einer alten japanischen Erzählung gelangte einst der Gelehrte Shikaiya Wasōbiōye aus Nagasaki auf die ferne Insel der Unsterblichkeit und war sehr darüber erstaunt, dort keine glücklichen und zufriedenen Menschen anzutreffen. Vielmehr waren alle dort Lebenden unaufhörlich damit beschäftigt, die magische Kunst des Sterbens zu erlernen und die Eigenschaften giftiger Nahrung, zum Beispiel des sich im Korallenriff aufhaltenden Kugelfischs oder des Fleisches der Wassernixen, zu studieren. Nachdem der Gelehrte zwanzig Jahre auf der Insel zugebracht hatte, war es ihm wie allen anderen sterbenslangweilig, doch auch ihm gelang es nicht, sich umzubringen.[3] Dem entspricht unser altes Sprichwort: Der Optimist glaubt, daß die Menschheit eines Tages den Tod besiegen wird. Und der Pessimist befürchtet, daß ihr dies tatsächlich gelingen könnte.

Tf. 1 Dieric Bouts: Auf dem Weg ins Himmlische Paradies, nach 1468.

Tf. 2 Hieronymus Bosch: In Erwartung des Aufstiegs zum Himmlischen Paradies, um 1499.

Tf. 3 Hieronymus Bosch: Der Aufstieg zum Himmlischen Paradies, um 1499.

Tf. 4 Engel führt den jungen William durch die Hölle; Ms. in Chantilly, 14. Jh.

Tf. 5 Peter Yamaoka: »Die Silberschnur
des Astralleibes«, 20. Jh.

Tf. 6 Wahpahnōhyah (Cheyenne):
»Der Tod und das Neue Leben« (um 1970).

Tf. 7 »Der tote Mann« in der Höhle Lascaux, Magdalénien.

Tf. 8 Der »Löwenmann«;
Hohlenstein-Stadel, Aurignacien.

Tf. 9 Engel führt den Entrafften ins Himmlische Jerusalem;
Bamberger Apokalypse, frühes 11. Jh.

Tf. 10 Schamane der Kusquqvagmiut-Eskimo reitet auf Biber in die Unterwelt; Kuskokwin River, Südwest-Alaska, 1881.

Anmerkungen

Anmerkungen zum Vorwort

1 Ich habe die Blumen so deutlich und plastisch gesehen, daß ich sie später im Schau- und Sichtungsgarten Hermannshof in Weinheim an der Bergstraße identifizieren konnte. Es handelt sich tatsächlich um Präriegewächse, auch wenn sie in Wirklichkeit *nicht* gleichzeitig blühen.
2 Eine Schilderung der merkwürdigen Ereignisse während des Sonnentanzes findet man in H. P. Duerr, 1983, S. 250 ff., oder in ders., 1985, S. 79 ff. Zum Sonnentanz der Cheyenne (»Hütte des Neuen Lebens«) cf. H. P. Duerr, 1984, § 1; ferner K. H. Schlesier, 1985, S. 81, 121. Ein Photo, auf dem Wayne Red Hat, der Sohn des Arrow Keeper, und seine Enkel zu sehen sind, ist in R. Schukies (1994, S. 11) abgebildet. Sehr häufig befinden sich diejenigen, die eine »Nahtod-Erfahrung« haben, *über* dem Geschehen und blicken auf es hinab. Cf. J. Wade, 1998, S. 35.
3 Versuchspersonen, die einer sensorischen Deprivation unterzogen worden waren, konnten indessen hinterher nicht angeben, ob sie sich während ihrer Erlebnisse im Schlaf, im Halbschlaf oder im Wachzustand befunden hatten. Cf. G. F. Reed, 1979, S. 162 f.
4 H. P. Duerr, 1983, S. 260. Damit wollte ich zum Ausdruck bringen, daß die Eindrücke wesentlich intensiver und vor allem die Farben ungleich leuchtender waren als im Alltagsleben. Wenn ich Jahre danach von unserer Wohnung in Fiesole zu meinem Arbeitszimmer in der Villa Schifanoia am Nordrand von Florenz hinunterging, erinnerten mich die Farben der Landschaft im Frühling an jene in meinem Erlebnis.
5 S. Cezanne, 2011, S. 26.

Anmerkungen zu § 1

1 Heito: *Visio Wettini* II; Elisabeth v. Schönau, 2006, S. 124; bzw. H. Seuse, 1907, S. 183.
2 Cf. R. Rösel, 1928, S. 60. Ähnliches geschieht bei der Konzentration auf die Stimme des Hypnotiseurs. Cf. A. Dietrich, 2003, S. 242 ff.
3 Cf. B. Krönung, 2012, S. 74 f.; dies., 2014, S. 67 f.; bzw. N. Basilov, 1997, S. 11 f.; N. Z. Davis, 1996, S. 152. Um in Ekstase zu geraten, sangen die *wabeno* (»Männer des Abendhimmels«) der Ojibwä monotone Lieder und starrten in die glühenden Kohlen des Lagerfeuers. Cf. J. A. Grim, 2003, S. 93. Die Teilnehmer einiger neuheidnischer Hexenkulte konzentrieren

sich auf irgendein geometrisches Gebilde, ein *tattwa*, oder auf das Bild einer Tarot-Karte, um schließlich »durch das Bild zu treten« (cf. T.M. Luhrmann, 1989, S. 134f.), was an Michael Endes *Unendliche Geschichte* erinnert.

4 Mit fortschreitender Krankheit hatte er das Gefühl, sich immer weiter von seinem Körper zu entfernen. Cf. G. Lier, 2010, S. 852. Ein anderer Mann glitt in diesem Zustand langsam aus seinem Körper »in einen milch-weißen dichten Nebel hinein« (R. Zürrer, 1992, S. 61), und ein dritter berichtet: »Bevor mir bewußt wurde, was geschah, schwebte ich plötzlich einige Meter über meinem Körper« (R.A. Monroe, 2007, S. 11). Auf nächtlichen Langstreckenflügen ohne Co-Pilot sahen manche Piloten sich kurz vor dem Einschlafen unten im Cockpit sitzen (cf. H.J. Irwin, 1985, S. 149), und ähnliches wiederfuhr Vietnam-Soldaten, wenn sie stark übermüdet waren. Cf. M. B. Sabom, 1986, S. 158; ferner *Spiegel* 17, 2007, S. 151; A. Stechl 2007, S. 71. Generell scheint ein »abaissement du niveau mental« und damit eine Abnahme der Erregung der Großhirnrinde eine sehr günstige Voraussetzung für das Auftreten von »Außerkörperlichen Erlebnissen« und »Nahtod-Erfahrungen« zu sein. Cf. S. Blackmore, 1986, S. 615; dies., 2004, S. 684; dies., 2010, S. 402; C.S. Alvarado, 2000, S. 190; G. Goldenberg, 2005, S. 88; M. Beauregard et al., 2009, S. 1009; R.A. Monroe, 1972, S. 196; ders., 2006, S. 11; C.T. Tart, 1998, S. 86; E.W. Kelly et al., 2007, S. 402; E. Lison, 1984, S. 271; C. Green, 1973, S. 51f. Nach einer Untersuchung fanden 80% der »Außerkörperlichen Erfahrungen« dann statt, wenn die Betreffenden »physically relaxed and mentally calm« waren, wobei 10% in eine »Nahtod-Erfahrung« mündeten. Cf. G.O. Gabbard/ S.W. Twemlow, 1984, S. 15, 176. Ähnlich G. Lier, 2010, S. 878. Dem entspricht das Ergebnis einer weiteren Untersuchung, nach dem Personen, die sich gut entspannen oder meditieren können, besonders häufig solche Erlebnisse haben. Cf. C.D. Murray/J. Fox, 2006, S. 99ff.

5 Cf. A.P. Elkin, 1977, S. 47; M.-F. Guédon, 1984, S. 186ff.; bzw. Lampert v. Hersfeld, 2007, S. 53; A. Callebaut, 1912, S. 497; und M. Wittmer-Butsch/ C. Rendtel, 2003, S. 228f. In der *dormiveglia* nahmen die nordaustralischen Yanyuwa auch den Kontakt zu den Geistern auf. Cf. E. Mackinley/ J. Bradley, 2003, S. 17. Erfahrene Meditierende können den Zustand des Schlafwachens oder der *dormiveglia* längere Zeit aufrechterhalten, ohne einzuschlafen. Cf. J. Andresen, 2000; S. 35f.; A. Lutz et al., 2007, S. 506f. Im *zazen* sollen bekanntlich die Stockhiebe des Meisters den Meditierenden am Einschlafen oder Sich-Langweilen hindern.

6 So behauptet z.B. D.B. Linke (2003a, S. 51), eine notwendige Bedingung für eine »Nahtod-Erfahrung« sei der Gedanke »Jetzt sterbe ich!«, worauf der Betreffende »kapituliert und sich aufgibt« (ders., 2003, S. 108; ders.; 2004, S. 37). Ähnlich K.-D. Stumpfe, 1985, S. 220, 223; R. Kastenbaum,

1992, S. 258; A. Kellehear, 1996, S. 17 ff., 158 ff.; L. Frey-Rohn, 1994, S. 50 f.; A. Schenk/H. Kalweit, 1999, S. 104; J. H. Austin, 1999, S. 446; E. d'Aquili/ A. B. Newberg, 1999, S. 137; M. Schröter-Kunhardt, 2002, S. 728.

7 Dazu cf. H. J. Irwin, 1981, S. 244 f.; M. B. Sabom, 1986, S. 210. Psychoanalytiker wie z. B. W. LaBarre (1991, S. 129) behaupten häufig ganz generell, »Nahtod-Erfahrungen« seien Wunscherfüllungen.

8 Diese Behauptung findet man z. B. bei Schenk/Kalweit, a. a. O.; Frey-Rohn, a. a. O., S. 51; C. S. Alvarado, 2001, S. 332; G. Athappily et al., 2006, S. 218; C. Zaleski, 2008, S. 619, oder W. van Laack, 2011, S. 230.

9 Cf. R. Kastenbaum, 1995, S. 446; S. E. Braude, 2001, S. 113 f.; P. van Lommel et al., 2001, S. 2043.

10 So auch C. B. Becker, 1993, S. 107; H. Knoblauch, 1999, S. 28, und B. Engmann, 2011, S. 465.

11 Erlendur Haraldsson: Mündliche Mitteilung vom 7. November 2012; Ioan Lewis: Mündliche Mitteilung vom 24. Januar 1981; bzw. K. R. Livingston, 2005, S. 84 f. Der israelische Geistheiler Eli Lasch (1998, S. 152) wurde im Jahre 1984 während eines Vortrages in einen Garten entrückt, dessen Blumen »so unglaublich« strahlten, »daß alles, was wir gewöhnlich als Farben sehen, wie bloße Schattierungen von Grau« erscheint.

12 Cf. P. van Lommel et al., a. a. O., S. 2039; S. J. Blackmore, 2004 S. 572; bzw. K. Augustine, 2007a, S. 62; P. Fenwick, 2007, S. 46; U. Wolfradt, 2001, S. 70 f.; H. J. Irwin, 1985, S. 149.

13 So z. B. von D. Goleman, 1977, S. 46; R. A. Moody, 1999, S. 127; M. Proescholdt, 2014, S. 103 f., oder V. S. Ramachandran, 2013, S. 408. Dagegen S. Blackmore, 1998, S. 111; M. Fox, 2003, S. 276.

14 Cf. S. R. Jones/C. Fernyhough, 2009, S. 173; P. Fenwick/E. Fenwick, 1995, S. 212.

15 Cf. M. Morse/P. Perry, 1990, S. 192; M. B. Sabom, 1986, S. 237; S. Parnia et al., 2001, S. 154 f.; H. Mynarek, 2005, S. 127; S. Blackmore, 1999, S. 45; P. van Lommel, 2013, S. 14 f. Nach dem völligen Abbruch der Sauerstoffversorgung des Gehirns tritt nach spätestens 20 Sekunden Bewußtlosigkeit ein.

16 Cf. A. C. Kinsey et al., 1967, S. 465 ff.; E. A. Rodin, 1980, S. 262; I. Stevenson, 1980, S. 271; K. Ring, 1980, S. 273; M. A. Persinger, 1983, S. 1259; G. Graham, 1993, S. 23; Sabom, a. a. O., S. 233; G. Ewald, 1999, S. 148; H. Guss, 1990, S. 67; Becker, a. a. O., S. 102; S. S. Amant, 2003, S. 176; I. Baruss, 2003, S. 219; R. van Quekelberghe, 2005, S. 414; B. Greyson, 2006, S. 397; ders., 2012, S. 672 f.; S. Parnia, 2006, S. 21. Hyperkapnie, d. h. der Überschuß an Kohlendioxyd im arteriellen Blut, führt zu denselben Wahrnehmungen und Zuständen, vor allem zur Auflösung eines kontinuierlichen Erlebnisstromes, zur Wahrnehmung farbiger geometrischer Muster und Formen (»Buntglasfenstereffekte«) sowie zu Panik- und Horrorgefühlen. Cf. Sa-

bom, a. a. O., S. 235; Fenwick/Fenwick, a. a. O., S. 216; M. Potts, 2012, S. 8; P. van Lommel, 2012, S. 83.
17 Cf. E. Oeser, 2006, S. 194; bzw. H. Peskoller, 1998, S. 229 f.
18 Cf. J. Malaurie, 1979, S. 177; bzw. P. Freuchen, 1961, S. 212. In den USA hat inzwischen das »Choking« oder »Hanging Game« über das Internet weite Verbreitung gefunden, bei dem vor allem Jugendliche mit Hilfe von Seilen und Hundeleinen die Sauerstoffzufuhr zum Gehirn unterbrechen. »Sexuelle Asphyxie« ist auch in der Gummifetischistenszene gang und gäbe. Dabei finden vor allem Aerosol, Lachgas, Amylnitrat, Äther, Chloroform und Chloräthyl Anwendung. Seltener wird der Kopf unter Wasser gehalten, bis der Betreffende fast ertrinkt. Ein Anhänger sagte, daß die unvorstellbare Hitze in den Gummianzügen und das »Versiegeltsein« den ganzen Körper in eine »feuchte erogene Zone« verwandelten, und ein anderer, der sich auf einem Stuhl stehend aufzuhängen pflegte und dabei später auch starb, schrieb: »In einem Ausbruch von Raserei trete ich den Stuhl weg und mein Körper zuckt in der Kettenschlinge. Ich komme wie wild, wie verrückt!« Es heißt, daß nur 4% derjenigen, die sich aufhängen, Frauen seien (cf. D. Zillmann, 1998, S. 14 f.), aber vielleicht werden viele Frauen, die in der Schlinge ums Leben kommen, für Selbstmörderinnen gehalten, weil sie im Gegensatz zu einem Großteil der männlichen Opfer keine Kleidung des anderen Geschlechts tragen und weil sich bei ihnen keine Spermaspuren finden. Ein Mann sagte, er müsse seiner Frau beim Geschlechtsverkehr stets die Kehle zudrücken, damit sie zum Orgasmus komme. Dabei stelle sie sich vor, erhängt zu werden. Cf. M. Apter, 1994, S. 149; R. J. Stoller, 1991, S. 262, 278 ff.; J. S. Milner/C. A. Dopke, 1997, S. 409; M. Gregersen, 1975, S. 690; R. M. Holmes, 1991, S. 64; S. A. Lowery/ C. V. Wetli, 1982, S. 21; M. N. Marsh, 2010, S. 165; K. Oliver, 2007, S. 85; F. Schwarz, 1970, S. 237 ff.; W. Berner et al., 2004, S. 124; N. Frude, 1998, S. 249; B. Vetter, 2007, S. 234. Zur sexuellen Erregung trägt gewiß bisweilen auch die Angst bei. So sagte ein junger Mann, den man gerade noch rechtzeitig aus der Schlinge befreit hatte: »Meine Lust hat auch viel mit Angst zu tun, mit der Angst vor dem Würgen und dem Fesseln, vor dem Ersticken.« Cf. Apter, a. a. O., S. 147; J. Zehentbauer, 1992, S. 86; B. Zilbergeld, 1994, S. 102; D. K. Gauthier/C. J. Forsyth, 1999, S. 94; R. Haller, 2002, S. 108 f.; K. Haas/A. Haas, 1987, S. 522.
19 D. de Landa, 1941, S. 132. J. E. S. Thompson (1970, S. 301) hält Ixtáb für eine Mond- und Hirschgöttin und glaubt, daß sie mit einem Seil dargestellt wurde, weil man Hirsche mit Seilen gefangen habe. Plausibler scheint die Annahme zu sein, daß Ixtáb deshalb die Göttin der Hirsche war, weil dieses Tier ins Jenseits ging und zurückkam. Cf. K. Vincke, 1997, S. 204. Und genau das tat auch Ixtáb. Cf. auch R. Redfield/A. Villa Rojas, 1934, S. 117 f.

20 Cf. R. J. Sharer, 1994, S. 525; C. Graves, 1995, S. 88; H. P. Duerr, 1978, S. 225. Noch heute kennen die yucatekischen Maya und die Lakandonen Xtabay, die Herrin der Hirsche, von vorn gesehen eine wunderschöne Frau mit langen Haaren, die im Kapokbaum lebt. »Sehr schön ist ihr Gesicht, sehr schön. Ihre Wangen sind rot bemalt, ihre Schenkel und ihre Vulva sind auch ganz rot«, berichtete ein Informant der Lakandonen. Sie lockt die Männer in die Wildnis, aber wenn jene sie beim Geschlechtsverkehr umarmen, spüren sie ihren knochigen und schuppigen Rücken. Nach dieser Begegnung werden viele Männer wahnsinnig oder sterben, worauf Xtabay sie in die Unterwelt bringt oder ihre Leichen in einen Cenote wirft, der als Eingang zur Unterwelt gilt. Cf. R. Redfield, 1941, S. 90; J. E. Thompson, 1930, S. 65f.; F. Anders, 1963, S. 358; D. E. Thompson, 1954, S. 28; O. Smailus, 1976, S. 219; V. Perera/R. D. Bruce, 1982, S. 160; K. Ma'ax/C. Rätsch, 1984, S. 176. Ähnliche liebestolle Waldfrauen gibt es auch in Europa. Cf. R. Bernheimer, 1952, S. 33; H. White, 1972, S. 21; Duerr, a. a. O., S. 175 f.

21 So jedenfalls interpretieren J. Johnstone/R. Huws (1997, S. 327) die hervorstehenden Brustwarzen der Ixtáb. Die bläulichvioletten Totenflecken entstehen durch das Absacken des nicht mehr zirkulierenden Blutes in die tiefer liegenden Regionen des Körpers, wo es sich in den Blutgefäßen staut. Dies geschieht frühestens eine halbe bis eine Stunde nach Atem- und Herzstillstand. Cf. R. Ochsmann, 1991, S. 102; A. Draguhn, 2012, S. 123; C. Jones, 1999, S. 93.

22 So beobachteten zum Beispiel im Jahre 1307 die Schaulustigen, daß der auf einem Hügel außerhalb von Swansea gehenkte William Cragh »voided his bowels and bladder« (R. Bartlett, 2004, S. 36 ff.). Der Verlust von Kot, Urin und Sperma am Galgen galt nicht nur als *signum mortis*, sondern auch als ein besonderer Akt der Beschämung und Erniedrigung. Cf. J. Hanska, 2001, S. 127; bzw. D. Westerhof, 2007, S. 104.

23 Cf. G. Volland, 1998, S. 28 f.; V. Hambel, 2003, S. 93 f.; bzw. H. P. Duerr, 1988, S. 271 f. In einem orientalischen Märchen entsteht die Alraune aus dem Ejakulat Adams, das dieser – von Eva getrennt – während eines lustvollen Traumes ausschüttet. Das Sperma Gehenkter wurde zur Heilung verschiedener Krankheiten, vor allem der Fallsucht (Epilepsie) verwendet, weshalb viele Leute versuchten, sich die Geschlechtsteile Hingerichteter zu verschaffen (Abb. 2). So fledderte im Jahre 1577 ein Augsburger Weber den Leichnam eines geräderten Delinquenten auf dem Richtplatz, indem er ihm die »Haimlichkhait« abschnitt, und ähnliches wird auch im 17. Jahrhundert aus Tirol berichtet. Cf. K. Stuart, 2008, S. 178; H. Moser, 1982, S. 50.

24 Cf. Johnstone/Huws, a. a. O., S. 326; S. Banner, 2002, S. 47; I. Wirth, 2004, S. 52; bzw. M. Haidinger, 2007, S. 39. Eine weitere Vollzugsweise der Todes-

strafe, die im 17. Jahrhundert aufkam, war die »Peine forte et dure«, in Neuengland »pressing« genannt. Dem auf dem Rücken liegenden Verurteilten wurde eine Holzplatte auf die Brust gelegt, die mit Steinen und Gewichten so lange beschwert wurde, bis der Betreffende erstickte. Cf. T. N. Seitz, 2003, S. 357 f.

25 Cf. J. Grimm, 1881, S. 683; bzw. W. A. Schabas, 1996, S. 169; A. E. Simpson, 2008, S. 34. Um ein langsames Erdrosseltwerden zu vermeiden, haben manche Henker bereits im Mittelalter und in der Frühen Neuzeit dem Delinquenten beim Strafvollzug das Genick gebrochen. Der Nürnberger Scharfrichter beispielsweise habe, so ist überliefert, im Jahre 1620 dem armen Sünder »3 mal überlaut ›Jesus!‹ in die Ohren geschrien« und ihn dann »mit aller Craft niedergedruckt«, so daß der Tod eingetreten sei. Und der Hamburger Scharfrichter rief dem am Galgen baumelnden Dieb »Denket up Jesus!« zu und ließ darauf das Seil los, so daß jenem das Genick brach. Cf. A. Keller, 1913, S. XIII; bzw. O. Beneke, 1889, S. 231. Noch bis ins 14. Jahrhundert war es in einigen Gegenden üblich, den heruntergebogenen Ast, an dem der Missetäter aufgeknüpft war, hochschnellen zu lassen. Allerdings hatte bereits Karl der Große »die heidnische Sitte«, Straftäter an Bäumen zu hängen, untersagt. Cf. K. v. Amira, 1922, S. 89, 98; bzw. W. Funk, 1940, S. 97. An den künstlichen Galgen hingen indessen manche Delinquenten tagelang, ohne zu sterben, so z. B. ein jüdischer Dieb im Jahre 1374 in Basel, den »ettliche wiber« am dritten Tag lebend herabnahmen. Cf. K. Metzger, 1931, S. 62.

26 Cf. Wirth, a. a. O., S. 53. Im Jahre 1894 konstatierte ein britischer Arzt, daß auch bei Anwendung der »Long-drop-Methode« die Verurteilten frühestens nach zwei Minuten »or there-abouts« das Bewußtsein verlören, und Josef Lang verlautete: »Der Genickbruch erfolgt nur in seltenen Fällen. Der Delinquent erlangt, nachdem er im nächsten Augenblick von dem Fall sich erholt hat, trotz des furchtbaren Druckes um den Hals sein Bewußtsein wieder« und verliere dies erst nach acht bis zehn Minuten. Cf. V. A. C. Gatrell, 1994, S. 46; bzw. Moser, a. a. O., S. 94. Aber auch beim Genickbruch wurden die Halswirbel häufig nicht gebrochen, sondern nur verschoben, so daß die Nerven- und Blutbahnen nicht durchtrennt wurden und die Betreffenden qualvoll erstickten. Daß er die zehn zum Tode verurteilten Nazi-Bonzen 1946 auf diese Weise erdrosselt hatte, warf man anschließend dem amerikanischen Henker John Woods vor. Cf. L. Barring, 1980, S. 106 f.; bzw. R. J. Evans, 2001, S. 911 f.

27 Cf. G. A. Dorsey, 1905, S. 97; J. R. Walker, 1917, S. 109 f.; L. Spier, 1921, S. 469; L. Dräger, 1961, S. 83; P. J. Powell, 1969, S. 639; T. H. Lewis, 1972, S. 45; C. F. Feest, 2000, S. 460.

28 Cf. R. A. Monroe, 1972, S. 18, 180 f., 186; W. Mrsich, 1978, S. 117 f.; bzw. J. S. Strong, 1983, S. 505 f. Cf. auch J. Ehrenwald, 1974, S. 230 f. Natürlich

handelt es sich bei den indischen Exempeln um didaktische Texte. Aber es könnte dennoch sein, daß ihnen Berichte über »Außerkörperliche Erfahrungen« zugrunde lagen, in denen sexuelle Gefühle eine Rolle spielten.
29 Cf. A. Lommel, 1980, S. 149 f.; bzw. R. M. Berndt, 1947, S. 340 f., 362 f. Die Medizinmänner der Ungarinyin »besangen« ihren Penis, bis er sich in eine »Schlange mit zwei Augen« verwandelte, die sich aufrichtete. Dann ejakulierten sie einen feinen Faden, mit dessen Hilfe ihre Seele auf »walkabout« ging. Wenn die Männer gemeinsam auf der Regenbogenschlange ins Jenseits flogen, erregten sie sich dabei häufig so sehr, daß sie mit der Schlange Geschlechtsverkehr ausübten. Cf. H. Petri, 1952, S. 172 f., 175; ders., 1954, S. 235. Bei den Kurnai und den Kumbaingirri an der südostaustralischen Küste wurde dieser Faden bei der Initiation des künftigen »Clever Man« von einem Kulturheroen der Traumzeit in dessen Unterleib »hineingesungen«. Cf. A. P. Elkin, 1977, S. 18. Mandschur./mongol. *erge*, evenk. *erikse* bedeutet nicht nur ›Penis‹, sondern auch ›Seele, Lebenskraft‹, die sich im Ejakulat manifestieren. Cf. K. Uray-Köhalmi, 1999, S. 58, 129.
30 Cf. R. Lee, 2003, S. 133, 136.
31 Cf. V. Friebel, 2000, S. 66; W. Kuhn, 2012, S. 57. Im südlichen Altai verführten die neun »schamlosen« Töchter des Unterweltsherrschers Érlik Khan, die »mit Mösen wie Erdspalten, mit Brüsten wie kleine Hügel« ausgestattet waren, »die mit ihren Hintern wedeln, die ihre Brüste schütteln«, den ins Jenseits gereisten Schamanen. Cf. N. A. Alekseev, 1987, S. 78. Bei den Tungusen kam es vor, daß Männer, die sich in Trance versetzt hatten, ihren erigierten Penis aus der Hose zogen, was insbesondere von den anwesenden Frauen mit lautem Kreischen und Gelächter quittiert wurde. Und als ein tungusischer Schamane im Jenseits angekommen war, faßte er als erstes einem dort lebenden jungen Mädchen unter die Kleidung an die Brüste. Cf. S. M. Schirokogoroff, 1935, S. 248, 259; bzw. H. Findeisen, 1970, S. 31. Auf einer seiner ersten »Seelenreisen« besteigt der künftige Geistheiler der Bedamini im südlichen Hochland von Neuguinea die erstbeste Geisterfrau, die ihm begegnet, und schwängert sie. Die gemeinsamen Kinder werden später seine Hilfsgeister. Cf. A. Sørum, 1980, S. 282; sowie B. M. Knauft, 1985, S. 86. Viele Heiler der Bicolanos auf Luzon haben hetero- und homosexuellen Geschlechtsverkehr mit Geistern, und die Schamanen sowie die Jäger der Jukaghiren schliefen regelmäßig mit ihren Hilfsgeistern, die sie dafür mit Jagdwild entlohnten. Cf. F. Cannell, 1999, S. 87, 98; bzw. R. Willerslev, 2007, S. 132. Mögen derartige Erlebnisse zumindest zum Teil Elemente »Außerkörperlicher Erfahrungen« sein, kommen sie allem Anschein nach in regelrechten »Nahtod-Erfahrungen« nicht vor. Lediglich eine Französin gab zu Protokoll, während eines Herzstillstandes sei sie einer jesusartigen Lichtgestalt begegnet, die um sie geworben habe, was sie als »erotisch« empfand (cf. G. Ewald, 2001, S. 25), und als

der Hopi Talayesva von seinem Schutzgeist durch eine Höhle in eine große Kiva geführt wurde, saß da eine Frau vom Stamme der Ute, »die in der Stimmung war«, mit ihm zu schlafen, und die ihn entsprechend anlächelte. Obwohl sie sehr hübsch »und scharf« war, schob er den Gedanken an Sex beiseite und schaute den Geistern zu, die in der Kiva tanzten. Cf. Sun Chief, 1942, S. 332. Von Orgasmen und Ejakulationen ist nie die Rede.

32 Cf. J. Kerner, 1922, S. 32; J. Ennemoser, 1844, S. 872; L. Klages, 1974, S. 228.

33 *Passio sanctarum Perpetuae et Felicitatis* XI, 2 ff. Es wird vermutet, daß Perpetua das, was Saturus ihr erzählte, kurz vor ihrem Märtyrertod im Amphitheater auf lateinisch niederschrieb, worauf beide den Text gemeinsam redigierten. Das Manuskript vertraute Perpetua einem Unbekannten an. Cf. P. Mesnard, 2007, S. 53.

34 Cf. P. L. Berman, 2012, S. 58; G. F. Ellwood, 1998, S. 80 f.; bzw. *Spiegel* 46, 2010, S. 66. Cf. auch K. Augustine, 2007, S. 226.

35 Cf. Apostelgeschichte 7.56; bzw. O Höfler, 1934, S. 226; K. v. Amira, 1922, S. 203. Bei seiner »Nahtod-Erfahrung« sieht Markgraf Albrecht am Unterweltfluß Styx das »wûtend here«: »Wie ghenckte kôpf war ir anblick; / Mancher het noch am hals ein strick« (Höfler, a. a. O., S. 228).

36 Hávamál 138 ff. Man hat vermutet, daß in diesem Text ein Priester des Óðinn spricht, in dem der Gott sich inkarnierte oder der sich zumindest mit dem Gott identifizierte. Cf. O. Sundqvist, 2009, S. 659 f.

37 Mímirs Name, ursprünglich *Mimiaz, bedeutet »der Sinnende, Denkende« (an. *mimeren*, »grübeln«). In der Þiðrekssaga erzieht und lehrt der Alb Mímir Sigfrid (cf. W. Golther, 1895, S. 179 f.). »Unter jener Wurzel [des Mímameiðr] aber, die zu den Reiffriesen (*hrímþursa*) hinunterreicht, liegt der Mímirbrunnen, in dem Weisheit und Verstand verborgen sind.« Um aus ihm den Rauschtrank Óðrœrir, »der den Geist bewegt«, trinken zu dürfen, hinterlegt Óðinn sein Auge. In der Voluspá (28) kündet die Seherin: »Ich weiß Óðinns Auge verborgen im Wasserquell Mímirs (*Mímis brunni*), dem weitberühmten. / Met (*mjǫð*) trinkt Mímir am Morgen täglich / Aus Walvaters Pfande.« Cf. F.-X. Dillmann, 2002, S. 38 ff.; J. Benoît, 2007, S. 55.

38 Vor allem an warmen Tagen scheidet die Eibe (an. *ýr*) das giftige Alkaloid Taxin aus, das einerseits durch Atemlähmung zum Tode, andererseits zu Wahrnehmungsverzerrungen und Halluzinationen führen kann. Cf. W. Beck, 2008, S. 971; bzw. S. Golowin, 1991, S. 52. Ein Arzt, der in einem Eibenhain gearbeitet hatte, sah plötzlich »gruselige Ungeheuer und anderes Getier« auf sich zukriechen und hatte anschließend das Gefühl, als schwebe er »schwerelos in einem riesigen Zirkuszelt«, in dem »unzählige Kolibris und große bunte Falter umherschwirrten« (a. a. O.). Im mittelenglischen *Sir Orfeo* wird die Königin vom Elfenkönig entführt, nachdem sie unter einer Eibe eingeschlafen ist, und ähnliches erzählte man um die

Mitte des 19. Jahrhunderts im walisischen Cyveillioc von zwei jungen Männern, die während des Schlafes unter einer Eibe in die Gewalt der Feen gelangten, die sie in ihr Reich verschleppten. Es heißt auch, daß einst die irischen Druiden ihre Zauberstäbe aus Eibenholz verfertigt hätten. Cf. A. H. Krappe, 1930, S. 238; R. Neumann, 1908, S. 21; bzw. W. Y. Evans-Wentz, 1909, S. 173.

39 Cf. Golther, a. a. O., S. 349 f.; H. P. Duerr, 1978, S. 45 f.; Y. S. Bonnetain, 2006, S. 142 f.; W. Koschorreck, 1952, S. 132 f. Die Runen, die Óðinn »schreiend« aufhebt, waren ursprünglich geheime Zauberformeln, die »geraunt« wurden (an. *rúna*, »Geheimes, Verborgenes«), zum Beispiel Formeln, die es einem erlaubten, zu fliegen. Später handelte es sich um eingeritzte Schriftzeichen. Cf. H. Güntert, 1921, S. 40 f.; E. Neumann/H. Voigt, 1973, S. 76; S. O. Glosecki, 1989, S. 144. Snorris Bœlthorn (Bǫlþorn), in älteren Quellen Bǫlþórr, war Óðinns Großvater mütterlicherseits. Nach einer Legende hängt Sigar den Liebhaber seiner Tochter an den Galgen, der den Namen »Sigars Pferd« (*Sigars jór*) trägt, und in einem anderen nordischen Text wird der Galgen »hochbrüstiger Seil-Sleipnir« (*hábrjóstr hǫrva Sleipnir*) genannt, denn auf dem Streitroß Sleipnir ritten Óðinn und dessen Sohn Hermóð nach Valhǫll. Cf. E. O. G. Turville-Petre, 1975, S. 48 f., 56 f. Wie aus der Braunschweiger Stadtordnung von 1579 hervorgeht, nannte man noch in der Frühen Neuzeit das Gehängtwerden »den dürren Baum reiten« oder »im Wind reiten«. Cf. E. Schubert, 2007, S. 93.

40 Cf. K. Düwel, 1970, S. 232; bzw. O. Höfler, 1952, S. 107 ff.; K. Straubergs, 1957, S. 77 f. Verschiedene Skalden der Wikinger nannten Óðinn *hangaguð* (»der hängende Gott«), *galga farmr* (»Galgenlast«) oder *váfuðr* (»der Baumelnde«); aber er ist auch derjenige, welcher unter dem Namen Hárbarðr die Toten nach Asgard übersetzt. Cf. Sundqvist, a. a. O., S. 649; A. Hultgård, 2007, S. 774; W. v. Unwerth, 1911, S. 92 f.; bzw. B. Lincoln, 1991, S. 64 f. Nach der Ynglinga-Saga sitzt Óðinn unter den Gehenkten – sicher, um zu erfahren, was sie erleben, denn um 1200 verlautete der Orkney-Dichter Bjarni Kolbeinsson, er habe den »Preis des Yggr« (*Yggjar feng*), also die Gabe des Dichtens, nicht »unter den Gehenkten« (*und hanga*) erlangt. Cf. Turville-Petre, a. a. O., S. 44 ff. Noch bis ins 18. Jahrhundert wurde der Galgen nach Norden gerichtet, wo das nordgermanische Totenreich lag, oder der Henker drehte das Gesicht des Gehenkten in nördliche Richtung. Entsprechend nannten die Friesen den Galgen *northhalde tre*. Cf. R. His, 1901, S. 195.

41 Cf. Matthäus 27.40 & 50; Markus 15.34 & 37; Lukas 23.43; G. R. Habermas/J. P. Moreland, 2004, S. 118. Nachdem Jesus am dritten Tage von den Toten auferstanden war, wandelte er vierzig Tage lang auf Erden und führte schließlich seine Jünger nach Bethanien, wo er sie segnete. »Und da er solches gesagt, ward er aufgehoben zusehends, und eine Wolke

nahm ihn auf [und] vor ihren Augen weg« (Apostelgeschichte 1.9). Cf. auch Lukas 24.50f.; Markus 16.19.
42 Cf. L. Weiser, 1927, S. 80; F. Rauers, 1936, S. 150; A. Brügmann, 1941, S. 16; H. Kürtz, 1983, S. 79ff.; P. Dollinger, 1989, S. 136, 241f.
43 Cf. F. Zarncke, 1857, S. 4ff.; J. F. Hautz, 1862, S. 134f.; A. Thorbecke, 1886, S. 55ff.; ders., 1891, S. 112f., 241f.; Rauers, a. a. O., S. 67f.; R. C. Schwinges, 2008, S. 489. Auch bei den Fuhrleuten wurde dem Neuling damit gedroht, daß man ihn im »geheimen Gemach« des Gasthauses aufhängen würde. In Wien versuchte man bereits im Jahre 1385, die Prozedur der *depositio* an der Universität zu entschärfen. Cf. G. Kaufmann, 1896, S. 232f. In Heidelberg gab es sie bis zum Dreißigjährigen Krieg. Später wurde die *depositio* in den Studentenverbindungen durch die wesentlich harmlosere »Fuchstaufe« ersetzt.

Anmerkungen zu § 2

1 Cf. S. S. Amant, 2003, S. 170; C. S. Alvarado, 2000, S. 186. Nach einer Untersuchung spürten lediglich 31% der Befragten, daß sie ihren Körper verließen, nach einer anderen ein Drittel. 14% derjenigen, die vor ihrem Erlebnis Todesangst hatten, und 43% von denen, die keine solche Angst verspürten, sahen ihren eigenen Körper nicht. Cf. ders., 2001, S. 332; bzw. G. Lier, 2010, S. 860.
2 Cf. R. Monroe, 1972, S. 37; E. R. Waelti, 1983, S. 46; B. Greyson, 2006, S. 396; M. Nahm, 2012, S. 268; E. Cardeña/C. Alvarado, 2014, S. 180; M.-E. Sy, 2007, S. 94; J. Randles, 1999, S. 149; bzw. W. Zurfluh, 1987, S. 148; B. Guggenheim/J. Guggenheim, 1997, S. 149; R. Schweid, 2008, S. 128. Elisabeth v. Schönau berichtet über ihr Erlebnis im Jahre 1152, es habe damit begonnen, daß sie ermattete und zunächst ihre Finger und Zehenspitzen sowie anschließend der ganze Körper kribbelte.
3 So besuchte er »außerkörperlich« seinen in Australien lebenden Sohn und seinen Neffen in Algier, die er aber beide nicht berühren konnte. Er sagte, daß alle Personen, die er auf diese Weise sah, wie die Geister keinen Schatten geworfen hätten. Zurück im Körper, fühlte er sich immer »sehr zerschlagen«. Cf. K. Schmeing, 1937, S. 68ff.; ders., 1938, S. 544f.
4 Cf. T. Horwitz, 1998, S. 7; B. J. Cuevas, 2007, S. 308; bzw. Waelti, a. a. O., S. 25; R. Heywood, 1970, S. 282. Eine Frau fühlte sich »wie aus einer Hülle herausgezogen« (P. L. Berman, 2012, S. 51). Im Schlafwachen trat ein Mann »wie aus einer Röhre« durch die Fontanelle aus seinem Körper und zog zuletzt seine Beine heraus, die sich dehnen ließen, »als seien sie aus Gummi« (Waelti, a. a. O., S. 34).

5 Cf. J. P. Cave/L. Foreman, 1999, S. 14, 26. Zwar ereignen sich die meisten »Außerkörperlichen Erfahrungen«, wenn die Betreffenden entspannt sind (cf. E. Mattiesen, 1936, S. 302) und liegen (cf. C. Lopez/O. Blanke, 2008, S. 693), doch müssen sie nicht bewegungslos im Bett ruhen. So schwebte z. B. ein Ertrinkender über sich und sah, wie er in Todesnot um Hilfe schrie. Cf. G. Gallup/W. Proctor, 1990, S. 52 f. Andere erblickten sich von oben beim Langstreckenlauf oder bei der Ausübung mechanischer und repetitiver Tätigkeiten, die keine Konzentration erfordern. Cf. K. Augustine, 2007 a, S. 8; W. P. Morgan/A. J. Stegner, 2008, S. 693.

6 Cf. M. Buber, 1923, S. 66; G. O. Gabbard/S. W. Twemlow, 1984, S. 108; T. Metzinger, 2005, S. 199; ders., 2010, S. 140; bzw. E. J. N. Fridman, 2004, S. 219. Ähnliches widerfuhr der späteren Schamanin Kandit-ool Lyana Mongushovna, als der »Grüne Geist« ihre Seele aus dem Körper zog, den sie dann unter sich daliegen sah (a. a. O., S. 291). Ohne sein Zutun wurde auch der Oglala Schwarzer Hirsch bei seiner ersten »Seelenreise« im Jahre 1872 durch die Wolken gezogen: »Ich schaute hinab und sah dort mein Volk, und alle waren wohlauf und heiter, einer ausgenommen, der dort lag wie tot, und dieser eine war ich selbst« (1983, S. 52). Cf. auch F. M. Frohock, 2010, S. 96. Nach einer Umfrage konnten lediglich 28,1 % der aus ihrem Körper Getretenen ihre Bewegungen kontrollieren. Cf. Wolfradt, a. a. O., S. 91.

7 Cf. P. Fenwick/E. Fenwick, 1995, S. 230. Nach einer Untersuchung lösten sich 37,5 % der Befragten »langsam« und 46,9 % »sehr schnell« von ihrem Körper. Cf. U. Wolfradt, 2001, S. 89. Eine Frau hatte während der Preßwehen plötzlich »das Gefühl, als ob sich eine Luke in der Schädeldecke öffnete. Mit großer Geschwindigkeit sauste ich da durch« (R. Lang, 1987, S. 461). Und eine junge, für »klinisch tot« erklärte Frau berichtete hinterher, sie sei aus der Fontanelle in einen »Fahrstuhlschacht« geschossen, an dessen Ende ein »unglaublich helles, atmendes Licht« zu sehen war. Cf. B. J. Horacek, 2007, S. 739; ferner D. J. Hufford, 1995, S. 14; W. Horkel, 1975, S. 129.

8 So z. B. bei den Huli im südlichen Hochland von Neuguinea (cf. R. M. Glasse, 1965, S. 30; S. Frankel, 1986, S. 136) und anderen Ethnien der Insel wie den Gimi, Bimin-Kuskusmin, Ayfat, Inanwatan, Daribi und Kiwai (cf. G. Gillison, 1993, S. 108 f.; F. J. P. Poole, 1985, S. 197; I. Courtens, 2005, S. 115; D. van Oosterhout, 2002, S. 49 f., 53; R. Wagner, 1972, S. 130; bzw. G. Landtman, 1927, S. 269), den Lelet auf Neuirland (cf. R. Eves, 1995, S. 215 f., 226), bei den Hoga Sara und Nage auf Flores sowie auf Lamalera (cf. A. K. Molnar, 2000, S. 206; G. L. Forth, 1998, S. 48, 249; R. H. Barnes, 1996, S. 110), den Rindi auf Sumba (cf. G. L. Forth, 1981, S. 167), auf Java (cf. C. Geertz, 1960, S. 20), auf Ifaluk und Ulithi, dem nördlichsten Karolinen-Atoll (cf. W. A. Lessa, 1966, S. 49 f.; E. G. Burrows/M. E. Spiro, 1957, S. 246; F. X. Hezel, 2001, S. 95), in Zentralaustralien (cf. J. G. Cowan, 1994,

S. 25, 38), den Kwakiutl an der nordamerikanischen Nordwestküste und den Totonaken im Hochland von Mexiko (cf. F. Boas, 1921, S. 718, 725; ders., 1940, S. 616; bzw. C. Govers, 2006, S. 174), südamerikanischen Stämmen wie den Arawaté am mittleren Xingú, den Trio an der Grenze zwischen Brasilien und Surinam, den Matsigenka und den Canela im peruanischen Regenwald bzw. im ostbrasilianischen Hochland (cf. E. Viveiros de Castro, 1992, S. 209 f., 225; P. Rivière, 1999, S. 77 f.; A. Johnson, 2003, S. 203; bzw. J. Mehringer/J. Dieckert, 1990, S. 250, 256), bei den Fon in Dahomey, den Medien im Mami-Wata-Kult, den !Kung und den Bantu von Kavirondo (cf. S. P. Blier, 1995, S. 157 f.; T. Wendl, 1991, S. 226; M. Shostak, 2000, S. 37; bzw. G. Wagner, 1949, S. 162) sowie den Schamanen der nepalesischen Tamang (cf. E. Turner, 2006, S. 131). Die Seele (*taartaat*) des Angmagssalik-Schamanen Ajukudooq verließ indessen seinen Körper durch den After. Cf. W. Thalbitzer, 1931, S. 435.
9 Cf. W. Asboe, 1932, S. 66; T. Chodron, 2003, S. 81; M. Gouin, 2010, S. 16 ff.; E. Urban, 2011, S. 18; bzw. D. W. Bousset, 1901, S. 254. Zur Trophonios-Höhle cf. H. P. Duerr, 2011, S. 745. Ein ähnliches Sterberitual zur Öffnung der Fontanelle gibt es in Ladakh. Cf. R. Aggarwal, 2001, S. 555. Im 17. Jahrhundert sah Karma Wangzin im südlichen Tibet etwas, das »wie ein Loch im Boden eines Kupferkessels« aussah – die Fontanelle, durch die sie aus ihrem Körper schwebte. Cf. B. J. Cuevas, 2007, S. 308.
10 Cf. M. Hulin, 1999, S. 197; Y. Kason, 1994, S. 152; A. Michaels, 2004, S. 275; R. House, 2001, S. 113; M. Burger, 2001, S. 135; bzw. E. Mattiesen, 1936, S. 305. Während esoterische Tantriker und New-Age-Autoren das *kuṇḍalinī* für so etwas wie einen »Astralleib« halten, der den Körper wirklich verlassen kann, haben berühmte indische Gelehrte wie der im 2. Jahrhundert v. Chr. lebende Patāñjali Wert auf die Feststellung gelegt, daß es »imaginär« (*kalpanātmika*) ist. Cf. A. Bharati, 1976, S. 164 ff.
11 Cf. T. Metzinger, 2005, S. 200; W. Zurfluh, 1979, S. 203; ders., 1981, S. 475; Gabbard/Twemlow, a. a. O., S. 6; bzw. M. B. Sabom, 1986, S. 34; C. Hardman, 1981, S. 166; G. Nioradze, 1925, S. 24; Cuevas, a. a. O., S. 310 f.
12 Cf. O. Blanke, 2012, S. 51; W. Zurfluh, 1987, S. 148; K. Walker, 1964, S. 133; T. Metzinger, 2010, S. 130, 132. Auch R. A. Monroe (1972, S. 38) beschreibt einen ständigen Szenenwechsel, der stattfand, ohne daß er sich von einer Szene zu einer anderen hinbewegte. Vielmehr »dachte« er sich einfach an einen anderen Schauplatz (a. a. O., S. 63). Cf. auch M. Lavasani/A. Serwaty, 2012, S. 247; G. F. Rubisch, 2013, S. 54; C. Stein, 2007, S. 37; Alexander, a. a. O., S. 70. Metzinger (a. a. O., S. 131) konnte bei seiner »Außerkörperlichen Erfahrung« »nur relativ schlecht sehen«, doch ein anderer berichtet: »Obgleich es Nacht war, sah ich alles deutlich, aber nicht ganz in der Art, wie man es bei Tageslicht im Wachen wahrnimmt« (J. C. Hampe, 1975, S. 47). Hatte Zurfluh das Gefühl, gleichzeitig an zwei Orten zu sein, fühl-

ten sich andere, z. B. eine ertrinkende Frau, abwechselnd in und außerhalb des Körpers. Cf. H. Knoblauch, 1999, S. 118; P. Brugger, 1994, S. 838 f.

13 R. Kinseher, 2011, S. 20.

14 Cf. G. Ewald, 2011, S. 62. Als bei einem Mann die Furcht aufkeimte, er könne nicht mehr zu seinem Körper zurückfinden, befand er sich ebenfalls augenblicklich wieder in ihm. Cf. Waelti, a. a. O., S. 25. Cf. auch Cave/Foreman, a. a. O., S. 54.

15 W. Thalbitzer, 1923, S. 493. Bei einer Untersuchung beschrieben 35 % der Befragten ihre Erfahrung als beängstigend. Cf. Gabbard/Twemlow, a. a. O., S. 22. Friederike Hauffe, die »Seherin von Prevorst«, hatte, als sie über ihrem Körper schwebte, »kein behagliches Gefühl«, was allerdings daran lag, daß sie zwar »kein Gefühl von Schwere« mehr verspürte, sich aber nicht gänzlich von ihrem ungeliebten Leib lösen konnte. Cf. J. Kerner, 1922, S. 76; T. Hamanaka, 1991, S. 389.

16 Cf. C. Tart, 1972, S. 272; Waelti, a. a. O., S. 25; bzw. J. A. Cheyne et al., 1999, S. 322, 331. Manche können hinterher überhaupt nicht sagen, wie sie an einen anderen Ort entrückt wurden oder wie sie ihren Körper verlassen haben. So sagte im 13. Jahrhundert Mechthild von Magdeburg: »In minem gebette es also beschach, das ich nit weis, weder das himmelreich were geneiget zuo mir oder ich was gezogen in das wunnenrich hus gottes« (K. Bochsler, 1997, S. 117 f.).

17 Cf. D. Kemmerer/R. Gupta, 2006, S. 479; P. Fiedler, 2001, S. 69; bzw. *Spiegel* 8, 2013, S. 116. »Ich spüre plötzlich meinen Körper nicht mehr«, notierte eine Italienerin, die im Jahre 2005 im Irak entführt und einen Monat lang gefangengehalten wurde, »als wäre er vom Geist getrennt. Ich fange an, mich von außen zu beobachten« (zit. n. M. Hirsch, 2010, S. 195). Cf. auch J. Hoareau, 1996, S. 61, 63. Und ein Mädchen, das regelmäßig von seinem Vater mißbraucht wurde: »Sobald ich merkte, daß er anfing zu trinken, bereitete ich mich vor: Ich schaltete mich total ab, beamte mich weg, und etwas anderes war da: eine Puppe, eine leere Hülle, die nichts fühlte und nichts dachte« (zit. n. I. Deistler, 2002, S. 44). Eine andere verließ ebenfalls jedesmal ihren Körper, wenn ihr Vater sie vergewaltigte, »und ging auf eine Bergwiese voller Blumen«. Cf. D. Spiegel, 1995, S. 135; ferner M. Salter, 2013, S. 107.

18 Cf. W. J. Serdahely, 1993, S. 89; H. J. Irwin, 1993, S. 101 f. Auch eine junge Frau, die bereits im Alter von vier Jahren von ihrem Vater auf brutale und perverse Weise vergewaltigt worden war, spaltete sich schon frühzeitig. Jedesmal, wenn der Mann über sie herfiel, nahm eine der »Anderen« sie mit an die Decke und sagte ihr, sie solle nicht nach unten blicken und die Schreie des Mädchens nicht beachten. Eine der »Anderen«, Lizzie, war wesentlich mutiger als die Ausgangspersönlichkeit, und sie war es auch, die den Vater schließlich tötete. Cf. J. M. Glass, 1993, S. 80 ff. Ein anderes

Mißbrauchsopfer sah im Verlaufe einer Therapie ein, daß »die Anderen« nur Aspekte ihrer selbst waren: »Ich habe die anderen Persönlichkeiten geschaffen, weil ich mit dem Mißbrauch [durch den Vater] nicht umgehen konnte. Die Anderen sind meine inneren Freunde und Beschützer. Sie ermöglichen mein psychisches Überleben« (J. F. Casey/L. Wilson, 1992, S. 201). Nach einiger Zeit hörte sie die Stimmen »der Anderen« immer seltener, bis sie schließlich verstummten. Doch die Angst, »wieder auseinanderzubrechen«, blieb bestehen. Cf. a. a. O., S. 411.

19 Cf. V. Krishnan, 1985, S. 77; W. van Laack, 2007, S. 28; Werner Zurfluh: Schriftliche Mitteilung vom 20. Januar 1980;bzw. M. Schmidt-Degenhard, 1992, S. 146 f. Eine an der Decke schwebende Frau fragte den neben ihrem Bett sitzenden Mann, »ob er mich hier oben sehen könne. Er sagte ›nein, schlaf weiter!‹«, wobei seine Stimme klang, als sei er sehr weit weg. Obwohl sie also von oben auf ihn hinuntersah, sprach sie mit ihm, während sie im Bett lag. Cf. E. W. Kelly et al., 1999, S. 118.

20 Cf. O. Blanke et al., 2002, S. 2116; dies., 2004, S. 248, 251; B. Bandelow, 2001, S. 156 f.; J. M. Holden et al., 2006, S. 102 ff.; C. M. Moreman, 2008, S. 200; P. F. Permanschlager, 2007, S. 94; C. Amrhein, 2011, S. 48; B. Greyson, 2007, S. 133; V. M. Neppe, 2008, S. 131; bzw. O. Blanke et al., 2005, S. 552 f.; M. B. Sabom, 1986, S. 217; B. Engmann, 2011, S. 67; P. van Lommel, 2013, S. 18; J. Nicolay, 2012, S. 67; B. Greyson et al., 2012, S. 445; H. Kessler, 2014, S. 61 f.

21 Cf. A. Revonsuo, 2010, S. 272; C. R. Lundahl/A. S. Gibson, 2000, S. 166; bzw. M. Sabom, 1998, S. 64; ders., 1986, S. 70 f.; S. Browne/L. Harrison, 2006, S. 292. Cf. auch D. Piper/C. Murphey, 2007, S. 21 ff.

22 Cf. W. Schweer, 2012, S. 114, 129 f., 132 f.; J. Soentgen, 1997, S. 109 ff.; bzw. A. Kardec, 1987, S. 74 ff.; E. Pérez, 2011, S. 335; H. P. Blavatsky, 1906, S. 372 f., 593. Bei den engelgleichen »hohen Initiierten« ist der Astralleib aufgrund seiner Reinheit unsterblich. Dies will Blavatsky während eines dreijährigen Tibetaufenthaltes, der 1855 begann, einer auf Palmblättern niedergeschriebenen Kopie des »Buches Dayan« entnommen haben, das angeblich in die Felswand einer Schlucht gemeißelt war, in der die beiden Gurus Blavatskys wohnten. Cf. K. R. H. Frick, 1978, S. 280. Ein Interpret von Rudolf Steiners Lehre von den Reisen der »ätherischen« oder »Astralkörper« ins »Geisterland« meint, Steiner müsse »Nahtod-Erfahrungen« gehabt haben, da dessen »Beschreibungen der geistigen Welten« den inzwischen publizierten Berichten über solche Erlebnisse »bis in Einzelheiten hinein« entsprächen (C. Roszell, 1993, S. 13). Es ist jedoch wahrscheinlicher, daß Steiner, der die Auffassung vertrat, wir seien nichts als »Denk-Leichname«, wenn unsere Seele nicht den Körper verließe (cf. R. Steiner, 1956, S. 30 ff.), seine »Beschreibungen« überwiegend aus theosophischen Quellen schöpfte. Cf. H. Zander, 2007, S. 574 ff.; ders, 2011, S. 191; S. Blackmore,

2010, S. 403. Ein Schüler Steiners, der Anthroposoph Wilhelm Krieger, behauptete später, er sei vom Meister und dessen Kollegen Claus Unger dazu ermuntert worden, den Körper zu verlassen, aber er habe es anschließend nicht mehr vermocht, in ihn zurückzukehren. Er wollte beide auf Herausgabe seiner Seele verklagen, doch die Klage wurde abgewiesen. Zu Beginn des Jahres 1929 – Steiner war schon 1925 gestorben – ermordete er Unger bei einem Treffen der Anthroposophen in Stuttgart. Cf. J. Webb, 2008, S. 104 f.

23 Die Behauptung von E. Kübler-Ross (2005, S. 90 f.), *alle* Personen, die ihren Körper verließen, erhielten einen »ätherischen Körper«, ist unzutreffend. Es ist nur eine Minderheit, die einen solchen Körper verspürt. Cf. H. Knoblauch/I. Schmied-Knittel, 1999, S. 205; S. Blackmore, 1987, S. 572.

24 Cf. C. du Prel, 1885, S. 439 f. Auch Personen, die jemanden betrachten, der gerade ein Austrittserlebnis hat, betonen dessen Ähnlichkeit mit einer Leiche. So sagten Zeugen, daß die »Vorschauer« »kreideweiß« aus der »Welt der Geister« heimkehrten (cf. K. Schmeing, 1938, S. 547), und A. Lischka (1979, S. 99) berichtet, seine Frau habe ihm gesagt, er sei »totenähnlich« dagelegen, »und von Atemzügen sei nichts zu sehen gewesen«.

25 Cf. E. Mattiesen, 1936, S. 306; bzw. Waelti, a. a. O., S. 18. Andere empfanden sich als »Dampfwolke«, als »etwas gleich einem Wattebausch« (Mattiesen, a. a. O., S. 305, 324). Monroe (a. a. O., S. 159) berichtet, sein »Zweitkörper« habe eine »seltsam gummiartige Elastizität« aufgewiesen – wenn er den Arm ausstreckte, wurde dieser doppelt so lang wie der physische.

26 Cf. J. Bruhn, 2013, S. 295; F. H. Bradley, 1969, S. 599; P. L. Berman, 2012, S. 51; bzw. K. Rudolph, 1980, S. 212; P. Dinzelbacher, 2007, S. 182 f. Die im Jahre 1801 in dem hohenlohischen Dorf Prevorst geborene Friederike Hauffe sagte ihrem Arzt, ihre Seele habe nach dem Austritt aus dem physischen Körper »vermittelst der Luft« einen »farbigen Körper« gebildet, der wie »ein leichter Flor« gewesen sei (Kerner, a. a. O., S. 76, 172). Nach einer Untersuchung gaben 76 % der Befragten an, ihr »Astralleib« sei ihrem physischen Körper ähnlich gewesen (cf. Gabbard/Twemlow, a. a. O., S. 19), und Fools Crow, ein Medizinmann der Teton-Dakota, verlautete demgemäß: »Mein Geist sieht aus wie ich, wenn ich in meinem Körper bin, auch in demselben Alter« (T. E. Mails, 1999, S. 125 f.). In einem persischen Text des 3. Jahrhunderts heißt es von Kirdīr, dem Oberpriester dreier sassanidischer Könige: »Ich machte, daß ich wie tot war, und derjenige, welcher dieselbe Gestalt hatte wie Kirdīr, beschritt den Pfad der Verstorbenen« (A. Hultgård, 1999, S. 63).

27 Cf. W. Koch, 2006, S. 21; Steiner, a. a. O., S. 17; bzw. E. Grant, 1980, S. 78; ders., 1994, S. 422; C. W. Harvey/J. D. Shelton, 1992, S. 130.

28 Cf. K. Wiredu, 1987, S. 170; A. Flew, 2006, S. 603; S. Blackmore, 2010, S. 403 f.; P. Geach, 1969, S. 18.

29 Cf. Hulin, a.a.O., S. 192; Lama Yeshe, 1997, S. 190; bzw. A. Mosley, 2004, S. 150; Wiredu, a.a.O., S. 161. Nach dem Theosophen C.W. Leadbeater (1914, S. 9) ist der Äther nur »perceptible to highly developed clairvoyant power«. Auch das indische *ātman* kann zwar sehen, aber nicht gesehen werden. Cf. S. Firth, 1997, S. 38f. Als *okra* wird bei den Akan auch der Schutzgeist eines Menschen bezeichnet, der auf seinen Schultern sitzt und den man unter besonderen Umständen sehen und sogar anfassen kann. Cf. A. Ephirim-Donkor, 1997, S. 12, 17, 61f., 72f. Der *okra* entspricht bei den Yoruba die quasimaterielle *èmí*, die für normale Augen unsichtbar ist. Cf. S. Gbadegesin, 1998, S. 154. Die Moba im Norden Togos sagen, daß man die feinstofflichen Leiber der Toten wie die der Geister zwar sehen, aber nicht berühren kann, und die mazatekische Heilerin María Sabina erzählte, sie habe einmal in einer Vision eine Gruppe von Pilzgeistern gesehen, aber es sei ihr sofort klar gewesen, daß es sich nicht um Personen aus Fleisch und Knochen handelte (»Yo sabía que no eran de carne y hueso«). Und in der Tat – als sie die Geister anfassen wollte, griffen ihre Hände ins Leere (»podío verlo pero no tocarlo«). Cf. J. Zwernemann, 1998, S. 171; bzw. A Estrada, 1977, S. 55f. Der feinstoffliche Leib (*mulu'ŋgu*) der Vandau in Moçambique ist ebenfalls in jeder Hinsicht wie der eines physischen Menschen bis auf die Tatsache, daß er sowenig angefaßt werden kann wie die Luft. Cf. F. Boas, 1940, S. 608f. Cf. auch F.W. Kramer, 1987, S. 72f. Die Lelet im Inneren Neuirlands nennen den Körper *labantuxu*, »Haut« (cf. Eves, a.a.O., S. 215), und die Kaliai auf der benachbarten Insel Neubritannien glauben, daß ein Mensch zwei Häute besitzt. Die eine bleibt im Tod zurück, während die andere (*ano*), von weißer Farbe, ins Dorf der Toten überwechselt, das in den Bergen liegt, nach den Anhängern der Cargo-Kulte aber in Australien oder Amerika. Das *ano* gleicht indessen einem Leib mit Blut und Knochen, »it is not smoke nothing« (A. Lattas, 1992, S. 47).

30 Cf. Sabom, a.a.O., S. 53; R. Kastenbaum, 1995, S 440; R.A. Monroe, 2007, S. 21; bzw. S. Bashir, 2011, S. 37f.; W. Mariner, 1817, S. 109; ferner A. Bastian, 1860, S. 371. Nachdem eine junge Marquesanerin während einer »Nahtod-Erfahrung« ebenfalls in dieses Totenreich gelangt war, in dem sie »hohe Bäume und sehr schöne Menschen« erblickte, »die süße Melodien« sangen, machten sich mehrere Bootsbesatzungen in den fernen Westen auf, um über das Meer dorthin zu gelangen, aber keiner der Männer kam jemals zurück. Cf. J. Zemmich, 1891, S. 223. In der Jaimini̇̄ya-Upaniṣad-Brāhmana will ein König seinen verstorbenen Onkel umarmen, aber da dieser kein Skelett (*śarīra*), d. h. keinen physischen Körper, besitzt, gelingt ihm dies sowenig, wie wenn er versucht hätte, Rauch, Feuer, Wind oder Äther zu umarmen. Cf. A. Malinar, 2002, S. 769, 779. Eine Frau berichtete, daß sie »außerkörperlich« lediglich »schauen« konnte. Wollte sie z. B. das Fenster schließen, mußte sie zuvor in ihren Körper zurückkeh-

ren. Cf. Sabom, a. a. O., S. 157 f. »I do not despise this gift of spiritual sight«, erklärte Mollie Fancher, »but to me the forms I see are intangible. They are here, but I cannot touch them; I cannot press them to my bossom, as I so much long to do.« Cf. A. H. Dailey, 1894, S. 81 f.

31 Cf. J. A. Hasler, 1969, S. 31; Mattiesen, a. a. O., S. 326. Im 18. Jahrhundert konstatierte der Quäker Thomas Say aus Philadelphia, daß die Wände seines Hauses »were no hindrance to my sight«. Cf. R. S. Cox, 2008, S. 67. Auch in meinem eigenen, im Vorwort geschilderten Erlebnis spürte ich keinerlei Widerstand, als ich durch die Decke des Zugabteils schwebte, aber sie war nicht durchsichtig. Eine Frau erzählt, daß ihr Astralleib »ganz leuchtend und durchsichtig« sowie »leicht wie eine Feder« gewesen sei. Aber auch ihr physischer Körper und alle anderen Objekte, die sie sah, waren transparent. Cf. T. Pakraduni, 1953, S. 372 f.

32 Cf. Wolfradt, a. a. O., S. 91; R. A. Moody, 1999, S. 24; Gabbard/Twemlow, a. a. O., S. 158; B. R. Rommer, 2004, S. 129 f.; bzw. T. Metzinger, 1993, S. 14; ders., 2010, S. 131; Waelti, a. a. O., S. 36, 103 f., 112 f. Ein Mann berichtet, er habe sich gezwickt, um herauszufinden, ob sein »Astralleib« wirklich existiere, und er spürte auch etwas, »aber es tat nicht so weh wie bei meinem Körper aus Fleisch und Blut« (J. Hick, 1994, S. 405).

33 Cf. D. Z. Phillips, 1970, S. 2; R. G. Mays/S. B. Mays, 2008, S. 21, 33; J. Wade, 1998, S. 35; bzw. K. Ring, 1986, S. 70. Dabei gibt es offenbar große individuelle Unterschiede. So berichtete ein Mann, daß er zwar sehen, hören und riechen, aber nichts tasten konnte (cf. Mattiesen, a. a. O., S. 317 f.), während viele Jahrhunderte zuvor Barontus über seine *anima*, die von dem Erzengel Raphael in die Höhe geführt worden war und die er mit einem Küken verglich, das sein Ei verlassen hatte, sagte, sie hätte »Gesichtssinn, Gehör, Geschmack, Riechfähigkeit und Tastfähigkeit« (*visum, gustum, odoratum et tactum*) besessen, aber nicht sprechen können. Cf. M. Aubrun, 1980, S. 113.

34 Cf. T. Fuchs, 1997, S. 6 f.; R. Schönhammer, 2009, S. 25; U. Zürcher, 2005, S. 64. Bereits William James (1983, S. 211) stellte fest, daß viele Betroffene nicht eindeutig entscheiden konnten, ob sie das Phantomglied nun wirklich fühlten oder ob sie sich das nur einbildeten (»feel or fancy«). Cf. auch T. Metzinger, 2005, S. 191.

35 Cf. S. J. Holajter, 1995, S. 56. Natürlich bedeutet das *nicht*, wie die Esoteriker oder Okkultisten meinen (cf. W. F. Bonin, 1983, S. 394), daß der Betreffende, der z. B. seinen Arm oder den ganzen Körper an einer anderen Stelle fühlt, dort *ist*, wie z. B. W. Schwery (2011, S. 138) zu glauben scheint. Cf. A. Flew, 1987, S. 180. Und wenn ein bekannter Neurologe meint, die Existenz von Phantomgliedern und -körpern zeige, daß wir keinen Körper benötigen, um einen Körper zu spüren (cf. R. Melzack, 1989, S. 4), dann ist das zumindest sehr unglücklich ausgedrückt. Denn selbstverständlich

kann nur ein Mensch mit einem physischen Körper einen Phantomleib haben. Nach Amputationen können Phantomnasen oder Phantompenisse mit Erektionsempfindungen auftreten (cf. K. A. Bujarski/M. R. Sperling, 2012, S. 287f.), und eine Untersuchung ergab, daß mehr als 20 % der befragten brustamputierten Frauen fühlten, wie die fehlende Brust sich beim Gehen bewegte. Cf. E. Kasten, 2008, S. 51, 213. Schließlich geht aus einer anderen Untersuchung hervor, daß 17 % der Personen, denen von Geburt an ein bestimmtes Körperglied fehlt, z. B. ein Arm, dieses Glied sehr lebhaft als Phantom spüren. Cf. C. L. Reed, 2002, S. 236f.; M. Mikorey, 1952, S. 17. Daraus hat Mikorey (a. a. O., S. 10 ff.) gefolgert, daß Phantomglieder »illusionäre Regenerate« seien. Während beispielsweise beim Schwanzlurch ein abgetrenntes Bein nachwächst, hat der Mensch nur das *Gefühl*, es gäbe dieses Glied, eine Empfindung, die durch eine »Regenerationsmatrix« ausgelöst werde, der gewissermaßen die Kraft fehle, das betreffende Bein nachwachsen zu lassen. Cf. ferner G. Schulte, 1997, S. 177ff.
36 Cf. Lier, a. a. O., S. 861, 879; bzw. Cox, a. a. O., S. 67.
37 E. Mattiesen, III, 1939, S. 340; ders., 1925, S. 510; bzw. S. E. Braude, 2001, S. 107. Allerdings bekundete ein von E. Mattiesen (1936, S. 323) zitierter Mann, er sei »durchsichtig, von bläulicher Farbe und vollkommen nackt« gewesen. Da die Hl. Jungfrau nicht von der Erbsünde befleckt war, trug ihre Seele von vornherein ein – häufig blaues – Gewand, während die Seelen der guten Menschen erst von Gott eingekleidet werden. Cf. R. Sprandel, 2000, S. 98. Die Seelen der gewöhnlichen Sterblichen schweben auf den hoch- und spätmittelalterlichen Darstellungen meist in nacktem Zustand (»nacket vnde blôz«) aus dem Mund der soeben Verschiedenen, oft als Jugendliche, obwohl die Betreffenden schon alt waren, oder als zum Teil in Windeln gewickelte Säuglinge, da der Tod ja die Geburt in ein neues Leben ist. So schweben sie zum Himmelstor, wo bereits die Engel stehen und die neuen Kleider bereithalten. Cf. P Ariès, 1980, S. 319; D. de Chapeaurouge, 2000, S. 104, 110; J. Grabmayer, 1999, S. 118; A. Prior, 2006, S. 292f. Trockenen Auges teilt eine Amerikanerin in ihrem unsäglichen Buch *The Fun of Dying* (2010, S. 53) mit, nachdem man den Körper verlassen habe, sei man zunächst meist nackt, »but once you notice your nakedness your mind will generate clothing«.
38 Cf. C. B. Becker, 1993, S. 56; B. J. Eadie, 1992, S. 123f.; E. Stagel, 1906, S. 58; Bonifatius, 1968, S. 43; M. Blanchon, 1893, 2.7, App. 2; bzw. R. F. Campany, 1995, S. 352; S. Rinpoche, 2004, S. 390; D. Chopra, 2007, S. 54. Auch die magersüchtige Laienschwester Ita Sulzerin erkannte »außerkörperlich«, wie »unedel« ihr Körper war und »wie adelich die sel« und dachte: »Owe! můst du zů dem grúlichen lib wider faren?« Cf. Stagel, a. a. O., S. 81. Eine seltene Ausnahme ist Ägidius von Assisi, der seinen unbewegt im Bett liegenden Leib als über alle Maßen schön empfand. Cf. Buber, a. a. O., S. 69.

Anmerkungen zu § 3

1 Cf. W. Zurfluh, 1983, S. 205; Gabbard/Twemlow, a.a.O., S. 158; bzw. S. Grof/J. Halifax, 1980, S. 171f. Die spätere »Nahtod«-Forscherin Margot Grey (1985, S. XIII) löste sich von ihrem Körper und schwebte in »ein absolutes Nichts, einen schwarzen endlosen Raum«, der sich in einen unendlich langen Tunnel verwandelte, in dem ein winziger Lichtpunkt erschien, auf den sie sich allmählich zubewegte. Eine andere Frau schwebte durch einen dunklen Tunnel, der ihr wie ein »schmutziger Abwasserkanal« vorkam (Rommer, a.a.O., S. 62), während eine dritte durch »eine Art Sanduhr« gezogen wurde. Cf. P. van Lommel, 2009, S. 56. Dagegen berichtet ein Mann, er sei durch ein »zart geripptes Rohr« gerissen worden, wobei er sich ständig drehte, »als würde mich ein Schraubengewinde weiterbefördern« (P. Nádas, 2002, S. 241, 263). Bisweilen drehte sich der Tunnel um die auf ein Licht zu Schwebenden (cf. P. Fenwick, 2005, S. 136), so im Falle eines Mannes, der durch »eine Art dunklen Windkanal« gezogen wurde, dessen Wände sich um ihn drehten. Cf. P.M.H. Atwater/D.H. Morgan, 2000, S. 30. Ein kleiner Bub bewegte sich durch »eine riesige Nudel«. Cf. P.S. Richards/A.E. Bergin, 1997, S. 94.

2 Cf. Atwater/Morgan, a.a.O., S. 32f. Einen Mann ängstigte die Tatsache, daß der Tunnel so eng war: »Zurück konnte ich nicht, aber mich durch ihn hindurchzuzwängen kam mir ebenso schrecklich vor. Würde ich je wieder hinausfinden? Oder würde ich irgendwo auf meinem Weg nach Luft ringend ersticken? Der Tunnel ließ mir kaum Raum und hielt mich eng umfangen.« Doch nachdem er sich »mühsam durch das letzte Stück gekämpft hatte«, erreichte er »am Ende so etwas wie ein Licht« (van Lommel, a.a.O., S. 54). Ein anderer verspürte plötzlich den Zwang, sich hinzulegen, als er auch schon in einen »unermeßlich hohen, tunnelartigen Raum« versetzt wurde. Dort stand er auf einer »unendlich langen Leiter, die nach unten in ein schemenloses Dunkel überging«, während ihm von oben ein glänzendes Licht entgegenschwebte. Das Erlebnis brach aber dann unvermittelt ab, und er fand sich auf seinem Sofa wieder. Cf. Schmidt-Degenhard, a.a.O., S. 156. Eine Frau schwebte zunächst über ihrem Körper und wurde anschließend in »ein finsteres Tal« versetzt, wohingegen eine zweite in einem Tunnel »wie in einem Wasserstrudel« zu einem »Licht hinaufgewirbelt« wurde. Cf. R.A. Moody/P. Perry, 1989, S. 74, 165. Und eine dritte »wurde [im Tunnel] von einer Art Strömung getragen, wie ein Boot auf einem Fluß« (B. Sträuli-Eisenbeiss, 2006, S. 25). Ein schwerverwundeter Soldat der deutschen Wehrmacht, der nach dem Kriege von einem tschechischen Wachpersonal grausam gequält wurde, schwebte durch einen dämmerigen Tunnel, der sich bald teilte. Der eine Abzweig war stockdunkel und ihm nicht geheuer, weshalb er im helleren weiter-

schwebte, und zwar auf ein Licht zu. Doch plötzlich ging es nicht weiter, und die Szene verblaßte. Jahrzehnte später befand er sich während einer Operation im selben Tunnel, erreichte aber dieses Mal das Licht, in dem er seine verstorbenen Eltern und im Krieg gefallene Verwandte traf, die aber alle nichts sagten. Cf. G. Ewald, 2011, S. 30f.

3 Cf. A. Fenimore, 1995, S. 82; G. Ewald, 1999, S. 28f.; bzw. J. Faulstich, 2006, S. 84. Nach einem Verkehrsunfall erlebte eine Frau, wie die Szenerie sich nach und nach verdunkelte. Da blitzte ein Licht auf, das sich näherte, aber sie gelangte nirgendwohin, sondern kam unvermittelt in ihrem Körper wieder zu sich. Cf. K. M. Loewenthal, 1995, S. 207. Anscheinend kommt es häufig vor, daß der Raum, in dem die Betreffenden sich befinden, einfach dunkler wird, ohne daß ein Tunnel oder eine Höhle sich auftut. So wurde eine Frau nach einer Operation wie von einem Magneten aus ihrer Brust nach oben gezogen, während das Krankenhauszimmer sich immer mehr verdunkelte (cf. B. J. Eadie, 1992, S. 37), und eine weitere berichtete, nachdem sie aus dem Koma erwacht war, in ihrem Zimmer sei es dunkler, aber dann »heller geworden, woraufhin eine Gestalt auf sie zukam, die sie für Jesus hielt« und die sie »durch eine nächtliche Stadt« führte. Cf. Roszell, a.a.O., S. 50. Ähnlich P. Giovetti, 1992, S. 135. Schließlich erlebte ein Mann, der an die Decke des Operationssaales geschwebt war, wie dieser dunkler und dunkler wurde, so daß er das Gefühl hatte, der Saal verwandle sich in die Hölle. Cf. Rommer, a.a.O., S. 73.

4 Weil es fliehen wollte, wurde einem jüdischen Mädchen beim Abtransport in ein KZ von einem SS-Mann in den Rücken geschossen. Darauf wurde zunächst alles pechschwarz, bis sich ein dunkler Korridor öffnete. Viele Jahre später, bei der Geburt ihres ersten Kindes, befand sie sich plötzlich wieder in demselben dunklen Gang. Cf. C. Sutherland, 2009, S. 90.

5 Ein Mann berichtete, das Zimmer, in dem er sich befand, habe sich plötzlich in einen »dunklen Wald« verwandelt, »hinter dem die Sonne aufging, und da war ein tunnelartiger Pfad, der aus dem Wald hinausführte«. Er folgte ihm, als der Gedanke aufkeimte, er müsse sicher sterben, wenn er den Wald verließe. Cf. K. Ring/E. Elsässer-Valarino, 1999, S. 287f.; I. Gresser, 2004, S. 101. Eine Frau lief ziellos durch einen dunklen Wald, der sich als ein Irrgarten herausstellte, und als sie unheimliche Geräusche hörte und Gestalten und wilde Tiere auf sie zukamen, lief sie immer schneller. Cf. Knoblauch, a.a.O., S. 135; sowie Roszell, a.a.O., S. 56. Eine andere ging einen dunklen Weg entlang, aber als sich der Eindruck verdichtete, sie sei auf dem Weg zur Hölle, gelang es ihr zunächst, umzukehren, aber plötzlich steckte sie fest und hatte in ihrer Todesangst einen Lebensrückblick. Cf. G. Ewald, 2011, S. 104. Ein Angehöriger der Bakongo schließlich wurde von einem Unbekannten durch einen endlosen düsteren Urwald geführt. Cf. J. McClenon, 2006, S. 28. Sirät, die Brücke, die zum

Garten Eden führt, ist »dunkler als die Nacht« ('A. ar-R. ibn A. al-Qādī, 1991, S. 141), und in christlichen Berichten führt sie häufig über einen breiten stockdunklen Strom. Cf. z. B. J. Wade, 2003, S. 87, oder Gregor der Große: *Dialoge* IV.36.

6 Cf. Stagel, a. a. O., S. 64; bzw. J. W. Green, 2008, S. 125. Eine junge Frau wurde hingegen von der Strömung eines dunklen Flusses mitgerissen. Dabei war sie wie gelähmt und dachte, sie müsse ertrinken. Schließlich ergab sie sich in ihr Schicksal, und allmählich war das ziellose Dahintreiben gar nicht mehr so schrecklich. Cf. M. Fox, 2003, S. 272 f. Einige Personen berichteten, sie seien durch unangenehme Geräusche beunruhigt worden. Eine junge Frau, die ohnmächtig im Krankenwagen lag, befand sich plötzlich »in einer riesigen unterirdischen Höhle, in der ihr ein lautes Dröhnen wie von Maschinen« eine entsetzliche Angst einjagte (B. Innes, 1999, S. 34); und eine andere, die in einem »sehr dunklen Tunnel« auf ein Licht zuging, war einerseits voll »freudiger Erregung«, aber andererseits wurde es ihr immer unheimlicher, weil sie ein sehr unangenehmes Geräusch hörte, das wie der Schleudergang einer Waschmaschine klang. Cf. P. L. Berman, 2012, S. 40.

7 Im Jahre 1739 wurde der englische Hugenotte und Arzt George de Bonneville während eines Aufenthaltes in Deutschland »wie in eine Wolke gezogen«, worauf er eine wunderbar duftende schöne Ebene mit lauter Obstbäumen betrat (cf. K. R. Vincent/J. C. Morgan, 2006, S. 38), aber auch in unserer Zeit schweben »Seelenreisende« in weiße Wolken hinein. Cf. G. Gallup/W. Proctor, 1990, S. 17. Angehörige der Chamorro auf Guam berichteten, sie seien »durch die Wolken geflogen« und hätten ihre Verwandten besucht, die nach Nordamerika ausgewandert waren. Cf. A. Kellehear, 1993, S. 150.

8 Cf. C. R. Lundahl/A. S. Gibson, 2000, S. 165; Ewald, a. a. O., S. 33; bzw. P. M. H. Atwater, 2011, S. 30. Eine von einer Kobra gebissene Thai-Frau, die man für tot gehalten und schon in den Sarg gelegt hatte, ging auf einem nebelverhangenen Pfad zum Totenrichter (Frohock, a. a. O., S. 112), und eine junge Amerikanerin eine von Engeln gesäumte Treppe hinauf, die in einen dichten Nebel führte, hinter dem sich das Himmelstor befand. Sie fragte eine dort thronende Gestalt, ob sie wieder zu ihrem kleinen Kind zurückkehren dürfe, worauf das Wesen sie an der Hand zur Treppe führte. Cf. Gallup/Proctor, a. a. O., S. 126. Ein Mann berichtet, zunächst sei alles um ihn herum »schwarz« geworden, doch dann löste ein »grauer Nebel« die Dunkelheit ab, durch den er die Wiederbelebungsmaßnahmen der Ärzte beobachten konnte. Cf. Sabom, a. a. O., S. 119. Schließlich gab ein Junge an, der Tunnel sei voll mit weißem Nebel gewesen. Cf. Sutherland, a. a. O., S. 95.

9 Cf. Ewald, a. a. O., S. 153. Eine weniger angenehme Erfahrung machte um das Jahr 1200 die Isländerin Rannveig. Nachdem sie auf dem Weg vom

Badehaus zusammengebrochen war, lag sie mehrere Stunden »wie tot« da. In dieser Zeitspanne wurde sie von Dämonen auf brutale Weise über ein düsteres Lavafeld geschleift. Cf. J. M. Jochens, 1980, S. 388. Und eine heute lebende Frau stand vor einem »schwarzen Strudel«, als ihr klar wurde, daß sie sterben müsse. Da sah sie auch ihre Großmutter und ihre verstorbenen Eltern stehen, die sie zu sich herwinkten, aber sie weigerte sich, ihnen Folge zu leisten. Cf. P. R. White, 1997, S. 169.

10 Cf. Fenwick/Fenwick, a. a. O., S. 55; Ewald, a. a. O., S. 31; Lischka, a. a. O., S. 96; bzw. M. van der Sluijs, 2009, S. 228; White, a. a. O., S. 167; M. L. Morse et al., 1989, S. 46; I. Gresser, 2004, S. 96. »Die Wände waren wie gekachelt – einige [der Kacheln] waren rot, gelb und grün, andere waren schwarz. Und auf allen lag ein Glanz« (S. Parnia, 2006, S. 56). Für eine junge Frau war der Tunnel »wie etwas Organisches: rot, golden, orange. Aber etwas, das sich auch bewegt hat. Vielleicht wie ein Strudel«. Cf. Rubisch, a. a. O., S. 64 f. Schließlich teilte eine junge Wahrsagerin mit, sie sei aus ihrem Körper hinaus durch einen »unwahrscheinlich langen Schlauch oder Gang« mit bunten Wänden geschwebt, die »Wolken« glichen, die sie »hätte durchbrechen können«, wobei sie unzusammenhängende Klänge vernahm. Cf. G. Hoffmann, 1978, S. 112.

11 Cf. B. Greyson, 2006, S. 396; E. Kübler-Ross, 1996, S. 105; Gabbard/Twemlow, a. a. O., S. 140; bzw. Gresser, a. a. O., S. 117; Atwater, a. a. O., S. 27. Dabei fühlen manche den Luftwiderstand ganz deutlich: »I could absolutely feel it«, sagte eine Frau (Greyson, a. a. O.). Nach der Aussage amerikanischer Forscher sind derartige Tunnelerlebnisse bei Kindern, die zwischen drei und neun Jahre alt sind, häufiger als bei Erwachsenen. Cf. N. E. Bush, 1983, S. 182 f.; Fenwick/Fenwick, a. a. O., S. 184; C. Sutherland, 2012, S. 69 f. Von 62 Patienten, die für »klinisch tot« erklärt worden waren, erlebten 31 % »eine Bewegung durch den Tunnel«, wobei wiederum die Hälfte der Betreffenden sich währenddessen für tot hielt. Cf. van Lommel, a. a. O., S. 153 f. Nach einer anderen Untersuchung hatten 32 % der Personen, die ganz generell eine »Nahtod-Erfahrung« gemacht hatten, ein Tunnelerlebnis. Cf. J. T. Green, 1983, S. 85; B. Greyson, 1983, S. 374. Teilweise erheblich abweichende Zahlen findet man bei K. J. Drab, 1981, S. 130; Bush, a. a. O., S. 183; E. Lison, 1984, S. 269; B. Greyson/I. Stevenson, 1980, S. 1194; C. S. Alvarado, 2001, S. 332; Grey, a. a. O., S. 31; A. E. Gibson, 1994, S. 118; R. A. Moody/P. Perry, 1989, S. 39, 187.

12 Cf. I. Wilson, 1989, S. 154; J. Randles/P. Hough, 1993, S. 212; C. S. Alvarado, 2000, S. 186; Wolfradt, a. a. O., S. 90; bzw. H. J. Irwin, 1985, S. 124; E. W. Kelly et. al., 1999, S. 110. Manche meinen, sie würden von einem Magneten angezogen. Cf. O. Fox, 1962, S. 68.

13 Cf. Prediger Salomo 12.6; Lischka, a. a. O., S. 96; E. Mattiesen, 1936, S. 317 f. bzw. 313; M. Nahm/J. Nicolay, 2010, S. 258; Waelti, a. a. O., S. 113;

R. Crookall, 1967, S. 22, 91, 99, 180. S. Holroyd, 1979, S. 44. Eine Frau gelangte zum Eingang eines Tunnels, der voller grauen Nebels war. Als plötzlich aus ihm Hände herauskamen, die sie hineinziehen wollten, packte sie das Entsetzen, worauf sie an einer elastischen Schnur, die bis zum äußersten gespannt war, in ihrem Körper zurückgeschnellt wurde. Cf. Grey, a. a. O., S. 64. Der Pionier Monroe (a. a. O., S. 14) sagte, er habe zwar keine Schnur gesehen, sich aber »nicht vollkommen frei« gefühlt, »sondern eher wie ein Ballon oder ein Drachen an der Leine«.

14 Cf. Irwin, a. a. O., S. 124; bzw. S. v. Jankovich, 1987, S. 411, 418. Auch Esoteriker wie der Psychotherapeut Thorwald Dethlefsen (1984, S. 135 f.) glauben das. Ein anderer behauptet, bei älteren Menschen werde die »Silberschnur« immer schwächer und spanne sich zweimal, »bevor sie beim dritten Mal endgültig durchreißt« (P. Meek, 2002, S. 167, 169).

15 Cf. G. Frei, 1969, S. 95; bzw. A. Lommel, 1980, S. 150; H. Petri, 1952, S. 174; ders., 1954, S. 235; bzw. E. Bozzano, 1948, S. 220; G. Róheim, 1954, S. 52.

16 Cf. Rommer, a. a. O., S. 21; bzw. Grof/Halifax, a. a. O., S. 187; S. Grof, 1981, S. 593; ders., 2010, S. 169; R. K. Siegel, 1981, S. 32. Etwas vorsichtiger meint R. van Quekelberghe (a. a. O., S. 416), eine solche Erklärung sei »nicht auszuschließen«.

17 Cf. S. Blackmore, 1993, S. 79 f.; W. Preyer, 1923, S. 23; K. Bühler, 1929, S. 101 f.; C. B. Becker, 1993, S. 115; W. Schmeling, 1966, S. 29, 43; F. Pohlmann, 2000, S. 26; L. Eliot, 2002, S. 139, 300; E. B. Goldstein, 2008, S. 397; S. Pauen, 2006, S. 52; D. L. Schacter, 2001, S. 127; bzw. A. v. Feuerbach, 1925, S. 78 f., 81; M. Kitchen, 2001, S. 58; C. Turnbull, 1963, S. 286 ff.; bzw. P. Mohr, 2003, S. 52; H. C. Kossack, 2013, S. 170, 645 f. Über den Urwald, in dem die Mbuti lebten, verlautete im frühen 20. Jahrhundert der Forschungsreisende Adolf Friedrich Herzog zu Mecklenburg-Schwerin: »Das auf Dauer unsäglich Bedrückende liegt in dem Mangel jeder freien Umschau, in der Unmöglichkeit, auch nur auf kurze Zeit das Auge frei über weite Flächen schweifen zu lassen, einmal fern am Horizont Himmel und Erde verschwimmen zu sehen. Man sieht nur eine kurze Strecke des Weges vor sich, an den Seiten hindert das Dickicht den Blick, in die grünen Tiefen einzudringen; man schaut nach oben, und auch dort wölbt sich das Blätterdach« (zit. n. M. Gusinde, 1942, S. 214). Was schließlich die Pseudoerinnerungen anbetrifft, so berichtet der »Reinkarnationstherapeut«T. Dethlefsen (1976, S. 9 f.) freimütig, wie er seinem Patienten »suggeriert« habe, sich »im Mutterleib, drei Monate vor der Geburt« zu befinden, und wie dieser anschließend prompt »von seinen Erlebnissen als Embryo« erzählte und in der Folge von seinem Leben als elsässischer Stallknecht, der Gemüse verkaufte und 1880 gestorben sei.

18 Cf. S. Blackmore, 1993, S. 110; dies., 1993 a, S. 122 f.; G. Roth, 2003, S. 188 f.; P. Carruthers, 2004, S. 141; bzw. S. Högl, 2006, S. 237; S. Parnia, 2006, S. 21.

Ähnlich meint G. M. Woerlee (2004, S. 29 ff.), die Zufuhr von Sauerstoff durch die Reanimation erzeuge die Illusion, sich auf ein immer heller werdendes Licht zuzubewegen.
19 E. Kasten/J. Geier, 2009, S. 15.
20 Cf. J. Wade, 2003, S. 93; L. B. Boyer, 1982, S. 125; Sun Chief, 1942, S. 331 f.; H. Courlander, 1971, S. 103; bzw. W. Müller, 1970, S. 88 f. Gemeinsam mit dem Führer und Plenty-coups verließen auch Büffelherden sowie unbekannte, gefleckte Tiere die Höhle, die seltsam brüllten – die Kühe der Weißen. Das Erlebnis spiegelte die bei den Indianern der Großen Ebenen Nordamerikas verbreitete Vorstellung wider, daß die Herdentiere periodisch aus der Höhle eines Berges kommen und wieder durch diese zurückkehren. Cf. H. P. Duerr, 1984, S. 19 ff. Eine alte Kiowafrau sah lange nach der Vernichtung der Büffelherden – ein Verbrechen, das die Kiowa nicht einmal den Cheyenne oder den Lakota zugetraut hätten – in der Abenddämmerung, als die Nebel aufstiegen, wie am Mt. Scott ein Büffelbulle die Kühe und ihre Kälber durch eine dunkle Höhle in eine Welt führte, die so frisch und grün war wie die Großen Ebenen ihrer Kindheit. Cf. C. E. Trafzer, 2006, S. 321. Um die Fähigkeit zu erlangen, verlorene Seelen zurückzuholen, schlief ein Medizinmann der nördlichen Paiute in einer dunklen Höhle, in der er nach einer Weile die Stimmen von Hirschen, Bären, Pumas und anderen Tieren hörte. Plötzlich vernahm er ein Geräusch wie das von brechendem Eis, und ein großer Mann erschien, der die Schwanzfeder eines Adlers in der Hand hielt und ihn seine Kunst lehrte. Da kam er wieder zu sich, es war hell, die Höhle war verschwunden, und ihm wurde klar, daß er sie in einer Vision betreten hatte. Cf. E. A. Hoebel, 1958, S. 543 f. Die Thomson-River-Indianer sagten, der Weg ins »Land der Seelen« führe durch ein düsteres Zwielicht, das sich aber mit der Zeit aufhelle. Schließlich komme man zu einem Wächter, der jeden zurückschicke, dessen Zeit noch nicht reif sei. Cf. H. B. Alexander, 1916, S. 147 f. Und nachdem ein junges Mädchen der Tanaina am oberen Yukon das Bewußtsein verloren hatte, erschienen zwei schattenhafte Männer, die sie aufforderten, eine Hütte zu betreten. Zögernd tat sie das und gelangte in eine völlige Dunkelheit. Doch nach einer Weile sah sie »ganz hoch oben« ein »Fünkchen Licht, kaum größer als ein Nadelöhr«. Cf. G. A. Konitzky, 1963, S. 248.
21 Cf. K. Rasmussen, 1978, S. 38 f.; E. Turner, 2006, S. 126; bzw. W. Thalbitzer, 1931, S. 434.
22 Cf. B. Tedlock, 2007, S. 259 f.; W. Madsen, 1955, S. 50; bzw. H. Fabrega/D. B. Silver, 1973, S. 32. Wie der Cuicatekin widerfuhr es einer jungen Frau der Tzutujil-Maya aus dem guatemaltekischen San Pedro de Laguna, daß sie auf dem Weg ins Nachbardorf in eine große, mit Teppichen ausgelegte Höhle entrückt wurde, wo eine Gruppe längst verstorbener Hebammen ihr eröffnete, sie sei für diesen Beruf bestimmt. Cf. B. Tedlock, 1992, S. 457.

Auch die Schamanen und Verstorbenen der Kuna mußten einst acht Schichten der dunklen Unterwelt durchqueren, um das im Himmel liegende Jenseits zu erreichen. Cf. C. Severi, 2002, S. 594, 598.
23 Cf. D. Joralemon/D. Sharon, 1993, S. 104f.; bzw. B. Kössler-Ilg, 1956, S. 188ff. Ein anderer Mapuche, der »zwei Tage lang tot war«, berichtete, er habe das Totenreich durch einen Vulkan besucht. Cf. J. S. Gómez-Jeria, 1993, S. 220f. Bei den chilenischen Araukanern brauchte einst die Seele acht Tage, um zum Eingang des Vulkans (*pillañ*) zu gelangen, und ebenfalls acht Tage benötigt sie heute bis zum Himmelstor. Cf. I. Hilger, 1957, S. 166. Um das »Große Feuer« am Ende der Welt zu erreichen, mußte der Schamane der Matako im Gran Chaco sich in eine Eule (*sinalčǫ*) »mit Augen wie Laternen« verwandeln, denn nur so vermochte er die »Zone der Dunkelheit« zu überwinden, in der ein Mensch nichts sehen konnte. Cf. A. Métraux, 1939, S. 91f. Bei den zu den Guaraní zählenden Paĩ-Tariterã durchquerte die Seele (*ãngue*) die bodenlose Region der »wahrhaften Dunkelheit« oder »das Haus der Finsternis« auf einer Riesenschlange, denn nur diese konnte zur Himmelsöffnung vorstoßen (cf. F. Grünberg, 1995, S. 59), während ein Mann der Kashinahua im westlichen Amazonien mitteilte, er sei bei seiner »Nahtod-Erfahrung« durch ein Loch in der Erde hinabgetragen worden. Ein anderer erzählte, er sei einen mit den bunten Federn verschiedener Vögel geschmückten Pfad hinabgeschritten, auf dem ihm »der wunderschöne Inka« mit einem Kopfschmuck aus blauen Federn entgegenkam, der ihn dann ins Jenseits eskortierte. »Sterben« hieß im Falle einer Frau *Inka benewa*, »den Inka heiraten«, und im Falle eines Mannes *Inka ainwa*, »eine Inka[frau] heiraten«. Cf. C. McCallum, 1999, S. 452f.
24 Cf. B. Sommarström, 1987, S. 214f.; L. Bäckman, 1982, S. 126. In dieser Unterwelt wurde Rosa zum dortigen Herrscher geführt, der ihr ein weißes Pferd gab, das sie zurück »zur Mittelwelt bringen sollte, doch die Reise war voller Gefahren«. Damals, so erklärte die hochgeschätzte Schamanin, habe sie geglaubt, wirklich in der Unterwelt gewesen zu sein, aber inzwischen sei sie aufgrund des Einflusses der buddhistischen Ideologie zur Überzeugung gelangt, daß alles nur Illusion und Phantasie gewesen sei. Cf. F. J. N. Fridman, 2004, S. 220f.
25 Cf. N. A. Alekseev, 1987, S. 259f.; W. Heissig, 2002, S. 82; bzw. C. Humphrey/U. Onon, 1996, S. 120f.; C. Humphrey, 1994, S. 218f. In der Mongolei ist noch heute die Überlieferung von einem Mann verbreitet, der zur Zeit Temudschins eine Höhle betrat, die so dunkel war, daß er zunächst nichts erkennen konnte. Bald sah er allerdings ein Licht, das immer strahlender wurde, und zu seiner Verwunderung hörte er die Stimmen von Menschen, Geräusche von Pflügen, das Bellen von Hunden und das Quieken von Schweinen. Schließlich lag vor seinen Augen das Totenreich mit

einer Landschaft wie »von dieser Welt« (*delkeye*), das aber von Ilmu Khan beherrscht wurde, der eine Schrift besaß, in dem das Schicksal jedes Menschen verzeichnet war. Cf. a. a. O. Bei den alten Finnen erreichte man diese Welt mit einem Boot »auf dem schwarzen Fluß von Tuonela« (cf. O. Pettersson, 1957, S. 142), bei den Abakan-Tataren durch einen langen dunklen Felskorridor (cf. M. M. Tátar, 1996, S. 272), und bei den Tscheremissen hieß es, derjenige, der seinen Leib verlassen habe, komme von einem »dunklen Ort«, an dem er von Furcht ergriffen werde, zu einem »hellen Ort«, an dem sie verfliege. Cf. S. K. Kusnezow, 1893, S. 90. Doch schon der Jenseitsreisende Wäinämoinen gab den künftigen Schamanen den Rat, auf eine Reise nach Tuonela zu verzichten, da viele dies versucht hätten, aber sehr wenige von dort zurückgekehrt seien. Cf. M. A. Castrén, 1853, S. 136.

26 Cf. H. Findeisen, 1970, S. 31, 34f.; bzw. A. F. Anisimov, 1981, S. 85. »Wieder brach ich auf«, heißt es in einem Schamanengesang der Tundrajuraken: »In meiner Gestalt als junger Rentierbulle / Sieben Tage ging ich / Unseren Erdröhrengang entlang«, einen dunklen Tunnel, den die Schamanen mit der Röhre eines Markknochens verglichen. Cf. T. Lehtisalo, 1924, S. 13f., 93; ders., 1932, S. 163.

27 Cf. D. Eikemeier, 1980, S. 117; F. Zhi-ying/L. Jian-xun, 1992, S. 44; A. Kellehear, 2008, S. 251; bzw. C. Dahl, 1998, S. 44f.; G. Shushan, 2009, S. 109; Y.-j. Liu, 2009, S. 291f. Die Taoisten sprachen zwar von einem Bergtunnel, der zum »Grottenhimmel« (*dongtian*) führte (cf. C. Kleine, 2004, S. 67, 77), doch in den Berichten über »Nahtod-Erfahrungen« scheint mehr von einem Bereich der Dunkelheit als von ausgesprochenen Tunneln die Rede zu sein. Cf. A. Kellehear, 1993, S. 149.

28 Cf. O. Corazza/K. Kuruppuarachchi, 2012, S. 52ff.; A. Kellehear, 2008, S. 251; bzw. J. Batchelor, 1892, S. 570; T. Yamada, 1994, S. 76, 78; J. E. Sison, 1988, S. 62f. Aus dem Text ist nicht zu ersehen, ob die »gähnende Finsternis« und die »alles verschlingende Dunkelheit« *ein* Bereich sind oder ob es sich um zwei verschiedene Bereiche handelt. Jedenfalls ist der Limbus keineswegs das Reich Satans, sondern ein Ort am Rande der Hölle (*limbus*, »Besatz, Bordüre, Saum«) oder, wie es um 1700 ein katholischer Geistlicher ausdrückte: »die Vorhöll / da einem weder wohl noch weh ist«. Im Limbus patrum befinden sich die »Alt-Väter und Patriarchen«, also die Frommen, die vor der Geburt Jesu gestorben waren, und der Limbus infantium oder puerorum war, wie im frühen 14. Jahrhundert der Dominikaner Nikolaus von Straßburg in einer Predigt sagte, »dû stat, da die vngetôften kint inne sint [...]. Die hant weder frôde noch pîn, noch liep noch leit, umb daz sie got nût ensehent [= sehen]. Sie han enhein jamer [= kein Verlangen] darnach«. Cf. M. Landau, 1909, S. 199f.; M. Herzog, 1997, S. 70f.; bzw. M. Prosser, 2008, S. 184.

29 Cf. S. K. Pasricha, 2008, S. 272, 275; S. Blackmore, 1993, S. 19; dies., 1993 b, S. 210 f.; bzw. H. Sidky, 2008, S. 153; M. Nicoletti, 2008, S. 23; D. Riboli, 2000, S. 86. Cf. auch C. v. Fürer-Haimendorf, 1962, S. 137, 146 f. Auch rumänische Zigeuner berichteten, sie seien durch einen dunklen höhlenartigen Gang geschritten, bis sie nach einiger Zeit ein Licht gesehen hätten. Cf. M. Block, 1938, S. 239. Noch im 19. Jahrhundert scheint es bei den Mru auf den Chittagong-Hügeln Schamanen gegeben zu haben, die durch einen dunklen Tunnel, den die Verstorbenen benutzten, ins Jenseits gelangten. Cf. C.-D. Brauns/L. G. Löffler, 1990, S. 198; L. G. Löffler, 2012, S. 496, 508.
30 Cf. T. Thondup, 2005, S. 147; bzw. B. J. Cuevas, 2008, S. 39, 64. In Tibet ging man davon aus, daß der Sterbende als letztes »einen Himmel, in Finsternis gehüllt« sah, bevor er das Bewußtsein verlor, bis er in der Dunkelheit wieder zu sich kam. Schließlich gewahrte er das Heraufdämmern des »klaren Lichtes des Todes« (*'chi-ba'i 'od-gsal*). Cf. Cuevas, a. a. O., S. 73; S. Rinpoche, 2004, S. 31, 326.
31 Cf. A. Massing, 1983, S. 102; bzw. F. E. Williams, 1941, S. 151 ff.; D. A. Counts, 1983, S. 119 f. Ein Busch-Kaliai im nordöstlichen Neubritannien berichtete, er sei durch den Schlot eines Vulkans ins Reich der Toten gelangt, und solche Geschichten wurden vor allem von den eingeborenen Helfern westlicher Vulkanologen erzählt. Cf. A. Lattas, 1998, S. 104, 312. Eine alte Frau der ebenfalls in dieser Gegend lebenden Waxei wurde von einem Fasan durch ein tagsüber unsichtbares Loch auf dem »dunklen Pfad des Todes« in das unter einem Berg liegende »Dorf der Toten« geführt, das auch *boboja omtoq*, »Dorf unter der Erde«, genannt wurde. Noch in der Dunkelheit hörte sie plötzlich die Stimme ihres verstorbenen Sohnes: »Wer bist du? Bist du es, Mama? Bist du auch gestorben, Mama?« Schließlich fand sie ihren Sohn in seiner Hütte, und von ihm erfuhr sie, daß die Toten nachts in Fasanengestalt durch die tagsüber verschlossene »Mündung des dunklen Pfades« ins Diesseits flogen. Cf. Y. Yamada, 1997, S. 111 f. Die *tempat keramat*, die von den Ahnen und Geistern bewachten Eingänge zu den dunklen Baum- und Flußhöhlen, führen nach Auffassung der Ayfat im »Vogelkopf« von Irian Jaya ins Jenseits. Nachdem ein Ayfat von einer Giftschlange gebissen worden war, sah er in einer dieser Höhlen einen auf ihn zukommenden leuchtendweißen Strahl, dem er in die jenseitige Welt folgte. Cf. I. Courtens, 2005, S. 79, 177. Ein Mann vom Radja-Ampat-Archipel, der dem »Vogelkopf« vorgelagert ist, wurde von einer Wasserschildkröte, die sich von seiner Harpune losgerissen hatte, in die Totenwelt getragen. Drei Tage später fand man ihn am Strand liegen. Zu sich gekommen, verkündete er die Rückkehr der Toten aus der Unterwelt. Cf. F. C. Kamma, 1972, S. 76 f. Eine spätere Heilerin »starb«, worauf die Erde »ihr Maul öffnete« und sie dorthin ging, wohin auch die Verstorbenen gehen, wo diese einen weißen Körper erhalten und nur noch

die Inglis-Sprache sprechen. Cf. W. J. Opeba, 1977, S. 133 ff. Auf Malekula mußte die Seele zunächst die dunkle »Höhle der Toten« durchqueren, einen unergründlich tiefen Erdschlund, der von einem weiblichen Geist bewacht wurde. Cf. J. Layard, 1937, S. 262 f.

32 Cf. R. M. Berndt, 1947, S. 337 f., 340; H. Petri, 1952, S. 228 f.; bzw. D. B. Rose, 1992, S. 94; B. Spencer/F. J. Gillen, 1927, S. 392. Cf. auch W. R. Smith, 1930, S. 175. Die »Seele« eines Unambal in der Gegend des nordwestaustralischen Roe River tauchte tief in ein »schwarzes und dunkles« Wasserloch, wobei sie spürte, daß sie »starb«. Schließlich verließ sie die Finsternis und betrat eine trockene Gegend, in der die Sonne schien und wo ihr eine große Schlange die Kraft zu heilen verlieh. Cf. A. Lommel, 1980, S. 71 f. Ähnlich verhielt es sich auch bei den Kurnai an der Küste der Tasman-See, den Ungarinyin östlich der nordwestaustralischen Synnott Range und den Worrora in der Kimberley-Gegend. Cf. Petri, a.a.O., S. 169 ff., 189 ff.; A. P. Elkin, 1977, S. 77; A. Lommel/D. Mowaljarlei, 1994, S. 285.

33 Cf. E. B. Tylor, 1871, S. 46 f.; A. Bastian, 1881, S. 53; J. McClenon, 2006, S. 248; bzw. M. Beckwith, 1940, S. 155 ff.; A. Kellehear, 2001, S. 32 f.; E. Beaglehole/P. Beaglehole, 1938, S. 327 f. Cf. auch D. Monnerie, 1995, S. 119. Auf den mikronesischen Gilbert-Inseln war der Pfad, der nach Bouro, dem Land der Toten, führte, ebenfalls vollkommen dunkel, aber am Jenseitstor berührte dessen Wächterin Kara-ma-kuna die Augen der »Seele« mit der Hand, worauf alles deutlich sichtbar wurde. Einige Insulaner teilten mit, sie hätten auf diese Weise einen Blick auf Bouro geworfen, was aber von vielen bezweifelt wurde. Cf. A. Grimble, 1972, S. 88 f. Der Name der polynesischen Unterwelt, *po*, bedeutet zwar »Dunkelheit« oder »Nacht«, aber vor allem in Zentralpolynesien wurde *po* häufig mit dem hellen paradiesischen Bulotu identifiziert. Cf. R. W. Williamson, 1933, S. 290 ff.

34 Cf. J. Irle, 1906, S. 130; D. Steinwede/D. Först, 2005, S. 132; J. Roscoe, 1923, S. 324; bzw. R. Shaw, 1991, S. 143; dies., 1992, S. 37 f.

35 Cf. H. Corbin, 1966, S. 397 f.; bzw. M. Nahm/J. Nicoley, 2010, S. 257 f.

Anmerkungen zu § 4

1 Cf. W. Danckert, 1963, S. 98; I. Moreira, 2000, S. 156; A. Rüegg, 1945, S. 296; bzw. Beda Venerabilis: *Historia Ecclesiastica Gentis Anglorum* V.12. Doch sein Führer sagte Drycthelm, daß die Gegend, die er da sehe, noch nicht das Paradies sei. Auf dieses durfte er zwar vor seiner Rückkehr einen kurzen Blick werfen, aber es zu betreten blieb ihm versagt. Das Erlebte teilte Drycthelm seinem Zellennachbarn Haemgisl mit, der es wiederum dem

Theologen Beda sowie König Aldfrith weitererzählte, wobei sich natürlich nicht einmal erahnen läßt, was dabei verlorenging oder hinzugedichtet wurde. Im *Lebor na hUidre* aus dem 10. Jahrhundert steht geschrieben, daß beim Mittsommernachtsfest Johannes des Täufers am 21. Juni die Seele Adamnáns von einem Engel aus dem Körper geführt wurde. Hier befand sich indessen das dunkle und trostlose Land, das beide durchqueren mußten, im Grenzbereich von Himmel und Hölle. Cf. J. Mackillop, 1998, S. 208. Interpretierte der Priester Laisrén den dunklen Schlund als Hölle, so sind ihm darin auch spätere »Seelenreisende« gefolgt. So gelangte nach dem Bericht des Zisterziensers Helinand de Froidmont vom Jahre 1146 ein Jugendlicher durch die Hölle ins Paradies, bis er am dritten Tag wieder zu sich kam, und im Jahre 1189 durchquerte der holsteinische Bauer Gottschalk während seiner fünftägigen Bewußtlosigkeit erst das düstere Fegefeuer, um schließlich das leuchtende »Reich der Lebenden« (*regio vivorum*) zu betreten. Cf. P. Dinzelbacher, 2002, S. 100; H. Röckelein, 1987, S. 146; W. Lammers, 1982, S. 14 f. Auch die hl. Francesca Romana hielt offenbar im frühen Quattrocento den finsteren Tunnel für den Weg zur Hölle: »Und der Eingang war groß genug, aber in der Mitte war er noch größer, und die Finsternis und die Dunkelheit waren so groß, daß sie von einem sterblichen Menschen nicht vorgestellt werden können.« Cf. H. Vorgrimler, 1993, S. 223.

2 Cf. R. Hahn/C. Fasbender, 2002, S. 19 ff. *Echtrai*, also Visionen, und *immrama*, d. h. zauberhafte Schiffahrten, gingen bei den frühmittelalterlichen Iren ineinander über (cf. W. Geiger, 2002, S. 245; H. P. Duerr, 2005, S. 295), aber als die im 8. Jahrhundert niedergeschriebene *Nauigatio Sancti Brendani* ab dem 10. Jahrhundert von irischen Mönchen zunächst in Lothringen und am Niederrhein verbreitet wurde, hatte sie bald den Charakter einer tatsächlichen Schiffahrt auf dem Westmeer angenommen. Cf. F. Pomel, 2001, S. 125; J-M. Picard, 2007, S. 58. Nach einer Überlieferung fuhr Brendan über das Meer ins »Verheißene Land« oder ins Irdische Paradies, wo der hl. Ailbe mit 25 Mönchen auf den Jüngsten Tag wartete. Cf. B. Hudson, 2000, S. 106. Nach einer anderen Tradition war Brendan dem hl. Barinthus gefolgt, der, wie angeblich der Barde Taliesin und der Zauberer Merlin überlieferten, der Steuermann des Feenschiffes nach Avalon gewesen sei. Cf. Geiger, a. a. O., S. 240.

3 Henoch I. 17.6, 32.3 ff. Nach dem um 200 v. Chr. entstandenen »Äthiopischen Henochbuch« oder »Buch der Wächter« gleicht dieser Baum dem Johannisbrotbaum (*Ceratonia siliqua*) (XXX. 3 ff.), und nach dem »Slawischen Henochbuch« (VIII. 1 ff.) liegen seine Wurzeln im Irdischen Paradies. Im Alten Testament (1. Moses 5.24) heißt es, Henoch sei im Alter von 365 Jahren, »dieweil er ein göttliches Leben führte«, von Gott »hinweggenommen worden« (*lāqaḥ 'ōtō*), worauf ihn niemand mehr gesehen hätte.

Die Erlebnisse Henochs sind in aramäischer Sprache auf einer Lederrolle niedergeschrieben, die offenbar im Sommer des Jahres 68 in großer Eile in der Höhle 4 in Qumrān vor den römischen Legionären versteckt worden war. Der Text, der in der Zeit um Christi Geburt im Nahen Osten in hohem Ansehen stand und weit verbreitet war, wurde bald ins Griechische und dann ins Altäthiopische übersetzt. Höchstwahrscheinlich spielte das Motiv der Entrückung in den Himmel in der Qumrān-Gemeinde eine große Rolle, und man hat vermutet, daß der Verfasser des Buches Henoch seine eigene »Nahtod-Erfahrung«, die vielleicht am Fuße des Berges Hermon stattfand, dem Henoch zugeschrieben hat. Im Text heißt es, daß »Henoch entrückt worden [war] und niemand von den Menschenkindern wußte, wohin« (XII. 1ff.), aber keiner zweifelte daran, daß es sich um das Paradies handeln mußte, wobei Rupert von Deutz im 12. Jahrhundert annahm, Henoch sowie die ebenfalls entrafften Elisa und Elia (cf. 2. Könige 2.11ff.) hielten sich »in einer bestimmte[n] geheime[n] Gegend auf der Erde«, also wohl im Irdischen Paradies, auf. Cf. J.T. Milik, 1976, S. 4f.; R. Elior, 2006, S. 99; G.W.E. Nickelsburg/J.C. Vanderkam, 2004, S. 13; N. Cohn, 1997, S. 267; J.J. Collins, 1995, S. 47; S.N. Bunta, 2011, S. 32f.; bzw. Geiger, a.a.O., S. 247f. In den Qumrān-Höhlen fand man auch Fragmente der *ascencio* des Levi, der von einem Engel aufgefordert wurde, in die Himmel einzutreten. Der erste ist noch ganz dunkel, aber die folgenden werden immer heller. Cf. P. Alexander, 2006, S. 80ff.

4 Petrus Damiani: *De variis miraculis narratio* 9. Cf. P. Dinzelbacher, 1989, S. 69f.; bzw. J. Grabmayer, 1994, S. 39; ders., 1996, S. 191ff. Im frühen 12. Jahrhundert teilte Guibert, der Abt des Benediktinerklosters Nogent-sous-Coucy mit, seine Mutter sei durch »einen langen Korridor« ins Jenseits gelangt (cf. E. Gardiner, 1993, S. 115), während in einem um 1200 entstandenen zisterziensischen Text jemandem in einer Vision ein Verstorbener erscheint, der darüber klagt, er werde ohne Unterlaß in einen »unermeßlich tiefen Brunnen« gestürzt, ohne ihn verlassen zu können. Dies gelingt ihm erst, nachdem seine Konventsbrüder für ihn Psalmen gesungen, Messen gelesen und gebetet haben. Cf. A. Angenendt, 2009, S. 672. Nachdem im Kloster des hl. Johannes in Arles eine Nonne gestorben war, stimmten ihre Schwestern das *Te Deum* an: »Herr, erlaube ihr, die Tore der Hölle (*portas infernorum*) und die Pfade der Dunkelheit (*vias tenebrarum*) zu durchschreiten«, damit sie »ins heilige Licht (*in luce sancta*)« gelangen kann, das »du Abraham und seiner Saat (*Abrahae et semini eius*) versprochen hast« (I. Moreira, 2000, S. 146).

5 Julian of Norwich: *A Vision Showed to a Devout Woman* 2. 29ff.; N. Watson/J. Jenkins, 2005, S. 4; bzw. Hadewijch XI. 1ff. In einer anderen Version heißt es: »Ende ic viel in die grondelose diepte [= grundlose Tiefe], ende quam buten den gheeste [= aus dem Geist hinaus]« (XIII. 255f.). In

der Entrückung, so verlautete in der ersten Hälfte des 14. Jahrhunderts der Mystiker Heinrich Seuse (1907, S. 190), gelangt die Seele in die »dunkle vinsterheit«, in der alsbald ein »liehtricher schin« zu sehen sei.
6 Cf. Jacobus de Voragine: *Legenda Aurea* 49. 10 ff.; H. Birkhan, 2009, S. 78; W. Paravicini, 2007, S. 131 f. Die Wallfahrt zum Purgatorium gibt es noch heute, wobei die Pilger sich in der dortigen Kirche einschließen lassen.
7 Plutarch: *Fragmenta et spuria* VI. 2.6; bzw. Pausanias IX 39. 7 ff. Cf. U. E. Paoli, 1954, S. 39; H. P. Duerr, 2011, S. 745.
8 Cf. B. Weitemeier, 2006, S. 196 ff., 376 f.; L. Vargyas, 1966, S. 302 f.; bzw. N. Mackenzie, 1965, S. 71. Als der Historiograph Jean Froissart aus dem Hennegau auf einer Englandreise im Jahre 1395 Sir William de Lisle befragte, was er denn im Purgatorium erlebt habe, erwiderte dieser, er und seine Begleiter hätten »ymaginations tres-grandes et songes merveilleux« gehabt, doch am nächsten Morgen hätten sie sich nicht mehr an Einzelheiten erinnern können. Cf. Paravicini, a. a. O., S. 130.
9 Cf. S. Marti, 1994, S. 341 f.; A. Châtelet, 1965, S. 28 ff.; P. Reuterswärd, 1970, S. 264; bzw. W. Fraenger, 1949, S. 336. Der Goldgrund stellte bereits auf den frühmittelalterlichen Bildern einen Lichtbereich dar. Cf. N. Wolf, 2004, S. 47 f.; Chapeaurouge, a. a. O., S. 112 f. Die Bilder Boschs, der aus einer Malerfamilie stammte – schon sein 1454 verstorbener Großvater Jan van Aken war »maelre« –, wurden schnell bekannt. Nach Vasari soll Bosch sich stilistisch und in den Motiven an dem Haarlemer Maler Frans Mostaert orientiert haben, »que valse assai in fare paesi a olio, fantasticherie, bizzarie, sogni e imaginazioni« (G. Vasari, 1981, S. 584). Cf. D. Allart, 1995, S. 761. Diese »manier« war nach dem Tode Boschs im Jahre 1516 bei Sammlern in ganz Europa sehr gefragt. Dem Verleger Hieronymus Cock war diese Nachfrage bekannt, und so regte er den für ihn ab dem Jahre 1554 in Antwerpen arbeitenden Pieter Bruegel den Älteren an, Bilder im Stile Boschs herzustellen. Cf. M. Royalton-Kisch, 2001, S. 26 ff.; J. v. Sandrart, 1925, S. 113.
10 So z. B. R. H. Marijnissen/P. Ruyffelaere, 1999, S. 302 f.; J. Combe, 1960, S. 23; L. Silver, 2006, S. 352; bzw. G. Unverfehrt, 1980, S. 220 f.; D. Esser, 1991, S. 165. Zu den vier Flüssen des Irdischen Paradieses cf. H. P. Duerr, 2011, S. 132 f. Daß es sich um das Irdische und nicht um das Himmlische Paradies handelt, sieht man vermutlich auch daran, daß im Hintergrund des Bildes ein Mensch von einem Raubtier gefressen wird, was im Himmel unvorstellbar wäre. Das genaue Jahr, in dem Bosch sein Himmelfahrtsbild malte, ist nicht bekannt. Der Baum, von dem das Holz der Tafel stammt, wurde zwischen 1484 und 1490 gefällt. Alle Tafeln sind unten stark beschnitten. Cf. H. Belting, 2002, S. 90.
11 Cf. E. Shorter, 1992, S. 139; bzw. G. Katz, 2010, S. 110; bzw. I. Richter, 2010, S. 130; bzw. A. Heintschel, 2001, S. 178.

12 So z. B. J. Koldeweij et al., 2001, S. 187. Cf. A. Hilhorst, 1999, S. 137; F. Lang, 1986, S. 347; C. Wolff, 1989, S. 243 f.; H.-C. Meier, 1998, S. 135 f. In der Septuaginta, der griechischen Übersetzung des hebräischen Alten Testaments, wurde hebr. *gan-'edæn*, »Garten in Eden«, mit παράδεισος (von med. * *paridaeza*, »Einfriedung«) wiedergegeben. Im »Slawischen Henochbuch« ist das Paradies eine Art *bar-do* »zwischen Vergänglichkeit und Unvergänglichkeit« (8.5). Aus diesem Eden, das Gott nach der Erschaffung der Menschen gepflanzt und mit Fruchtbäumen versehen hatte (1. Moses 2.8 f.), wurde im Neuen Testament jenes Paradies, das Jesus dem mit ihm gekreuzigten Übeltäter verhieß. Cf. B. U. Schipper, 2006, S. 39.
13 Cf. A. Borst, 1953, S. 172; C. McDannell/B. Lang, 1988, S. 70 ff.; bzw. P. Schulze-Belli, 2008, S. 253 f.; K. Speckenbach, 1991, S. 27 f.
14 Cf. I. Geyer, 1982, S. 170; K. R. H. Frick, 1975, S. 150 f.; G. Widengren, 1961, S. 60, 71; C. de Tolnay, 1973, S. 353; K. Rudolph, 1980, S. 186 ff.; bzw. J. Duvernoy, 1989, S. 100; G. Schmitz-Valckenberg, 1971, S. 192; H. C. Stoodt, 1996, S. 223; C. Lansing, 1998, S. 86; J. Oberste, 2005, S. 29 f. In der Languedoc lehrten die Gebrüder Authié, die *perfecti* gingen augenblicklich ins himmlische Paradies ein, und zwar, wie die Katharerin Sibylla Peyre aus Arques vor dem Bischof von Pamiers aussagte, so schnell, daß sie eine Wand aus Backsteinen durchstoßen könnten. Cf. M. Lambert, 2001, S. 249. Alles Materielle und vor allem alles Körperliche wurde für gering erachtet, und jeder Katharer, der nach dem Empfang des *consolamentum* nicht mehr sündigte, d. h. auf sexuellen Umgang, sinnliche Freuden und Annehmlichkeiten sowie auf den Genuß von Fleisch – ausgenommen Fisch –, Eier, Käse, Wein und dergleichen verzichtete, durfte nach dem Tode sofort in die »Heimat«. Cf. I. v. Döllinger, Bd. I, 1890, S. 204 f.; S. Runciman, 1988, S. 181. Der unbotmäßige Engel Luzifer war die Verkörperung der unvollkommenen, materiellen Welt, und der Sieg Gottes am Jüngsten Tag über ihn war der Sieg des reinen Geistes über die unreine Materie. Damit wurden alle Menschen wieder zu Engeln. Cf. O. Rahn, 1964, S. 103 f.
15 Cf. L. Harris, 1996, S. 56 ff., 68, 189. Die apokryphe *Visio Isaie* fand im 6. und im 7. Jahrhundert gemeinsam mit dem Buch Henoch auf griechisch weite Verbreitung im oströmischen Reich. Spätestens im 11. Jahrhundert wurde sie ins Bulgarische übersetzt, und diese bogomilische Version war wohl die Grundlage für eine lateinische Übersetzung, die 1522 in Venedig publiziert und ebenfalls vor allem von Katharern gelesen wurde. Offenbar kursierten aber schon lange vorher lateinische Versionen in Manuskriptform, denn es heißt, schon im 13. Jahrhundert sei in Norditalien und Occitanien die *Visio*, »in quo habetur quod spiritus Isaiae raptus a corpore usque ad septimum caelum ductus est«, weithin gelesen worden, aber natürlich nur von denen, die der lateinischen Sprache mächtig waren.

Cf. K. Papasov, 1983, S. 73; E. Kautzsch, 1900, S. 119; bzw. B. Hamilton, 1994, S. 52; D. Roché, 1992, S. 35 f.
16 *Visio Isaie* 6.10 ff. Cf. P. Schäfer, 2011, S. 138 ff.; R. Nelli, o. J., S. 93 ff.; I. P. Culianu, 1995, S. 200 ff.
17 Cf. E. Le Roy Ladurie, 1980, S. 372 ff.; bzw. M. Roquebert, 2012, S. 468 ff.; G. Rottenwöhrer, 2007, S. 147, 150; M. Lambert, 1981, S. 185; Duvernoy, a. a. O., S. 34; bzw. Döllinger, a. a. O., II, S. 166 f.
18 Cf. U. Fritsche, 2014, S. 18; P. Gerlach, 1967, S. 52; bzw. G. Modestin, 2007, S. 39; J. Le Goff, 1984, S. 340; M. Barber, 2003, S. 101; L. Baier, 1991, S. 65, 69; M. Costen, 1997, S. 65; Hiob 10.21 f. In fast allen gnostischen Richtungen gab es keine gesonderte Hölle, da die Erde selber die Hölle war im Gegensatz zu der »anderen Erde«, die Gott geschaffen hatte. Cf. J. B. Russell, 1981, S. 119; Döllinger, a. a. O., I, S. 157; H. Fichtenau, 1992, S. 99.
19 Cf. A. Fenimore, 1995, S. 82, 91 ff.; J. Randles/P. Hough, 1993, S. 221; ferner Grey, a. a. O., S. 42; S. Blackmore, 1993, S. 73 f. Nachdem eine Italienerin, die noch nie etwas von »Nahtod-Erfahrungen« gehört hatte, im Jahre 1949 operiert worden und wieder zu sich gekommen war, berichtete sie: »Ich wußte, wohin wir uns begaben; ich fühlte, daß ich etwas erreichen mußte, einen Ort, ein großes Licht...« Aber bevor sie ein solches Licht erblicken konnte, wachte sie »unvermittelt auf, als hätte mich eine Hand plötzlich losgelassen« (P. Giovetti, 1992, S. 133). Cf. auch T. Murphy, 2001, S. 112; P. van Lommel, 2009, S. 57. Eine Frau, die durch einen »dunklen Schlauch« glitt, sah zwar kein Licht, hatte aber »die innere Gewißheit«, daß sie sich auf ein solches zubewege. Cf. G. Ewald, 2011, S. 154.
20 So behauptet z. B. C. Zaleski (1993, S. 192), die Erfahrung des hellen, aber nicht blendenden Lichtes, mit dem der Betreffende verschmelze und das »eine allumfassende Liebe« ausströme, sei »eine der wenigen tatsächlichen »Kern-Erfahrungen«, die nicht kulturspezifisch« seien. Nach B. Jakoby (2005, S. 51) ist das Licht »die größtmögliche Liebesenergie überhaupt«, und W. Dohse (1988, S. 230) will wissen, das Licht werde »von allen« [»Seelenreisenden«] »als eine lebendige Wesenheit erkannt«, die eine »unbeschreibliche Liebe und Wärme« ausstrahle. Nicht selten umgibt das Licht bei christlichen »Seelenreisenden« eine Gestalt, die sie für Jesus halten: So berichtete eine Frau, ihr sei schwarz vor den Augen geworden, worauf »ein herrliches Licht zu leuchten« begann und vor ihr eine Treppe auftauchte, an deren Ende eine Gestalt stand, die zu ihr sagte: »Komm zu mir!« (D. Weller, 1997, S. 368 f.). Ein Iraner erzählte, er habe als Bub beim Ertrinken im Kaspischen Meer »ein Licht« gesehen, » – nein, kein Licht, sondern etwas unendlich Schönes, Grünfarbiges, ja grün war das«. Er »tauchte in das grüne Licht hinein«, was er als den »schönsten Moment [s]eines Lebens« bezeichnete. Cf. Lavasani/Serwaty, a. a. O., S. 244.
21 Cf. H. Weinel, 1899, S. 203; Elisabeth v. Schönau, a. a. O., S. 16 ff.; bzw. Din-

zelbacher, a. a. O., S. 213. Offenbar hat Elisabeth das Paradies nie betreten. Aber einmal entraffte ein Engel sie aus dem Leibe und geleitete sie zur Pforte, von der aus sie in den Himmel schaute (a. a. O., S. 34). Cf. Abb. 11. Nach neueren Untersuchungen betraten nur 10 % der »Seelenreisenden« überhaupt den Lichtbereich. Cf. G. O. Gabbard et al., 1981, S. 374f.; J. Halifax, 2001, S. 248; J. T. Green, 1983, S. 86. Mitunter entpuppt sich das Licht als eine Blume oder Blüte. So sah im 12. Jahrhundert Eberhard von Kumbd einen großen und wunderbaren (*magna et mirabilis*) Baum, auf dessen Krone »eine Blume von solcher Schönheit und solchem Glanz« erschien, »daß der ganze Baum von ihr erleuchtet wurde (*quod tota arbor irradiabatur ab eo*)«. »Und wenn man stirbt«, so heißt es im Kuan Wy-Liang-shou ching, »erscheint vor einem eine goldene Lotusblüte, so leuchtend wie die Sonnenscheibe, und in einem Augenblick wird man im Paradies wiedergeboren.« Cf. S. Weber, 2004, S. 46; bzw. R. Bowring, 1998, S. 222.

22 Cf. C. Longaker, 2009, S. 64; Grey, a. a. O., S. 44, 46; Y. P. Cha, 2010, S. 154; bzw. Gallup/Proctor, a. a. O., S. 67; Parnia, a. a. O., S. 65; M. Schröter-Kunhardt, 2004, S. 188; Sabom, a. a. O., S. 65, 77; E. d'Aquili/A. B. Newberg, 1999, S. 125; O. Lewis, 1961, S. 337. Nach Umfragen sahen zwischen 55 und 72 % der Betreffenden ein Licht. Cf. Alvarado, a. a. O., S. 332; M. Argyle, 2000, S. 52.

23 So W. van Laack, 2011, S. 149; cf. Hampe, a. a. O., S. 109; Bonifatius, 1968, S. 31f., 37; A. J. Ayer, 1990, S. 200f.; S. K. Pasricha, 2012, S. 97; F. X. Faust, 1989, S. 116f.; B. R. Rommer, 2004, S. 103f.; N. E. Bush, 2012, S. 262; G. F. Ellwood, 1998, S. 95; Grey, a. a. O., S. 71; bzw. B. Kruschke/C. S. Kruschke, 2005, S. 38; bzw. Gallup/Proctor, a. a. O., S. 67; Gregor von Tours: *Historiarum* VII. 1. Nach dem Sezessionskrieg erzählte eine ehemalige Negersklavin, sie habe zu sterben begonnen, als vom Himmel ein Licht wie ein Blitz herabfuhr und sie in zwei Hälften spaltete, in ein »spirit self« und ein »old self«, auf das sie herabsah. Cf. J. Perkinson, 2002, S. 27f. Ein Mann gelangte über eine Wendeltreppe und durch einen dunklen Gang in eine Wüste mit hohen Sanddünen und schroffen Felsen, als plötzlich in der Ferne ein dermaßen helles Licht erschien, daß seine Augen unerträglich schmerzten. Cf. U. Böschemeyer, 2007, S. 78f. Und als Mitglieder des russischen KGB versuchten, einen georgischen Neuropathologen zu ermorden, indem sie ihn mit dem Auto überfuhren, geriet dieser in eine »totale Finsternis«, bis er ein Licht erblickte, das so sehr leuchtete, daß ihm ebenfalls die Augen weh taten. Cf. P. L. Berman, 2012, S. 45f. Weitere Beispiele findet man bei Gabbard/Twemlow, a. a. O., S. 159; H. Bloom, 1996, S. 134; Knoblauch, a. a. O., S. 109; M. Fox, 2003, S. 267; und E. Benard, 1992, S. 172.

Anmerkungen zu § 5

1 Cf. J. Nicolay, 2007, S. 81; A. J. Martin, 1991, S. 224; J. Moody/P. Perry, 1989, S. 28; B. Guggenheim/J. Guggenheim, 1997, S. 150; Fox, a.a.O., S. 264; A. I. Hallowell, 2002, S. 106; A. Timotin, 2011, S. 392f.; bzw. R. Eichelbeck, 2004, S. 290; C. Roszell, 1991, S. 73.

2 Cf. E. T. Howe, 2004, S. 30, 32; C. Engling, 2005, S. 98f.; M. Stephen, 1982, S. 113; P. Lawrence, 1964, S. 162ff.; W. Kempf, 2003, S. 388ff. Eine Mekeo-Frau berichtete nach ihrer Jenseitsreise, daß jeder Verstorbene am »Ort der Toten« eine weiße Haut erhalte. Cf. M. Stephen, 1995, S. 153. Die Ambonwari am Sepik gaben den nach Europa zurückkehrenden Ethnologen Briefe an ihre Verstorbenen mit, in denen sie diese baten, ihnen ihre Adressen und Telephonnummern mitzuteilen. Cf. B. Telban/D. Vávrová, 2010, S. 23f.

3 A. Schenk/H. Kalweit, 1999, S. 104, 121; M. Schröter-Kunhardt, 2002, S. 715, 724; bzw. Jakoby, a.a.O., S. 45; bzw. M. Murray, 2010, S. 39; Fenwick/Fenwick, a.a.O., S. 77; B. Straight, 2009, S. 332f.; Sabom, a.a.O., S. 66; G. Byrne, 2009, S. 363f.; K. I. Jones, 1989, S. 113; C. Sandford, 2011, S. 87; J. De Salvo, 2005, S. 75; D. Kerr, 2013, S. 220; B. Stiegler, 2014, S. 192f. E. T. H. Brann (1991, S. 353f.) ist der Meinung, es gäbe bei allen »Nahtod-Erfahrungen« Kernerlebnisse, die nie variierten, nämlich die Erlebnisse eines Lichts, weißgekleideter Führer und eines *locus amoenus*. Dies deute darauf hin, daß das Erlebte wirklich existiere. Davon kann freilich keine Rede sein. So antwortete der Schamane (*bombo*) Yolmo Sherpa einmal dem Ethnologen auf dessen Frage, ob er denn während der Ekstase dasselbe sehen könne wie er und was all die Dinge bedeuteten, die er, Yolmo, sehe: »Nichts. Wenn du zitterst, schauen die Götter in deinen Körper, um zu sehen, ob du rein bist oder nicht. Aber da du unsere Sprache nicht gut sprichst und nicht weißt, wie die Götter aussehen, siehst du nur Blitze in der Dunkelheit, so, wie wenn man einem Mann auf den Kopf haut« (R. R. Desjarlais, 1994, S. 16).

4 Cf. G. Ewald, 2011, S. 38; J. A. Hasler, 1969, S. 34f.; A. A. Cave, 2006, S. 195ff.; Weitemeier, a.a.O., S. 462ff.; R. Bradley, 1995, S. 372; Turner, a.a.O., S. 131f. Im Jahre 1650 bekannte eine Kölnerin namens Margarethe von Pellegraben, sie »seye durch die luft gefuhrt vnd an ein ort bracht da sie vermeindt gehabt im Paradis gewesen zu sein« (J. Macha/W. Herborn, 1992, S. 199), während lange vor ihr Mechthild von Magdeburg (2010, S. 22) nichts darüber erzählen wollte, wie es im Paradies aussah: »So swebent si fúrbas an ein wunnenriche stat, da ich nút vil von sprechen mag noch wil.« Auch die bereits erwähnte, im Jahre 1774 geborene Nonne Katharina Emmerick teilte zwar über den Ort zwischen Fegefeuer und Himmel, den sie zuerst betrat, mit, er sei voller Blumen und Obstbäume gewe-

sen, »aber alles war trüb und leid- und freudlos«, erfüllt von »Dunst, Nebel und Wolken« – also offenbar der Limbus. Aber dann fügte sie hinzu, es seien immer mehr Seelen Verstorbener eingetroffen, die »ungemein freudig« auf ein in der Ferne schimmerndes Licht hingeschaut hätten. Dorthin schwebte nun Katharina, bis sie »durch eine lichter werdende Öffnung« in eine Landschaft blicken konnte, über die sie freilich kein Wort verlor. Ohne diesen Bereich – vermutlich das Paradies – zu betreten, machte sie kehrt und trat die »beschwerliche« Heimreise an. Cf. A. Heintschel, 2001, S. 178 f. Nach verschiedenen Umfragen betraten zwischen 10 und 21,7 % der heimgekehrten »Seelenreisenden« eine häufig als paradiesisch beschriebene Landschaft. Cf. Moody/Perry, a. a. O., S. 187; J. T. Green, 1983, S. 87; A. E. Gibson, 1994, S. 118.

5 Cf. X. Tian, 2011, S. 104 f., 109; J. S. Gómez-Jeria, 2006, S. 114; A. Kellehear, 2008, S. 250; J. C. Dobbins, 1990, S. 180; C. B. Jones, 2003, S. 125 f.; A. Sharma, 1995, S. 160 f.; D. W. Mitchell, 2002, S. 110. Im Jahre 1762 gelangte der Delaware Neolin auf dem schmalsten von drei leuchtenden Wegen ins Jenseits. Cf. A. A. Cave, 2006, S. 23 ff.

6 Cf. C. B. Becker, 1984, S. 54 ff.; I. Hori, 1968, S. 93, 95; D. M. Moerman, 2005, S. 62 f., 93, 101; ders., 2007, S. 266 f.; Hori, a. a. O., S. 151, 176 f., 208; ders., 1966, S. 21; W. Gundert, 1935, S. 37; L. K. Keenan, 1999, S. 345 ff.; P. Swanson, 1999, S. 246; bzw. B. Staemmler, 2009, S. 39 f.; Moerman, a. a. O., S. 118 f.; V. Turner, 1983, S. 469; Hori, a. a. O., S. 12, 19 f.; C. Blacker, 1965, S. 99 f.; I. Hori, 1975, S. 265 ff.; P. Swanson, 1981, S. 70 ff. Es heißt, daß der *yamabushi* einst die Pilger, die zu schwach waren, um weiterzuklettern, tatsächlich losließ, worauf diese zu Tode stürzten, um auf diese Weise im Westlichen Paradies wiedergeboren zu werden. In einem chinesischen Text aus dem 2. Jahrhundert v. Chr. heißt es, daß derjenige, welcher den Berg »Umzäunter Paulownienpark« in den Gärten des K'un-lung-Gebirges zwischen dem Roten und dem Schwarzen Fluß im fernen Westen erklimme, »von dort durch eine dunkle Höhle in den Himmel aufsteigen« könne, in dem Hsi Wang-mu, die »Königin-Mutter des Westens«, residiert, die über die vom Mondhasen hergestellte »Droge der Unsterblichkeit« verfügt. Cf. W. Bauer, 1971, S. 144; M. Kaltenmark, 1981, S. 204 f., 207; M. Loewe, 1979, S. 89 f. Daß auch die Verstorbenen auf den »Berg, der in die andere Welt führt« (*shide-no-yama*), stiegen, kann man noch heute daran erkennen, daß in einigen Gegenden der Führer des Leichenzuges »Yama-yuki!« (»Gehen wir zum Berg!«) ruft. Cf. I. Hori, 1966, S. 9. Alternativ zur Unterwelt – die erst mit dem Buddhismus nach Japan kam – konnten die in der Farbe des Todes gekleideten Novizen auch in die Gebärmutter (*tainai*) der großen Muttergöttin Dainichi-nyorai eingehen, die in Form eines Tempels auf dem über 2000 m hohen Herbstgipfel des Gas-san steht, der wegen des Schneefalls nur

im Sommer zugänglich ist. Auf dem Gipfel des Haguro-san steht entsprechend der Kōtaku-ji genannte Tempel, in dessen Haupthalle von der Decke mit Hanfschnüren umwickelte rote und weiße Tücher hängen, welche die Blutgefäße bzw. die Knochen der Muttergöttin symbolisieren. Wenn die Novizen dann den Tempel wieder verlassen, werden sie nicht in der Westlichen, sondern in dieser Welt wiedergeboren und schreien laut »Wuu-u!« – der erste Schrei der Neugeborenen (*ubu-goé*). Cf. H. B. Earhart, 1965, S. 110 f.; Hori, a. a. O., S. 20. Die Tempel entsprechen den auf vielen Holzdrucken dargestellten »Schoß-Höhlen« des Fuji-san, zu denen die Novizen durch vaginaartige Tunnel gelangen und in denen sie aus den Stalaktiten »Milch« saugen. Cf. E. Schattschneider, 2000, S. 151 f.

7 Cf. J. McClenon, 1991, S. 334 f.; K. Shinohara, 2007, S. 119; C. M. Moerman, 2008, S. 152; J. I. Stone, 2007, S. 145; H. H. Shih, 2000, S. 60. Vietnamesische Buddhisten lassen im Sterbezimmer ein Tonband ablaufen, das in einer Endlosschleife den Namen des Amitābha ertönen läßt. Cf. T. Ho, 2012, S. 81. Umgekehrt konnte sich ein völlig sündloser Mensch den Einzug ins Paradies verscherzen, wenn er beim Sterben von irgend etwas abgelenkt wurde. In China hieß es, daß die in der Meditation weniger Geübten das Paradies lediglich von außerhalb sehen durften, während die Meditationsstümper oder -anfänger erst einmal für längere Zeit die Hölle besuchen mußten, bevor Amitābha oder Kuan-yin sie ins Paradies führte. In Japan wurde die Theophanie Amidas und seiner Gefolgschaft am Sterbebett, die erschienen, um den Betreffenden abzuholen (*raigō*), häufig beschrieben und bildlich dargestellt. Cf. Stone, a. a. O., S. 134 f. In der Frühen Neuzeit betonten auch europäische Theologen, daß der Sterbende alles verspielen konnte, wenn er in diesem Augenblick die Hoffnung auf Erlösung aufgab. Cf. R. Wunderli/G. Broce, 1989, S. 264.

8 Cf. T. Huthweiler, 2009, S. 24; A. Angenendt, 2009, S. 67; Anonymus, 1982, S. 149 ff.; K. Baumann, 1989, S. 319 f.; R. Houlbrooke, 1998, S. 202; D. Oldridge, 2010, S. 75. In der altenglischen Überlieferung geleitete der hl. Michael gemeinsam mit dem Erzengel Gabriel die Seele Mariens in den Himmel (cf. R. F. Johnson, 2005, S. 80), und auf dem Kontinent war die Legende verbreitet, Michael habe einst eine Seele gewogen, die zu schwer war, worauf die Hl. Jungfrau drei Tränen in die andere Waagschale fallen ließ, so daß die Seele doch noch in den Himmel kam. Cf. H. Husenbeth, 2007, S. 209. Aber auch andere Heilige oder bedeutende Verstorbene können die Rolle des Geleitengels übernehmen. So wurde im 16. Jahrhundert der Mönch Ángel de Valencia von der Hl. Jungfrau abgeholt (cf. L. Weckmann, 1992, S. 229), und im 18. Jahrhundert rief die sterbende Wesleyanerin Martha Wood aus: »I see the heavens opened, I see Abraham, Isaac and Jacob, with numbers of the glorified throng, coming nearer and nearer! They are just come!« (R. A. Knox, 1950, S. 540). In der

jüdischen Tradition erscheint meist ein Todesengel, der bisweilen von verstorbenen Verwandten des Sterbenden begleitet wird (cf. Moreman, a. a. O., S. 44); und in der Umgebung von Edessa in Mazedonien wurde früher ein guter Mensch auf dem Totenbett von weißen Vögeln, ein schlechter von schwarzen und einer, dessen Schicksal noch unentschieden war, von grauen Vögeln abgeholt. Cf. F. Karlinger, 1987, S. 104f.

9 Cf. M. Nahm, 2012, S. 199; K. Osis/E. Haraldsson, 1977, S. 62; I. Wilson, 1989, S. 123; W. Barrett, 2011, S. 34, 56.»Es ist so dunkel geworden«, sagte eine Siebzehnjährige unmittelbar vor Eintritt des Todes, »ich kann gar nichts mehr sehen!« Doch dann erblickte sie offenbar zwei Freundinnen, die das Jahr zuvor gestorben waren, denn sie lächelte, streckte jemandem die Arme entgegen und rief: »Oh, ihr seid gekommen, mich abzuholen! Ich freue mich, denn ich bin so müde!« (W. Schiebeler, 1987, S. 556). Im Jahre 1865 sagte ein im Sterben liegender Yoruba namens Tipha zu einem Katecheten, der ihn besuchte: »Baba, ich sehe seltsame Dinge! Es ist kein Traum! Ich sehe sie so deutlich wie nur möglich, obwohl niemand sonst sie sehen kann. Der himmlische Vater hat jemanden beauftragt, mich zu holen. Er hat mich gefesselt und ist bereit, mich wegzutragen« (P. R. McKenzie, 1992, S. 131).

10 Cf. E. Haraldsson/K. Osis, 1987, S. 439; bzw. M. Renz, 2008, S. 48. Offenbar hatte weder der Glaube der Sterbenden an ein Weiterleben nach dem Tode noch ihre gegenwärtige Stimmung einen Einfluß auf den Charakter der Vision. Allerdings waren die Gläubigen eher bereit, mit ihren verstorbenen Angehörigen mitzugehen (a. a. O., S. 443f., 449). Nach Aussage einiger Ärzte und Krankenschwestern und -pflegern scheint die Mehrheit der Sterbenden freilich eher in einer depressiven und ängstlichen Stimmung zu sein. Cf. R. Ochsmann et al., 1991, S. 112. Auch heute noch haben aber viele Sterbende das Gefühl, sie müßten verreisen, und manche werden von dem Gedanken gequält, sie könnten ihren Reisepaß nicht finden, während sich z. B. Segler im Bereich des Wattenmeeres ständig nach den Wasserständen erkundigen, da sie bei Niedrigwasser nicht auslaufen können. Cf. N. Samarel, 2003, S. 140.

11 Cf. P. Fenwick/E. Fenwick, 2008, S. 152; McKenzie, a. a. O., S. 132; O. Sacks, 2012, S. 253f. Auch Träume von nahestehenden Verstorbenen sind meist derartig deutlich und lebendig, daß die Betreffenden hinterher energisch bestreiten, alles sei nur ein Traum gewesen. Cf. D. Ryback/L. Sweitzer, 2005, S. 225.

12 Cf. C.B. Becker, 1993, S. 70; bzw. W. v. Lucadou, 2010, S. 28; G. Bennett, 1999, S. 55; M. Sallinger-Nolte, 2010, S. 215; O.F. Morata, 1991, S. 145f. McKenzie, a. a. O.; Renz, a. a. O., S. 115; Heito: *Visio Wettini* II; Walahfrid: *Visio Wettini* 207. Bevor ein Mönch des Klosters Saint Vanne im August 1012 endgültig starb, wurde er ebenfalls mehrere Male ins Jenseits ent-

rückt. Cf. S. Roubach, 2006, S. 306. Und im frühen 13. Jahrhundert wurde Ida Van Nijvel »per excessum rapta«, und zwar in den Himmel. Cf. K. Ruh, 1993, S. 97f. Unmittelbar vor ihrem Tod im Jahre 1887 wachte die Mutter des Biologen Hans Driesch »plötzlich auf, wurde hell bewußt, aber zugleich – sehr unwillig darüber, daß sie nun wieder im Leben sei! Es sei so schön gewesen, mit meinem Vater, ihren Eltern und Freunden – alles Verstorbene – vereint zu sein« (H. Driesch, 1951, S. 41). Unmittelbar bevor sie ins Koma fiel, öffnete eine sterbende Frau weit die Augen, hob die Arme hoch und rief: »Mutter, ich komme, das Tor ist offen, die Wiese ganz grün, ich komme!« (Sallinger-Nolte, a. a. O., S. 212). Andere berichten von »Seelenreisen« in unbekannte Städte und Landschaften. Cf. A. Mindell, 1989, S. 97f.; Longaker, a.a.O., S. 270. Kurz bevor sie starb, sagte eine Frau zu ihrem Krankenhausseelsorger, er denke vielleicht, sie »spinne«, aber sie sei gerade »im Paradies gewesen«, und eine alte sterbende Frau erzählte dem Pfarrer, sie habe ihre verstorbenen Eltern, Geschwister und Freunde unter einem mächtigen Baum getroffen, und jetzt freue sie sich darauf, »wieder nach Hause zu kommen«. Cf. K. Lückel, 1981, S. 174f.; bzw. H. Böke, 2002, S. 141. Es könnte durchaus sein, daß viele Sterbende eine »Nahtod-Erfahrung« dann haben, wenn sie nicht mehr reanimierbar sind, so daß man nie etwas von diesen Erlebnissen erfährt. Cf. van Laack, a.a.O., S. 26f.

13 Cf. Nahm, a.a.O., S. 136; J. Shaw, 2006, S. 59f.; E. Jünger, 2013, S. 175f.; T. Dethlefsen, 1987, S. 237; bzw. D.L. Oliver, 1955, S. 74ff.; A. Kellehear, 1993, S. 151; G. Kosack, 2009, S. 128. Ein Sterbender berichtete, als er noch einmal zu sich kam, er sei einen breiten Weg entlanggegangen, wobei es immer heller und schöner wurde, bis er ein Licht wahrnahm, das ihn »an sich« zog, während eine Frau auf dem Sterbebett durch einen dunklen Schacht auf dessen hellen Ausgang zuschwebte, diesen aber nicht erreichen konnte. Cf. Renz, a.a.O., S. 136f.; bzw. J.C. Hampe, 1975, S. 83, 108.

14 So z. B. B. Jakoby, 2004, S. 21; ders., 2005, S. 50; M. H. Niemz, 2007, S. 79f.; Moreman, a.a.O., S. 217; oder W. van Laack, 2011, S. 150.

15 Cf. Sabom, a.a.O., S. 77; K. Augustine, 2007a, S. 7, 12; W.J. Serdahely, 1995, S. 189; D.A. Counts, 1983, S. 119. Kinder scheinen während ihrer »Nahtod-Erfahrungen« häufiger Lebende als Verstorbene zu treffen, vermutlich weil sie weniger Verstorbene kennen, als dies bei Erwachsenen der Fall ist. Dafür spricht auch, daß sie häufig ihre toten Haustiere sehen. Personen, die eine »Nahtod-Erfahrung« ohne subjektive Lebensgefahr haben, sehen häufiger lebende Personen als solche, die ihr Leben als bedroht empfinden. Cf. B. Greyson et al., 2009, S. 23f. Nach einer Untersuchung sahen nur insgesamt 25% der »Reisenden« mit Todesangst und 15% derjenigen ohne Todesangst im Tunnel oder im jenseitigen Bereich irgendwelche Personen. Cf. C.S. Alvarado, 2001, S. 332.

16 So E. Mattiesen, 1939, S. 344; B. Jakoby, 2005, S. 46, 53; P. van Lommel, 2013, S. 21; oder H.D. Lewis, 1969, S. 253, 325; Plotin: *Enneaden* IV. 3.18; D.E. Harkness, 1999, S. 113; R.W. Williamson, 1933, S. 373; bzw. M.C. Neal, 2012, S. 69f.; E. Alexander, 2012, S. 40. »Diese Gedankenübertragung«, so weiß E. Elsaesser-Valarino (1995, S. 50), »geschieht ohne Worte, von Bewußtsein zu Bewußtsein, so wie eine telepathische Verständigung, ohne über die Sinnesorgane vermittelt zu werden. Das Begreifen scheint augenblicklich, unzweideutig zu erfolgen.« »Das war kein Sprechen«, berichtete eine Frau, »ich glaube, wir haben miteinander gedacht« (Rubisch, a.a.O., S. 94). Auch bei manchen von Aliens in ein UFO entführten Personen geschieht die Kommunikation »telepathisch«. Cf. J. Bynum, 1993, S. 90; P. Brookesmith, 1998, S. 8.

17 Cf. E. Mattiesen, 1936, S. 333; Sabom, a.a.O., S. 69; A. Serwaty, 2012, S. 18; Wilson, a.a.O., S. 168, 172. Ähnlich D. Piper/C. Murphey, 2007, S. 26.

18 Cf. J.B. Rhine, 1964, S. 72; A. Flew, 1987, S. 355; W. Leuschner, 2004, S. 7. Nach meiner ersten »Seelenreise« habe ich den Sohn des Arrow Keeper und seine beiden Enkelinnen, die mich angeschaut bzw. angelächelt hatten, gefragt, ob sie mich ungefähr zu der Zeit, in der mein Erlebnis stattfand, gesehen hätten. Alle drei verneinten dies.

Anmerkungen zu § 6

1 Cf. D. Tuzin, 1997, S. 151; Elkin, a.a.O., S. 76; Kössler-Ilg, a.a.O., S. 189f.; bzw. G.M. Wassiljewitsch, 1963, S. 57; P. Metcalf/R. Huntington, 1991, S. 87. Solange sich bei den Daribi im südöstlichen Neuguinea die Seele noch auf der »Straße« ins Jenseits, nämlich dem Tua-Fluß, befindet, kann sie zurückkehren. Hat sie aber einmal das Totenreich betreten, ist es dafür zu spät. Cf. R. Wagner, 1967, S. 44; ders., 1972, S. 108ff. Ähnliche Vorstellungen gab es auf Mangaia und Rarotonga in Polynesien sowie bei den Bella Bella im nordwestlichen Nordamerika. Cf. Williamson, a.a.O., S. 221; bzw. M. Black, 1997, S. 94. In der islamischen Überlieferung heißt es, selbst der Erzengel Gabriel dürfe nur bis zum »Äußersten Lotosbaum« (*sidrat al-muntahā*) fliegen, weil andernfalls seine Flügel verbrennen würden. Cf. A. Schimmel, 1985, S. 311.

2 Cf. Gabbard/Twemlow, a.a.O., S. 127; S. Parnia, 2006, S. 57f.; P. Fenwick/ E. Fenwick, 1995, S. 192, 195; J. Faulstich, 2006, S. 87; M.B. Sabom, 1998, S. 64; J. Faulstich, 2003, S. 103; Ewald, a.a.O., S. 42. Eine Frau wurde von jemandem, den sie zwar nicht sah, dessen »Präsenz« sie aber spürte, »durch einen Gang aus Eis« an eine Stelle geführt, an der »ein Licht strahlte. Dort blieben wir stehen, und eine Stimme sagte: ›Hier darfst du nicht

weiter!'« (J. Faulstich, 2006, S. 248). Und ein Psychologe sah im Tunnel plötzlich »eine feine rote Linie, die wie ein Laser pulsierte. Ich hatte das instinktive Empfinden, daß ich nach Überschreiten der Linie nicht zurückgehen könnte«, und kehrte um (M. Godwin, 1995, S. 149). Weitere Beispiele findet man bei Berman, a.a.O., S. 40; M. Grey, 1985, S. 49; Fenwick/Fenwick, a.a.O., S. 55, 110 f.; G. Ewald, 2011, S. 39; Fox, a.a.O., S. 267; und B.R. Rommer, 2004, S. 61.

3 Cf. Ewald, a.a.O., S. 75; M.B. Sabom, 1986, S. 75; Faulstich, a.a.O., S. 86; R.A. Moody, 1997, S. 32f.; bzw. A. Kardec, 2008, S. 287f.

4 So z.B. G. Ewald, 1999, S. 204f.; M.-L. v. Franz, 1999, S. 116; Niemz, a.a.O., S. 80f.; B. Jakoby, 2005, S. 59, oder W. Thiede (1994, S. 105), der offenbar meint, hinter diesen Grenzen verberge sich »die eigentliche nachtodliche Wirklichkeit«.

5 W. van Laack, 2011, S. 152. Cf. A. Stechl, 2007, S. 57; K. Augustine, 2007a, S. 151; W.J. Serdahely, 1995, S. 191.

6 Cf. Samarel, a.a.O., S. 145; bzw. M. Mikorey, 1963, S. 32; C. Zaleski, 1993, S. 197f.; Stechl, a.a.O.; D. Lorimer, 1993, S. 24; G. Shushan, 2009, S. 48. Natürlich gibt es auch Unfälle, die so plötzlich eintreten, daß für ein Lebenspanorama einfach keine Zeit bleibt. Cf. B. Greyson, 1980, S. 965. Nach verschiedenen Untersuchungen beinhalteten zwischen 10,8 und 13 % der »Nahtod-Erfahrungen« ein Lebenspanorama. Andere nennen höhere Zahlen. Cf. Augustine, a.a.O., S. 13; A.E. Gibson, 1994, S. 118; F.G. Greene/ S. Krippner, 1994, S. 54. Dabei ereignete es sich meist zu Beginn der Erfahrung. Cf. Sabom, a.a.O., S. 73. D.B. Linke (2003, S. 49) und S. Grof (2010, S. 161) sind der Meinung, daß sich bei Ertrinkenden, die »noch Handlungsmöglichkeiten hatten«, kein Lebenspanorama eingestellt habe. Ich selber erlebte zweimal ein solches Panorama, als ich am Ertrinken war, und beide Male hatte ich noch »Handlungsmöglichkeiten«, die mir schließlich das Leben retteten. Abwegig ist die Vermutung E. Oesers (2006, S. 195), die Funktion des Lebenspanoramas bestehe darin, dem Betreffenden »im letzten Augenblick noch zu einer rettenden Idee« zu »verhelfen«, denn man spielt ja in diesem Moment keine Rettungsmöglichkeiten durch, sondern erlebt Vergangenes.

7 K. Ring, 1999, S. 64; W. van Laack, 2011, S. 151; W. Kuhn, 2014, S. 68; bzw. Jacobus de Voragine, 1988, S. 115; Bonifatius, 1968, S. 33; bzw. A.A. Cave, 2006, S. 63ff. Auf der anderen Seite sagten aber auch die »geringen Tugenden« des Mönches für ihn aus. In der Paulus-Apokalypse sieht der Apostel vom Paradies aus, wie drunten auf der Erde ein Gerechter stirbt. Er »blickte zu ihm hin und sah alle seine Werke, die er um des Namens des Herrn willen getan hatte, und all seine Gedanken, deren Erinnerung er sich bewahrt, und alle, die er vergessen hatte. In der Stunde der Drangsal standen sie all vor seinem Blicke« (L. Moraldi, 1987, S. 267). Nach der anthroposophischen

Lehre tritt das »Erinnerungstableau« erst *nach* dem Tode auf »und drängt sich uns gnadenlos auf«, ohne daß wir ihm entrinnen können. Haben wir den Körper verlassen, so verlautet der Meister selber, erleben wir das Vergangene, »wie wenn es ein Gegenwärtiges wäre«, und erlangen »eine Überschau über den Lebenslauf seit der Geburt«. Und wie wenn das nicht genug wäre, sieht man im Anschluß, wie unsere Seele beschaffen war, bevor sie sich »aus einer seelisch-geistigen Welt in die physische« begeben hatte, wo sie sich mit dem Körper vereinigte, »der durch Empfängnis und Keimesentwicklung entsteht«. Cf. O. J. Hartmann, 1946, S. 178 ff.; R. Geisen, 1992, S. 265; bzw. R. Steiner, 1956, S. 26, 31 f., 63. Eine ähnliche gnostische Lehre vertritt heute der Philosoph J. Kirchhoff (2002, S. 20 ff.), der zu wissen glaubt, daß die Seele aus einer »höheren Wirklichkeitsebene« in »die dunkle Höhle des weiblichen Leibes« abgestürzt sei, um fortan bis zum Tode und abgesehen von eventuellen Astralreisen an das Fleisch gefesselt zu sein.

8 Cf. R. Bauckham, 1998, S. 36 f.; bzw. Nahm, a. a. O., S. 136 f. Um die Mitte des 12. Jahrhunderts sah Elisabeth von Schönau (2006, S. 44) vor der Pforte zum Licht einen Engel stehen, der ein Buch hielt, in dem ihre »gerechten Werke« verzeichnet waren, sowie Satan mit einem Buch, in dem er alle ihre Sünden vermerkt hatte. Bereits im Frühmittelalter wurde einem Mann aus dem angelsächsischen Königreich Mercia, wie Beda (V. 13) berichtet, Einblick in ein ganz kleines Buch gewährt, in dem er nachlesen konnte, was er an Gutem getan hatte, sowie in ein anderes »von außerordentlicher Größe und fast untragbarem Gewicht mit allen seinen Sünden«. Sehr viel später führten zwei Engel einen gewissen Johann Propheter zunächst durch eine Wolke und dann durch den Nachthimmel zum Tempel Gottes, in dem die Bundeslade stand, aus der Gott das »Buch der Allwissenheit« nahm und ihm daraus alle seine Untaten vorlas. Cf. C. du Prel, 1885, S. 318 f. Schließlich berichtete Thomas de Quincey (2000, S. 256 f.), er habe sich beim Opiumrauchen an viele vergessene Episoden aus seiner Krankheit erinnert, und führte in diesem Zusammenhang an, daß ein Mitglied seiner Familie einst beinahe in einem Bach ertrunken sei, wobei »she saw in a moment her whole life, clothed in its forgotten incidents, arrayed before her as in a mirror, not successively, but simultaneously«. Woraus er folgerte, »that there is no such thing as ultimate *forgetting*«.

9 Cf. C. Dahl, 1998, S. 45; M. Schwedes, 2008, S. 74; J. McManners, 1981, S. 126; bzw. L. Honko, 1978, S. 88; U. Krasberg, 2009, S. 57; J. Halifax, 2001, S. 243. Auch im russischen Volksglauben führte nach dem Tod ein Engel die Verstorbenen an jeden Ort, an dem sie eine Sünde begangen hatten, und gab ihnen die Gelegenheit, um Vergebung zu beten. Erst am vierzigsten Tag verließen sie die Erde und wurden von Gott vorläufig gerichtet. Cf. E. A. Warner, 2000, S. 269. Und bei den südostasiatischen Hmong besucht die Seele chronologisch von der Gegenwart in die Vergangenheit alle

Stationen ihres Lebensweges, bis sie schließlich im Mutterleib angelangt ist. Cf. A. Fadiman, 2000, S. 13.

10 So z. B. C. Zaleski, 1995, S. 396. Cf. Grof, a. a. O., S. 161; Rommer, a. a. O., S. 85; bzw. A. Heim, 1892, S. 328 f.; R. Noyes/R. Kletti, 1980, S. 130; H.-J. Markowitsch, 2002, S. 71. Über 58 Jahre nach seinem Absturz im Säntisgebirge im Frühling 1871 schrieb der Zürcher Geologe Albert Heim in einem Brief an den Psychoanalytiker Oskar Pfister: »Ich sah die Bilder wie Projektionsbilder an einer Wand. Ein Bild löste das andere ab, aber doch in meinem Empfinden alles ohne Hast in schöner Folge und reichlicher Abwechslung ineinander übergehend, ohne empfindliche Unterbrüche. Die Sekunde war eben für mein Gefühl wie fünf Minuten. Von diesen Bildern kann ich mir in der Erinnerung einige leicht vor die Augen stellen, ich könnte sie zeichnen und malen. Andere sind mir nur verschwommen in Erinnerung. [...] Als schaute ich aus dem Fenster eines hohen Hauses herab, sah ich mich als siebenjährigen Knaben in die Schule gehen. [...] Plötzlich kam durch die Bilder ein Moment der Überlegung: ›Im folgenden Moment bin ich tot.‹ Dann sah ich einen Depeschen- oder Briefträger, der meiner Mutter vor der Haustüre die Todesnachricht übergibt.« Cf. O. Pfister, 1930, S. 434 f.

11 Cf. M. Lindner, 1944, S. 49 bzw. 37; R. K. Siegel, 1984, S. 267; S. Halpern, 2009, S. 78 f.; B. Greyson, 2006, S. 395; Pfister, a. a. O., S. 437, 449; W. Serdahely, 2007, S. 52; I. Stevenson/E. W. Cook, 1995, S. 456 f.; Halpern, a. a. O., S. 79; Markowitsch, a. a. O., S. 68 ff.; Augustine, a. a. O., S. 14; Fenwick/Fenwick, a. a. O., S. 118; Lindner, a. a. O., S. 37 f., 50; bzw. M. v. Eyth, 2007, S. 60 f.; M. Schmidt-Degenhard, 1992, S. 145

12 Cf. E. T. H. Brann, 1991, S. 293; V. Friebel, 2000, S. 122; T. X. Barber, 1979, S. 596; I. M. L. Hunter, 1979, S. 605; M. S. Lindauer, 1979, S. 610; R. Carter, 1999, S. 127; bzw. D. Merkur, 2011, S. 89. Der russische Komponist Dmitri Šostakovič konnte ganze Musikstücke hören, wenn er den Kopf auf eine bestimmte Weise zur Seite neigte (Carter, a. a. O.); und eine Frau, die vollständige Konzerte hören konnte, sagte, die Musik sei dabei intensiver als in Wirklichkeit. Cf. E. R. Jaensch et. al., 1929, S. 117. Die eidetischen ›Bilder‹ befinden sich häufig im normalen Wahrnehmungsraum, der unverändert bleibt. Er kann aber auch verschwinden, so daß das ›Bild‹ den ganzen Raum einnimmt (a. a. O., S. 127).

13 Cf. D. Cohen/S. A. MacKeith, 1991, S. 54 f.; Friebel, a. a. O., S. 24; K. Heinerth, 1979, S. 604; Jaensch et al., a. a. O., S. 110, 112 f.; bzw. G. Catlin, 1982, S. 102; H. P. Duerr, 1984, S. 47. Untersuchungen haben ergeben, daß fast die Hälfte der befragten fünfjährigen Kinder die Streifen eines vorgestellten Zebras zählen konnte, eine Fähigkeit, die nur ganz wenige Erwachsene besaßen, die ebenfalls befragt wurden. Cf. Carter, a. a. O., S. 126.

14 Cf. Jaensch et al., a. a. O., S. 95, 117 ff., 159 f.; Barber, a. a. O., S. 597;

P. McKellar, 1957, S. 26; bzw. K. W. Bash, 1955, S. 135; G. Jervis, 1978, S. 299f.; E. R. Jaensch, 1925, S. 17; Jaensch et al., a. a. O., S. 111, 114, 116f.; dies., 1927, S. 15, 53f.: R. N. Haber, 1979, S. 622; Teresa v. Ávila, 1966, S. 171. Vor allem wenn das Geschehene nicht in die Umgebung paßt, wird es meist nicht für real gehalten – z. B. wenn die Eidetiker plötzlich im Kaufhaus an einem Meeresstrand stehen. Cf. Jaensch et al., a. a. O., S. 119.

15 Cf. B. Holzinger, 2002, S. 138; bzw. S. LaBerge, 2000, S. 962f.; J. F. Rychlak, 1997, S. 219; bzw. T. L. Kahan/S. LaBerge, 1994, S. 252; A. Dietrich, 2003, S. 239; bzw. R. Vaas, 2008, S. 243; B. Holzinger, 2000, S. 195; S. J. Holajter, 1995, S. 89f.; C. W. Domhoff, 2002, S. 18. Manchmal ist sich der Träumende allerdings nicht ganz sicher, ob er gerade träumt oder nicht. Cf. M. Schredl, 1999, S. 122. Und mitunter wird ein normaler Traum plötzlich luzide, worauf manche Träumer eine große Angst erfaßt, in deren Folge sie augenblicklich aufwachen. Cf. W. Zurfluh, 1984, S. 43. Am frühen Morgen des 4. Dezember 2013 träumte ich, mich gemeinsam mit einer Frankfurter Ethnologin in einem englischen Garten mit einem Labyrinth aus Buschwerk zu befinden. Plötzlich konnte ich fliegen und rief aus einer Höhe von ein paar Metern zu der Frau hinunter: »Siehst du, ich habe es geahnt: Wir *können* fliegen!« Darauf sagte sie: »Ja merkst du denn nicht, daß du träumst?« In diesem Augenblick wurde mein Traum luzide.

16 Cf. Gabbard/Twemlow, a. a. O., S. 109f.; S. Blackmore, 2010, S. 402; M. Schröter-Kunhardt, 2004, S. 197; ders., 1999, S. 73; K. Nelson, 2011, S. 193; K. Kelzer, 1995, S. 198; S. LaBerge/J. Gackenbach, 2000, S. 152. All dies zeigt, daß die Behauptung, Luzide Träume und »Außerkörperliche Erfahrungen« seien dasselbe Erlebnis – so z. B. O. Vedfelt (1997, S. 354) –, falsch ist. In den historischen und ethnographischen Quellen werden – wie es scheint – Luzide Träume nur selten erwähnt. Es könnte sein, daß die Träume, die von den nordaustralischen Yirrkalla »*very* real dreams« genannt werden (cf. D. Price-Williams/R. Gaines, 1994, S. 379f.), Luzide Träume sind, aber es könnte sich auch um »Außerkörperliche Erlebnisse«, vor allem »Seelenreisen«, handeln. Das gleiche gilt für jenen »Traum«, in dem im 13. Jahrhundert Gertrud von Hackeborn, die verstorbene Äbtissin des Klosters Helfta, der Nonne Mechthild einen Rubin mit der Bitte überreichte, diesen einer anderen Nonne zu geben, die Gertrud auf dem Totenbette gepflegt hatte: »Bringe ihr diesen von mir!« (*Hoc porta illi ex me!*). Worauf die träumende Mechthild erwiderte: »Da ich dieses im Geiste (*in spiritu*) sehe, weißt du wohl (*bene scis*), daß ich ihn ihr nicht im Leibe (*corporaliter*) überreichen kann!« (W. Beutin, 1998, S. 201).

17 Cf. Rychlak, a. a. O., S. 218ff.; Kahan/LaBerge, a. a. O., S. 251; R. Wiseman, 2012, S. 321; Schredl, a. a. O., S. 123; P. Tholey, 1984, S. 98; bzw. F. van Eeden, 1969, S. 153; P. Tholey/K. Utecht, 1989, S. 106; J. T. Green, 1995, S. 52; R. Schönhammer, 2004, S. 318f.; K. Thomas, 1994, S. 192; Kelzer, a. a. O.,

S. 229. Die Sexualforscher berichten aber auch von Männern, die nie im Wachzustand ejakulieren, sondern ausschließlich während Luzider Träume. Die normalen REM-Erektionen stehen offenbar in keinem Zusammenhang mit sexuellen Träumen, treten aber bei Alpträumen und während der Schlafparalyse auf. Cf. K. Mann, 2000, S. 283. Diesen Erektionen entsprechen ein Blutandrang in der Klitoris, eine Erektion der Nippel und ein Feuchtwerden der Vagina. Cf. G. G. Abel et al., 1979, S. 12 f.; P. Garfield, 1991, S. 91 f.; P. Hertoft, 1989, S. 63 f.; T. Pollmacher/C. Lauer, 1992, S. 14. Ein Psychotherapeut meint, daß vor allem frigide Frauen und impotente Männer in Luziden Träumen ein befriedigendes Sexualleben entfalten könnten, da sie in ihnen den Geschlechtsverkehr mit »dem idealen Sexpartner« durchführen könnten (K. Vollmar, 1994, S. 81 f.). Nichts scheint in Luziden Träumen häufiger vorzukommen als Fliegen und Sex. Cf. T. Stumbrys et al., 2014, S. 196, 201.

Anmerkungen zu § 7

1 J. van Ruusbroec, 1987, S. 154; P. S. MacDonald, 2007, S. 289 f.; bzw. Johannes vom Kreuz, I, 1937, S. 109. Cf. H. Sundén, 1990, S. 124; M. J. Meadow, 1995, S. 221; K.-H. Steinmetz, 2004, S. 130 f. H. Sommer (2008, S. 148) hat Johannes' Gedicht, in dem er sagt, in einer »dunklen Nacht« sei er aus seinem Haus hinausgegangen, »ohne bemerkt zu werden«, und das ich im vorliegenden Buch als Motto verwendet habe, auf seine Flucht aus dem Verlies im Kloster von Toledo zurückgeführt, in das ihn die Karmeliter eingesperrt hatten. Meines Erachtens liegt es näher, in dem Gedicht eine allegorische Beschreibung seines Weges durch die *noche oscura* zu Gott zu sehen.
2 Daß die »dunkle Nacht der Seele« den finstern oder Tunnelbereich der »Nahtod-Erfahrung« meint, glauben z. B. J. Cressy, 1996, S. 374; B. Jakoby, 2005, S. 180, 225; B. Greyson, 2006, S. 398, oder A. A. Bucher, 2007, S. 91. Das Zitat ist aus Dionysios Areopagites: *De mystica theologia* I. 3.
3 Cf. M. Delgado, 2012, S. 93; D. Turner, 1995, S. 232 f.; G. Schüttler, 1974, S. 88 f.; E. Meier, 1982, S. 67 f.; H. Åkerberg, 1982, S. 293; E. T. Howe, 2004, S. 25; E. Lorenz, 1991, S. 47; Sundén, a. a. O.; R. R. Ellis, 1992, S. 87; Johannes vom Kreuz, V, 1929, S. 75, 111; II, 1938, S. 72; I, 1937, S. 116; E. Benz, 1969, S. 303.
4 Cf. V. I. Stoichita, 1997, S. 62; bzw. Johannes vom Kreuz, I, 1937, S. 225 f.
5 Cf. N. Schnaper, 1980, S. 269; bzw. M. H. Niemz, 2007, S. 136; Jakoby, a. a. O., S. 45 f.; C. Coppes, 2012, S. 120 f. Die erwähnten Zahlen der Untersuchungsergebnisse findet man in M. A. Simpson, 1979, S. 122; Grey,

a. a. O., S. 58; A. E. Gibson, 1994, S. 118; E. Tiberi, 1996, S. 56 f.; P. M. H. Atwater/D. H. Morgan, 2000, S. 30; P. M. H. Atwater, 2011, S. 18; ders., 2004, S. 227 f.; B. Rommer, 2004, S. 45; N. E. Bush, 2009, S. 81; P. van Lommel, 2009, S. 53; M. Schröter-Kunhardt, 2002, S. 714; H. Knoblauch, 1999, S. 139. Noch vor wenigen Jahrzehnten, als man in der Öffentlichkeit nicht viel oder gar nichts über »Nahtod-Erfahrungen« wußte, fürchteten sich offenbar manche, von den anderen für verrückt gehalten zu werden, wenn sie von ihren Erlebnissen erzählten. So sagte einer, er habe jahrelang mit niemandem darüber gesprochen, »weil ich nicht wollte, daß sie mich in eine Zwangsjacke stecken« (D. Luckoff et al., 1992, S. 678 f.). Der Oglala-Sioux Schwarzer Hirsch redete nach seiner ersten »Nahtod-Erfahrung« ebenfalls nicht über sein Erlebnis, weil er befürchtete, von seiner Familie und den übrigen Stammesmitgliedern für wahnsinnig gehalten zu werden (1983, S. 55). Wie mir Renate Schukies, die längere Zeit bei den Cheyenne in Oklahoma lebte, erzählte, hielten auch einige »rituelle Spezialisten« der Südlichen Cheyenne mich für geisteskrank, nachdem sie von meinem Erlebnis gehört hatten.

6 Cf. D. M. Wulff, 1991, S. 616; R. Ochsmann et al., 1991, S. 107; S. Grof, 2010, S. 154 f.; bzw. P. Sartori, 2008, S. 201; N. E. Bush, 2002, S. 108; dies., 2010, S. 52; bzw. C. M. Bache, 1994, S. 43 f.; B. R. Rommer, 2004, S. 16; I. Gresser, 2004, S. 92; M. Stubenvoll/I. Schäfer, 2014, S. 170 f.; L. Gadient, 2014, S. 163 f.; Beda Venerabilis III. 19; J. Perkinson, 2002, S. 27; F. M. Frohock, 2010, S. 99.

7 Jakoby, a. a. O., S. 225; bzw. Heidi Leopold: Mündliche Mitteilung vom 20. Oktober 2012. Cf. Weitemeier, a. a. O., S. 381, 387; Rommer, a. a. O., S. 97; Gabbard/Twemlow, a. a. O., S. 159; Atwater/Morgan, a. a. O., S. 31. Durch einen dunklen Tunnel gelangte eine Frau in eine leuchtende Landschaft mit sehr grünen Bäumen und einem strahlenden Himmel, doch dann hatte sie in dieser paradiesischen Gegend in einer Kirche eine schreckliche Begegnung mit dem Teufel, vor dem sie in Panik floh. Cf. H. J. Irwin/B. A. Bramwell, 1988, S. 41 f.; G. F. Ellwood, 1998, S. 119.

8 Cf. Rommer, a. a. O., S. 103 f.; M. Schröter-Kunhardt, 2006, S. 205; G. Roberts/J. Owen, 1988, S. 608; A. Heintschel, 2001, S. 180; van Lommel, a. a. O., S. 57 f. Ein Italiener fiel in eine dunkle Höhle und schrie voller Entsetzen um Hilfe, weil er nirgends Halt fand (cf. Rommer, a. a. O., S. 63), während eine Frau in einem Fahrstuhl in die Tiefe sauste und dabei schreckliche Mißklänge, Geräusche und Schreie hörte: »Ich konnte unter mir Tausende von Gesichtern ohne Körper sehen, die versuchten, mich weiter nach unten zu ziehen. Ich war entsetzt!« (Frohock, a. a. O., S. 126). Während einer Geburtstagsfeier schwebte ein Este plötzlich vom Tisch nach oben und sah von der Decke aus die übrigen Gäste auf ihren Stühlen sitzen. Anschließend huschten die Sterne an ihm vorüber, doch die Angst

packte ihn erst, als er auf einmal in einer riesigen Halle stand, in der sich zahlreiche Personen mit kalten Augen befanden, die ihn festhielten. Er sagte ihnen, daß er zurückkehren wolle, doch die Wesen erwiderten, er könne dies nur um den Preis einer Erkrankung an Lungenkrebs, der tatsächlich zwei Monate nach seiner Rückkehr diagnostiziert wurde. Cf. M. Kōiva, 1997, S. 97 f.

9 Cf. Atwater/Morgan, a.a.O., S. 303; N. E. Bush, 2009, S. 66; Frohock, a.a.O., S. 125; N. E. Bush, 2012, S. 35 f. Eine alte Tertiarin schritt unter »grauenhafter Angst« durch eine Höhle, aber nach einer Weile hörte sie eine beruhigende Stimme, die immer wieder zu ihr sagte: »Du darfst keine Angst haben!« Cf. G. Ewald, 2001, S. 51. Ein kleines Mädchen wurde gegen ihren Willen von einer Dame in einem langen mittelalterlichen Kleid auf den Arm genommen und einen endlosen, abfallenden und ebenso dunklen wie moderigen Gang hinabgetragen, worauf sie große Angst bekam. Aber plötzlich drehte die Dame auf dem Absatz um und brachte sie in ihr Bettchen zurück. Cf. B. Greyson/N. E. Bush, 1996, S. 215. Manchmal erfaßt die Angst die »Seelenreisenden« nicht während des Erlebnisses, sondern erst nachher, wenn sie Zeit haben, es zu reflektieren. Cf. Gabbard/Twemlow, a.a.O., S. 140.

10 Cf. H. Storm, 2005, S. 16 ff.; W. Dohse, 1988, S. 240; Heintschel, a.a.O., S. 180; M. B. Sabom, 1986, S. 39. »Ich fühlte mich schrecklich traurig und einsam« – so beschrieb eine junge Frau die Stimmung, in der sie sich befand, als sie versuchte, dem hellen Licht näher zu kommen, das aus einem winzigen Loch in der Dunkelheit strahlte. Cf. R. Schweid, 2008, S. 128. Cf. auch R. A. Moody, 1977, S. 38.

11 Cf. T. Clifford, 1994, S. 109; K. Kollmar-Paulenz 2002, S. 1155 f.; M. Gouin, 2010, S. 22; C. Carr, 1993, S. 94; M. Hermanns, 1956, S. 263; D. S. Lopez, 1998, S. 48 f., 70; bzw. R. Hummel, 1988, S. 61; D. I. Lauf, 1970, S. 13; C.-A. Keller, 1987, S. 57 f. In Ladakh rezitierten Mönche nach dem Tod einer Person tagelang Verse, um ihr den Weg durch das *bar-do* zu ebnen. Cf. R. Aggarwal, 2001, S. 555. Zu diesem Zweck flüsterte Aldous Huxley im Februar 1955 seiner sterbenden Frau Maria den Text des Tibetischen Totenbuchs ins Ohr. Als er selber acht Jahre später im Sterben lag, schluckte er einen »LSD-Trip«. Cf. D. Sawyer, 2002, S. 162; bzw. P. Widmer, 2004, S. 409. Vor allem die tantrischen Yogins sowie die Lamas werden von den häufig nackt und mit einer Schädelgirlande dargestellten schutzengelartigen Wesen (skr. *ḍākinī* < Wz. *ḍi-*, »fliegen«, tibet. *mkha'-'gro-ma* »Himmelsgeherin«) zu deren Heimat Uḍḍiyāna geleitet, das im Gegensatz zu anderen buddhistischen Paradiesen von Frauen beherrscht wird. Wenn sie das *bar-do* durchqueren, bitten die *ḍākinīs* bisweilen die Verstorbenen, auf den Eintritt in die himmlischen Gefilde zu verzichten und statt dessen erneut in einen Mutterschoß einzutreten, um nach ihrer Wiedergeburt

Gutes zu tun, bis irgendwann einmal auch das letzte aller Wesen das *nirvāṇa* erlangt hat. Manchmal berichten auch die *déloks*, daß sie von den »Himmelsgeherinnen«, die im Grunde eine Erscheinungsform der Totengöttin sind, über eine Brücke ins Reich der Toten gebracht wurden. So versprach zumindest der Totengott einer *délok*, daß sie eines Tages »im Lande Uḍḍiyāna, dem Land der *ḍākinīs*«, wiedergeboren werde. Cf. H. Hoffmann, 1967, S. 23; F. Pommaret, 1997, S. 503f., 507; A. Herrmann-Pfandt, 1992, S. 457ff.; J. Campbell, 1997, S. 197.

12 Cf. Dalai Lama, 1998, S. 192; K. Sagaster, 1978, S. 184; B.J. Cuevas, 2004, S. 378; ders., 2007, S. 303f.; T. Chodron, 2003, S. 83; bzw. T. Vetter, 1996, S. 322; Aggarwal, a.a.O., S. 555.

13 Cf. D.I. Lauf, 1974, S. 83ff.; F. Fremantle/C. Trungpa, 1981, S. 70f., 121; R. Wicks, 1998, S. 73, 185; R. Desjarlais, 2000, S. 266; J. Bowker, 1991, S. 186f.; E.K. Neumaier-Dargyay, 1997, S. 99f.; Carr, a.a.O., S. 71; J. Woodroffe, 1971, S. 65.

14 Cf. M. Stausberg, 2002, S. 145; A. Hultgård, 2000, S. 30; M. Ara, 2008, S. 2001. Vermittelt durch theosophische Schriften, machte sich auch Rudolf Steiner die Auffassung zu eigen, die Dämonen und Raubtiere, die uns nach dem Tode »anspringen«, seien unsere eigenen Begierden und Leidenschaften und unter diesen namentlich die Haßgefühle. Wenn man nach Abstreifen des physischen Körpers mit dem Astralleib die »Geisterwelt« durchstreift, treten uns in dem Falle, daß wir »sehr niedere Gelüste« und »sehr tiefstehende Begierden« hatten, »grauenhafte Tiere« entgegen. »Hat man aber Entsagung gelernt«, wird »ein edles Gebilde der astralen Welt erscheinen« (R. Steiner, 1989, S. 62f.). Cf. R. Geisen, 1992, S. 268f. Solche Vorstellungen sind heute in der westlichen Welt weit verbreitet. So verlautet etwa die Sterbebegleiterin eines Hospizes im kalifornischen Santa Cruz, daß wir dem Leben entsprechend, das wir geführt haben, »nach unserem Tod tatsächlich eine himmlische oder eine höllische Existenz erschaffen« (C. Longaker, 2009, S. 270f.). Bei Swedenborg entspricht dem *bar-do* das, was er »Mittelort«, »Zwischenreich« oder »Geisterwelt« nannte. Dieser Ort, den er besucht habe, sehe aus »wie ein Tal zwischen Bergen und Felsen«, von dem ein schmaler Pfad in den Himmel und »wie mit Ruß überzogene Höhlen« schräg nach unten in die Hölle führten. Cf. E. Swedenborg, 1977, S. 297, 300ff. Soweit ich sehe, hielt der schwedische Geisterseher alle diese Phänomene jedoch für real.

15 Cf. Hummel, a.a.O., S. 62. Allerdings sind für den Buddha ontologische oder metaphysische Fragen irrelevant, wenn sie nicht dazu beitragen, das Leiden zu beenden, indem sie jegliches Verlangen, z.B. das nach Unsterblichkeit, vergehen lassen. Cf. K. Baier, 2011, S. 400f.

16 P. Devereux, 2000, S. 218; M. Godwin, 1995, S. 235, 244; bzw. J.L. Austin, 1975, S. 67f. »Was LSD wirklich beweisen kann«, glaubt der Neuropsycho-

loge E. Kasten (2008, S. 80), »ist, daß die Realität nur eine vom Gehirn geformte Illusion ist.« »Ist also die *Hypothese* möglich«, fragte L. Wittgenstein (1971, 55), »daß es all die Dinge in unserer Umgebung nicht gibt? Wäre sie nicht wie die, daß wir uns in allen Rechnungen verrechnet haben?«

17 Cf. P. Haerlin, 1981, S. 104; Plotin: *Enneaden* IV. 7. 14; Lopez, a.a.O., S. 82f.; E. Benz, 1969, S. 308.

18 Cf. K. Rakow, 2011, S. 191; Pommaret, a.a.O., S. 499; P. Kværne, 1999, S. 851; bzw. R. de Nebesky-Wojkowitz, 1956, S. 550; L. Bregman, 2003, S. 170; A. David-Neel, 1962, S. 79.

19 Cf. Cuevas, a.a.O., S. 299; D. Riboli, 2000, S. 118ff.; R. Paul, 1976, S. 143; bzw. T. Allione, 2001, S. 251ff.; L. W. Bailey, 2001, S. 141f. Das »weiße Licht« entspricht dem »inneren Licht« der Yoga-Meditation, das als sehr mild und sanft beschrieben wird, »wie wenn man Seide berührt, nachdem man über Sandpapier gestrichen hat« (R. Prakash, 2009, S. 129). Ganz offensichtlich wurde der Bericht des Mädchens von einem Redaktor – vermutlich einem Lama – stark bearbeitet und gemäß der offiziellen Lehre ideologisch zurechtgestutzt. Anscheinend legte man vielen *déloks* nahe, daß sie selber Inkarnationen des Bodhisattva Avalokiteśvara seien. Cf. Pommaret, a.a.O., S. 500. Dessen ungeachtet wurden sie nach ihrer »Nahtod-Erfahrung« oft Heiler und Geisterseher. Cf. M. T. Kapstein, 2007, S. 355.

20 Cf. T. Thondup, 2005, S. 98, 108; B. J. Cuevas, 2008, S. 40f. Buddhistisch ist auch der Wandel der Unterwelt zur Hölle, die in den vergangenen Jahrhunderten häufiger besucht wurde als das Paradies. So berichtete z. B. die sechzehnjährige Tibeterin Dewa Drolma, daß sie im *bar-do* sowohl die vor Angst schreienden und um Barmherzigkeit flehenden Sünder als auch die Freude aller Verstorbenen sah, deren Hinterbliebene für sie beteten. Cf. D. Chopra, 2007, S. 54. Noch heute gibt es vor allem in Bhutan bekannte *déloks*, aber eine von ihnen sagte, die »Wiedergekehrten« der alten Zeit seien mehrere Tage tot gewesen, während sie selber es nur auf ein paar Stunden gebracht habe und deshalb nur eine *nyinlok* (»nach einem Tag zurückkehrend«) sei. Cf. Bailey, a.a.O., S. 143.

Anmerkungen zu § 8

1 *Visio Tnugdali* 26; D. M. Hadley, 2001, S. 58; T. Caffarini, 2001, S. 148ff.; Mechthild v. Magdeburg, 2010, S. 22. Im 12. Jahrhundert wurde der Byzantiner Timarion von zwei Dämonen in die Unterwelt geführt, wo ein Gericht feststellte, daß er zu Unrecht gestorben sei. Daraufhin wurde er »von der Luft davongetragen« und gelangte »durch den Rauchfang« in sein Haus und in seinen Körper. Cf. E. Trapp, 1992, S. 217. Und im Jahre 1307

kam in der Gegend von St. Gallen eine im Leichenhemd auf der Bahre liegende Frau wieder zu sich und teilte den Umstehenden mit, der hl. Franziskus habe sie aus dem Jenseits wieder heimgeschickt, damit sie ein begangenes Verbrechen beichten könne. Das tat sie anschließend und verschied in Frieden. Cf. J. Grabmayer, 1999, S. 121. Das Motiv der versehentlich ins Jenseits Abberufenen war schon in der Antike weit verbreitet. Cf. F. Neiske, 1986, S. 143.

2 Cf. J. Kerner, 1922, S. 137f.; B. Rommer, 2004, S. 93; G. Ewald, 2011, S. 35; M. Morse/P. Perry, 1990, S. 7, 151; S. R. Garrett, 2008, S. 5. Aus einem dreitägigen Koma aufgewacht, berichtete ein Mann, er sei von einem starken Sog in einen dunklen Tunnel gezogen worden, an dessen Ausgang er in einem Wasserbecken auftauchte. Von dort führten ihn zwei »Lichtwesen« zu einer Person, die einen nachtblauen, mit Sternen besetzten Mantel trug. Sie sagte zu ihm, seine Zeit sei noch nicht gekommen, weshalb man noch kein Visum für ihn ausgestellt habe. Cf. H. Böke, 2002, S. 140f. Bevor eine junge Frau den Tunnel verlassen konnte, tauchten plötzlich ihre verstorbene Großmutter und einige ebenfalls tote Bekannte auf und versperrten ihr den Weg ins Licht. Cf. J. Faulstich, 2006, S. 103. Cf. auch M. B. Sabom, 1986, S. 78; K. Augustine, 2007a, S. 16. Nachdem ein Mann der Asabano während des Gottesdienstes das Bewußtsein verloren hatte, sah er Jesus an einem wunderbaren Ort stehen, der zu ihm und anderen Männern sagte: »Schaut auf eure Körper da unten!« Da sah der Mann sich unten auf der Erde am Boden liegen. Darauf Jesus: »Ihr seid jetzt schon zu lange hier, geht zurück!« Cf. R. I. Lohmann, 2003, S. 199. Eine klinisch tote Inderin wurde gegen ihren Willen aus einem blühenden Garten zurückgeschickt, da ihre Zeit »noch nicht gekommen« war (A. Diesel, 2007, S. 182).

3 Cf. J. McClenon, 2006a, S. 26f.; J. W. Fernandez, 1982, S. 478; bzw. V. Lanternari, 1978, S. 97; M. Eggert, 1993, S. 53; G. Landtman, 1927, S. 270f.; D. van Oosterhout, 2002, S. 79.

4 Cf. J. Mooney, 1932, S. 143; S. Pasricha/I. Stevenson, 1986, S. 167f.; A. B. Brewster, 1922, S. 219f.; bzw. R. H. Codrington, 1891, S. 256; R. M. Berndt/ C. H. Berndt, 1964, S. 414f. Nach einem ḥadīth des Propheten befiehlt Allāh den Engeln, die Seele (rūḥ) eines Verstorbenen, der zu den Glücklichen gehört, noch einmal in sein Haus zurückzubringen: »Dann sieht dieser, wer sich um ihn bekümmert, wer seinetwegen trauert und wer nicht, jedoch kann er nicht sprechen«, d. h., niemand hört seine Stimme oder sieht ihn ('A. al-Qāḍī, 1991, S. 69). Weitere Beispiele findet man bei L. Sharp, 1934, S. 34; E. B. Tylor, 1883, S. 415; A. Krause, 1956, S. 192; M. Chobot, 2001, S. 128f.; B. Munkácsi, 1905, S. 75; sowie C. Hose/ W. McDougall, 1912, S. 41f.

5 Cf. P. R. White, 1997, S. 166; Sabom, a. a. O., S. 69; Ewald, a. a. O., S. 69; bzw. Rommer, a. a. O., S. 192f. Eine junge Frau verließ durch die Fontanelle

ihren Körper und schwebte an die Decke des Operationssaales, von wo aus sie eine Zeitlang das Geschehen beobachtete. Anschließend führte ein Schutzengel sie durch einen Tunnel, der von »einer schwarzen Leere« umgeben war, die dem Weltraum glich. Da beschloß sie, in ihren Körper zurückzukehren, was augenblicklich geschah. Cf. W. J. Serdahely, 1993, S. 88. Ein Mann bewegte sich im Tunnel immer schneller auf eine Lichtquelle zu, als der Gedanke in ihm aufblitzte, daß er im Begriff sei zu sterben. Dazu war er nicht bereit, und versuchte vergeblich, die Fahrt abzubremsen und umzukehren. Schließlich landete er gegen seinen Willen inmitten fremdartiger Wesen, die ihn auf sein inständiges Bitten hin zurückschickten. Cf. B. Greyson/N. E. Bush, 1996, S. 217f.

6 Cf. S. Roubach, 2006, S. 305ff.; H. Grabert, 1928, S. 45f.; Greyson/Bush, a.a.O., S. 225; R. Neeb, 1991, S. 79; bzw. M. Stephen, 1996, S. 473f.; M. E. Opler, 1946, S. 460; Sun Chief, 1942. S. 332f.

7 Cf. S. Browne/L. Harrison, 2006, S. 292; K. Schmëing, 1937, S. 115; K. Briggs, 2002, S. 19f.; J. Grabmayer, 1998, S. 286; bzw. K. Rasmussen, 1939, S. 45; F. Boas, 1935, S. 131f. Wenn die Kiwai das Totenreich besuchten, durften sie dort nichts essen und mit keiner der dortigen Frauen schlafen, weil ihnen sonst das blühte, was mit den Männern des Odysseus bei den Lotophagen geschah: »He lose all sense, no think about home, all time he stop«. Cf. Landtman, a.a.O., S. 289f. Wenn die »Skelettgeister« (*àgula*) im Nordwesten Australiens Lebende überfielen und sie in die unterirdische Totenwelt verschleppten, durften diese nicht einmal den Körpergeruch der Verstorbenen einatmen, weil sie sonst dem Jenseits verfallen waren. Cf. H. Petri, 1952, S. 190f. Weitere Beispiele bei Courlander, a.a.O., S. 103; J. L. Hailey, 1997, S. 72; A. Ephirim-Donkor, 1997, S. 136f., & C. G. Seligman, 1910, S. 734.

8 Cf. Berndt/Berndt, a.a.O., S. 417f.; Ryback/Sweitzer, a.a.O., S. 224f.; bzw. H. Storm, 2005, S. 17, 20.

9 Cf. J. M. McClenon, 2002, S. 139; M. B. Lister, 1998, S. 241; S. Pasricha, 1993, S. 167f.; bzw. P. Rabanne, 1997, S. 2; G. F. Ellwood, 1996, S. 85. Als ein Lappe durch einen stockdusteren Tunnel flog, sah er in weiter Ferne »seinen Körper auf dem Boden liegen«, und nachdem ein nordaustralischer Yarralin auf gleiche Weise ins »Himmelland« gelangt war, schaute er von dort auf die Erde hinab: »If somebody make big fire here on bottom you can see that light just like a star, from on top.« Cf. L. Bäckman, 1982, S. 126; bzw. D. B. Rose, 1992, S. 94. Von weit oben beobachtete ein Zulu, wie man kurz vor der Beerdigung seinen Leichnam neben das offene Grab legte, und ein Akan sah sich als Skelett daliegen, das aber von Engeln wiederbelebt wurde, indem diese die Knochen mit Erde bestrichen. Cf. N. Sithole, 2009, S. 258, bzw. W. Ringwald, 1952, S. 189.

10 Cf. C. Engling, 2005, S. 244; B. Innes, 1999, S. 133; Hallowell, a.a.O., S. 105;

R. Messner, 1978, S. 136; Browne/Harrison, a.a.O., S. 292f.; bzw. Weller, a.a.O., S. 369. Ein Mann wurde während seiner »Nahtod-Erfahrung« durch ein dunkles Tal getrieben. Als er das Gefühl hatte, dem Ausgang des Tales nahe zu sein, hörte er plötzlich, wie jemand seinen Namen rief, worauf er »in entgegengesetzter Richtung [...] wieder zurückgezogen wurde.« Cf. R.A. Moody, 1977, S. 89f. Mbwika, ein Angehöriger der ostafrikanischen Kamba, berichtete, er habe, nachdem er »gestorben« war, nach einer Weile eine bestimmte Musik und einen Gesang gehört, die ihn auf »eine geheimnisvolle Weise« ins Diesseits zurückgetragen hätten. Cf. M. Kigunda, 2007, S. 75, 203.

11 Cf. K. Augustine, 2007a, S. 9f.; D.L. Oliver, 1955, S. 75; H. Petri, 1952, S. 169; L. Hume, 2004, S. 249; bzw. R. Fortune, 1963, S. 181; M. Stephen, 1979, S. 8; S. Kuehling, 2005, S. 43. Wenn bei den Mafa im Norden Kameruns jemand in den Himmel reiste, während sein Körper leblos am Boden lag, durfte dieser nicht einmal angesprochen werden, weil ansonsten die Seele nicht mehr zurückkehren konnte. Cf. G. Kossack, 1999, S. 121.

12 Cf. E. Mattiesen, 1936, S. 331f.; E.R. Waelti, 1983, S. 33; H.J. Irwin, 1985, S. 152; C. Babendererde, 2006, S. 77; Julian of Norwich: *A Vision Showed to a Devout Woman* 2. 16ff., 33ff.; J.T. McIlwain, 1984, S. 168f.; bzw. Elisabeth v. Schönau, a.a.O., S. 16, 26; A. Holl, 1979, S. 59; H. Feld, 1992, S. 130; A.H. Dailey, 1894, S. 22, 27, 50, 52. Auch Aegidius von Assisi, ab dem Jahre 1208 Jünger des hl. Franziskus, berichtete, daß er »zu spüren« begann, »wie sein Körper erstarb, zuerst in den Füßen und dann weiter, bis die Seele hinausging«. Cf. M. Buber, 1923, S. 69. »A deathlike pallor«, so heißt es über Mollie Fancher, wenn sie in Ekstase geriet, »creeps over the already pale face. Not the slightest movement is perceptible in any of her muscles. She ceases to breathe. Her body becomes cold. Her heart gives out no pulsations that are easily detected, although her physicians have not convinced themselves that it does not beat.« In der jeweiligen Körperhaltung oder -stellung, in der sie sich befand, »she remains as immovable as though she were of marble« (Dailey, a.a.O, S. 191). Während der Sterbemeditation erlebte ein Mann, wie sich das Leben langsam aus seinem Körper zurückzog: »Zuerst begannen meine Füße, Beine, Hände und Arme kalt und gefühllos zu werden, zuletzt spürte ich nur noch mein Herz und meinen Kopf«, bevor er seinen Körper ganz verließ. Cf. A.-M. Tausch/ R. Tausch, 1991, S. 298. Im 13. Jahrhundert kauerte sich die niederrheinische Begine Christina von Stommeln hinter dem Altar nieder und bedeckte beim Beten Kopf und Hände mit ihrem Mantel, bis sie nach einiger Zeit vollkommen erstarrte. Aber auch die Passionsmeditation am Karfreitag sowie bestimmte Hymnen, Messen und Predigten lösten die Erstarrung aus. Cf. A.J. Martin, 1991, S. 216. In der ersten Hälfte des 17. Jahrhunderts berichtete der Bußprediger Hans Engelbrecht, eines Tages habe er

um die Mittagszeit ganz deutlich gespürt, daß ihn der Tod »von unten auf antrat; und ich starb also von unten auf«, und sein Leib war steif und starr, und er fühlte nichts mehr. Cf. Buber, a.a.O., S. 165. Ähnliches erlebten Pfingstler, bevor sie bei ihren Gottesdiensten den Körper verließen. Cf. G. Wacker, 2003, S. 39.

13 Cf. C.-M. Edsman, 1967, S. 135f.; M. Shostak, 2000, S. 36f., 165; H. Siiger, 1967, S. 74ff.; bzw. E.W. Cook et al., 1998, S. 389. Wenn der bewußtlose *dehar* mit glühenden Kohlen in Berührung kam, blieb er für gewöhnlich unverletzt, aber es kam auch gelegentlich vor, daß er sich dabei verbrannte. Cf. H. Siiger, 1963, S. 299. Nachdem der Bauer Gottschalk im Jahre 1189 in dem holsteinischen Dorf Harrie das Bewußtsein verloren hatte, wirkte er völlig leblos. Zunächst zuckten seine Lippen noch ein bißchen, doch dann erstarrte sein Körper und wurde kalt, so daß ihn alle für tot hielten. Cf. W. Lammers, 1982, S. 8f.; C. Carozzi, 1994, S. 571f.

14 Cf. J.M. Höcht, 1958, S. 35, 54, 77; Teresa v. Ávila, 1966, S. 177ff. Von Maria von Mörl, einer der sogenannten »Tiroler ekstatischen Jungfrauen« der Biedermeierzeit heißt es, sie sei während ihrer Entraffung stundenlang ohne die geringste Bewegung in meist unangenehmen Körperhaltungen verharrt. Cf. K. Ilg, 1975, S. 22. Auch Patienten im katatonen Stupor nehmen nichts mehr von ihrer Außenwelt wahr und sitzen oder liegen stundenlang in bizarren Stellungen bewegungslos da. Cf. S. Nolen-Hoeksema, 1998, S. 223. Ein »Clever Man« der Kattang-Worimi im Küstengebiet des südostaustralischen Kap Hawke sagte dem Ethnologen Elkin (a.a.O., S. 62), sein Körper liege während der Jenseitsreise so da und er könne kein Glied bewegen, »as one dead, feeling nothing«. Bei einem Menschen »unter Verzukung«, so Bartholomäus Anhorn im 17. Jahrhundert, scheint es »offtmahlen als wann kein Leben mehr in ihme sey«, doch wenn er wieder zu sich komme, wisse er die »wunderlichsten« Dinge zu berichten. Cf. A. Steinbrecher, 2006, S. 53.

15 Cf. J. Peters, 2003, S. 54; Stagel/Oehninger, a.a.O., S. 39; Raimund von Capua, 1965, S. 102ff.; P. Ciruelo, 2008, S. 57; bzw. C. Wustmann, 2008, S. 133; Martin, a.a.O.; J. Corveleyn, 2001, S. 248; R. Laurentin/H. Joyeux, 1986, S. 20, 27f., 38, 40. Wenn er das Bewußtsein verloren hatte, reagierte der Geistertanz-Prophet Smohalla auch dann nicht, wenn man ihn mit Messern schnitt oder seine Muskeln durchstach, und die Yogis, die man während der *samādhi*-Meditation mit heißem Glas berührte, zeigten ebenfalls keinerlei Reaktion. Cf. J. Mooney, 1896, S. 719; K. Engel, 1995, S. 181. Wenn die kalifornischen Chumash nach dem Trinken von *Datura* ins Koma fielen, waren sie völlig unempfindlich, so daß man problemlos gebrochene Knochen richten oder ansonsten schmerzhafte Operationen durchführen konnte. Cf. J. Timbrook, 2007, S. 70. Ohne jegliche »äußere Empfindung« war auch Rāmakṛṣṇa, wenn er »seine Mutter Kālī schaute«

(cf. Buber, a. a. O., S. 26), und wenn die Kerze, die Bernadette Soubirous in der Hand hielt, völlig heruntergebrannt war, verbrannte sie sich nicht die Finger. Cf. Höcht, a. a. O., S. 141 f. Cf. auch E. Underhill, 1928, S. 466 f.; Teresa v. Ávila, a. a. O. Über die Nonne Katharina Emmerick hieß es, »kein Rufen, kein Rütteln, kurz, nichts war imstande, sie ins wachende Bewußtsein zurückzurufen als der Befehl eines geweihten Priesters«. Cf. Engling, a. a. O., S. 242 ff.

Anmerkungen zu § 9

1 Diese These ist von zahlreichen Neurologen und anderen Medizinern vertreten worden, z. B. von D. B. Linke (2004, S. 25); G. M. Woerlee (2004, S. 31 f.); M. N. Marsh (2010, S. 72) oder D. Mobbs/C. Watt (2011, S. 448).
2 E. Alexander, 2012, S. 29, 68; Schwarzer Hirsch, 1983, S. 211 f.; bzw. S. v. Jankovich, 1987, S. 418; G. Ewald, 2011, S. 72; H. Knoblauch, 1999, S. 100 f. Etwas anderes wird das Erlebnis des im Kriege ertrinkenden Jugendlichen von M. Schröter-Kunhardt (2004, S. 186 f.) wiedergegeben. Ähnliche Berichte findet man bei J. T. Green, 2001, S. 213; Schröter-Kunhardt, a. a. O., S. 188; Y.-J. Liu, 2009, S. 290 f. Nach einer Untersuchung durchquerten 10 % der Befragten den Tunnel auch bei der Rückkehr. Cf. M. Schröter-Kunhardt, 1999, S. 92. Manche empfinden die Rückkehr in den Körper als »furchtbaren Schock«. Cf. J. S. Perkins, 1979, S. 11.
3 Cf. T. Hein, 2013, S. 120; J. C. Hampe, 1975, S. 108; R. A. Moody, 1989, S. 86; bzw. Faulstich, a. a. O., S. 103; M. Morse/P. Perry, 1990, S. 151; P. van Lommel, 2009, S. 67 f.; R. J. Stewart, 1995, S. 16.
4 Schwarzer Hirschs bester Freund Stehender Bär, ein Minneconjou, erzählte ihm danach, man habe ihn während der zwölf Tage zwar nicht für tot gehalten, weil er noch – ganz schwach – atmete. Doch alle hätten geglaubt, »er liege im Sterben«. Cf. Schwarzer Hirsch, a. a. O., S. 58.
5 Cf. Caffarini, a. a. O., S. 151; G. F. Ellwood, 1998, S. 88; M. Schröter-Kunhardt, 2006a, S. 271 f.; Knoblauch, a. a. O., S. 103; bzw. Guggenheim/Guggenheim, a. a. O., S. 149. Als ein Mann sich im Tunnel dem Licht näherte, spürte er plötzlich einen stechenden Schmerz und befand sich im selben Moment wieder in seinem Körper (cf. Augustine, a. a. O., S. 9), und nicht anders erging es an Allerseelen 1203 dem Landarbeiter Thurkill aus Tunsted in Essex, dessen Geleitengel im Jenseits vom Erzengel Michael befohlen wurde, seinen Schützling auf dem schnellsten Wege wieder auf die Erde zurückzubringen, da man dort seinen Körper zur Wiederbelebung mit so viel Wasser überschütte, daß Thurkill zu ersticken drohe. Cf. E. Gardiner, 1989, S. 235. Robert Monroe sagte, er müsse bei seinen »außerkörperlichen«

Exkursionen lediglich an seinen Körper denken, und dann befände er sich schon wieder in ihm (1972, S. 59). Ein junges Mädchen, das in einen jenseitigen Garten gelangt war, befand sich *danach* wieder in ihrem Krankenhauszimmer, unter dessen Decke sie schwebte und von wo aus sie beobachtete, wie ein Arzt ihr eine Spritze ins Herz injizierte und ihrem Körper Elektroschocks verabreichte, so daß er hochschnellte und wieder zurückfiel. »Dann drehte ich mich um«, sagte sie hinterher, »und war wieder in dem schönen Garten« (Rommer, a.a.O., S. 22).

6 Cf. Stagel/Oehninger, a.a.O., S. 58; Mechthild v. Magdeburg, a.a.O., S. 22; bzw. E. Mattiesen, 1936, S. 321; A. Puharich, 1974, S. 52; P. Tholey, 1986, S. 172; S. Lechner-Knecht, 1986, S. 140; H. Petri, 1952, S. 192; C. Green, 1973, S. 30; S. Holroyd, 1979, S. 48, 73; Rommer, a.a.O., S. 97, 128; G. Lier, 2010, S. 860; R. Joseph, 2003, S. 380; Waelti, a.a.O., S. 38; Faulstich, a.a.O., S. 103; E. Turner, 2006, S. 126. Verbreitet ist die Rede von einem »Zurückschnellen in den Körper wie an einem Gummiband«. Cf. P. Fenwick, 1998, S. 29.

7 Cf. B. Schnettler, 2004, S. 175; Green, a.a.O.; K. Ring, 1995, S. 111 f.; K. Bihlmeyer, 1932, S. 104; Agnes Blannbekin, 1994, S. 303; bzw. K. Schmëing, 1937, S. 68; R. Tonkinson, 1974, S. 78 f. Einer der »Vorseher« sagte, er fühle sich bereits während der Vision »starr und wie von Frost verklemmt« (Schmëing, a.a.O., S. 112).

8 Cf. Stagel, a.a.O., S. 58 f.; F.X. Faust, 1989, S. 117; Hampe, a.a.O., S. 108; Moody, a.a.O., S. 41; B. Greyson, 1997, S. 331; Stefenelli, a.a.O., S. 52; P. Paravicini, 2007, S. 144 f.; Browne/Harrison, a.a.O., S. 293; bzw. Ellwood, a.a.O., S. 129; Greyson, a.a.O., S. 328; B. Greyson, 1994, S. 174 ff. Wie mir Armin Morat am 14. Juni 1983 erzählte, beschimpfte sein Vater nach der Reanimation die Ärzte, weil sie ihn aus dem »wunderbaren Land« zurückgeholt hatten. Nach Unfällen mit anschließender (positiver?) »Nahtod-Erfahrung« scheinen die ansonsten zu beobachtenden »posttraumatischen Belastungsstörungen« mit Angstzuständen, Alpträumen, Depressionen und unerfreulichen Flashbacks selten aufzutreten. Cf. C. Matthiä/G. Northoff, 2007, S. 44.

Anmerkungen zu § 10

1 Cf. P. Ciruelo, 2008, S. 56 f.; J. Hansen, 1901, S. 285, 287, 437; M.D. Bailey, 2003, S. 48, 114; H.P. Duerr, 1978, S. 20 f.; bzw. C. Meyer, 1884, S. 310; E.M. Lorey, 1998, S. 177 f.; M. Tschaikner, 2003, S. 73 f. In dem im Jahre 1583 erschienenen Traktat *Von des Teuffels Neblkappen* heißt es, der Amtmann im kurpfälzischen Rockenhausen habe festgestellt, daß einige aus dem

»Schlaf« geweckte eingekerkerte Frauen, die unter dem Verdacht der Hexerei standen, behauptet hätten, soeben ausgeflogen zu sein und an einem Tanz teilgenommen zu haben. Daraus folgerte er, daß es sich bei Flug und Hexentanz lediglich um vom Teufel eingegebene Phantastereien handle. Cf. J. M. Schmidt, 2000, S. 97. Noch im Jahre 1793 soll sich eine alte Frau in Sköldinge im Södermanland bereit erklärt haben, mit dem Propst Erik Annell auf den Blåkulla zu fahren. Wie dieser berichtete, reichte sie ihm dazu ein mit einer schwarzen Paste beschmiertes Stück Brot, das er freilich unbemerkt seinem Hund zusteckte, während die Alte und eine weitere Frau das ihrige aßen. Darauf fielen beide mit einem Besenstiel zwischen den Schenkeln in einen »tiefen Schlaf«, in dem sie sich heftig hin und her bewegten. Cf. H. Sundén, 1975, S. 127.

2 Cf. W. Tschacher, 1999, S. 226; D. Unverhau, 1990, S. 383; Regino v. Prüm: *De synodalibus causis et disciplinis ecclesiasticis* II. 371 (= 2004, S. 420); F. A. Campagne, 2008, S. 397; M. Rumpf, 1990, S. 118 f. Um das Jahr 1010 nahm Bischof Burchard von Worms den *Canon Episcopi* in sein *Decretum* auf und erweiterte das »cum Diana« um »vel cum Herodiade«. Regino war offenbar davon überzeugt, daß die Dämonen zwar die Gestalt von Frauen annähmen (*in similitude mulierum transformata*), doch nicht wirklich, sondern nur als Vorspiegelung (cf. II. 5. 45 = 2004, S. 244). Aber wenn sich das alles auch nur in der Phantasie abspiele, so argumentierte im Jahre 1590 Petrus Binsfeld (2004, S. 141), begingen die Frauen dennoch eine Sünde, denn die »Phantasey« ergehe ja durch ihre »freye bewilligung«. Außerdem wurde vom frühen 15. bis zum späten 17. Jahrhundert nicht selten in kirchlichen Kreisen die Meinung vertreten, daß der *Canon* sich nicht auf *lamias nostras*, also auf die zeitgenössischen Hexen, beziehe und deshalb nicht gegen die Auffassung, daß diese wirklich zum Tanz fliegen, verwendet werden könne. Cf. H. C. E. Midelfort, 1972, S. 118.

3 Cf. K. Hoenn, 1946, S. 137; W. König, 2007, S. 71. Die römische Diana war ursprünglich eine Frauen- und Geburtsgöttin. Zu einer Jagdgöttin wurde sie erst durch ihre Identifikation mit der griechischen Artemis, von der sie auch die Fähigkeit, Frauen zu entrücken, übernahm. Cf. G. Wissowa, 1903, Sp. 328 f. Im 16. Jahrhundert versicherten die Kreter den Venezianern, »die große Herrin« (ἡ μεγάλη κυρά), die von den Italienern »Diana« genannt werde, sei im Golf von Mirabella an der Nordküste der Insel gesehen worden, wie sie sich gemeinsam mit ihren Nymphen ihrer weißen Kleider entledigt und »im klaren Wasser eines anmutigen Teiches« gebadet habe. Noch im 19. Jahrhundert erschienen auf Kreta, Zakynthos und anderen Inseln die κυρά und ihre Neraiden im Wirbelwind und entrafften vor allem junge Mädchen sowie junge Männer, in die sie sich verliebt hatten und die sie in ihre Höhlen, die »Neraidengrotten«, entführten. In vielen Gegenden Griechenlands wurden sie ӕαλαὶς ἀρχόντισσαις oder ӕυράδες, »die

guten Herrinnen«, genannt. Cf. C. Wachsmuth, 1864, S. 53; B. Schmidt, 1871, S. 107 ff.; J. C. Lawson, 1910, S. 164; H. P. Duerr, 2011, S. 338.

4 Cf. M. Rumpf, 1976, S. 237; B. Kellner, 1994, S. 340, 342; bzw. E. Mogk, 1915, S. 556 f. Im Spätmittelalter sprach man in Köln und im Cleveschen von den »gueden holden offte witten [= weißen] vrouwen« oder den »witten vrouwen of heiligen holden« (von ahd. *helan*, »verbergen, verhehlen«), die in der Unterwelt lebten und den Menschen wohlgesinnt waren. Im Altniederländischen waren die »witte wieven«, die »belewitten« und die »gueten holden« dasselbe. Allerdings wurde bereits im Jahre 1387 die »pilwizz« mit der »Dyana« identifiziert. Cf. W.-E. Peuckert, 1942, S. 98, 108; J. de Vries, 1956, S. 239. Die »striga holda« im *Canon* ist ein später Einschub, und eine »Frau Holle«, die den Äckern Fruchtbarkeit verlieh und die Lebenden nachtsüber mit auf die »Hollenfahrt« nahm, gab es erst im ausgehenden Mittelalter. Cf. J. Franck, 1901, S. 16; W. Schwarz, 1935, Sp. 1483; M. Lüthi, 1943, S. 55.

5 Cf. W. Crecelius, 1853, S. 273 f.; O Böckel, 1885, S. 141 f.; K.-S. Kramer, 1967, S. 175; W. Schild, 2004, S. 21; Rumpf, a. a. O., S. 237. Wyprat sagte weiter aus, in den Fronfasten mache Säldas »volkh« ein »fur« [= Feuer], »darinne werfe man die, so das Jar in Irem kilchspell [= Kirchspiel] sterben sollen und die sehe si also darin werfen, als ob si lybhaftig do wären«. Cf. M. Tschaikner, 1997, S. 27, 30 f., 34 f. Noch im 19. Jahrhundert lebte in einem Hunsrücker Dorf eine hellseherisch begabte Frau, die bis zum Alter von 16 Jahren mit den Hollen gefahren sein soll. Cf. C. W. Diener, 1962, S. 98. Die Sage von Tannhäuser und dem Venusberg war im Spätmittelalter und in der Frühen Neuzeit weit verbreitet. Cf. J. M. Clifton-Everest, 1979, S. V ff., 1 ff. In Tirol und Kärnten waren die »Saligen« den Elben entsprechende junge Frauen mit langen herabwallenden blonden Haaren, Herrinnen der Alpentiere. Sie brachten den Menschen Fruchtbarkeit und Segen, aber sie entrückten auch junge Alphirten in ihre Berghöhlen, wo sie sich mit ihnen vergnügten. Erzählte freilich ein Bursche den anderen von seinen sexuellen Abenteuern, verschwand die betreffende Salige für immer. Cf. W. Heiligendorff, 1934, S. 79 ff. Auch die Perchta brachte die Fruchtbarkeit, und je wilder die Perchten über die Felder liefen, um so besser wurde die Ernte. Cf. O. Höfler, 1934, S. 287 f. Ihr Name stammt offenbar von ahd. *feraht*, »strahlend, glänzend« (vgl. an. *bjartr*, »hell«; engl. »bright«). In einer hochmittelalterlichen Glosse vom Mondsee wird *theophania apparitio* mit *giperchtennaht* als Bezeichnung für die Nacht zum Dreikönigstag (Epiphanias) übersetzt. Cf. L. Laistner, II, 1889, S. 402; Kellner, a. a. O., S. 331; J. B. Smith, 2004, S. 170; F. Müller/U. Müller, 1999, S. 450. Der Perchta entsprach die slawische Vehtra Baba, die den Weizen wachsen ließ. Cf. L. Kretzenbacher, 1941, S. 90.

6 Herodias war sowohl die Nichte als auch die Ehefrau des Herodes Antipas, der um das Jahr 25 n. Chr. Johannes den Täufer hinrichten ließ, weil dieser

die Mesalliance getadelt hatte. Das Ereignis war nicht nur Thema zahlreicher mittelalterlicher Aufführungen. So ging beispielsweise im Verlaufe des spätmittelalterlichen Passionsspiels im oberhessischen Alsfeld Luzifer in der Gestalt einer alten Frau auf Herodias und deren Tochter zu und riet ihnen, Johannes den Täufer köpfen zu lassen. Später wurden die beiden unter gräßlichem Geschrei in die Hölle gezerrt, wobei sie heftig wehklagten. Cf. D. Freise, 2002, S. 433. Vielmehr war sie häufig die *Domina ludi*, zu der sich die »Nachtfahrenden« begaben. In Rumänien war Irodeasa die *Doamna Zānelor*, die »Königin der Feen«, deren Gefolge die *irodite* waren. Wer ihre Aufforderung, zum Tanz der *irodite* zu kommen, ausschlug, den machte sie krank. Aber sie konnte auch heilen und Menschen entrücken und zu Heilern ausbilden. Cf. E. Timotin, 2009, S. 365, 374. Im Jahre 1582 wurde im Salzburgischen die Frau des erzbischöflichen Rates Pegius gemeinsam mit ihrem Mann verhaftet und der Hexerei bezichtigt, nachdem ihr Mann öffentlich behauptet hatte, seine Frau sei bei der Herodias im Untersberg gewesen. Cf. F. Byloff, 1934, S. 55.

7 Des weiteren führten die beiden Frauen aus, sie hätten die Versammlungen seit ihrem sechzehnten Lebensjahr besucht. Zu der *bona gens* gehörten auch verstorbene Frauen, und nachdem sie des Nachts in den Kellern getafelt hätten, habe die [H]oriente die geschlachteten und von ihnen gegessenen Tiere mit dem Knauf ihres Stockes aus den Knochen wiederbelebt. Im Jahre 1422 gestand eine Frau, die ebenfalls Pierina Bugatti hieß und vermutlich eine Nichte der Hingerichteten war, sie gehe gleichermaßen zum *ludum* und »quod circuunt quaxi totum mondum«. Cf. G. Bonomo, 1959, S. 15 ff.; Tschacher, a. a. O., S. 296; Schild, a. a. O., S. 19; N. Schatzmann, 2003, S. 243 ff.; G. Henningsen, 1992, S. 297 f.

8 Nikolaus v. Cues, 2005, S. 499; cf. C. Ginzburg, 1992, S. 284 f.; H. Rabanser, 2006, S. 38 f. Nikolaus hielt also das Erlebnis der Alten für eine vom Teufel inspirierte Phantasterei. Doch er folgerte daraus, daß es zu seiner Zeit, also um die Mitte des 15. Jahrhunderts, in Tirol noch Anhängerinnen der Diana gab, die diese als eine Glücksgöttin oder Fortuna Muliebris verehrten. Daß Nikolaus die beiden alten Frauen überhaupt verhörte, geht gewiß auf die wohl von ihm selber stammende Visitationsordnung für die Pfarreien der Diözese Brixen vom Jahre 1455 zurück, in der die Visitatoren unter anderem angewiesen wurden, herauszufinden, welchen Aberglauben es in den verschiedenen Gebirgstälern gebe und ob sich bestimmte Personen mit Zauberei beschäftigten und Kontakte mit bösen Geistern unterhielten. Cf. W. Baum, 1983, S. 239. Offenbar hatte ein Visitator die beiden *vetulae* beim Fürstbischof gemeldet.

9 Cf. C. Ginzburg, 1966, S. 32, 104; C. F. Black, 2009, S. 243; F. Nardon, 2006, S. 108; bzw. M. Bošković-Stulli, 1960, S. 276 ff., 295; G. Klaniczay, 1984, S. 408; M. Lambertz, 1973, S. 473 f. Von einem uralten Mann auf den Ork-

neys hieß es, in gewissen Nächten begebe er sich in die Wildnis, um gegen die bösen Fairies zu kämpfen. Cf. J. Simpson, 1996, S. 16. In der Gegend des slowenischen Gorica sollen die *kresniks* mit einem Käppchen aus Haut auf die Welt gekommen sein, und die *benandanti* in Friaul waren angeblich Steißgeburten. Ob sich all die Personen, die unfreiwillig ihren Körper verließen, tatsächlich zu einer Gemeinschaft zusammengeschlossen haben, wie O. Davies (2003, S. 198) meint, ist völlig ungewiß. Aller Wahrscheinlichkeit nach handelte es sich eher um Personen, die von ihren »Außerkörperlichen Erlebnissen« berichteten, worauf sie von den anderen als *benandanti*, »Nachtfahrende« usw., bezeichnet wurden. So erzählte beispielsweise im Jahre 1604 Bernarde Baille aus Neuville-les-Raon, sie habe mehrfach nächtliche Irrfahrten unternommen, wobei alles »wie im Traum« gewesen sei. Währenddessen habe ihr Mann neben ihr im Bett geschlafen. Einmal – so glaube sie – sei sie in einen Wald gekommen, wo sie ein Maître Naval bei ihrem Namen gerufen habe. Wenn sie nach ihren Fahrten dann wieder zu sich kam, sei sie in hohem Maße verblüfft gewesen. Cf. R. Briggs, 2007, S. 148. Diese Frau gehörte ganz gewiß sowenig zu einer wirklichen Gemeinschaft von »Nachtfahrenden« wie die Tirolerin Dorothea Unterharder, die im Jahre 1510 vor dem Landgericht Völs am Schlern aussagte, sie sei »nicht im Schlaf oder Traum, sondern wohl wissentlich und mit gueter Vernunft« zu den nächtlichen Tänzen geflogen. Cf. Rabanser, a. a. O., S. 171.

10 Cf. G. Henningsen, 1984, S. 167 ff.; ferner ders., 1992, S. 297; bzw. G. Bonomo, 1959, S. 65 ff.; T. Hauschild, 2002, S. 232 f.; ders., 2008, S. 52 f.; G. Cocchiara, 1945, S. 162; J. Bolte, 1909, S. 312; W. Liungman, 1937, S. 618.

11 Cf. W. Behringer, 2000, S. 24 f.; M. D. Bailey, 2001, S. 975; W. Tschacher, 2000, S. 259; A. Rowlands, 2003, S. 293; K. W. Zöller, 1989, S. 40, 71. Als im Jahre 1335 in Toulouse eine »Catherine espouse de Pierre Delort« aussagte, »chaque nuit du samedi, elle tombait dans un sommeil extraordinaire«, während dessen sie in Orte der Umgebung, in die Pyrenäen sowie auch in »des contrées qui lui estaient entièrement inconnues« getragen werde (Hansen, a. a. O., S. 452), waren sie und die Richter noch davon überzeugt, daß die Frau nicht wirklich dorthin gereist war. Dagegen fragte im 16. Jahrhundert Augustin Lercheimer diejenigen, die glaubten, in einem solchen Falle sei im Bett ein Gespenst gelegen, während die wirkliche Frau »beim Tantze gewest«: »Warum kehret ihr es doch nit vmb vnd deutet es nit dem Teuffel, sondern dem Menschen zum Besten, dass der wahre Leib im Bett gelegen, der falsche [aber] draussen gewesen sey?« Cf. C. Lecouteux, 1995, S. 124.

12 Cf. B. Ankarloo, 1984, S. 49 f.; G. Klaniczay, 1993, S. 39, 44 f.; Tschaikner, a. a. O., S. 73, 77. Es ist noch nicht lange her, daß in den Dörfern im Vorgebirge der Sierra Nevada de Santa María im nördlichen Kolumbien meh-

rere Kinder ihre Mütter beschuldigten, Hexen zu sein, die ausflogen, während ihre Körper bewegungslos auf dem Boden lagen. Da die Kinder dachten, ihre Mütter seien ohnmächtig geworden, hatten sie ohne Erfolg versucht, sie zu wecken. Cf. A. Reichel-Dolmatoff/G. Reichel-Dolmatoff, 1961, S. 408.

13 Cf. Schild, a. a. O., S. 21; É. Pócs, 2009, S. 384, 386; bzw. L. V. Grinsell, 1973, S. 78f.; E. Wilby, 2000, S. 289; P. G. Maxwell-Stuart, 2006, S. 1; J. van Gent, 2009, S. 81f.; bzw. H. Meñez, 1996, S. 65f., 75f.; ferner B. Beer, 1999, S. 309. Gut hundert Jahre nach der Heilerin Ahlgren wurde Anna Jönsdotter gerufen, aber nicht mehr von den »Kleinen unter der Erde«, sondern von einem Engel, und zwar dreimal, worauf sie aus ihrem Körper glitt, um die Heilkunst zu erlernen. Cf. van Gent, a. a. O., S. 83, 190. Im Jahre 1660 wurde auf der Halbinsel Pelješac in der Nähe von Dubrovnik, wo es angeblich zahlreiche *vilenice* gab, eine Frau inhaftiert, die, ohne zu zaudern, bekannte, eine *vilenica* zu sein, die ihre Heilkunst von den »Feen« (*vile*) erlernt habe. Noch im 19. Jahrhundert betonte eine Wahrsagerin aus dieser Gegend: »Ich bin nicht vom Teufelsgesindel, sondern mit den Feen verbündet, die mir die Heilmittel geben.« Und über einen ihrer Kollegen sagte sie, die Feen hätten ihn »auf dem Velebit« getötet und anschließend wiederbelebt, worauf sie ihm »seine Fähigkeit« verliehen. Cf. M. Bošković-Stulli, 1992, S. 144ff. Im Jahre 1623 sagte eine als Hexe verdächtigte Weise Frau (»Cunning woman«) in Schottland aus, sie sei, »lying in her bed«, plötzlich »to ane hill syde« entrückt worden, wo »the hill oppynit, and scho enterit it«. In diesem Hügel blieb sie drei Tage lang bei dem »ffarye-folk«, das der Frau ihre Fähigkeiten verlieh, bis sie von dort durch einen Mann »with ane gray beird« ins Diesseits »delyveret« wurde. Cf. Wilby, a. a. O., S. 292. Manchmal aber wurden Frauen ins Reich der Feen entrückt, um diesen dort einige Zeit lang zu dienen. So traf eine spätere Cunning woman aus Somerset auf dem Markt von Taunton eine »fair fairie«, worauf sie vorübergehend blind wurde, dafür aber in die »Feenwelt« blicken konnte. Schließlich wurde sie dorthin entrückt und half den Feen eine Weile bei der Entbindung, blieb aber ein Leben lang auf dem einen Auge blind. Cf. D. Purkiss, 2000, S. 131f.

14 Cf. G. Lehmacher, 1951, S. 128; H. Birkhan, 2009, S. 540, 543f.; R. J. Stewart, 1995, S. XVIII; P. Lysaght, 1994, S. 436; L. Spence, 1995, S. 178; B. Murdoch, 2001, S. 871; A.-M. O'Connell, 1999, S. 49ff.; B. Maier, 2001, S. 137f. In Irland waren die Elfen die Totenseelen, die ans Totenbett kamen, um die Sterbenden abzuholen, wobei sie bisweilen darüber in Streit gerieten, wer von ihnen für welchen im Sterben Liegenden zuständig war. Manchmal entrückten sie aber die Menschen nur für eine bestimmte Zeit. So entführten die Fairies am Allerseelenabend einen jungen Mann und flogen mit ihm zu ihrem Schloß, wo sie tanzten und feierten. Von dort aus konnte

er auch sehen, wie die Fairies im Diesseits ein junges Mädchen aus dem Schlaf rissen und statt seiner ein Holzscheit ins Bett legten, das die Gestalt der Entführten annahm. Cf. E. Hartmann, 1936, S. 90. Und in der Gegend des bretonischen Carnac wurde gegen Ende des 19. Jahrhunderts ein junges Mädchen, als es über das Moor ging, von den *corrigans* in ihren Reigen gezogen. Aber als sie später den anderen Leuten von ihrem Abenteuer erzählte, kamen in der nächsten Nacht die *corrigans* in ihre Kammer, zerrten sie aus dem Bett und verprügelten sie so arg, daß sie nie mehr etwas von ihren Fahrten mit den Elfen verlauten ließ. Cf. J. Devlin, 1987, S. 86. Andere suchten die Elfen willentlich auf. So sagte im Jahre 1577 in einem schottischen Hexenprozeß ein Zeuge aus, eine gewisse Katherene Ross »wald gang in Hillis to speik the elf folk«, was die Behauptung König Jacobs VI. in dessen *Daemonologia* bestätigte, nach der »sundrie Witches [...] haue been transported with the *Phairie* to such a hill, which opening, they went in, and there saw a faire Queen«. Cf. A. Hall, 2005, S. 29.

15 Cf. W. v. Unwerth, 1911, S. 29; A. A. Imholtz, 1981, S. 65; H. Olschansky, 2009, S. 44; Hartmann, a. a. O., S. 98 ff. Elfen- oder feenartige Wesen galten auch in anderen Kulturen als gefährlich. Das Schlimmste, was einem bei den Sarakatsani, Schafhirten im Epirus, widerfahren konnte, war, daß man in der Wildnis versehentlich in ein Festgelage der »Damen des guten Schicksals« geriet, denn im günstigsten Falle war man hinterher gelähmt, oder man hatte die Sprache verloren. Eine Frau, der dies zugestoßen war, fand man in besinnungslosem Zustand in den Bergen. Sie kam nie wieder zu sich und starb nach kurzer Zeit. Cf. J. K. Campbell, 1965, S. 160 f. Bei den Kulunge Rāi im östlichen Nepal schlägt Laladum, ein junges nacktes Geistermädchen mit langen wilden Haaren, das ebenso schön wie gefährlich ist, ein rituelles Becken und eine Trommel, womit sie die künftigen Schamanen in den Urwald lockt. »Sie kann dich erblinden lassen«, sagte eine alte Schamanin, »und macht dich krank. Wenn du ihr nicht opferst, läßt sie deine Kinder sterben!« Cf. M. Nicoletti, 2006, S. 28, 42. Und in den nordkolumbianischen Mestizodörfern wird bisweilen »La Montuna« gesehen, eine schöne, sehr kleine Frau mit langem Haar und großen Brüsten, die stets entblößt sind. Sie lebt in den Sümpfen oder am Grund der Teiche und greift jeden, der sie sieht, augenblicklich an, indem sie ihm aus ihren Brüsten Milch in die Augen spritzt, so daß der Betreffende blind wird oder zumindest augenkrank. Heranwachsende Mädchen werden oft damit aufgezogen, daß man zu ihnen sagt: »Du hast ja größere Titten (*más tetona*) als La Montuna!« Cf. Reichel-Dolmatoff/Reichel-Dolmatoff, a. a. O., S. 414, 421.

16 Cf. J. Westwood/S. Kingshill, 2009, S. 27, 504; H. Hartmann, 1952, S. 78; Birkhan, a. a. O., S. 541; L. C. Wimberly, 1928, S. 117 f., 127 f.; K. Briggs, 2002, S. 22; bzw. D. Blamíres, 2004, S. 228. Natürlich müssen nicht alle

diese Berichte und Erzählungen auf »Außerkörperliche Erlebnisse« zurückgehen, denn das Durchschreiten eines Tunnels oder eines dunklen Bereichs kommt ja auch in Träumen vor. So träumte zum Beispiel ein junges Mädchen, daß sie »auf einem Widder in der Dunkelheit auf einem grasigen Pfad« auf ein loderndes Feuer zuritt, und ein Mann verließ im Traum seinen Körper, worauf er die zum Teil sehr ängstlichen Seelen von Menschen, die um ihn herum gestorben waren, in einen schwarzen Tunnel führte. Und eine Frau, die eine Vorahnung vom Tode ihrer Tochter hatte, träumte, daß das Flugzeug, in dem sie mit ihr saß, notwassern mußte. In völliger Dunkelheit schwammen beide von der untergehenden Maschine weg. »Plötzlich sah ich in der Ferne einen kleinen Lichtpunkt und sagte zu meiner Tochter: ›Wir müssen auf das Licht zuschwimmen, das ist ein Fischerboot!‹« Cf. E. Herzog, 1960, S. 208, 214, 243f.; L. Corbett, 1996, S. 23; bzw. H. Hark, 1995, S. 98. Auch im Märchen gelangt der Held häufig durch einen stockdusteren Wald, einen dunklen Schacht, Brunnen, Stollen oder eine Höhle ins Jenseits, oder er sinkt ein Gewässer hinab. Cf. J. Siuts, 1911, S. 31f., 48ff.; L. Röhrich, 1993, Sp. 552f. Und im Volksbuch von Doktor Faustus vom Jahre 1587, das vermutlich auf alte Zaubersagen zurückgeht, fliegt der Zauberer auf dem Rücken Beelzebubs in eine »Klufft hineyn« und in eine »dicke Finsternuß« (P. Jerusalem, o.J., S. 318). Nicht anders als in normalen Träumen verhält es sich im Luziden Traum, in dem sich beispielsweise ein Träumender in »einen dunklen, viereckigen Tunnel« begab, an dessen Ende sich, »fast wie im Puff«, ein »rosa beleuchtetes Zimmer« befand. »Ich fühle«, so berichtete der Betreffende, »eine Frau hinter einem Schreibtisch sitzen und male mir das Bild als eine vollbusige Dame hinter einem Rokokoschreibtisch aus.« Doch es gelang ihm nicht, dies zu »realisieren«, weshalb er beschloß aufzuwachen. Cf. Tholey/Utecht, a.a.O., S. 213.

17 Cf. W. B. Yeats, 1990, S. 47. Auch in den nordischen Ländern führten Höhlen oder Tunnel ins Elfenland. In dem isländischen Märchen »Una álfkona« führt die Elfenkönigin einen Mann durch einen dunklen Tunnel auf eine grüne Wiese (cf. E. Tarantul, 2001, S. 147f.), und auf der Insel Fur im nordjütländischen Limfjord erzählte man, einst sei ein Hütejunge an einem Seil in einen tiefen Schacht hinabgelassen worden, der angeblich ins Reich des Ellerkönigs führte. Als seine Kameraden schließlich das Seil wieder hochzogen, war es am unteren Ende abgebrannt, und der Junge wurde nie mehr gesehen. Cf. E. Hartmann, 1936, S. 102. Der Glaube der Isländer an die *álfar* ist heute noch nahezu ungebrochen. Nach einer Umfrage vom Jahre 1998 glauben 59,4 % der Frauen und 50,2 % der Männer an die »Existenz von Elfen und Zwergen«. Die große Mehrheit dieser Personen ist davon überzeugt, daß etwas Schlimmes geschehe, wenn man diese Wesen störe, und 5 % der erwachsenen Isländer sagen, sie hätten die *álfar*

schon einmal gesehen. Cf. T. G. Lacey, 1998, S. 163; D. Bandini/G. Bandini, 2004, S. 16; W. Müller, 2007, S. 186.

18 Maximos v. Tyros: *Philosophische Vorträge* XXXVIII. 3; M. L. West, 2007, S. 284; B. J. F. Laubscher, 1937, S. 1 f. Auch der oder die Isangoma der Zulu suchte die Unterwasserwelt auf, wo er bzw. sie von einer riesigen Pythonschlange ihre Fähigkeiten erhielten. Cf. S. G. Lee, 1969, S. 307 f. In Indonesien haben die Nymphen ein vorwiegend sexuelles Interesse an den Sterblichen. Wer auf Java im südlichen Meer ertrinkt und wessen Leiche verschollen bleibt, gilt als ein Opfer der Meereskönigin Ratu Kidul, die junge Männer – auch Ausländer – meist ihren Dienerinnen als Sexobjekte überläßt. Cf. J. Schlehe, 1998, S. 125 f. Bei den Nage in Zentral-Flores sitzen die Nymphen für gewöhnlich auf besonders großen Bäumen wie dem Banyan (*Ficus benjamina*), den Tamarinden und den *fai*-Bäumen (*Albiza chinensis*). »Einen *fai*-Baum umarmen« ist ein Euphemismus für den Beischlaf mit einer Frau. Cf. G. Forth, 2009, S. 265 f. Auch die *nitu* der Ngada im östlichen Flores sind laszive Wesen, die einerseits Menschen, die sich im Meer bewegen, krank werden lassen, andererseits aber Männer in ihr Unterwasserreich locken, um sie dort zu beschlafen. Cf. S. Schröter, 1998, S. 432. Dasselbe tun auch die Neraiden (*harin bota*) der den Lewolema-Dialekt des Lamaholot, einer malayo-polynesischen Sprache, sprechenden Ata Kiwan im äußersten Osten der Insel Flores (cf. K.-H. Kohl, 1998, S. 198 f.). Es handelt sich bei ihnen um schöne, rothaarige Frauen, die vor allem ertrinkende Männer in ihr Dorf im Korallenriff hinabziehen, um sich dort mit ihnen sexuell zu vergnügen. Die Ata Kiwan kennen aber auch eine Nymphe, die im Waringen-Baum oder Banyan (*Ficus benjamina*) sitzt und nicht weniger libidinöse Gelüste aufweist als ihre Meeresschwestern. Schließlich erhalten noch weiter östlich die Perlentaucher auf den Aru-Inseln von den verführerischen »Meerfrauen« (*kodar ta*) gegen Betel, Tabak und industriell hergestellte weiße Teller die begehrten Austernperlen. Die *kodar ta* sind die Personifizierung der Austern, und wenn diese Schalentiere sich öffnen, erinnern sie die Insulaner an eine Frau, die ihre Beine spreizt und ihre Vulva zum Beischlaf öffnet. »Wenn die Auster sich öffnet«, so heißt es, »werden die Männer verrückt, weil die Austern Frauen sind, Frauen mit roten Haaren.« Rothaarig sind auch, wie oben erwähnt, die *harin bota*, was gewiß daran liegt, daß es in den ostindonesischen Korallenriffen überall ein rotbraunes Seegras gibt, das die Aru-Insulaner *mang* nennen. Cf. P. Spyer, 1997, S. 525, 534.

19 Cf. J.-C. Schmitt, 1993, S. 135 f.; R. Brandstetter, 1909, S. 40 f.; Duerr, a. a. O., S. 51 f., 240; bzw. C. Lecouteux, 1985, S. 62; ders., 1988, S. 93. Das Toten- oder »wüttend here« bekämpfte aber auch die Dämonen, die das Gedeihen der Frucht bedrohten. Cf. Höfler, a. a. O., S. 278 f., 286 f. An Samhain, d. h. in der Nacht zum 1. November, stellte man den umfahrenden

Fairies Kuchen, Butterbrote, Milch und ein Glas Whisky hin. Dort, wo das Christentum die heidnische Sitte verdrängt hatte, ließ man in dieser Nacht die Haustür offenstehen, damit die für diese Zeit aus dem Fegefeuer entlassenen Seelen die bereitgestellten Speisen essen und die Pfeifen rauchen konnten. Dies war auch eine der Zeiten, in denen sie auf der Erde den Totentanz aufführten. Wie die nordischen Elfen brachten die keltischen Fairies den Regen und die Fruchtbarkeit der Äcker und des Viehs. Cf. H. Hartmann, 2001, S. 95; B. Kummer, 1930, Sp. 1292; S. F. Wemple/ D. A. Kaiser, 1986, S. 337; A. Kinch, 2002, S. 161; Hartmann, a. a. O., S. 93; A. Heijnen, 2005, S. 200. Im spätmittelalterlichen *Thesaurus pauperum* ist die Rede von jenen, die sich versündigen, weil sie »an der Perchtnacht der Percht lassen stenn essen oder trinckhen, das es in das selb jar wol gee und in allen dingen gelukch haben«. Und im 13. Jahrhundert beklagte Wilhelm von Auvergne, der Bischof von Paris, daß viele Frauen den »Damen der Nacht« unter der Führung der Abundantia Speis und Trank bereitstellten. Cf. A. E. Bernstein, 2009, S. 144. Noch bis in unsere Zeit wurden die Felder, über welche die Perchten liefen, fruchtbar. Cf. W.-E. Peuckert, 1942, S. 106; O. Höfler, 1934, S. 287.

20 Cf. P. Sartori, 1903, S. 54f.; M. Höfler, 1907, S. 2ff., 19; G. Tutunzisz, 2005, S. 78; bzw. B. A. Rybakov, 1968, S. 41ff.; M. Eliade, 1978, S. 68f., 85f.; E. J. W. Barber, 2005, S. 9f. Wenn man am Tag vor dem Rusalienfest, das in der Allerseelenzeit vor Pfingsten stattfand, lachte, wurde man von den *rusalii* bestraft, d. h., man wurde entweder gelähmt oder verrückt. Während des Festes tanzten die *călușarii* (wohl < rumän. *cal*, »Pferd«), zentaurenhaft verkleidete Männer, die aber weibliche Wesen, also offenbar die guten *rusalii*, darstellten, so wild von Dorf zu Dorf, daß sie, wie ein Augenzeuge berichtete, »kaum die Erde berühren und in der Luft zu schweben scheinen«. Dabei legten die Bauern ihre Bettlägerigen, vor allem diejenigen, die durch die bösen *rusalii* krank geworden waren, auf den Boden und die in eine Trance geratenen *călușarii* tanzten oder sprangen über sie hinweg, um sie dadurch zu heilen und die bösen *rusalii* zu vertreiben. Cf. W. Puchner, 2009, S. 95, 99ff.; E. Kocój, 2013, S. 567ff. Im Jahre 2012 nahmen meine Frau und ich an einer Hochzeit auf einem südrumänischen Dorf teil, während deren *călușarii* wild umhertanzten, um eventuell anwesende *rusalii* zu verscheuchen.

21 Cf. E. Clews Parsons, 1936, S. 826; L. Lamphere, 1983, S. 754; Sikáhpiki, 1986, S. 113; D. Tedlock, 1978, S. 63; ders., 1979, S. 502; W. Roscoe, 1991, S. 143. Die Bewohner des Keres-Pueblos sagten, einst seien die *kachinas* persönlich ins Dorf gekommen, um das Wachstum der Nahrungspflanzen zu fördern, indem sie tanzten. Danach regnete es reichlich. Aber eines Tages kam es zu einem Zerwürfnis mit den Menschen, und die *kachinas* blieben fort. Schließlich gelang ein Kompromiß, der so aussah, daß die

Indianer die *kachinas* mit Masken darstellten: »Wir sind im Geiste bei euch!« sagten die *kachinas*. Cf. L. A. White, 1964, S. 89; ders., 1962, S. 236. Auf gleiche Weise wurden auch in Japan die Verstorbenen (*marebito*), die zu Beginn des Frühlings ins Diesseits kamen, um für eine gute Ernte zu sorgen, durch Masken verkörpert. Cf. A. Slawik, 1936, S. 679f. Nach Auffassung der Aymara und Quechua sowie der Nahua im mexikanischen Mizquik kommen am 1. November um 12 Uhr die Seelen der Toten zu ihren Verwandten, die deren Lieblingsspeisen und alkoholische Getränke aufgetischt haben. Wenn die Verstorbenen damit zufriedengestellt sind, schicken sie den Regen. Cf. S. Schmitz, 2009, S. 106ff.; U. Thiemer-Sachse, 1994, S. 69.

Anmerkungen zu § 11

1 Cf. G. Christ, 1917, S. 2; bzw. Buber, a. a. O., S. 165. Ursprünglich wurden die griechischen Helden offenbar körperlich nach Elysion entrafft, doch spätestens im 6. Jahrhundert v. Chr. waren es deren φυχαί, die den Körper verließen. Cf. M. Clarke, 1999, S. 292. In unserer Zeit war und ist der Glaube an körperliche Flüge vorwiegend in Stammesgesellschaften und bei Wildbeutern verbreitet. So beklebten die Kayapó den Verstorbenen mit den Flaumfedern der Ara und schmückten seinen Kopf mit Adlerfedern, damit er in die jenseits vom Himmelsdach liegende Welt der Toten fliegen konnte, und zur Zeit des Zweiten Weltkrieges rangierten die Schamanen der Senoi ihre altmodischen Geisterboote aus und ersetzten sie durch Sunderland-Kampfflugzeuge, die von der Royal Air Force in Südostasien benutzt wurden und mit denen sie per Maschinenpistole die bösen Geister abschossen. Schließlich warteten die südwestlich von Buenos Aires lebenden Mak'a mit großer Spannung auf das Zusammentreffen der amerikanischen Astronauten mit ihren »dort oben« weilenden Vorfahren während der ersten Mondlandung. Cf. A. Lukesch, 1994, S. 225, 235; P. D. R. Williams-Hunt, 1950, S. 116; bzw. M. S. Cipolletti, 1983, S. 256. Bei den Ungarinyin glaubten freilich nur die Frauen, die uneingeweihten Jugendlichen und die Kinder, daß die Medizinmänner körperlich ins Jenseits reisten, indem sie sich in einen Vogel verwandelten, sich an einer aus Affenbrotbaumfasern gedrehten Schnur nach oben zogen oder – in jüngerer Zeit – einfach ein Flugzeug bestiegen. Und die Hain//om-Buschleute sagten, einige ihrer Heiler reisten »ganz«, also körperlich, ins Jenseits, andere aber nur mit ihrer »Seele« (dem »Innersten«). Allein der Schamane /Garugu//Khumob behauptete, zu beidem in der Lage zu sein. Cf. H. Petri, 1952, S. 176; bzw. D. Wagner-Robertz, 1976, S. 550; dies., 1977, S. 17.

2 Cf. C. Auffarth, 1999, S. 175; B. Newman, 2005, S. 6; C. Bürger, 2007, S. 99; K. Kerby-Fulton, 2006, S. 188, 193 f.; bzw. P. Marshall, 2000, S. 114 f.; Johannes vom Kreuz, I, 1937, S. 223; B. Gissibl, 2006, S. 106.
3 H.-J. Schiewer, 2000, S. 72 f.; B. McGinn, 2005, S. 241; Angela v. Foligno, 1955, S. 38 f.; bzw. M. Sluhovsky, 2007, S. 174. Ähnlich verlautete zu Beginn des 15. Jahrhunderts Jean de Gerson, ebenfalls ein berühmter Theologe und Kanzler der Universität Paris, daß diejenigen, die, um Visionen zu erlangen, exzessiv fasteten, die Vigilien übermäßig in die Länge zögen und das Maß überschreitend weinten, unter dämonischem Einfluß stünden: »Abzulehnen sind Offenbarungen einer Person, die aus stolzer Neugier, eitler Ruhmsucht oder Hoffnung auf Heiligkeit nach ungewöhnlichen Offenbarungen verlangt. Man erkennt sie an folgenden Anzeichen: Sie dünkt sich solcher Offenbarungen würdig, ergötzt sich am Ruhm« und »verkündet sie eilfertig ohne besondere Notwendigkeit«. Auch heute noch bedienen sich Theologen dieser Argumentation. Cf. T. Baumann, 1976, S. 143. Von Gott inspirierte Visionen enthielten zudem keine »verborgenen Widersprüche mit der Schrift« und führten zu »beständiger Demut«. Vor allem Frauen seien aufgrund ihres unsteten Gemütes, ihrer Geschwätzigkeit, Zügellosigkeit und treuherzigen Arglosigkeit höchstwahrscheinlich falsche Visionärinnen. Cf. Jean de Gerson, 1984, S. 267 f.; ferner J.-C. Schmitt, 2006, S. 161. Auch nach Johannes vom Kreuz (II, 1937, S. 226) verursachen teuflische Visionen eine »Trockenheit des Geistes« und Egozentrik sowie mangelnde Demut. Überdies fehle den Erlebnissen »die Klarheit« des Göttlichen, weshalb man sie auch schnell wieder vergesse. Demut war ebenfalls im orthodoxen Rußland Anzeichen für die Echtheit der Erfahrung, und bereits im Mittelalter betonten die Vertreter der orthodoxen Kirche, man dürfe sich um den Aufstieg zu Gott nicht allzusehr bemühen, da dieser eine Gnade und ein Geschenk des Herrn sei. Ein immer wieder angeführtes Exempel war in diesem Zusammenhang der Mönch Paphnutius, der sich durch eine übertriebene Askese Gott nähern wollte, aber schmerzhaft erfahren mußte, daß er dadurch Gott nicht näher kam als ein ungebildeter Bauer. Cf. I. Paert, 2010, S. 88; bzw. L. Kretzenbacher, 1971, S. 26.
4 Cf. W. L. Anderson, 2011, S. 26 f.; I. Moreira, 2000, S. 46; bzw. Cafferini, a. a. O., S. 70 f.; K. Schjelderup, 1928, S. 116. Auf gleiche Weise äußerte sich im 16. Jahrhundert der Visionär Filippo Neri, aber er fügte hinzu, daß insbesondere die Frauen, die sich ja bekanntlich »sehr leicht täuschen lassen«, während der Vision dem mutmaßlichen Jesus erst einmal ins Gesicht spukken sollten, um dann zu sehen, wie er reagiere. Cf. Benz, a. a. O., S. 293. Nicht wesentlich anders als der hl. Antonius und seine Nachfahren im Geiste unterscheiden zwei bekannte amerikanische Psychiater mystische und psychotische Erlebnisse. Erstere seien erfüllt von Freude und Liebe,

während letztere erschreckten, einen erzürnten Gott aufwiesen und zu Selbstüberschätzung sowie zu narzißtischen Gefühlen und solchen der eigenen Grandiosität führten. So hielten sich viele Psychotiker für Abgesandte Gottes, die der Welt wichtige Botschaften zu übermitteln hätten. Mystische Erfahrungen zögen hingegen Demut und den Verlust jeglicher Arroganz und Überlegenheitsgefühle nach sich. Cf. A. Newberg/E. d'Aquili, 2002, S. 109f.

5 Cf. Johannes vom Kreuz, I, 1937, S. 117ff.; McGinn, a.a.O., S. 244; M. Dzon, 2006, S. 29; bzw. M. Buber, 1981, S. 87; M. H. Jung, 1999, S. 17; B.-U. Hergemöller, 2002, S. 129; S. Tanz/E. Werner, 1993, S. 181; S. Graf, 2006, S. 333; K.L. Jolly, 1985, S. 284; J. Keskiaho, 2005, S. 232f.; D. Oldridge, 2010, S. 133. Auch Regino von Prüm warnte zu Beginn des 10. Jahrhunderts davor, daß der Satan »transfigurat se in angelum lucis« (II. 371 = 2004, S. 420), und im 13. Jahrhundert alarmierte die Zisterzienserin Mechthild von Magdeburg aus diesem Grunde die »einvaltigu sele« und schärfte ihr ein: »hůte dich« vor dem »lůhtenden engel« oder dem »angelus satane«, wie Nikolaus von Cues sagte. Cf. M. Schmidt, 1989, S. 42f. Im Mittelalter hieß es, der Teufel könne sogar die Illusion des Paradieses hervorzaubern, durch das er den Visionär führe (cf. Aubrun, a.a.O., S. 128), und entsprechend verlautete die im Jahre 1589 erschienene *Historia von D. Johann Fausti*, daß Beelzebub den Magier auf dessen Wunsch hin mit sich fort geführt habe, wobei er ihn freilich »verblendet / vnnd ein Affenspiel macht / das er nit anders gemeinet / denn er sey in der Helle gewest«. Noch im Jahre 1665 bekannte eine gewisse Barbara Fischer in Memmingen, »der bőß feind« sei ihr bereits in ihrer Jugend »in gestalt eines Engels erschienen, vnd vnderschidlich mal vorgestellt, alß ob sie die Seelen in der lufft durcheinander schwebend gesehen«. Cf. P. P. Riedl, 2006, S. 44; bzw. J. Macha et al., 2005, S. 368.

6 Cf. Anderson, a.a.O., S. 1f.; L.A. Burnham, 2008, S. 147; Paert, a.a.O., S. 66; bzw. P. Ballanfat, 1996, S. 291; J.G. Katz, 1996, S. 205; A. Schimmel, 1998, S. 232. Nach einer Entrückung (*al-wājid*) teuflischen Ursprungs, so lehrte der ägyptische Mystiker Ibn ʿAṭāʾ Allāh al-Iskandārī im 13. Jahrhundert, ist man verwirrt und voller Angst. Cf. E. Russ-Fishbane, 2013, S. 321f.

7 Cf. A. Bäumer, 1988, S. 52; J. Lang, 2001, S. 205f.; bzw. P. Dinzelbacher, 2009, S. 75; J.B. Torelló, 1984, S. 95; H. van Oerle, 1988, S. 397, 402; D. Elliott, 2004, S. 194ff.; F. Luschberger, 1991, S. 165; R. Neeb, 1991, S. 52f.; W.A. Christian, 1981, S. 179, 188. Bereits im Jahre 1518 war der Schäfer Juan de Rabe aus der Umgebung der Stadt Cuenca von der Inquisition zu hundert Peitschenhieben verurteilt worden, weil er behauptet hatte, in einer Vision *la Virgen* und San Sebastián gesehen zu haben. Juan war ein einfacher Mann, der nicht einmal wußte, welches Jahr man schrieb. In der Urteilsbegründung hieß es, er habe entweder gelogen, geträumt oder er

sei vom Teufel getäuscht worden (a. a. O., S. 156 f.). Im 13. Jahrhundert machte sich der Mönch Rutebeuf vor allem über die Entrückungen und Gesichte der Beginen lustig: »Wenn eine Begine redet, ist es Prophetie; wenn sie schläft, ist sie entrafft; wenn sie träumt, hat sie eine Vision.« Cf. L. Emmerling, 1994, S. 122; R. Blumenfeld-Kosinski, 1999, S. 241. Schließlich werfen noch heute in Nordamerika evangelikale Fundamentalisten den Autoren von Büchern über »Nahtod-Erfahrungen« vor, nicht zu wissen, daß solche Jenseitsfahrten ausschließlich von strenggläubigen Christen unternommen werden könnten, während die Erlebnisse aller anderen Menschen ein Werk des Teufels seien. Cf. R. Moody/P. Perry, 2012, S. 107.
8 Cf. A. Hamilton, 1992, S. 1 ff.; J. Burggraf, 1996, S. 184 f., 340; R. Kieckhefer, 1994, S. 364; bzw. G. T. W. Ahlgren, 1996, S. 48 ff.; U. Dobhan, 1978, S. 342 ff.; J. Schmiedl, 1998, S. 122. Es ist durchaus möglich, daß Teresa bisweilen selber aufrichtig befürchtete, ein Opfer des teuflischen Blendwerks zu werden, was erklären würde, warum sie einmal schrieb, es sei viel besser, die *unio* mit Gott ohne »arrobamientos (Entrückungen) y visiones y otras mercedes« zu erlangen (cf. E. T. Howe, 2004, S. 25) – eine Überzeugung, zu der gewiß auch Johannes vom Kreuz beigetragen hat. Auf der anderen Seite fragte sie sich, woher man denn wisse, daß die Visionen weder vom Teufel stammten noch eine »Ausgeburt der Melancholie« seien. Und sie gab darauf die klassische theologische Antwort: »Niemals würde der Satan einem so viel Gutes tun, und die Seele wäre nicht so von Frieden erfüllt.« Vielmehr würden sich dann wenigstens »ein paar Dunstwolken von Dünkel zeigen, und die Seele dächte, sie sei besser als die anderen« (1966, S. 164, 166). Doch die Entrückungen blieben ihr offenbar peinlich, denn in einem Brief vom Jahre 1577 klagte sie ihrem Bruder Lorenzo, die in der Öffentlichkeit stattfindenden *raptos* beschämten sie ganz schrecklich, aber sie könne nichts dagegen tun. Cf. A. Weber, 1993, S. 221. Bis zu ihrem Tode im Jahre 1582 behielt die Inquisition Teresa im Auge, unternahm aber nichts gegen sie, wobei mit Sicherheit eine Rolle spielte, daß König Philipp II. die 1565 als Manuskript fertiggestellte *Vida* gelesen und gutgeheißen hatte. Cf. V. Borsò, 2004, S. 338.
9 Cf. I. Noreira, 2000, S. 213 f.; Margery Kempe: *Book* I. 81; Elisabeth v. Schönau: *Liber visionum* 2.4; E. Stagel, 1906, S. 59; bzw. A. Geels, 1998, S. 138, 144; A. F. Segal, 2011, S. 380.
10 Cf. H. Schindler, 2003, S. 234; bzw. W. Whitman, 1937, S. 87; R. Ridington, 1984, S. 59; R. H. Lowie, 1922, S. 334; ders., 1924, S. 9 ff.; P. Albers/S. Parker, 1971, S. 207, 281 f. Bei den Wind-River-Schoschonen war die Visionssuche nicht ungefährlich. Von einem geistesgestörten Mann hieß es, sein Zustand gehe auf die Vision eines Ungeheuers namens *pandzo: aBits* zurück. Cf. Å. Hultkrantz, 1986, S. 40 f.

Anmerkungen zu § 12

1   2. Korinther 12.1ff. So zum Beispiel H.-C. Meier, 1998, S. 108, 140. Cf. B. Heininger, 1996, S. 249f., 252; bzw. B. Zürner, 1996, S. 300f.; S. Alkier, 2001, S. 242; K. Deißner, 1921, S. 85, 105. Im Mittelalter war der Glaube verbreitet, nach dem Sündenfall sei das Paradies von der Erde in den dritten Himmel entrückt worden, wohin Paulus später gelangt sei. Danach wäre Paulus beide Male an denselben Ort gelangt. Cf. J. Delumeau, 1992, S. 37.
2   Cf. E. v. Ivánka, 1971, S. 90; M. Buber, 1923, S. 66; A. M. Haas, 1995, S. 211; Dante: *Paradiso* I. 73ff.; E. Benz, 1970 S. 75; T. v. Ávila, a.a.O., S. 143f. Während ihrer Entrückung fragte Elisabeth v. Schönau einmal den sie führenden Engel des Herrn, was Paulus denn mit seiner Aussage gemeint habe. Darauf antwortete er, es sei nur sein Geist gewesen, der ins Paradies hinaufgestiegen war. Aber die Entrückten könnten nicht entscheiden, ob sie sich noch im Körper befänden oder nicht. Im 13. Jahrhundert berichtete die selige Anna v. Klingnau – ebenfalls in der dritten Person – über ihre Entraffung: »Da sy sölliche wunder schowet die man mit kainen wortten gesprechen kan, sy mocht wol sprechen mit dem sålgen Sant Paulo: Ob ich in dem lib wer oder nit, das wais ich nit: Got waist es wol.« Und genau so äußerte sich die 1420 verstorbene oberschwäbische Franziskaner-Tertiarin Elsbeth Achter v. Reute, nachdem sie eines Tages »etwie dick uf gezucket« und von Jesus und seiner Mutter »fúr den spiegel der gotheit und der gòtlichen majestat« geführt worden war, mit dem Paulus-Zitat. Cf. Stagel/Oehninger, a.a.O., S. 39; bzw. K. Bihlmeyer, 1932, S. 104; ferner C. J. Holdsworth, 1978, S. 200. Wie der obenerwähnte Engel der Elisabeth v. Schönau meinen auch moderne Theologen, es sei nur Paulus' Geist gewesen, der entrückt worden sei, aber sie halten es offen, ob der Apostel eventuell einen Astralleib besaß. Cf. z. B. G. Bergmann, 1974, S. 150.
3   Cf. L. Jiroušková, 2006, S. 9; L. Moraldi, 1987, S. 265, 298; ferner A. L. A. Hogeterp, 2007, S. 115. Offenbar war im frühen Mittelalter die *Paulus-Apokalypse* vor allem in den irischen Mönchskreisen verbreitet und beeinflußte unter anderem im 7. Jahrhundert die *Visio sancti Fursei*, d.h. den Bericht über die »Nahtod-Erfahrung« des Mönches Fursey. Cf. M. Smyth, 2003, S. 113.
4   Cf. Mechthild v. Magdeburg I. 2. 6ff. = 2010, S. 20; Bonifatius, 1968, S. 31; M. Fournié, 1997, S. 349; bzw. H. Houben, 1976, S. 41. Im frühen Mittelalter sah Drygthelm das irdische und das himmlische Paradies »des Körpers entledigt« (Beda V. 12); im 13. Jahrhundert wurde die flämische Begine Hadewijch von Brabant, wie sie sagte, »ghewect in ene gheeste« oder »op ghenomen inden gheeste vte mi seluen« (*Visionen* VI. 90, XII. 2f.) und die hl. Elisabeth von Thüringen mehrfach »rapiebatur in excessum et extasim mentis« (Dietrich v. Apolda, 2007, S. 185). Auch in dem um 1300

verfaßten kabbalistischen Text *Sefer Ma' arekhet ha 'Elohut* ist die Rede von der »Loslösung der Seele« (*devequt ha-da 'at*), während der Körper »bewegungslos« zurückbleibt. Cf. M. Idel, 2008, S. 57. Im Hochmittelalter wurde die Entrückung meistens *raptus* (< *rapere*, »rauben, entführen, vergewaltigen«) genannt, wobei stets »das Moment des Überwältigtwerdens« mitschwingt; der *raptus* bricht meist unvermittelt herein, die Betreffenden stürzen (*labi*) zu Boden und liegen »wie bewußtlos« (*velut amens*) oder »wie tot« (*quasi mortua*) da und nehmen ihre Umgebung nicht länger wahr. Gleiches gilt für das mittelenglische *ravisshing* und das französische *ravissement*. Auch in den Zustand der *extasis* kann man fallen (*cadere*), gehen (*subire*), kommen (*venire*), geführt (*perduci*), gezogen (*trahi*) oder versetzt (*poni*) werden. Auf deutsch heißt die Entrückung häufig *zukke* – man wird *gezukket*, »gezogen« (ahd. *zucchet*). Cf. B. Weiß, 2000, S. 91ff., 117ff.; M. Dzon, 2006, S. 29; F. Kluge, 1960, S. 892. »Extasi«, so ein spanischer Autor im Jahre 1611, »es un arrobamienteo de espíritu.«
5 Cf. H. Halm, 1978, S. 56; F. Meyer, 1957, S. 89; bzw. E. Waugh, 1976, S. 69; J. van Ess, 1996, S. 39 ff., 55 f.; S. Günther, 2011, S. 56; J.C. Bürgel/F. Allemann, 1975, S. 130; P. Martin, 2003, S. 152; *Qur'ān* 53.9; G. Böwering, 1996, S. 214; C.-H. de Fouchécour, 1996, S. 185 f. Als der Prophet in den ersten Himmel gestiegen war, wurde ihm dort die Hölle gezeigt, in der die Ehebrecher, Wucherer und Unterdrücker der Witwen und Waisen gerade in die Flammen gestoßen wurden. Cf. J.R. Porter, 1974, S. 75.
6 Cf. C. Lange, 1996, S. 184 f. Auch die zentrale Vorstellung von der Leiter (*mi'rāj*) scheint aus dem Alten Testament übernommen zu sein, in dem es heißt: »Und ihm [= Jakob] träumte; und siehe, eine Leiter stand auf der Erde, die rührte mit der Spitze an den Himmel, und siehe, die Engel Gottes stiegen daran auf und nieder« (1. Mose 28.12). Später war die Himmelsleiter vor allem ein Topos in der Ostkirche. An einer Wand des von dem moldauischen Fürsten Stefan dem Großen nach seinem Sieg über die Türken gestifteten Klosters Sucevita ist beispielsweise ein Fresko zu sehen, auf dem bärtige Männer eine lange Leiter hochsteigen. Auf der rechten Seite werden sie von zahlreichen Engeln ermuntert, während auf der linken Dämonen versuchen, sie zum Absturz zu bringen. Cf. E.-M. Kaufmann, 2006, S. 75; E.O. Luthardt/K.-H. Raach, 2010, S. 103 f. Die Metapher von der »geheimen Leiter« (*secreta escala*) benutzte Johannes vom Kreuz (I, 1937, S. 2), und auch heute noch beschreiben manche »Seelenreisende« ihre Vorwärtsbewegung im Tunnel »wie ein Hinaufsteigen auf einer Leiter«. Cf. Gresser, a. a. O., S. 93. Allerdings kommt das Leitermotiv auch in Kulturen vor, die es kaum aus der Bibel übernommen haben werden. So versank ein Tunguse im Sumpf und gelangte in die Unterwelt, aus der er auf einer langen Leiter wieder nach oben stieg, und ein Medium der Kaluli im zentralen Hochland von Neuguinea sagte, wenn er zur »an-

deren Seite«, d. h. ins Land der Geister (*ane*), gehe, dann blicke er zu den Dachsparren des Langhauses hinauf, worauf es sei, wie wenn eine Leiter herunterfalle. Schließlich geleitete das »Die-Seele-wegschicken-Lied« der Kashinahua im westlichen Amazonasgebiet die Seele den Fluß hinab bis zur »Wurzel des Himmels«, wo eine Leiter an einem riesigen Baum lehnte, der in den Himmel reichte. Wer das Lied freilich falsch sang, gelangte nicht ins Jenseits, sondern wurde zu einem der »Waldgeister« (*ni yuxibu*). Cf. H. Findeisen, 1970, S. 46; E. L. Schieffelin, 1976, S. 103; bzw. C. McCallum, 1999, S. 451 f. Manchmal ist es keine Leiter, sondern eine dunkle Treppe, auf der zum Beispiel ein Jugendlicher nach einem Herzstillstand in den Himmel stieg. Cf. M. Morse, 1992, S. VII; ders. et al., 1985, S. 597. »Meine Welt verdunkelte sich«, so ein Ostjake, »ich schritt über einen mit Blättern und Gras bedeckten Steg« und »begann dann eine hohe Treppe mit 300 Stufen hochzusteigen.« Cf. Munkácsi, a. a. O., S. 75.

7 Cf. A. Schimmel, 1985, S. 310; bzw. P. S. Hawkins, 2006, S. 19 ff. Noch heute gibt es Autoren wie den esoterischen Philosophen J. Kirchhoff (2002, S. 37), die glauben, »daß Dante eine außerkörperliche Erfahrung hatte [und] daß er weit außerhalb der Erde ›gereist‹ ist«. Es zirkulierten im späten 13. Jahrhundert in Italien viele Texte, von denen Dante zumindest einige gekannt haben muß. In jener Zeit waren in Norditalien die Gedichte des Uguccione da Lodi, des Giacomino da Verona und um 1300 die des Bonvesin de la Riva weit verbreitet, in denen ausgemalt wurde, was der Seele in der Hölle widerfuhr und welche Wonnen sie im Paradies erwarteten. Sie wurden rezitiert und gesungen und waren mit Sicherheit auch dem Florentiner Bürgertum bekannt. Auch die heute verschollene *Vita Fursei* war im Due- und Trecento in den norditalienischen Städten ebenso verbreitet wie die *Paulus-Apokalypse*, die Beschreibung der Jenseitsreise des Thurkill und vor allem die um die Mitte des 12. Jahrhunderts entstandene lateinische *Visio Tnugdali*, die allein viermal ins Italienische übersetzt wurde und noch heute in über 200 Handschriften erhalten ist. Cf. M. Gragnolati, 2005, S. 2 ff.; J.-M. Picard, 2007, S. 52 f., 56; S. J. Nayar, 2014, S. 96; Hilhorst, a. a. O., S. 129; K. Bochsler, 1997, S. 150 f.

8 Cf. H. Cain, 1978, S. 92; K.-P. Kästner, 2007, S. 152; bzw. G.-W. Essen/ T. T. Thingo, 1989, S. 199, 203; I. Hilton, 2002, S. 107; O. Hammer, 2001, S. 102; C. B. Levenson, 1990, S. 278 f. Im Jahre 1921 wurde Barchenko von der Tscheka mit einer Expedition nach Karelien beauftragt, wo er angeblich eine Felsspalte entdeckte, die tief in die Erde hinabführte, deren Eingang jedoch von einer mysteriösen Kraft bewacht wurde. Außerdem berichtete er, er habe im dortigen Eismeer eine magische Insel entdeckt, auf der Schamanen der Lappen mit Hirschgeweihen auf den Köpfen seit Jahrhunderten geheime Zeremonien durchführten. Im Jahre 1937 ließ Stalin Barchenko und die ihm geneigten KGB-Offiziere hinrichten. Cf.

A. A. Znamenski, 2007, S. 331f. Laut Tenzin Gyatso, dem 14. Dalai Lama, ist Śambhala ein geographischer Ort, der aber nur von reinen Menschen auf ihren »Seelenreisen« gesehen werden kann. Alle anderen nehmen statt einer blühenden Landschaft mit goldenen Pagoden eine öde Wüste wahr. Cf. K. Rakow, 2014, S. 140.

9 Cf. H. Petri, 1952, S. 174f.; bzw. P. Le Jeune, 1635, S. 58f., 62; ders., 1637, S. 101. Der Missionar teilte mit, die wilden Montagnais hätten noch nie »ouy parler d'vne chose purement spirituelle«. Vielmehr glaubten sie, die Seele benutze »des pieds, des mains, vne bouche, vne teste, & toutes les autres parties du corps humain«. Bei den Alangan Mangyan auf Mindoro wird noch heute die Seele (*abiyan*) von bösen Geistern geraubt und gemästet. Ist sie fett genug, wird sie von ihnen verspeist. Die Verstorbenen der Yolngu existieren als »Fleischseelen« (*mokuy*), die bis auf die Tatsache, daß sie heller sind und rote Augen haben, den Lebenden gleichen. Man darf ihnen aber nicht direkt ins Gesicht blicken, denn sonst nehmen sie einen mit ins Totenland. Bei den ostafrikanischen Abaluyia sind die Bewohner des Reichs der Toten (*emagombe*) eher »wie Schatten«, weshalb sie die Opfergaben der Lebenden nicht essen oder trinken, sondern nur deren Duft einatmen. Und bei den melanesischen Lelet haben nicht nur die Seelen ein bestimmtes Gewicht und ein Skelett, sondern auch die Buschgeister, die inzwischen von den Missionaren verteufelt wurden (*spirit no gut*). Wenn ein Angehöriger der südafrikanischen Shangaan die Leiche eines in der Fremde gestorbenen Stammesangehörigen mit der Eisenbahn nach Hause holt, reist die Leiche im Frachtraum, während er für die Seele einen Sitzplatz bezahlt, damit sie eine angenehme Reise hat. In China wurde der ätherische Leib, den die Seele zwischen Tod und Wiedergeburt besaß, *zhongyin shen*, »Körper der dazwischenliegenden Dunkelheit«, genannt. Auch im Hinduismus besteht dieser Leib, den man für die Durchquerung der Zwischenreiche benötigt, aus Luft oder einer ganz feinen Materie, die mit Dampf oder Nebel verglichen wird. Mit der Erlösung wird er für immer abgestreift. Eine ähnliche Auffassung hatte die Sterbeforscherin Elisabeth Kübler-Ross, die behauptete, aus »Tausenden« von »Nahtod-Erfahrungsberichten« gehe hervor, daß man beim Sterben aus dem Körper schwebe »wie Schmetterlinge, die ihre Puppe« verlassen, um »eine feinstoffliche Form« anzunehmen, bis man diese im Lichtbereich nicht mehr benötige und zum »reinen Geist« werde. Cf. dies., 1997, S. 232, 234; bzw. P. J. Bräunlein, 2001, S. 101; F. Tamisari, 1998, S. 256; G. Wagner, 1954, S. 35; E. Hartmann, 1998, S. 256; R. Eves, 2011, S. 762, 769; C. Dahl, 1998, S. 44; G. Flood, 1998, S. 271; A. Michaels, 1998, S. 172; ders., 2013, S. 107.

10 Johannes-Offenbarung 1.18; Epheser 4.9f.; 1. Petrus 3.19f. Der Sinn des *descensus ad inferos*, der vom Tridentinum offiziell bestätigt wurde, lag also darin, daß Jesus auf diese Weise auch den Propheten des Alten Testaments

seine Botschaft verkünden konnte, wozu er sich drei Tage lang im Limbus aufhielt. In der ersten Hälfte des 5. Jahrhunderts vertrat der Kirchenlehrer Petrus Chrysologus, der Erzbischof von Ravenna, die Auffassung, Jesus sei bereits zu Lebzeiten einmal in die Unterwelt hinabgestiegen, nämlich um die Seele des Lazarus zurückzuholen. Cf. G. G. Stroumsa, 1996, S. 176 f.; bzw. M. Herzog, 1997, S. 90.

11 Cf. I. Wilhelm-Schaffer, 1999, S. 74 f.; S. Rupp, 2001, S. 126; bzw. P. Marshall, 2000, S. 126 f. So erläutert ein bekannter protestantischer Theologe, daß derjenige, welcher nicht an Jesus glaube, zwar nach dem Tod noch »weiter vegetiere«, aber »in der Trostlosigkeit der Gottesferne in kaum beschreibbarer Intensität, im Zustand erdrückender innerer Not«, und er leide zwar nicht im Höllenfeuer und von Teufeln gefoltert, aber psychisch, und zwar »unsagbar« aufgrund »der qualvollen Erkenntnis« seines »verfehlten Erdenlebens«, eine Einsicht, die ihn zum »unglücklichsten Wesen« mache. Der Gläubige hingegen brauche nicht mehr an Gott zu glauben, sondern könne ihn jetzt »schauen« (*Visio Dei*).Cf. F. Heidler, 1983, S. 115.

12 Cf. S. Ulrich-Bochsler, 2009, S. 296 f.; C. Fasbender, 2001, S. 45; L. Vivanco, 2004, S. 114; bzw. B. Rotach, 1994, S. 35; H. M. v. Erffa, 1995, S. 220; Delumeau, a. a. O., S. 54. Ein dem *refrigerium* oder »Abrahams Schoß« vergleichbarer Ort war auch der *coelum empyreum*, eine lichtdurchflutete Gegend, in welche die Guten unmittelbar nach ihrem Tode entrückt wurden. Cf. B. Lang/C. McDannell, 1990, S. 120 f.

13 Cf. C. Göttler, 1996, S. 304; K. Rooney, 2011, S. 149 f.; bzw. A. Hultgård, 1999, S. 60 f.; D. Pielow, 2008, S. 139; T. Zimmer, 2004, S. 180. Im 13. Jahrhundert wurde eine Frau namens Rixande aus Narbonne »rapta ad coelum«, doch bevor sie dorthin gelangte, stattete sie dem Fegefeuer einen Besuch ab, wo sie ihre Eltern traf, die sie später, nachdem sie wieder ins Leben zurückgekehrt war, durch ihre Gebete befreite. Allerdings kamen die Eltern nach ihrer Entlassung nicht sofort in den Himmel, sondern anscheinend zuvor ins *refrigerium*. Cf. M. Fournié, 1997, S. 348.

14 Cf. S. H. Gutberlet, 1935, S. 35; R Günthart, 2009, S. 81; P. Dinzelbacher, 1998, S. 261; Marshall, a. a. O., S. 113, 116; R. Houlbrooke, 1998, S. 35; Wilhelm-Schaffer, a. a. O., S. 65; F. Grieshofer, 2002, S. 341. Auch der bereits erwähnte lutheranische Theologe Heidler (a. a. O., S. 165 f., 170), der Hölle und Paradies als »Zustände« bezeichnet, in denen sich die Verstorbenen befinden, will auf die vormodernen Vorstellungen dann doch nicht völlig verzichten und merkt etwas nebulös an, Hölle und Paradies seien »auch in gewissem Sinne ›raumhaft‹«, nämlich »ein unsichtbares Unten und ein unsichtbares jenseitiges Oben«. Ob mit solchen Verlautbarungen irgend jemandem gedient ist, möchte ich nicht entscheiden. Tatsache ist indessen, daß nach einer neueren Umfrage in den USA zwar 39 % der Erwachsenen glauben, daß die Hölle lediglich die Trennung des Menschen von der Ge-

genwart Gottes sei, aber immerhin halten weitere 32 % die Hölle für einen Ort, an dem sie als Strafe für ihre Sünden gequält werden. Cf. M. Johnston, 2010, S. 3. Die USA sind auch das Land, in dem das süßlich-kitschige Buch des Neurochirurgen Eben Alexander, das den Titel *Proof of Heaven* trägt und in dem er seine Reise in ein Walt-Disney-Jenseits beschreibt, seinen Autor reich gemacht hat. Noch erstaunlicher ist vielleicht das Faktum, daß dieses Buch auch in Deutschland ein Verkaufsschlager ist, seit vielen Monaten auf der Bestseller-Liste des *Spiegel* erscheint und auch in seriösen Zeitungen nicht unvorteilhaft besprochen wurde.

Anmerkungen zu § 13

1 Cf. M. Eliade, 1957, S. 185 ff., 195 ff.; D. Omar, 2006, S. 268; B. Lindquist, 2005, S. 165; M. A. Czaplicka, 1914, S. 188 f.; U. Harva, 1938, S. 555 f.; Å. Ohlmarks, 1939a, S. 175 f.; A.-L. Siikala, 1982, S. 116 ff.; V. N. Basilov, 1999, S. 35; bzw. J. T. Hitchcock, 1976, S. 168. Auch die buryatischen Schamanen stiegen Schritt für Schritt einen schräg gestellten Birkenstamm hoch, und die der Altaier fingierten den Seelenflug, indem sie sich auf eine künstliche Gans setzten, gackerten und mit den Flügeln schlugen. Die Schamanen der Golden imitierten eine Reise in die Unterwelt, indem sie sich mit ihren Gehilfen auf einen Hundeschlitten setzten und sie am Gürtel festhielten, damit sie nicht vom Schlitten fielen. Der *gongsai* der Zhuang im südwestlichen China tat so, als ob er eine schräg gestellte Brücke aus Papier hochkletterte, um die Geister der Oberen Welt zu besuchen. Komplementär »reisten« die *jinpo*-Schamaninnen in die Untere Welt, um von dort die Seelen der Kranken zurückzuholen. Dabei benutzten sie eine an ihren Füßen befestigte Eisenkette als »Pferd«, wackelten mit dem Körper, als ob sie ritten, und ahmten mit den Fingern auf dem Tisch das Pferdegetrappel nach. Wenn der Schutzgeist (*sklā'letut*) eines Küsten-Salishs, der für dessen Wohlergehen zuständig war, von den Geistern ins Land der Toten entführt worden war, führten die Schamanen das »Geisterkanuritual« durch, bei dem sie eine Fahrt ins im Westen liegende Jenseits imitierten, indem sie mit Stöcken die Paddelbewegungen nachahmten. Eine ähnliche Aufführung war die Kanu-Zeremonie der Oya Melanau im Norden Borneos, während deren die Schamanen und ihre Gehilfen die Fahrt zum Eingang der Unterwelt unter Leitung eines Hilfsgeistes mimisch darstellten. Cf. I. A. Lopatin, 1960, S. 171 f.; S. Kun, 1988, S. 129; H. K. Haeberlin, 1918, S. 249 ff.; W. G. Jilek/L. Jilek-Aall, 1990, S. 34; bzw. H. S. Morris. 1967, S. 208.

2 Cf. T. A. Dubois, 2009, S. 125 f.; S. I. Wajnschtejn, 1996, S. 267; M. B. Kenin-

Lopsan, 1993, S. 79; I. Kortt, 1991, S. 29; bzw. G. J. Seitz, 1969, S. 279 f.; J. Lizot, 1982, S. 129 ff.; M. Waida, 1983, S. 231; H. Findeisen, 1960, S. 202; D. Schröder, 1964, S. 300, 303 f. Wenn der jakutische Schamane in den »Ozean des Todes« eingetaucht war, ruhte er sich zwischendurch – für das Publikum sichtbar – an den sogenannten *oloch*-Stätten aus, nachdem er jedesmal den Schrei des Tauchervogels ausgestoßen hatte. Wenn er sich mit dem jeweiligen *oloch*-Geist unterhielt, konnten die Teilnehmer der Séance jedes Wort mithören und seine Rede im Chor wiederholen. Nachdem er freilich – was bisweilen vorkam – ohnmächtig zusammengebrochen war und Schaum aus seinem Mund austrat, verstummte der Chor, und alle warteten, daß der Schamane wieder zu sich kam und berichtete. Cf. N. A. Alekseev, 1987, S. 253, 255. Der Schamane der Golden stellte unter Trommelbegleitung pantomimisch und tanzend dar, wie er für eine unfruchtbare Frau mit Unterstützung seiner Hilfsgeister im Jenseits eine der in Gestalt kleiner Vögel auf dem *omija-muoni*-Baum lebenden Kinderseelen fing, um sie ins Diesseits zu bringen; und wenn der Ewenken-Schamane die Reise seines zoomorphen Hilfsgeistes, der eigentlich er selber in Tiergestalt war, zu den Geistherrinnen mit Gebärden, Mienenspiel und Tanzbewegung darstellte, wurde er dabei vom Publikum lautstark unterstützt. Cf. U. Harva, 1938, S. 166 f.; bzw. A. F. Anisimov, 1963, S. 177. Ähnlich verhielt es sich auch bei den Nunivak-Eskimo oder bei den Amis auf Formosa, wo die Schamanin (*tsi-kawas-ai*) ihren Aufstieg in die Seelenwelt tänzerisch darstellte. Diese lag in der Nähe der Sonne, und daß die Frau dort angekommen war, erkannte das Publikum daran, daß sie schwitzte. Cf. H. Himmelheber, 1953, S. 56; bzw. E. Kaneko, 1994, S. 345 f. Auch die sogenannten Neo-Schamanen sind bei ihren »journeys« nie bewußtlos, denn sie tanzen unterdessen, gehen umher und führen Rituale durch. Deshalb können sie ihre Séancen auch jederzeit unterbrechen. Cf. U. Johansen, 2001, S. 301; F. Gredig, 2009, S. 106 f., 145.

3 Cf. D. Holmberg, 2002, S. 22 f.; D. Eigner, 1999, S. 183; dies., 2001, S. 57 f.; A. Höfer, 1999, S. 212, 222, 225; D. Holmberg, 1989. S. 163 f., 169; V. Skultans, 1986, S. 262; bzw. S. R. Mumford, 1989, S. 170 f.; R. R. Desjarlais, 1989, S. 290 f.; A. de Sales, 1991, S. 172 f., 182 f.; J. B. Townsend, 1997, S. 454; Michael Oppitz: Mündliche Mitteilung vom 3. Oktober 2010; ders., 2013, S. 125; ders., 1981, S. 269. Ähnlich wie Oppitz und Townsend schildert R. K. Dentan (1968, S. 94) die Atmosphäre bei der Séance der Semai-Schamanen (*halaa'*) auf der malaiischen Halbinsel. Unternahm hingegen ein Schamane wirklich den Versuch, in Ekstase zu fallen, waren Ambiente und Stimmung anders. In einem solchen Falle untersagte der Schamane der Nganasanen jedem Anwesenden, sich laut zu räuspern, Streichhölzer aufflammen zu lassen, sich eine Pfeife anzuzünden oder in der Luft herumzufuchteln, damit das Streichholz ausging. Hörte der Schamane auch

nur das leiseste störende Geräusch, brach er die Séance ab und zog die Schamanenkleidung aus. Cf. V. N. Basilov, 1997, S. 13.
4 Cf. R. L. Jones, 1976, S. 36. Als recht »undramatisch« charakterisiert M. Gaenszle (1999, S. 138) die Séance der Schamanen der Mewahang Rāi im östlichen Nepal, bei der diese einen Flug simulieren und dabei zum Publikum hin rufen: »Ich komme jetzt durch die Hochweiden von Chongyika!« oder »Wir erreichen Tumlingtar!«. Cf. ders., 1999a, S. 173f., 179. Und auf ähnliche Weise imitierte der zentralnepalesische *jhākri* einen über die Felder, Wälder, Flüsse und Berggipfel fliegenden Schamanen und variierte je nach Handlung und Bewegung Trommelschlag und Gesang. Cf. H. Sidky, 2008, S. 120f., 178, 181. In den indianischen Erzählungen ist es meist der Trickster, der klarstellt, daß der Schamane kein Vogel ist und deshalb auch nicht fliegen kann. Cf. L. Hyde, 1998, S. 294f.
5 Cf. M. Lantis, 1984, S. 221; M. B. Watson-Franke, 1975, S. 205; F. Benítez, 1975, S. 132ff.; D. Sandner, 1994, S. 221ff.; K. W. Luckert, 1975, S. 183; bzw. R. E. Downs, 1956, S. 48f.; D. Holtan, 1996, S. 215f.; bzw. C. Lévi-Strauss, 1967, S. 205f.; G. Rouget, 1985, S. 131; J. Helbig, 1988. S. 110ff.; J. Howe, 2009, S. 152.
6 Cf. O. Zerries, 1977, S. 303; F. W. Kramer, 1970, S. 79f.; Sandner, a. a. O.; bzw. E. Ohnuki-Tierney, 1980, S. 209, 213; Å Ohlmarks, 1939, S. 55; 73; S. Greene, 1998, S. 645f.; J. T. Hitchcock, 1967, S. 158; M. Nicoletti, 1999, S. 157f.; E. J. N. Fridman, 2004, S. 206; D. Maybury-Lewis, 1967, S. 288f.; cf. ferner U. Johansen, 2001, S. 300; R. N. Hamayon, 2009, S. 79. Den Verlust der Fähigkeit zur Jenseitsreise bei den Schamanen (*lharva*) der Sherpa hat man auf buddhistische und hinduistische Einflüsse zurückgeführt. Cf. R. L. Jones, 1967, S. 344.
7 Cf. Å. Hultkrantz, 1994, S. 179f.; O. Zerries, 1974, S. 283; R. F. Murphy, 1958, S. 40; M. Buyandelgeriyn, 2007, S. 133ff.; V. Diószegi, 1960, S. 113f.; bzw. D. Jenness, 1922, S. 197f.; F. G. Heyne, 1999, S. 46. Eine Schamanin der Tuwa sagte, in den alten, vorkommunistischen Zeiten hätten die Leute noch an ihre Schamanen geglaubt, und deshalb wären diese so mächtig gewesen. Doch heute benutzten sie weder Trommel noch Stab, fielen nicht länger in Ekstase und könnten nicht mehr aus der Jurte in den Himmel fliegen. Nach einer alten Quelle flogen aber auch damals die Tuwa-Schamanen nicht selber, sondern schickten ihre tiergestaltigen Hilfsgeister los. Cf. Fridman, a. a. O., S. 222, 248, 257; bzw. M. B. Kenin-Lopsan, 1995, S. 217f. In sowjetischer Zeit gab es noch einige Buryatinnen, die weit von den Siedlungen entfernt in der Wildnis im geheimen nächtliche Séancen abhielten, was sie aber nicht einmal ihren Kindern sagten, damit diese sich nicht verplappern konnten. Kaum einer der heutigen Schamanen ist bei solchen Frauen in die Lehre gegangen. Mitte der fünfziger Jahre des vergangenen Jahrhunderts gab es noch einige ehemalige jakutische Scha-

manen, die in zaristischer Zeit aktiv gewesen waren, so zum Beispiel eine Frau, von der es hieß, sie habe sich auf ihre Trommel gesetzt und wie ein Rentier geschnaubt. Cf. Buyandelgeriyn, a. a. O.; bzw. M. J. Žornickaja, 1978, S. 303. Auch die *soma* der Moso in Yünnan sollen einst ihren Körper verlassen haben, wobei bisweilen Lamas durch das Chanten von Sūtren die Ekstase aufrechterhielten. Aber heute sagen die Moso, daß es solche Schamanen nicht länger gebe. Cf. C. Mathieu, 1998, S. 211. F. Boas (1966, S. 121 f.) war davon überzeugt, daß der Kwakiutl-Schamane Qā'sElīd, der zu ihm sagte, sein einziges Ziel sei es, die Betrügereien der anderen Schamanen aufzudecken, damit vor ihm als rational erscheinen wollte, weil er wußte, daß die Weißen den Schamanismus für Firlefanz hielten.

8 Cf. L. Vajda, 1999, S. 461; bzw. M. Münzel, 1999, S. 100 f. Cf. K. Rasmussen, 1929, S. 54 f.; Jenness, a. a. O., S. 188; K. Rasmussen, 1927, S. 31 f.; E. M. Weyer, 1932, S. 428, 439; E. Y. Arima, 1984, S. 457; Czaplicka, a. a. O., S. 180; E. W. Nelson, 1899, S. 434; bzw. P. Snoy, 1975, S. 190 f., 194, 198. Der *angakok* der Eskimo auf der Diomede-Insel zwischen Alaska und Sibirien stieß sich während der Séance scheinbar ein Messer in den Bauch, worauf Blut aus der vorgeblichen Wunde sowie aus seinem Mund spritzte, das in Wirklichkeit aus zwei mit Blut gefüllten Blasen stammte. Und der Schamane (*aliginalre*) auf der in der Nähe liegenden St.-Lawrence-Insel nahm, um seinem Publikum zu beweisen, daß er wirklich die Krankheit aus dem Patienten gesaugt hatte, vor der Behandlung Steinchen in den Mund, die er danach ausspuckte. Schließlich sagten die Schamanen der Jívaro, ihre Patienten seien nur dann bereit, ihre Behandlung zu bezahlen, wenn sie die Krankheit *sähen*. Deshalb nahmen auch die Jívaro-Schamanen *tsentsak* – materielle Objekte wie Pflanzen, Insekten und ähnliches – in den Mund, die sie nach der Behandlung ausspuckten. Cf. J. M. Murphy, 1964, S. 67; bzw. M. J. Harner, 1973, S. 353. Cf. auch J. Middleton, 1973, S. 306 f.

9 Cf. W. Koppers, 1924, S. 175; W. L. d'Azevedo, 1986, S. 491; bzw. T. Gregor, 1977, S. 345 f.; M. A. Pedersen, 2006, S. 87; ders., 2011, S. 6 f.

10 Cf. C. R. Bawden, 1962, S. 90 ff.; Fridman, a. a. O., S. 141; bzw. D. H. Smith, 1958, S. 172; ders., 1968, S. 80; W. Bauer, 1971, S. 45; X. Tian, 2011, S. 96; C. Osgood, 1963, S. 312 f.; S. Kun, 1988, S. 124; A. Quack, 1985, S. 126 f. Bei den ebenfalls auf Formosa lebenden Ami pfiff und schrie die Heilerin (*tsikawasai*) zornig in Richtung des westlichen Himmels, um die Geister zu veranlassen, die von ihnen geraubte Seele wieder zurückzugeben (cf. Y. Bischof-Okubo, 1989, S. 60), während es bei den Lahu in Yünnan vorkam, daß eine Seele, die den Körper verlassen hatte, nicht mehr heimgehen wollte, weil ihr das körperlose Dasein so sehr gefiel. Dann führten die »Meister-des-die-Seele-Zurückholens« (*ha hku sheh hpa*) ein Ritual durch, während dessen sie sangen. »Die Zeit ist noch nicht reif, um im

Land der Krankheit zu bleiben! Komm heute nacht zurück!« Auch der *tau'a* auf den Marquesas-Inseln war nicht fähig, eine entführte Seele aus dem Jenseits zurückzuholen, indem er dorthin reiste, aber er versuchte, sie anzulocken. Cf. A. R. Walker, 2003, S. 186 ff.; bzw. N. Thomas, 1996, S. 20.

11 Cf. W. Eichhorn, 1973, S. 59 ff.; L. Kohn, 1992, S. 82 ff.; J. Ching, 1993, S. 39, 46; dies., 1997, S. 15, 20; F. C. Reiter, 2000, S. 31 f.; S. M. Nelson, 2008, S. 156 f.; W. Bauer, 1997, S. 205 f., 211, 216; ders., 1971, S. 44; P. Weber-Schäfer, 1962, S. 586 f.; T. Izutsu, 1982, S. 452 ff.; D. Holzman, 1994, S. 107 f. In diesem »Westlichen Paradies« lebten neben den »Unsterblichen« auch die »Jademädchen« (*yunü*), die ebenfalls auf Kranichen durch die Lüfte flogen. Vom Kranich hieß es, daß er ewig oder zumindest tausend Jahre lang lebe, und bis zum Ende der Kaiserzeit im Jahre 1911 wurde der Vogel häufig auf Särgen bildlich dargestellt. »Wandern wie die ›Unsterblichen‹« (*xianyou*) war ein verbreiteter Euphemismus für den Tod. Man hat auch vermutet, daß die im Kranichgefieder fliegenden »Unsterblichen« auf Schamanen zurückgehen, die in einer solchen Aufmachung Kranichtänze aufführten, um damit den Gewitterregen und die Fruchtbarkeit herbeizuführen. Cf. F. Verellen, 1994, S. 832; H. Doré, 1912, S. 468 f.; ders., 1915, S. 653 f.; C. Kleine, 2004, S. 79; M. Eggert, 1993, S. 52; M. Kaltenmark, 1981, S. 210 ff.; bzw. S. E. Cahill, 2006, S. 37.

12 Cf. A. Waley, 1957, S. 23; A. Finch, 2009, S. 340; F. Vos, 1977, S. 67 f.; J. Y. Lee, 1981, S. 153; B. C. A. Walraven, 1983, S. 248; S. W. Han, 1988, S. 52 f.; Y.-D. Kim, 1993, S. 69; S. Knödel, 1998, S. 17; bzw. A. L. Miller, 1993, S. 361; J. Kreiner, 2004, S. 405 f.; R. Saeki, 2006, S. 194. Von dem in der frühen Kamakura-Zeit lebenden buddhistischen Priester Kakukai wird überliefert, er »habe plötzlich Flügel ausgebreitet, die Tür des Tempels, in dem er wohnte, aufgetreten und sei in den Himmel geflogen«. Und der Mönch Taichō »war in der Lage, ohne Flügel zu fliegen«, wobei er in einem Wimpernschlag tausend Meilen zurücklegte. Cf. Kleine, a. a. O., S. 78. Auf den Ryūkyū-Inseln gibt es die Legende, einst habe eine Schwanenfrau nach dem Baden im Meer ihr Federgewand nicht wiedergefunden, so daß sie auf dem Archipel bleiben mußte, wo sie einen Sohn und zwei Töchter gebar – den ersten Schamanen (*toki*) und die ersten Schamaninnen (*noro* und *yuta*). Aber ohne Federkleid konnten auch sie nicht fliegen, weshalb die *kaminchu* auf Okinawa die Seele des Verstorbenen, der noch nicht realisiert hat, daß er tot ist, zwar ins Jenseits schickt, ihn aber nicht begleiten kann. Cf. M. Waida, 1976, S. 145; bzw. I. Prochaska, 2013, S. 256 f. Allerdings wurde eine künftige *kaminchu* vor einer Höhle von einem *kami* angesprochen, der zu ihr sagte: »Komm, ich zeige dir die Urzeit!«, worauf er sie mit in die Höhle nahm. Cf. I. Prochaska, 2013a, S. 137.

Anmerkungen zu § 14

1 Cf. B. Johnson, 1979, S. 165 f.; J. Halifax, 1983, S. 13; P. Radin, 1922, S. 75; F. Boas, 1966, S. 129 f. Bis ins späte 19. Jahrhundert fasteten und wachten die männlichen und weiblichen Visionssucher der Ojibwä tage- und nächtelang in der Übergangszeit vom Kind zum Erwachsenen. Cf. M. D. McNally, 2009, S. 26. Wenn bei den Nördlichen Maidu ein Mann nach Fischen und Schalentieren tauchte, aber nicht mehr an die Wasseroberfläche zurückkam, versuchten die anderen, ihn zu retten. Gelang es, ihn wiederzubeleben, wurde er meistens – höchstwahrscheinlich aufgrund seiner Vision beim Ertrinken – zum »Träumer-Schamanen« (*yukbe*). Cf. R. B. Dixon, 1948, S. 282.

2 Cf. G. Flaherty, 1987, S. 269; R. M. Utley, 1993, S. 26; W. G. Jilek, 1982, S. 333 ff.; bzw. J. Wilbert, 1979, S. 21; J. A. Hasler, 1969, S. 31 f.; F. Andres, 1938, S. 335, 338; bzw. Arima, a. a. O., S. 457; K. Rasmussen, 1929, S. 120; E. Turner, 2004, S. 14; E. Haase, 1989, S. 16. Wenn bei den Eskimo am Smith-Sund im nordwestlichen Grönland jemand Schamane (*angakoq*) werden wollte, ging er nachts zu einem bestimmten Felsen, der hohl klang, wenn man auf ihn klopfte. Falls er zum Schamanen bestimmt war, öffnete sich der Felsen und schloß sich wieder hinter ihm. Danach gelangte er durch eine dunkle Höhle (*angakussarfiq*) zu dem Geist Torngaxssung, der ihn ausbildete und ihm seine Hilfsgeister gab. Dies ereignete sich offenbar alles in einer Vision. Cf. A. L. Kroeber, 1899, S. 303 f.

3 Cf. A. F. Anisimov, 1991, S. 56; A. A. Popov, 2003, S. 32, 38; H. Petri, 1952, S. 168 f.; ders., 1954, S. 231; A. P. Elkin, 1931, S. 349 f.; ders., 1977, S. 18 ff.; bzw. D. Wagner-Robertz, 1976, S. 536 f.; P. R. McKenzie, 1992, S. 131; P. Worsley, 1973, S. 78 f. Auch auf Nord-Andaman verwandelte sich ein Mann nach einer »Nahtod-Erfahrung« in einen Medizinmann (*oko-jumu*), da er die Geisterwelt betreten hatte und fortan mit deren Bewohnern reden konnte. Auf Luzon reisen die künftigen Heiler der Bricolanos nicht selten durch eine dunkle Höhle in »die Welt der Leute, die wir nicht sehen können«. Dieser Besuch dauert meist drei Tage, also die Zeitspanne zwischen Jesu Tod und seiner Wiederauferstehung, und während dieser Zeit bewachen die Verwandten den Körper, der »wie tot« im Bett liegt. Von der Initiation der ungarischen *táltosok* hieß es, daß diese »starben« und ihr Herz nicht mehr schlug. Dann durfte man sie nicht wecken, weil ihre Seele bei den Toten war. Einst sei beispielsweise ein Junge unter einem Baum »eingeschlafen« und dort drei Tage lang gelegen, »als ob er tot wäre«. Unterdessen »war seine Seele mit den [bereits ausgebildeten] *táltosok* unterwegs, die ihm ihr Land zeigten. Als er aufwachte, war auch er ein *táltos*«. Cf. A. R. Radcliffe-Brown, 1948, S. 210; F. Cannell, 1999, S. 83, 89, 122 f.; bzw. N. Érdi, 1989, S. 37.

4 Cf. Caffarini, a. a. O., S. 132f.; bzw. E. Benz, 1969, S. 274. Nach einer »Nahtod-Erfahrung« im Jahre 1953 nahm eine junge Frau der zwischen dem Tanganjika- und dem Bangweolosee lebenden Bemba den Namen Lenshina (»Königin«) an, mit dem sonst nur die Hl. Jungfrau benannt wurde, und gründete in Nordrhodesien eine messianische Kirche, die auf rosarotes Papier gedruckte Eintrittskarten ins Paradies verkaufte, die ein ewiges Leben garantierten. Drei Jahrzehnte später fühlte sich die New-Age-Protagonistin Carol Parrish-Harra nach einer »Nahtod-Erfahrung« so verwandelt, daß sie behauptete, ihre alte Seele sei nicht mehr in ihren Körper zurückgekehrt, sondern durch eine neue ersetzt worden, die der Menschheit jetzt verkünde, was sie tun müsse, um den Planeten zu retten. Cf. S. Serbin, 2006, S. 308ff.; bzw. M. F. Bednarowski, 1989, S. 95.
5 Cf. L. Honko, 1979, S. 388; A. Strathern, 1995, S. 127; S. M. Schirokogoroff, 1935, S. 340, 306, 364, 329, 365; T. Lehtisalo, 1924, S. 157; E. I. Ides, 2007, S. 59; Å. Ohlmarks, 1939, S. 44; E. Jucker, 1955, S. 44f.; K. J. Solov'eva, 2009, S. 90; E. Lot-Falk, 1961, S. 48; G. M. Wassiljewitsch, 1963, S. 384. Schirokogoroff teilte mit, daß er bei einem am Boden liegenden Schamanen den Puls fühlte, den er aber kaum noch spürte. Im Jahre 1712 berichtete der Reisende Johann Bernhard Müller, der Schamane der Ostjaken, dessen Séance er verfolgte, sei eine Stunde lang völlig leblos auf dem Boden gelegen. Cf. J. U. Haas, 1976, S. 258.
6 Cf. W. Bogoras, 1907, S. 441, 463; H. Findeisen, 1957, S. 237. Wenn K. E. Müller (1997, S. 19) meint, die Schamanen hätten während ihrer Bewußtlosigkeit »Luzide Träume« gehabt, so ist das mit Gewißheit unrichtig. Denn zum einen weiß ja der Luzidträumer, daß er *träumt*, und zum anderen muß er ja zuvor eingeschlafen sein. Beides war bei der »großen Séance« nicht der Fall. Das schließt natürlich nicht aus, daß man durch Trommeln in traumähnliche Zustände geraten kann. So berichtet der Ethnologe Larry Peters (1981, S. 14), er sei, nachdem er einige Zeit unter Anleitung des Tamang-Schamanen Bhirenda getrommelt hatte, über ein Tal auf ein Wesen zugeflogen, aus dessen Auge ein grüner Lichtstrahl kam. Als der Schamane den Ethnologen mit Wasser übergoß, wachte dieser auf und erkannte, daß er nur geträumt hatte.
7 Cf. Findeisen, a. a. O., S. 121f.; V. Diószegi, 1960, S. 311. Die letzte Schamanin der mandschurischen Rentier-Ewenken hatte offenbar um das Jahr 1928 während ihrer »Schamanenkrankheit« eine »Nahtod-Erfahrung«, in der die Geister sie dazu auserwählten, eine Schamanin zu werden. Cf. F. G. Heyne, 2003, S. 336.
8 Cf. F. G. Rainey, 1947, S. 278; R. F. Spencer, 1959, S. 307; F. Boas, 1888, S. 186, 191; A. Balikci, 1963, S. 391; M. Lantis, 1984, S. 221; S. Andersen, 1975, S. 300; F. G. Speck, 1935, S. 171ff.; Å. Hultkrantz, 1994, S. 73f., 121; ders., 1994a, S. 15f. Die Schoschonen sagten dem schwedischen Ethnologen,

daß auch in den ältesten Zeiten, aus denen es Überlieferungen gab, nur ganz wenige Schamanen zu solchen Jenseitsreisen fähig gewesen seien. Einer der wenigen Oto-Indianer auf den Plains, dessen Visionssuche erfolgreich war, berichtete, er habe dabei plötzlich das Bewußtsein verloren und sei »ganz starr« geworden, so daß man seine vermeintliche Leiche für die Beerdigung vorbereitete und ihm ein Totengewand anzog. Währenddessen ging er ins Dorf der Toten, wo er seine Großmutter, Mutter und eine Tante traf, die ihm allerdings sagten, sie seien noch nicht bereit, ihn aufzunehmen. Cf. Whitman, a. a. O., S. 99.

9 Cf. Å. Hultkrantz, 1979, S. 49; C. Tolley, 2006, S. 953 f.; J. Pentikäinen, 1997, S. 786; R. Karsten, 1955, S. 60; E. Kasten, 1991, S. 64. Dem entspricht eine Stelle in der Eiríkssaga, an der die Seele (*varð*) der Grönländerin Þorbiǫrg Lítil-vǫlua, die leblos am Boden liegt, mit Hilfe eines bestimmten Sprechgesangs, des *varðlokur*, ins Leben zurückgeholt wird. Ein anderes Lied wurde gesungen, um die *vǫlua* ins Jenseits zu geleiten. Cf. R. Grambo, 1973, S. 419. Die vermutlich älteste Erwähnung des Schamanismus der Lappen ist eine Stelle in der Vatnsdœlasaga, an der Ingimundr drei Lappen bittet, für ihn ins ferne Island zu reisen. Daraufhin lassen sich die Männer an der norwegischen Küste in eine Hütte einschließen, worauf ihre Seelen sich über das Meer auf die Insel begeben. Cf. H. R. Ellis, 1968, S. 123 f. In der Ynglingasaga VII ist es Óðinn selber, dessen Körper wie schlafend oder tot daliegt, während er so schnell wie das Blinzeln eines Auges in ein fernes Land fliegt, worauf wohl sein Name Arnhǫfði, »der Adlerköpfige«, zurückgeht. In Adlergestalt raubt er ja auch den Skaldenmet (*Óðinns mjǫðr*) des Riesen Suttungr. Cf. R. Doht, 1974, S. 53. Auch bei den Kelten nahmen die »Seelenreisenden« offenbar Vogelgestalt an. In *The Siege of Druim Damghaire* heißt es über den Druiden Mog Ruith: »Dann brachte man ihm die Haut des hornlosen, rotgelben Stieres und sein gesprenkeltes Vogelkleid (*enchennach*) mit seiner geflügelten [Kopfbedeckung] und daneben seine druidische Gerätschaft. Und er erhob sich gemeinsam mit dem Feuer in die Luft und in die Himmel.« Und im *Glossary of Cormac* aus dem 9. Jahrhundert wird über die Kleidung (*tugen*) eines Barden mitgeteilt, sie sei aus den Bälgen weißer und vielfarbiger Vögel, bis zur Höhe des Gürtels aus den Halsfedern von Stockenten und vom Gürtel aufwärts aus deren Schopffedern gefertigt. Auch die sibirische Schamanenkleidung, zum Beispiel die tungusische, imitierte bisweilen das Gefieder einer Ente, weil dieser Vogel sowohl fliegen als auch tauchen konnte. Cf. M. Y. Karjala, 1992, S. 117; N. Tolstoy, 1987, S. 242; bzw. Schirokogoroff, a. a. O., S. 289.

10 Cf. L. Bäckman/Å. Hultkrantz, 1978, S. 45; E. Kjellström, 1997, S. 66 f.; Pentikäinen, a. a. O., S. 784 f. Eine noch ältere Beschreibung einer lappischen Séance ist die vom Olaus Magnus aus dem Jahre 1555, die in der Folgezeit immer wieder zitiert und zum Teil auch modifiziert wurde. Cf.

H.-J. Paproth. 1988, S. 284. In alten Zeiten scheint eine der Hauptaufgaben des *noaide* darin bestanden zu haben, auf seiner Seelenreise herauszufinden, wo die wilden Rentiere sich aufhielten, damit die Jäger sie finden konnten. Cf. Å. Hultkrantz, 1985, S. 27. Wie bei den Sibiriern fanden auch bei den Lappen solche »großen Séancen« mit Bewußtlosigkeit des Schamanen nur äußerst selten statt (cf. Bäckman/Hultkrantz, a. a. O., S. 109), und es ist natürlich nicht mehr feststellbar, wie oft solche Ohnmachten nur vorgetäuscht wurden und welche von ihnen wirklich zu »Außerkörperlichen Erlebnissen« führten.

11   Cf. Ø. Vorren/E. Manker, 1962, S. 97, 124, 129; E. Manker, 1963, S. 38; P. Ravila, 1934, S. 118 f. »Wenn sie bewußtlos war«, so erläuterte der Fjeldlappe den Zustand der Schamanin, »durfte man sie nicht wecken.« Die Bewußtlosigkeit soll bis zu 1 ½ Stunden angehalten haben. Cf. L. H. Willumsen, 2013, S. 308.

12   Cf. V. Diószegi, 1968, S. 304; Alekseev, a. a. O., S. 238; S. Fischer-Liebmann, 1969, S. 79; W. A. Hartwig, 1985, S. 36. Die Schamanen der Selkupen und die der nepalesischen Limbu sagten, ihre Trommel sei ein Hirsch, die Magar betrachteten sie als »eine Art Pferd« und die des ungarischen *táltos* hieß *táltosló*, »Táltospferd«. Cf. B. Gunda, 1963, S. 53; L. P. Potapow, 1963, S. 233, 237; D. Riboli, 2000, S. 117; M. Oppitz, 2013, I, S. 110; bzw. V. Diószegi, 1960, S. 262. Gewisse Felsgravierungen der neolithischen Rentierjäger am nordnorwegischen Altafjord hat man für Darstellungen von Schamanentrommeln gehalten. Cf. I. M. Mulk, 1985, S. 435.

13   Cf. T. A. DuBois, 1999, S. 130; Heyne, a. a. O., S. 46 f.; M. Hermanns, 1956, S. 192 f.; E. Friedl, 1966, S. 71; R. de Nebesky-Wojkowitz, 1956, S. 542 f.; bzw. P. T. Furst, 1972, S. 148, 160. Noch zu Beginn des 19. Jahrhunderts scheinen die Schamanen der Ainu im Norden Hokkaidos und auf Sachalin mit einem Stock rhythmisch auf den Holzrahmen der Feuerstelle geschlagen zu haben. Cf. W. Kemp, 1928, S. 82. In manchen Gegenden soll das Trommeln eines Gehilfen auch nötig gewesen sein, um den Schamanen wieder zurückzuholen, zum Beispiel bei den Jurak-Samojeden. Deren Schamanen kamen angeblich nur dann wieder zu Bewußtsein, wenn ihr Helfer ganz nahe an ihrem Ohr die Trommel schlug. Cf. T. Lehtisalo, 1924, S. 155.

14   Cf. A. J. Deikman, 1969, S. 28; F. Lawlis, 1989, S. 208; R. N. Walsh, 1992, S. 217; J. F. Rychlak, 1997, S. 225; S. Gilligan, 1991, S. 76; bzw. W. Harmless, 2008, S. 171 f.; E. Messmer-Hirt, 2005, S. 26; Y. P. Cha, 2010, S. 152; A. Butt, 1962, S. 41; G. H. Shepard, 2004, S. 257. Während der Ayahuasca-Zeremonien der Kashinahua leiteten Vorsänger die Teilnehmer mit in hohem Maße standardisierten Sprechgesängen, deren Verse sich immer wiederholten und auf deren Inhalt es überhaupt nicht ankam. Cf. B. Keifenheim, 2000, S. 146, 148. Bei den !Kung in der Kalahari versammelten

sich die Frauen um das Feuer und sangen und klatschten rhythmisch in die Hände, bis die tanzenden Männer einer nach dem anderen in Trance gerieten, während die minoischen Priesterinnen offenbar – wie auf dem goldenen Siegelring aus einem Grab der Nekropole Isópata bei Knossos zu sehen ist – durch wilde rhythmische Tänze, die vermutlich von Sistren begleitet wurden, die Epiphanie der Großen Göttin bewirkten (Abb. 18). Cf. R. Katz, 1976, S. 286, 291; bzw. R. Hägg, 1983, S. 184; N. Platon/I. Pini, 1984, S. 61; J.T. Hooker, 1983, S. 138; S.H. Lonsdale, 1993, S. 156 f.; H. P. Duerr, 2011, S. 461. Bei manchen Menschen induziert bekanntlich der monotone Sprachrhythmus des Hypnotiseurs eine »hypnotische Trance«, und rhythmische Geräusche sowie regelmäßig pulsierendes Licht lösen bei Epileptikern nicht selten Auren aus. Cf. C. Haring, 1995, S. 32; bzw. K. R. Livingston, 2005, S. 86 f. Repetitive Tätigkeiten und gleichförmige Bewegungen, zum Beispiel die von Marathonläufern, führen mitunter zu »Außerkörperlichen Erlebnissen«. Cf. H. J. Irwin, 1985, S. 153.

15 Cf. V. Krishnan, 1985, S. 30; G. Asaad, 1990, S. 22; D. I. Radin, 1997, S. 73; D. Hubl et al., 2008, S. 395; D. Lewis-Williams, 2002, S. 124; Y.-J. Shiah, 2009, S. 235; bzw. I. Hori, 1968, S. 203. Bei den »Ganzfeld«-Experimenten bedeckte man die Augen der Versuchspersonen mit halbierten Tennisbällen, die mit einem roten Licht bestrahlt wurden. Außerdem spielte man ihnen über Kopfhörer ein »weißes Rauschen« ein, um äußere Reize weiter zu reduzieren. Damit die Versuchspersonen nicht einschliefen, wurden sie auf milde Weise stimuliert – jedenfalls milder als durch die Stockhiebe der Meister beim *zazen*. Cf. A. Hergovich, 2001, S. 52; J. Palmer, 2003, S. 53 f. Trotzdem brachen immer wieder Versuchspersonen solche Experimente ab, »weil die Stille so laut war, daß sie«, wie eine von ihnen sagte, »mein Trommelfell durchbohrte«. Cf. G. E. Ruff et al., 1961, S. 85. Nach einer Untersuchung erlebten 75 % der befragten Schizophrenen, die von visuellen Halluzinationen berichteten, diese nur dann, wenn sie allein waren; 65 %, wenn es still um sie herum war, und 55 % bei trübem Licht oder im Dunkeln. Cf. J. Gauntlett-Gilbert/E. Kuipers, 2003, S. 204. Generell sind auditive Halluzinationen bei »sensorischer Deprivation« selten, und die visuellen ähneln denen unter dem Einfluß von LSD, doch sind diese farbiger und lebendiger. Cf. M. Zuckerman, 1969, S. 124; J. P. Zubek, 1973, S. 18.

16 Cf. J. Paper, 1990, S. 88 f.; T. E. Mails, 1999, S. 124 f.; J. F. Lame Deer/R. Erdoes, 1972, S. 183; A. Lehmann, 1925, S. 572; D. Callerton et al., 2005, S. 752; K. Schmëing, 1938a, S. 26; W. Emboden, 1979, S. 93 f.; R. E. Schultes/A. Hofmann, 1980, S. 55; A. Weil, 1996, S. 685; W. S. Lyon, 2004, S. 123; bzw. P. Lewis/E. Lewis, 1984, S. 132; A. Fadiman, 2000, S. 290, 295; S. I. Wajnschtejn, 1996, S. 270, 279; Hergemöller, a. a. O., S. 125; C. McCreery, 1967, S. 117; P. Hodgson, 1982, S. 9 ff. Viele jakutische Schamanen

trugen um die Stirn einen Eisenring, von dem Fransen aus Rentierfell über das Gesicht hingen, während andere ihre langen Haare über die Augen hängen ließen, und am Kolima-Fluß lernte W. Jochelson (1933, S. 117f.) einen mächtigen Jakuten-Schamanen kennen, der blind war. Die Schamanen der Udehe, der Ewenken am »Schwarzen Drachenfluß« im Nordosten der Inneren Mongolei, der Darkat-Mongolen, Nganasanen sowie der Enet und Nenet verwendeten dazu mit Bärenfell überzogene Holzmasken, Perlenvorhänge, schwarze Seidenkordeln, Eulenfedern, Renfellstreifen bzw. Bänder mit herabhängenden Lederfransen. Cf. W. K. Arsenjew, 1924, S. 322; E. Haase, 1989a, S. 154f.; U. Johansen, 1989, S. 221; R. Noll, 1985, S. 447; V. Diószegi, 1963, S. 152; Y. D. Prokofyeva, 1963, S. 140. »If the stage falls empty«, so formulierte es R. Carter (1999, S. 130), »the ghosts will come in to fill it.« Ähnliches konnte auch durch eine Überreizung (»sensory overload«) erreicht werden. Cf. A. M. Ludwig, 1969, S. 11.

Anmerkungen zu § 15

1 Cf. Butt, a. a. O., S. 50; R. C. Payne, 2012, S. 323f.; I. Goldman, 2004, S. 326, 339; bzw. R. Katz, 1982, S. 39f., 43ff., 100, 113f.; M. Shostak, 1982, S. 235, 239, 241; L. Marshall, 1969, S. 377f.; P. Vinnicombe, 1976, S. 310; M. Biesele, 1978, S. 168f.; N. Tobert, 2001, S. 46. Wenn die Tänzer der !Kung ohnmächtig am Boden lagen, sagte man, sie seien »halbtot« oder »tot«, denn die !Kung sahen eine Ähnlichkeit zwischen einer sterbenden Elenantilope und einem Menschen, dessen *n/um* hochstieg: Beide zitterten, schwitzten stark, bluteten gelegentlich aus der Nase und brachen schließlich zusammen. Cf. P. Mitchell, 2002, S. 200. Beinahe die Hälfte der !Kung-Männer und knapp ein Drittel der Frauen nahmen an den Trancetänzen teil, aber nur sehr wenige von ihnen konnten heilen, und noch weniger vermochten ihren Körper zu verlassen. Im Gegensatz zu den erfahrenen Tänzern zeigten die unerfahrenen und jüngeren extreme Verhaltensweisen, indem sie sich zum Beispiel ins Feuer warfen, losheulten oder in die Wildnis hinausliefen. Cf. Shostak, a. a. O., S. 242f.
2 Cf. M. Gusinde, 1966, S. 135; M. Guenther, 1999, S. 180; bzw. D. Wagner-Robertz, 1977, S. 16ff., 43f.; dies., 1981, S. 152; V. Lebzelter, 1929, S. 15. Ein junger Mann namens /Garugu//Khumob unternahm diese Reise, als er während einer schweren Krankheit das Bewußtsein verlor. In diesem Falle war die »Seelenreise« sein Berufungs- oder Initiationserlebnis, und er wurde anschließend ein geachteter Heiler. Cf. Wagner-Robertz, a. a. O., S. 6f. Auch die Heiler oder »Aussauger« (*χoma-aob*) der Bergdama im Süden des Okawango besuchten »außerkörperlich« die Hütte //Gamabs »jen-

seits der Sterne«. Aber bei ihnen waren ebenfalls nur ganz wenige Heiler dazu imstande. Diese sangen meist stundenlang im Wechsel mit den Anwesenden monotone Lieder, bis sie anfingen, am ganzen Leib zu zittern. Darauf trat Schaum vor ihren Mund, und sie fielen besinnungslos zu Boden. Cf. H. Vedder, 1923, S. 99 ff.

3 Cf. R. Tonkinson, 1970, S. 281; A. Lommel, 1980, S. 150 f.; ders., 1981, S. 100; bzw. C. Scharfstetter, 1998, S. 478; R. Tölle, 2008, S. 101 f.; bzw. G. Chesi, 2003, S. 80 f.; F. De Boeck, 2004, S. 32 f. Auch von den Medizinmännern der östlich der nordwestaustralischen Synnott Range lebenden Ungarinyin wird überliefert, daß mehrere von ihnen gemeinsam auf dem Rücken der Regenbogenschlange ins Jenseits reisten. Cf. H. Petri, 1952, S. 175.

4 Cf. D. Battaglia, 1990, S. 66 ff.; D. Tuzin, 1989, S. 200 f., 204 f.; bzw. Massing, a. a. O., S. 102. Bei den Tumon-Dayak wurde die Seele des Verstorbenen mit einer Folge von Gongschlägen in die Totenwelt auf den Gipfeln der Berge befördert, und bei den Uut-Danum wurde sie in der Nacht nach dem Tode mit einem Gesang (*parung ngitot Liow*) dorthin geleitet. Die Priesterinnen und Priester der Olo-Ngadju leierten unter Begleitung von Trommelschlägen lange Formeln herunter, mit denen die Geister gebeten wurden, ein Schiff für die Fahrt des Verstorbenen mit Gütern und den beim Totenfest verbrannten Tieren auszustatten. Schließlich hieß es, jetzt lege das Schiff unter lautem Trommelwirbel und Feuerstößen ab, wobei der Oberpriester den Psychopomp Tempon Telon repräsentierte, der das Schiff in die Totenwelt führte. Cf. M. Baier, 1999, S. 51; P. Couderc, 2012, S. 159; bzw. R. Hertz, 1960, S. 58 f.; ders., 2007, S. 121 f. Bei den Hmong rezitiert ein »Geleiter« in die Geisterwelt zunächst das *Qhuab Ke*, ein Versbuch, damit dem Verstorbenen bewußt wird, daß er tot ist, und dirigiert ihn dann Schritt für Schritt zu seinem Geburtsort und anschließend unter Begleitung zweier Männer, die abwechselnd Flöte spielen und die Totentrommel schlagen, auf seiner gefährlichen und mühsamen Reise in die Welt der Toten. Cf. B. T. Bliatout, 1993, S. 85 ff. Auf den Torres-Strait-Inseln stellte ein maskierter Mann am Morgen nach dem Tod einer Person in einer Pantomime deren Reise zur Insel der Geister dar. Cf. H. Stubbe, 1985, S. 116.

5 Cf. L. Honko, 1978, S. 88 f.; L. S. Károly, 1990, S. 228, 234; bzw. J. B. Casagrande, 1960, S. 483; P. Radin, 1937, S. 29, 237 f. Bei den Mru auf der Chittagong-Hügelkette tötete man unmittelbar nach dem Tod einer Person einen Hund, damit dieser ihr als Psychopomp dienen konnte, und in der frühmittelalterlichen T'ang-Zeit zündete man Lampen an, damit der Verstorbene seinen Weg in die andere Welt fand. Cf. M. A. Baten, 2007, S. 145; bzw. S. F. Teiser, 1986, S. 54. Bei den Mandäern führte die Gemeinde eine *masiqta* (»Aufstieg«) genannte Zeremonie durch, während deren sie dem Verstorbenen dabei half, bei der 42 Tage dauernden *ascensio* sämt-

liche himmlischen »Wachstationen« zu passieren. Cf. H. Niehr, 1996, S. 73. Die Trauergemeinde der Lahu im südwestlichen China »begleitete« den Verstorbenen in Gedanken in das Totenreich, während rituelle Spezialisten dazu rhythmisch chanteten. Cf. J. Ma, 2013, S. 76. Auch das Lesen der Totenmesse sollte den Verstorbenen auf dem Weg in Abrahams Schoß vor den Dämonen bewahren, oder man sprach Jesus direkt an, die Seele der Toten zu beschützen, »damit der Abgrund sie nicht verschlinge und sie nicht in die Finsternis hinabstürze. Vielmehr geleite sie der Bannerträger Michael in das heilige Licht!« Wie Hermes führte der hl. Michael mit seinem Botenstab die Totenseelen. Auf einer um 1300 entstandenen Miniatur der »Burckhardt-Wildt-Apokalypse« hat Jesus eine Frau am Unterarm gepackt, um sie durch das Portal ins Paradies zu ziehen, während Michael die Dämonen mit seinem Stab wegstößt, die versuchen, die Frau zurückzuzerren. Cf. S. Leutert, 2007, S. 110; S. Jung/N. Bleuel, 2013, S. 104; A. Rosenberg, 1967, S. 101f.; bzw. D. Ganz, 2008, S. 208. Michael ist der Engel, der nach der Vertreibung der Ureltern mit einem Flammenschwert das Tor zum Paradies bewacht. Nach jüdischer Tradition geleitet er die Seelen der Gerechten und Frommen dorthin oder ins Himmlische Jerusalem, während die Gottlosen vom Todesengel Samael in die Hölle gezerrt werden. Cf. W. Lueken, 1898, S. 46, 125.
6 Cf. R.A. Moody/D. Arcangel, 2003, S. 261f.; A. Stechl, 2007, S. 71; E. Kennedy, 1993, S. 21; bzw. R.J. Bonenfant, 2000, S. 105; P. van Lommel, 2009, S. 69; G. Howarth/A. Kellehear, 2001, S. 75f. Seit ein paar Jahren gibt es in den USA eine »Deathing« genannte Form der Sterbebegleitung, bei der die Sterbenden nicht nur angeleitet werden, wie sie ein- und ausatmen sowie ihre Seele »loslassen« sollen, damit sie durch die Fontanelle den Körper verlassen kann. Vielmehr gibt es auch »neo-schamanische« Anweisungen für die Sterbebegleiter wie die folgende: »Erklären Sie der Seele des Verstorbenen, daß sie nun nichts mehr an die Erde bindet, und führen Sie sie durch den Tunnel oder auch auf direktem Weg ins Licht!« Cf. R.L.M. Lee, 2007, S. 228; bzw. F.R. Paturi, 2005, S. 201. Derartige Ratschläge und Anweisungen sind nicht nur anmaßend und unseriös, sondern dann, wenn sie sich direkt an die Sterbenden wenden, aufdringlich. So wie Sokrates sich einhüllte, als er starb, möchten manche Menschen offenbar in ihren letzten Minuten alleine sein, und einige nehmen allem Anschein nach die Gelegenheit wahr, »still wegzugehen«, wenn die Angehörigen kurz das Sterbezimmer verlassen haben, wie eine Krankenhaus-Seelsorgerin berichtet. Cf. G. Kröger, 1999, S. 63f.
7 Cf. R. Devisch, 1991, S. 118; B. Johnson, 1979, S. 165; A. Reichel-Dolmatoff/ G. Reichel-Dolmatoff, 1961, S. 420; C. v. Fürer-Haimendorf, 1964, S. 255f., 262; bzw. D.H. Holmberg, 1989, S. 165, 168; C. Burtt, 1967, S. 129f.; P.H. Wiebe, 2004, S. 210ff.; F.A. Volmar, 1972, S. 133; D. Holmes, 1991,

S. 278; H. Bender, 1987, S. 611; C. B. Becker, 1993, S. 40, 46, 48; F. A. Volmar, 1972, S. 133. Erscheinungen werden durchweg bei offenen Augen gesehen und verschwinden meistens – im Gegensatz zu Halluzinationen –, wenn die Betreffenden die Augen schließen. Deshalb haben sie einen stärkeren Wirklichkeitscharakter.

8 Cf. K. Osis, 1986, S. 82; K. Jaspers, 1963, S. 417; T. Nielsen, 2007, S. 980; W. James, 1902, S. 61; C. Zaleski, 2008, S. 625; M. Grey, 1985, S. 62. Teresa von Ávila nannte das Gefühl, daß Jesus neben ihr stehe, ohne daß sie ihn mit den Augen des Leibes oder denen der Seele sehen konnte, eine »geistige Vision«. Cf. T. v. Ávila, 1966, S. 162f.; R. M. San Juan, 2008, S. 245. »Präsenzen« kommen offenbar auch bei »Nahtod-Erfahrungen« im jenseitigen Bereich vor. So fühlte eine junge Frau im hellen Gefilde vor allem die Gegenwart von Kindern: »Sehen konnte ich sie nicht, nur empfinden.« Cf. G. Hoffmann, 1978, S. 113.

9 Cf. Nielsen, a.a.O., S. 978; J.H. Leuba, 1927, S. 238f.; Andresen, a.a.O., S. 41; M.A. Persinger, 1989, S. 55; V.M. Neppe, 1983, S. 142; B. Johnstone/B.A. Glass, 2008, S. 870f.; E. Fale, 2010, S. 144f.; A.J. Martin, 1991, S. 223; bzw. H. Sexauer, 1959, S. 107ff.; Becker, a.a.O., S. 47; G. Schallenberg, 1990, S. 297f.; A. Vergote, 1998, S. 280; Osis, a.a.O., S. 82; E. Bauer, 1989, S. 12; L. Peti, 2009, S. 302. In Ingermanland fand L. Honko (1985, S. 452) heraus, daß spontane Erscheinungen, die den Betreffenden ohne ihr Zutun *widerfuhren*, sehr viel deutlicher und lebendiger waren als die in einem Ritual evozierten und erwarteten.

10 Cf. J.B. Estrade, 1980, S. 31, 34f., 65, 105; J. Harpur, 2002, S. 147; O. Grasmück, 2009, S. 141, 145; M. Buber, 1923, S. 156; bzw. J. Quicherat, 1841, S. 71; K. Sullivan, 1996, S. 88ff.; L.J. Taylor, 2009, S. 23ff.; M.P. Carroll, 1986, S. 122. Auch die jungen Visionäre in Paris im Jahre 1830 und in La Salette 1846 sagten erst dann, sie hätten die Muttergottes gesehen, als ihnen das suggeriert wurde. Details, die zu dieser Version nicht paßten, ließ man unter den Tisch fallen. Cf. M.D. Murphy/J.C. González Faraco, 2011, S. 513. Die Kinder, die im Sommer 1876 beim Heidelbeerensammeln in der Nähe eines saarländischen Dorfes eine Erscheinung hatten, sagten zunächst, sie hätten »so etwas wie eine weiße Gestalt« gesehen, aber im Laufe der Zeit mutierte das vage und undeutliche Gebilde zur von Engeln begleiteten, golden und himmelblau gekleideten Hl. Jungfrau mit dem Jesuskind. Sie trug »goldene Schuhe und weiße Strümpfe«, und die Engel aßen schließlich an einem goldenen Tisch gebratenen Fisch. In der Folgezeit überboten die Kinder in den Dörfern der Gegend einander mit immer extravaganteren Visionen, in denen auch der Teufel nicht fehlte. Cf. D. Blackburn, 1995, S. 176ff.

11 Cf. S. McCorristine, 2010, S. 208; Carroll, a.a.O., S. 118, 121, 212ff.; R.B. Finnestad, 1994, S. 9, 12, 14. Als im Jahre 1933 ein zwölfjähriges Mädchen

in Banneaux aus dem Fenster schaute, sah sie angeblich eine wunderschöne junge Frau mit einem »äußerst huldvollen Lächeln«. Ihre Mutter sagte scherzhaft, das sei bestimmt die Hl. Jungfrau, ging aber trotzdem zum Fenster und erblickte ein »weißes Licht«, das ungefähr die Größe eines Menschen hatte. Da bekam sie es mit der Angst zu tun und verbot ihrer Tochter, nach draußen zu gehen. Um das Jahr 1990 sahen zahlreiche Personen im Fenster eines Hauses in dem moldauischen Dorf Răcăciuni eine Gestalt, die aus Rauch zu bestehen schien, und einige Zeugen sagten, der Rauch habe so ausgesehen, »als ob Jesus dort war«, was der rumänische Priester eines in der Nähe liegenden Klosters dahingehend steigerte, daß er konstatierte, was sich dort ereignete, sei »ein Zeichen, ein Wunder«. Cf. Peti, a. a. O., S. 297f.

12 Cf. Carroll, a.a.O., S. 123f.; Schallenberg, a.a.O., S. 407, 479; J. Nickell, 1993, S. 187; R. Laurentin/H. Joyeux, 1986, S. 30, 54, 190; J.P. Pandarakalam, 2001, S. 231, 235f.; R. Schermann, 1987, S. 225; Vergote, a.a.O., S. 294f.; bzw. Becker, a.a.O., S. 48; McCorristine, a.a.O., S. 158f.; bzw. A.M. Bennett, 1961, S. 166f.; C.A. Lindbergh, 1956, S. 292f.

Anmerkungen zu § 16

1 Cf. L.A. Sass, 1994, S. 75; T. Bock, 1999, S. 222f.; C.M. Edsman, 1967, S. 157; E. Bleuler, 1955, S. 30; L.A. Sass, 1996, S. 233; J. Junginger, 1986, S. 527f.; E. Straus, 1960, S. 266ff.; ders., 1963, S. 143f.; I. Stratenwerth/T. Bock, 1998, S. 48, 51; M. Sechehaye, 1973, S. 44. Die Schizophrenen sagen sehr selten, daß sie jemanden »sprechen« hören, vielmehr ist es, »als ob« jemand spräche, und sie hätten eher »das Gefühl, wie wenn jemand«, den sie aber nicht wahrnehmen, etwas »mitteile«. So sagte auch der keineswegs schizophrene Oglala-Sioux Schwarzer Hirsch über den Beginn seiner Vision: »Mir *schien es*, als würde mich jemand rufen«, und ein Schizophrener verlautete, die »Stimme« habe »*so etwas wie* ›Dies ist die letzte Übertragung‹« gesagt. Cf. O. Bumke, 1948, S. 28f.; Schwarzer Hirsch, 1983, S. 29; J.K. Wing, 1977, S. 74. Senatspräsident Schreber nahm die »Stimmen« wie ein leises Lispeln oder wie »das Geräusch des aus einer Sanduhr herabträufelnden Sandes« wahr und konnte die einzelnen Wörter oft gar nicht voneinander unterscheiden. Viele Psychotiker legen Wert auf die Feststellung, daß ihre »Stimmen« ebenso wie ihre visuellen Halluzinationen eher Vorstellungs- als Wahrnehmungscharakter hätten, wobei ihnen allerdings je nach Schweregrad der Psychose die Irrealität der Phänomene bewußt ist. Cf. D.P. Schreber, 1973, S. 211f.; R. Aldridge-Morris, 1989, S. 104; L. Ciompi, 1982, S. 274f.; J.L. Strauss, 1989, S. 49; K. Conrad, 1971, S. 95ff.;

P. Flor-Henry, 1986, S. 523; P. J. McKenna, 1997, S. 174; bzw. L. B. Alloy et al., 1996, S. 363.

2 Cf. G. Asaad, 1990, S. 6; J. Cutting, 1995, S. 18; R. Bentall, 1998, S. 131; T. Bock, 2005, S. 24 f.; D. Hubl et al., 2008, S. 399; D. Hell, 2007, S. 371. Natürlich sind die Übergänge vom als normal geltenden »lauten« Denken zum inneren Dialog und zum psychotischen Stimmenhören fließend. Cf. G. Stanghellini, 2004, S. 175.

3 Cf. G. Jervis, 1978, S. 300; C. A. Ross, 1989, S. 162; Schreber, a. a. O., S. 37 ff.; bzw. R. P. Behrendt/C. Young, 2004, S. 781; R. P. Behrendt, 2005, S. 759; P. Lysaker/J. Lysaker, 2008, S. 93 f.; S. J. Rojcewicz/R. Rojcewicz, 1997, S. 15; M. Romme/S. Escher, 2008, S. 43. Nach einer Untersuchung fühlten sich zwei Drittel der Patienten von den »Stimmen« bedroht. Eine Minderheit sagte, sie fühlte sich durch sie nicht so einsam. Andere gaben an, die »Stimmen« seien für sie so, wie wenn im Hintergrund ein Radio spiele, und einige wenige empfanden sie wie die eines Schutzengels. Es ist also nicht verwunderlich, wenn die große Mehrheit der Kranken kein besonders entspanntes Verhältnis zu ihnen hat. Cf. L. J. Milleret et al., 1993, S. 586 f.; W. K. Strik, 2007, S. 404.

4 Cf. E. Kasten, 2008, S. 38; H. Bender, 1973, S. 124 f.; ders., 1983, S. 237 f.; N. Ludmann, 2009, S. 31; Conrad, a. a. O., S. 101; M. Merleau-Ponty, 1966, S. 385 f., 390 f.; bzw. L. A. Sass, 1994a, S. 23 ff.; R. Vauth/R.-D. Stieglitz, 2007, S. 5; McKenna, a. a. O., S. 10; M. Spitzer, 1988, S. 274; Cutting, a. a. O., S. 16; Sass, a. a. O., S. 77, 94; W. E. Needham/R. E. Taylor, 2000, S. 110, 113. Bei Personen mit einer Makula-Degeneration treten visuelle Halluzinationen häufig abends oder nachts auf, und zwar dann, wenn die Betreffenden die Augen offen haben. Freilich wissen die meisten, daß es sich um Trugwahrnehmungen handelt, die verschwinden, wenn sie die Augen wiederholt öffnen und schließen oder das, was sie sehen, fixieren. Cf. M. Manford/F. Andermann, 1998, S. 1825. Nach einer Untersuchung hatten ca. 60 % der schizophrenen Patienten auditive und ca. 30 % visuelle Halluzinationen (cf. S. M. Silverstein/W. A. Phillips, 2004, S. 806), und nach einer anderen traten visuelle Halluzinationen sogar bei 56 % der Befragten auf, also bei einer wesentlich größeren Anzahl als bisher angenommen. 70 % der visuellen Halluzinationen waren die von humanoiden Wesen; 55 % waren monochrom und 60 % zweidimensional und wurden an Decken, Wänden sowie auf Fensterscheiben gesehen. 65 % dauerten nur Sekunden oder wenige Minuten an; 85 % traten bei Stress, 60 % bei Müdigkeit und 55 % dann auf, wenn die Betreffenden sich einsam fühlten. Etwas über die Hälfte der Befragten glaubte, es handle sich um übernatürliche Erscheinungen, während weniger als die Hälfte von der Irrealität der Wahrnehmungen überzeugt war. Dennoch reagierten 80 % mit Angst oder Panik und 60 % mit Hoffnungslosigkeit und Depression. Cf. J. Gauntlett-

Gilbert/E. Kuipers, 2003, S. 203f. Bei außereuropäischen Schizophrenen scheinen visuelle Halluzinationen noch wesentlich häufiger aufzutreten als bei europäischen und nordamerikanischen. Cf. A. Jablensky, 1995, S. 230; Asaad, a. a. O., S. 30.
5 Cf. G. Störring, 1900, S. 51; Merleau-Ponty, a. a. O., S. 392; W. H. Bexton et al., 1967, S. 326; W. Blankenburg, 1987, S. 93f.; A. Moldzio, 2004, S. 106; bzw. W. A. Phillips, 2004, S. 803; R. T. Hurlburt, 1990, S. 247f.; C. Klicpera, 2007, S. 129; F. H. Previc, 2006, S. 509; K. Schneider, 1928, S. 23. Häufig sagen die Betreffenden, sie hätten etwas »gesehen«, zum Beispiel einen Hund, aber sie können ihn nicht beschreiben oder näher charakterisieren, und bei einer intensiveren Befragung stellt sich heraus, daß sie nicht wirklich etwas wahrgenommen, sondern sich eher etwas vorgestellt oder an etwas gedacht haben. Cf. Bleuler, a. a. O., S. 29.
6 Cf. Rojcewicz/Rojcewicz, a. a. O., S. 9f., 13; L. Süllwold, 1983, S. 41; V. Faust, 1996, S. 44; Bleuler, a. a. O., S. 32; S. Nolen-Hoeksema, 1998, S. 220; D. Collerton, 2005, S. 739 ff.; H. Prinzhorn, 1922, S. 205 ff.; M. A. Schwartz/O. P. Wiggins, 1992, S. 309. Ähnlich wie die spukhaften Erscheinungen sind auch die Halluzinationen Schizophrener häufig stereotyp und repetitiv, dasselbe Bild kommt in verschiedenen Kontexten immer wieder vor. Sehr selten interagiert das, was »gesehen« wird, mit seiner Umgebung. So sind Halluzinationen von Personen, die reden, sehr selten. Cf. Sexauer, a. a. O., S. 109; bzw. D. Collerton et al., 2005, S. 739 ff. Wie die Erscheinungen können auch Halluzinationen nicht aus verschiedenen Blickwinkeln betrachtet werden, aber im Gegensatz zu Nachbildern und eidetischen Bildern, die sich mit den Augen bewegen, bleiben sie wie normale Wahrnehmungen »stehen«. Cf. E. T. H. Brann, 1991, S. 349.
7 Cf. Hubl et al., a. a. O., S. 396; M. Romme/S. Escher, 2008, S. 25; Jervis, a. a. O., S. 296; Bash, a. a. O., S. 140; Bexton et al., a. a. O., S. 326; bzw. R. Carter, 1999, S. 125.
8 Cf. R. Perry, 2011, S. 476; J. T. Green, 1983, S. 91f.; Y. M. Stout et al., 2006, S. 51. Cf. auch I. Schmied-Knittel, 2003, S. 109f.; bzw. E. Mattiesen, 1936, S. 328; Schwarzer Hirsch, a. a. O., S. 55; E. Stagel/R. H. Oehninger, 2003, S. 57; E. Wiesenhütter, 1973, S. 20; ders., 1976, S. 18; C. P. Flynn, 1986, S. 14; Storm, a. a. O., S. 11, 16; J. Kerner, 1922, S. 626; C. Engling, 2005, S. 229f. Für einen Mann, der nach einem Verkehrsunfall einen Herzstillstand hatte, war das Erlebnis »weitaus realer und lebendiger als alles, was« er »im wirklichen Leben erfahren hatte. Es war so wirklich, detailliert und so klar und konsistent, es war überhaupt nicht wie im Traum«. »Es war echter als das Wacherleben hier auf der Erde«, so ein anderer, etwas »ganz Faszinierendes«, nicht so, »daß die Sinne benebelt, sondern daß sie eher noch wacher sind«. Ein dritter betonte, die Erfahrung sei wie »ein Erwachen zur Klarheit« gewesen, wie wenn er vorher nur geschlafen habe, und ein vierter

bemerkte: »Mir kommt seitdem die Welt wie ein Zerrbild des wirklichen Lebens vor – wie eine Phantasiewelt.« Deshalb bezeichneten andere den Ort »drüben« als »die wirkliche Welt«, denn wie wieder andere sagten: »It compares to nothing else«. Cf. S. Blackmore, 1993, S. 164; B. Schnettler, 2004, S. 166 f.; J. C. Hampe, 1975, S. 65; M. B. Sabom, 1986, S. 34; bzw. H. Aichelin, 1978, S. 89; Perry, a. a. O., S. 478.

9 Cf. D. Sawicki, 2002, S. 148 f.; Maximos v. Tyros: *Philosophische Vorträge* XXXVIII. 3; H. Knoblauch, 1999, S. 138 f.; Storm, a. a. O., S. 10. Nach Herodot (IV. 13) schrieb Aristeas in seinem Epos, das laut Strabon (XIII. 589) Ἀριμάσπεια hieß, »er sei, von göttlicher Begeisterung getrieben«, zu den im hohen Norden wohnenden »Issedonen gekommen« (ἀπιαέσθαι ἐς Ἰσσηδόνας φοιβόλαμπτος γενόμενος). Auf Prokonnesos sei er in einer Walkerei »gestorben«, aber als seine Familie den Leichnam holen wollte, um ihn zu beerdigen, war dieser, wie es hieß, nicht mehr da. 240 Jahre nach seinem Verschwinden gab sich offenbar in Metapontion ein Mann als Aristeas aus und behauptete, er habe Apollon in Gestalt eines Raben begleitet (IV. 14 f.). Plinius (VII. 174) teilte mit, einige Leute wollten gesehen haben, daß die Seele des echten Aristeas in Gestalt (*effigie*) eines Raben aus seinem Mund geflogen sei. Wie Maximos v. Tyros weiter berichtete, habe man Aristeas zunächst nicht über den Weg getraut, weil er keinen Lehrer »vorweisen konnte«, der ihn unterrichtete, doch scheint sich das im Laufe der Zeit geändert zu haben. Auch Strabon nannte ihn einen »Scharlatan wie nur je einer«, doch an einer anderen Stelle (XIV. 639) erwähnte er die Überlieferung, nach der Aristeas »der Lehrer Homers gewesen« sei.

10 Cf. Hampe, a. a. O., S. 52; Teresa v. Ávila, a. a. O., S. 144; Gresser, a. a. O., S. 96; J. Domian, 2012, S. 55 f.; Perry, a. a. O., S. 476; B. Greyson, 2007, S. 410; M. Thounard et al., 2013, S. 4; bzw. K. Ring, 2007, S. 72. »A hallucination is not like this«, meinte eine Frau, »it doesn't have the power. It doesn't have that sense of reality«, und dies mache sie »absolutely sure that my experience was real« (Perry, a. a. O., S. 478). Cf. auch E. W. Cook et al., 1998, S. 377, 379.

11 Cf. P. L. Berman, 2012, S. 28, 130 f.; M. B. Campbell, 2007, S. 245; Knoblauch, a. a. O., S. 147; bzw. E. d'Aquili/A. B. Newberg, 1999, S. 124, 192; G. Lier, 2010, S. 611, 908; R. W. Hood, 2009, S. 675; G. Shushan, 2009, S. 195; M. Schröter-Kunhardt, 1993, S. 68 f.; Knoblauch, a. a. O., S. 194. »Es ist also die subjektive Evidenz des Erfahrenden«, so F. Gietenbruch (2010, S. 146), »die für ein wirkliches Überschreiten der Todesschwelle spricht.« Nach W. Schweer (2012, S. 18, 64) spricht für die reale Existenz des Erlebten nicht nur sein Wirklichkeitscharakter, sondern zudem die Tatsache, daß für gewöhnlich die »Gewißheit«, etwas Wirkliches erlebt zu haben, auch nach der »Nahtod-Erfahrung« erhalten bleibe. Für E. Alexander (2012, S. 41, 130) war seine »Nahtod-Erfahrung« »the single most real

experience« seines Lebens, »more real than the house I sat in, more real than the logs burning in the fireplace«. Auch C. G. Jung hielt seine entsprechenden Erlebnisse vom Jahre 1944 für unbezweifelbare Wirklichkeitserfahrungen. Cf. G. Lachman, 2010, S. 188. M. Morse (2001, S. 13, 15) behauptet, heute seien »sich praktisch alle Bewußtseinsforscher und Mediziner, die auf diesem Gebiet arbeiten, darüber einig, daß diese Erlebnisse real« seien und keine Trugwahrnehmungen, und er kenne »keinen einzigen anerkannten Forscher«, der anderer Meinung wäre. Ähnlich auch M. Rýzl, 2001, S. 195, sowie W. Dohse, 1988, S. 238.
12 Cf. Regino v. Prüm II. 371 = 2004, S. 420 f.; F. Pomel, 2001, S. 236 f.; bzw. S. Grof, 1978, S. 220; ders., 1981, S. 588; ders., 1994, S. 31; J. Kirchhoff, 2002, S. 116, 227; J. R. Hall et al., 2000, S. 149 ff.; A. Grünschloß, 1999, S. 303. Wie Kirchhoff hält auch O. Drewes (2011, S. 255 f.) »Astralreisen« in die Zukunft und Vergangenheit für möglich.
13 Cf. D. Lorimer, 1993, S. 122; bzw. A. Hastings, 1999, S. 203. In seinem Vorwort zu Lorimers Buch schreibt Raymond Moody, dieses sei »eine feinsinnige Arbeit zur philosophischen Bedeutung« der Nahtod-Erfahrungen, »die noch lange diskutiert und geschätzt« würde. In einem späteren Beitrag zum Thema zitiert Moody (1997, S. 178) beifällig eine Psychiaterin, die nach einer »Nahtod-Erfahrung« raunte: »Wer es selber erfahren hat, weiß Bescheid. Wer nicht, der sollte abwarten« – offenbar bis er selber einmal ein solches Erlebnis hatte. Und auf dem Umschlag von Alexanders Bestseller verlautet Moody schließlich: »Eben Alexander ist der lebende Beweis dafür, daß es tatsächlich ein Leben nach dem Tod gibt.« Cf. hierzu S. Hunke, 1986, S. 99.
14 Cf. W. Shibles, 1974, S. 392; S. T. Davis, 2000, S. 705; R. F. Fortune, 1931, S. 92 f.; bzw. I. Kugenbuch, 2008, S. 163 f. Typisch für die Aussagen nach einer »Nahtod-Erfahrung« ist etwa die eines Mannes, der nach einem Verkehrsunfall, wie er meinte, ins Jenseits entrafft wurde: »Als ich mich umschaute, konnte ich die betörenden Farben kaum fassen, die ich dort sah. Die Farbtöne und die Leuchtkraft der Farben übertrafen alles, was ich bis dahin jemals gesehen hatte«, und das »Gefühl« kam in ihm auf, »noch nie zuvor etwas gesehen zu haben, das so real war«. »Was auch immer die Wissenschaft mir weismachen will oder auch nicht«, so ein anderer, »ich *weiß* einfach, daß ich im Himmel gewesen bin!« Cf. D. Piper/C. Murphey, 2007, S. 25, 214. Freilich gibt es genügend Wissenschaftler, die dem zustimmen. Cf. z. B. M. D. Jones/L. Flaxman, 2010, S. 260.
15 Cf. J. Nicolay, 2007, S. 81; Knoblauch, a. a. O., S. 168; Becker, a. a. O., S. 102, 105, 107; B. Greyson, 1994, S. 461; S. Blackmore, 1992, S. 2; M. Nahm, 2012, S. 170; Perry, a. a. O., S. 476; B. Fässler, 2008, S. 127; J. M. Holden, 2007, S. 37; J. C. Gibbs, 2005, S. 66; P. Sartori, 2008, S. 275 f.; G. Lier, 2010, S. 863; H. P. Duerr, 1985, S. 82; bzw. Aurelius Augustinus: *Contra Adimantum* XII.

27.55; Teresa v. Ávila, 1966, S. 129. Deshalb ist die Behauptung von P. Badham (1995, S. 346), »Nahtod-Erfahrungen« seien »clearly hallucinatory«, ohne nähere Erläuterungen unzutreffend.

16 Cf. B. McGinn, 2005, S. 230f.; B. Weiß, 2000, S. 91; Thomas v. Aquin: *Summa Theologica* CLXXV. 2.1f. & 6. ad 3.

17 Cf. Schweer, a.a.O., S. 64ff., 74f.; M. Schröter-Kunhardt, 2002, S. 734; M. Godwin, 1995, S. 151; G. Ewald, 1999, S. 11f.; ders., 2006, S. 131; U. Eibach, 2006, S. 112f.; M. Kehl, 1999, S. 75. Manche westliche Neo-Schamanen, die meist eine akademische Ausbildung besitzen und zu denen auch viele der »Apple Indians« (»außen rot und innen weiß«) zählen, stellen zwar die Existenz der Geister und Hilfsgeister nicht in Frage, glauben aber, daß die Gestalt, in der sie diese sehen, der eigenen Phantasie entstamme. So sagte einer von ihnen: »It may or may not be an actual wolf that I see, or a bear or a mouse. I believe that these spiritual beings present themselves in a form I can understand [...], but that they actually look completely different. They present themselves like that because you are not used to seeing the other [form], or maybe because you don't have words for it.« Cf. F. Gredig, 2009, S. 140.

18 Cf. L. Wittgenstein, 1970, S. 80; J.H. Gill, 1974, S. 288f.; I. Dilman, 1987, S. 20f.; E.E. Harris, 2000, S. 224; bzw. S. Parnia, 2006, S. 144; L. Petzoldt, 1989, S. 112; E. Hartmann, 2000, S. 949; H. Knoblauch/ I. Schmied-Knittel, 1999, S. 207. Ich hatte damals heftige Auseinandersetzungen mit dem deutsch-amerikanischen Cheyenne-Ethnologen Karl Schlesier, der anderer Meinung war.

Anmerkungen zu § 17

1 Cf. Å. Hultkrantz, 1953, S. 279f.; A.I. Hallowell, 2002, S. 103; J. Mooney, 1932, S. 142; W. Müller, 1956, S. 57f.; W. Whitman, 1937, S. 85f.; Black Elk, 1971, S. 59; Schwarzer Hirsch, 1982, S. 84; bzw. G.W. Trompf, 1991, S. 125; R. Eves, 1995, S. 224; E. Mackinley/J. Bradley, 2003, S. 5ff.; H. Petri, 1971, S. 31. Bei den zwischen dem Weißen und dem Blauen Nil wohnenden Ingessana wurden die *cak*, d.h. die Leute, die ihren Körper verlassen und auf dem Rücken eines Geistes in einem Augenblick riesige Entfernungen überwinden konnten, nicht als Träumer bezeichnet, weil das, was sie erlebten, keine Träume (*caalk*) waren. Cf. M.C. Jędrej, 1992, S. 118. Auch die oberägyptischen Ṣūfīs betonen, daß sich Träume (*adghāth ahlām*) grundlegend von den visionären Erlebnissen unterscheiden, die wirkliche »Reisen« wie die *isrā'wa mi'rāj* des Propheten seien. Cf. A. Mittermaier, 2012, S. 255f. Und die caraïbischen Schamanen legten großen Wert auf

die Feststellung, daß die Himmelsreise, die sie im Zustand der Ohnmacht als Initiation erlebten, keinerlei traumhaften Charakter besaß. Cf. F. Andres, 1938, S. 335. Weitere Beispiele findet man bei G. Herdt, 1989, S. 115; M. Stephen, 1995, S. 132; S. L. Rubenstein, 2012, S. 51; und E. Beaglehole/ P. Beaglehole, 1938, S. 325. Natürlich gab es auch Traumreisen. Die Schamanen der brasilianischen Bororó verglichen sie mit Fieberträumen, in denen groteske Personen in einer blauen oder roten Atmosphäre auftreten, und an die man sich hinterher meist nur ganz verschwommen erinnern kann. Cf. J. C. Crocker, 1985, S. 222f., 225.

2 Cf. G. W. Adams, 2007, S. 176; J.-C. Schmitt, 1995, S. 52; H. Seuse, 1907, S. 183; bzw. G. Roth, 2003, S. 190; M. Grey, 1985, S. 42; G. Ewald, 2011, S. 38; J. Wren-Lewis, 1987, S. 53f.; P. Giovetti, 1992, S. 135; J. C. Hampe, 1975, S. 66f.; S. Krippner, 1996, S. 90; D. Draaisma, 2012, S. 79; R. A. Monroe, 2007, S. 15; J. A. Hobson et al., 2000, S. 799; H.-G. Soeffner et al., 1999, S. 276f.; J. Eisenbud, 1975, S. 220; Gregor der Große: *Dialoge* IV. 26; M. B. Sabom, 1986, S. 42.

3 Cf. R. K. Siegel, 1981, S. 28f.; G. H. Hövelmann, 1985, S. 666; K. L. R. Jansen, 1989, S. 883; S. Blackmore, 1993, S. 42f.; J. Clottes/D. Lewis-Williams, 1997, S. 14; T. Fuchs/H. Lauter, 2003, S. 176; R. Gerriets-Kexel, 2003, S. 95; P. Carruthers, 2004, S. 142; E. Kasten/J. Geier, 2009, S. 19f.; B. Engmann, 2011, S. 63, 73ff.; bzw. F. M. Frohock, 2010, S. 127; M. Grey, 1985, S. 86; Hampe, a. a. O., S. 99; M. Morse/P. Perry, 1990, S. 184; H. Legewie/ W. Ehlers, 1992, S. 154; B. Tedlock, 2007, S. 206; N. Langlitz, 2013, S. 89. D. Lewis-Williams (2002, S. 129) zitiert eine Versuchsperson, die im Zustand sensorischer Deprivation dem Versuchsleiter beschrieb, daß es für sie so sei, als ob sie sich durch eine Art Eisenbahntunnel mit pulsierenden Lichtern in allen Farben bewegte, in dem sich zeichentrickartige Gestalten bewegten. Die Bilder, die sie sah, gingen wie die eines »LSD-Trips« laufend ineinander über. W. Mrsich (1978, S. 115f.) beschreibt, wie es ihm nach Auftragen einer – offenbar aus Nachtschattenpflanzen hergestellten – Salbe »wie kurz vor einer Ohnmacht schwarz vor den Augen« wurde, worauf er »wie in eine Höhle« schaute, die »lichtlos« war. Voller Grauen erblickte er an den Wänden des Ganges Gerippe und »grinsende Totenschädel«, aber es gelang ihm offenbar problemlos, sich abzuwenden »und zurück in [seine] Umgebung zu finden«. War es für ihn, »wie wenn« er durch ein Loch in der Finsternis auf einen langen Gang geblickt hätte, berichtete der Heidelberger Psychiater und Drogenforschungspionier Kurt Beringer über seinen Meskalin-Versuch: »Es war mir so, wie wenn ich auf einem orientalischen Diwan lag« oder »Mir war es, als ob draußen aus dem Garten wundersam schöner Vogelgesang zu mir herüberklang« (zit. n. W. Pieper, 2000, S. 85f.). »Ich fühlte mit allen Sinnen«, so teilte eine Frau nach ihrem LSD-Erlebnis mit, »daß ich in der Hölle war«. Aber nach einer

weitergehenden Befragung stellte sich heraus, daß ihr »Höllenerlebnis« kein wirkliches Erlebnis, sondern eine Interpretation war, denn sie spürte lediglich, daß es wärmer wurde, was ihr Angst einjagte. Cf. H. Leuner, 1996, S. 43. Der Begriff »Nahtod-Erfahrung« wird heute leider häufig inflationär gebraucht. So folgert z. B. J. D. Calabrese (2013, S. 131) daraus, daß ein Navaho nach der Einnahme von Peyote eine Stimme hörte, die ihm riet, sein Leben zu ändern, Peyote habe die Eigenschaft, »Nahtod-Erfahrungen« hervorzurufen.

4 Cf. S. Cohen, 1970, S. 496; K. Thomas, 1971, S. 101 ff.; S. Lechner-Knecht, 1971, S. 232 f.; W. P. Pahnke, 1969, S. 6; R. Fischer, 1971, S. 899 f.; F. Barron et al., 1972, S. 99; A. Dittrich, 1985, S. 31; Wren-Lewis, a. a. O., S. 56; P. Gallagher, 1982, S. 145; R. Carter, 1999, S. 68; H. Michaux, 1998, S. 22 ff.; ders., 1998 a, S. 79, 124; E. T. H. Brann, 1991, S. 350; S. H. Snyder, 1988, S. 183 f., 186; H. Heimann, 2001, S. 147; A. Hofmann, 1979, S. 31 f., 34. Man weiß während des Erlebnisses nicht nur, daß der »Netzhautzirkus« (T. Geschwinde, 1985, S. 67) durch die Einnahme der Droge entstanden ist, sondern normalerweise auch, daß es sich um Trugwahrnehmungen, sogenannte Pseudohalluzinationen, handelt, die sich im Gegensatz zu echten Halluzinationen häufig transformieren. Cf. K. Jaspers, 1963, S. 267; A. Hofmann, 1984, S. 93; H. Leuner, 1981, S. 95, 98; M. Müller-Küppers, 1999, S. 129; B. Segal, 1988, S. 107. Die Stabilität und Kontinuität der Dinge verflüchtigt sich auch häufig bei sensorischer Deprivation. Cf. S. J. Freedman et al., 1961, S. 70 f.

5 Cf. A. Schopenhauer, 1891, S. 291; Pieper, a. a. O., S. 88; M. Milhet/ C. Reynaud-Maurupt, 2011, S. 152 f.; M. Rokeach, 1964, S. 289; Barron et al., a. a. O., S. 105; S. Varga, 2012, S. 103; S. Rockstroh, 2001, S. 31; bzw. G. Benedetti, 1983, S. 32; D. F. Aberle, 1982, S. 7 f.; W. Andritzky, 1999, S. 135; F. Deltgen, 1993, S. 112. Auch Kokain und Amphetamine können einen solchen »Beziehungswahn« auslösen. Cf. Snyder, a. a. O., S. 143 f. Während meines ersten »LSD-Trips« hatte ich plötzlich eine – wie mir schien – dermaßen bahnbrechende Erkenntnis, daß ich sie auf der Zimmertapete aufschrieb. Am nächsten Tag las ich an der Wand: »Alles hat eine Bedeutung!« Cf. Anm. 10.

6 Cf. R. E. Schultes/A. Hofmann, 1980, S. 120; B. Keifenheim, 1999, S. 508 f.; dies., 2000, S. 69 ff., 131 ff., 208; B. Shannon, 2002, S. 24; F. Echenhofer, 2012, S. 62; J. A. Hasler, 1969, S. 32; M. Taussig, 1987, S. 141, 321 f.; K. M. Kensinger, 1973, S. 11 f.; I. Goldman, 2004, S. 359; J. Narby, 2001, S. 190; bzw. P. Bidou, 1983, S. 34. Die Erfahrung der wirklichen, primordialen Welt scheint freilich bei den Indianern des westlichen Amazonien nicht besonders alt zu sein, denn das Trinken von Ayahuasca gehört nicht zu ihrer traditionellen Kultur, vielmehr wurde es von den Mestizen der Ucayali-Gegend übernommen. Cf. P. Gow, 1996, S. 109 f.

7 Cf. S. L. Rubenstein, 2012, S. 49; G. Baer, 1987, S. 78; Deltgen, a. a. O., S. 329 f.; B. Shannon, 2003, S. 13; F. X. Faust, 1989, S. 117; bzw. G. H. Shepard, 2004, S. 257; Keifenheim, a. a. O., S. 134, 137 ff., 208; E. J. Langdon, 1979, S. 69 ff., 77 f.; Kensinger, a. a. O. Ebenso verhielt es sich bei den Jívaro. Cf. M. J. Harner, 1973 a, S. 173. Wenn die Kashinahua eine weite »Reise«, beispielsweise in die Stadt Pucallpa unternehmen, befinden sie sich gleichwohl am Ort der Séance und reden mit den übrigen Teilnehmern. Dasselbe berichtete ein Ethnologe, der bei den Yebámasa am Río Piraparaná einen Ayahuasca-»Flug« unternahm: »Ich schwebte in sich langsam bewegenden Sphären, die wie riesige pastellfarbene Seifenblasen aussahen. Ich empfand mich als körperlos, als immaterielles Ich.« Doch im Gegensatz zu jemandem, der in einem »Außerkörperlichen Erlebnis« seinen Körper verlassen hat, den er unter sich liegen sieht, verspürte er »ein übermächtiges Bedürfnis«, sich von den anderen Séance-Teilnehmern »abzusondern«, und »entfernte« sich sehr körperlich »vom Fest und legte [sich] in [seine] Hängematte, wo [er] hellwach den faszinierenden Visionen folgte« (Deltgen, a. a. O., S. 212). Experimente ergaben, daß fast alle Versuchspersonen das, was sie auf einem Ayahuasca-»Trip« sahen, nicht für real hielten. Bei einem anderen Experiment erlebten 71,4 % der Versuchspersonen teilweise sehr intensive Angst, die aber eine kathartische Wirkung hatte und als »heilsam« beschrieben wurde. Cf. C. Naranjo, 1973, S. 177; bzw. T. Bresnick/R. Levin, 2006, S. 16 f. Als Allan Ginsberg einmal – offenbar allein – Ayahuasca einnahm, »the whole fucking Cosmos broke loose around [him]«. Cf. W. Burroughs/A. Ginsberg, 1963, S. 51. Seit wann in Südamerika *Banisteriopsis caapi* kultische Verwendung fand, scheint unbekannt zu sein. Allerdings entdeckte man in einer Höhle in den nordwestargentinischen Hochanden zwei aus dem späten 3. Jahrtausend v. Chr. stammende chillumartige Pfeifen, die Samenreste von *Anadanthera* enthielten, in denen sich das Tryptamin DMT (Dimethyltryptamin) befindet. Die zu den Leguminosae zählende Pflanze wurde zu einer Droge verarbeitet, die häufig gemeinsam mit *Banisteriopsis* von südamerikanischen Schamanen geschnupft wurde. Cf. M. Jay, 2011, S. 14; H. Schleiffer, 1973, S. 92 f.; P. T. Furst, 1976, S. 148 f.; W. Emboden, 1980, S. 110.

8 Cf. Keifenheim, a. a. O., S. 133; J. A. Brown, 2004, S. 685; J. Wilbert, 1979, S. 16; F. Santos-Granero, 1991, S. 107, 111; W. Cremer, 2007, S. 155. Der Schamane der Matsigenka heißt *seripigari*, »der sich mit Tabak verwandelt« (cf. A. Johnson, 2003, S. 214), und wie beim Ayahuasca-»Trip« waren auch für den durch Tabak verursachten vor allem Transformationen und »Jamaisvu«-Erlebnisse typisch. So teilten die südamerikanischen Schamanen mit, daß man dabei seine Freunde nicht mehr erkenne, die gelb und wächsern wie Leichen aussähen. Cf. J. Wilbert, 1987, S. 168. Cf. auch C. Stang, 2009,

S. 156. Der wilde »Azteken-Tabak« stammte wohl ursprünglich aus der Gegend der südlichen und mittleren Anden und wanderte über Mexiko und Westindien nach Nordamerika. In Neuguinea benutzte man andere Tabakarten, um mit der Welt der Geister in Kontakt zu treten. Cf. Cremer, a.a.O., S. 19, 21; bzw. A. Sørum, 1980, S. 283; A. Strathern, 1994, S. 291.
9 Cf. R. Thomasius/D. Kraus, 1999, S. 35 ff.; E. Kasten/J. Geier, 2009, S. 15; R. Heywood, 1970, S. 280; K. Lussi, 2002, S. 311 f.; D. Trachsel/N. Richard, 2000, S. 132 f.; bzw. J. Weinhold, 2004, S. 230; M. Tauss, 2005, S. 176; R. Pates/D. Riley, 2010, S. 27, 31 f.; bzw. J. Zehentbauer, 1992, S. 139; R. Carter, 1999, S. 66; J. Atai, 2008, S. 25; G. Holstege et al., 2003, S. 9191; W. Mayer-Gross, 1928, S. 448 f.; Jaspers, a.a.O.; K.L. Täschner/W. Richtberg, 1988, S. 129, 133 f., 181; A.M. Kring, 2010, S. 294; Rommer, a.a.O., S. 55. Bei mäßiger Dosierung verstärkt Kokain auch die Libido. In den sechziger Jahren des 19. Jahrhunderts trank man in der Pariser Schickkeria einen »Vin Mariani à la Coca du Pérou« als Aphrodisiakum. Cf. P. Gootenberg, 2008, S. 26. Nachdem Thomas de Quincey (2000, S. 256) mitgeteilt hatte, daß er durch den Genuß von Opium in Abgründe und bodenlose Tiefen hinabgesunken sei, wobei er jede Hoffnung verloren habe, jemals wieder daraus aufzutauchen, wurde der getrocknete Milchsaft der unreifen Fruchtkapseln des Schlafmohns immer wieder mit »außerkörperlichen Seelenreisen« in Verbindung gebracht – zu Unrecht, denn er diente in erster Linie der Optimierung des Geschlechtsverkehrs. In Asien wurde er vor allem als Sedativum benutzt, das die Ejakulation behinderte und so den Sexualakt verlängerte, weshalb man ihn im Ming-China *chun-yao*, »Frühlingsdroge«, nannte. Vermutlich verwendete man ihn zu diesem Zwecke auch im antiken Griechenland, denn auf einem Anhänger in der Form einer Mohnkapsel mit Opiumritzungen aus homerischer Zeit ist die Figur eines nackten Mannes mit einem erigierten Glied angebracht. Möglicherweise erklärt dies auch die bronzezeitliche Sitte, den Verstorbenen – wie in einem ägyptischen Grab der 18. Dynastie in Deir el-Medina – eine getrocknete Mohnkapsel oder – wie in Zypern – Opium in kleinen Gefäßen, die von den Archäologen Bilbil genannt werden, mitzugeben, damit sie im Jenseits ein befriedigendes Geschlechtsleben garantierten. Auch die Sumerer nannten den Schlafmohn, wie auf einem Tontäfelchen um 2100 v. Chr. vermerkt, »die Pflanze des Vergnügens«. Cf. R. Matthee, 2005, S. 103; Y. Zheng, 2005, S. 12; P. Hnila, 2001, S. 92, 98; K. Koschel, 1996, S. 162; R. Davenport-Hines, 2001, S. 8.
10 Cf. K. Ring, 1994, S. 18 f.; D.A. Bensley, 2003, S. 38; O. Corazza, 2010, S. 175; D. Trachsel/N. Richard, 2000, S. 299 f.; E. Kasten, 2008, S. 39; R.H. Bolle, 1988, S. 99, 119 ff., 125, 131; D. Simeon/J. Abugel, 2006, S. 93, 112, 120; E. Gouzoulis-Mayfrank, 2008, S. 86; M. Potts, 2012, S. 13; O. Corazza, 2008, S. 89; bzw. B. Greyson, 2012, S. 672; Bolle, a.a.O., S. 118; B. Greyson et al.,

2009, S. 218 f.; B. Collier, 1972, S. 129 f.; D. Lester, 2003, S. 254; P. Fenwick, 2005, S. 147 f.; P. Sartori, 2008, S. 72. Wie im Falle der Ayahuasca-Visionen gehen auch unter dem Einfluß von Ketamin die Transformationen des Wahrgenommenen meistens mit rasender Schnelligkeit vor sich. Typisch ist auch, daß die Formen sich auflösen und zerfließen: »Alle Logik, alle Begriffe und auch ich zerfließen«, oder: »Es ist nicht möglich, eine Gedankenkette zu bilden, zu begreifen. Alles ist kalt« (Bolle, a. a. O., S. 107). Die vertraute Umgebung erhält, wie in der LSD-Vision, eine »neue, fremdartige Bedeutung«, und die Anwesenden erscheinen »kalt und maskenhaft, mit vielen Augen« (a. a. O., S. 133 f., 182), weshalb sie gefährlich und bedrohlich wirken. Nicht selten steigern sich die Angstgefühle zu Panik-Attakken und psychotischen Schüben – drei Ketamin-»Trips« lösten bei dem Bewußtseinsforscher John Lilly jedesmal eine paranoide Psychose aus, so daß er in eine Psychiatrische Klinik eingeliefert werden mußte. Einmal versuchte er den amerikanischen Präsidenten anzurufen, um ihn davor zu warnen, daß Roboter im Begriff seien, die Herrschaft über das Universum zu erlangen, wovor uns nur die Delphine retten könnten. Cf. K. L. R. Jansen, 1995, S. 60; A. Bianchi, 1997, S. 72 f. Positronen-Emissions-Tomographien ließen bei Versuchspersonen, die Ketamin und Psilocybin eingenommen hatten, eine Zunahme der Stoffwechselaktivität im Stirnhirn erkennen, was auch nach psychotischen Schüben bei Schizophrenen beobachtet werden konnte. Cf. N. Langlitz, 2008, S. 31 f. Eine starke Ausschüttung des Neurotransmitters Dopamin bewirkt häufig, daß bestimmten Gedanken oder Überzeugungen eine zu große Bedeutung beigemessen wird und daß die Betreffenden sich selber maßlos überschätzen. Cf. R. Carter, 1999, S. 66. Sie glauben, die tiefsten Rätsel des Universums gelöst zu haben, doch hinterher entpuppt sich die auf dem LSD-»Trip« oder während der epileptischen Aura gewonnene Erkenntnis meist als banal. Cf. E. Benz, 1972, S. 10; K. L. R. Jansen, 1991, S. 244; M. A. Persinger, 1989, S. 56. »Auf Pille«, so H. Timmerberg (2001, S. 232), »weißt du alles und weißt auch, daß du schon immer alles gewußt hast, du hast halt nur falsch gedacht. Jetzt denkst du richtig. Aber schreib mal auf, was du hier denkst, und lies es morgen!« Typisch ist nach dem »Trip« auch das Gefühl der Unfähigkeit, das Erlebte adäquat wiedergeben zu können: »Es ist Gesetz, daß du daraus nichts in unsere Welt mitnehmen kannst« (a. a. O.). Auch nach einer »Nahtod-Erfahrung« haben die Betreffenden mitunter das Empfinden, beim »Wiedereintritt« ins diesseitige Leben hätten sie solche Erkenntnisse verloren, und es bleibt »nur noch das Gefühl, dieses absolute Wissen besessen zu haben«. Cf. W. van Laack, 2011, S. 152. Andere, wie zum Beispiel Hans Engelbrecht, der im Jahre 1622 in Braunschweig wie ein Pfeil durch die Hölle und anschließend ins Paradies geschnellt wurde, wo er plötzlich den Sinn der christlichen Botschaft verstand, wurden hinterher

Bußprediger und verbreiteten ihr Wissen im Lande. Cf. A. Bastian, 1860, S. 371.
11 Cf. D. Schumacher, 2007, S. 222f.; D. Javitt/S.R. Zukin, 2005, S. 1292; N. Ohler, 2009, S. 177; H.P. Büch/U. Büch, 1988, S. 486; H. Ensinger, 2005, S. 279f.; R.J. Strassman, 1997, S. 29; D.S. Rogo, 1984, S. 92; bzw. Schumacher, a.a.O., S. 229f.; Bolle, a.a.O., S. 105f., 162; R. Gregory, 1986, S. 200ff.; M. Johnston, 2010, S. 136; Trachsel/Richard, a.a.O., S. 300; K. Nelson, 2011, S. 120; M.L. Morse, 1997, S. 61. Nach einer Untersuchung hielten mehr als zwei Drittel der befragten Ketamin-»User« das, was sie erlebt hatten, für »Träume« oder »Halluzinationen«, d.h. für Pseudohalluzinationen, die offenbar durch eine Blockierung der NDMA-Rezeptoren im Gehirn entstehen. Cf. S.W. Twemlow/G.O. Gabbard, 1997, S. 67; bzw. P. van Lommel, 2012, S. 84. Nach M. Morse/P. Perry (1990, S. 187) treten zwar keine »Außerkörperlichen«, aber autoskopische Erlebnisse auf, die freilich nicht für real gehalten werden. Typisch ist die Aussage eines »Users«: »Ich sah Dinge, von denen ich wußte, daß sie nicht wirklich sind« (Bolle, a.a.O., S. 182), oder die eines anderen: »Die Dinge sehen nicht richtig aus«, und sie »fühlen sich an, als wären sie flüssig« (Kasten, a.a.O.). Zu den Schwebegefühlen kommt häufig ein äußerst unangenehmes Summen und Brummen im Kopf, wie wenn man sich in einem Maschinenraum befände, sowie Schwindelgefühle und eine Überempfindlichkeit gegenüber Geräuschen und Helligkeit. Gregory (a.a.O.) sagte weiter: »Ich fühle mich miserabel. Als man mir ihr Photo zeigt, erkenne ich die Königin [Elisabeth II.].« Aber als der Anästhesist ihn, so stark er konnte, pfetzte, spürte er zwar eine Berührung, aber keinen Schmerz. Und als der Mann ihn bat, er solle sich in die Zunge beißen, wußte er nicht mehr, wo Mund und Zunge sich befanden. Als einer der anwesenden Ärzte ihm einen Tennisball in die Hand drückte, wußte er nicht, was das war. Während des »Trips« sind die Gesichter der »User« meist starr und sehen aus wie geschnitzt. Cf. J. Kulikowski/I. Murray, 1955, S. 284.
12 Cf. Schumacher, a.a.O., S. 222; D. Javitt/S.R. Zukin, 2005, S. 1291; G.G. Shaw/J. Crossland, 1981, S. 183f.; A. Sahihi, 1991, S. 53f., 60.; S.R. Zukin/R.S. Zukin, 1992, S. 290, 296; J.v. Scheidt, 1997, S. 313f.; L. Grinspoon/J.B. Bakalar, 1991, S. 102; Jansen, a.a.O., S. 58; R. Schlösser/J.D. Brodie, 2001, S. 185f.; R. van Quekelberghe, 2005, S. 402; T. Köhler, 2008, S. 110; bzw. Rommer, a.a.O., S. 66; M. Schröter-Kunhardt, 2006, S. 282. Personen, die sich auf dem Phencyclidin-»Trip« befinden, werden von Unbeteiligten als »katatonisch« beschrieben. Häufig ist ihr Blick starr und leer, die Körperhaltung ist steif und bleibt oft lange Zeit in einer bestimmten Stellung; der ganze Gesichtsausdruck ist stumpf, der Mund steht offen, und die Betreffenden wirken, als ob sie nicht da seien, zumal sie auf äußere Reize nicht zu reagieren scheinen. Trotzdem kann es ur-

plötzlich zu blinden Gewaltausbrüchen kommen. Aufgrund von solchen Wirkungen und der Tatsache, daß Phencyclidin unter anderem Krampfanfälle auslöste, wurde es in den achtziger Jahren als Anästhetikum vom Markt genommen und durch das chemisch verwandte, aber wesentlich schwächere Ketamin ersetzt. Ein Derivat von Phencyclidin war in den frühen siebziger Jahren in der nordamerikanischen Schwulenszene verbreitet, weil es beim Sex mit Unbekannten zu bizarren Erfahrungen führte. Cf. C. G. Widschwendter/W. W. Fleischhacker, 2005, S. 123 f.; bzw. Darenport-Hines, a. a. O., S. 386.

Anmerkungen zu § 18

1 Cf. B. Greyson, 1994 a, S. 461; S. Blackmore, 1999, S. 44; H. Knoblauch, 1999, S. 163; R. M. Wright, 1992, S. 131 ff.; Emboden, a. a. O., S. 133 f.; G. J. Seitz, 1967, S. 334; W. Andritzky, 1999, S. 131; bzw. W. Bauer, 2000, S. 109 ff.; J. Wagner, 1991, S. 187 ff.; dies., 1992, S. 203 ff.; K. F. Karjalainen, 1927, S. 315; L. Strecker, 2009, S. 112. Sibirische Schamanen atmeten auch den Rauch des Wacholders (*Juniperus sabina*) ein, unter dem nach mitteleuropäischem Volksglauben die Wohnhöhlen der Zwerge liegen (cf. G. Tschubinow, 1914, S. 44; bzw. H. Marzell, 1935, S. 183), doch hat der Strauch weder halluzinogene Bestandteile, noch kann das Einatmen seines Rauches zu einer Bewußtlosigkeit mit anschließender »Nahtod-Erfahrung« führen. Die *dayale* im Karakorum und Hindukusch sagten den Ethnologen, sie atmeten den Wacholderrauch ein, um aus den Trommelschlägen der Musiker die Stimmen der Feen (*peri*) herauszuhören. Die *peri* sind hübsche Mädchen mit schlanker Taille und blonden Haaren, eine Art Schutzengel, die in die eine oder andere Trommel eingehen und aus ihr »sprechen«. Der *dayal* im Bagrot-Tal nordöstlich von Gilgit konnte mit Hilfe des »reinen« Rauches, der die Feen anzog, diese »sehen« und ihren Tanz und ihren Gesang imitieren. Dann ging das Publikum davon aus, daß seine Seele über Berg und Tal flog, während sein Körper tanzte und singend die Erlebnisse schilderte, die seine Seele in diesem Augenblick angeblich hatte. Cf. I. Stellrecht, 1973, S. 268; E. Friedl, 1966, S. 33; P. Snoy, 1975, S. 190. Die meisten *dayale* erzählten gewiß das, was sie von anderen *dayalen* gehört hatten, aber vereinzelt gab es wohl unter ihnen Männer, die selber auf eine »Seelenreise« zurückblicken konnten, wenn diese auch nicht durch den Weihrauch hervorgerufen worden war. So erzählte ein *dayal* in Gilgit, eines Tages seien vier Feen vor ihm erschienen und hätten zu ihm gesagt. »Komm mit uns!« Beim ersten Mal sei er drei bis vier Tage »von [seinem] Verstand« gewesen und mit den Feen über das Gebirge gezogen, und bei

einem zweiten Mal habe er sich sogar einen ganzen Monat bei den *peris* aufgehalten. Cf. K. Jettmar, 1975, S. 30, 277f.; H. Berger, 1960, S. 661.

2 Cf. R. Bureau, 1972, S. 142; S. Świderski, 1981, S. 396; Emboden, a.a.O., S. 71; J.W. Fernandez, 1982, S. 472, 475. Eine so hohe Dosis ist notwendig, um eine »Nahtod-Erfahrung« herbeizuführen. Bei einer wesentlich geringeren Dosierung kann man sich noch mit den Betreffenden unterhalten, die dann die gewöhnlichen Drogenerlebnisse haben – sich zum Beispiel so fühlen, als hätten sie sich in einen Reiher verwandelt und flögen über einen See. Cf. C. Naranjo, 1975, S. 171 ff., 191 f. Zum Verlust des Bewußtseins trägt auch die zu den Wolfsmilchgewächsen gehörende Euphorbiacea *Alchornea floribunda* bei, deren Extrakt mit dem Iboga vermischt wird. Die Pflanze, die das Indolalkaloid Yohimbin enthält, bewirkt eine Erektion des Penis und der Klitoris und wird in Gabun als Aphrodisiakum verwendet. Alternativ träufelt man den Initianden den Milchsaft des Wolfsmilchgewächses *Elaeophorbia drupifera* in die Augen. Mittels *Alchornea floribunda* verlieren auch die Initianden des Byeri-Kultes das Bewußtsein und sprechen mit ihren Vorfahren, deren Schädel man ihnen vorher präsentiert hat. Cf. A. Raponda-Walker/R. Sillans, 1962, S. 149, 192; M. Wink, 1999, S. 66; Schultes/Hofmann, a.a.O., S. 114f.

3 Cf. G. Samorini, 1998, S. 49; J.W. Fernandez, 1972, S. 252; ders., 1982, S. 476, 481; Raponda-Walker/Sillans, a.a.O., S. 206f. Ein anderer Initiand berichtete, er sei zunächst »eine lange, vielfarbige Straße« entlanggegangen und dann im Flug einigen Flüssen gefolgt, die zum Land seiner Vorfahren führten. Cf. Schultes/Hofmann, a.a.O., S. 112. Samorini (a.a.O., S. 50) geriet in eine Dunkelheit und wurde schließlich von einem Lichtwirbel (»vortex of light«) eingesaugt. Der Zustand der Bewußtlosigkeit kann bei den Bwiti-Initianden bis zu einer Woche dauern. Cf. S. Świderski, 1965, S. 556.

4 Cf. E. Nordenskiöld, 1924, S. 193f.; J. Timbrook, 2007, S. 66ff.; T.T. Waterman, 1910, S. 296; J.E. Levy, 1994, S. 309ff.; E. Malotki, 1999, S. 233; bzw. A. Hultgård, 1999, S. 63; R. Bauckham, 1998, S. 19; S. Shaked, 1999, S. 73f.; P. Gignoux, 1984, S. 145ff.; M. Stausberg, 2002, S. 229f.; M. Ara, 2008, S. 200ff. Nach Einnahme von *Datura meteloides* blieben die uto-aztekischen Kitanemuk drei Tage im Koma, und während der Frühlingszeremonie der zentralkalifornischen Monache und Wikchamni tanzten die männlichen und weiblichen Teilnehmer, nachdem sie *Datura* getrunken hatten, bis sie ohnmächtig zusammenbrachen. Später im Jahr nahm man den Stechapfel nicht mehr ein, weil die Wirkung immer stärker und lebensgefährlicher wurde. Cf. R.F.G. Spier, 1978, S. 434; W.J. Wallace, 1978, S. 456.

5 Cf. P.T. Furst/B.G. Myerhoff, 1966, S. 9ff.; P.T. Furst, 1976, S. 134f.; W. Merrill, 1987, S. 208; C. Deimel, 1980, S. 78; G. Devereux, 1961, S. 209;

M. J. Harner, 1973b, S. 153; ders., 1986, S. 39; M. Benzi, 1972, S. 173f.; H. P. Duerr, 1978, S. 99f.; P. Baumann/E. Patzelt, 1978, S. 98; A. Johnson, 2003, S. 217; bzw. Kasten, a.a.O., S. 88; D. Carrington, 1995, S. 61f.; P. Prado, 2004, S. 458f.; Duerr, a.a.O., S. 291. Bei den Yoruba hieß es, der Stechapfel (*apikan*) mache »wahnsinnig«, und dasselbe steht auch im *Kāmasūtra*. Cf. R. Prince, 1964, S. 118; bzw. V. Mallanāga, 2004, S. 285. Deshalb verzichteten die Schamanen der Cahuilla ebenso auf seinen Gebrauch wie die der Huachipaire im peruanischen Tiefland. Cf. Furst, a.a.O., S. 145; bzw. M. Califano/A. Fernández Distel, 1982, S. 138f. Bei den kalifornischen Kawaiisu wurden die jungen Männer und Mädchen, die *Datura wrightii* eingenommen hatten, ständig überwacht und – wenn nötig – mit physischer Gewalt daran gehindert wegzulaufen. Stechapfelsamen fand man schon in vorkolumbischen Pueblo-Wüstungen. Cf. M. L. Zigmond, 1986, S. 404f.; bzw. K. F. Wellmann, 1981, S. 90ff. Wie der Naturforscher Pierre Gassendi mitteilte, gab es offenbar noch im frühen 17. Jahrhundert in der Provence Schäfer, die Stechapfelsamen aßen, um Visionen herbeizuführen. Cf. J. Ennemoser, 1844, S. 171.

6 Cf. J. B. Holzinger, 1883, S. 19; G. Schenk, 1954, S. 47; J. Zehentbauer, 1992, S. 94; Asaad, a.a.O., S. 6; A. Ardila, 1991, S. 238; E. K. Perry/R. H. Perry, 1995, S. 246f.; T. Lehtisalo, 1924, S. 164; A. Kannisto, 1958, S. 420. Nach Aussage der Mashco im peruanischen Tiefland verwandelte auch *xayapá* (*Brugmansia insignis*) sämtliche Dinge und Personen – so beispielsweise die Blätter der Urwaldbäume – in groteske Fratzen, und es erzeugte Verwirrung und Orientierungslosigkeit. Auch *xayapá* wurde sehr gefürchtet, denn es brachte nicht selten den Tod. Deshalb nannten die Ute und Paiute jemanden, der *Datura* zu sich genommen, hatte, *mong ai' kunt*, »Verlorener Mann«. Cf. Califano/Fernández Distel, a.a.O., S. 138ff.; bzw. M. Trenk, 2001, S. 129.

7 Cf. S. Hargous, 1976, S. 160, 208; Ardila, a.a.O.; J. G. R. Elferink, 2000, S. 29, 32; Zehentbauer, a.a.O., S. 93; M. Küttner, 1995, S. 17ff.; J. S. Halle, 1784, S. 51; M. C. Stevenson, 1973, S. 125; bzw. Emboden, a.a.O., S. 66; Schultes/Hofmann, a.a.O., S. 109. Die Italiener stellten vor allem aus Belladonna und Stechapfel (*stramonio*) eine Droge her, die – vermutlich euphemistisch – *fattura d'amore* genannt wurde. Cf. M. Risso/W. Böker, 1968, S. 966f. Ein Ethnologe teilt mit, er habe nach dem Rauchen von vier Stechapfelblättern, deren Wirkung »die ganze Nacht« anhielt, zahlreiche sexuelle »Vereinigungen« gehabt, die »von besonderer Köstlichkeit« gewesen seien. Cf. C. Rätsch, 1998, S. 200f.

8 Cf. V. Surmann, 2005, S. 210ff.; N. in der Beeck, 1982, S. 48f.; A. Sims, 1995, S. 32, 207; S. Parnia, 2006, S. 24; O. Hallen, 1982, S. 54f.; P. Wolf, 1982, S. 62; J. G. Beaumont, 1983, S. 84; P. Fenwick, 2007, S. 48; M. Manford/F. Andermann, 1998, S. 1826; P. Gloor, 1992, S. 513ff.; E. Halgren, 1992,

S. 196; A. L. C. Runehov, 2007, S. 115; Asaad, a. a. O., S. 70; Schallenberg, a. a. O., S. 339; W. Kuhn, 2012, S. 68 f.; U. Wolfradt, 2000, S. 363 f., 374; bzw. V. M. Neppe, 1983, S. 141 ff.; Amant, a. a. O., S. 178; R. J. Strassman, 1997, S. 47 f.; O. Sacks, 2012, S. 150 f.; S. Högl, 2006, S. 246; R. Joseph, 2003, S. 383; T. Fuchs, 1997, S. 10; B. Greyson et al., 2009, S. 219 f.; B. Greyson, 2007, S. 134 f.; K. A. Bujarski/M. R. Sperling, 2012, S. 285; J. v. Görres, 1842, S. 204, 253; B. Barnett, 1965, S. 443; bzw. P. Brown, 1994, S. 106; N. Kapur et al., 1997, S. 68 f.; J. Oxbury, 2004, S. 297; J. Kuyk et al., 1999, S. 717; E. Bleuler, 1955, S. 307; M. Sierra/G. E. Berrios, 1998, S. 899; G. Ewald, 1964, S. 403, 485; ders., 2006, S. 101; S. Ehlebracht, 2008, S. 23; P. S. Churchland, 2013, S. 75; C. Roszell, 1993, S. 26; Sabom, a. a. O., S. 229 f. Von komplexen Halluzinationen mit einer »full scenery«, die durch eine Reizung der Temporallappen ausgelöst wurden, berichtet allerdings F. H. Previc, 2006, S. 509. Verschwommene traumartige Sequenzen tauchen bei Temporallappen-Epileptikern bisweilen auch im normalen Wachbewußtsein auf. Cf. J. A. Hobson, 2007, S. 442.

9 Cf. O. Hallen, 1963, S. 105; J. Mey, 2009, S. 168 f.; K. R. Livingston, 2005, S. 95; K. W. Bash, 1955, S. 21; Kasten, a. a. O., S. 181 f.; Surmann, a. a. O., S. 182 ff.; Carter, a. a. O., S. 129; G. Störring, 1900, S. 196; P. Fiedler, 2001, S. 90; Wolf, a. a. O., S. 62; bzw. E. Nielsen, 1923, S. 211; M. A. Persinger, 2003, S. 277; Surmann, a. a. O., S. 196, 212; Joseph, a. a. O., S. 536; ders., 2001, S. 113 f.; M. Sabom, 1998, S. 181; Parnia, a. a. O., S. 24; Gloor, a. a. O.; M. Grosso/E. F. Kelly, 2007, S. 532 f.; R. Clark, 2006, S. 102 f.; P. Fenwick, 1996, S. 173. Bei epileptischen Anfällen sowie einer Temporal- und Parietallappen-Schädigung treten nicht selten Erektionen und Orgasmen auf, die freilich meistens als unangenehm und peinlich empfunden werden. Eine Frau hatte sogar das Gefühl, gegen ihren Willen vom Teufel penetriert zu werden. Cf. R. Crevenna et al., 2000, S. 300; D. W. Gade, 1999, S. 126; Marsh, a. a. O., S. 162 f.; G. Dammann, 2004, S. 171; M. A. Persinger, 1989, S. 56.

10 Nach W. B. Britton/R. R. Bootzin (2004, S. 254 ff.) zeigte das EEG bei Personen mit »Nahtod-Erfahrung« ebenfalls eine höhere Aktivität im linken Temporallappen als bei denen einer Kontrollgruppe. R. Joseph (2003, S. 382) vermutet auch eine Hyperaktivität des Hippocampus bei »Außerkörperlichen Erlebnissen«.

11 Cf. B. Engmann, 2011, S. 67; O. Blanke et al., 2004, S. 248 f.; J. M. Long/ J. M. Holden, 2007, S. 155; G. F. Reed, 1987, S. 200 f.; B. Grom, 1992, S. 317; H.-P. Kapfhammer, 2013, S. 120; Asaad, a. a. O., S. 6; W. H. McCulloch, 1992, S. 61 ff.; G. Asaad/B. Shapiro, 1986, S. 1093; bzw. M. Merleau-Ponty, 1966, S. 241 f.; Carter, a. a. O., S. 127 f. Wer in den nordischen Sagas seine *fylgja*, d. h. seinen »Doppelgänger«, sieht, der zwar Tiergestalt besitzt, ihm aber ähnelt, muß sterben, und die gleiche Anschauung gibt es noch

heute in den nordkolumbianischen Mestizodörfern. Eine Finnin erzählte, im Jahre 1945 sei ihr Sohn auf seine Kammer gegangen, wo er sich auf der Fensterbank sitzen sah. Darauf habe er gesagt, er müsse jetzt gewiß sterben, und so sei es auch gekommen. Im Jahre 1554 starb zu Meßkirch »ein alts weible«, kurz nachdem sie sich gesehen hatte. Cf. F. C. v. Zimmern/ J. Müller, IV, 1932, S. 200. Cf. auch E. Rudolph, 1978, S. 255. Dagegen ist überliefert, daß im 13. Jahrhundert Abraham Abulafia aus Saragossa und andere kabbalistische Mystiker »Doppelgänger-Wahrnehmungen« willentlich herbeigeführt hätten. Cf. A. Schopenhauer, 1963, S. 335; A. Reichel-Dolmatoff/G. Reichel-Dolmatoff, 1961, S. 429 f.; O. Tuomi-Nikula, 2006, S. 111; bzw. S. Arzy et al., 2005, S. 8 ff.

12 Cf. Surmann, a. a. O., S. 220 f., 375 ff.; Persinger, a. a. O.; V. S. Ramachandran, 2013, S. 417 f.; C. Zaleski, 2008, S. 619; B. Greyson, 2000, S. 461; U. Wolfradt, 2006, S. 190; H. P. Duerr, 1984, S. 237 ff.; H.-G. Richter, 2006, S. 242; bzw. Carter, a. a. O., S. 199; M. Ratcliffe, 2008, S. 166; B. Kimura, 1968, S. 384, 392; E. Mach, 1905, S. 65; R. Bilz, 1971, S. 467 f. Eine Frau sagte, sie fühle sich von der Welt »ausgespuckt«, und wenn sie vor dem Spiegel stehe, sehe sie einen anderen Menschen und empfinde »unsägliche Angst«. »Ich fühle mich«, so eine andere, »wie wenn ich nicht lebte, als ob mein Körper eine Schale sei, leer und ohne Leben. Es ist, als sei ich vom Rest der Welt weit entfernt, als ob ich nicht wirklich hier bin. Ich bewege mich in einer Welt, die ich zwar sehe, aber nicht *fühle*.« Cf. G. Benedetti, 1988, S. 226; bzw. G. Young, 2012, S. 135 f.; T. Metzinger, 2004, S. 457 f. Manche Schizophrene empfinden sich als »flach«, d. h. als zweidimensional wie Halluzinationen, oder sie sind davon überzeugt, aus Glas oder Stahl zu bestehen, und andere behaupten: »Ich bin kein Mensch mehr, ich habe keine Seele mehr.« Wieder andere kommen sich wie ein Automat vor, der nichts fühlen kann, und sagen: »Wenn ich einmal lustig bin, so habe ich das Gefühl, ich bin es nicht.« Schließlich sagte ein Mann: »Auf meinem Grabstein wird stehen: gestorben mit 20, begraben mit 60 Jahren.« Cf. M. E. P. Seligman/D. L. Rosenhan, 1998, S. 277; P. Schilder, 1968, S. 100; W. Bräutigam, 1969, S. 110; bzw. J. E. Meyer, 1979, S. 27.

13 Zit. n. H. R. Fischer, 1987, S. 182. Cf. V. E. v. Gebsattel, 1954, S. 32 ff.; W. Blankenburg, 1971, S. 75; ders., 1987, S. 77; W. T. Winkler, 1976, S. 44; H. Nunberg, 1968, S. 143; V. E. v. Gebsattel, 1963, S. 364; W. Mayer-Gross, 1968, S. 199; H.-J. Markowitsch, 2002, S. 72; bzw. A. Eckhardt-Henn/ S. O. Hoffmann, 2004, S. 227 f.; P. Haerlin, 1981, S. 99; G. Claxton, 2005, S. 281. »Die Welt des Glücklichen ist eine andere als die des Unglücklichen« (Ludwig Wittgenstein: *Tractatus logico-philosophicus* 6. 43).

14 Cf. z. B. H. Ebbern et al., 1996, S. 29. Cf. D. Hudson, 1954, S. 284; M. N. Cohen, 1995, S. 368 f., 459; W. H. Bexton et al., 1967, S. 327; M. Warner, 2006, S. 52, 212 f.; L. Carroll, 1994, S. 135; bzw. J. L. Cummings/

M. S. Mega, 2003, S. 190; A. Otto, 2011, S. 59; Bujarski/Sperling, a. a. O., S. 285; O. Sacks, 1985, S. 74, 85, 92 ff.; ders., 1987, S. 204; Blanke et al., a. a. O., S. 248 f.; Kasten, a. a. O., S. 161; O. Blanke, 2009, S. 493; M. Manford/F. Andermann, 1998, S. 1822 ff. Einen Fall von »Lebenspanorama« erwähnt Lindner (a. a. O., S. 41) – vermutlich handelte es sich dabei um jene klaren und deutlichen, plötzlich in der Aura auftretenden Erinnerungen, von denen die Migräneforscher berichten.

15 Cf. J. A. Cheyne et al., 1999, S. 332; Manford/Andermann, a. a. O., S. 1819 f.; Asaad, a. a. O., S. 7 f., 12; Gabbard/Twemlow, a. a. O., S. 118; J. Long/ J. M. Holden, 2007, S. 145, 159; A. Dittrich, 1985, S. 54, 56; E. T. H. Brann, 1991, S. 335; V. M. Neppe, 2008, S. 135; I. Strauch/B. Meier, 1992, S. 126 ff.; bzw. D. Lewis-Williams/D. Pearce, 2005, S. 42 f., 52. Nach einer Untersuchung sind 86 % der hypnagogischen Halluzinationen visueller Natur. Cf. D. Vaitl, 2004, S. 44.

16 Dieser Meinung war beispielsweise die Trance-Forscherin Felicitas Goodman (mündliche Mitteilung vom 17. Juni 1981). Cf. S. Gilligan, 1991, S. 73; F. Goodman, 1983, S. 207; dies., 1989, S. 163 f.; E. L. Lvova, 1978, S. 242; S. Rittner, 2006, S. 176 f., 179; bzw. F. Goodman, 1996, S. 17; P. Mohr, 2003, S. 40. Im Falle des sogenannten »Schamanen von Lascaux«, des berühmten jungpaläolithischen Felsbildes in der Höhle (Tf. 7), behauptet Felicitas Goodman, er liege starr und steif in einem Winkel von 37° am Boden, und dies sei genau die Körperhaltung, die das Erlebnis des Fliegens hervorrufe. Cf. F. Goodman, 1994, S. 90. Aber zum einen gab es in der Höhlenmalerei dieser Epoche für dargestellte Tiere und Menschen keine Grundlinie, so daß das Männchen von Lascaux in überhaupt keinem Winkel »daliegt« (cf. H. P. Duerr, 1984, S. 90; S. A. de Beaune, 1998, S. 209 f.). Und zum anderen hat Felicitas Goodman es prinzipiell versäumt, zu überprüfen, ob bei einer Veränderung der Körperhaltung oder des Winkels, in dem eine Person auf dem Boden liegt, andere Erlebnisse auftreten oder ob diese von Haltung und Winkel völlig unabhängig sind. Cf. R. Schönhammer, 2004, S. 150.

17 *Vita Sancti Hildegardis* II. 5.1. Cf. C. Engling, 2005, S. 229; A. Heintschel, 2001, S. 167; Brann, a. a. O., S. 329; Carrington, a. a. o., S. 66 f.; M. Murphy, 1994, S. 130; N. Porath, 2008, S. 656; L. G. Peters, 1998, S. 104; ders., 2004, S. 298; bzw. K. Leonhard, 1988, S. 255 f.; E. Swedenborg, 1977, S. 305 ff.; E. Benz, 1969, S. 90 f.; J. S. Rose, 2005, S. 57; U. Groll, 2000, S. 6. Swedenborg, von dem behauptet wurde, er habe durch Strangulierungen Hypoxie und infolgedessen »Visionen« erzeugt (cf. M. Geier, 2003, S. 112, 117), war der Überzeugung, Gott habe ihn damit beauftragt, die Menschheit über das Leben im Himmel aufzuklären. Später hatten seine Botschaften einen ungeheuren Einfluß auf die freigelassenen Sklaven, die nach Liberia und Sierra Leone auswanderten, sowie auf die Mitglieder brasilianischer Gei-

sterkulte. Cf. J. Williams-Hogan, 2008, S. 254; H. Behrend, 2009, S. 549f;
A. Villoldo/S. Krippner, 1986, S. 230 ff.

Anmerkungen zu § 19

1 Cf. P. G. Bahn, 2001, S. 55; C. F. Klein et al., 2002, S. 388; dies., 2001, S. 212; R. N. Hamayon, 1993, S. 7; C. Humphrey/U. Onon, 1996, S. 30; bzw. J.-L. Le Quellec, 2001, S. 150. Nach Bahn (a. a. O.) sind sämtliche Schamanen »showmen« und nichts anderes.
2 Cf. M. Hoppál, 1976, S. 235, 237; V. Diószegi, 1960 S. 9; M. de Ferdinandy, 1973, S. 241, 248; J. Fazekas, 1967, S. 99; L. Bäckman/Å Hultkrantz, 1978, S. 107; W. Bogoras, 1965. S. 458; A. Kannisto, 1958, S. 420; T. M. Fraser, 1960, S. 172; T. A. DuBois, 1999, S. 133; Á. Birtalan, 1999, S. 1032; F. B. Eiseman, 1990, S. 154; bzw. M. Roseman, 2003, S. 188; Å. Hultkrantz, 1953, S. 280; D. E. Walker/H. H. Schuster, 1998, S. 500. Weitere Beispiele findet man bei C. Hill-Tout, 1903, S. 361; F. E. Williams, 1928, S. 49; M. Haavio, 1952, S. 86; P. Hajdú, 1963, S. 165 f.; G. Reichel-Dolmatoff, 1971, S. 130; Keifenheim, a. a. O., S. 507; W. Kempf, 1996, S. 132; W. S. Lyon, 1998, S. 403; Jilek/Jilek-Aall, a. a. O., S. 23; M. Tomforde, 2006, S. 167; A. Hobart, 2003, S. 88 f.; A. Lühning, 2005; S. 121, 125. Der Zustand, in dem man in der Lage war, in den Himmel oder durch unterirdische Tunnel zu reisen, hieß bei den Ungarinyin *miriru*. Die Fähigkeit, ihn herzustellen, konnte versiegen und mußte deshalb immer wieder regeneriert werden. So war es auch bei den Yarralin, unter denen es einen alten »Clever Man« gab, der dem Ethnologen sagte: »Me empty. Got no good eye. All lost now, finish.« Cf. H. Petri, 1952, S. 170; D. B. Rose, 1992, S. 95.
3 Cf. H. P. Duerr, 1978, S. 318; bzw. Nambúgi, 1978, S. 75; C. McCallum, 1999, S. 453; Schwarzer Hirsch, 1983, S. 211; P. Schulze-Belli, 2008, S. 254; *Vita Sanctae Hildegardis* I. 8; A. M. Haas, 1995, S. 214; R. Brandstetter, 1909, S. 36; G. W. Adams, 2007, S. 48 f.; bzw. A. Mali, 1996, S. 97, 103. Auch ein Europäer wurde auf einem Fahrzeug, nämlich einer Lore, durch die Dunkelheit gefahren, wobei vermummte Gestalten neben ihm herliefen und »Komm, komm!« zu ihm sagten. Cf. I. Gresser, 2004, S. 91 f., 115. Im Grunde widerfuhr Schwarzem Hirsch dasselbe, was anscheinend nicht wenige Teilnehmer der Yuwipi-Zeremonie erlebten. Fest eingewickelt in ein Büffelfell wie die Verstorbenen und bei absoluter Dunkelheit, waren die Medizinmänner der Sioux, wie Lame Deer erklärte, »gleich einem, der tot ist. Er existierte nicht mehr.« Wenn er so »auf dem Boden lag, konnte sein Geist Hunderte Meilen entfernt auf den Hügeln sein und sich mit den Vorfahren unterhalten. Er hatte aufgehört, zu sein. Dann lag es an

uns, ihn zurückzuholen«, und zwar durch Trommeln und Gesang. Cf. J. F. Lame Deer/R. Eroes, 1972, S. 194 f. Derartige Entrückungen gibt es auch heute noch. So erzählte mir Ira Melnikow (mündliche Mitteilung vom 3. Januar 2013), wie sie zunächst an die Decke schwebte, von wo aus sie sich mit offenen Augen im Bett liegen sah. Dann schwebte sie durch das verschlossene Fenster in einen dunklen Gang, den sie unbeholfen entlangging. Als sie sich an dessen Wänden abstützte, fühlten sie sich schwammig an. Es war für sie, als ob sie sich in einem fremden Körper befände, was ihr sehr unangenehm und unheimlich war. Der Gang führte zu einem Raum, in dem eine Party stattfand, und sie war sich sicher, irgendwo im Odenwald zu sein. Als sie auf der Party umherging, traf sie mehrere Bekannte, die sie zwar grüßten, aber so, wie wenn sie eine andere Person sei. Plötzlich befand sie sich wieder in ihrem Zimmer in Heidelberg und schlüpfte in ihren Körper.

4 Cf. V. N. Basilov, 1989, S. 27; ders., 1997, S. 21; T. Lehtisalo, 1937, S. 11 f.; Porath, a. a. O., S. 651; S. Steinbrich, 1997, S. 309 ff.; bzw. W. S. Simmons, 1971, S. 75; J. D. Viccara, 1949, S. 221 f.; W. Thalbitzer, 1923, S. 463. Bei den Ekoi im westlichen Kameruner Waldgebiet mußte der »Seher« gewissermaßen auf die beiden »anderen« Augen »umschalten«, um seine Tätigkeit auszuüben, und wenn der *banman* der Ungarinyin im Geiste wie ein Goanna in »das Land dort unten« reiste, sah er nach der Ankunft alles mit seinem »inneren Auge«. Cf. P. A. Talbot, 1912, S. 230; bzw. A. P. Elkin, 1977, S. 146 f.

5 Cf. M. Merleau-Ponty, 1966, S. 242, 390; D. P. Schreber, 1973, S. 88; D. Ganz, 2006, S. 113; Gregor der Große: *Dialoge* IV. 26; *Vita Sanctae Hildegardis* I. 5; bzw. Dietrich v. Apolda, 2007, S. 123. Das Fasten in der Karwoche, der »heiligen Woche« vor Ostern, fand *in pane et aqua* und unmittelbar vor Ostern sogar ohne jegliches Essen und Trinken statt. Cf. H. Lutterbach, 2002, S. 408. Bei längerem Fasten fällt der Blutzuckerspiegel, und das Gehirn wird mit Sauerstoff unterversorgt (cf. G. Roth, 1994, S. 201), so daß es zu all jenen psychischen Begleiterscheinungen kommen kann, die für eine Hypoxie typisch sind (»Präsenzen«, Wahrnehmungsverzerrungen, fragmentierte, verschwommene Halluzinationen usw.). Es ist zu vermuten, daß zum Beispiel das zweiwöchige Fasten im Purgatorium Patricii (cf. H. Röckelein, 1987, S. 103) oder das Fronfasten während der Quatembertage bisweilen zu solchen Erlebnissen geführt hat. Jedenfalls sprach der Straßburger Domprediger Geiler v. Kaysersberg von den »verzuckten frauen in der fronfasten«. Cf. J. Hansen, 1901, S. 287.

6 Cf. Mechthild v. Magdeburg, 2010, S. 230; Margery Kempe: *Book* I. 81; G. Widengren, 1965, S. 300; E. T. Howe, 2004, S. 33, 49; bzw. Julian of Norwich: *A Vision Showed to a Devout Woman* 12. 6 f.; dies.: *A Revelation of Love* 9. 24 f. Noch im 19. Jahrhundert sagte die ebenfalls »seherisch« begabte

Schwester der Friederike Hauffe bezüglich eines anwesenden Geistes: »Ich sehe ihn nicht mit meinem gewöhnlichen Auge, ich sehe ihn mit meinem inneren.« Cf. J. Kerner, 1922, S. 369.
7 Cf. V. N. Basilov, 1989, S. 21f.; W. Kapfhammer, 1994, S. 154f.; bzw. P. G. Schmidt, 1998, S. 31f.; A. Bihrer, 1998, S. 99f.; T. Ehlen, 1998, S. 257f.; E. Gardiner, 1993, S. XXVIf.; A. Blannbekin, 1994, S. 304f.; P. Dinzelbacher, 1998, S. 260f.; ders., 1976, S. 442; B. Pfeil, 1999, S. 45f.; B. J. Cuevas, 2007, S. 299; Raimund v. Capua, 1965, S. 100; C. Watkins, 1996, S. 226f.; Pfeil, a. a. O., S. 20; Y. de Pontfarcy, 2010, S. XI; H. Röckelein, 1987, S. 132; H. A. Lewis, 1997, S. 98.
8 Cf. J. E. Wannenmacher, 2005, S. 49; G. Duby, 1996, S. 128ff.; S. Roubach, 2006, S. 304; C. Knust, 2007, S. 160ff.; N. Stefenelli, 2003, S. 50; B. Spreitzer, 1995, S. 222f.; N. Ohler, 1990, S. 182. In der Moderne wurden Höllenvisionen immer seltener. Eine der Ausnahmen waren die der vorpubertären Seherinnen in einem Dorf südlich von Bamberg, denen die Hl. Jungfrau im Frühling 1950 einen Einblick in die Hölle gewährte. Cf. M. Scheer, 2009, S. 394ff. Die Meinung, solche Höllenbeschreibungen und -bilder seien typisch christliche Erscheinungen, ist zwar verbreitet, aber falsch. Auch bei den mittelalterlichen Juden dominieren die Beschreibungen von Höllenerlebnissen eindeutig die von Himmelsfahrten, und auch in der buddhistischen Tradition wird die Hölle (skt. *naraka*) viel ausführlicher beschrieben als die erfreulicheren nachtodlichen Gegenden. Im persischen *Ardā Wirāz nāmag* nimmt der Besuch der Hölle, in der die Verdammten vom Bösen Geist gequält werden, ebenfalls viel mehr Raum ein als der Besuch im Paradies. Cf. C. M. Moreman, 2008, S. 44; Y.-j. Liu, 2009, S. 291; bzw. A. Hultgård, 1999, S. 61.
9 Cf. A. Kellehear, 1993, S. 150ff.; D. M. Hadley, 2001, S. 58, 75; bzw. J. Jungmayr, 1988, S. 257; B. R. Rommer, 2004, S. 41; H. Rabanser, 2006, S. 164; E. Stagel/R. H. Oehninger, 2003, S. 38; C. Harbison, 1985, S. 114, bzw. J. Hamburger, 1989, S. 167ff. Diese »Kontaktreliquie« wurde bis zum Sacco di Roma im Jahre 1527 im Petersdom aufbewahrt und anschließend von protestantischen Landsknechten Kaiser Karls V. in einer Taverne der Stadt verhökert. Später habe man freilich das Tuch wiedergefunden und in dem von Gianlorenzo Bernini erbauten südwestlichen Kuppelpfeiler des Doms eingemauert, wo es sich noch heute befinden müsse. Viele Porträts sind angeblich ausgearbeitete Kopien des Schweißtuchbildes, zum Beispiel das von Jan van Eyck, von dem es jedoch lediglich eine Kopie aus dem Jahre 1438 gibt. Cf. D. Spanke, 2000, S. 34f.; M. Büchsel, 2003, S. 61, 119; L. Syson, 2008, S. 21.
10 Cf. W.-F. Schäufele, 2006, S. 198; I. Origo, 1989, S. 134; W. Aichinger, 2004, S. 20; P. Binski, 1996, S. 178f.; H. Vorgrimler, 1993, S. 359; bzw. B. Roeck, 2007, S. 259f.; J. T. Paoletti, 1992, S. 90; E. Vavra, 1980, S. 201; G. Litz, 2007,

S. 241; H. Kühnel, 1980, S. 91; H. Belting, 1990, S. 596; R. Davidsohn, 1927, S. 220; K. Krüger, 2003, S. 180. Auf gleiche Weise rühmte später G. Vasari (1906, S. 546) ein Gemälde Raffaelo Santis: »Das Bild (*la tavola*) Raffaels war göttlich, nicht wie gemalt, sondern wie wenn es lebte (*non dipinta, ma viva*).« Bereits im Jahre 1456 hatte der Genueser Humanist Bartolomeo Fazio in ähnlicher Weise Jan van Eycks Altarbild »Adam und Eva« charakterisiert (cf. L. Seidel, 2007, S. 49), und noch um die Mitte des 16. Jahrhunderts glorifizierte der Genter Maler Lucas d' Heere das Werk: »Seht, wie zum Erschrecken lebendig Adam dasteht! Wer sah je einen Körper so fleischig gemalt?« Cf. C. van Mander, 1991, S. 31.

11 Cf. B. Hinz, 1989, S. 135, 140; M. Barasch, 1998, S. 83; J. Müller-Hofstede, 2002, S. 42 f.; M. Sluhovsky, 2007, S. 251 f.; P. Dinzelbacher, 2002a, S. 308; ders., 2002, S. 20; J. Janota, 2007, S. 283 f.; C. Folini, 2007, S. 341; bzw. E. L. Lindgren, 2009, S. 62. In antiken Überlieferungen waren es lediglich abtrünnige Engel, die sich über die Jungfrauen hermachten. Und im 3. Jahrhundert schilderte eine gnostische Schrift recht drastisch die vaginale und rektale Vergewaltigung Evas durch gefallene Engel. Cf. Augustinus: *De civitate dei* XV. 23; B. Lang, 1997, S. 38; bzw. C. Losekam, 2010, S. 317. Die Vorstellung von der »Realpräsenz« der Heiligen in Bildern und Reliquien hatte zur Konsequenz, daß diese nicht nur sprechen, bluten, schwitzen oder umhergehen, sondern auch Wunder wirken oder bestraft werden konnten, wenn sie letzteres nicht taten. Cf. I. v. Bredow-Klaus, 2005, S. 154. Auch in der Moderne wurden und werden Heiligenfiguren immer wieder »lebendig« oder verhalten sich so, als ob sie lebendig seien. Ab dem Jahre 1919 bezeugten beispielsweise Tausende von Gläubigen, sie hätten gesehen, wie der Gekreuzigte sich auf dem Hochaltar der Pfarrkirche San Pedro im kantabrischen Limpias bewegt und im Todeskampf das Gesicht verzerrt habe. In der Nacht zum Fastnachtssonntag erlebte Therese von Konnersreuth, wie Jesus vom Kruzifix aus eine Hand über ihren Kopf legte und sie »mitleidig und wehmutsvoll anblickte«. Ejakulierte der mittelalterliche Jüngling auf die Venusskulptur, so beabsichtigte offenbar ein Bekannter des ehemaligen Wiener Priesters Adolf Holl ähnliches, wie er diesem schrieb: »Ich habe [der Statue] der Gottesmutter die Zehen geküßt. Und dabei kam es zur Erektion meines Penis. Ich möchte die Mutter Gottes im Himmel einmal ficken!« Und in einem zweiten Brief heißt es: »Ich bin wieder zur Marienstatue gegangen. Ich konnte nicht anders. Ich hab ihr wieder die Füße geküßt, und dabei ist er mir wieder gestanden.« Allerdings werden heute Personen, die sehen, wie die Skulpturen sich bewegen, nicht selten für geisteskrank gehalten. Als beispielsweise ein junger Bauer berichtete, er habe vor der Marienstatue in einer Grotte in der Nähe seines Dorfes gebetet, als die Muttergottes »sich verstaltete«, d. h. sich zu ihm hinunterneigte, hielten seine Eltern ihn für »verrückt« und brachten ihn in

eine Klinik. Cf. W. A. Christian, 2012, S. 82; G. Schallenberg, 1990, S. 77; A. Holl, 2003, S. 9; bzw. W. Blankenburg, 1984, S. 43f.

12 Cf. C. Albrecht, 1951, S. 78, 91; I. Deistler, 2002, S. 43; F. H. Previc, 2006, S. 512; A. Kasamatsu/T. Hirai 1969, S. 499; G. Schüttler, 1974, S. 119; K. Engel, 1995, S. 183. Dabei ist es wichtig, sich bei der Konzentration auf ein Objekt nicht anzuspannen oder zu verkrampfen. So sagte eine Kristallseherin: »Man muß schauen, ohne zu schauen – man darf nicht *bewußt* die Aufmerksamkeit fokussieren. Wenn man etwas mit Absicht genau anschaut oder Details beachtet, löst sich die Vision auf!« Cf. C. McCreery, 1967, S. 110.

13 Cf. Meister Eckhart, 1964, S. 618; R. Rösel, 1928, S. 62, 69. In der *Haṭhayogapradīpikā* heißt es: »Von allen Zuständen befreit, von allen Gedanken verlassen ist nun der Yogin gleich einem Toten, aber erlöst. Der Yogin, der *samādhi* erreicht hat, wird vom Tod nicht verzehrt, vom *karma* nicht gequält und von keinem anderen erreicht. Er kennt weder Geruch noch Geschmack, noch Farbe, noch Tastgefühl, noch Laut, noch sich selbst, noch einen anderen. Sein Geist schläft nicht, auch wacht er nicht, er ist von Erinnerung und Vergessen befreit. Er kennt weder Kälte noch Wärme, weder Glück noch Unglück, weder Ehre noch Verachtung.« Ein solcher Yogin ist ein *jīvan-mukta*, ein »Lebenderlöster«. Cf. H. P. Duerr, 1995, S. 121 f.

14 Cf. C. Fasbender, 2008, S. 339 f.; N. Stefenelli, 2003, S. 37, 49; W. Wunderlich, 2001, S. 48; M. Claußnitzer, 2007, S. 67 f., 157 f.; R. Hausner, 1998, S. 86 f.; S. F. Wemple/D. A. Kaiser, 1986, S. 337; I. Wilhelm-Schaffer, 2000, S. 10; P. Layet, 2000, S. 28; J. Huizinga, 1928, S. 204; G. Buchheit, 1926, S. 30; bzw. H.-F. Rosenfeld/H. Rosenfeld, 1978, S. 168; D. Freise, 2002, S. 431 ff.; J. Heers, 1986, S. 75. Im englischen Renaissance-Theater war der Eingang zur Hölle meist eine Falltür, die den Eindruck vermittelte, als falle der Sünder in einen tiefen Schacht. Als in York einer der Schauspieler in die flache Grube fiel, rief er laut: »Allas for dole and care, / I synke into helle pitte!« Cf. P. Sheingorn, 1992, S. 7.

Anmerkungen zu § 20

1 Cf. H. Sidki, 2008, S. 147 f., 152; L. G. Peters, 2004a, S. 46 ff., 63 ff.; E. McHugh, 2002, S. 80 ff.; D. Riboli, 2000, S. 86; bzw. H. Biedermann, 1965, S. 102; ders., 1980, S. 10. Die Jirel sagten, der *ban jhākri* bilde nur solche Jugendliche zum Schamanen aus, die körperlich und seelisch »rein« seien. Cf. L. G. Peters, 2004, S. 179. Wenn der von der *nyalmo yeti* vergewaltigte Mann unterwürfig ist, kümmert sie sich um ihn und benutzt ihn als Sex-

sklaven. Wenn er sich aber wiederholt dagegen wehrt, von ihr bestiegen zu werden, tötet sie ihn. Cf. Peters, a. a. O., S. 34 f., 190. Auch die europäischen Wildfrauen entführten und vergewaltigten junge Männer. Cf. H. Schreibmüller, 1959, S. 31.

2 Cf. J. Galinier et al., 2010, S. 828; W.-E. Peuckert, 1942, S. 70 ff.; S. Erixon, 1961, S. 34; J. P. McAndrew, 2001, S. 43 f., 48 f. Ein Heiler der Cebuanos erzählte, eine *ingkantu* habe ihn einst dazu aufgefordert, sie zu heiraten, worauf er mit dem Taxi zu einem aus Marmor und Gold bestehenden Palast fuhr, in dem die Hochzeit stattfand. Es gab ein riesiges Bankett, aber die Speisen waren – wie auf den europäischen Hexenzusammenkünften – ohne Salz (das Permanenz verleiht!) zubereitet. Die *ingkantu* sehen aus wie schöne mittel- und nordeuropäische Frauen mit blonden Haaren, aber sie wohnen in Höhlen oder *banyan*-Bäumen.

3 Cf. E. Bleuler, 1955, S. 21; K. W. Bash, 1955, S. 17 ff.; P. Fiedler, 2001, S. 157 f., 160; C. Klicpera, 2007, S. 189; T. R. Payk, 2007, S. 162 f.; A. L. C. Runehov, 2007, S. 76; S. O. Hoffmann, 2004, S. 145; R. Erkwoh, 1993, S. 68 f.; K. Schneider, 1928, S. 23; K. Oesterreich, 1910, S. 312; E. Altavilla, 1955, S. 209 f.; H. J. Horn, 1995, S. 325 f.; bzw. W. W. Stein, 1961, S. 307; W. E. A. van Beek, 1994, S. 211; J. Fazekas, 1967, S. 99; D. W. Hollan/J. C. Wellenkamp, 1994, S. 186 f.; I. Manninen, 1922, S. 182; J. C. Crocker, 1985, S. 163; B. Herr, 1981, S. 343 f.; G. B. Schmid, 2000, S. 112; M. Gusinde, 1931, S. 701; B. J. F. Laubscher, 1937, S. 15. Manchen Tembu-Frauen scheint indessen der Koitus mit den *impundulu* großes Vergnügen bereitet zu haben, und zwar angeblich vor allem dann, wenn der Geist den Penis von hinten einführte (a. a. O., S. 18). Dagegen fürchten die jungen Mädchen und Frauen die nächtliche Vergewaltigung durch den Alp (*dab tsog*) sehr. Cf. S. R. Adler, 1995, S. 183. Bei den Apache war das Nachtmahr-Erlebnis Ausdruck der »Geisterkrankheit« und galt als Vorzeichen des baldigen Todes. Sie wurde aber dennoch vom Medizinmann (*di-yin*) behandelt. Cf. M. E. Opler, 1946, S. 461; J. L. Haley, 1997, S. 72.

4 Cf. P. Binsfeld, 2004, S. 121; R. Briggs, 2007, S. 130 f.; D. Purkiss, 2000, S. 91; H. Rabenser, 2006, S. 160; P. Cherici, 1995, S. 73. Wenn im Mittelalter ein Mann eine nächtliche Pollution oder eine Frau einen Orgasmus hatte, sagte man häufig, sie seien vom »mar geritten« worden, und entsprechend wurde in einem spätmittelalterlichen Lübecker Beichtspiegel jedem, der glaubte, er werde bisweilen vom Nachtmahr heimgesucht, und diesen Glauben nicht bereute, die ewige »Verdammniß« angedroht. Cf. C. Lecouteux, 1995, S. 110; W. de Blécourt, 2003, S. 239 f.; bzw. W. Behringer, 2000, S. 71. Im Jahre 1600 sagte in einem nassauischen Hexenprozeß der Hirte Bestgen Rotgers aus, der Teufel sei in »Haaßen Gestalt« zu ihm gekommen und habe ihn so hart gedrückt, »das er 3 tag kranck gelegen«. Beim zweiten Mal sei er »drey Tag sprachloß« und beim dritten Mal sogar sieben Tage

lang ohne Stimme gewesen. Drei Jahre danach erklärte ein Mann im Verlaufe eines Hexenprozesses im lothringischen Étival, eines Nachts seien zwei Wesen zu ihm ins Bett gestiegen und hätten ihn an der Kehle gepackt, um ihn zu erdrosseln. Er konnte wenigstens um Hilfe rufen, aber seinem Sohn und seinen drei Töchtern stieß jemand so heftig den Daumen in den Hals, daß sie weder atmen noch schreien konnten. Cf. S. Richter, 2004, S. 102, 115 f.; bzw. Briggs, a. a. O., S. 130. In Flandern war die *kokkemare* nach Auskunft der Männer, die von ihr »geritten« worden waren, eine lüsterne und völlig nackte Frau mit »langem, wildem Haar«, und auch die litauische Laumẽ, die mit üppigen Brüsten ausgestattet war, legte sich splitternackt auf die schlafenden Männer und führte deren Penis bei sich ein. Ähnlich verhielt sich die süditalienische *maciare*. In Norddeutschland saugte der Alp an den Brüsten junger Mädchen, die dadurch übergroß wurden. Cf. de Blécourt, a. a. O., S. 236, 240; J. Balys/H. Biezais, 1973, S. 442; E. de Martino, 1982, S. 81 ff.; L. Röhrich, 1984, Sp. 256 f.; bzw. K. Ranke, 1927, Sp. 290 ff. Auch von Nosferatu hieß es, er lege sich nicht nur auf die erstarrten Frauen, um Blut zu saugen, vielmehr vergewaltige und schwängere er sie zudem. Cf. E. Jones, 1912, S. 45.

5 Cf. E. S. Burch, 1971, S. 154; É. Pócs, 1992, S. 358; H. Sebald, 1987, S. 158; L. Laistner, 1989, I, S. 46 f., 67 f.; II, S. 420; R. Eichelbeck, 2004, S. 304 f.; I. Barušs, 2003, S. 212; bzw. J. A. Cheyne et al., 1999, S. 319 f., 322; O. Davies, 2003, S. 182; G. E. Wettach, 2000, S. 81; V. M. Neppe, 2008, S. 135; W. v. Lucadou, 2012, S. 69 f.; K. Jaspers, 1913, S. 159; J. A. Cheyne/T. A. Girard, 2007, S. 961; D. Draaisma, 2012, S. 69; J. A. Saliba, 1995, S. 236. Nach einer Untersuchung hatten 11 % der befragten Schlafparalysierten das Erlebnis, sich im Bett liegen zu sehen. Cf. G. Buzzi, 2002, S. 2116; D. J. Hufford, 1995, S. 38; T. Metzinger, 2004, S. 494 f. Ein Mann erzählte, er sei aufgewacht und habe sich nicht mehr bewegen können, so daß er sich in seinem Körper gefangen fühlte. Als sich überdies eine »Gestalt, die ein fahles, grau-blaues Licht ausstrahlte«, auf sein Bett setzte und ihn packte, geriet er in Panik, trat aus seinem Körper und zerfetzte das Wesen, worauf er wieder in den Körper zurückkehrte. Cf. E. R. Waelti, 1983, S. 19 f. Eine Frau schilderte, wie sie plötzlich in der Luft schwebte und ihren Körper unter sich liegen sah. Da erschienen »zwei schattenhafte Wesen«, die »ein silbernes Licht« ausstrahlten und sie »wie mit einer magnetischen Kraft zu sich« zogen. »Ich folgte ihnen ohne Anstrengung oder Absicht durch das Fenster in den offenen Nachthimmel.« Cf. Davies, a. a. O., S. 198.

6 Cf. C. du Prel, 1885, S. 97; D. Ward, 1977, S. 219 f.; E. Reis, 2000, S. 327; bzw. J. A. Cheyne/T. A. Girard, 2007, S. 960; Davies, a. a. O., S. 192; L. A. Haley, 1996, S. 82 f.; C. Oates, 2003, S. 219; E. Fudge, 2008, S. 35 f.; A. Rosenthal, 2006, S. 101; bzw. S. Blackmore, 1998 a, S. 25; J. Randles, 1999, S. 143;

B. Denzler, 2003, S. 304; N. P. Spanos et al., 1993, S. 630; S. Kühnel/ H. J. Markowitsch, 2009, S. 100 f.; T. Pinvidic, 1990, S. 312, 317; J. Närvä, 2003, S. 205; P. Brookesmith, 1998, S. 47, 68, 118; D. Jordan/K. Mitchell, 1996, S. 239; C. Brachthäuser, 2001, S. 73, 76; J. E. Mack, 1995, S. 168, 177; B. Hopkins, 1987, S. 39, 111, 124; C. D. Bryan, 1995, S. 133 ff.; T. Wynn/ F. L. Coolidge, 2013, S. 197. Ein Teilnehmer des »Race Across America« hatte nach 1259 Meilen auf dem Fahrrad und 83 Stunden ohne Schlaf ebenfalls ein UFO-Entführungserlebnis. Cf. M. Shermer, 1999, S. 67. Nicht wenige »Entführte« gaben an, sie hätten bereits als Kinder gelegentlich Geistwesen am Fuße ihres Bettes stehen sehen. Cf. S. Harvey-Wilson, 2001, S. 107.

7 Cf. K. Turner, 1996, S. 12, 151 f.; D. M. Jacobs, 1992, S. 49, 198; Bryan, a. a. O., S. 52; J. Whitmore, 1995, S. 81; P. Brookesmith, 1998, S. 8; J. Clark, 2000, S. 269; K. Wilson, 1996, S. 84; S. Lehar, 1998, S. 147; J. Bynum, 1993, S. 90; Mack, a. a. O., S. 186 ff.; M. A. Persinger, 1989, S. 62. Andere Temporallappen-Epileptikerinnen bestätigten das anormale Interesse der Wesen an ihren Genitalien, und einige sagten, es sei ihnen ein Embryo implantiert und später wieder entnommen worden. Teilte um das Jahr 1460 Alfonso de Spina mit, daß die Nonnen nach dem Koitus mit dem Incubus »besudelt« seien, »als hätten sie einem Manne beigewohnt« (I. P. Culianu, 2001, S. 217), und konnten junge Frauen vom Alp geschwängert ein mißgestaltetes »Alperkalb« auf die Welt bringen, erlebten manche Epileptikerinnen nach der Vergewaltigung durch die Wesen Schwangerschaftssymptome wie Übelkeit, Vergrößerung der Brüste und des Brustwarzenhofes sowie das Ausbleiben der Menstruation. Cf. M. A. Persinger, 1996, S. 102. Jahrelang hielt die finnische Ärztin Rauni Luukanen weltweit Vorträge, in denen sie erzählte, wie sie von einem Alien geschwängert worden sei und ein Mischlingskind ausgetragen habe, das sie ab und zu sehen dürfe. Und der in Kanada lebende Sektenführer Raël behauptet, der Sohn eines Aliens zu sein, der seine entführte Mutter im UFO koitiert habe. Im Auftrag der Aliens hatte er den »Orden der Engel Raëls« gegründet, dem ausschließlich junge Frauen angehören, denen die Aufgabe zufällt, die Aliens sexuell zu befriedigen, wenn sie die Erde besuchen. Cf. M. Grosso, 1995, S. 250 f.; E. Tanner, 2005, Sp. 1032; bzw. S. J. Palmer, 2004, S. 134.

8 Cf. Davies, a. a. O., S. 190; B. Hopkins, 1987, S. 83, 148, 150 f.; L. S. Newman/ R. F. Baumeister, 1996, S. 116; Brookesmith, a. a. O., S. 23; C. Stewart, 2002, S. 301 f.; bzw. D. Chichester, 2009, S. 344. Auch schizophrene Männer berichten nicht selten davon, daß ihre Genitalien »elektrisch gereizt« und ihnen das Sperma abgezapft werde. Cf. C. Scharfstetter, 1983, S. 65. Der bereits erwähnte Sektenguru Raël behauptet dagegen, von hellgrünen Männchen auf ihren Heimatplaneten mitgenommen worden zu sein, wo er Gruppensex mit wollüstigen weiblichen Aliens genossen habe. Cf. C. Vorilhon, 1974, S. 17 ff.; S. J. Palmer, 1995, S. 110 ff.

9 Cf. Newman/Baumeister, a.a.O., S. 100ff.; H.-C. Harten, 1995, S. 209; B. Hsu et al., 1994, S. 113f.; C.J. Forsyth, 1996, S. 290f. Während sie sich auf diese Weise zur Schau stellen, masturbieren viele Masochistinnen oder führen einen Vibrator ein. Andere führen sexuelle Handlungen aus, die sie als entwürdigend empfinden. So lassen sie sich zum Beispiel von Partygästen in den Mund ejakulieren oder anal penetrieren. Psychologen gehen davon aus, daß bis zu 10 % der amerikanischen und bis zu 20 % der westeuropäischen Bevölkerung zumindest gelegentlich solche Praktiken ausüben. Cf. R. F. Baumeister/J. L. Butler, 1997, S. 228, 231ff.; *Spiegel* 17, 2011, S. 51; J. Woltersdorff, 2008, S. 102f.; P. Fiedler, 2004, S. 257. Weiblicher Genitalexhibitionismus gilt als relativ selten (cf. I. Rosen, 1996, S. 174f.), was aber wohl daran liegt, daß die betreffenden Frauen so gut wie nie angezeigt werden. Die halbwüchsigen Schülerinnen eines Internats in Schaffhausen, die sich in Gruppen zur Schau stellten, sagten später, daß die Augen der Passanten sie nachgerade masturbiert hätten, und eine Frau mittleren Alters, die auf Parkplätzen vor den LKW-Fahrern zuerst ihre Brüste und dann ihre Genitalien entblößte, erlebte regelmäßig einen Orgasmus, wenn die Männer sie mit dem Scheinwerfer anstrahlten. Dies geschieht bei vielen Masochisten beiderlei Geschlechts bereits dann, wenn ihr Partner sie fesselt oder ihnen Handschellen anlegt. Da in der Öffentlichkeit weibliche Genitalien nicht so gut sichtbar sind wie ein erigierter Penis, beschränken sich viele Exhibitionistinnen darauf, ihre nackten Brüste zu zeigen. Cf. R. Quinsel, 1971, S. 125; C. S. Grob, 1985, S. 253; S. S. Jenus/C. L. Jenus, 1993, S. 110; bzw. R. F. Baumeister/K. L. Sommer, 1997, S. 215f.; A. J. Cooper, 1996, S. 49f.; H. Giese, 1962, S. 351. Nach einer Studie genossen es 23,6 % der amerikanischen Studentinnen und 18,6 % der Studenten, in der Öffentlichkeit ihren Schambereich und die Brüste bzw. ihren Phallus zu zeigen. Cf. Hsu et al., a.a.O. In Japan, wo offenbar der Genitalexhibitionismus und -voyeurismus besonders ausgeprägt sind (cf. H. P. Duerr, 1990, S. 237f.; ders., 1993, S. 95), gibt es die überwiegend von jüngeren Frauen gelesenen »Ladies Comic Books« (*ero-manga*), in denen massenhaft gefesselte nackte Frauen (*shibari*, »bondage«) zu sehen sind, die auf jede erdenkliche Weise vergewaltigt und erniedrigt werden. Cf. Y. Hatano/ T. Shimazaki, 1999, S. 829f.; P. Constantine, 1994, S. 117f.
10 Cf. B. Vetter, 2007, S. 235; R. S. Perrotto/J. Culkin, 1993, S. 180; M. A. Persinger, 1992, S. 264; bzw. C. C. McLeod, 1996, S. 163f.; D. Thornton/ R. Mann, 1997, S. 243f.; H. Helldörfer, 1961, S. 71f.; W. Eicher, 1977, S. 42; U. Hartmann, 1992, S. 176f.; ders., 1989, S. 38f.; U. Kretschmann, 1993, S. 126; J. N. Butcher, 2009, S. 554; L. S. Newman, 1997, S. 167ff.; F. Nolte, 1992, S. 218; R. D. McAnulty et al., 2001, S. 766; K. Turner, 1996, S. 66; H. P. Duerr, 2002, S. 217f. Auch der Lederschwule, der sich von einem anderen eine Hundeleine um den Hals legen läßt (cf. G. W. Levi Kamel, 1980,

S. 175), befindet sich in einer völlig anderen Situation als der erwähnte »Entführte«, der von den Aliens an seinem erigierten Penis durch das UFO geführt wird, obgleich auch er offenkundig sexuell erregt ist. So verlautete schon W. H. Roscher (1900, S. 9) über die vom Nachtmahr »gerittenen« Frauen: »Bisweilen ist mit dem Gefühl der Angst das der Wollust gepaart, namentlich häufig bei Weibern, welche oft glauben, der Alp habe an ihnen den Coitus geübt.« Als im Jahre 1782 Füsslis »Nachtmahr« auf der Jahresausstellung der Royal Academy in London gezeigt wurde, machte das Bild den Maler zwar berühmt, aber das Publikum war aufgrund der sexuellen Anspielung schockiert. Cf. C. Baumann et al., 2007, S. 223.

11 Cf. P. Devereux, 2000a, S. 134; A. Grünschloß, 2000, S. 4; R. K. Siegel, 1984, S. 268; Brookesmith, a. a. O., S. 34; Turner, a. a. O., S. 151f.; Bynum, a. a. O., S. 91; T. E. Bullard, 2010, S. 141f.; R. Fowler, 1995, S. 92f.; Närvä, a. a. O., S. 206. Eine junge Frau gab an, sie habe sich plötzlich mit ihrem Bruder in der Luft befunden, worauf sie durch einen Tunnel zu einem goldenen Raum hinaufgerast seien, wobei sie sah, wie ihre Wohnung hinter ihnen immer kleiner wurde. Dann verlor sie das Bewußtsein, bis sie und ihr Bruder in einer Art Kontrollraum wieder zu sich kamen. Eine andere Frau berichtete, sie sei von dem UFO durch einen Tunnel aus glitzerndem Licht in ihr Bett »gebeamt« worden. Manche Opfer sagen, sie hätten das Gefühl gehabt, nur mehr eine reine »Seele« zu sein. Cf. N. P. Spanos et al., 1993, S. 627; Brookesmith, a. a. O., S. 49; J. Whitmore, 1995, S. 70. Nach Brookesmith (a. a. O., S. 8) finden seit den achtziger Jahren des vergangenen Jahrhunderts immer weniger Reisen zum Planeten der Aliens statt. Vielmehr werde dieser lediglich auf einem Bildschirm oder in einer Art Cyberspace gezeigt.

12 Cf. Bullard, a. a. O., S. 150; Brookesmith, a. a. O., S. 9; J. Schnabel, 1994, S. 52, 55; E. Fromm, 1992, S. 45; T. E. Bullard, 2010, S. 142; C. Haring, 1995, S. 87f.; R. E. Laibow/C. S. Laue, 1993, S. 98; R. M. Horn, 1997, S. 38ff.; M. Schetsche, 2008, S. 163f., 171; bzw. S. M. Powers, 1994, S. 49; Schnabel, a. a. O., S. 54; S. J. Lynn/J. W. Rhue, 1988, S. 35; R. E. Bartholomew et al., 1991, S. 216f.; A. L. Patry/L. G. Pelletier, 2001, S. 201; bzw. J. Dean, 2003, S. 249f.; J. A. Blake, 1979, S. 323; Jacobs, a. a. O., S. 51f.; Randles, a. a. O., S. 152; D. L. Schacter, 2001, S. 118f., G. D. Chryssides, 2003, S. 57; J. Clark/L. Coleman, 1975, S. 186f.; Turner, a. a. O., S. 206; Hopkins, a. a. O., S. 153, 221; Scharfetter, a. a. O., S. 65. Trotz dieser Anomalien und der unangenehmen Erlebnisse halten viele »Entführte« an der Realität des Geschehenen fest und fühlen sich nicht als Opfer, sondern als »Erleuchtete« und »Auserwählte«, denen der Auftrag gegeben wurde, ein Goldenes Zeitalter zu verkünden, das dank der Aliens kommen werde. Cf. C. Partridge, 2003, S. 27ff.; D. Wojcik, 2003, S. 286.

Anmerkungen zu § 21

1 Cf. M. Siefener, 1992, S. 132; W. de Blécourt/H. de Waardt, 1990, S. 194; G. W. Knutsen, 2009, S. 95 ff.; M. Gibson, 2003, S. 14; A. Vater, 1988, S. 46; Briggs, a. a. O., S. 136. Allerdings kam es nicht selten vor, daß Frauen aussagten, der Teufel habe sie tatsächlich genotzüchtigt. So berichteten in der ersten Hälfte des 17. Jahrhunderts zahlreiche Ursulinerinnen des Klosters Loudun von Vergewaltigungen durch den Teufel, und im Jahre 1634 sagte Anna Mezger, genannt »das Immenstädter Weibele«, vor dem Tiroler Landgericht Stein am Ritten aus, der Teufel habe sie mit Gewalt genommen, nachdem sie sich geweigert hatte, ihm zu Willen zu sein. Cf. W. Schmitt, 2001, S. 160; bzw. Rabanser, a. a. O., S. 162; ferner E. Biesel, 1997, S. 214. Wie im 13. Jahrhundert die ansonsten sehr zurückhaltende und schweigsame Kölner Begine Christina von Stommeln ihrem engsten Vertrauten, dem Dominikaner Petrus de Dacia, mitteilte, hatte der Teufel immer wieder versucht, sie nackt auszuziehen, weshalb sie große Angst davor hatte, er wolle sie gewaltsam entjungfern. Und tatsächlich rissen der Teufel und seine Gesellen ihr mehrfach die Kleider vom Leib und brachten sie an einen Ort, wo sie die hilflose Frau quälten und ihren Mutwillen mit ihr trieben. Cf. Martin, a. a. O., S. 216, 226, 233. Im 15. Jahrhundert verlautete Matthias von Kemnat, der Hofkaplan des Pfalzgrafen Friedrich des Siegreichen, beim Sabbat in der Nähe von Heidelberg werde auch Inzest begangen. Cf. H. Wirth, 1868, S. 106.

2 Cf. G. Henningsen, 1980, S. 164; D. Gentilcore, 1992, S. 248; K. Utz-Tremp, 2008, S. 545, 556; bzw. G. Róheim, 1948, S. 300; R. Linton, 1933, S. 200; C. Wagley, 1959, S. 408; bzw. R. Übel, 2003, S. 89, 101, 148; W. Krämer, 1959, S. 51; J. Macha/W. Herborn, 1992, S. 17; F. Byloff, 1934, S. 12; Rabanser, a. a. O., S. 166; M. Wilde, 2003, S. 267. Im Jahre 1658 sagte die Schottin Margaret Duchill über den Teufel aus, »q[uhe]n I went to my bed he came in over to me & lay with me all night and he causit me to ly on my face and he gatt on abone me and haid to doe with me, and grunkled[= grunzte] abone me lyke a kow« (Willumsen, a. a. O., S. 121). Bisweilen wird berichtet, daß sich auch Erscheinungen anfühlten »wie ein kühler Windhauch« (H. Sexauer, 1959, S. 109).

3 Cf. Utz-Tremp, a. a. O., S. 569; C. F. Black, 2009, S. 239 f.; S. T. Asma, 2009, S. 144; L. Roper, 2007, S. 140; Wilde, a. a. O., S. 269; G. Vöhringer-Rubröder, 1995, S. 150; bzw. J. Sprenger/H. Institoris, 2007, S. 203 ff.; Knutsen, a. a. O., S. 121 f.; M. Tschaikner, 2004, S. 110; J. Macha et al., 2005, S. 236, 453; Black, a. a. O., S. 244. Nachdem im Jahre 1595 der Dämonologe Nicolas Rémy behauptet hatte, nur eine Minderheit der Hexen komme beim Koitus mit dem Teufel zum Orgasmus, führte gut hundert Jahre später Johann Klein in seiner Rostocker Dissertation aus, die von ihm ausgewer-

teten Gerichtsprotokolle bewiesen eindeutig, daß der Teufel die Hexen in weit höherem Maße sexuell errege und befriedige, als es deren Ehemänner beim rechtmäßigen Beischlaf vermögen. Cf. I. P. Culianu, 2001, S. 218. Im Jahre 1630 bestätigte entsprechend eine Frau aus dem Bregenzer Wald, der Akt mit dem Teufel »Bonnerle habe ihr wohl getan«, und 1574 bekannten eine Frau und ihre halbwüchsige Tochter aus einem schweizerischen Dorf, sie hätten beide die Unzucht mit dem Teufel Lüzelhüpsch dermaßen genossen, daß sie diese unzählige Male wiederholt hätten. 1652 sagte Suzanne Gaudry, ihr Familiargeist Petit Grinniou befriedige sie auf vollendete Weise, und wenige Jahrzehnte später gaben im Salzburgischen mehrere Frauen zu Protokoll, sie hätten beim Koitus mit dem »schwarzen Mändl« immerhin »einige freudt vnd wollust« empfunden. Im frühen 17. Jahrhundert schränkte eine Baskin ein, der Geschlechtsverkehr sei für sie lustvoll, wenn der Teufel sie vaginal und nicht rektal penetriere, aber auch dann tue es manchmal etwas weh, weil sein Penis so groß und hart sei. Cf. C. Zika, 2007, S. 205; A. L. Barstow, 1994, S. 138; P. Klammer, 2006, S. 55, 69; bzw. Henningsen, a. a. O.

4 Cf. Gentilcore, a. a. O., S. 248; Roper, a. a. O.; dies., 2004, S. 82, 282; Macha et al., a. a. O., S. 129 f.; M. R. Zeck, 2004, S. 433. In den frühneuzeitlichen Hexenprozessen in Rothenburg ob der Tauber spielte der Sex mit dem Teufel keine Rolle, wie auch nur der reale, körperliche Gang zum Hexentanz geahndet wurde. Als beispielsweise im Jahre 1627 ein junges Mädchen die Aussage machte, sie sei wiederholt zum Sabbat geflogen, und all die Personen benannte, die sie dort gesehen hatte, befragte das Gericht das Mädchen, das mit ihr im selben Bett schlief. Nachdem dieses den Richtern versicherte, Margaretha Hörberin habe kein einziges Mal nachts die Schlafkammer verlassen, wurde das Verfahren auf Anraten der Rechtsgelehrten eingestellt. Cf. A. Rowlands, 2003 a, S. 171; bzw. dies., 1996, S. 105.

5 Cf. Culianu, a. a. O., S. 217; Rabanser, a. a. O., S. 173 f.; G. Jerouschek, 1992, S. 138 f., 144; Tschaikner, a. a. O., S. 38 f.; H. Schwillus, 1992, S. 69; bzw. B. P. Levack, 2008, S. 66; N. Hortzitz, 1990, S. 106. Die »Erkenntnis«, daß die hübsche Jungfrau der Teufel war, hielt den jungen Mann in Bregenz freilich nicht davon ab, einen zweiten Penetrationsversuch zu wagen, der dieses Mal gelang. Anscheinend hatte er allerdings Angst davor, er könne das Mädchen schwängern, denn er sagte aus, er habe kurz vor der Ejakulation »gezuckht und den samen neben auß fallen lassen«. In den nordischen und keltischen Ländern unterhielten manche Männer und Frauen dauerhafte sexuelle Beziehungen zu Elfen. So gestand im Jahre 1597 in Aberdeen ein Mann, er habe jahrelang »carnall deall« mit der »Quene of Elphen« gehabt, und im Jahre 1624 bestand eine Isländerin darauf, nicht nur von einem Elf bestiegen, sondern auch von ihm geschwängert worden zu sein. Cf. M. A. Murray, 1921, S. 243; bzw. Lacey, a. a. O., S. 163. In Ess-

lingen gestand im Jahre 1662 ein junger Bursche, er »hab sein glid ihn den teuffel thon und es machen müeßen wie mit einem mädlen, welches er gethon bis ihm etwas entgangen« (G. Jerouschek, 1992, S. 139).
6 Cf. E. R. Canda, 1983, S. 39 f.; B. Beit-Hallahmi, 2015, S. 199 f.; J. Rosenthal, 1998, S. 102, 114 f.; V. Crapanzano, 1977, S. 163 f.; A. Hooper, 1985, S. 178; V. Elwin, 1955, S. 155, 469; bzw. N. F. Partner, 1996, S. 301; Bash, a. a. O., S. 142; Kasten, a. a. O., S. 52; J. Corveleyn, 2007, S. 102; B. Wolf-Braun, 2009, S. 164. Als Margery Kempe einmal am göttlichen Ursprung ihrer Visionen zweifelte, war Gott dermaßen beleidigt, daß er ihr zwölf Tage lang jegliche Offenbarung vorenthielt. Die ganze Zeit über war sie nicht nur erfüllt von Gedanken an »letchery & alle vnclennes«, vielmehr hatte sie Visionen, in denen nackte Geistliche sich vor ihr zur Schau stellten, und mit mindestens einem von ihnen hatte sie Geschlechtsverkehr. Cf. Adams, a. a. O., S. 185 f. Wenn der jakutische Schamane von der Erdmutter die weibliche Geschlechtslust (*dschalyn*) erhielt und sie den bei der Séance anwesenden Frauen übermittelte, stießen diese laute Schreie aus und begannen wie Stuten zu wiehern: »Innä-sasach!« Laut wiehernd stürzten sie sich auf den Schamanen, rieben sich an ihm und führten Koitusbewegungen aus, so daß die umstehenden Männer ihn von den brünstigen Frauen, die sich zum Teil splitternackt ausgezogen hatten, befreien mußten. Anständige Frauen nahmen an diesem Ritual nicht teil, aber es kam vor, daß auch die etwas weniger anständigen hinterher von ihren Männern verprügelt wurden. Cf. Friedrich/Buddruss, a. s. O., S. 201 f.
7 Cf. F. Declich, 2000, S. 312 f.; R. A. Monroe, 1972, S. 186; B. M. Knauft, 1985, S. 86. Die weiblichen Mitglieder der »Hexengesellschaft« (*egbe*) der Yoruba, die behaupten, ihren Körper durch den Mund oder den After zu verlassen und in der Gestalt von Vögeln zu ihren Treffen zu fliegen, gelten als sexuell unersättlich. Der Psychiater R. Prince (1964, S. 92 f.), der in Ibadan eine solche Hexe kennengelernt hatte, berichtete, daß sie ihn jedesmal, wenn er sie traf, in der Handfläche kitzelte, was eine Aufforderung zum Geschlechtsverkehr ist. Nicht wenige Heiler vermeiden deshalb eine Zusammenarbeit mit den Hexen, weil diese, wie einer sagte, »immer Sex wollen, egal wie alt sie sind«.
8 Cf. G. Baer, 1984, S. 206 ff., 402; M. Lambek, 2003, S. 203 f.; S. A. Langwick, 2011, S. 118; T. Wendl, 1991, S. 226; H. Behrend, 2001, S. 120 ff.; Knauft, a. a. O., S. 86; bzw. J. Boddy, 2002, S. 411. Wenn das sudanarabische Medium zum Beispiel von einem europäischen Geist besessen ist, vergißt es angeblich alles über seine Herkunft und redet und verhält sich wie ein Europäer.
9 Cf. E. Cardeña, 1996, S. 92; I. Sjørslev, 1999, S. 350; M. Tomforde, 2006, S. 169; J. Belo, 1949, S. 56; F. Barth, 1993, S. 149; D. J. Hughes, 1991, S. 174 f.; C. Plancke, 2011, S. 378; M. Ishii, 2013, S. 804; S. R. Mahlke, 1992, S. 150,

152; K. Larsen, 2008, S. 102 f.; bzw. R. Firth, 1970, S. 286 f.; D. G. Wilson, 2010, S. 192 f.; E. Cohen, 2007, S. 135; M. Gelfand, 1962, S. 169; R. Winstedt, 1961, S. 63; H. Behrend, 2010, S. 29; K. W. Endres, 2006, S. 90. Auch die balinesischen Heiler (*balian taksu*) – fast alles Frauen – sind sich im Zustand der Besessenheit durchaus bewußt, was um sie herum vorgeht. Cf. F. B. Eiseman, 1990, S. 146; ferner K. Larsen, 2014, S. 22.

10 Cf. I. M. Lewis, 1986, S. 44 f.; E. Schulte-Markwort, 2001, S. 16; M. Leiris, 1958, S. 94; E. Bourguignon, 2005, S. 385; O. Ndoyé, 2006, S. 291; bzw. J. Belo, 1960, S. 3; L. Howe, 2005, S. 51, 70; J. M. Mageo, 1991, S. 364; J. D. Dobbin/F. X. Hezel, 1995, S. 82; Prince, a. a. O., S. 109, 114; M. Dessoir, 1917, S. 101; bzw. E. Cohen/J. Barrett, 2008, S. 30; Sjørslev, a. a. O., S. 50, 115 f., 343; A. Métraux, 1959, S. 132 f.; Eiseman, a. a. O., S. 153 f.; Larsen, a. a. O., S. 105 f.; A. Masquelier, 2005, S. 123 f., 130. Laszives und schamloses Benehmen charakterisierte die Besessenheitstänzerinnen auf der Koralleninsel Bonerate in der Nähe von Süd-Sulawesi, und die von den *lwa gede* »bestiegenen« Haitianerinnen rieben sich Pfefferschoten in die Genitalien, während sie Obszönitäten in die Menge riefen. Auch banden sie sich hölzerne Phalli vor den Unterleib und imitierten die Beckenstöße der Männer beim Koitus. Hinterher beteuerten sie: »Das war nicht ich!« (*se pat mwen mèm!*), denn sie seien lediglich das *chwal* [Pferd] der *lwa* gewesen. Cf. H. B. Broch, 1985, S. 275 ff.; bzw. J. Sommerfeld, 1994, S. 85 f.

11 Cf. B. Peter, 1990, S. 51; Bash, a. a. O., S. 168; Horn, a. a. O., S. 332 f.; P. Fiedler, 2004a, S. 57; bzw. Métraux, a. a. O., S. 140; I. Rösing, 2003, S. 144 ff., 198; J. T. Hitchcock, 1976, S. 169; V. N. Basilov, 1997, S. 15; R. M. Becker, 1995, S. 215; H. H. Figge, 1973, S. 279 f., 210; I. Scharf da Silva, 2004, S. 136; F. Huxley, 1966, S. 210; A. Hobart, 2003, S. 228. Auch die *sangomas* in Südostafrika behaupten aus ideologischen Gründen, sie erlitten eine Amnesie, aber manche geben zu, daß dies nicht wirklich der Fall ist. Cf. W. van Binsbergen, 2003, S. 172. Nachdem der Geist in den Körper der Hmong-Schamanin eingedrungen ist, spricht sie im Auftrag der Dorfbewohner mit ihm und übermittelt deren Fragen. Die Schamaninnen sagen, sie sähen die Geister nicht mit den Augen, sondern »nur mit dem Herzen und der Seele (*plig*)«, aber angeblich können sie sich danach weder daran noch an ihre »Jenseitsreisen« erinnern. Dem widerspricht aber, daß sie gleichzeitig behaupten, daß ihre Hilfsgeister bzw. die Besessenheitsgeister sie krank werden oder sogar sterben ließen, wenn sie irgend etwas von dem Erlebten ausplauderten. Cf. Tomforde, a. a. O., S. 168 ff.; bzw. N. Chindarsi, 1983, S. 189 f. Eine Brasilianerin sagte, sie habe gefühlt, daß der Geist in ihrem Körper sprach, doch bisweilen habe sie Angst davor, sie selber sei es, die da spreche. Und ein Umbanda-Priester gestand, er habe manchmal ein ganz klares Bewußtsein von dem, was da geschehe, aber er könne es nicht kontrollieren. Cf. B. E. Schmidt, 2014, S. 139 f.

12 Cf. Belo, a.a.O., S. 11; W.S. Sax, 2009, S. 195f.; C.A. Ross, 1989, S. 18; S. Fuchs, 1964, S. 127; R. Linton, 1933, S. 200; S.F. Nadel, 1965, S. 477; P. Kitiarsa, 2012, S. 128; bzw. M. Roseman, 1990, S. 243; V. Elwin, 1955, S. 469; W.H. Goodenough, 2002, S. 158f.; J. Dobbin/F.X. Hezel, 2011, S. 33, 59f.; R. Wagner, 1967, S. 49; T. Monberg, 1991, S. 84, 197ff. Ein Mitglied des Besessenheitskultes der östlich des Albertsees lebenden Nyoro sagte, sie habe bereits vor ihrer Initiation gewußt, daß die Besessenheit der Betreffenden nicht echt, sondern gespielt sei. Cf. J.H.M. Beattie, 1967, S. 284. Die Seher der Aloresen im Osten Indonesiens behaupteten zwar, sie bekämen nichts davon mit, wenn die Geister auf ihren Schultern säßen und mit ihrer Stimme sprächen, doch die Ethnologin C. DuBois (1944, S. 153f.) hatte nie den Eindruck, daß die Seher wirklich »weggetreten« waren. Vielmehr hätten sie sich während der angeblichen Besessenheit ganz normal verhalten. Ähnliches berichtete D. Tuzin (1980, S. 297) von den Geistermedien der Ilahita-Arapesch.

13 Cf. T. Perman, 2011, S. 82; M. Kigunda, 2007, S. 74; Larsen, a.a.O., S. 100ff.; F. Cannell, 1999, S. 114; A. Höfer, 1994, S. 27; D.H. Holmberg, 1989, S. 162, 166; D. Eigner, 2001, S. 56; H. Sidky, 2008, S. 102. Bei den Thonga in Simbabwe zwingt der Geist denjenigen, von dem er Besitz ergreift, die ganze Nacht zu tanzen, ohne zu ermüden, »müßige Dinge« zu tun, etwa Marihuana zu rauchen oder Frauen »aufzureißen«, aber der Betreffende verliert offenbar weder seine Identität noch seine Erinnerung. Cf. M. Schoormann, 2005, S. 462f. Ein weibliches Mitglied einer vietnamesischen Pfingstgemeinde konnte sich nach der Trance genau an das erinnern, was Gott durch sie gesprochen und geschrien hatte, sowie an die starken Brustschmerzen, die sie dabei verspürte (cf. G. Hüwelmeier, 2010, S. 218f.), und auch die sogenannten »Channels«, also die Channeling-Medien, sind sich dessen, was sie erleben und was um sie herum geschieht, weitgehend bewußt. So sagte eine Frau, sie höre die Stimmen der Anwesenden so, wie wenn diese sich im Zimmer nebenan befänden, und sie sähe auch Bilder und fühle, wie sich ihre Lippen bewegten. Cf. Hughes, a.a.O., S. 172. Die Heiler (*dibia*) der Igbo im nördlichen Nigeria erinnern sich später ganz genau an den Unterricht, den sie von den Geistern erhalten haben, die in sie gefahren waren und denen sie auch das »Zweite Gesicht« verdanken. Dagegen sagte ein *sangoma* der südafrikanischen Swasi, er könne zwar bisweilen die Worte des in ihn eingedrungenen Geistes hören, aber er verstehe sie nicht: »Wenn ich dann wieder zu mir komme, habe ich das Gefühl, ich hätte geträumt.« Cf. J.C.U. Aguwa, 1993, S. 289f.; bzw. A.K. Boshier, 1981, S. 25. Die Medien des westafrikanischen Bori-Kults und auch die japanischen Medien werden im Laufe der Zeit immer weniger besessen und verhandeln schließlich mit den Geistern auf Augenhöhe. Cf. A. Masquelier, 2002, S. 62; bzw. B. Staemmler, 2009, S. 20. Die

Japaner sprechen dann nicht mehr von »Besessen-«, sondern von »Ergriffenheit«.

Anmerkungen zu § 22

1 Cf. T. R. Sarbin, 1992, S. 57; J. Hoareau, 1996, S. 64; C. Albrecht, 1951, S. 109 f.; J. Becker, 2011, S. 215; S. J. Lynn/J. W. Rhue, 1988, S. 39; H. Shevrin, 2007, S. 529; G. Schallenberg, 1990, S. 298; S. Gilligan, 1991, S. 73; bzw. W. James, 1890, S. 605; C. Haring, 1995, S. 18, 76 f.; C. H. Bick, 2002, S. 11 f.; S. J. Lynn, 2012, S. 380; A. Dietrich, 2003, S. 245. Manche Hypnotisierte sind der Autorität des Hypnotiseurs dermaßen ergeben, daß sie versichern, nichts zu sehen, weil jener es ihnen suggeriert hat, obwohl sie durchaus etwas sehen. Cf. R. E. Cox/R. A. Bryant, 2008, S. 319. Diejenigen, die nach der Hypnose sagen, sie hätten den Stuhl nicht gesehen, nachdem ihnen vom Hypnotiseur suggeriert worden war, der Stuhl existiere gar nicht, gehen gleichwohl um ihn herum und stoßen nicht an ihn an (cf. K. S. Bowers/P. G. Bowers, 2007, S. 276), was, wie schon James (a. a. O., S. 608 f.) bemerkte, zeigt, daß das »Nichtsehen« eher einem Nichtbeachten oder Ignorieren entspricht. Auf ähnliche Weise »übersieht« zum Beispiel der Romantiker all die modernen Betonbauten, Fernleitungen und geparkten Autos, die seine »mittelalterliche Stadt« verunzieren.
2 Cf. W. Bongartz, 1998, S. 14; Gilligan, a. a. O., S. 75; A. Tellegen/G. Atkinson, 2006, S. 231; T. X. Barber, 2007, S. 131; J. McClenon, 2002, S. 80 f.; bzw. C. T. Tart, 1969, S. 298 ff. Während einer tantrischen *dKyiL-'khor*-Meditation erlebte der Ethnologe Charles Laughlin wiederholt eine rasende Fahrt durch einen Tunnel auf ein Licht hin, aber er konnte das Erlebnis ebensogut kontrollieren wie einen Luziden Traum, und ähnlich erging es einer Frau, die während einer Meditation »einen tiefen schrecklichen Schlund« sah, worauf sie beschloß, ihn nicht zu betreten. Cf. C. D. Laughlin et al., 1992, S. 330; bzw. U. Böschemeyer, 2007, S. 105.
3 Cf. J. P. Zindel, 1998, S. 273; J. F. Rychlak, 1997, S. 209 f.; J. Mischo, 1985, S. 132. Bei sogenannten »hypnotischen Rückführungen« in die frühe Kindheit haben die Betreffenden zwar oft das, was sie für Kindheitserlebnisse *halten*, aber sie erleben nicht wie ein Kind, sondern wie ein Erwachsener, der das Gefühl hat, ein Kind zu sein. Und häufig »erinnern« sie sich an etwas, das nie stattgefunden hat. Gleichzeitig erleben sich die Hypnotisierten als erwachsene Beobachter, die sich zum Beispiel bemitleiden, weil sie Angst haben, da ihre Mutter sie alleine gelassen hat. Aber auch in solchen Fällen bleibt das Bewußtsein, sich lediglich in einem Trancezustand zu befinden, fast immer erhalten. So sagte eine Frau während der Trance zu ih-

rem Hypnotiseur: »Wenn ich jetzt nicht wüßte, daß ich hier in diesem Raum bei Ihnen bin, würde ich sagen, daß ich verrückt bin, denn ich sehe mich gleichzeitig als Kind im Sandkasten spielen!« Cf. Haring, a. a. O., S. 88 f.; Mohr, a. a. O., S. 51; J. F. Kihlstrom, 2007, S. 460; bzw. E. R. Hilgard, 1992, S. 23; Bick, a. a. O., S. 25. Wenn ein Hypnotisierter auf den schützenden Panzer der Dissoziation nicht verzichten kann und starke Widerstände gegen eine Erinnerung an traumatische Erlebnisse bestehen, ist der Hypnotiseur so gut wie immer machtlos und erreicht höchstens, daß der Betreffende zu weinen beginnt. Cf. W. McDougall, 1937, S. 203 f.

4 Cf. J. E. Whinnery, 1996, S. 175. Ein solcher Verlust der peripheren Wahrnehmung beim Sehen mit offenen Augen wird auch von Personen berichtet, die den San-Pedro-Kaktus (*Trichocereus pachanoi*) oder andere »halluzinogene« Drogen zu sich genommen haben, aber auch von Piloten, die sehr lange sehr hoch flogen, sowie von Kranken, die eine Migräne-Aura erlebten. Cf. M. Polia/A. Bianchi, 1991, S. 67; bzw. W. Kuhn, 2012, S. 62.

5 Cf. Whinnery, a. a. O., S. 184; S. Blackmore, 1993, S. 57 f.; dies., 1999, S. 271; J. E. Whinnery/A. M. Whinnery, 1990, S. 772; J. E. Whinnery, 1997, S. 245 f.; C. Carter, 2010, S. 168, 176; P. van Lommel, 2012, S. 82; bzw. P. Fenwick/E. Fenwick, 1995, S. 213. Bereits im Ersten Weltkrieg berichteten Kampfflieger von Erektionen beim Sturzflug (cf. H. P. Duerr, 1993, S. 228), und Ejakulationen bei Männern und sexuelle Erregung bei Frauen kommen offenbar nicht selten beim Achterbahnfahren vor. Cf. R. Schönhammer, 2004, S. 320.

6 Cf. R. Tallis, 2008, S. 82; K. Böldl, 2005, S. 112; H. E. Davidson, 1990, S. 27; C.-M. Edsman, 1967, S. 121, 125, 141; A. J. Joki, 1978, S. 376; E. Vértes, 1999, S. 690; D. Omar, 2006, S. 272; N. A. Alekseev, 1987, S. 247; ders., 1997, S. 51; I. M. Suslov, 1983, S. 20, 25; A. Friedrich/G. Buddruss, 1955, S. 199; A. Kannisto, 1958, S. 424; Å. Hultkrantz, 1979, S. 48 f.; K. Donner, 1926, S. 111; D. Zahan, 1979, S. 146; T. Wendl, 1991, S. 226; ders., 1991a, S. 69; bzw. W. Seuntjens, 2004, S. 178 f.; R. Houlbrooke, 1998, S. 202; C. McCreery, 1967, S. 67. Cf. auch H. Gehrts, 1992, S. 103 f. Wenn bei den Amazulu ein Mann andauernd gähnte, galt dies als Vorzeichen dafür, daß ein Geist in ihn eintrat und ihn zum Medizinmann (*inyanga*) bestimmte, und die Kobeua im nordwestbrasilianischen Urwald sagten, daß die Seele beim Gähnen für einen Augenblick den Körper verlasse. Die Kwakiutl waren sogar der Auffassung, daß ihre Schamanen, wenn sie gähnten, über das Gewässer ins Geisterland gelangten. Cf. C. H. Callaway, 1931, S. 421; E. J. Krige, 1936, S. 303; bzw. T. Koch-Grünberg, 1921, S. 316; F. Boas, 1921, S. 711.

7 Cf. H. R. Ellis, 1968, S. 138; J. Pitt-Rivers, 1970, S. 190; J. Monaghan, 1995, S. 199 f., 347 f.; bzw. C. Govers, 2006, S. 171 ff. Dasselbe Schicksal wie der

Mensch teilten auch das *noreshi*-Tier der Yanomamö, das *tonal*-Tier der Bewohner der Sierra Popoluca, aber auch die Hausschlange im mitteleuropäischen Volksglauben. Cf. N. Chagnon, 1968, S. 49; G. Foster, 1945, S. 183 f.; bzw. E. Rudolph, 1982, S. 45 f. Sobald ein Kleinkind auf Ontong Java, einer polynesischen Enklave im melanesischen Salomonen-Archipel, zu krabbeln begann, stellte man fest, welches »Doppel« (*kipua*) es besaß, das ihm vollkommen glich. Dieses *kipua* folgte dem Betreffenden stets in einem gewissen Abstand, aber wenn dieser starb, lebte es auf einsamen Riffen oder fernen Inseln weiter, denn es war unsterblich. Cf. H. I. Hogbin, 1930, S. 147 ff. Wer bei den Cheyenne einen seiner vier »Geistkörper« (*hemāhtasooma*), die ihm aufs Haar glichen und von denen einer bei Krankheit den Körper verlassen konnte, sah, mußte sterben, weshalb viele Cheyenne sich noch bis ins 20. Jahrhundert davor fürchteten, ihre Photographien anzuschauen. Cf. A. S. Straus, 1978, S. 3; J. H. Moore, 1978, S. 166.

8 Cf. B. Tedlock, 1987, S. 120; M. Miller/K. Taube, 1993, S. 152, 176. Dagegen bezeichnete das Nahua-Wort *tonalli* die Fähigkeit des Schamanen zur »Seelenreise«, also ins Jenseits zu reisen, um von den Göttern und den Verstorbenen die Heilkunst zu erwerben, während sein Körper wie tot am Boden lag. Cf. S. Gruzinski, 1987, S. 276. Die mazatekische Heilerin María Sabina erzählte, manche Leute besäßen die Gabe, sich in einen Puma, ein Opossum oder in einen Geier zu verwandeln und so an ferne Orte (*lejanos lugares*) zu wandern. Dieses Wertier nenne man das *suerte* (»Schicksal«) der Betreffenden. Die Mazateken nannten früher ihr Land »das Reich des Hirsches«, weil herkömmlicherweise das verbreitetste *suerte* dieses Tier war, das deshalb nicht gejagt werden durfte. Cf. A. Estrada, 1977, S. 71; bzw. J. B. Johnson, 1939, S. 143. Der Hirsch ist auch das »Doppel« des prototypischen Huichol-Schamanen Kauyúmári (»Unser-älterer-Bruder-der-Hirsch«), der mit dem chichimekischen Gott Mixcóatl verwandt ist, der einst als Hirsch eine Hirschkuh vergewaltigte und den Quetzalcóatl zeugte. Cf. M. Benzi, 1972, S. 123; E. Seler, 1923, S. 539.

9 Cf. Å. Hultkrantz, 1983, S. 166; L. Bäckman/Å. Hultkrantz, 1978, S. 45, 100; O. Zerries, 1964, S. 247; E. Viveiros de Castro, 2007, S. 49; W. H. Kracke, 2007, S. 108 f.; F. Santos-Granero, 1991, S. 113 ff., 118; J. M. Schechter, 1996, S. 481; H. Himmelheber, 1953, S. 52 ff.; E. Carpenter, 1973, S. 106 f.; H. Pernet, 1992, S. 72; É. Lot-Falck, 1962, S. 299; E. M. Weyer, 1962, S. 299; bzw. Z. Rudy, 1962, S. 93, 102; T. Sem, 1999, S. 18 f. Die Ewenken waren offenbar der Auffassung, daß die Seele des Kalir, eines gewaltigen wilden Rens, im Schamanen wohnte und ihn so zu einem »Renmenschen« machte. Cf. I. M. Suslov, 1983, S. 75. Der Hilfsgeist des Schamanen der altaischen Teleuten war er selber in seiner Elch- oder Rentiergestalt (*tyn-bara*), weshalb er natürlich auch starb, wenn der Hilfsgeist den Tod fand. Der Hilfsgeist der samojedischen Schamanen war ebenfalls nichts anderes als seine Seele, die

mit ihm durch ein dehnbares unsichtbares Band verbunden war wie in unserer Kultur der »Astralleib« an der »Silberschnur« hängt, die mit dem physischen Körper verknüpft ist. Die Medizinmänner der südostaustralischen Wiradjeri »sangen«, »summten« oder »dachten« ihre Seele im Zustand der Entspannung oder kurz vor dem Einschlafen aus dem Körper hinaus, worauf sie sich zu einem Hilfsgeist »verdichtete«, während der Heiler (pądi, »der Wissende«) der Otomí mehrere *tonales* »besaß«, die meist die Gestalt eines Pumas oder eines Adlers hatten und die ihm bei der Behandlung der Kranken unterstützten. Starb einer der *tonales*, schwächelte der Heiler und wurde selber krank; starben aber alle, hauchte auch er sein Leben aus. Cf. U. Harva, 1938, S. 478 f.; A. P. Elkin, 1977, S. 47 f.; bzw. J. Dow, 1986, S. 61 f. Auch die Seele des Heilers der Anga in Neuguinea verließ seinen Körper und wurde zum Hilfsgeist, der Vogelschreie ausstieß und schließlich dem Waldgeist die geraubte Seele des Kranken entriß. Cf. A. Strathern, 1994, S. 291.

10 Cf. Ynglingasaga 7; Grímnismál 20; Gylfaginning 38; R. Power, 1985, S. 159; A. Hultgård, 2007, S. 774 f.; H. Beck, 2000, S. 200; bzw. S. E. Braude, 1991, S. 245 f; J. A. Dooley, 1999, S. 146, 150; D. Wagner-Robertz, 1977, S. 32; R. F. Murphy, 1958, S. 40; R. K. Dentan, 1968, S. 84; I. H. N. Evans, 1953, S. 78; Harva, a. a. O., S. 479; C. Tolley, 1994, S. 144 f. Offenbar war die Haltung der Nordgermanen gegenüber den – wohl vom lappischen Schamanismus beeinflußten – »Seelenreisen« Óðinns ambivalent, denn Loki wirft ihm vor, wie die Vǫlven die Zaubertrommel geschlagen (*ok draptu à vett sem vǫlor*) zu haben und über die Welt der Menschen dahingefahren zu sein (Lokasenna 24). Cf. H. Reier, 1976, S. 47 f. Um die Mitte des vergangenen Jahrhunderts, als es bei den Jukaghiren noch einige wenige Schamanen (*a' lma*) gab, kamen sie ohne ihre Hilfsgeister nicht aus, und damit diese nicht erschraken und sich aus dem Staube machten, kehrten jene ihre Kruzifixe und die Heiligenbilder vor jeder Séance zur Wand. Auch die Jäger verfügten über Hilfsgeister, mit denen sie – wie die Schamanen – sexuelle Verhältnisse unterhielten. Allerdings vermieden sie es, sich in die Geister zu verlieben und sich zu binden, da ansonsten die Gefahr bestand, daß diese die Seele der Jäger oder Schamanen mit sich ins »Land der Schatten« nahmen und dort festhielten. Cf. R. Willerslev, 2007, S. 121, 177 f. Daß ein Schamane auf einen Hilfsgeist unbedingt angewiesen war, begründete Lučetkan vom ewenkischen Stamm der Mačakugiren in der Steinigen Tunguska so: »Alle Menschen wissen, daß Schamanen wie alle anderen Menschen auf der Erde gehen, aber nicht fliegen können. Zu fliegen vermögen nur Etāne und Xavöne«, d. h. die tiergestaltigen Hilfsgeister. Cf. Suslov, a. a. O., S. 95. Dagegen vermochte der Geisterseher der Bedamini im Hochland von Neuguinea es durchaus, in die Geisterwelt zu reisen, von wo er immer wieder seinen Hilfsgeist ins Diesseits und in seinen Körper

schickte, damit dieser das Publikum mit der Stimme des Schamanen über dessen Erlebnisse informieren konnte. Cf. A. Sørum, 1980, S. 283.

11 Cf. D. Mariñ et al., 2003, S. 59ff.; K. Jaspers, 1911, S. 524; H. Straube, 1955, S. 19f.; H. v. Bruiningk, 1928, S. 206; M. Metsvahl, 2001, S. 178; B. Roling, 2014, S. 294f.; K. Straubergs, 1957, S. 87f. Auch während »Nahtod-Erfahrungen« werden die Betreffenden bisweilen von einem Wirbelwind erfaßt. »Plötzlich fühlte ich mich von einem Wirbelsturm ergriffen«, so berichtete eine Frau, »wurde aus meinem Körper gerissen und einfach weggeblasen.« Ein Junge wurde in einem Tunnel zu einem Licht »hinaufgewirbelt wie in einem Wasserstrudel«, und eine andere Frau fühlte sich, »wie wenn [sie] von einem riesigen Tornado verschluckt worden wäre«. Ein Bewohner des Tanga-Archipels vor der Ostküste Neuirlands erzählte, ein Wirbelsturm habe ihn ergriffen und ins Land der Toten mitgerissen, eine paradiesische Gegend voller Arecapalmen, Cayennepfefferpflanzen, Kokospalmen und Stauden mit köstlichsten Bananen. Cf. E. Kübler-Ross, 2003, S. 252; R. A. Moody, 1999, S. 74; B. J. Eadie, 1992, S. 37; F. L. S. Bell, 1937, S. 338. In *The Wizard of Oz* erfaßt ein Wirbelsturm das Haus, in dem Dorothy sich befindet, hebt es in die Höhe und befördert es durch den stockdunklen Himmel in ein »Land von zauberhafter Schönheit« mit »frischen grünen Wiesen, in denen Unmengen bunter Blumen blühen« (L. F. Baum, 1987, S. 12f.). Der »Clever Man« der Ungarinyin schickte seine Seele in einem *willy-willy* weg, und da die der Wiradjeri-Medizinmänner ebenfalls in einem Wirbelwind reisten, wurden sie »Geister des Wirbelwindes« genannt. In einem Wirbel verließen die künftigen Schamanen der Tsimshian ihren Körper, und noch im 19. Jahrhundert fuhren die griechischen Nymphen im sommerlichen Wirbelwind ἀνεμοστρόβιλος daher und rissen insbesondere junge Männer mit, die ihren Weg kreuzten, was ebenfalls die irischen *daone sídhe* taten. Auch die Mahrt und die Trut fuhren in Gestalt junger Mädchen im Wirbelwind und ebenso unerlöste Seelen wie die Herodias oder Frau Holle. Im Jahre 1926, so heißt es, wurde die junge Bulgarin Evangelia Gušterova von einem solchen Wind mitgerissen, worauf sie zunehmend schlechter sehen konnte, bis sie schließlich völlig erblindete. Im Gegensatz dazu konnte sie immer besser hellsehen und mit den Verstorbenen reden, was sie zur *gledachka*, »Seherin«, machte. Cf. H. Petri, 1952, S. 172; R. M. Berndt, 1947, S. 331, 333; M.-F. Guédon, 1984, S. 186; B. Schmidt, 1871, S. 123; H. Hartmann, 1942, S. 131; R. Wildhaber, 1970, S. 402f.; bzw. G. Valtchinova, 2004, S. 180, 185.

12 Cf. Metsvahl, a. a. O., S. 179; bzw. T. Vähi, 2003, S. 235f. Die Geschichte Lercheimers erzählte schon im Jahre 1560 Caspar Peucer, wobei lediglich die Hexe die Gestalt eines feurigen Schmetterlings angenommen hatte. Im Jahre 1696 heißt es in den Prozeßakten des Pernuer Landgerichts in Estland, elf Bauern hätten einer Werwolf-Zunft unter einem Anführer na-

mens Lible Matz angehört, und im Jahre 1686 sagte Hans Lütke während eines Hexenprozesses im Holsteinischen aus, »er habe einen Riemen umbs Leib gespannet, so sey er zum Wolff worden, maßen er auch in Wolffsgestalt ein seiner eigenen Kûhe und ein Lam todt gebißen«. In der Gegend von Kaluga südwestlich von Moskau bezichtigte noch im 19. Jahrhundert ein Mädchen ihre Tante Marʻia, diese flöge nachts zum Kahlen Berg: »Wenn alle am Einschlafen sind und das Licht aus ist, fliegt das Tantchen in der Gestalt einer Elster zu mir und klopft an. Ich schrecke hoch, und sie wirft ein Elsterngefieder über mich, und wir fliegen los. Auf dem Berg streifen wir das Gefieder ab, zünden Feuer an und kochen Zaubertränke.« Cf. Vähi, a. a. O., S. 231; M. Rheinheimer, 1995, S. 34; bzw. L. J. Ivanits, 1989, S. 100.

13 Cf. N. Ebinger-Rist et al., 2013, S. 70; J. S. Day/A. C. Tillett, 1996, S. 226, 228; E. Viveiro de Castro, 2004, S. 470; C. McEwan, 2009, S. 88; K. Vincke, 1997, S. 97, 116; S. F. de Borhegyi, 1961, S. 501; M. E. Miller, 1994, S. 358; P. Descola, 2011, S. 368; C. Stang, 2009, S. 50; I. Goldman, 2004, S. 330; W. Andritzky, 1999, S. 131 f.; bzw. J. Wilbert, 1963, S. 222; P. Tierney, 2000, S. 285; M. Ruel, 1970, S. 335 f. Im »Tempel des Kreuzes« von Palenque ist ein zigarrerauchender Mann in einem Jaguarfell abgebildet, in dem man einen Schamanen gesehen hat, der sich mit Hilfe von Tabak ins Jenseits begeben will. Die Verstorbenen der Kashinahua erscheinen außerhalb des Dorfes und der Pflanzungen in Jaguargestalt, was auch die der Nukak im kolumbianischen Regenwald tun, die, wenn sie in die Unterwelt zurückgehen, ihre Felle an einen Pfahl hängen. Die Schamanen der Waorani im ekuadorianischen Tiefland wurden bisweilen von Jaguargeistern besessen, die ihnen dann mitteilten, wo das Jagdwild sich aufhielt. Cf. Vincke, a. a. O., S. 95; B. Keifenheim, 2000, S. 72; G. G. Politis, 2007, S. 89 f.; bzw. C. High, 2012, S. 134 f.

14 Cf. V. S. Ramachandran/P. D. McGeoch, 2008, S. 9 f.; bzw. S. Grof, 1978, S. 194; J. Kirchhoff, 2002, S. 13; C. Rätsch, 2013, S. 119; bzw. S. Schroeder, 1998, S. 204; R. Spaemann, 2011, S. 134 f.; J. Dupré, 2009, S. 233. Rätsch ist der Auffassung, er als Jaguar befinde sich »nicht hier, in dieser Küche in meiner Wohnung«, sondern in einer »anderen Wirklichkeit«, die aber »immer da« sei, »und zwar inhärent in unserer Welt«. Offenbar stellt er sich diese »andere Wirklichkeit« wie ein Zimmer vor, das abgeschlossen ist und sich nur mit »etwas LSD« aufschließen ließe. Von allen epistemologischen Problemen einer solchen Anschauung einmal abgesehen, entspricht ein solches Bild ganz und gar nicht der LSD-Erfahrung, während der man so gut wie immer weiß, wo man sich befindet, nämlich in diesem Falle in Rätschs Küche, in der er ja auch in den Spiegel schaut. Und jeder einigermaßen kritische LSD-Konsument mit »Trip-Erfahrung« weiß, daß das, was er sieht, verzerrte Wahrnehmungen und Pseudohalluzinationen sind.

Anmerkungen zu § 23

1 Cf. *Ilias* VI. 136 f.; H. P. Duerr, 2011, S. 775, 795; M. Daraki, 1982, S. 7 ff.; K. Kerényi, 1926, S. 67; E. Anagnostou-Laoutides, 2004, S. 82; M. Beckwith, 1940, S. 155; A. Kellehear, 2008, S. 258; N. Tassell-Matamua, 2013, S. 110; bzw. J. Zemmrich, 1891, S. 223; M. E. Opler, 1946, S. 459 f.; S. Grof, 2010, S. 155. Auf Sabarl im Louisiade-Archipel stürzte die Seele, von einem Geleiter gestoßen, in einen Strom mit schnellfließendem, kaltem Wasser, das sie ins Totenland führte. Cf. D. Battaglia, 1990, S. 68. Cf. auch G. M. Wassiljewitsch, 1963 a, S. 57 f.

2 Cf. H. Knoblauch, 1999, S. 134; O. Sacks, 2012, S. 259; R. Eichelbeck, 2004, S. 288 ff.; J. A. Moody/P. Perry, 1989, S. 49; bzw. W. Madsen, 1955, S. 49; J. Highwater, 1981, S. 78 f.; B. Reeves, 1994, S. 281. Im späten 19. Jahrhundert wurde der Zulu Isaiah Shembe vom Blitz getroffen und sah in seiner Ohnmacht eine Gruppe von Leuten, die er später für Engel hielt und die auf etwas deuteten, das am Boden lag. Er schaute hin und erkannte, daß es sein eigener verwesender und übelriechender Leib war. Eine Heilerin der Bicolanos auf Luzon erzählte, sie sei einst beim Wäschewaschen durch einen Blitzschlag aus dem Körper geschleudert worden, von dem gleichzeitig ein Geist Besitz ergriffen habe. Cf. B. G. M. Sundkler, 1961, S. 110; bzw. F. Cannell, 1999, S. 90 f., sowie S. I. Johnstone, 1997, S. 168; T. J. Csordas, 2002, S. 172. Nachdem er von einem Blitz getroffen worden war, entfaltete sich vor einem Amerikaner ein Lebenspanorama. Cf. C. Deacy, 2012, S. 50. Ein junger Mann gelangte nach einem Blitzschlag durch einen dunklen Tunnel in eine Kristallstadt »with angelic beings«. 14 Jahre danach verschlug es ihn bei einer zweiten »Nahtod-Erfahrung« an denselben Ort. Cf. J. G. Melton, 2001, S. 217.

3 Cf. W. Neumann, 1981, S. 62; H. Findeisen, 1970, S. 339 f.; A. Johansons, 1972, S. 251; H. H. Stockel, 1991, S. 16; bzw. S. Hargous, 1976, S. 98 ff.; I. Rösing, 2001, S. 528, 602; A. M. Mariscotti de Görlitz, 1978, S. 95; D. Sharon, 1978, S. 77; I. Edenheiser, 2010, S. 74 f. Wer bei den Tuwa, den Buryaten, den Jakuten oder den Hain//om-Buschleuten einen Blitzschlag überlebte, wurde Schamane – bei den Buryaten hießen sie *utcha*, »die vom Blitz Getroffenen«. Und bei den australischen Yarralin zogen die Verstorbenen die künftigen Medizinmänner an Blitzen in den Himmel, um sie dort zu initiieren. Cf. E. J. N. Fridman, 2004, S. 248; M. V. Fedorova, 2009, S. 160; Findeisen, a. a. O., S. 339 f.; D. Wagner-Robertz, 1977, S. 8; D. B. Rose, 1992, S. 95. Cf. auch G. Baer, 1969, S. 286 f.

4 Cf. C. Harlau, 2001, S. 131; M. León-Portilla, 1986, S. 256; O. Huth, 1942, S. 281; bzw. H. P. Duerr, 2011, S. 791 ff.; W. Burkert, 1961, S. 211; A. B. Cook, 1925, S. 22; M. Delcourt, 1965, S. 68; E. J. Edelstein/L. Edelstein, 1945, S. 75. Der Blitz des litauischen Perkūnas entraffte die Getroffenen in die Welt der

Götter, und ebenso glaubten die nilotischen Nuer und die Russen, daß Blitzopfer in den Himmel entrückt wurden. Im Laguna-Pueblo hießen sie »Blitz-*shiwana*«, und bezeichnenderweise nannte man auch die Geister der Toten so, die im Jenseits lebten. Die *shiwana*, die den Blitzschlag überlebt hatten, verfügten über besondere Fähigkeiten, etwa die zu heilen. Cf. auch K. Tuite, 2004, S. 147. In einem russischen Märchen schlägt der Blitz unmittelbar neben einem jungen Mädchen in einen Hügel, worauf ein Drache sie, nachdem sie ohnmächtig zu Boden gesunken ist, in eine jenseitige Welt entführt, wo sich das Untier in einen schönen Prinzen verwandelt. Cf. J. B. Friedreich, 1859, S. 89; E. E. Evans-Pritchard, 1956, S. 52; E. A. Warner, 2002, S. 253; F. H. Ellis, 1979, S. 445; bzw. S. Golowin, 1974, S. 140.

5 Cf. Knoblauch, a. a. O., S. 129; P. van Lommel, 2001, S. 2041, 2043; S. Parnia/P. Fenwick, 2002, S. 6; S. Parnia et al., 2001, S. 151; S. Parnia, 2006, S. 86; B. Greyson, 2007a, S. 408; bzw. P. Fenwick/E. Fenwick, 2008, S. 206 f. Nach verschiedenen Studien wurden in westlichen Ländern wie Deutschland, Großbritannien und den USA zwischen 1,6 und 18 % der Patienten nach einem Herzstillstand erfolgreich reanimiert. Cf. B. Engmann, 2011a, S. 36; J. Fischer, 1997, S. 217; S. Parnia, 2013, S. 93.

6 Cf. G. Claxton, 2005, S. 290f.; B. R. Rommer, 2004, S. 195; J. Snell, 1995, S. 267; G. Buzzi, 2002, S. 2116f.; M. Lindner, 1944, S. 37, 49; J. P. Cave/L. Foreman, 1999, S. 14; bzw. Knoblauch, a. a. O., S. 22f. Cf. auch M. B. Sabom, 1986, S. 41; J. Randles/P. Hough, 1993, S. 212; O. Blanke et al., 2004, S. 252; T. Metzinger, 2005, S. 199; C. Hoppe, 2014, S. 77. Der Hagiograph Wrdisten berichtet, im 5. Jahrhundert sei ein bretonischer Schäfer von einem Blitz, der unmittelbar neben ihm in einen Baum schlug, zu Boden geschleudert worden. Zitternd betete er zu dem heiligen Winwaloe de Landévennec, der in der Nähe lebte, worauf dieser auch erschien und ihm aufhalf. Schnell verbreitete sich die Nachricht, ein Wunder sei geschehen, doch der Heilige dementierte dies und machte klar, er habe sich während des Gewitters die ganze Zeit über in seiner Zelle aufgehalten, wo er betete. Wrdisten versuchte, das Wunder »zu retten«, indem er erklärte, lediglich die Seele des Heiligen habe sich auf den Hügel begeben, wohingegen sein Körper im Kloster zurückgeblieben sei (cf. L. M. Bitel, 1991, S. 56), aber schließlich hatte ja Winwaloe dort gebetet und nicht sein seelenloser Körper.

7 Cf. E. W. Kelly et al., 2007, S. 389; G. Ewald, 2006, S. 100; F. C. v. Zimmern/J. Müller, 1932, II, S. 152f.; M. Peterson et al., 2003, S. 211; R. A. Moody/P. Perry, 1989, S. 34f.; E. W. Kelly et al., 1999, S. 120ff.; B. Greyson et al., 2009, S. 231; Sabom, a. a. O., S. 149ff.; P. Sartori, 2008, S. 300. Nicht überprüfen läßt sich der Bericht des modernen Schoschone- »Medizinmannes« Rolling Thunder (cf. D. Boyd, 1974, *passim*), der zu

einer Frau ins Krankenhaus gerufen wurde, die dort nach einem Autounfall, bei dem ihre Beifahrerin den Tod gefunden hatte, im Koma lag. Rolling Thunder sagte, er habe sich sofort auf die Suche nach ihrer verlorenen Seele gemacht und diese in der Nähe des Unfallortes auf einem Felsen sitzend angetroffen. Darauf habe er die Winde herbeigerufen, damit sie die Seele ins Krankenhaus bliesen. Nachdem die Frau aus dem Koma erwacht war, erzählte sie angeblich, sie sei auf einem Felsen gesessen, als ein aufkommender Wind sie in das Hospital geweht habe. Cf. S. Krippner, 1989, S. 387.

8 Cf. Kasten, a.a.O., S. 221; Engmann, a.a.O., S. 77; M. Nahm, 2012, S. 170f.; P.M. Merikle/M. Daneman, 1996, S. 526, 531ff; A.E. Bonebacker et al., 1996, S. 543, 554; Sabom, a.a.O., S. 108ff.; K. Augustine, 2007, S. 220; G. Lier, 2010, S. 888; S. Parnia, 2007, S. 218. Manche unzureichend Narkotisierte haben auch kurze und fragmentarische taktile Wahrnehmungen (cf. B. Greyson, 2012, S. 674), aber vorherrschend sind Angst, Schmerzen, Gelähmtheit, Hilflosigkeit und alptraumartige Empfindungen sowie Vorstellungsfetzen, die hinterher nie für real gehalten werden.

9 Cf. S. Schmidt, 2002, S. 38f., 140, 405f.; bzw. A.H. Dailey, 1894, S. 177ff. »I was either absent from the body«, so sagte sie einmal, »and was with them«, d.h. bei den Leuten, die sie ›besuchte‹, »or was able to make my observations without the obstruction of material objects, unaffected by distance« (a.a.O., S. 67). Bereits im Jahre 1864, als sie vom Pferd gestürzt war, so verlautete sie, »my second sight, a power or sense of seeing without the use of the natural organs of sight [...] began to develop« (a.a.O., S. 28).

10 Cf. C.T. Tart, 1986, S. 231; ders., 1998, S. 81f.; M. Rýzl, 2006, S. 165f.; K. Osis/D. McCormick, 1980, S. 321ff.; S. Parnia et al., 2014; bzw. D.S. Rogo, 1986, S. 106ff. Die Versuchsperson Tarts bemerkte, sie habe sich beim Verlassen ihres Körpers »wie schlaftrunken« gefühlt, aber die Instrumente, an die sie angeschlossen war, verzeichneten zwar einen auffälligen α-Rhythmus, aber keine REM-Aktivität, so daß es sich bei ihrem »Außerkörperlichen Erlebnis« nicht um einen Traum gehandelt haben kann. Cf. Tart, a.a.O.; Rogo, a.a.O., S. 115.

11 Cf. S. Grof, 1978, S. 208ff.; J. Halifax, 1983a, S. 290; bzw. Rogo, a.a.O., S. 109; P. Fenwick, 2005, S. 150; P. Fenwick/E. Fenwick, 2008, S. 211; P. Sartori, 2008, S. 268; P. van Lommel, 2013, S. 19; bzw. T. Metzinger, 2004, S. 496; S.E. Braude, 2001, S. 92ff., 111; L. Spence, 1995, S. 173f.; R. Heywood, 1967, S. 54; A. Neuhäusler, 1972, S. 149; K. Wolff, 1984, S. 276f.; S.A. Schouten, 1983, S. 19f.; D.v. Uslar, 1958, S. 185f.; É. Laborde-Nottale, 1995, S. 114f.

12 Cf. R.A. Moody/P. Perry, 1989, S. 33; H. Knoblauch, 1999, S. 161f.; R.G. Mays/S.B. Mays, 2008, S. 18, 22; S. Hoppe, 2006, S. 133; K. Fischer,

2014, S. 259ff.; S. Parnia, 2006, S. 170; H.H. Price, 1965, S. 237; bzw. H. Bender, 1987, S. 612f.; A. Flew, 1987a, S. 179; P. Smith /O.R. Jones, 1986, S. 22f.; R. Swinburne, 1999, S. 371; R.A. Moody, 2007, S. 81f.; E.W. Kelly et al., 1999, S. 123; bzw. S.T. Davis, 2000, S. 70ff.; T. Besterman, 1968, S. 245f.; J.H. Hick, 1973, S. 105f.; S.T. Davis, 2000, S. 701f. Eine Erklärung durch Telepathie liegt auch in all den Fällen nahe, in denen ein »Seelenreisender« im »Jenseits« Personen trifft, die gestorben waren, ohne daß der Betreffende etwas von ihrem Tod wußte. So berichtete ein Medizinmann der australischen Yolngu, er habe einmal, nachdem er nachts weit weg geflogen war, in seinem Quarzkristall (*milirrt*) den Tod eines Stammesangehörigen gesehen, und ein anderes Mal sei er von dort, wo er war, kurzfristig »nach Hause gegangen«, um zu erfahren, was sich daheim ereignete. Daß er in beiden Fällen richtiglag, habe er später telephonisch bestätigt gefunden. Cf. D.S. Rogo, 1978, S. 27; bzw. L. Hume, 2004, S. 249. Ein Sensitiver, der häufig »Außerkörperliche« Erlebnisse hatte, unternahm eine »Seelenreise« nach Aškelon und beschrieb anschließend dem Parapsychologen H.C. Berendt (1972, S. 106) dessen dort stehendes Haus. Dabei erwähnte er ausdrücklich einen Anbau, den es zwar nicht gab, den Berendt aber ursprünglich errichten lassen wollte. Anscheinend hatte der Sensitive den Psychologen telepathisch »angezapft«. Daß Hellsehen und keine Telepathie stattgefunden hat, kann man strenggenommen nur behaupten, wenn es keine Personen gibt, die das »Wahrgenommene« gesehen haben könnten. Cf. P. Jordan, 1947, S. 58f.

13 Cf. H. Bender, 1972, S. 15, 72; ders., 1973, S. 127; H. Kreitler/S. Kreitler, 1974, S. 7; E. Hanefeld, 1971, S. 101f.; S. Krippner, 1973, S. 199; K.R. Rao/ J. Palmer, 1987, S. 548f.; R. Amadou, 1957, S. 283ff.; U. Timm, 1983, S. 238; J. Mischo, 1971, S. 152; ders., 1984, S. 21f., 35; K.R. Rao, 1994, S. 12f.; E. Hartmann, 1998, S. 245; A. Hergowich, 2001, S. 56, 222; W. Braud, 2002, S. 100ff.; J.E. Burns, 2003, S. 22f.; W. Leuschner, 2004, S. 90, 93; E. Bauer, 2004, S. 179; ders., 2009, S. 166; Y.-J. Shiah, 2009, S. 234f.; A. Parra/ L.E. Paul, 2010, S. 147f., 153; H. Schwenke, 2007, S. 123f.; P. Fenwick, 2007, S. 46. Die Tante der gelähmten Mollie Fancher sagte, daß diese vor allem dann besonders gut hellsehen konnte, wenn sie sich »in an absent-minded state« befand, und: »She sees best, and reads the most readily [den Inhalt der versiegelten Briefe], when the room is so dark that others can scarcely see.« Cf. Dailey, a.a.O., S. 48, 55. Andererseits war sie auch dann zu »Seelenreisen« und »außersinnlicher« Wahrnehmung besonders fähig, wenn sie zu Tode erschrak: »Any undue excitement throws her into a trance – a thunder clap, the firing of a cannon, the unexpected intrusion of a stranger into her room, or worry over an absent member of the household.« In letzterem Fall sagte sie: »I must search for her« und ging »außerkörperlich« auf Suche (a.a.O., S. 192). Ein Sensitiver verlautete, er beginne stets

»by concentrating my attention on a single point of nothingness. I think about nothing at all, just looking at a fixed point and emptying the mind entirely«, und ein anderer setzte sich so hin, »that I am completely relaxed and can fix my eyes on the crystal«. Cf. C. McCreery, 1967, S. 95, 102.

14 Cf. C. Burtt, 1967, S. 95f., 118f.; Timm, a.a.O., J.B. Rhine, 1961, S. 238; A. Quinton, 1973, S. 100f.; A. Flew, 1987, S. 355f.; P. Bowes, 1965, S. 143; C.T. Tart, 1973, S. 478; C.W.K. Mundle, 1987, S. 178; bzw. G. Murray, 1967, S. 26, 30f.; G. Walther, 1955, S. 68; McCreery, a.a.O., S. 164; bzw. Laborde-Nottale, a.a.O., S. 110; C. Watt/I. Tierney, 2014, S. 243f.; Braude, a.a.O., S. 111; E.R. Waelti, 1983, S. 103; Leuschner, a.a.O., S. 62. Viele, die eine »Nahtod-Erfahrung« hatten, berichten, daß die »Verstorbenen« im »Jenseits« ihnen das, was sie sagen wollten, »telepathisch« übermittelt hätten, und C.J. Ducasse (1951, S. 464) meint, Telepathie könne doch die Kommunikationsform »reiner Seelen« nach dem Tode sein. Wie aber könnte man in einem solchen Falle *wissen*, daß das, was man wahrnimmt, die Gedanken der Verstorbenen oder der Seelen und nicht die eigenen sind? Verifizierte Telepathie, die aber in hohem Maße unvorhersehbar ist und nicht willentlich herbeigeführt werden kann, tritt besonders bei eng miteinander verwandten Personen auf, am häufigsten zwischen eineiigen Zwillingen. Cf. N. Marshall, 1960, S. 279f.

Anmerkungen zu § 24

1 Cf. M. Brefin, 1997, S. 126; Moody/Perry, a.a.O., S. 175; F.M. Frohock, 2010, S. 122; E. Hartmann, 1998, S. 212; bzw. K. Sagaster, 1978, S. 184; E. Kasten 2008, S. 147; W. Steinberg, 1919, S. 51; E. Carpenter, 1994, S. 37; K. Augustine, 2007, S. 228; A.v. Feuerbach, 1925, S. 44, 71, 78. Bereits Voltaire hatte von einem bald nach seiner Geburt erblindeten jungen Mann berichtet, der, nachdem er durch einen chirurgischen Eingriff wieder sehen konnte, »lange Zeit weder Größen noch Entfernungen, noch Lagen, noch sogar Figuren zu unterscheiden« wußte (a.a.O., S. 80). Erblinden Menschen, läßt das visuelle Gedächtnis von Jahr zu Jahr nach, um schließlich ganz zu verschwinden. Cf. B. Engmann, 2014, S. 101. Dann hören und tasten sie in ihren Träumen nur noch. Cf. B. Holzinger, 2014, S. 149.

2 Cf. B. Strauß, 1994, S. 96; O. Sacks, 1987, S. 208f.; W. Mayer-Gross, 1924, S. 38f., 53; E. Wiesenhütter, 1976, S. 34f. Offenbar hatte das junge Mädchen in der Heidelberger Klinik schon vor Ausbruch ihrer Krankheit eine Disposition zu phantastischen Ausgestaltungen und illusionären Verkennungen, denn sie sagte dem Psychiater: »Meine Phantasie war von jeher sehr lebhaft in jeder Beziehung. Ein ausgehöhltes Brötchen zum Beispiel stellte

mir eine Tropfsteinhöhle oder einen Wald mit Tieren dar, ein glühendes Feuer betrachtete ich als Bergwerk, in dem Zwerge und Ungeheuer hausten« (Mayer-Gross, a. a. O., S. 35).
3   Cf. P. C. Clausen, 1996, S. 49 ff., 69, 83, 115 f., 200 f.; Mayer-Gross, a. a. O., S. 34, 77 f.; M. Schmidt-Degenhard, 2007, S. 246 f.; bzw. P. C. Clausen, 1999, S. 19; T. Anbeh, 2000, S. 107; H. Ey, 1963, S. 86 f.; ders., 1973, S. 144; V. Jahraus, 2007, S. 370 f.; Mayer-Gross, a. a. O., S. 8, 25; P. Vigand/ S. Vigand, 1999, S. 18 ff.; bzw. M. Schmidt-Degenhard, 1999, S. 41; W. Mayer-Gross, 1928, S. 451; W. Jahrreiss, 1928, S. 640.
4   Cf. R. Perry, 2011, S. 477; M. Schröter-Kunhardt, 2006, S. 216 f.; ders., 2006 a, S. 283; ders., 2004, S. 183, 189; Clausen, a. a. O., S. 206; ders., 2014, S. 136; M. Schmidt-Degenhard, 1992, S. 12, 88, 92, 132, 153, 169, 189; ders., 2007, S. 248; ders., 2014, S. 162 f.; R. Pietrowsky, 2014, S. 179 ff.; Vigand/ Vigand, a. a. O.; J.-D. Bauby, 1998, S. 51 ff., 109, 112; bzw. Mayer-Gross, a. a. O., S. 40, 74, 126. Den Heizer der Klinik hielt sie zeitweise für den schwedischen Kronprinzen, der sie heiraten wollte, und die Räume für Katakomben, wohingegen der Korridor geradewegs in den Himmel führte. In den lichten Momenten aber war sie sich häufig »unsicher, ob« sie das alles nur »geträumt oder wirklich gesehen« hatte (a. a. O., S. 46, 51, 78).
5   Cf. Schröter-Kunhardt, a. a. O., S. 216; Clausen, a. a. O., S. 206 f.; bzw. J. F. Rosenberg, 1983, S. 220; W. Thiede, 1994, S. 104; H. Platta, 1994, S. 96 f.; W. Beinert, 2000, S. 16; R. Vaas/M. Blume, 2009, S. 186; bzw. J. L. Hopson, 1988, S. 36; J. L. Henry, 1982, S. 404 f.; R. Prince, 1982, S. 413 ff.; J. Zehentbauer, 1992, S. 83 f.; M. B. Sabom, 2008, S. 205; ders., 1986, S. 227; P. Sartori, 2008, S. 296; B. Greyson et al., 2009, S. 218; W. Kuhn, 2012, S. 55; R. Noyes et al., 1977, S. 406; H. Guss, 1990, S. 72 f.; J. W. Knittweis, 1998, S. 143 f.

Anmerkungen zu § 25

1   Cf. C. M. I. van der Sluys, 2000, S. 431 ff.; E. Mattiesen, 1925, S. 658; W. P. Mulacz, 1976, S. 199 f.; U. Timm, 1980, S. 257; S. Grof, 2010, S. 174; W. Kuhn, 2012, S. 73; B. Jakoby, 2004, S. 18 f.; ders., 2005, S. 35, 38, 46; B. Appleyard, 2008, S. 194; G. Condrau, 1984, S. 473; R. A. Moody, 1999, S. 198; bzw. C. G. Jung, 1962, S. 322 ff. Wie hier auf der Erde, so Jung, gebe es auch im Jenseits »Dunkelheit« und »ein seltsames Aufhören menschlicher Wärme«. Später verlautete er in merkwürdigem Gegensatz zum zuvor Gesagten, es bestehe nur »eine gewisse Wahrscheinlichkeit«, daß die »Psyche über den physischen Tod hinaus weiter existiere«. Dagegen war E. Mattiesen (II, 1936, S. 298) fest davon überzeugt, die »Außerkörper-

lichen Erlebnisse« bewiesen »endgültig und unwidersprechlich die eigentliche Behauptung des Spiritismus«, nämlich »daß der Mensch außerhalb seines fleischlichen Leibes persönlich leben kann«. Deshalb seien »Nahtod-Erfahrungen« eine »Vorwegnahme des Zustandes nach dem Tode« oder »ein vorübergehender Tod«. Cf. a.a.O., S. 346, 384, 413; bzw. ders., 1925, S. 656; ähnlich G. Ewald, 2011, S. 141f. »Für jeden«, so M.D. Jones/L. Flaxman (2010, S. 240), »der schon einmal eine Außerkörperliche Erfahrung gemacht hat, ist es sicher, daß der Geist tatsächlich den Körper verlassen kann«, und ein anderer Autor konstatiert, die gesamte Nahtod-Forschung habe empirisch bestätigt, daß das Bewußtsein »nicht an den Körper gebunden« sei. Cf. W. v. Rohr, 2000, S. 78; ähnlich F. Moser/M. Narodoslawsky, 1996, S. 287f. Der Physiker M.H. Niemz (2007, S. 136) behauptet, jeder, der jemals eine »Nahtod-Erfahrung« gemacht habe, *glaube* nicht mehr an ein Leben nach dem Tode, sondern *wisse*, daß es eines gebe, weshalb der Betreffende »überhaupt nicht bereit« sei, »auch nur einen Deut darüber zu diskutieren«. Und wie ein Sektenangehöriger fügt er hinzu: »Nirgendwo sonst in meinem Leben bin ich Menschen begegnet, welche eine so tiefe Gewißheit ausstrahlen.« Deshalb benutzen manche »Nahtod«-Forscher wie die Ärztin Barbara Rommer (2004, S. 15) nicht mehr den Begriff »Tod«, sondern sprechen »politisch korrekt« vom »Hinübergehen in den Geist«. Auch für R. Moody (a.a.O., S. 17, 20, 144) und für die gesamte »Moody-Ring industry« (H. Bloom, 1996, S. 134) löst sich beim Sterben die Seele vom Körper, um »in die jenseitige Welt [zu] reisen«, während sie bei einer »Nahtod-Erfahrung« »am Rand des Todes« steht und in diese Welt hinüberschaut. Den Verkaufserfolg seines ersten Buches – allein in den USA wurden bis zum Jahre 2007 mehr als 13 Millionen Exemplare verkauft – führt Moody darauf zurück, daß offenbar unzählige Menschen brennend daran interessiert waren, »zu erfahren, was uns nach diesem Leben erwartet«. Für A. Bednarz (2003, S. 97) ist das Licht am Ende des Tunnels der »eindeutige Beweis« dafür, daß der Tod kein Ende sei, aber warum das so ist, sagt die Autorin nicht.

2 Cf. R. Steiner, 1917, S. 201ff.; ders., 1956, S. 7f.; I. Kant, 1924, S. 131f., 150; ders., 1968, S. 940f., 950; Thomas v. Aquin: *Summa Theologica* I. 89.1 bzw. 77.8, und *Ad Corinthios* XV. 1.11; J. Mundhenk, 1980, S. 126f.; B. Davies, 1992, S. 216; A. Kenny, 1993, S. 28f. Auch ein namhafter »Nahtod«-Forscher wie der Psychiater M. Schröter-Kunhardt (1993, S. 69) argumentiert gewissermaßen »kantianisch«, wenn er sagt, wir könnten zwar nicht wissen, wie das Leben nach dem Tode »an sich« beschaffen sei, weil das, was die Betreffenden bei ihrer »Nahtod-Erfahrung« erlebten, »je nach [deren] Religion und Kultur« auf verschiedene Weise »ausgestaltet« werde, ohne daß ihnen das bewußt sei. Doch sind solche Erlebnisse für ihn »deutliche *indirekte* Hinweise auf ein Leben nach dem Tod«. Sicher scheint aber für

ihn zu sein, daß die Seele zwar normalerweise »im Körper gebunden« ist, diesen jedoch »mit all dem Wissen«, das sie im Laufe der Zeit erworben hat, »eines Tages verlassen« kann (zit. n. A. Stechl, 2007, S. 47). Vermutlich nimmt Schröter-Kunhardt als Christ an, daß dann der Verstorbene die jenseitige Welt so wahrnehmen wird, wie sie wirklich ist. Cf. auch J. Nicolay, 2007, S. 49 f. Schließlich erlauben auch für den Parapsychologen M. Rýzl (2001, S. 150) solche Erfahrungen »echte Einblicke in den Zustand nach dem Tode – wenn auch vielleicht verzerrt durch Symbole und Irrtümer, die unser beschränktes menschliches Verständnis der Dinge dokumentieren«. Teresa von Ávila (1966, S. 145) war dagegen der Auffassung, Gott habe ihr diese Gnade bereits während ihres Lebens zuteil werden lassen: »Es scheint, als habe der Herr ihr«, damit meint sie sich selber, »etwas von dem Lande zeigen wollen, in das sie gelangen soll, so wie die Kundschafter des Volkes Israel, die ins Land der Verheißung vorausgeschickt worden waren, Zeichen mitbrachten dem Volk, damit es die Mühsale dieses Leidensweges erdulde in dem Wissen, wo es zur Ruhe finden wird.«
3 Cf. T. Metzinger, 2005, S. 206; R. A. Monroe, 2006, S. 15 f.; C. T. Tart, 1994, S. 135; G. E. Myers, 1969, S. 111; K. Engel, 1995, S. 155 f.; G. Schallenberg, 1990, S. 331 ff.; G. E. Ruff et al., 1961, S. 83; H. Azima et al., 1961, S. 149; bzw. S. Rinpoche, 2004, S. 391. Menschen, die an einer peripheren Neuropathie leiden, berichten von einem Verschwinden der Propriozeption und der taktilen Wahrnehmung – sie haben das Gefühl, körperlos zu sein und in der Luft zu schweben. Und bei der hypnotischen Katalepsie hat der Betreffende das Gefühl, daß zum Beispiel sein Arm nicht mehr zu ihm gehört, weshalb er ihn eine Stunde lang hochhalten kann, was ein wacher Mensch maximal 20 Minuten vermag. Auch die Berührungs- und Schmerzempfindungen sind erheblich herabgesetzt oder existieren nicht mehr. Cf. R. Schönhammer, 2009, S. 24; bzw. C. Haring, 1995, S. 49. Ähnliches teilten auch die Schamanen (*yecamush*) der Yahgan im Feuerland von ihren Ekstasen mit. Cf. T. Bridges, 1948, S. 105. Das Gefühl, keinen Körper mehr zu haben, ist natürlich etwas ganz anderes, als körperlos *zu sein*. Cf. P. F. Craffert, 2015, S. 24 f.
4 Cf. E. Alexander, 2012, S. 10, 29, 31; bzw. H. Plügge, 1960, S. 246 f.; P. Carruthers, 2004, S. 103 f.; bzw. P. Schwarzenau, 1993, S. 10; J. Nicolay, 2007, S. 81, S. Critchley, 2008, S. 262. Allerdings schwächte Ayer dieses Statement in der Folgezeit immer mehr ab. So sagte er etwas später, das Erlebnis hätte »slightly weakened my conviction that my genuine death, which is due fairly soon, will be the end of me, though I continue to hope that it will be«. Und in einem Interview verlautete er schließlich, seine »Nahtod-Erfahrung« habe lediglich sein Interesse an der Frage intensiviert, ob eine Fortexistenz einer körperlosen Seele nach dem Tode »a conceptual possibility« darstelle, denn das Erlebnis habe ihn diesbezüglich unsicher (»wob-

bly«) gemacht. Was seine frühere Frau, die er am Ende seines Lebens noch einmal heiratete, mit den Worten kommentierte: »Freddie has got so much nicer since he died.« Cf. A. J. Ayer, 1988, S. 39; ders., 1990, S. 206; B. Rogers, 1999, S. 348 f.; T. Honderich, 1991, S. 225 f.

5 Cf. A. Wildt, 2002, S. 163; R. W. Hood, 2009, S. 675; J. Faulstich, 2006, S. 83; B. Jakoby, 2005, S. 226, 234; W. Dohse, 1988, S. 236; P. van Lommel, 2013, S. 11; T. Metzinger, 2006, S. 42, 44; M. B. Sabom, 1998, S. 147; bzw. M. Johnston, 2010, S. 135. Nach einer neueren Umfrage hielten die meisten amerikanischen Studenten das Weiterleben einer körperlosen Seele nach dem Tode für möglich, wobei von diesen so gut wie alle davon überzeugt waren, daß diese Seele sehen könne; 70 % glaubten, sie sei in der Lage, sich in jemanden zu verlieben, und ebenso viele, sie könne lachen. 23 % trauten ihr die Fähigkeit zu, an einer Blume zu riechen, aber nur 13 % meinten, sie könne bestimmt materielle Dinge anfassen. Cf. V. Pereira et al., 2012, S. 112 ff. Eine andere Umfrage ergab, daß 85,6 % der erwachsenen Amerikaner an ein Leben nach dem Tode glauben. In Deutschland waren es 52,6 % und in Österreich 42 %. Allerdings meinten 58 % der erwachsenen Österreicher, daß eine solche nachtodliche Existenz, wenn es sie gebe, nur »ohne Körper« denkbar sei. Schließlich ergab eine im Jahre 2002 durchgeführte Untersuchung, daß 51,7 % der 18-59jährigen Westdeutschen von einem Weiterleben nach dem Tode überzeugt waren, während dies in der ehemaligen DDR nur 19,3 % annahmen. Nach einer geringfügig älteren Studie glaubten dies 55 % der in Deutschland lebenden Katholiken, 50 % der Protestanten und 67 % der Muslime. Cf. T. Rodabough/K. Cole, 2003, S. 137; U. Wagner-Rau, 2004, S. 92; P. M. Zulehner et al., 2001, S. 51 f.; A. Kruse, 2007, S. 138; bzw. K.-P. Jörns, 1999, S. 181 ff.

6 Cf. T. Fuchs, 2008, S. 219; R. Reininger, 1947, S. 67; F. Gehrung, 1938, S. 114; bzw. K. R. Popper/J. C. Eccles, 1977, S. 495; R. Descartes, 1908, X. 422; bzw. I. Hacking, 2002, S. 222; H.-P. Schütt, 1990, S. 125, 277; K.-H. Nusser, 1989, S. 151. A. R. Damasio (2003, S. 219) vermutet, daß Descartes manchmal geglaubt habe, der Geist sei eine »immaterielle Substanz«, und manchmal eher nicht.

7 Cf. Platon: *Phaidros* 250 c; Plotin: *Enneaden* IV. 3.9, 7. 13 f.; M. Clarke, 1999, S. 294; Aristoteles: *De anima* 412 b 6, 19; K. T. Maslin, 2007, S. 196 ff.; E. Thompson, 2007, S. 226; A. Kenny, 2008, S. 154; S. E. Braude, 1987, S. 283; C. McGinn, 1999, S. 27; bzw. C. Probst, 2000, S. 209. Schon Thomas von Aquin hat darauf aufmerksam gemacht, daß das Leib-Seele-Problem verschwinde, »si anima est forma corporis«. Cf. B. H. Hill, 1965, S. 66 f.

8 Cf. Voltaire, 1879, S. 214; L. Wittgenstein, 1967, Nr. 127; E. Kübler-Ross, 1997, S. 265; J. Hospers, 1990, S. 282; G. Graham, 1993, S. 26 f.; T. Penelhum, 1980, S. 24 f.; P. Geach, 1969, S. 21; E. E. Harris, 2000, S. 197; R. Hanna/M. Maiese, 2009, S. 55; C. H. Whitely, 1973, S. 112; C. McGinn, 1997, S. 25 f.;

A. Beckermann, 2012, S. 43; A. Flew, 1987, S. 356; ders., 1987a, S. 182f.; J.B. Rhine, 1964, S. 72. Bereits im Jahre 1693 konstatierte der friesische Pfarrer Balthasar Bekker in seiner Schrift *De betoverde Weereld*, es sei unbegreifbar, wie körperlose Seelen im Jenseits oder anderswo »ihre Gedanken ohne Rede oder Schrifft einander offenbahren« könnten. Cf. ders., 1693, II. VII. § 9.

9 Cf. P. Lee/R.P. George, 2008, S. 14f.; K. Jaspers, 1946, S. 54; F. Mechsner, 1997, S. 87f.; J. Malpas, 1998, S. 124f.; ders., 1999, S. 133f.; T. Fuchs, 2002, S. 163ff.; K. Stavenhagen, 1957, S. 39f., 44f., 59; H.v. Ditfurth, 1976, S. 294f.; M. Ratcliffe, 2010, S. 354ff.; A. Morton, 2010, S. 394ff.; bzw. J. Kovach, 2002, S. 948; B. Brewer, 1995, S. 305f.; G. Lakoff/M. Johnson, 1999, S. 562; P. Geach, 1969, S. 22; ders., 2000, S. 727; Z. Vendler, 1994, S. 320; L. Ciompi, 1997, S. 46ff., 95f.; R. Puccetti, 1970, S. 42; T. McPherson, 1974, S. 90; A. Brook/R.J. Stainton, 2000, S. 130f. Daß auch die Denkprozesse affektgefärbt sind und einen Körper voraussetzen, wird häufig übersehen. So berichtet ein Mann, während einer »Nahtod-Erfahrung« habe ihm im Tunnel jemand, den er nicht sehen konnte, gesagt, er habe die Wahl: Er könne entweder als körperlose Seele auf ewig im Tunnel bleiben, ohne jegliche Wahrnehmungen und Gefühle, allein mit seinen Gedanken, oder er habe die Möglichkeit, in seinen Körper zurückzukehren. Cf. C.R. Lundahl/A.S. Gibson, 2000, S. 166. Bisweilen hat man gesagt, vielleicht sei das Jenseits eine reine Vorstellungswelt, aber auch Vorstellungen sind emotional gefärbt, setzen Wahrnehmungen und diese einen Körper voraus. Cf. C.O. Evans, 1970, S. 233; S. Alexander, 1927, S. 137; Reininger, a.a.O., S. 86.

10 Cf. A. Kenny, 1987, S. 77; Ciompi, a.a.O., S. 179; F. Kluge, 1960, S. 22; H. Schmitz, 1992, S. 120; A. Boll-Klatt, 1994, S. 131, 133; U. Mees/C. Rohde-Höft, 2000, S. 247; I. Vendrell Ferran, 2008, S. 166f.; C. Demmerling/ H. Landweer, 2007, S. 65; C. Demmerling, 2010, S. 253; G. Böhme, 2010, S. 111; C. André, 2010, S. 31, 174; A. Damasio, 2011, S. 126; G. Stanghellini/R. Rosfort, 2013, S. 116f., 161; P. Ekman, 2004, S. 87; W. James, 1890, S. 451f.; Reininger, a.a.O., S. 84. Durch eine Verletzung der Hirnrinde emotionslos gewordene Menschen fangen von sich aus mit keiner Tätigkeit an, oder sie sind wahllos, da sie nichts vor irgend etwas anderem bevorzugen. Auch sind sie so gut wie unfähig, die Gefühle anderer Personen nachzuvollziehen. Und fehlen die Emotionen, nehmen depersonalisierte Patienten sich selber nicht mehr als lebend und wirklich, sondern als unbeseelt und inexistent wahr. Cf. Stanghellini/Rosfort, a.a.O., S. 117; C. André/F. Lelord, 2002, S. 10f.; V.S. Ramachandran, 2013, S. 419f.

11 Cf. G. Börner, 2009, S. 190f.; S. Parnia, 2006, S. 172f.; bzw. L. Wittgenstein, 1960, § 293; ders., 1989, S. 93; P. Strawson, 1959, S. 106; H.R. Fischer, 1987, S. 182; L. Wittgenstein, 1971, Nr. 217, 220; K.T. Gallagher, 1982, S. 261f.;

M. Tirassa et al., 2006, S. 207ff.; B. Träuble et al., 2013, S. 18f.; W. Lütterfelds, 1996, S. 119f.; A. Rust, 1996, S. 169f. »Das *Innere*«, so Wittgenstein, »setze ich voraus, insofern ich einen *Menschen* voraussetze.« Aber diese Voraussetzung oder »Einstellung kommt *vor* der Meinung«. Cf. L. Wittgenstein, 1993, S. 113; bzw. ders., 1992, S. 38.

12 Cf. M. ter Hark, 1990, S. 324; L. Wittgenstein, 1992, S. 67; C. Crittenden, 2009, S. 179f.; O. Hanfling, 2001, S. 56; S. Schroeder, 2009, S. 179f.; L. Wittgenstein, 1982, Nr. 570; N. Fleming, 1998, S. 245; D. Zahavi, 2008, S. 161; C. Bax, 2011, S. 54f.; bzw. C. Stange, 1925, S. 125; L. Wittgenstein, 1967, Nr. 221, 225; ders., 1994, S. 99. Der Zorn beispielsweise ist nicht *hinter* dem Gesichtsausdruck *verborgen*, die Gebärde, so M. Merleau-Ponty (1966, S. 218f.), »läßt nicht lediglich *denken* an Zorn, sie *ist* der Zorn«. »Wäre es nicht lächerlich, wenn ein Anwalt im Gerichtssaal sagte, der Zeuge könnte nicht *wissen*, daß einer zornig gewesen ist, weil der Zorn etwas Inneres sei?« Cf. L. Wittgenstein, 1982, S. 113; D. Abram, 2012, S. 92.

13 Cf. M. Sechehaye, 1973, S. 25f.; W. Seiler, 1980, S. 47; bzw. P. Feyerabend, 2002, S. 86ff.; ders., 2009, S. 338; L. Wittgenstein, 1970, S. 80; M. O'C. Drury, 1973, S. 80; R. J. Hirst, 1959, S. 194ff.; F. v. Kutschera, 1982, S. 387f.; P. M. S. Hacker, 2001, S. 83f.; M. Midgley, 1983, S. 28f.; dies., 2005, S. 103f.; Crittenden, a.a.O., S. 187, 191f. Erst wenn wir die beiden Perspektiven miteinander vermischen, entsteht zum Beispiel das »Leib-Seele-Problem« oder die Frage, ob denn eine »Willensfreiheit« überhaupt möglich sei. Cf. U. Landscheid, 2000, S. 12, 183, 216; G. Brüntrup, 2001, S. 142.

14 Cf. E. Swedenborg, 1977, S. 303; R. Taylor, 1969, S. 140; ders., 1974, S. 31, 35f.; A. C. Danto, 1997, S. 217; M. R. Bennett/P. M. S. Hacker, 2010, S. 403f.; J. Margolis, 2006, S. 231; L. Feuerbach, 1975, S. 302; ders., 1990, S. 135f.; S. Toulmin, 1972, S. 421; A. Flew, 1978, S. 138; L. Wittgenstein, 1960, § 286; L. A. Sass, 1997, S. 210; bzw. Taylor, a.a.O., S. 142f.; Z. Vendler, 1994, S. 321. »In unserer Sprache«, bemerkte L. Wittgenstein (1993a, S. 198) einmal, »ist eine ganze Mythologie niedergelegt«, die Bilder suggeriert, die uns gefangenhalten.

15 Cf. L. Wittgenstein, 1960, § 651, 693, 154f., S. 487; ders., 1967, Nr. 85; L. Wittgenstein/F. Waismann, 2003, S. 440; G. Ryle, 1971, S. 197; J. M. Cameron, 1986, S. 144f.; R. Harré/M. Tissaw, 2005, S. 148; H. J. Schneider, 2005, S. 758; G. E. M. Anscombe, 2005, S. 14f.; bzw. L. Wittgenstein, 1960, § 339; ders., 1982, Nr. 120; ders., 1970, S. 23; M. Oku, 1985, S. 396; L. Goldstein, 2004, S. 165; J. Coulter, 2002, S. 141; A. Kenny, 2002, S. 5, 8; N. Malcolm, 1986, S. 197.

16 Cf. L. Wittgenstein, 1996, S. 90; G. Rey, 1976, S. 58f.; M. Johnson, 2006, S. 50f.; W. Kneale, 1962, S. 28; D. van de Vate, 1970, S. 130f.; M. Midgley, 2005, S. 87; J. G. Patterson, 1989, S. 23; T. Lewin et al., 2013, S. 134ff.;

E. Steinhart, 2001, S. 17. Man kann »nur vom lebenden Menschen und was ihm ähnlich ist (sich ähnlich benimmt) sagen, es habe Empfindungen, es sähe, sei blind, höre, sei taub, sei bei Bewußtsein oder bewußtlos« (L. Wittgenstein, 1960, § 281).

17 Cf. K. M. Hodge, 2011, S. 369 ff.; R. Willerslev, 2011, S. 514 f.; W. Rosarius, 1983, S. 218; A. Kenny, 1989, S. 31; E. Benz, 1969, S. 276 f.; M. H. Jung, 1999, S. 33. Der Philosoph H. Schmitz (1980, S. 191 f.) hält es für möglich, daß der Mensch nach dem Tode als eine Art Astralleib, »als weder tastbares noch sichtbares, noch hörbares Gespenst« ewig weiterexistiere, gleich einem Phantomglied, das von anderen Menschen ja auch nicht wahrgenommen werden könne. Doch so, wie ein Phantomglied verschwindet, wenn derjenige, der es besitzt, stirbt, könnte auch ein Phantomkörper ohne physischen Körper nicht existieren. Und selbst wenn man den Tod überlebte, könnte man nie wissen, ob man unsterblich ist oder nicht. Cf. R. Rhees, 1997, S. 214.

18 Cf. M. Specht Tomann/D. Tropper, 2000, S. 62 ff.; M. Shermer, 1999, S. 25; bzw. H. Schurtz, 1901, S. 573; T. Metzinger, 2005, S. 208; R. Clark, 2006, S. 205 f.; bzw. J. W. Cook, 1969, S. 151; G. Clark, 1998, S. 111; S. T. Davis, 2010, S. 23 f.; ders., 2010a, S. 78 f.; S. Bashir, 2011, S. 38; W. C. Chittick, 1992, S. 136 f.; M. Dunn, 2000, S. 242; F. Heidler, 1983, S. 142 ff., 159 f.; P. Neuner, 2000, S. 232 f. Im offiziellen in London erschienenen *Catechism of the Catholic Church* vom Jahre 1994 heißt es, nach dem Tode »the human body decays and the soul goes to meet God, while awaiting its reunion with the glorified body«. Und zwei Jahre darauf verkündete die »Doctrine Commission« der Church of England, es sei »not to be supposed that the material of the resurrected body is the same as that of the old«, aber aus was dieser Stoff bestehe, wird offengelassen. So verfahren auch die Kirchen auf dem Kontinent. Cf. P. Badham, 2005, S. 376 f.; A. Butzkamm, 2004, S. 140. Die frühen Christen waren noch davon überzeugt, daß sowohl die Guten als auch die Schlechten unmittelbar nach dem Tod gerichtet und die Guten ins Paradies geschickt würden, und im Laufe der Zeit stimmten dem immer mehr Kirchenväter zu. Als im 12. Jahrhundert der Mönch Alberich vom Kloster Monte Cassino von Petrus in das nach Rosen und Lilien duftende Paradies geführt wurde, erfuhr er, daß nur die Heiligen nach ihrem Ableben hier einziehen durften, während die große Masse der lediglich Guten bis zum Jüngsten Gericht warten mußte. Allgemein überwog offenbar im Früh- und Hochmittelalter die Ansicht, die *sehr* Guten, zum Beispiel die Märtyrer, kämen schnurstracks in den Himmel und die *sehr* Schlechten in die Hölle, wohingegen die *boni no ualde* und die *mali no ualde* sich bis zum Jüngsten Tag gedulden mußten. Cf. M. McLaughlin, 1994, S. 187; J. Delumeau, 2001, S. 71; M. Smyth, 2003, S. 91 f.; C. Oechslin, 1994, S. 44.

19 Cf. S. Rupp, 2001, S. 136 ff.; Moses Maimonides, 1994, S. 487, 491 f.; C. Auffarth, 1999, S. 173; bzw. A. Samellas, 2002, S. 44; K. P. Jankrift, 2002, S. 659; P. Landesmann, 2004, S. 43; S. Shepkaru, 2014, S. 14 f. Nicht alle Menschen werden im Mittelalter an die von der Kirche verkündete Wiederauferstehung geglaubt haben. So machte sich beispielsweise im Jahre 1470 der Kölner Bürger Thonis von Wesseling über diese Lehre lustig, indem er sagte, man könne nur dort von einer Auferstehung des Fleisches reden, wo einem Mann, der mit einer Frau »zu schaffen« habe, das Fleisch »aufstehe«. Cf. G. Schwerhoff, 2005, S. 290.

Anmerkungen zum Epilog

1 Cf. *Spiegel* 50, 2012, S. 124; L. Wittgenstein, 1960, § 36, 412; ders., 1970, S. 78; Augustinus: *De Civitate Dei* XXI. 7; T. Nagel, 1986, S. 51. »Zu sagen, die Seele sei ein Männchen im Kopfe des Menschen, das aus den Augen heraussehe, ist weniger schädlich, als dieses selbe Bild in versteckter und sublimierter Form (damit es dem Zensor im Sinne Freuds entgehe) zu verwenden« (L. Wittgenstein/F. Waismann, 2003, S. 446). Ist es seltsam, daß die Seele oder das Bewußtsein sich aus etwas entwickelt hat, das nicht Seele oder Bewußtsein war? Offenbar nur für den, dem es unverständlich ist, wie einst »aus etwas ganz Amorphem ein Organismus« entstanden ist, und der nicht begreifen kann, daß »*nichts* in dem Samen der Pflanze, die aus ihm wird, entspricht« (L. Wittgenstein, 1967, Nr. 608). Und warum ist das Bewußtsein mysteriös? »Ist die Flamme nicht rätselhaft, weil sie ungreifbar ist? Wohl – aber warum macht sie das rätselhaft? Warum soll das Ungreifbare rätselhafter sein als das Greifbare? Außer weil wir es greifen *wollen*« (a. a. O., Nr. 126).
2 Cf. S. Gallagher, 2011, S. 146 ff.; H. Scholz, 1920, S. 52 f.; M. Tooley, 2008, S. 94. Nach fünfminutigem Herzstillstand erleiden die meisten Wiederbelebten irreversible Hirnschäden, und nach spätestens zehn Minuten beginnt der nicht umkehrbare Zelltod des Cortex und damit der »Gehirntod«. Nach spätestens einer Stunde stellt das Stammhirn seine Funktion ein. Allerdings wird von einem Fall berichtet, in dem ein Patient nach zwanzigminutigem Herzstillstand und fünf Minuten, nachdem die Wiederbelebungsmaßnahmen eingestellt worden waren, wieder »ins Leben zurück« kam. Cf. G. E. Wettach, 2000, S. 76; E. Nagel/T. D. Gantner, 2003, S. 64; B. Libet, 2004, S. 217, 268 f.; bzw. N. H. Krarup et al., 2010, S. 1598; D. Rousseau, 2012, S. 53.
3 Cf. P. Fenwick, 2005, S. 145; S. Parnia, 2006, S. 91; P. van Lommel, 2009, S. 173; W. H. Calvin/G. A. Ojemann, 1995, S. 44 f.; O. Corazza, 2008, S. 37;

A. H. Bardy, 2002, S. 2116; M. A. Persinger, 1983, S. 1259; H. Mynarek, 2005, S. 135; M. Schröter-Kunhardt, 1999, S. 84; D. Swaab, 2011, S. 385; M. Klein, 1995, S. 6; A. Manzei, 2003, S. 172; G. M. Woerlee, 2004, S. 240 f. Nach dem Erscheinen einer Nullinie im EEG wird diese nicht selten nach einiger Zeit von kurzen Ausbrüchen, sogenannten »bursts«, unterbrochen, weshalb das EEG fortwährend beobachtet werden müßte, was nicht immer geschieht. Der »Gehirntod« wird meist erst nach einem Nullinien-EEG über einen Zeitraum von zwölf Stunden diagnostiziert, aber als man einen Mann, der versucht hatte, sich mit einer Überdosis von Barbituraten und anderen Sedativa umzubringen, nach Ablauf dieser Zeit bereits in den Sarg gelegt hatte und ihn eben ins Leichenschauhaus überführen wollte, stellte man bei einem letzten EEG eine Hirnaktivität fest. Auch bei einem stark unterkühlten Mann konstatierte man plötzlich, nachdem der »Hirntod« diagnostiziert worden war, daß sein Herz wieder zu schlagen begann, und in ähnlichen Fällen konnte man ebenfalls erneut Hirnströme messen. Im allgemeinen heißt es, daß man stark unterkühlte Menschen noch nach zwanzigminutigem Herzstillstand reanimieren könne. Cf. B. Engmann, 2011, S. 47, 49; Nagel/Gantner, a. a. O., S. 67; J. Bondeson, 2002, S. 312 f.; C. Söling, 1995, S. 274.

4 Cf. W. Penfield, 1966, S. 234; J. C. Eccles, 1966, S. 327; J. McMahan, 2010, S. 134 f.; R. Stoecker, 1999, S. 24 f.; bzw. U. Timm, 1980, S. 256; V. Krishnan, 1993, S. 258 f.; Wettach, a. a. O., S. 84; R. J. Mathew, 2005, S. 235; J. Kerner, 1922, S. 626. Von Sterbenden wird berichtet, daß sie nicht selten bis zuletzt außerordentlich gut hören konnten. So teilte ein Arzt, der beinahe gestorben wäre, über seine Wahrnehmungen mit: »Sie verschwanden eine nach der anderen, zuerst der Tastsinn, sodann der Gesichtssinn, dann der Geschmack, dann der Geruch. Nur das Gehör bestand weiter, wie häufig zu beobachten ist, und zwar nicht etwa herabgesetzt, sondern eher verstärkt.« Cf. K. Blumenthal-Barby, 2006, S. 41 f.; H. J. Bardenheuer, 2012, S. 423; D. Gustorff, 2005, S. 99. Bei manchen Menschen ist es offenbar der Tastsinn, der am längsten erhalten bleibt. Cf. J. C. Hampe, 1975, S. 143. Heute sind die meisten Mediziner der Meinung, daß Patienten, die aufgrund schwerer Hirnverletzungen im Wachkoma liegen, häufig nicht nur Hunger, Durst und das Bedürfnis nach Atemluft verspüren, sondern auch Schmerzen haben, Angst oder Freude empfinden, angespannt sind oder sich wohl fühlen, aber auch vertraute Gesichter und Stimmen erkennen können. Zudem hat man eine Veränderung der Gehirnaktivität beim Abspielen der Lieblingsmusik der Patienten festgestellt, was darauf hindeutet, daß dies zu ihrem Wohlbefinden beiträgt. Deshalb ermuntert man Angehörige, sich ihnen liebevoll zuzuwenden, sie zu berühren und mit ihnen zu sprechen. Cf. M. Wittmer-Butsch/C. Rendtel, 2003, S. 159; P. Nydahl, 2005, S. 4 f.; B. Fässler, 2008, S. 131; J. Zittlau, 2009, S. 70 f.; A. Zieger, 2009, S. 238, 242.

5 Cf. J. C. Gibbs, 1987, S. 73; S. E. Braude, 2001, S. 115; S. Parnia et al., 2001, S. 150; W. Braud, 2003, S. 134; C. C. French, 2001, S. 2010; T. Rodabough/ K. Cole, 2003, S. 146; I. Baruss, 2003, S. 220; R. Crawford, 2004, S. 135 f.; I. Schmied-Knittel, 2006, S. 238; dies., 2011, S. 65; S. Blackmore, 2010, S. 412; Engmann, a. a. O., S. 50; bzw. G. M. Woerlee, 2004, S. 239; M. N. Marsh, 2010, S. 51, 73, 98, 241; bzw. M. B. Sabom, 1980, S. 266; P. Fenwick/E. Fenwick, 1995, S. 214; P. Sartori, 2008, S. 264; B. Greyson et al., 2009, S. 230, 233 f.; P. van Lommel, 2009, S. 135; ders., 2013, S. 15; Rousseau, a. a. O., S. 58; Lier, a. a. O., S. 878; C. Carter, 2010, S. 195 f., 210. Eine für klinisch tot erklärte Straubinger Nonne berichtete später, sie sei während ihrer Bewußtlosigkeit durch einen langen Tunnel gegangen, der immer heller wurde. Da hörte sie von ferne einen schönen Gesang und sah schließlich am Tunnelausgang weißgekleidete Gestalten, die sangen, worauf sie selber mitsang. Wie die Ärzte mitteilten, habe die Nonne plötzlich während der Reanimation »ein wunderschönes Lied gesungen«. Cf. R. Lang, 1983, S. 55. Dies deutet darauf hin, daß zumindest der Schlußteil ihrer »Nahtod-Erfahrung« während der ärztlichen Wiederbelebungsversuche stattfand.

6 Cf. O. Vedfelt, 2000, S. 277; R. A. Moody, 1978, S. 57; bzw. H. Bloom, 1996, S. 128; V. Surmann, 2005, S. 105 ff. Nachdem die bekannte »Nahtod«-Forscherin Elsaesser-Valarino seitenlang »Nahtod-Erfahrungen« geschildert hat, stellt sie schließlich fest: »Die Nahtod-Erfahrung ist ganz eindeutig mit Worten nicht vermittelbar.« Cf. dies., 1995, S. 56.

7 Cf. H. Heuermann, 2000, S. 240. In dieser Hinsicht scheint sich das geisteswissenschaftliche Establishment von dem naturwissenschaftlichen nicht zu unterscheiden. Cf. z. B. H. P. Duerr, 2008, S. 40 ff.; ders., 2011, S. 570 ff.

8 Cf. D. Vaitl, 2012, S. 160; N. Birbaumer, 2003, S. 55 f.; bzw. P. Kaiser, 2007, S. 295 f. Der Neurobiologe Birbaumer ist nur bereit, solche Erlebnisse zu akzeptieren, die sich »unter kontrollierten Bedingungen wiederholen« ließen. Einmal abgesehen davon, daß dann zum Beispiel das, was Birbaumer erlebt hat, als er eingeschult wurde, nicht als Erlebnis anerkennbar wäre, weil er kein Sechsjähriger mehr ist, den man noch einmal einschulen könnte, ist seine Forderung völlig inkonsequent. Denn warum sollten die Teilnehmer an »kontrollierten Experimenten« bezüglich dessen, was sie dabei erlebt haben, nicht ebenso verlogen sein wie diejenigen, deren angebliche Erlebnisse unter anderen Bedingungen stattgefunden haben?

9 Ich habe weiter oben erwähnt, daß ich Eben Alexanders Weltbestseller *Proof of Heaven* (auf deutsch *Blick in die Ewigkeit*) für ein solches Machwerk halte, in dem ein wirkliches Erlebnis literarisch »gestreckt« worden ist. Ein weiteres Beispiel ist wohl Betty Eadies *Embraced by the Light*, von dem innerhalb von zwei Jahren fünf Millionen Exemplare verkauft wurden. In

dem Buch, das größtenteils von einem Ghostwriter stammt, erfährt sie im Jenseits, daß Atheisten und Menschen, die der Welt verhaftet sind, während einer »Nahtod-Erfahrung« im Tunnel steckenbleiben und ihn erst verlassen können, wenn sie bereit sind, an Gott zu glauben. Nach ihrem Erlebnis reiste Eadie, eine Mormonin, jahrelang durch die USA, trat mit ihrem Mann in zahllosen Veranstaltungen auf und verkaufte dort Videos, in denen sie in einer Pseudo-Indianerkleidung und Trapperjacke mit einer Adlerfeder gestikulierte. Bald wurden schwerwiegende Zweifel an der Authentizität ihrer Erlebnisse laut. Cf. B. Eadie, 1992, S. 84; R. Abanes, 1996, S. 76; M. Introvigne, 1996, S. 78 ff.; J. W. Green, 2008, S. 114, 221.

10 Cf. G. Schiwy, 2003, S. 158; J. T. Tobacyk/T. P. Mitchell, 1987, S. 369; G. Roberts/J. Owen, 1988, S. 610; bzw. G. O. Gabbard et al., 1981, S. 376; S. Blackmore, 1999 a, S. 43, 50; M. Schröter-Kunhardt, 1999, S. 75; B. Greyson, 2006, S. 400 f.; J. M. Holden, 2009, S. 118 f. Nach einer Untersuchung zahlreicher Fälle kam der Kardiologe M. B. Sabom (1986, S. 82) zu dem Ergebnis, daß ein Vorwissen über »Nahtod-Erfahrungen« für deren Auftreten eher kontraproduktiv ist.

Anmerkungen zu Anhang I

1 Vermutlich hat diese Vorstellung zu der Anschauung beigetragen, das Jenseits sei eine »verkehrte Welt«, in der zum Beispiel die im Diesseits Lebenden die Toten sind. Als etwa ein junger Hopi aus dem Dorf Oraibi das Land der Toten erreichte, traf er dort zunächst auf spielende Kinder, die voller Entsetzen wegliefen und dabei riefen: »Ein toter Geist ist gekommen!« Nachdem ein Ainu durch eine dunkle Höhle ins Dorf der Toten gelangt war, sprach er die Verstorbenen, die er kannte, insbesondere seine Eltern, an, aber diese reagierten fassungslos und voller Angst, weil sie ihn für einen Totengeist hielten, während die Bantu von Kavirondo erzählten, daß die Lebenden, die das Jenseits besuchten, dort einen unangenehmen Leichengeruch ausströmten. Ein Tlingit ging auf der »Straße des Todes« durch ein finsteres, bewaldetes Tal, als nach einiger Zeit Licht durch die Bäume schimmerte. Schließlich kam er an einen See und hörte, wie am anderen Ufer jemand sagte: »Da ist einer aus dem Traumland gekommen. Laßt uns hinübergehen, um ihn zu holen!« Schließlich berichtete ein Mann, der sich am Roten Platz in Moskau erhängt hatte, aber noch vier Tage lebte, nachdem er aus der Schlinge genommen worden war, er sei »in einem anderen Land« mit wunderbaren Blumen gewesen, aber nun wisse er nicht, ob dieses Land oder das Diesseits das »Traumland« sei. Aber als er dann starb, flüsterte er: »Ich habe Sehnsucht nach dem grünen Land!« Cf.

J. Duerr, 2013, S. 49 ff.; H. Courlander, 1971, S. 106; J. Batchelor, 1892, S. 570; G. Wagner, 1949, S. 163; bzw. E. Lawrence, 1921, S. 69; M. H. Pelton, 1992, S. 67.

2 Platon: *Politeia* 614b-d. Cf. J. N. Bremmer, 2002, S. 90 ff.; R. Böhme, 1980, S. 35; Pausanias IX. 30. 4; Euripides: *Alkestis* 357 ff., H. P. Duerr, 2011, S. 514 ff.; W. Burkert, 1962, S. 46; bzw. J. Schouten, 1967, S. 10, 41. Empedokles (B 111.9) versicherte einem seiner Schüler, er werde ihn lehren, wie man die Seele eines Toten aus dem Hades zurückhole (ἄξεις δ'ἐξ Ἀίδαο καταφθιμένου μένος ἀνδρός). Wie aus einem Kommentar des Akademievorstandes Proklos im 5. Jahrhundert hervorgeht, gab es damals noch ein etwa 900 Jahre zuvor von Demokrit verfaßtes Buch *Über den Hades*, in dem vermutlich ebenfalls von solchen Praktiken berichtet wurde.

3 Maximos von Tyros: *Philosophische Vorträge* XXXVIII. 3; Herodot IV. 36; Platon: *Charmides* 158b; Plinius VII. 174. Ähnliches, so der römische Historiker, habe er auch über »Epimenides von Knossos« gehört (a. a. O., 175), aber er halte das alles für »Fabelei«. In der Spätantike berichteten viele oströmische Mönche von »Nahtod-Erfahrungen«, wobei die bekannteste allerdings erst im Frühmittelalter stattfand. Es ist die Geschichte des byzantinischen Heiligen Andreas von Sali, der als heiliger Narr die Städte des oströmischen Reiches durchstreifte und während eines fürchterlichen Gewitters in einen wunderschönen Garten mit bunten Blumen und Singvögeln entrafft wurde, wo er sah, wie Gott hinter einem Schleier hervortrat. Cf. B. Krönung, 2012, S. 76; bzw. L. Klages, 1974, S. 227.

4 Cf. J. N. Bremmer, 1983, S. 44; bzw. M. Hoppál, 2002, S. 136; K. Uray-Köhalmi, 1999, S. 116; A. Kollautz, 1955, S. 69; R. Austerlitz, 1984, S. 232; bzw. A. Birtalan, 2001, S. 1086; M. Oppitz, 2013, S. 128 f. Ähnliche Vorstellungen findet man auch in anderen Weltgegenden. So berichteten die Tewa in der Nähe des Rio Grande ebenso von Himmelsfahrten auf Pfeilen wie die Bewohner der Neuen Hebriden, und Pa'i Kuara, der mythische Held der Guaraní, schoß zunächst einen Pfeil in die Luft und dann jeweils einen weiteren in die Kerbe des vorigen, bis er auf einer Art Leiter aus Pfeilen in den Himmel klettern konnte. Um festzustellen, wo sich die Herden der wilden Karibus, also das Jagdwild, aufhielten, schoß einst der Schamane der Kovagmiut in Alaska während der Séance einen Pfeil durch die Wand des Zeremonialhauses, der dann angeblich einen weiten Bogen machte und wie ein Bumerang zu dem Schamanen zurückkehrte, der ihn anschließend auf Blut- und Fellspuren eines Karibus untersuchte. Schließlich gelangte der ungarische Märchenheld zum herrlichen »Ort des Ausruhens«, indem er einen aus einem seiner Beinknochen gefertigten Pfeil durch den Kristallberg schoß, der sich daraufhin öffnete. Im Hochmittelalter erschien ein verstorbener Mönch seinem Mitbruder und teilte ihm mit, daß seine »seel zw hymel fwr als ain pfeyll«, und im frühen 17. Jahrhundert wurde

der Bußprediger Engelbrecht während seiner »Nahtod-Erfahrung« so »schnell weggeführt, wie ein Pfeil von der Armbrust nicht tun kann«. Cf. S. P. Edelman, 1974, S. 37; M. Waida, 1976, S. 146; F. Grünberg, 1995, S. 69; W. H. Oswalt, 1967, S. 223; M. de Ferdinandy, 1973, S. 246; bzw. F. Reitinger, 1997, S. 93; M. Buber, 1923, S. 166.

5 Cf. A. Leroi-Gourhan, 1979, S. 64f.; D. Lewis-Williams, 2002, S. 263; H. Miyakawa/A. Kollautz, 1966, S. 162; H. Biedermann, 1977, S. 117; B. Delluc/G. Delluc, 2008, S. 282; G. Charrière, 1968, S. 21, 24; R. White, 1986, S. 49. Daß der Mann eine Vogelkopf*maske* trägt, wie G. Lechler (1951, S. 165) oder K. E. Müller (1997, S. 9) meinen, läßt sich auf der Darstellung nicht erkennen. Und daß er Teil einer Szene ist, wie man früher annahm, in der er von dem Wisent angegriffen wird, der sich rechts neben ihm befindet, während links von ihm das Nashorn wegtrottet, ist extrem unwahrscheinlich. Anlaß zur Darstellung des Wisents gab eine Verfärbung der Felswand, ein natürlicher Tonüberzug an dieser Stelle, und die Angriffshaltung des Tieres bedeutet nicht, daß es *den Mann* angreift. Denn gerade im Magdalénien hat man auf Höhlenwänden und Knochen sich umsehende Rentiere oder röhrende Hirsche dargestellt, die in keinerlei Kontext stehen. Und das Nashorn wurde zudem nicht mit demselben Manganpigment gemalt wie die anderen Bilder. Cf. K. J. Narr, 1959, S. 248; L.-R. Nougier, 1992, S. 208; Delluc/Delluc, a. a. O.; F. Windels, 1948, S. 57.

6 Cf. E. Anati, 1993, S. 84; L. G. Freeman/J. González Echegaray, 2001, S. 38; bzw. A. C. Kinsey et al., 1967, S. 472; A. Friedrich/G. Buddruss, 1955, S. 210f.; S. A. de Beaune, 1998, S. 216; C. Humphrey/U. Onon, 1996, S. 30f.; H. Sidky, 2010, S. 82f.; Teresa v. Ávila: *Vita* XXIX. 12f. Die Nähe der Ekstase Teresas zum sexuellen Orgasmus fiel Kommentatoren schon frühzeitig unangenehm auf. So meinte einer um das Jahr 1670, die Skulptur, die Bernini selber als »la più bell'opera« bezeichnete, die seine Hand geschaffen habe, sei eine Beleidigung und Erniedrigung der Heiligen – Bernini habe aus einer reinen Jungfrau eine Hure und Venus gemacht (»tirò poi quella Vergine purissima in terra, non che nel terzo Cielo a far una Venere non solo prostrata, ma prostituita«). Cf. I. Lavin, 1980, S. 121f.; F. Baldinucci, 1912, S. 143. Unmittelbar vor ihrem Tode nannte Teresa Gott ihren Ehemann (»Esposo mío«), und sie sagte, sie brenne vor Liebe nach ihm und es sei an der Zeit, sich mit ihm zu vereinigen (»tiempo es que nos juntemos«). Cf. C. Avery, 1998, S. 152; Lavin, a. a. O. Denselben Gesichtsausdruck wie Teresa gab Bernini auch der seligen Lodovica Albertoni im Augenblick der Vereinigung mit Gott im Sterben. Dabei faßt Lodovica zusätzlich an ihre rechte Brust. Cf. S. Ostrow, 1981, S. 303.

7 Cf. J. T. Ozols, 1983, S. 139f.; H. P. Duerr, 1984, S. 74f.; K. J. Narr, 1983, S. 127f.; bzw. K. F. Wellmann, 1979, S. 20; F. de Laguna, 1981, S. 221; N. Alekseev, 1984, S. 274; L. P. Potapow, 1968, S. 222f.

8 Cf. A. Kannisto, 1958, S. 411; U. Harva, 1938, S. 524f.; H. Kirchner, 1986, S. 44; U. Holmberg, 1922, S. 26; G. B. Grinnell, 1923, II, S. 108. Wie mir der Arrow Keeper der Südlichen Cheyenne sagte, scheint es in den »alten Zeiten«, als es bei den Cheyenne noch Schamanen gab, unter diesen Männer gegeben zu haben, die in Adlergestalt »Seelenreisen« unternahmen (Edward Red Hat: Mündliche Mitteilung vom 13. Juni 1981). In der Zeit, als ich in der Nähe von Watonga an zwei »Sonnentanz«-Zeremonien teilnahm, wurden währenddessen mit aus den Flügelknochen des Adlers gefertigten Pfeifen die *maiyun*, die Geister des Jenseits, und zwar insbesondere der Donnervogel, gerufen, der die Gestalt eines Adlers, zum Beispiel die des Weißkopfadlers (*vóaháe*), annahm. Cf. P. J. Powell, 1969, S. 658; H. P. Duerr, 1983, S. 253f. Auch bei den Washo war der Adler ein Bote aus der Geisterwelt, ebenso bei den Lakota, denen er vor allem den Tod ankündigte. Wenn beim Sonnentanz, so eine Frau der Brulé-Lakota, die Tänzer in die Adlerknochenflöte blasen, kommen die Adler und kreisen über der Sonnentanzhütte, um die Tanzenden zu segnen, und auch bei der entsprechenden Zeremonie der Crow in Montana erzeugten die Adlerknochenpfeifen den Schrei eines Adlers, mit dem die Tänzer den Adlergeist herbeiriefen, damit er ihnen eine Vision gewähre. Bei den Stämmen westlich der Rocky Mountains, insbesondere bei den Schoschonen, wurden die Visionen beim Sonnentanz nicht *gesucht*, vielmehr stellten sie sich ungewollt ein oder auch nicht. Bei den Wind-River-Schoschonen hatten viele Tänzer Adler-Visionen, und wenn der Adlergeist auf sie zuflog, fielen sie nach hinten und blieben bewußtlos liegen, was aber das letzte Mal im Jahre 1920 geschehen sein soll. Cf. J. F. Downs, 1966, S. 41; M. Brokenleg/ D. Middleton, 1993, S. 107; M. Crow Dog/R. Erdoes, 1994, S. 150f.; M. Crow Dog, 1992, S. 278; E. Wallace/E. A. Hoebel, 1952, S. 156; F. Miller, 1980, S. 98; bzw. Å. Hultkrantz, 1986, S. 42ff.

9 Das heute in den Alpen und Pyrenäen im Sommer oberhalb der Baumgrenze lebende Alpenschneehuhn wandert im Winter in tiefer liegende Gegenden. In den Hochalpen verbringen die Schneehühner viel Zeit in ihren Schneehöhlen und graben auf der Suche nach Blattknospen und Zweigspitzen in ihren Winterquartieren lange und tiefe Gänge unter dem Schnee. Beide Schneehühner sind ausdauernde und sprungkräftige Läufer, die, wenn ihnen ein Raubtier zu nahe kommt, wie ein Pfeil in die Luft schießen, sich aber auch wie ein Stein aus der Höhe in den weichen Pulverschnee fallen lassen und sich dort augenblicklich eingraben. Bei den Berglappen wanderten die Schneehühner bei Winterbeginn vom Gebirge in die Wälder. Sie waren gegenüber Menschen sehr zutraulich und ließen sie, wie ein sibirischer Jäger mitteilte, »häufig bis auf wenige Schritte heran«. Cf. R. Hume, 2007, S. 117; S. Moss, 2004, S. 58f., 102; J. Elphick/ J. Woodward, 2005, S. 102; D. Singer, 2008, S. 130; G. Niethammer, 1968,

S. 455; E. Bezzel, 2006, S. 193; A. Limbrunner et al., 2001, S. 246; W. Herre, 1955, S. 162; E. Astor et al., 2008, S. 141; G. Mauersberger, 2000, S. 45 f.; E. v. Kapherr, 1914, S. 142 f. Im Gegensatz zu den Schneehühnern greifen die in der Taiga lebenden Auerhühner sogar den Menschen an, der in ihr Revier eingedrungen ist, und verfolgen die Flüchtenden. Cf. H.-H. Bergmann et al., 2003, S. 63. Ihre Schnäbel sind im Gegensatz zu denen der Schneehühner jedoch gebogen und nicht so schmal.

10 Cf. J. Tauber, 1998, S. 98; J. Sedlmeier, 1998, S. 301; J. Schibler/J. Sedlmeier, 1993, S. 25, 31 f.; M. Baales, 1989, S. 200; G. Bosinski, 1981, Abb. 109; bzw. C. Humphrey/U. Onon, 1996, S. 7; K. H. Schlesier, 1985, S. 50; V. Diószegi, 1963 a, S. 312; bzw. J. Turi, 1992, S. 156 ff. Im östlichen Tuwa war das Kopfband der Schamanen am oberen Rand mit den Federn des Auerhahnes benäht. Cf. S. I. Wajnschtejn, 1996, S. 279. Wasservögel können sowohl tauchen als auch in die Höhe fliegen, weshalb sie sich besonders für Unterwelt- und Himmelsreisen eigneten. So begaben sich beispielsweise die Schamanen der Eneten auf einem Eistaucher in die Unterwelt, benutzten ihn aber auch für ihre Flüge. Im Mesolithikum hatte man in Schottland den Verstorbenen Schwäne und andere Wasservögel auf die letzte Reise mitgegeben, und im sjaelländischen Henriksholm-Bøgebacken bestattete man kurz nach 5000 v. Chr. eine reichgeschmückte Frau mit ihrem neugeborenen Kind auf dem Flügel eines Schwanes. Im selben Grab fand man auch den Langknochen eines Kranichs. Cf. Y. D. Prokofyeva, 1963, S. 133; bzw. S. E. Albrethsen/E. B. Petersen, 1975, S. 35; G. Warren, 2005, S. 118 f.; J. M. Grünberg, 2000, S. 157 f.

11 Cf. H. Paulsen/U. Stodiek, 1996, S. 26, 37, 55; P. Cattelain, 1997, S. 214; H.-P. Hock, 1994, S. 82. Pfeil und Bogen, mit denen man genauer treffen konnte als mit der Speerschleuder, wurden offenbar gegen Ende des Magdalénien verwendet, setzten sich aber erst im Verlaufe des Mesolithikums als dominante Jagdwaffe durch. Cf. D. W. Frayer, 1981, S. 60; J. Clottes, 1997, S. 12.

12 Cf. D. Buisson, 1996, S. 295; A. Vayson de la Pradenne, 1934, S. 6; F. Eppel, 1963, S. 76; J. M. Gómez-Tabanera, 1980, S. 183. Die aufwendig geschnitzten Speerschleudern des Magdalénien aus Geweih und Elfenbein, die sicher in einen hölzernen Schaft eingesetzt waren, stellten vermutlich Zeremonialgeräte dar, während die tatsächlichen Jagdwaffen wohl vollständig aus Holz bestanden und sich deshalb nicht erhalten haben. Ein solches kultisches Gerät war bestimmt auch die erhaltene präkolumbische Speerschleuder (*atlatl*) aus Zentralmexiko, auf der sich eine geschnitzte Figur des Jagdgottes Mixcóatl befindet, der einen Hirschfuß als Ohrschmuck trägt, weil sein *nagual* ein Hirsch war. Ihm zu Ehren führten die Azteken zeremonielle Jagden durch, bei denen das *atlatl* wahrscheinlich Verwendung fand. In Neuguinea wurden ebenfalls Speerschleudern als Zere-

monialgeräte benutzt. Cf. K. J. Narr, 1985, S. 233; H. Müller-Karpe, 1974, S. 67; K. Günther, 1988, S. 108; H. Rieder/C. Eibner, 2007, S. 286; bzw. W. Krickeberg, 1956, S. 202; H. Beyer, 1924, S. 361; U. Stodiek, 1993, S. 89.
13 Cf. J. H. Dingfelder, 1960, S. 130 f.; U. Harva, 1938, S. 548 f.; G. Windfuhr, 2000, S. 56; T. Lehtisalo, 1924, S. 67 ff.; H. Kirchner, 1953, S. 155; A. N. Anisimov, 1963 a, S. 91. Die Schamanen der Orang Rimba auf Sumatra flogen auf Vögeln ins Jenseits, für die man Sitzstangen aufgestellt hatte (cf. S. Steinebach, 2012, S. 92), und kleinere Schamanenstäbe mit Vogelfiguren auf der Spitze besaß offenbar auch der ungarische *táltos* in vorchristlicher Zeit. Cf. I. Fodor, 2003, S. 334, ferner V. N. Basilov, 1984, S. 127. Dem entsprachen vielleicht die kleineren Vogelstäbe des Jungpaläolithikums wie der 21 cm lange und mit Gravierungen von Lachs, Hirsch, Löwe und Wildpferd versehene Stab aus Rentiergeweih, dessen Spitze in einen Vogelkopf, höchstwahrscheinlich den eines Schneehuhns, auslief, und der in der Höhle La Vache gefunden wurde, sowie eine knapp 30 cm lange ebenfalls mit Tierbildern gravierte Hirschgeweihsprosse aus dem oberen Magdalénien, deren Vogelkopfspitze noch vollständig erhalten ist. Cf. D. Buisson, 1990, S. 278; H. Delporte, 1990, S. 309 f.; bzw. A.-C. Welté, 1996, S. 309.
14 Cf. Harva, a. a. O., S. 490, 538 f.; K. Solov'ewa, 1999, S. 65, 68; dies., 2009, S. 44; M. V. Fedorowa, 2009, S. 162. Solche Stäbe gab es in vielen Gegenden Nord- und Zentralasiens. Cf. Y. D. Prokofyeva, 1963, S. 152 f.; W. Heissig, 1970, S. 322, 384; S. I. Wajnschtejn, 1996, S. 269, 279; Hoppál, a. a. O., S. 61. Ihr Knauf lief offenbar, bevor die Stäbe zu »Pferdestöcken« wurden, in die Köpfe von Rentieren, Hirschen und Elchen aus. Im schwedischen Nämforsen, an der baltischen Ostseeküste und am Ufer des karelischen Onega-Sees hat man zum Teil in meso- und neolithischen Gräbern geborgene Elchstäbe gefunden, auf denen höchstwahrscheinlich die Verstorbenen und die Schamanen ins Jenseits ritten, und solche Stäbe gab man auf der »Toteninsel« Oleneostrovskii Mogilnik noch in historischer Zeit den Verstorbenen mit auf die Reise. Cf. M. Zvelebil, 2004, S. 189, 194; R. Rimantienė, 2005, S. 100 ff. Vergleichbare Schamanenstäbe gab es auch in völlig anderen Kulturen, zum Beispiel bei den Magar, den Huichol oder den Küsten-Salish, deren Schamanen nach vierjähriger Lehrzeit einen Rasselstock erhielten, der oben in einen Tierkopf und unten in einen Hirschhuf auslief. Cf. M. Oppitz, 1981 a, S. 40; M. Benzi, 1972, S. 122, 142 f.; bzw. W. G. Jilek/L. Jilek-Aall, 1990, S. 26. Der germanische *gandr* war vermutlich ebenfalls ein solcher Tierstab.
15 Cf. Hoppál, a. a. O., S. 138; J. Duerr, 2010, S. 198 ff.; C. Neugebauer-Maresch, 2011, S. 26 ff. Vor ca. 60 000 Jahren wurde am Lake Mungo in Südostaustralien ein Leichnam mit rotem Ockerpulver bestreut – ein Brauch, der sich bei den Aborigines bis in unsere Zeit erhalten hat. So hatte man am Unteren Murray einen vermeintlich Verstorbenen bereits mit rotem

Ocker eingerieben und auf die Totenplattform gelegt, auf der er verwesen sollte. Doch am nächsten Tag kam er wieder zu sich und erzählte von seiner »Nahtod-Erfahrung«, die aus einer Reise ins Land der Toten bestanden hatte. Fortan hieß er »der Rote Mann«. Cf. P. Hiscock, 2002, S. 15f.; bzw. R. M. Berndt/C. H. Berndt, 1964, S. 417. Auch im Jungpaläolithikum waren die Toten häufig mit pulverisiertem Hämatit oder Goethit (Samtblende) bestreut worden, oder sie lagen wie in einer Gebärmutter von roter Erde umgeben. In Rötel gebettete Neandertaler hat man bisher anscheinend nicht gefunden, aber ein etwa 100 000 Jahre altes geschnitztes und poliertes, aus dem Backenzahn eines Mammuts herausgetrenntes Segment mit lamellenartiger Struktur, das ursprünglich mit Ocker eingefärbt war. Cf. H. Stumfohl, 1990, S. 156 ff.; D. Sacchi, 2003, S. 110; bzw. M. Kuckenburg, 2005, S. 229 f.

16 Cf. O. Seewald, 1934, S. 14; C.-S. Holdermann et al., 2001, S. 124 f.; bzw. R. Berndt/C. H. Berndt, 1946, S. 75. In der Cueva del Pendo, die sich in der Bucht von Santander befindet, grub man die Reste eines mit verschiedenen Tierdarstellungen verzierten Schwirrholzes aus dem Magdalénien aus, und im Stellmoor fand man ein am breiten unteren Ende durchbohrtes poliertes Knochenstück, das zu »singen« beginnt, wenn man es entgegen dem Uhrzeigersinn schwingt, aber nur dann. Je nachdem, wie schnell man dies tut, kann man die Tonhöhe modulieren. Das wohl älteste Schwirrholz, das man bisher gefunden hat, stammt aus dem späten Moustérien und ist etwa 36 000 Jahre alt. Cf. Gómez-Tabanera, a. a. O., S. 343; S. Corchón, 1996, S. 291; H. Wingert, 1994, S. 121 f.; bzw. Miyakawa/Kollautz, a. a. O., S. 163. Acht frühmesolithische Schwirrhölzer aus Brandenburg erzeugten nacheinander hohe und tiefe Brummtöne. Cf. B. Gramsch, 1973, S. 29 f., 78. Bei den südostaustralischen Wiradjeri legte einst der Traumzeitheroe Baiami seine »Donnerstimme« in das Schwirrholz, und bei den Aranda verwandelten sich die entsprechenden Heroen, als sie auf ihren Wanderungen müde geworden waren, in steinerne *tjurungas*. Insgesamt gesehen bestanden die meisten australischen Schwirrhölzer aus dem harten Holz des Mulgabaumes, aber die steinernen galten als nicht von Menschen hergestellt und hatten eine viel größere Kraft, doch beide waren fast immer mit rotem Ocker gefärbt. Von den Murinbata am nordwestaustralischen Joseph-Bonaparte-Golf ist überliefert, daß sie vor dem Schwirrholz eine Speerschleuder an einer Schnur umherwirbelten, die dann einen Brummton hervorbrachte. Cf. R. M. Berndt, 1947, S. 339; J. Morton, 1987, S. 109 f., 115; G. Schlatter, 1985, S. 125 ff.; bzw. W. E. H. Stanner, 1963, S. 244.

17 Cf. W. L. d'Azevedo, 1986, S. 490; Å. Hultkrantz, 1986 a, S. 632; J. Mooney, 1896, S. 974 f.; A. Métraux, 1946, S. 353; G. Hartmann, 1986, S. 195; S. Culin, 1903, S. 750. Cf. auch N. G. Munro, 1962, S. 117. Bei den Ilahita-Arapesch

sagten die Alten den Jungen bei der Initiation, der unheimliche Ton des Schwirrholzes sei nicht, wie sie bisher geglaubt hatten, die Stimme des *tambaran*-Geistes, vielmehr könnten sie ihn selber mit dem Gerät erzeugen. Und die Frauen der Elema am Golf von Papua taten nach außen hin zwar so, als glaubten sie den Männern, was diese ihnen über den Ursprung der »Stimme« der mit rotem Ocker bemalten Schwirrhölzer erzählten. Doch als ein Mann einmal eine der Frauen fragte, ob sie denn keine Angst vor dem Brummen habe, sagte diese: »Ach komm, ich weiß doch, daß es nur ein Stück Holz ist!« Cf. D. F. Tuzin, 1998, S. 339 ff.; bzw. F. E. Williams, 1977, S. 81, 97 ff.

18 Cf. H. P. Duerr, 1984, S. 65; É. Lot-Falck, 1961, S. 28; E. Mader, 2002, S. 79 f.; Hoppál, a. a. O., S. 26. Die Jäger der Kxoe-Buschleute am Okavango erbaten sich mit Hilfe des Musikbogens das Jagdwild von der Herrin der Tiere (cf. O. Köhler, 1973, S. 228 ff.), wozu die Buschleute in Angola den gewöhnlichen Jagdbogen benutzten. Cf. D. F. Bleek, 1928, S. 120 f. Selbst diejenigen, die bei den Kalahari-Buschleuten unmittelbar neben dem Spieler saßen, hörten nur ein leises Summen, aber er selber vernahm ein dröhnendes Geräusch, das ihn nach einer Weile in Trance versetzte. Cf. S. Passarge, 1907, S. 96.

19 Cf. J. Duerr, 2010, S. 119, 121; O. Zerries, 1964, S. 104 f.; I. Paulsen, 1962, S. 77; H. Bégouën/H. Breuil, 1958, S. 86; E. Probst, 1991, S. 100; J.-P. Duhard, 1996, S. 80; J. Ozols, 1975, S. 15 f.; H. P. Duerr, 1984, S. 305 f.; A. Friedrich, 1943, S. 201, 217; bzw. M. Eliade, 1978 a, S. 29; D. Johanson/B. Edgar, 1998, S. 239; M. N. Haidle, 2005, S. 103; J. J. Shea, 2010, S. 133; G. Bosinski, 1985, S. 46; A. Defleur, 1993, S. 144 f.; B. Vandermeersch, 1972, S. 52 f.; ders., 1990, S. 84; P. Baumann, 2013, S. 175; A.-M. Tillier, 2008, S. 5; H. de Lumley, 2009, S. 20; bzw. J. M. Renfrew, 2009, S. 52; P. Mellars, 1994, S. 66; A. Rust, 1974, S. 115 f. Um 12 000 v. Chr. wurden am Fuß einer Basaltklippe am Rhein in der Nähe der heutigen Stadt Bonn ein etwa fünfzigjähriger Mann und eine junge, etwa zwanzig Jahre alte Frau der frühen Federmesserkultur während der Bestattung mit pulverisiertem Hämatit bestreut. Die Beigaben bestanden aus einem ca. 20 cm langen geglätteten Knochenstab, dessen Spitze in einen Hirschkopf ausläuft, sowie einer unvollständig erhaltenen Geweihsculptur eines Tieres, und zwar wahrscheinlich der eines Hirsches. Cf. G. Bosinski, 1982, S. 42; ders., 1983, S. 56; T. Terberger, 2003, S. 90 f.; J. Orschiedt/T. Terberger, 2011, S. 30.

20 Cf. G. Clark, 1975, S. 64; ders., 1980, S. 45; C. Smith, 1992, S. 66; R. Schloeth, 1988, S. 180 f.; W. Herre, 1955, S. 17. Auch während ihres Aufenthaltes in den Winterquartieren unternahmen die Rothirsche immer wieder Wanderungen zur Erkundung neuer Weidegebiete, wobei sie Strecken von über hundert Kilometern zurücklegten. Im Frühsommer vertrieben zudem die in der warmen, feuchten Tundraluft ausschwärmenden

Mücken, Bremsen und Dasselfliegen die Hirsche und Rentiere, die daraufhin an die Ränder der alpinen Gletscher wanderten. Diese begannen nämlich abzuschmelzen und den Moränenboden freizulegen, auf dem eine reichere Vegetation wuchs und wo es weniger stechende und beißende Insekten gab, weil sie vom Wind weggeblasen wurden. Cf. W. v. Königswald/J. Hahn, 1981, S. 74; V. Geist/L. Baskin, 1988, S. 244; B. Hoare, 2009, S. 45; E. Astor et al., 2008, S. 125; S. Fischer-Liebmann, 1969, S. 14.

21 Cf. M. Ruspoli, 1998, S. 45, 49; B. Delluc/G. Delluc, 1984, S. 63f.; G. Rietschel, 1982, S. 10; J. Clottes/J. Courtin, 1995, S. 115; bzw. K. V. Boyle, 1990, S. 273; E. Cziesla, 1992, S. 47. Die These von der »Herauslösung« der Jagdtiere aus den Kulthöhlen habe ich an anderer Stelle entwickelt. Cf. H. P. Duerr, 1984, S. 48 ff.

22 Cf. M. Porr, 2004, S. 11f.; Cziesla, a.a.O., S. 55; ders., 1992a, S. 256f.; M. Street, 1992, S. 430f.; J.G.D. Clark, 1954, S. 169f.; L. Bevan, 2003, S. 35f.; C.J. Conneller, 2003, S. 83; R. Chatterton, 2003, S. 69f., 73; bzw. A.B. Bubenik, 1988, S. 128f. Auch sehr viel später gab es noch winterliche Hirschrituale wie diejenigen, die mit großer Wahrscheinlichkeit im frühen Mesolithikum in Star Carr stattfanden. So untersagte im 6. Jahrhundert der hl. Hilarius den Brauch, bei dem man im Januar in bestimmten Gegenden des Languedoc mit »Hirschköpfen« umherlief, ein Verbot, das im 8. Jahrhundert der hl. Pirmin wiederholte. In einem Grab aus dem 6. Jahrhundert in der Gegend nördlich von Kaufbeuren fand man eine silberne Gürtelschnalle, auf der *aigil andi aïlrun/lthu gasokun* steht, »Aigil und Ailrun verurteilen die Hirsche«, was offenbar bedeutete, daß mit diesen Worten ein Paar einem Hirschpaarungskult abschwor. Auf ein solches Ritual bezieht sich gewiß auch ein wohl aus dem 9. Jahrhundert stammendes, vermutlich in St. Gallen niedergeschriebenes Gedicht, in dem es heißt: *Hirez runeta hintun in daz ora, uuiltu noh, hinta?*, »Der Hirsch raunte der Hindin in die Lauscher: Willst du noch, Hindin?« Offenbar flüsterte ein als Hirsch verkleideter Mann diese Worte einer Frau in Hirschkleidung ins Ohr. Cf. J. de Vries, 1961, S. 173f.; M. Rumpf, 1997, S. 120, 141ff.; K. Düwel, 1997, S. 495; F.v.d. Leyen, 1938, S. 22; K.T. Weigel, 1939, S. 315. Vermummte mit Hirschgeweihen und Hirschohren traten noch im vergangenen Jahrhundert bei der Fastnacht im oberbayrischen Werdenfelder Land auf, und ich selber habe noch im Jahre 1977 in der Steiermark Perchtenläufer gesehen, die Hirschgeweihe auf dem Kopf trugen. Cf. A. Spamer, 1936, S. 24; K.T. Weigel, 1943, S. 90. Beim »Horn Dance«, der im frühen 17. Jahrhundert in Abbots Bromley, Staffordshire, in den Zwölften, d.h. zwischen den Jahren, stattfand, hielten die Tänzer hölzerne »Rein deer heads« so vor sich, daß es aussah, als seien sie ihre Köpfe. In ihnen steckten die Geweihe von Rentieren, die offenbar im 11. Jahrhundert entweder aus Skandinavien oder aus dem schottischen Hochland importiert worden

waren, denn es heißt, daß dort noch in der Frühen Neuzeit die arktischen Hirsche gelebt hätten und sogar während der »kleinen Eiszeit« im 17. Jahrhundert bis nach Nordengland gewandert seien. Wie ein Beobachter berichtete, liefen die Geweihtänzer 20 Meilen durch das Kirchspiel, wobei sie vor jedem Haus und Bauernhof tanzten, was den Bewohnern Segen und Fruchtbarkeit brachte. Cf. R. Hutton, 1997, S. 90f.; C. Hole, 1995, S. 153f.; bzw. J. M. Coles/E. S. Higgs, 1969, S. 49.

23 Cf. E. Schuldt, 1961, S. 130; J. K. Kozlowski, 1992, S. 180f.; J.-G. Rozoy, 1978, S. 781, 1123, Pl. 221; S. E. Albrethsen/E. B. Petersen, 1975, S. 35, 51; E. B. Petersen, 1990, S. 123; N. D. Broadbent et al., 2000, S. 190; J. M. Grünberg, 2000, S. 156f. Skelette oder Geweihe von Hirschen fand man auch in neolithischen Gräbern in Lothringen, Polen, Rußland, auf der Krim und in vielen anderen Gegenden Europas. Cf. A. Jockenhövel/B. Knoche, 2003, S. 197; H. Behrens, 1964, S. 63. Wahrscheinlich stellten die sardischen Bronzeboote mit Hirschköpfen am Bug, die man von der Mittleren Bronze- bis zur Frühen Eisenzeit den Verstorbenen mit ins Grab gab (cf. J. Thimme, 1983, S. 36, 43f.; G. Lilliu, 1999, S. 205; F. Lo Schiavo, 2000, S. 155) eine Kombination von Schiff und Hirsch dar, die den Toten ins Jenseits beförderte.

24 Cf. P. Détev, 1983, S. 282f.; O. Almgren, 1934, S. 100f.; P. Gelling/ H. E. Davidson, 1969, S. 92f.; Þiðrekssaga CCLXVIII; A. Becker, 1936, S. 147; W. Heizmann, 1999, S. 597; A. F. Anisimov, 1981, S. 19f. Im Sólarljóð 55 heißt es: »Ich sah den Sonnenhirsch (*sólar hjǫrtr*) aus dem Süden kommen, / getrieben von zweien gemeinsam (*tveir saman*). / Seine Füße standen auf der Erde, / sein Geweih reichte bis zum Himmel (*en tóku horns til himins*).« Nach einer karelischen Überlieferung läuft der Hirsch mit dem goldenen Geweih auf dem Pfad der Sonne durch das »Innere der Mutter Erde«, was er auch bei den Wogulen tat, die ihn »Glänzendes-heiliges-Tier-am-Himmel« nannten. Der ungarische Wunderhirsch Csodaszarvas (»der Wundergehörnte«), der das Abbild der Sonne auf der Stirn trug, beförderte nicht nur die Sonne, sondern entführte auch Menschen ins Totenreich. Und im ossetischen Epos der »Narten« verfolgt der Held Soslan eine Hindin mit goldenem Fell, die aber in Wirklichkeit die schöne Sonnentochter Acyruch ist, die ihn in das Totenland lockt. Cf. Goran, a. a. O., S. 89; K. F. Karjalainen, 1927, S. 20f.; A. Makkai, 2000, S. XVI; M. de Ferdinandy, 1973, S. 226; bzw. A. Sikojev, 1985, S. 110ff.; J. Belan, 1993, S. 118. Cf. auch M. Ksica/O. Ksiková, 1994, S. 235; A. P. Oklacnikow, 1972, S. 12f.; ders., 1979, S. 14f., 33. Auch die slowakischen und südslawischen Vilen ritten auf Hirschen vom Jenseits ins Diesseits und wieder zurück. Cf. N. Reiter, 1973, S. 204.

25 Cf. M. Green, 1992, S. 47f., 167f.; J. Bárta, 1958, S. 351; de Vries, a. a. O., S. 173; J. Markale, 1984, S. 126f., 134; J. F. Nagy, 1981, S. 302f.; A. Ross, 1967, S. 335; U. Schwab, 2003, S. 459. Aus den Beigaben in den latènezeitlichen

Gräbern Ostfrankreichs und Luxemburgs geht hervor, daß der Hirsch ebenso der Totenbegleiter war wie in christlicher Zeit, in der er in dieser Funktion auf Friedhöfen dargestellt wurde, zum Beispiel in Mount Stewart Gardens in Irland. Cf. J. Mackillop, 1998, S. 346; bzw. W.-R. Teegen, 2002, S. 30 f. In abgelegenen Gegenden Irlands war Oisín noch vor fünfzig Jahren eine volkstümliche Figur (cf. J. C. Messenger, 1969, S. 98), und im schottischen Hochland ist noch immer die Vorstellung verbreitet, die schon die keltischen Lusitani hatten, daß nämlich die weiße Hindin, die im Grunde eine feenartige Frau ist, die Männer in das Reich »de faerie« lockt, wie es im *Roman de Perceforest* heißt. Solche oder ähnliche Anschauungen gab es in den verschiedensten Kulturen. So existierte eine Überlieferung, daß Óðinn von einem Hirsch, der einen Goldring trug und bei den Wikingern der Totengeleiter war, in das Reich der Hulda geführt wurde, und auch bei den nepalesischen Gurung führt der Hirsch mit dem goldenen Geweih den Jäger in die Unterwelt. In einem georgischen Märchen entführt das Tier die »schöne Helena«, in die es sich verliebt hat, ebenfalls dorthin, während auf einem Steinrelief aus dem 11. Jahrhundert, das sich am Portal von San Zeno in Verona befindet, Dietrich von Bern von einem Hirsch zum Tor der Hölle gelockt wird, wo der Teufel bereits auf ihn wartet. Den Volksglauben von Dietrichs Ritt in die Unterwelt erwähnt auch Otto von Freising in seiner um 1145 niedergeschriebenen Chronik, und entsprechend verlautet die spätmittelalterliche *Tütsche Cronica*, der Recke »sye vff dem pferd siczend lebendig in die hell gerant«, aus der er aber dereinst zurückkehre. Cf. D. Rankin, 1987, S. 179; K. Briggs, 2012, S. 94; C. Ferlampin-Archer, 2002, S. 267; E. H. Meyer, 1891, S. 109, 246; V. Kellermann, 1938, S. 18 f.; A. Golan, 2003, S. 95; bzw. J. M. Ritz, 1927, S. 165; J. L. Flood, 1999, S. 589 f.

26 Cf. H. P. Duerr, 2011, S. 500, Abb. 277; bzw. M. Green, 1994, S. 119. Keltische Stämme, die nach Südengland auswanderten, brachten Cernunnos offenbar auf die Insel, wie eine Silbermünze der Belgae Remi mit dem Bild des Gottes es zeigt, die um 20 n. Chr. in Hampshire geprägt wurde. Zwischen den beiden Geweihstangen befindet sich ein Sonnenrad. Im heutigen Niederösterreich hatten die dort lebenden Kelten die Geweihstangen eines Zehnenders so zugeschnitten, daß sie in den Kopf einer Gottesfigurine passten. Unter den entsprechenden Gravierungen im Val Camonica, die zum Teil dem Meso- und Neolithikum zugeordnet werden, befinden sich die eines »Cernunnos« aus dem frühen 4. Jahrhundert v. Chr. und eines männlichen Wesens mit einer gewaltigen Erektion, das auf einem Hirsch reitet. Cernunnos' Name, dessen Übersetzung mit »der Gehörnte« von de Vries (a. a. O., S. 105 f.) abgelehnt wird, weil »Horn« auf keltisch nicht *cerno*, sondern *carno* heißt – er selber hält den Namen für vorindogermanisch –, wurde allem Anschein nach auch mit Esus, dem Gott mit den

Hirschohren, identifiziert, dessen im 1. Jahrhundert n. Chr. im Flüßchen Juine südlich von Paris versenkte Bronzestatue einen goldenen Torques um den Hals trägt, während seine Beine in Hirschhufen zu enden scheinen. Auf dem Gundestrup-Kessel ist in der Nähe von Cernunnos ein Mann auf einem Delphin zu sehen, der offenbar den Verstorbenen zur Insel der Seligen bringt. Cf. P. B. Ellis, 2003, S. 161; V. Holzer, 2008, S. 131; A. Priuli, 1992, Nr. 133 & 137; L. Bevan, 2006, S. 97f.; E. Anati, 1960, S. 51, 104; bzw. J.-J. Hatt, 1980, S. 60ff.; L. Pauli, 1980, S. 204.

27 Dieser Hirsch ist keltischen und nicht germanischen Ursprungs, und er brachte zum Ausdruck, daß der angelsächsische König *bretwalda*, »Herrscher Britanniens«, war, also auch der Gebieter der unterworfenen keltischen Briten, die nicht nach Westen oder nach Norden geflohen waren. Cf. C. Green, 1963, S. 66; R. Bruce-Mitford, 1978, S. 371, 375; C. Hills, 1980, S. 72f.; J. Amstadt, 1991, S. 61; M. J. Enright, 2006, S. 49f.

28 Cf. Duerr, a. a. O., S. 507, Abb. 280; Pindar: Olympische Oden III. 27ff.; Apollodoros II. 81; Plinius VIII. 119. Auf einer griechischen Brustplatte aus Silber, die in einem Kurgan im Kubangebiet nördlich der westlichen Ausläufer des Kaukasus gefunden wurde, trägt die ihr Kalb säugende Hirschkuh ein ausladendes Geweih, weshalb sie für ein Rentier gehalten wurde. Cf. J. Wiesner, 1973, S. 74. Diese Deutung ist jedoch nicht zwingend, ja nicht einmal wahrscheinlich, denn gelegentlich tragen auch Rothirschkühe ein Geweih. Cf. C. J. Conneller, 2011, S. 60. Vermutlich wurden solche Hindinnen für übernatürliche, jenseitige Wesen gehalten, wie aus einer altfranzösischen Erzählung hervorgeht, in der ein Ritter namens Guigemar eine Hirschkuh mit einem Geweih und ihr Kalb stellt. Er schießt einen Pfeil auf sie ab, der jedoch wie ein Bumerang umkehrt und seinen Schädel durchbohrt. Auch in der armorikanischen Erzählung *Roi Marc'h* verfolgt der König eine solche Hindin bis zur Bucht von Douarnenez in Finistère, wo er auf sie schießt, aber der Pfeil wendet sich und trifft sein Pferd ins Herz. Er will das Tier daraufhin mit dem Hirschfänger töten, doch da verwandelt sie sich in eine wunderschöne junge Frau, die vor ihm ihr goldenes Haar kämmt. Cf. P. Gallais, 1992, S. 61f.

29 Cf. Dr. Losch, 1899, S. 262; V. Kellermann, 1940, S. 133; C. Rager, 2003, S. 89, 133; W.-E. Peuckert, 1931, Sp. 93, 102. Die Langobarden, Bajuwaren und die Franken der Merowingerzeit legten den Verstorbenen häufig Hirschgeweihe oder komplette Rothirsche ins Grab, und auf dem langobardischen Fürstensarg von Civezzano befinden sich zwei eiserne Hirschköpfe mit ausladendem Geweih. Auch die Sargdecke der Merowingerkönige bestand aus einer Hirschhaut. Cf. H. Steuer, 1999, S. 591ff.; bzw. R. Wolfram, 1968, S. 73f.; F. Liebig, 1958, S. 168. Seit ungefähr 1000 v. Chr. errichteten vor allem die Mongolen auf den Gräbern sogenannte »Hirschsteine« (*olenniye kamni*), hohe Stelen mit Hirschdarstel-

lungen im Basrelief. Cf. V. V. Volkov, 1995, S. 324 ff.; N. A. Bokovenko, 1995, S. 271 f.
30 Cf. J. D. Keyser/M. A. Klassen, 2001, S. 81 f.; S. A. Turpin/H. H. Eling, 2014, S. 189; J. H. Howard, 1984, S. 138; S. J. Fiedel, 1987, S. 72; B. M. Fagan, 1993, S. 404; W. W. Newcomb, 2001, S. 558; R. E. Schultes/A. Hofmann, 1980, S. 57, 74; bzw. C. E. Boyd, 1998, S. 243, 236 f.; C. Lumholtz, 1903, S. 45; P. T. Furst, 1972, S. 148 ff.; B. G. Myerhoff, 1974, S. 112 ff.; W. B. Murray, 2014, S. 195; E. Seler, 1923, S. 541; W. Andritzky, 1989, S. 59. Sowohl bei den präkolumbischen Maya als auch bei den Pueblo-Indianern trug der Hirsch die Sonne am Abend in die Unterwelt, und die Maya vollzogen in den Höhlen, die dorthin führten, Regenerierungsrituale, in denen Hirsche die zentrale Rolle spielten, die als Kälber von den Frauen gesäugt und großgezogen worden waren. Sagten die Kutchin, die Karibus hätten ein »menschliches Herz«, weshalb sie einander so gut verstünden, waren für die Desana Tausende von Kilometern weiter südlich die Hirsche »fast wie die Menschen«, und wie diese konnten sie auch sprechen. Die Desana hatten auch ein großes sexuelles Interesse an den Hirschen und Hirschkühen, und die Jäger erregten sich beim Betrachten ihrer Genitalien. Die Matsigenka waren davon überzeugt, daß die Hirsche sich in Männer verwandeln konnten und dann Frauen verführten, die sie aber bisweilen dabei mit ihren gewaltigen Penissen töteten. Entsprechend verwandelten sich die Frauen nach ihrem Tod in Hirschkühe und gingen in die Pflanzungen, um dort auf Männer zu lauern. Cf. M. Thompson, 1994, S. 97; K. F. Emery, 2004, S. 105 ff.; R. J. Muir/J. C. Driver, 2004, S. 131; R. Slobodin, 1984, S. 526; G. Reichel-Dolmatoff, 1971, S. 205, 225; bzw. G. Baer, 1984, S. 184 f.; A. Johnson, 2003, S. 95, 205 f. Bei den Maya hatte der Weißschwanzhirsch (*Odocoilus americana*) einen großen Sexappeal, der den chichimekischen Jagdgott Mixcóatl veranlaßte, eine solche Hirschkuh zu bespringen, die daraufhin den Quetzalcóatl zur Welt brachte. Und die Lakota stellten einst bestimmte Flöten her, die demjenigen, der auf ihnen spielte, die »Macht des Wapitihirsches« verlieh, die darin bestand, daß die jungen Mädchen zu ihm unter die Decke krochen. Entsprechend tadelte schon Caesarius von Arles das *cervulum facere* als eine *sordissima turpitudo*, die Regino von Prüm mit einer dreijährigen Buße bestrafte. Cf. M. E. Miller/K. Taube, 1993, S. 75; M. Crow Dog/R. Erdoes, 1992, S. 9; J. Rice, 1992, S. 73; bzw. Heizmann, a. a. O., S. 600; Regino v. Prüm: *De synodalibus causis et disciplinis ecclesiasticis* I. 304 = ders., 2004, S. 164.
31 Cf. D. Riboli, 2000, S. 117; B. O. Dolgikh, 1978, S. 345; S. Wajnsztejn, 1996, S. 269 ff.; E. Emsheimer, 1941, S. 118 f.; Y. D. Prokofyeva, 1963, S. 131 f.; I. Antanaitis, 1997, S. 155; de Ferdinandy, a. a. O., S. 248 f., 241; A. R. Em, 1937, S. 51; bzw. E. Manker, 1968, S. 32; H. v. Sicard 1971, S. 243. Vermutlich brachte auch bei den Skythen, deren Vorfahren aus den Waldsteppen Zen-

tralasiens stammten, ein Hirsch sowohl die Seele des Schamanen als auch die des Verstorbenen ins Jenseits. Weit verbreitet war in Sibirien die Vorstellung, daß die Schamanen von einer Frau abstammten, die von einem Hirsch oder Renbullen geschwängert worden war, und daß sie deshalb auch über die Fähigkeiten dieser Tiere verfügten. Dazu gehörte auch die, Wege durch die Wildnis oder Furten über reißende Ströme zu erschließen. So heißt es in der im 13. Jahrhundert aufgezeichneten Ursprungslegende der Ungarn, eines Tages seien die in der Steppe wandernden Urahnen Hunor und Magor (Hunne und Magyare) von einer Hindin durch die Maiotischen »Moorbrüche« am Asowschen Meer von Asien nach Europa geführt worden, und im frühen 11. Jahrhundert teilte der Chronist Thietmar von Merseburg mit, eine Hirschkuh habe den Franken die Stelle gezeigt, wo sie gefahrlos den Main durchschreiten konnten, und dort hätten sie auch den merowingischen Königshof gegründet, aus dem sich die Stadt Franconofurd entwickelte. Cf. T. T. Rice, 1957, S. 158; W. Rätzel, 1974, S. 17 f.; E. Jacobson, 1993, S. 175; bzw. F. Altheim, 1969, S. 235 f.; G. Laszlo, 1974, S. 103; L. Franz, 2009, S. 265 f.

32 Cf. I. Motzenbäcker, 1996, S. 137; F. Flor, 1930, S. 142 f.; K. Jettmar, 1964, S. 108; B. Piotrovsky, 1975, S. 23; E. D. Phillips, 1965, S. 79; R. Rolle, 1992, S. 341; H. Parzinger, 2004, S. 48; H. R. E. Davidson, 1967, S. 57, 104; bzw. R. N. Hamayon, 2009, S. 73; U. Harva, 1938, S. 513 f.; T. Sem, 1999, S. 34; A. Alekseenko, 1978, S. 242; I. Dienes, 1976, S. 87; A. Kollautz, 1955, S. 63; G. Bosinski, 1999, S. 165; M. Hoppál, 2002, S. 109 ff.; I. A. Karapetova, 2009, S. 149; S. M. Schirokogoroff, 1929, S. 36; ders, 1935, S. 289. Die aus Hirschleder hergestellten Schamanenstiefel hießen bei den Nganasanen *där*, »Beinhäute«, und auf ihnen waren mit roter Farbe die Beinknochen und Hufe des Rens oder des Hirsches dargestellt. Cf. G. N. Gračeva, 1978, S. 323. Vielleicht stellte das Höhlenbild des »Zauberers« von Les Trois Frères einen paläolithischen Schamanen mit einer ähnlichen Bemalung dar.

Anmerkungen zu Anhang II

1 Cf. P. Loptson, 1998, S. 146 f.
2 Cf. B. Williams, 1973, S. 100; J. F. Rosenberg, 1983, S. 201; T. May, 2009, S. 70 ff., 95; S. Cave, 2012, S. 317; J.-C. Wolf, 2012, S. 7; bzw. W. Ostwald, 1911, S. 183.
3 Cf. T. Hürter, 2013, S. 138; bzw. F. H. Davis, 1989, S. 375.

Bibliographie

Abanes, R.: »Review of ›Raising the Dead‹«, *Journal of Near-Death Studies* 1996.
Abel, G. G. et al.: »Women's Vaginal Responses During REM Sleep«, *Journal of Sex & Marital Therapy* 1979.
Aberle, D. F.: *The Peyote Religion Among the Navaho*, Chicago 1982.
Abram, D.: *Im Bann der sinnlichen Natur*, Klein Jasedow 2012.
Adams, G. W.: *Vision in Late Medieval England*, Leiden 2007.
Adler, S. R.: »Terror in Transition: Hmong Folk Belief in America« in *Out of the Ordinary*, ed. B. Walker, Logan 1995.
Aggarwal, R.: »Ritual Space and the Politics of Location in an Indo-Himalayan Border Village«, *American Ethnologist* 2001.
Aguwa, J. C. U.: »Agwu Possession«, *Paideuma* 1993.
Ahlgren, G. T. W.: *Teresa of Avila and the Politics of Sanctity*, Ithaca 1996.
Aichelin, H.: »Der Tod parapsychologisch« in *Tod und Sterben*, ed. H. G. Pöhlmann, Gütersloh 1978.
Aichinger, W.: »Sinne und Geschlecht bei Francesco Eiximenis«, *Mediaevistik* 2004.
Åkerberg, H.: »The Unio Mystica of Teresa of Avila« in *Religious Ecstasy*, ed. N. G. Holm, Stockholm 1982.
Albers, P./S. Parker: »The Plains Vision Experience«, *Southwestern Journal of Anthropology* 1971.
Albrecht, C.: *Psychologie des mystischen Bewußtseins*, Bremen 1951.
Albrethsen, S. E./E. B. Petersen: *Gravene på Bøgebakken, Vedbæk*, Nærum 1975.
Aldridge-Morris, R.: *Multiple Personality*, Hove 1989.
Alekseenko, A.: »Categories of Ket Shamans« in *Shamanism in Siberia*, ed. V. Diószegi/M. Hoppál, Budapest 1978.
Alekseev, N. A.: »Croyances et rites de chasse yakoutes«, *L'Ethnographie* 1977.
–: »Helping Spirits of the Siberian Turks« in *Shamanism in Eurasia*, ed. M. Hoppál, Göttingen 1984.
–: *Schamanismus der Türken Sibiriens*, Hamburg 1987.
–: »Shamans and Their Religious Practices« in *Shamanic Worlds*, ed. M. M. Balzer, Armonk 1997.
Alexander, E.: *Proof of Heaven*, London 2012.
Alexander, H. B.: *North American Mythology*, New York 1916.
Alexander, P.: *The Mystical Texts*, London 2006.
Alexander, S.: *Space, Time and Deity*, Bd. II, London 1927.

Alkier, S.: *Wunder und Wirklichkeit in den Briefen des Apostels Paulus*, Tübingen 2001.
Allart, D.: »Jan Mostaert« in *Le dictionnaire des peintres belges*, ed. E. De Wilde et al., Bruxelles 1995.
Allione, T.: *Tibets weise Frauen*, Berlin 2001.
Alloy, L. B. et al.: *Abnormal Psychology*, New York 1996.
Almgren, O.: *Nordische Felszeichnungen als religiöse Urkunden*, Frankfurt/M. 1934.
Altavilla, E.: *Forensische Psychologie*, Bd. I, Graz 1955.
Altheim, F.: *Geschichte der Hunnen*, Bd. I, Berlin 1969.
Altschuler, E. L./V. S. Ramachandran: »A Simple Method to Stand Outside Oneself«, *Perception* 2007.
Alvarado, C. S.: »Out-of-Body Experiences« in *Varieties of Anomalous Experience*, ed. E. Cardeña et al., Washington 2000.
–: »Features of Out-of-Body Experiences in Relation to Perceived Closeness to Death«, *Journal of Nervous and Mental Disease* 2001.
Amadou, R.: *Das Zwischenreich*, Baden-Baden 1957.
Amant, S. S.: *Faith by Demonstration*, Ann Arbor 2003.
v. Amira, K: *Die germanischen Todesstrafen*, München 1922.
Amrhein, C.: »›Ich bin der dort drüben!‹«, *Psychologie heute* 3, 2011.
Amstadt, J.: *Südgermanische Religion seit der Völkerwanderungszeit*, Stuttgart 1991.
Anagnostou-Laoutides, E.: »The Death of Daphnis« in *Cult and Death*, ed. D.-C. Naoum et al., Oxford 2004.
Anati, E.: *La Grande Roche de Naquane*, Paris 1960.
–: »World Rock Art: The Primordial Language«, *Bolletino del Centro Camuno di Studi Preistorici* 1993.
Anbeh, T.: *Psychologische Aspekte einer Intensivstation*, Augsburg 2000.
Anders, F.: *Das Pantheon der Maya*, Graz 1963.
Andersen, S.: »Schamanentum in Ostgrönland«, *Ethnomedizin* 1975.
Anderson, W. L.: *The Discernment of Spirits*, Tübingen 2011.
André, C.: *Die Laune der Seele*, Berlin 2010.
André, C./F. Lelord: *Die Macht der Emotionen*, Leipzig 2002.
Andres, F.: »Die Himmelsreise der caraïbischen Medizinmänner«, *Zeitschrift für Ethnologie* 1938.
Andresen, J.: »Meditation Meets Behavioural Medicine«, *Journal of Consciousness Studies* 2000.
Andritzky, W.: *Schamanismus und rituelles Heilen im Alten Peru*, Berlin 1989.
–: *Traditionelle Psychotherapie und Schamanismus in Peru*, Berlin 1999.
Angela v. Foligno: *Zwischen den Abgründen*, ed. B. Widmer, Einsiedeln 1955.
Angenendt, A.: *Geschichte der Religiosität in Mittelalter*, Darmstadt 2009.

Anisimov, A. F.: »Cosmological Concepts of the Peoples of the North« in *Studies in Siberian Shamanism*, ed. H. N. Michael, Toronto 1963.
–: »The Shaman's Tent of the Evenks and the Origins of the Shamanistic Rite« in *Studies in Siberian Shamanism*, ed. H. N. Michael, Toronto 1963 a.
–: *Kosmologische Vorstellungen der Völker Nordasiens*, Hamburg 1981.
Ankarloo, B.: *Trolldoms processerna i Sverige*, Stockholm 1984.
Anonymus: *Das Leben der hl. Elisabeth*, ed. M. Lemmer, Graz 1982.
Anonymus: *Märchen aus Ungarn, Polen und der Slowakei*, Ratingen 1994.
Anscombe, G. E. M.: *Human Life, Action and Ethics*, Exeter 2005.
Antanaitis, I.: »An Archaeomythological Approach to the Meaning of Some East Baltic Neolithic Symbols« in *From the Realm of the Ancestors*, ed. J. Marler, Manchester 1997.
Appleyard, B.: *Das Ende der Sterblichkeit*, Heidelberg 2008.
Apter, M.: *Im Rausch der Gefahr*, München 1994.
d'Aquili, E./A. B. Newberg: *The Mystical Mind*, Minneapolis 1999.
Ara, M.: *Eschatology in the Indo-Iranian Traditions*, New York 2008.
Ardila, A.: »Scopolamine Intoxication as a Model of Transient Global Amnesia«, *Brain and Cognition* 1991.
Argyle, M.: *Psychology and Religion*, London 2000.
Ariès, P.: *Geschichte des Todes*, München 1980.
Arima, E. Y.: »Caribou Eskimo« in *Handbook of North American Indians*, Bd. 5, ed. D. Damas, Washington 1984.
Arsenjew, W. K.: *In der Wildnis Ostsibiriens*, Bd. II, Berlin 1924.
Arzy, S. et al.: »Speaking With One's Self«, *Journal of Consciousness Studies* 2005.
Asaad, G.: *Hallucinations in Clinical Psychiatry*, New York 1990.
Asaad, G./B. Shapiro: »Hallucinations«, *American Journal of Psychiatry* 1986.
Asboe, W.: »Disposal of the Dead in Tibet«, *Man* 1932.
Asma, S. T.: *On Monsters*, Oxford 2009.
Astor, E. et al.: *Polargebiete*, Gütersloh 2008.
Atai, J.: *Kokainliteratur in der Zwischenkriegszeit*, Frankfurt/M. 2008.
Athappily, G. et al.: »Do Prevailing Social Models Influence Reports of Near-Death Experiences?«, *Journal of Nervous and Mental Disease* 2006.
Atwater, P. M. H.: »Nachwort« in B. R. Romer: *Der verkleidete Segen*, Goch 2004.
–: *Near-Death Experiences*, Charlottesville 2011.
Atwater, P. M. H./D. H. Morgan: *Near Death Experiences*, Indianapolis 2000.
Aubrun, M. »Caractères et portée religieuse et sociale des ›Visiones‹ en occident du VIe au XIe siècle«, *Cahiers de Civilisation Médiévale* 1980.
Auffarth, C.: »Paradise Now – But for the Wall Between« in *Paradise Interpreted*, ed. G. P. Luttikhuizen, Leiden 1999.
Augustine, K.: »Does Paranormal Perception Occur in Near-Death Experiences«, *Journal of Near-Death Studies* 2007.

–: »Near-Death Experiences With Hallucinatory Features«, *Journal of Near-Death Studies* 2007a.
Austerlitz, R.: »The Etymon of *qas* (›Drum‹)« in *Shamanism in Eurasia*, ed. M. Hoppál, Göttingen 1984.
Austin, J. H.: *Zen and the Brain*, Cambridge 1999.
Austin, J. L.: *Sinn und Sinneserfahrung*, Stuttgart 1975.
Avery, C.: *Bernini*, München 1998.
Ayer, A. J.: »What I Saw When I Was Dead«, *National Review*, 14. Oktober 1988.
–: *The Meaning of Life*, London 1990.
d'Azevedo, W. L.: »Washoe« in *Handbook of North American Indians*, Bd. 11, ed. W. L. d'Azevedo, Washington 1986.
Azima, H. et al.: »Observations on Anaclitic Therapy During Sensory Deprivation« in *Sensory Deprivation*, ed. P. Solomon et al., Cambridge 1961.

Baales, M.: »Das Schneehuhn – ein begehrtes Jagdtier im Spätpleistozän?«, *Archäologische Informationen* 1989.
Babendererde, C.: *Sterben, Tod, Begräbnis und Liturgisches Gedächtnis bei weltlichen Reichsfürsten des Spätmittelalters*, Ostfildern 2006.
Bache, C. M.: »A Perinatal Interpretation of Frightening Near-Death Experiences«, *Journal of Near-Death Studies* 1994.
Badham, P.: »Near Death Experiences« in *A New Dictionary of Religions*, ed. J. R. Hinnells, Oxford 1995.
–: »The Soul« in *Encyclopedia of Cremation*, ed. D. J. Davies/L. H. Mates, Aldershot 2005.
Bäckman, L.: »The *Noajdi* and His Ecstasy« in *Religious Ecstasy*, ed. N. G. Holm, Stockholm 1982.
Bäckman, L./Å. Hultkrantz: *Studies in Lapp Shamanism*, Stockholm 1978.
Baer, G.: »Ein besonderes Merkmal der südamerikanischen Schamanen«, *Zeitschrift für Ethnologie* 1969.
–: *Die Religion der Matsigenka*, Basel 1984.
Bäumer, A.: *Wisse die Wege*, Frankfurt/M. 1988.
–: »Peruanische Ayahuasca-Sitzungen« in *Ethnopsychiatrie*, ed. A. Dittrich/C. Scharfstetter, Stuttgart 1987.
Bahn, P. G.: »An Assessment of the Misuse of Shamanism in Rock Art Studies« in *The Concept of Shamanism*, ed. H. P. Francfort et al., Budapest 2001.
Baier, K.: »Buddhistische Entsprechungen zum christlichen Auferstehungsglauben« in *Die Spannweite des Daseins*, ed. K. Baier/M. Riedenauer, Göttingen 2011.
Baier, L.: *Die große Ketzerei*, Berlin 1991.
Baier, M.: »Das Totenritual der Tumon-Dayak«, *Tribus* 1999.

Bailey, L. W.: »The Near-Death Experience and Tibetan Delogs«, *Journal of Near-Death Studies* 2001.
Bailey, M. D.: »Clerical Conceptions of Magic in the Later Middle Ages«, *Speculum* 2001.
–: *Battling Demons*, University Park 2003.
Baldinucci, F.: *Vita des Gio. Lorenzo Bernini*, ed. A. Riegl, Wien 1912.
Balikci, A.: »Shamanistic Behavior Among the Netsilik Eskimos«, *Southwestern Journal of Anthropology* 1963.
Ballanfat, P.: »L'échelle des mots dans les ascensions de Rūzbihān Baqlī de Šīrāz« in *Le voyage initiatique en terre d'Islam*, ed. M. A. Amir-Moezzi, Louvain 1996.
Balys, J./H. Biezais: »Baltische Mythologie« in *Götter und Mythen im Alten Europa*, ed. W. H. Haussig, Stuttgart 1973.
Bandelow, B.: *Panik und Agoraphobie*, Wien 2001.
Bandini, D./G. Bandini: *Das Buch der Elfen und Feen*, München 2004.
Banner, S.: *The Death Penalty*, Cambridge 2002.
Barasch, M.: »The Magic of Images in Renaissance Thought« in *Die Renaissance und die Entdeckung des Individuums in der Kunst*, ed. E. Rudolph, Tübingen 1998.
Barber, E. J. W.: »On the Origins of the *vilylrusalki*« in *Varia on the Indo-European Past*, ed. M. R. Dexter/E. C. Polomé, Washington 2005.
Barber, M.: *Die Katharer*, Düsseldorf 2003.
Barber, T. X.: »Eidetic Imagery and the Ability to Hallucinate at Will«, *Behavioral and Brain Sciences* 1979.
–: »Suggested Behavior: The Trance Paradigm Versus an Alternative Paradigm« in *Hypnosis*, ed. E. Fromm/R. E. Shor, New Brunswick 2007.
Bardenheuer, H. J.: »Abläufe und Phasen des Sterbens« in *Handbuch Sterben und Menschenwürde*, ed. M. Anderheiden/W. U. Eckart, Berlin 2012.
Bardy, A. H.: »Near-Death Experiences«, *Lancet* 2002.
Barnes, R. H.: *Sea Hunters of Indonesia*, Oxford 1996.
Barnett, B.: »Witchcraft, Psychopathology and Hallucinations«, *British Journal of Psychiatry* 1956.
Barrett, W.: *Deathbed Visions*, Guildford 2011.
Barring, L.: *Götterspruch und Henkerhand*, Essen 1980.
Barron, F. et. al.: »The Hallucinogenic Drugs« in *Altered States of Awareness*, ed. T. J. Taylor, San Francisco 1972.
Barstow, A. L.: *Witchcraze*, San Francisco 1994.
Bárta, J.: »Majda-Hraškova jaskytla a jej kultová funkcia v dobe halštatskej«, *Slovenská Archeológia* 1958.
Barth, F.: *Balinese Worlds*, Chicago 1993.
Bartholomew, R. E. et. al.: »UFO Abductees und Contactees«, *Professional Psychology* 1991.

Bartlett, R.: *The Hanged Man*, Princeton 2004.
Baruss, I.: *Alterations of Consciousness*, Washington 2003.
Bash, K. W.: *Lehrbuch der allgemeinen Psychopathologie*, Stuttgart 1955.
Bashir, S.: *Sufi Bodies*, New York 2011.
Basilov, V. N.: »Zur Erforschung der Überreste von Schamanismus in Zentralasien« in *Sehnsucht nach dem Ursprung*, ed. H. P. Duerr, Frankfurt/M. 1983.
–: *Izbranniki duchov*, Moskva 1984.
–: »Chosen by the Spirits« in *Shamanic Worlds*, ed. M. M. Balzer, Armonk 1997.
–: »Cosmos as Everyday Reality in Shamanism« in *Shamanic Cosmos* ed. R. Mastromattei/ A.Rigopoulos, Venice 1999.
Bastian, A.: *Der Mensch in der Geschichte*, Bd. II, Leipzig 1860.
–: *Die heilige Sage der Polynesier*, Leipzig 1881.
Batchelor, J.: *The Ainu and Their Folklore*, London 1892.
Baten, M. A.: »Mro« in *Cultural Survey of Bangladesh*, Bd. V, ed. M. Kamal et. al., Nimtali 2007.
Battaglia, D.: *On the Bones of the Serpent*, Chicago 1990.
Bauby, J.-D.: *Schmetterling und Taucherglocke*, München 1998.
Bauckham, R.: *The Fate of the Dead*, Leiden 1998.
Bauer, E.: »Exkursionen in ›Nachtgebiete der Natur‹«, *Zeitschrift für Parapsychologie* 1989.
–: »Inwieweit läßt sich das ›Okkulte‹ wissenschaftlich untersuchen?« in *Hexen im Museum*, ed. W. Köpke/ B. Schmelz, Hamburg 2004.
–: »Parapsychologie« in *Lexikon neureligiöser Bewegungen, esoterischer Gruppen und alternativer Lebenshilfen*, ed. J. Sinabell et al., Frankfurt/M. 2009.
Bauer, W.: »Ein Gespräch mit Hans Peter Duerr über Zauberpflanzen«, *Integration* 1991.
–: »Das Tabu um den Fliegenpilz« in *Der Fliegenpilz*, ed. W. Bauer et. al., Aarau 2000.
Bauer, W.: *China und die Hoffnung auf Glück*, München 1971.
–: »Dunkler Raum unter den Dächern«, *Eranos* 1997.
Baum, L. F.: *Der Zauberer von Oz*, Hamburg 1987.
Baum, W.: *Nikolaus Cusanus in Tirol*, Bozen 1983.
Baumann, C. et. al.: »The Hallucinating Art of Heinrich Füssli« in *Neurological Disorders in Famous Artists*, ed. J. Bogousslavsky/M. G. Hennerici Bd. II, Basel 2007.
Baumann, K.: *Aberglaube für Laien*, Bd. I, Würzburg 1989.
Baumann, P.: *Amud, Kebara, Qafzeh, Skhul, Tabun, Zuttiyeh*, Basel 2013.
Baumann, P./E. Patzelt: *Erinnerungen eines Kopfjägers*, Frankfurt/M. 1978.
Baumann, T.: »Die psychischen Vorgänge bei den Ekstasen und die sogen. ›intellektuelle Vision‹«, *Archiv für Religionspsychologie* 1976.

Baumeister, R. F./J. L. Butler: »Sexual Masochism: Deviance Without Pathology« in *Sexual Deviance*, ed. D. R. Laws/W.O'Donohue, New York 1997.

Baumeister, R. F./K. L. Sommer: »Patterns in the Bizarre«, *Journal of Social and Clinical Psychology* 1997.

Bawden, C. R.: »Calling the Soul: A Mongolian Litany«, *Bulletin of the School of Oriental and African Studies* 1962.

Bax, C.: *Subjectivity After Wittgenstein*, London 2011.

Beaglehole, E./P. Beaglehole: *Ethnology of Pukapuka*, Honolulu 1938.

Beattie, J. H. M.: »The Ghost Cult in Bunyoro« in *Gods and Rituals*, ed. J. Middleton, Garden City 1967.

Beaumont, J. G.: *Introduction to Neuropsychology*, Oxford 1983.

de Beaune, S. A.: »Chamanisme et préhistoire«, *L'Homme* 1998.

Beauregard, M. et al.: »Brain Activity in Near-Death Experiencers During a Meditative State«, *Resuscitation* 2009.

Beck, H.: »Huginn und Muninn« in *Reallexikon der Germanischen Altertumskunde*, ed. H. Beck et al., Bd. 15, Berlin 2000.

Beck, W.: »Der Weltenbaum« in *Burgen, Länder, Orte*, ed. U. Müller/W. Wunderlich, Konstanz 2008.

Becker, A.: »Hubertus und sein Hirsch«, *Germanien* 1936.

Becker, C. B.: »The Pure Land Revisited«, *Anabiosis* 1984.

–: *Paranormal Experience and Survival of Death*, Albany 1993.

Becker, J.: *Ich kenne dein Geheimnis*, München 2011.

Becker, R. M.: *Trance und Geistbesessenheit im Candomlé von Bahía*, Münster 1995.

Beckermann, A.: »Der Mensch als Tier und biologische Maschine« in *Seele oder Hirn?*, ed. K.-L. Koenen/J. Schuster, Münster 2012.

Beckwith, M.: *Hawaiian Mythology*, New York 1940.

Bednarowski, M. F.: *New Religions and the Theological Imagination in America*, Bloomington 1989.

Bednarz, A.: *Den Tod überleben*, Wiesbaden 2003.

in der Beeck, N.: *Merkmale epileptischer Bildnerei*, Bern 1982.

van Beek, W. E. A.: »The Innocent Sorcerer« in *Religion in Africa*, ed. T. D. Blakely et al., London 1994.

Beer, B.: »*Mga dili ingon nato* (›Die nicht wie wir sind‹)«, *Baessler-Archiv* 1989.

Begouën, H./H. Breuil: *Les cavernes du Volp*, Paris 1958.

Behrend, H.: »Joseph Weißenberg, der göttliche Meister« in *Geist, Bild und Narr*, ed. H. Behrend, Berlin 2001.

–: »Geisterfotografie« in *Zwischen Aneignung und Verfremdung*, ed. V. Gottowik et al., Frankfurt/M. 2009.

–: »Electricity, Spirit Mediums and the Media of Spirits« in *Perception of the Invisible*, ed. A. Storch, Köln 2010.

Behrendt, R.-P.: »Attentional Deficit Versus Impaired Reality Testing«, *Behavioral and Brain Sciences* 2005.
Behrendt, R.-P./C. Young: »Hallucinations in Schizophrenia, Sensory Impairment, and Brain Disease«, *Behavioral and Brain Sciences* 2004.
Behrens, H.: »Cervidenskelette aus der Steinzeit und frühen Metallzeit Europas« in *Varia Archaeologica*, ed. P. Grimm, Berlin 1964.
Behringer, W.: *Hexen und Hexenprozesse in Deutschland*, München 2000.
Beinert, W.: *Tod und Jenseits des Todes*, Regensburg 2000.
Beit-Hallahmi, B.: *Psychological Perspectives on Religion and Religiosity*, London 2015.
Bekker, B.: *Die Bezauberte Welt*, Amsterdam 1693.
Belan, J.: »Platte mit Kopfschmuck eines Pferdes« in *Gold aus Kiew*, ed. W. Seipel, Wien 1993.
Belanti, J. et al.: »Phenomenology of Near Death Experiences«, *Transcultural Psychiatry* 2008.
Bell, F. L. S.: »Death in Tanga«, *Oceania* 1937.
Belo, J.: *Bali: Rangda and Barong*, Seattle 1949.
–: *Trance in Bali*, New York 1960.
Belting, H.: *Bild und Kult*, München 1990.
–: *Hieronymus Boschs Garten der Lüste*, München 2002.
Benard, E.: »The Tibetan Tantric View of Death and Afterlife« in *Death and Afterlife*, ed. H. Obayashi, New York 1992.
Bender, H.: *Telepathie, Hellsehen und Psychokinese*, München 1972.
–: *Verborgene Wirklichkeit*, Olten 1973.
–: »Sinnestäuschungen und außersinnliche Wahrnehmung« in *Was ist Wirklichkeit?*, ed. H. Weitbrecht et al., Stuttgart 1983.
–: »Parapsychologie und das Fortleben nach dem Tode« in *Fortleben nach dem Tode*, ed. A. Resch, Innsbruck 1987.
Benedetti, G.: *Todeslandschaften der Seele*, Göttingen 1983.
–: »Das Todessymbol in psychotherapeutischer Behandlung« in *Welt der Symbole*, ed. G. Benedetti/U. Rauchfleisch, Göttingen 1988.
Beneke, O.: *Von unehrlichen Leuten*, Berlin 1889.
Benítez, F.: *In the Magic Land of Peyote*, New York 1975.
Bennett, A. M.: »Sensory Deprivation in Aviation« in *Sensory Deprivation*, ed. P. Solomon et al., Cambridge 1961.
Bennett, G.: ›*Alas, Poor Ghost!*‹, Logan 1999.
Bennett, M. R./P. M. S. Hacker: *Die philosophischen Grundlagen der Neurowissenschaften*, Darmstadt 2010.
Benoît, J.: *Le Chamanisme*, Paris 2007.
Bensley, D. A.: »Can Minds Leave Bodies?« *Sceptical Inquirer*, August 2003.
Bentall, R.: »Why There Will Never Be a Convincing Theory of Schizophrenia« in *From Brain to Consciousness?*, ed. S. Rose, Princeton 1998.

Benz, E.: *Die Vision*, Stuttgart 1969.
–: »Vision und Ekstase bei Dante«, *Deutsches Dante-Jahrbuch* 1970.
–: »Drogen und übersinnliche Erfahrung«, *Zeitschrift für Religions- und Geistesgeschichte* 1972.
Benzi, M.: *Les derniers adorateurs du peyotl*, Paris 1972.
Berendt, H. C.: *Parapsychologie*, Stuttgart 1972.
Berger, H.: »Bericht über sprachliche und volkskundliche Forschungen im Hunzatal«, *Anthropos* 1960.
Bergmann, G.: *Und es gibt doch ein Jenseits*, Gladbeck 1974.
Bergmann, H.-H. et al.: *Auerhühner*, Karlsruhe 2003.
Bergmann, I.: *Das siebente Siegel*, Hamburg 1963.
Berman, P. L.: *Wir sind nicht getrennt vom Himmel*, Amerang 2012.
Berndt, R. M.: »Wuradjeri Magic and ›Clever Men‹«, *Oceania* 1947.
–: *Australian Aboriginal Religion*, Leiden 1974.
Berndt R. M./C. H. Berndt: »The Eternal Ones of the Dream«, *Oceania* 1946.
–: *The World of the First Australians*, London 1964.
Berner, W. et al.: »Störungen der Sexualpräferenz« in *Sexualstörungen*, ed. G. Kockott/ E.-M. Fahrner, Stuttgart 2004.
Bernheimer, R.: *Wild Men in the Middle Ages*, Cambridge 1952.
Bernstein, A. E.: »The Ghostly Troop and the Battle Over Death« in *Rethinking Ghosts in World Religions*, ed. M.-C. Poo, Leiden 2009.
Besterman, T.: »On the Impossibility of Proving Survival« in *The Humanistic Outlook*, ed. A. J. Ayer, London 1968.
Beutin, W.: »Der Tod der Mystikerin« in *Europäische Mystik vom Hochmittelalter zum Barock*, ed. W. Beutin/T. Bütow, Frankfurt/M. 1998.
Bevan, L.: »Stag Nights and Horny Men« in *Peopling the Mesolithic in a Northern Environment*, ed. L. Bevan/J. Moore, Oxford 2003.
–: *Worshippers and Warriors*, Oxford 2006.
Bexton, W. H. et al.: »Effects of Decreased Variation in the Sensory Environment« in *Readings in Perception*, ed. D. C. Beardslee/M. Wertheimer, Princeton 1967.
Beyer, H.: »Über eine Darstellung des Gottes Mixcóatl auf dem altmexikanischen Wurfbrette des Britischen Museums«, *Archiv für Religionswissenschaft* 1924.
Bezzel, E.: *Handbuch Vögel*, München 2006.
Bharati, A.: *The Light at the Center*, Santa Barbara 1976.
Bianchi, A.: »Comments on ›The Ketamine Model of the Near-Death Experience‹«, *Journal of Near-Death Studies* 1997.
Bick, C. H.: *Heilen mit Hypnose*, Würzburg 2002.
Bidou, P.: »Le travail du Chamane«, *L'Homme* 1983.
Biedermann, H.: »Schneemensch und Bärenmythik«, *Mitteilungen der Anthropologischen Gesellschaft in Wien* 1965.

–: »Der Mensch mit dem Vogelkopf«, *Almogaren* 1977.
–: *Wunderwesen, Wunderwelten*, Graz 1980.
Biesel, E.: *Hexenjustiz, Volksmagie und soziale Konflikte im lothringischen Raum*, Trier 1997.
Biesele, M.: »Religion and Folklore« in *The Bushmen*, ed. P. V. Tobias, Cape Town 1978.
Bihlmeyer, K.: »Die schwäbische Mystikerin Elsbeth Achter von Reute« in *Festgabe Philipp Strauch*, ed. G. Baesecke/F. J. Schneider, Halle 1932.
Bihrer, A.: »Die Bearbeitungspraxis mittelalterlicher Visionsliteratur« in *Visio Edmundi monachi de Eynsham*, ed. T. Ehlen et al., Tübingen 1998.
Bilz, R.: *Paläoanthropologie*, Bd. I, Frankfurt/M. 1971.
Bindman, D.: *The Complete Graphic Works of William Blake*, London 1978.
van Binsbergen, W.: *Intercultural Encounters*, Münster 2003.
Binsfeld, P.: *Tractat von Bekanntnuß der Zauberer vnnd Hexen*, ed. H. Kümper, Wien 2004.
Binski, P.: *Medieval Death*, London 1996.
Birbaumer, N.: »Licht am Ende des Tunnels«, *Gehirn & Geist* 3, 2003.
Birkhan, H.: *Nachantike Keltenrezeption*, Wien 2009.
Birtalan, Á.: »Die Mythologie der mongolischen Volksreligion« in *Götter und Mythen in Zentralasien und Nordeuropa*, ed. E. Schmalzriedt/ H. W. Haussig, Stuttgart 1999.
Bischof-Okubo, Y.: *Übernatürliche Wesen im Glauben der Altvölker Taiwans*, Frankfurt/M. 1989.
Bitel, L. M.: »In Visu Noctis«, *History of Religions* 1991.
Black, C. F.: *The Italian Inquisition*, New Haven 2009.
Black, M.: *Bella Bella*, Toronto 1997.
Blackburn, D.: »Marienerscheinungen im Bismarckreich« in *Wunderbare Erscheinungen*, ed. I. G. v. Olenhusen, Paderborn 1995.
Black Elk: *The Sacred Pipe*, ed. J. E. Brown, Baltimore 1971.
Blacker, C.: »Initiation in the Shugendō« in *Initiation*, ed. C. J. Bleeker, Leiden 1965.
Blackmore, S.: »Out-of-Body Experiences in Schizophrenia«, *Journal of Nervous and Mental Disease* 1986.
–: »Glimpse of an Afterlife or Just the Dying Brain?«, *Psi Researcher* 6, 1992.
–: *Dying to Live*, Buffalo 1993.
–: »Beinahe tot« in *Mein paranormales Fahrrad*, ed. G. v. Randow, Reinbek 1993 a.
–: »Near-Death Experiences in India: They Have Tunnels Too«, *Journal of Near-Death Studies*, 1993 b.
–: »Do Reflex Anoxic Seizures Resemble Near-Death Experiences?«, *Journal of Near-Death Studies* 1998.
–: »Abduction by Aliens or Sleep Paralysis?«, *Sceptical Inquirer* 3, 1998 a.

–: »Tunnel Vision and Tunnel Experiences«, *Journal of Near-Death Studies* 1999.
–: »Neurophysiologische Erklärungen der Nah-Toderfahrung« in *Todesnähe*, ed. H. Knoblauch/H.-G. Soeffner, Konstanz 1999 a.
–: »Out-of-Body Experiences« in *The Oxford Companion to the Mind*, ed. R. L. Gregory, Oxford 2004.
–: *Consciousness*, Abingdon 2010.
Blake, J. A.: »Ufology« in *On the Margins of Science*, ed. R. Wallis, Keele 1979.
Blamíres, D.: »Irdisches und Unterirdisches bei der Begegnung mit Elfen im englischsprachigen Märchen« in *Traumhaus und Wolkenschloß*, ed. I. Jacobsen et al., Krummwisch 2004.
Blanchon, M.: *Vie de la Bhse. Alpais*, Marie-le-Roi 1893.
Blanke, O.: »Self-Representation in the Visual Arts and Cognitive Neuroscience« in *Verkörperungen*, ed. A. L. Blum et al., Berlin 2012.
Blanke, O. et al.: »Stimulating Illusionary Own-Body Perceptions«, *Nature* 2002.
–: »Out-of-Body Experience and Autoscopy of Neurological Origin«, *Brain* 2004.
–: »Linking Out-of-Body Experience and Self Processing to Mental Own-Body Imagery at the Temporoparietal Junction«, *Journal of Neuroscience* 2005.
–: »Out-of-Body Experiences« in *The Oxford Companion to Consciousness*, ed. T. Bayne et al., Oxford 2009.
Blankenburg, W.: *Der Verlust der natürlichen Selbstverständlichkeit*, Stuttgart 1971.
–: »Ethnopsychiatrie im Inland« in *George Devereux zum 75. Geburtstag*, ed. E. Schröder/D. H. Frießem, Baunschweig 1984.
–: »Phänomenologisch-anthropologische Aspekte von Wahn und Halluzination« in *Halluzination und Wahn*, ed. H. M. Olbrich, Berlin 1987.
Blannbekin, A.: *Leben und Offenbarungen der Wiener Begine*, ed. P. Dinzelbacher/R. Vogeler, Göppingen 1994.
Blavatsky, H. P.: *Die Geheimlehre*, Bd. III, Leipzig 1906.
de Blécourt, W.: »Bedding the Nightmare«, *Folklore* 2003.
de Blécourt, W./H. de Waardt: »Das Vordringen der Zaubereiverfolgungen in die Niederlande« in *Ketzer, Zauberer, Hexen*, ed. A. Blauert, Frankfurt/M. 1990.
Bleek, D. F.: »Bushmen of Central Angola«, *Bantu Studies* 1928.
Bleuler, E.: *Lehrbuch der Psychiatrie*, Berlin 1955.
Bliatout, B. T.: »Hmong Death Customs« in *Ethnic Variations in Dying, Death and Grief*, ed. D. P. Irish et al., Washington 1993.
Blier, S. P.: *African Vodun*, Chicago 1995.
Block, M.: *Gypsies*, London 1938.

Bloom, H.: *Omens of Millenium*, New York 1996.
Blumenfeld-Kosinski, R.: »Satirical Views of the Beguines in Northern French Literature« in *New Trends in Feminine Spirituality*, ed. J. Dor et al., Hull 1999.
Blumenthal-Barby, K.: *Ratgeber zur Begleitung Sterbender*, Baden-Baden 2006.
Boas, F.: »The Central Eskimo«, *6th Annual Report of the Bureau of Ethnology*, Washington 1888.
–: »Ethnology of the Kwakiutl«, *35th Annual Report of the Bureau of American Ethnology*, Washington 1921.
–: *Kwakiutl Culture*, New York 1935.
–: *Race, Language and Culture*, New York 1940.
–: *Kwakiutl Ethnography*, Chicago 1966.
Bochsler, K.: »*Ich hann da inne ungehoertú ding gesehen*«, Bern 1997.
Bock, T.: *Lichtjahre*, Bonn 1999.
–: »Stimmenhören in einem anthropologischen Psychosekonzept« in *Stimmenhören*, ed. H. Katschnig/M. Amering, Wien 2005.
Boddy, J.: »Spirits and Selves in Northern Sudan« in *Anthropology of Religion*, ed. M. Lambek, Oxford 2002.
Böckel, O.: »Zur Sage vom Venusberg«, *Alemannia* 1885.
Böhme, G.: *Anthropologie in pragmatischer Absicht*, Bielefeld 2010.
Böke, H.: »Erfahrungen mit der ›unsichtbaren Welt‹« in *Wenn Sterbebegleitung an ihre Grenzen kommt*, ed. H. Böke et al., Gütersloh 2002.
Böldl, K.: *Eigi einhamr*, Berlin 2005.
Börner, G.: *Das neue Bild des Universums*, München 2009.
Böschemeyer, U.: *Gottesleuchten*, München 2007.
Böwering, G.: »Muhammad's Heavenly Journey in Classical Sūfī Qur'an Commentary« in *Le voyage initiatique en terre d'Islam*, ed. M. A. Amir-Moezzi, Louvain 1996.
Bogoras, W.: »The Chukchee: Religion«, *Memoirs of the American Museum of Natural History*, Leiden 1907.
–: »Shamanistic Performance in the Inner Room« in *Reader in Comparative Religion*, ed. W. A. Lessa/E. Z. Vogt, New York 1965.
Bokovenko, N. A.: »Tuva During the Scythian Period« in *Nomads of the Eurasian Steppes in the Early Iron Age*, ed. J. Davis-Kimball et al., Berkeley 1995.
Boll-Klatt, A.: »Zur Phänomenologie und Psychotherapie der Angst« in *Wege zu einer volleren Realität*, ed. M. Großhelm, Berlin 1994.
Bolle, R. H.: *Am Ursprung der Sehnsucht*, Berlin 1988.
Bolte, J.: »Der Nußbaum zu Benevent«, *Zeitschrift des Vereins für Volkskunde* 1909.
Bondeson, J.: *Lebendig begraben*, Hamburg 2002.
Bonebakker, A. E. et al.: »Memory During General Anesthesia«, *Consciousness and Cognition* 1996.

Bonenfant, R. J.: »A Near-Death Experience Followed by the Visitation of an ›Angel-Like-Being‹«, *Journal of Near-Death Studies* 2000.
Bongartz, W.: *Hypnosetherapie*, Göttingen 1998.
Bonifatius: *Briefe*, ed. R. Rau, Darmstadt 1968.
Bonin, W. F.: *Lexikon der Parapsychologie*, Herrsching 1983.
Bonnetain, Y. S.: »Riding the Tree« in *13th International Conference*, Bd. I, ed. J. McKinnell et al., Durham 2006.
Bonomo, G.: *Caccia alle streghe*, Palermo 1959.
de Borhegyi, S. F.: »Miniature Mushroom Stones From Guatemala«, *American Antiquity* 1961.
Borsò, V.: »Santa Teresa de Jesús« in *Frömmigkeitsformen in Mittelalter und Renaissance*, ed. J. Laudage, Brühl 2004.
Borst, A.: *Die Katharer*, Stuttgart 1953.
Boshier, A. K.: »Afrikanische Lehrjahre« in *Der Wissenschaftler und das Irrationale*, ed. H. P. Duerr, Bd. I, Frankfurt/M. 1981.
Bosinski, G.: *Gönnersdorf: Eiszeitjäger am Mittelrhein*, Koblenz 1981.
–: *Die Kunst der Eiszeit in Deutschland und der Schweiz*, Bonn 1982.
–: *Eiszeitjäger im Neuwieder Becken*, Koblenz 1983.
–: *Der Neandertaler und seine Zeit*, Köln 1985.
–: »Die Bilderhöhlen des Urals und in Südwesteuropa« in *Höhlenmalerei im Ural*, ed. V. E. Ščelinskij/V. N. Širokov, Sigmaringen 1999.
Bošković-Stulli, M.: »Kresnik-Krsník: Ein Wesen aus der kroatischen und slovenischen Volksüberlieferung«, *Fabula* 1960.
–: »Hexensagen und Hexenprozesse in Kroatien«, *Acta Ethnographica Hungarica* 1992.
Bourgeois, W.: *Persons*, Waterloo 1995.
Bourguignon, E.: »Alternierende Persönlichkeit, Besessenheitstrance und die psychische Einheit der Menschheit« in *Die wilde Seele*, ed. H. P. Duerr, Frankfurt/M. 1987.
–: »Spirit Possession« in *A Companion to Psychological Anthropology*, ed. C. Casey/R. B. Edgerton, Oxford 2005.
Bousset, D. W.: »Die Himmelsreise der Seele«, *Archiv für Religionswissenschaft* 1901.
Bowers, K. S./P. G. Bowers: »Hypnosis and Creativity« in *Hypnosis*, ed. E. Fromm/R. E. Show, New Brunswick 2007.
Bowes, P.: *Is Metaphysics Possible?*, London 1965.
Bowker, J.: *The Meaning of Death*, Cambridge 1991.
Bowring, R.: »Preparing for the Pure Land in the Late Tenth-Century Japan«, *Japanese Journal of Religious Studies* 1998.
Boyd, C. E.: »Pictographic Evidence of Peyotism in the Lower Pecos, Texas Archaic« in *The Archaeology of Rock-Art*, ed. C. Chippindale/P. Taçon, Cambridge 1998.

Boyd, D.: *Rolling Thunder*, New York 1974.
Boyer, L. B: *Kindheit und Mythos*, Stuttgart 1982.
Boyle, K. V.: *Upper Palaeolithic Faunas From Southwest France*, Oxford 1990.
Bozzano, E.: *Übersinnliche Erscheinungen bei Naturvölkern*, Bern 1948.
Brachthäuser, C.: *Geheimnisvolle Grauzone*, Siegen 2001.
Bradley, F. H.: *Collected Essays*, Oxford 1969.
Bradley, R.: »Love and Knowledge in ›Seven Manners of Loving‹« in *Hidden Springs*, ed. J. A. Nichols/L. T. Shank, Bd. I, Wrentham 1995.
Bräunlein, P. J.: »Untote« in *Bilder vom Tod*, ed. D. Dracklé, Münster 2001.
Bräutigam, W.: *Reaktionen, Neurosen, Psychopathien*, Stuttgart 1969.
Brandstetter, R.: *Renward Cysat*, Luzern 1909.
Brann, E. T. H.: *The World of Imagination*, Lanham 1991.
Braud, W.: »Psi-Favorable Conditions« in *New Frontiers of Human Science*, ed. V. G. Rammohan, Jefferson 2002.
–: »Brains, Science, Nonordinary & Transcendent Experiences« in *Neuro-Theology*, ed. R. Joseph, San Jose 2003.
Braude, S. E.: »Psi and Our Picture of the World«, *Inquiry* 1987.
–: *First Person Plural*, London 1991.
–: »Out-of-Body Experiences and Survival of Death«, *International Journal of Parapsychology* 2001.
Brauns, C.-D./L. G. Löffler: *Mru*, Basel 1990.
v. Bredow-Klaus, I.: *Heilsrahmen*, München 2005.
Brefin, M.: »›Ich habe gehört mit den inneren Ohren‹« in *Spiritualität der Sterbebegleitung*, ed. L. Bickel/D. Tausch-Flammer, Fribourg 1997.
Bregman, L.: *Death and Dying, Spirituality and Religions*, New York 2003.
Bremmer, J. N.: *The Early Greek Concept of the Soul*, Princeton 1983.
–: *The Rise and Fall of the Afterlife*, London 2002.
Bresnick, T./R. Levin: »Phenomenal Qualities of Ayahuasca Ingestion«, *Journal of Consciousness Studies* 2006.
Brewer, B.: »Bodily Awareness and the Self« in *The Body and the Self*, ed. J. L. Bermúdez et al., Cambridge 1995.
Brewster, A. B.: *The Hill Tribes of Fiji*, Philadelphia 1922.
Bridges, T.: »The Canoe Indians of Tierra del Fuego« in *A Reader in General Anthropology*, ed. C. S. Coon, New York 1948.
Briggs, K.: *The Fairies in Tradition and Literature*, London 2002.
–: *The Witches of Lorraine*, Oxford 2007.
Brinkmann, B.: »Christus richtet, Engel sammeln die Gebeine der Toten und eine Jenseitsbrücke führt über den Feuersee« in *Himmel, Hölle, Fegefeuer*, ed. P. Jezler, München 1994.
Britton, W. B./R. R. Bootzin: »Near-Death Experiences and the Temporal Lobe«, *Psychological Science* 2004.

Broadbent, N. D. et al.: »Warum nur einige Bauern wurden« in *Die Menschen der Steinzeit*, ed. G. Burenhult et al., Augsburg 2000.
Broch, H. B.: »›Crazy Women‹ Are Performing in Sombali«, *Ethos* 1985.
Brokenleg, M./D. Middleton: »Native American: Adapting, Yet Retaining« in *Ethnic Variations in Dying, Death and Grief*, ed. D. P. Irish et al., Washington 1993.
Brook, A./R. J. Stainton: *Knowledge and Mind*, Cambridge 2000.
Brookesmith, P.: *Alien Abductions*, London 1998.
Brown, J. A.: »Exchange and Interaction Until 1500« in *Handbook of North American Indians*, Bd. 14, ed. R. D. Fogelson, Washington 2004.
Brown, P.: »A Psychobiological Model of Dissociation and Post-Traumatic Stress Disorder« in *Dissociation*, ed. S. J. Lynn/J. W. Rhue, New York 1994.
Browne, S./L. Harrison: *Phänomene*, München 2006.
Bruce-Mitford, R.: *The Sutton Hoo Ship Burial*, Bd. II, London 1978.
Brügmann, A.: *Zucht und Leben der deutschen Studenten 1648-1848*, Berlin 1941.
Brüntrup, G.: *Das Leib-Seele-Problem*, Stuttgart 2001.
Brugger, P.: »Heautoscopy, Epilepsy, and Suicide«, *Journal of Neurology, Neurosurgery, and Psychiatry* 1994.
Brugger, P./C. Mohr: »The Paranormal Mind«, *Cortex* 2008.
Bruhn, J.: »Nahtoderfahrung: Bildung für das Leben«, *Aufgang* 10, 2013.
–: »Nahtoderfahrungen: Blicke hinter den Horizont« in *Tod und Ewiges Leben*, ed. W. Zager, Leipzig 2014.
v. Bruiningk, H.: »Der Werwolf in Livland und das letzte im Wendenschen Landgericht und Dörptschen Hofgericht im Jahre 1692 deshalb stattgehabte Strafverfahren«, *Mitteilungen aus der livländischen Geschichte* 1928.
Bryan, C. D.: *Close Encounters of the Fourth Kind*, New York 1995.
Bubenik, A. B.: »Geweihbildung der Hirsche« in *Grzimeks Enzyklopädie*, ed. B. Grzimek, Bd. 5, München 1988.
Buber, M.: *Ekstatische Konfessionen*, Leipzig 1923.
–: »Ekstase und Bekenntnis« in *Rationalität und Mystik*, ed. H. D. Zimmermann, Frankfurt/M. 1981.
Bucher, A. A.: *Psychologie der Spiritualität*, Weinheim 2007.
Buchheit, G.: *Der Totentanz*, Berlin-Grunewald 1926.
Büch, H. P./ U. Büch: »Ketamin, Etomidat und injizierbare Benzodiazepine« in *Pharmakologie und Toxikologie*, ed. W. Forth et al., Mannheim 1988.
Büchsel, M.: *Die Entstehung des Christusporträts*, Mainz 2003.
Bühler, K.: *Die geistige Entwicklung des Kindes*, Jena 1929.
Bürgel, J. C./F. Allemann: *Symbolik des Islam*, Stuttgart 1975.
Bürger, C. »Mystische Vereinigung – erst im Himmel oder schon auf Erden?« in *Gottes Nähe unmittelbar erfahren*, ed. B. Hamm/V. Leppin, Tübingen 2007.

Buisson, D.: »Sceptre de la grotte de La Vache« in *L'image des animaux dans l'art préhistorique*, ed. H. Delporte, Cahors 1990.
–: »Propulseur de Saint-Michel, Magdalénien Moyen« in *L'art préhistorique des Pyrénées*, ed. M.-H. Thiault/J.-B. Roy, Paris 1996.
Bujarski, K. A./M. R. Sperling: »Hallucinations« in *Encyclopedia of Human Behavior*, ed. V. S. Ramachandran, Bd. II, London 2012.
Bullard, T. E.: »UFO Abduction Reports«, *Journal of American Folklore* 1989.
–: *The Myth and Mystery of UFOs*, Lawrence 2010.
Bumke, O.: *Lehrbuch der Geisteskrankheiten*, München 1948.
Bunta, S. N.: »In Heaven or on Earth« in *With Letters of Light*, ed. D. V. Arbel/A. A. Orlov, Berlin 2011.
Burch, E. S.: »The Nonempirical Environment of the Arctic Alaskan Eskimos«, *Southwestern Journal of Anthropology* 1971.
Bureau, R.: *La religion d'Eboga*, Lille 1972.
Burger, M.: »Das Unsagbare im Spiegel der Körpersprache« in *Noch eine Chance für die Religionsphänomenologie?*, ed. A. Michaels et al., Bern 2001.
Burggraf, J.: *Teresa von Avila*, Paderborn 1996.
Burkert W.: »Elysion«, *Glotta* 1961.
–: »Γόης: Zum griechischen Schamanismus«, *Rheinisches Museum für Philologie* 1962.
Burnham, L. A.: *So Great a Light, So Great a Smoke*, Ithaca 2008.
Burns, J. E.: »What Is Beyond the Edge of the Known World?«, *Journal of Consciousness Studies* 2003.
Burroughs, W./A. Ginsberg: *The Yage Letters*, San Francisco 1963.
Burrows, E. G./M. E. Spiro: *An Atoll Culture*, New Haven 1957.
Burtt, C.: »Psychology and Parapsychology« in *Science and ESP*, ed. J. R. Smythies, London 1967.
Bush, N. E.: »The Near-Death Experience in Children«, *Anabiosis* 1983.
–: »Making Meaning After a Frightening Near-Death Experience«, *Journal of Near-Death Studies* 2002.
–: »Distressing Western Near-Death Experiences« in *The Handbook of Near-Death Experiences*, ed. J. M. Holden et al., Santa Barbara 2009.
–: *Dancing Past the Dark*, Milton Keynes 2012.
Butcher, J. N.: *Klinische Psychologie*, München 2009.
Butt, A.: »Réalité et idéal dans la pratique chamanique«, *L'Homme* 1962.
Butzkamm, A.: *Ein Tor zum Paradies*, Paderborn 2004.
Buyandelgeriyn, M.: »Shamans, Marginal Capitalism, and the Remaking of History in Postsocialist Mongolia«, *American Ethnologist* 2007.
Buzzi, G.: »Near-Death Experiences«, *Lancet* 2002.
Byloff, F.: *Hexenglaube und Hexenverfolgungen in den österreichischen Alpenländern*, Berlin 1934.
Bynum, J.: »Kidnapped by an Alien«, *Etcetera* 1993.

Byrne, G.: »The Theology of Modern Spiritualism and Its Impact on Church of England Clergy« in *The Church, the Afterlife and the Fate of the Soul*, ed. P. Clarke/T. Claydon, Woodbridge 2009.

Caffarini, T.: *Caterina von Siena*, Kleinhain 2001.
Cahill, S. E.: *Divine Traces of the Daoist Sisterhood*, Magdalena 2006.
Cain, H.: »Die marquesanischen Paradiesvorstellungen und die Haie«, *Baessler-Archiv* 1978.
Calabrese, J. D.: *A Different Medicine*, Oxford 2013.
Califano, M./A. Fernández Distel: »The Use of a Hallucinogenous Plant Among the Mashco«, *Zeitschrift für Ethnologie* 1982.
Callaway, C. H.: »The Religion of the Amazulu of South Africa« in *Source Book in Anthropology*, ed. A. L. Kroeber/T. T. Waterman, New York 1931.
Callebaut, A.: »Recueil de miracles et preuves du culte immémorial de Gautier de Bruges, évêque de Poitiers (1279-1306)«, *Archivum Franciscanum Historicum* 1912.
Calvin, W. H./G. A. Ojemann: *Einsicht ins Gehirn*, Wien 1995.
Cameron, J. M.: »Bodily Existence« in *Ludwig Wittgenstein*, ed. S. Shanker, Bd. IV, London 1986.
Campagne, F. A.: »Fairies, Vampires, and Nightmares in Early Modern Spain«, *Acta Ethnographica Hungarica* 2008.
Campany, R. F.: »Death, Near Death, and Other Worldly Journeys in Early Medieval China« in *Death, Ecstasy, and Other Worldly Journeys*, ed. J. J. Collins/M. Fishbane, New York 1995.
Campbell, J.: *Göttinnen, Dakinis und ganz normale Frauen*, Berlin 1997.
Campbell, J. K.: »Honour and the Devil« in *Honour and Shame*, ed. J. G. Peristiany, London 1965.
Campbell, M. B.: »Cartesian Psychology, Enlightenment Anthropology, and the Jesuits in Nouvelle France« in *The Anthropology of Enlightenment*, ed. L. Wolff/M. Cipolloni, Stanford 2007.
Canda, E. R.: »Korean Shamanic Initiation as Therapeutic Transformation« in *Korean Folklore*, Arch Cape 1983.
Cannell, F.: *Power and Intimacy in the Christian Philippines*, Cambridge 1999.
Cardeña, E.: »Just Floating in the Sky« in *Trance, Besessenheit, Heilrituale und Psychotherapie*, ed. D. Eigner/R. van Quekelberghe, Berlin 1996.
Cardeña, E./C. Alvarado: »Anomalous Self and Identity Experiences« in *Varieties of Anomalous Experience*, ed. E. Cardeña et al., Washington 2014.
Carozzi, C.: *Le voyage de l'âme dans l'Au-delà*, Paris 1994.
Carpenter, E.: *Eskimo Realities*, New York 1973.
–: *Sinnes Täuschung*, München 1994.
Carpenter, R. M.: *The Renewed, the Destroyed, and the Remade*, East Lansing 2004.

Carr, C.: »Death and Near-Death: Tibetan and Euro-American Experiences«, *Journal of Transpersonal Psychology* 1993.
Carrington, D.: *The Dream-Hunters of Corsica*, London 1995.
Carroll, L.: *The Complete Works*, London 1994.
Carroll, M. P.: *The Cult of the Virgin Mary*, Princeton 1986.
Carruthers, P.: *The Nature of the Mind*, New York 2004.
Carter, C.: *Science and the Near-Death Experience*, Rochester 2010.
Carter, R.: *Mapping the Mind*, London 1999.
Casagrande, J. B.: »John Mink: Ojibwa Informant« in *In the Company of Man*, ed. J. B. Casagrande, New York 1960.
Casey, J. F./L. Wilson: *Ich bin viele*, Reinbek 1992.
Castrén, M. A.: *Vorlesungen über die finnische Mythologie*, St. Petersburg 1853.
Catlin, G.: *Die Indianer Nordamerikas*, Leipzig 1982.
Cattelain, P.: »Hunting During the Upper Paleolithic: Bow, Spearthrower, or Both?« in *Projectile Technology*, ed. H. Knecht, New York 1997.
Cave, A. A.: *Prophets of the Great Spirit*, Lincoln 2006.
Cave, J. P./L. Foreman: *Seelenreisen*, Köln 1999.
Cave, S.: *Unsterblich*, Frankfurt/M. 2012.
Cezanne, S.: »Einmal Himmel und zurück«, *Sonntagsblatt* 6, 2011.
Cha, Y. P.: *An Introduction to Hmong Culture*, Jefferson 2010.
Chagnon, N.: *Yanomamö*, New York 1968.
de Chapeaurouge, D.: »Die Darstellung der Seele in der bildenden Kunst des Mittelalters« in *Die Seele*, ed. G. Jüttemann et al., Köln 2000.
Charrière, G.: »La Scène du puits de Lascaux ou le thème ›de la mort simulée‹«, *Revue de l'Historie des Religions* 1968.
Châtelet, A.: »Sur un jugement dernier de Dieric Bouts«, *Nederlands kunsthistorisch jaarboek* 1965.
Chatterton, R.: »Star Carr Reanalysed« in *Peopling the Mesolithic in a Northern Environment*, ed. L. Bevan/J. Moore, Oxford 2003.
Cherici, P.: *Celtic Sexuality*, London 1995.
Chesi, G.: *Voodoo in Afrika*, Innsbruck 2003.
Cheyne, J. A.: »The Ominous Numinous«, *Journal of Consciousness Studies* 2001.
Cheyne, J. A. et al.: »Hypnagogic and Hypnopompic Hallucinations During Sleep Paralysis«, *Consciousness and Cognition* 1999.
Cheyne, J. A./T. A. Girard: »Paranoid Delusions and Threatening Hallucinations«, *Counsciousness and Cognition* 2007.
Chichester, D.: »Zulu Dreamscapes« in *The Sixth Sense Reader*, ed. D. Howes, Oxford 2009.
Chindarsi, N.: »Hmong Shamanism« in *Highlanders of Thailand*, ed. J. McKinnon/W. Bhruksasri, Oxford 1983.

Ching, J.: *Chinese Religions*, Houndmills 1993.
–: *Mysticism and Kingship*, Cambridge 1997.
Chittick, W. C.: »The Muslim Understanding of Death and Afterlife« in *Death and Afterlife*, ed. H. Obayashi, New York 1992.
Chobot, M.: *Maui fängt die Sonne*, Wien 2001.
Chodron, T.: *Buddhismus*, Freiburg 2003.
Chopra, D.: *Leben nach dem Tod*, Berlin 2007.
Christ, G.: »Dr. Faust als Flieger und Hypnotiseur«, *Mannheimer Geschichtsblätter* 1917.
Christian, W. A.: *Apparitions in Late Medieval and Renaissance Spain*, Princeton 1981.
–: *Divine Presence in Spain and Western Europe 1500-1960*, Budapest 2012.
Chryssides, G. D.: »Scientific Creationism« in *UFO Religions*, ed. C. Partridge, London 2003.
Churchland, P. S.: *Touching a Nerve*, New York 2013.
Ciompi, L.: *Affektlogik*, Stuttgart 1982.
–: *Die emotionalen Grundlagen des Denkens*, Göttingen 1997.
Cipolletti, M. S.: *Jenseitsvorstellungen bei den Indianern Südamerikas*, Berlin 1983.
Ciruelo, P.: *Verwerfung des Aberglaubens und der Zauberei*, ed. M. Delgado, Fribourg 2008.
Clark, G.: *The Earlier Stone Age Settlement of Scandinavia*, Cambridge 1975.
–: *Mesolithic Prelude*, Edinburgh 1980.
Clark, G.: »Bodies and Blood« in *Changing Bodies, Changing Meanings*, ed. D. Montserrat, London 1998.
Clark, J.: »Sex« in *UFOs and Popular Culture*, ed. J. R. Lewis, Santa Barbara 2000.
Clark, J./L. Coleman: *The Unidentified*, New York 1975.
Clark, J. G. D.: *Excavations at Star Carr*, Cambridge 1954.
Clark, R.: *The Multiple Natural Origins of Religion*, Bern 2006.
Clarke, M.: *Flesh and Spirit in the Songs of Homer*, Oxford 1999.
Clausen, P. C.: *Herzwechsel*, München 1996.
–: »Herzwechsel: Meine Geschichte« in *Krankengeschichte*, ed. D. Janz, Würzburg 1999.
–: »Phänomenologie und Sinn oneiroiden Erlebens« in *Bildhaftes Erleben in Todesnähe*, ed. P. Bühler/S. Peng-Keller, Zürich 2014.
Claußnitzer, M.: *Sub specie aeternitatis*, Frankfurt/M. 2007.
Claxton, G.: *The Wayward Mind*, London 2005.
Clews Parsons, E.: *Hopi Journal*, New York 1936.
Clifford, T.: *Tibetan Buddhist Medicine & Psychiatry*, Delhi 1994.
Clifton-Everest, J. M.: *The Tragedy of Knighthood*, Oxford 1979.
Clottes, J.: *Niaux*, Sigmaringen 1997.

Clottes, J./J. Courtin: *Grotte Cosquer bei Marseille*, Sigmaringen 1995.
Clottes, J./D. Lewis-Williams: *Schamanen*, Sigmaringen 1997.
Cocchiara, G.: *Il diavolo nella tradizione popolare Italiana*, Palermo 1945.
Codrington, R. H.: *The Melanesians*, Oxford 1891.
Cohen, D./S. A. MacKeith: *The Development of Imagination*, London 1991.
Cohen, E.: *The Mind Possessed*, Oxford 2007.
Cohen, E./J. Barrett: »When Minds Migrate«, *Journal of Cognition and Culture* 2008.
Cohen, M. N.: *Lewis Carroll*, New York 1995.
Cohen, S.: »The Hallucinogens« in *Principles of Psychopharmacology*, ed. W. G. Clark/J. del Giudice, New York 1970.
Cohn, N.: *Die Erwartung der Endzeit*, Frankfurt/M. 1997.
Coles, J. M./E. S. Higgs: *The Archaeology of Early Man*, London 1969.
Collerton, D. et al.: »Why People See Things That Are Not There«, *Behavioral and Brain Sciences* 2005.
Collier, B.: »Ketamine and the Conscious Mind«, *Anaesthetica* 1972.
Collins, J. J.: »A Throne in the Heavens« in *Death, Ecstasy, and Other Worldly Journeys*, ed. J. J. Collins/M. Fishbane, New York 1995.
Combe, J.: *Hieronymus Bosch*, München 1960.
Condrau, G.: *Der Mensch und sein Tod*, Zürich 1984.
Conneller, C. J.: »Star Carr Recontextualised« in *Peopling the Mesolithic in a Northern Environment*, ed. L. Bevan/J. Moore, Oxford 2003.
–: *An Archaeology of Materials*, Abingdon 2011.
Conrad, K.: *Die beginnende Schizophrenie*, Stuttgart 1971.
Constantine, P.: *Japan's Sex Trade*, Tōkyō 1994.
Cook, A. B.: *Zeus*, Bd. I, Cambridge 1914; Bd. II, 1925.
Cook, E. W. et al.: »Do Any Near-Death Experiences Provide Evidence for the Survival of Human Personality After Death?«, *Journal of Scientific Exploration* 1998.
Cook, J. W.: »Human Beings« in *Studies in the Philosophy of Wittgenstein*, ed. P. Winch, London 1969.
Cooper, A. J.: »Auto-erotic Asphyxiation«, *Journal of Sex & Marital Therapy* 1996.
Copes, C.: *Der Himmel ist ganz anders*, Grafting 2012.
Corazza, O.: *Near-Death Experiences*, London 2008.
–: »Exploring Space Consciousness & Other Dissociative Experiences«, *Journal of Consciousness Studies* 2010.
Corazza, O./K. Kuruppuarachchi: »Dealing With Diversity« in *Making Sense of Near-Death Experiences*, ed. M. Perera et al., London 2012.
Corbett, L.: *The Religious Function of the Psyche*, London 1996.
Corbin, H.: »The Visionary Dream in Islamic Spirituality« in *The Dream and Human Societies*, ed. G. E. v. Grunebaum/R. Caillois, Berkeley 1966.

Corchón, S.: »Pendentif de la grotte d'El Pendo« in *L'art prehistorique des Pyrénées*, ed. M. H. Thiault/J.-B. Roy, Paris 1996.

Corveleyn, J.: »The Case of the Apparitions of the Virgin in Beauraing, 1932-33« in *Psychohistory in Psychology of Religion*, ed. J. A. Belzen, Amsterdam 2001.

–: »Religiöser Wahn bei Psychose und Hysterie« in *Verrückt nach Gott*, ed. C. Henning/J. van Belzen, Paderborn 2007.

Costen, M.: *The Cathars and the Albigensian Crusade*, Manchester 1997.

Couderc, P.: »Separated Dead and Transformed Ancestors« in *Ancestors in Borneo Societies*, ed. P. Couderc/K. Sillander, København 2012.

Coulter, J.: »The ›Mind‹ as a Chimera for the Sciences in the 20th Century« in *Ludwig Wittgenstein*, ed. S. Shanker/D. Kilfoyle, Bd. III, London 2002.

Counts, D. A.: »Near Death and Out-of-Body Experiences in a Melanesian Society«, *Anabiosis* 1983.

Courlander, H.: *The Fourth World of the Hopis*, Albuquerque 1971.

Courtens, I.: *Performing Healing in West Papua*, Nijmegen 2005.

Cowan, J. G.: *Myths of the Dreaming*, Roseville 1994.

Cox, R. E./R. A. Bryant: »Advances in Hypnosis Research« in *The Oxford Handbook of Hypnosis*, ed. M. R. Nach/A. J. Barnier, Oxford 2008.

Cox, R. S.: »The Suburbs of Eternity« in *Worlds of Sleep*, ed. L. Brunt/B. Steger, Berlin 2008.

Craffert, P. F.: »When Is an Out-of-Body Experience (Not) an Out-of-Body Experience?«, *Journal of Cognition and Culture* 2015.

Crapanzano, V.: »Mohammed and Dawia: Possession in Morocco« in *Case Studies in Spirit Possession*, ed. V. Crapanzano/V. Garrison, New York 1977.

Crawford, R.: *Is God a Scientist?*, Chippenham 2004.

Crecelius, W.: »Frau Holda und der Venusberg«, *Zeitschrift für Deutsche Mythologie und Sittenkunde* 1853.

Cremer, W.: *Tabak und Schamanismus bei den Indianern in Südamerika*, Idstein 2007.

Cressy, J.: »Mysticism and the Near-Death Experience« in *The Near-Death Experience*, ed. L. W. Bailey/J.Yates, New York 1996.

Crevenna, R. et al.: »Spontaneous Orgasm: An Epileptic Case Without Structural Correlate«, *British Journal of Psychiatry* 2000.

Critchely, S.: *The Book of Dead Philosophers*, London 2008.

Crittenden, C.: *Language, Reality, and Mind*, Houndmills 2009.

Crocker, J. C.: *Vital Souls*, Tucson 1985.

Crookall, R.: *Events on the Threshold of the After-Life*, Moradabad 1967.

Crow Dog, M./R. Erdoes: *Lakota Woman*, Leipzig 1992.

–: *Ohitika Woman*, Leipzig 1994.

Cuevas, B.J: »Intermediate States« in *Encyclopedia of Buddhism*, ed. R. E. Buswell, New York 2004.

–: »The Death and Return of Lady Wangzin« in *The Buddhist Dead*, ed. B. J. Cuevas/J. I. Stone, Honolulu 2007.
–: *Travels in the Netherworld*, Oxford 2008.
Culianu, I. P.: *Jenseits dieser Welt*, München 1995.
–: *Eros und Magie in der Renaissance*, Frankfurt/M. 2001.
Culin, S.: »Games of the North American Indians«, *24th Annual Report of the Bureau of American Ethnology*, Bd. II, Washington 1903.
Cummings, J.L/M. S. Mega: *Neuropsychiatry and Behavioural Neuroscience*, Oxford 2003.
Cutting, J.: »Descriptive Psychopathology« in *Schizophrenia*, ed. S. R. Hirsch/ D. R. Weinberger, Oxford 1995.
Czaplicka, M. A.: *Aboriginal Siberia*, Oxford 1914.
Cziesla, E.: »Spät-Paläolithikum und Mesolithikum der Euregio« in *Spurensicherung*, ed. G. Bauchhenß et al., Mainz 1992.
–: *Die Mittlere Steinzeit im Landkreis Pirmasens*, Brühl 1992a.

Dahl, C.: *Chinesische Unterweltsvorstellungen*, Bochum 1998.
Dailey, A. H.: *Mollie Fancher, the Brooklyn Enigma*, Brooklyn 1894.
Dalai Lama: *Die Lehren des tibetischen Buddhismus*, Hamburg 1998.
Damasio, A. R.: *Der Spinoza-Effekt*, München 2003.
–: *Selbst ist der Mensch*; München 2011.
Dammann, G.: »Besessenheits- und Trancezustände« in *Dissoziative Bewußtseinsstörungen*, ed. A. Eckhardt-Hermann/S. O. Hoffmann, Stuttgart 2004.
Danckert, W: *Unehrliche Leute*, Bern 1963.
Danto, A. C.: *Connections to the World*, Berkeley 1997.
Daraki, M.: »La mer dionysiaque«, *Revue de l'Histoire des Religions* 1982.
Davenport-Hines, R.: *The Pursuit of Oblivion*, London 2001.
David-Neel, A.: *Unsterblichkeit und Wiedergeburt*, Wiesbaden 1962.
Davidsohn, R.: *Die Frühzeit der Florentiner Kultur*, Bd. III, Berlin 1927.
Davidson, H. R. E.: *Pagan Scandinavia*, London 1967.
–: »Religious Practices of the Northern Peoples in Scandinavian Tradition«, *Temenos* 1990.
Davies, B.: *The Thought of Thomas Aquinas*, Oxford 1992.
Davies, O.: »The Nightmare Experience, Sleep Paralysis, and Witchcraft Accusations«, *Folklore* 2003.
Davis, F. H.: *Myths & Legends of Japan*, Singapore 1989.
Davis, N. Z.: *Drei Frauenleben*, Berlin 1996.
Davis, S. T.: »Philosophy and Life after Death« in *Philosophy and Religion*, ed. B. Davies, Oxford 2000.
–: »Resurrection, Personal Identity, and the Will of God« in *Personal Identity and Resurrection*, ed. G. Gasser, Farnham 2010.

–: »Traditional Christian Belief in the Resurrection of the Body« in *Philosophy of Death*, ed. S. Brennan/R. J. Stainton, Peterborough 2010a.
Day, J. S./A. C. Tillett: »The Nicoya Shaman« in *Paths to Central American Prehistory*, ed. F. W. Lange, Niwot 1996.
Deacy, C.: *Screening the Afterlife*, London 2012.
Dean, J.: »Alien Doubts« in *UFO Religions*, ed. C. Partridge, London 2003.
De Boeck, F.: »Die zweite Welt« in *Africa Screams*, ed. T. Wendl, Wuppertal 2004.
Declich, F.: »Sufi Experience in Rural Somalia«, *Social Anthropology* 2000.
Defleur, A.: *Les Sépultures Moustériennes*, Paris 1993.
Deikman, A. J.: »Deautomatization and the Mystic Experience« in *Altered States of Consciousness*, ed. C. T. Tart, New York 1969.
Deimel, C.: *Tarahumara*, Frankfurt/M. 1980.
Deißner, K.: *Paulus und die Mystik seiner Zeit*, Leipzig 1921.
Delcourt, M.: *Pyrrhos et Pyrrha*, Paris 1965.
Delgado, M.: »Die Sehnsucht nach Unsterblichkeit in der mystischen Erfahrung des Johannes vom Kreuz« in *Unsterblichkeit*, ed. D. Daphinoff/ B. Hallensleben, Heidelberg 2012.
Delluc, B./G. Delluc: *Lascaux*, Périgueux 1984.
–: *Dictionnaire de Lascaux*, Luçon 2008.
Delporte, H.: »Andouiller gravé et sculpté: ›le sceptre‹« in *L'image des animaux dans l'art préhistorique*, ed. H. Delporte, Cahors 1990.
Deltgen, F.: *Gelenkte Ekstase*, Stuttgart 1993.
Delumeau, J.: *Une histoire du paradis*, Paris 1992.
–: *Que reste-t-il du paradis?*, Paris 2001.
Demmerling, C.: »Kein Etwas, aber auch nicht ein Nichts« in *In Sprachspiele verstrickt*, ed. S. Tolksdorf/H. Tetens, Berlin 2010.
Demmerling, C./H. Landweer: *Philosophie der Gefühle*, Stuttgart 2007.
Dentan, R. K.: *The Semai*, New York 1968.
Denzler, B.: »Attitudes Toward Religion and Science in the UFO Movement in the U. S.« in *UFO Religions*, ed. C. Partridge, London 2003.
DeSalvo, J.: *Andrew Jackson Davis*, o. O. 2005.
Descartes, R.: *Œuvres*, ed. C. Adam/P. Tannéry, Bd. X, Paris 1908.
Descola, P.: *Jenseits von Natur und Kultur*, Berlin 2011.
Desjarlais, R. R.: »The Magical Flight and Healing Geography of Nepali Shamans«, *Ethos* 1989.
–: *The Aesthetics of Illness and Healing in the Nepal Himalayas*, Delhi 1994.
–: »Echoes of a Yolmo Buddhist's Life in Death«, *Cultural Anthropology* 2000.
De Spelder, L. A./A. L. Strickland: *The Last Dance*, Mountain View 1987.
Dessoir, M.: *Vom Jenseits der Seele*, Stuttgart 1917.
Détev, P.: »Une vase zoomorphe en argile relatif au culte du soleil« in *Valcamonica Symposium 79*, ed. E. Anati, Capo di Ponte 1983.

Dethlefsen, T.: *Das Erlebnis der Wiedergeburt*, München 1976.
–: *Das Leben nach dem Leben*, München 1984.
–: *Schicksal als Chance*, München 1987.
Devereux, G.: *Mohave Ethnopsychiatry and Suicide*, Washington 1961.
Devereux, P.: *Shamanism and the Mystery Lines*, London 2000.
–: »Schamanische Landschaften« in *Rituale des Heilens*, ed. F.-T. Gottwald/ C. Rätsch, Aarau 2000.
Devisch, R.: »Mediumistic Divination Among the Northern Yaka of Zaire« in *African Divination Systems*, ed. P. M. Peek, Bloomington 1991.
Devlin, J.: *The Superstitious Mind*, New Haven 1987.
Diener, C. W.: *Hunsrücker Volkskunde*, Bonn 1962.
Dienes, I.: »The Hungarians at the Time of the Conquest and Their Ancient Beliefs« in *Ancient Cultures of the Uralian Peoples*, ed. P. Hajdú, Budapest 1976.
Diesel, A.: *Shakti*, Johannesburg 2007.
Dietrich, A.: »Functional Neuroanatomy of Altered States of Consciousness«, *Consciousness and Cognition* 2003.
Dietrich v. Apolda: *Vita S. Elyzabeth*, ed. M. Rener, Marburg 2007.
Dilman, I.: *Love and Human Separateness*, Oxford 1987.
Dillmann, F.-X.: »Mímir« in *Reallexikon der Germanischen Altertumskunde*, ed. H. Beck et al., Bd. 20, Berlin 2002.
Dingfelder, J. H.: »Zur Deutung der Speerschleudern von Mas d'Azil und Bédeilhac« in *Festschrift für Lothar Zotz*, ed. G. Freund, Bonn 1960.
Dinzelbacher, P.: »Die Vision Alberichs und die Esdras-Apokryphe«, *Studien und Mitteilungen zur Geschichte des Benediktiner-Ordens* 1976.
–: *Mittelalterliche Visionsliteratur*, Darmstadt 1989.
–: »Bäuerliche Berichte über das Leben in der anderen Welt« in *du guoter tôt*, ed. M. J. Wenninger, Klagenfurt 1998.
–: *Himmel, Hölle, Heilige*, Darmstadt 2002.
–: »Religiöses Erleben vor bildender Kunst« in *Frömmigkeit im Mittelalter*, ed. K. Schreiner, München 2002a.
–: *Von der Welt durch die Hölle zum Paradies*, Paderborn 2007.
–: »Mystische Phänomene zwischen theologischer und medizinischer Deutung in Spätmittelalter und Frühneuzeit« in *Mystik und Natur*, ed. P. Dinzelbacher, Berlin 2009.
Diószegi, V.: *Tracing Shamans in Siberia*, Oosterhout 1960.
–: »Denkmäler der samojedischen Kultur im Schamanismus der ostsajanischen Kultur«, *Acta Ethnographica Hungarica* 1963.
–: »Zum Problem des tofischen (karagassischen) Schamanismus« in *Glaubenswelt und Folklore der sibirischen Völker*, ed. V. Diószegi, Budapest 1963a.
–: »The Problem of the Ethnic Homogeneity of Tofa Shamanism« in *Popular Beliefs and Folklore Tradition in Siberia*, ed. V. Diószegi, The Hague 1968.

v. Ditfurth, H.: *Der Geist fiel nicht vom Himmel*, Hamburg 1976.
Dittrich, A.: *Ätiologie-unabhängige Strukturen veränderter Wachbewußtseinszustände*, Stuttgart 1985.
Dixon, R. B.: »The Northern Maidu: Acorns and Winter Dances in the Sacramento Valley« in *A Reader in General Anthropology*, ed. C. S. Coon, New York 1948.
Dobbin, J. D./F. X. Hezel: »Possession and Trance in Chuuk«, *Isla* 1995.
Dobbins, J. C.: »The Biography of Shinren«, *History of Religions* 1990.
–: *Summoning the Powers Beyond*, Honolulu 2011.
Dobhan, U.: *Gott, Mensch und Welt in der Sicht Teresas von Avila*, Frankfurt/M. 1978.
Dodds, E. R.: »Why I Do Not Believe In Survival« in *Readings in the Philosophical Problems of Parapsychology*, ed. A. Flew, Buffalo 1987.
Döllinger, I. V.: *Beiträge zur Sektengeschichte des Mittelalters*, Bd. I & II, München 1890.
Dohse, W.: *Parapsychologie und Religion*, Berlin 1988.
Doht, R.: *Der Rauschtrank im germanischen Mythos*, Wien 1974.
Dolgikh, B. O.: »Nganasan Shaman Drums and Costumes« in *Shamanism in Siberia*, ed. V. Diószegi/M. Hoppál, Budapest 1978.
Dollinger, P.: *Die Hanse*, Stuttgart 1989.
Domhoff, C. W.: *The Scientific Study of Dreams*, Washington 2002.
Domian, J.: *Interview mit dem Tod*, Gütersloh 2012.
Donner, K.: *Bei den Samojeden in Sibirien*, Stuttgart 1926.
Dooley, J. A.: »Trance or Symbolic Representation: That Is the Question«, *Shaman*, Autumn 1999.
Doré, H.: *Recherches sur les superstitions en Chine*, Bd. II, Shanghai 1912; Bd. IX, 1915.
Dorsey, G. A.: *The Cheyenne*, Chicago 1905.
Dow, J.: *Otomí Indian Symbolic Healing*, Salt Lake City 1986.
Downs, J. F.: *The Two Worlds of the Washo*, New York 1966.
Downs, R. E.: *The Religion of the Bare'e Speaking Toradja of Central Celebes*, 's-Gravenhage 1956.
Draaisma, D.: *Das Buch des Vergessens*, Berlin 2012.
Drab, K. J.: »The Tunnel Experience: Reality or Hallucination?«, *Anabiosis* 1981.
Dräger, L.: »Einige indianische Darstellungen des Sonnentanzes«, *Jahrbuch des Museums für Völkerkunde zu Leipzig* 1961.
Draguhn, A.: »Tod als Ende der Sterbephase« in *Handbuch Sterben und Menschenwürde*, ed. M. Anderheiden/W. U. Eckart, Berlin 2012.
Drewes, O.: *Das Geheimnis der Schicksals- und Palmblattbibliotheken*, Mekkenheim 2011.
Driesch, H.: *Lebenserinnerungen*, Basel 1951.

Drury, M.O'C.: *The Danger of Words*, London 1973.
DuBois, C.: *The People of Alor*, Minneapolis 1944.
DuBois, T.A.: *Nordic Religions in the Viking Age*, Philadelphia 1999.
–: *An Introduction to Shamanism*, Cambridge 2009.
Duby, G.: *Unseren Ängsten auf der Spur*, Köln 1996.
Ducasse, C. J.: *Nature, Mind, and Death*, La Salle 1951.
Duerr, H. P.: *Ni Dieu – ni mètre: Anarchische Bemerkungen zur Bewußtseins- und Erkenntnistheorie*, Frankfurt/M. 1974.
–: »Können Hexen fliegen?«, *Unter dem Pflaster liegt der Strand* 3, 1976.
–: *Traumzeit*, Frankfurt/M. 1978.
–: »Reise zum Ursprung: Fragmente eines Tagebuchs« in *Sehnsucht nach dem Ursprung*, ed. H. P. Duerr, Frankfurt/M. 1983.
–: *Sedna oder Die Liebe zum Leben*, Frankfurt/M. 1984.
–: *Satyricon*, Frankfurt/M. 1985.
–: *Der Mythos vom Zivilisationsprozeß*, Bd. I, Frankfurt/M. 1988; Bd. II, 1990; Bd. III, 1993; Bd. IV, 1997; Bd. V, 2002.
–: »Welterneuerung und Weltflucht« in *Östliches – Westliches*, ed. M. Sladek, Heidelberg 1995.
–: *Rungholt: Die Suche nach einer versunkenen Stadt*, Frankfurt/M. 2005.
–: *Tränen der Göttinnen*, Heidelberg 2008.
–: *Die Fahrt der Argonauten*, Berlin 2011.
Duerr, J.: *Von Tierhütern und Tiertötern*, Bonn 2010.
–: »Die verkehrte Jenseitswelt (mundus inversus)« in ›*Irreguläre*‹ *Bestattungen in der Urgeschichte*, ed. N. Müller-Schneeßel, Bonn 2013.
Düwel, K.: »Germanische Opfer und Opferriten im Spiegel altgermanischer Kultworte« in *Vorgeschichtliche Heiligtümer und Opferplätze in Mittel- und Nordeuropa*, ed. H. Jankuhn, Göttingen 1970.
–: »Frühe Schriftkultur bei den Barbaren« in *Die Alamannen*, ed. K. Fuchs et al., Stuttgart 1997.
Duhard, J.-P.: *Réalisme de l'Image masculin paléolithique*, Grenoble 1996.
Dunn, M.: »Gregory the Great, the Vision of Fursey and the Origins of Purgatory«, *Peritia* 2000.
Dupré, J.: »Hard and Easy Questions About Consciousness« in *Wittgenstein and Analytic Philosophy*, ed. H.-J. Glock/J. Hyman, Oxford 2009.
Duvernoy, J.: *La religion des Cathares*, Toulouse 1989.
Dzon, M.: »Margery Kempe's Ravishment into the Childhood of Christ«, *Mediaevalia* 2006.

Eadie, B. J.: *Embraced by the Light*, Placerville 1992.
Earhart, H. B.: »Four Ritual Periods of Haguro Shugendō in Northeastern Japan«, *History of Religions* 1965.
–: *A Religious Study of the Mount Haguro Sect of Shugendō*, Tōkyō 1970.

Ebbern, H. et al.: »Maria's Near-Death Experience«, *Skeptical Inquirer*, August 1996.
Ebinger-Rist, N. et al.: »Der Löwenmensch näher betrachtet« in *Die Rückkehr des Löwenmenschen*, ed. K. Wehrberger, Ostfildern 2013.
Eccles, J. C.: »Conscious Experience and Memory« in *Brain and Conscious Experience*, ed. J. C. Eccles, New York 1966.
Echenhofer, F.: »The Creative Cycle Processes Model of Spontaneous Imagery Narratives Applied to the Ayahuasca Shamanic Journey«, *Anthropology of Consciousness* 2012.
Eckhardt-Henn, A./S. O. Hoffmann: »Depersonalisation und Derealisation« in *Dissoziative Bewußtseinsstörungen*, ed. A. Eckhardt-Henn/S. O. Hoffmann, Stuttgart 2004.
Edelman, S. P.: »Ascension Motifs and Reversals in Tewa Narratives«, *Journal of Anthropological Research* 1974.
Edelstein, E. J./L. Edelstein: *Asclepius*, Bd. II, Baltimore 1945.
Edenheiser, I.: »Die Dinge der Kallawaya-Heilkultur« in *Kallawaya*, ed. I. Edenheiser/C. Deimel, Dresden 2010.
Edsman, C.-M.: »A Swedish Female Folk Healer From the Beginning of the 18th Century« in *Studies in Shamanism*, ed. C.-M. Edsman, Stockholm 1967.
van Eeden, F.: »A Study of Dreams (1913)« in *Altered State of Consciousness*, ed. C. Tart, New York 1969.
Eggert, M.: *Rede vom Traum*, Stuttgart 1993.
Ehlebracht, S.: *Gelingendes Scheitern*, Würzburg 2008.
Ehlen, T.: »Vision und Schrift« in *Visio Edmundi monachi de Eynsham*, ed. T. Ehlen et al., Tübingen 1998.
Ehrenwald, J.: »Out-of-the-Body Experiences and the Denial of Death«, *Journal of Nervous and Mental Disease* 1974.
Eibach, U.: *Gott »im« Gehirn?*, Wuppertal 2006.
Eichelbeck, R.: *Übersinnlich*, München 2004.
Eicher, W.: *Die sexuelle Erlebnisfähigkeit und die Sexualstörungen der Frau*, Stuttgart 1977.
Eichhorn, W.: *Die Religionen Chinas*, Stuttgart 1973.
Eigner, D.: »Tamang-Schamanentum in Nepal« in *Was ist ein Schamane?*, ed. A. Schenk/C. Rätsch, Berlin 1999.
–: *Schamanische Therapie in Zentralnepal*, Wien 2001.
Eikemeier, D.: »Wohin gehen die Koreaner nach dem Tod?«, *Asiatische Studien* 1980.
Eiseman, F. B.: *Bali: Sakala and Niskala*, Bd. I, Hong Kong 1990.
Eisenbud, J.: *Gedankenfotografie*, Freiburg 1975.
Ekman, P.: *Gefühle lesen*, München 2004.
Elferink, J. G. R.: »Aphrodisiac Use in Pre-Columbian Aztec and Inka Culture«, *Journal of the History of Sexuality* 2000.

Eliade, M.: *Schamanismus und archaische Ekstasetechnik*, Zürich 1957.
–: *Das Okkulte und die moderne Welt*, Salzburg 1978.
–: *Geschichte der religiösen Ideen*, Bd. I, Freiburg 1978.
Elior, R.: »The Emergence of the Mystical Traditions of the Merkabah« in *Paradise Now*, ed. A. D. DeConick, Atlanta 2006.
Eliot, L.: *Was geht da drinnen vor?*, Berlin 2002.
Elisabeth v. Schönau: *Werke*, ed. P. Dinzelbacher, Paderborn 2006.
Elkin, A. P.: »The Rainbow-Serpent Myth in North-West Australia«, *Oceania* 1931.
–: *Aboriginal Men of High Degree*, St. Lucia 1977.
Elliott, D.: *Proving Women*, Princeton 2004.
Ellis, F. H.: »Laguna Pueblo« in *Handbook of North American Indians*, Bd. 9, ed. A. Ortiz, Washington 1979.
Ellis, H. R.: *The Road to Hel*, New York 1968.
Ellis, P. B.: *A Brief History of the Celts*, London 2003.
Ellis, R. R.: *San Juan de la Cruz*, New York 1992.
Ellwood, G. F.: »Distressing Near-Death Experiences as Photographic Negatives«, *Journal of Near-Death Studies* 1996.
–: *Holy Darkness, Holy Light*, Ann Arbor 1998.
Elphick, J./J. Woodward: *Naturführer Vögel*, Starnberg 2005.
Elsaesser-Valarino, E.: »Analyse der Nahtodeserfahrung und ihrer verschiedenen Stufen« in *Erfahrungen an der Schwelle des Todes*, ed. E. Elsaesser-Valarino, Kreuzlingen 1995.
Elwin, V.: *The Religion of an Indian Tribe*, London 1955.
Em, A. R.: »Die Rentierzucht der Waldlappen«, *Zeitschrift für Ethnologie* 1937.
Emboden, W.: *Narcotic Plants*, New York 1979.
Emery, K. F.: »Animals From the Maya Underworld« in *Behaviour Behind Bones*, ed. S. J. O'Day et al., Oxford 2004.
Emmerling, L.: *Gotik und Renaissance in der Pfalz*, Landau 1994.
Emsheimer, E.: »Über das Vorkommen und die Anwendungsweise der Maultrommel in Sibirien und Zentralasien«, *Ethnos* 1941.
Endres, K. W.: »Spirit Possession in Modern Vietnam« in *Possessed by the Spirits*, ed. K. Fjelstad/N. T. Hein, Ithaca 2006.
Engel, K.: *Meditation*, Frankfurt/M. 1995.
Engling, C.: *Unbequem und ungewöhnlich*, Würzburg 2005.
Engmann, B.: »Some Basic Problems with the Term ›Near-Death Experience‹«, *Journal of Near-Death Studies* 2011.
–: *Mythos Nahtoderfahrung*, Stuttgart 2011a.
–: *Near-Death Experiences*, Cham 2014.
Ennemoser, J.: *Geschichte der Magie*, Leipzig 1844.
Enright, M. J.: *The Sutton Hoo Sceptre and the Roots of Celtic Kingship Theory*, Dublin 2006.

Ensinger, H.: »Inhalations- und Injektionsanästhetika« in *Allgemeine und spezifische Pharmakologie und Toxikologie*, ed. K. Aktories et al., München 2005.
Ephirim-Donkor, A.: *African Spirituality*, Asmara 1997.
Eppel, F.: *Stationen der ältesten Kunst*, Wien 1963.
Érdi, N.: *Táltos*, Berlin 1989.
v. Erffa, H. M.: *Ikonologie der Genesis*, Bd. II, München 1995.
Erixon, S.: »Popular Conceptions of Spirits and Other Elementals in Sweden During the 19th Century« in *The Supernatural Owner of Nature*, ed. Å. Hultkrantz, Stockholm 1961.
Erkwoh, R.: »Epileptic Schizophrenia-Like Psychoses as a Model for Idiopathic Schizophrenia«, *Neurology, Psychiatry and Brain Research* 1993.
van Ess, J.: »Le *mi'rāǧ* et la vision de Dieu dans les premières spéculations théologiques en Islam« in *Le voyage initiatique en terre d'Islam*, ed. M. A. Amir-Moezzi, Louvain 1996.
Essen, G.-W./T. T. Thingo: *Die Götter des Himalaya*, München 1989.
Esser, D.: *Ubique diabolus*, Erlangen 1992.
Estrada, A.: *Vida de María Sabina*, México 1997.
Estrade, J. B.: *Die Erscheinungen in Lourdes*, München 1980.
Evans, C. O.: *The Subject of Consciousness*, London 1970.
Evans, I. H. N.: *The Religion of the Tempasuk Dusuns of North Borneo*, Cambridge 1953.
Evans, R. J.: *Rituale der Vergeltung*, Berlin 2001.
Evans-Pritchard, E. E.: *Nuer Religion*, Oxford 1956.
Evans-Wentz, W. Y.: *The Fairy Faith in Celtic Countries*, Rennes 1909.
Eves, R.: »The Incorporation of Power in the Magical Cult of Buai«, *Oceania* 1995.
–: »Pentecostal Dreaming and Technologies of Govermentality in a Melanesian Society«, *American Ethnologist* 2011.
Ewald, G.: »*Ich war tot*«, Augsburg 1999.
–: *An der Schwelle zum Jenseits*, Mainz 2001.
–: *Gehirn, Seele und Computer*, Darmstadt 2006.
–: *Auf den Spuren der Nahtoderfahrungen*, Kevelaer 2011.
Ewald, G.: *Neurologie und Psychiatrie*, München 1964.
Ey, H.: *La Conscience*, Paris 1963.
–: *Traité des hallucinations*, Bd. I, Paris 1973.
v. Eyth, M.: »Des Schneiders Flug« in *Die Donau in Sagen, Mythen und Märchen*, ed. B. Kircher, Köln 2007.

Fabraga, H./D. B. Silver: *Illness and Shamanistic Curing in Zinacantan*, Stanford 1973.
Fadiman, A.: *Der Geist packt dich, und du stürzt zu Boden*, Berlin 2000.

Fässler, B.: *Geist, Gesellschaft, Droge*, Solothurn 2008.
Fagan, B. M.: *Das frühe Nordamerika*, München 1993.
Fale, E.: *Divine Intervention*, New York 2010.
Fasbender, C.: *Von der Wiederkehr der Seelen Verstorbener*, Heidelberg 2001.
–: »Höhlen: Einstiege in mythische und mythisierende Geographien mittelalterlicher Literatur« in *Burgen, Länder, Orte*, ed. U. Müller et al., Konstanz 2008.
Faulstich, J.: *Das Innere Land*, München 2006.
Faust, F. X.: *Zur Ethnographie der Coyaima- und Natagaima-Indianer in Kolumbien*, München 1989.
Faust, V.: *Schizophrenie*, München 1996.
Fazekas, J.: »Hungarian Shamanism« in *Studies in Shamanism*, ed. C.-M. Edsman, Stockholm 1967.
Fedorova, M. V.: »Schamanen der Burjaten« in *Schamanen Sibiriens*, ed. E. Kasten, Berlin 2009.
Feest, C. F.: »Glossar« in *Kulturen der nordamerikanischen Indianer*, ed. C. F. Feest, Köln 2000.
Feld, H.: »Franziskus v. Assisi als Visionär und Darsteller« in *Religiöse Erfahrung*, ed. W. Haug/D. Mieth, München 1992.
–: *Frauen des Mittelalters*, Köln 2000.
Fenimore, A.: *Beyond the Darkness*, New York 1995.
Fenwick, P.: »The Neurophysiology of Religious Experience« in *Psychiatry and Religion*, ed. D. Bhugra, New York 1996.
–: »Berichte vom Jenseits«, *UNESCO-Kurier* 3, 1998.
–: »Science and Spirituality«, *Journal of Near-Death Studies* 2005.
–: »Commentary on ›Near-Death Experiences With Hallucinatory Features‹«, *Journal of Near-Death Studies* 2007.
Fenwick, P./E. Fenwick: *The Truth in the Light*, London 1995.
–: *The Art of Dying*, London 2008.
de Ferdinandy, M.: »Die Mythologie der Ungarn« in *Götter und Mythen im Alten Europa*, ed. H. W. Haussig, Stuttgart 1973.
Ferlampin-Archer, C.: *Fées, bestes et luitons*, Paris 2002.
Fernandez, J. W.: »Tabernanthe Iboga: Narcotic Ecstasis and the Work of the Ancestors« in *Flesh of the Gods*, ed. P. T. Furst, London 1972.
–: *Bwiti*, Princeton 1982.
v. Feuerbach, A.: »Beispiel eines Verbrechens am Seelenleben des Menschen« in *Kaspar Hauser*, ed. H. Pies, Bd. I, Stuttgart 1925.
Feuerbach, L.: »Grundsätze der Philosophie der Zukunft« in *Werke*, ed. E. Thies, Bd. 3, Frankfurt/M. 1975.
–: *Kleine Schriften 1846-50*, Bd. III, ed. W. Schuffenhauer, Berlin 1990.
Feyerabend, P.: *Probleme des Empirismus*, Bd. I, Stuttgart 2002.
–: *Naturphilosophie*, Frankfurt/M. 2009.

Fichtenau, H.: *Ketzer und Professoren*, München 1992.
Fiedel, S. J.: *Prehistory of the Americas*, Cambridge 1987.
Fiedler, P.: *Dissoziative Störungen und Konversion*, Weinheim 2001.
–: *Sexuelle Orientierung und sexuelle Abweichung*, Weinheim 2004.
–: »Erinnerung, Vergessen und Dissoziation« in *Dissoziative Bewußtseinsstörungen*, ed. A. Eckhardt-Harm/S. O. Hoffmann, Stuttgart 2004 a.
Figge, H. H.: *Geisterkult, Besessenheit und Magie*, Freiburg 1973.
Finch, A. J.: »The Catholic Church and the Afterlife in Late Chosŏn Korea« in *The Church, the Afterlife and the Fate of the Soul*, ed. P. Clarke/T. Claydon, Woodbridge 2009.
Findeisen, H.: *Schamanentum*, Stuttgart 1957.
–: »Das Schamanentum als spiritistische Religion«, *Ethnos* 1960.
–: *Dokumente urtümlicher Weltanschauung der Völker Nordeurasiens*, Oosterhout 1970.
Finnestad, R. B.: »A Study of Modern Coptic Visions of the ›Holy World‹«, *Temenos* 1994.
Firth, R.: *Rank and Religion in Tikopia*, London 1970.
Firth, S.: *Dying, Death and Bereavement in a British Hindu Community*, Leuven 1997.
Fischer, H. R.: *Sprache und Lebensform*, Frankfurt/M. 1987.
Fischer, J.: »Der Körper, die Seele und der Tod« in *Das Rätsel von Leib und Seele*, ed. R. Breuer, Stuttgart 1997.
Fischer, K.: »Der Geist an der Grenze des Lebens: Die Bedeutung von Nahtoderfahrungen« in *Was ist Geist?*, ed. J. Weinzirl/P. Heusser, Würzburg 2014.
Fischer, R.: »A Cartography of the Ecstatic and Meditative State«, *Science* 1971.
Fischer-Liebmann, S.: »Die Renjagd in Eurasien«, *Archiv für Völkerkunde* 1969.
Fjelstad, K./L. Maiffret: »Gifts From the Spirit« in *Possessed by the Spirits*, ed. K. Fjelstad/N. T. Hien, Ithaca 2006.
Flaherty, G.: »Sex and Shamanism in the Eighteenth Century« in *Sexual Underworlds of the Enlightenment*, ed. G. S. Rousseau/R. Porter, Manchester 1987.
Fleming, N.: »Blick auf die Seele« in *Wittgensteins Philosophische Untersuchungen*, ed. E. v. Savigny, Berlin 1998.
Flew, A.: *A Rational Animal*, Oxford 1978.
–: »Is There a Case for Bodied Survival?« in *Readings in the Philosophical Problems of Parapsychology*, ed. A. Flew, Buffalo 1987.
–: *The Logic of Mortality*, Oxford 1987 a.
–: »Immortality« in *Encyclopedia of Philosophy*, ed. D. M. Borchert, Bd. 4, Detroit 2006.
Flood, G.: »Rites of Passage« in *Issues in Hinduism*, ed. P. Bowen, London 1998.

Flood, J. L.: »Die Wilde Jagd« in *Dämonen, Monster, Fabelwesen*, ed. U. Müller/W. Wunderlich, St. Gallen 1999.
Flor, F.: »Haustiere und Hirtenkulturen«, *Wiener Beiträge zur Kulturgeschichte und Linguistik* 1930.
Flor-Henry, P.: »Auditory Hallucinations, Inner Speech, and the Dominant Hemisphere«, *Behavioral and Brain Sciences* 1986.
Flynn, C. P.: *After the Beyond*, Englewood Cliffs 1986.
Fodor, I.: »Über die vorchristliche Religion der Altungarn«, *Acta Ethnographica Hungarica* 2003.
v. Foligno, A.: *Zwischen den Abgründen*, ed. B. Widmer, Einsiedeln 1955.
Folini, C.: *Katharinenthal und Töss*, Zürich 2007.
Forsyth, C. J.: »Parade Strippers«, *Deviant Behavior* 1992.
–: »The Structuring of Vicarious Sex«, *Deviant Behavior* 1996.
Forth, G. L.: *Rindi*, The Hague 1981.
–: *Beneath the Volcano*, Leiden 1998.
–: »Tree Totems and the Tamarind People«, *Oceania* 2009.
Fortune, R. F.: »Manus Religion«, *Oceania* 1931.
–: *Sorcerers of Dobu*, New York 1963.
Foster, G.: »Sierra Popoluca Folklore and Beliefs«, *University of California Publications in American Archaeology and Ethnology*, Berkeley 1945.
de Fouchécour, C.-H.: »Avicenne, Al-Qoṣeyri et le récit de l'échelle de Mahomet« in *Le voyage initiatique en terre d'Islam*, ed. M. A. Amir-Moezzi, Louvain 1996.
Fournié, M.: *Le Ciel peut-il attendre?*, Paris 1997.
Fowler, R.: *Der Fall Andreasson*, Weilersbach 1995.
Fox, M.: *Religion, Spirituality and the Near-Death Experience*, London 2003.
Fox, O.: *Astral Projection*, New Hyde Park 1962.
Fraenger, W.: »Hieronymus Boschs ›Johannes auf Patmos‹«, *Zeitschrift für Religions- und Geistesgeschichte* 1949.
Franck, J.: *Geschichte des Wortes Hexe*, Bonn 1901.
Frankel, S.: *The Huli Response to Illness*, Cambridge 1986.
Franz, L.: »Zur Funktion und Bedeutung des Hirsches in mittelalterlichen Gründungslegenden« in *Tiere und Fabelwesen im Mittelalter*, ed. S. Obermaier, Berlin 2009.
v. Franz, M.-L.: »Archetypische Erfahrungen in der Nähe des Todes« in *Erfahrungen mit dem Tod*, ed. M.-L. v. Franz et al., Freiburg 1994.
–: *Traum und Tod*, Zürich 1999.
Fraser, T. M.: *Rusembilan*, Ithaca 1960.
Frayer, D. W.: »Body Size, Weapon Use, and Natural Selection in the European Upper Paleolithic and Mesolithic«, *American Anthropologist* 1981.
Freedman, S. J. et al.: »Perceptual and Cognitive Changes in Sensory Deprivation« in *Sensory Deprivation*, ed. P. Solomon et al., Cambridge 1961.

Freeman, L. G./J. González Echegaray: *La grotte d'Altamira*, Paris 2001.
Frei, G.: *Probleme der Parapsychologie*, München 1969.
Freise, D.: *Geistliche Spiele in der Stadt des ausgehenden Mittelalters*, Göttingen 2002.
Fremantle, F./C. Trungpa: *Das Totenbuch der Tibeter*, Düsseldorf 1981.
French, C. C.: »Dying to know the Truth«, *Lancet* 2001.
Freuchen, P.: *Book of the Eskimos*, ed. D. Freuchen, Cleveland 1961.
Frey-Rohn, L.: »Sterbeerfahrungen psychologisch beleuchtet« in *Erfahrungen mit dem Tod*, ed. M.-L. v. Franz et al., Freiburg 1994.
Frick, K. R. H.: *Licht und Finsternis*, Bd. I, Graz 1975; Bd. II 1978.
Fridman, E. J. N.: *Sacred Geography*, Budapest 2004.
Friebel, V.: *Innere Bilder*, Düsseldorf 2000.
Friedl, E.: *Träger medialer Begabung im Hindukusch und Karakorum*, Wien 1966.
Friedreich, J. B.: *Die Symbolik und Mythologie der Natur*, Würzburg 1859.
Friedrich, A.: »Knochen und Skelett in der Vorstellungswelt Nordasiens«, *Wiener Beiträge zur Kulturgeschichte und Linguistik* 1943.
Friedrich, A./G. Buddruss: *Schamanengeschichten aus Sibirien*, München 1955.
Fritsche, U.: *Jheronimus Bosch: Botschaft und Betrug*, Schmallenberg 2014.
Frohock, F. M.: *Beyond*, Lawrence 2010.
Fromm, E.: »Dissociation, Repression, Cognition, and Voluntarism«, *Consciousness and Cognition* 1992.
Frude, N.: *Understanding Abnormal Psychology*, Oxford 1998.
Fuchs, S.: »Magic Healing Techniques Among the Balahis in Central India« in *Magic, Faith, and Healing*, ed. A. Kiev, New York 1964.
Fuchs, T.: *Außerkörperliche Erfahrungen und Nahtodeserlebnisse bei Wiederbelebten*, Dortmund 1997.
–: »Wirklichkeit und Entfremdung« in *Die Normativität des Wirklichen*, ed. T. Buchheim et al., Stuttgart 2002.
–: *Das Gehirn: Ein Beziehungsorgan*, Stuttgart 2008.
Fuchs, T./H. Lauter: »Psychiatric Aspects of the End of Life« in *Contemporary Psychiatry*, Bd. II, ed. F. Henn et al., Heidelberg 2003.
Fudge, E.: »›Onely Proper Unto Man‹« in *Reading in Early Modern Dream*, ed. K. Hodgkin et al., Abingdon 2008.
Fürer-Haimendorf, C. v.: *The Apa-Tanis and Their Neighbours*, London 1962.
–: *The Sherpas of Nepal*, London 1964.
Funk, W.: *Alte deutsche Rechtsmale*, Bremen 1940.
Furst, P. T.: »To Find Our Life« in *Flesh of the Gods*, ed. P. T. Furst, London 1972.
–: *Hallucinogens and Culture*, San Francisco 1976.

Furst, P. T./B. G. Myerhoff: »The Jimson Weed Cycle of the Huichols of Mexico«, *Antropologica* 1966.

Gabbard, G. O. et al.: »Do ›Near-Death Experiences‹ Occur Only Near Death?«, *Journal of Nervous and Mental Disease* 1981.
Gabbard, G. O./S. W. Twemlow: *With the Eyes of the Mind*, New York 1984.
Gade, D. W.: *Nature and Culture in the Andes*, Madison 1999.
Gadient, L.: »Krankheit als spirituelle Chance« in *Christliche Spiritualität und Psychotherapie*, ed. E. Möde, Regensburg 2013.
Gaenszle, M.: »The Vertical Dimension in Mewahang Rai Ritual Journeys« in *Himalayan Space*, ed. B. Bickel/M. Gaenszle, Zürich 1999.
–: »Gesungene Reisen zum Ursprung«, *Zeitschrift für Religionswissenschaft* 1999.
Galinier, J. et al.: »Anthropology of the Night«, *Current Anthropology* 2010.
Gallagher, K. T.: *The Philosophy of Knowledge*, New York 1982.
Gallagher, P.: »Over Easy: A Cultural Anthropologist's Near-Death Experience«, *Anabiosis* 1982.
Gallagher, S.: *How the Body Shapes the Mind*, Oxford 2011.
Gallais, P.: *La Fée à la Fontaine et à l'Arbre*, Amsterdam 1992.
Gallup, G./W. Proctor: *Begegnungen mit der Unsterblichkeit*, Frankfurt/M. 1990.
Ganz, D.: »Orte der inneren Schau in mittelalterlichen Visionsdarstellungen« in *Anima und sêle*, ed. K. Philipowski/A. Prior, Berlin 2006.
–: *Medien der Offenbarung*, Berlin 2008.
Gardiner, E.: *Visions of Heaven & Hell Before Dante*, New York 1989.
–: *Medieval Visions of Heaven and Hell*, New York 1993.
Garfield, P.: *Frauen träumen anders*, München 1991.
Garrett, S. R.: *No Ordinary Angel*, New Haven 2008.
de la Garza, M.: *El hombre en el pensamiento religioso náhuatl y maya*, México 1990.
Gatrell, V. A. C.: *The Hanging Tree*, Oxford 1994.
Gauntlett-Gilbert, J./E. Kuipers: »Phenomenology of Visual Hallucinations in Psychiatric Conditions«, *Journal of Nervous and Mental Disease* 2003.
Gauthier, D. K./C. J. Forsyth: »Bareback Sex, Bug Chaser, and the Gift of Death«, *Deviant Behavior* 1999.
Gbadegesin, S. »Èniyàn: The Yoruba Concept of a Person« in *The African Philosophy Reader*, ed. P. H. Coetzee/A. P. J. Roux, London 1998.
Geach, P.: *God and the Soul*, London 1969.
–: »What Must Be True of Me If I Survive My Death?« in *Philosophy of Religion*, ed. B. Davies, Oxford 2000.
v. Gebsattel, V. E.: *Prolegomena einer medizinischen Anthropologie*, Berlin 1954.

—: »Die Störungen des Werdens und des Zeiterlebens im Rahmen psychiatrischer Erkrankungen« in *Die Wahnwelten*, ed. E. Straus et al., Frankfurt/M. 1963.
Geels, A.: »Divine Visualisations« in *Being Religious and Living Through the Eyes*, ed. P. Schalk, Uppsala 1998.
Geertz, C.: *The Religion of Java*, Glencoe 1960.
Gehrts, H.: *Von der Wirklichkeit der Märchen*, Regensburg 1992.
Gehrung, F.: *Das Seelische*, Berlin 1938.
Geier, M.: *Kants Welt*, Reinbek 2003.
Geiger, W.: *Geschichte und Weltbild*, Frankfurt/M. 2002.
Geisen, R.: *Anthroposophie und Gnostizismus*, Paderborn 1992.
Geist, V./L. Baskin: »Renhirsche« in *Grzimeks Enzyklopädie*, ed. B. Grzimek, Bd. 5, München 1988.
Gelfand, M.: *Shona Religion*, Cape Town 1962.
Gelling, P./H. E. Davidson: *The Chariot of the Sun*, London 1969.
van Gent, J.: *Magic Body and the Self in 18th Century Sweden*, Leiden 2009.
Gentilcore, D.: *From Bishop to Witch*, Manchester 1992.
Gerlach, P.: »Jeronimus van Aken en de Onze Lieve Vrouwe-Broederschap« in *Bijdragen bij gelegenheid van de herdenkingsten toonstelling te 's-Hertogenbosch*, 's-Hertogenbosch 1967.
Gerriets-Kexel, R.: »Nahtod« in *Dimension Psi*, ed. W. v. Lucadou, München 2003.
Geschwinde, T.: *Rauschdrogen*, Berlin 1985.
Geyer, I.: *Maria von Oignies*, Frankfurt/M. 1992.
Gibbs, J. C.: »Moody's Versus Siegel's Interpretation of the Near-Death Experience«, *Anabiosis* 1987.
—: »What Do Near-Death Experiences and Jesus Have in Common?«, *Journal of Near-Death Studies* 2005.
Gibson, A. E.: »Near-Death Patterns From Research in the Salt Lake City Region«, *Journal of Near-Death Studies* 1994.
Gibson, M.: *Witchcraft and Society in England and America, 1550-1750*, Ithaca 2003.
Giese, H.: »Abnormes und perverses Verhalten« in *Psychopathologie der Sexualität*, ed. H. Giese/V. E. v. Gebsattel, Stuttgart 1962.
Gietenbruch, F.: *Höllenfahrt Christi und Auferstehung der Toten*, Zürich 2010.
Gignoux, P.: *Le Livre d'Arda Viraz*, Paris 1984.
Gill, J. H.: »On Reaching Bedrock« *Metaphilosophy* 1974.
Gilligan, S.: *Therapeutische Trance*, Heidelberg 1991.
Gillison, G.: *Between Culture and Fantasy*, Chicago 1993.
Ginzburg, C.: *I Benandanti*, Torino 1966.
—: *Storia notturna*, Torino 1989.
—: »The Philosopher and the Witches«, *Acta Ethnographica Hungarica* 1992.

Giovetti, P.: *Engel*, Genf 1992.
Gissibl, B.: »Wunderheilungen, Visionen und ekstatische Frömmigkeit im bayerischen Vormärz« in *Wunderwelten* ed. N. Freytag/D. Sawicki, München 2006.
Glass, J. M.: *Shattered Selves*, Ithaca 1993.
Glasse, R. M.: »The Huli of the Southern Highlands« in *Gods, Ghosts and Men in Melanesia*, ed. P. Lawrence/M. J. Meggitt, Melbourne 1965.
Gloor, P.: »Role of the Amygdala in Temporal Lobe Epilepsy« in *The Amygdala*, ed. J. P. Aggleton, New York 1992.
Glory, A.: *Les Recherches à Lascaux*, Paris 2008.
Glosecki, S. O.: *Shamanism and Old English Poetry*, New York 1989.
Godwin, M.: *Der Traum*, München 1995.
v. Görres, J.: *Die christliche Mystik*, Bd. IV.2, Regensburg 1842.
Göttler, C.: *Die Kunst des Fegefeuers nach der Reformation*, Mainz 1996.
Golan, A.: *Prehistoric Religion*, Jerusalem 2003.
Goldenberg, G.: »Body Image and the Self« in *The Lost Self*, ed. T. E. Feinberg/F. P. Keenan, Oxford 2005.
Goldman, I.: *Cubeo Hehénewa Religious Thought*, New York 2004.
Goldstein, E. B.: *Was Babys denken*, München 2006.
Goldstein, L.: »Wittgenstein as Soil« in *Wittgenstein's Lasting Significance*, ed. M. Kölbel/B. Weiss, London 2004.
Goleman, D.: »Grenzerfahrung Tod«, *Psychologie heute* 6, 1977.
Golowin, S.: *Die Magie der verbotenen Märchen*, Hamburg 1974.
–: »Psychedelische Volkskunde« in *Der Fliegenpilz*, ed. W. Bauer et al., Köln 1991.
Golther, W.: *Handbuch der germanischen Mythologie*, Leipzig 1895.
Gómez-Jeria, J. S.: »A Near-Death Experience Among the Mapuche«, *Journal of Near-Death Studies* 1993.
–: »A Near-Death Experience in Pu Songling's ›Strange Stories from Liaozhai's Studio‹«, *Journal of Near-Death Studies* 2006.
Gómez-Tabanera, J. M.: *La caza en la prehistoria*, Madrid 1980.
Goodenough, W. H.: *Under Heaven's Brow*, Philadelphia 2002.
Goodman, F.: Mündliche Mitteilung vom 17. Juni 1981.
–: »Der Zaun der Hexe« in *Der gläserne Zaun*, ed. R. Gehlen/B. Wolf, Frankfurt/M. 1983.
–: *Wo die Geister auf den Winden reiten*, Freiburg 1989.
–: *Die andere Wirklichkeit*, München 1994.
–: *Meine letzten 40 Tage*, Zürich 1996.
Gootenberg, P.: *Andean Cocaine*, Chapel Hill 2008.
Gouin, M.: *Tibetan Rituals of Death*, London 2010.
Gouzoulis-Mayfrank, E.: »Kognition bei Modellpsychosen« in *Neuropsychologie der Schizophrenie*, ed. T. Kircher/S. Gauggel, Heidelberg 2008.

Govers, C.: *Performing the Community*, Berlin 2006.
Gow, P.: »River People« in *Shamanism, History, and the State*, ed. N. Thomas/ C. Humphrey, Ann Arbor 1996.
Grabert, H.: *Eine vergleichende Studie zur Psychologie der Mystiker und Psychopathen*, Stuttgart 1928.
Grabmayer, J.: *Volksglauben und Volksfrömmigkeit im spätmittelalterlichen Kärnten*, Wien 1994.
–: »Visio quam Ulricus sacerdos vidit«, *Mediaevistik* 1996.
–: »Didaxe und Paränese in der mittelalterlichen Offenbarungsliteratur« in *du guoter tôt*, ed. M. J. Wenninger, Klagenfurt 1998.
–: *Zwischen Diesseits und Jenseits*, Köln 1999.
Gračeva, G. N.: »A Nganasan Shaman Costume« in *Shamanism in Siberia*, ed. V. Diószegi/M. Hoppál, Budapest 1978.
Graf, S.: »Marienverehrung und Pfarrei« in *Herrschaftspraxis und soziale Ordnungen im Mittelalter und in der Frühen Neuzeit*, ed. P. Aufgebauer et al., Hannover 2006.
Gragnolati, M.: *Experiencing the Afterlife,* Notre Dame 2005.
Graham, G.: *Philosophy of Mind*, Oxford 1993.
Grambo, R.: »Sleep as a Means of Ecstasy and Divination«, *Acta Ethnographica Hungarica* 1937.
Gramsch, B.: *Das Mesolithikum im Flachland zwischen Elbe und Oder*, Bd. I, Berlin 1973.
Grant, E.: *Das physikalische Weltbild des Mittelalters*, Zürich 1980.
–: *Planets, Stars, and Orbs*, Cambridge 1994.
Grasmück, O.: *Eine Marienerscheinung in Zeiten der Diktatur*, Berlin 2009.
Graves, C.: *The Asian Origins of Amerindian Religion*, Bochum 1995.
Gredig, F.: *Finding New Cosmologies*, Münster 2009.
Green, C.: *Sutton Hoo*, London 1963.
Green, C.: *Out-of-the-Body Experiences*, New York 1973.
Green, J. T.: »Near-Death Experiences in a Southern Californian Population«, *Anabiosis* 1983.
–: »Lucid Dreams as One Method of Replicating Components of the Near-Death Experience«, *Journal of Near-Death Studies* 1995.
–: »The Near-Death Experience as a Shamanic Initiation«, *Journal of Near-Death Studies* 2001.
Green, J. W.: *Beyond the Good Death*, Philadelphia 2008.
Green, M.: *Animals in Celtic Life and Myth*, London 1992.
–: *Keltische Mythen*, Stuttgart 1994.
Greene, F. G./S. Krippner: »Panoramavision: Halluzination oder Brücke zum Jenseits?« in *Gibt es ein Leben nach dem Tod?*, ed. G. Doore, München 1994.
Greene, S.: »Development, Shamanic Agency and Intermedicality in Aguaruna Lands«, *American Ethnologist* 1998.

Gregersen, M.: »Autoerotische Todesfälle«, *Sexualmedizin* 11, 1975.
Gregor, T.: *Mehinaku*, Chicago 1977.
Gregory, R.: *Odd Perceptions*, London 1986.
Gresser, I.: *Psychologische Auswirkungen von Nah-Todes-Erfahrungen*, Berlin 2004.
Greve, R.: »A Shaman's Concept of Illness and Healing Ritual in the Mustang District, Nepal«, *Journal of the Nepal Research Center* 1982.
Grey, M.: *Return From Death*, London 1985.
Greyson, B.: »A Typology of Near-Death Experiences«, *American Journal of Psychiatry* 1980.
–: »The Near-Death Experience Scale«, *Journal of Nervous and Mental Disease* 1983.
–: »Reduced Death Threat in Near-Death Experiences« in *Death Anxiety Handbook*, ed. R. A. Neimeyer, Washington 1994.
–: »Near-Death Experiences« in *Encyclopaedia of Psychology*, ed. R. J. Corsini, Bd. II, New York 1994a.
–: »The Near-Death Experience as a Focus of Clinical Attention«, *Journal of Nervous and Mental Disease* 1997.
–: »Dissociation in People Who Have Near-Death Experiences«, *Lancet* 2000.
–: »Near-Death Experiences and Spirituality«, *Zygon* 2006.
–: »Commentary on ›Psychophysiological and Cultural Correlates Undermining a Survivalist Interpretation of Near-Death Experiences‹«, *Journal of Near-Death Studies* 2007.
–: »Consistency of Near-Death Experience Accounts Over Two Decades«, *Resuscitation* 2007a.
Greyson, B./N. E. Bush: »Distressing Near-Death Experiences« in *The Near-Death Experience*, ed. L. W. Bailey/J. Yates, New York 1996.
Greyson, B./I. Stevenson: »The Phenomenology of Near-Death Experiences«, *American Journal of Psychiatry* 1980.
Greyson B. et al.: »Explanatory Models for Near-Death Experiences« in *The Handbook of Near-Death Experiences*, ed. J. M. Holden et al., Santa Barbara 2009.
–: »›There Is Nothing Paranormal About Near-Death Experiences‹ Revisited«, *Trends in Cognitive Science* 2012.
Grieshofer, F.: »Jenseitsvorstellungen einer Scheintoten aus Kitzeck«, *Österreichische Zeitschrift für Volkskunde* 2002.
Grim, J. A.: »Ojibway Shamanism« in *Shamanism*, ed. G. Harvey, London 2003.
Grimble, A.: *Migrations, Myth and Magic From the Gilbert Islands*, London 1972.
Grimes, R.: *The Fun of Dying*, o. O. 2010.
Grimm, J.: *Deutsche Rechtsalterthümer*, Göttingen 1881.

Grinnell, G. B.: *The Cheyenne Indians*, New Heaven 1923.
Grinsell, L. V.: »Witchcraft at Some Prehistoric Sites« in *The Witch Figure*, ed. V. Newall, London 1973.
Grinspoon, L./J. B. Bakalar: »Abhängigkeit von anderen Drogen« in *Psychiatrie in Praxis und Klinik*, ed. A. M. Freedman et al., Bd. 6, Stuttgart 1991.
Grob, C. S.: »Female Exhibitionism«, *Journal of Nervous and Mental Disease* 1985.
Grof, S.: *Topographie des Unbewußten*, Stuttgart 1978.
–: »Die holonomische Theorie« in *Der Wissenschaftler und das Irrationale*, ed. H. P. Duerr, Bd. II, Frankfurt/M. 1981.
–: *Totenbücher*, München 1994.
–: *The Ultimate Journey*, Santa Cruz 2010.
Grof, S./J. Halifax: *Die Begegnung mit dem Tod*, Stuttgart 1980.
Groll, U.: *Swedenborg and a New Paradigm Science*, West Chester 2000.
Grom, B.: *Religionspsychologie*, München 1992.
Grosso, M.: *The Millennium Myth*, Wheaton 1995.
Grosso, M./E. F. Kelly: »Mystical Experience« in *Irreducible Mind*, ed. E. F. Kelly et al., Lanham 2007.
Grünberg, F.: *Auf der Suche nach dem Land ohne Übel*, Wuppertal 1995.
Grünberg, G.: »Beiträge zur Ethnographie der Kayabi Zentralbrasiliens«, *Archiv für Völkerkunde* 1970.
Grünberg, J. M.: *Mesolithische Bestattungen in Europa*, Bd. I, Rhaden 2000.
Grünschloß, A.: »»When We Enter Into My Father's Spacecraft'« in *Religion im Wandel der Kosmologien*, ed. D. Zeller, Frankfurt/M. 1999.
–: »Wenn die Götter landen ...«, *Texte der Evangelischen Zentralstelle für Weltanschauungsfragen* 2000.
Gruzinski, S.: »Zwei ›Geschichten‹ von Schamanen im Mexiko der Barockzeit« in *Die wilde Seele*, ed. H. P. Duerr, Frankfurt/M. 1987.
Guédon, M.-F.: »Tsimshian Shamanic Images« in *The Tsimshian*, ed. M. Seguin, Vancouver 1984.
Güntert, G.: »Dantes schattenwerfender Körper und die Schattenleiber der Seelen«, *Deutsches Dante-Jahrbuch* 1995.
Güntert, H.: *Von der Sprache der Götter und Geister*, Halle 1921.
Günthart, R.: *Von den vier Ketzern*, Zürich 2009.
Günther, K.: »Das Jung- und Endpaläolithikum« in *Alt- und mittelsteinzeitliche Fundplätze in Westfalen*, Bd. 2, ed. K. Günther, Bielefeld 1988.
Guenther, M.: *Tricksters and Trancers*, Bloomington 1999.
Günther, S.: »Paradiesvorstellungen und Himmelsreisen im Islam« in *Jenseitsreisen*, ed. E. Hornung/A. Schweizer, Basel 2011.
Guggenheim, B./J. Guggenheim: *Trost aus dem Jenseits*, Bern 1997.
Gunda, B.: »Totemistische Spuren in der ungarischen *táltos*-Überlieferung« in

Glaubenswelt und Folklore der sibirischen Völker, ed. V. Diószegi, Budapest 1963.
Gundert, W.: *Japanische Religionsgeschichte*, Tōkyō 1935.
Gusinde, M.: *Die Feuerlandindianer*, Bd. I, Mödling 1931.
–: *Die Kongo-Pygmäen in Geschichte und Gegenwart*, Halle 1942.
–: *Von Gelben und Schwarzen Buschmännern*, Graz 1966.
Guss, H.: *Der Tod*, Wien 1990.
Gustorff, D.: »Wachkoma auf Intensivstationen aus musiktherapeutischer Sicht« in *Wachkoma*, ed. P. Nydahl, München 2005.
Gutberlet, S. H.: *Die Himmelfahrt Christi in der bildenden Kunst*, Straßburg 1935.

Haas, A. M.: *Kunst rechter Gelassenheit*, Bern 1995.
Haas, J. U.: *Schamanentum und Psychiatrie*, Freiburg 1976.
Haas, K./A. Haas: *Understanding Sexuality*, St. Louis 1987.
Haase, E.: »Der Angakok der Eskimo«, *Mitteilungen der Berliner Gesellschaft für Anthropologie, Ethnologie und Urgeschichte* 1989.
–: »Mittler zwischen Menschen und Geistern« in *Wege der Götter und Menschen*, ed. C. Müller, Berlin 1989 a.
Haavio, M.: *Väinämöinen*, Helsinki 1952.
Haber, R. N.: »Twenty Years of Haunting Eidetic Imagery«, *Behavioral and Brain Science* 1979.
Habermas, G. R./J. P. Moreland: *Beyond Death*, Eugene 2004.
Hacker, P. M. S.: »Eliminative Materialism« in *Wittgenstein and the Contemporary Philosophy of Mind*, ed. S. Schroeder, London 2001.
Hacking, I.: *Historical Ontology*, Cambridge 2002.
Hadley, D. M.: *Death in Medieval England*, Brimscombe Port 2001.
Haeberlin, H. K.: »SBeTe TDA'Q: A Shamanistic Performance of the Coast Salish«, *American Anthropologist* 1918.
Hägg, R.: »Epiphany in Minoan Ritual«, *Bulletin of the Institute of Classical Studies* 1983.
Haerlin, P.: »Psychoanalyse und Derealisation«, *Katabole* 2, 1981.
Hahn, R./C. Fasbender: *Brandan: Die mitteldeutsche ›Reise‹-Fassung*, Heidelberg 2002.
Haidinger, M.: *Von der Guillotine zur Giftspritze*, Salzburg 2007.
Haidle, M. N.: »Begegnung zwischen Neandertalern und anatomisch modernen Menschen« in *Vom Neandertaler zum modernen Menschen*, ed. N. J. Conard, Ostfildern 2005.
Hajdú, P.: »Von der Klassifikation der samojedischen Schamanen« in *Glaubenswelt und Folklore der samojedischen Völker*, ed. V. Diószegi, Budapest 1963.
Haley, J. L.: *Apaches*, Norman 1997.

Haley, L. A.: *Meine Entführungen durch Außerirdische und das US-Militär*, Rottenburg 1996.

Halgren, E.: »Emotional Neurophysiology of the Amygdala Within the Context of Human Cognition« in *The Amygdala*, ed. J. P. Aggleton, New York 1992.

Halifax, J.: *Schamanen*, Frankfurt/M. 1983.

–: *Die andere Wirklichkeit der Schamanen*, Bern 1983a.

–: »Nahtod-Erfahrungen« in *Traum, Schlaf und Tod*, ed. F. J. Varela. München 2001.

Hall, A.: »Getting Shot of Elves«, *Folklore* 2005.

Hall, J. R. et al.: *Apocalypse Observed*, London 2000.

Halle, J. S.: *Die Deutsche Giftpflanzen zur Verhütung der tragischen Vorfälle*, Berlin 1784.

Hallen, O.: »Über Störungen des Zeiterlebens in der epileptischen Aura« in *Zeit in nervenärztlicher Sicht*, ed. G. Schaltenbrand, Stuttgart 1963.

–: »Dreamy States, olfaktorische und Geschmackshalluzinationen epileptischer Genese« in *Halluzinationen bei Epilepsien*, ed. K. Karbowski, Bern 1982.

Haller, R.: *Die Seele des Verbrechers*, St. Pölten 2002.

Hallowell, A. I.: »The Spirits of the Dead in Saulteaux Life and Thought« in *Spirits and the Evil Death*, ed. S. Channa, New Delhi 2002.

Halm, H.: »Der islamische Mystiker und sein ekstatischer Zustand« in *Rausch–Ekstase–Mystik*, ed. H. Cancik, Düsseldorf 1978.

Halpern, S.: *Memory*, München 2009.

Hamanaka, T.: »Justinus Kerners Beitrag zur Psychologie des Doppelgängers« in *Justinus Kerner*, ed. H. Schott, Weinsberg 1991.

Hamayon, R. N.: »Are ›Trance‹, ›Ecstasy‹ and Similar Concepts Appropriate in the Study of Shamanism?« in *The Concept of Shamanism*, ed. H. P. Francfort et al., Budapest 2001.

–: »Die Geweihkrone der sibirischen Schamanen« in *Schamanen Sibiriens*, ed. E. Kasten, Berlin 2009.

Hambel, V.: *Verwendung und Bedeutung der Alraune in Geschichte und Gegenwart*, Passau 2003.

Hamburger, J.: »The Visual and the Visionary«, *Viator* 1989.

Hamilton, A.: *Heresy and Mysticism in 16th-Century Spain*, Toronto 1992.

Hamilton, B.: »Wisdom From the East« in *Heresy and Literacy 1000-1530*, ed. P. Biller/A. Hudson, Cambridge 1994.

Hammer, O.: *Claiming Knowledge*, Leiden 2001.

Hampe, J. C.: *Sterben ist doch ganz anders*, Stuttgart 1975.

Han, S.-W.: *Die Suche nach dem Himmel im Denken Koreas*, Frankfurt/M. 1988.

Hanefeld, E.: »Erlebnisformen paranormaler Spontanfälle«, *Zeitschrift für Parapsychologie* 1971.

Hanfling, O.: »Consciousness: ›The Last Mystery‹« in *Wittgenstein and the Contemporary Philosophy of Mind*, ed. S. Schroeder, London 2001.
Hanna, R./M. Maiese: *Embodied Minds in Action*, Oxford 2009.
Hansen, J.: *Quellen und Untersuchungen zur Geschichte des Hexenwahns*, Bonn 1901.
Hanska, J.: »The Hanging of William Cragh«, *Journal of Medieval History* 2001.
Haraldsson, E.: Mündliche Mitteilung vom 7. November 2012.
Haraldsson, E./K. Osis: »Sterbebettbeobachtungen von Ärzten und Krankenschwestern« in *Fortleben nach dem Tod*, ed. A. Resch, Innsbruck 1987.
Harbison, C.: »Visions and Meditations in Early Flemish Painting«, *Simiolus* 1985.
Hardman, C.: »The Psychology of Conformity and Selfexpression Among the Lohorung Rai« in *Indigenous Psychologies*, ed. P. Heelas/A. Lock, London 1981.
Hargous, S.: *Beschwörer der Seelen*, Basel 1976.
Haring, C.: *Einführung in die Hypnosetherapie*, Stuttgart 1995.
Hark, H.: *Den Tod annehmen*, München 1995.
ter Hark, M.: *Beyond the Inner and Outer*, Dordrecht 1990.
Harkness, D. E.: *John Dee's Conversation With Angels*, Cambridge 1999.
Harlau, C.: »Hat die Hölle einen Schornstein?« in *Bilder vom Tod*, ed. D. Draclé, Münster 2001.
Harmless, W.: *Mystics*, Oxford 2008.
Harner, M. J.: »The Supernatural World of the Jivaro Shaman« in *Peoples and Cultures of Native South America*, ed. D. R. Gross, Garden City 1973.
–: »Common Themes in South American Indian Yagé Experiences« in *Hallucinogens and Shamanism*, ed. M. J. Harner, London 1973 a.
–: *The Jívaro*, London 1973 b.
–: *Der Weg des Schamanen*, Reinbek 1986.
Harpur, J.: *Sacred Tracks*, Berkeley 2002.
Harré, R./M. Tissaw: *Wittgenstein and Psychology*, Aldershot 2005.
Harris, E. E.: *The Restitution of Metaphysics*, Amherst 2000.
Harris, L.: *Hieronymus Bosch und die geheime Welt der Katharer*, Stuttgart 1996.
Harten, H.-C.: *Sexualität, Mißbrauch, Gewalt*, Opladen 1995.
Hartmann, E.: *Dreams and Nightmares*, New York 1998.
–: »The Waking-to-Dreaming Continuum and the Effects of Emotion«, *Behavioral and Brain Sciences* 2000.
Hartmann, E.: *Die Trollvorstellungen in den Sagen und Märchen skandinavischer Völker*, Stuttgart 1936.
Hartmann, G.: *Xingú*, Berlin 1986.
Hartmann, H.: *Über Krankheit, Tod und Jenseitsvorstellungen in Irland*, Bd. I, Halle 1942.

—: *Der Totenkult in Irland*, Heidelberg 1952.
—: »Was ist Wahrheit?«, *Zeitschrift für celtische Philologie* 2001.
Hartmann, O. J.: *Wir und die Toten*, Frankfurt/M. 1946.
Hartmann, U.: *Inhalte und Funktionen sexueller Phantasien*, Stuttgart 1989.
—: »Sexuelle Phantasien« in *Handbuch Sexualität*, ed. S. R. Dunde, Weinheim 1992.
Hartwig, W. A.: »Warum ein Schamane sein Kostüm verkaufte«, *Mitteilungen aus dem Museum für Völkerkunde Leipzig* 1985.
Harva, U.: *Die religiösen Vorstellungen der altaischen Völker*, Helsinki 1938.
Harvey, C. W./J. D. Shelton: »Husserl's Phenomenology and the Ontology of Natural Sciences« in *Phenomenology of Natural Science*, ed. L. Hardy/L. Embree, Dordrecht 1992.
Harvey-Wilson, S.: »Shamanism and Alien Abductions«, *Australian Journal of Parapsychology* 2001.
Hasler, J. A.: »Chaneques und Tzitzimites«, *Fabula* 1969.
Hauschild, T.: *Magie und Macht in Italien*, Gifkendorf 2002.
—: *Ritual und Gewalt*, Frankfurt/M. 2008.
—: »Traum« in *Von Vogelmenschen, Piloten und Schamanen*, ed. T. Hauschild, Berlin 2011.
Hausner, R.: »Das Metnitzer Totentanzspiel« in *du guoter tôt*, ed. M. J. Wenninger, Klagenfurt 1998.
Hautz, J. F.: *Geschichte der Universität Heidelberg*, Bd. I, Mannheim 1862.
Hawkins, P. S.: *Dante*, Oxford 2006.
Heers, J.: *Vom Mummenschanz zum Machttheater*, Frankfurt/M. 1986.
Heidler, F.: *Die biblische Lehre von der Unsterblichkeit der Seele*, Göttingen 1983.
Heijnen, A.: »Dreams, Darkness and Hidden Spheres«, *Paideuma* 2005.
Hatano, Y./T. Shimazaki: »Japan (Nippon)« in *International Encyclopedia of Sexuality*, ed. R. T. Francoeur, New York 1999.
Hatt, J.-J.: »Die keltische Götterwelt und ihre bildliche Darstellung in vorrömischer Zeit« in *Die Kelten in Mitteleuropa*, ed. L. Pauli, Salzburg 1980.
Hauf, M.: *Das Tibetanische Totenbuch*, Düsseldorf 2001.
Heiligendorff, W.: *Der keltische Matronenkultus*, Leipzig 1934.
Heim, A.: »Notizen über den Tod durch Absturz«, *Jahrbuch des Schweizer Alpenvereins* 1892.
Heimann, H.: »Zeitstrukturen in der Psychopathologie« in *Die Zeit*, ed. A. Mohler/A. Peisl, München 1983.
Hein, T.: »Ausflug in den Himmel«, *Spiegel Wissen* 2, 2013.
Heinerth, K.: »Autochthonous and Phenomenal Eidetic Capacity«, *Behavioral and Brain Sciences* 1979.
Heininger, B.: *Paulus als Visionär*, Freiburg 1996.
Heintschel, A.: *Zeuge für das Jenseits*, Zürich 2001.

Heissig, W.: »Die Religionen der Mongolei« in *Die Religionen Tibets und der Mongolei*, ed. G. Tucci/W. Heissig, Stuttgart 1970.

–: »Zu einer daghurischen Schamanen-Reise in das Totenreich« in *Religionsbegegnung und Kulturaustauch in Asien*, ed. W. Gantke et al., Wiesbaden 2002.

Heizmann, W.: »Hirsch: Namenkundliches und als Fruchtbarkeitsrepräsentant« in *Reallexikon der Germanischen Altertumskunde*, ed. H. Beck et al., Berlin 1999.

Helbig, J.: »Zur Interpretation von Medizingesängen der Cuna«, *Münchner Beiträge zur Völkerkunde* 1988.

Hell, D.: »Moderne Erkenntnisse verändern das Ich-Bewußtsein« in *Hirnforschung und Menschenbild*, ed. A. Holderegger et al., Fribourg 2007.

Helldörfer, H.: *Kriminalität und Sexualität*, Hamburg 1961.

Henningsen, G.: *The Witches' Advocate*, Reno 1980.

–: »Die Frauen von außerhalb« in *Die Mitte der Welt*, ed. H. P. Duerr, Frankfurt/M. 1984.

–: »The White Sabbath and Other Archaic Patterns of Witchcraft«, *Acta Ethnographica Hungarica* 1992.

Henry, J. L.: »Possible Involvement of Endorphins in Altered States of Consciousness«, *Ethos* 1982.

Herdt, G.: »Spirit Familiars in the Religious Imagination of Sambia Shamans« in *The Religious Imagination in New Guinea*, ed. G. Herdt/M. Stephen, New Brunswick 1989.

Hergemöller, B.-U.: *Schlaflose Nächte*, Hamburg 2002.

Hergovich, A.: *Der Glaube an Psi*, Bern 2001.

Herr, B.: »The Expressive Character of Fijian Dream and Nightmare Experiences«, *Ethos* 1981.

Hermanns, M.: *Magie und Religion der Tibeter*, Stuttgart 1956.

Herre, W.: *Das Ren als Haustier*, Leipzig 1955.

Herrmann-Pfandt, A.: *Dākinīs*, Bonn 1992.

Hertoft, P.: *Klinische Sexologie*, Köln 1989.

Hertz, R.: *Death and the Right Hand*, Aberdeen 1960.

–: *Das Sakrale, die Sünde und der Tod*, Konstanz 2007.

Herzog, E.: *Psyche und Tod*, Zürich 1960.

Herzog, M.: *Descensus ad inferos*, Frankfurt/M. 1997.

Heuermann, H.: *Wissenschaftskritik*, Tübingen 2000.

Heyne, F. G.: »Neshun-Saman: Eine Schamanengeschichte der Mergen-Orogen«, *Kleine Beiträge aus dem staatlichen Museum für Völkerkunde Dresden* 1999.

–: »Frauen, die Geister beherrschen«, *Anthropos* 2003.

Heywood, R.: »Notes on Changing Mental Climates and Research into ESP« in *Science and ESP*, ed. J. R. Smythis, London 1967.

–: »Der Tod im Lichte des Traums und ›außerkörperlichen‹ Erlebens« in *Vor der Linie*, ed. A. Toynbee, Frankfurt/M. 1970.
Hezel, F. X.: *The New Shape of Old Island Cultures*, Honolulu 2001.
Hick, J. H.: *Philosophy of Religion*, Englewood Cliffs 1973.
–: *Death & Eternal Life*, Westminster 1994.
High, C.: »Shamans, Animals and Enemies« in *Animism in Rainforest and Tundra*, ed. M. Brightman et al., New York 2012.
Highwater, J.: *The Primal Mind*, New York 1981.
Hilgard, E. R.: »Divided Consciousness and Dissociation«, *Consciousness and Cognition* 1992.
Hilger, I.: *Child Life and Its Cultural Background*, Washington 1957.
Hilhorst, A.: »A Visit to Paradise« in *Paradise Interpreted*, ed. G. P. Luttikhuizen, Leiden 1999.
Hill, B. H.: »The Grain and the Spirit in Mediaeval Anatomy«, *Speculum* 1965.
Hills, C.: »Die angelsächsische Besiedlung Englands« in *Kulturen im Norden*, ed. D. M. Wilson, München 1980.
Hill-Tout, C.: »Ethnological Studies of the Mainland Halkomelen«, *Report of the 72nd Meeting of the British Association for the Advancement of Science* 1903.
Hilton, I.: *Die Suche nach dem Panchen Lama*, München 2002.
Himmelheber, H.: *Eskimokünstler*, Eisenach 1953.
Hinz, B.: »Statuenliebe«, *Marburger Jahrbuch für Kunstwissenschaft* 1989.
Hirsch, M.: »Körperdissoziation als Traumafolge«, *Psyche* 2010.
Hirst, R. J.: *The Problem of Perception*, London 1959.
His, R.: *Das Strafrecht der Friesen im Mittelalter*, Leipzig 1901.
Hiscock, P.: »Die Kolonisierung des Fünften Kontinents«, *Archäologie in Deutschland* 2, 2002.
Hitchcock, J. T.: »A Nepalese Shamanism and the Classic Inner Asian Tradition«, *History of Religions* 1967.
–: »Aspects of Bhujel Shamanism« in *Spirit Possession in the Nepal Himalayas*, ed. J. T. Hitchcock/R. L. Jones, Warminster 1976.
Hnila, P.: »Symbolism of the Opium Poppy in Ancient Mediterranean, Near East and Prehistoric Europe«, *Anodos* 2001.
Ho, T.: *Trauerrituale im vietnamesischen Buddhismus in Deutschland*, Marburg 2012.
Hoare, B.: *Die großen Tierwanderungen*, Bern 2009.
Hoareau, J.: *Klinische Hypnose*, Stuttgart 1996.
Hobart, A.: *Healing Performances of Bali*, New York 2003.
Hobson, J. A.: »States of Consciousness: Normal and Abnormal Variation« in *The Cambridge Handbook of Consciousness*, ed. P. D. Zelazo et al., Cambridge 2007.
Hobson, J. A. et al.: »Dreaming and the Brain«, *Behavioral and Brain Sciences* 2000.

Hock, H.-P.: »Die Welt der Mammutjäger« in *Mammuts aus Sibirien*, ed. U. Joger/U. Koch, Darmstadt 1994.
Hodge, K. M.: »On Imagining the Afterlife«, *Journal of Cognition and Culture* 2011.
Hodgson, P.: *The Cloud of Unknowing*, Salzburg 1982.
Hoebel, E. A.: *Man in the Primitive World*, New York 1958.
Höfer, A.: »Is the *bombo* an Ecstatic?« in *Contributions to the Anthropology of Nepal*, ed. C. v. Fürer-Haimendorf, London 1973.
–: *A Recitation of the Tamang Shaman in Nepal*, Bonn 1994.
–: »The Verbal Journey in Some Western Tamang Oral Ritual Texts« in *Himalayan Space*, ed. B. Bickel/M. Gaenszle, Zürich 1999.
Höfler, M.: *Allerseelengebäcke*, Wien 1907.
Höfler, O.: *Kultische Geheimbünde der Germanen*, Frankfurt/M. 1934.
–: *Der Runenstein von Rök*, Tübingen 1952.
Högl, S.: *Transzendenzerfahrungen*, Marburg 2006.
Hoenn, K.: *Artemis*, Zürich 1946.
Hövelmann, G. H.: »Evidence for Survival from Near-Death Experiences?« in *A Sceptic's Handbook of Parapsychology*, ed. P. Kurtz, Buffalo 1985.
–: »Mutmaßungen über Außerirdische«, *Zeitschrift für Anomalistik* 2009.
Hofmann, A.: *LSD: Mein Sorgenkind*, Stuttgart 1979.
–: »LSD ist eine sakrale Droge« in *Grenzerfahrungen*, ed. H. Ernst, Weinheim 1984.
Hoffmann, G.: »Interview« in *Nichts als Neugier*, ed. H. Knef, München 1978.
Hoffmann, H.: *Symbolik der tibetischen Religionen und des Schamanismus*, Stuttgart 1967.
Hoffmann, S. O.: »Die Dissoziative Fugue« in *Dissoziative Bewußtseinsstörungen*, ed. A. Eckhardt-Herm/S. O. Hoffmann, Stuttgart 2004.
Hogbin, H. I.: »Spirits and the Healing of the Sick in Ontong Java«, *Oceania* 1930.
Hogeterp, A. L. A.: »The Relation Between Body and Soul in the ›Apocalypse of Paul‹« in *The Visio Pauli and the Gnostic Apocalypse of Paul*, ed. J. N. Bremmer/I. Czachesz, Leuven 2007.
Holajter, S. J.: »Ego Dublications, Body Doubles, and Dreams«, *Journal of Phenomenological Psychology* 1995.
Holden, J. M.: »More Things in Heaven and Earth«, *Journal of Near-Death Studies* 2007.
Holden, J. M. et al.: »Out-of-Body Experiences: All in the Brain?«, *Journal of Near-Death Studies* 2006.
–: »Characteristics of Western Near-Death Experiences« in *The Handbook of Near-Death Experiences*, ed. J. M. Holden et al., Santa Barbara 2009.
Holdermann, C.-S. et al.: »Fundstücke« in *Eiszeitkunst im süddeutsch-schweizerischen Jura*, ed. C.-S. Holdermann et al., Stuttgart 2001.

Holdsworth, C. J.: »Christina of Markyate« in *Medieval Women*, ed. D. Baker, Oxford 1978.
Hole, C.: *British Folk Customs*, Oxford 1995.
Holl, A.: *Der letzte Christ*, Stuttgart 1979.
–: *Weihrauch und Schwefel*, Graz 2003.
Hollan, D. W./J. C. Wellenkamp: *Contentment and Suffering*, New York 1994.
Holmberg, D.: *Myth, Ritual, and Exchange Among Nepal's Tamang*, Ithaca 1989.
–: »Transcendence and Magical Power in Tamang Shamanic Soundings«, *Himalayan Research Bulletin* 2002.
Holmberg, U.: »The Shaman Costume and Its Significance«, *Annales Universitatis Fennica Aboensis* 1992.
Holmes, D.: *Abnormal Psychology*, New York 1991.
Holmes, R. M.: *Sex Crimes*, Newbury Park 1991.
Holroyd, S.: *Reisen der Psyche*, Frankfurt/M. 1979.
Holstege, G. et al.: »Brain Activation During Human Male Ejaculation«, *Journal of Neuroscience* 2003.
Holtan, D.: »Cultural and Experiential Aspects of Spirit Beliefs Among the Toraja« in *Spirits in Culture, History, and Mind*, ed. J. M. Mageo/A. Howard, New York 1996.
Holzer, V.: »Der keltische Kultbezirk in Roseldorf/Sandberg« in *Ritus und Religion in der Eisenzeit*, ed. C. Eggl et al., Lagenweißbach 2008.
Holzinger, B.: »Klarträume(n)«, *Kea* 13, 2000.
–: »Der luzide Traum« in *Traum-Expeditionen*, ed. S. Hau et al., Tübingen 2002.
–: *Der luzide Traum*, Wien 2014.
Holzinger, J. B.: *Zur Naturgeschichte der Hexen*, Graz 1883.
Holzman, D.: »Immortality-Seeking in Early Chinese Poetry« in *The Power of Culture*, ed. W. J. Peterson et al., Hong Kong 1994.
Honderich, T.: »An Interview With Alfred Jules Ayer« in *Alfred Jules Ayer: Memorial Essays*, ed. A. P. Griffiths, Cambridge 1991.
Honko, L.: »The Ingrian Lamenter as Psychopomp«, *Temenos* 1978.
–: »Theories Concerning the Ritual Process« in *Science of Religion*, ed. L. Honko, The Hague 1979.
–: »Comment on Noll«, *Current Anthropology* 1985.
Hood, R. W.: »Spirituality and Religion« in *The World's Religions*, ed. P. B. Clarke/P. Beyer, London 2009.
Hooker, J. T.: »Minoan Religion in the Late Palace Period« in *Minoan Society*, ed. O. Krzyszkowska/L. Nixon, Bristol 1985.
Hooper, A.: »Tahitian Healing« in *Healing Practices in the South Pacific*, ed. C. D. F. Parsons, Honolulu 1985.
Hopkins, B.: *Intruders*, New York 1987.

Hoppál, M.: »Folk Beliefs and Shamanism Among the Uralic Peoples« in *Ancient Cultures of the Uralian Peoples*, ed. P. Hajdú, Budapest 1976.
–: *Das Buch der Schamanen*, Luzern 2002.
Hoppe, C.: »Neuroeschatologie, Quanteneschatologie, Eschatologie der Liebe« in *Worauf es letztlich ankommt*, ed. T. Kläden, Freiburg 2014.
Hoppe, S.: »Nahtoderlebnisse: Blick ins Jenseits?« in *Ich habe ins Jenseits geblickt*, ed. A. Bieneck et al., Neukirchen-Vluyn 2006.
Hopson, J. L.: »Endorphine«, *Psychologie heute* 12, 1988.
Horacek, B. J.: »Near Death Experiences« in *Science, Religion, and Society*, ed. A. Eisen/G. Laderman, Armonk 2007.
Hori, I.: »Mountains and Their Importance for the Idea of the Other World in Japanese Folk Religion«, *History of Religions* 1966.
–: *Folk Religion in Japan*, Chicago 1968.
–: »Shamanism in Japan«, *Japanese Journal of Religious Studies* 1975.
Horkel, W.: *Botschaft von Drüben?*, Lahr 1975.
Horn, H. J.: »Amnesie« in *Psychopathologie*, ed. M. Rösler, Weinheim 1995.
Horn, R. M.: *In den Händen fremder Mächte*, Frankfurt/M. 1997.
Hortzitz, N.: *Hexenwahn*, Stuttgart 1990.
Horwitz, T.: »My Death« in *Death*, ed. J. Malpas/R. C. Solomon, London 1998.
Hose, C./W. McDougall: *The Pagan Tribes of Borneo*, London 1912.
Hospers, J.: *An Introduction to Philosophical Analysis*, London 1990.
Houben, H.: »Visio cuiusdam pauperculae mulieris«, *Zeitschrift für die Geschichte des Oberrheins* 1976.
Houlbrooke, R.: *Death, Religion and the Family in England 1480-1750*, Oxford 1998.
House, R.: »Psychopathology, Psychosis and the Kundalini« in *Psychosis and Spirituality*, ed. I. Clarke, London 2001.
Howard, J. H.: *The Canadian Sioux*, Lincoln 1984.
Howarth, G./A. Kellehear: »Shared Near Death and Related Illness Experiences«, *Journal of Near-Death Studies* 2001.
Howe, E. T.: *The Visionary Life of Madre Ana de San Augustín*, Woodbridge 2004.
Howe, J.: *Chiefs, Scribes, and Ethnographers*, Austin 2009.
Howe, L.: *The Changing World of Bali*, London 2005.
Hsu, B. et al.: »Gender Differences in Sexual Fantasy and Behavior in a College Population«, *Journal of Sex & Marital Therapy* 1994.
Huber, G.: *Das Fortleben nach dem Tode*, Zürich 1957.
Hubl, D. et al.: »Halluzinationen: Psychologie« in *Neuropsychologie der Schizophrenie*, ed. T. Kircher/S. Gauggel, Heidelberg 2008.
Hudson, B.: »The Eschatology of the Early Gaelic Church« in *Last Things*, ed. C. W. Bynum/P. Freedman, Philadelphia 2000.
Hudson, D.: *Lewis Carroll*, London 1954.

Hürter, T.: *Der Tod ist ein Philosoph*, München 2013.
Hüwelmeier, G.: »Dämon oder Holy Spirit?« in *Spiegel und Prisma*, ed. D. E. Schulz/J. Seebode, Hamburg 2010.
Hufford, D. J.: »Beings Without Bodies« in *Out of the Ordinary*, ed. B. Walker, Logan 1995.
Hughes, D. J.: »Blending With an Other: An Analysis of Trance Channeling in the U. S.«, *Ethos* 1991.
Huizinga, J.: *Herbst des Mittelalters*, München 1928.
Hulburt, R. T.: *Sampling Normal and Schizophrenic Inner Experience*, New York 1990.
Hulin, M.: »Kundalinī: Zur mythischen Physiologie des tantrischen Yoga« in *Raum-zeitliche Vermittlung der Transzendenz*, ed. G. Oberhammer/M. Schmücker, Wien 1999.
Hull, J. G.: »Science and Pseudoscience in Psychology«, *Psychological Enquiry* 1996.
Hultgård, A.: »Persian Apocalypticism« in *Encyclopedia of Apocalypticism*, Bd. 1, ed. J. J. Collins, New York 1999.
–: »Vom Park des Perserkönigs zum Ort der Seligen« in *Die Stadt Gottes*, ed. M. Hengel et al., Tübingen 2000.
–: »Wotan-Odin« in *Reallexikon der Germanischen Altertumskunde*, ed. H. Beck et al., Bd. 35, Berlin 2007.
Hultkrantz, Å.: *Conceptions of the Soul Among North American Indians*, Stockholm 1953.
–: »Lapp Shamanism From a Comparative Point of View«, *Fenno-Ugrica Suecana* 1979.
–: »Mircea Eliade. Schamanologe oder Zauberlehrling?« in *Sehnsucht nach dem Ursprung*, ed. H. P. Duerr, Frankfurt/M. 1983.
–: »Reindeer Nomadism and the Religion of the Saamis« in *Saami Pre-Christian Religion*, ed. L. Bäckman/Å. Hultkrantz, Stockholm 1985.
–: »Changes of Vision Patterns Among the Wind River Shoshoni«, *History of Religions* 1986.
–: »Mythology and Religious Concepts« in *Handbook of North American Indians*, Bd. 11, ed. W. L. d'Azevedo, Washington 1986 a.
–: *Schamanische Heilkunst und rituelles Drama der Indianer Nordamerikas*, München 1994.
–: »The Meaning of Terms for the Supernatural in Shoshoni Indian Religion« in *Tradition and Translation*, ed. C. Elsas, Berlin 1994.
Hume, L.: »Accessing the Eternal«, *Zygon* 2004.
Hume, R.: *Vögel in Europa*, München 2007.
Hummel, R.: *Reinkarnation*, Mainz 1988.
Humphrey, C.: »Shamanic Practices and the State in Northern Asia« in *Shamanism, History, and the State*, ed. N. Thomas/C. Humphrey, Ann Arbor 1994.

Humphrey, C./U. Onon: *Shamans and Elders*, Oxford 1996.
Hunke, S.: *Tod, was ist dein Sinn?*, Pfullingen 1986.
Hunter, I. M. L.: »The Easel Procedure and Eidetic Characteristics«, *Behavioral and Brain Sciences* 1979.
Husenbeth, H.: ›Es ist ein Schnitter/heißt: der Todt‹, Trier 2007.
Huth, O.: »Vom Blitzfeuer im germanischen Glauben«, *Germanien* 1942.
Huthweiler, T.: *Tod und Grablege der Pfalzgrafen bei Rhein im Spätmittelalter*, Heidelberg 2009.
Hutton, R.: *The Stations of the Sun*, Oxford 1997.
Huxley, F.: *The Invisibles*, London 1966.
Hyde, L.: *Trickster Makes This World*, New York 1998.

Idel, M.: »On the Language of Ecstatic Experiences in Jewish Mysticism« in *Die religiöse Erfahrung*, ed. M. Riedl/T. Schabert, Würzburg 2008.
Ides, E. L.: »Reisenotizen über die sibirischen Völker von einer russischen Gesandtschaftsreise nach Peking (1692-95)«, *Periplus* 2007.
Ilg, K.: »Die Ekstase in volks- und völkerkundlicher Sicht«, *Österreichische Zeitschrift für Volkskunde* 1975.
Imholtz, A. A.: »Goethe's ›Erlkönig‹ as a Passage From Gregory the Great«, *Zeitschrift für Religion und Geistesgeschichte* 1981.
Innes, B.: *Jenseits*, Bindlach 1999.
Introvigne, M.: »La costruzione sociale delle near-death experiences: il caso Betty Eadie«, *Critica Sociologica* 1996.
Irle, J.: *Die Herero*, Gütersloh 1906.
Irwin, H. J.: »The Psychological Function of Out-of-Body Experiences«, *Journal of Nervous and Mental Disease* 1981.
–: *Flight of Mind*, Metuchen 1985.
–: »The Near-Death Experience as a Dissociative Phenomenon«, *Journal of Near-Death Studies* 1993.
Irwin, H. J./B. A. Bramwell: »The Devil in Heaven«, *Journal of Near-Death Studies* 1988.
Ishii, M.: »Spirit Possession, Mimesis, and Permeability in the *buuta* Ritual in South India«, *Journal of the Royal Anthropological Institute* 2013.
Ivanits, L. J.: *Russian Folk Belief*, Armonk 1989.
v. Ivánka, E.: »Zur hesychastischen Lichtvision«, *Kairos* 1971.
Izutzu, T.: »Celestial Journey«, *Eranos* 1982.

Jablensky, A.: »The Epidemiological Horizon« in *Schizophrenia*, ed. S. R. Hirsch/D. R. Weinberger, Oxford 1995.
Jacobs, D. M.: *Secret Life*, New York 1992.
Jacobson, E.: *The Deer Goddess of Ancient Siberia*, Leiden 1993.
Jacobus de Voragine: *Legenda aurea*, ed. R. Nickel, Stuttgart 1988.

Jaensch, E. R.: *Die Eidetik*, Leipzig 1925.
Jaensch, E. R. et al.: *Über den Aufbau der Wahrnehmungswelt*, Leipzig 1927.
–: *Grundformen menschlichen Seins*, Berlin 1929.
Jahrus, V.: »Oneiroide Zustände bei Schizophrenie und akuten psychotischen Störungen«, *Psychoneuro* 2007.
Jahrreiss, W.: »Störungen des Bewußtseins« in *Handbuch der Geisteskrankheiten*, ed. O. Bumke, Bd. I, Berlin 1928.
Jakoby, B.: »Einleitung« in *Mit den Engeln über die Schwelle zum Jenseits*, ed. A. Kriele, Kreuzlingen 2004.
–: *Die Brücke zum Licht*, Reinbek 2005.
James, W.: *The Principles of Psychology*, Bd. II, London 1890.
–: »Consciousness Under Nitrous Oxide«, *Psychological Review* 1898.
–: *The Varieties of Religious Experience*, London 1902.
–: *Essays in Psychology*, ed. F. H. Burkhardt, Cambridge 1983.
v. Jankovich, S.: »Erfahrungen während des klinisch-toten Zustandes« in *Fortleben nach dem Tode*, ed. A. Resch, Innsbruck 1987.
Jankrift, K. P.: »Das Leben und den Leib verwirkt« in *Unrecht und Recht*, Koblenz 2002.
Janota, J.: »Die Mystikerin Margarete Ebner und der Gottesfreund Heinrich von Nördlingen« in *Impulse und Resonanzen*, ed. G. Vollmann-Profe et al., Tübingen 2007.
Jansen, K. L. R.: »The Near-Death Experience«, *British Journal of Psychiatry* 1989.
–: »Transcendental Explanations and Near-Death Experiences«, *Lancet* 1991.
–: »Using Ketamine to Induce the Near-Death Experience«, *Yearbook for Ethnomedicine and the Study of Consciousness* 1995.
Jaspers, K.: »Zur Analyse der Trugwahrnehmungen«, *Zeitschrift für die gesamte Neurologie und Psychiatrie* 1911.
–: »Über leibhaftige Bewußtheiten«, *Zeitschrift für Pathopsychologie* 1913.
–: *Allgemeine Psychopathologie*, Heidelberg 1946.
–: *Gesammelte Schriften zur Psychopathologie*, Heidelberg 1963.
Javitt, D./S. R. Zukin: »Phencyclidine- or Phencyclidine-Like-Related Disorders« in *Comprehensive Textbook of Psychiatry*, ed. B. J. Sadock/V. A Sadock, Bd. I, Philadelphia 2005.
Jay, M.: *High Society*, Darmstadt 2011.
Jean de Gerson: »Praktische Regeln zur Beurteilung der Echtheit einer übernatürlichen Offenbarung« in *Der Widerschein des Ewigen Lichtes*, ed. G. Rovira, Kevelaer 1984.
Jędrej, M. C.: »Ingessana Dreaming« in *Dreaming, Religion and Society in Africa*, ed. M. C. Jędrej/R. Shaw, Leiden 1992.

Jenness, D.: *Report of the Canadian Arctic Expedition 1913-18*, Bd. XII, Ottawa 1992.
Jenus, S. S./C. L. Jenus: *Report on Sexual Behavior*, New York 1993.
Jerouschek, G.: *Die Hexen und ihr Prozeß*, Esslingen 1992.
Jerusalem, P.: *Historia von Doktor Faustus*, Ebenhausen o. J.
Jervis, G.: *Kritisches Handbuch der Psychiatrie*, Frankfurt/M. 1978.
Jettmar, K.: *Die frühen Steppenvölker*, Baden-Baden 1964.
–: *Die Religionen des Hindukusch*, Stuttgart 1975.
–: »Die Aussage der Archäologie zur Religionsgeschichte Innerasiens« in *Die vorislamischen Religionen Mittelasiens*, ed. K. Jettmar/E. Kattner, Stuttgart 2003.
Jilek, W. G.: »Altered States od Consciousness in North American Indian Ceremonials«, *Ethos* 1982.
Jilek, W. G./L. Jilek-Aall: »Schamanistische Symbolik in den wiederbelebten Zeremonien der Salish«, *Mitteilungen der Berliner Gesellschaft für Anthropologie, Ethnologie und Urgeschichte* 1990.
Jироušková, L.: *Die Visio Pauli*, Leiden 2006.
Jochelson, W.: *The Yakut*, New York 1933.
Jochens, J. M.: »The Church and Sexuality in Medieval Iceland«, *Journal of Medieval History* 1980.
Jockenhövel, A./B. Knoche: »Zur Rolle des Hirsches im neolithischen Europa« in *Archäologische Perspektiven*, ed. J. Eckert et al., Rhaden 2003.
Jörns, K.-P.: *Die neuen Gesichter Gottes*, München 1999.
Johannes vom Kreuz: *Sämtliche Werke*, ed. P. Aloysius/P. Ambrosius, Bd. I, München 1937; Bd. II, 1938; Bd. V, 1929.
Johansen, U.: »Die Trachten der mongolischen Schamanen und ihre Symbolik« in *Die Mongolen*, ed. W. Heissig/C. C. Müller, Innsbruck 1989.
–: »Shamanism and Neoshamanism: What Is the Difference?« in *The Concept of Shamanism*, ed. H. P. Francfort et al., Budapest 2001.
Johanson, D./B. Edgar: *Lucy und ihre Kinder*, Heidelberg 1998.
Johansons, A.: »The Shamaness of the Abkhazians«, *History of Religions* 1972.
Johnson, A.: *Families of the Forest*, Berkeley 2003.
Johnson, B.: *Und Manitu erschuf die Welt*, Düsseldorf 1979.
Johnson, J. B.: »The Elements of Mazatec Witchcraft«, *Ethnologiska Studier* 1939.
Johnson, K. M.: »Neurochemistry and Neurophysiology of Phencyclidine« in *Psychopharmacology*, ed. H. Y. Meltzer, New York 1987.
Johnson, M.: »Mind Incarnate«, *Daedalus*, Summer 2006.
Johnson, R. F.: *Saint Michael the Archangel in Medieval English Legend*, Woodbridge 2005.
Johnston, M.: *Surviving Death*, Princeton 2010.
Johnstone, B./B. A. Glass: »Support for a Neuropsychological Model of Spirituality in Persons With Traumatic Brain Injury«, *Zygon* 2008.

Johnstone, J./R. Huws: »Autoerotic Asphyxia«, *Journal of Sex & Marital Therapy* 1997.
Johnstone, S. I.: »Rising to the Occasion« in *Envisioning Magic*, ed. P. Schäfer/H. Kippenberg, Leiden 1997.
Joki, A. J.: »Notes on Selkup Shamanism« in *Shamanism in Siberia*, ed. V. Diószegi/M. Hoppál, Budapest 1978.
Jolly, K. L.: »Anglo-Saxon Charms in the Context of a Christian World View«, *Journal of Medieval History* 1985.
Jones, C.: *Die letzte Reise*, München 1999.
Jones, C. B.: »Transitions in the Practice and Defense of Chinese Pure Land Buddhism« in *Buddhism in the Modern World*, ed. S. Heine/C. S. Prebish, Oxford 2003.
Jones, E.: *Der Alptraum*, Leipzig 1912.
Jones, K. I.: *Conan Doyle and the Spirits*, Wellingborough 1989.
Jones, M. D./L. Flaxman: *Déjà-Vu*, München 2010.
Jones, R. L.: »Shamanism in South Asia«, *History of Religions* 1967.
–: »Limbu Spirit Possession and Shamanism« in *Spirit Possession in the Nepal Himalayas*, ed. J. T. Hitchcock/R. L. Jones, Warminster 1976.
Jones, S. R./C. Fernyhough: »Did Emanuel Swedenborg have Near-Death Experiences?«, *Journal of Near-Death Studies* 2009.
Joralemon, D./D. Sharon: *Curanderos and Clients in Northern Peru*, Salt Lake City 1993.
Jordan, D./K. Mitchell: *Entführung!*, Rottenburg 1996.
Jordan, P.: *Verdrängung und Komplementarität*, Bergedorf 1947.
Jordan, P.: »The Materiality of Shamanism as a ›World View‹« in *The Concept of Shamanism*, ed. H. P. Francfort et al., Budapest 2001.
Jordans, W.: *Der germanische Volksglaube von den Toten und den Dämonen im Berg*, Bonn 1933.
Joseph, R.: »The Limbic System and the Soul«, *Zygon* 2001.
–: »After-Death, Astral Projection, Judgment Day & the Second Death« in *NeuroTheology*, ed. R. Joseph, Santa Fe 2003.
Jucker, E.: *Nomaden, Eigenbrötler und Schamanen*, Bern 1955.
Jünger, E.: *Letzte Worte*, ed. J. Magenau, Stuttgart 2013.
Julian of Norwich: *The Writings*, ed. N. Watson/J. Jenkins, University Park 2006.
Jung, C. G.: *Erinnerungen, Träume, Gedanken*, Zürich 1962.
Jung, M. H.: *Autobiographien frommer Frauen aus Pietismus und Erweckungsbewegung*, Aachen 1999.
Jungs, S./N. Bleul: *Besser leben mit dem Tod*, Stuttgart 2013.
Junginger, J.: »Distinctiveness, Unintendedness, Location, and Nonself Attribution of Verbal Hallucinations«, *Behavioral and Brain Sciences* 1986.
Jungmayr, J.: »Caterina von Siena« in *Mein Herz schmilzt wie Eis im Feuer*, ed. J. Thiele, Stuttgart 1988.

Kästner, K.-P.: *Zoé*, Dresden 2007.
Kahan, T.L./S. LaBerge: »Lucid Dreaming and Metacognition«, *Consciousness and Cognition* 1994.
Kaiser, P.: *Religion in der Psychiatrie*, Göttingen 2007.
Kaltenmark, M.: *Lao-tzu und der Taoismus*, Frankfurt/M. 1981.
Kamma, F.C.: *Koreri*, The Hague 1972.
Kaneko, E.: »Die Mythologie der ethnischen Minderheiten Taiwans« in *Götter und Mythen Ostasiens*, ed. E. Schmalzriedt/H.W. Haussig, Stuttgart 1994.
Kannisto, A.: *Materialien zur Mythologie der Wogulen*, Helsinki 1958.
Kant, I.: *Vorlesungen über die Metaphysik*, ed. K.H. Schmidt, Roßwein 1924.
–: »Träume eines Geistersehers« in *Werke*, ed. W. Weischedel, Bd. II, Frankfurt/M. 1968.
Kapfhammer, H.-P.: »Identitätsstörung bei Autoskopie und Doppelgängerwahn«, *Persönlichkeitsstörungen* 2013.
Kapfhammer, W.: »Schnupfriten in Südamerika« in *Brasilianische Reise 1817-1820*, ed. J. Helbig, München 1994.
v. Kapherr, E.: *Drei Jahre in Sibirien als Jäger und Forscher*, Berlin 1914.
Kapstein, M.T.: »Mulian in the Land of Snows and King Gesar in Hell« in *The Buddhist Dead*, ed. B.J. Cuevas/J.I. Stone, Honolulu 2007.
Kapur, N. et al.: »Very Long-Term Amnesia in Association With Temporal Lobe Epilepsy«, *Brain and Cognition* 1997.
Karapetova, I.A.: »Schamanen der Selkupen« in *Schamanen Sibiriens*, ed. E. Kasten, Berlin 2009.
Kardec, A.: *Das Buch der Geister*, Freiburg 1987.
–: *Das Buch der Geister (1857)*, Brasilia 2008.
Karjala, M.Y.: »Aspects of the Other World in Irish Folk Tradition« in *Northern Religions and Shamanism*, ed. M. Hoppál/J. Pentikäinen, Budapest 1992.
Karjalainen, K.F.: *Die Religion der Jugra-Völker*, Bd. III, Helsinki 1927.
Karlinger, F.: *Auf Märchensuche im Balkan*, Köln 1987.
Károly, L.S.: »Über die Dramaturgie der Totenklage und die Phänomenologie ihrer Gestik«, *Acta Ethnographica Hungarica* 1990.
Karsten, R.: *The Religion of the Samek*, Leiden 1955.
Kasamatsu, A./T. Hirai: »An Electroencephalographic Study of the Zen Meditation (Zazen)« in *Altered States of Consciousness*, ed. C.T. Tart, New York 1969.
Kason, Y.: »Near-Death Experiences and Kundalini Awakening«, *Journal of Near-Death Studies* 1994.
Kasten, E.: »Schamanismus der Samen« in *Hungrige Geister und rastlose Seelen*, ed. M. Kuper, Berlin 1991.
–: *Die irreale Welt in unserem Kopf*, München 2008.

Kasten, E./J. Geier: »Neurobiologische Erklärungsmodelle für Nahtoderlebnisse«, *Zeitschrift für Medizinische Psychologie* 2009.
Kastenbaum, R.: *The Psychology of Death*, New York 1992.
–: »Near Death Experiences: New Evidence for Survival?« in *Death*, ed. J. B. Williamson/E. S. Shneidman, Mountain View 1995.
Katz, G.: *Franziska von Hohenheim*, Stuttgart 2010.
Katz, J. G.: *Dreams, Sufism and Sainthood*, Leiden 1996.
Katz, R.: »Education for Transcendence: !Kia-Healing With the Kalahari – !Kung« in *Kalahari Hunter-Gatherers*, ed. R. B. Lee/I. De Vore, Cambridge 1976.
–: *Boiling Energy*, Cambridge 1982.
Kaufmann, E.-M.: *Jakobs Traum und der Aufstieg des Menschen zu Gott*, Tübingen 2006.
Kaufmann, G.: *Die Geschichte der deutschen Universitäten*, Bd. II, Stuttgart 1896.
Kautzsch, E.: *Die Apokryphen und Pseudoepigraphen des Alten Testaments*, Bd. II, Tübingen 1900.
Kawakíta, J.: *The Hill Magars and Their Neighbours*, Tōkyō 1974.
Keenan, L. K.: »En the Ascetic« in *Religions of Japan in Practice*, ed. G. J. Tanabe, Princeton 1999.
Kehl, M.: *Und was kommt nach dem Ende?*, Freiburg 1999.
Keifenheim, B.: »Zur Bedeutung drogeninduzierter Wahrnehmungsveränderungen bei den Kashinawa-Indianern Ost-Perus«, *Anthropos*, 1999.
–: *Wege der Sinne*, Frankfurt/M. 2000.
Kellehear, A.: »Culture, Biology and the Near-Death Experience«, *Journal of Nervous and Mental Disease* 1993.
–: *Experiences Near Death*, Oxford 1996.
–: »An Hawaiian Near-Death Experience«, *Journal of Near-Death Studies* 2001.
–: »Census of Non-Western Near-Death Experiences«, *Journal of Near-Death Studies* 2008.
Keller, A.: *Maister Franntzn Schmidts Nachrichters inn Nürmberg all sein Richten*, Leipzig 1913.
Keller, C.-A.: »Wiedergeburt im Verständnis des Mahāyāna-Buddhismus« in *Reinkanation, Wiedergeburt*, ed. O. Bischofsberger et al., Fribourg 1987.
Kellermann, V.: »Der Hirsch im germanischen Volksglauben der Vorzeit«, *Germanien* 1938.
–: »Der Hirsch: Zur Erkenntnis eines Sinnbildes«, *Germanien* 1940.
Kellner, B.: *Grimms Mythen*, Frankfurt/M. 1994.
Kelly, E. W. et al.: »Beweisen Todesnäheerfahrungen das Überleben der menschlichen Persönlichkeit nach dem Tod?« in *Todesnähe*, ed. H. Knoblauch/H.-G. Soeffner, Konstanz 1999.

–: »Unusual Experiences Near Death and Related Phenomena« in *Irreducible Mind*, ed E. F. Kelly et al., Lanham 2007.
Kelzer, K.: *Von Sonne und Schatten*, Malente Timmdorf 1995.
Kemmerer, D./R. Gupta: »Out-of-Body Experiences and Their Relevance to the Folk Psychology of Souls«, *Behavioral and Brain Science* 2006.
Kemp, W.: *Beiträge zur Religion der Ainu*, Freiburg 1928.
Kempf, W.: *Das Innere des Äußeren*, Berlin 1996.
–: »Jenseitsvorstellungen im Wandel« in *Expedition ins Paradies*, ed. W. Köpke/B. Schmelz, Hamburg 2003.
Kenin-Lopsan, M. B.: »Tuvan Shamanic Folklore« in *Culture Incarnate*, ed. M. M. Balzer, Armonk 1995.
Kennedy, E.: »Unsterblichkeit: Das Selbst als die post-mortale Belohnung«, *Symbolon* 1993.
Kenny, A.: *Reason and Religion*, Oxford 1987.
–: *Aquinas on Mind*, London 1993.
–: »Wittgenstein on Mind and Metaphysics« in *Ludwig Wittgenstein*, ed. S. Shanker/D. Kilfoyle Bd. III, London 2002.
–: *From Empedokles to Wittgenstein*, Oxford 2008.
Kensinger, K. M.: »Banisteriopsis Use Among the Peruvian Cashinahua« in *Hallucinogens and Shamanism*, ed. M. J. Harner, London 1973.
Kerby-Fulton, K.: *Books Under Suspicion*, Notre Dame 2006.
Kerényi, K.: »Der Sprung vom Leukasfelsen«, *Archiv für Religionswissenschaft* 1926.
Kerner, J.: *Die Seherin von Prevorst (1829)*, Leipzig 1922.
Kerr, D.: *Conan Doyle*, Oxford 2013.
Keskiaho, J.: »The Handling and Interpretation of Dreams and Visions in Late Sixth-to-Eighth-Century Gallic and Anglo-Latin Hagiography and Histories«, *Early Medieval Europe* 2005.
Kessler, H.: *Was kommt nach dem Tod?*, Kevelaer 2014.
Keyser, J.D/M. A. Klassen: *Plains Indian Rock Art*, Seattle 2001.
Kieckhefer, R.: *European Witch Trials*, Berkeley 1976.
–: »Sainthood, Witchcraft, and Magic in Late Medieval Europe«, *Journal of Medieval and Renaissance Studies* 1994.
Kigunda, M.: *Music and Health in Kenya*, Saarbrücken 2007.
Kihlstrom, J. F.: »Consciousness in Hypnosis« in *The Cambridge Handbook of Consciousness*, ed. P. D. Zelazo et al., Cambridge 2007.
Kim, Y.-D.: *Der Schamanismus und das Christentum in Korea*, Ammersbek 1993.
Kimura, B.: »Zur Phänomenologie der Depersonalisation« in *Depersonalisation*, ed. J.-E. Meyer, Darmstadt 1968.
Kinch, A.: »The ›Danse Macabre‹ and the Medieval Community of Death«, *Mediaevalia* 2002.

Kinseher, R.: *Near-Death Experiences Completely Explained*, Norderstedt 2011.
Kinsey, A. C. et al.: *Das sexuelle Verhalten der Frau*, Berlin 1967.
Kirchhoff, J.: *Die Anderswelt*, Klein Jasedow 2002.
Kirchner, H.: »Versuch einer Deutung der szenischen Bildkomposition in der Höhle von Lascaux« in *Actes de la IIIe Session du Congrès International des Sciences Préhistoriques*, ed. E. Vogt, Zürich 1953.
–: »Odin im Adlergewand auf einem gotländischen Bildstein« in *Schamanentum und Zaubermärchen*, ed. H. Gehrts/G. Lademann-Priemer, Kassel 1986.
Kitchen, M.: *Kaspar Hauser*, Houndmills 2001.
Kitiarsa, P.: *Mediums, Monks, and Amulets*, Chiang Mai 2012.
Kjellström, R.: »The Yoiking of the Sami-Peoples«, *Temenos* 1997.
Klages, L.: *Sämtliche Werke*, ed. E. Frauchiger et al., Bd. III, Bonn 1974.
Klammer, P.: *Coitus cum diabolo*, Mariapfarr 2006.
Klaniczay, G.: »Shamanistic Elements in Central European Witchcraft« in *Shamanism in Eurasia*, ed. M. Hoppál, Göttingen 1984.
–: »Der Hexensabbat im Spiegel von Zeugenaussagen in Hexen-Prozessen«, *Kea* 5, 1993.
Klein, C. F. et al.: »Shamanitis: A Pre-Columbian Art Historical Disease« in *The Concept of Shamanism*, ed. H. P. Francfort et al., Budapest 2001.
–: »The Role of Shamanism in Mesoamerican Art«, *Current Anthropology* 2002.
Klein, M.: »Hirntod: Vollständiger und irreversibler Verlust aller Hirnfunktionen?«, *Ethik in der Medizin* 1955.
Kleine, C.: »Rebirth and Immortality, Paradise and Hell« in *Practising the Afterlife*, ed. S. Formanek/W. R. LaFleur, Wien 2004.
Klicpera, C.: *Psychopathologie und biologische Grundlagen der klinischen Psychologie*, Wien 2007.
Kluge, F.: *Etymologisches Wörterbuch der deutschen Sprache*, Berlin 1960.
Knauft, B. M.: *Good Company and Violence*, Berkeley 1985.
Kneale, W.: *On Having a Mind*, Cambridge 1962.
Knittweis, J. W.: »Endorphins Cannot Explain All Aspects of Near-Death Experiences«, *Journal of Near-Death Studies* 1998.
Knoblauch, H.: *Berichte aus dem Jenseits*, Freiburg 1999.
–: »Diesseits des Todes« in *Bildhaftes Erleben in Todesnähe*, ed. P. Bühler/ S. Peng-Keller, Zürich 2014
Knoblauch, H./I. Schmied-Knittel: »Berichte aus dem Jenseits« in *Todesnähe*, ed. H. Knoblauch/H.-G. Soeffner, Konstanz 1999.
Knödel, S.: *Schamaninnen in Korea*, Hamburg 1998.
Knödel, S./U. Johansen: *Symbolik der tibetischen Religionen und der Schamanismus*, Stuttgart 2000.
Knox, R. A.: *Enthusiasm*, Oxford 1950.

Knust, C.: *Vorbild der Gerechtigkeit*, Göttingen 2007.
Knutsen, G. W.: *Servants of Satan and Masters of Demons*, Turnhout 2009.
Koch, W.: »Die Engellehre Bernhards von Clairvaux«, *Das Mittelalter* 2006.
Koch-Grünberg, T.: *Zwei Jahre bei den Indianern Nordwest-Brasiliens*, Stuttgart 1921.
Kocój, E.: »The Romanian Ritual of Căluşari«, *Anthropos* 2013.
Köhler, O.: »Die rituelle Jagd bei den Kxoe-Buschmännern von Mutsiku« in *Festschrift für H. Petri*, ed. K. Tauchmann, Köln 1973.
Köhler, T.: *Rauschdrogen*, München 2008.
König, W.: *Deutsche Sprache*, München 2007.
v. Koenigswald, W./J. Hahn: *Jagdtiere und Jäger der Eiszeit*, Stuttgart 1981.
Kössler-Ilg, B.: *Indianermärchen aus den Kordilleren*, Düsseldorf 1956.
Kohl, K.-H.: *Der Tod der Reisjungfrau*, Stuttgart 1998.
Kohn, L.: *Early Chinese Mysticism*, Princeton 1992.
Kõiva, M.: »Angels and Demons in the Contemporary Personal Experience« in *Engel und Dämonen*, ed. G. Ahn/M. Dietrich, Münster 1997.
Koldeweij, J. et al.: *Hieronymus Bosch*, Stuttgart 2001.
Kollautz, A.: »Der Schamanismus der Awaren« in *New Studies in Ancient Eurasian History*, ed. R.-C. Umeda/B.-E. Tsunoda, Ōsaka 1955.
Kollmar-Paulenz, K.: »Die Mythologie des tibetischen und mongolischen Buddhismus« in *Wörterbuch der Mythologie*, ed. E. Schmalzriedt/H. W. Haussig, Bd. VII.2, Stuttgart 2002.
Konitzky, G. A.: *Nordamerikanische Indianermärchen*, Düsseldorf 1963.
Koppers, W.: *Unter Feuerland-Indianern*, Stuttgart 1924.
Kortt, I.: »Die soziale Bindung des sibirischen Schamanen« in *Hungrige Geister und rastlose Seelen*, ed. M. Kuper, Berlin 1991.
Kosack, G.: »Schamanismus bei den Mafa Nordkameruns« in *Schamanen zwischen Mythos und Moderne*, ed. A. Rosenbohm, Leipzig 1999.
–: »Über die Jenseitsvorstellungen der Mafa in Nordkamerun« in ... *und was ist mit der Seele?*, ed. U. Krasberg/G. Kosack, Frankfurt/M. 2009.
Koschel, K.: »Opium Alkaloids in a Cypriote Base Ring I Vessel (Bilbil) of the Middle Bronze Age From Egypt«, *Ägypten und Levante* 1996.
Koschorreck, W.: *Der Wolf*, Jena 1952.
Kossack, H.-C.: *Hypnose*, Weinheim 2013.
Kovach, J.: »The Body as the Ground of Religion, Science and Self«, *Zygon* 2002.
Kozlowski, J. K.: *L'art de la préhistoire en Europe orientale*, Paris 1992.
Kracke, W. H.: »Dreaming and Shamanism in a Brazilian Indigenous Society« in *Explorations in Psychoanalytic Ethnography*, ed. J. Mimica, New York 2007.
Krämer, W.: *Kurtrierische Hexenprozesse im 16. und 17. Jahrhundert*, München 1959.

Kramer, F. W.: *Literature Among the Cuna Indians*, Göteborg 1970.

–: *Der rote Fes*, Frankfurt/M. 1987.

Kramer, K.-S.: *Volksleben im Hochstift Bamberg und im Fürstentum Coburg (1500–1800)*, Würzburg 1967.

Krappe, A. H.: *The Science of Folklore*, London 1930.

Krarup, N. H. et al.: »Risen From the Dead: A Case of the Lazarus Phenomenon«, *Resuscitation* 2010.

Krasberg, U.: »Seelenvorstellungen im ländichen Griechenland« in *… und was ist mit der Seele?*, ed. U. Krasberg/G. Kosack, Frankfurt/M. 2009.

Krause, A.: *The Tlingit Indians*, Seattle 1956.

Kreiner, J.: »Other World Beliefs in Ryūkyūan Religion« in *Practising the Afterlife*, ed. S. Formanek/W. R. LaFleur, Wien 2004.

Kreitler, H./S. Kreitler: »The Implications of ESP Experiments for Anthropological ESP Research« in *Parapsychology and Anthropology*, ed. A. Angoff/D. Barth, New York 1974.

Kretschmann, U.: *Das Vergewaltigungstrauma*, Münster 1993.

Kretzenbacher, L.: *Germanische Mythen in der epischen Volksdichtung der Slowenen*, Graz 1941.

–: *Bilder und Legenden*, Klagenfurt 1971.

Krickeberg, W.: *Altmexikanische Kulturen*, Berlin 1956.

Krige, E. J.: *The Social System of the Zulus*, Pietermaritzburg 1936.

Kring, A. M.: *Abnormal Psychology*, Hoboken 2010.

Krippner, S.: »Experimentell induzierte paranormale Effekte in Träumen und anderen veränderten Bewußtseinszuständen«, *Zeitschrift für Parapsychologie* 1973.

–: »The Use of Dreams in Shamanic Traditions« in *Shamanism Past and Present*, ed. M. Hoppál/O. v. Sadkowsky, Budapest 1989.

–: »A Pilot Study in ESP, Dreams and Purported OBEs«, *Journal of the Society for Psychical Research* 1996.

Krishnan, V.: »Near-Death Experiences: Evidence for Survival«, *Anabiosis* 1985.

–: »The Physical Basis of Out-of-Body Vision«, *Journal of Near-Death Studies* 1993.

Kroeber, A. L.: »The Eskimo of Smith Sound«, *Bulletin of the American Museum of Natural History* 1899.

Kröger, G.: »Die Dimension des Leibes in der Seelsorge des Krankenhauses« in *Krankengeschichte*, ed. D. Janz, Würzburg 1999.

Krönung, B.: »Ekstasen und andere Formen von Visionserfahrungen in der frühbyzantinischen monastischen Literatur« in *Traum und Vision in der Vormoderne*, ed. A. Gerok-Reiter/C. Walde, Berlin 2012.

–: *Gottes Werk und Teufels Wirken*, Berlin 2014.

Kruschke, B./C. S. Kruschke: »Der Tod existiert nicht?« in *Die Zeit des Sterbens*, ed. A. Brüning/G. Piechotta, Berlin 2005.

Krüger, K.: »Bilder als Medien der Kommunikation« in *Medien der Kommunikation im Mittelalter*, ed. K.-H. Spieß, Wiesbaden 2003.
Kruse, A.: *Das letzte Lebensjahr*, Stuttgart 2007.
Ksica, M./O. Ksicová: *Felsbilder zwischen Schwarzem Meer und Beringstraße*, Brno 1994.
Kuckenburg, M.: *Der Neandertaler*, Stuttgart 2005.
Kübler-Ross, E.: *Über den Tod und das Leben danach*, Güllesheim 1996.
–: *Das Rad des Lebens*, München 1997.
–: *Ein Lesebuch*, Stuttgart 2003.
–: *Erfülltes Leben, würdiges Sterben*, Gütersloh 2005.
Kuehling, S.: *Dobu*, Honolulu 2005.
Kühnel, H.: »Abbild und Sinnbild in der Malerei des Spätmittelalters« in *Europäische Sachkultur des Mittelalters*, ed. H. Appelt, Wien 1980.
Kühnel, S./H. J. Markowitsch: *Falsche Erinnerungen*, Heidelberg 2009.
Kürtz, H. J.: *Zu Zeiten der Hanse*, Lübeck 1983.
Küttner, M.: *Psychische Handlungselemente in den Märchen der Gebrüder Grimm*, Wetzlar 1995.
Kugenbuch, I.: *Warum sich der Löffel biegt und die Madonna weint*, Hannover 2008.
Kuhn, W.: »Out-of-body« in *Seele oder Hirn?*, ed. K.-L. Koenen/J. Schuster, Münster 2012.
– »Warum die Nahtoderfahrung neurobiologisch nicht vollständig erklärt werden kann« in *Worauf es letztlich ankommt*, ed. T. Kläden, Freiburg 2014.
Kulikowski, J./I. Murray: »Chemical Dreams« in *The Artful Eye*, ed. R. Gregory et al., Oxford 1995.
Kummer, B.: »Fee« in *Handwörterbuch des deutschen Aberglaubens*, Bd. II, ed. E. Hoffmann-Kayer, Berlin 1930.
Kun, S.: »Shamanic Practices in Southwest China«, *Temenos* 1988.
Kusnez, S. K.: »Über den Glauben vom Jenseits und den Todten-Cultus der Tscheremissen«, *Internationales Archiv für Ethnographie* 1893.
v. Kutschera, F.: *Grundfragen der Erkenntnistheorie*, Berlin 1982.
Kuyk, J. et al.: »Dissociation in Temporal Lobe Epilepsy and Pseudo-Epileptic Seizure Patients«, *Journal of Nervous and Mental Disease* 1999.
Kværne, P.: »Die Mythologie der Bon-Religion« in *Wörterbuch der Mythologie*, ed. E. Schmalzriedt/H. W. Haussig, Bd. VII, Stuttgart 1999.

van Laack, W.: »Nahtoderfahrungen: Vorhof zum Himmel oder bloß Hirngespinste?« in *Nahtod und Transzendenz*, ed. A. Serwaty/J. Nicolay, Goch 2007.
–: *Wer stirbt, ist nicht tot*, Aachen 2011.
LaBarre, W.: *Shadow of Childhood*, Norman 1991.
LaBerge, S.: »Lucid Dreaming«, *Behavioral and Brain Sciences* 2000.

LaBerge, S./J. Gackenbach: »Lucid Dreaming« in *Varieties of Anomalous Experience*, ed. E. Cardeña et al., Washington 2000.
Laborde-Nottale, É.: *Das Zweite Gesicht*, Stuttgart 1995.
Lacey, T. G.: *Ring of Seasons*, Ann Arbor 1998.
Lachman, G.: *Jung the Mystic*, New York 2010.
de Laguna, F.: »Tlingit« in *Handbook of North American Indians*, Bd. 6, ed. J. Helm, Washington 1981.
Laibow, R. E./C. S. Laue: »Posttraumatic Stress Disorder in Experienced Anomalous Trauma« in *International Handbook of Traumatic Stress Syndromes*, ed. J. P. Wilson/B. Raphael, New York 1993.
Laistner, L.: *Das Rätsel der Sphinx*, Berlin 1889.
Lakoff, G./M. Johnson: *Philosophy in the Flesh*, New York 1999.
Lambek, M.: »Fantasy in Practise« in *Beyond Rationalism*, ed. B. Kapferer, New York 2003.
Lambert, M.: *Ketzerei im Mittelalter*, München 1981.
–: *Geschiche der Katharer*, Darmstadt 2001.
Lambertz, M.: »Die Mythologie der Albaner« in *Götter und Mythen im Alten Europa*, ed. H. W. Haussig, Stuttgart 1973.
Lame Deer, J. F./R. Erdoes: *Lame Deer: Seeker of Visions*, New York 1972.
Lammers, W.: *Gottschalks Wanderung ins Jenseits*, Wiesbaden 1982.
Lampert v. Hersfeld: *Das Leben des hl. Lullus*, ed. M. Fleck, Marburg 2007.
Lamphere, L.: »Southwestern Ceremonialism« in *Handbook of North American Indians*, Bd. 10, ed. A. Ortiz, Washington 1983.
de Landa, D.: *Relación de las cosas de Yucatán*, ed. A. M. Tozzer, Cambridge 1941.
Landau, M.: *Hölle und Fegefeuer*, Heidelberg 1909.
Landesmann, P.: *Die Himmelfahrt des Elija*, Wien 2004.
Landscheid, U.: *Wittgenstein: Theorien und Tatsachen*, Freiburg 2000.
Landtman, G.: *The Kiwai Papuans of British New Guinea*, London 1927.
Lang, B.: »Jüdischer Jenseitsglaube als ›Bricolage‹« in *Vom Jenseits*, ed. E. Goodman-Thau, Berlin 1997.
Lang, B./C. McDannell: *Der Himmel*, Frankfurt/M. 1990.
Lang, F.: *Die Briefe an die Korinther*, Göttingen 1986.
Lang, J.: »Eine Jenseitsreise in die Welt des Unterberges« in *Tradition und Wandel*, ed. G. Ammerer et al., Wien 2001.
Lang, R.: *Neues zur Seherin von Prevorst*, Innsbruck 1983.
–: »Erlebnisse im Umkreis von Sterben und Tod« in *Fortleben nach dem Tode*, ed. A. Resch, Innsbruck 1987.
Langdon, E. J.: »Yagé Among the Siona« in *Spirits, Shamans, and Stars*, ed. D. L. Browman/R. A. Schwarz, The Hague 1979.
Lange, C.: »Islamische Höllenvorstellungen« in *Le voyage initiatique en terre d'Islam*, ed. M. A. Amir-Moezzi, Louvain 1996.

Langlitz, N.: »Neuroimaging und Visionen«, *Bildwelten des Wissens* 2008.
–: *Neuropsychedelia*, Berkeley 2013.
Langwick, S. A.: *Bodies, Politics, and African Healing*, Bloomington 2001.
Lansing, C.: *Cathar Heresy in Medieval Italy*, Oxford 1998.
Lanternari, V.: »Dreams and Visions From the Spiritual Churches of Ghana«, *Paideuma* 1978.
Lantis, M.: »Nunivak Eskimo« in *Handbook of North American Indians*, Bd. 5, ed. W. C. Sturtevant, Washington 1984.
Larsen, K.: *Where Humans and Spirits Meet*, New York 2008.
–: »Possessing Spirits and Bodily Transformation in Zanzibar«, *Journal of Ritual Studies*, 2014.
Lasch, E.: *Das Licht kam über mich*, Freiburg 1998.
Lattas, A.: »The Double Self in West New Britain Cargo Cults«, *Oceania* 1992.
–: *Cultures of Secrecy*, Madison 1998.
Laubscher, B. J. F.: *Sex, Custom and Psychopathology of South African Pagan Natives*, London 1937.
Lauf, D. I: »Initiationsrituale des Tibetischen Totenbuches«, *Asiatische Studien* 1970.
–: »Nachtodzustand und Wiedergeburt nach den Traditionen des Tibetanischen Totenbuches« in *Leben nach dem Sterben*, ed. A. Rosenberg, München 1974.
Laughlin, C. D. et al.: *Brain, Symbol & Experience*, New York 1992.
Laurentin, R./H. Joyeux: *Medizinische Untersuchungen in Medjugorje*, Graz 1986.
Lavasani, M./A. Serwaty: »Erfahrungsberichte aus dem islamischen Kulturkreis« in *Impulse für das Leben aus Nahtoderfahrungen*, ed. A. Serwaty/ J. Nicolay, Goch 2012.
Lavin, I.: *Bernini and the Unity of the Visual Arts*, New York 1980.
Lawlis, F.: »Schamanistische Heilmethoden in einer Schmerzklinik« in *Opfer und Ekstase*, ed. G. Doore, Freiburg 1989.
Lawrence, E.: *Spiritualism Among Civilised and Savage Races*, London 1921.
Lawrence, P.: *Road Belong Cargo*, Manchester 1964.
Lawson, J. C.: *Modern Greek Folklore and Ancient Greek Religion*, Cambridge 1910.
Layard, J.: »Der Mythos der Totenfahrt auf Malekula«, *Eranos-Jahrbuch* 1937.
Layet, P.: »La Danse macabre des Hommes« in ›*Ihr müßt alle nach meiner Pfeife tanzen*‹, ed. H. Schmidt-Glintzer, Wiesbaden 2000.
Leadbeater, C. W.: *A Textbook of Theosophy*, Adyar 1914.
Lebzelter, V.: »Bei den !Kun-Buschleuten am oberen Omuramba und Ovambo«, *Mitteilungen der Anthropologischen Gesellschaft Wien* 1929.
Lechler, G.: »The Interpretation of the ›Ancient Scene‹ at Lascaux«, *Man* 1951.

Lechner-Knecht, S.: »Zum Problem ›Drogenrausch und Meditation‹«, *Archiv für Religionspsychologie* 1971.

–: »Menschliches Bewußtsein und Zeit-Empfinden«, *Spirituelle Dimensionen*, 1, 1986.

Lecouteux, C.: »Hagazussa, Striga, Hexe«, *Hessische Blätter für Volks- und Kulturforschung* 1985.

–: »Romanisch-germanische Kultberührungen am Beispiel des Mahls der Feen«, *Mediaevistik* 1988.

–: *Au delà du Merveilleux*, Paris 1995.

Lee, J. Y.: *Korean Shamanistic Rituals*, The Hague 1981.

Lee, P./R. P. George: *Body-Self Dualism in Contemporary Ethics and Politics*, Cambridge 2008.

Lee, R.: *The Dobe Ju/'Hoansi*, Toronto 2003.

Lee, R. L. M.: »Conscious Dying as Individualized Spirituality«, *Journal of Contemporary Religion* 2007.

–: »Facing the Beyond: Experiences, Metaphors and Spiritualities of the Afterlife«, *Journal of Contemporary Religion* 2013.

Lee, S. G.: »Social Influences in Zulu Dreaming« in *Cross-Cultural Studies*, ed. D. R. Price-Williams, Harmondsworth 1969.

Legewie, H./W. Ehlers: *Moderne Psychologie*, München 1992.

Le Goff, J.: *Die Geburt des Fegefeuers*, Stuttgart 1984.

Lehar, S.: *Entführungen durch eine dunkle Macht*, Lathen 1998.

Lehmacher, G.: »Die irischen Elfen«, *Zeitschrift für Ethnologie* 1951.

Lehmann, A.: *Aberglaube und Zauberei*, Stuttgart 1925.

Lehtisalo, T.: *Entwurf einer Mythologie der Jurak-Samojeden*, Helsinki 1924.

–: *Beiträge zur Kenntnis der Rentierzucht bei den Juraksamojeden*, Oslo 1932.

–: »Der Tod und die Wiedergeburt des künftigen Schamanen«, *Suomalais-Ugrilaisen Seuran Aikakauskirja* 1937.

Leiris, M.: *La possession et ses aspects théatraux chez les Éthiopiens de Gondar*, Paris 1958.

Le Jeune, P.: *Relation de ce qvi s'est passé en la Novvelle France en l'année 1634*, Paris 1635.

–: *Relation de ce qvi s'est passé en la Novvelle France en l'année 1636*, Paris 1637.

Leonhard, K.: *Bedeutende Persönlichkeiten in ihren psychischen Krankheiten*, Berlin 1988.

León-Portilla, M.: »Die Religion im westlichen Mesoamerika« in *Das Alte Mexiko*, ed. H. J. Prem/U. Dyckerhoff, München 1986.

Leopold, H.: Mündliche Mitteilungen vom 20. Oktober 2012.

Leroi-Gourhan, A.: »La stratigraphie et les fouilles de la grotte de Lascaux« in *Lascaux inconnu*, ed. A. Leroi-Gourhan/J. Allain, Paris 1979.

Le Roy Ladurie, E.: *Montaillou*, Frankfurt/M. 1980.

Lessa, W. A.: *Ulithi*, New York 1966.
Lester, D.: »Critics of Near-Death Experiences as Evidence for Survival«, *Journal of Near-Death Studies* 2003.
Leuba, J. H.: *Psychologie in der religiösen Mystik*, München 1927.
Leuner, H.: *Halluzinogene*, Bern 1981.
–: »Ekstase und religiöses Erleben durch Halluzinogene beim modernen Menschen« in *Psychotherapie und religiöses Erleben*, ed. H. Leuner, Berlin 1996.
Leuschner, W.: *Telepathie und das Vorbewußte*, Tübingen 2004.
Leutert, S.: *Geschichten vom Tod*, Basel 2007.
Levack, B. P.: *Witch-Hunting in Scotland*, New York 2008.
Levenson, C. B.: *Dalai Lama*, Zürich 1990.
Levi Kamel, G. W.: »Leathersex«, *Deviant Behavior* 1980.
Lévi-Strauss, C.: *Strukturale Anthropologie*, Frankfurt/M. 1967.
Levy, J. E.: »Hopi Shamanism« in *North American Indian Anthropology*, ed. R. J. DeMallie/A. Ortiz, Norman 1994.
Lewin, T. et al.: »Transplantationserfahrung als Beziehungserfahrung«, *Psyche* 2013.
Lewis, H. A.: »The ›Vision of the Knight Túngano‹ in the Literatures of the Iberian Peninsula«, *Speculum* 1997.
Lewis, H. D.: *The Elusive Mind*, London 1969.
Lewis, I. M.: Mündliche Mitteilungen vom 24. Januar 1981.
–: *Religion in Context*, Cambridge 1986.
Lewis, O.: *The Children of Sánchez*, New York 1961.
Lewis, P./E. Lewis: *Peoples of the Golden Triangle*, London 1984.
Lewis, T. H.: »The Oglala (Teton Dakota) Sun Dance«, *Plains Anthropologist* 1972.
Lewis-Williams, D.: *The Mind in the Cave*, London 2002.
Lewis-Williams, D./D. Pearce: *Inside the Neolithic Mind*, London 2005.
v. d. Leyen, F.: *Die Götter der Germanen*, München 1938.
Libet, B.: *Mind Time*, Cambridge 2004.
Liebig, F.: »Die Notburgasage, geschichtlich gesehen«, *Badische Heimat* 1958.
Lier, G.: *Das Unsterblichkeitsproblem*, Göttingen 2010.
Liliu, G.: *La civiltà nuragica*, Sassari 1999.
Limbrunner, A. et al.: *Enzyklopädie der Brutvögel Europas*, Bd. I, Stuttgart 2001.
Lincoln, B.: *Death, War, and Sacrifice*, Chicago 1991.
Lindauer, M. S.: »Exorcising the Ghosts in the Study of Eidetic Imagery«, *Behavioral and Brain Sciences* 1979.
Lindbergh, C. A.: *Mein Flug über den Ozean*, Frankfurt/M. 1956.
Lindgren, E. L.: *Sensual Encounters*, New York 2009.

Lindner, M.: *Über die seelischen Abläufe in Lebensgefahr*, Erlangen 1944.
Lindquist, G.: »Bringing the Soul Back to the Self« in *Ritual in Its Own Right*, ed. D. Handelman/G. Lindquist, New York 2005.
Linke, D. B.: *Religion als Risiko*, Reinbek 2003.
–: »An der Schwelle zum Tod«, *Gehirn & Geist* 3, 2003.
–: *Das Gehirn: Schlüssel zur Unendlichkeit*, Freiburg 2004.
Linton, R.: *The Tanala*, Chicago 1933.
Lischka, A.: *Erlebnisse jenseits der Schwelle*, Schwarzenburg 1979.
Lison, E.: »Das Zentralnervensystem: Ein taugliches Instrument zur Erfahrung immaterieller Realitäten?« in *Tod, Sterben, Trauer*, ed. J. Howe/ R. Ochsmann, Frankfurt/M. 1984.
Lister, M. B.: »Inner Communications Following the Near-Death Experience«, *Journal of Near-Death Studies* 1998.
Litz, G.: *Die reformatorische Bilderfrage in den schwäbischen Reichsstädten*, Tübingen 2007.
Liu, Y.-J.: »Allegorical Narrative in Six Dynasties Anomaly Tales« in *Rethinking Ghosts in World Religions*, ed. M.-C. Poo, Leiden 2009.
Liungman, W.: *Traditionswanderungen Euphrat-Rhein*, Helsinki 1937.
Livingston, K. R.: »Religious Practice, Brain, and Belief«, *Journal of Cognition and Culture* 2005.
Lizot, J.: *Im Kreis der Feuer*, Frankfurt/M. 1982.
Löffler, L. G.: *Ethnographic Notes on the Mru and Khumi*, Cambridge 2012.
Loewe, M.: *Ways to Paradise*, London 1979.
Loewenthal, K. M.: *Mental Health and Religion*, London 1995.
Lohmann, R. I.: »Supernatural Encounters of the Asabano« in *Dream Travelers*, ed. R. I. Lohmann, New York 2003.
Lommel, A.: *Schamanen und Medizinmänner*, München 1980.
–: *Fortschritt ins Nichts*, Frankfurt/M. 1981.
Lommel, A./D. Mowaljarlai: »Shamanism in Northwest Australia«, *Oceania* 1994.
van Lommel, P.: *Endloses Bewußtsein*, Düsseldorf 2009.
–: »Pathophysiological Aspects of Near-Death Experiences« in *Making Sense of Near-Death Experiences*, ed. M. Perera et al., London 2012.
–: »Non-Local Consciousness«, *Journal of Consciousness Studies* 2013.
van Lommel, P. et al.: »Near-Death Experience in Survivors of Cardiac Arrest«, *Lancet* 2001.
Long, J./J. M. Holden: »Does the Arousal System Contribute to Near-Death and Out-of-Body Experiences?«, *Journal of Near-Death Studies* 2007.
Longaker, C.: *Dem Tod begegnen und Hoffnung finden*, München 2009.
Lonsdale, S. H.: *Dance and Ritual Play in Greek Religion*, Baltimore 1993.
Lopatin, I. A.: *The Cult of the Dead Among the Natives of Amur Basin*, 's-Gravenhage 1960.

Lopez, C./O. Blanke: »Neuropsychology and Neurophysiology of Self-Consciousness« in *Hirnforschung und Menschenbild*, ed. A. Holderegger et al., Fribourg 2007.
Lopez, D. S.: *Prisoners of Shangri-la*, Chicago 1998.
Loptson, P.: »The Antinomy of Death« in *Death*, ed. J. Malpas/R. C. Solomon, London 1998.
Lorenz, E.: *Auf der Jakobsleiter*, Freiburg 1991.
Lorey, E. M.: *Heinrich der Werwolf*, Frankfurt/M. 1998.
Lorimer, D.: *Die Ethik der Nah-Todeserfahrungen*, Frankfurt/M. 1993.
Losch, Dr.: »Der Hirsch als Totenführer«, *Archiv für Religionswissenschaft* 1899.
Lo Schiavo, F.: »Nuragic Bronze Boats« in *Ancient Italy in Its Mediterranean Setting*, ed. D. Ridgway et al., London 2000.
Losekam, C.: *Die Sünde der Engel*, Tübingen 2010.
Lot-Falck, É.: »La notion de propiété et les esprits-maîtres en Sibérie«, *Revue de l'Histoire des Religions* 1953.
–: »À propos d'un tambour de chaman toungouse«, *L'Homme* 1961.
Lotz, C.: »Portée symbolique de l'au-delà dans la ›Visio Thurkilli‹«, *Mediaevistik* 2013.
Lowery, S. A./C. V. Wetli: »Sexual Asphyxia«, *Deviant Behavior* 1982.
Lowie, R. H.: *The Religion of the Crow Indians*, New York 1922.
–: *Primitive Religion*, New York 1924.
v. Lucadou, W.: »Paranormale Erfahrungen im Umfeld des Sterbens« in *Begegnung mit Verstorbenen?*, ed. A. Serwaty/J. Nicolay, Goch 2010.
–: *Die Geister, die mich riefen*, Köln 2012.
Luckert, K. W.: *The Navajo Hunter Tradition*, Tucson 1975.
Ludmann, N.: *Neuronen und Halluzinationen*, Berlin 2009.
Ludwig, A. M.: »Altered States of Consciousness« in *Altered States of Consciousness*, ed. C. T. Tart, New York 1969.
Lückel, K.: *Begegnung mit Sterbenden*, München 1981.
Lühning, A.: »Candomblé: Religion als therapeutische Erfahrung« in *Rhythmus und Heilung*, ed. E. Messmer-Hirt/L. R. Vischer, München 2005.
Lueken, W.: *Michael*, Göttingen 1898.
Lüthi, M.: *Die Gabe im Märchen und in der Sage*, Bern 1943.
Lüttersfelds, W.: »Das ›Durcheinander‹ der Sprachspiele« in *Wittgenstein über die Seele*, ed. E. v. Savigny/O. R. Scholz, Frankfurt/M. 1996.
Luhrmann, T. M.: *Persuasions of the Witch's Craft*, Oxford 1989.
Lukesch, A.: *Der Tapir, der an der Himmelsstütze nagt*, Wien 1994.
Lukoff, D. et al.: »Toward a More Culturally Sensitive DSM-IV«, *Journal of Nervous and Mental Disease* 1992.
Lumholtz, C.: *Unknown Mexico*, Bd. II, London 1903.
de Lumley, H.: »The Emergence of Symbolic Thought« in *Becoming Human*, ed. C. Renfrew/I. Morley, Cambridge 2009.

Luna, L. E.: »Plants Spirits in Ayahuasca Visions«, *Integration* 1991.
Lundhal, C. R./A. S. Gibson: »Near-Death Studies and Modern Physics«, *Journal of Near-Death Studies* 2000.
Luschberger, F.: *Hexenprozesse zwischen Main und Taunus*, Hochheim 1991.
Lussi, K.: *Im Reich der Geister und tanzenden Hexen*, Aarau 2002.
Luthardt, E.-O./K.-H. Raach: *Reise durch Rumänien*, Würzburg 2010.
Lutterbach, H.: »Die Fastenbuße im Mittelalter« in *Frömmigkeit im Mittelalter*, ed. K. Schreiner, München 2002.
Lutz, A. et al.: »Meditation and the Neuroscience of Consciousness« in *The Cambridge Handbook of Consciousness*, ed. P. D. Zelazo et al., Cambridge 2007.
Lvova, E. L.: »On the Shamanism of the Chulym Turks« in *Shamanism in Siberia*, ed. V. Diószegi/M. Hoppál, Budapest 1978.
Lynn, S. J.: »Hypnosis« in *Encyclopedia of Human Behavior*, Bd. II, ed. V. S. Ramachandran, London 2012.
Lynn, S. J./J. W. Rhue: »Fantasy Proneness«, *American Psychologist* 1988.
Lyon, W. S.: *Native American Shamanism*, Santa Barbara 1998.
–: »Divination in North American Indian Shamanic Healing« in *Divination and Healing*, ed. M. Winkelman/P. M. Peek, Tucson 2004.
Lysaght, P.: »Traditional Beliefs and Narratives of a Contemporary Irish Tradition Bearer«, *Acta Ethnographica Hungarica* 1994.
Lysaker, P./J. Lysaker: *Schizophrenia and the Fate of the Self*, Oxford 2008.

Ma, J.: *The Lahu Minority in Southwest China*, London 2013.
Ma'ax, K./C. Rätsch: *Ein Kosmos im Regenwald*, Köln 1984.
MacDonald, P. S.: *History of the Concept of Mind*, Bd. II, Aldershot 2007.
Mach, E.: *Erkenntnis und Irrtum*, Leipzig 1905.
Macha, J./W. Herborn: *Kölner Hexenverhöre aus dem 17. Jahrhundert*, Weimar 1992.
Macha, J. et al.: *Deutsche Kanzleisprache in Hexenverhörprotokollen der Frühen Neuzeit*, Bd. I, Berlin 2005.
Mack, J. E.: *Entführt von Außerirdischen*, Essen 1995.
Mackenzie, N.: *Dreams and Dreaming*, London 1965.
Mackillop, J.: *Celtic Mythology*, Oxford 1998.
Mackinley, E./J. Bradley: »Of Mermaids and Spirit Men«, *Asia Pacific Journal of Anthropology* 2003.
Mader, E.: »Spirituelle Dimensionen von Mensch und Natur in Amazonien« in *Der Begriff der Seele in der Religionswissenschaft*, ed. J. Figl/H.-D. Klein, Würzburg 2002.
Madsen, W.: »Shamanism in Mexico«, *Southwestern Journal of Anthropology* 1955.

Mageo, J. M.: »Ma'i Aitu: The Cultural Logic of Possession in Samoa«, *Ethos* 1991.
Mahlke, R.: *Die Geister steigen herab*, Berlin 1992.
Maier, B.: *Die Religion der Kelten*, München 2001.
Mails, T. E.: *Fools Crow*, Frankfurt/M. 1999.
Maimonides, M.: *Das Buch der Erkenntnis*, ed. E. Goodman-Thau/C. Schulte, Berlin 1994.
Makkai, A.: *In Quest of the ›Miracle Stag‹*, Budapest 2000.
Malaurie, J.: *Die letzten Könige von Thule*, Frankfurt/M. 1979.
Malcolm, N.: *Nothing Is Hidden*, Oxford 1986.
Mali, A.: *Mystic in the New World*, Leiden 1996.
Malinar, A.: »Der Tod und sein Jenseits in der altindischen Literatur« in *Tod, Jenseits und Identität*, ed. J. Assmann/R. Trauzettel, Freiburg 2002.
Mallanāga, V.: *Kāmasūtra*, ed. W. Doniger/S. Kakar, Berlin 2004.
Malotki, E.: »Shamanistic Owl Images in the Iconography of the Palavayu Anthropomorphic Style«, *Boletino del Centro Camuno di Studi Preistorici* 1999.
Malpas, J.: »Death and the Unity of Life« in *Death and Philosophy* ed. J. Malpas/R. C. Solomon, London 1998.
–: *Place and Experience*, Cambridge 1999.
van Mander, C.: *Das Leben der niederländischen und deutschen Maler (1617)*, Worms 1991.
Manford, M./F. Andermann: »Complex Visual Hallucinations«, *Brain* 1998.
Manker, E.: »*Seite* – Kult und Trommelmagie der Lappen« in *Glaubenswelt und Folklore der sibirischen Völker*, ed. V. Diószegi, Budapest 1963.
–: »*Seite* Cult and Drum Magic of the Lapps« in *Popular Belief and Folklore Tradition in Siberia*, ed. V. Diószegi, The Hague 1968.
Mann, K.: »Erektionen im Schlaf«, *Psycho* 5, 2000.
Manninen, I.: *Die dämonistischen Krankheiten im finnischen Volks-Aberglauben*, Helsinki 1922.
Manzei, A.: *Körper, Technik, Grenzen*, Münster 2003.
Margolis, J.: *Introduction to Philosophical Problems*, London 2006.
Marijnissen, R. H./P. Ruyffelaere: *Hieronymus Bosch*, Anvers 1999.
Mariñ, D. et al.: »Tigerverwandlung« in *Tigermenschen*, ed. T. Kaiser, Zürich 2003.
Mariner, W.: *An Account of Natives of the Tonga Islands*, Bd. II, London 1817.
Mariscotti de Görlitz, A. M.: »Der Kult der Pachamama«, *Zeitschrift für Missionswissenschaft* 1978.
Markale, J.: *Die keltische Frau*, München 1984.
Markowitsch, H.-J.: *Dem Gedächtnis auf der Spur*, Darmstadt 2002.
Marsh, N. N.: *Out-of-Body and Near-Death Experience*, Oxford 2010.
Marshall, L.: »The Medicine Dance of the !Kung Bushmen«, *Africa* 1969.

Marshall, N: »ESP and Memory: A Physical Theory«, *British Journal for the Philosophy of Science* 1960.
Marshall, P.: »Geographies of the Afterlife in Tudor and Early Stuart England« in *The Place of the Dead*, ed. Gordon/P. Marshall, Cambridge 2000.
Marti, S.: »Tafel des Meisters der Verherrlichung Mariae« in *Himmel, Hölle, Fegefeuer*, ed. P. Jezler, München 1994.
Martin, A. J.: »Christina von Stommeln«, *Mediaevistik* 1991.
Martin, P.: »Al Buraq« in *Ethnographie und Herrnhuter Mission*, ed. A. Nippa, Dresden 2003.
de Martino, E.: *Katholizismus, Magie, Aufklärung*, München 1982.
Marzell, H.: *Volksbotanik*, Berlin 1935.
Maslin, K. T.: *Philosophy of Mind*, Cambridge 2007.
Masquelier, A.: »From Hostage to Host: Confessions of a Spirit Medium in Niger«, *Ethos* 2002.
–: »The Naked Spirit« in *Dirt, Undress, and Difference*, ed. A. Masquelier, Bloomington 2005.
Massing, A.: »The Journey to Paradise«, *Tribus* 1983.
Mathew, R. J.: »Psychoactive Agents and the Self« in *The Lost Self*, ed. T. E. Feinberg/J. P. Keenan, Oxford 2005.
Mathieu, C.: »The Moso *Ddaba*« in *Naxi and Moso Ethnography*, ed. M. Oppitz/E. Hsu, Zürich 1998.
Matthee, R.: *The Pursuit of Pleasure*, Princeton 2005.
Matthiä, C./G. Northoff: »Die Neurobiologie der Religion« in *Seelische Erkrankung, Religion und Sinndeutung*, ed. N. Mönter, Bonn 2007.
Mattiesen, E.: *Der Jenseitige Mensch*, Berlin 1925.
–: *Das persönliche Überleben des Todes*, Berlin 1936.
Mauersberger, G.: *Urania Tierreich, Vögel*, Berlin 2000.
Maxwell-Stuart, P. G.: »The Aberdeen Witches« in *Encyclopedia of Witchcraft*, ed. R. M. Golden, Santa Barbara 2006.
May, T.: *Death*, Stocksfield 2009.
Maybury-Lewis, D.: *Akwẽ-Shavante Society*, Oxford 1967.
Mayer-Gross, W.: *Selbstschilderungen der Verwirrtheit*, Berlin 1924.
–: »Psychopathologie und Klinik der Trugwahrnehmungen« in *Handbuch der Geisteskrankheiten*, ed. O. Bumke, Bd. I, Berlin 1928.
–: »Zur Depersonalisation« in *Depersonalisation*, ed. J.-E. Meyer, Darmstadt 1968.
Mays, R. G./S. B. Mays: »The Phenomenology of Self-Conscious Mind«, *Journal of Near-Death Studies* 2008.
McAndrew, J. P.: *People of Power*, Manila 2001.
McAnulty, R. D. et al.: »Sexual Deviation: Paraphilias« in *Handbook of Psychopathology*, ed. P. B. Sutker/H. E. Adams, New York 2001.

McCallum, C.: »The Production of Death Among the Cashinahua«, *Cultural Anthropology* 1999.
McClenon, J.: »Near-Death Folklore in Medieval China and Japan«, *Asian Folklore Studies* 1991.
–: *Wondrous Healing*, Dekalb 2002.
–: »The Ritual Healing Theory and the Near-Death Experience« in *The Survival of Human Consciousness*, ed. L. Storm/M. A. Thalbourne, Jefferson 2006.
–: »Kongo Near-Death Experiences«, *Journal of Near-Death Studies* 2006a.
McCorristine, S.: *Spectres of the Self*, Cambridge 2010.
McCreery, C.: *Science, Philosophy and ESP*, London 1967.
McCulloch, W. H.: »A Certain Archway: Autoscopy and Its Companions«, *History of Psychiatry* 1992.
McDannell, C./B. Lang: *Heaven: A History*, New Haven 1988.
McDougall, W.: *Aufbaukräfte der Seele*, Leipzig 1937.
McEwan, C.: *Ancient American Art*, London 2009.
McGinn, B.: »Visions and Visualizations in the Here and Hereafter«, *Harvard Theological Review* 2005.
McGinn, C.: *The Character of Mind*, Oxford 1997.
–: *The Mysterious Flame*, New York 1999.
McHugh, E.: »Encountering the Forest Man«, *Ethos* 2002.
McIlwain, J. T.: »The ›Bodelye syeknes‹ of Julian of Norwich«, *Journal of Medieval History* 1984.
McKellar, P.: *Imagination and Thinking*, London 1957.
McKenna, P. J.: *Schizophrenia and Related Syndromes*, Hove 1997.
McKenzie, P. R.: »Dreams and Visions in 19th Century Yoruba Religion« in *Dreaming, Religion and Society in Africa*, ed. M. C. Jędrej/R. Shaw, Leiden 1992.
McLaughlin, M.: *Consorting With Saints*, Ithaca 1994.
McLeod, C. C.: »A More Parsimonious Explanation for UFO Abduction«, *Psychological Enquiry* 1996.
McMahan, J.: »The Metaphysics of Brain Death« in *Philosophy of Death*, ed. S. Brennan/R. J. Stainton, Peterborough 2010.
McManners, J.: *Death and the Enlightenment*, Oxford 1981.
McNally, M. D.: *Ojibwe Singers*, St. Paul 2009.
McPherson, T.: *Philosophy and Religious Belief*, London 1974.
Meadow, M. J.: »The Dark Side of Mysticism: Depression and ›The Dark Night‹« in *The Struggle for Life*, ed. D. Capps/J. L. Jacobs, Newton 1995.
Mechsner, F.: »Wahrnehmung als die Pforte zur Welt« in *Das Rätsel von Leib und Seele*, ed. R. Breuer, Stuttgart 1997.
Mechthild von Magdeburg: *Das fließende Licht der Gottheit*, ed. G. Vollmann-Profe, Berlin 2010.
Meek, P.: *Der Himmel ist nur einen Schritt entfernt*, München 2002.

Mees, U./C. Rhode-Höft: »Liebe, Verliebtsein und Zuneigung« in *Emotionspsychologie*, ed. J. H. Otto et al., Weinheim 2000.

Mehringer, J./J. Dieckert: »Die Körper- und Wesensauffassung bei den brasilianischen Canela-Indianern«, *Zeitschrift für Ethnologie* 1990.

Meier, E.: *Struktur und Wesen der Negation in den mystischen Schriften des Johannes vom Kreuz*, Altenberge 1982.

Meier, F.: *Die Fawā'iḥ al-ǧamāl wa-fawātiḥ al-ǧalāl des Naǧm ad-dīn al Kubrā*, Wiesbaden 1957.

Meier, H.-C.: *Mystik bei Paulus*, Tübingen 1998.

Meister Eckhart: *Lateinische Werke*, ed. J. Koch, Bd. I, Stuttgart 1964.

Mellars, P.: »The Upper Palaeolithic Revolution« in *Prehistory of Europe*, ed. B. Cunliffe, Oxford 1994.

Melnikow, I.: Mündliche Mitteilung vom 3. Januar 2013.

Melton, J. G.: *Occultism & Parapsychology*, Farmington Hills 2001.

Melzack, R.: »Phantom Limbs, the Self and the Brain«, *Canadian Psychologist* 1989.

Meñez, H.: *Explorations in Philippine Folklore*, Manila 1996.

Merikle, P. M./M. Daneman: »Memory of Unconsciously Perceived Events«, *Consciousness and Cognition* 1996.

Merkur, D.: »Cultivating Visions Through Exegetical Meditations« in *With Letters of Light*, ed. D. V. Arbel/A. A. Orlov, Berlin 2011.

Merleau-Ponty, M.: *Phänomenologie der Wahrnehmung*, Berlin 1966.

Merrill, W.: »The Rarámuri Stereotype of Dreams« in *Dreaming*, ed. B. Tedlock, Cambridge 1987.

Mesnard, P.: »Die Passion der Perpetua« in *Märtyrer-Portraits*, ed. S. Weigel, München 2007.

Messenger, J. C.: *Inis Beag*, New York 1969.

Messmer-Hirt, E.: »Musik und ihre Wirkfaktoren in Heilritualen« in *Rhythmus und Heilung*, ed. E. Messmer-Hirt/L. R. Vischer, Münster 2005.

Messner, R.: *Grenzbereich Todeszone*, Köln 1978.

Metcalf, P./R. Huntington: *Celebrations of Death*, Cambridge 1991.

Métraux, A.: »Myths and Tales of the Matako Indians«, *Etnologiska Studier* 1939.

–: »Ethnography of the Chaco« in *Handbook of South American Indians*, Bd. I, ed. J. H. Steward, Washington 1946.

–: *Voodoo in Haiti*, London 1959.

Metsvahl, M.: »Werwolfprozesse in Estland und Livland im 17. Jahrhundert« in *Folklore als Tatsachenbericht*, ed. J. Beyer/R. Hiiemäe, Tartu 2001.

Metzger, K.: *Die Verbrechen und ihre Straffolge im Basler Recht des späteren Mittelalters*, Basel 1931.

Metzinger, T.: »Mentale Repräsentation, Phantomglieder und halluzinierte Selbste« in *Welten des Bewußtseins*, ed. A. Dittrich et al., Bd. 2, Berlin 1993.

–: *Being No One*, Cambridge 2004.
–: »The Pre-Scientific Concept of a Soul« in *Die Rolle der Seele in der Kognitions- und Neurowissenschaft*, ed. M. F. Peschl, Würzburg 2005.
–: »Der Preis der Selbsterkenntnis«, *Gehirn & Geist 7*, 2006.
–: *Der Ego-Tunnel*, Berlin 2010.
Mey, J.: »Neurowissenschaftliche Untersuchungen religiöser Erfahrungen« in *Gottesbilder*, ed. G. Souvignier, Darmstadt 2009.
Meyer, C.: *Der Aberglaube des Mittelalters*, Basel 1884.
Meyer, E. H.: *Germanische Mythologie*, Berlin 1891.
Meyer, J.-E.: *Todesangst und Todesbewußtsein der Gegenwart*, Heidelberg 1979.
Michaels, A.: *Der Hinduismus*, München 1998.
–: »Totenritual und Erlösung in indischen Religionen« in *Der Tod im Leben*, ed. F. W. Graf/H. Meier, Zürich 2004.
–: »Erlösung aus Tod und Wiedergeburt«, *Ruperta Carola*, April 2013.
Michaux, H.: *Erkenntnis durch Abgründe*, Wien 1998.
–: *Die Meskalinzeichnungen*, Köln 1998a.
Middleton, J.: »Secrecy in Lugbara Religion«, *History of Religions* 1973.
Midelfort, H. C. E.: *Witchhunting in Southwestern Germany, 1562-1684*, Stanford 1972.
Midgley, M.: *Heart & Mind*, London 1983.
–: »Souls, Minds, Bodies and Planets« in *Philosophy, Biology and Life*, ed. A. O'Hear, Cambridge 2005.
Mikorey, M.: *Phantome und Doppelgänger*, München 1952.
–: »Das Zeitparadoxon der Lebensbilderschau in Katastrophensituationen« in *Zeit in nervenärztlicher Sicht*, ed. G. Schaltenbrand, Stuttgart 1963.
Milhet, M./C. Reynaud-Maurupt: »Contemporary Use of Natural Hallucinogens« in *Drugs and Culture*, ed. G. Hunt et al., Farnham 2011.
Milik, J. T.: *Aramaic Fragments of Qumrān Cave 4*, Oxford 1976.
Miller, A. L.: »Myth and Gender in Japanese Shamanism«, *History of Religions* 1993.
Miller, F.: »The Crow Sun Dance Lodge«, *Temenos* 1980.
Miller, M. E.: »Die Sonne in der Welt der Maya« in *Die Sonne*, ed. M. Singh, Tübingen 1994.
Miller, M. E./K. Taube: *The Gods and Symbols of Ancient Mexico and the Maya*, London 1993.
Milleret, L. J. et al.: »Patients' Attitudes Toward Hallucinations«, *American Journal of Psychiatry* 1993.
Milner, J. S./C. A. Dopke: »Paraphilia Not Otherwise Specified« in *Sexual Deviance*, ed. D. R. Laws/W. O'Donohue, New York 1997.
Mindell, A.: *Schlüssel zum Erwachen*, Olten 1989.
Mischo, J.: »Parapsychologie und Wunder«, *Zeitschrift für Parapsychologie* 1971.

–: »Außersinnliche Wahrnehmung« in *Psi: Was verbirgt sich dahinter?*, ed. E. Bauer/W. v. Lucadou, Freiburg 1984.
–: »Paranormale Erfahrungen im Traum«, *Zeitschrift für Parapsychologie* 1985.
Mitchell, D. W.: *Buddhism*, Oxford 2002.
Mitchell, P.: *The Archaeology of Southern Africa*, Cambridge 2002.
Mithen, S.: »Theory of Mind, Language and the Disembodied Mind of the Upper Palaeolithic« in *Creativity in Human Evolution*, ed. S. Mithen, London 1998.
Mittermaier, A.: »Dreams From Elsewhere«, *Journal of the Royal Anthropological Institute* 2012.
Miyakawa, H./A. Kollautz: »Zur Ur- und Frühgeschichte des Schamanismus«, *Zeitschrift für Ethnologie* 1966.
Mobbs, D./ C. Watt: »There Is Nothing Paranormal About Near-Death-Experiences«, *Trends in Cognitive Science* 2011.
Modestin, G.: *Ketzer in der Stadt*, Hannover 2007.
Moerman, D. M.: *Localizing Paradise*, Cambridge 2005.
–: »Passage to Fudaraku« in *The Buddhist Dead*, ed. B. J. Cuevas/J. I. Stone, Honolulu 2007.
Mogk, E.: »Die Holden und Frau Holda/Holle« in *Reallexikon der Germanischen Altertumskunde*, ed. J. Hoops, Bd. II, Straßburg 1915.
Mohr, P.: *Hypnose*, Zürich 2003.
Moldzio, A.: *Schizophrenie – eine philosophische Erkrankung?*, Würzburg 2004.
Molnar, A. K.: *Grandchildren of the Ga'e Ancestors*, Leiden 2000.
Monaghan, J.: *The Covenants With Earth and Rain*, Norman 1995.
Monberg, T.: *Bellona Island Beliefs and Rituals*, Honolulu 1991.
Monnerie, D.: »Conceptualizing the Universe in Mono-Alu, Solomon Islands« in *Cosmos and Society in Oceania*, ed. D. de Coppet/A. Iteanu, Oxford 1995.
Monroe, R. A.: *Der Mann mit den zwei Leben*, Düsseldorf 1972.
–: *Über die Schwelle des Irdischen hinaus*, München 2007.
Moody, R. A.: *Leben nach dem Tod*, Reinbek 1977.
–: *Nachgedanken über das Leben nach dem Tod*, Reinbek 1978.
–: *Das Licht von drüben*, Reinbek 1999.
–: »Can Veridical Perception Experiments Prove or Disprove the Reality of Out-of-Body Experiments?«, *Journal of Near-Death Studies* 2007.
Moody, R. A./D. Arcangel: *Weiterleben nach dem Tod*, Reinbek 2003.
Moody, R. A./P. Perry: *Paranormal*, London 2012.
Mooney, J.: »The Ghost-Dance Religion and the Sioux Outbreak of 1890«, *14th Annual Report of the Bureau of American Ethnology* 1896.
–: *The Swimmer Manuscript*, Washington 1932.

Moore, J. H.: *A Study of Religious Symbolism Among the Cheyenne Indians*, Ann Arbor 1978.
Moraldi, L.: *Nach dem Tode*, Zürich 1987.
Morat, F. A.: Mündliche Mitteilung vom 14. Juni 1983.
Morata, O. F.: *Briefe*, Leipzig 1991.
Moreira, I.: *Dreams, Visions, and Spiritual Authority in Merovingian Gaul*, Ithaca 2000.
Moreman, C. M.: *Beyond the Threshold*, Lanham 2008.
Morgan, W. P./A. J. Stegner: »Hypnosis in Sport« in *The Oxford Handbook of Hypnosis*, ed. M. R. Nash/A. J. Barnier, Oxford 2008.
Morris, H. S.: »Shamanism Among the Oya Melanau« in *Social Organization*, ed. M. Freedman, London 1967.
Morse, M. L.: »Foreword« in B. J. Eadie: *Embraced by the Light*, Placerville 1992.
–: »Commentary of Jansen's Paper«, *Journal of Near-Death Studies* 1997.
–: »Vorwort« in R. A. Moody: *Leben nach dem Tod*, Reinbek 2001.
Morse, M. L./P. Perry: *Closer to the Light*, New York 1990.
Morse, M. L. et al.: »Near-Death Experiences in a Pediatric Population«, *American Journal of Diseases of Children* 1985.
–: »Near-Death Experiences: A Neurophysiologic Explanatory Model«, *Journal of Near-Death Studies* 1989.
Morton, A.: »Epistemic Emotions« in *Philosophy of Emotion*, ed. P. Goldie, Oxford 2010.
Morton, J.: »Singing Subject and Sacred Objects«, *Oceania* 1987.
Moser, F./M. Narodoslawsky: *Bewußtsein in Raum und Zeit*, Frankfurt/M. 1996.
Moser, H.: *Die Scharfrichter von Tirol*, Innsbruck 1982.
Mosley, A.: »Witchcraft, Science, and the Paranormal in Contemporary African Philosophy« in *African Philosophy*, ed. L. M. Brown, Oxford 2004.
Moss, S.: *Vogelverhalten*, Stuttgart 2004.
Motzenbäcker, I.: *Die Sammlung Kossnierska*, Berlin 1996.
Mrsich, W.: »Erfahrungen mit Hexen und Hexensalben«, *Unter dem Pflaster liegt der Strand* 5, 1978.
Müller, F./U. Müller: »Percht und Krampus, Kramperl und Schiach-Perchten« in *Dämonen, Monster, Fabelwesen*, ed. U. Müller/W. Wunderlich, St. Gallen 1999.
Müller, K. E.: *Schamanismus*, München 1997.
Müller, W.: *Die Religionen der Waldlandindianer Nordamerikas*, Berlin 1956.
–: *Glauben und Denken der Sioux*, Berlin 1970.
Müller, W.: *Neues von der Elfenfront*, Frankfurt/M. 2007.
Müller-Hofstede, J.: »Florentiner Maler des Trecento und Quattrocento im

Zeichen von Heilserwartung und Künstlerruhm« in *Florenz in der Frührenaissance*, ed. J. H. Müller-Hofstede, Rheinbach 2002.

Müller-Karpe, H.: *Geschichte der Steinzeit*, München 1974.

Müller-Küppers, M.: »Psychiatrie und Psychopathologie des Rausches«, *Heidelberger Jahrbücher* 1999.

Münzel, M.: »Lügen die Schamanen?« in *Schamanen zwischen Mythos und Moderne*, ed. A. Rosenbohm, Leipzig 1999.

Muir, R. J./J. C. Driver: »Identifying Ritual Use of Animals in the Northern American Southwest« in *Behaviour Behind Bones*, ed. S. J. O'Day et al., Oxford 2004.

Mulacz, W. P.: »Der sogenannte wissenschaftliche Spiritismus als parapsychologisches Phänomen« in *Parapsychologie*, ed. O. Schatz, Graz 1976.

Mulk, I. M.: »The Wild Reindeer Hunt and Associated Ceremonial Symbols« in *In Honorem Evert Baudou*, ed. M. Backe et al., Umeå 1985.

Mumford, S. R.: *Himalayan Dialogue*, Madison 1989.

Mundhenk, J.: *Die Seele im System des Thomas von Aquin*, Hamburg 1980.

Mundle, C. W. K.: »Is ›Paranormal Precognition‹ a Coherent Concept?« in *Readings in the Philosophical Problems of Parapsychology*, ed. A. Flew, Buffalo 1987.

Munkácsi, B.: »Seelenglaube und Totenkult der Wogulen«, *Keleti Szemle* 1905.

Munro, N. G.: *Ainu Creed and Cult*, London 1962.

Murdoch, B.: »Die Schwanenjungfrau« in *Verführer, Schurken, Magier*, ed. U. Müller/W. Wunderlich, St. Gallen 2001.

Murphy, J. M.: »Psychotherapeutic Aspects of Shamanism on St. Lawrence Island« in *Magic, Faith, and Healing*, ed. A. Kiev, New York 1964.

Murphy, M.: *Der Quanten-Mensch*, Wessobrunn 1994.

Murphy, M. D./J. C. González Faraco: »Identifying the Virgin Mary«, *Anthropos* 2011.

Murphy, R. F.: *Mundurucú Religion*, Berkeley 1958.

Murphy, T.: »The Structure and Function of Near-Death Experiences«, *Journal of Near-Death Studies* 2001.

Murray, C. D./J. Fox: »Differences in Body Image Between People Reporting Near-Death and Spontaneous Out-of-Body Experiences«, *Journal of the Society for Psychical Research* 2006.

Murray, G.: »Presidential Address S. P. R.« in *Science and ESP*, ed. J. R. Smythies, London 1967.

Murray, M.: »The Place and the Space of the Dead in Explanations of Near Death Experiences« in *Deathscapes*, ed. A. Maddrell/J. D. Sideway, Farnham 2010.

Murray, M. A.: *The Witch-Cult in Western Europe*, London 1921.

Murray, W. B.: »Deer: Sacred and Profane« in *Rock Art and Sacred Landscapes*, ed. D. L. Gillette, New York 2014.

Myerhoff, B. G.: *Peyote Hunt*, Ithaca 1974.
Myers, G. E.: *Self*, New York 1969.
Mynarek, H.: *Unsterblichkeit*, Essen 2005.

Nádas, P.: *Der eigene Tod*, Göttingen 2002.
Nadel, S. F.: »A Study of Shamanism in the Nuba Mountains« in *A Reader in Comparative Religion*, ed. W. A. Lessa/E. Z. Vogt, New York 1965.
Närvä, J.: »The Finnish UFO Tradition, 1947-94« in *UFO Religions*, ed. C. Partridge, London 2003.
Nagel, E./T. D. Gantner: »Der Tod aus medizinischer Sicht« in *Klinische Sterbehilfe und Menschenwürde*, ed. V. Schumpelick, Freiburg 2003.
Nagel, T.: *The View From Nowhere*, New York 1986.
Nagy, J. F.: »Shamanic Aspects of the Bruidhean Tale«, *History of Religions* 1981.
Nahm, M.: *Wenn die Dunkelheit ein Ende findet*, Amerang 2012.
Nahm, M./J. Nicolay: »Essential Features of Eight Muslim Near-Death Experiences«, *Journal of Near-Death Studies* 2010.
Nambúgi: »Ich habe die Große Mutter getötet« in *Die indianische Verweigerung*, ed. M. Münzel, Reinbek 1978.
Naranjo, C.: »Psychological Aspects of the Yagé Experience« in *Hallucinogens and Shamanism*, ed. M. J. Harner, London 1973.
–: *The Healing Journey*, New York 1975.
Narby, J.: *Die kosmische Schlange*, Stuttgart 2001.
Nardon, F.: »The Benandanti« in *Encyclopedia of Witchcraft*, ed. R. M. Golden, Santa Barbara 2006.
Narr, K. J.: »Bärenzeremoniell und Schamanismus in der Älteren Steinzeit Europas«, *Saeculum* 1959.
–: »Felsbild und Weltbild« in *Sehnsucht nach dem Ursprung*, ed. H. P. Duerr, Frankfurt/M. 1983.
–: »Des Mammuts Ende: Aussterben oder Ausrottung?« in *Jagen und Sammeln*, ed. R. Fellman et al., Bern 1985.
Nayar, S. J.: *Dante's Sacred Poem*, London 2014.
Ndoyé, O.: »›Ndoep‹: Heilungsritual bei den Lebu im Senegal« in *Transkulturelle Psychiatrie*, ed. E. Wohlfahrt/M. Zaumseil, Heidelberg 2006.
Neal, M. C.: *To Heaven and Back*, Colorado Springs 2012.
de Nebesky-Wojkowitz, R.: *Oracles and Demons of Tibet*, 's-Gravenhage 1956.
Neeb, R.: *Hexen, Folter, Scheiterhaufen*, Gießen 1991.
Needham, W. E./R. E. Taylor: »Atypical Charles Bonnet Hallucinations«, *Journal of Nervous and Mental Disease* 2000.
Neiske, F.: »Vision und Totengedenken«, *Frühmittelalterliche Studien* 1986.
Nelli, R.: *Les Cathares*, Paris o. J.
Nelson, E. W.: »The Eskimo About Bering Strait«, *18th Annual Report of the Bureau of American Ethnology* 1899.

Nelson, K.: *The God Impulse*, London 2011.
Nelson, K. R. et al.: »Out-of-Body Experience and Arousal«, *Neurology* 2007.
Nelson, S. M.: *Shamanism and the Origin of States*, Walnut Creek 2008.
Neppe, V. M.: *The Psychology of Déjà Vu*, Johannesburg 1983.
–: »Re-Examining Current Neuroscience Research Controversies«, *Australian Journal of Parapsychology* 2008.
Neugebauer-Maresch, C.: »Rote Farbe im Bestattungsritus der Steinzeiten« in *Drei Farben*, ed. E. Lauermann/S. Sam, Asparn 2011.
Neuhäusler, A.: »Einige Hypothesen zur Erklärung parapsychischer Phänomene«, *Zeitschrift für Parapsychologie* 1972.
Neumaier-Dargyay, E. K.: »Buddhism« in *Life After Death in World Religions*, ed. H. Coward, Maryknoll 1997.
Neumann, E./H. Voigt: »Germanische Mythologie« in *Götter und Mythen im Alten Europa*, ed. H. W. Haussig, Stuttgart 1973.
Neumann, R.: »Aus Leben, Sage und Geschichte der Eibe«, *Abhandlungen zum Jahresbericht des Bautzner Gymnasiums* 1908.
Neumann, W.: *Der Mensch und sein Doppelgänger*, Wiesbaden 1981.
Neuner, P.: »Ergebnisse der Hirnforschung als Herausforderung an Theologie und Glauben« in *Ich und mein Gehirn*, ed. G. Rager, Freiburg 2000.
Newberg, A./E. d'Aquili: *Why God Won't Go Away*, New York 2002.
Newcomb, W. W.: »Wichita« in *Handbook of North American Indians*, Bd. 13, ed. R. J. DeMallie, Washington 2001.
Newman, B.: »What Did It Mean to Say ›I Saw‹?«, *Speculum* 2005.
Newman, L. S.: »Intergalactic Hostages«, *Journal of Social and Clinical Psychology* 1997.
Newman, L. S./R. F. Baumeister: »Toward an Explanation of the UFO Abduction Phenomenon«, *Psychological Enquiry* 1996.
Nickell, J.: *Looking for a Miracle*, Amherst 1993.
Nickelsburg, G. W. E./J. C. Van der Kam: *1 Henoch*, Minneapolis 2004.
Nicolay, J.: »Rückkehr zum Ursprung« in *Nahtod und Transzendenz*, ed. A. Serwaty/J. Nicolay, Goch 2007.
–: »Nahtoderfahrungen in der Psychotherapie« in *Impulse für das Leben aus Nahtoderfahrungen*, ed. A. Serwaty/J. Nicolay, Goch 2012.
Nicoletti, M.: »›Say Pom‹: Space, Movement and Symbol in a Himalayan Therapeutic Ritual« in *Shamanic Cosmos*, ed. R. Mastromattei/A. Rigopoulos, Venice 1999.
–: *Shamanic Solitudes*, Bergamo 2006.
–: *The Ecstatic Body*, Kathmandu 2008.
Niehr, H.: »Himmel, Hölle, Fegefeuer« in *Himmel, Hölle, Fegefeuer*, ed. A. Biesinger/M. Kessler, Tübingen 1996.
Nielsen, E.: *Das Große Geheimnis*, Ebenhausen 1923.
Nilsen, T.: »Felt Presence«, *Consciousness and Cognition* 2007.

Niemz, M. H.: *Lucy im Licht*, München 2007.
Niethammer, G.: »Die Schneehühner« in *Grzimeks Tierleben*, ed. B. Grzimek, Bd. VII, Zürich 1968.
Nikolaus v. Cues: *Opera omnia*, ed. H. D. Riemann, Bd. XIX.2, Hamburg 2005.
Nioradze, G.: *Der Schamanismus bei den sibirischen Völkern*, Stuttgart 1925.
Nolen-Hoeksema, S.: *Abnormal Psychology*, Boston 1998.
Noll, R.: »Mental Imagery Cultivation as a Cultural Phenomenon«, *Current Anthropology* 1985.
Nolte, F.: »Sadismus/Masochismus« in *Handbuch Sexualität*, ed. S. R. Dunde, Weinheim 1992.
Nordenskiöld, E.: *Forschungen und Abenteuer in Südamerika*, Stuttgart 1924.
Nougier, L.-R.: *Die Welt der Höhlenmenschen*, Reinbek 1992.
Noyes, R./R. Kletti: »The Experience of Dying From Falls« in *Death, Dying, Transcending*, ed. R. A. Kalish, Farmingdale 1980.
Noyes, R. et al.: »Depersonalisation in Accident Victims and Psychiatric Patients«, *Journal of Nervous and Mental Disease* 1977.
Nunberg, H.: »Über Depersonalisationszustände im Lichte der Libidotheorie« in *Depersonalisation*, ed. J.-E. Meyer, Darmstadt 1968.
Nusser, K.-H.: »Natürliches Bewußtsein, substantielle Einheit von Leib und Seele und die Natur von deren Wechselwirkung bei Descartes« in Ανοδος, ed. R. Hofmann et al., Weinheim 1989.
Nydahl, P.: »Leben im Wachkoma« in *Wachkoma*, ed. P. Nydahl, München 2005.

Oates, C.: »Cheese Gives You Nightmares«, *Folklore* 2003.
Oberste, J.: *Der ›Kreuzzug‹ gegen die Albigenser*, Darmstadt 2005.
Ochsmann, R. et al.: »Nahe-Tod-Erlebnisse und Sterbeerfahrungen« in *Lebens-Ende*, ed. R. Ochsmann, Heidelberg 1991.
O'Connell, A.-M.: »L'oiseau surnaturel«, *Zeitschrift für celtische Philologie* 1999.
van Oerle, H.: »Liedwy van Schiedam« in *Religiöse Frauenbewegung und mystische Frömmigkeit im Mittelalter*, ed. P. Dinzelbacher/D. R. Bauer, Köln 1988.
Oeser, E.: *Das selbstbewußte Gehirn*, Darmstadt 2006.
Oechslin, C.: »Der Himmel der Seligen« in *Himmel, Hölle, Fegefeuer*, ed. P. Jezler, München 1994.
Oesterreich, K.: *Die Phänomenologie des Ich*, Leipzig 1910.
O'Flaherty, W. D.: *Women, Androgynes, and Other Mythical Beasts*, Chicago 1980.
Ohler, N.: *Sterben und Tod im Mittelalter*, München 1990.
Ohler, N.: »Mitte (2001)« in *Rauschblüten*, ed. S. Resch, Göttingen 2009.

Ohlmarks, Å.: *Studien zum Problem des Schamanismus*, Lund 1939.
–: »Arktischer Schamanismus und altnordischer *seiðr*«, *Archiv für Religionswissenschaft* 1939 a.
Ohnuki-Tierney, E.: »Shamans and *Imu*«, *Ethos* 1980.
Okladnikow, A. P.: *Der Hirsch mit dem goldenen Geweih*, Wiesbaden 1972.
–: *Sibirien: Archäologie und Alte Geschichte*, Moskau 1979.
Oku, M.: »In What Sense Did Wittgenstein Reject the Mind-Body Problem?« in *Akten des 9. Internationalen Wittgenstein-Symposiums*, ed. R. Chisholm, Wien 1985.
Oldridge, D.: *The Devil in Tudor and Stuart England*, Brimscombe Port 2010.
Oliver, D. L.: *A Solomon Island Society*, Cambridge 1955.
Oliver, K.: *Women as Weapons of War*, New York 2007.
Olschansky, H.: *Täuschende Wörter*, Stuttgart 2009.
Omar, D.: »Das Überleben des Schamanismus in Zentralasien«, *Zeitschrift für Ethnologie* 2006.
van Oosterhout, D.: *Landscapes of the Body*, Leiden 2002.
Opeba, W. J.: »The ›Peroveta‹ of Buna« in *Prophets of Melanesia*, ed. G. Trompf, Port Moresby 1977.
Opler, M. E.: »Reaction to Death Among the Mescalero Apache«, *Southwestern Journal of Anthropology* 1946.
Oppitz, M.: *Schamanen im Blinden Land*, Frankfurt/M. 1981.
–: »Schamanen, Hexen, Ethnographen« in *Der Wissenschaftler und das Irrationale*, ed. H. P. Duerr, Bd. I, Frankfurt/M. 1981 a.
–: »Ritual Drums of the Naxi in the Light of Their Origin Stories« in *Naxi and Moso Ethnography*, ed. M. Oppitz/E. Hsu, Zürich 1998.
–: Mündliche Mitteilung vom 3. Oktober 2010.
–: *Morphologie der Schamanentrommel*, Wien 2013.
Origo, I.: *Der Heilige der Toskana*, München 1989.
Orschied, J./T. Terberger: »Totenrituale am Ende der Eiszeit«, *Archäologie in Deutschland* 5, 2011.
Osgood, C.: *Village Life in Old China*, New York 1963.
Osis, K.: »Apparitions Old and New« in *Case Studies in Parapsychology*, ed. K. R. Rao, Jefferson 1986.
Osis, K./E. Haraldsson: *At the Hour of Death*, New York 1977.
Osis, K./D. McCormick: »Kinetic Effects at the Ostensible Location of an Out-of-Body Projection«, *Journal of the American Society for Psychical Research* 1980.
Ostrow, S.: »Beata Lodovica Albertoni« in *Drawings by Gianlorenzo Bernini*, ed. I. Lavin, Princeton 1981.
Ostwald, W.: *Sonntagspredigten*, Leipzig 1911.
Oswalt, W. H.: *Alaskan Eskimos*, San Francisco 1967.

Otto, A.: »Schmerzhafte Kunst«, *Psychologie heute* 5, 2011.
Oxbury, J.: »Epilepsy« in *The Oxford Companion to the Mind*, ed. R. L. Gregory, Oxford 2004.
Ozols, J.: »Der Röntgenstil«, *Bonner Jahrbuch* 1975.
–: »Über die Jenseitsvorstellungen der vorgeschichtlichen Menschen« in *Tod und Jenseits im Glauben der Völker*, ed. H.-J. Klimkeit, Wiesbaden 1978.
–: »Zur Altersfrage des Schamanismus« in *Sehnsucht nach dem Ursprung*, ed. H. P. Duerr, Frankfurt/M. 1983.

Paert, I.: *Spiritual Elders*, Dekalb 2010.
Pagels, E.: *The Gnostic Gospels*, New York 1979.
Pahnke, W. P.: »The Psychedelic Mystical Experience in the Human Encounter With Death«, *Harvard Theological Review* 1969.
Pakraduny, T.: *Die Welt der geheimen Mächte*, Innsbruck 1953.
Palmer, J.: »ESP in the Ganzfeld«, *Journal of Consciousness Studies* 2003.
Palmer, S. J.: »Women in the Raelian Movement« in *The Gods Have Landed*, ed. J. R. Lewis, Albany 1995.
–: *Aliens Adored*, New Brunswick 2004.
Pandarakalam, J. P.: »Are the Apparitions of Medjugorje Real?«, *Journal of Scientific Exploration* 2001.
Paoletti, J. T.: »Wooden Sculpture in Italy as Sacral Presence«, *Artibus et Historiae* 1992.
Paoli, U. E.: *Die Geschichte der Neaira*, Bern 1953.
Papasov, K.: *Christen und Ketzer: Die Bogomilen*, Stuttgart 1983.
Paper, J.: »Sweat Lodge«, *Temenos* 1990.
Paproth, H.-J.: »Eine lappische Zaubertrommel«, *Münchner Beiträge zur Völkerkunde* 1988.
Paravicini, W.: »Das Fegefeuer des hl. Patrick und die europäische Ritterschaft im späten Mittelalter« in *Jean de Mandeville in Europa*, ed. E. Bremer/S. Röhl, München 2007.
Parnia, S.: *What Happens When We Die*, Carlsbad 2006.
–: »Der Tod ist umkehrbar«, *Spiegel* 30, 2013.
Parnia, S./P. Fenwick: »Near Death Experiences in Cardiac Arrest«, *Resuscitation* 2002.
Parnia, S. et al.: »A Qualitative and Quantitative Study of the Incidence, Features and Aetiology of Near-Death Experiences in Cardiac Arrest Survivors«, *Resuscitation* 2001.
–: »Near Death Experiences, Cognitive Function and Psychological Outcomes of Surviving Cardiac Arrest«, *Resuscitation* 2007.
–: »AWARE: Awareness During Resuscitation«, *Resuscitation* 2014.
Parra, A./L. E. Paul: »Extrasensory Experience and Hallucinatory Experience«, *Journal of the Society for Psychical Research* 2010.

Partner, N. F.: »Did Mystics Have Sex?« in *Desire and Discipline*, ed. J. Murray/K. Eisenbichler, Toronto 1996.

Partridge, C.: »Understanding UFO Religions and Abduction Spiritualities« in *UFO Religions*, ed. C. Partridge, London 2003.

Parzinger, H.: *Die Skythen*, München 2004.

Pasricha, S. K.: »A Systematic Study of Near-Death Experiences in South India«, *Journal of Scientific Exploration* 1993.

–: »Near-Death Experiences in India«, *Journal of Near-Death Studies* 2008.

–: »Psychological Aspects of Near-Death Experiences« in *Making Sense of Near-Death Experiences*, ed. M. Perera et al., London 2012.

Pasricha, S./I. Stevenson: »Near-Death Experiences in India«, *Journal of Nervous and Mental Disease* 1986.

Passarge, S.: *Die Buschmänner der Kalahari*, Berlin 1907.

Pates, R./D. Riley: »The Psychological and Psychiatric Effects of Amphetamines« in *Interventions for Amphetamine Misuse*, ed. R. Pates/D. Riley, Oxford 2010.

Patry, A. L./L. G. Pelletier: »Extraterrestrial Beliefs and Experiences«, *Journal of Social Psychology* 2001.

Patterson, J. G.: »Herztransplantationen«, *Adyar* 1989.

Paturi, F. R.: *Heilbuch der Schamanen*, Weilersbach 2005.

Pauen, S.: *Wahrnehmungspsychologie*, Heidelberg 2008.

Paul, R.: »Some Observations on Sherpa Shamanism« in *Spirit Possession in the Nepal Himalayas*, ed. J. T. Hitchcock/R. L. Jones, Warminster 1976.

Pauli, L.: »Katalog« in *Die Kelten in Mitteleuropa*, ed. L. Pauli, Salzburg 1980.

Paulsen, H./U. Stodiek: *Mit dem Pfeil, dem Bogen*, Oldenburg 1996.

Paulsen, I.: »Wildgeistvorstellungen in Nordeurasien«, *Paideuma* 1962.

Payk, T. R.: *Psychopathologie*, Heidelberg 2007.

Payne, R. C.: »Spirit Possession, Ancestral Transformation, and the Conflicts of Modernity Among the Benuaq« in *Ancestors in Borneo Societies*, ed. P. Couderc/K. Sillander, København 2012.

Pedersen, M. A.: »The Spatial Distribution of Power in Post-Socialist Rural Mongolia« in *Mongols*, ed. O. Bruun/L. Narangoa, København 2006.

–: *Not Quite Shamans*, Ithaca 2011.

Pelton, M. H./J. DiGennaro: *Images of a People*, Englewood Cliffs 1992.

Penelhum, T.: *Survival and Disembodied Existence*, London 1980.

Penfield, W.: »Speech, Perception and the Uncommitted Cortex« in *Brain and Conscious Experience*, ed. J. C. Eccles, New York 1966.

Pentikäinen, J.: »Die lappische (samische) Mythologie« in *Wörterbuch der Mythologie*, ed. E. Schmalzriedt/H. W. Haussig, Bd. VII, Stuttgart 1997.

Perera, V./R. D. Bruce: *The Last Lords of Palenque*, Boston 1982.

Pereira, V. et al.: »Immortality of the Soul as an Intuitive Idea«, *Journal of Cognition and Culture* 2012.

Pérez, E.: »Spiritist Mediumship as Historical Mediation«, *Journal of Religion in Africa* 2011.
Périer-D'Teteren, C.: *Dieric Bouts*, Bruxelles 2006.
Perkins, J. S.: »Ein Jenseitserlebnis«, *Adyar* 1979.
Perkinson, J.: »The Gift/Curse of ›Second Sight‹«, *History of Religions* 2002.
Perman, T.: »Awakening Spirits«, *Journal of Religion in Africa* 2011.
Permanschlager, P. F.: *Nahtoderfahrungen*, Salzburg 2007.
Pernet, H.: *Ritual Masks*, Columbia 1992.
Perrotto, R. S./J. Culkin: *Exploring Abnormal Psychology*, New York 1993.
Perry, E. K./R. H. Perry: »Acetylcholine and Hallucinations«, *Brain and Cognition* 1995.
Perry, R.: »Why Do Near-Death Experiences Seem So Real?«, *Journal of Near-Death Studies* 2011.
Persinger, M. A.: »Religious and Mystical Experiences as Artifacts of Temporal Lobe Function«, *Perceptual and Motor Skills* 1983.
–: »Predicting the Details of Visitor Experiences«, *Perceptual and Motor Skills* 1989.
–: »Neuropsychological Profiles of Adults Who Report ›Sudden Remembering‹ of Early Childhood Memories«, *Perceptual and Motor Skills* 1992.
–: »Subjective Pseudocyesis in Normal Women Who Exhibit Enhanced Imaginings and Elevated Indicators of Electrical Lability Within the Temporal Lobes«, *Social Behavior and Personality* 1996.
–: »The Temporal Lobe« in *NeuroTheology*, ed. R. Joseph, Santa Fe 2003.
Peskoller, H.: »8000: Ein Bericht aus großer Höhe«, *Paragrana* 2, 1998.
Peter, B.: »Hypnotische Phänomene« in *Klinische Hypnose*, ed. D. Revenstorf, Heidelberg 1990.
Peters, J.: *Rudolf Wintnauers Übersetzung der ›Legenda maior de beata Hedwigis‹*, Wien 2003.
Peters, L.: »An Experiential Study of Nepalese Shamanism«, *Journal of Transpersonal Psychology* 1981.
–: *Tamang Shamans*, New Delhi 1998.
–: *Trance, Initiation & Psychotherapy in Nepalese Shamanism*, Delhi 2004.
–: *The Yeti*, New Delhi 2004a.
Petersen, E. B.: »L'art et les sépultures mésolithiques en Scandinavie Méridionale« in *L'aventure humaine*, ed. M. Huys, Bruxelles 1990.
Peterson, M. et al.: *Reason and Religious Belief*, Oxford 2003.
Peti, L.: »Collective Visions in the Moldavian Csángó Villages«, *Acta Ethnographica Hungarica* 2009.
Petri, H.: »Der australische Medizinmann«, *Annali Lateranensi* 1952.
–: *Sterbende Welt in Nordwest-Australien*, Braunschweig 1954.
–: »Traum und Trance bei den Australiden« in *Naturvölker in unserer Zeit*, o. Hrsg., Stuttgart 1971.

Pettersson, O.: *Jabmek and Jabmeaimo*, Lund 1957.
Petzoldt, L.: *Märchen, Mythos, Sage*, Marburg 1989.
Peuckert, W.-E.: »Hirsch (*Cervus elaphus*), Rothirsch und Damhirsch« in *Handwörterbuch des deutschen Aberglaubens*, Bd. IV, ed. E. Hoffmann-Krayer/E. Bächthold-Stäubli, Berlin 1931.
–: *Deutscher Volksglaube des Spätmittelalters*, Stuttgart 1942.
Pfeil, B.: *Die ›Vision des Tnugdalus‹ des Albers von Windberg*, Frankfurt/M. 1999.
Pfister, O.: »Schockdenken und Schockphantasien bei höchster Todesgefahr«, *Internationale Zeitschrift für Psychoanalyse* 1930.
Phillips, E. D.: *The Royal Hordes*, London 1965.
Phillips, D. Z.: *Death and Immortality*, London 1970.
Phillips, W. A.: »Belief in the Primacy of Fantasy Is Misleading and Unnecessary«, *Behavioral and Brain Sciences* 2004.
Picard, J.-M.: »Dante and Irish Vision Literature« in *Dante and His Literary Precursors*, ed. J. C. Barnes/J. Petrie, Dublin 2007.
Pielow, D.: *Der Stachel des Bösen*, Würzburg 2008.
Pieper, W.: *Highdelberg*, Löhrbach 2000.
Pietrowsky, R.: *Was uns den Schlaf raubt*, Darmstadt 2014.
Pinvidic, T.: »Un cas d'apparition d'ovnis«, *Communications* 1990.
Piotrovsky, B.: »Early Cultures of the Lands of the Scythians« in *From the Land of the Scythians*, ed. P. de Montebello, New York 1975.
Piper, D./C. Murphey: *Neunzig Minuten im Himmel*, Asslar 2007.
Pitt-Rivers, J.: »Spiritual Power in Central America« in *Witchcraft, Confessions and Accusations*, ed. M. Douglas, London 1970.
Plancke, C.: »Possession Trance and Female Power Among the Punu of Congo-Brazzaville«, *Journal of Religion in Africa* 2011.
Plassmann, J. O.: »Der Dreistufenbaum in der deutschen Mystik«, *Germanien* 1942.
Platon, N./I. Pini: *Corpus der minoischen und mykenischen Siegel*, Bd. II.3, Berlin 1984.
Platta, H.: *New-Age-Therapien*, Weinheim 1994.
Plügge, H.: »Über Parästhesien« in *Beiträge zu Philosophie und Wissenschaft*, ed. H. Höfling, München 1960.
Pócs, É.: »The Popular Foundations of the Witches' Sabbath in Central and Southeastern Europa«, *Acta Ethnographica Hungarica* 1992.
–: »*Tündéres* and the Order of St Ilona«, *Acta Ethnographica Hungarica* 2009.
Pohlmann, F.: *Die soziale Geburt des Menschen*, Weinheim 2000.
Politis, G. G.: *Nukak*, Walnut Creek 2007.
Pollmacher, T./C. Lauer: »Psychologie von Schlaf und Schlafregulation« in *Handbuch des normalen und gestörten Schlafs*, ed. M. Berger, Heidelberg 1992.
Pomel, F.: *Les voies de l'au-delà et l'essor de l'allégorie au Moyen Âge*, Paris 2001.

Pommaret, F.: »Returning From Hell« in *Religions of Tibet in Practice*, ed. D. S. Lopez, Princeton 1997.
de Pontfarcy, Y.: *L'au-delà au Moyen Age*, Bern 2010.
Poole, F. J. P.: »Cultural Images of Infants in Bimin-Kuskusmin Folk Psychology« in *Person, Self, and Experience*, ed. G. M. White/J. Kirkpatrick, Berkeley 1985.
Popov, A. A.: »How Sereptie Djarvoskin of the Naganasans Became a Shaman« in *Shamanism*, ed. G. Harvey, London 2003.
Popper, K. R./J. C. Eccles: *The Self and Its Brain*, New York 1977.
Porath, N.: »Consciousness and Therapeutic Acoustics in the Inter-Sensory Shamanic Epistemology of the Orang Sakai of Riau«, *Journal of the Royal Anthropological Institute* 2008.
Porr, M.: »Schamanismus im Aurignacien« in *Eiszeitkunst im süddeutsch-schweizerischen Jura*, ed. C.-S. Holdermann et al., Stuttgart 2001.
–: »An den Grenzen der Dinge«, *Archäologie in Deutschland* 6, 2004.
Porter, J. R.: »Muhammad's Journey to Heaven«, *Numen* 1974.
Potapow, L. P.: »Die Schamanentrommel bei den altaischen Völkerschaften« in *Glaubenswelt und Folklore der sibirischen Völker*, ed. V. Diószegi, Budapest 1963.
–: »Shaman's Drums of Altaic Ethnic Groups« in *Popular Beliefs and Folklore Traditions in Siberia*, ed. V. Diószegi, The Hague 1968.
Potts, M.: »Does N, N-Diamethyltryptamine Adequately Explain Near-Death Experiences?«, *Journal of Near-Death Studies* 2012.
Powell, P. J.: *Sweet Medicine*, Norman 1969.
Power, R.: »Journeys to the Otherworld in the Icelandic ›Fornaldarsögur‹«, *Folklore* 1985.
Powers, S. M.: »Dissociation in Alleged Extraterrestrial Abductees«, *Dissociation* 1994.
Prado, P.: »Le Jilgré en Bretagne morbihannaise«, *Ethnologie française* 2004.
Prakash, R.: »Inner Light Perception of Vihangam«, *Journal of Consciousness Studies* 2009.
du Prel, C.: *Die Philosophie der Mystik*, Leipzig 1885.
Previc, F. H.: »The Role of the Extrapersonal Brain Systems in Religions Activity«, *Consciousness and Cognition* 2006.
Preyer, W.: *Die Seele des Kindes*, Leipzig 1923.
Price, H. H.: »Disembodied Minds and the Spatial Location of Experiences« in *Brain and Mind*, ed. J. R. Smythies, London 1965.
Price-Williams, D./R. Gaines: »The Dreamtime and Dreams of Northern Australian Artists«, *Ethos* 1994.
Prince, R.: »Indigenous Yoruba Psychiatry« in *Magic, Faith, and Healing*, ed. A. Kiev, New York 1964.
–: »Shamans and Endorphins«, *Ethos* 1982.

Prinzhorn, H.: *Bildnerei der Geisteskranken*, Berlin 1922.
Prior, A.: »Seelen in der Unterwelt« in *Anima und sêle*, ed. K. Philipowski/ A. Prior, Berlin 2006.
Priuli, A.: *Incisioni rupestri della Val Camonica*, Ivrea 1992.
Probst, C.: »Zur Realität der Seele aus der Sicht von Neurochirurgie und Hirnforschung« in *Realismus als philosophisches Problem*, ed. H. Seidl, Hildesheim 2000.
Probst, E.: *Deutschland in der Steinzeit*, München 1991.
Prokofyeva, Y. D.: »The Costume of an Enets Shaman« in *Studies in Siberian Shamanism*, ed. H. N. Michael, Toronto 1963.
Prochaska, I.: »*Kaminchu*: Mittlerinnen zwischen Diesseits und Jenseits« in *Heilung in den Religionen*, ed. V. Futterknecht et al., Münster 2013.
–: *Kaminchu: Spirituelle Heilerinnen in Okinawa*, Wien 2013 a.
Proescholdt, M.: »Sterben und Tod in medizinischer Sicht« in *Tod und Ewiges Leben*, ed. W. Zager, Leipzig 2014.
Prosser, M.: »Vorstellungen über die Seelenexistenz ungetaufter Kinder in Spätmittelalter und Früher Neuzeit« in *Tod und Jenseits in der Schriftkultur der Frühen Neuzeit*, ed. M. Kobelt-Groch/C. N. Moore, Wiesbaden 2008.
Puccetti, R.: *Außerirdische Intelligenz*, Düsseldorf 1970.
Puchner, W.: *Studien zur Volkskunde Südeuropas*, Wien 2009.
Puharich, A.: *The Sacred Mushroom*, Garden City 1974.
Purkiss, D.: *Troublesome Things*, London 2000.

al-Qāḍī, ʾA. ar-R. ibn A.: *Das Feuer und der Garten*, Bindlach 1991.
Quack, A.: *Priesterinnen, Heilerinnen, Schamaninnen*, Berlin 1985.
van Quekelberghe, R.: *Transpersonale Psychologie und Psychotherapie*, Eschborn 2005.
Le Quellec, J.-L.: »Shamans and Martians« in *The Concept of Shamanism*, ed. H. P. Francfort et al., Budapest 2001.
Quicherat, J.: *Procès de condamnation et de réhabilitation de Jeanne d'Arc dite La Pucelle*, Bd. I, Paris 1841.
de Quincey, T.: *The Works*, ed. G. Lindop, Bd. II, London 2000.
Quinsel, R.: *Exhibitionismus*, München 1971.
Quinton, A.: *The Nature of Things*, London 1973.

Rabanne, P.: *Journey From One Life to Another*, Shaftesbury 1997.
Rabanser, H.: *Die Tiroler Hexenprozesse*, Innsbruck 2006.
Radcliffe-Brown, A. R.: »The Andaman Islanders« in *A Reader in General Anthropology*, ed. C. S. Coon, New York 1948.
Radin, D. I.: *The Conscious Universe*, New York 1997.
Radin, P.: »Thunder-cloud, a Winnebago Shaman, Relates and Prays« in *American Indian Life*, ed. E. C. Parsons, Lincoln 1922.

–: *Primitive Religion*, New York 1937.
Rätsch, C.: *Enzyklopädie der psychoaktiven Pflanzen*, Aarau 1998.
–: »Wir sind alle illegal«, *Spiegel* 23, 2013.
Rätzel, W.: »Die ›Frau mit dem Ren‹ von Laugerie Basse« in *Kurt Tackenberg zum 75. Geburtstag*, ed. Bonn 1974.
Rager, C.: *Dictionnaire des fées et du peuple invisible*, Turnhout 2003.
Rahn, O.: *Kreuzzug gegen den Gral*, Stuttgart 1964.
Raimund v. Capua: *Das Leben der hl. Katharina von Siena*, ed. A. Schenker, Düsseldorf 1965.
Rainey, F. G.: »The Whale Hunters of Tigara«, *Anthropological Papers of the American Museum of Natural History*, Leiden 1947.
Rakow, K.: »Die Transformation des ›Tibetischen Totenbuchs‹ im 20. Jahrhundert« in *Diesseits, Jenseits und das Dazwischen?*, ed. G. Ahn et al., Bielefeld 2011.
–: *Transformationen des tibetischen Buddhismus*, Göttingen 2014.
Ramachandran, V. S.: *Die Frau, die Töne sehen konnte*, Hamburg 2013.
Ramachandran, V. S./P. D. Geoch: »Phantom Penises in Transsexuals«, *Journal of Consciousness Studies* 2008.
Randles, J.: *Aliens & Abductions*, London 1999.
Randles, J./P. Hough: *The Afterlife*, London 1993.
Ranke, K.: »Alp und Alptraum« in *Handwörterbuch des deutschen Aberglaubens*, Bd. I, ed. E. Hoffmann-Krayer, Berlin 1927.
Rankin, D.: *Celts and the Classical World*, London 1987.
Rao, K. R.: »Parapsychology« in *Encyclopedia of Psychology*, ed. R. J. Corsini, Bd. III, New York 1994.
Rao, K. R./J. Palmer: »The Anomaly Called Psi«, *Behavioral and Brain Sciences* 1987.
Raponda-Walker, A./R. Sillans: *Rites et croyances des peuples du Gabon*, Paris 1962.
Rasmussen, K.: *Across Arctic America*, New York 1927.
–: »Intellectual Culture of the Caribou Eskimo« in *Report of the Fifth Thule Expedition, 1921-24*, Bd. VII.2, ed. København 1929.
–: *Posthumous Notes on East Greenland Legends and Myths*, ed. H. Ostermann, København 1939.
Ratcliffe, M.: *Feelings of Being*, Oxford 2008.
–: »The Phenomenology of Mood and the Meaning of Life« in *Philosophy of Emotion*, ed. P. Goldie, Oxford 2010.
Rauers, F.: *Hänselbuch*, Essen 1936.
Ravila, P.: *Reste lappischen Volksglaubens*, Helsinki 1934.
Redfield, R.: *The Folk Culture of Yucatan*, Chicago 1941.
Redfield, R./A. Villa Rojas: *Chan Kom*, Washington 1934.
Red Hat, E.: Mündliche Mitteilung vom 13. Juni 1981.

Reed, C. L.: »What Is the Body Schema?« in *The Imitative Mind*, ed. A. N. Meltzoff/W. Prinz, Cambridge 2002.

Reed, G. F.: »Sensory Deprivation« in *Aspects of Consciousness*, ed. G. Underwood/R. Stevens, Bd. I, London 1979.

–: »Doppelgänger or Autoscopy« in *The Oxford Companion to the Mind*, ed. R. L. Gregory, Oxford 1987.

Reeves, B.: »Ninaistákis: The Nitsitapii's Sacred Mountain« in *Sacred Sites, Sacred Places*, ed. D. L. Carmichael et al., London 1994.

Regino v. Prüm: *Sendhandbuch*, ed. W. Hartmann, Darmstadt 2004.

Reichel-Dolmatoff, A./G. Reichel-Dolmatoff: *The People of Aritama*, London 1961.

Reichel-Dolmatoff, G: *Amazonian Cosmos*, Chicago 1971.

–: *The Shaman and the Jaguar*, Philadelphia 1975.

Reier, H.: *Seelenvorstellungen im Altnordischen*, Kiel 1976.

Reininger, R.: *Metaphysik der Wirklichkeit*, Bd. I, Wien 1947.

Reis, E.: »The Devil, the Body, and the Feminine Soul in Puritan New England« in *Witches of the Atlantic World*, ed. E. G. Breslaw, New York 2000.

Reiter, F. C.: *Taoismus*, Hamburg 2000.

Reiter, N.: »Mythologie der Alten Slawen« in *Götter und Mythen im Alten Europa*, ed. H. W. Haussig, Stuttgart 1973.

Reitinger, F.: *Schüsse, die ihn nicht erreichten*, Paderborn 1997.

Renfrew, J. M.: »Neanderthal Symbolic Behaviour?« in *Becoming Human*, ed. C. Renfrew/I. Morley, Cambridge 2009.

Renz, M.: *Zeugnisse Sterbender*, Paderborn 2008.

Reuterswärd, P.: *Hieronymus Bosch*, Stockholm 1970.

Revonsuo, A: *Consciousness*, Hove 2010.

Rey, G.: »Survival« in *The Identities of Persons*, ed. A. O. Rorty, Berkeley 1976.

Rhees, R.: *On Religion and Philosophy*, ed. D. Z. Phillips, Cambridge 1997.

Rheinheimer, M.: »Die Angst vor dem Wolf«, *Fabula* 1995.

Rhine, J. B.: »Die Parapsychologie und die zukünftige Entwicklung der Menschheit« in *Der Übermensch*, ed. Zürich 1961.

–: »On Parapsychology and the Nature of Man« in *Dimensions of Mind*, ed. S. Hook, New York 1964.

Riboli, D.: *Tunsuriban*, Kathmandu 2000.

Rice, J.: *Deer Women and Elk Men*, Albuquerque 1992.

Rice, T. T.: *The Scythians*, London 1957.

Richards, P. S./A. E. Bergin: *A Spiritual Strategy*, Washington 1997.

Richter, H.-G.: *Imagination und Trauma*, Frankfurt/M. 2006.

Richter, I.: *Der phantasierte Tod*, Frankfurt/M. 2010.

Richter, S.: *Werwölfe und Zaubertänze*, Frankfurt/M. 2004.

Ridington, R.: »Geschichten der Visionssuche bei den Dunne-za-Frauen«, *Unter dem Pflaster liegt der Strand* 13, 1984.

Rieder, H./C. Eibner: »Zur Kulturgeschichte des Werfens« in *Homo heidelbergensis*, ed. G. A. Wagner et al., Stuttgart 2007.
Riedl, P. P.: *Historia von D. Johann Fausti (1589)*, Berlin 2006.
Rietschel, G.: »Menschen, Tiere und Pflanzen der Eiszeit« in *Lascaux*, ed. W. Konrad/A. Eggebrecht, Hildesheim 1982.
Rimantienė, R.: *Die Steinzeitfischer an der Ostseelagune in Litauen*, Vilnius 2005.
Ring, K.: »Comment on ›The Reality of Death-Experiences‹«, *Journal of Nervous and Mental Disease* 1980.
–: *Den Tod erfahren, das Leben gewinnen*, Bern 1986.
–: »Solving the Riddle of Frightening Near-Death Experiences«, *Journal of Near-Death Studies* 1994.
–: »Häufigkeit und Wesen der Nahtodeserfahrung« in *Erfahrungen an der Schwelle des Todes*, ed. E. Elsaesser-Valarino, Kreuzlingen 1995.
–: »Lektionen des Lichts«, *Theosophie Adyar* 1999.
–: »Response to Augustine's Article on Paranormal Perception in Near-Death Experiences«, *Journal of Near-Death Studies* 2007.
Ring, K./E. Elsaesser-Valarino: *Im Angesicht des Lichts*, Kreuzlingen 1999.
Ringwald, W.: *Die Religion der Akanstämme*, Stuttgart 1952.
Rinpoche, S.: *Das tibetische Buch vom Leben und Sterben*, Frankfurt/M. 2004.
Risso, M./W. Böker: »Delusions of Witchcraft«, *British Journal of Psychiatry* 1968.
Rittner, S.: »Trance und Ritual in Psychotherapie und Forschung« in *Rituale erneuern*, ed. H. Jungaberle et al., Gießen 2006.
Ritz, J. M.: »Hirschdarstellungen in der Volkskunst« in *Heimatarbeit und Heimatforschung*, ed. K. v. Manz et al., München 1927.
Rivière, P.: »Shamanism and the Unconfined Soul« in *From Soul to Self*, ed. M. J. C. Crabbe, London 1999.
Roberts, G./J. Owen: »The Near-death Experience«, *British Journal of Psychiatry* 1988.
Roché, D.: *Die Katharer-Bewegung*, Stuttgart 1992.
Rockstroh, S.: *Einführung in die Neuropsychopharmakologie*, Bern 2001.
Rodabough, T./K. Cole: »Near-Death Experiences as Secular Eschatology« in *Handbook of Death & Dying*, ed. C. D. Bryant, Thousand Oaks 2003.
Rodin, E. A.: »The Reality of Death Experiences«, *Journal of Nervous and Mental Disease* 1980.
Roeck, B.: »Gedruckte Worte, geschnittene Bilder und die verzauberte Welt«, *Francia* 2007.
Röckelein, H.: *Otloh, Gottschalk, Tnugdal*, Frankfurt/M. 1987.
Röhrich, L.: »Erotik und Sexualität« in *Enzyklopädie des Märchens*, ed. K. Ranke, Bd. 4, Berlin 1984.
–: »Jenseitswanderungen« in *Enzyklopädie des Märchens*, ed. R. W. Brednich et al., Bd. 7, Berlin 1993.

Rösel, R.: *Die psychologischen Grundlagen der Yogapraxis*, Stuttgart 1928.
Rösing, I.: *Religion, Ritual und Alltag in den Anden*, Berlin 2001.
–: *Trance, Besessenheit und Amnesie*, Graz 2003.
Rogers, B.: *A. J. Ayer*, London 1999.
Rogo, D. S.: »Research on Deathbed Experiences«, *Parapsychology Review 1978*.
–: »Ketamine and the Near-Death Experience«, *Anabiosis* 1984.
–: »Researching the Out-of-Body Experience« in *Case Studies in Parapsychology*, ed. K. R. Rao, Jefferson 1986.
Róheim, G.: »Witches of Normanby Island«, *Oceania* 1948.
–: *Hungarian and Vogul Mythology*, Locust Valley 1954.
v. Rohr, W.: *Das magische Tor*, München 2000.
Rojcewicz, S. J./R. Rojcewicz: »The ›Human‹ Voices in Hallucinations«, *Journal of Phenomenological Psychology* 1997.
Rokeach, M.: *The Three Christs of Ypsilanti*, New York 1964.
Roling, B.: »Der Schamane und das Orakel von Delphi« in *Prophetie und Autorschaft*, ed. C. Meier/M. Wagner-Egelhaaf, Berlin 2014.
Roll, W. G.: »Das Problem des Weiterlebens nach dem Tod in neuer Sicht« in *Neue Wege der Parapsychologie*, ed. J. Beloff, Olten 1980.
Rolle, R.: »Die skythenzeitlichen Mumienfunde von Pazyryk« in *Der Mann im Eis*, Bd. I, ed. F. Höpfel et al., Innsbruck 1992.
Romme, M./S. Escher: *Stimmenhören verstehen*, Bonn 2008.
Rommer, B.: *Der verkleidete Segen*, Goch 2004.
Rooney, K.: *Mortality and Imagination*, Turnhout 2011.
Roper, L.: *Witch Craze*, New Haven 2004.
–: *Hexenwahn*, München 2007.
Roquebert, M.: *Die Geschichte der Katharer*, Stuttgart 2012.
Roscher, H.: *Ephialtes*, Leipzig 1900.
Roscoe, J.: *The Bakitara or Banyoro*, Cambridge 1923.
Roscoe, W.: *The Zuni Man-Woman*, Albuquerque 1991.
Rose, D. B.: *Dingo Makes Us Human*, Cambridge 1992.
Rose, J. S.: »Swedenborg's Garden of Theology« in *Scribe of Heaven*, ed. J. S. Rose, West Chester 2005.
Roseman, M.: »The Structure of the Self, the Emotional World, and Ritual Performance Among Senoi Temiar«, *Ethos* 1990.
–: »Remembering to Forget« in *Shamanism*, ed. G. Harvey, London 2003.
Rosen, I.: »Exhibitionism, Scopophilia, and Voyeurism« in *Sexual Deviation*, ed. I. Rosen, Oxford 1996.
Rosenberg, A.: *Engel und Dämonen*, München 1967.
Rosenfeld, H. F./H. Rosenfeld: *Deutsche Kultur im Spätmittelalter*, Wiesbaden 1978.
Rosenberg, J. F.: *Thinking Clearly About Death*, Englewood Cliffs 1983.
Rosenthal, A.: »Bad Dreams: Race and the ›Nightmare‹ of 1781« in *Represen-

tation and Performance in the 18th Century, ed. P. Wagner/F. Ogée, Trier 2006.
Rosenthal, J.: *Possession, Ecstasy, and Law in Ewe Voodoo*, Charlottesville 1998.
Ross, A.: *Pagan Celtic Britain*, London 1967.
Ross, C. A.: *Multiple Personality Disorder*, New York 1989.
Roszell, C.: *Erlebnise an der Todesschwelle*, Stuttgart 1993.
Rotach, B.: »Der Durst der Toten und die zwischenzeitliche Erquickung (Refrigerium Interim)« in *Himmel, Hölle, Fegefeuer*, ed. P. Jezler, München 1994.
Roth, G.: *Das Gehirn und seine Wirklichkeit*, Frankfurt/M. 1994.
–: *Aus der Sicht des Gehirns*, Frankfurt/M. 2003.
Rottenwöhrer, G.: *Die Katharer*, Ostfildern 2007.
Roubach, S.: »Richard of Saint-Vanne and the Otherworld«, *Journal of Medieval History* 2006.
Rouget, G.: *Music and Trance*, Chicago 1985.
Rousseau, D.: »The Implications of Near-Death Experiences for Research into the Survival of Consciousness«, *Journal of Scientific Exploration* 2012.
Rowlands, A.: »Witchcraft and Popular Religion in Early Modern Rothenburg ob der Tauber« in *Popular Religion in Germany and Central Europe*, ed. B. Scribner/T. Johnson, Houndmills 1996.
–: »›wie der Pöbel gemeinlich aus einer Mucken einen Elefanten zu machen pflegt‹« in *Städte, Regionen, Vergangenheiten*, ed. K. Borchardt/E. Tittmann, Würzburg 2003.
–: *Witchcraft Narratives in Rothenburg, 1561-1652*, Manchester 2003a.
Royalton-Kisch, M.: »Pieter Bruegel as a Draftsman« in *Pieter Bruegel the Elder*, ed. N. M. Orenstein, New York 2001.
Rubenstein, S. L.: »On the Importance of Visions Among the Amazonian Shuar«, *Current Anthropology* 2012.
Rubisch, G. F.: *Abenteuer Jenseits*, München 2013.
Rudolph, E.: »Künden und Zweites Gesicht in Vorarlberg-Tirol«, *Rheinisch-westfälische Zeitschrift für Volkskunde* 1978.
–: »Das ›Andere Ich‹ des Menschen im Tiere«, *Zeitschrift für Ethnologie* 1982.
Rudolph, K.: *Die Gnosis*, Göttingen 1980.
Rudy, Z.: *Ethnosoziologie sowjetischer Völker*, Bern 1962.
Rüegg, A.: *Die Jenseitsvorstellungen vor Dante*, Bd. I, Einsiedeln 1945.
Ruel, M.: »Were-Animals and the Introverted Witch« in *Witchcraft, Confessions and Accusations*, ed. M. Douglas, London 1970.
Ruff, G. E. et al.: »Factors Influencing Reactions to Reduced Sensory Input« in *Sensory Deprivation*, ed. P. Solomon, Cambridge 1961.
Ruh, K.: *Geschichte der abendländischen Mystik*, Bd. II, München 1993.
Rumpf, M.: »Spinnstubenfrauen, Kinderschreckgestalten und Frau Perchta«, *Fabula* 1976.

–: »Luxuria, Frau Welt und Domina Perchta«, *Fabula* 1990.
–: *Perchten*, Würzburg 1991.
Runciman, S.: *Der mittelalterliche Manichäismus*, München 1988.
Runehov, A. L. C.: *Sacred or Neural?*, Göttingen 2007.
Rupp, S.: *From Grace to Glory*, Heidelberg 2001.
Ruspoli, M.: *Die Höhlenmalerei von Lascaux*, Augsburg 1998.
Russ-Fishbane, E.: »Physical Embodiment and Spiritual Rapture in 13th-Century Sufi Mysticism« in *Les mystiques juives, chrétiennes et musulmanes dans l'Égypte médiévale*, ed. G. Cecese et al., Le Caïre 2013.
Russell, J. B.: *Satan: The Early Christian Tradition*, Ithaca 1981.
Rust, A.: *Urreligiöses Verhalten und Opferbrauchtum des eiszeitlichen Homo sapiens*, Neumünster 1974.
Rust, A.: *Wittgensteins Philosophie der Psychologie*, Frankfurt/M. 1996.
Van Ruusbroec, J.: *Die Zierde der geistlichen Hochzeit*, ed. M. Schaad-Visser, Einsiedeln 1987.
Ryback, D./L. Sweitzer: *Wahrträume*, Darmstadt 2005.
Rybakov, B. A.: »The Rusalii and the God Simargl-Pereplut«, *Soviet Anthropology and Archaeology* 1968.
Rychlak, J. F.: *In Defense of Human Conciousness*, Washington 1997.
Ryle, G.: *Critical Essays*, Bd. I, London 1971.
Rýzl, M.: *Der Tod ist nicht das Ende*, Kreuzlingen 2001.
–: *Handbuch Parapsychologie*, Kreuzlingen 2006.

Sabom, M. B.: »Commentary on ›The Reality of Death Experiences‹«, *Journal of Nervous and Mental Disease* 1980.
–: *Erinnerung an den Tod*, Gütersloh 1986.
–: *Light and Death*, Grand Rapids 1998.
–: »The Acute Dying Experience«, *Journal of Near-Death Studies* 2008.
Sacchi, D.: *Le Magdalénien*, Tours 2003.
Sacks, O.: *Migräne*, Stuttgart 1985.
–: *Der Mann, der seine Frau mit einem Hut verwechselte*, Reinbek 1987.
–: *Hallucinations*, London 2012.
Saeki, R.: »Erzähltradition, Heilung und Schamanismus auf Okinawa« in *Stimme des Nordens in Märchen und Mythen*, ed. H. Lox et al., Krummwisch 2006.
Sagaster, K.: »Grundgedanken des tibetischen Totenbuches« in *Tod und Jenseits im Glauben der Völker*, ed. H.-J. Klimkeit, Wiesbaden 1978.
Sahihi, A.: *Designer-Drogen*, Weinheim 1991.
de Sales, A.: *Je suis né de vos Jeux de Tambours*, Nanterre 1991.
Saliba, J. A.: »UFO Contactee Phenomena« in *The Gods Have Landed*, ed. J. R. Lewis, Albany 1995.
Sallinger-Nolte, M.: »Sterbebettvisionen aus persönlicher und beruflicher

Sicht« in *Begegnung mit Verstorbenen?*, ed. A. Serwaty/J. Nicolay, Goch 2010.
Salter, R.: *Organised Sexual Abuse*, Abingdon 2013.
Samarel, N.: »Der Sterbeprozeß« in *Sterben, Tod und Trauer*, ed. J. Wittkowski, Stuttgart 2003.
Samellas, A.: *Death in the Eastern Mediterranean (50-600 A. D.)*, Tübingen 2002.
Samorini, G.: »The Initiation Rite in the Bwiti Religion«, *Yearbook for Ethnomedicine and the Study of Consciousness* 1998.
Sandford, C.: *Masters of Mystery*, New York 2011.
Sandner, D.: *So möge mich das Böse in Scharen verlassen*, Solothurn 1994.
v. Sandrart, J.: *Academie der Bau-, Bild- und Mahlerey-Künste*, ed. A. R. Peltzer, München 1925.
San Juan, R. M.: »St. Teresa of Jesus and the Embodied Visual Image« in *Spirits Unseen*, ed. C. Göttler/W. Nuber, Leiden 2008.
Santos-Granero, F.: *The Moral Use of Knowledge Amongst the Amuesha of Central Peru*, London 1991.
Sarbin, T. R.: »Accounting for ›Dissociative‹ Actions Without Invoking Mentalistic Constructs«, *Consciousness and Cognition* 1992.
Sartori, P.: *The Near-Death Experiences of Hospitalized Intensive Care Patients*, Lewiston 2008.
Sartori, P.: »Die Speisung der Toten«, *Jahresberichte des Gymnasiums zu Dortmund* 1903.
Sass, L. A.: »›My So-Called Delusions‹: Solipsism, Madness, and the Schreber Case«, *Journal of Phenomenological Psychology* 1994.
–: *The Paradoxes of Delusion*, Ithaca 1994a.
–: *Madness and Modernism*, Cambridge 1996.
–: »The Consciousness Machine« in *The Conceptual Self in Context*, ed. U. Neisser/D. A. Jopling, Cambridge 1997.
Sawicki, D.: *Leben mit den Toten*, Paderborn 2002.
Sawyer, D.: *Aldous Huxley*, New York 2002.
Sax, W. S.: *God of Justice*, Oxford 2009.
Schabas, W. A.: *The Death Penalty as Cruel Treatment and Torture*, Boston 1996.
Schacter, D. L.: *The Seven Sins of Memory*, Boston 2001.
Schäfer, P.: *Die Ursprünge der jüdischen Mystik*, Berlin 2011.
Schäufele, W.-F.: »Die Höllen der Alexandriner«, *Zeitschrift für Kirchengeschichte* 2006.
Schallenberg, G.: *Visionäre Erlebnisse*, Augsburg 1990.
Scharf da Silva, I.: *Umbanda*, Münster 2004.
Scharfstetter, C.: *Schizophrene Menschen*, München 1983.
–: »Okkultismus, Parapsychologie und Esoterik in der Sicht der Psychopathologie«, *Fortschritte der Neurologie und Psychiatrie* 1998.

Schattschneider, E.: »My Mother's Garden: Transitional Phenomena on a Japanese Sacred Mountain«, *Ethos* 2000.

Schatzmann, N.: *Verdorrende Bäume und Brote wie Kuhfladen*, Zürich 2003.

Schechter, J. M.: »Latin America/Ecuador« in *Worlds of Music*, ed. J. T. Titon, New York 1996.

Scheer, M.: »Somatische Interaktionen beim Marienerscheinungskult von Heroldsbach-Thurn 1949/50«, *Historische Anthropologie* 2009.

Schefferus, J.: *Lapponia (1673)*, Uppsala 1956.

vom Scheidt, J.: »PCP« in *Handbuch der Rauschdrogen*, ed. W. Schmidbauer/ J. v. Scheidt, München 1997.

Schell, O.: »Der Volksglauben im Bergischen an die Fortdauer der Seele nach dem Tode«, *Archiv für Religionswissenschaft* 1901.

Schenk, A./H. Kalweit: »Schamanische Heilung durch Reisen ins Totenreich«, *Jahrbuch für Transkulturelle Medizin und Psychotherapie* 1999.

Schenk, G.: *Das Buch der Gifte*, Berlin 1954.

Schermann, R.: »Marienerscheinungen« in *Die zweite Wirklichkeit*, ed. A. Holl, Wien 1987.

Schetsche, M.: »Entführt« in *Von Menschen und Außerirdischen*, ed. M. Schetsche/M. Engelbrecht, Bielefeld 2008.

Schibler, J./S. Sedlmeier: »Die Schneehuhn- und Schneehasenknochen aus dem Abri Büttenloch«, *Archäologisches Korrespondenzblatt* 1993.

Schiebeler, W.: »Das Fortleben nach dem Tode im Hinblick auf Naturwissenschaft und Parapsychologie« in *Fortleben nach dem Tode*, ed. A. Resch, Innsbruck 1987.

Schieffelin, E. L.: *The Sorrow of the Lonely and the Burning of the Dancers*, New York 1976.

Schiewer, H.-J.: »Auditionen und Visionen einer Begine« in *Begegnungen mit dem Mittelalter in Basel*, ed. S. Slanička, Basel 2000.

Schild, W.: »Die Dimensionen der Hexerei« in *Wider alle Hexerei und Teufelswerk*, ed. S. Lorenz/J. M. Schmidt, Ostfildern 2004.

Schilder, P.: »Deskriptiv-psychologische Analyse der Depersonalisation« in *Depersonalisation*, ed. J.-E. Meyer, Darmstadt 1968.

Schimmel, A.: *Mystische Dimensionen des Islam*, München 1985.

–: *Die Träume des Kalifen*, München 1998.

Schindler, H.: »Die Leiden eines spätberufenen Propheten« in *Lebenswege im Spannungsfeld lokaler und globaler Prozesse*, ed. E. Hermann/B. Röttger-Rössler, Münster 2003.

Schipper, B. U.: »Gegenwelten« in *1001 Nacht: Wege ins Paradies*, ed. A. Müller/H. Roder, Mainz 2006.

Schirokogoroff, S. M.: *Social Organization of the Northern Tungus*, Shanghai 1929.

–: *Psychomental Complex of the Tungus*, London 1935.

Schiwy, G.: *Birgitta von Schweden*, München 2003.

Schjelderup, K.: *Die Askese*, Berlin 1928.

Schlatter, G.: *Bumerang und Schwirrholz*, Berlin 1985.

Schlehe, J.: *Ratu Kidul: Die Meereskönigin des Südens*, Berlin 1998.

Schleiffer, H.: *Sacred Narcotic Plants of the New World Indians*, New York 1973.

Schlesier, K. H.: *Die Wölfe des Himmels*, Köln 1985.

Schlösser, R./J. D. Brodie: »Brain Imaging in Psychiatry« in *Contemporary Psychiatry*, Bd. I, ed. F. Henn et al., Heidelberg 2001.

Schloeth, R.: »Europäischer Rothirsch« in *Grzimeks Enzyklopädie*, ed. B. Grzimek, Bd. 5, München 1988.

Schmëing, K.: *Das »Zweite Gesicht« in Niederdeutschland*, Leipzig 1937.

–: »Flugträume und ›Exkursion des Ich‹«, *Archiv für die gesamte Psychologie* 1938.

–: »Das ›Zweite Gesicht‹ in Schottland und Niederdeutschland«, *Niederdeutsche Zeitschrift für Volkskunde* 1938 a.

Schmeling, W.: *Das Mutterleibs- und Geburtsmotiv in der experimentellen Psychose*, Göttingen 1966.

Schmid, G. B.: *Tod durch Vorstellungskraft*, Wien 2000.

Schmidt, B.: *Das Volksleben der Neugriechen*, Leipzig 1871.

Schmidt, B. E.: »Spirit Possession in Brazil«, *Anthropos* 2014.

Schmidt, J. M.: *Glaube und Skepsis*, Bielefeld 2000.

Schmidt, M.: »Nikolaus von Kues im Gespräch mit den Tegernseer Mönchen über Wesen und Sinn der Mystik«, *Mitteilungen und Forschungsbeiträge der Cusanus-Gesellschaft* 1989.

Schmidt, P. G.: »Visio diligenti narratione luculenter exarata« in *Visio Edmundi monachi de Eynshan*, ed. T. Ehlen et al., Tübingen 1998.

Schmidt, S.: *Außergewöhnliche Kommunikation?*, Oldenburg 2002.

Schmidt-Degenhard, M.: *Die oneiroide Erlebnisform*, Heidelberg 1992.

–: »Oneiroides Erleben als Bewältigungsversuch von Extremsituationen« in *Krankengeschichte*, ed. D. Janz, Würzburg 1999.

–: »Die oneiroide Erlebnisform« in *Das Leib-Seele-Problem und die Phänomenologie*, ed. C. Nielsen et al., Würzburg 2007.

–: »Die Wirklichkeit des Imaginären« in *Bildhaftes Erleben in Todesnähe*, ed. P. Bühler/S. Peng-Keller, Zürich 2014.

Schmied-Knittel, I.: »Todeswissen und Todesbegegnungen« in *Alltägliche Wunder*, ed. E. Bauer/M. Schetsche, Würzburg 2003.

–: »Nahtod-Erfahrungen« in *Traumland Intensivstation*, ed. T. Kammerer, Norderstedt 2006.

–: »Außergewöhnliche Erfahrungen«, *Zeitschrift für Anomalistik* 2008.

–: »Physik der Unsterblichkeit« in *Who Wants to Live Forever?*, ed. D. Groß et al., Frankfurt/M. 2011.

Schmied-Knittel, I. et al.: »Todesnäheerfahrungen in Ost- und Westdeutschland« in *Todesnähe*, ed. H. Knoblauch/H.-G. Soeffner, Konstanz 1999.
Schmiedl, J.: »Die Visionen der Maria von Agreda« in *Volksfrömmigkeit und Theologie*, ed. A. Ziegenaus, Regensburg 1998.
Schmitt, J.-C.: *Heidenspaß und Höllenangst*, Frankfurt/M. 1993.
–: *Die Wiederkehr der Toten*, Stuttgart 1995.
–: *Die Bekehrung Hermanns des Juden*, Stuttgart 2006.
Schmitt, W.: »Zum Wandel psychiatrischer Krankheitsbilder am Beispiel der ›Besessenheit‹« in *Besessenheit und Hysterie*, ed. G. Wahl/W. Schmitt, Reichenbach 2001.
Schmitz, H.: *System der Philosophie*, Bd. V, Bonn 1980.
Schmitz, S.: »Allerheiligen und ñatitas« in *Götter, Gaben und Geselligkeit*, ed. L. Raesfeld/U. Bertels, Münster 2009.
Schmitz-Valckenberg, G.: *Grundlehren katharischer Sekten des 13. Jahrhunderts*, München 1971.
Schnabel, J.: »Chronic Claims of Alien Abduction and Some Other Traumas as Self-Victimization Syndromes«, *Dissociation* 1994.
Schnaper, N.: »Comments Germane to ›The Reality of Death Experiences‹«, *Journal of Nervous and Mental Disease* 1980.
Schneider, H. J.: »Reden über Inneres«, *Deutsche Zeitschrift für Philosophie* 2005.
Schneider, K.: *Einführung in die Religionspsychopathologie*, Tübingen 1928.
Schnettler, B.: *Zukunftsvisionen*, Konstanz 2004.
Schönhammer, R.: *Fliegen, Fallen, Flüchten*, Tübingen 2004.
–: *Einführung in die Wahrnehmungspsychologie*, Wien 2009.
Scholz, H.: *Der Unsterblichkeitsgedanke*, Berlin 1920.
Schoormann, M.: *Sozialer und religiöser Wandel in Afrika*, Münster 2005.
Schopenhauer, A.: *Parerga und Paralipomena*, Bd. I, Leipzig 1891.
–: *Sämtliche Werke*, ed. W. v. Löhneysen, Bd. IV, Frankfurt/M. 1963.
Schouten, J.: *The Rod and Serpent of Asklepios*, Amsterdam 1967.
Schouten, S. A.: »Quantitative Analysen paranormaler Spontanberichte«, *Zeitschrift für Parapsychologie* 1983.
Schreber, D. P.: *Denkwürdigkeiten eines Nervenkranken*, Wiesbaden 1973.
Schredl, M.: *Die nächtliche Traumwelt*, Stuttgart 1999.
–: *Träume*, Berlin 2007.
Schreibmüller, H.: *Von Geschichte und Volkstum der Pfalz*, Speyer 1959.
Schröder, D.: »Zur Struktur des Schamanismus« in *Religionsethnologie*, ed. C. A. Schmitz, Frankfurt/M. 1964.
Schroeder, S.: *Das Privatsprachen-Argument*, Paderborn 1998.
–: *Wittgenstein lesen*, Bad Cannstatt 2009.
Schröter, S.: »Death Rituals of the Ngada in Central Flores«, *Anthropos* 1998.
Schröter-Kunhardt, M.: »Das Jenseits in uns«, *Psychologie heute* 6, 1993.

–: »Nah-Todeserfahrungen in psychiatrisch-neurologischer Sicht« in *Todesnähe*, ed. H. Knoblauch/H.-G. Soeffner, Konstanz 1999.
–: »Nah-Todeserfahrungen« in *Tod, Jenseits und Identität*, ed. J. Assmann/ R. Trauzettel, Freiburg 2002.
–: »Nah-Todeserfahrungen« in *Auferstehung der Toten*, ed. H. Kessler, Darmstadt 2004.
–: »Negative Nah-Todeserfahrungen«, *Grenzgebiete der Wissenschaft* 2006.
–: »Unterweltsfahrten als ›near-death experiences‹« in *Höllen-Fahrten*, ed. M. Herzog, Stuttgart 2006a.
Schubert, E.: *Räuber, Henker, arme Sünder*, Darmstadt 2007.
Schütt, H.-P.: *Substanzen, Subjekte und Personen*, Heidelberg 1990.
Schüttler, G.: *Die Erleuchtung im Zen-Buddhismus*, Freiburg 1974.
Schukies, R.: *Hüter der Heiligen Pfeile*, München 1994.
Schuldt, E.: *Hohen Viecheln*, Berlin 1961.
Schulte, G.: *Philosophie der letzten Dinge*, München 1997.
Schulte-Markwort, E.: »Moderne Ansätze im Verständnis von Besessenheit und Hysterie« in *Besessenheit und Hysterie*, ed. G. Wahl/W. Schmitt, Reichenbach 2001.
Schultes, R. E./A. Hofmann: *Pflanzen der Götter*, Bern 1980.
Schulze-Belli, P.: »Der Garten Eden« in *Burgen, Länder, Orte*, ed. U. Müller/ W. Wunderlich, Konstanz 2008.
Schumacher, D.: *Das Drogen-Handbuch*, Leipzig 2007.
Schurtz, H.: *Urgeschichte der Kultur*, Leipzig 1901.
Schwab, U.: *Weniger wäre*, Wien 2003.
Schwaninger, J. et al.: »A Prospective Analysis of Near Death Experiences in Cardiac Arrest Patients«, *Journal of Near-Death Studies* 2002.
Schwartz, M. A./O. P. Wiggins: »The Phenomenology of Schizophrenic Delusions« in *Phenomenology, Language & Schizophrenia*, ed. M. Spitzer et al., New York 1992.
Schwarz, F.: *Der außergewöhnliche Todesfall*, Stuttgart 1970.
Schwarz, W.: »Perchta« in *Handwörterbuch des deutschen Aberglaubens*, Bd. VI, ed. H. Bächtold-Stäubli, Berlin 1935.
Schwarzenau, P.: »Konvergenz religiöser Erfahrungen und Divergenzen christlicher Traditionen bei Na(c)h-Tod-Erlebnissen«, *Iserlohner Con-Texte* 1993.
Schwarzer Hirsch: *Ich rufe mein Volk*, Bornheim 1983.
Schwedes, M.: »Reise ins Reich der Wiedergeburt der Menschen, die Unterwelt und in Zwischenparadiese«, *Baessler-Archiv* 2008.
Schweer, W.: *Hoffnung über den Tod hinaus?*, Münster 2012.
Schweid, R.: *Sehnsucht nach Unsterblichkeit*, Gütersloh 2008.
Schwenke, H.: »Außersinnliche Wahrnehmung als Erleben«, *Zeitschrift für Parapsychologie* 2007.

Schwerhoff, G.: *Zungen wie Schwerter*, Konstanz 2005.
Schwery, W.: »Leben und Sterben in Tibet« in *Platonische Akademie*, ed. T. Arzt, Würzburg 2011.
Schwillus, H.: *Kleriker im Hexenprozeß*, Würzburg 1992.
Schwingers, R. C.: *Studenten und Gelehrte*, Leiden 2008.
Searle, J. R.: »The Mind and Education« in *Self-Awareness*, ed. M. Ferrari/ R. J. Sternberg, New York 1998.
Sebald, H.: *Hexen damals – und heute?*, Frankfurt/M. 1987.
Sechehaye, M.: *Tagebuch einer Schizophrenen*, Frankfurt/M. 1973.
Sedlmeier, J.: »Paläolithikum und Mesolithikum« in *Tatort Vergangenheit*, ed. J. Ewald/J. Tauber, Basel 1998.
Seewald, O.: *Beiträge zur Kenntnis der steinzeitlichen Musikinstrumente*, Wien 1934.
Segal, A. F.: »Transcribing Experience« in *With Letters of Light*, ed. D. Y. Arbel/ A. A. Orlov, Berlin 2011.
Segal, B.: *Drugs and Behavior*, New York 1988.
Seidel, L.: »Visual Representation as Instructional Text« in *Making Knowledge in Early Modern Europe*, ed. P. H. Smith/B. Schmidt, Chicago 2007.
Seiler, W.: *Grenzüberschreitungen*, Gießen 1980.
Seitz, G. J.: »Epéna, the Intoxicating Snuff Powder of the Waika Indians and the Tukano Medicine Man Agostino« in *Ethnopharmacological Search for Psychoactive Drugs*, ed. D. H. Efron, Washington 1967.
–: »Die Waikas und ihre Drogen«, *Zeitschrift für Ethnologie* 1969.
Seitz, T. N.: »A History of Execution Methods in the U. S.« in *Handbook of Death & Dying*, ed. C. D. Bryant, Thousand Oaks 2003.
Seler, E.: *Gesammelte Abhandlungen*, Bd. IV, Berlin 1923.
Seligman, C. G.: *Melanesians of British New Guinea*, Cambridge 1910.
Seligman, M. E. P./D. L. Rosenhan: *Abnormality*, New York 1998.
Sem, T.: »Schamanische Symbole und Rituale in Sibirien und dem Fernen Osten« in *Schamanen zwischen Mythos und Moderne*, ed. A. Rosenbohm, Leipzig 1999.
Serbin, S.: *Königinnen Afrikas*, Wuppertal 2006.
Serdahely, W. J.: »Near-Death Experiences and Dissociation«, *Journal of Near-Death Studies* 1993.
–: »Variations from the Prototypic Near-Death Experience«, *Journal of Near-Death Studies* 1995.
–: »Commentary on Keith Augustine's Paper«, *Journal of Near-Death Studies* 2007.
Serwaty, A.: »Rätsel Nahtoderlebnis« in *Impulse für das Leben aus Nahtoderfahrungen*, ed. A. Serwaty/J. Nicolay, Goch 2012.
Seuntjens, W.: *On Yawning*, Amsterdam 2004.
Seuse, H.: *Deutsche Schriften*, ed. K. Bihlmeyer, Stuttgart 1907.

Severi, C.: »Supernatural Landscapes in Kuna Shamanistic Tradition« in *Tod, Jenseits und Identität*, ed. J. Assmann/R. Trauzettel, Freiburg 2002.
Sexauer, H.: »Zur Phänomenologie und Psychologie des Spuks«, *Zeitschrift für Parapsychologie* 1959.
Shaked, S.: »Quests and Visionary Journeys in Sasanian Iran« in *Transformations of the Inner Self in Ancient Religions*, ed. J. Assmann/G. G. Stroumsa, Leiden 1999.
Shannon, B.: »Ayahuasca Visualisation«, *Journal of Consciousness Studies* 2002.
–: »Hallucinations«, *Journal of Consciousness Studies* 2003.
Sharer, R. J.: *The Ancient Maya*, Stanford 1994.
Sharma, A.: *The Philosophy of Religion: A Buddhist Perspective*, Delhi 1995.
Sharon, D.: *Wizard of the Four Winds*, New York 1978.
Sharp, L.: »Ritual Life and Economics of the Yir-Yoront of Cape York Peninsula«, *Oceania* 1934.
Shaw, G. G./J. Crossland: »Hallucinogenic Drugs and Altered States of Consciousness« in *Aspects of Consciousness*, Bd. II, ed. G. Underwood/R. Stevens, London 1981.
Shaw, J.: *Miracles in Enlightenment England*, New Haven 2006.
Shaw, R.: »Splitting Truths From Darkness« in *African Divination Systems*, ed. P. M. Peek, Bloomington 1991.
–: »Dreaming as Accomplishment« in *Dreaming, Religion and Society in Africa*, ed. M. C. Jędrey/R. Shaw, Leiden 1992.
Shea, J. J.: »Neanderthals and Early Homo sapiens in the Levant« in *South-Eastern Mediterranean Peoples Between 130 000 and 10 000 Years Ago*, ed. E. A. Garcia, Oxford 2010.
Sheingorn, P.: »The Iconography of Hell Mouth« in *The Iconography of Hell*, ed. C. Davidson/T. H. Seiler, Kalamazoo 1992.
Shepard, G. H.: »A Sensory Ecology of Medicinal Plant Therapy in Two Amazonian Societies«, *American Anthropologist* 2004.
Shepkary, S.: »Christian Resurrection and Jewish Immortality During the First Crusade«, *Speculum* 2014.
Shermes, M.: *How We Believe*, New York 1999.
Shevrin, H.: »The Wish to Cooperate and the Temptation to Submit: The Hypnotized Subject's Dilemma« in *Hypnosis*, ed. E. Fromm/R. E. Shor, New Brunswick 2007.
Shiah, Y.-J.: »Can ESP Be Trained?«, *Journal of the Society For Psychical Research* 2009.
Shibles, W.: *Death*, Whitewater 1974.
Shih, H. H.: »Preparing for the Pure Land«, *Anthropology of Consciousness* 2000.
Shinohara, K.: »The Moment of Death in Daoxuan's Vinaya Commentary« in *The Buddhist Dead*, ed. B. J. Cuevas/J. I. Stone, Honolulu 2007.

Shorter, E.: *From Paralysis to Fatigue*, New York 1992.
Shostak, M.: *Nisa erzählt*, Reinbek 1982.
–: *Return to Nisa*, Cambridge 2000.
Shushan, G.: *Conceptions of the Afterlife in Early Civilizations*, London 2009.
v. Sicard, H.: »Der wunderbare Hirsch«, *Acta Ethnographica Hungarica* 1971.
Sidky, H.: *Haunted by the Archaic Shaman*, Lanhan 2008.
–: »On the Antiquity of Shamanism and Its Role in Human Religiosity«, *Method and Theory in the Study of Religion* 2010.
Siefener, M.: *Hexerei im Spiegel der Rechtstheorie*, Frankfurt/M. 1992.
Siegel, R. K.: »Der Blick ins Jenseits – eine Halluzination?«, *Psychologie heute* 4, 1981.
–: »Hostage Hallucinations«, *Journal of Nervous and Mental Disease* 1984.
Sierra, M./G. E. Berrios: »Depersonalisation: Neurobiological Perspectives«, *Biological Psychiatry* 1998.
Siiger, H.: »Shamanism Among the Kalash Kafirs of Chitral«, *Folk* 1963.
–: »Shamanistic Ecstasy and Supernatural Beings« in *Studies in Shamanism*, ed. C.-M. Edsman, Stockholm 1967.
Siikala, A.-L.: »The Siberian Shaman's Technique of Ecstasy« in *Religious Ecstasy*, ed. N. G. Holm, Stockholm 1982.
Sikáhpiki: »Eine Reise zum Ort der Totengeister« in *Hopi: Stimmen eines Volkes*, ed. H. Courlander/S. Dömpke, Köln 1986.
Sikojev, A.: *Die Narten: Söhne der Sonne*, Köln 1985.
Silver, L.: *Hieronymus Bosch*, München 2006.
Silverstein, S. M./W. A. Phillips: »Distinguishing Schizophrenia From the Mechanisms Underlying Hallucinations«, *Behavioral and Brain Sciences* 2004.
Simeon, D./J. Abugel: *Feeling Unreal*, Oxford 2006.
Simmons, W. F.: *Eyes of the Night*, Boston 1971.
Simpson, A. E.: *Witnesses to the Scaffold*, Lambertville 2008.
Simpson, J.: »Witches and Witchbusters«, *Folklore* 1996.
Simpson, M. A.: »Social and Psychological Aspects of Dying« in *Dying*, ed. H. Wass, Washington 1979.
Sims, A.: *Symptoms of the Mind*, London 1995.
Singer, D.: *Welcher Vogel ist das?*, Stuttgart 2008.
Sison, J. E.: *Werkzeug in Gottes Hand*, Steyr 1988.
Sithole, N.: »Narratives of Near-Death Experiences in the Nazarite Church« in *Religion and Spirituality in South Africa*, ed. D. Brown, Scottsville 2009.
Siuts, J.: *Jenseitsmotive im deutschen Volksmärchen*, Greifswald 1911.
Sjørslev, I.: *Glaube und Besessenheit*, Giftendorf 1999.
Skultans, V.: »On Mental Imagery and Healing«, *Current Anthropology* 1986.

Slawik, A.: »Kultische Geheimbünde der Japaner und Germanen« in *Die Indogermanen- und Germanenfrage*, ed. W. Koppers, Salzburg 1936.
Slobodin, R.: »Kutchin« in *Handbook of North American Indians*, Bd. 5, ed. W. C. Sturtevant, Washington 1984.
Sluhovsky, M.: *Believe Not Every Spirit*, Chicago 2007.
van der Sluys, C. M. I.: »Gifts From the Immortal Ancestors« in *Hunters and Gatherers in the Modern World*, ed. P. P. Schweitzer et al., New York 2000.
van der Sluijs, M.: »Three Ancient Reports of Near-Death Experiences«, *Journal of Near-Death Studies* 2009.
Smailus, O.: »El concepto de los espíritus del monte *(aluxoob)* en la mitología de los mayas yucatecas modernos« in *Actas del XLI Congreso Internacional de Americanistas*, Bd. III, México 1976.
Smith, C.: *Late Stone Age Hunters of the British Isles*, London 1992.
Smith, D. H.: »Chinese Concepts of the Soul«, *Numen* 1958.
–: *Chinese Religions*, London 1968.
Smith, J. B.: »Perchta the Baby-Slitter«, *Folklore* 2004.
Smith, P./O. R. Jones: *The Philosophy of Mind*, Cambridge 1986.
Smith, W. R.: *Myths & Legends of the Australian Aborigines*, London 1930.
Smyth, M.: »The Origins of Purgatory Through the Lens of 7th-Century Irish Eschatology«, *Traditio* 2003.
Snell, J.: »Im Himmel: Vision einer Krankenschwester« in *Das große Buch der Engel*, ed. U. Wolff, Freiburg 1995.
Snoy, P.: *Bagrot*, Graz 1975.
Snyder, S. H.: *Chemie der Psyche*, Heidelberg 1988.
Soeffner, H.-G. et al.: »Die Sinnprovinz des Jenseits und die Kultivierung des Todes« in *Todesnähe*, ed. H. Knoblauch/H.-G. Soeffner, Konstanz 1999.
Söling, C.: *Das Gehirn-Seele-Problem*, Paderborn 1995.
Soentgen, J.: *Das Unscheinbare*, Berlin 1997.
Sørum, A.: »Bedamini Spirit Seances and Curing Rites«, *Oceania* 1980.
Solov'ewa, K.: »Der Schamanismus bei den Völkern West- und Südsibiriens« in *Schamanen zwischen Mythos und Moderne*, ed. A. Rosenbohm, Leipzig 1999.
–: »Die Schamanenzeremonie: Kamlanie« in *Schamanen Sibiriens*, ed. E. Kasten, Berlin 2009.
Sommarström, B.: »Ethnoastronomical Perspectives on Saami Religion« in *Saami Religion*, ed. T. Ahlbäck, Uppsala 1987.
Sommer, H.: *Die großen Mystiker*, Darmstadt 2008.
Sommerfeld, J.: *Körper, Krise und Vodou*, Münster 1994.
Spaemann, R.: *Schritte über uns hinaus*, Stuttgart 2011.
Spamer, A.: *Deutsche Fastnachtsbräuche*, Jena 1936.
Spanke, D.: *Das Mandylion*, Recklinghausen 2000.

Spanos, N. P. et al.: »Close Encounters: An Examination of UFO Experiences«, *Journal of Abnormal Psychology* 1993.
Specht Tomann, M./D. Tropper: *Wir nehmen jetzt Abschied*, Düsseldorf 2000.
Speck, F. G.: *Naskapi*, Norman 1935.
Speckenbach, K.: »Jenseitsreisen in Traumvisionen der deutschen Literatur bis ins ausgehende 15. Jahrhundert«, *Archiv für Kulturgeschichte* 1991.
Spence, L.: *The Magic Arts in Celtic Britain*, London 1995.
Spencer, B./F. J. Gillen: *The Arunta*, London 1927.
Spencer, R. F.: *The North Alaskan Eskimo*, Washington 1959.
Spiegel, D.: »Hypnosis and Suggestion« in *Memory Distortion*, ed. D. L. Schacter, Cambridge 1995.
Spier, L.: »The Sun Dance of the Plains Indians«, *Anthropological Papers of the American Museum of Natural History*, New York 1921.
Spier, R. F. G.: »Monache« in *Handbook of North American Indians*, Bd. 8, ed. R. F. Heizer, Washington 1978.
Spitzer, M.: *Halluzinationen*, Heidelberg 1988.
Sprandel, R.: »Die Seele der Analphabeten im Mittelalter« in *Die Seele*, ed. G. Jüttemann et al., Köln 2000.
Spreitzer, B.: ›*Wie bist du vom Himmel gefallen …*‹, Wien 1995.
Sprenger, J./H. Institoris: *Der Hexenhammer*, ed. J. W. R. Schmidt, Erftstadt 2007.
Spyer, P.: »Pearl Divers, Traders, and Sea Wives in the Aru Islands«, *American Ethnologist* 1997.
Staemmler, B.: *Chinkon Kishin*, Münster 2009.
Stagel, E.: *Das Leben der Schwestern zu Töß*, Berlin 1906.
Stagel, E./R. H. Oehninger: *Wir hattend ovch ain gar saelige schwester*, Zürich 2003.
Stang, C.: *A Walk to the River in Amazonia*, New York 2009.
Stange, C.: *Die Unsterblichkeit der Seele*, Gütersloh 1925.
Stanghellini, G.: *Disembodied Spirits and Deanimated Bodies*, Oxford 2004.
Stanner, W. E. H.: »On Aboriginal Religion«, *Oceania* 1963.
Stausberg, M.: *Die Religion Zarathustras*, Bd. I, Stuttgart 2002.
Stavenhagen, K.: *Person und Persönlichkeit*, Göttingen 1957.
Stechl, A.: *Nah-Todeserlebnisse und ihre Auswirkungen auf Psyche, Ethik und Religion*, Salzburg 2007.
Stefenelli, N.: *Lazaruserfahrungen*, Wien 2003.
Stein, C.: »Einmal Himmel und zurück« in *Nahtod und Transzendenz*, ed. A. Serwaty/J. Nicolay, Goch 2007.
Stein, W. W.: *Hualcan*, Ithaca 1961.
Steinberg, W.: *Die Raumwahrnehmung der Blinden*, München 1919.
Steinbrecher, A.: *Verrückte Welten*, Zürich 2006.
Steinbrich, S.: *Imagination und Realität in westafrikanischen Erzählungen*, Köln 1997.

Steinebach, S.: *Der Regenwald ist unser Haus*, Göttingen 2012.
Steiner, R.: *Von Seelenrätseln*, Berlin 1917.
–: *Kosmologie, Religion und Philosophie*, Dornach 1956.
–: *Geisteswissenschaftliche Menschenkunde*, Dornach 1989.
Steinhart, E.: »Persons Versus Brains«, *Biology and Philosophy* 2001.
Steinmetz, K.-H.: »›Noche oscura‹« in *Religiöse Erfahrung*, ed. F. Ricken, Stuttgart 2004.
Steinwede, D./D. Först: *Die Jenseitsmythen der Menschheit*, Düsseldorf 2005.
Stellrecht, I.: *Feste in Dardistan*, Wiesbaden 1973.
Stephen, M.: »The Innovative Role of Altered States of Consciousness in Traditional Melanesian Religion«, *Oceania* 1979.
–: »The Social Significance of Dreams Among the Mekeo of Papua New Guinea«, *Oceania* 1982.
–: *A'isa's Gifts*, Berkeley 1995.
–: »Dreams and Self-Knowledge Among the Mekeo Papua New Guinea«, *Ethos* 1996.
Steuer, H.: »Hirsch: Archäologisches« in *Reallexikon der Germanischen Altertumskunde*, ed. H. Beck et al., Bd. 14, Berlin 1999.
Stevenson, I.: »Comment on ›The Reality of Death-Experiences‹«, *Journal of Nervous and Mental Disease* 1980.
Stevenson, I./E. W. Cook: »Involuntary Memories During Severe Physical Illness or Injury«, *Journal of Nervous and Mental Disease* 1995.
Stevenson, M. C.: »U'teaw ko'hanna (The White Flowers)« in *Sacred Narcotic Plants of the New World Indians*, ed. H. Schleiffer, New York 1973.
Stewart, C.: »Erotic Dreams and Nightmares From Antiquity to the Present«, *Journal of the Royal Anthropological Institute* 2002.
Stewart, R. J.: *The Living World of Færy*, Glastonbury 1995.
Stiegler, B.: *Spuren, Elfen und andere Erscheinungen*, Frankfurt/M. 2014.
Stockel, H. H.: *Women of the Apache Nation*, Reno 1991.
Stodiek, U.: *Zur Technologie der jungpaläolithischen Speerschleuder*, Tübingen 1993.
Stoecker, R.: *Der Hirntod*, Freiburg 1999.
Stöcker, W.: *Die letzten Räume*, Köln 2006.
Störring, G.: *Vorlesungen über Psychopathologie*, Leipzig 1900.
Stoichita, V. I.: *Das mystische Auge*, München 1997.
Stoller, R. J.: *Pain & Passion*, New York 1991.
Stone, J. I.: »Esoteric Deathbed Practices in Heian Japan« in *The Buddhist Dead*, ed. B. J. Cuevas/J. I. Stone, Honolulu 2007.
Stoodt, H. C.: *Katharismus im Untergrund*, Tübingen 1996.
Storm, H.: *My Descent into Death*, New York 2005.
Stout, Y. M. et al.: »Six Major Challenges Faced by Near-Death Experiencers«, *Journal of Near-Death Studies* 2006.

Sträuli-Eisenbeiss, B.: »Erlebnisse an der Schwelle des Todes«, *Museion* 2, 2006.

Straight, B.: »Sensing Divinity, Death, and Resurrection« in *The Sixth Sense Reader*, ed. D. Howes, Oxford 2009.

Strassman, R. J.: »Endogenous Ketamine-Like Compounds and the Near-Death Experience«, *Journal of Near-Death Studies* 1997.

Stratenwerth, I./T. Bock: *Stimmen hören*, Hamburg 1998.

Strathern, A.: »Shamans and Politics Among the Anga, Baktaman and Gebusi in Papua New Guinea«, *Oceania* 1994.

–: »Trance and the Theory of Healing« in *Questions of Consciousness*, ed. A. P. Cohen/N. Rapport, London 1995.

Straube, H.: *Die Tierverkleidungen der afrikanischen Naturvölker*, Wiesbaden 1955.

Straubergs, K.: »Zur Jenseitstopographie«, *Arv* 1957.

Strauch, I./B. Meier: *Den Träumen auf der Spur*, Bern 1992.

Straus, A. S.: »The Meaning of Death in Northern Cheyenne Culture«, *Plains Anthropologist* 1978.

Straus, E.: *Psychologie der menschlichen Welt*, Berlin 1960.

–: »Die Ästhesiologie und ihre Bedeutung für das Verständnis der Halluzinationen« in *Die Wahnwelten*, ed. E. Straus/J. Zutt, Frankfurt/M. 1963.

Strauß, B.: »Psychosoziale Aspekte der Herztransplantation« in *Ein neues Herz*, ed. H. Strenge et al., Göttingen 1994.

Strauss, J. L.: »Intermediäre Prozesse in der Schizophrenie« in *Schizophrenie als systemische Störung*, ed. W. Böker/H. D. Brenner, Bern 1989.

Strawson, P.: *Individuals*, London 1959.

Strecker, L.: »Halluzinogene Pflanzen und Pilze und ihre Rolle im sibirischen Schamanismus« in *Schamanen Sibiriens*, ed. E. Kasten, Berlin 2009.

Street, M.: »Der Fundplatz Bedburg-Königshoven« in *Spurensicherung*, ed. G. Bauchhenß et al., Mainz 1992.

Strik, W. K.: »Die menschliche Kommunikation und ihre Störungen bei Psychosen« in *Hirnforschung und Menschenbild*, ed. A. Holderegger et al., Fribourg 2007.

Strong, E.: »Wenn der magische Flug mißlingt« in *Sehnsucht nach dem Ursprung*, ed. H. P. Duerr, Frankfurt/M. 1983.

Stroumsa, G. G.: *Hidden Wisdom*, Leiden 1996.

Stuart, K.: *Unehrliche Berufe*, Augsburg 2008.

Stubbe, H.: *Formen der Trauer*, Berlin 1985.

Stubenvoll, M./I. Schäfer: »Wachstum durch Trauma« in *Sinnsuche und Genesung*, ed. T. Bock et al., Köln 2014.

Stumbrys, T. et al.: »The Phenomenology of Lucid Dreaming«, *American Journal of Psychology* 2014.

Stumfohl, H.: »Die rote Farbe in Religion und Ritus«, *Almogaren* 1990.

Stumpfe, K.-D.: »Psychosomatische Reaktionen bei dem Erlebnis der Todesnähe«, *Zeitschrift für psychosomatische Medizin* 1985.
Süllwold, L.: *Schizophrenie*, Stuttgart 1983.
Sullivan, K.: »The Identification of Joan of Arc's Voices« in *Fresh Verdicts on Joan of Arc*, ed. R. Wheeler/C. T. Wood, New York 1996.
Sun Chief: *The Autobiography of a Hopi Indian*, ed. L. W. Simmons, New Haven 1942.
Sundén, H.: »Erlebnisse, Drogen und Referenzsysteme«, *Archiv für Religionspsychologie* 1975.
–: »Saint John of the Cross in the Light of Satori«, *Temenos* 1990.
Sundkler, B. G. M.: *Bantu Prophets in South Africa*, London 1961.
Sundqvist, O.: »The Hanging, the Nine Nights and the ›Precious Knowledge‹ in Hávamál« in *Analecta Septentrionalia*, ed. W. Heizmann et al., Berlin 2009.
Surmann, V.: *Anfallsbilder*, Würzburg 2005.
Suslov, I. M.: *Materialien zum Schamanismus der Ewenki-Tungusen*, ed. K. H. Menges, Wiesbaden 1983.
Sutherland, C.: »The Near-Death Experiences of Western Children and Teens« in *The Handbook of Near-Death Experiences*, ed. J. M. Holden et al., Santa Barbara 2009.
–: »Near-Death Experiences of Children« in *Making Sense of Near-Death Experiences*, ed. M. Perera et al., London 2012.
Swaab, D.: *Wir sind unser Gehirn*, München 2011.
Swanson, P.: »Shugendō and the Yoshino-Kumano Pilgrimage«, *Monumenta Nipponica* 1981.
–: »A Shugendō Apocryphal Text« in *Religions of Japan in Practice*, ed. G. J. Tanabe, Princeton 1999.
Swedenborg, E.: *Himmel und Hölle*, Zürich 1977.
Świderski, S.: »Le Bwiti, société d'initiation chez les Apindji au Gabon«, *Anthropos* 1965.
–: »Les visions d'*iboga*«, *Anthropos* 1981.
Swinburne, R.: »The Future of the Soul« in *Philosophy of Religion*, ed. E. Stump/M. J. Murray, Malden 1999.
Sy, M.-E.: »Nahtod- und Meditationserfahrungen« in *Nahtod und Transzendenz*, ed. A. Serwaty/J. Nicolay, Goch 2007.
Syson, L.: »Zeugnis von Gesichtern, Gedenken an Seelen« in *Die Porträt-Kunst der Renaissance*, ed. L. Campbell et al., Stuttgart 2008.

Täschner, K. L./W. Richtberg: *Koka und Kokain*, Köln 1988.
Talbot, P. A.: *In the Shadow of the Bush*, London 1912.
Tallis, R.: *The Kingdom of Infinite Space*, London 2008.
Tamisari, F.: »Body, Vision and Movement: In the Footprints of the Ancestors«, *Oceania* 1998.

Tanner, E.: »Die Raëlische Bewegung« in *Lexikon neureligiöser Gruppen, Szenen und Weltanschauungen*, ed. H. Baer et al., Freiburg 2005.
Tanz, S./E. Werner: *Spätmittelalterliche Laienmentalitäten im Spiegel von Visionen, Offenbarungen und Prophezeiungen*, Frankfurt/M. 1993.
Tarantul, E.: *Elfen, Zwerge und Riesen*, Frankfurt/M. 2001.
Tart, C. T.: »Psychedelic Experiences Associated With Mutual Hypnosis« in *Altered States of Consciousness*, ed. C. T. Tart, New York 1969.
–: »Nachwort« in R. A. Monroe: *Der Mann mit den zwei Leben*, Düsseldorf 1972.
–: »Preliminary Notes on the Nature of Psi Processes« in *The Nature of Human Consciousness*, ed. R. E. Ornstein, San Francisco 1973.
–: *Das Übersinnliche*, Stuttgart 1986.
–: »Was lebt weiter?« in *Gibt es ein Leben nach dem Tod?*, ed. G. Doore, München 1994.
–: »Six Studies of Out-of-Body Experiences«, *Journal of Near-Death Studies* 1998.
Tassell-Matamua, N.: »Phenomenology of Near Death Experiences: An Analysis of a Māori Case Study«, *Journal of Near-Death Studies* 2013.
Tátar, M. M.: »Mythology as an Areal Problem in the Altai-Sayan Area: The Sacred Holes and Caves« in *Shamanism and Northern Ecology*, ed. J. Pentikäinen, Berlin 1996.
Tauber, J.: »Schneehühnerknochen aus dem Büttenloch« in *Tatort Vergangenheit*, ed. J. Ewald/J. Tauber, Basel 1998.
Tausch, A.-M./R. Tausch: *Sanftes Sterben*, Reinbek 1991.
Tauss, M.: *Rausch, Kultur, Geschichte*, Innsbruck 2005.
Taussig, M.: *Shamanism, Colonialism, and the Wild Man*, Chicago 1987.
Taylor, L. J.: *The Virgin Warrior*, New Haven 2009.
Taylor, R.: »How to Bury the Mind-Body Problem«, *American Philosophical Quarterly* 1969.
–: *Metaphysics*, Englewood Cliffs 1974.
Tedlock, B.: »Zuni and Quiché Dream Sharing and Interpreting« in *Dreaming*, ed. B. Tedlock, Cambridge 1987.
–: »The Role of Dreams and Visionary Narratives in Mayan Cultural Survival«, *Ethos* 1992.
–: *Die Kunst der Schamanin*, Wuppertal 2007.
Tedlock D.: *Finding the Center*, Lincoln 1978.
–: »Zuni Religion and Worldview« in *Handbook of North American Indians*, Bd. 9, ed. A. Ortiz, Washington 1979.
Teegen, W.-R.: »Tieropfer und Tierbestattungen der Kelten« in *Die Religion der Kelten*, ed. H.-U. Cain/S. Rieckhoff, Mainz 2002.
Teiser, S. F.: »The Yü-Lan P'en Festival as Mortuary Ritual«, *History of Religions* 1986.

Telban, B./D. Vávrová: »Places and Spirits in a Sepik Society«, *Asia Pacific Journal of Anthropology* 2010.
Tellegen, A./G. Atkinson: »Openness to Absorbing and Self-Altering Experiences« in *Hypnosis*, ed. M. Heap/I. Kirsch, Aldershot 2006.
Terberger, T.: »Der Mensch im Eiszeitalter« in *Spuren der Jahrtausende*, ed. U. v. Freeden/S. v. Schnurbein, Stuttgart 2003.
Teresa v. Ávila: *Die innere Burg*, ed. F. Vogelsang, Stuttgart 1966.
Thalbitzer, W.: »The Ammassalik Eskimo II«, *Meddelelser om Grønland* 1923.
–: »Shamans of the East Greenland Eskimo« in *Source Book in Anthropology*, ed. A. L. Kroeber/T. T. Waterman, New York 1931.
Thiede, W.: *Die mit dem Tod spielen*, Gütersloh 1994.
Thiemer-Sachse, U.: »1. November: Tag der Toten«, *Mitteilungen der Berliner Gesellschaft für Anthropologie, Ethnologie und Urgeschichte* 1994.
Thimme, J.: *Kunst der Sarden*, München 1983.
Tholey, P.: »Bewußtseinsänderung im Schlaf« in *Grenzerfahrungen*, ed. H. Ernst, Weinheim 1984.
–: »Klarträume und außerkörperliche Erlebnisse«, *Spirituelle Dimensionen* 1, 1986.
Tholey, P./K. Utecht: *Schöpferisch träumen*, Niedernhausen 1989.
Thomas, K.: »Die Bedeutung der halluzinogenen Drogen für die Religionspsychologie«, *Archiv für Religionspsychologie* 1971.
–: *Religiöse Träume und andere Bilderlebnisse*, Stuttgart 1994.
Thomas, N.: »Shamanism and Hierarchy in Eastern Oceania« in *Shamanism, History, and the State*, ed. N. Thomas/C. Humphrey, Ann Arbor 1996.
Thomasius, R./D. Kraus: »Ecstasy und Designer-Drogen«, *Zeitschrift für klinische Psychologie* 1999.
Thompson, D. E.: »Maya Paganism and Christianity«, *Publications of the Middle American Research Institute*, New Orleans 1954.
Thompson, E.: *Mind in Life*, Cambridge 2007.
Thompson, J. E.: »Ethnology of the Mayas of Southern and Central British Honduras«, *Field Museum of Natural History*, Chicago 1930.
–: *Maya History and Religion*, Norman 1970.
Thompson, M.: »The Evolution and Dissemination of Mimbres Iconography« in *Kachinas in the Pueblo World*, ed. P. Schaafsma, Albuquerque 1994.
Thondup, T.: *Joyful Rebirth*, Boston 2005.
Thorbecke, A.: *Die älteste Zeit der Universität Heidelberg 1386-1449*, Heidelberg 1886.
–: *Statuten und Reformationen der Universität Heidelberg vom 16. bis 18. Jahrhundert*, Leipzig 1891.
Thornton, D./R. Mann: »Sexual Masochism: Assessment and Treatment« in *Sexual Deviance*, ed. D. R. Laws/W. O'Donohue, New York 1997.

Thonnard, M. et al.: »Characteristics of Near-Death Experiences Memories as Compared to Real and Imagined Events Memories«, *Plos One*, March 2013.
Tian, X.: *Visionary Journeys*, Cambridge 2011.
Tiberi, E.: »Hedonic Deactivation«, *Journal of Near-Death Studies* 1996.
Tierney, P.: *Darkness in El Dorado*, New York 2000.
Tillier, A.-M.: »Early Deliberate Child Burials« in *Babies Reborn*, ed. K. Bacvarov, Oxford 2008.
Timbrook, J.: *Chumash Ethnobotany*, Santa Barbara 2007.
Timm, U.: »Thanatologie, Parapsychologie und das Survival-Problem«, *Zeitschrift für Parapsychologie* 1980.
–: »Was wissen wir wirklich über Psi-Phänomene?« in *Spektrum der Parapsychologie*, ed. E. Bauer/W. v. Lucadou, Freiburg 1983.
Timmerberg, H.: *Tiger fressen keine Yogis*, Münster 2001.
Timotin, A.: »La vision du paradis d'André Salos«, *Revue de l'histoire des religions* 2011.
Timotin, E.: »Queen of the Fairies and Biblical Queen«, *Acta Ethnographica Hungarica* 2009.
Tirassa, M. et al.: »Rethinking the Ontology of Mindreading«, *Consciousness and Cognition* 2006.
Tobacyk, J. T./T. P. Mitchell: »The Out-of-Body Experience and Personality Adjustment«, *Journal of Nervous and Mental Disease* 1987.
Tobert, N.: »The Polarities of Consciousness« in *Psychosis and Spirituality*, ed. I. Clarke, London 2001.
Tölle, R.: *Wahn*, Stuttgart 2008.
Tolley, C.: »The Shamanic Séance in the ›Historia Norvegiae‹«, *Shaman*, Autumn 1994.
–: »The ›Historia Norvegiae‹ as a Shamanic Source« in *13th International Saga Conference*, Bd. II, ed. J. McKinnell et al., Durham 2006.
de Tolnay, C.: *Hieronymus Bosch*, Baden-Baden 1973.
Tolstoy, N.: *Auf der Suche nach Merlin*, Köln 1987.
Tomforde, M.: *The Hmong Mountains*, Hamburg 2006.
Tonkinson, R.: »Aboriginal Dream-Spirit Beliefs in a Contact Situation: Jigalong, Western Australia« in *Australian Aboriginal Anthropology*, ed. R. M. Berndt, Medlands 1970.
–: *Aboriginal Victors of the Desert Crusade*, Menlo Park 1974.
Tooley, M.: »Does God Exist?« in *Knowledge of God*, ed. A. Plantinga/M. Tooley, Oxford 2008.
Torelló, J. B.: »Echte und falsche Erscheinungen« in *Der Widerschein des Ewigen Lichtes*, ed. G. Rovira, Kevelaer 1984.
Toulmin, S.: »The Mentality of Man's Brain« in *Brain and Human Behavior*, ed. A. G. Karczmar/J. C. Eccles, Heidelberg 1972.

Townsend, J. B.: »Shamanism« in *Anthropology and Religion*, ed. S. D. Glazier, Westport 1997.
Trachsel, D./N. Richard: *Psychedelische Chemie*, Solothurn 2000.
Träuble, B. et al.: »Human Social Cognition« in *Theory of Mind in the Pacific*, ed. J. Wassmann et al., Heidelberg 2013.
Trafzer, C. E.: »So Our Children Will Know« in *Eating Fire, Tasting Blood*, ed. M. Moore, Philadelphia 2006.
Trapp, E.: »Byzantinische Hadesfahrten als historische Quellen« in *Diesseits- und Jenseitsfahrten im Mittelalter*, ed. W.-D. Lange, Bonn 1992.
Trenk, M.: *Die Milch des weißen Mannes*, Berlin 2001.
Trompf, G. W.: *Melanesian Religion*, Cambridge 1991.
Tschacher, W.: »Der Flug durch die Luft zwischen Illusionstheorie und Realitätsbeweis«, *Zeitschrift der Savigny-Stiftung für Rechtsgeschichte, Kanonist. Abt.* 1999.
–: *Der Formicarius des Johannes Nider von 1437/38*, Aachen 2000.
Tschaikner, M.: *Magie und Hexerei im südlichen Vorarlberg*, Konstanz 1997.
–: *Die Zauberei- und Hexenprozesse der Stadt St. Gallen*, Konstanz 2003.
–: *Hexenverfolgungen in Hohenems*, Konstanz 2004.
Tschubinow, G.: *Beiträge zum psychologischen Verständnis des sibirischen Zauberers*, Halle 1914.
Tugendhat, E.: »Unsere Angst vor dem Tod« in *Der Tod im Leben*, ed. F. W. Graf/H. Meier, Zürich 2004.
Tuite, K.: »Lightning, Sacrifice, and Possession in the Traditional Religions of the Caucasus«, *Anthropos* 2004.
Tuomi-Nikula, O.: »Tod und Trauer in Finnland vor der Zeit der Industrialisierung« in *Tod und Trauer*, ed. T. Fischer/T. Riis, Kiel 2006.
Turi, J.: *Erzählung vom Leben der Lappen*, ed. E. Demant, Frankfurt/M. 1992.
Turnbull, C.: *Molimo*, Köln 1963.
Turner, D.: *The Darkness of God*, Cambridge 1995.
Turner, E.: »Shamanism and Spirit«, *Expedition* 1, 2004.
–: *Among the Healers*, Westport 2006.
Turner, K.: *Eingriff*, Rottenburg 1996.
Turner, V.: »Das Kannokura-Fest in Shingū« in *Sehnsucht nach dem Ursprung*, ed. H. P. Duerr, Frankfurt/M. 1983.
Turpin, S. A./H. H. Eling: »Trance and Transformation on the Northern Shores of the Chichimec Sea in Coahuila« in *Rock Art and Sacred Landscapes*, ed. D. L. Gillette et al., New York 2014.
Turville-Petre, E. O. G.: *Myth and Religion of the North*, Westport 1975.
Tutunzisz, G.: *Hexenvorstellungen im ungarischen Volksglauben*, Hamburg 2005.
Tuzin, D.: *The Voice of the Tambaran*, Berkeley 1980.
–: »Visions, Prophecies and the Rise of Christian Consciousness« in *The Re-*

ligious Imagination in New Guinea, ed. G. Herdt/M. Stephen, New Brunswick 1989.
–: The Cassowary's Revenge, Chicago 1997.
–: »Ritual Violence Among the Ilahita Arapesh« in Rituals of Manhood, ed. G. H. Herdt, New Brunswick 1998.
Twemlow, S. W./G. O. Gabbard: »Discussion of ›The Ketamine Model of the Near-Death Experience‹«, Journal of Near-Death Studies 1997.
Tylor, E. B.: Primitive Culture, Bd. II, London 1871.
–: Einleitung in das Studium der Anthropologie und Civilisation, Braunschweig 1883.

Übel, R.: Wegen vielgeübter Zauberei und Hexenwerk, Landau 2003.
Ulrich-Bochsler, S.: »Totgeboren, wiederbelebt und getauft«, Ethnographisch-Archäologische Zeitschrift 2009.
Underhill, E.: Mystik, München 1928.
Unverfehrt, G.: Hieronymus Bosch: Die Rezeption seiner Kunst im frühen 16. Jahrhundert, Berlin 1980.
Unverhau, D.: »Volksglaube und Aberglaube als glaubensmäßig nichtsanktionierte Magie« in Volksreligion, ed. P. Dinzelbacher/D. R. Bauer, Paderborn 1990.
v. Unwerth, W.: Untersuchungen über Totenkult und Ódinnverehrung bei Nordgermanen und Lappen, Breslau 1911.
Uray-Köhalmi: »Die Mythologie der mandschu-tungusischen Völker« in Götter und Mythen in Zentralasien und Nordeurasien, ed. E. Schmalzriedt/H. W. Haussig, Stuttgart 1999.
Urban, E.: Transkulturelle Pflege am Lebensende, Stuttgart 2011.
v. Uslar, D.: »Über die traumartige Struktur telepathischer Aussagen«, Zeitschrift für Parapsychologie 1958.
Utley, R. M.: The Lance and the Shield, New York 1993.
Utz-Tremp, K.: Von der Häresie zur Hexerei, Hannover 2008.

Vaas, R.: »Das träumende Gehirn«, Universitas 2008.
Vaas, R./M. Blume: Gott, Gene und Gehirn, Stuttgart 2009.
Vähi, T.: »Hexenprozesse und der Werwolfglaube in Estland« in Die Bedeutung der Religion für Gesellschaften in Vergangenheit und Gegenwart, ed. M. Dietrich/T. Kulmar, Münster 2003.
Vaitl, D.: »Neurophysiologie der Entspannungsverfahren« in Entspannungsverfahren, ed. D. Vaitl/F. Petermann, Weinheim 2004.
–: Veränderte Bewußtseinszustände, Stuttgart 2012.
Vajda, L.: Ethnologica, Wiesbaden 1999.
Valtchinova, G.: »Constructing the Bulgarian Pythia« in Memory, Politics and Religion, ed. F. Pine et al., Münster 2004.

Vandermeersch, B.: »Récentes découvertes de squelettes humains à Qafzeh« in *Origine de l'homme moderne* ed. F. Bordes, Paris 1972.

–: »Les Neandertaliens et les permiers hommes modernes« in *L'aventure humaine*, ed. J. P. Caspar et al., Bruxelles 1990.

Van de Vate, D.: »Strawson's Concept of a Person« in *Persons, Privacy, and Feeling*, ed. D. Van de Vate, Memphis 1970.

Varga, S.: »Depersonalization and the Sense of Realness«, *Philosophy, Psychiatry & Psychology* 2012.

Vargyas, L.: »Eastern Analogies of Lörinc Tar's Descent to Hell«, *Acta Ethnographica Academiae Scientiarum Hungarica* 1966.

Vasari, G.: *Le Opere*, Bd. III, Firenze 1906.

–: *Le Opere*, ed. G. Milanesi, Bd. VII, Firenze 1981.

Vater, A.: *Hexenverfolgungen in nassauischen Grafschaften im 16. und 17. Jahrhundert*, Marburg 1988.

Vauth, R./R.-D. Stieglitz: *Chronisches Stimmenhören und persistierender Wahn*, Göttingen 2007.

Vavra, E.: »Kunstwerke als Quellenmaterial der Sachkulturforschung« in *Europäische Sachkultur des Mittelalters*, ed. H. Appelt, Wien 1980.

Vayson de Pradenne, A.: »Les figurations d'oiseaux dans l'art quaternaire«, *Ipek* 1934.

Vedder, H.: *Die Bergdama*, Bd. I, Hamburg 1923.

Vedfelt, O.: *Dimensionen der Träume*, Zürich 1997.

–: *Bewußtsein*, Düsseldorf 2000.

Vendler, Z.: »The Ineffable Soul« in *The Mind-Body Problem*, ed. R. Warner/T. Szubka, Oxford 1994.

Verellen, F.: »Die Mythologie des Taoismus« in *Götter und Mythen Ostasiens*, ed. E. Schmalzriedt/H. W. Haussig, Stuttgart 1994.

Vergote, A.: *Psychoanalysis, Phenomenological Anthropology and Religion*, Amsterdam 1998.

Vértes, E.: »Die Mythologie der Uralier Sibiriens« in *Götter und Mythen in Zentralasien und Nordeurasien*, ed. E. Schmalzriedt/H. W. Haussig, Stuttgart 1999.

Vetter, B.: *Sexualität*, Stuttgart 2007.

Vetter, T.: »Tod im Buddhismus« in *Der Tod in den Weltkulturen*, ed. C. v. Barloewen, München 1996.

Viccara, D.: »Witchcraft in Bolobo«, *Africa* 1949.

Vigand, P./S. Vigand: *Verdammte Stille*, München 1999.

Villoldo, A./S. Krippner: *Heilen und Schamanismus*, Basel 1986.

Vincent, K. R./J. C. Morgan: »An 18th Century Near-Death Experience«, *Journal of Near-Death Studies* 2006.

Vincke, K.: *Tod und Jenseits in der Vorstellung der präkolumbischen Maya*, Frankfurt/M. 1997.

Vinnicombe, P.: *People of the Eland*, Pietermaritzburg 1976.
Vivanco, L.: *Death in Fifteenth-Century Castile*, Woodbridge 2004.
Viveiros de Castro, E.: *From the Enemy's Point of View*, Chicago 1992.
–: »The Transformation of Objects Into Subjects in Amerindian Ontologies«, *Common Knowledge* 2004.
–: »La forêt des miroirs« in *La nature des esprits dans les cosmologies autochtones*, ed. F. B. Laugrand/J. G. Oosten, Québec 2007.
Vöhringer-Rubröder, G.: »Hexenverfolgung in der Reichsstadt Esslingen« in *Hexenverfolgung*, ed. S. Lorenz/D. R. Bauer, Würzburg 1995.
Volkov, V. V.: »Early Nomads of Mongolia« in *Nomads of the Eurasian Steppes in the Early Iron Age*, ed. J. Davis-Kimball et al., Berkeley 1995.
Volland, G.: »Mandragora: Ikonographie einer anthropomorphen Zauberpflanze«, *Jahrbuch für Ethnomedizin und Bewußtseinsforschung* 1998.
Vollmar, K.: *Das Arbeitsbuch zur Traumdeutung*, München 1994.
Volmar, F. A.: »Spukhaftes in Erlebnissagen«, *Zeitschrift für Parapsychologie* 1972.
Voltaire: *Œuvres complètes*, ed. L. Moland, Bd. 22, Paris 1879.
Vorgrimler, H.: *Geschichte der Hölle*, München 1993.
Vorilhon, C.: *Le livre qui dit la vérité*, Clermont-Ferrand 1974.
Vorren Ø./E. Manker: *Lapp Life and Customs*, London 1962.
Vos, F.: *Die Religionen Koreas*, Stuttgart 1977.
de Vries, J.: *Altgermanische Religionsgeschichte*, Bd. I, Berlin 1956.
–: *Keltische Religion*, Stuttgart 1961.

Wachsmuth, C.: *Das alte Griechenland im neuen*, Bonn 1864.
Wacker, G.: *Heaven Below*, Cambridge 2003.
Wade, J.: »The Phenomenology of Near-Death Consciousness«, *Journal of Near-Death Studies* 1998.
–: »In a Sacred Manner We Died«, *Journal of Near-Death Studies* 2003.
Waelti, E. R.: *Der dritte Kreis des Wissens*, Interlaken 1983.
Wagley, C.: »Tapirapé Shamanism« in *Readings in Anthropology*, ed. M. H. Fried, Bd. II, New York 1959.
Wagner, G.: *The Bantu of North Kavirondo*, Bd. I, London 1949.
–: »The Abaluyia of Kavirondo« in *African Worlds*, ed. D. Forde, Oxford 1954.
Wagner, J.: »Eine Reise mit dem Fliegenpilzmann« in *Der Fliegenpilz*, ed. W. Bauer et al., Köln 1991.
–: *Ein Füllhorn göttlicher Kraft*, Berlin 1992.
Wagner, R.: *The Curse of the Souw*, Chicago 1967.
–: *Habu*, Chicago 1972.
Wagner-Rau, U.: »Contact With the Deceased« in *Spiritualism*, ed. I. Wulfhorst, Genève 2004.

Wagner-Robertz, D.: »Schamanismus bei den Hain//om in Südwestafrika«, *Anthropos* 1976.
–: *Der Alte hat mir erzählt*, Swakopmund 1977.
–: »Krankenheilung bei den Hei//om in Südwestafrika«, *Unter dem Pflaster liegt der Strand* 9, 1981.
Waida, M.: »The Symbolism of ›Ascent‹ in Japanese Tradition«, *Religion* 1976.
–: »Problems of Central Asian and Siberian Shamanism«, *Numen* 1983.
Wajnschtejn, S. I.: *Die Welt der Nomaden im Zentrum Asiens*, Berlin 1996.
Waley, A.: *Die Neun Gesänge*, Hamburg 1957.
Walker, A. R.: *Merit and the Millennium*, New Delhi 2003.
Walker, D. E./H. H. Schuster: »Religious Movements« in *Handbook of North American Indians*, Bd. 12, ed. D. E. Walker, Washington 1998.
Walker, J. R.: »The Sun Dance and Other Ceremonies of the Oglala Division of the Teton Dakota«, *Anthropological Papers of the American Museum of Natural History*, New York 1917.
Walker, K.: *Die andere Wirklichkeit*, Zürich 1964.
Wallace, E./E. A. Hoebel: *The Comanches*, Norman 1952.
Wallace, W. J.: »Southern Valley Yokuts« in *Handbook of North American Indians*, Bd. 8, ed. R. F. Heizer, Washington 1978.
Walraven, B. C. A.: »Korean Shamanism«, *Numen* 1983.
Walsh, R. N.: *Der Geist des Schamanismus*, Olten 1992.
Walther, G.: *Phänomenologie der Mystik*, Olten 1955.
Wannenmacher, J. E.: »Räumliche Vorstellungen von Paradies und Inferno im Mittelalter« in *Frömmigkeit, Theologie, Frömmigkeitstheologie*, ed. G. Litz et al., Leiden 2005.
Ward, D.: »The Little Man Who Wasn't There«, *Fabula* 1977.
Warner, E. A.: »Russian Peasant Beliefs and Practices Concerning Death and the Supernatural Collected in Novosokol'niki Region«, *Folklore* 2000.
–: »Death by Lightning in the Novosokol'niki Region«, *Folklore* 2002.
Warner, M.: *Phantasmagoria*, Oxford 2006.
Warren, G.: *Mesolithic Lives in Scotland*, Brinscombe Port 2005.
Wassermann, G. D.: *Consciousness and Near Death Experiences*, Oxford 2001.
Wassiljewitsch, G. M.: »Erwerbung der Schamanenfähigkeiten bei den Ewenken (Tungusen)« in *Glaubenswelt und Folklore der sibirischen Völker*, ed. V. Diószegi, Budapest 1963.
–: »Early Concepts About the Universe Among the Evenks« in *Studies in Siberian Shamanism*, ed. H. N. Michael, Toronto 1963a.
Waterman, T. T.: »The Religious Practices of the Diegueño Indians«, *University of California Publications in American Archaeology & Ethnology*, Bd. 8, Berkeley 1910.
Watkins, C.: »The Vision of Tnúthgal and the Vision of Owein at St Patrick's Purgatory«, *Journal of Medieval History* 1996.

Watson, N./J. Jenkins: *The Writings of Julian of Norwich*, University Park 2005.
Watson-Franke, M. B.: »Guajiro-Schamanen«, *Anthropos* 1975.
Watt, C./I. Tierney: »Psi-Related Experiences« in *Varieties of Anomalous Experience*, ed. E. Cardeña et al., Washington 2014.
Waugh, E.: »Following the Beloved: Muhammad as Model in the Sūfī Tradition« in *The Biographical Process*, ed. F. E. Reynolds/D. Capps, The Hague 1976.
Webb, J.: *Das Zeitalter des Irrationalen*, Wiesbaden 2008.
Weber, A.: »Religious Negotiation in Sixteenth-Century Spain«, *Journal of Medieval and Renaissance Studies* 1993.
Weber, S.: *Das Leben des Eberhard von Kumbd*, Heidelberg 2004.
Weber-Schäfer, P.: »Die Himmelsfahrt des Ch'ü Yüan« in *Politische Ordnung und menschliche Existenz*, ed. A. Dempf et al., München 1962.
Weckmann, L.: *The Medieval Heritage of Mexico*, New York 1992.
Weigel, K. T.: »Der Hirsch«, *Germanien* 1939.
–: *Beiträge zur Sinnbildforschung*, Berlin 1943.
Weil, A.: »Pharmacology of Consciousness« in *Toward a Science of Consciousness*, ed. S. R. Hameroff et al., Cambridge 1996.
Weinel, H.: *Die Wirkungen des Geistes im nachapostolischen Zeitalter bis auf Irenäus*, Freiburg 1899.
Weinhold, J.: »Ecstasy und Ekstase«, *Paragrana* 2, 2004.
Weiser, L.: *Altgermanische Jünglingsweihen und Männerbünde*, Bühl 1927.
Weiß, B.: *Ekstase und Liebe*, Paderborn 2000.
Weitemeier, B.: *Visiones Georgii*, Berlin 2006.
Weller, D.: *Wenn das Licht naht*, Filderstadt 1997.
Wellmann, K. F.: *A Survey of North American Indian Rock Art*, Graz 1979.
–: »Rock Art, Shamans, Phosphenes and Hallucinogens in North America«, *Bolletino del Centro Camuno di Studi Preistorici* 1981.
Welté, A.-C.: »Andouiller gravé de la grotte de La Vache« in *L'art préhistorique des Pyrénées*, ed. M.-H. Thiault/J.-B. Roy, Paris 1996.
Wemple, S. F./D. A. Kaiser: »Death's Dance of Women«, *Journal of Medieval History* 1986.
Wendl, T.: *Mami Wata*, Münster 1991.
–: »Kamm und Spiegel«, *Kea* 2, 1991a.
West, M. L.: *Indo-European Poetry and Myth*, Oxford 2007.
Westerhof, D.: »The Execution of Hugh Dispenser the Younger«, *Journal of Medieval History* 2007.
Westwood, J./S. Kingshill: *The Lore of Scotland*, London 2009.
Wettach, G. E.: »The Near-Death Experience as a Product of Isolated Subcortical Brain Function«, *Journal of Near-Death Studies* 2000.
Weyer, E. M.: *The Eskimos*, New York 1932.
Whinnery, J. E.: »Induction of Consciousness in the Ischemic Brain« in *To-

ward a Science of Consciousness, ed. S.R. Hameroff et al., Cambridge 1996.
–: »Psychophysiologic Correlates of Unconsciousness and Near-Death Experiences«, Journal of Near-Death Studies 1997.
Whinnery, J.E./A.M. Whinnery: »Acceleration-Induced Loss of Consciousness«, Archives of Neurology 1990.
White, H.: »The Forms of Wildness« in The Wild Man Within, ed. E. Dudley/M.E. Novak, Pittsburgh 1972.
White, L.A.: The Pueblo of Sia, Washington 1962.
–: »The World of the Keresan Pueblos« in Primitive Views of the World, ed. S. Diamond, New York 1964.
White, P.R.: »An Analysis of the Psychological Structure of Four Near-Death Experiences«, Journal of Near-Death Studies 1997.
White, R.: Dark Caves, Bright Visions, New York 1986.
Whiteley, C.H.: Mind in Action, London 1973.
Whitman, W.: The Oto, New York 1937.
Whitmore, J.: »Religious Dimensions of the UFO Abductee Experience« in The Gods Have Landed, ed. J.R. Lewis, Albany 1995.
Wicks, R.: »Death and Enlightenment« in Death and Philosophy, ed. J. Malpas/R.C. Solomon, London 1998.
Widengren, G.: Mani und der Manichäismus, Stuttgart 1961.
–: »Some Reflections on the Rites of Initiation« in Initiation, ed. C.J. Bleeker, Leiden 1965.
Widmer, P.: Mystikforschung zwischen Materialismus und Metaphysik, Freiburg 2004.
Widschwendter, C.G./W.W. Fleischhacker: »Pharmakotherapie bei Stimmenhören« in Stimmenhören, ed. H. Katschnig/M. Amering, Wien 2005.
Wiebe, P.H.: »Degrees of Hallucinatoriness and Christian Visions«, Archiv für Religionspsychologie 2004.
Wiesenhütter, E.: »Verlockender Sog von drüben«, Deutsches Allgemeines Sonntagsblatt, 25. November 1973.
–: Blick nach drüben, Gütersloh 1976.
Wiesner, J.: Die Kulturen der frühen Reitervölker, Frankfurt/M. 1973.
Wilbert, J.: Indios de la región Orinoco-Ventuari, Carácas 1963.
–: »Magico-Religious Use of Tobacco Among South American Indians« in Spirits, Shamans, and Stars, ed. D.L. Browman/R.A. Schwarz, The Hague 1979.
–: Tobacco and Shamanism in South America, New Haven 1987.
Wilby, E.: »The Witch's Familiar and the Fairy in Early Modern England and Scotland«, Folklore 2000.
Wilde, M.: Die Zauberei- und Hexenprozesse in Kursachsen, Köln 2003.
Wildhaber, R.: »Volkstümliche Auffassungen über den Wirbelwind in Europa«, Mitteilungen der Anthropologischen Gesellschaft in Wien 1970.

Wildt, A.: »Sterbenlernen in Philosophie und Psychotherapie« in *Der Sinn der Zeit*, ed. E. Angehrn et al., Weilerswist 2002.
Wilhelm-Schaffer, I.: *Gottes Beamter und Spielmann des Teufels*, Köln 1999.
–: »›Ihr mußet alle in diß dantzhus‹« in ›*Ihr müßt alle nach meiner Pfeife tanzen*‹, ed. H. Schmidt-Glintzer, Wiesbaden 2000.
Willerslev, R.: *Soul Hunters*, Berkeley 2007.
–: »Frazer Strikes Back From the Armchair«, *Journal of the Royal Anthropological Institute* 2011.
Williams, B.: *Problems of the Self*, Cambridge 1973.
Williams, F. E.: *Orokaiva Magic*, London 1928.
–: »Natives of Lake Kutubu, Papua«, *Oceania* 1941.
–: *The Vailala Madness*, ed. E. Schwimmer, Honolulu 1977.
Williams-Hogan, J.: »The Place of Emanuel Swedenborg in the Spiritual Saga of Scandinavia« in *Western Esotericism*, ed. T. Ahlbäck, Vammala 2008.
Williams-Hunt, P. D. R.: »An Up-to-Date Shaman«, *Man* 1950.
Williamson, R. W.: *Religious and Cosmic Beliefs of Central Polynesia*, Bd. I, Cambridge 1933.
Willumsen, L. H.: *Witches of the North*, Leiden 2013.
Wilson, D. G.: »Waking the Entranced« in *Spirit Possession and Trance*, ed. B. E. Schmidt/L. Huskinson, London 2010.
Wilson, I.: *The After Death Experience*, London 1989.
Wilson, K.: *Tagebuch einer Entführten*, Rottenburg 1996.
Wimberly, L. C.: *Folklore in the English and Scottish Ballads*, New York 1928.
Windels, F.: *Lascaux*, Montignac-sur-Vézère 1948.
Windfuhr, G.: »The Stags of Filippovka« in *The Golden Deer of Eurasia*, ed. J. Aruz et al., New Haven 2000.
Wing, J. K.: »Schizophrenie in Selbstzeugnissen« in *Die andere Seite der Schizophrenie*, ed. H. Katschnig, München 1977.
Wingert, H.: *Spuren in die Vergangenheit*, Frankfurt/M. 1994.
Wink, M.: »Wirkung und Kulturgeschichte psychotroper Pflanzen und Drogen«, *Heidelberger Jahrbücher* 1999.
Winkler, W. T.: »Sprachzerfall bei einem Derealisations- und Depersonalisationsprozeß« in *Die Sprache des Anderen*, ed. G. Hofer/K. P. Kisker, Basel 1976.
Winstedt, R.: *The Malay Magician*, London 1961.
Wiredu, K.: »The Concept of Mind With Particular Reference to the Thought of the Akans« in *African Philosophy*, ed. G. Fløistad, Dordrecht 1987.
Wirth, H.: »Hexenverbrennung zu Heidelberg«, *Archiv für die Geschichte der Stadt Heidelberg* 1868.
Wirth, I.: *Todesstrafen*, Leipzig 2004.
Wisemann, R.: *Paranormalität*, Frankfurt/M. 2012.

Wissowa, G.: »Diana« in *Paulys Real-Encyclopädie der Classischen Altertumswissenschaft*, Bd. V.1, ed. G. Wissowa, Stuttgart 1903.
Wittgenstein, L.: *Philosophische Untersuchungen*, Frankfurt/M. 1960.
–: *Zettel*, Oxford 1967.
–: *Das Blaue Buch*, Frankfurt/M. 1970.
–: *Über Gewißheit*, Frankfurt/M. 1971.
–: *Bemerkungen über die Philosophie der Psychologie II*, Frankfurt/M. 1982.
–: *Vortrag über Ethik*, Frankfurt/M. 1989.
–: *Letzte Schriften über die Philosophie der Psychologie*, ed. G. H. v. Wright et al., Oxford 1992.
–: *Das Innere und das Äußere*, ed. G. H. v. Wright/H. Nyman, Frankfurt/M. 1993.
–: *Philosophical Occasions*, Indianapolis 1993a.
–: *Vermischte Bemerkungen*, Frankfurt/M. 1994.
–: *Vorlesungen und Gespräche über Ästhetik, Psychoanalyse und religiösen Glauben*, Düsseldorf 1996.
Wittgenstein, L./F. Waismann: *The Voices of Wittgenstein*, ed. G. Baker, London 2003.
Wittmer-Butsch, M./C. Rendtel: *Miracula*, Köln 2003.
Woerlee, G. M.: »Cardiac Arrest and Near-Death Experiences«, *Journal of Near-Death Studies* 2004.
–: »Darkness, Tunnels, and Light«, *Skeptical Inquirer*, June 2004a.
Wojcik, D: »Apocalyptic and Millenarian Aspects of American UFOism« in *UFO Religions*, ed. C. Partridge, London 2003.
Wolf, J.-C.: »Zu lange leben?« in *Unsterblichkeit: Vom Mut zum Ende*, ed. D. Daphinoff/B. Hallensleben, Heidelberg 2012.
Wolf, N.: *Die Macht der Heiligen und ihrer Bilder*, Stuttgart 2004.
Wolf, P.: »Halluzinationen im Rahmen epileptischer Psychosen« in *Halluzinationen bei Epilepsien*, ed. K. Karbowski, Bern 1982.
Wolf-Braun, B.: »Parapsychologische und psychiatrische Konstruktionen des Mediumismus um 1900« in *Trancemedien und Neue Medien um 1900*, ed. M. Hahn/E. Schüttpelz, Bielefeld 2009.
Wolff, C.: *Der zweite Brief des Paulus an die Korinther*, Berlin 1989.
Wolff, K.: »Parapsychologische Wahrnehmungen im Traum« in *Traum und Träumen*, ed. T. Wagner-Simon/G. Benedetti, Göttingen 1984.
Wolfradt, U.: »Déja-vu-Erfahrungen«, *Zeitschrift für Klinische Psychologie* 2000.
–: »Außerkörpererfahrungen (AKE) aus differentiell-psychologischer Perspektive«, *Zeitschrift für Parapsychologie* 2001.
–: »Pierre Janet und die Depersonalisation« in *Trauma, Dissoziation, Persönlichkeit*, ed. P. Fiedler, Lengerich 2006.
Wolfram, R.: *Die gekreuzten Pferdeköpfe als Giebelzeichen*, Wien 1968.

Woltersdorff, V.: »›Meine Dämonen füttern‹« in *Geschlecht als Tabu*, ed. V. Frietsch et al., Bielefeld 2008.
Woodroffe, J.: »Die Wissenschaft vom Tode« in *Das Tibetanische Totenbuch*, ed. W. Y. Evans-Wentz, Bern 1971.
Worsley, P.: *Die Posaune wird erschallen*, Frankfurt/M. 1973.
Wren-Lewis, J.: »The Darkness of God«, *Anabiosis* 1987.
Wright, R. M.: »Baniwa Shamans and Prophets«, *History of Religions* 1992.
Wulff, D. M.: *Psychology of Religion*, New York 1991.
Wunderli, R./G. Broce: »The Final Moment Before Death in Early Modern England«, *Sixteenth Century Journal* 1989.
Wunderlich, W.: *Der Tanz in den Tod*, Freiburg 2001.
Wustmann, C.: *Die ›begeisterten Mägde‹*, Leipzig 2008.
Wynn, T./F. L. Coolidge: *Denken wie ein Neandertaler*, Darmstadt 2013.

Yamada, T.: »Animals as the Intersection of Religion With Ecology« in *Circumpolar Religion and Ecology*, ed. T. Irimoto/T. Yamada, Tōkyō 1994.
Yamada, Y.: *Songs of the Spirits*, Boroko 1997.
Yeats, W. B.: *The Celtic Twilight*, Bridgeport 1990.
Yeshe, Lama: »Meditation in Tantra« in *The Meditative Way*, ed. R. Bucknell/C. Kang, Richmond 1997.
Young, G.: »Delusions of Death and Immortality«, *Philosophy, Psychiatry & Psychology* 2012.

Zahan, D.: *The Religion, Spirituality, and Thought of Traditional Africa*, Chicago 1979.
Zahavi, D.: *Subjectivity and Selfhood*, Cambridge 2008.
Zaleski, C.: *Nah-Todeserlebnisse und Jenseitsvisionen*, Frankfurt/M. 1993.
–: »Death and Near-Death Today« in *Death, Ecstasy, and Other Worldly Journeys*, ed. J. J. Collins/M. Fishbane, New York 1995.
–: »Near-Death Experiences« in *The Oxford Handbook of Eschatology*, ed. J. L. Walls, Oxford 2008.
Zander, H.: *Anthroposophie in Deutschland*, Bd. I, Göttingen 2007.
–: *Rudolf Steiner*, München 2011.
Zarncke, F.: *Die Deutschen Universitäten im Mittelalter*, Leipzig 1857.
Zeck, M. R.: »Reichsstadt Rottweil« in *Wider alle Hexerei und Teufelswerk*, ed. S. Lorenz/J. M. Schmidt, Ostfildern 2004.
Zehentbauer, J.: *Körpereigene Drogen*, München 1992.
Zemmrich, J.: »Toteninseln und verwandte geographische Mythen«, *Internationales Archiv für Ethnographie* 1891.
Zerries, O.: *Waika*, München 1964.
–: »Die Indianer der Wälder und Savannen« in *Die Erben des Inkareiches und die Indianer der Wälder*, Berlin 1974.

–: »Die Bedeutung des Federschmuckes des südamerikanischen Schamanen«, *Paideuma* 1977.
Zheng, Y.: *The Social Life of Opium in China*, Cambridge 2005.
Zhi-ying, F./L. Jian-xun: »Near-Death Experiences Among Survivors of the 1976 Tangshan Earthquake«, *Journal of Near-Death Studies* 1992.
Zieger, A.: »Autonomes Körperselbst im Wachkoma« in *Die rechten Worte finden*, ed. H. W. Ingensiep/T. Rehbock, Würzburg 2009.
Zigmond, M. L.: »Kawaiisu« in *Handbook of North American Indians*, Bd. 11, ed. W. L. D'Azevedo, Washington 1986.
Zika, C.: *The Appearance of Witchcraft*, Abingdon 2007.
Zilbergeld, B.: *Die neue Sexualität der Männer*, Tübingen 1994.
Zillmann, D.: *Connections Between Sexuality and Aggression*, Mahwah 1998.
Zimmer, T.: »Die Reise als Metapher des Todes im alten China« in *Philosophieren über den Tod*, ed. H.-G. Möller/G. Wohlfahrt, Köln 2004.
Zimmerman, D.: »Personal Identity and the Survival of Death« in *Philosophy of Death*, ed. B. Bradley et al., Oxford 2013.
v. Zimmern, F. C./J. Müller: *Zimmerische Chronik*, ed. K. Barack, Bd. II, Meersburg 1932.
Zindel, J. P.: »Träume und Hypnose« in *Botschaft der Träume*, ed. G. Benedetti, Göttingen 1998.
Zittlau, J.: »Wann ist der Mensch tot?«, *Psychologie heute* 7, 2009.
Znamenski, A. A.: *The Beauty of the Primitive*, Oxford 2007.
Zöller, K. W.: »Der Riesenwirt Lorenz Beck« in *Hexer und Hexen in Miltenberg und der Cent*, ed. W. O. Keller, Miltenberg 1989.
Žornickaja, M. J.: »Dances of Yakut Shamans« in *Shamanism in Siberia*, ed. V. Diószegi/M. Hoppál, Budapest 1978.
Zubek, J. P.: »Behavioral and Physiologial Effects of Prolonged Sensory and Perceptual Deprivation« in *Man in Isolation and Confinement*, ed. J. E. Rasmussen, Chicago 1973.
Zuckerman, M.: »Hallucinations, Reported Sensations, and Images« in *Sensory Deprivation*, ed. J. P. Zubek, New York 1969.
Zürcher, U.: »Wenn es schmerzt, wo nichts mehr ist«, *Historische Anthropologie* 2005.
Zürner, B.: *Paulus ohne Gott*, Bonn 1996.
Zürrer, R.: *Reinkarnation*, Zürich 1992.
Zuidema, R. T./U. Quispa: »A Visit to God« in *Peoples and Cultures of Native South America*, ed. D. R. Gross, Garden City 1973.
Zukin, S. R./R. S. Zukin: »Phencyclidine« in *Substance Abuse*, ed. J. H. Lowinson et al., Baltimore 1992.
Zulehner, P. M. et al.: *Kommt die Religion wieder?*, Ostfildern 2001.
Zurfluh, W.: »Nachwort« in A. Lischka: *Erlebnisse jenseits der Schwelle*, Schwarzenberg 1979.

–: Schriftliche Mitteilung vom 20. Januar 1980.
–: »Außerkörperlich durch die Löcher des Netzes fliegen« in *Der Wissenschaftler und das Irrationale*, Bd. I, ed. H. P. Duerr, Frankfurt/M. 1981.
–: *Quellen der Nacht*, Interlaken 1983.
–: *Märchen als Schlüssel zu den Quellen der Nacht*, Geesthacht 1984.
–: »Außerkörperlichkeit« in *Die zweite Wirklichkeit*, ed. A. Holl, Wien 1987.
Zutt, J.: *Auf dem Wege zu einer Anthropologischen Psychiatrie*, Berlin 1963.
Zvelebil, M.: »The Mesolithic of Eastern Europe« in *Ancient Europe*, ed. P. Bogucki/P. J. Crabtree, Bd. I, New York 2004.
Zwernemann, J.: *Studien zur Kultur der Moba*, Köln 1998.

Register

Adler 180, 190, 197, 387f., 489, 553
Äther 38, 78, 172, 424
Alice-im-Wunderland-Halluzination 258, 260, 266
Aliens 29, 293ff., 520ff.
Amida/Amitābha 53, 79ff., 445
Amnesie 301, 317ff., 321, 459, 527
Amygdala 262, 292
Astralleib 29, 36ff., 110, 360, 374, 422ff., 477, 480, 532, 546
ātman 32, 424
Autoskopie 262, 512
Ayahuasca 241, 244ff., 277, 503f.

bar-do 110ff., 455, 457
Beischlaf mit Geistern 288, 309ff., 415, 519
Beischlaf mit dem Teufel 146, 303ff., 524ff.
Besessenheit 310ff., 526ff.
Bewußtsein 347, 359ff., 377f., 547ff.
Bilsenkraut 17, 256, 259
Blindheit 351f., 492, 539
Blitzschlag 335ff., 390, 442, 535f.
Bosch, Hieronymus 66ff., 285, 439

Channeling 528

Dämmerzustand 288f.
Dante Alighieri 168, 171, 479
délok 54, 112ff., 278, 362, 456f.
Depersonalisation 36, 106, 263f., 512
Derealisation 36, 112, 263, 265
Diana 139ff., 152, 464, 466
dormiveglia 14, 266, 269, 295, 348, 410

EEG 378, 548
Eibe 25, 416f.
Eidetiker 97ff., 451f.
Ejakulation 17ff., 291, 296f., 307, 309, 413f., 453, 525f.
Ekstase 271ff., 385f., 478, 483f.
Ekstasetanz 209ff.
Elfen 147ff., 468ff., 525
Endorphine 357f.
Engel 13, 24, 38, 66, 69, 83f., 86, 118, 127, 170, 440, 445f., 494, 517
Erektion 17ff., 259, 296, 390, 453
Erscheinungen 216ff., 495
Erstarrung des Leibes 29f., 67, 69, 117ff., 126ff., 142, 147f., 161, 240, 460ff., 488f.
Exhibitionismus von Frauen 22, 315, 522

Fasten 515
Feen 133, 145, 147ff., 265, 291, 399, 468f., 472, 508f., 560
Fegefeuer 121, 173ff., 481
Fliegenpilz 253f.
Fontanelle 9, 30ff., 89, 210, 418ff.
Fremdes Bewußtsein 366ff.
fylgja 324f., 511

Gähnen 324f.
Geburtserlebnis 47f.
Gehirntod 378, 547f.
Geistesaugen 275f., 515f.
G-LOC-Erlebnisse 323f.

Hängen 17ff., 25ff., 413f., 417f.
Halluzinationen 16, 225ff., 496ff.
Hellsehen 342ff., 537f.

Henoch 62, 437f., 440
Hexen 129, 139ff., 464ff.
Hilfsgeister 47, 326ff., 415, 482ff., 531f.,
Hippocampus 218, 511
Hirsch 199, 391ff., 412f., 531, 557ff.
Hirschmasken 398f.
Hölle 61, 71, 173f., 279ff., 428, 441, 481f.
Hypnotische Trance 301, 529f.

Iboga 253ff., 509
Ixtáb 17f., 412f.

Jaguar 325ff., 534
Jesaja 69
Johannes vom Kreuz 5, 103ff., 167, 453, 474, 476, 478

Kachinas 49, 122, 152f., 472f.
Katharer 68ff., 440
Ketamin 241, 248ff., 361, 506f.
Klinischer Tod 378f.
Körperlosigkeit 36, 168f., 251, 360ff., 421, 425f., 477f., 540ff.
Kokain 247f., 503, 505
Kranich 187, 387, 554
Kreuzigung Jesu 26, 274
Kristallstadt 76, 535
Kuṇḍaliṇtā 32, 420

Lazarus 136, 279
Lebenspanorama 93ff., 449ff., 513
Leib-Seele-Problem 543, 545
Lichterlebnis 9, 14, 44ff., 66, 72ff., 84ff., 92, 107, 131f., 300, 427ff.
Limbus 53, 173, 175, 434, 444, 481
Locked-in-Erlebnisse 355f.
LSD 10, 241ff., 332, 344, 455, 503, 534
Luzider Traum 30, 100f., 452f., 488

Märchen 272f., 470
Marihuana 10, 241
Masochismus 297ff., 522
Materialismus 369
Meditation 13, 284f., 361, 409f., 445
Meerjungfrauen 150, 464f., 471
Meskalin 10, 241ff., 361, 502
Migräne-Aura 36, 265f., 530
Moḥammed 160, 170f., 458
Multiple Persönlichkeiten 35, 328, 421f.
Musikbogen 203, 391

Nachtfahrende 139ff., 464ff.
Nachtmahr 289ff., 296, 309, 519ff.
Nacktheit 162, 426, 455, 526
nagual 325f., 531f., 554
nirvāṇa 79, 104, 285, 518

Óðinn 25f. 328, 416f., 489
Oneiroide 352ff., 539f.
Opium 10, 505
Orgasmus 16ff., 101, 290f., 295f., 310, 385, 416, 511, 524f., 552
Osterspiele 285f.

Paradies 62, 67f., 78, 111, 176, 273, 279, 382, 436f., 439f., 442f., 477, 481, 546
Patrick Purgatory 63ff., 136, 439
Paulus 67, 167f., 236, 477
Peyote 242, 257
Phantomglieder 40, 332, 425, 546
Phencyclidin 10, 241, 248, 250f., 507f.
Präsenzen 218, 265f., 292, 495
Pseudohalluzinationen 99f., 249, 266f., 323, 503, 507, 534
Psilocybin 10, 243, 506

Rassel 267f.
Realpräsenz 517

Reinkarnation 347 f.
Reliquien 280
Rentier 47, 195, 199, 434, 558
Roter Ocker 555 f.

Śangri-la 171 f., 480
Sauerstoffmangel 15 ff., 48, 131, 324, 411 ff.
Schamanen 13 f., 30, 33, 50, 123, 177 ff., 189 ff., 209, 245 f., 257, 271, 287, 326 ff., 337, 384 ff., 433, 482 ff., 563
Schamanentrommel 194, 198 ff., 385, 387, 488
Schlafparalyse 292 f., 301, 520
Schneehuhn 388 ff., 553 ff.
Schwirrholz 390, 556 f.
Seelenblindheit 369
Sensorische Deprivation 204 f., 362, 491, 502
Shugen-dō 80 f.
Silberschnur 45 ff., 431, 532
Sonnentanz 10, 20 f., 190, 235, 409, 553
Speerschleuder 385, 389, 554
Stechapfel 242, 246, 255 ff., 331, 509 f.
Sterbebetterlebnisse 84 f., 446 f.
Stimmenhören 225 ff., 496 f.

Tabak 247, 504 f.
Telepathie 88, 90, 347 ff., 448, 538 f.
Temporallappenepilepsie 15, 36, 219, 259 ff., 296, 298, 511, 521
Teresa v. Ávila 100, 129, 161, 163 f., 168, 231, 386, 476, 495, 542, 552
Teufel 139, 155 ff., 284, 454, 475
Tibetische Totenbücher 109 f.
Todesangst 10, 14 f., 24 ff., 63, 81, 93, 300, 410, 418, 428
Totenflecken 17, 413
Totentänze 286
Traum 10, 13, 195, 212, 239 ff., 271, 501 f.
Tunnelerlebnis 9, 25, 29, 43 ff., 91 f., 107 ff., 120, 124, 132 f., 300 f., 427 ff., 458 ff., 523, 549

Unsagbarkeit 379 f., 549
Unsterblichkeit 137, 360, 371 f., 407 f., 500, 541 ff., 546

Venusberg 142 f.
Vera Icon 280
Vergewaltigung 35, 259, 287 ff., 421, 511, 517 ff., 522, 524
Visio dei 374, 407, 481
Visionen 129 f., 155 ff., 165, 219 ff., 268, 280, 446, 474 ff., 495 f.
Visionssuche 165, 276, 476

Wachkoma 548
Werwölfe 330 f., 533 f.
Wiederauferstehung 26, 373 ff., 417, 546 f.
Wiederbelebung 131, 135, 379, 536, 549
Wildfrauen 288, 413
Willensfreiheit 545
Wirbelsturm 54, 365, 533
Wirklichkeitsgefühl 10, 32, 97 f., 216, 229 ff., 362, 457, 498 ff.

yamabushi 81, 444
Yeti 54, 287 ff., 518
Yggdrasill 25

Bildnachweis

akg-images, Berlin: Abbildung 21
Bildarchiv Preußischer Kulturbesitz, Berlin: Umschlagabbildung, 12, 22 (Staatsbibliothek zu Berlin), Farbtafeln 1 (Jean-Gilles Berizzi, RMN – Grand Palais), 2, 3, 4 (René-Gabriel Ojéda, RMN – Grand Palais)
Buffalo Bill Center of the West, Cody: 6
Hamburgisches Museum für Völkerkunde: Farbtafel 10
Fotoarchiv Hans Hinz, Allschwil: Farbtafel 7
Hochschul- und Landesbibliothek RheinMain, Wiesbaden: 11
The Metropolitan Museum of Art, New York: 31
Museum für Völkerkunde zu Leipzig: 17
Philbrook Museum of Art, Tulsa: Farbtafel 6
Eric A. Powell, New York: 25
Staatsbibliothek Bamberg: Farbtafel 9 (Msc. Bibl. 140, fol. 55r, Foto: Gerald Raab)
Ulmer Museum: Farbtafel 8
Universitäts- und Landesbibliothek Darmstadt: 8 (cod. 2779, fol. 42r)
Peter Yamaoka, Marshall Cavendish, Singapur: Farbtafel 5

Weitere Nachweise über das Bildarchiv des Insel Verlags.